अरावली के जंगल-

सभ्यताओं का रहस्य

डॉ. आर पी बालवान, आईएफएस सेवानिवृत्त। (स्वामी ज्ञानानन्द
सरस्वती)

Made with ♥ on the Notion Press Platform
www.notionpress.com

---------------------------- अस्वन्तरमर्तमप्सु भेषजम ।ऋग्वेद 1.23.19।

--------------- शुद्ध जल में औषधीय गुण होते हैं और यह हमारे लिए अमृत के समान है।

----------------------------------- समर्पण

यह पुस्तक उन सभी माननीय न्यायाधीशों को समर्पित है, जिन्होंने भारत में वनों और वन्य जीवन की हमारी समृद्ध विरासत को बचाने के लिए बार-बार निर्णय दिए हैं; यह पुरस्क मीडिया के उन सदस्यों को समर्पित है, जिन्होंने वर्तमान और भावी पीढ़ियों के लिए अरावली को बचाने के लिए काम किया है; तथा उन सभी व्यक्तियों और समूहों को समर्पित है, जिन्होंने अरावली पारिस्थितिकी तंत्र को बचाने के लिए कड़ी मेहनत की है।

''This we know: the earth does not belong to man; man belongs to the earth. All things are connected like the blood that unites us all. Man did not weave the web of life. he is merely a strand in it. Whatever he does to the web, he does to himself."

भारत के सर्वोच्च न्यायालय के दिनांक 18.04.2024 के निर्णय के पैरा 2 से उद्धृत।

क्रम-सूची

प्रस्तावना

हमारे भविष्य का अस्तित्व हमारे आस-पास के वातावरण में आने वाले परिवर्तनों की हमारी समझ पर निर्भर करेगा। हमें जीवमंडल के विभिन्न तत्वों/उप-प्रणालियों पर सुसंगत रूप से विचार करने की आवश्यकता है। जीवों को अस्थिर करना या उन्हें नुकसान पहुँचाना मानव के लिए स्वम के लिये आपदा को आमंत्रित करने के समान है। विकास के नाम पर समाज के लिए भौतिक उत्पादन कभी भी स्वतंत्र रूप से संचालित नहीं होता है, बल्कि वे समग्र पर्यावरण के उप-घटक होते हैं। समाज के लिए किसी भी योजनाबद्ध विकास और उत्पादन का स्थूल जगत पर सीधा विनाशकारी प्रभाव पड़ता है। प्रकृति का दोहन कभी भी असीमित नहीं हो सकता, जिसके विनाशकारी परिणाम हो सकते हैं। मानव लालच मानव जीवन स्तर को बढ़ाने के नाम पर ब्रह्मांड के उप-तंत्रों पर अराजक रूप से शोषण और अतिक्रमण करता है, जिसे विकास का नाम दिया जाता है। प्रकृति ने मनुष्य का संरक्षण किया और मनुष्य अपने पालन-पोषण के उस आधार को नष्ट कर रहा है। बल्कि यह अस्थिर छद्म सम्मोहन संपूर्ण सभ्यताओं के भविष्य को खतरे में डालकर हमें विनाश के कगार पर धकेल देगा। पारिस्थितिकी तन्त्र को अर्थशास्त्रियों ने हड़प लिया और वह अर्थव्यवस्था पारिस्थितिकी को निगल रही है, अंततः सभ्यता को विनाश के कगार पर धकेल रही है, जहाँ न तो अर्थशास्त्र बचेगा और न ही पारिस्थितिकी। आर्थिक विकास वृद्धि पारिस्थितिक प्रदूषण का कारण बनती है, जब मनुष्य के पास सांस लेने के लिए ऑक्सीजन नहीं होगी तो पूरी अर्थव्यवस्था बेकार हो जाएगी।

पृथ्वी वैज्ञानिकों, भूविज्ञानियों और जीएसआई ने अरावली पर्वत के भूवैज्ञानिक पहलुओं से संबंधित वैज्ञानिक ज्ञान को अद्यतन करने के लिए शोध किया। अरावली भूवैज्ञानिक स्ट्रेटीग्राफी की संरचनाओं को दिया जाने वाला नाम है, जो सतह के नीचे या सतह के उपर मौजूद हो सकती हैं। यह कोई धरातलीय (पर्वत का होना) विशेषता नहीं है जैसा कि कुछ लोग झुठ फैला रहे है।

इस पुस्तक में सबसे स्वीकार्य वैज्ञानिक तथ्यो पर विचार किया गया है और उनका हवाला दिया गया है। कुछ जगहों पर मुद्दे की उचित समझ के लिए लंबे उद्धरणों की भी जरूरी आवश्यकता थी। हालांकि, समय के साथ निरंतर वैज्ञानिक अनुसंधान ने प्रौद्योगिकी को उन्नत किया, और उन्नत प्रौद्योगिकी के उपयोग ने क्षेत्र के भूवैज्ञानिक और भू-आकृति विज्ञान विकास के बारे में बेहतर जानकारी प्रदान की। बदलते हुए नए निष्कर्षों को विरोधाभास नहीं समझे, बल्कि ज्ञान का उन्नयन माना जा सकता है। अरावली के निर्माण की आयु और लिथो-इकाइयों की तिथि निर्धारण के बारे में पृथ्वी वैज्ञानिकों के परिवर्तनशील विचार नई प्रौद्योगिकी/शोध के उपयोग के कारण हैं।

लेखक एक भूतपूर्व भूविज्ञानी होने के नाते जानबूझकर अपने विचारों को जगह-जगह थोपने से बचे है, बल्कि उन्होंने प्रसिद्ध पृथ्वी वैज्ञानिकों के उद्धरणों का हवाला देना पसंद किया। चूंकि लेखक अरावली के पारिस्थितिकी तंत्र को बचाने के लिए लंबे समय से काम कर रहा हैं, इसलिए कुछ लोग ऐसे वैज्ञानिक पहलुओं को केवल लेखक के विचारों के रूप में समझ सकते थे, इसलिए वैज्ञानिक मुद्दों को समझने के लिए अन्य विशेषज्ञों/वैज्ञानिकों के उद्धरण ज्यादा उद्धृत किए गए हैं।

अरावली के साथ-साथ बाढ़ के मैदानी इलाकों में ड्रेनेज के पैटर्न में भारी बदलाव आया है। नई पीढ़ी कैसे कल्पना करेगी कि पुराने समय में ये नदियाँ बहुत बड़ी और लंबी थीं? लेखक ने पुराने साहित्य और सरकारी प्रकाशनों के उद्धरणों का इस्तेमाल किया है; जो इन नदियों की पिछली स्थिति को समझने में मदद करेंगे। जो उस ड्रेनेज प्रणाली के पुनर्ग्रहण में सहायता कर सकते हैं। नदियों के इतिहास के लिए, मध्यकालीन भारत के अभिलेख लेखक के लिए सुलभ नहीं हुऐ। ब्रिटिश काल के दौरान स्थिति क्या थी, इसे समझाने के लिए पुराने गजेटियरों के उद्धरणों को अरावली की नदियों की पिछली स्थिति को समझने के लिए आवश्यक माना गया है। इसलिए, नदी तल और बाढ़ के मैदानी क्षेत्रों के अस्तित्व के बारे में जानकारी प्राप्त करने के लिए, सरकारी गजेटियर से उद्धरण उद्धृत किए गए हैं।

अरावली क्षेत्र की ड्रेनेज प्रणाली के वैज्ञानिक पहलुओं की समझ के लिए कुछ पुरानी किताबों के उद्धरण या वैज्ञानिक शोध प्रकाशन के उद्धरण अनिवार्य रूप से आवश्यक समझे गये हैं। संपूर्ण उद्धरण/उद्धरण का उद्देश्य शोधकर्ताओं और पर्यावरण और प्राकृतिक संसाधनों को बचाने के लिए काम करने वालों को संदर्भ सामग्री प्रदान करना भी है। वर्तमान स्थिति की सराहना करने के लिए पिछले उदाहरणों को उद्धृत करना उस पूर्ण उद्धरण के बिना नहीं समझा जा सकता है।

ड्रेनेज व्यवस्था के लिए कुछ स्केच मैप दिये गए है। ये नक्शे पुस्तक में चर्चा की गई समस्या को समझने के लिए क्षेत्र के निकटतम प्रतिनिधि हैं (पुस्तक में स्केच मैप को समायोजित करते समय पैमाना विकृत हो सकता है)। पूरे दस्तावेज़ में दिए गए विभिन्न उदाहरण केवल उदाहरणात्मक और सांकेतिक हैं, न तो संपूर्ण हैं और न ही उन्हें प्राथमिकता के आधार पर चुना गया है।

सामुदायिक भूमि और पंचायत भूमि उपयोग के लिए कुछ पुराने दस्तावेजों या पुस्तकों और सुप्रीम कोर्ट के निर्णयों का हवाला देने की भी आवश्यकता थी, ताकि पाठक सामुदायिक भूमि के महत्व को समझ सकें और उन्हें निवासियों के साझा उपयोग के उद्देश्यों के लिए क्यों रखा गया था। मुद्दों की उचित समझ के लिए सर्वोच्च न्यायालय के निर्णयों का उल्लेख किया गया है, और कानूनी पहलुओं से संबंधित पैराग्राफ का केवल एक छोटा सा हिस्सा या कुछ हिस्सों का हवाला दिया गया है। इस पुस्तक में उल्लिखित पैराग्राफ संख्याएँ सर्वोच्च न्यायालय की

वेबसाइट से डाउनलोड किए गए निर्णयों से ली गई हैं, विभिन्न प्रकाशकों द्वारा प्रकाशित कानूनी पुस्तकों में कुछ भिन्नता हो सकती है।

पंजाब भूमि संरक्षण अधिनियम (1900) के तहत वन भूमि के उपयोग के संबंध में बड़ी संख्या में अदालती मामले दायर किए गए। लेकिन सुप्रीम कोर्ट के उन बड़ी संख्या में फैसलों/आदेशों से नौकरशाहों-राजनेताओं-व्यापारियों-भू-माफियाओं के गठजोड़ का दिल नहीं पिघला। बार-बार ऐसे निहित स्वार्थी लोग उच्च न्यायालयों में केस के बाद केस दायर करते रहते हैं और सुप्रीम कोर्ट और वकील उन्हीं मुद्दों/मामलों को मुवक्किलों की जरूरतों/मांगों के हिसाब से तोड़-मरोड़ कर पेश करते हैं। इसलिए लोगों के बीच गलतफहमियों को दूर करने के लिए अदालती फैसलों का हवाला देना जरूरी है।

पीएलपी अधिनियम की धारा 4 और 5 के तहत और आईएफए के तहत पीएफ अधिसूचना में, जहां खसरा नंबर अधिसूचित किए गए हैं, पाठक इसका उपयोग करने के तरीके के बारे में फुटनोट का संदर्भ ले सकते हैं। सावधानी बरती गई है लेकिन प्रक्रिया में गलतियां हो सकती हैं, लेखक और प्रकाशक ऐसी किसी भी गलती के लिए उत्तरदायी नहीं हैं। यह पुस्तक केवल उपयोगकर्ताओं के बीच जागरूकता की सुविधा के लिए तैयार की गई है ताकि वे संबंधित भूमि की स्थिति की सराहना कर सकें। उपयोगकर्ताओं को संबंधित विभागों/एजेंसियों से मूल दस्तावेज प्राप्त करने चाहिए। कई अरावली क्षेत्रों को पीएफ के रूप में अधिसूचित किया गया है और उनमें से खसरा नंबर पीएफ अधिसूचना में उल्लिखित हैं, लेकिन इस पुस्तक में, उन खसरा नंबरों को दोहराया नहीं गया था, जो पहले से ही पीएलपी अधिनियम की धारा 4 और 5 के तहत अधिसूचित वन थे। इसी प्रकार विभिन्न न्यायालयीन निर्णयों के उद्धरण के लिए उपयोगकर्ता को कानूनी रूप से अनुमोदित स्रोतों से प्रासंगिक कानूनी सामग्री प्राप्त करनी होगी, यहां उद्धरण केवल जनता की सुविधा के लिए है।

कुछ स्थानों पर, जनता की जानकारी के लिए वन नियम (तकनीकी नोट्स) और प्रक्रियाओं का उल्लेख किया गया है। हालाँकि, वन अधिकारियों को उन नियमों की जानकारी हो सकती है, लेकिन आम नागरिकों को नहीं पता और उनके लिए उन नियमों/तकनीकी निर्देशों को प्राप्त करना मुश्किल है। समय-समय पर अधिनियमों/नियमों/प्रक्रियाओं में सभी परिवर्तन/प्रतिस्थापन/संशोधन फुटनोट्स में नहीं दर्शाए गए हैं, केवल प्रासंगिक और महत्वपूर्ण परिवर्तनों का उल्लेख किया गया है, पाठक विवरण के लिए अधिकृत सरकारी प्रकाशन देख सकते हैं।

वनस्पति प्रजातियों के वैज्ञानिक नाम और वर्तनी अलग-अलग वनस्पतियों में भिन्नता दिखाती है और बीएसआई, आईसीएफआरई और अन्य प्रकाशकों द्वारा वैज्ञानिक प्रकाशनों (जैसे Ziziphus or Zizyphus के लिए दोनों वर्तनी का उपयोग अभिलेखों में किया जाता है) में ट्रूप के पैटर्न का पालन करने का प्रयास किया गया है, लेकिन समय समय पर में कई वर्तनी या नाम बदल दिए जाते रहे है। लेखक ने सबसे स्वीकार्य पैटर्न का उपयोग करने की कोशिश की है। इसी तरह कंप्यूटर सॉफ्टवेयर के कारण अमेरिकी और इंग्लैंड शैली के शब्दों का इस्तेमाल किया गया है।

जलवायु परिवर्तन के संबंध में, भूवैज्ञानिक जानकारी और जलवायु परिवर्तन या पृथ्वी पर हो रहे अन्य परिवर्तनों से संबंधित अन्य मुद्दों को मौजूदा वैज्ञानिक साहित्य और विभिन्न वैज्ञानिकों/संगठनों के काम से लिया गया है। गतिशीलता वैज्ञानिक पहलुओं का एक अनिवार्य हिस्सा बनी रहेगी।

समय के साथ लोगों की ज़रूरतें और उनकी सोच बदली, वे ज़्यादा स्वार्थी होते गए और अपने लक्ष्यों के आगे सामाजिक ज़रूरतों को नज़रअंदाज़ करने लगे। सामाजिक कल्याण के दृष्टिकोण में धीरे-धीरे कमी आई है। अवैध धन के दबाव और लालच में नौकरशाहों की पृष्ठभूमि और सामुदायिक संपत्ति के संसाधनों के प्रबंधन और कानूनों के क्रियान्वयन के प्रति दृष्टिकोण भी बदल गया। वे ज़्यादा स्वार्थी होते गए और सामाजिक ज़रूरतों को नज़रअंदाज़ करने लगे। नौकरशाहों के लिए पैसा, सामग्री या पोस्टिंग ज़्यादा महत्वपूर्ण हो गई और उन्होंने ग्राहकों की ज़रूरतों के हिसाब से कानून में फेरबदल करना शुरू कर दिया। इसके लिए पीएलपी अधिनियम की ज़्यादा विस्तार से व्याख्या करना ज़रूरी हो गया। कुछ नौकरशाह प्राकृतिक संसाधनों को बचाने या अपने कर्तव्यों का पालन करने के बजाय भू-माफिया के लिए काम करने लगे है ।

पुस्तक में यूएसए और यूके दोनों अंग्रेजी पैटर्न का उपयोग किया गया है, जैसे शब्द judgement in the UK and judgment in the USA का उपयोग पुस्तक में किया गया है। उन सभी के नामों का उल्लेख करना मुश्किल है जिन्होंने पुस्तक के मसौदे को पढ़कर और अपने सुझाव प्रदान करके मेरी मदद की है। कुछ विशेषज्ञों ने मुझे डेटा प्रदान करने और मसौदे को बेहतर बनाने में मदद की। मैं हाइड्रोलॉजिस्ट श्री बीरेंद्र सिंह का आभारी हूं, जिन्होंने हाइड्रोलॉजिकल मुद्दों पर चर्चा की। मैं श्री सुंदर लाल साम्भरिया आईएफएस का आभारी हूं, जिन्होंने मुझे मेरी किताब के कवर पेज के लिए अरावली गाँव की एक तस्वीर (कॉपीराइट से मुक्त) प्रदान की। मैं श्री सी कृष्णन आईएफएस (सेवानिवृत्त) का आभारी हूं, जिन्होंने पुस्तक के लिए निःशुल्क कार्टून बनाए और बिना किसी कॉपीराइट के दिए। मैं प्रस्तावना लिखने के लिए श्री पी वी कृष्णन, आईएएस (सेवानिवृत्त), पूर्व अध्यक्ष, केंद्रीय अधिकार प्राप्त समिति और भारत सरकार के पर्यावरण और वन मंत्रालय के पूर्व सचिव का आभारी हूं। श्री जे पी एल श्रीवास्तव, आई एफ एस, (सेवानिवृत्त), पूर्व महानिदेशक वन एवं विशेष सचिव, भारत सरकार तथा प्रधान मुख्य वन संरक्षक, हरियाणा ने पुस्तक के लिए आंकलन पत्र लिखा है। मेरी बेटी इंदु बालवान ने मुझे ड्राफ्ट भागों को पढ़ने में मदद की। मेरे पोते श्री केशव सिंह का धन्यवाद जिन्होंने समय-समय पर कंप्यूटर संबंधी काम में मेरी मदद की। उन्होंने इस पुस्तक के कवर पेज और बैक पेज का डिज़ाइन तैयार किया है। लेखक उन सभी का आभारी है जिन्होंने इस पुस्तक को लिखने में मेरी मदद की है। सभी का धन्यवाद।

डॉ. आर पी बालवान, आई एफ एस (सेवानिवृत्त) (स्वामी ज्ञानानन्द सरस्वती)
गुड़गांव, 7 जुलाई, 2024 ईमेल: swamigy07@gmail.com

"The Aravalli Ecosystems: Mystery of the Civilisations" पुस्तक के हिन्दी अनुवाद के अन्दर यथासम्भव प्रयत्न किया गया है कि नजतिकतम अनुवाद किया जावे, लेकिन कुछ तकनीकी शब्दो को हिन्दी मे ठीक से लिखने मे दिक्कत आई और उन शब्दो की अग्रेजी को हिन्दी मे दिया गया है। क्योकि हिन्दी मे उनको समझना सुगम प्रतित होता है। अन्य पुस्तको के सर्नदभ अग्रेजी मे थे, उनके हिन्दी अनुवाद को उसके अनुरूप करने का प्रयत्न किया गया है। माननिय उच्चतम न्यालय के र्निणयो के हिस्से अग्रेजी मे हि रखे गये है ताकी उनकी मूल भावना व मोलिकता को समझा जा सके। पाठको से अनुरोध है कि वे किसी प्रकार के सही मायने हेतु अग्रेजी पुस्तक ही पढे और अग्रेजी संसकरण ही मान्य रहेगा। गलति सुधार हेतु सुझाव स्वागत योग्य है व हम उनके आभारी रहैगै ।

डॉ. आर पी बालवान, आई एफ एस (सेवानिवृत्त) (स्वामी ज्ञानानन्द सरस्वती)
गुरूग्राम, 29 अगस्त 2024 ।

भूमिका

------- ------------------------------------ **यह पुस्तक क्यों?**

भू-माफियाओं द्ववारा छद्म रूप से विभिन्न न्यायालयों में अनेक मामले दायर करते रहे हैं। न्यायालयों को गुमराह करने के लिए, नौकरशाहों ने भू-माफियाओं की धन-शक्ति को संतुष्ट करने के लिए भ्रामक/छेड़छाड़ किए हुये उत्तर दायर किए। यहां तक कि कुछ मामलों में, उन्होंने अरावली पर्वत की सबसे पुरानी श्रृंखला के अस्तित्व को भी नकार दिया। सरकारी एजेंसियों ने इस सबसे प्राचीन भूवैज्ञानिक संरचना मे कोलोनाइजेश्न को सुविधाजनक बनाने के लिए दस्तावेजों से 'अरावली' शब्द को हटाने का प्रयास किया। शब्दजाल का उपयोग करके कटाव की अवधारणा को विकृत, हेरफेर और मिटा दिया गया, जिसे अस्थायी या स्थायी बताया गया। विज्ञान अतीत की कुंजी है और विज्ञान अरावली में कटाव के प्राकृतिक आयामों की व्याख्या करता है। भूवैज्ञानिक इतिहास में कटाव की अवधारणा चक्रीय रही है। कटाव, निक्षेपण और टेक्टोनिक उथल-पुथल के दोहराए गए चक्र अतीत में जारी रहे और भविष्य में भी जारी रहेंगे। भूविज्ञान व जलविज्ञान, वायु आदि विभिन्न कारकों द्वारा अपक्षय, अनाच्छादन और अपरदन की प्रक्रियाओं, संचालन और क्रियाओं की व्याख्या करता है।

नौकरशाह-व्यापारी-राजनेता गठजोड़ अरावली के नाजुक पारिस्थितिकी तंत्र को नष्ट करने पर आमादा है। जिसके परिणामस्वरूप संपूर्ण पारिस्थितिकी तंत्र नष्ट हो सकता है, जिससे मानव सभ्यता या मनुष्यों और जानवरों के अस्तित्व को गंभीर खतरा हो सकता है। एक बार पारिस्थितिकी तंत्र समाप्त हो जाने के बाद उसे उसके मूल स्वरूप में पुनर्जीवित करना संभव नहीं है। यह पुस्तक अरावली पारिस्थितिकी तंत्र को बचाने की आवश्यकता और इसके अस्तित्व को बनाए रखने के लिए इसकी श्रृंखला में काम करने वाले जीवों की जटिलताओं को समझाती है।

अरावली की ज़मीन पर ज़मीन हड़पने वालों की नज़र क्यों है? दिल्ली चारों तरफ़ फैल रही है, यमुना नदी के पूर्वी किनारे पर उपजाऊ दोमट मिट्टी है, जिस पर निजी स्वामित्व है। अरावली एक सूखा क्षेत्र रहा है और ज़्यादातर पहाड़ी ज़मीन खेती के लिए उपयुक्त नहीं थी, इसलिए निवासियों द्वारा साझा उद्देश्यों के लिए इस्तेमाल की जाती थी और प्राचीन काल से ही पंचायत भूमि वन या सामुदायिक भूमि वन के रूप में छोड़ दी जाती थी। प्राकृतिक उत्तरी शुष्क पर्णपाती वन/कांटेदार वन इन पर्वतीय पठारों की चोटियों को हरियाली प्रदान करते थे। इस बेहद नाज़ुक पारिस्थितिकी तंत्र में हरियाली वाली ज़मीन हड़पने के लिए सामुदायिक स्वामित्व ज़मीन हड़पने वालों के लिए सबसे बड़ा कारक बन गया।

अरावली में सामुदायिक स्वामित्व वाली सामुदायिक भूमि (निजी मालिक रहीत भूमि) नौकरशाहों को कानूनों में फेरबदल करने का अवसर प्रदान करती है। सर्वोच्च न्यायालय के कई निर्णयों के बाद भी नौकरशाह कानूनों के साथ खेलते रहे है और इस अत्यधिक नाजुक वातावरण में चल रही अवैध गतिविधियों के प्रति अपनी आँखें बंद किये हुये है। सामुदायिक भूमि का उपयोग केवल मूल निवासियों के साझा उपयोग के लिए किया जाना चाहिए और ऐसे सामुदायिक भूमि के जंगलों को मानदंडों के विरुद्ध बाहरी लोगों के नाम पर बिक्री विलेखों के पंजीकरण की अनुमति देने के लिए विभाजित नहीं किया जाना चाहिए। सर्वोच्च न्यायालय के 7.4.2022 के निर्णय ने स्पष्ट रूप से निर्धारित किया कि साझा भूमि का उपयोग ग्राम पंचायत द्वारा समुदाय के साझा उद्देश्यों के लिए हि किया जाना चाहिए। सर्वोच्च न्यायालय के निर्णय के अनुपालन में, बड़ी संख्या में फार्महाउस/ कॉलोनाइजर /अन्य भू-माफियाओं ने स्वामित्व की प्रासंगिकता खत्म हो जाती है, क्योंकि भूमि का उपयोग समुदाय द्वारा साझा उपयोग के लिए किया जाना चाहिए। यहां तक कि एफसी अधिनियम के तहत व्यक्तिगत उपयोग के लिए वन भूमि का डायवर्जन भी सर्वोच्च न्यायालय के निर्णय, 'समुदाय द्वारा साझा उद्देश्य उपयोग' का उल्लंघन माना गया। राजस्व अधिकारियों ने चकबंदी के नाम पर इन वन भूमि को खंडित करने का प्रयास किया, जिसका उपयोग भूमि हड़पने वालों के पक्ष में अरावली के जंगलों को नष्ट करने की चाल के रूप में किया गया है।

पेड़ों की कटाई, भूमि को तोड़ना, खनन, फार्महाउस, कोलोनाइजेश्न या किसी अन्य गैर-वानिकी उपयोग के लिए वनस्पति आवरण को हटाना जल संसाधनों पर गंभीर प्रभाव डालता है। गैर-वानिकी उपयोग ने घटते भूजल के पुनर्भरण में बाधा डाली और अरावली के ड्रेनेज पैटर्न में परिवर्तन को प्रेरित किया। पानी की कमी से अरावली में जीवन नष्ट हो जाएगा क्योंकि पानी के बिना सूर्य की ऊर्जा का उपयोग खाद्य उत्पादन के लिए नहीं किया जा सकता है। ऑक्सीजन प्रदाता के रूप में एनसीआर अरावली के महत्व को नजरअंदाज नहीं किया जा सकता है, साथ ही राष्ट्रीय राजधानी में जीवन को बनाए रखने के लिए प्रदूषण को अवशोषित करने के लिए भी। वातावरण में कार्बन की वृद्धि के साथ जलवायु परिवर्तन के युग में, हमें कार्बन को सोखने के लिए अरावली के जंगलों को संरक्षित करना चाहिए। ग्लोबल वार्मिंग एक गंभीर चिंता का विषय है।

डॉ आर पी बालवान (स्वामी ज्ञानानंद सरस्वती)

पावती (स्वीकृति)

आंकलन पत्र

अरावली सबसे पुरानी पर्वत श्रृंखलाओं में से एक है जो उत्तर में दिल्ली से शुरू होकर हरियाणा से दक्षिण की ओर बढ़ते हुए राजस्थान से होते हुए पालमपुर के पास गुजरात तक फैली हुई है। अरावली की चट्टानें आर्कियन युग की हैं। अरावली के पहाड़ बहुत ऊँचे थे लेकिन अरबो सालों के अपक्षय के कारण वे क्षरित गए हैं। सिंधु घाटी सभ्यता के कई स्थल हैं। अरावली में आर्द्र उपोष्णकटिबंधीय जलवायु, गर्म अर्ध-शुष्क महाद्वीपीय जलवायु है जिसमें गर्म ग्रीष्मकाल और अपेक्षाकृत ठंडी सर्दियाँ होती हैं। इस क्षेत्र में जलवायु परिवर्तन के प्रतिकूल प्रभाव से निपटने के लिए हरीभरी अरावली महत्वपूर्ण भूमिका निभाती है।

जलवायु परिवर्तन की मुख्य वजह मानवीय गतिविधियाँ हैं, जिनमें गैसोलीन का उपयोग और वनों की कटाई शामिल है। ये गतिविधियाँ हज़ारों वर्षों में किसी भी समय की तुलना में अब तेज़ी से दुनिया को गर्म कर रही हैं। जलवायु परिवर्तन का प्रभाव ग्लोबल वार्मिंग तक ही सीमित नहीं है। यह एक विनाशकारी भविष्य की शुरुआत भी हो सकती है। इसका पर्यावरण पर बहुत बड़ा प्रभाव पड़ रहा है। पृथ्वी एक ऐसी प्रणाली है जहाँ सब कुछ आपस मे जुड़ा हुआ है और एक दूसरे को प्रभावित करता है। इसके परिणामों में सूखा, बाढ़, पानी की कमी, जंगल की आग, समुद्र का बढ़ता स्तर और घटती जैव विविधता शामिल हैं। विश्व स्वास्थ्य संगठन (WHO) जलवायु परिवर्तन को 21वीं सदी में वैश्विक स्वास्थ्य के लिए सबसे बड़ा खतरा कहा है। दुनिया भर में प्राकृतिक आपदाओं की बढ़ती घटनाएँ दिखाई दे रही हैं। सरकारों, समाजों और क्षेत्र के लोगों को इस बात की समझ के साथ सराहना करनी चाहिए कि अरावली उनके आसपास के वातावरण को बेहतर बनाने में क्या भूमिका निभा सकती है।

हरियाणा के वन विभाग ने सामाजिक वानिकी परियोजना और फिर अरावली परियोजना (अरावली पहाड़ियों में सामुदायिक भूमि का पुनर्वास) के माध्यम से अरावली को हरा-भरा बनाने में सराहनीय काम किया है। ठोस लाभों में से, वनरोपण ने अरावली के वनस्पति आवरण को बहाल करने में मदद की है, जिससे मिट्टी का कटाव कम हुआ है, जल संरक्षण में सुधार हुआ है, स्थानीय आबादी द्वारा उपयोग किए जाने वाले ईंधन, चारा, फल, छोटी लकड़ी और अन्य वन उत्पादों की आपूर्ति में वृद्धि हुई है। समस्या तब पैदा हुई जब परियोजना के अधिदेश के अनुसार वन क्षेत्रों को समुदायों को सौंप दिया गया।

अरावली के अधिकांश हिस्से की असुरक्षित स्थिति गंभीर चिंता का विषय है। कानून और सुप्रीम कोर्ट के निर्देश मौजूद हैं। उन्हें सही भावना से लागू करने की जरूरत है। यह समझना होगा कि अरावली पहाड़ियों पर स्थायी वनस्पति आवरण जलवायु में सुधार, मिट्टी के संरक्षण और सबसे महत्वपूर्ण रूप से भूजल के पुनर्भरण में एक लंबा रास्ता तय करेगा जो तेजी से घट रहा है। अच्छे पर्यावरण का मतलब लोगों के लिए अच्छा स्वास्थ्य है। अरावली हरित आवरण को विकसित करने और पुनर्वास करने और राष्ट्रीय राजधानी दिल्ली सहित क्षेत्र की समग्र जलवायु में सुधार करने के लिए जगह और अवसर प्रदान करती है।

हरियाणा और राजस्थान जैसे वन-विहीन राज्यों को अरावली में स्थायी वनस्पति आवरण को संरक्षित करने की आवश्यकता है। वे वन इस क्षेत्र के फेफड़े हैं। सामुदायिक भूमि होने के बावजूद, विभिन्न वन संरक्षण अधिनियमों और सर्वोच्च न्यायालय के निर्णयों के प्रावधान ऐसे क्षेत्रों पर लागू होते हैं, जिनका लेखक ने विशद वर्णन किया है। लेखक भारतीय वन सेवा के अधिकारी रहे हैं और उन्होंने इस क्षेत्र में काम किया है, तथा सफल वनरोपण कार्यक्रम चलाए हैं ।

सेवा में रहते हुए और समय से पहले सेवानिवृत्ति लेने के बाद भी यह प्रतिभाशाली अधिकारी हमेशा पर्यावरण, विशेषकर अरावली के संरक्षण के लिए प्रतिबद्ध रहे हैं। दरअसल, पिछले दो दशकों से वे लगातार अरावली के संरक्षण के लिए अभियान चला रहे हैं। उन्हें इस क्षेत्र का व्यापक ज्ञान है और उन्होंने अरावली के संरक्षण के लिए अनुकरणीय कार्य किया है। ईस पुस्तक में अरावली, उनके भूविज्ञान, मिट्टी, पानी, जलवायु और इसके पूरे पारिस्थितिकी तंत्र, पिछले इतिहास और सभ्यता के बारे में डेटा और जानकारी का खजाना है। इसका उपयोग अरावली पर लागू सभी वन अधिनियमों और सुप्रीम कोर्ट के निर्णयों के विभिन्न प्रावधानों के लिए संदर्भ पुस्तक के रूप में किया जा सकता है।

अरावली में दो बडे धन कमाने के' कार्यक्रमों - खनन और बेतरतीब कोलोनाइजेश्न के कारण अरावली नष्ट हो रही है। लेखक ने विस्तार से बताया है कि खनन ने किस तरह पर्यावरण को बड़े पैमाने पर नुकसान पहुंचाया है। उन्होंने बताया है कि अवैध, कानूनी या अन्य खनन ने इस क्षेत्र में भूजल संसाधनों को सबसे गंभीर नुकसान पहुंचाया है। द्वितीयक जलभृत उजागर हो गए हैं, संग्रहीत पानी को पंप करके बाहर निकाल दिया गया है और बर्बाद कर दिया गया है। अरबो वर्षों में बना मिट्टी का आवरण हटा दिया गया और वर्षा जल को अवशोषित करने के लिए कोई पेडो की जड़ प्रणाली नहीं छोड़ी गई। क्षेत्र में जल स्तर में लगातार गिरावट देखी गई है। वन संरक्षण भूजल पुनर्भरण में महत्वपूर्ण भूमिका निभाता है।

राष्ट्रीय राजधानी क्षेत्र में तेजी से हो रहे शहरीकरण ने अरावली पर दबाव डाला है। इस तथ्य से इनकार नहीं किया जा सकता कि बढ़ती आबादी को आवास की जरूरतों को पूरा करने के लिए जगह की जरूरत है, लेकिन इसे योजनाबद्ध और संगठित तरीके से किया जाना चाहिए। इस क्षेत्र में बेतरतीब आवासीय समूहों की संख्या में तेजी से वृद्धि हो रही है, जिसमें अपशिष्ट जल और सीवर निपटान के लिए कोई व्यवस्था नहीं है और साथ ही भूजल का अवैध दोहन भी हो रहा है। लेखक ने अरावली के भूविज्ञान और पर्यावरण पर खनन और बेतरतीब कोलोनाइजेश्न के प्रतिकूल प्रभाव और घटते भूजल का विस्तार से वर्णन किया है।

लेखक ने पारिस्थितिकी तंत्र के इष्टतम और टिकाऊ प्रबंधन की आवश्यकता पर बहुत सही ढंग से जोर दिया है। अत्यधिक उपभोग की सामाजिक व्यवस्था बिगड़ती है, नष्ट होती है, बाधित होती है और पारिस्थितिकी तंत्र के लिए विनाशकारी साबित होती है। समाज को भविष्य की पीढ़ियों के धीरज के लिए गैर-वनीय स्वस्थ जीवन की ओर अपनी आवश्यकताओं के संक्रमण के लिए तकनीकी नवाचारों को खोजने का प्रयास करना चाहिए।

जे पी एल श्रीवास्तव, आईएफएस (सेवानिवृत्त)
पूर्व वन महानिदेशक एवं विशेष सचिव, पर्यावरण एवं वन मंत्रालय,
भारत सरकार, नई दिल्ली, और हरियाणा के पूर्व प्रधान मुख्य वन संरक्षक।

Original appraisal letter was in English, this is Hindi translation.

आमुख

प्राक्कथन

नाजुक अरावली पर्वत प्रणाली के वनस्पति और जीव-जंतुओं को मानवीय हस्तक्षेप से बहुत बड़ा खतरा है। कुछ अरावली की कुछ पूरी पहाड़ियाँ ही गायब हो गई हैं । भूजल का दोहन किया गया है, जिसके परिणामस्वरूप जल स्तर खतरनाक रूप से कम हो गया है। जल निकाय और झीलें सूख गई हैं। निजी लाभ के लिए भू-माफिया और बिल्डर लॉबी ने सामुदायिक जमीनों पर बहुत बड़े पैमाने पर अवैध निर्माण गतिविधियाँ की हैं। ये सामुदायिक जमीनें जिन्हें पंजाब भूमि संरक्षण अधिनियम क्षेत्र के रूप में भी जाना जाता है, वे पूरे गाँव के लोगों के साझा उद्देश्यों के लिए हैं। देश की सबसे बड़ी अदालत ने इस मामले पर गहराई से विचार करने के बाद निर्देश दिया कि वन संरक्षण अधिनियम (1980) के तहत पूर्व अनुमोदन के बिना इन जमीनों पर कोई भी गैर-वानिकी गतिविधि नहीं की जाएगी।

प्राकृतिक संसाधनों के संरक्षक के रूप में राज्य की यह बहुत जरूरी जिम्मेदारी है कि वह इन संसाधनों का संरक्षण और सुरक्षा करे तथा इन्हें नष्ट नही होने दे। व्यवस्थित और वैज्ञानिक कार्य करके यह सुनिश्चित किया जा सकता है, ताकि अरावली में सतत विकास हो सके। यह ग्लोबल वार्मिंग को नियंत्रित करने में भी एक सकारात्मक कदम होगा।

पुस्तक के लेखक श्री आर.पी. बालवान, आई.एफ.एस. एक दुर्लभ किश्म के वन अधिकारी है, जिन्होंने अरावली को बचाने के लिए कड़ी मेहनत की है। यह कार्य अरावली की सुरक्षा और संरक्षण के प्रति उनकी अडिग विचारो का परिणाम है। इस पुस्तक में बहुत सारी जानकारी व डाटा है और उम्मीद है कि नीति निर्माता इस पर उचित ध्यान देंगे।

पी वी जयकृष्णन,
भारत सरकार के पूर्व सचिव, वन मंत्रालय ,
तथा पूर्व अध्यक्ष, केंद्रीय अधिकार प्राप्त समिति
1 जुलाई, 2024, नई दिल्ली

Original foreword was in english for english edition, this is Hindi translation of that.

लघुरूप

एडीजीएफ ---------अपर वन महानिदेशक

एडीएमबी ----------अरावली दिल्ली मोबाइल बेल्ट

एआईएस -----------अखिल भारतीय सेवाएँ

एआईएसओ ---------अखिल भारतीय सेवा अधिकारी/अधिकारी

एपीसीसीएफ ---------अतिरिक्त प्रधान मुख्य वन संरक्षक (एपीसीसीएफ)

एएमआर --------------अरावली पर्वत श्रृंखला

एएमएस --------------अरावली पर्वत प्रणाली

एएसजी --------------अरावली सुपर ग्रुप (अरावली पर्वत प्रणाली का हिस्सा)

Ba ------------------अरब वर्ष की आयु

बीजीसी -------------बैंडेड नीस कॉम्प्लेक्स

बीडीपीओ -----------खंड विकास एवं पंचायत अधिकारी

सीसीएफ ------------मुख्य वन संरक्षक

सीईसी -------------केंद्रीय अधिकार प्राप्त समिति (भारत के सर्वोच्च न्यायालय द्वारा गठित, अब नई गठित कि गई है जो पर्यावरण, वन और जलवायु परिवर्तन मंत्रालय के अधीन है)

सीडीआरआई -------आपदा प्रतिरोधी अवसंरचना के लिए गठबंधन

सीएफ -----------वन संरक्षक

सी एम -----------राज्य के मुख्यमंत्री (सीएम)

सीएल -----------अधिनियम पंजाब ग्राम साझा भूमि (विनियमन) अधिनियम, 1961

कैम्पा ------------प्रतिपूरक वनरोपण निधि प्रबंधन और योजना प्राधिकरण

आयुक्त ----------संभागीय आयुक्त

चकबंदी अधिनियम पंजाब होल्डिंग्स (चकबंदी और विखंडन निवारण) अधिनियम, 1948 (पूर्व पंजाब अधिनियम 1948 का 50)

सीएस----------- मुख्य सचिव

डीसी -----------डिप्टी कमिश्नर / कलेक्टर (डीसी) / जिला मजिस्ट्रेट (डीएम)

डीसीएफ --------उप वन संरक्षक

डीएफबी ---------दिल्ली फोल्ड बेल्ट

डीएफओ ---------डिविजनल वन अधिकारी

डीजीएफ ----------वन महानिदेशक

डीएचआर ---------दिल्ली-हरिद्वार रिज (लोग इसे दिल्ली फोल्ड बेल्ट भी कहते हैं)

डीआईजीएफ -------उप महानिरीक्षक वन

डीओ पत्र ----------डेमी आधिकारिक पत्र

डीआरडीए ---------जिला ग्रामीण विकास एजेंसी

डीएसजी ---------- दिल्ली सुपर ग्रुप (अरावली पर्वत प्रणाली का हिस्सा)

डीएसआर -- ----- दिल्ली-सरगोदा रिज

एट अल एट अलिया ---जिसका अर्थ है 'और अन्य' 'अन्य लेखक' (एट अल)

ईएफआई ---------यूरोपीय वन संस्थान

ईजीएम ---------- पृथ्वी गुरुत्वाकर्षण मॉडल

एफएसी ---------- वन सलाहकार समिति

एफएओ -----------खाद्य एवं कृषि संगठन संयुक्त राष्ट्र संगठन

एफसीए या एफसी --------वन संरक्षण अधिनियम (1980), अब वन (संरक्षण एवं संवर्धन) अधिनियम, 1980

एफसीआर ----------वित आयुक्त राजस्व

एफआईआर --------- प्रथम जांच रिपोर्ट
एफआरएच --------- वन विश्राम गृह या रेस्ट हाउस
एफएसआई -----------भारतीय वन सर्वेक्षण
एचएसवीपी ------------ हरियाणा शहरी विकास प्राधिकरण
हुडा ------------------ हरियाणा शहरी विकास प्राधिकरण (अब एचएसवीपी)
Ga -------------गीगा वर्ष आयु। एक गीगा = एक हज़ार मिलियन। 3500 मिलियन वर्ष आयु की चट्टान को 3.5 Ga लिखा जाएगा।
जीबीएफ ----------ग्रेट बाउंड्री फॉल्ट (अरावली)
जीडीपी -----------सकल घरेलू उत्पाद
जीएचजी ------------ग्रीनहाउस गैस
जीआईएस ----------भौगोलिक सूचना प्रणाली
जीएमडीए ---------- गुरुग्राम महानगर विकास प्राधिकरण
जीपीएस ------------ ग्लोबल पोजिशन सिस्टम
जीएसआई ----------- भारतीय भूवैज्ञानिक सर्वेक्षण
एचएसपीसीबी --------- हरियाणा राज्य प्रदूषण नियंत्रण बोर्ड
आईए --------------- इंटरलोक्यूटरी आवेदन
आईएएस ---------- - भारतीय प्रशासनिक सेवा
आईसीएफआरई ----------भारतीय वानिकी अनुसंधान एवं शिक्षा परिषद, देहरादून
आईएफए या आईएफ --------- अधिनियम भारतीय वन अधिनियम (1927)
आईएफएस --------------- भारतीय वन सेवा
आईजीएफ ------------- वन महानिरीक्षक
आईजीएनएफए ------------ इंदिरा गांधी राष्ट्रीय वन अकादमी, देहरादून
आईयूसीएन ------------- अंतर्राष्ट्रीय प्रकृति संरक्षण संघ
Ka ----------------- किलो वर्ष आयु, 2000 वर्ष को 2K का लिखा जाएगा।
LiFE ----------------- पर्यावरण के लिए लाइफ़स्टाइल
LULUCF ------------भूमि उपयोग और भूमि उपयोग परिवर्तन और वानिकी
भूमि मैनुअल हरियाणा भूमि अभिलेख मैनुअल, 2013
MY या Ma ------------ मिलियन वर्ष की आयु
एमबीटी -------------- मुख्य सीमा थ्रस्ट (हिमालय में)
एमसीटी ------------- मुख्य केंद्रीय थ्रस्ट
एमडीएफ ------------ महेंद्रगढ़-देहरादून फॉल्ट
एमडीएसएसएफ ---------- महेंद्रगढ़-देहरादून उपसतही फॉल्ट
एमएचआर ------------- महेंद्रगढ़-हरिद्वार रिज
विधायक --------------- विधान सभा सदस्य (एमएलए)
MoEFCC ----------- पर्यावरण, वन और जलवायु परिवर्तन मंत्रालय (पहले पर्यावरण और वन मंत्रालय)
MP -------------------संसद सदस्य
एमएसएल ------------- औसत समुद्र स्तर
NAFCC --------------- जलवायु परिवर्तन के लिए राष्ट्रीय अनुकूलन कोष
एनसीआर -------------- राष्ट्रीय राजधानी क्षेत्र, नई दिल्ली
एनसीटी ---------------- राष्ट्रीय राजधानी क्षेत्र
एनआईसी ----------------- राष्ट्रीय सूचना केंद्र
एनटीएफपी ------------- गैर-लकड़ी वन उत्पाद
OECD ---------------- आर्थिक सहयोग और विकास संगठन (ओईसीडी)
पंचायत अधिनियम हरियाणा पंचायती राज अधिनियम, 1994
PIL --------------------- जनहित याचिका

पीएलपीए -------------- पंजाब भूमि संरक्षण अधिनियम (1900) या पीएलपी अधिनियम
पीपीपी --------------- सार्वजनिक निजी भागीदारी
पीसीसीएफ --------------- प्रधान मुख्य वन संरक्षक
पीसीसीएफ (एचओएफ) --------- प्रधान मुख्य वन संरक्षक (वन विभाग प्रमुख)
REDD+ -------------- वनों की कटाई और वन क्षरण से होने वाले उत्सर्जन को कम करना
आरएफओ -------------- रेंज वन अधिकारी
एससी/एसटी ------------ अनुसूचित जाति/अनुसूचित जनजाति
एसडीएफबी -------------- साउथ दिल्ली फोल्डेड बेल्ट
एसईजेड ---------------- विशेष आर्थिक क्षेत्र
एसओआई ---------------- सर्वे ऑफ इंडिया
संयुक्त राष्ट्र या यूएनओ --------- संयुक्त राष्ट्र या संयुक्त राष्ट्र संगठन
यूएनईपी --------------- संयुक्त राष्ट्र पर्यावरण कार्यक्रम
यूएनएफसीसीसी ------------ जलवायु परिवर्तन पर संयुक्त राष्ट्र फ्रेमवर्क कन्वेंशन
यूपीएससी ------------- संघ लोक सेवा आयोग
डब्ल्यूएलपीए -------------- वन्य जीवन (संरक्षण) अधिनियम (1972)

$27^0 47^/ 30^{//}$ 27 डिग्री 47 मिनट 30 सेकंड अक्षांश (उत्तर)
$75^0 4^/ 30^{//}$ 75 डिग्री 47 मिनट 30 सेकंड देशांतर (पूर्व)
देशांतर और अक्षांश की गणना मैन्युअल रूप से की गई है (अनुमानित), इसमें थोड़ा अंतर हो सकता है।
नोटः - इस पुस्तक के लिए अखिल भारतीय सेवा अधिकारी के संबंध में क्षेत्रीय अधिकारियों को क्रमशः संभागीय आयुक्त, पुलिस महानिरीक्षक या पुलिस उप महानिरीक्षक और वन संरक्षक/सीसीएफ माना जाता है। यह भारत संघ के विभिन्न राज्यों के लिए अलग/परिवर्तनशील हो सकता है।

एनसीआर राष्ट्रीय राजधानी क्षेत्र में दिल्ली राजधानी, (गाजियाबाद, नोएडा में कोई अरावली आउटलेर नहीं है), हरियाणा के जिलेः फरीदाबाद, पलवल, मेवात, गुड़गांव, रेवाड़ी, झज्जर, महेंद्रगढ़, चरखी दादरी, भिवानी, (रोहतक, सोनीपत में कोई अरावली आउटलेर नहीं है) शामिल हैं। अलवर, राजस्थान.

साहिबी, दोहान और कृष्णावती नदियाँ राजस्थान से आरम्भ होती हैं तथा इनका जलग्रहण क्षेत्र जयपुर, सीकर, झुंझुनू और अलवर जिलों में अरावली पर्वतों तक फैला हुआ है।

विशेश नोट अग्रेजी वर्णमाला क्रम को ही हिन्दी लघुरूप मे प्रयोग किया गया है।

इकाइयों की सूची

जीजे -----------गीगा जूल
GtCO2e ------------गीगाटन कार्बन डाइऑक्साइड समतुल्य
GW ---------------गीगावाट
Km ------------किलो मीटर
KWh ------------घंटा किलोवाट घंटा
MT --------------मीट्रिक टन
MtCO2e --------------मिलियन टन कार्बन डाइऑक्साइड समतुल्य
MW ----------------मेगावाट
tCO2e -----------टन कार्बन डाइऑक्साइड समतुल्य
TOE ----------------टन तेल समतुल्य
टीडब्ल्यूएच/बीयू टेरावाट घंटा/बिलियन यूनिट
हैम ----------------मिलियन हेक्टेयर (वर्षा से पुनर्भरण के जवाब में भूजल स्तर में वृद्धि की गणना)
क्यूमेक ---------------घन मीटर प्रति सेकंड (एक घन मीटर पानी एक हजार लीटर के बराबर होता है)

पुस्तक में महत्वपूर्ण अदालती मामलों की तारीखें उल्लिखित हैं।

(i) 12.12.1996. टीएन गोदावर्मन थिरुमुलपाद बनाम भारत संघ और अन्य, डब्ल्यूपी 202/1995, (सी) 4677/1985।

(ii) 29/30.10.2002 और 16.12.2002, टीएन गोदावर्मन थिरुमालपाद बनाम भारत संघ और अन्य डब्ल्यूपी (सिविल) 202/1995 में आईए 828, 830-835 कई अन्य आईए।

(iii) 18.3.2004. रिट याचिका (सिविल) 4677/1985, एमसी मेहता बनाम भारत संघ और अन्य, आईए संख्या 1785/01 में आईए संख्या 22 और [आईए संख्या 1806, 1815, 1817-1818 के साथ, डब्ल्यूपी (सी) संख्या 4677/85 में कई अन्य, डब्ल्यूपी (सी) संख्या 410/2002, कई अन्य।

(iv) 14.5.2008. [2008] 8 एससीआर 828, एमसी मेहता बनाम भारत संघ और अन्य, आईए नंबर 1901 में आईए नंबर 1888 में (डब्ल्यूपी (सी) नंबर 4677/1985) व अन्य।

(v) 4.9.2009. सी.एम. संख्या 12170 और 13502/2009 सी.डब्लू.पी. संख्या 20134/2004 विजय बंसल बनाम हरियाणा राज्य 2009 एस.सी.सी. ऑनलाइन पी एंड एच 8073।

(v) 11.9.2018. एमसी मेहता बनाम यूनियन ऑफ इंडिया एवं अन्य, WP (C) संख्या 4677 OF 1985 में, IA संख्या 2310/2008, IA संख्या 2378-2379/2009, IA संख्या 2269, IA संख्या 2270 में, आईए सं. 2393, आईए सं. 2381-2384 आदि, आईए सं. 2310-2311 के साथ कांत एन्क्लेव मामलों के संबंध में डब्ल्यूपी (सी) सं. 202/1995 में।

(vi) 7.4.2022. सिविल अपील संख्या 6990/2014 और कई अन्य सिविल अपीलों में हरियाणा राज्य बनाम जय सिंह एवं अन्य।

(vii) 21/22.7.2022. सिविल अपील संख्या 10294 ऑफ 2013, नरेंदर सिंह एवं अन्य बनाम दिवेश भूटानी एवं अन्य सिविल अपील संख्या 8454/2014, सिविल अपील संख्या 8173/2016, सिविल अपील संख्या 11000/2013, रिट याचिका (सिविल) संख्या 1008/2021, रिट याचिका (सिविल) संख्या 1031/2021, रिट याचिका (सिविल) संख्या 1320/2021

(viii) 6.3.2024 । रिट याचिका (सिविल) संख्या 202/1995 में IA NO.20650/2023 में 'टाइगर सफारी' से संबंधित 6.3.2024 का निर्णय: टीएन गोदावर्मन थिरुमुलपाद बनाम भारत संघ।

(ix) 18.4.2024 एसएलपी (सी) संख्या 6937/2021, तेलंगाना राज्य एवं अन्य बनाम मोहम्मद अब्दुल कासिम

(x) एफसीए नियम 4.5 (i), पृष्ठ 37, वन (संरक्षण) अधिनियम, 1980 की पुस्तिका, दिशानिर्देश और स्पष्टीकरण, भारत सरकार, पर्यावरण और वन मंत्रालय, नई दिल्ली, 2004। (और पृष्ठ 86, 2019 दिशानिर्देशों का आइटम 11.9)।

1

भूजल का निर्मम दोहन

पवित्रेस्यो वैष्णव्यौ सवितुर्वः प्रसव उत्पुनाभ्यच्छिद्रेण पवित्रेण सुर्यस्य रश्मिमिः। देवीरापो अग्रेगुवो अग्रेपुवोग्र इममध यक्षत्रयताग्रे यक्षपतिः सुधातु यक्षपतिं देवयुवम् । यर्जुवेद, 1- 12 ।

यजुर्वेद के मन्त्र 1-12 में स्वस्थ रखने के लिए जल के महत्व का उल्लेख किया गया है। मन्त्र को संक्षेप में इस प्रकार कहा जा सकता है कि सूर्य और जल हमारे शरीर और मन को शुद्ध करते हैं। सांस लेने से गति मिलती है । सूर्य] पानी और सांस तीनों का संयोजन महत्वपूर्ण हैं। सूरज की गर्मी में पानी वाष्पित हो जाता है] इस प्रक्रिया में पानी और हवा शुद्ध हो जाती है । सूर्य वायुमंडल में फिर उस शुद्ध पानी को वर्षा के रूप में वापस लौटा दे वह जल पृथ्वी पर जीवन का पोषण करता है। यजुर्वेद 1-12।

प्रस्तावना, 1-2 जल विज्ञान चक्र, 1-3 अरावली पहाड़ियों और उसके बाढ़ के मैदानों में भूजल वितरण, 1-4 भूजल प्रवाह और तिथि निर्धारण, 1-5 राष्ट्रीय भूजल विकास परिदृश्य, 1-6 भूजल विकास पर राष्ट्रीय जल नीति, 1-7 भूजल मसौदा और उपयोग, 1-8 मानवजनित भूजल की गिरावट 1-9, वानिकी कार्य भूजल संरक्षण, 1-10 अरावली ड्रेनेज पैटर्न और पैलियोचैनल, 1-10-1 ड्रेनेज पैटर्न जलविज्ञान और पैलियोचैनल, 1-11 ऐतिहासिक दोहान नदी, 1-11-1 दोहान नदी का ड्रेनेज मानचित्र, 1-12 कृष्णावती, कसावती, हंसावती नदी का इतिहास, 1-12-1 छलक/ गोहली नदी, कृष्णावती नदी की सहायक नदी, 1-12-2 कृष्णावती ड्रेनेज मानचित्रण, 1-13 साहिबी/ सिवी या साबी नदी की ईतिहासिक यात्रा, 1-13-1 साहिबी ड्रेनेज मानचित्र, 1-14 इंदौरी नदी, 1-14-1 इंदौरी ड्रेनेज मानचित्र, 1-15 गुड़गांव अरावली ड्रेनेज, 1-15-1 एनसीआर-गुड़गांव की भूजल जटिलता, 1-15-2 एनसीआर-गुड़गांव मे भूजल अवरोध, 1-16 बादशाहपुर नाला गुड़गांव,1-17 बुढ़िया नदी फरीदाबाद, 1-18 मेवात की लंडोहा नदी- फिरोजपुर झिरका, 1-19 नूंह फिरोजपुर झिरका घाटी का ड्रेनेज, 1-20 मेहंदवारी नदी, 1-21 मरती हुई झीलें, 1-21-1 कोटला झील, 1-21-2 खलीलपुर झील, 1-21-3 चंदैनी झील, 1-21-4 उझिना झील, 1-21-5 बड़खल झील, 1-21-6 सूरजकुंड-मोर झील, 1-21-7 मेहंदवारी नदी पर दमदमा झील तटबंध, 1-21-8 सुल्तानपुर झील राष्ट्रीय उद्यान, 1-21-9 नजफगढ़ झील, 1-22 नदियों, नालों पर बांध, 1-22-1 फरीदाबाद अरावली ड्रेनेज, 1-22-2 ग्वाल पहाड़ी- बंधवारी भूजल पुनर्भरण घाटी, 1-22-2-1 बंधवारी बांध, 1-22-2-2 गवाल पहाड़ी बांध, 1-22-2-3 बहरामपुर बांध, 1-22-2-4 घाटा बांध, 1-22-3- गुड़गांव- सोहना डिप्रेशन, 1-22-3-1 नाथूपुर बान्ध, 1-22-3-2 चकरपुर बांध, 1-22-3-3 वजीराबाद बांध, 1-22-3-4 झाड़सा -मैदावास बांध, 1-22-3-5 कादरपुर बांध 1-22-3-6 फाजिलपुर बांध 1-22-3-7 गेरतपुर बास बांध, 1-22-3-8 रिठौज बांध, 1-22-3-9 बहलपा बांध, 1-22-3-10 दमदमा बांध और दमदमा नहर बांध, 1-22-3-11 घामडौज बांध, 1-22-3-12 रायसीना बांध, 1-22-3-13 सोहना बांध, 1-22-4 मानेसर-पचगांव-मोकलवास सबसिस्टम, 1-22-4-1 मानेसर -नौरंगपुर -शिकोहपुर बांध, 1-22-4-2 कासन बांध, 1-22-4-3 मोकलवास बांध, 1-22-4-4 पंचगांव बांध, 1-22-5 इंदौरी घाटी तावडू धारूहेड़ा सबसिस्टम, 1-22-5-1 भुतलाका बांध, 1-22-5-2 गोगजाका और गोएला बांध, 1-22-5-3 खरकडी बांध और राहेरी बांध, 1-22-5-4 पंचगाबं बांध, 122-5-5 बुराका बांध, 1-22-5-6 तावरू बांध, 1-22-5-7 रंगाला बांध, 1-22-6 सोहना- नूंह-फिरोजपुर झिरका घाटी लोहिंगा डिप्रेशन सहित, 1-22-7 रेवाड़ी की अरावली, 1-22-8 नारनौल-ढोसी की अरावली, 1-22-9 महेंद्रगढ़ अरावली, 1-23 अरावली के झरने ।

आपो हिष्ठा मयोभुव्स्तान उर्जेदधातन । महे रणाय चक्षसे । यर्जुवेद 11-50 । मन्त्र में जल को मनुष्य को ऊर्जा और शक्ति प्रदान करने वाले अमृत के रूप में उल्लेखित किया गया है ।

शं त आपो हैमवतिः शमु ते सन्तूत्स्याः । शं ते सनिष्यदा आपः शमु ते सन्तु वर्ष्याः । शं ता आपो धन्वयाट शं ते सन्त्वनूष्या । शं ते खनित्रिमा आपः शं याः कुम्भेभिराभृताः । अथर्वेद 19-2-1-2 मन्त्र में आठ प्रकार के जल का उल्लेख किया गया है, हैमवति–हिमालय जल] उत्स्या-झरने का जल, सनिष्यदा–बारहमासी जल, वर्ष्याः–वर्षा का जल] धन्वयाः-रेगिस्तानी जल, अनुप्या–-आर्द्रताग्राही Hygroscopic जल, खनित्रिमा–भूमिगत जल, और कुंम्भेः–घड़े का जल ।

2.1. प्रस्तावना

आयुर्वेद में जल की चार अवस्थाओं का उल्लेख मिलता है (i) अम्भ - सूर्यमण्डल में उपलब्ध जल, (ii) मरीचि - पृथ्वी के ऊपर वायुमण्डल मे लिप्त जल, (iii) मर - समुद्र, नदी, तालाब आदि का जल, (iv) अप - भूमिगत जल। आयुर्वेद में उत्पत्ति के स्रोत के आधार पर जल के प्रकारों का भी उल्लेख किया गया है। (क) वायुमंडलीय जल (दिव्य) को चार प्रकारों में विभाजित किया गया है; स्थलीय वर्षा का जल (भौम , ग्लेशियर के पिघलने से प्राप्त जल (कारकभाव), वाष्प या ओस से प्राप्त जल (तौसरल), बर्फबारी से प्राप्त जल हैमा); वर्षा जल Dharja-धरजा दो प्रकार का होता है: आकाशगंगा जल और समुद्र जल। (ख) terristrial- स्थलीय जल (भौम) bhaum को तीन प्रकारों में विभाजित किया गया है: रेगिस्तानी जल (जंगल), दलदली जल (अनूप) और शीतोष्ण जल (साधारण)। नदी के जलस्रोत की उत्पत्ति के आधार पर एक और वर्गीकरण है: i) रेगिस्तान से –धन्वन्य, (ii) जलधाराओं से - 'अनुप्याः', (iii) मिलने वाली धाराओं से -'निष्यन्दाः ', (iv) झरनों से -'उत्स्याः ' और (v) ग्लेशियरों से - हैमावतीः ।

जल विज्ञान में अरावली में भूजल मौजूदा भूवैज्ञानिक स्ट्रेटम व संरचनाओं के अनुसार छिद्रो-voids, जोडो-joints, करेक्स्-cracks, केविटी-cavity, वैन्स-veins, फिशरज-fissures, कलिवेज -cleavage, बैडिंग प्लैन-bedding planes, और चट्टानों के कणों में रहता है। पृथ्वी की सतह के नीचे भूजल की उपलब्धि, वितरण और गति रहति है। मैग्मैटिक स्रोतों से उत्पन्न होने वाले पानी को **Juvenile-किशोर जल** कहा जाता है। वर्षा में प्राप्त पानी जो अंतर्निहित सतह की चट्टानों में सोख लिया जाता है वह उल्कापिंड का पानी है। जब छिद्रपूर्ण स्तरों में रिक्तियां पानी से भर जाती हैं तो उसे **संतृप्त**-Saturated क्षेत्र कहा जाता है, जबकि Unsaturated-**असंतृप्त** क्षेत्र के कुछ रिक्त स्थान हवा से भर जाते हैं। पानी आमतौर पर संतृप्त क्षेत्र के ऊपर पाया जाता है। पेड़/वनस्पति की जड़ें भी मिट्टी की नमी से पानी को अवशोषित करती हैं ।

पियरे पेरौल्ट 1674, " ड्रेनेज बेसिन में वर्षा और अनुमानित Run off **(अपवाह)** को मापा और रिपोर्ट किया कि बेसिन में वर्षा नदी के (Discharge) निर्वहन की छह गुना थी"। [1]पृथ्वी की सतह पर अवक्षेपित पानी अनुकूल भूवैज्ञानिक संरचनाओं में प्रवेश करता है और छिद्रपूर्ण चट्टान संरचनाओं में अवशोषित हो जाता है। (Unsaturated) असंतृप्त क्षेत्रों में पानी (saturated) संतृप्त क्षेत्र के आसपास की हाइड्रोलिक स्थितियों द्वारा निर्धारित गुरुत्वाकर्षण क्रिया के तहत नीचे की ओर बढ़ता है। (saturated) संतृप्त क्षेत्र पानी के झरनों, नदियों और झीलों के रूप में सतह के संपर्क में आता है। यह जल विज्ञान चक्र का हिस्सा बन जाता है (चित्र 1.1)। शुरुआती ढलान, भूवैज्ञानिक संरचनाएं और चट्टानों की संरचना नदियों के मार्ग को तय करती है जहां से वे शुरू में जल बहना शुरू करता हैं। जल का बहाव उस क्षेत्र की भूआकृति के अनुसार उस क्षेत्र की भूवैज्ञानिक संरचनाऔ व अन्य पैरामिटर पर निर्भर करता है।

Arthur Homes, ने [2]बताया, "सतही जल या (runoff) **अपवाह जल** वर्षा के रूप में या बर्फ के पिघलने से प्राप्त होता है जो समुद्र/ महासागरों में वापस जाने के लिए नीचे की ओर बहता है या भूजल के रूप में चट्टानों में समा जाता है। यह वायुमंडलीय जल का वह हिस्सा है जो मिट्टी और चट्टानों में अवशोषित हो जाता है और सतह के नीचे रहता है। पानी छिद्रों, दरारों और जोड़ों में तब तक अवशोषित होता है जब तक कि यह चट्टानों में कुछ (Impermeable) अभेद्य परतों का सामना नहीं करता है। ऊपरी सतह के भूमिगत जल-संतृप्त क्षेत्र को आमतौर पर **वाटर टेबल** माना जाता है। पानी हमेशा इलाके की असमान सतह की उतार-चढ़ाव और अन्य भू-आकृति विज्ञान विशेषताओं का अनुसरण करता है। किसी भी क्षेत्र का भूजल आमतौर पर उस क्षेत्र में वर्षा/बर्फबारी से संबंधित होता है और चट्टानों में अवशोषित पानी उनकी छिद्रता और (Premeability) पारगम्यता पर निर्भर करता है। जब **वाटर टेबल** सतह पर खुल जाती है तो यह झरने का रूप ले लेती है।"

"आर्थर होम्स द्वारा वर्णित वर्षा जल वितरण के विभिन्न तरीकों की योजना[3]

1 अपवाह. सतही ढलानों से नीचे की ओर सीधा प्रवाह । **नदी प्रवाह**

2 रिसाव-Percolation. मिट्टी के माध्यम से धाराओं में सतही प्रवाह, भूजल को पुनः भरने के लिए

चट्टानों में नीचे की और रिसाव ।भूजल का संचलन बनाए रखना मिट्टी और

तत्पश्चात वनस्पति द्वारा अवशोषण । भूजल

3 वाष्पित होना । वाष्पित व वाष्पीकरण **वाष्पीकरण**

अरावली भूजल संसाधन क्षमता । अरावली पर्वतों में नीस, शिस्ट, क्वार्टजाइट, फ़िलाइट, स्लेट और ग्रेनाइट/ग्रेनाइटॉइड चट्टानें और अन्य इनट्रुजिव शामिल हैं । इन चट्टानों में प्राथमिक पोरोसिटी नगण्य होती हैं [4]। ये चट्टानें लंबे समय तक अपक्षय और फ्रैक्चरिंग आदि के कारण रन्द्र और पारगम्य हो जाती हैं [5], जिसे **सकेन्डरी पोरोसीटी** के रूप में माना जाता है। जल विज्ञानियों ने देखा कि सतत अपक्षय और खंडित क्षेत्रों वाली संरचनात्मक लीनयामेनटज जल दोहन के लिए संभावित जलभृत हो सकती हैं। चूना पत्थर, संगमरमर और डोलोमाइट जैसी कार्बोनेट चट्टानें अरावली के पहाड़ों में पाई जाती हैं। जहाँ चट्टान के घोल की cavity-गुहाएँ बनती हैं, वहाँ जगह-जगह विपरीत पारगम्यता दिखाई देती है। कई स्थानों पर झरने कार्बोनेट संरचनाओं में मौजूद हैं।

"कठोर क्रिस्टलीय और मेटासेडिमेंट्री जैसे ग्रेनाइट, नीस, शिस्ट, फाइलाइट, क्वार्टजाइट आदि के नीचे के क्षेत्रों में फ्रैक्चर सिस्टम में भूजल की उपस्थिति 100 मीटर की गहराई तक और यहाँ तक कि स्थानीय स्तर पर 200 मीटर तक की गहराई तक पाई गई है। ग्रेनाइट/नीस क्षेत्र

के अधिकांश हिस्सों में, अपक्षयित अवशेष एक प्रभावी भूजल भंडार के रूप में कार्य करते हैं । यह देखा गया है कि फ्रैक्चर सिस्टम आमतौर पर ऊपरी अपक्षयित संतृप्त अवशेषों के साथ हाइड्रॉलिकरूप से जुड़े होते हैं । क्रिस्टलीय और मेटासेडिमेंट्री चट्टानों की जल उम्पादन क्षमता में व्यापक विविधताएँ दिखाई देती हैं" [6]।

अरावली की तलहटी और मैदानी इलाकों में कई इलाकों में पानी की भारी कमी है। कई इलाकों को डार्क जोन घोषित किया गया है और भूजल दोहन पर सख्त प्रतिबंध हैं। भूजल के अत्यधिक दोहन से भूजल स्तर में भारी गिरावट आई है। हजारों बोरवेल सूख गए हैं। कुओं को बार-बार गहरा करना या गहरी बोरिंग करना एक गंभीर चिंता का विषय है, जिससे अरावली क्षेत्रों के किसानों पर अतिरिक्त वितीय बोझ पड़ रहा है। महेंद्रगढ़ जिले के कुछ गांवों में किसानों ने अपनी जमीन के अलग-अलग हिस्सों में बोरिंग करने की कोशिश की, लेकिन उन्हें संभावित जलभृत नहीं मिल पाए। यहां तक कि पीने के पानी के लिए भी लोगों ने हजारों फीट नीचे गहरी बोरिंग की, लेकिन उन्हें पानी नहीं मिला। अगर कुछ मामलों में किसानों को थोड़ा बहुत पानी (छोटा जलभृत) मिल भी जाता है, तो ये बोरवेल दो या तीन साल में सूख जाते हैं, जिससे नए बोरवेल की तलाश के लिए अतिरिक्त खर्च की जरूरत पड़ती है। भविष्य में भूजल की संभावना बहुत कम है और मानव सभ्यता के साथ-साथ भावी पीढ़ियों के अस्तित्व के लिए जल-दुर्लभ संसाधनों को संरक्षित करना अत्यंत आवश्यक है।

1.2. जल विज्ञान चक्र । प्रकृति पानी की हर बूंद के लिए संतुलन बनाए रखने वाली जादूगर है। प्रकृति में विभिन्न रूपों/प्रकारों के माध्यम से प्राप्त होने वाले इस पानी को आम तौर पर **जल विज्ञान चक्र** कहा जाता है। मैग्मैटिक और ज्वालामुखी मूल सहित लगभग सभी प्रकार के भूजल को जल विज्ञान चक्र का हिस्सा माना जाता है। वैज्ञानिकों का मानना है कि पृथ्वी पर पानी का हर अणु अंतरिक्ष/वायुमंडल/धूमकेतु/क्षुद्रग्रह/ज्वालामुखियों से उत्पन्न हुआ है और उस पानी की हर बूंद प्रकृति में रिसाइकिल होती है। हमारे शरीर की कोशिकाओं में पानी, बादलों, ग्लेशियरों, पौधों या जानवरों का हो सकता है। वायुमंडल में, यह गैसीय रूप में, वर्षा के रूप में, या समुद्र, झीलों और जलभृतों में बर्फ या तरल रूप में जमी हुई अवस्था में होती है। पृथ्वी पर जीवन का अस्तित्व पानी पर निर्भर था जहाँ सभ्यताओं का विकास, उत्कर्ष और विनाश पानी के इर्द-गिर्द घूमता था। यहाँ तक कि राजाओं की शासन करने की शक्ति भी पानी पर निर्भर थी। पानी अस्तित्व का आधार है, फिर भी पृथ्वी पर मौजूद पानी का केवल 0.5% ही उपयोग योग्य है।

जल चक्र के विभिन्न भागों/चरणों को निम्नानुसार समझा जा सकता है

वर्षा : पृथ्वी के विभिन्न भागों में वायुदाब और तापमान में परिवर्तन होता है। हवा के द्रव्यमान जल वाष्प के साथ हवा को संतृप्त करने के लिए आगे बढ़ते हैं, फिर जल वाष्प हवा में निलंबित ठोस पदार्थ के सूक्ष्म नाभिक के चारों ओर संघनित होते हैं। नमी छोटी बूंदों के रूप में संघनित होती है। इन छोटे नमी से भरे कणों के कोलाइडल निलंबन को बादल माना जा सकता है। बादलों के कुछ हिस्सों के भीतर सापेक्ष गति के साथ कणों का आकार बढ़ता है। कम तापमान संघनन को बढ़ाता है जिससे यह वर्षा (ठंडे अक्षांशों में बर्फबारी) के रूप में गिरता है। महासागर और पृथ्वी पर वाष्पीकरण वायुमंडल में बड़ी मात्रा में जल कणों की आपूर्ति करता है और महासागरों और पृथ्वी पर वर्षा की प्रक्रिया जारी रहती है।

सतही अपवाह : जब पृथ्वी की सतह पर वर्षा होती है, तो अवक्षेपित पानी का कुछ हिस्सा इन्फिलट्रेशन-अवशोषण के माध्यम से अवशोषित हो जाता है, कुछ हिस्सा वाष्प के रूप में वायुमंडल में निकल जाता है, और बाकी पानी अपवाह जल के रूप में नीचे बह जाता है। किसी भी जलग्रहण क्षेत्र का अपवाह एक निश्चित समय में एक धारा में बहने वाले पानी की कुल मात्रा है। चट्टानी इलाकों में बारिश के कुछ समय बाद ' परोक्ष अपवाह जल' धारा में पहुँच जाता है। जबकि वर्षा जल के 'सतही प्रवाह' वाले हिस्से में, यह एक धारा तक पहुँचने के लिए जमीन की सतह पर बहता है। जब आधारशिला अभेद्य होती है, तो यह पानी को भूजल की ओर अवशोषण के लिए नीचे रिसने नहीं देती है , लेकिन जहाँ सतह की चट्टानें पारगम्य होती हैं, वहाँ पानी पारगम्य सतही चट्टान में बहता है और भूजल में मिल जाता है।

अरावली पर्वत में बहुत कम समय के लिये ही बारिश की बौछारें गिरती हैं। ज़्यादातर तूफ़ानी मौसम की स्थिति बारिश के पानी की बूंदों को सतह पर कोणीय दिशा में छूने पर मजबूर करती है, जिससे नंगी सतह कटाव करते हुऐ पानी तुरंत बह जाता है। उच्च तापमान और तेज़ हवा के कारण कठोर चट्टानों की सतह से पानी कुछ ही समय में वाष्पित हो जाता है। छोटे क्षेत्रों में अचानक बारिश होने के कारण, जलग्रहण क्षेत्र की छोटी-छोटी धाराये/नदियाँ तुरंत पानी इकट्ठा कर लेती हैं, जिससे अरावली की पहाड़ियों में प्रति इकाई क्षेत्र में ज़्यादा मात्रा में पानी बहता है। अरावली पहाड़ियों की ढलानों पर मिट्टी की परतें बहुत

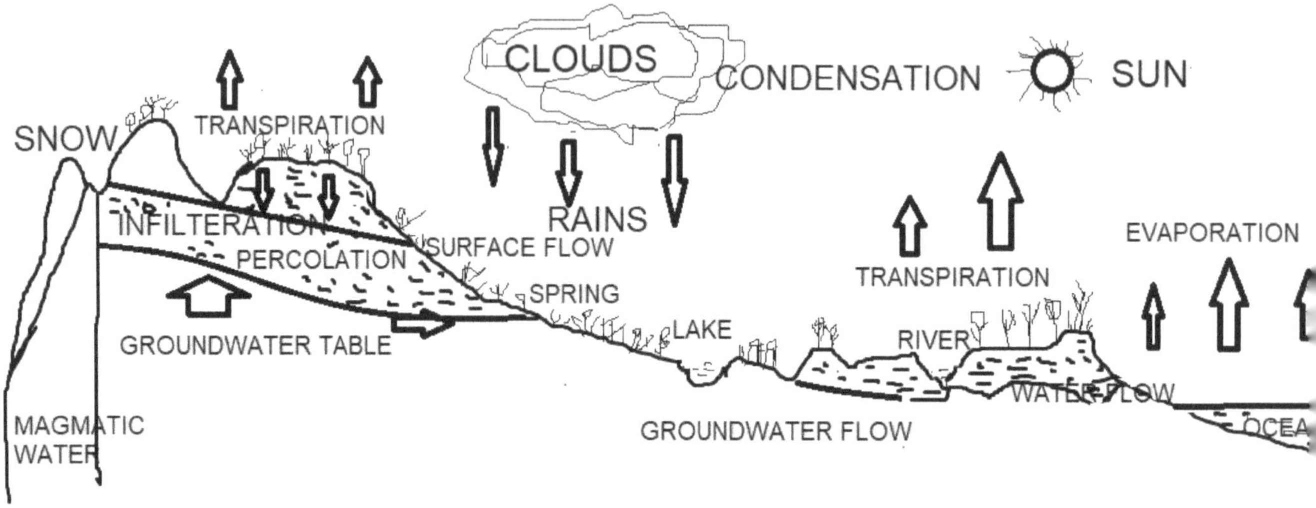

THE HYDROLOGIC CYCLE

चित्र 1.1 जल विज्ञान चक्र

पतली हैं या मिट्टी है ही नहीं और वनस्पतियाँ नहीं हैं, इसलिए ज़्यादातर बारिश का पानी तुरन्त बहकर चला जाता है।

अपवाह, बारिश की तीव्रता और अवधि, सतही चट्टानों की पारगम्यता, वन आवरण का प्रकार, क्षेत्र में उगने वाली वनस्पति, क्षेत्र की भू-आकृति विज्ञान, ड्रेनेज बेसिन की प्रकृति/ ड्रेनेज प्रणालियों का विस्तार, बारिश की प्रकृति, समय के साथ वर्षा का फैलाव, वर्षा की गति और शक्ति, और क्षेत्र की लंबाई और चौड़ाई में बारिश वितरण, (त्वरित उच्च-तीव्रता वाली वर्षा अवशोषण के लिए कम समय और उच्च अपवाह दर प्रदान करती है; लंबे समय तक फैली धीमी वर्षा जमीन में वर्षा जल के अवशोषण के लिए अधिक समय प्रदान करती है), क्षेत्र का ढलान/ पहलू, धारा/छोटी नदियों के चैनल की गहराई, आधारशिलाओं की छिद्रता और पारगम्यता, क्षेत्र में भौम जल स्तर की गहराई इत्यादि का कार्य है। जल विज्ञान में, किसी भी धारा/धार/छोटी नदियों के निर्वहन किसी भी दिये गये समय उनमे बहने वाला जल उस नदी के करोस सेक्सन मे हाइर्डोगराफ द्वारा र्दसाया जाता है।

सतही अपवाह = वर्षा - अंतःस्यंदन तथा सतह प्रतिधारण और वाष्पीकरण हानियाँ

अन्तरावरोधन: जब किसी क्षेत्र में वर्षा शुरू होती है, तो उस वर्षा की एक बड़ी मात्रा उस क्षेत्र की सतह पर मौज़ूद पेड़ों और अन्य वनस्पतियों द्वारा अवशोषित की जाती है या प्रयोग मे ली जाती है। वनस्पतियों की पत्तियों द्वारा रोका गया पानी भी पेड़ों और वनस्पतियों द्वारा अवशोषित कर लिया जाता है। वर्षा वाले क्षेत्र में हवा के संपर्क में आने के बाद, बड़ी मात्रा में पानी वायुमंडल में वाष्पित हो जाता है। भारी तूफान और तेज़ हवाएँ पेड़ों और वनस्पतियों द्वारा पानी के ऐसे अवरोधन को कम करती हैं। पानी का ऐसा अवरोधन और छोड़ना किसी विशेष क्षेत्र में उगने वाले पेड़ों और वनस्पतियों के प्रकार पर निर्भर करता है।

Infiltration: इन्फिलट्रेशन मिट्टी या छिद्रपूर्ण स्थापित चट्टानों में सतह के नीचे पानी का रिसाव और प्रवाह है जो भूजल में बहता है। इन्फिलट्रेशन क्षमता वह अधिकतम दर है जिस पर अपेक्षित मिट्टी मौजूदा परिस्थितियों में वर्षा जल को अवशोषित कर सकती है। ह्यूस्टन ने परिभाषित किया, "किसी निश्चित स्थिति में एक निश्चित मिट्टी जिस अधिकतम दर पर वर्षा को अवशोषित कर सकती है। उन्होंने सुझाव दिया कि यह अधिकतम प्रारंभिक वैल्यु से स्थिर दर तक समय के साथ तेजी से घट जाती है। " इन्फिलट्रेशन की वास्तविक दर हमेशा प्रारंभिक वर्षा तीव्रता में अधिक होती है और मिट्टी के कणों की संतृप्ति और सूजन के कारण समय के साथ तेजी से घटती है।

इन्फिलट्रेशन सतह की मिट्टी की प्रकृति, स्ट्रेटम बेड चट्टानों की छिद्रता, मिट्टी में रूकी हवा का प्रभाव, पानी का तापमान, सतह की ढलान, मौजूदा पेड़ों और वनस्पतियों की प्रकृति और प्रकार, पानी की विस्कांस्टी और मिट्टी नंगी है या वनस्पतियों और पेड़ों से ढकी हुई है,

इस पर निर्भर करती है। अरावली आग्नेय और बहु-रूपांतरित चट्टानों में इन्फिलट्रेशन की क्षमता बहुत कम या बिल्कुल नहीं है, खासकर जहाँ चट्टानें पेड़ों से रहित हैं, मिट्टी की गहराई कम है या मिट्टी का आवरण नहीं हो।

अरावली पर्वतों की बहुरूपांतरित चट्टानों में सीमित जल धारण क्षमता होती है। बार-बार होने वाली टेक्टोनिक गतिविधियों के कारण, ये चट्टानें संकुचित हो गई थीं, और बहुरूपांतरण ने उनके छिद्र स्थान को नष्ट कर दिया था। इनड्रुजिव करने वाले आग्नेय ग्रेनाइट/ग्रेनाइटॉइड पारगम्य नहीं हैं (चट्टानों की पानी के प्रवाह की अनुमति देने की क्षमता) और पानी को अवशोषित करने के लिए पर्याप्त छिद्रपूर्ण नहीं होती हैं। इन चट्टानों में अधिकांश पानी अपक्षयित भागों, गहरी फ्रैक्चर, जोड़ों, दरारों, फोलिएशन, लेंस के आकार की अपक्षयित वेन्स और बैडिंग प्लैन में होता है जो इन भूवैज्ञानिक संरचनाओं के माध्यम से जुड़े रहते हैं।

वर्षा अंतःस्यंदन कारक विभिन्न जल विज्ञान स्थितियों में चट्टानों की प्रकृति और क्षेत्र की भूवैज्ञानिक विशेषताओं के आधार पर भिन्नता होती है । अपक्षयित और खंडित ग्रेनाइटिक इलाकों में वर्षा के रिसाव को [7]ध्यान में रखा जाता है सामान्य वर्षा का 10 से 15 प्रतिशत, जबकि अपक्षयित ग्रेनाइट में यह सामान्य वर्षा का लगभग 5 से 10 प्रतिशत है। फाइलाइट्स, चूना पत्थर, बलुआ पत्थर, क्वार्टजाइट्स, शेल्स आदि में यह सामान्य वर्षा का 3 से 10 प्रतिशत माना जाता है ।

मृदा अंतःस्यंदन परीक्षण[8] सीजीडब्ल्यूबी द्वारा बताया गया। “ मृदा विज्ञान में इन्फिलट्रेशन की दर उस दर का माप है जिस पर मिट्टी वर्षा या सिंचाई को अवशोषित करने में सक्षम है। इसे इंच प्रति घंटा या मिलीमीटर प्रति घंटा में मापा जाता है। मिट्टी के संतृप्त होने पर दर कम हो जाती है। इसे आमतौर पर पानी की परत की गहराई (मिमी में) से मापा जाता है जो एक घंटे में मिट्टी में प्रवेश कर सकती है। सूखी मिट्टी में, पानी तेजी से इन्फिलट्रेट करता है। इसे प्रारंभिक इन्फिलट्रेशन दर कहा जाता है। जैसे-जैसे अधिक पानी छिद्रों में हवा की जगह लेता है, मिट्टी की सतह से पानी अधिक धीरे-धीरे इन्फिलट्रेट करता है और अंततः एक स्थिर दर पर पहुंच जाता है। इसे बुनियादी इन्फिलट्रेशन दर कहा जाता है। इन्फिलट्रेशन की दर मिट्टी की बनावट (मिट्टी के कणों का आकार) और मिट्टी की संरचना (मिट्टी के कणों की व्यवस्था) पर निर्भर करती है। सिलन्डर या रिंग इनफिलट्रोमिअर द्वारा साधारण्तया इनफिलट्रेशन दर मापी जाति है ।

वाष्पीकरण: सौर ताप, हवा और अन्य वायुमंडलीय कारकों के कारण महासागरों, झीलों, तालाबों और भूमि द्रव्यमानों पर पानी जमा हो जाता है, सुर्य की उश्मा से जिसमें से बड़ी मात्रा वाष्पित होकर वायुमंडल में वाष्प के रूप में वापस लौट जाती है और यह प्रक्रिया जलीय चक्र में वाष्पीकरण कहलाती है।

वाष्पोत्सर्जन : वनस्पति/पेड़ों की जड़ें पानी को अवशोषित करती हैं और उस पानी की एक बड़ी मात्रा वाष्पोत्सर्जन की प्रक्रिया द्वारा पत्तियों (Vescular) संवहनी पौधों में रंध्रों और गैर-संवहनी पौधों में फीलोड्स के माध्यम से जल वाष्प के रूप में वायुमंडल में वापस चली जाती है। वाष्पोत्सर्जन प्रक्रिया में पौधों की पत्तियाँ वायुमंडल में पानी छोड देती हैं, फिर सतह क्षेत्र से वाष्पित होने वाले पानी के साथ मिल जाती हैं और दोनों का योग वाष्पोत्सर्जन (वाष्पोत्सर्जन और वाष्पीकरण का योग) बन जाता है। मिट्टी की सतह, जल निकायों और कॅनापी इन्टरसेपस्न व छत्र (crown) अवरोधन से वायुमंडल में पानी की आवाजाही शामिल है। वाष्पोत्सर्जन के मैग्नीटुड उतार-चढ़ाव की मात्रा हमेशा पेड़ की (canopy) छतरी या वनस्पति की प्रकृति और प्रकार, मौसम और क्षेत्र की मौसम स्थितियों से संबंधित होती है। बादल वाले दिन गर्म गर्मियों की तुलना में छोटे बदलाव दिखाते हैं। जुते हुए खेतों और नंगे अरावली चट्टानी क्षेत्रों में वाष्पोत्सर्जन निर्वहन नगण्य या नहीं के बराबर होता है। अर्ध-शुष्क अरावली क्षेत्र में गर्म हवाएँ भी पेड़ों में वाष्पोत्सर्जन दर को प्रभावित करती हैं।

"संभावित वाष्पोत्सर्जन (PET) वाष्पोत्सर्जन के लिए पर्यावरणीय मांग का प्रतिनिधित्व करता है और एक छोटी हरी फसल (घास) की वाष्पोत्सर्जन दर को दर्शाता है, जो पूरी तरह से जमीन को छाया देती है, एक समान ऊंचाई की होती है और मिट्टी की रूपरेखा में पर्याप्त पानी की स्थिति होती है। यह पानी को वाष्पित करने के लिए उपलब्ध ऊर्जा और जमीन से निचले वायुमंडल में जल वाष्प को ले जाने के लिए उपलब्ध हवा का प्रतिबिंब है। अक्सर संभावित वाष्पोत्सर्जन के लिए एक मान की गणना एक संदर्भ सतह, पारंपरिक रूप से छोटी घास पर एक नजदीकी जलवायु स्टेशन पर की जाती है। इस मान को संदर्भ वाष्पोत्सर्जन (ET0) कहा जाता है"[9]

भूमिगत जल: जब मिट्टी संतृप्त हो जाती है तो हाइड्रोलिक ढाल के आधार पर भूजल प्रवाह शुरू हो जाता है। अरावली पहाड़ियों के मामले में प्रचलित उच्च तापमान के कारण अवक्षेपित (वर्षा) पानी का वाष्पीकरण तुरंत शुरू हो जाता है और भूजल प्रवाह बहुत कम अवधि के लिए रहता है। अरावली की तलहटी, वातोच्छादित निक्षेपों और बाढ़ के मैदानी क्षेत्रों में संतृप्ति क्षेत्र की गहराई विभिन्न रूप से भू-सिंक्लिनल और भू- एंटीकलिनल भूवैज्ञानिक संरचनाओं से संबंधित है। अरावली के मैदानी क्षेत्रों में क्वाट्रनरी पीरयढ (होलोसीन) के निक्षेप अरावली के पास वातोच्छादित निक्षेप, मैदानी क्षेत्रों में रेत के टीलों के निक्षेप और बाढ़ के मैदानी क्षेत्रों में जलोढ़ निक्षेप इस क्षेत्र में भूजल के मुख्य भंडार का निर्माण करते हैं। जलस्थैतिक दबाव के तहत अंतरालों में पानी भरा जाता है, जिसे आम तौर पर भूजल कहा जाता है, जबकि वातन अंतरालों के क्षेत्र आंशिक रूप से पानी और आंशिक रूप से हवा से भरे होते हैं। पहाड़ों में, भूजल दरारों, जोड़ों, कलिवेज, रॉक फोलिएशन, अपक्षयित और विघटित इनड्रुजिव वैन्स और बैडिंग प्लैन में व्याप्त है (अरावली की चट्टानें लगभग लंबवत रूप से झुकी हुई हैं, इसलिए वहाँ पानी की उपलब्धता कम है, जहाँ एंटीक्लिन का क्षरण हुआ है, उन संरचनाओं में पानी के रिसने की संभावना बनी हुई है)।

मृदा जल क्षेत्र में जल जलोढ़ या रेतीले क्षेत्रों में वनस्पति के लिए उपलब्ध है। वनस्पति की जड़ों को उपलब्ध कराने के लिए पानी सतह के तनाव द्वारा केशिकाओं में आयोजित किया जाता है। लेकिन अरावली पहाड़ी ढलानों पर बहुत अधिक मिट्टी के अभाव के कारण, वनस्पति की जड़ों के लिए पानी उपलब्ध नहीं होता है। जहां मिट्टी की गहराई 45 सेंटीमीटर के आसपास है, वहा कुछ मिट्टी का पानी वनस्पतियों को उपलब्ध हो सकता है और वहां किसी तरह कुछ वन आवरण उगता है। हाइग्रोस्कोपिक पानी मिट्टी के कणों की सतह पर नमी की एक पतली फिल्म बनाता है और ज्यादातर वनस्पतियों की जड़ों के लिए उपलब्ध नहीं होता है। गुरुत्वाकर्षण के प्रभाव में, अतिरिक्त गुरुत्वाकर्षण पानी मिट्टी में नीचे चला जाता है, गुरुत्वाकर्षण निकासी के बाद मिट्टी में आयोजित पानी की मात्रा को क्षेत्र क्षमता के रूप में भी जाना जाता है।

मिट्टी की नमी को ग्रैविमेट्रिक माप द्वारा मापा जा सकता है, मिट्टी की नमी की मात्रा जानने के लिए मिट्टी की केशिका क्षमता को मापने के लिए टेंसियोमीटर का उपयोग किया जाता है। मिट्टी की नमी को मापने के लिए कई अन्य तरीके/तकनीकें हैं। (इस पुस्तक के लिए आवश्यक नहीं है)। चित्र 1.2 में केशिका को संतृप्ति क्षेत्र (भूजल) से अलग करने वाली सतह को जल तालिका के रूप में लेबल किया गया है । संतृप्ति क्षेत्र में, भूजल सभी अंतरालों को भर देता है, आणविक और सतही तनाव के कारण उस क्षेत्र से पानी बाहर पंप करते समय उन पारगम्य चट्टानों/मिट्टी में कुछ पानी बरकरार रहता है।

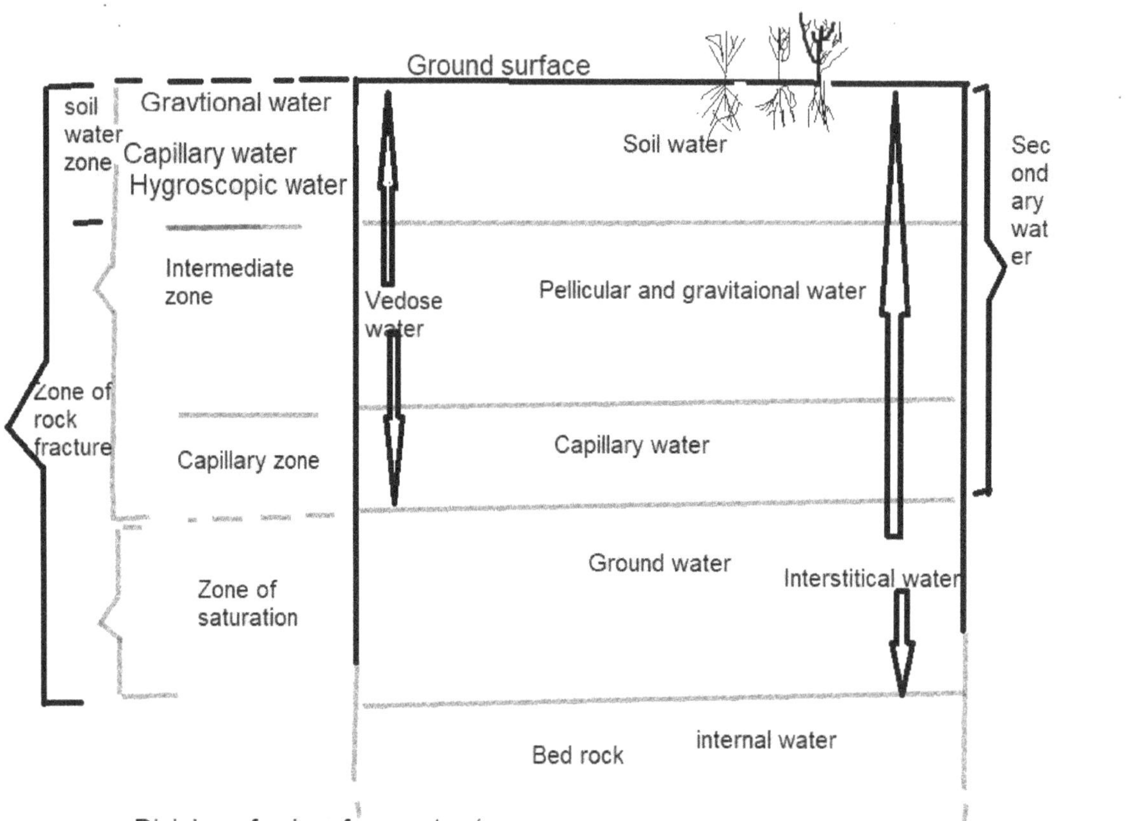

चित्र 1.2. भूमिगत जल का ऊर्ध्वाधर वितरण

एक्वीफर-जलभृत : "लोग यह नहीं समझते कि जब पानी प्रदूषित हो जाता है, यह एक संपूर्ण जलभृत प्रदूषित होता है। हमारे पैरों के नीचे मौजूद आकर्षक दुनिया जिसे हम नहीं देखते, इसलिए हम उससे जुड़ नहीं पाते" —एरिन ब्रोकोविच

एक्वीफर शब्द का मूल लैटिन में पाया जा सकता है; -एक्वा का अर्थ है पानी और -फर का अर्थ है- से आता है, इसलिए एक्वीफर एक जल वाहक है। चट्टान निर्माण की संरचना ऐसी है कि यह जल को क्षेत्र की स्थितियों में उनके माध्यम से प्रवाहित होने देती है जिसे एक्वीफर स्ट्रेरेटा माना जाता है। " एक चट्टान निर्माण या सामग्री जो महत्वपूर्ण मात्रा में पानी प्रदान करेगी उसे एक्वीफर के रूप में परिभाषित किया गया है।" [10]जलविज्ञानी अधिग्रहणकर्ता को इस प्रकार परिभाषित करते हैं, "सतह के नीचे का प्राकृतिक क्षेत्र जो आर्थिक रूप से महत्वपूर्ण होने के लिए पर्याप्त मात्रा में पानी प्रदान करता है।" मैदानी क्षेत्रों में, उपसतह जल का सामान्य वितरण चित्र 1.2 में दिखाया गया है । एक्वीफर

भेद्यता को " DRASTIC दृष्टिकोण को अपनाकर स्पष्ट किया जा सकता है ,इसमे सात शब्द शामिल है, पानि की डेपथ-Depth, मूलत रीर्चाज -Recharge, एक्वीफर मिडिया-Aquifer, सॉयल मिडिया-Soil, टोपोगराफी-Topography इमपैक्ट आफ वैडोज मिडिया-Impact, व एक्वीफर की Hydraulic Conductivity, (अलफर च अन्य 1985)।

जलभृत का पुनर्भरण = वर्षा - (धाराओं में अपवाह, + वाष्पीकरण, + मृदा क्षेत्र में पौधों से वाष्पोत्सर्जन) माना जाता है।

मिट्टी में वर्षा जल का रिसाव पुनर्भरण की सबसे बड़ी मात्रा मानी जाती है। पुनर्भरण की गणना ऊर्ध्वाधर हाइड्रोलिक चालकता से संबंधित है जो भू-भाग के भूविज्ञान का एक महत्वपूर्ण कार्य है। किसी भी क्षेत्र का भूविज्ञान किसी भी क्षेत्र में भूजल के पुनर्भरण को प्रभावित करता है। भूजल पुनर्भरण मूल्यांकन की इकाई है माना जाता है, "अच्छी तरह से परिभाषित जल विज्ञान सीमाओं वाला वाटरशेड भूजल संसाधन आकलन के लिए एक उपयुक्त हाइड्रोलॉजिकल इकाई है। कठोर चट्टान वाले क्षेत्रों में, भुगरर्भिय हाइड्रोलॉजिकल और हाइड्रोलॉजिकल इकाइयाँ आम तौर पर एक साथ होती हैं, जो जलोढ़ क्षेत्रों में ऐसा नहीं हो सकता है जहाँ जलभृत बेसिन की सीमाओं को पार करते हैं। कठोर चट्टान वाले क्षेत्रों में जो देश के लगभग 2/3 क्षेत्र पर फैली हुई हैं, वाटरशेड पर भूजल का एक इकाई के रूप में आकलन करना अधिक वांछनीय है" [11]।

सीजीडब्ल्यूबी द्वारा स्थापित पुनर्भरण के आकलन के मानदंड यहाँ प्रस्तुत किए गए हैं। कम मिट्टी की मात्रा वाले अपक्षयित ग्रेनाइट, नीस और शिस्ट में वर्षा से पुनर्भरण लगभग 10% माना जाता है, और महत्वपूर्ण मिट्टी की मात्रा वाले अपक्षयित ग्रेनाइट, नीस और शिस्ट में लगभग 8% पुनर्भरण माना जाता है । कम मिट्टी की मात्रा वाले अपक्षयित ग्रेनाइट, नीस और शिस्ट से भूजल की विशिष्ट प्राप्ति 3% है और महत्वपूर्ण मिट्टी की मात्रा और क्वार्टजाइट वाले अपक्षयित ग्रेनाइट, नीस और शिस्ट से लगभग 1.5% माना जाता है।

"वन की मिट्टी में घनी, गहरी जड़ प्रणाली और एक मोटी और छिद्रपूर्ण कार्बनिक ऊपरी परत द्वारा जल इन्फिलट्रेशन और प्रतिधारण को बढ़ावा मिलता है। इसलिए जंगलों में सतही अपवाह न्यूनतम होता है और भूजल पुनर्भरण अधिक होता है, जिसके परिणामस्वरूप किसी भी अन्य भूमि आवरण की तुलना में समय के साथ अधिक सुसंगत जलधारा प्रवाह होता है। वनों के इस विनियमन कार्य का समर्थन करने के लिए, वन प्रबंधकों को स्थायी वनस्पति आवरण बनाए रखने, मिट्टी के संघनन को सीमित करने, मिट्टी में कार्बनिक पदार्थों की उच्च मात्रा बनाए रखने और "सतह खुरदरापन" (यानी, मिट्टी की सतह की असमानता, जो जल इन्फिलट्रेशन को बढ़ाने में मदद करती है) को बढ़ाने का लक्ष्य रखना चाहिए।"[12]

अरावली क्षेत्र में संभावित जलभृत धाराएँ/नाले/जलमार्ग और उनके बाढ़ के मैदानी क्षेत्र, पहाड़ी घाटियों में जमा बजरी/मलबे, रेत या परित्यक्त घाटियों की रेत, पैलियोचैनल, रेत के टीले (हवा के कटाव और जमाव) क्षेत्र थे। अरावली बाढ़ के मैदानों में सीमित और असीमित जलभृत परिवर्तनशील गहराई और आयामों में डिग्री पर हैं। अरावली क्षेत्र के भूविज्ञानिक संरचनाओ के कारण बिना किसी निरंतरता के स्थिर और परिवर्तनशील अस्थाई जलभृत मिलते हैं।

जलभृतों के बारे में ग्रामीणों की आम समझ यह है कि रेत के टीलों वाले क्षेत्रों में कलेई मिट्टी वाले क्षेत्रों की तुलना में पानी की उपलब्धता बेहतर होती है। कुआं खोदते या बोरिंग करते समय, जहाँ कहीं भी मोरम (गांठदार कलेइ मिट्टी) मिलता है, ग्रामीण मान लेते हैं कि उसमें पानी नहीं होगा, जब भी कंकर के साथ बजरी मिलती है (शायद पुरानी नदी की चैनल), वे उसे जल-धारक संरचना मानते हैं। रेत के टीलों की मोटी रेत में उच्च पारगम्यता होती है, जिसके बीच में रिक्त स्थान, छिद्र और हवा होती है, इसलिए इसे जल-धारक संरचना माना जाता है। आग्नेय और बहु-रूपांतरित अरावली चट्टानें कमतर अभेद्य, कम जल धारण करने वाली रहीं है। हालांकि इस चट्टानी इलाके में कुछ स्थानों पर बड़े पैमाने पर गहरी बोरिंग से कुछ समय के लिए थोड़ा बहुत पानी निकला आता है। अवैध खनन ने अरावली की चट्टानों मे जमा जल को बेबाद कर दिया है।

बलुआ पत्थर और कुछ अन्य तलछटी संरचनाओं में रिक्त स्थान, अंतराल और छिद्र होते हैं जो अपनी उच्च अंतर्निहित छिद्रता और पारगम्यता के कारण अनुकूल जलभृत बनाते हैं [13], लेकिन अरावली पर्वतों की मौजूदा बहु-रूपांतरित और ग्रेनाइटॉइड आग्नेय चट्टानें मुख्य रूप से उनमें पानी को अवशोषित करने के लिए छिद्रपूर्ण और पारगम्य नहीं हैं। बहु-रूपांतरित अभेद्य चट्टान संरचनाओं की संरचना में न तो पानी होता है और न ही पानी संचारित होता है। अरावली पर्वत प्रणाली में बहुस्तरीय टेक्टोनिक उथल-पुथल ने उन चरणों के दौरान चट्टानों को अलग-अलग रूप मे रूपांतरित किया और बाद में आग्नेय इनड्रुजन ने उन्हें कम जल धारण क्षमता वाला बना दिया। परिणामस्वरूप गैर-छिद्रपूर्ण और गैर-पारगम्य होने के कारण बहुत कम जल-उत्पादन क्षमताएँ रहती हैं। अरावली क्षेत्रों में भूजल मुख्यतः इन चट्टानों के खंडित और अपक्षयित क्षेत्रों से निकाला जाता है, जिनमें क्वार्टजाइट प्रमुख हैं। अरावली के अधिकांश क्षेत्रों में भूजल का अत्यधिक दोहन हो चुका है तथा यह अत्यंत गंभीर स्थिति में पहुंच चुका है।

भूवैज्ञानिक समय के पैमाने के दोरान अपक्षय और अन्य भूवैज्ञानिक प्रक्रियाओं के कारण चट्टानों में दरारें, फ्रैक्चर, क्रेवासिज, जोड़, फिसरज, घोल के छिद्र और अपक्षयित शिराओं जैसे द्वितीयक अंतराल विकसित हुए। धीरे-धीरे पेड़ों की जड़ों और प्रकृति और जानवरों में चल रही जैविक गतिविधियों के कारण भी छिद्र बन गए , जिससे चट्टानों में पानी का कुछ वितरण और आवागमन सुगम हो गया। भूवैज्ञानिक गतिविधियों के दौरान, 'अरावली सुपर सिस्टम' के बहु-चरणीय तह वाले भूभाग ने एंटीक्लिनल संरचनाओं में अधिकतम तनाव और खिंचाव

विकसित किया, ऐसे कमजोर क्षेत्र के फ्रैक्चर वाले क्षेत्रों को वर्षा जल के प्रवाह के लिए मार्ग प्रदान करने के लिए मिटा दिया गया, और कुछ वर्षा जल उन फ्रैक्चर/दरार में बरकरार रहा।

नदियों/झरनों/छोटी जल धाराओ के माध्यम से निरंतर कटाव ने जल के प्रवाह के दौरान पानी को सोखने के लिए पहाड़ों में नदी घाटियों का विकास किया। बहते हुए नदियां अपक्षय सामग्री को ले कर चलती हैं और उसे परिवहन करती हैं जो द्वितीयक पुनर्भरण के लिए इलाके में वर्षा जल प्रवाह के लिए प्राकृतिक क्षेत्रों को विकसित करने के लिए कटाव को बढ़ाती है। नदियाँ अरावली पहाड़ियों के डिगरेडिड मोड़दार ऊपर उठे (एंटीक्लाइन/ एंटीक्लिनोरियम) की ढलानों से उत्पन्न हुई और धीरे-धीरे अपनी विशिष्ट जल निकासी प्रणालियों का विकास किया। अरावली पहाड़ों के निरंतर कटाव और घाटियों के चौड़ीकरण से भारी मात्रा में चट्टान के कचरे के साथ तेज बारिश के कारण इन जल घाटियों का कटाव कई गुना बढ़ गया। निरंतर अपक्षय और कटाव के क्रमिक संचालन के साथ वर्षा के पानी द्वारा उस सामग्री को अपने साथ बहाकर ले जाने और उसके परिवहन ने इलाके को सीमित सीमा तक पुनर्भरण किया।

दिल्ली क्षेत्र मे निर्मित चट्टानों के स्ट्रेटीग्राफिक अनुक्रम की समीक्षा कचरू और बागची (1999) ने की। श्रीवास्तव व अन्य (1974) और कचरू और बागची (1999) ने दिल्ली का व्यवस्थित भूवैज्ञानिक और भूआकृति विज्ञान मानचित्रण किया है और तीन अलग-अलग सतहों की पहचान की है... दिल्ली क्वार्टजाइट रिज पुनर्भरण क्षेत्र के रूप में कार्य करता है। एओलियन और जलोढ़ जमा के रूप में क्वाट्रनरी पीरयढ मे जमा क्षेत्र में भूजल का प्रमुख भंडार है... एओलियन जमा मुख्य रूप से दोमट, गादयुक्त दोमट और रेतीली दोमट से मिलकर बने होते हैं। आधारशिला चट्टाने इन जमाओं से ढकी हुई है। पुराने जलोढ़ जमा में ज्यादातर मिट्टी, कले और रेत के साथ-साथ कंकड़ से इंटरबेडेड, लेंटिकुलर और इंटर-फिंगरिंग के जमाव होते हैं । ये जमाव एओलियन जमाव को ढकते हैं और बदले में नए जलोढ़ जमाव द्वारा ढके होते हैं।[14]

"स्थलाकृतिक ड्रेनेज और लिथोलॉजिकल विशेषताओं के आधार पर, तीन प्रमुख भू-आकृति विज्ञान इकाइयों, अर्थात् संरचनात्मक और अनाच्छादन पहाड़ियों, जलोढ़ मैदानों और एओलियन मैदानों की पहचान की जा सकती है। सतह का अधिकांश क्षेत्र लेट क्वाटरनेरी जमाव से बना है। दिल्ली सुपर ग्रुप की व्यापक रूप से फैली हुई उत्तर-पूर्व-दक्षिण-पश्चिम पर्वतमाला और अलग-थलग पहाड़ियाँ संरचनात्मक और अनाच्छादन पहाड़ियों के दक्षिणी भाग का प्रतिनिधित्व करती हैं"[15]

1.3. अरावली पहाड़ियों और उसके बाढ़ के मैदानों में भूजल वितरण

भूगर्भीय समय के पैमाने पर जमा हुए पानी के अत्यधिक दोहन के कारण अरावली पहाड़ों में भूजल एक गंभीर मोड पर पहुंच गया है। अरावली में अवैध गैर-वानिकी गतिविधियों के कारण, वन क्षेत्र एक खतरनाक स्तर/गति से कम हो गया है, जिसके परिणामस्वरूप इन क्षेत्रों में भूजल पुनर्भरण कम हुआ है। अंततः एक चरण ऐसा आ गया है, जहां किसानों/ग्रामीणों के बोरवेल सूख गए, और बार-बार बोरवेल को गहरा करने के बाद भी वे पानी देने मे विफल हो गए, फिर नए बोरवेल खोदे गए, यहां तक कि बार-बार अतिरिक्त खर्च के बाद भी कुछ गांवों में हजारों फीट की गहराई तक भूजल पाने में सफलता नहीं मिली है। भूमिगत जियोसिंक्लिनल और जियो-एंटीक्लिनल संरचनात्मक विशेषताएं एनसीआर के बाढ़ के मैदानों और रेत के टीलों वाले क्षेत्रों में अलग-थलग और परचड एक्वीफरों में देखे जाने वाले भूजल के बजाय एक्वीफरों की निरंतरता में बाधा डालती हैं।

रेत के टीलों वाले क्षेत्रों को ताजे भूजल का बेहतर स्रोत माना जाता है, लेकिन इनमें से अधिकांश संसाधनों का गहराई तक दोहन किया जा चुका है। "करीब 200 निरीक्षण कुओं के नेटवर्क से पता चलता है कि हरियाणा के कुछ जिलों और दक्षिण में गुड़गांव और फरीदाबाद जैसे शहरी समूहों में भूजल स्तर खतरनाक दर से घट रहा है।" [16]महेन्द्रगढ़ जिले में स्थिति और भी खराब है।

"दिल्ली रिज और यमुना बाढ़ के मैदान पुनर्भरण क्षेत्र के रूप में कार्य करते हैं। भूजल रिज से पूर्व की ओर यमुना नदी की ओर और पश्चिम की ओर स्थित डिप्रेशन की ओर बहता है" "कठोर चट्टानों से घिरे [17]दिल्ली के क्षेत्रों में , अपक्षय और उसके बाद के क्षरण के कारण लौहयुक्त और किरकिरा क्वार्टजाइट्स विघटन, मोटे रेत का उत्पादन करता है जिसे आमतौर पर बदरपुर के रूप में जाना जाता है। ओवरबर्डन में असंगठित मिट्टी, गाद, रेत और कंकर के अलग-अलग अनुपात शामिल हैं । भूजल खंडित, संयुक्त, विदरयुक्त और अपक्षयित क्वार्टजाइट चट्टानों में अप्रतिबंधित, सीमित और अर्ध-सीमित स्थितियों में होता है। जलोढ़ संरचनाओं में, भूजल अप्रतिबंधित से अर्ध-सीमित स्थितियों में होता है और सतह भू-आकृति विज्ञान का अनुसरण करता है।

सीजीडब्ल्यूबी की रिपोर्ट में एनसीआर क्षेत्रों के मैदानी क्षेत्रों में भूजल वितरण की स्थिति का उल्लेख किया गया है, "एनसीआर में सभी प्राकृतिक निर्वहन के बाद शुद्ध वार्षिक भूजल पुनर्भरण 330369 हैम (100 हैम = 1 एमसीएम) अनुमानित है, जबकि कुल भूजल निर्वहन/ ड्राफ्ट 391366 हैम अनुमानित है , जिसमें से 363160 हैम (93%) सिंचाई कुओं द्वारा भूजल निष्कर्षण के कारण है और 28206 (7%) हैम घरेलू और औद्योगिक जरूरतों के लिए मौजूदा भूजल उपयोग है। वर्तमान उपयोगों के आधार पर, 2025 में घरेलू और औद्योगिक जरूरतों के लिए भूजल उपयोग के लिए 29667 हैम का प्रावधान किया गया है। जब यह आंकड़ा सिंचाई के लिए मौजूदा सकल भूजल ड्राफ्ट के साथ शुद्ध भूजल उपलब्धता से घटाया जाता है, तो एक नकारात्मक आंकड़ा, यानी, (-) 62408 हैम प्राप्त होता है इस प्रकार, यह क्षेत्र वर्तमान में स्थिर भूजल संसाधनों से पानी का उपयोग कर रहा है, जो आम तौर पर भविष्य की पीढ़ियों के लिए आरक्षित होते हैं। यह एक बहुत ही गंभीर

मुद्दा है और इस पर तत्काल ध्यान देने की आवश्यकता है। [18]"

सीजीडब्ल्यूबी ने 2005 से 2014 तक प्री-मानसून जल स्तरों का एक प्रवृत्ति विश्लेषण किया, जिसमें अरावली क्षेत्र के अधिकांश हिस्सों में भूजल स्तर में गिरावट का रुझान दिखा। अधिकांश कुओं में गिरावट का रुझान दर्ज किया गया। कुछ क्षेत्रों में 3 मीटर प्रतिवर्ष से अधिक की गिरावट दर दर्ज की गई है। "क्षेत्र में मुख्य भूजल भंडार क्वार्ट्रनरी पीरीयड के असंगठित जलोढ़ मे जमा हैं। कुछ मात्रा में प्राप्त करने योग्य पानी कठोर चट्टान में भी पाया जाता है जिसमें भूजल जोड़ों, दरारों और इसी तरह के अन्य छिद्रों के माध्यम से रिसता है। अधिकांश क्षेत्र में भूजल फ्रीटिक स्थितियों में पाया जाता है, जबकि गहरे जल-असर वाले क्षेत्रों में जो अभेद्य मिट्टी से ढके होते हैं, यह स्थानीय रूप से सीमित परिस्थितियों में अर्ध-सीमित होता है। ... उच्च फ्लोराइड वाले क्षेत्रों का मानचित्रण किया जा सकता है और लोगों को मानव शरीर पर इसके हानिकारक प्रभावों के बारे में शिक्षित किया जा सकता है। छोटे डीफ्लोराइडेशन संयंत्रों का उपयोग किया जा सकता है और पानी को मिलाने का अभ्यास किया जा सकता है [19]"

जिला---- जून 1974 ------ जून 2018 ------ 1 974-2018 मीटर में गिरावट

महेन्द्रगढ़ ----16.11 -------48.51 -------- (-) 32.43

रेवाड़ी ------- 11.75 ------- 2 7.31 --------(-)15.56

गुड़गांव ------ 6.64 --------2 6.88 ------- (-) 20.24

फरीदाबाद ---- 6.42 -------- 18.57 -------- (-)12.15 जीडब्ल्यूसी रिपोर्ट

"क्वार्टजाइट संरचना, जिले के उत्तर-पश्चिमी भाग पर फैली हुइ है, भूजल अपक्षयित और संयुक्त खंडित क्षितिज में पाया जा सकता है। अपक्षय और फ्रैक्चरिंग के परिणामस्वरूप अर्ध-समेकित रेत बेड (बदरपुर रेत) का निर्माण हुआ है जो शक्तिशाली पानी के जलभृत क्षेत्र बनाते [20]हैं।" "गुड़गांव जैसे शहरों में भूजल के स्तर में खतरनाक गिरावट आई है, जहां भूजल का दोहन 300% और उससे भी अधिक हो गया है (CGWB, 2014)। चूंकि भूजल निष्कर्षण बेरोकटोक जारी है, इसलिए न केवल भूजल स्तर में गिरावट का रुझान है, बल्कि गहरे क्षेत्रों से खारे पानी का ऊपर उठना भी है। इन क्षेत्रों में भूजल के उपयोग को प्रतिबंधित करना और भूजल को ठीक कर देने की तत्काल आवश्यकता [21]है। बेसमन्ट रॉकस जो कि अपक्षय और फ्रैक्चरिंग हो चुकि है उनसे क्षमता से अधिक दोहन किया जा रहा है

केंद्रीय भूजल बोर्ड के सोजन्य से प्रदत नेशनल कमपालेशन आन गराउंडवाटर रिसोशिस आफ इनडिया अध्यन ने पाया कि गुडगाव 20184 मिलयन हैकटर मिटर या हैम भूजल एक वर्ष मे दोहन कर सकता है जबकि 2023 के दोरान 43193,5 हैम जल दोहन किया [22] गुडगांव को जल आपुति हैतु प्रतिदिन 570 मिलयन लिटर नदी का जल मिलता है जबकि ग्रीश्म ऋतु मे मांग 675 मिलयन लिटर होति है निरन्तर बढति जनसख्या को भूजल दाहन के अलावा कोइ चारा नही है।

अरावली क्षेत्र और आस-पास के इलाकों में अतीत में जलवायु परिवर्तन के कई चरण देखे गए, जिसके परिणामस्वरूप नदियों और नालों के प्रवाह की दिशा में परिवर्तन हुआ, जिसका असर क्षेत्र के भूजल पर पड़ा। पैलियोचैनल अध्ययनों ने ऐसे परिणामों का संकेत दिया। " थुस्सू व अन्य 1998 ने हिसार में गहरे स्तरों से बोरहोल नमूनों में नदी के तलछट के साथ-साथ एओलियन तलछट की पहचान की, जो भारतीय प्रायद्वीप के उत्तर की ओर बहाव से संबंधित प्लेइस्टोसिन काल से लगातार जलवायु परिवर्तन का सुझाव देता है।"

एजेंसियों को द्वितीयक स्रोतों में भूजल का पता लगाने और मानचित्रण करने के लिए संरचनात्मक संरचनाओ की पहचान करने के लिए नवीनतम तकनीकों का उपयोग करना चाहिए। विस्तृत जांच के बाद, अरावली में गुणवत्ता और मात्रा के आधार पर भूजल का क्षेत्रीकरण किया जा सकता है। संवेदनशील क्षेत्रों को रिजर्व फॉरेस्ट के रूप में अधिसूचित करने के लिए नाजुक क्षेत्रों की निरंतरता में सामुदायिक भूमि, पंचायत भूमि और निजी भूमि का अधिग्रहण करने की पहल की जा सकती है। फिर इस तरह से संरक्षण उपाय शुरू किए जाने चाहिए कि वर्षा जल की हर बूंद को संरक्षित करके भूभाग में भूजल की गुणवत्ता और मात्रा में वृद्धि हो। शुरुआत में, CAMPA फंड का इस्तेमाल किया जा सकता है और इन क्षेत्रों के शैक्षिक दौरों से जलापूर्ति शुल्क और अन्य शुल्क लगाकर आगे के फंड जुटाए जा सकते हैं। सरकार को अरावली पारिस्थितिकी तंत्र क्षेत्रों में भूमि उपयोग में किसी भी तरह के बदलाव की अनुमति नहीं देनी चाहिए। संरक्षण उपायों की आवश्यकता के अनुसार पूरे अरावली पारिस्थितिकी तंत्र में नए सिरे से पारिस्थितिकी संवेदनशील क्षेत्रीकरण किया जाना चाहिए। इस तरह की भूमि क्षेत्रीकरण महत्वपूर्ण होगा। महत्वपूर्ण क्षेत्रों को सख्ती से संरक्षित किया जाना चाहिए और किसी भी तरह के मानवीय हस्तक्षेप को रोका जाना चाहिए। महत्वपूर्ण भूजल संरक्षण क्षेत्रों को प्रबंधन में प्रथमतया प्राथमिकता दी जानी चाहिए। कुछ संरक्षण क्षेत्रों का उपयोग शैक्षिक दोरा क्षेत्रों के रूप में किया जा सकता है, जिसमें चक्रीय आधार पर संरक्षण उपाय जारी रहेंगे।

विश्व मे वन संरक्षण महत्वपूर्ण बना हुआ है। एफएओ की रिपोर्ट [23]में कहा गया है, "वन कई कारणों से सतह के कटाव को कम करने में प्रभावी हैं; उदाहरण के लिए, उनकी कनोपी, झाड़ियाँ, पत्ती का खाद. और अन्य वन टहनिया नंगी मिट्टी पर वर्षा की बूंदों के प्रभाव को कम करता है, उनकी छिद्रपूर्ण मिट्टी इनफिलट्रेशन में मदद करती है जिससे सतह के पानी का प्रवाह कम हो जाता है और उनकी जड़ प्रणाली मिट्टी के कणों को एक साथ रखने में मदद करती है। वन ढलानों को स्थिर करने और उन्हें उथले भूस्खलन से बचाने में भी मदद कर सकते हैं। उथले भूस्खलन की घटना और गंभीरता को कम करने के लिए फिसलन वाले क्षेत्रों को वनाच्छादित रखा जाना चाहिए (या वुडलैंड

या एग्रोफॉरेस्ट्री/ सिल्वी -पेस्टोरल सिस्टम के रूप में उच्च वृक्ष घनत्व के साथ बनाए रखा जाना चाहिए) और ऐसे क्षेत्रों में वृक्ष-कटाई की गतिविधियाँ हल्की और गैर-मशीनीकृत होनी चाहिए1 यह सेव विदित है कि वन भूमी संरक्षण मे महत्वर्पूण कोय करते है फिर भी टेक्टोनिक उथल-पुथल की वजह से लेन्ड्सलाइड हो जाते है ।.

1.4. भूजल प्रवाह और उसका काल निर्धारण

'ऊंचाई और दबाव के कारण भूजल ऊर्जा हाइड्रोलिक सिद्धांतों द्वारा नियंत्रित उच्च ऊर्जा स्तर से निम्न ऊर्जा स्तर की तरफ जल प्रवाह होता है।' [24]भूजल प्रवाह अनुदैर्ध्य और पार्श्व फैलाव भी लगातार होता रहता है। [25]छिद्रपूर्ण चट्टानों में भूजल प्रवाह और पारगम्यता [26]भूजल मोवमेंटॅ में प्रवाह को आसान बनाती है। हाइड्रोलॉजी में छिद्रता, जलभृत की पारगम्यता और भूजल की गति को मापने के लिए कई वैज्ञानिक तरीके और तकनीकें हैं (यहां विवरण की आवश्यकता नहीं है)। भूजल की आयु भी कई तकनीकों और तरीकों का उपयोग करके निर्धारित की जा सकती है, पहले प्राकृतिक ट्रिटियम का उपयोग एक ट्रेसर के रूप में किया जाता था, आर्गन 39, कार्बन -14, हेक्साफ्लोराइड (SF_6), और क्लोरोफ्लोरोकार्बन (CFC) [27]परीक्षण, आदि, इस उद्देश्य के लिए उपयोग किए जाते हैं।

एनसीआर क्षेत्र में सीजीडब्ल्यूबी द्वारा देखे गए भूजल प्रवाह के अनुसार, " [28]मेवात-गुड़गांव क्षेत्र में भूजल की गति पश्चिम से पूर्व की ओर है, रिज क्षेत्र को पार करते हुए पलवल की ओर बहती है। फरीदाबाद जिले के उत्तर में दक्षिण-पूर्वी भाग में एक डिप्रेशन है जो यमुना नदी के पानी को जलभृत में योगदान देता हुआ दिखाता है।"

"रेवाड़ी-गुड़गांव क्षेत्र में भूजल क्षरण हुई चट्टानों में है, जो अक्सर अप्रतिबंधित और अर्ध-परिबद्ध स्थितियों में होता है, जिसमें विशिष्ट उत्पादन 0.001 और 0.05 ($1.02*10^{3}$ - 5*10-2) के बीच [29]होती है।" रेवाड़ी जिले और गुड़गांव जिले के अधिकांश ब्लॉक 'अति-शोषित' हैं। 'जल स्तर के दीर्घकालिक उतार-चढ़ाव से पता चलता है कि पिछले 20 वर्षों में भूजल मे 10-16 मीटर की सामान्य गिरावट आई है। वन विभाग नर्सरी और वृक्षारोपण के लिए अनेक कुओं का उपयोग करता था, पिछले दो दशकों में उनमें से अधिकांश कुएं सूख गए हैं। भूजल मुद्दे गंभीर समस्या बन गए हैं और भविष्य में भी एक खतरनाक मुद्दा बने रहेंगे।

1.5. राष्ट्रीय भूजल विकास परिदृश्य[30]

जनसंख्या में वृद्धि के साथ भूजल निष्कर्षण और उपयोग कई गुना बढ़कर एक खतरनाक स्थिति बन गया है। "पिछले चार दशकों के दौरान, संस्थागत वित एजेंसियों से उदार निधि, बिजली और डीजल की उपलब्धता में सुधार, अच्छी गुणवत्ता के बीज, उर्वरक, सरकारी सब्सिडी आदि द्वारा समर्थित संसाधन के विकास के लिए तकनीकी रूप से व्यवहार्य योजनाओं के कार्यान्वयन के कारण भूजल निष्कर्षण संरचनाओं की वृद्धि में अभूतपूर्व वृद्धि हुई है। 1951-92 की अवधि के दौरान, खोदे गए कुओं की संख्या 3.86 मिलियन से बढ़कर 10.12 मिलियन हो गई, उथले ट्यूबवेल की संख्या 3000 से बढ़कर 5.38 मिलियन हो गई, और सार्वजनिक बोर/ट्यूबवेल नगण्य से बढ़कर 68000 हो गए। बिजली पंप सेटों की संख्या नगण्य से बढ़कर 9.34 मिलियन और डीजल पंप सेटों की संख्या 66,000 से बढ़कर लगभग 4.59 मिलियन हो गई। भूजल से सिंचित क्षेत्र में 1951 में 6.5 मिलियन हेक्टेयर से 1993 में 35.38 मिलियन हेक्टेयर तक लगातार वृद्धि हुई है। आठवीं पंचवर्षीय योजना के दौरान, यह अनुमान है कि 1.71 मिलियन कुएँ, 1.67 मिलियन उथले नलकूप और 11,400 गहरे नलकूप जोड़े जाएँगे। इसी तरह, इलेक्ट्रिक पंप सेट और डीजल पंप सेट की संख्या में क्रमशः 2.02 मिलियन और 0.42 मिलियन की वृद्धि होने की उम्मीद है। भूजल विकास की इतनी बड़ी मात्रा के लिए भूजल संसाधनों का यथार्थवादी मूल्यांकन आवश्यक है ताकि भूजल व्यवस्था पर किसी भी हानिकारक प्रभाव से बचा जा सके और भूजल विकास प्रक्रिया को स्थिरता प्रदान की जा सके।"

प्रकाशित रिपोर्टों के अनुसार 1947 के दौरान भारत में प्रति व्यक्ति वार्षिक जल की उपलब्धता 6042 क्यूबिक मीटर (1000 लीटर मे एक क्यूबिक मीटर) थी, जो 2021 में घटकर 1486 हो गई और 2051 तक इसके 1140 तक गिरने की उम्मीद है। 1000 से नीचे की ऐसी गिरावट भारत को जल-दुर्लभ श्रेणी में ले आयेगी। "अपने भूजल संसाधनों (नदियों, धाराओं, झीलों, आर्द्रभूमि और जलाशयों) की अनिश्चित स्थितियों को देखते हुए, भारत अगले 40 वर्षों में जल-दुर्लभ देश हो सकता है।" [31]रिपोर्ट में भूजल बैलेंस शीट का उल्लेख किया गया है जिसमें 398.1 बीसीएम के साथ 437.6 बिलियन क्यूबिक मीटर वार्षिक रिचार्ज और 60.1% निष्कर्षण दर है।

1.6. भूजल विकास पर राष्ट्रीय जल नीति[32]

"भारत सरकार द्वारा 1987 में अपनाई गई 'राष्ट्रीय जल नीति' जल को विकासात्मक नियोजन में सबसे महत्वपूर्ण तत्वों में से एक मानती है। यह इस बात पर जोर देती है कि इस संसाधन के विकास, संरक्षण, उपयोग और प्रबंधन के प्रयासों को राष्ट्रीय परिप्रेक्ष्य द्वारा निर्देशित किया जाना चाहिए। जल एक दुर्लभ और बहुमूल्य राष्ट्रीय संसाधन है जिसे एकीकृत और पर्यावरण की दृष्टि से उचित आधार पर नियोजित, विकसित और संरक्षित किया जाना चाहिए। राष्ट्रीय जल नीति में भूजल के लिए निम्नलिखित दिशानिर्देश दिए गए हैं।

• उपलब्ध जल की गुणवत्ता और आर्थिक व्यवहार्यता को ध्यान में रखते हुए, भूजल क्षमता का वैज्ञानिक आधार पर समय-समय पर पुनर्मूल्यांकन किया जाना चाहिए।

• भूजल संसाधनों का दोहन इस तरह से विनियमित किया जाना चाहिए कि पुनर्भरण की संभावनाओं से अधिक न हो और सामाजिक समानता भी सुनिश्चित हो। उपलब्ध आपूर्ति को बढ़ाने के लिए भूजल पुनर्भरण परियोजनाओं को विकसित और कार्यान्वित किया जाना

चाहिए।

• सतही जल और भूजल का एकीकृत और समन्वित विकास तथा उनके संयुक्त उपयोग की परिकल्पना परियोजना नियोजन चरण से ही की जानी चाहिए और इसे परियोजना का अनिवार्य हिस्सा बनाया जाना चाहिए।

• मीठे पानी के जलभृतों में समुद्री जल के प्रवेश को रोकने के लिए तट के पास भूजल के अत्यधिक दोहन से बचना चाहिए।

पंपिंग परीक्षणों से गणना किए गए जल स्तर में उतार-चढ़ाव वाले क्षेत्र में भूवैज्ञानिक संरचनाओं के सफेस्कि यील्ड या उत्पादन संख्या का उपयोग पुनर्भरण आकलन में किया जाना है। [33]एक मार्गदर्शक के रूप में विभिन्न अध्ययनों में गणना किए गए निम्नलिखित मूल्यों की सिफारिश की जाती है:

(I) रेतीली जलोढ़ भूमि 12 से 18 प्रतिशत , (ii) घाटी भराव 10 से 14 प्रतिशत, (iii) सिल्टी/मिट्टी की जलोढ़ भूमि 5 से 12 प्रतिशत, (iv) ग्रेनाइट 2 से 4 प्रतिशत, (v) बेसाल्ट 1 से 3 प्रतिशत। लैटेराइट 2 से 4 प्रतिशत, (vii) अपक्षयित फिलाइट, शेल, 1 से 3 प्रतिशत शिस्ट और संबंधित चट्टानें, (viii) बलुआ पत्थर 1 से 8 प्रतिशत, (ix) चूना पत्थर 3 प्रतिशत, और (x) अत्यधिक कार्स्टफील्ड चूना पत्थर 7 प्रतिशत।"

1.7. भूजल ड्राफ्ट और उपयोग

"संयुक्त राष्ट्र की विश्व जल विकास रिपोर्ट 2023 में पाया गया है कि दुनिया भर में दो अरब लोग पानी की कमी से जूझ रहे हैं। दुनिया के लगभग 26% लोगों के पास सुरक्षित पेयजल नहीं है जबकि 46% लोगों के पास स्वच्छता की कमी है। इस बीच, 2001 से 74% प्राकृतिक आपदाएँ पानी से संबंधित थीं, जो बाढ़ और सूखे के रूप में सामने आईं। ग्लोबल वार्मिंग के कारण - जीवाश्म ईंधन, वनों की कटाई आदि से निकलने वाले ताप उत्सर्जन का वायुमंडल में जमाव - क्षतिग्रस्त जल चक्र में वृद्धि होगी, जिससे वर्षा में बदलाव आएगा।" [34]जलवायु परिवर्तन का सुरक्षित पेयजल की उपलब्धता पर गंभीर प्रभाव पड़ने वाला है, ग्लेशियर पिघल सकते हैं और पानी महासागरों में मिल सकता है। आर्थिक विकास के लिए भूमि और मनुष्य की उत्पादकता बढ़ाने के लिए पानी की उपलब्धता भविष्य में एक बड़ा मुद्दा होगा। पानी शासन करने की शक्ति को नियंत्रित करेगा।

भूजल ड्राफ्ट

"भूजल ड्राफ्ट भूजल भंडारों से निकाले गए भूजल की मात्रा है। [35]निकाली गई कुल मात्रा को सकल ड्राफ्ट कहा जाता है। किसी संरचना के वार्षिक भूजल ड्राफ्ट की गणना उसके औसत निर्वहन और वार्षिक कार्य घंटों को गुणा करके की जाती है। कार्य घंटों की संख्या की गणना विद्युत या डीजल ऊर्जा की प्रति घंटे की खपत से की जा सकती है। भूजल ड्राफ्ट की गणना संरचना के कमांड क्षेत्र में फसलों की सिंचाई आवश्यकता से भी की जाती है। भूजल संतुलन की गणना करने के लिए, सकल निष्कर्षण का 70% लिया जाता है जिसे नेट ग्राउंड वॉटर ड्राफ्ट के रूप में जाना जाता है। 30% को भूजल व्यवस्था में वापसी रिसाव के रूप में जाना जाता है।"[36]

मानव उपभोग (पीने) सहित अन्य घरेलू गतिविधियों (खाना पकाने, स्नान, कपड़े धोने, सफाई, कुल्ला, स्वच्छता बागवानी, आदि) के लिए भूजल की दैनिक मांग लगातार बढ़ रही है और उपलब्ध संसाधनों से आगे बढ रही है। सीजीडब्ल्यूबी ने जनगणना के आंकड़ों के आधार पर पानी की मांग की गणना करने का प्रयास किया। भूजल की वार्षिक प्रति व्यक्ति उपलब्धता 6042 क्यूबिक मीटर (1000 लीटर) थी जो 2011 में घटकर 1545 और 2021 में 1486 हो गई, यह 2050 तक घटकर 1140 हो सकती है, जबकि 1700 क्यूबिक मीटर से कम को "जल-तनावग्रस्त" स्थिति माना जाता है ।

"घरेलू जल की मांग की गणना ग्रामीण आबादी के लिए 70 लीटर / व्यक्ति / दिन (एलपीसीडी) और शहरी आबादी के लिए 130 [37]एलपीसीडी मानकर की गई है। वर्ष 2006 के लिए घरेलू खपत की मांग 77 एमसीएम थी।" जबकि, भूजल स्तर और उपलब्धता हर साल घट रही है। विभिन्न उद्योगों द्वारा पानी की मांग चिंताजनक दर से बढ़ रही है, विभिन्न फसलों को उगाने के लिए कृषि क्षेत्र की पानी की मांग कई गुना बढ़ रही है क्योंकि लाखों लोगों की आजीविका उस क्षेत्र से जुड़ी हुई है। अतीत में कई सभ्यताओं के बारे में कहा जाता था कि वे पानी की अनुपलब्धता के कारण नष्ट हो गईं। दुनिया के कई देशों में गंभीर हालात मंडरा रहे हैं, वह समय दूर नहीं जब हम अपने जल संसाधनों की रक्षा के लिए सैन्य तैनाती देख सकते हैं। कुछ शहरों को जलविहीन घोषित कर दिया गया है, जहां घरेलू खपत के लिए पानी की आपूर्ति उपलब्ध नहीं है

भूजल के अत्यधिक दोहन के कारण गुड़गांव में जल स्तर लगातार 6.64 मीटर (1974), 19.85 मीटर (2006) और 26.3 मीटर (2016) से घटकर 36.99 मीटर (2021) हो गया है। [38]"सर्वेक्षण में पाया गया है कि जिन 169 गांवों में जल स्तर का अध्ययन किया गया, उनमें से 99 'लाल क्षेत्र' में हैं, जिसका अर्थ है 30 मीटर से अधिक का स्तर।" [39]कुछ गांवों में जल स्तर में गिरावट चिंताजनक थी, डूंडाहेड़ा का जल स्तर 115 मीटर तक पहुँच गया, और उपरोक्त रिपोर्ट के अनुसार चकरपुर का 72 मीटर।

कई लोगों ने इस बात पर चिंता जताई कि लोग सतही जल के बजाय भूजल का उपयोग क्यों करते हैं। भूजल दोहन/निष्कर्षण की लागत इससे कम है सतह पानी। लोग इसे आसानी से जब चाहे तब या जहाँ उन्हें इसकी आवश्यकता होती है, निकाल लेते हैं। भूजल सतही जल की तरह तापमान में परिवर्तन के अधीन नहीं है, हम इसे लगभग एक समान संरचना और तापमान के साथ सतह के नीचे निकाल सकते हैं।

प्रदूषण की संभावना कम है। भूजल ग्रामीण और शहरी बस्तियों, कृषि, फसल सिंचाई, उद्योगों और अन्य उद्देश्यों के लिए दुनिया भर में आपूर्ति का सबसे महत्वपूर्ण स्रोत है।

भूजल के निरंतर भारी दोहन ने भूजल के अनावश्यक उपयोग के खिलाफ अवरोध स्थापित करने के लिए कानूनी विनियामक उपायों के निर्माण को आवश्यक बना दिया है। अरावली क्षेत्र में, कई क्षेत्रों को डार्क जोन घोषित किया गया है, जहाँ आगे दोहन प्रतिबंधित है। अरावली क्षेत्र को सरकार से भूजल दोहन के लिए निरुत्साहन की घोषणा करने, लोगों को हतोत्साहित करने और पानी के उपयोग को कम करने या भूजल पर निर्भरता कम करने के लिए वैकल्पिक तकनीक/प्रक्रियाओं का उपयोग करने या जल-कुशल उपकरणों की स्थापना के लिए तकनीक में सुधार करने के लिए कुछ प्रकार के प्रोत्साहन प्रदान करने की आवश्यकता है। नई तकनीक जल-कुशल उत्पाद और कम पानी की आवश्यकता वाली फसलों की नई किस्में प्रदान करने में मदद कर सकती है। केवल सीमित सीमा तक संचार और प्रशिक्षण में सुधार से मदद मिल सकती है, बल्कि अरावली क्षेत्रों में जल निष्कर्षण संरचनाओं (बोरवेल) को स्थापित करने से बचने के लिए बड़े पैमाने पर जागरूकता पैदा की जा सकती है।

"वन क्षेत्र में पानी की अच्छी गुणवत्ता को बेहतर बनाने या बनाए रखने के लिए मिट्टी के कटाव को कम करना और वन र्पण उत्पाद और अंडरग्राउथ में जल प्रदूषकों को फ़िल्टर करके जल निकायों में तलछट को कम करना महत्वपूर्ण है। स्वस्थ अंडरग्राउथ के साथ अच्छा पेड़ कवर, पानी के तलछट को कम करने के लिए सबसे प्रभावी भूमि कवर है। क्योंकि अधिकांश वानिकी गतिविधियों में उर्वरक या कीटनाशक शामिल नहीं होते हैं, इसलिए सुरक्षित पेयजल और सिंचाई के पानी की आपूर्ति के लिए वन महत्वपूर्ण हैं। जहां वन निष्कर्षण किया जाता है, वहां तलछट उत्पादन (सड़कों, लॉग लैंडिंग, स्किड ट्रेल्स और मिट्टी संघनन से) और रासायनिक प्रदूषण को अच्छे वन प्रथाओं द्वारा कम किया जाना चाहिए वानिकी गतिविघ्यिा बढाई जानी चाहिये। [40]"

आधुनिक विज्ञान में तो हमने जल का वर्णन कर दिया है, अब हम शास्त्रों में वर्णित जल के अतीत के महत्व पर भी नजर डालेंगे। *भावप्रकाश [41]*6.1.2 में बताया गया है कि जल जीवन का अमृत है और यह कब्ज, थकान, मूर्च्छा, थकावट आदि अनेक रोगों से राहत दिलाने में स्वास्थ्य प्रदाता के रूप में कार्य करता है। जल के लिए समानार्थी शब्द पानी के लिए पनिया, सलिल, नीर, किलाल जल, आपा, वर, वारि, कम, तोया, पायस, उदक, जीवन, अम्भा, आम और घनरसा का प्रयोग किया जाता है।

मनुष्य के विकास के बाद से ही जल बहुत महत्वपूर्ण रहा है और सभ्यताएं जल के साथ विकसित हुई हैं। ऋग्वेद में जल को जीवन का अमृत, असाधारण, जीवन का रक्षक और सर्वव्यापी बताया गया है। कई मन्त्रो में जल के महत्व का उल्लेख किया गया है, उनमें से कुछ का उल्लेख यहां उदाहरण के तौर पर किया गया है; ऋग्वेद 1.23.11. जल को अमृत, ऋग्वेद 1.23.22 शुद्ध जल पीने से शरीर शुद्ध होता है, ऋग्वेद 10.17.10 शुद्ध जल शरीर को साफ करता है और शरीर से सभी अशुद्धियों को बाहर निकालकर हमें स्वस्थ बनाता है। यजुर्वेद 2.34 और 4.12 में उल्लेख है कि शुद्ध जल ऊर्जा, शक्ति प्रदान करता है, पाचन शक्ति में सुधार करता है, बीमारियों को रोकता है और जीवन के लिए अमृत है।

1.8. भूजल का विकृतिकरण

"केवल जब अंतिम पेड़ काटा जाएगा, केवल जब अंतिम नदी प्रदूषित हो जाएगी, केवल जब अंतिम मछली पकड़ी जाएगी, तभी हमें एहसास होगा कि पैसा खाया नहीं जा सकता है" - मूल अमेरिकी कहावत।

भूजल विकृतिकरण के लिए जिम्मेदार कारण

(i) अरावली में खनन। अवैध या कानूनी या अन्यथा खनन ने अरावली क्षेत्रों में भूजल संसाधनों के लिए सबसे अधिक गंम्भीर खतरा पैदा कर दिया है। विस्फोटों का प्रभाव चट्टानों की दरारों, क्रेवासिज, जोड़ों और फ्रैक्चर पर पड़ता है, जो पानी के प्रवाह मार्ग को अवरुद्ध करते हैं या पानी में मिलावट करके नए मार्ग बनाते हैं। खनन ने द्वितीयक जलभृतों को खोल दिया है; संग्रहीत पानी को पंप करके बाहर निकाल दिया गया और बर्बाद कर दिया गया। खनन प्रक्रिया के दौरान तैनात बड़ी संख्या में जनशक्ति भूजल स्रोतों को विभिन्न तरीकों से विकृतियॉ पैदा करती है। खनन के बाद, " मोरम (बदरपुर रेत) निकालने के बाद 50 मीटर से अधिक गहरे बड़े गड्ढे छोड़ दिए गए हैं। बड़ी संख्या में बेतरतीब ढंग से खनन किए गए गड्ढों के कारण भूजल स्तर में बदलाव आया है और दुर्लभ भू-आकृति को नुकसान पहुंचा है जो भूजल के पुनर्भरण के लिए महत्वपूर्ण थी। [42]"

(ii) खनन सामग्री के निपटान ने पुनर्भरण को अवरुद्ध कर दिया। खनन/उत्खनन से भारी मात्रा में अपशिष्ट पदार्थ और ओवरबर्डन उत्पन्न होता है, जिसे कहीं भी या हर जगह ऐसे ही फेंक दिया जाता है। बेतरतीब ढंग से फेंके गए उस ओवरबर्डन ने धाराओं/नालों के प्रवाह को अवरुद्ध कर दिया। प्राकृतिक भूजल पुनर्भरण क्षेत्र अवरुद्ध हो गए हैं। वर्षा के पानी ने उस बिखरी सामग्री को घोल दिया और पानी की गुणवत्ता दरारों/जोडो आदि में अवशोषित होने से पहले खराब हो जाती है, क्योंकि बलुआ पत्थर के जलभृतों की तरह अरावली द्वितीयक पुनर्भरण प्रणाली में कोई प्राकृतिक निस्पंदन नहीं है।

(iii) गैर-वानिकी गतिविधियाँ। अरावली पर्वतों में फार्महाउस और उनकी चारदीवारी, कोलोनाइजेश्न और कई अन्य संरचनाओं के निर्माण ने भूजल को रिचार्ज करने के लिए सतही अपवाह प्रवाह को अवरुद्ध कर दिया। सतही प्रवाह हमेशा भूभाग की भूवैज्ञानिक

संरचनात्मक विशेषताओं का अनुसरण करता है और वे संरचनाएँ भूजल के पुनर्भरण की सुविधा प्रदान करती हैं। हालाँकि गैर-वानिकी गतिविधियों ने जलग्रहण क्षेत्रों में अपवाह प्रवाह को अवरुद्ध/बाधित किया।

(iv) औद्योगिक अपशिष्ट जल का प्रवाह। दिल्ली का औद्योगिक अपशिष्ट जल नदियों/ नालों /यमुना नदी में बहकर पानी को खराब कर रहा है। फरीदाबाद के उद्योगों का अपशिष्ट जल गुड़गांव नहर और आगरा नहर में बह रहा है, ऐसा अत्यधिक प्रदूषित जल भूजल की पूरी प्रणाली को प्रदूषित करता है। गुड़गांव, सोहना, तावडू- भिवाड़ी (राजस्थान)-धारूहेड़ा-रेवाड़ी के आसपास के बड़े पैमाने के उद्योगों ने भूजल को खराब करने के लिए खुले में अनुपचारित अपशिष्ट जल छोड़ा गया। फरीदाबाद थर्मल प्लांट और ऐसे अन्य प्लांट अरावली पहाड़ी क्षेत्रों (103 एकड़ पुराना ऐश डाइक और 152 एकड़ नया ऐश डाइक) में फ्लाई ऐश निपटान के साथ जल-स्लरी भूजल की गिरावट की समस्या को कई गुना बढ़ा देते हैं। "जल निकायों के अतिक्रमण और नदियों और नालों में अनुपचारित अपशिष्ट जल के निर्वहन ने सतही जल संसाधनों को कम कर दिया है।"[43]

(v). अरावली की ढलानों और चट्टानों के खिसकने को उजागर करना। अरावली की पहाड़ियों पर भूमाफिया के अतिक्रमण ने ढलानों को अस्थिर कर दिया, जिससे चट्टानों के खिसकने से भूजल खराब हो गया। मेवात क्षेत्र में चारकोल माफिया ने अवैध रूप से पेड़ों को काटा और पहाड की नंगे सतहों को उजागर कर दिया और बाद में क्षेत्र में अपशिष्ट पदार्थ फैला दिया और भूजल खराब हो गया। कई अन्य उद्देश्यों के लिए अरावली से बायोमास को हटाने से ढलान अस्थिर हो गए, जिससे चट्टानों के खिसकने/मलबे के खिसकने/ में वृद्धि हुई, जिससे भूजल खराब हो गया और साथ ही क्षेत्र में ताजे भूजल के द्वितीयक पुनर्भरण में भी बाधा आई।

(vi) वनों की कटाई। फार्महाउस, कोलोनाइजेशन और खनन के साथ-साथ कई अन्य गैर-वानिकी गतिविधियों ने वन क्षेत्र को नष्ट कर दिया। गैर-वानिकी गतिविधियों के लिए अरावली के जंगलों का उपयोग करने के लिए भू-माफियाओं की भूमि की मांग ने लगातार वनन्स्पति, वृक्षों के आवरण और जंगलों को नष्ट कर दिया, जिसके परिणामस्वरूप नंगी चट्टानें बन गईं। लाखो वर्षों में बनी पतली मिट्टी की परत को नष्ट कर दिया गया, और भूजल को रिचार्ज करने के लिए वर्षा जल को अवशोषित/सोखने के लिए कोई वनस्पति कि जड़ प्रणाली नहीं बची। वनों की कटाई के कारण पेड़ों की जड़ों द्वारा वर्षा जल की प्राकृतिक इनफिलट्रेशन प्रक्रिया कम हो गई, जिसके परिणामस्वरूप भूजल निरंतर खराब हो रहा है।

(vii) अरावली में ठोस कचरे की डंपिंग । शहरीकरण में ठोस अपशिष्ट, इलेक्ट्रॉनिक, प्लास्टिक, सी एंड डी, बायोमेडिकल और खतरनाक औद्योगिक अपशिष्ट निपटान के लिए उचित स्थान/योजना का अभाव रहा है। अरावली वन क्षेत्रों का अवैध रूप से बड़े पैमाने पर ठोस कचरे को बेतरतीब ढंग से डंप करने के लिए उपयोग किया गया। कचरे को कम करने, पुनः उपयोग करने और रीसाइकिल करने की अवधारणा का उपयोग नहीं किया जाता है। कई मामलों में, मृत जानवरों के शवों को भी फेंक दिया गया । यहां तक कि अरावली जलग्रहण क्षेत्रों में भारी मात्रा में घरेलू और औद्योगिक कचरा भी फेंका गया । **बंधवारी प्लांट चिलिएट** अरावली पहाड़ियों में इनफिलट्रेशन ने स्थानीय ग्रामीणों के लिए ख़तरा पैदा कर दिया है और भूजल को प्रदूषित कर दिया। "हर बार जब बारिश होती है तो लीकेज के कई नऐ पोंड बन जाते हैं, जो अंततः भूजल को दूषित कर देते हैं... लीकेज बहता रहता है और नगर निकाय कोई कार्रवाई नहीं करते हैं।"[44]

(viii) खोदीगई मिट्टी और निर्माण अपशिष्ट पदार्थों का डालना। ऊंची इमारतों के बड़े पैमाने पर निर्माण के लिए इमारत की ऊंचाई और इमारतों के डिजाइन के अनुसार मिट्टी खोदने की आवश्यकता होती है। मिट्टी को डंप करने के लिए उचित जगह के बिना बहुत बड़ी मात्रा में मिट्टी खोदी जाती है। उन्होंने अरावली में ऐसी मिट्टी को डंप किया ताकि अपवाह जल प्रवाह को रोक दिया और भूजल पुनर्भरण को रोक कर र्बबाद कर दिया और साथ ही क्षेत्र के मौजूदा भूजल को भी नुकसान पहुंचाया दिया ।

(ix). निर्माण और तोड़फोड़ (सीएंडडी) अपशिष्ट पदार्थ। मीडिया ने बताया, गुरूग्राम मे [45]"कोई संग्रह एजेंसी नहीं और कोई जांच नहीं: क्यों शहर निर्माण मलबे में डूब रहा है।" सरकार ने एनसीआर के आसपास शहरी क्षेत्रों का तेजी से विस्तार दिखाया, लेकिन वे निर्माण और तोड़फोड़ (सीएंडडी) सामग्री के वैज्ञानिक तरीके से निपटान की योजना बनाने और प्रदान करने में असमर्थ रही है। इसके अनधिकृत डंपिंग ने सतही अपवाह के साथ-साथ उप-सतही जल के पुनर्भरण को भी अवरुद्ध कर दिया है। "ट्रैक्टर हर आधे घंटे में आते हैं और अपशिष्ट डालते हैं" ..... "पिछले साल मलबे ने कई क्षेत्रों में जल निकासि के पानी की नालियों को जाम कर दिया था..." उसी मीडिया ने बताया, "अरावली की पहाड़ियाँ सीएंडडी डंपिंग से भरी हुई हैं जो वनस्पति को नुकसान पहुँचा रही हैं और भूजल के पुनर्भरण में बाधा डाल रही हैं"। गुड़गांव एमसीडी क्षेत्र के एक सर्वेक्षण में अनुमान लगाया गया है कि हर दिन लगभग 2000 टन सीएंडडी अपशिष्ट उत्पन्न होता है और लगभग 9.5 लाख मीट्रिक टन निर्माण और तोड़फोड़ अपशिष्ट पूरे शहर में खुले में पड़ा है जो भूमिगत जल के लिए गंभीर खतरा पैदा कर रहा है। सीएंडडी अपशिष्ट प्रबंधन नियम 2016 केवल कागजों में ही रह गए। पंजाब एवं हरियाणा उच्च न्यायालय, चंडीगढ़ ने 10-4-2024 को इस समस्या पर गंभीर चिंता व्यक्त की तथा नगर निगम गुड़गांव में अपशिष्ट निपटान की गंभीरता के संबंध में अंतरिम निर्देश जारी किए।

(x). सतही जल निकासी और कम रिसाव। कोलोनाइजेशन, निर्माण कार्यो और फार्महाउसों द्वारा अवरुद्ध प्राकृतिक पुनर्भरण चैनल सतही जल निकासी प्रवाह मार्गो को बाधित करते हैं, और वृक्ष आवरण को हटाने के कारण, भूजल को खराब करने के लिए वर्षा जल रिसाव में भी कमी आई है।

(xi) दोषपूर्ण और परित्यक्त जलभृत। अनियमित खनन के कारण जगह-जगह खुले हुए दरारों, क्रेवासिज और जोड़ों के माध्यम से भूजल को रिचार्ज होता था जिन्हे बेबाद कर दिया गया। भूजल को पंप करके बर्बाद कर दिया गया, जिसके परिणामस्वरूप जलभृतों को त्याग दिया गया और कई जलभृतों को खुला छोड़ दिया गया।

(xii) जलभृतों का आपस में आदान-प्रदान। अनियमित और बेतरतीब खनन के कारण भूगर्भीय संरचनाओं में दबाव के विभिन्न स्तरों के कारण जलभृत आपस में मिल जाते हैं और आपस में बदल जाते हैं, जिससे भूजल खराब हो जाता है।

(xiii). ओवरड्राफ्ट। भूजल ड्राफ्ट मानदंडों और विनियमों का पालन नहीं किया गया, और पानी के निरंतर ओवरड्राफ्ट ने द्वितीयक स्रोतों को सूखा दिया और खराब कर दिया। "केंद्रीय भूजल प्राधिकरण के रिकॉर्ड के अनुसार, हरियाणा के 141 ब्लॉकों में से, 85 ब्लॉक (राज्य भौगोलिक क्षेत्र का 60%) 2020 में 'लाल' श्रेणी में पहुँच गए, CGWA ने बताया कि 55 ब्लॉक 'लाल श्रेणी' में आते हैं, जिसका अर्थ है कि अब 30 और ब्लॉक संकटग्रस्त श्रेणी में आते हैं, जो 21% की वृद्धि है। हरियाणा में वार्षिक भूजल निकासी उसके वार्षिक निकाले जाने योग्य भूजल संसाधनों का 137% है, जबकि पिछले साल राष्ट्रीय औसत 63% था।"[46]

(xiv) त्वरित कटावः खनन वाले क्षेत्रों में वनस्पति रहित सतह के कारण ढलान अस्थिर हो गए तथा कटाव के कारण वर्षा का पानी बिना रिसाव के नीचे बह गया, इस प्रक्रिया में भूमिगत जल खराब हो गया।

(xv) उच्च खपत। अरावली में अमीर लोगों द्वारा फार्महाउस में बनाए गए स्विमिंग पूल, आलीशान होटल, स्कूल और व्यावसायिक उपयोग से संपन्न लोग अपनी संपन्नता दिखाने के लिए पानी की बर्बादी करते हैं। इस प्रक्रिया से अत्यधिक पानी निकाला जाता है प्रकिया मे भूजल और भी खराब कर दिया है।

(xvi). उच्च तकनीक और अत्यधिक दोहन। गहरे बोरवेल में गहरे स्तर पर पंप सेट लगाकर वाणिज्यिक, औद्योगिक और कृषि फसलों के लिए भूजल को बाहर निकालने में नई तकनीकों का इस्तेमाल किया गया। बिना किसी वैज्ञानिक अध्ययन के उच्च तकनीक वाली ड्रिल मशीनों का इस्तेमाल किया गया, जिससे भूमिगत भूगर्भीय संरचनाएं नष्ट हो गईं और विभिन्न फ्रैक्चर/दरार जोड़ों से पानी का दोहन और मिश्रित किया गया। निजी पार्टियों ने बिना किसी वैज्ञानिक आधार के गहरे कुएं खोदकर पैसे कमाने का अच्छा व्यवसाय बना लिया। भूजल के इस उच्च निष्कर्षण ने फसल पैटर्न में बदलाव लाकर अधिक पानी की मांग वाली फसलों जैसे गन्ना/धान आदि की ओर रुख कर दिया।

(xvii) अरावली के नज़दीक उद्योगों और औद्योगिक समूहों की तेज़ गति। अरावली क्षेत्रों में पानी की मांग करने वाले उद्योगों में वृद्धि हुई और इन उद्योगों से निकलने वाले अपशिष्ट जल को बिना किसी उपचार के छोड़ दिया गया, जिससे मौजूदा जलभृतों के साथ-साथ भविष्य के भूजल संसाधनों को प्रदूषित और खराब किया गया। कुछ उद्योग अपने औद्योगिक अपशिष्ट जल को बोरवेल में सीधे भूजल में पंप करते हैं, इस तरह की धोखाधड़ी भविष्य की पीढ़ियों के लिए भी पानी को जहरीला बनाती है।

(xvii i) शहरीकरण। शहरीकरण की तेज़ गति और अरावली के नज़दीक या अरावली की ज़मीन पर नए शहरी समूह विकसित हुए। इन अवैध बस्तियों ने प्रदूषण के लिए तबाही मचाई। इससे पानी की मांग बढ़ गई, जिससे भूजल का अवांछनीय दोहन हुआ और भूजल में प्रदूषण भी हुआ।

(xix). जलभराव या वाटरलोगिंग। जल विज्ञान संबंधी पहलुओं को ध्यान में रखे बिना सिंचाई के बुनियादी ढांचे में तेजी से वृद्धि ने कुछ क्षेत्रों में **वाटरलोगिंग** को बढ़ा दिया, जिससे भूजल की गुणवत्ता खराब हो गई। नहर के पानी के असमान वितरण के साथ-साथ खराब सतही जल निकासी और भूजल की भूमिगत आवाजाही के कारण भूजल की गुणवत्ता खराब कर दी गई। **वाटरलोगिंग** वाले क्षेत्रों के लिए, जलभराव को कम करने के लिए 'वर्टिकल ड्रेनेज', 'सरफेस चैनल' और 'सब-सरफेस ड्रेनेज' विधियों का इस्तेमाल किया गया, जिससे भूजल को खराब होने से बचाने में बहुत मदद नहीं मिली। उन क्षेत्रों का खारा पानी नए क्षेत्रों में ले जाया जाता है जिससे नए क्षेत्रों का भूजल प्रदूषित हो रहा है।

(xx). मानवजनित कारण। मानवजनित गतिविधियों को भूजल प्रदूषण का प्रमुख कारण माना जाता है। कृषि भूमि, नालों और लैंडफिल साइटों के पास नाइट्रेट की मौजूदगी देखी गई है। सर्वेक्षण के दौरान, औद्योगिक क्षेत्रों, बहते नालों, लैंडफिल साइटों और नालों के आसपास स्वीकार्य सीमा से अधिक भारी धातुओं की मौजूदगी पाई गई। दिल्ली/एनसीआर क्षेत्रों के आसपास अलग-अलग इलाकों में कीटनाशकों और जीवाणुओं की मौजूदगी की सूचना मिली।

(xxi) जनसंख्या दबाव । जनसंख्या में वृद्धि ने भूजल की मांग को बढ़ा दिया है, इस तरह की बेतरतीब ढंग से बढ़ती पानी की मांग को पूरा करने के लिए, लोगों ने जलभृत की गुणवत्ता और मात्रा को कम करने के लिए दुर्जेय साधनों का उपयोग करके बेतरतीब ढंग से अवैध/कानूनी निकासी शुरू कर दी। इस तरह के काम से जगह-जगह जलभृतों का विलय या अवतलन हुआ। "यह अनुमान लगाया गया है कि 2028 तक दिल्ली 37.2 मिलियन लोगों के साथ दुनिया का सबसे अधिक आबादी वाला शहर बन जाएगा। जनसंख्या में इस अभूतपूर्व वृद्धि का कारण दिल्ली एनसीआर की तेजी से बढ़ती अर्थव्यवस्था और प्रति व्यक्ति आय का उच्चतम होना है, जो देश के विभिन्न हिस्सों से प्रवासियों को आकर्षित करता है। इस विस्तार के परिणामस्वरूप, एनसीआर में पानी की भारी मांग हो रही है।"[47]

(XXII). अतिक्रमण । विकास के नाम पर विभिन्न कारणों से भूजल पुनर्भरण क्षेत्रों/जलग्रहण क्षेत्रों पर अतिक्रमण के कारण कई तरीकों में बदलाव किए गए हैं, जिससे जल पुनर्भरण में बाधा आ रही है। सरकारी एजेंसियों द्वारा इस तरह के अतिक्रमण को नजरअंदाज करना

पारिस्थितिकी तंत्र में धाराओं, नदियों और झरनों द्वारा निभाई जाने वाली भूमिका के प्रति उनकी खराब समझ को दर्शाता है। भूजल में प्रदूषण वर्तमान और भविष्य में पानी की उपलब्धता के लिए सबसे बड़ी चुनौती है। अरावली पारिस्थितिकी तंत्र में, जलग्रहण क्षेत्रों में बड़े पैमाने पर अतिक्रमण प्रदूषण और उपसतह जल में पुनर्भरण दर में गिरावट का कारण बन जाता है।

मानवजनित: भूजल का ह्रास। सरकार को जल संरक्षण के लिए मजबूत उपायों के साथ नई योजनाओं को बढ़ाना/तैयार करना चाहिए। शुद्धिकरण के बाद पानी के पुनर्चक्रण के लिए एक अनिवार्य नीति की आवश्यकता है, जिसका उपयोग विभिन्न उद्देश्यों के लिए किया जा सके। कृत्रिम बुद्धिमत्ता से लैस स्वचालित प्रणालियों को तैयार करने की आवश्यकता है, जिन्हें जल संरक्षण उपायों के प्रभावी नियंत्रण की दिशा में निर्देशित किया जा सकता है। "प्रदूषण से पानी और नदी तल की मिट्टी की गुणवत्ता प्रभावित होती है, जो इसमें मौजूद बायोटा (जीवन रूपों) पर प्रतिकूल प्रभाव डालती है, और विकास परियोजनाएं एक प्रणाली के रूप में नदियों के साथ खिलवाड़ करती हैं, इसके प्रवाह के पैटर्न, बाढ़ के मैदानों की सीमा और इसके किनारों पर कटाव और गाद जमा करने के लिए स्वतंत्र रूप से बहने की प्रवृत्ति को बदल देती हैं... नदियों को नुकसान पहुंचाने से जलीय और तटवर्ती बायोटा (पौधे और जानवर दोनों) के लिए आवास की स्थिति खतरे में पड़ जाती है और भूजल को रिचार्ज करने की नदी की क्षमता प्रभावित होती है।"[48]

विभिन्न अध्ययनों से यह संकेत मिला है कि अरावली क्षेत्र के कई हिस्से उच्च विद्युत चालकता (>3000 µ सीमेंस/सेमी) दर्शाते हैं और एनसीआर के सभी जिलों में उन हिस्सों में भूजल खारा/क्षारीय प्रकृति का है। बाढ़ वाले क्षेत्रों में उथले और गहरे जलभृतों में बाइकार्बोनेट, सल्फेट / सल्फाइट और क्लोराइड देखे जाते हैं। अरावली एनसीआर क्षेत्र में नाइट्रेट, फ्लोराइड और आर्सेनिक की मौजूदगी की सूचना मिली है। पौधों का अपशिष्ट पदार्थ, लेगुमज और जानवरों का मलमूत्र वायुमंडल में नाइट्रेट के मुख्य स्रोत हैं और जीवित चीजों की जीवित कोशिकाओं के अन्दर लगातार पुनर्चक्रित किए जाते हैं। उर्वरकों और अमोनिया (औद्योगिक रिलीज और हवा में अन्य स्रोत) के उपयोग से कार्बन के साथ मिलकर कार्बनिक नाइट्रोजन बढ़ जाता है।मानच जनित नाइट्रोजन के विभिन्न रिफुज के डंप करने से व सहरी क्षे= का औद्योगिक मलबा व औद्योगिक अपशिष्ट जल को सीधा छोडना भूजल को खराब कर देता है।

भूगर्भीय समय के पैमाने पर अरावली चट्टानों से फ्लोराइड का रिसाव अरावली बाढ़ क्षेत्र के भूजल में फ्लोराइड की मात्रा में वृद्धि के लिए जिम्मेदार माना जाता है। भूजल में आर्सेनिक की उपस्थिति को अरावली पर्वतों के प्राकृतिक स्रोतों के साथ-साथ मानवजनित स्रोतों से भी माना जाता है। "इन संरचनाओं में, आर्सेनिक आमतौर पर सिलिकेट खनिजों के क्रिस्टल जालकों में Si, Al, या Fe की जगह लेता है ... कई क्षेत्रों में स्वीकार्य सीमा (0.01 mg/l) (BIS 2012) से अधिक आर्सेनिक संदूषण वाले भूजल का पता चला है"[49]

सीजीडब्ल्यूबी ने एनसीआर अरावली क्षेत्र के विभिन्न जिलों में विभिन्न स्थानों पर परीक्षण किया है, उस रिपोर्ट के कुछ हिस्से मानवजनित गतिविधियों के कारण भूजल में हुई गिरावट के स्तर को दिखाने के लिए तैयार किए गए हैं।

दिल्ली क्षेत्र : "राज्य के विभिन्न भागों में भूजल में उच्च नाइट्रेट और भारी धातुओं की उपस्थिति की सूचना मिली है। उच्च नाइट्रेट की उपस्थिति ज्यादातर नालों, कृषि क्षेत्रों, पार्कों और लैंडफिल साइटों के पास देखी जाती है। नजफगढ़ नाले, यमुना बाढ़ के मैदान और लैंडफिल साइटों और औद्योगिक क्षेत्रों के आसपास भारी धातुओं की सूचना मिली है। दक्षिण, उत्तर, उत्तर-पश्चिम, दक्षिण-पश्चिम और पश्चिम जिलों में अलग-अलग इलाकों से डीडीटी की उच्च सांद्रता की सूचना मिली है... पिछले दशक (2005 - 2015) के दौरान प्री-मॉनसून पानी के विश्लेषण से राज्य के अधिकांश हिस्सों में भूजल स्तर में गिरावट के रुझान की प्रवृत्ति का संकेत मिलता है।"**[50]**

रेवाड़ी क्षेत्र : रिपोर्ट के कुछ हिस्सों में पानी के मानवजनित प्रदूषण को स्वीकार किया गया है, "ईसी, टीडीएस, क्लोराइड, कैल्शियम और मैग्नीशियम बीआईएस पेयजल मानकों की स्वीकार्य सीमा से बहुत अधिक हैं। दोनों नमूनों में नाइट्रेट अधिक है, जो मानवजनित स्रोत का संकेत है... उद्योगों, शहरी अपशिष्ट जल नालियों, कचरा डंप साइटों आदि जैसे प्रदूषण स्रोतों के करीब स्थित कुओं और फ्लोराइड, लोहा, आर्सेनिक और ऐसे अन्य प्रदूषकों जैसे प्राकृतिक संदूषकों के संदिग्ध कुओं को भूजल गुणवत्ता के सर्वेक्षण के लिए माना गया था... कुओं में As, Mn, Zn, Pb, Cu, और Cd की सांद्रता पाई जाती है। जीवाणु संबंधी परीक्षण चार जल नमूनों में कुल कोलीफॉर्म और दो हैंडपंप नमूनों में फेकल कोलीफॉर्म की उपस्थिति दिखाते हैं। कीटनाशकों में, सभी स्थानों पर α-एंडोसल्फान की सांद्रता β-एंडोसल्फान से अधिक है। सभी नमूनों में कुल एंडोसल्फान की सांद्रता अनुमेय सीमा (0.4 पीपीबी) से अधिक है। डाइलड्रिन की सांद्रता 8.04 पीपीबी से 10.35 पीपीबी तक है और यह अनुमेय स्तर (0.03 पीपीबी) से बहुत अधिक पाई गई है [51]।

जिला गुड़गांव : " [52]सामान्य तौर पर, पीने के पानी की गुणवत्ता कई मामलों में टीडीएस, SO_4, F, Ca, Mg, क्षारीयता और कठोरता के संबंध में स्वीकार्य मानक से परे है। आयरन गुड़गांव के भूजल में पाई जाने वाली सबसे आम भारी धातु है जो पीने के पानी के लिए अनुशंसित वांछनीय स्तर से अधिक है... Cr, Co, और Cd की सांद्रता पाई जाती है... सभी छह विश्लेषित नमूनों में ऑर्गेनोक्लोरीनेटेड और ऑर्गेनो-फॉस्फोरस कीटनाशकों की उपस्थिति देखी गई है; .... सभी साइटों पर α-एंडोसल्फान की सांद्रता β- एंडोसल्फानैट से अधिक है। सभी नमूनों में कुल एंडोसल्फान की सांद्रता स्वीकार्य सीमा (0.4 पीपीबी) से ऊपर है गुड़गांव जिले का भूजल भी ऑर्गेनो-फॉस्फोरस कीटनाशकों जैसे मिथाइल पैराथियान, मैलाथियान और क्लोरपायरीफॉस से दूषित है।

जिला मेवातः "आम तौर पर, जिले के भूजल में कई मामलों में पीने के पानी की गुणवत्ता TDS, SO_4, NO_3, F, Ca, Mg, क्षारीयता और कठोरता के मामले में स्वीकार्य मानकों से परे है। भारी धातुओं के विश्लेषण से पता चलता है कि कुछ भारी धातुओं (Fe, Mn, As, और Se) की सांद्रता कुछ भूजल नमूनों में पीने के पानी के लिए अनुशंसित वांछनीय स्तरों से काफी ऊपर मौजूद है। Cu, Pb, Zn, Cr, Co, Al, Ni, और Cd की सांद्रता पाई जाती है।"[53]

महेंद्रगढ़: राजस्थान की सीमा से सटा यह जिला गंभीर जल संकट का सामना कर रहा है। मीठे पानी के जलभृतों का दोहन किया जा चुका है और कई स्थानों पर विभिन्न स्तरों के जलभृत आपस में मिल कर खराब हो गये है। खारा और नमकीन भूजल फसलों और मानव उपभोग के लिए गंभीर खतरा है। भूजल की गुणवत्ता को खराब करने के लिए कीटनाशकों की मात्रा को नीचे तक पहुँच चुकी है।

1.9. भूजल संरक्षण के लिए वानिकी ।

पाठकों के लिए यहां केवल कुछ सबसे महत्वपूर्ण और व्यावहारिक कारणों का उल्लेख किया गया है।

i . वन वर्षा को अवशोषित करते हैं। यह एक सर्वविदित तथ्य है कि वन वनस्पतियों मे जब उन पर वर्षा होती की उनकी जड़ें, पत्तियाँ और पत्ते वर्षा के कुछ अंशों को सोख लेते है। वन धीरे-धीरे उस पानी को भूजल और वायुमंडल में छोड़ कर प्रकृति में जल विज्ञान चक्र को बनाए रखते हैं।

ii. वन वृक्षों की जड़ें मिट्टी को बांधती हैं। किसी पारिस्थितिकी तंत्र में वन आवरण, प्रणाली को बनाए रखने के लिए मिट्टी की उर्वरता को बनाए रखता है, बढ़ती वनस्पति एक मजबूत जड़ प्रणाली विकसित करती है जो मिट्टी के कणों को बांधकर उन्हें एक साथ रखती है ताकि वर्षा का पानी अवशोषित हो सके, और धीरे-धीरे उस पानी का कुछ हिस्सा उस पारिस्थितिकी तंत्र में जीवन को बनाए रखने के लिए भविष्य के स्रोत के रूप में भूजल को रिचार्ज करने में मदद करता है।

iii. जल रिसाव में सुधार करना। पृथ्वी पर वन आवरण लगातार सतही जल को जलभृत में रिसता रहता है। जहाँ वन आवरण कम हो जाता है या नष्ट हो जाता है, वहाँ भूमिगत जल में रिसने की दर बहुत कम हो जाती है। वन प्राकृतिक रूप से जल अवशोशक होते हैं और मानव उपयोग के लिए पानी को छानकर शुद्व करते हैं।

iv. वन अपवाह दर को कम करते हैं। वन आवरण रहित सतह अपवाह दर को बढ़ाती है और वर्षा जल का कटाव जारी रहता है। विशेष रूप से अरावली के कठोर चट्टानी इलाके में जो छिद्रपूर्ण और पारगम्य नहीं है, वन आवरण के अभाव में और भूजल का पुनर्भरण न होने या न्यूनतम पुनर्भरण के कारण अधिकांश वर्षा जल अपवाह के रूप में चला जाता है। वन आवरण अपवाह दर को कम करता है और भूजल को रिचार्ज करने के लिए वर्षा जल को अवशोषित करता है।

v. वन लम्बे समय तक धीरे-धीरे पानी का निकास करता है। वन आवरण अपनी वनस्पति के माध्यम से वर्षा जल को अवशोषित करता है और बनाए रखता है, बाद में, जड़ें अवशोषित जल को धीरे-धीरे भूजल में छोड़ देती हैं, और वाष्पोत्सर्जन द्वारा जल को वायुमंडल में छोड़ दिया जाता है, जिससे पुनः वर्षा होती है।

vi. वाष्पोत्सर्जन वर्षा में मदद करता है और जल चक्र को बनाए रखता है। वनों द्वारा वाष्पोत्सर्जन के माध्यम से छोड़ा गया जल, वायु को जल-अणुओं से संतृप्त कर देता है, जिससे वर्षा होने में आसानी होती है, तथा वह जल वर्षा के रूप में सतह पर वापस आ जाता है।

vii. कटाव को नियंत्रित एवं विनियमित करना। वन क्षेत्र पारिस्थितिकी तंत्र में कटाव को न्यूनतम स्तर तक कम करता है, क्योंकि इससे जमीन पर गिरने वाली बारिश की बूंदों, पेड़ों से गिरने वाले पत्तों और जमीन पर गिरने वाली सूखी टहनियों के साथ-साथ सतह पर उगने वाली घासों का प्रभाव से कटाव कम होता है। कई जैविक गतिविधियाँ वर्षा जल को अवशोषित करके कटाव को कम करने में मदद करती हैं। वन क्षेत्र को बनाए रखना कटाव को कम करने का सबसे अच्छा उपाय है।

viii. वन भूजल पुनर्भरण कर्ता। वन आवरण के माध्यम से अवशोषित वर्षा जल धीरे-धीरे और लगातार जलभृतों को पुनर्भरित करता है, जिससे प्रकृति में संतुलन बना रहता है।

ix. वन जैविक फ़िललेटर के रूप में काम करते हैं। पारिस्थितिकी तंत्र कई प्रकार की जीव गतिविधियों के साथ-साथ कई जैविक गतिविधियों का समर्थन करता है, जो जैविक रूप से फ़िल्टर करने के लिए वर्षा जल के अवशोषण की सुविधा प्रदान करता है, कई हानिकारक रोगाणुओं और जीवाणुओं को वन आवरण में जैव- जीव गतिविधियों द्वारा पचाया जाता है, फिर जैविक रूप से फ़िल्टर किए गए पानी को भूजल पुनर्भरण की ओर भेजा जाता है ।

x. पारिस्थितिकी तंत्र को बनाए रखना। वन आवरण सम्पूर्ण पारिस्थितिकी तंत्र के अस्तित्व और विकास को सहारा देता है, जब वन अक्षुण्ण रहेंगे तभी पारिस्थितिकी तंत्र जीवित रहेगा और पारिस्थितिकी तंत्र वर्षा जल के अवशोषण और भूजल पुनर्भरण में सहायक होगा।

xi. जैव-मध्यस्थता । वन वर्षा जल के साथ मध्यस्थता करने के लिए एक जैविक प्रक्रिया के रूप में काम करते हैं और भूजल पुनर्भरण की दिशा में जैव-मध्यस्थता के रूप में काम करते हैं। "पौधों में राइजोस्फीयर में सूक्ष्मजीवों के विकास को बढ़ावा देकर दूषित मिट्टी और भूजल के उपचार में सहायता करने की क्षमता है। ऑक्सीजन, पानी और चयापचय योग्य कार्बन स्रोतों की उपस्थिति के प्रति सूक्ष्मजीवों की आबादी अलग-अलग होती है। पौधे मिट्टी में ऑक्सीजन हस्तांतरण के लिए एक संयंत्र मार्ग प्रदान करके, संतृप्त से असंतृप्त मिट्टी में पानी

स्थानांतरित करके और जड़ स्राव और सड़ते हुए जड़ के बालों के रूप में पूरक सब्सट्रेट की आपूर्ति करके सूक्ष्मजीवों के विकास के लिए अनुकूल वातावरण प्रदान करने में सक्षम हैं।" कमल मेलवानी व अन्य. (2006)

xii. कार्बन पृथक्करण। वायुमंडलीय कार्बन को पेड़ों द्वारा लंबे समय तक अवशोषित और बनाए रखा जाता है। वन कार्बन सिंक के रूप में काम करते हैं, जो हमें जलवायु परिवर्तन या तापमान में वृद्धि से बचाने के लिए कार्बन को अलग करते हैं। वन पृथ्वी ग्रह पर जीवन का समर्थन करके प्रकृति के लिए एयर-कंडीशनिंग के रूप में काम करते हैं ।

1.10. अरावली ड्रेनेज पैटर्न

किसी भूभाग का ड्रेनेज पैटर्न अनिवार्य रूप से भूगर्भीय संरचनाओं और भूभाग के भूआकृति विज्ञान विकास के माध्यम से क्षेत्र की संरचनात्मक विशेषताओं के अनुसार आगे बढ़ता और विकसित होता है। बहुचरणीय फोल्डिड अरावली पर्वतीय भूभाग की धरातलिय विज्ञान, अपरदनित अवशिष्ट पहाड़ियों के साथ ड्रेनेज पहाड़ों से डिप्रेशन की ओर बहती थी। अरावली पहाड़ियों के बीच भूमि से घिरे ड्रेनेज प्रणालियों ने झीलों का निर्माण किया, और आसपास के उपलब्ध डिप्रेशन क्षेत्रों में जल निकायों का निर्माण किया। उत्तरी अरावली की अधिकांश प्रमुख नदियाँ/धाराएँ डिप्रेशन के माध्यम से राजस्थान से उत्तर की ओर रेवाड़ी-महेंद्रगढ़ क्षेत्रों में बहती थीं। हजारों साल पहले, इन नदियों के बारे में कहा जाता था कि वे पूर्व-वैदिक (पूर्व हड़प्पा से हड़प्पा तक) काल के दौरान या उससे पहले शक्तिशाली सरस्वती नदी की सहायक नदी दृषद्वती नदी में मिलती थीं[54]

एनसीआर में पूर्व (फरीदाबाद) से पश्चिम (नारनौल) की ओर बढ़ने वाले प्रमुख डिप्रेशन हैं:

(1) **अरावली पर्वतमाला के दिल्ली-फरीदाबाद-निमोठ क्षेत्र** में पूर्वी दिशा में एक घाटि है। इस डिप्रेशन का ड्रेनेज पूर्व की ओर बहकर बारहमासी यमुना नदी से मिल जाता है।

(2) **फिरोजपुर झिरका-नूंह डिप्रेशन। कोटला झील , लालदोहा , उझिना झील , चन्देनी झील** में बहता हुआ पानी भू-अवरुद्ध घाटि मे समाहित होता है । भूवैज्ञानिक समय पैमाने पर मिट्टी के जमाव की स्थलबद्ध धाराओं ने इस क्षेत्र के भूजल को खारे/लवणीय में परिवर्तित कर दिया ।

(3) **गुड़गांव-सोहना डिप्रेशन**, जिसमें मेहंदवारी नदी का ड्रे ड्रेनेज होता है वह दक्षिण में बहकर मेवात क्षेत्र में मिल जाता है। बादशाहपुर नाला (जब ब्रिटिश काल में मिट्टी के तटबंध द्वारा इसे अवरुद्ध कर दिया गया था, उस समय के पहले यह दक्षिण की ओर सोहना की ओर बहकर मेहंदवारी नदि में मिल जाता था), अब यह नजफगढ़ झील में मिलता है ।

(4) **अलवर-इंदौरी-साहिबी पर्वत डिप्रेशन** ड्रेनेज पैलियो चैनल सरस्वती नदी के साथ दोहान और कृष्णावती नदियों के साथ दृषद्वती के माध्यम से मिलते हुए दिखाई देते हैं, जो बाद में यमुना नदी में मिलना शुरू हो गए। अब धीरे-धीरे और पीछे हट रही हैं और अपने बाढ़ के मैदान क्षेत्रों में खत्म हो रही हैं। (इन नदियों का विवरण आगे पढ़ें)

(5) **कोटपूतली-नारनौल- कृष्णावती डिप्रेशन** । कृष्णावती नदी का अपवाह, हरियाणा में दोहान और साहिबी के साथ विलय।

6. **डाबला -ढोसी-महेंद्रगढ़-चरखी दादरी-दोहान डिप्रेशन** और क्वाट्रनरी एयोलिन /रेत टिब्बा भूभाग। दोहान नदी बाढ़ क्षेत्र.

7. **तोशाम क्षेत्र में आग्नेय/ग्रेनाइटिक इनट्रुजिव** के साथ परवर्ती क्वाट्रनरी एयोलिन /रेत टीलों का जमाव।

इन डिप्रेशन में विकसित ड्रेनेज पैटर्न विभिन्न पर्वतीय उथल-पुथल से प्रभावित थे, जहां विभिन्न नदियां/नाले बहते थे, जो भारत के पश्चिम से पूर्वी हिस्से तक आने वाले यात्रियों को प्रारंभिक यात्रा मार्ग प्रदान करते थे।

1.10.1. ड्रेनेज पैटर्न और पैलियोचैनल का जल विज्ञान

पानी ढलान के साथ नीचे की ओर बहता है या जहाँ चट्टानी परतें नीचे की ओर झुकी होती हैं। स्थलाकृति का यह ऊंचा क्षेत्र (शिखर) क्षेत्र की ड्रेनेज को दो भागों में विभाजित करता है जो **जल विभाजक** के रूप में कार्य करता है। प्रारंभ में, ऊंचाई एक एंटीकलाइन संरचना (संपीड़न बलों के कारण)या अन्य प्रकार के कारण हो सकती है जिसमें दोनों तरफ ढलान होती है और शिखर सतह जलग्रहण क्षेत्र के लिए जल विभाजक के रूप में कार्य करती है। वर्षा जल अपवाह धाराओ या नालों के रूप में अपना प्रवाह शुरू करता है और कई प्रवाह जब एक बिंदु के पास मिलते हैं फिर एक छोटी नदी / धार/ चैनल ढलान / ढाल / स्तर से शुरू होकर एक जलधारा / धारा बन जाती है।

वाटरशेड "उच्च भूमि का वह क्षेत्र है जो दो गैर-संचारी ड्रेनेज प्रणालियों के बीच स्थित है। इसे दो आसन्न ड्रेनेज प्रणालियों के बीच की सीमा के रूप में माना जा सकता है और यह 'विभाजन' शब्द का पर्याय है।"[55] वाटरशेड एक जलवैज्ञानिक इकाई है [56]। गैर-जलोढ़ जलभृत क्षेत्र में 'वाटरशेड' की सीमा अधिकांशतः भूजल विभाजन के साथ मेल खाती है।

अरावली पर्वत की बहु-रूपांतरित लिथो इकाइयों से कई सूक्ष्म जलग्रहण क्षेत्र उत्पन्न होते हैं। अरावली पर्वतों में, वर्षा जल अपवाह प्रवाह झुकाव/ ढाल /ढलान /डिप के निचले भागों की ओर जारी रहती है और इस तरह के अपवाह के साथ-साथ विभिन्न विघटित चट्टान अपशिष्ट पदार्थ भी अपने साथ बहाकर ले जाता हैं, जिससे कटाव की दर और बढ़ जाती है। यह देखा गया कि पानी का प्रवाह आम तौर पर पहाड़ियों की रूपरेखा के समकोण पर होता है, लेकिन अंतिम ड्रेनेज पैटर्न इलाके में मौजूद लिथो इकाइयों की प्रकृति/संरचना पर निर्भर करता है।

आम तौर पर क्षेत्रीय ढाल/ढलान ड्रेनेज प्रवाह की प्रमुख दिशा को नियंत्रित करता है। चट्टानों में जोड़, दरारें, फिशरज, फोलिएशन और फ्रैक्चर बहु-चरणीय तहदार रूपांतरित अरावली भूभाग में पानी के प्रवाह को सुविधाजनक बनाती हैं। कटाव की सीमा एक समान पैटर्न का अनुसरण करती है जहाँ समान चट्टानें समान रूप से झुकी हुई (ढलान) होती हैं, ऐसे मामलों में जहाँ तह शिखर के दोनों ओर विपरीत ढलान होते हैं, वहाँ पर ढलान परिवर्तनशील होते हैं, कटाव की दर परिवर्तनशील हो सकती है, और ढलान वाले पार्श्व ढलानों पर कटाव अधिक हो सकता है।

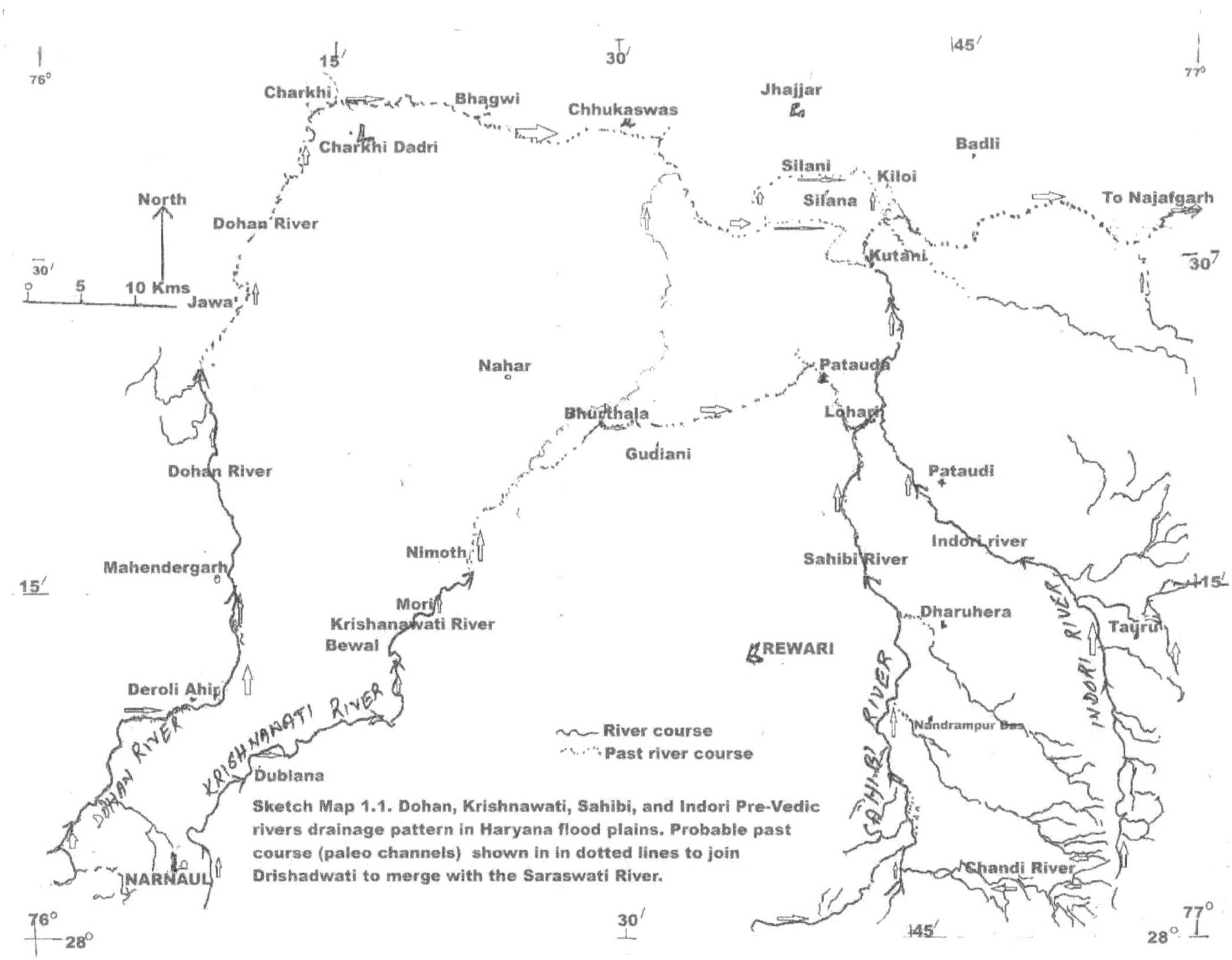

Sketch Map 1.1. Dohan, Krishnawati, Sahibi, and Indori Pre-Vedic rivers drainage pattern in Haryana flood plains. Probable past course (paleo channels) shown in in dotted lines to join Drishadwati to merge with the Saraswati River.

जल विभाजक बिंदु भी धीरे-धीरे एक तरफ खिसकता रहता हैं एक सौम्य ढलान के साथ, जो जल विभाजन को एक ज़िगज़ैग रूप में बदलता रहता है। भूभाग का मुकुट क्षेत्र सीरेटिड ऊंचाइयों के साथ दाँतेदार हो जाता है। भूभाग में निरंतर कटाव जल विभाजन में परिवर्तन करता है जिससे क्षेत्र की भौतिक संरचना बदल जाती है। नतीजतन, ड्रेनेज में धारा की शाखाएँ व दिशा बदल जाती हैं। वनस्पति रहित चट्टानी सतहों के साथ खड़ी ढलानों पर कटाव की दर और धारा में क्षरण से भरी हुई सामग्री अधिक अपरदन करती जाती है। धारा का कटाव धीरे-धीरे अपनी सतही ड्रेनेज घाटी को चौड़ा करता है और उत्तरोत्तर इसकी लंबाई और चौड़ाई बढ़ाता है।

अरावली प्रणाली विभिन्न भूवैज्ञानिक युगों के दौरान कई पर्वतीय परिवर्तनों से गुज़री थी, ड्रेनेज पैटर्न भी भूवैज्ञानिक संरचनाओं द्वारा उनके संरचनात्मक स्वभाव के अनुसार संशोधित / परिवर्तित और विनियमित होता रहा है। जब हम इस भूभाग को देखते हैं, तो उत्तर-पश्चिम की ओर बहने वाली नदियाँ अरावली पर्वतमाला के पश्चिमी ढलानों से निकलती थीं, और पूर्वी ढलान की दूसरी ओर की नदी पूर्व की ओर बहती

थी, कुछ दूरी तक बहने के बाद अन्य नदियों से मिल जाती थी या समा जाती है। उत्तरी राजस्थान के अरावली से निकलने वाली कई नदियाँ उत्तर की ओर और उत्तर-पूर्व की ओर बहती रही है और हरियाणा में यमुना नदी (ऋग्वैदिक काल से पहले सरस्वती नदी की एक सहायक नदी दृषद्वती से मिलती थीं) में मिल जाती थीं। इन ऐतिहासिक पुरानी अरावली नदियों के किनारे सरस्वती-सिंधु घाटी सभ्यता की सरस्वती-हड़प्पा संस्कृति के कई स्थल / साक्ष्य बताए गए हैं।

मानचित्रों पर दोहान, कृष्णावती और साहिबी नदियों के ड्रेनेज पैटर्न की जांच करने पर, यह देखा गया कि अरावली पर्वत से निकलने वाली ये सभी नदियाँ उत्तर और उत्तर-पूर्व की ओर बहती हैं, जो शायद चट्टानों के सटराइक (उत्तर-पूर्व-दक्षिण-पश्चिम) का अनुसरण करती हैं, जो चट्टान की परत के सटराइक के साथ लगभग समानांतर विकसित हुइ दिखती हैं। इस प्रकार कुछ कमजोर चट्टान संरचनाओं के क्षरण से घाटी/ डिप्रेशन बन गया। घुमावदार बहने वाली नदियाँ भी इसी तरह से चट्टानों के क्षरण का अनुसरण करती हुई दिखती हैं, शायद कुछ टूटी हुई कमजोर चट्टानें या कुछ इनफिलट्रेशन निकाय हैं जो इसी तरह से क्षरण होते रहे हैं। उदाहरण के लिए, नांगल काठा के बाद दोहान पूर्व की ओर मुड़ गइ और दुबलाना के बाद कृष्णावती पूर्व की ओर मुड़ गई और फिर दोहान डेरोली अहीर के पास उत्तर की ओर मुड़ गइ और उसके समानान्तर कृष्णावती भी मुड़ गई। जो यह दशाता हे कि नदीयाँ जीओलाजीकल फोरमेश्न के अनुरूप विकसित हुई । स्केच मैप 1.1 व 1.2 देखे ।

जेएल थुस्सू (2006) ने नदी के प्रवाह की दिशा में परिवर्तन के लिए टेक्टोनिक उथल-पुथल को भी एक कारण बताया, "घोष (1992) ने माना कि ड्रेनेज प्रणाली का स्थानांतरण दिल्ली-अरावली रिज, जैसलमेर आर्क, दिल्ली-लाहौर रिज के झुकाव से नियंत्रित हुआ होगा।" [57]उन्होंने आगे कहा कि, " हरियाणा के दक्षिणी भाग में साहिबी, कृष्णावती और दोहान नदियाँ पूर्व-पश्चिम फॉल्ट के कारण दक्षिण से उत्तर की ओर बहती हैं, जिससे उत्तर से पूर्व की ओर प्रवाह दिशा में परिवर्तन प्रदर्शित होता है (थुस्सू 1995, ऑडेन 1942) ने यमुना नदी टीयर को एक प्रमुख टीयर फॉल्ट माना , कृष्णास्वामी (1959) और नरूला व अन्य (1989) ने पुष्टि की कि यह फॉल्ट अभी भी सक्रिय है और इस फॉल्ट के साथ क्षैतिज मोवमेन्ट दर्ज किया गया है।"

साहिबी-कृष्णावती-दोहान ड्रेनेज प्रणाली (स्केच मैप 1.1) बहुत पुरानी है, जिसने कई भूवैज्ञानिक युगों के दौरान कई पर्वतीय उथल-पुथल सही हैं। भूवैज्ञानिकों का मानना है कि उतरोतर क्वाट्रनरी पीरयढ के दौरान पिछले 4000 से 9000 वर्षों के दौरान, पश्चिमी थार रेगिस्तान से रेत को उड़ाने वाले भारी धूल के तूफानों ने रेत के टीलों के रूप में विभिन्न स्थानों पर रेत जमा कर दी। उन नव निर्मित अनुदैर्ध्य रेत के टीलों की रीजे (पश्चिम से पूर्व दिशा में उत्तर-पूर्व दिशा में) ने संभवतः इन नदियों के जल चैनलों में प्रवाह को कई स्थानों पर अवरुद्ध कर दिया और नदीयाँ उतर-पूव की ओर मुड गइ। गर्मियों के शुष्क मौसम के दौरान, रेत के टीलों का प्रभाव इन नदियों के उत्तरी भाग (चरखी दादरी, भिवानी, झज्जर, रोहतक भागों) में अधिक स्पष्ट था ।

भूवैज्ञानिकों ने यमुना नदी की ओर नदीयों के प्रवाह को बदलने का एक कारण जलवायु परिवर्तन के साथ टेक्टोनिक गतिविधियों को माना है। **महेंद्रगढ़-देहरादून फॉल्ट** और क्षेत्र में कुछ अन्य फॉल्ट को नदियों के मार्ग में बदलाव के लिए जिम्मेदार माना गया। राजस्थान के अरावली पहाड़ों में फॉल्ट के बाद बदलाव होने से नदी का जलग्रहण क्षेत्र कम हो गया होगा जिससे इन नदियों में पानी की आपूर्ति कम हो गई होगी। पुराने गजेटियरों में उल्लेख है कि टेक्टोनिक गतिविधियों के कारण अजमेर क्षेत्र से दोहान नदी में पानी की आपूर्ति कम या खत्म हो गई थी। टेक्टोनिक गतिविधियों ने इन नदियों के मार्ग को प्रभावित किया होगा जिससे उनके मार्ग में परिवर्तन हुआ होगा। टेक्टोनिक गतिविधियों के साथ सहसंबंधों का विस्तृत पैलियोचैनल अध्ययन इन नदियों के पिछले इतिहास से संबंधित कई पहेलियों को हल कर सकता है जिनमें कई स्थानों पर इनके दो किलोमीटर तक चौड़े नदी तल थे ।पिछले कुछ समय के दोरान विभिन्न् भूवैज्ञानिको, जीसआइ, सीजीडबलु ने पैलियोचैनलो का अध्यन किया है।

भारत सरकार की रिपोर्ट में बड़े पैमाने पर रेत के टीलों के जमाव में पैलियोचैनल को चित्रित करने में कठिनाइयों का उल्लेख किया गया है क्योंकि पुरानी नदी चैनलों के प्रवाह अवशेष रेत के टीलों की चलती रेत के नीचे दब जाते हैं, जबकि इस क्षेत्र में अधिकांश रेत के टीलों का निर्माण क्वाट्रनरी पीरयढ के अंत में हुआ है, " ऐसी परिस्थिति में, पूर्ववर्ती प्रमुख धारा घाटियाँ बरसात के मौसम में सतही या उपसतह जल के संचय की जगह बन जाती हैं, और पेड़ों और झाड़ियों के लिए एक अच्छा स्थान बन जाती हैं। इसलिए, एक प्राकृतिक स्थिति के तहत, ऐसे घाटी-भरे क्षेत्र कई गहरी जड़ वाले पेड़ और झाड़ी प्रजातियों के घने विकास के स्थल बन जाते हैं, हालांकि ऐसे सभी घनी वनस्पति वाले क्षेत्रों को पैलियोचैनल के रूप में नहीं माना जा सकता है । [58]"

प्रीकैम्ब्रियन के बाद से पर्वतजन्य गतिविधियों के विभिन्न चरणों ने अरावली पर्वतमाला के पुराने ड्रेनेज पैटर्न को प्रभावित किया। टेक्टोनिक गतिविधियों ने मौजूदा ड्रेनेज पैटर्न को प्रभावित करते हुए विभिन्न समय के दौरान फॉल्टस की फॉल्ट लाइन (अवसादन/उत्थान के कारण सतह के स्तर में परिवर्तन) के साथ गतिविधि शुरू किया हो सकता है। बाढ़ के मैदानों के नीचे की चट्टानें अरावली प्रणाली के शिस्ट, नीस और क्वार्टजाइट की चट्टाने हैं। इससे संकेत मिलता है कि दक्षिण हरियाणा में बाढ़ के मैदान इन नदियों द्वारा उत्तर-पूर्वी दिशा में अपने प्रवाह के दौरान मौजूदा अरावली पर्वतमाला को क्षरण करते हुए बनाए गए थे। " निओजीन टेक्टोनिक गतिविधियों को जमाव के बेसिनों की उत्पत्ति, विन्यास और विकास को नियंत्रित करने के लिए जिम्मेदार माना जाता है।[59] याजनासेनी ने उल्लेख किया (3.12.2019, स्वराज्य

), "शोधकर्ताओं ने निष्कर्ष निकाला है कि 80,000 से 20,000 साल पहले और साथ ही 9,000 से 4,500 साल पहले (9 से 4.5 Ka) सरस्वती नदी बारहमासी बहति थी और उच्च और लघु हिमालय से तलछट प्राप्त कर रही थी।" अरावली तलछट यह भी संकेत देते हैं कि ये अरावली नदियाँ हांसी क्षेत्र में दृषद्वती में मिलती थीं।

इन नदियों द्वारा जमा किए गए तलछट से क्षेत्र की पिछली जलवायु और वर्षा पैटर्न का भी पता चलता है। टेक्टोनिक समय पैमाने पर हिमालय के बढ़ने से क्षेत्र की नदियों के प्रवाह के मुकाबले उस समय की वर्षा पर भी असर पड़ा। विभिन्न शोधकर्ताओं द्वारा किए गए पैलियोचैनल अध्ययनों से संकेत मिलता है कि ये सभी अरावली नदियाँ बहुत अधिक पानी के साथ बहती थीं और सरस्वती नदी की सहायक और उप-सहायक नदियों के रूप में जुड़ रही थीं। टेक्टोनिक उथल-पुथल के कारण, सरस्वती नदी ने हिमालय के ग्लेशियरों से पानी की आपूर्ति खत्म हो गयी और यमुना नदी ने उन जलग्रहण क्षेत्रों पर कब्जा कर लिया (सूरज भान [60], 1970 द्वारा 1800 ईसा पूर्व माना जाता है)। अरावली अपवाह तंत्र में कई नदियाँ उत्तर की ओर बहती थीं, लेकिन जब विशाल सरस्वती नदी [61]विवर्तनिक/फॉल्टिगं उथल-पुथल के कारण बन्द हो गई, तो नदियो ने अपनी दिशा बदल ली, जिससे यमुना नदी का जल बढ गया और जो कि अब एक बारहमासी नदी है।

"अरावली का उत्थान आजतक भी जारी है। नवनिर्मित यमुना को धीरे-धीरे पूर्व की ओर पलायन करने के लिए मजबूर होना पड़ा। सैटेलाइट इमेजरी से पता चलता है कि भगवान कृष्ण के जन्म के समय से यह 10 से 40 किलोमीटर (विभिन्न खंडों में) पलायन कर चुकी है, जिनका जन्म यमुना के तट पर एक जेल में हुआ था। [62]" चूंकि अरावली क्षेत्र का उचां उठता रहा और पश्चिम में भूमि का अवतलन हुआ । "ऐसा प्रतीत होता है कि क्रस्टल गतिविधियों के परिणामस्वरूप भूमि के उत्थान या उचां उठना और अवतलन या धंसाव ने नदियों के मार्गों में परिवर्तन, धाराओं का खत्म होना, उनके पानी की कमी और नदियों का लुप्त होना, यहा तक कि सरस्वती नदी जैसी महान नदी भी लुप्त हो गयी हैं। [63]"

कई पृथ्वी वैज्ञानिकों का मानना था कि अरावली पर्वत से निकलने वाली दोहान, कृष्णावती और साहिबी नदियाँ दिल्ली-झज्जर-रोहतक-भिवानी रिंज के कारण उत्तर-पूर्व और फिर उत्तर-पश्चिम की ओर बहकर हिसार जिले के क्षेत्रों में सरस्वती नदी की सहायक नदियों से मिलती थीं और बाद में टेक्टोनिक उथल-पुथल के कारण ये अरावली नदियाँ उत्तर-पूर्व की ओर यमुना नदी में मिलने के लिए अपनी दिशा बदलने के लिय बाध्य हो गयी; नदियों की दिशा में इस तरह के बदलाव में फॉल्ट और पर्वतजनित गतिविधियों ने अपनी अहम भूमिका निभाई।

भार्गव एम.एल. का [64]मानना था कि ऋग्वैदिक काल में ये नदियाँ **अर्वावृत सागर** या पुरव सागर में गिरती थीं। उनके अनुसार, "शायद ईस बहुत बडे समुद्र का विस्तार उत्तरी पारियात्रस (अरावली) की तलहटी से दक्षिण-पश्चिम हिमालय की तलहटी जो कि उत्तर पूर्व हिमालय क्षेत्र का भाग था तक फैलाव रहा होगा। वर्तमान मे इस विस्तार को गुडगाँव दिल्ली के माध्यम से इन जिलो की पहाड़ियों के उत्तर-पश्चिम के प्रांत और फिर मेरठ जिला बिजनौर जिले तक यमुना नदी के वर्तमान चैनलों तक और गंगा नदी तक रहा होगाा। वर्तमान मे इस बहुत बडे समुन्द्र का कोई साक्ष्य नहीं जिससे यह सत्यापित किया जा सके, इस दक्षिण-पूर्व की ओर विस्तारिण दिल्ली से परे, जहां उत्तरी पारियात्रस (अरावली) समाप्त हो जाती हैं। लेकिन यह होना आवश्यक है श्री भार्गव ने बताया कि अर्वाव्रत सागर गुड़गांव-दिल्ली क्षेत्र से लेकर पश्चिमी उत्तर प्रदेश में हिमालय की तलहटी तक फैला हुआ था।

श्री भार्गव ने नजफगढ़ झील का उल्लेख ' सप्त सैंधव' के दक्षिण-पूर्व में एक भौगोलिक विशेषता के रूप में किया , जो उस समुद्र या एक बड़ी झील का अंतिम अवशेष है। उन्होंने भानुमती- वधूसरा - दौहान का उल्लेख दोहान नदी के प्राचीन नाम के रूप में किया और कृष्णावती ऋग्वैदिक काल के दौरान झज्जर की सीमा के पास अरवाव्रत समुद्र में मिलती थी । असमानवती ऋग्वैदिक नदी को दोहान नदी माना गया। अनुमति नदी, जिसे बाद में नाई के नाम से जाना गया, दोहान नदी में शामिल होती थी और बाद में, मरोट और बिलोचपुर के बीच साहिबी और कृष्णावती इसमें शामिल हो जाती थी। बृहस्पति से संबंधित अनुमति नदी (जिसे बाद में हविस्मती के रूप में जाना जाता था , जो अब नाला में बदल गई और 'लोअर नाई' कहलाने लगी) दोहान -वधूसरा-भानुमती- असमानवती घाटी में बहती थी संभवतः वर्षाजनित नजफगढ़ झील को [65]शतपथ ब्राहमण में **द्वैतवन झील** कहा जाता था , जिसका उल्लेख महाभारत में भी मिलता है। अन्तराल में, इन नदियो का पानी जहाँगीरपुर झील में जाता देखा गया, जहाँ से एक चैनल यमुना नदी में जाकर मिल जाती थी। रोहतक गजेटियर, 1910 में किलोई झील (जहाँगीरपुर के दक्षिण-पूर्व) का उल्लेख है, फिर पानी नजफगढ़ झील में बह जाता था । धीरे-धीरे ड्रेनेज दक्षिण की ओर पीछे हटती गई जो कि सिलाना-सिलानी झील का स्थानांतरण हुआ, यह समय बीतने के साथ प्रवाह की मात्रा में कमी दर्शाता है।

केंद्रीय भूजल बोर्ड (1998) ने पाया कि, "इसका दक्षिणी किनारा उत्तर-पश्चिम-दक्षिण-पूर्व भिवानी-रोहतक-दिल्ली अक्ष के साथ स्थित है, जो लगभग **दिल्ली-सरगोधा** रिज के उत्तरी किनारे को परिभाषित करता है । झज्जर-रोहतक संरेखण के साथ राज्य में एक सूक्ष्म तश्तरी जैसा डिप्रेशन मौजूद है, जो मानसून की बाढ़ के दौरान स्पष्ट हो जाता है।[66]

भारत सरकार, सीजीडब्ल्यूबी रिपोर्ट (2016) ने आगे स्पष्ट किया, "बहुत छोटा दक्षिण-पूर्वी भाग साहिबी, कसावती (कृष्णावती), कांतली (दोहान के पश्चिम में उत्पन्न होकर झुंझुनू जिले में बहती है) और अन्य मानसून चैनलों द्वारा सिचित होता है, जो जयपुर क्षेत्र में अरावली से निकलते हैं और हरियाणा में बहते हैं। पुराने समय में, कसावती (कृष्णावती) साहिबी में मिलती थी, जो अचानक पूर्व की ओर मुड़ जाती थी और यमुना से मिलने से पहले नजफगढ़ और भिंडावास झीलों सहित ट्रेसलेस पट्टियों से गुज़रती थी।"

पैलियोचैनल पर सीजीडब्ल्यूबी (2016) की रिपोर्ट में साहिबी के पश्चिम से पूर्व की ओर मुड़ने का उल्लेख किया गया है। "उत्तर की ओर बहने वाली साहिबी और पश्चिम की ओर बहने वाली पैलियोचैनल लगभग 90^0 पर कुछ अचानक मोड़ लेती है , सीधी रेखा में नहीं समानांतर चलने वाले धुमाव की तरह।" सीजीडब्ल्यूबी द्वारा उल्लिखित कारण, "संभवतः, यमुना फॉल्ट और चौटांग (दृषद्वती) चैनल के बीच एक उपसतह अरावली वेज है, जो पूर्व और पश्चिम की ओर बहने वाली नदियों/चैनलों का मार्ग निर्धारित करता है।" "क्षेत्र में देखी गई टेक्टोनिक लिनयांमेन्ट ने चैनलों के स्थानांतरण को नियंत्रित किया प्रतीत होता है (शर्मा, माथुर और पुनिया, 1999)। उपग्रह चित्रों का उपयोग करते हुए, थार रेगिस्तान के विभिन्न हिस्सों में पैलियोचैनलों का मानचित्रण किया गया। इसके बाद आठ लक्षित क्षेत्रों में विस्तृत भूवैज्ञानिक, भूभौतिकीय और ड्रिलिंग जांच भी की गई। [67]" "अरावली रेंज के उत्तर-पूर्व-दक्षिण पश्चिम प्रवृत फॉल्ट-सीमांकित ब्लॉकों के साथ टेक्टोनिक उत्थान ने यमुना और शतद्रु के हेडवाटर के विक्षेपण का कारण बना जिससे शक्तिशालि सरस्वति नदी लापता हो गयी ।

अरावली ने [68]सिंधु-गंगा के मैदानों के बीच जल विभाजक का काम किया, जहाँ प्लेइस्टोसिन टेक्टोनिक उत्थान ने ड्रेनेज प्रणाली को प्रभावित किया, और नदियों ने डिप्रेशन के दोनों ओर तलछट जमा कीये। "भूगर्भीय सर्वेक्षणों ने पहले संकेत दिया था कि इस डिप्रेशन का तल समतल नहीं है, बल्कि कई अनियमितताओं और दबी हुई लिनयांमेन्ट को सहारा देता है। इस तथ्य की पुष्टि अब वर्तमान एनसीआर परियोजना द्वारा भूभौतिकीय सर्वेक्षणों और खोजपूर्ण बोरहोल के माध्यम से की गई है। **दिल्ली-सरगोधा रिज** के नाम से ऐसी ही एक दबी हुई रिज, दिल्ली से हरियाणा के मैदान के नीचे उत्तर-पश्चिम दिशा में पाकिस्तान में साल्ट रेंज की ओर जाती है। दिल्ली-हिसार-सिरसा मार्ग इसकी धुरी के रूप में कार्य करता है जो झज्जर जिले के उत्तर में रोहतक से होकर गुजरता है। यह धुरी 200-250 मीटर की गहराई पर मौजूद है"[69] ।जिस की वजह से दोहा इत्यादी नदीयॉ उत्तर-पश्चिम की और बहकर सरस्वती नदी मे मिलती थी।

होलोसीन काल के दौरान पश्चिमी भाग (राजस्थान) से पूर्व की ओर बहने वाली हवाएँ अपने साथ भारी मात्रा में रेत बहाकर ले जाती थीं और इसे दोहान, कृष्णावती और साहिबी नदियों (दक्षिण हरियाणा) के बाढ़ के मैदानी इलाकों में रेत के टीलों के रूप में जमा कर देती थीं। पैलियोचैनल्स पर CGWB की रिपोर्ट (2016) में उल्लेख किया गया है, "एनसीआर के दक्षिणी भाग की ओर, जलोढ़ मैदानों पर हवा से उड़ाए गए रेत के जमाव दूर-दूर तक पाए जाते हैं। अनंक स्थानों पर, वे अलग-अलग ऊँचाई और परिमाण के टीलों में बन गए हैं। वे दक्षिण-पश्चिमी क्षेत्र में अधिक संख्या में हैं और उनकी उत्पत्ति धूल के तूफानों द्वारा काफी दूरी तक उड़ाए गए रेत के जमाव से हुई है, जो झाड़ीदार वनस्पतियों और ऐसी अन्य चीज़ों द्वारा प्रदान की गई बाधाओं के विरुद्ध हुई। वनस्पति जड़ों की बाद की वृद्धि और उप-मृदा जल स्तर के ढीले और शोषक रेतीले पदार्थ में ऊपर उठने से उन्हें एक साथ बांध दिया गया है और स्थिर बना दिया है।" दक्षिणी हरियाणा अरावली क्षेत्र में जलोढ़ जमाव की मोटाई उत्तर से दक्षिण और पूर्व से पश्चिम की ओर घटती जाती है।

प्रीकैम्ब्रियन की अरावली पर्वत प्रणाली में बहु-रूपांतरित मुड़ी हुई चट्टान इकाइयाँ शामिल हैं जैसे क्वार्टजाइट्स (रंग विविधताओं के साथ), अभ्रक-शिस्ट (विविधताओं के साथ), फ़िलाइट्स, स्लेट, शिस्टोज़ क्वार्टजाइट्स, क्वार्जिटिक सैंडस्टोन, ग्रेनाइटॉइड्स और चूना पत्थर महेंद्रगढ़, चरखी दादरी, भिवानी, रेवाड़ी, गुड़गांव, मेवात, पलवल और फरीदाबाद जिलों में बुनियादी आग्नेय चट्टानों और ग्रेनाइट के इनट्रुजिव के साथ तोशाम और नारनौल क्षेत्र मेंदिखइ देता है। सीजीडब्ल्यूबी रिपोर्ट (2016) में देखा गया कि " अरावली पहाड़ी श्रृंखला की अलानमेन्ट उनके उत्तर-दक्षिण संरेखण के साथ संभवतः केंद्रीय घाटी के पश्चिमी भाग से भूजल के पूर्व की ओर प्रवाह को अवरुद्ध करके एक कलोजड बेसिन मे डाल दिया जिससे भूजल खारापन बढ गया। जब ड्रेनेज का पानि किसि बन्द घाटी मे रोका जाता है तब रोके गये पानि से लगातार वाप्सिकरण होने से भूजल मे खारापन पैदा हो जाता है ।

अरावली क्षेत्रों के उत्तर में एक भूमिगत रिज (**दिल्ली-सरगोधा रिज, NW-SE**) का अस्तित्व है । **महेंद्रगढ़-देहरादून** फॉल्ट की उपस्थिति में **महेंद्रगढ़-हरिद्वार रिज (NE-SW)**[70] इन्टरसेक्सन की वजह से टेक्टोनिक गतिविधियों की कारक होति रही है। इससे भूगर्भीय समय के पैमाने पर दोहान-कृष्णवती-साहिबी नदियों के प्रवाह के साथ-साथ उनके तलछट के जमाव पर भी असर पडा हो सकता है। पैलियोचैनल अध्ययनों पर CGWB रिपोर्ट (2016) में पाया गया, " **दिल्ली-सरगोधा रिज** , जिसकी धुरी दिल्ली-रोहतक-हिसार सिरसा के साथ है, लगभग 200-250 मीटर की गहराई पर स्थित है (CGWB, 1998)। यह रिज उत्तर से तलछट के दक्षिण की ओर परिवहन को रोकती है, लेकिन यह परिवहन अपने शिखर से ऊपर तब तक जारी रहता है जब तक कि झज्जर-रेवाड़ी-गुड़गांव ट्रैक्ट के दक्षिण में ऊंचे प्री-कैम्ब्रियन संरचनाओं के कारण इस तरह के परिवहन पर पूरी तरह से रोक नहीं लग जाती। उत्तर की ओर तलछट का परिवहन भी इन प्री-कैम्ब्रियन चट्टानों के कटाव के कारण होता है, लेकिन दक्षिण से होने वाला ज़्यादातर परिवहन वातोन्मुखी प्रकृति का होता है। अरावली पहाड़ी श्रृंखलाएँ अपने NS विस्तार के साथ बेडरॉक प्रोफ़ाइल द्वारा अच्छी तरह से चिस्तारित हैं।"[71]

अरावली ड्रेनेज सिस्टम और क्वाट्रनरी पीरयढ के दौरान रेत के टीलों का निर्माण आपस में जुड़ा हुआ है और अरावली से निकलने वाली इन नदियों के पैलियोचैनल का पता लगाने के लिए आगे के शोध अध्ययनों की आवश्यकता है। "इसके अलावा, क्लिफ्ट व अन्य. (2012) ने उपसतह चैनल रेत निकायों 4.0 ka (मतलब किलो वर्ष, 4000 वर्ष) का अध्ययन किया और उद्गम विश्लेषण के लिए युरेनियम-लैड डेटिंग प्राप्त करने के लिए जिरकोन रेत के आकार के कणों का उपयोग किया और उनकी तुलना आधुनिक नदी की रेत के स्थापित चरित्र से की। लेखकों ने निष्कर्ष निकाला कि **यमुना अपनी वर्तमान स्थिति में पूर्व की ओर नहीं, बल्कि पश्चिम की ओर बहा करती थी** । हालांकि, उन्होंने

सिंधु से यमुना के मोड़ का कारण स्पष्ट रूप से नहीं बताया क्योंकि यह 49 हजार साल के आस पास लेकिन 10 हजार साल से पहले हुआ था, लेकिन यह स्वतः चक्रीय प्रक्रियाओं द्वारा संचालित एक विच्छेदन घटना का संचयी प्रभाव हो सकता है जैसा कि 2008 में कोसी नदी के 120 किमी के बदलाव से देखा गया था। यद्यपि यमुना नदी के वर्तमान मार्ग पर पूर्व की ओर विच्छेदन की परिकल्पना काफी समय से साहित्य में कि गइर है, लेकिन विच्छेदन का सटीक कारण और समय स्थापित नहीं किया गया है। इसी तरह, हालांकि अरावली पहाड़ियों के पश्चिम में यमुना के तीन पैलियोचैनल (Y1 , Y2 और Y3) (उदाहरण के लिए, यशपाल व अन्य., 1980; शर्मा व अन्य., 2004) की उपग्रह चित्रों से पहचान की गई है, उनके भूमिगत अस्तित्व के बारे में कोई सबूत अभी तक उपलब्ध नहीं कराया गया है।"[72]

पैलियोचैनल पर आगे के अध्ययन से वैज्ञानिक रूप से स्वीकृत समय अवधि के बारे में उत्तर मिल सकते हैं जब यमुना घग्गर-हकरा (यशपाल व अन्य 1980 या मेहदी व अन्य 2016 का पुराना यमुना चैनल 2) से होकर बह रही थी [73]। शोध से उन स्थानों को स्थापित किया जा सकता है जहाँ तक दोहान, कृष्णावती और साहिबी नदियाँ उत्तर-पश्चिम की ओर बहकर दृषद्वती व सरस्वति में मिलती थीं। /पुरानी यमुना (Y2) /(Y3) या जब ये नदियाँ दिल्ली-सरगोधा रिज के झज्जर-रोहतक डिप्रेशन के साथ बहने लगीं । ये तीनों नदियाँ दृषद्वती में मिल रही थीं , यह सर्वे ऑफ इंडिया टोपोग्राफिकल शीट्स (आरएफः 1 : 50000 और 1 : 250000) में बेंचमार्क पर करीब से नज़र डालने से यही पता चलता है, जो संकेत देते हैं कि पश्चिम में रोहतक के दक्षिण से चांग (एमएसएल 213) और लोहारी जट्टन (एमएसएल 213) की ओर जाने वाला निम्न-स्तरीय क्षेत्र और हांसी क्षेत्र (एमएसएल 208) की ओर गुज़रना यह सुनिश्चित करता है कि शायद अरावली नदियाँ सरस्वती नदी की सहायक नदी के साथ में दृषद्वती में मिल रही थीं।

पैलियोचैनल अध्ययनों से पता चला है कि सरस्वती नदी कभी अरावली पर्वत के बहुत करीब बहती थी और पश्चिम, उत्तर-पश्चिम और उत्तर की ओर चली गई थी। "जब अरावली पहाड़ियों को हिमालय की तलहटी में वापस खोजा जाता है, तो यमुना और सरस्वती नदियों के बीच जल विभाजन स्पष्ट हो जाता है। इसलिए, यह निष्कर्ष निकलता है कि सरस्वती नदी का अपने पूर्वी प्रवाह से महान भारतीय रेगिस्तान की ओर बहना अरावली पहाड़ों में इस तरह की वृद्धि और उसके बाद लूनी सुकरी साइमैटोजेनिक आर्किंग के कारण के कारण शुरू हुआ होगा, जिससे सरस्वती का उत्तर-पश्चिम की ओर प्रवास तीव्र हो गया होगा।"[74]

किसी क्षेत्र की अपरदनशीलता का ड्रेनेज घनत्व के साथ सीधा संबंध होता है। किसी भी क्षेत्र में उच्च ड्रेनेज घनत्व का अर्थ है पानी की निकासी के लिए उच्च अपवाह। " ड्रेनेज बनावट जितनी फैली हुई होगी , चालकता उतनी ही अधिक होगी (टाइडमैन, 1996)"। किसी क्षेत्र के ड्रेनेज घनत्व को प्रति इकाई क्षेत्र धाराओं की औसत लंबाई से चिह्नित किया जा सकता है (आदिनारायण व अन्य, 1995)। भू-भाग की ड्रेनेज पद्धति सतह के भोतिकिय पहलुओं और इसकी उपसतह जानकारी को दर्शाती है, ड्रेनेज घनत्व (प्रति किमी/ किमी^{2}) उस क्षेत्र में इसकी धाराओं/धारों और अपवाह के बीच की दूरी/निकटता को दर्शाता है। ड्रेनेज घनत्व जितना कम होगा, पुनर्भरण या संभावित भूजल क्षेत्र की संभावना उतनी ही अधिक होगी (विट्टाला व अन्य., 2008) [75]।

ईस क्षेत्र में ड्रेनेज का सूखना, वाष्पीकरण, निरंतर कटाव और रेगिस्तानीकरण जारी रहा। डॉ. एस. कल्याणरामन (2008) ने उल्लेख किया कि दृषद्वती [76]{ द्रसद्वती नामक चट्टानी जलधारा का भी उल्लेख किया गया है (द्रसद्वती) सरस्वती नदी (संस्कृत में इसका अर्थ है पत्थर/चट्टानें), जो सरस्वती नदी की एक सहायक नदी भी थी , "अरावली और अन्य चट्टानी क्षेत्रों से कई सहायक नदियाँ इसमें मिलती थीं।"

गुरदीप सिंह शुष्कता की शुरुआत का सुझाव देते हुए, "पुरापारिस्थितिक साक्ष्यों द्वारा प्रमाणित तीसरी सहस्राब्दी ईसा पूर्व की शुरुआत में वर्षा में उल्लेखनीय वृद्धि ने उत्तर-पश्चिम भारत में नवपाषाण ताम्रपाषाण संस्कृतियों के अचानक विस्तार में महत्वपूर्ण भूमिका निभाई, ... वर्तमान साक्ष्य यह सुझाव देंगे कि 1800 ईसा पूर्व के आसपास क्षेत्र में शुष्कता की शुरुआत के परिणामस्वरूप उत्तर-पश्चिम के शुष्क और अर्ध-शुष्क भागों में हड़प्पा संस्कृति कमजोर हो गई।" [77]शुष्कता के दौरान, नदियों और झीलों में पानी की आपूर्ति कम हो गई होगी, और नदियाँ लंबाई और चौड़ाई में पीछे हट गई होंगी।

मध्य और दक्षिणी अरावली पर्वत प्रणालियों में उत्तर की ओर बहने वाली प्रमुख नदी चंबल या पुराने संस्कृत लेखकों की चार्मवती थी [78], जो विंध्य (विंध्य अरावली के बाद के हैं) और अरावली से पानी एकत्र करती थी और उत्तर में यमुना नदी के साथ-साथ इसकी प्रमुख सहायक नदियों जैसे काली, सिंध और पार्वती आदि इसमें मिल जाती थी। वैज्ञानिकों का मानना है कि शक्तिशाली चंबल नदी कुछ पुरानी नदी का अवशेष हो सकती है, जो अरावली सुपर सिस्टम की घाटी के साथ बह रही थी। अरावली पर्वतों से निकलने वाली कई नदियाँ / मौसमी धाराएँ बरसात के दौरान रेगिस्तानी झीलों या बाढ़ के मैदानों में समाप्त हो जाती थीं या समय के साथ पानी की कमी के कारण पीछे हट जाती थीं और लंबी दूरी तक बहने के बाद कहीं सूखे क्षेत्रों में समाप्त हो जाती थीं।

1.11. दोहान ऐतिहासिक नदी

दोहान सबसे पुरानी और सबसे पवित्र नदी प्रणालियों में से एक है जो अरावली के निर्माण के बाद विकसित हुई और कई परिवर्तनशील टेक्टोनिक गतिविधियों /घटनाओं से गुज़री। एमएल भार्गव द्वारा उल्लिखित अनुसार ऋग्वैदिक काल के दौरान दोहान नदी के लिए दौहान, दुहौन, वधुसरा, भानुमती और असमानवती नामों का इस्तेमाल किया जाता था। पुराने साहित्य और ब्रिटिश काल के जिला गजेटियर में पहले

से ही दोहान या वधुसरा या चंद्रावती (जिसे राजस्थान के कुछ हिस्सों में चंद्रावती कहा जाता है) के इतिहास और महत्व का उल्लेख किया गया है। धार्मिक दृष्टि से यह एक महत्वपूर्ण पवित्र नदी के रूप में स्थापित थी। बुजुर्ग लोग भानुमती नदी का नाम सूर्य से जोड़ते हैं।

संस्कृत साहित्य में दोहान का उल्लेख मिलता है जिसका अर्थ है ऐसी नदी जो मनचाही वस्तुएँ प्रदान करती है या लाभ पहुँचाती है। पुराने शास्त्रों में उल्लेख है कि यह नदी उस समय के लोगों की पोषित इच्छाओं को पूरा करती थी और वे इस नदी की पूजा करते थे। महाभारत काल में, दोहान नदी को उस समय की सरस्वती नदी की तरह पवित्र नदी माना जाता था। महाभारत में उल्लेख है कि दोहान नदी में स्नान करने से व्यक्ति शुद्ध होता है, सब पाप दूर होते हैं और खोई हुई जीवन शक्ति और शक्ति वापस मिलती है।

शायद ऐतिहासिक कारणों से ढोसी पर्वत की चोटी पर **चंद्रकूप** में स्नान करने की धार्मिक परंपरा समय [79]बीतने के साथ तब तक जारी रही तब तक उसमे जल प्रवाह होता रहा व जब तक ढोसी पर्वत पर वन क्षेत्र बना रहा, । पौराणिक साहित्य और महाभारत में दोहान नदी का नाम वधुसरा बताया गया है।*[80]* (संक्षेप में अनुवाद - बेटा, अब वधूसरा नदी के तट पर जाओ और वहाँ स्नान करो, तुम्हें अपनी वीरता और उत्साह पुनः प्राप्त होगा)। श्लोक दर्शाता हे कि दोहान नदी च्यवन ऋषि की मां , भृगु ऋषि की पत्नी दिव्य पौलोमा [81]के आंसुओं से निकली थी । " सैहदेव की दिग्विजय (सार्वभौमिक विजय) (महाभारत के सभापर्व , *31.6)* में कहा गया है कि सैहदेव ने दिल्ली से दक्षिण की ओर मार्च किया। नरराष्ट्र या नारनौल को जीतने के बाद, उन्होंने चंबल नदी की ओर मार्च किया। [82]" पुराना नरराष्ट्र या नाहरहौल (नारनौल) शहर उस समय ढोसी पर्वत की तलहटी में बसा हुआ था। दोहान और कृष्णावती नदियों के बीच। नारनौल एक बहुत पुराना शहर है जो इन नदियों के पानी का उपयोग करता रहा है। [83]महाभारत काल में नरराष्ट्र ढोसी पहाड़ी के करीब था और दोहान नदी के पानी का उपयोग हि किया जाता था। बाद में, नारनौल की पुर्नस्थापना दोहान और कृष्णावती नदीयो के बीच की गई जैसा कि गजेटियर (1904) में उल्लेख किया गया है।

कई महत्वपूर्ण पवित्र स्थानों का उल्लेख किया गया है, जो उस समय के दौरान इस नदी के धार्मिक महत्व को दर्शाता है। दोहान नदी के धार्मिक महत्व ने यह भी संकेत दिया कि उस समय नदी मे पानी का प्रवाह बहुत अधिक मात्रा में था। गहरे वन आवरण के साथ, अरावली पर्वत लंबे समय तक नदी के प्रवाह (बारहमासी नदियों की तरह) प्रदान करने के लिए धीरे-धीरे पानी छोड़ रहे थे। भार्गव (1964) ने उल्लेख किया कि 'वधूसरा नदी काफी बड़ी, बारहमासी और उन शुरुआती दिनों की सबसे महत्वपूर्ण नदी थी, इसे पानी के प्रवाह में कृष्णावती और साहिबी नदियों से भी बड़ा माना जाता था। दोहान नदी इस पवित्र क्षेत्र में बहती थी और वैदिक ऋषि इस नदी के किनारे रहते थे क्योंकि यह वैदिक काल के दौरान **ब्रह्मव्रत** भूमि का एक महत्वपूर्ण हिस्सा था (साहिबी नदी को ब्रह्मव्रत या ब्रह्मव्ब्रत भूमि की दक्षिणी सीमा माना जाता था और कुरुक्षेत्र उत्तरी सीमा जहां वेदों की रचना की गई थी और देवताओं की भूमि माना जाता है)

एमएल भार्गव ने [84]लिखा, "वहां पर एक अन्य बरसाति नदी का बहुत बडा मुहाना है और वह नदी भी उत्तरी पारियात्रस (अरावली) के पास काऊनी तोरावती से कुछ मील दुर उत्तर मे कृष्णावती के उदगम स्थल के पास से आरम्भ होती है। इस नदी का बहाव अतीत मे उत्तर-पूर्व की ओर बसई (तोरावाटी में), ढोसी (च्यवन आऋम), और कानोढ (कुरु राज्य मे महेंद्रगढ़ क्षेत्र को कानोण कहा जाता था) से गूजरता था । आधुनिक मानचित्र. व पुराने नक्शे दर्शाते है कि यह नदी आगे उत्तर से परे मंडोला के लगभग ऊपर कालियाणा की पहाड़ियों से आगे जाती थी। यह समझने के लिए कठिन है कि इसे कनिंघम द्वारा क्यों नजरअंदाज किया गया था । पुराने में दिनो इस नदी का प्रवाह अक्सर आगे ऊपर चरखी दादरी से आगे बहता था। बहुत भारी बारिश होती थी तब नदी के बहाव का मोड़ पूर्व की और मुडकरछुछकवास झज्जर तहसील मे कभी-कभी पहुंचने के लिए जाना जाता है। यह अभी भी यादस्त मे है कि अधिक प्राचीन दिनों में नदी पूर्व में बहकर नजफगढ़ झील मे गिरती थी। लेकिन नजफगढ़ झील मे गिरने से पहले इसकी एक घारा मरोत के निकट एक धारा उत्तर से आने वाली नदी जिसे अब (निचला) नाई कहा जाता से मिल जाती थी, फिर दक्षिण की ओर मुड़कर एक और अन्यसंयुक्त धारा कृष्णवती और साहिबी मरोत और बिलोचपुर बीच में मिल जाती थी, जिसे अब दोहान के नाम से जाना जाता है।

यह वह नदी है जो जिसे महाभारत मे वधुसरा कहा जाता रहा है और माना गया की यह दिव्या पौलोमा महान ऋषि भृगु की पत्नी और प्रसिद्ध ऋषि च्यवन (ऋग्वैदिक च्यवन) की माँ के आँसू से उत्पन्न हुई, और च्यवन ऋषि के आश्रम के पास से प्रवाहित हुई। ... । इस आश्रम की आज भी मान्यता है। यह आश्रम ऊची ढोसी पहाडीपर स्थित है, जिसकी पृथक तीन चोटिया है और तीन झरने थे । एक अच्छी तरह से चंद्रमा के लिए पवित्र (चंद्र **कूप** या चंद्र तीर्थ का नाम दिया गया। अर्किका पर्वत यारीचिकापर्वत(भार्गव) कहतेहै।ईसपर्वत का नाम ढोसी (जिसे धुसी भी कहा जाता है) स्पष्टतया यह एक भ्रष्ट रूप वधुसरी शब्द वधुसर से लिया गया है।महाभारत मे, वधुसरा नदी को बताया गया है यह एक पवित्र जलधारा है, जिसके किनारों पर अनेक पवित्र स्थान स्थित है, जिसमें एक स्थान भृगु आश्रम स्वयं का है। यह पवित्र जगह माना जाता है और आदरणीय होने के साथ तीनों लोकों में पूजित माना गया और अतीत मे महान ऋषियों द्वारा पूजित रहाहै; कहा जाता है एक और पवित्र स्थान है दिप्तोडा है, जहां महान ऋषि भृगु ने अभ्यास तपस्या कि थी।"

"प्रारंभिक काल में वधुसरा-दोहान अवश्य ही बारहमास बहने वाली चिरस्थायी, और महत्वपूर्ण नदी रही होगी, जिसका महत्व कृष्णावती और साहबी-रसीली से भी अघिक रहा होगा ।" ... " कृष्णावती और वधुसरा अवश्य काफी बडी और स्थायी नदियाँ रही होगी, दोनों में उत्तरादर्ध वाली बडी नदी रही होगी, इस संबंध में साहबी-रसिली के कारण उल्लिखित रहै" । भार्गव ने उद्धृत किया, "इस नदी को भानुमती (एक अन्य

नाम) के रूप में भी जाना जाता था जो एक समय मे सूरज के साथ जुड़ता था)। इसलिए, सोचा कि अंसुमति भानुमती वधूसरा-दोहन का प्राचीन नाम था ।

ऋग्वैदिक काल में **कृष्णावती और दोहान** सयुक्त होकर पास के सीमान्त झज्जर तहसील के पास **अर्वावत समुद्र** में मिलती थी। उत्तर दिशा से अनुमति नदी जिसे निचली नाई नदी कहते थेवोभीदोहान नदी में शामिल होती थी, (द्रसद्वती नदी एक से अधिक शाखाओं द्वारा गठित प्रतीत होती है) "नाई और दोहान की संयुक्त जलधारा मे साहबी और कृष्णावती नदी मरोत और बिलोचपुर मंदिर के बीच में शामिल होती थी ।" "संभवतः यह वही नदी है, जिसे 'अनुमति नदी' कहा जाता है जिसका समबन्घ बृहस्पति से रहा होगा जो कि बहुत संभावित है कि वह दोहान-वधूसरा-भानुमती-अमसुमती नदी घाटी के बीच के देश में फला-फूला हो.. " .... " भानुमती (ज्येष्ठ और अधिकांश सुंदर)। यह प्रतित होता है की यह वही ऋग्वेद की अम्सुमति नदी है (बाद में वधूसरा.- दोहान कहा), जोइन सात नदियों में से सबसे बड़ी नदी थी । अंशुमती और भानुमती दोनों के नाम सूर्य से जुड़े हैं।

ढोसी पर्वत पर (ऊचाई 652 मीटर, 53डी /4, आरएफ 1:50000), लोगों ने पहाड़ी के पूर्वी तरफ 457 सीढ़ियाँ काट रखी है और कुलताजपुर की तरफ से खुरा के रूप मे सीढ़ियाँ पहाड़ी की चोटी तक बिछाई गईं ताकि तीर्थयात्रियों के लिए चंद्र कूप तक पहुँचना आसान हो सके। ढोसी हिल एक पुराने ज्वालामुखीय क्रेटर की तरह दिखती हैं। दक्षिण-पश्चिम भाग में इस पहाड़ी से ठीक पहले दोहान नदी का तल घुमावदार और चौड़ा होकर लगभग 2 x 4 किलोमीटर में फैला हुआ है, शायद उस समय इसका इस्तेमाल स्नान घाटों के लिए किया जाता था। कुछ बुजुर्गों ने बतासा कि पहाढ मे कई गुफाएं थीं, जहां साधु तपस्या करते थे और कुछ साधु इस क्षेत्र के लिए 'पटनशहर ' शब्द का इस्तेमाल करते थे। वैदिक काल और उसके बाद के समय में इस स्थान को दोहान नदी के किनारे स्नान घाटों के साथ एक अत्यंत पवित्र तीर्थ स्थान माना जाता था स्थानीय लोगों का कहना है कि ढोसी पर्वत की गुफाओं में प्रारंभिक सभ्यता के साक्ष्यों को खोजने के लिए और अधिक खोज की आवश्यकता है। पुराने साहित्य में गुलावला पहाड़ियॉ और भागोत जैसे वैदिक काल के धार्मिक स्थलों का भी उल्लेख है। भागोत में भगवान शिव के मंदिर में शिवरात्रि के अवसर पर श्रावण मास के दौरान हरिद्वार, गंगा नदी (कावर) से लाया गया जल चढ़ाया जाता है । यह दोहान नदी का बाढ़ क्षेत्र था।

कुछ साहित्य में लोगों ने दोहान नदी को ही खुद दृषद्वती का हिस्सा बताया है, जबकि कुछ लेखकों ने साहिबी, कृष्णावती और दोहान के सम्मिलित जलमार्ग को दृषद्वती या दृषद्वती की प्रमुख सहायक नदी माना है, जो सरस्वती नदी में मिलती थी। दृषद्वती नदी के सूखे जलमार्ग को चौटांग [85]नाला [86](हांसी नहर क्षेत्र) कहा जाता था। पुराने पौराणिक साहित्य में उल्लेख है कि दोहान नदी पुष्कर (राजस्थान) में ब्रह्मा के कलश से उत्पन्न हुई थी जो उत्तर की ओर फिर उत्तर-पश्चिम में बहते हुए सरस्वती नदी से मिलती है; अरावली पहाड़ों में टेक्टोनिक गतिविधियों (लगभग 7000 से 10000 वर्ष पूर्व) के बाद, दोहान का मूल जल उद्गम स्रोत अपने मार्ग से कट गया था। [87]महेंद्रगढ़ जिले के बाद दोहान मार्ग (**महेंद्रगढ़-देहरादून** फॉल्ट, उत्तर-पूर्व-दक्षिण पश्चिम एक सक्रिय बेसमेंट फॉल्ट है) और उतरोतर क्वाट्रनरी पीरयढ के रेत के टीलों के जमाव ने भी साहिबी और कृष्णावती नदियों के साथ पूर्व की ओर नदी की दिशा बदलने में अपनी भूमिका निभाई होगी। भूवैज्ञानिकों का यह भी मानना था कि महेंद्रगढ़-**हरिद्वार** रिज के साथ उत्तर-पश्चिम-दक्षिण पूर्व दिशा में फैली **दिल्ली-हिसार-सरगोधा रिज**कि टेक्टोनिक उथल-पुथल के प्रभाव से ईन नदीयो ने अपना रास्ता बाहरामासी यमुना नदी की तरफ किया ।

विभिन्न स्रोतों/संदर्भों से दोहान नदी के इतिहास को उद्धृत करते समय कुछ गांवों के नामों में पुनरावृत्ति हुई है, लेकिन नदी के पिछले मार्गों के बारे में जानकारी प्रदान करने के लिए उन सरकारी आधिकारिक अभिलेखों का लंबे उद्धरणों के साथ उल्लेख करना आवश्यक समझा गया है।

"महेंद्रगढ़ निज़ामत में दो मुख्य धाराएँ हैं, दोहान और कृष्णावती तथा इसकी सहायक नदी गोहली वर्णित है। दोहान जयपुर की पहाड़ियों से निकलती है और नारनौल तथा महेंद्रगढ़ के परगना से गुज़रते हुए उत्तर में जींद क्षेत्र में बहती है... गोहली या **छलक** नारनौल परगना में बरहेरी के पास से निकलती है और नारनौल शहर के पास [88]कृष्णावती में गिरती है।"

जींद राज्य भाग के इस गजेटियर में दोहान नदी से सिंचाई का उल्लेख है, शायद राजस्व संग्रह के उद्देश्य से यह उल्लेख किया गया था, "तहसील दादरी, जिसमें कोई नहर सिंचाई नहीं है, को दोहान द्वारा पानी दिया जाता है, जो एक धारा है, जो जयपुर राज्य के दो गांवों घोघू और भगौर की भूमि में उत्पन्न होती है , जहां से यह पटियाला राज्य के शहर कांनुड (महेंद्रगढ़) से होकर बहती है और उसके बाद जींद के गांवों पालडी, बधवाना, जावा, झोझूकलां, बलाली, आबिदपुरा, मंडौला, कलियाणा और दादरी को [89]लगभग 15 या 16 मील तक सिंचित करती है, और रोहतक के काल्यावास की डहर भूमि में लुप्त हो जाती है "।

"जब बरसात में बाढ़ आती है तो इसका उपयोग दो या तीन वर्षों तक अपने स्तर से नीचे की भूमि को उपजाऊ बनाने के लिए किया जाता है, लेकिन भारी वर्षा के वर्षों में यह घरों और फसलों दोनों को नुकसान पहुंचाती थी और अब इसे तीन बांधों द्वारा नियंत्रित किया जाता है, जिनमें से पहला, जो 1874 में बनाया गया था, दादरी से कलियाणा और झज्जर की ओर जाने वाली सड़कों के बीच स्थित है, जबकि दूसरा दादरी रेलवे स्टेशन और शहर के पास जोहावाला टैंक की ओर जाने वाली सड़कों के बीच है, और तीसरा, जो 1886 में बना था, दादरी स्टेशन से सटा हुआ है, जो शहर से रावलधी की ओर जाने वाली सड़क और शहर से स्टेशन की ओर जाने वाली सड़क के बीच स्थित है। सबसे भयानक

बाढ़: 1862 और 1885 में आई थी। बाद के वर्ष में, दादरी शहर में निजी संपत्ति और राज्य के खतों या अनाज भंडार दोनों को काफी नुकसान हुआ, जो नष्ट हो गए बांधों ने सतही निकास को भी रोक दिया, और इस प्रकार स्थानों को नुकसान पहुंचा।" [90]1904 के दौरान स्थिति यह थी कि दोहान नदी की बाढ़ के मैदान और जल कटाव का प्रभाव कई राज्यों के बीच उत्तर में बहुत दूर तक फैल गया था।

"एक और नदी , कशोटि (कृष्णावती), पश्चिम की ओर तहसील में प्रवेश करती थी, और उत्तर की ओर झज्जर तक जाती थी, लेकिन 30 साल से अधिक समय तक इसके बहने का कोई रिकॉर्ड नहीं है। हालाँकि, 1908 के मानसून में, तहसील के दक्षिण-पश्चिम में मोहनबाड़ी गाँव एक अज्ञात धारा की बाढ़ में बह गया था। [91]"

1910 के पुराने गजेटियर में उल्लेख किया गया है, " दोहान भी जयपुर की पहाड़ियों से निकलती है, जो नीम का थाना (राजस्थान) से लगभग 6 किलोमीटर दूर है। महेंद्रगढ़ तहसील में प्रवेश करने से पहले यह राजस्थान क्षेत्र में 29 किलोमीटर तक बहती है । दोहान नारनौल और महेंद्रगढ़ तहसील के क्षेत्रों के लिए पीने के पानी का एक महत्वपूर्ण स्रोत है। यह जिले में लगभग 50 किलोमीटर की लंबाई में बहती है। यह धारा महेंद्रगढ़ शहर से लगभग 16 [92]किलोमीटर उत्तर में बसई गाँव में खत्म हो जाती है।"

साहिबी, कसौटी और दोहान में मौसमी प्रवाह समय-समय पर ताजा गुणवत्ता वाले उप-मृदा जल के स्तर को बढ़ाता है। इसके अलावा, शुष्क मौसम के शुरुआती भाग के दौरान आधारभुत प्रवाह हो सकता है। हालाँकि, इन धाराओं की सतही जल क्षमता निर्धारित नहीं की गई है।" ... "ढाणी चिमा, पांचनोता , मुसनोता, मेघोत बिंजा , गांवडी जाट, नांगल दर्गू, कांटी- खेडी और कई अन्य अलग-अलग अरावली पहाड़ियों की ढलानों से बड़ी संख्या में छोटी पहाड़ी ढलानों/धाराओं की पैदा होति है, जो मूसलाधार बारिश और अचानक बारिश के दौरान बहते हैं" (महेंद्रगढ़ 1988, गजेटियर)।"[93]

राजस्थान के अरावली पर्वतों में जल संरक्षण के लिए अपनाए गए उपायों और वर्षा में कमी के कारण हमारे जीवनकाल में ही दोहान नदी में जल प्रवाह में भारी गिरावट आई है। धीरे-धीरे अरावली पर्वत के अधिकांश भाग से बारहमासी अच्छा वन क्षेत्र नष्ट कर दिया गया। अधिकांश वर्षा जल वर्षाती नालो के रूप में बह जााता है और मिट्टी में उसका अवशोषण बहुत कम होता है, जिससे भूजल में निरंतर कमी आती है। नदी में पानी का प्रवाह कम होने या न होने के कारण सूखी तलहटी देखकर दोहान नदी की पवित्रता के बारे में लोगों की मान्यताएं भी कम हो गई हैं।

साठ से सत्तर के दशक के दौरान अरावली के बाढ़ के मैदानी इलाकों में बाढ़ आती थी [94]और अस्सी के दशक तक अपवाह जल आपूर्ति कम हो गई थी। "बहुत कम ही बार, दोहान और कसौटी (कृष्णावती) अपने लंबे समय से स्थापित तल से आगे बहकर विशाल निचले इलाकों को जलमग्न कर पाती हैं। सामान्य परिस्थितियों में, ये धाराएँ इतनी बड़ी मात्रा में पानी नहीं ले जातीं कि गंभीर परिणाम हों।" [95]पुराने साहित्य में उल्लेख है कि जब दोहान नदी उत्तर-पश्चिम की ओर बहती थी, तो उसे पूर्व और उत्तर-पूर्व की ओर बदलकर लोअर नाई (अब ड्रेन नंबर 8) में शामिल कर दिया जाता था, जो नजफगढ़ झील में बहकर यमुना नदी में मिल जाती थी। चौटांग नदी ने धीरे-धीरे जल आपूर्ति खो दी और "पुराने चौटांग नाले के तल का उपयोग पश्चिमी यमुना नहर के लिए कियाजानेलगा।"[96]

महेंद्रगढ़ गजेटियर, 1988, "हालांकि, यह सुझाव दिया गया है कि जिले की कुछ वर्तमान जल धाराओं की पहचान प्रारंभिक वैदिक साहित्य में वर्णित धाराओं से की जा सकती है। दक्षिण-पूर्वी रसा (ऋग्वेद (41.5) में वर्णित एक धारा को साहिबी के साथ पहचाना गया है जो इस क्षेत्र से होकर गुजरती है और दोहान को महाभारत में वर्णित वधुसरा के साथ , जिसके बारे में कहा जाता है कि वह ऋषि भृगु की पत्नी और प्रसिद्ध ऋषि चवन की मां दिव्या पौलोमा के आंसुओं से उत्पन्न हुई थी और बाद के आश्रम से होकर बहती थी। काफी दिलचस्प बात यह है कि यह धारा अभी भी ढोसी पहाड़ियों पर स्थित चवनाश्रम नामक स्थान के पास से इस क्षेत्र से होकर बहती है। महाभारत में इसे एक पवित्र धारा के रूप में वर्णित किया गया है जिसके मार्ग में कई पवित्र स्थान हैं, जिससे यह साबित होता है कि यह उन शुरुआती दिनों में काफी बड़ी और महत्वपूर्ण नदी की धारा रही होगी।' इसी तरह, कसौटी या कृष्णावती धारा का संबंध ऋग्वैदिक जनजाति श्री कृष्ण के साथ रहा , जो इसकी घाटियों में रहते थे माना गया है ।"

जब राजस्थान ने चेक डैम/मिट्टी के तटबंध बनाकर वर्षा जल के बहाव को रोक दिया, और हरियाणा अरावली पारिस्थितिकी तंत्र में वन भूमि पर गैर-वानिकी गतिविधियां बढ़ गईं, जिसके कारण नदी का तल सूखा रहने लगा है, जैसा कि हरियाणा गजेटियर में दोहान और कृष्णावती नदियों के बारे में वर्णित है, "इन नदियों का पानी मानसून के दौरान हरियाणा में नदियों के पुनर्भरण का कार्य तेजी से करती है। महेंद्रगढ़ जिले में भूजल का समायोजन होता है और यह राज्य से बाहर नहीं बहता है। राजस्थान में भंडारण कार्य की वजह से जल की बढ़ती मांग के कारण इन नदियों में पानी की उपलब्धता कम होने की संभावना है। ।[97]

" भूजल स्तर में गिरावट की दर से पुनर्भरण पर प्रतिकूल प्रभाव पड़ता है। महेंद्रगढ़ जिले में पानी की भारी कमी है। जिले में लंबे समय तक सूखा पड़ता रहा है। जिले में भूजल निकायों के अंतर्गत क्षेत्र में भारी गिरावट आई है" (चौधरी और सिन्हा, 2003) [98]।

"महेंद्रगढ़ जिले में बहने वाली मौसमी नदी दोहान ड्रेनेज का कुल क्षेत्रफल 732.31 वर्ग किलोमीटर माना गया है । इसे 15 सूक्ष्म वाटरशेड में वर्गीकृत किया गया है" (मेहरा और राजेश्वरी, 2012)। यह नदी हरियाणा में हजारों वर्ग किलोमीटर सूखे रेतीले क्षेत्र में भूजल को रिचार्ज कर रही थी। राजस्थान और हरियाणा में दोहान, कृष्णावती और सोता (सबी) नदी की ड्रेनेज प्रणाली को दर्शाने वाला रेखाचित्र मानचित्र

1.2 अरावली पर्वत (27^0 45 $^/$ से 28^0 अक्षांश और 76^0 46 $^/$ से 76^0 15 $^/$ देशांतर, SOI)। वर्षा जल अपवाह राजस्थान में लगभग 450 वर्ग किलोमीटर रेगिस्तानी क्षेत्र को रिचार्ज करता है। साथ ही सतही प्रवाह और बाढ़ में नालों के बदलते मार्ग पूरे क्षेत्र में कटाव का कारण बन रहे है ।अरावली पर्वतो एवम मैदानी क्षेत्रो व जल संगरहण क्षेत्रो का लगातार संरक्षण अति आवश्यक है ।

1. 11.1. दोहान ड्रेनेज मानचित्रण

दोहान अपवाह के उद्गम क्षेत्र में वर्षा जनित विभिन्न धाराये निकलती हैं (45 एम/13 [99]) राजस्थान में अरावली पर्वतों के पास मांडोली गांव क्षेत्र (75^0 47 $^/$ 30 $^{//}$ से 51 $^{//}$ देशांतर तथा 27^0 45 $^/$ से 27^0 47 $^/$ 30 $^{//}$ अक्षांश, एम.एस.एल. 454 मीटर) एक छोटे प्रवाह के विलय के बाद एक धारा दोहान को जन्म देती है, जिसे उस स्थान पर दोहान नाला कहा जाता है, कुछ दूरी तक बहने के बाद यह पानी की मात्रा बढ जाती है और दोहान नदी कहलाती है। और कुछ दुरी तय करने के बाद में इसे चंद्रावती नदी भी कहा जाता है। कृष्णावती नदी की धाराएं उसी जल विभाजक (एम.एस.एल. 455 मीटर) रेखा के पूर्वी किनारे से उत्पन्न होती हैं जो महावा गांव से उत्तर-पूर्व-दक्षिण-पश्चिम दिशा में (संभवतः अरावली पर्वत की चट्टानों के स्ट्राइक के साथ) बहती है और भोला काका की ढाणी- झीलो (देशान्तर 75 ^{0} 50 $^/$ और अक्षांश 27 ^{0} 50 $^/$) गांवों की ओर उत्तर-पूर्व दिशा में बहती है। दोनों नदियां 450 से 798 मीटर की ऊंचाई से अरावली पर्वत से बहते पानी को समायोजित करती हैं।

नीम का थाना (राजस्थान) के दक्षिण-पश्चिम में अरावली पर्वतमाला (एम.एस.एल. [100]456 मीटर, 45 एम/14) में उत्तर-पश्चिम दिशा में एक और नदी कातली बहती है, जिसे भी सरस्वती नदी की सहायक नदी माना जाता है [101]और यह भी उसी नदी में मिल जाती है।

मनकरी गांव से पहले चाला की ढाणी में दोहान नदी पर पहला तटबंध (बांध) है, जिसका पानी ग्रामीणों के लिए इस्तेमाल किया जाता है। दोहान का प्रवाह (45 एम/13) उत्तर-पूर्व की ओर घुमावदार होकर उत्तर की ओर बहता है और फिर लाखा का नांगल (45 एम/13) गांव के दक्षिण-पूर्व से गुजरते हुए थोड़ा मुड़ता है और उत्तर-पूर्व दिशा में बहना जारी रखता है। इस क्षेत्र में लोग इसे दोहान नाला कहते हैं। आगे बढ़ने पर, दयाल का नांगल (45 एम/13, एमएसएल 366 मीटर) के पास झीलो-रामनगर पहाड़ियों (45 एम/13) से उत्तर-पश्चिम दिशा में बहने वाली एक और छोटी नदी घुमावदार होकर नदी के पूर्वी किनारे से जुड़ती है और नदी आक्सबॉ जैसी घुमावदार र्आर्क में बहती है। डोंगिर नाला नामक एक बड़ा नाला पश्चिम से पूर्व की ओर बहता हुआ आता है और रास्ते में अरावली पहाड़ियों के विभिन्न दिशाओं/किनारों से बहने वाली बड़ी संख्या में छोटी नदियाँ/मौसमी नालो विभिन्न स्थानों पर दोहान नदी में मिलते हैं, जिससे इसमें पानी की मात्रा और बढ़ जाती है और इन पर्वतीय क्षेत्रों में नदी की कटाव शक्ति भी बढ़ जाती है। नदी कई घुमावदार रास्तों से उत्तर-पूर्व दिशा में बहती रहती है और जल संरक्षण के लिए राजस्थान सरकार द्वारा इसके पूरे जलग्रहण क्षेत्र में कई स्थानों पर कई तटबंध/एनीकट/बांध बनाए गए हैं।

प्रतापपुर (45 एम/13) के उत्तरी क्षेत्र में खेतड़ी वन (45 एम/13) और सुंदरदास का पहाड़ (45 एम/13) से निकलने वाले कई नाले/नदी (जहां डोंगरवाला बांध, देहरवाला बांध, करमरी बांध और टिकारिया बांध आदि जैसे कई तटबंध/बांध/एनीकट बनाए गए हैं) दक्षिण-पश्चिम या दक्षिण या दक्षिण-पूर्व या पूर्व की ओर बहते हैं और कई नाले उत्तर-पूर्व दिशा में बहकर डोंगर नाले में मिल जाते हैं। डोंगर नाला, जो एक बड़े जलग्रहण क्षेत्र से बड़ी मात्रा में पानी एकत्र करता था और दक्षिण-पूर्व की ओर झुकते हुए पूर्व की ओर बहता था, और कुम्मा की ढाणी (45 एम /13) के पहाड़ी वन क्षेत्र से पहले दोहान (लगभग देशांतर 75^0 53 $^/$ 20 $^{//}$ और अक्षांश 27^0 54 $^/$ 10 $^{//}$) में मिल जाता था, फिर उत्तर-पूर्व दिशा में बहता है और फिर दक्षिण-पूर्व दिशा में आगे बढ़कर कई घुमावों के साथ उत्तर-पूर्वी दिशा में वापस लौटता है।

फिर उस क्षेत्र में दोहान नदी का नाम चंद्रावती नदी जाना गया (कुछ दूरी तक नदी को इस नाम से पुकारने के स्थानीय कारण हो सकते हैं या कुछ नक्शे हरियाणा सीमा तक इस नाम को दर्शाते हैं)। डाबला के दक्षिण में स्थित नाले उत्तर की ओर बहते हुए चंद्रावती नदी में मिल जाते हैं। डाबला के पूर्व में उत्तर की ओर बहने वाले नाले और कंवर का नांगल से उत्तर पश्चिम की ओर बहने वाले नाले कुछ दूरी तक हरियाणा राजस्थान सीमा के साथ बहते हुए आजमाबाद मोखुता के पश्चिम में चंद्रावती नदी में मिल जाते हैं। हरियाणा के मोखुता (45 एम/13) गांव से नदी का प्रवाह अंतर्राज्यीय सीमा के साथ-साथ रामेश्वरदास मंदिर के रेतीले क्षेत्र तक राजस्थान में पुनः प्रवेश करता है।

रूपपुर सराय (45 एम/13), हरियाणा अरावली पहाड़ियों से उत्तर-पश्चिम दिशा में बहने वाली छोटी नदियाँ और नरहेडी , हरियाणा (45 एम/13) से पश्चिम की ओर बहने वाले नाले और हरियाणा अरावली पहाड़ियों से पूर्वी दिशा की ओर से कुछ वर्षाती छोटी नदियाँ इस नदी में मिलती हैं। हरियाणा अरावली पहाड़ियों से, उत्तर-पूर्व से उत्तर की ओर बहने वाले कई नाले इस नदी में मिलते हैं। चंद्रावती नदी (दोहान) उत्तर-पूर्व से उत्तर की ओर बहती है और बसई गाँव (45 एम/13), राजस्थान के उत्तर में रेत के टीलों में विस्तृत रूप से फैली हुई तलहटी में पानी फैलाती है।

भींवलवाली खेतड़ी पहाड़ियों और बांसियाल जंगलों के पूर्व से शुरू होकर नदी उत्तर की ओर बहती है, फिर अजीत सागर बांध (बांध) में पूर्व की ओर बहती है। (45 एम/13) मानसागर नाला बांसियाल वन से उत्तर पूर्व दिशा में बहती हुई पावटी नाले से मिलती है, जो मोदी गांव (45 एम/13) के दक्षिण में चंद्रावती नदी में मिल जाती है । बांसियाल जंगलों से निकलने वाला नाला उत्तर-पूर्व की ओर बहता है, फिर दिशा बदलकर पूर्व की ओर पावटी में मिल जाता है मेवाड़ा गांव के उत्तर में नाला (45 एम/13), राजस्थान के पश्चिम से ये नाले /नदियाँ एक बड़े जलग्रहण क्षेत्र से पानी लेकर राजस्थान के बसई गांव के उत्तर में चंद्रावती (दोहान) नदी (45 एम/13) से मिलती हैं।

सैकड़ों छोटी नदियाँ, मौसमी नाले और धारें इस नदी से मिलती हैं, जिससे महाभारत काल में यह एक बहुत शक्तिशाली नदी बन गई थी, तब इसे अत्यधिक धार्मिक और पवित्र नदी माना जाता था। चंद्रावती (दोहान) राजस्थान के दलोटा (44 पी/16, एमएसएल 323 मीटर) के उत्तर-पश्चिम में हरियाणा में प्रवेश करती है और बदोपुर (44 पी/16, एमएसएल 318 मीटर) के दक्षिण में हरियाणा में प्रवेश करती है और

जादुपुर के दक्षिण में बहती है। (53 डी/4, हरियाणा) और ढोसी (53 डी/4 राजस्थान) गांवों के पश्चिम में (देशांतर 76⁰ 0/ से 76⁰ 2/ 30 // और अक्षांश 28⁰ 2/ 30 // से 28⁰ 5/ एमएसएल 330 से 318 मीटर भिन्नता के साथ) और हरियाणा में प्रवेश करने के बाद फिर से अपना मूल नाम दोहान नदी के रूप में प्राप्त करती है। कुलताजपुर , थाटवारी के पश्चिम में विस्तृत दोहान नदी तल ने शायद पुराने समय में इसे धार्मिक उद्देश्यों जैसे स्नान घाट आदि के लिए उपयुक्त बनाया होगा। लगभग 450 वर्ग किलोमीटर को राजस्थान में इस नदी का जलग्रहण क्षेत्र माना जाता है ।और फिर हमीदपुर गाँव (53 डी/4, हरियाणा) के पश्चिम में सिचाई विभाग, हरयाणा सरकार ने सिमेन्ट् का बांध बना रखा है ।

दोहान नदी हरियाणा में उत्तर-पूर्व दिशा में बहती रहती है और नांगल काठा (53 डी/4, हरियाणा) से पहले इसका प्रवाह पूर्व दिशा में डैरोली अहीर (53 डी/4) तरफ मुड़ जाता है, फिर नदी महेंद्रगढ़ शहर (53 डी/3) तक थोड़ा पूर्व की ओर झुकते हुए उत्तर की ओर बहती है, महेंद्रगढ़ (एमएसएल 264 मीटर) के बाद, नदी थोड़ा उत्तर-पश्चिम दिशा में मुड़ जाती है, फिर पाली (53 डी/3, एमएसएल 256 मीटर) के बाद यह आकोदा -बसई गांवों (53 डी/3) तक उत्तर दिशा में बहती रहती है, वर्तमान नदी का तल इस स्थान तक जमीन पर दिखाई देता है।

मानचित्रों से औसत समुद्र तल से सतह की ऊंचाई को औसत समुद्र स्तर (एमएसएल) के रूप में अपनाया गया है, मानचित्रों पर ये निम्न स्तर यह दर्शाता है कि आकोदा (एमएसएल 240 मीटर) के बाद दोहान नदी का संभावित नदी तल जमीन पर दिखाई नहीं दे रहा है। संभावित पिछले नदी तल सतह के स्तर के बारे में जानने के लिए अध्ययन किया गया, जिसमें पता चला कि अतीत में संभावित नदी तल बास खुडाना (एमएसएल 235 मीटर), बंधवाना (एमएसएल 231 मीटर), जावा (एमएसएल 230.4, जबकि जावा के उत्तर में एमएसएल 229 से 227 मीटर है), दूधी बनली (एमएसएल 225.5 मीटर), मंडोला पश्चिमी पक्ष (एमएसएल 224 मीटर) के साथ मंडोली पश्चिमी पक्ष (एमएसएल 220 मीटर), चरखी (एमएसएल 214 मीटर), पैंतावास (एमएसएल 214 मीटर), समयपुर (एमएसएल 213.8 मीटर), भागवी (एमएसएल 213 मीटर), बिरोहड़ (एमएसएल 214 मीटर), खेंटावास के उत्तर (एमएसएल 214 मीटर), भिंडावास के उत्तर (एमएसएल 214 मीटर), रईया (एमएसएल 214 मीटर), सिलानी के पश्चिम (एमएसएल 213 मीटर), सिलाना (MSL 214 मीटर), किलोई (MSL 213 मीटर), दादरी तोई के उत्तर में (MSL 213 मीटर), निमाना (MSL 213 मीटर) ड्रेन नंबर 8 भी है, मुंडाखेड़ा (MSL 211.8 मीटर), और नजफगढ़ (MSL 212 मीटर) शायद यह पिछले हज़ार सालों के दौरान दोहान नदी का मार्ग रहा होगा। पश्चिमी रेगिस्तान से रेत के टीलों के आक्रमण से पहले दोहान, कृष्णावती और साहिबी उत्तर-पश्चिम की ओर बहकर शक्तिशाली दृषद्वती/सरस्वती नदी में मिल जाती थीं।

प्रारंभिक भूवैज्ञानिक इतिहास का एक अन्य पहलू (5000 से 50000 वर्ष) कृष्णावती और साहिबी से जुड़ी दोहान नदी चरखी दादरी क्षेत्र को पार करने के बाद उत्तर-पश्चिम की ओर बहती थी, फिर भिवानी के चांग निम्न-स्तर क्षेत्र से गुजरती थी और संभवतः दिल्ली-सरगोधा रिज द्वारा नियंत्रित भूवैज्ञानिक/भूआकृति विज्ञान संबंधी विशेषताओं का अनुसरण करते हुए दृषद्वती में मिलती थी , [102]जो कि विशाल सरस्वती नदी की सहायक नदी थी। हांसी तहसील के सतही निम्न-स्तर क्षेत्र (हांसी के दक्षिण में एमएसएल 213-214 मीटर का स्तर और आगे पश्चिम की ओर एमएसएल 203 मीटर तक नीचे चला जाता है) इस परिकल्पना की पुष्टि करती हैं। बाद में, विवर्तनिक गतिविधियों (महेंद्रगढ़-हरिद्वार रिज, महेंद्रगढ़-देहरादून फॉल्ट और उस क्षेत्र में फॉल्टिंग गतिविधि की घटना) के साथ मिलकर फॉल्टिंग के कारण नदी का मार्ग बदल गया दोहान नदी संभवतः चरखी गांव के उत्तर में बह रही होगी और फिर हाल ही में (होलोसीन) निर्मित रेत के टीलों के अवरोध के कारण भिंडावास के निचले इलाकों की ओर अपना रुख बदल लिया होगा, फिर साहिबी और कृष्णावती नदियों में शामिल होकर नजफगढ़ की ओर बहकर यमुना नदी में मिलनी आरम्भ हुई होगी।

1.12. कृष्णावती/ कसावती / हंसावती नदी का इतिहास ,

इस पूर्व वैदिक नदी के पुराने सरकारी अभिलेखों और साहित्य में विभिन्न नाम हैं जैसे कंसओटी, कंसावती, कसावती, कसौटी, कसौंन्ट्, कंसौटी, कासावती, काशाओटी, कृष्णवती, कृष्णावती और हंसावती का उल्लेख किया गया है। dlqu] dlsu ~ वैदिक साहित्य में [103]प्रत्यय के रूप में प्रयोग किया जाता है, जो कि नदी की अनंतता का संकेत हो सकता है। शायद अलग-अलग स्थानीय बोलियों में उच्चारण के कारण, नाम में यह भिन्नता अस्तित्व में आई होगी, जबकि अंग्रेजी में लिखते समय इसमें अनेक बदलाव आऐ होंगे, यहाँ सबसे स्वीकार्य नाम कसौटी, हंसौटी और कृष्णवती हो सकते हैं। संस्कृत में 'कसौटी' शब्द कासपट्टिका से निकला है । कसौटी को पारसमणि कसौटी भी कहा जाता था, जो किमती धातुओ की शुद्धता निर्धारण करने के लिये किया जाता था। कसौटी का पेयोग एक पहचान के रूप मे भी थी, जो विभिन्न कालखंडों में सभ्यता की समृद्धि मे चुनौतियों के साथ कुछ संबंधों का संकेत देती थी। इस नदी का मार्ग संभवतः प्रारंभिक सभ्यता के विकास के लिए जीवन रेखा रहा होगा। अरावली की शुष्क जलवायु और इसके बाढ़ वाले क्षेत्र में कृषि/लोगों के अस्तित्व की प्रगति और इसलिए संभवतः इसे कसौटी कहा गया होगा ।

एक अन्य नाम हंसओटी इस नदी के किनारे या इसके डूब वाले क्षेत्रों में 'हंस' पक्षी (हंस) की प्रमुख उपस्थिति को इंगित करता है, जो पुराने समय में बारहमासी भारी मात्रा में पानी बहने वाली नदी होने का भी संकेत देता है। लंबे समय तक, यूरोप और साइबेरियाई क्षेत्र से प्रवास करने वाले पक्षी इस मध्य पश्चिमी एशिया प्रवासी पक्षी मार्ग का अनुसरण करते रहे है, जो कृष्णावती नदी क्षेत्र के उपर से होकर गुजरता था। जब यूरोप और साइबेरियाई क्षेत्र से उत्तर से दक्षिण भारत की ओर प्रवास करने वाले प्रवासी पक्षी (हंस / हंस) भी इस क्षेत्र में रुके (ठहरें)। 'हंस'

सहित प्रवासी पक्षियों का इस क्षेत्र में कुछ समय के लिए ठहराव करते रहे होगे और हॅसो की उपस्थिती से लोगों ने इसे हंसाओटी नदी कहना शुरू कर दिया जिसका अर्थ है ' हंसों' से भरा क्षेत्र । कुछ विद्वानों ने ' हंस' या हम्स शब्द की व्याख्या अहम् (हम) और 'स ' (हा) के अर्थ 'मैं' और 'वह' के रूप में की है, यह व्याख्या ऋग्वैदिक काल के तपस्वियों/ऋषियों से संबंधित हो सकती है जो पूर्व वैदिक काल और उसके बाद इस नदी के किनारे तपस्या करते थे। पौराणिक साहित्य में 'हंस' एक पर्वत का नाम भी है और पानी से संबंधित है, क्योंकि 'हंस' झीलों और नदियों में रहते हैं, इसलिए हंसावती एक नदी है जो 'हंस' अरावली पर्वत से पानी लाती है। पौराणिक साहित्य में 'हंसावती' नदी का उल्लेख है, जो लोग इस नदी का पानी पीते हैं उनकी उम्र लंबी होती है और वे भगवान के प्रिय होते हैं। पौराणिक व्याख्याएँ भ्रामक और स्वीकार करने में कठिनायी हो सकती हैं।

स्थानीय लोग इस क्षेत्र को भगवान श्री वासुदेव कृष्ण के शासन से जोड़ते हैं और श्री कृष्ण के आशीर्वाद से बहने वाली नदी को भगवान श्री कृष्ण द्वारा प्रदान की गई कृष्णावती मानते हैं। आम लोककथा कहती है कि श्री कृष्ण के बड़े भाई बलराम की पत्नी इस रेवाडी क्षेत्र से थीं। भगवान कृष्ण के वंश ने इस नदी घाटी पर शासन किया। लोगों ने भगवान कृष्ण का इस नदी से संबंध मानकर इसे कृष्णावती कहने लगे। पुराने साहित्य में उल्लेख है कि इस नदी घाटी में भगवान वासुदेव कृष्ण के निवास के कारण इसे कृष्णावती (कृष्णावती) के नाम से जाना जाता था। व्याख्याओं के लिए सही नाम कौन सा था, यह कहना मुश्किल है, इन विभिन्न नामों और उनकी उत्पत्ति की व्याख्या के लिए यह व्यापक रूप से खुला है, शायद ये वैदिक काल में सभ्यता के विकास के साथ क्षेत्र के इतिहास के साथ-साथ इन नदियों के विकास के साथ बदलते रहे।

"प्राचिन साहित्य मे अनेक स्थानो मे आमतौर पर उल्लेखित अॅशुमति नदी का वेणन यमुना की तरह किया गया है जिसका संमबन्ध द्वापर युग के श्री कृष्ण वंश के राज्य शासन से जोड़ते हैं । उत्तरी पारियात्रस (अरावली) क्षेत्र मे नीम का थाना से पाँच मील पूर्व मनवाडा और में तोरावती क्षेत्र से आरम्भ एक नदी बहाव क्षेत्र है। आधुनिक मानचित्रो यह में दिखाया गया है पहले यह उत्तर-उत्तर पश्चिम और जा रही है, आगे गुजरते हुए नारनौल के एक मील पूर्व मे बह रही है फिरउत्तर-पूर्व की ओर मुडती है और अंत में डहिना रिवाडी तहसील के पास समाप्त होती है । पिछली शताब्दी मे प्रकाशित नक्शे ईस नदी को उत्तर पूर्व मे आगे चलकर कुछ मील बाद कोसली रेलवे स्टेशन के निकट अंत दर्शाते है । फिर भी पहले के नक्शे और कनिंघम के प्राचीन भारत का भूगोल मे नक्शा नम्बर एक्स मे भी इसको दर्शाया गया लगाता है कि नदी उसी दिशा में आगे बढ़कर साहबी मे कासनी के पास शामिल होती है । बहुत भारी बारिश के बाद रेलवे लाईन पार करके अक्सर नांगल पठानी के पास नुकसान पहुंचाती हैं, और नजफगढ़ की झील मे मिल जाती है । इसका सही नाम है कृष्णवती , जिसके द्वारा यह अब भी है नारनौल के निकट नामित है जो कि आधुनिक मानचितत्रो मे अंकित है । लेकिन ऊपर और उससे नीचे क्षेत्रो मे ईसका नाम कन्सावंती और कसौटी जारी है। यह शब्द कृष्णवती के ही भ्रष्ट रूप माना जाता हैं ।[104]

1883-84 के एक पुराने गजेटियर में इस नदी का उल्लेख है, " कंसौटी या कृष्णवती ; जयपुर से निकलने वाली एक और धारा रेवाड़ी के उत्तर-पश्चिम से होकर दुजाना में जाती है [105]: पहले, पुराने मानचित्रों के अनुसार, यह रोहतक में साहिबी में मिलती थी, लेकिन इसका पानी अब इतनी दूर तक नहीं पहुंचता है, साहिबी और अन्य अधिकांश धाराओं की तरह, यह बहुत अधिक रेत नीचे लाती है।"[106]

रोहतक जिला गजेटियर (1883-84) में कृष्णावती नदी के बाढ़ क्षेत्र का उल्लेख है, "साहिबी और इंदौरी के अलावा, कृष्णवती या हंसाओटी झज्जर तहसील की सिंचाई करती थी। यह साहिबी के उत्तरी स्रोतों के पश्चिम में पाटन से नीचे निकलती है और नीमराणा की सीमाओं के साथ एक समान मार्ग लेती है [107], रेवाड़ी की पश्चिमी सीमा तक, जहाँ से यह लगभग 60 मील के मार्ग के बाद कोसली के नीचे झज्जर के कोने में प्रवेश करती है। यह कभी झज्जर तहसील के दक्षिण में एक चैनल द्वारा साहिबी से जुड़ी हुई थी, लेकिन यह लंबे समय से पानी ले आने के लिए बंद हो गई है, और अब शायद ही यह पता लगाने योग्य विषय है। मुख्य डिप्रेशन कई स्थानों पर अच्छी तरह से चिह्नित है और वसंत में नदी तल के साथ उगाई गई अधिक शानदार फसलों द्वारा आसानी से पता लगाया जा सकता है। रोहतक सीमा से साढ़े पांच मील [108]नीचे झज्जर तहसील के अंदर [109], इसका मार्ग कोसली और गुडियानी के बीच से होकर गुजरता है, तुम्बाहेडी,, छपार से होकर, और फिर खुढन के उत्तर में सुरहेती तक जाता है, जहाँ यह दो शाखाओं में विभाजित हो जाती है। पूर्वी शाखा रेत के टीलों से उत्तर की ओर जाती है [110], और झज्जर की भूमि के दक्षिणी कोने में समाप्त होती है: पश्चिमी शाखा कंवाली की ओर मुड़ती है (जिसके पास यह सबसे स्पष्ट रूप से परिभाषित है), और रेत के टीलों के उत्तर-पश्चिमी ढलान के साथ उनके दक्षिणी आधार के साथ छुछकवास तक फैलती है, और फिर एक विस्तृत सपाट डिप्रेशन से, बेरी के नीचे रोहतक तहसील के दक्षिण में फैलती है।[111]

1904 के दौरान इस नदी की स्थिति का उल्लेख एक गजेटियर में किया गया था, "गोहली या छलक परगना नारनौल में बरहेडी के पास से निकलती है और नारनौल शहर के पास कृष्णावती में गिरती है " (जींद राज्य गजेटियर 1904)। " कंसावती धारा बहौडी के पास पश्चिम में नारनौल से कांटी परगना में प्रवेश करती है और गढ़ी से उत्तर-पूर्व में बहती है , यह उत्तर की ओर मुड़ती है, और इस परगना को थोड़ी दूरी तक छोड़कर राता राज्य में पुनः प्रवेश करती है । [112]गोमला से बहते हुए यह अपने क्षेत्र में कुल 6 मील की दूरी तय करने के बाद मोडी और मानपुरा में राज्य को छोड़ देती है । इसका उपयोग सिंचाई के लिए नहीं किया जाता है, लेकिन यह कांटी परगना में कोई नुकसान नहीं पहुंचाती है" [113]।

हरियाणा गजेटियर में उल्लेख किया गया है, " कसौटी या कृष्णावती (हंन्सौटी) जयपुर पहाड़ियों (राजस्थान) में नीम का थाना से लगभग 1.6 किलोमीटर दक्षिण-पूर्व में निकलती है। उत्तर दिशा में बहते हुए यह नारनौल से लगभग 25 किलोमीटर दक्षिण में भैंदंती और दोस्तपुर के पास नारनौल तहसील में प्रवेश करती है। यह नारनौल शहर से लगभग 1.6 किलोमीटर पूर्व में गुजरती है। ईस धारा का मार्ग लगभग 49 किलोमीटर है जो [114]रेवाड़ी तहसील की उत्तरी सीमा पर डहीना गाँव के पास समाप्त होता है। जब बाढ़ आती है, तो धारा का पानी नारनौल तहसील के नूणी कलां, सलौनी और [115]बुडलाना गाँवों की ओर फैल जाता है।"

भार्गव (1964) ने उल्लेख किया कि कृष्णावती (कृष्णावती) कोसली, तुंबाहेड़ी और छपार क्षेत्र से होकर सुरहेती को पार करती है, पश्चिमी शाखा से कनवाह जाती है और कासनी के पास साहिबी में मिलती है और पूर्वी शाखा रेत के टीलों को पार करने के बाद झज्जर के दक्षिण में समाप्त हो जाती है। यह ध्यान देने योग्य बात है कि अतीत में यह नदी झज्जर जिले के दुजाना के क्षेत्रों तक और रोहतक के बेरी गाँव के उत्तर की ओर दक्षिण की ओर बहती थी, जो बाद में कम हो गई और नीमोठ[116]और डहिना [117]रेवाड़ी जिले के क्षेत्रों में समाप्त हो गई और अब (2024) अरावली पहाड़ों के अपने जलग्रहण क्षेत्रों में बड़े पैमाने पर खनन और वनों के विनाश के कारण लगभग सूख गई है।

अरावली को बचाना मानव सभ्यता की रक्षा के लिए बहुत ज़रूरी है। ऐसा माना जाता है कि पहले (पूर्व वैदिक काल या शायद उससे भी पहले) ये नदियाँ सरस्वती नदी में मिलती थीं और बाद में यमुना नदी और उसकी साथ वाली नदियों और सहायक नदियों में मिलने लगीं। लेकिन धीरे-धीरे वनों की कटाई के कारण पानी की आपूर्ति कम हो गई और नंगी चट्टानों पर बारिश की बौछारों ने नदियों में कटाव का भार बढ़ा दिया जिससे उन्हें बाढ़ के मैदानों में समाप्त होने के लिए मजबूर होना पड़ा। अब नदी का सूखा तल कहीं-कहीं दिखाई देता है, अन्यथा, अधिकांश नदी तल पर अतिक्रमण हो चुका है, या तो खेती की जा रही है या फिर लोग बसे हुए हैं। आज की पीढ़ी को यह जानकर आश्चर्य हो सकता है कि कृष्णावती कभी एक बड़ी शक्तिशाली वैदिक काल की बारहमासी नदी थी।

"महेंद्रगढ़ जिले में बहने वाली कृष्णावती मौसमी नदी का कुल केचमेन्ट् क्षेत्रफल 1195.49 वर्ग किलोमीटर है (मेहरा और राजेश्वरी, 2012 [118])। लेखक की गणना केवल हरियाणा से संबंधित है और शायद इसमें राजस्थान के क्षेत्र शामिल नहीं हैं।

1.12.1. छलक/गोहली नदी: कृष्णावती सहायक नदी

मुकुंदपुरा से सरेली (54 ए/1) तक उत्तर-पूर्व-दक्षिण-पश्चिम (स्ट्राइक) दिशा में फैली अरावली पर्वतमाला और इन पहाड़ियों की पश्चिमी ढलानों से उत्तर-पश्चिम दिशा में बहने वाली छोटी नाले/जल धाराएँ, घाटासेर के दक्षिण में बहने वाला एक नाला निजामपुर (54 ए/1) के बाद कुछ नाले करोली (54 ए/1) गांव के पश्चिम से गुजरते हुए उत्तर-पूर्व की ओर मुड़ते है, फिर कंवरियावास (53 डी/4) के दक्षिण से गुजरते है, जहां रसूलपुर रिजर्व फॉरेस्ट (53 डी/4) से आने वाला एक और नाला पानी की मात्रा बढ़ाने के लिए इसमें मिल जाता है मुकुंदपुरा पहाड़ियों (54 ए/1) के पश्चिम से बहता हुआ एक अन्य नाला अमरपुर जोरासी (53 डी/4) के बाद उत्तर की ओर बहता हुआ मुख्यधारा में मिल जाता है जिसे छलक नदी कहा जाता है और यह नारनौल शहर को पार करते हुए उत्तर-पूर्वी दिशा (पुल बाजार के नीचे) में बहती है। फिर कच्चा किला (पुलिस लाइन के पश्चिम और उत्तर-पश्चिम में) से आगे कृष्णावती नदी में मिल जाती है । हमारे कॉलेज के समय में बहुत चौड़ी नदी की तलहटी छोड़ हुई थी, जो अब (2024) अधिकांशतः अतिक्रमण की शिकार हो चुकी है।

1970 से 80 तक नारनौल शहर में यह नदी का तल बहुत खुला हुआ था और बरसात के मौसम में इसमें (पुराने शहर और पुरानी सराय में कोर्ट परिसर के बीच) अच्छी मात्रा में पानी बहता था। शायद नारनौल को पार करते समय, इसका नाम गोहली नदी रखा गया होगा क्योंकि उस समय लोगों द्वारा आम उपयोगिताओं के लिए नदी के उस खुले क्षेत्र का उपयोग किया जाता था। नारनौल शहर को बाढ़ की विभीषिका से बचाने के प्रयास में, जोरासी में एक मिट्टी का बांध बनाया गया था जिसे जोरासी बांध कहा जाता है (जिसे संरक्षित वन के रूप में अधिसूचित किया गया था) (53 डी/4) जिसमें सिंचाई के लिए नहरें थीं। अब (2024) नदी लगभग सूख चुकी है और गंदा नाला (सीवर ड्रेन) जैसी दिखती है।

नदी की पूरी लंबाई और चौड़ाई में बड़े पैमाने पर अवैध निर्माण किए गए हैं। बुजुर्गों ने मुझे बताया कि गहरे नाले घाटियों (छलक की सहायक नदियों) की तरह दिखते हैं, जिनका उपयोग ग्रामीण शुष्क मौसम में आवागमन के लिए करते हैं, कई जगहों पर मिट्टी का कटाव इतना अधिक हो गया है कि ये धाराएँ इतनी गहरी हो गई हैं कि नाले के अंदर से ऊँट पर बैठकर गुजरता हुआ आदमी भी सतह से दिखाई नहीं देता। वर्तमान में लोग ईस नदी के तल को गंदा नाला कहते हैं ।

1.12.2. कृष्णावती ड्रेनेज मैपिंग

इसका जल विभाजक दोहान नदी के उद्गम स्थल के पूर्व की ओर स्थित है। 500 से 842 मीटर की ऊँचाई वाले अरावली पर्वतों से आने वाला वर्षाजल उनकी ढलानों के साथ बहता है। एम.एस.एल. 415 मीटर के साथ महावा गांव (45 एम/13) के दक्षिण में पूर्व की ओर बहने वाली छोटी नदियाँ/धाराये, अक्षांश $27^0 45^/$ से $27^0 46^/ 15^{//}$ और देशांतर $75^0 5^/ 30^{//}$ से $75^0 52^/ 40^{//}$ के बीच का क्षेत्र, खाडरा गांव (45 एम/14) के उत्तर-पूर्व में गांवडी वन क्षेत्र के दक्षिण से आने वाली कुछ छोटी नदियाँ , (अक्षांश $27^0 43^/ 30^{//}$ से $27^0 45^/$ और देशांतर $75^0 51^/ 45$ से $75^0 53^/ 45^{//}$) पूर्व दिशा में बहते हुए मुख्य कृष्णावती नाला से मिलती हैं (नीम का थाना रोड के उत्तर-पूर्व में 13 किमी के निशान के पास)।

दक्षिण और दक्षिण-पूर्व दिशा में बहने वाली कई छोटी नदियाँ कृष्णावती नाले में भी मिलती हैं । भागेश्वर हिल्स घाटी से दक्षिण की ओर बहने वाली नदियाँ और भूतन की ढाणी घाटी से दक्षिण-पूर्व दिशा में बहने वाली एक और बड़ी नदी डोकण बांध मे मिलती है, फिर यह दक्षिण-पूर्व की ओर मुख्य नदी में मिलती है। कई नाले पाटन पहाड़ियों (45 एम/13, 720 मीटर ऊँचाई) से निकलते हैं और रायपुरा बांध (45 एम/13) या इस बांध क्षेत्र के नीचे की ओर (रायपुरा पर बांध बांधा गया) से पहले कृष्णावती नदी में मिलने के लिए दक्षिण या दक्षिण-पूर्व दिशा में बहते हैं।

टोडा के (45 एम/14) पूर्वी तरफ और जैतपुर (45 एम/14, देशांतर $75^{0} 5^{/}$ और अक्षांश $27^{0} 37^{/} 30^{//}$) क्षेत्र से नाले बड़ोबंद की ढाणी (45 एम/14) के उत्तर की ओर बहते हुए हेमराज की ढाणी (45 एम/13) के पूर्व में कृष्णावती नदी में मिलते हैं। नदी कई धाराओं / नालों से पानी इकट्ठा करने के बाद पूर्व की ओर बहती है । राजस्थान के अरावली पर्वतों (पाटन, 725 मीटर ऊंची अरावली पहाड़ियाँ) से बहने वाला वर्षा का पानी ढलानों के साथ धाराओं / नालों / छोटी नदियों के रूप में इसमें शामिल होता है । हसमपुर (54 ए/1) के पश्चिम में एक नाला , और संपतपुरा (54 ए/1 नदी उत्तर-पूर्व की ओर से 2 नाले हसमपुर के उत्तर मे मिलते है व कृष्णावती नदी आगे बहती है, तथा इसके मार्ग में अनेक घुमावदार धाराएं { रामसिंहपुरा , (अक्षांश $27^{0} 47^{/}$ 30$^{//}$ तथा देशांतर $76^{0} 2^{/}$ 30$^{//}$)} आती हैं1 तथा अरावली पर्वतों (मीणा-का-नांगल, 54 ए/1, अरावली वन) से अनेक मौसमी छोटी नदियां पूर्व की ओर बहती हैं तथा बनेटी वन की नदियां पश्चिम की ओर बहकर मार्ग में कृष्णावती नदी में मिल जाती हैं।

कृष्णावती नदी का तल राजस्थान के सिरसा-की-ढाणी (54 ए/1) के पूर्व में चौड़ा हो जाता है और हरियाणा के महेंद्रगढ़ जिले में प्रवेश करने से पहले बेदंती (54 ए/1) के पूर्व में कुछ समय के लिए अंतरराज्यीय सीमा के साथ बहता है। फिर दोस्तपुर के पूर्वी हिस्से के पास उत्तर की ओर मुड़ता है और फिर से उत्तर-पूर्वी दिशा में बहना शुरू करता है। फिर प्रवाह उत्तर दिशा में नोलजा और नांगल चौधरी के पश्चिमी किनारे से नांगल कालिया (54 ए/1) तक बदल जाता है। अकबरपुर- सिरोही के पास पूर्व की ओर मुड़ता है और फिर उत्तर-पूर्व की ओर बहता है। मुसनोता- पाचनोता -नांगल दर्गू क्षेत्रों से छोटी नदियाँ नांगल कालिया के पास इस नदी में मिलती हैं। गॉवडी और नियाज अलीपुर पहाड़ों और मुकुंदपुरा-सरेली पहाड़ियों के पूर्वी ढलानों से निकलने वाली छोटी नदियाँ बेरुंडला, छापडा बीबीपुर और कमानिया, कारोता (54 ए/1) के उत्तर-पूर्व में कृष्णावती नदी से मिलती हैं।

फिर नदी उन स्थानों पर दो बार घूमती है और नारनौल (शहर के पूर्व) के उत्तर की ओर पूर्वी दिशा में बहती है और एक सहायक नदी गोहली / छलक (आइटम 1.12.1 देखें) जो बरहेरी के [119]पास से निकलती है (जोरासी मिट्टी के बांध के निर्माण के बाद, इसमें पानी नगण्य हो गया था) नारनौल से गुजरती है और कृष्णावती में मिलती है। फिर कृष्णावती पश्चिम की ओर मुड़ गई और अपना पानी (अब वन विभाग नर्सरी और विश्राम गृह) नसीबपुर , अरावली पहाड़ियों और नूणी- शेखपुरा क्षेत्र के पूर्वी हिस्से में फैला देती थी और इसका बहाव कम हो जाता था। फिर उत्तर-पूर्वी दिशा में दुबलाना की तरु बहती है (53 डी/4)। पानी की मात्रा कम हो जाती है और नदी का स्वरुप वर्तमान में एक पतले नाले जैसा दिखता है ।

खत्रीपुर के बाद नदी पूर्व दिशा में मुड़कर एक धनुषाकार संरचना बनाती है और फिर दक्षिण की ओर और फिर उत्तर की ओर मुड़ती है। गिरधरपुर से नदी राजस्थान के परतापुर गांव (53 डी/8) के पश्चिमी हिस्से में प्रवेश करने के बाद , राजस्थान उत्तर की ओर बहती है और फिर हरियाणा के राता कलां (53 डी/8) गांव के पूर्वी हिस्से और मोहलडा गांव के पूर्व में प्रवेश करती है । फिर जवारत की ढाणी से पश्चिम की ओर मुड़ती है और फिर उत्तर-पूर्व की ओर मुड़कर गोमला और गोमली (53 डी/8) के बीच बहती है और मोडी गांव के दक्षिण में पूर्व की ओर मुड़कर उत्तर-पूर्व की ओर बहती है और निमोठ (53 डी/7) से पहले उत्तर-पश्चिम की ओर मुड़ती है और डहिना गांव (53 डी/7) के पश्चिम में बहती है, जहां मिट्टी का बांध बनाया गया है। फिर मसीत – डिडोली अरावली पहाडियो के नाले कंवाली गांव (समुद्र तल 248 मिटर) से पहले मिलते है ।

पुराने गजेटियर में नदी के दो शाखाओं में विभाजन की रिर्पोट दी गई है, जो उत्तर की ओर बढ़ते हुए गढ़ी से पूर्व में उत्तर-पश्चिम में बहती है , फिर राता क्षेत्र में उत्तर की ओर मुड़कर गोमला से मोडी और मानपुरा से निमोठ क्षेत्र [120]में बहती है, और फिर लुप्त हो जाती है। औसत समुद्र तल (MSL) के निशान बताते हैं कि कंवाली 248 मीटर, नांगल 243 मीटर, दडोली पश्चिमी भाग 242 मीटर, सुरहेती 233 मीटर, कोसली 230 मीटर, धनिया 227 मीटर और बिरड 220 मीटर इस नदी का मार्ग हो सकता है। एक अवधारणा के अनुसार यह शाखा दोहान नदी में मिलती है, और दूसरी अवधारणा के अनुसार, कंवाली से 248 मीटर पूर्वी शाखा भुरथल 232 मीटर, नांगल पठानी 231 मीटर, सुमुखेरा 230 मीटर, रत्नथल 222 मीटर तक बहती है और फिर पटोदा समुद्र तल 219 मिटर के पास ईन्दोरी व साहिबी नदीयो मे मिल जाती है ।

पिछले चार दशकों में कई स्थानों पर नदी तल में अवैध खनन ने भूभाग को पूरी तरह बदल दिया है तथा नदी तल की खोदी गई मिट्टी डालने ने नदी बैड को ढक दिया है। नारनौल से आगे नदी का प्रवाह तथा नदी बैड की चौड़ाई जमीन पर कही कही ही दिखती है। केवल पुराने नदी बैड के अवशेष ही जगह-जगह दिखाई देते हैं। पैलियो चैनल अध्ययन से नदी बैड के स्थानांतरण तथा विभिन्न भूगर्भीय कालों तथा इस क्षेत्र में पिछले एक हजार वर्षो के दौरान इस नदी में बहने वाले पानी की मात्रा के बारे में अधिक जानकारी मिल सकती है। लोककथाओं के अनुसार पुराने समय में पानी का प्रवाह इतना अधिक था कि राता से यह नदी बेवल गांव के पूर्वी भाग में बाढ़ लाती थी तथा उस क्षेत्र में जलोढ़

जमाव के बाद डहर बना क्योकि बाढ का पानी रेत के टीलों के बीच एक विशाल अनुदैर्ध्य रेत के टीले (रेत के टीले दिवार की तरह खड़ी) द्वारा रोक दिया जाता था। लेखक 1978 में इस नदी द्वारा आई बाढ़ को नहीं भूल सकता, जब इस नदी के बाढ़ के पानी ने खासपुर अरावली पहाड़ी क्षेत्र के आसपास की सड़कों को ढक दिया था तथा लेखक को एमएससी (भूविज्ञान, पूर्व) पाठ्यक्रम में प्रवेश लेने के लिए 26 किलोमीटर पैदल चलना पड़ा था। 1904 के फुल्कियां राज्य गजेटियर में इस नदी का बहुत अच्छे से दस्तावेजीकरण किया गया है। बुजुर्ग लोगों ने पिछले सौ वर्षों के दौरान इस क्षेत्र में कृष्णावती नदी के कारण अनेक बार आई विनाशकारी बाढ़ के बारे में कई कहानियाँ सुनाई , हालाँकि पुराने गजेटियर में उन बाढ़ के विवरणों की रिपोर्ट नहीं की गई है।

1.13. साहिबी (सिवी या साबी) नदीः ऐतिहासिक यात्रा

प्राक्वैदिक साहित्य में राजस्थान में ' सिवी ', ' सिबि ' या ' शिबि ' राज्य का उल्लेख है, जिसके राजा सत्यप्रिय बहुत लोकप्रिय राजा थे। महाभारत में ' सिवी ' या ' सिबि ' जनजाति का उल्लेख है और उस जनजाति की सुंदर लड़की का विवाह पांडवों में सबसे बड़े युधिष्ठिर से हुआ था [121]। ऋग्वेद में वर्णित शुष्क क्षेत्र से गुजरने वाली 'रस' नामक नदी को कुछ लोगों ने साहिबी नदी के साथ पहचाना है। 'सिवी' के राजा भारत के महान चंद्र वंश कहे जाने वाले चंद्रवंश के राजाओं के राजा ययाति/ यदु के परपरपोते थे , जिनका राज्य गंगा के पश्चिम में यूराल पर्वत और मेसोपोटामिया तक फैला हुआ था। पौराणिक साहित्य का मानना है कि सिवि/सिबि या उनके वंशजों ने मद्र साम्राज्य की स्थापना की थी। वायु पुराण के अनुसार, मद्र साम्राज्य की स्थापना अनु वंश के राजा उशीनर शिबि ने की थी और अनु ययाति के पुत्र थे। [122]नदी का सिवि या सिबि नाम प्राचीन (पूर्व-वैदिक काल) प्रतीत होता है और यह सबी/साहिबी नदी के उद्गम स्थान के उस क्षेत्र की सभ्यता से संबंधित लगता है।

'सिवी ' का उल्लेख एक क्षेत्र के नाम के रूप में किया गया है, कई स्थानों पर ' सिवी ' या ' सिबि ' का प्रयोग व्यक्ति के साथ-साथ भगवान शिव के नाम के रूप में भी किया जाता था। लोगों का यह भी मानना था कि सिवि/सबी नदी पवित्र मानी जाती थी और शिव से जुड़ी हुई थी, अन्य लोगों का मानना था कि 'सिवी' के बाद अरावली क्षेत्रों और राज्य में रहने वाले जनजाति के लोगों का नाम भी 'सिवी'/'सिबि' पड़ा, इसलिए उस क्षेत्र से गुजरने वाली नदी को राजस्थान के कुछ हिस्सों में 'सिवी' या 'सबी' कहा जाता था, लेकिन जैसे-जैसे नदी उत्तर-पूर्वी दिशा में आगे बढ़ी, तब धीरे-धीरे साबी स्थानीय बोली में साहिबी बन गई। भारत सरकार के पुराने मानचित्रों में भी राजस्थान के विभिन्न हिस्सों में इन नामों का उल्लेख साबी से साहिबी के रूप में किया गया है। कुछ लोगों ने अफगानिस्तान में 'सिवी ' क्षेत्र की गलत व्याख्या करने की कोशिश की। पैलियोचैनल अध्ययनों ने साहिबी नदी को पूर्व-वैदिक काल के रूप में स्थापित किया है, साहिबी नदी को ब्रह्मावर्त भूमि की दक्षिण-पश्चिमी सीमा को परिभाषित किया जो कि शक्तिशाली दृषद्वती नदी सरस्वती नदी की एक सहायक नदी के रूप में देखी गई [123], जहाँ उन नदियों के संगम पर वेदों की रचना की गई थी। **पुराने साहित्य में माना जाता है कि साहिबी नदी के उत्तर का क्षेत्र जिसमें कृष्णावती और दोहान नदियाँ शामिल हैं, उत्तर में सरस्वती नदी तक फैला हुआ क्षेत्र *ब्रह्मावर्त की पवित्र भूमि थी* , जहाँ प्रारंभिक सभ्यता के ऋषियों ने सबसे पुराने ग्रंथों की रचना की थी और अर्वाव्रत सागर के दक्षिण के क्षेत्रों को जम्बूद्वीप कहा जाता था ।**

गांवडी - **गणेश्वर** अरावली पर्वत (राजस्थान) का अरावली क्षेत्र संभवतः बहुत सांस्कृतिक महत्व का स्थान रहा होगा, जहाँ से ये नदियाँ निकलती थीं। इतिहासकारों को इन अरावली पर्वतों में 'पाषाण युग' से सभ्यता के आगे के विकास (पुरापाषाण काल से नवपाषाण काल और मध्यपाषाण काल के बीच) के साक्ष्य मिले हैं। इतिहासकारों का अनुमान है कि यह संस्कृति 3800 ईसा पूर्व (लगभग 6000 वर्ष) पुरानी या उससे भी पहले की है। इतिहासकार आर.सी. अग्रवाल ने 1977 में उत्खनन कार्य शुरू किया और बाद में कई अन्य व्यक्तियों ने इस पर शोध किया और तांबे और चर्ट (पत्थर) के तीर के सिरे और सैकड़ों अन्य वस्तुएँ पाई गई। माइक्रोलिथ और पत्थर के औजारों की प्राप्ती के आधार पर, गणेश्वर संस्कृति [124]को हड़प्पा काल से पहले ([125]3800 ईसा पूर्व) माना जाता था इससे साबी और उसकी सहायक नदियों के ड्रेनेज पैटर्न के साथ जुड़ाव के सांस्कृतिक और ऐतिहासिक महत्व का संकेत भी मिलता है। सभ्यता/संस्कृति का निरंतर विकास ऐतिहासिक समय के साथ अरावली पर्वतों के प्राकृतिक वन आवरण से बारहमासी जल आपूर्ति की उपलब्धता को भी दर्शाता है।

भूगर्भशास्त्रियों ने कई हिमयुगों देखे और अंतिम हिमयुग को 11500 वर्ष पहले माना है। प्रत्येक हिमयुग के बाद, बर्फ पिघलकर पानी आस पास के क्षेत्रो में जमा हो जाता था। प्रारंभिक मनुष्य के लिए, अरावली के ऊंचे पहाड़ सुरक्षित स्थान थे, जहाँ वे उसकी गुफाओं में शरण ले सकते थे। अरावली में 'पाषाण युग' सभ्यता के साक्ष्य दिल्ली से लेकर राजस्थान के दक्षिणी भागों तक फैले हुए हैं। चित्तौड़गढ़ जिले के हाड़ौती और अमरपुरा गाँव, राजस्थान के कोटा जिले में आलनिया नदी और चंबल नदी में पाषाण युग की पेंटिंग, चट्टानों पर कप के निशान, तीखे किनारों वाली कलाकृतियाँ देखी गईं। "साइट पर पाए गए 2.4 किलोग्राम मोर्टार और तीखे किनारों वाले पत्थर से संकेत मिलता है कि प्रारंभिक मानव ने जंगली जौ, सुखे नटस और फलियाँ पीसने के लिए औजारों का इस्तेमाल किया होगा। निष्कर्षों को भारतीय पुरातत्व सर्वेक्षण (जोधपुर में एएसआई और पुरातत्व और संग्रहालय विभाग (डीएएम) के साथ आगे के अध्ययन के लिए साझा किया गया है" [126]। यह खेजी गई चीजे 35000 से 200000 साल पुराने हो सकते है।

एम.एल. भार्गव, "ऋग्वेद के श्लोक की रशिल नदी भी दक्षिण-पूर्व और पास में उत्तरी पारियात्रस (अरावली) मे स्थित एक नदी रही होगी, जिसे पार करना खतरनाक था लेकिन उसे क्रॉसिंग करने पर एक खतरनाक और एकाकी स्थान पर पहुचते थे और ईस दूर दूर और सुदूर

स्थानों, को जम्बूद्वीप [127]या आधुनिक दक्षिण-पूर्व भारत मानते थे। वर्तमान में वहाँ वर्षाति जलघारा सूखी है, ईस मौसमी जलधारा को साहबी (सियाबी या सावि) माना जाता है जो किसी भी अन्य नदी की तुलना में ऊपर विवरण के साथ अधिक फिट बैठता है। यह नदी उत्तरी परियात्रस (अरावली) पास के अजीतगढ़ दक्षिण का तोरावती जयपुर क्षेत्र में आरम्भ होकर उत्तर-पूर्व की ओर बढती है। सोता नदी, जो सिप्लाटा के पास तोरावती से थोड़ा उत्तर की ओर आरम्भ होता है और बहरोड़ के निकट साहिबी मे मिलती है, फिर बिजवाड़ के पास बाण-गंगा जो बाणसूर में क्षेत्र में पूर्व के पास से आती है मिलती है; और अभी भी आगे चलने पर पटौदी क्षेत्र में इंदौरी नदी मिलती है जो तावडू के पूर्व से आती है। अभी यह तीनो नदीया मौसमी धाराओं के रूप मे बहती है। तीनो नदीयो कामिला हुवा बेड फिर रिवाड़ी (रेवाड़ी) और धारूहेड़ा के बीच से गुजरता है, तब कारौला खटावल, और जटौली से उत्तर दिशा मे लगभग उत्तर की ओर बहती है और दादरी तोई झज्जर तहसील के पास समाहित हो जाती है । कनिंघम के प्राचीन भूगोल का भारत के पुराने नक्शा एक्स में इसे दर्शाया है कि यह नदी उत्तर-पश्चिम दिशा में चलते हुए जटौली से शुरू होकर कासनी के पास कृष्णावती नदी में मिलती है । संयुक्त धारा तब उत्तर की ओर जाते हुए दिखाया गया जो लगभग आधे रास्ते पर बिलोकपुर और मारोत के बीच में मिलती है और फिर पूर्व की ओर मुड़कर जहांगीरपुर झील में मिलती है । अभी हाल के एक मानचित्र मे ईसकी एक धारा दक्षिण पूर्व मे जाकर नजफगढ़ झील के झील मे शामिल होना दर्शाता है । और एक अन्य मानचित्र मे जहागीरपुर से नजफगढ़ झील को एक बड़ी झील के रूप में दर्शाया गया है। एक और नक्शा झील नहीं दिखाता, लेकिन नदी को सीधे" यमुना जोड़ने वाली दिखाता है ... "अभी भी साहबी के जलग्रहण क्षेत्र मे बहुत भारी बारिश होने पर नदी दादरी तोई से पूर्व की ओर मुड़कर नजफगढ़ झील से जुड़ती है हालाँकि यह अब एक कभी कभार ही घटित होता है । ऋग्वैदिक काल मे ईस बहुत बडी समपन्न नदी की स्थायी धाराओं बहुत बडी होनी चाहिए, उस समय उत्तरी पारियात्र (अरावली) पहाड़ बर्फ से ढके हुऐ बहुत ऊंचे पर्वत रहै होगे और अर्वावत और सारस्वत समुद्र की वजह से उन पर संभवतः भारी वर्शा व बर्फबारी भी होती होगी ।क्या यह नदी अर्थात दक्षिण पूर्वी रासा कौन कौनसी नदी थी, शायद अनेक छंददो मे वर्णित रसिली रही होगी। बहुत छोटी अवधि के बाद यह अर्वावत सागर शा शामिल हो जाती थी। ऋग्वैदिक काल में इस नदी को बारहमासी प्रकृति का माना जाता था, जिसमें दोहान और कृष्णावती नदियों के साथ विशाल जल भंडार था ।[128]

इतिहास में ब्रिटिश काल के गजेटियर (1983-84) में साहिबी नदी में बहने वाले वर्षा जल की मात्रा और बाढ़ के मैदानी क्षेत्रों में कटाव/जमाव की सीमा के बारे में बहुत लंबे विवरण दिए गए थे, जिससे फसलों के साथ-साथ बस्तियों को भी नुकसान हुआ था। " साहिबी, जो जयपुर से निकलती है, रेवाड़ी के पूर्व से होकर गुजरती है, जहाँ इसका रेतीला बेड पटौदी और रोहतक जिले में आधे मील से भी अधिक चौड़ा है, एक शाखा गुड़गांव के उत्तर-पश्चिम से भी गुजरती है। जयपुर में भारी बारिश के बाद, यह धारा कभी-कभी बहुत जोर से नीचे आती है, और इसने पिछली पीढ़ी में दो बार, 1845 में, और 15 अगस्त 1873 को, रेवाड़ी शहर को बाढ़ में डुबो दिया था। दोनों ही अवसरों पर पानी लालपुर और दवाना के रास्ते दक्षिण से आया था, यह तीन या चार घंटों में उत्तर की ओर बह गया लेकिन शहर में काफी नुकसान हुआ और बाहर इसने रेलवे बंगले को पूरी तरह से नष्ट कर दिया और लाइन के बड़े हिस्से को बहा ले गया।"[129]

ब्रिटिश काल के विवरण में उस समय साहिबी नदी के बाढ़ के मैदान क्षेत्र की कटाव शक्ति और सीमा के बारे में उल्लेख किया गया था और लोगों को हुए व्यापक नुकसान को देखते हुए, विभिन्न अधिनियमों (वन और भूमि संरक्षण अधिनियम 1861, आदि, बाद में, पंजाब भूमि संरक्षण अधिनियम, 1900) के तहत बाढ़ के मैदान क्षेत्र में पेड़ों की कटाई पर प्रतिबंध लगाए गए थे। शायद आधुनिक प्रशासक कटाव की सीमा और संरक्षण उपायों की प्रक्रिया का मूल्यांकन करने में असमर्थ रहे हैं, क्योंकि वे ऐसे मुद्दों को महत्वहीन मानकर टाल देते हैं।

1905 की बंदोबस्त रिपोर्ट में कटाव-प्रवण क्षेत्रों की लंबाई और चौड़ाई विस्तार से अरावली नदियों के कारण होने वाले कटाव से होने वाले नुकसान के लिए चिंता व्यक्त की गई थी, यानी, राजस्थान में उठने वाली बाढ़ अपने स्रोत से सैकड़ों किलोमीटर दूर हरियाणा में नुकसान पहुंचा रही थी, "इस तहसील के दक्षिण-पूर्व में साबी और इंदौरी नदियों की जल निकासी होती है नादिया जो अलवर की पहाड़ियों से गुड़गांव जिले से होकर नीचे आती हैं और अक्सर अच्छी तरह से परिभाषित चैनलों में बहती हैं, रेत के टीलों के बीच के गड्ढों में अपना पानी छोड जाती हैं। पिछले कुछ सालों में बाढ़ कम रही है, लेकिन 1908 और 1909 में बड़ी झीलें बनी थीं। इन धाराओं की उपस्थिति को बाढ़ के लाल रंग से विशुद्ध रूप से स्थानीय वर्षा के संचय जल से अलग किया जा सकता है।"[130] एक अन्य गजेटियर में अरावली नदियों में वर्षा जल के कारण कटाव और जमाव का उल्लेख किया गया है, "नजफगढ़ झील जिसमें साहिबी और इंदौरी की धाराएं झज्जर के पूर्वी कोने से होकर गुजरती हैं"[131]

1904 गजेटियर में साबी नदी का उल्लेख सावी नदी के रूप में किया गया है । "बावल निजामत में यहाँ दो मौसमी नदियाँ हैं, सावी और कसावती । पहली जयपुर की पहाड़ियों से निकलती है और अलवर की तहसील की मंडावर से होकर बहती है। नदी दक्षिण-पश्चिम कोने में पावटी से पश्चिम से बावल परगना में प्रवेश करती है और पावटी , पीरनपुरा और पमवार की भूमि से गुजरती हुए आगे बएती है । फिर यह परगना छोड़ देती है, लेकिन फिर से बीड झाबवा में इसे छूती है , जिसके बाद यह जयपुर और अलवर क्षेत्र से होकर गढ़ी हरसरू तक जाती है । इस राज्य में इसकी कुल लंबाई चार मील से अधिक नहीं है।"[132]

1880 के बंदोबस्त अधिकारी रिपोर्ट के आधार पर रोहतक जिला गजेटियर, 1910 में वर्णित नदियों की भूगर्भीय क्रिया का विवरण कटाव की सीमा, साहिबी नदी के ग्रामीण इलाके की लंबाई और चौड़ाई में कवर किए गए क्षेत्र, इसमें बहने वाले पानी की प्रकृति, कटाव का क्षेत्र और

कटाव सामग्री के जमाव को जानने के लिए दिलचस्प है। श्री फांसवे की 1880 की बंदोबस्त रिपोर्ट को उद्धृत करना दिलचस्प है, उन्होंने लिखा, “साहिबी” मेवात की पहाड़ियों में जयपुर से निकलकर अलवर तक मनोहरपुर और जीतगढ़ के पास बहती है, जो पूर्ववर्ती राज्य की राजधानी से लगभग 30 मील उत्तर में स्थित हैं। सैकड़ों छोटी सहायक नदियों से जल का प्रवाह एकत्र करते हुए यह अलवर और पाटन की सीमा के साथ एक विस्तृत धारा बनाती है इस बिंदु से यह रेवाड़ी और पटौदी (पूर्व शहर से सात मील पूर्व और बाद के शहर से तीन मील पश्चिम) से उत्तर की ओर बहती है और झज्जर तहसील के दक्षिण-पश्चिम कोने में लोहारी तक पहुँचती है, जहाँ यह 100 मील से अधिक की यात्रा के बाद पहुँचती है। लोहारी से बहते हुए और पटौदा और खेरी-सुल्तान में शाखाएँ छोड़ते हुए, यह फिर से गुड़गांव जिले से गुज़रती है, जब तक कि यह अंततः कुटानी गाँव में रोहतक में प्रवेश नहीं कर जाती।”

"कुटानी पहुंचने पर धारा दो शाखाओं में विभाजित हो जाती है। एक उत्तर की ओर से गुज़रती है और याकूबपुर और फ़तेहपुर के बीच डिप्रेशन में मिलती है , दूसरी पश्चिम की ओर मुड़ती है और नंगला में फिर से विभाजित हो जाती है, एक शाखा दादरी (दादरी टोई) के ऊपर निचली भूमि तक जाती है और दूसरी पश्चिम में ज़ाहिदपुर तक जाती है। भटेडा [133] डिप्रेशन में एक शाखा डालने के बाद यह उत्तर की ओर औरंगपुर की ओर मुड़ जाती है और सिलाना और सिलानी की रेतीली पहाड़ियों के तलहटी के साथ एक डिप्रेशन से होकर बहती है। [134]इस बिंदु पर यह अचानक अपना रास्ता पूर्व की ओर मोड देती है और रेतीली टिब्बो के बीच एक अंतराल से गुज़रती हुई कोट कलाल और सूरा के बीच डिप्रेशन में पहुँचती है, फिर वहाँ से दक्षिण की ओर किलोई और (दादरी टोई) झीलों में जाती है। दादरी, (जहाँ से यह नगला से उत्तर की ओर जाने वाली शाखा से मिलती है) सोंधी, याकूबपुर और फ़तेहपुर के बीच में आती है, जहाँ कुटानी से शाखा सीधे बहती है। यहाँ से फिर से जुड़ी हुई धारा उत्तर की ओर तेज़ी से मुड़ती है फतेहपुर और निवाना के बीच एक दूसरी रेत की रिज से गुजरते हुए, मैजोनरी स्लाईसज (स्लाइस गेट) के माध्यम से बादली में प्रवेश करती है, जो अक्सर खतरा बनाऐ हुए रखती थी, परन्तु नवाब फैज मुहम्मद खान का निंम्रित मैजोनरी स्लाईसज अभी भी मौजूद हैं। इसके बाद यह दो शाखाओं में दिल्ली जिले में प्रवेश करती है, सबसे अच्छी तरह से देवरखाना और लोहट से ढिंडसा तक जाती है, और दूसरी बादली के पश्चिम की ओर और शहर के नीचे एक विशाल उथले नाले से गुजरती है। जब बाढ़ पूरी मात्रा में आती है, तो उनके मार्ग के साथ-साथ सभी गड्ढे एक साथ भर जाते हैं। पानी आम तौर पर कुछ दिनों में बढ़ जाता है और दो या तीन हफ्तों में खत्म हो जाता है। औरंगपुर के ऊपर और कोट कलाल और सुराह के नीचे की झीलें कभी नहीं सूखती हैं, और अन्य आमतौर पर पूरे साल अपने तल के सबसे निचले हिस्सों में कुछ पानी बनाए रखती हैं।[135]

राजस्थान मे रियासती राज रहा, आजादी के बाद लिखे गए गजेटियर, और अलवर 1960 गजेटियर ने साबी नदी के जलग्रहण क्षेत्र को 2795 वर्ग किलोमीटर बताया, जिसमें अधिकतम 5640 एमसीएफटी पानी की उपलब्धि थी। अलवर जिले की साहिबी सहायक नदियों का उल्लेख किया गया था, हालांकि जयपुर जिले की कई सहायक नदियों का उल्लेख नहीं किया गया था। “अलवर जिले में साबी की सहायक नदियाँ मे नाला सोहा, नाला गुन्हा, शानपुर , नाला माची, नाला हमीरपुर, नाला इस्माइलपुर , नाला रसगण और अडावल , नाला इंदेरी और नदी सोनामुखी इरत्यादी। अलवर जिले में लगभग 45 तटबंधों का निर्माण किया गया।[136]

हरियाणा गजेटियर में साहिबी नदी के विस्तार का उल्लेख इस प्रकार किया गया है, "साहिबी नदी राजस्थान के जयपुर जिले के सेवाड की पहाड़ियों से निकलती है। यह राजस्थान के अलवर जिले के तिजारा तहसील के गदुवास गाँव से एक किलोमीटर पूर्व में हरियाणा में प्रवेश करती है । रेवाड़ी तहसील के दक्षिणी सिरे में सिर्फ 4 [137]किलोमीटर की दूरी तय करने के बाद, यह गाँव बाघोला अहीर से एक किलोमीटर उत्तर-पश्चिम में महेंद्रगढ़ जिले को छोड़ देती है । लगभग 20 किलोमीटर तक उत्तर-पूर्व दिशा में चलते हुए, यह धारा कोट कासिम से 1.5 किलोमीटर उत्तर में उत्तर की ओर मुड़ती है और अकोल गाँव के उत्तर में आधा किलोमीटर की दूरी पर महेंद्रगढ़ जिले में पुनः प्रवेश करती है । इसके बाद, यह लगभग 30 किलोमीटर तक रेवाड़ी तहसील में उत्तर की ओर बहती है; सोहना-रेवाड़ी रोड को पार करने के बाद, यह महेंद्रगढ़ जिले को छोड़ देती है रेवाड़ी-पटौदी रोड को पार करने के बाद पहले यह रोहतक जिले में झज्जर तहसील के दक्षिण-पूर्वी कोने (गांव लुहारी से 2 किलोमीटर दक्षिण पूर्व) में प्रवेश करती थी। उत्तर की ओर प्रवाह बनाए रखते हुए, यह झज्जर तहसील के इस कोने से गुजरती थी, और गुड़गांव जिले के उत्तर-पश्चिमी भाग (गुड़गांव तहसील के फरीदपुर गांव से एक किलोमीटर उत्तर-पश्चिम में) में पुनः प्रवेश करती थी। गुड़गांव तहसील के लगभग 13 किलोमीटर को पार करने के बाद , यह अंततः जिले को छोड़ देती थी और कुतानी गांव से एक किलोमीटर उत्तर-पश्चिम में झज्जर तहसील (रोहतक जिले की) में पुनः प्रवेश करती थी और अंततः नजफगढ़ झील में अपना पानी खाली कर देती थी। गुड़गांव जिले में गुजरने की ईसकी लंबाई लगभग 13 किलोमीटर थी, जबकि इसकी औसत चौड़ाई 15 से 40 मीटर तक थी । लंबे समय तक शुष्क और रेतीले इलाके से गुजरने के कारण यह नदी केवल बरसात के मौसम में ही पूरी ताकत से बहती है। बाढ़ के दौरान यह रेत और गाद का भारी बोझ अपने साथ ले जाती है। आमतौर पर साहिबी का पानी रेवाड़ी तहसील के लिए बहुत बड़ा वरदान है, जहां यह खारे पानी क्षेदत्र मे अपना जल से रीचार्ज करता है, लेकिन भारी बाढ़ की स्थिति में बहुत बड़ा इलाका जलमग्न हो जाता है, जिससे फसलों को काफी नुकसान होता है। 1845, 1873, 1917, 1930, 1933, 1960, 1963, 1972 और 1977 में भारी बाढ़ दर्ज की गई। हालांकि, जैसे ही यह नदी गुड़गांव जिले के समतल इलाकों में प्रवेश करती है, इसकी गति धीमी हो जाती है और जमा हुआ भार नदी के तल को ऊपर उठा देता है और इसके प्रवाह को रोक देता है। नतीजतन, नदी कभी-कभी अपना रास्ता बदल लेती है और इधर-उधर से बहती रहती है।”[138]

साहिबी दक्षिणी हरियाणा की सबसे महत्वपूर्ण नदियों में से एक है, " भारी बारिश के चलते, धारा अपने किनारों से बाहर बह जाती है और अपने मार्ग से सटे विशाल भूभाग को जलमग्न कर देती है। तालाब का पानी धीरे-धीरे शुष्क जलभृतों में रिसकर और भारी वाष्पीकरण के कारण बह जाता है। कुछ परित्यक्त चैनल मार्ग, संभवतः नंदरामपुर बास, भटसाना और खरखरा के पास साहिबी नालों के हैं , जो जिले के पूर्वी भाग में हैं।"[139]

" शतपथ ब्राह्मण में दृषद्वाडी के रूप में वर्णित साहिबी नदी राजस्थान के जयपुर जिले से निकलती है। हालांकि, अरावली पहाड़ियों में लगभग 7,500 साल पहले भूकंपीय गतिविधियों से पहले, नदी अजमेर जिले से भी पानी लाती थी। राजस्थान और मेवात क्षेत्रों में लगभग सौ सहायक नदियों से पानी इकट्ठा करके, यह अलवर और पाटन के आसपास एक विस्तृत धारा का निर्माण करते हुए विशाल जलसमुह में पहुँच जाती है। आगे रेवाड़ी जिले और धारूहेड़ा से बहते हुए, यह झज्जर पहुँचती है और फिर दो छोटी धाराओं में विभाजित हो जाती है, अंत

में दिल्ली के बाहरी इलाके में पहुँचती है।"[140] भारत सरकार के दस्तावेजों में साहिबी को पुरानी *दृषद्वती* नदी बताया गया है, जो सरस्वती नदी की सहायक नदी थी। इससे संकेत मिलता है कि साहिबी दिल्ली-सरगोधा रिज के बाद उत्तर-पश्चिम की ओर बहती हुई हांसी के निचले स्तर वाले क्षेत्र में सरस्वती नदी से मिलती थी। नदी मे पानी बहने की क्षमता समय के साथ कैसे बदलती गई? हरियाणा सरकार ने साहिबी नदी में बहने वाले वर्षा जल का उपयोग करने के लिए कुछ प्रयास किए, लेकिन शायद जल संरक्षण के लिए आगे आने में बहुत देर हो

चुकी थी, इससे पहले कि राजस्थान राज्य ने अरावली पहाड़ियों में तटबंध

बनाकर बड़े पैमाने पर वर्षा जल संरक्षण उपाय किए। साहिबी नदी राजस्थान में 157 किलोमीटर बहने के बाद हरियाणा में प्रवेश करती है । रेवाड़ी जिले में जडथल के पास । राजस्थान राज्य में साहिबी नदी के जलग्रहण क्षेत्र में 90 एम. मीट्रिक क्यूब की कुल भंडारण क्षमता वाली सिंचाई परियोजनाएं हैं। सिंचाई और बाढ़ नियंत्रण के लिए हरियाणा सिंचाई विभाग ने राजस्थान की सीमा पर साहिबी नदी पर मसानी बैराज का भी निर्माण किया है। मसानी बैराज वर्ष 1985-86 में बनाया गया ... इसके अलावा, राजस्थान जलग्रहण क्षेत्र में अधिक भंडारण कर सकता है जिससे अंतर्वाह और कम हो सकता है। साहिबी नदी का हरियाणा सीमा मे जलग्रहण क्षेत्र लगभग 1,800 वर्ग किलोमीटर में फैला हुआ है। और सामान्य वर्षों में इस क्षेत्र से उत्पन्न अपवाह मैदानी इलाकों में अवशोषित हो जाता है और उच्च वर्षा के वर्षों में जलग्रहण क्षेत्र में प्राकृतिक डिप्रेशन मे पानी भर जाता है। पटौदी रेलवे स्टेशन तक इसका अच्छी तरह से परिभाषित मार्ग है और उसके बाद पानी फैलता है, नदी शाखाओं में विभाजित होकर आउटफॉल ड्रेन नंबर 8 (भिंडावास झील और नजफगढ़ झील को जोड़ने वाली) में गिरती है और नजफगढ़ झील में ढांसा बांध के नियामकों के माध्यम से बहती है । इसके बाद, पानी नजफगढ़ से होकर यमुना नदी में चला जाता है नाली।"[141]

1.13.1. साहिबी ड्रेनेज और सरकारी मानचित्र

चार नदियाँ अर्थात् दोहान, कृष्णावती, सोता और साहिबी राजस्थान के उत्तरी अरावली पर्वत वन क्षेत्रों से उत्पन्न हुई हैं (स्केच मानचित्र 1.1 से 1.4 उनके ड्रेनेज पैटर्न को दर्शाते हैं)। ये सभी पूर्व-वैदिक काल की नदियाँ होने के कारण एक समान पैटर्न पर बहती हैं, उत्तर-पूर्व दिशा में बहते हुए, कुछ स्थानों पर पूर्व की ओर छोटे-छोटे मोड़ लेकर अपना पानी हरियाणा में अपने बाढ़ के मैदानों में फैलाती हैं। भू-भाग की चट्टान संरचनाएँ और प्रचलित भूवैज्ञानिक संरचनाएँ (भ्रंश, पॉलीफ़ेज़ फोल्डिंग, इनड्रुजिव की स्थितियाँ, इनड्रुजिव की शिरा संरचना, फिशरज, दरारो और लिनयांमेन्ट) अरबों वर्षों के भूवैज्ञानिक इतिहास के दौरान विभिन्न चट्टानों की अपरदनशीलता या लिथो इकाइयों के स्ट्राइक ने उत्तर-पूर्व-दक्षिण-पश्चिम प्रहार के अनुसार अपवाह प्रवाह दिशा को नियंत्रित करती रही होंगी। दक्षिण-पूर्व दिशा में बहने वाली कुछ नदियाँ उस क्षेत्र की चट्टान इकाइयों का अनुसरण करती हैं। कमोबेश ड्रेनेज पैटर्न हमेशा क्षेत्र के भूविज्ञान का अनुसरण करता है और भू-आकृति विज्ञान भी भूवैज्ञानिक संरचनाओं की बनावट और संरचनात्मक मापदंडों के अनुसार विकसित होता है।

नीम का थाना के दक्षिण-पश्चिम में एक जल विभाजक है, जहाँ से काटली नदी और सोता नदियाँ निकलती है। गॉवडी-गणेश्वर अरावली पर्वत (500 से 847 मीटर ऊँचाई) जलग्रहण क्षेत्र ने इन अरावली में सांस्कृतिक विकास को पोषित और संरक्षित किया है। गणेश्वर को एक पवित्र स्थान माना जाता है, जहाँ 'पाषाण युग' से सभ्यता विकसित हुई (चर्ट तीर, ताम्र युग के तीर और पूर्व-वैदिक काल के अन्य वस्तुये बरामद हुए)। लोग सोता नदी और साबी नदी के उद्गम क्षेत्रों को पवित्र स्थान मानते हैं। लोग गर्म पानी के झरनों में स्नान करते हैं और नदी को गालाब गंगा कहते हैं। सावन के महीने में इस स्थान से पवित्र जल काँवर के रूप में अपने मूल क्षेत्रों के मंदिरों में चढ़ाने के लिए जल ले जाया जाता है ।

सैवाड

अरावली पर्वत (500 से 737 मीटर ऊंचाई) जलग्रहण क्षेत्र (45 मीटर/15) से तीन नदियां निकलती हैं; उत्तर की ओर बहने वाली सोता (साहिबी की एक सहायक नदी), उत्तर-पूर्व में बहने वाली साबी और दक्षिण-पूर्व में बहने वाली मधोबिनी नदी । इन नदियों/ नालों /धारों का जल विभाजन आरे की तरह और अनियमित है , जो संभवतः भूगर्भीय संरचनाओं, ढलानों और क्षेत्र की संरचनाओं के कारण ऐसा है। सैवाड और देवीपुरा -चतरपुर अरावली पहाड़ियों (आक्षांश 27^{0}22$^{/}$ 30$^{//}$ से 27^{0}30$^{/}$ और देशांतर 75^{0}52$^{/}$ 30$^{//}$ से 76^{0} क्षेत्र) से अलग-अलग दिशाओं में नाले बहते हैं।

अजीतगढ़ के पूर्व में सैवाड़ जंगलों की पूर्वी ढलानों पर कई नाले साबी में मिलकर इसमें अपवाह जल की मात्रा बढ़ाते हैं। सैवाड़ जंगलों से उत्तर की ओर बहने वाले नाले पूर्व की ओर मुड़ते हैं, चिढ के उत्तर से बहने वाले नालों का एक समूह , बड़ी जोहड़ी के दक्षिण से बहने वाले नालों के अन्य समूह , फिर आगे उत्तर की ओर पहाड़ियों में रैपुडजागीर के उत्तर में बहने वाले नाले , अजमेरी गांवों के उत्तर से बहने वाले नाले , क्षेत्र से आने वाली कई छोटी नदियाँ (अक्षांश 27^{0}27$^{/}$30$^{//}$ से 27^{0}30$^{/}$ और देशांतर 75^{0}55$^{/}$ से 76^{0}) दक्षिण से दक्षिण-पूर्व की ओर बहकर साबी (साहिबी) नदी में मिलती हैं।

रघुनाथपुरा (45 एम/15) क्षेत्र के नाले पूर्व की ओर बहते हैं, बड़ी जोहड़ी के अन्य नाले दक्षिण-पूर्व की ओर बहते हैं और रामचंद्रपुरा से दक्षिण-पूर्व की ओर बहने वाले नाले कई अन्य नालों के साथ शाहपुरा (45 एम/15) कस्बे के उत्तर में बहती हुई साबी नदी में मिल जाते हैं ।

इससे यह निर्धारित करना जटिल हो जाता है कि वास्तविक उद्गम स्थान कौन सा है और साबी की मूल छोटी नदी कौन सी है , लेकिन अक्षांश $27^{0}27^{/}30^{//}$ और देशांतर $75^{0}45^{/}$ से 76^{0} के आसपास के क्षेत्र को वह क्षेत्र निर्धारित किया जा सकता है जहां से कई छोटी नदियाँ / नाले निकलते हैं और साबी नदी मे जल बढाते हुऐ नदी मे मिल जाते हैं। अक्षांश $27^{0}25^{/}$ के उत्तर और देशांतर $75^{0}52^{/}30^{//}$ के पूर्व में कई नाले पूर्व दिशा में बहते हुए साबी नदी में मिल जाते हैं । जहां उत्तर के साथ-साथ दक्षिण से आने वाले नाले रेत के टीलों से प्रभावित क्षेत्र में पूर्व की ओर बहने वाली साबी नदी से मिलते हैं (45 एम/15)।

राजस्थान के शाहपुर क्षेत्र के उत्तर में साबी नदी का ड्रेनेज पैटर्न रेतीले क्षेत्र से प्रभावित है। आडा नाला (५४ ए/३) भामोद पहाड़ी जंगलों से बहता हुआ पानी इकट्ठा करता है, शुरू में दक्षिण-पश्चिम की ओर बहता है और फिर कई घुमावदार रास्तों से पश्चिम की ओर बहता है (शायद दिशाओं में लगातार बदलावों के कारण इसे स्थानीय बोली में आडा कहा जाता है जिसका अर्थ है इधर-उधर या टेढ़ा-मेढ़ा बहना)। नाला उत्तर-पश्चिम की ओर बहकर ढाणी गुजरान (५४ ए/३) गाँव के उत्तर में साबी से मिलता है, जहाँ साबी एक विस्तृत तल के साथ उत्तर की ओर बहती है। ढाणी लालकानी से साबी उत्तर-पूर्व की ओर मुड़ती है और उत्तर-पूर्व की ओर बहना जारी रखती है, जहाँ भीलवाड़ी (54 ए/3) से उत्तर-पश्चिम की ओर बहने वाले कई नाले विभिन्न स्थानों पर इसमें मिल जाते हैं। मुख्य नाला भीलवाड़ी पहाड़ी जंगलों से शुरू होकर अरावली पहाड़ियों से सटे कई नालों से पानी इकट्ठा करते हुए उत्तर की ओर बहता है विराटनगर के उत्तर से उत्तर की ओर बहती हुई नदी किशनपुरा (54 ए/3) के उत्तर में साबी नदी से मिलती है ।

साबी नदी अनेक घुमावदार रास्तों के साथ यहां-वहां दिशा बदलते हुए उत्तर की ओर बहती रहती है (54 ए/2)। टोरडा जंगलों से उत्तर-पश्चिम की ओर बहने वाले अनेक नाले विभिन्न स्थानों पर साबी में मिलते हैं। पावटा और प्रागपुरा क्षेत्र से उत्तर-पूर्व की ओर बहने वाले नाले पश्चिमी तटों पर साबी में मिलते हैं। पावटा के पूर्व में, साबी नदी पूर्व की ओर मुड़कर तुराना (54 ए/2) तक जाती है, वहां से अचानक उत्तर की ओर मुड़कर फिर से पूर्व की ओर नागरि वास (54 ए/2) तक बहती है , वहां से यह उत्तर की ओर मुड़कर चतरभुज गांव (कोटपुतली शहर) के पूर्व से गुजरती है फिर साबी नदी पूर्व की ओर मुड़कर उत्तर-पूर्व की ओर घुमावदार रास्ते से बहती है और सोता नदी साबी नदी में मिलकर कुछ समय के लिए पूर्व की ओर बहती है, फिर दक्षिण से आने वाले अन्य नाले भी साबी नदी में मिल जाते हैं।

फिर साबी नदी उत्तर दिशा में कुछ दूर तक चोडे तल के साथ बहती है और फिर दक्षिण से आने वाला एक बड़ा नाला साबी नदी में मिलकर पानी की मात्रा बढ़ा देता है। ढाणी मीरचंद (54 ए/9) से पहले साबी नदी उत्तर-पूर्व दिशा में मुड़ जाती है और भगोला अहीर (54 ए/9) के उत्तर में पानी फैल जाता है , बासनी गांव (54 ए/9) के उत्तर में एक लंबा तटबंध बना दिया गया है ताकि बाढ़ से इसे बचाया जा सके और पानी का इस्तेमाल सिंचाई के लिए किया जा सके। लोग इसे साबी से साहिबी कहते हैं। अब साहिबी नदी उत्तर दिशा में मुड़कर हरियाणा के झाबवा रिजर्व फॉरेस्ट (53 डी/12) के दक्षिण में उत्तर-पूर्व दिशा में बहती है और नदी उत्तर-पूर्व दिशा में मुड़कर कोट कासिम (53 डी/12) के पश्चिम में बहती है और उत्तर-पूर्व दिशा में मुड़कर अपना उत्तर दिशा वाला प्रवाह पुनः प्राप्त करती है।

हजनाका गांव से पश्चिम की ओर मुड़कर लालपुर (53 डी/12) तक पहुंचती है । नंदरामपुर बास के दक्षिण में साहिबी नदी में कई छोटी-छोटी धाराएं गिरती हैं। फिर साहिबी नदी उत्तर की ओर बहती है और कुछ नाले फतू की ढाणी के पास इसके पश्चिमी तट पर इसमें मिल जाते हैं । जडथल से आगे यह उत्तर-पूर्व दिशा में बहती है, फिर उत्तर की ओर बहते हुए मसानी बैराज में गिरती है। मसानी बैराज के बाद साहिबी नदी उत्तर-पश्चिम की ओर ततारपुर-इस्तमरार गांव के पश्चिम को पार करते हुए खलीलपुर (53 डी/11) के पूर्व की ओर बहती है । अपने बाढ़ क्षेत्र में साहिबी नदी दो शाखाओं में विभाजित है, एक खलीलपुर की ओर बहती है और दूसरी पूर्व की ओर बहती हुई इंदौरी नदी से मिलकर उत्तर की ओर बहती है। वर्तमान में बड़े पैमाने पर अतिक्रमण के कारण साहिबी नदी का तल स्थानों पर दिखाई नहीं देता है

खलीलपुर से पहले साहिबी नदी फिर से दो शाखाओं में विभाजित हो जाती है, एक जटौली (एमएसएल 225 मीटर), फरीदपुर (एमएसएल 220 मीटर), करौला और कुटानी से गुजरती है और वहां से नदी फिर से दो शाखाओं में विभाजित हो जाती है, पूर्वी शाखा जाहिदपुर में बहती है और भटेरा झील को भरती है , और फिर औरंगपुर से सिलाना (एमएसएल 214 मीटर) से आगे किलोई झील तक बहती है (जैसा कि पुराने रोहतक गजेटियर में उल्लेख किया गया है)। इसकी पश्चिमी शाखा खलीलपुर (एमएसएल 232 मीटर), आसियाकि से बहती है गुडावा (MSL 228 मीटर), गुरोउा पूर्वी क्षेत्र (MSL 221 मीटर), खुडन (MSL 218 मीटर), सुबाना-ढाकला क्षेत्र (MSL 217 मीटर), सुरहेती (MSL 216 मीटर), भिंडावास (MSL 214 मीटर), खेटावास (MSL 214 मीटर) छुछकवास के दक्षिण में दोहान और कृष्णावती बाढ़ के पानी से मिलते हैं। फिर बाढ़ का पानी ड्रेन नंबर 8 में गिरकर पिछली शताब्दियों के दौरान बारहमासी यमुना नदी (नजफगढ़ झील से) में मिल जाता है।

साहिबी नदी का बाढ़ का मैदान बहुत बड़ा है और इसका पानी रेवाड़ी क्षेत्र के उत्तर-पूर्व के गांवों (बाढ़ के दौरान पूरा रेवाड़ी क्षेत्र) और झज्जर के दक्षिण में फैल जाता था। साहिबी की एक शाखा दादरी तोई क्षेत्र से नजफगढ़ झील में बहती है और यमुना नदी में मिल जाती है। पानी की पश्चिमी शाखाओं ने भिंडावास क्षेत्र को बाढ़ का पानी भर जाता था, जो अब एक पक्षी अभयारण्य है। पहले के समय (ऋग्वैदिक से पहले) साहिबी, कृष्णावती और दोहान नदियों के संयुक्त पानी को सरस्वती सहायक नदियों में मिलने के लिए भिवानी के उत्तर-पूर्व में चांग क्षेत्र से होकर हांसी (एमएसएल 212 मीटर और फिर उत्तर-पश्चिम की ओर 203 मीटर) की ओर जाती थी ।

अपनी सेवा अवधि के दौरान हमने साहिबी बाढ़ से होने वाले नुकसान को दोगुना होते देखा है, जब इसका बाढ़ का पानी पटौदी और रेवाड़ी क्षेत्र में फैल गया था जिससे फसलों, बस्तियों और इमारतों को भारी नुकसान हुआ था। पटौदी से रेवाड़ी रोड पर जाते समय वह इलाका पानी के सागर जैसा लग रहा था। साहिबी का पानी रेवाड़ी शहर में भर गया और बाढ़ का पानी पश्चिमी दिशा की ओर बढ़ते हुए नांगल मुंदी क्षेत्र में बाढ़ ला रहा था। शायद राजस्थान में तटबंधों के कुछ स्थानों पर टूटने से हरियाणा में व्यापक नुकसान हुआ और सरकार को मदद के लिए सेना बुलानी पड़ी। कुछ शोधकर्ताओं ने साहिबी जलग्रहण क्षेत्र का अनुमान 4607 वर्ग किलोमीटर लगाया है (जलग्रहण और बाढ़ के मैदान क्षेत्र के आंकड़े हरियाणा और राजस्थान के विभिन्न जिलों की राजनीतिक सीमाओं के आधार पर गणना के कारण भिन्न हैं)।

सोता नदी साहिबी की सहायक नदी: सोता नदी साहिबी नदी की सबसे बड़ी शक्तिशाली सहायक नदी है। सोता नदी उत्तर-पश्चिमी भागों में साबी नदी के समान ही क्षेत्र से निकलती है, यह साबी अरावली पर्वत के उत्तर-पश्चिमी क्षेत्र से पानी इकट्ठा करती है और साहिबी नदी की सहायक नदी के रूप में लंबी दूरी तय करती है। यह अलवर जिले में बहरोड़ के पास साहिबी में मिल जाती है। गढ़तकनेत गांव के उत्तर में स्थित नाले (45 एम/15, अक्षांश $27^{0}26^{/}30^{//}$ से $27^{0}30^{/}$ तथा देशांतर $75^{0}47^{/}25^{//}$ से $75^{0}51^{/}$) उत्तर की ओर बहकर सोता में मिल जाते हैं, जबकि दक्षिण की ओर बहने वाले नाले मेधना नदी में मिल जाते हैं। अजीतगढ़ (45 एम/15) के उत्तर में मंडस्या और छतरपुर पहाड़ियों से नाले उत्तर की ओर बहकर सोता नदी में मिल जाते हैं। सैवाड़ पहाड़ी वन क्षेत्र सोता और साबी नालों के बीच जल विभाजक के रूप में काम करता है और साथ ही सावड़ गांव के दक्षिण में स्थित नाले दक्षिण की ओर बहकर मधोबिनी नदी में मिल जाते हैं जो मनोहरपुर (45 एम/15) के दक्षिण में बहती है ।

कनाथ की ढाणी में सोता नदी (45 एम/14) पूर्व की ओर मुड़ती है और फिर अपनी उत्तर-पूर्व दिशा प्राप्त कर लेती है, हरदास का बास (45 एम/14) के उत्तर में उत्तर से आने वाले अन्य नाले इसमें शामिल हो जाते हैं और हाथीडे के पास उत्तर और दक्षिण से आने वाले नाले इसमें शामिल हो जाते हैं । सोता नदी दक्षिण-पूर्व की ओर मुड़ती है, फिर दोया की ढाणी से उत्तर की ओर बहने वाले नाले इसमें शामिल होकर उत्तर की ओर बहते हैं। फिर जुगलपुरा (45 एम/14) के उत्तर में यह उत्तर-पूर्वी दिशा में बहना शुरू कर देती है। गांवडी पहाड़ियों (500 से 848 मीटर) से बहने वाला एक और बड़ा नाला सोता (अब एक बांध का जलाशय) नदी में शामिल होता है। फिर सोता पश्चिम , पूर्व, उत्तर और दक्षिण दिशाओं से आने वाले कई नालों से पानी एकत्र करता है और पूर्व की ओर बहता है (54 ए/2) । नथेडा (54 ए/2) से पहले यह उत्तर की ओर बहती है और नथेडा तथा सरुंड के बीच से उत्तर की ओर गुजरती है, फिर (54 ए/1) जयसिंहपुरा से पहले उत्तर-पूर्वी दिशा में मुड़कर थोड़ी दूरी तक पूर्व की ओर मुड़ती है और पुनः उत्तर-पूर्व की ओर बहती है। किशवान राजपूत नदी पूर्व की ओर बहती है (54 ए/5) और फिर राजस्थान के अलवर जिले के बहरोड़ के पास साहिबी नदी में सहायक नदी के रूप में मिलती है।

1.14. इंदौरी नदी

अंग्रेजों ने 1880 में उल्लेख किया, "इंदोरी गुड़गांव शहर के नूह के पश्चिम में मेवात पहाड़ियों पर बसे पुराने खंडहर शहर और इंदौर किले के पास से निकलती है। एक मुख्य शाखा उत्तर-पश्चिम की ओर जाती है और रेवाड़ी तहसील की दक्षिणी सीमा पर साहिबी बैड में मिलती है; जबकि उत्तरी शाखा के कई फीडरों का एकत्रित पानी तावडु से तीन मील पश्चिम से गुजरता है, बोहडा की निचली भूमि के आसपास फैलता है, और अंततः पटौदी के दक्षिण में साहिबी में मिलता है। इस बिंदु से ऊपर दोनों धाराओं का अब कोई अलग बैड नहीं है; कुतानी में पूर्वी शाखा, जिसे इंदौरी कहा जाता है, वास्तव में पश्चिमी शाखा या साहिबी के समान बैड से झज्जर सीमा से तीन मील नीचे निकलती है। इंदोरी ने अपना अलग नाम क्यों बनाए रखा और दोनों धाराओं में से बेहतर क्यों जानी जाती है इसका कारण यह है कि इसके जल स्रोतों की निकटता के कारण इसकी बाढ़ मध्यम वर्षा के बाद आती है, जबकि साहिबी जो एक सूखे और रेतीले देश से लंबी दूरी तक बहती है, केवल भारी बारिश के वर्षों में ही पानी बढ जाता है और बाढ ले आती है। इसके अलावा, विदेशी शासन के दौरान साहिबी नदी को रेवाड़ी की दक्षिणी सीमा पर जडथल के पास कोट कासिम के पास बांध बनाया गया था और इसके पानी को पश्चिम की ओर मोड़ दिया जाता था, ताकि केवल इंदौरी के बाढ़ का पानी साहिबी की चैनल से होकर बह सके। फिर भी दो नामों के बावजूद यह एक निर्विवाद तथ्य है कि केवल एक ही चैनल है जिसके माध्यम से इन दोनों धाराओं का संयुक्त पानी रोहतक जिले में प्रवेश करता है। [142]"

एक अन्य पुराने अभिलेख में उल्लेख है, "इंदौरी के नाम से एक अलग धारा बहती है, जिसे नूह से दूर अलवर की पहाड़ियों में इंदौरी कहा जाता है, जिसके पास से वे दोनों निकलती हैं या अपना मार्ग शुरू करती हैं; कभी-कभार बहने वाली अन्य सभी धाराओं की तरह वे केवल बारिश के बाद कुछ घंटों तक बहने वाली नदीया हैं। इनमें से एक धारा नंदरामपुर बास (राजस्व संपदा) में जिले में प्रवेश करती है और जडथल के सामने साहिबी में गिरती है : दूसरी उत्तर की ओर तावडु के आसपास के इलाके में बहती है, और कई अन्य छोटे नालों से जुड़ने के बाद, आसपास की पहाड़ियों की ड्रेनेज को नीचे लाती है, अपने पानी को बोहडा के दक्षिण में निचले इलाके में फैलाती है, और अंततः साहिबी में मिल जाती है। इस प्रकार साहीबी जबकि यह केवल जयपुर के उत्तर में भारी बारिश के बाद पूरी ताकत से नीचे आती है, इंदौरी केवल स्थानीय बारिश के बाद एक छोटी धारा के साथ बहती है, जो के निर्वहन को बहा ले जाती है"[143]

“इंदौरी नदी राजस्थान के अरावली पहाड़ियों से इंदौर गांव के पास निकलती है । नानूका, खैइका , भोगीपुर , चूंडिका , सुनारी, उंटवन , भुड़का , राठीवास , सिधरावली और बसपादमका गांवों से गुजरने के बाद यह पटौदी और रेलवे स्टेशन के ऊपर की ओर साहिबी नदी से मिलती है। अरावली पहाड़ियों से आने वाली कई सहायक नदियाँ इसे पूरक बनाती हैं। डूब क्षेत्र तक नदी का कुल जलग्रहण क्षेत्र 197.9 वर्ग किलोमीटर है। हरियाणा में इंदौरी नदी और इसकी सहायक नदियों पर 13 बाँध बनाए गए हैं और राजस्थान में तीन बाँध बनाए गए हैं।” [144]

1.14.1. इंदौरी ड्रेनेज का मानचित्र : इंदौर (राजस्थान) गाँव पूर्व और पश्चिमी तरफ अरावली पहाड़ियों से घिरा हुआ है, दोनों तरफ की ढलानों से बारिश का पानी बड़ी संख्या में नालों के रूप में बहता है (अक्षांश $28^{0} 3^{/}$ से $28^{0} 7^{/} 30^{//}$ और देशांतर $76^{0} 55^{/}$ से $76^{0} 57^{/} 30^{//}$)। कई गाँवों से अरावली पहाड़ियों से ये जलधाराएँ निकलती हैं (स्केच मानचित्र 1.5) जैसे गंडवा गाँव की पूर्वी ढलान, सारे कलां और सारे खुर्द की पूर्वी ढलान, चौहडपुर, कुलवत (राजस्थान), नूरपुर (हरियाणा) पश्चिमी ढलानों का पानी एक बड़ा जलाशय क्षेत्र बनाता है और तटबंधों में पानी एक झील जैसा दिखता है। खरखड़ी (राजस्थान) और सिलखोह (हरियाणा) के नाले इसमें पानी की धार मिलाते हैं नाला सैदपुर के पास हरियाणा की सीमा में प्रवेश करता है और नाहरपुर के पास उत्तर-पूर्व की ओर मुड़कर उत्तर की ओर बहता है और फिर सिलखोह की ओर से एक नाला गुरनवत से पहले इसमें मिल जाता है और धारा उत्तर-पश्चिम दिशा की ओर मुड़कर सुनारी के पूर्व और जौरासी गांवों (तटबंध/बंध) के पश्चिम में बहती है, फिर खोरी कलां, खोरी खुर्द और रंगाला की ओर से एक नाला इसमें मिलकर रंगाला बांध में पानी जमा करता है। झामवास के पूर्वी तरफ का नाला इस बांध में विलीन हो जाता है। **इंदौरी नदी** उत्तर-पश्चिम की ओर उंटवान, भुड़का, सिधरावली गांवों के उत्तर में, बोहडा खुर्द, बास पदमका के दक्षिण में और पटौदी और हेली मंडी (जटौली) के पश्चिम में बहती रहती है और साहिबी नदी की पूर्वी शाखा के साथ मिलकर उत्तर में कुतानी की ओर बहती है।

1.15. गुड़गांव अरावली ड्रेनेज

गुड़गांव-फरीदाबाद के आसपास अरावली पर्वत के ड्रेनेज पैटर्न का स्केच मानचित्र, गुड़गांव-सोहना-तावडु-फरीदाबाद-दक्षिण दिल्ली अरावली के क्षेत्रों (स्केच मानचित्र 1.7 में मेवात क्षेत्र) के ड्रेनेज पैटर्न को दिखाते हुए स्केच मानचित्र 1.6 पर रखा गया है। भू-आकृति विज्ञान की स्थितियों के अनुसार ड्रेनेज पैटर्न सभी दिशाओं में चट्टानी ढलान का अनुसरण करता हुआ बहता है। तेजी से हो रहे शहरीकरण ने प्राकृतिक ड्रेनेज पैटर्न की पूरी तरह अवहेलना और अनदेखी की है। भूमि की नोताड की इस प्रक्रिया ने जानबूझकर सभी भू-आकृति विज्ञान के सिद्धांतों के विरुद्ध ड्रेनेज प्रणालियों को बेरहमी से अवरुद्ध कर दिया है। शहरीकरण परियोजनाओं/स्कीमों/योजनाओं को मंजूरी देने वाले संबंधित विभाग/प्राधिकरण जलग्रहण क्षेत्रों के मौजूदा प्राकृतिक ड्रेनेज पैटर्न के महत्व और वैज्ञानिक तथ्यो को पहचानने में विफल रहेहै । इससे सतही अपवाह अवरुद्ध/क्षतिग्रस्त हो गया है, जिससे भूमिगत जल के प्राकृतिक पुनर्भरण में कमी/गिरावट/क्षीणता आई है।

अरावली के बाढ़ के मैदानी इलाकों में बड़े पैमाने पर कोलोनाइजेशन् और शहरीकरण ने उपलब्ध प्राकृतिक जल निकासी बैडस पर/ जलमार्ग भूमि के हर इंच पर अतिक्रमण कर लिया है। धन कमाने और ज़मीन की लालच के लिए, भूगर्भीय सिद्धांतों /कानूनों के विरुद्ध क्षेत्र में भूजल पुनर्भरण को रोकने के लिए कुछ ड्रेनेज नालों को बॉक्स कंक्रीट में भी बदल दिया गया। तेजी से फैलते शहरीकृत क्षेत्रों में रहने वाले लोगों के लिए प्राकृतिक ड्रेनेज को रोकना एक गंभीर समस्या होगी। जीवन के लिए पानी अपरिहार्य है, जो भविष्य में जीवित रहने के लिए एक दुर्लभ वस्तु होगी। प्राकृतिक ड्रेनेज के जल-भूवैज्ञानिक पहलुओं की अनदेखी भविष्य में गंभीर परिणाम पैदा करने के लिए बाध्य करेगा।

यह अच्छी तरह से समझा जा सकता है कि बढ़ती आबादी को अधिक आवास इकाइयों की आवश्यकता है, इसके लिए यदि हम भूजल के प्राकृतिक पुनर्भरण को नजरअंदाज करते रहेंगे, तो पानी कहां से आएगा? हम अच्छी तरह से जानते हैं कि जीवन के अस्तित्व के लिए 'पानी' आवश्यक है। " एक ओर, विश्व की बढ़ती जनसंख्या और अधिकांश स्थानों पर प्रति व्यक्ति खपत बढ़ने से पानी की मांग में निरंतर वृद्धि हो रही है। दूसरी ओर, वैश्विक पर्यावरणीय परिवर्तन जल की कमी को और बढ़ा रहे हैं, जिसमें जलवायु परिवर्तन से प्रेरित सूखे और भूमि परिवर्तन शामिल हैं जो वर्षा जल के आवंटन को हरित जल उत्पादन से दूर तेज सतही अपवाह की ओर ले जाते हैं। ये रुझान एक साथ इन मूल्यवान संसाधनों की पुरानी कमी को जन्म दे रहे हैं।" पानी [145]की कमी सिर्फ गुरुग्राम के लिए ही नहीं बल्कि पूरी दुनिया के लिए चिंता का विषय है, हम किसी अन्य ग्रह से पीने का पानी आयात नहीं कर सकते हैं।

शहरीकरण की तेज़ गति की शुरुआत से पहले प्राकृतिक जल निकासी व्यवस्था की स्थिति क्या थी? अब शहरीकरण ने गुड़गांव के आस-पास के अरावली के गाँवों की ज़मीन को बेतरतीब ढंग से निगल लिया है और लगातार अरावली के डिप्रेशन इलाकों को निगल रहा है। अब पुराने जलधारा क्षेत्रों की ज़मीन पर कोलोनाइजेशन् हो रहा है। प्राकृतिक ड्रेनेज पैटर्न पूरी तरह से नष्ट/अवरुद्ध हो गया है। अब ऊँची-ऊँची इमारतें ज़मीन पर कब्जा करके उन प्राकृतिक बहने वाली नदियों के जलमार्गों को अवरुद्ध कर रही हैं। जलोढ़ बाढ़ के मैदानों में इन प्राकृतिक ड्रेनेज प्रणालियों के ज़रिए भूजल को फिर से रिर्चाज किया जाता था और वन क्षेत्र वर्षा जल को सोखता था। गुड़गांव अरावली में स्थानीय वन वर्षा जल संरक्षण और इन क्षेत्रों में रहने वाले लोगों को अच्दे पानी की आपूर्ति में महत्वपूर्ण भूमिका निभाते थे।

भूजल संरक्षण के लिए वन विभाग ने जलग्रहण क्षेत्रों की प्राकृतिक ड्रेनेज व्यवस्था की सुरक्षा सहित संरक्षण के लिए विभिन्न केंद्रीय एवं राज्य योजनाओं के तहत वनरोपण के तहत संरक्षण कार्य किए हैं। इन प्रयासों को विश्व बैंक द्वारा सहायता प्राप्त 'सामाजिक वानिकी परियोजना' जैसी बाह्य सहायता प्राप्त परियोजनाओं द्वारा संपूरित किया गया। उसके बाद यूरोपीय संघ ने 'हरियाणा के अरावली पहाड़ियों में सामुदायिक भूमि के पुनर्वास' परियोजना को वित्तपोषित किया और उसके बाद जेआईसीए ने अरावली जिलों के कुछ हिस्सों में एक परियोजना को वित्तपोषित किया, जहां दिल्ली सीमा से शुरू होकर फरीदाबाद, पलवल, गुड़गांव, मेवात, रेवाड़ी, महेंद्रगढ़, चरखी दादरी और भिवानी जिलों को कवर करते हुए वनरोपण, संरक्षण और सुरक्षा कार्य लगातार किए गए।

फरीदाबाद-गुड़गांव के गांवों के आसपास की जमीन जब शहरीकरण के दायरे में आई तो कॉलोनाइजर सोहना, नूंह, पटौदी, मानेसर और धारूहेड़ा इलाकों की ओर आगे आगे बढते चले गए। तेजी से बढ़ते शहरीकरण के साथ-साथ औद्योगीकरण (विनियमित और अनियमित) हमारी आंखों के सामने आया, लेकिन एक अहम सवाल अनुत्तरित रह गया? पानी की जरूरतें कहां से पूरी होंगी? पानी की मांग इतनी ज्यादा है कि इन स्थिर या अनियमित जलभृतों की वहन क्षमता से परे है। जबकि प्राकृतिक नालों /नदियों को जलग्रहण क्षेत्रों में अवैध निर्माणों के कारण रोक दिया गया है या खत्म कर दिया गया है। गांवों के जल पुनर्भरण तालाबों पर बिल्डरों ने कब्जा करके उन पर इमारतें खड़ी कर दी हैं। भविष्य में भूजल निष्कर्षण/आपूर्ति की संभावना बहुत कम या न के बराबर होगी। जलभृतों के पुनर्भरण न होने के कारण कुछ ही समय में जलोढ़ क्षेत्रों में खारा या नमकीन पानी भी खत्म हो जाएगा। नहरी पानी की आपूर्ति भी पीने की जरूरतों को पूरा करने के लिए पर्याप्त नहीं है, औद्योगिक जरूरतों की तो बात ही छोड़िए।

अरावली के पारिस्थितिकी तंत्र और इसकी प्राकृतिक ड्रेनेज प्रणालियों की सुरक्षा और संरक्षण नौकरशाहों के लिए समय की मांग और मजबूरी है। "हम वनों का प्रबंधन कैसे करते हैं, यह निर्धारित करेगा कि हम इस मांग को कैसे पूरा करते हैं," संयुक्त राष्ट्र के फोरम ऑन फॉरेस्ट्स सेक्रेटेरिएट (यूएनएफएफएस) 2020 के निदेशक मनोएल सोबरल फिल्हो ने कहा, उन्होंने कहा कि जनसंख्या में वृद्धि और बदलाव, जलवायु में परिवर्तन और ज्ञान और प्रौद्योगिकी में नवाचार निस्संदेह भविष्य के वनों को प्रभावित करेंगे । उन्होंने आगे कहा। "एक बात मैं निश्चित हूं दुनिया भर के समुदायों के लिए एक स्थायी भविष्य को सुरक्षित करने के लिए वनों में निवेश करना आवश्यक है," इसलिए,

हमें अरावली पारिस्थितिकी तंत्र में अपनी प्राकृतिक ड्रेनेज प्रणाली की रक्षा और संरक्षण के लिए दृढ़ संकल्प होना चाहिए।

जलग्रहण क्षेत्रों की प्राकृतिक ड्रेनेज प्रणाली और वन का अविभाज्य संबंध है। हमें भूजल संरक्षण के लिए अरावली के वनों को संरक्षित करना होगा। "वन स्वच्छ, ताजे पानी और कई अन्य जल-संबंधी पारिस्थितिकी तंत्र सेवाओं, जैसे बाढ़ और कटाव संरक्षण और जलवायु विनियमन के स्थिर प्रावधान में आवश्यक भूमिका निभाते हैं। इसके अतिरिक्त, उन सभी चीजों के अलावा जो हम कई वर्षों से वन-जल अंतःक्रियाओं के बारे में जानते हैं, पिछले एक या दो दशक के शोध ने वनों की भूमिका के बारे में हमारी समझ को फिर से मजबूत किया है जो बहुमूल्य जल संसाधनों को पुनर्चक्रित करने और महाद्वीपीय आंतरिक भागों की ओर ले जाने में निभाते हैं (एलिसन व अन्य 2017; क्रीड एंड वैन नूर्डविज्क 2018; कीज़ व अन्य, 2016; वांग-एरलैंडसन व अन्य, 2018; एलिसन व अन्य, 2019) "[146] । अरावली परिस्थिकी का संरक्षण व सुरक्षा ही जल संमबन्घित समास्यो का समाधान कर सकती है।

वनों की रक्षा करें और बदले में वन अपने आप जल का संरक्षण करेंगे। "ग्रामीण क्षेत्रों में बड़े पैमाने पर वन पेयजल स्रोतों की गुणवत्ता की रक्षा करना अमूल्य हैं। जब बारिश खाली जमीन पर होती है, तो यह मिट्टी को काटती है और इसे नदी में ले जाती है। वन इस प्रक्रिया को कम करते हैं और अन्य प्रदूषकों को भूमि से बहकर नदियों में जाने से रोकते हैं। वियना जैसे कई शहर अपने अपस्ट्रीम वाटरशेड में वन संरक्षण, प्रबंधन और बहाली में निवेश करते हैं ताकि उन नदियों की रक्षा की जा सके जिनसे वे अपना पेयजल लेते हैं। यह अक्सर लागत प्रभावी होता है, क्योंकि इससे निस्पंदन संयंत्रों में निवेश से बचा जाता है।"[147]

जहाँ वन पर्यावरण की रक्षा और पेयजल की पूर्ति के लिए वर्षा जल को संरक्षित कर रहे थे। अब इन जगहों पर पेड़ों की जगह चारों तरफ बड़ी-बड़ी बहुमंजिला इमारतें खड़ी हैं। इस बात से कोई इनकार नहीं कर सकता कि उस समय बढ़ती आबादी को आवास उपलब्ध कराने के लिए शहरीकरण की जरूरत थी। गलती यह हुई कि सभी प्राकृतिक जलमार्गों को बरबाद कर दिया गया और उन सार्वजनिक संपत्ति संसाधनों पर भू-माफियाओं ने अतिक्रमण कर लिया।

नियामक अधिकारियों ने उस क्षेत्र की प्राकृतिक ड्रेनेज प्रणाली जो भूजल को रिचार्ज कर रही थी उसकी रक्षा और संरक्षण किए बिना ही शहरीकरण की अनुमति दे दी। इनमें से अधिकांश जलमार्गो का स्वामित्व किसी निजी व्यक्ति के पास नहीं था, बल्कि स्वामित्व ग्राम पंचायतों/समुदाय या राजस्व विभाग या वन विभाग (कुछ मामलों में) के पास था। प्राकृतिक जलमार्गों पर इमारतें कैसे बनीं, लगता है इसका उत्तर हमेशा अनुत्तरित रहेगा। इसके लिए कौन जिम्मेदार था / है ? क्या कच्चे रास्ते और सड़कें (यहां तक कि अधिसूचित संरक्षित वन) प्राकृतिक जल चैनलों के साथ भू-माफियाओं द्वारा हड़पी गई/जा रही हैं? समुदाय के सामान्य उद्देश्यों के लिए रखे गए साझा संपत्ति संसाधनों को किसी भी स्थिति में किसी को भी बेचा (ऐसा करने की अनुमति नहीं) नहीं जा सकता है।

नालों /छोटी नदियों की प्राकृतिक ड्रेनेज प्रणाली के माध्यम से बहने वाला अपवाह जल सैकड़ों तालाबों को भर रहा था (कुछ रिपोर्टों के अनुसार गुड़गांव और उसके आसपास 700 जोहड थे), जो भूजल पुनर्भरण तालाबों के रूप में काम कर रहे थे। यहां तक कि अरावली पर्वत की चोटियों ने भी पानी की कमी वाली अरावली पहाड़ियों में जानवरों और वन्यजीवों को जीवित रखने के लिए कई प्राकृतिक तालाब (जिन्हें जोहड़ कहा जाता है) विकसित किए हैं। पहाड़ियों पर अपने निरीक्षणों के दौरान, हम वनीकरण क्षेत्रों की जांच करने के लिए अरावली पहाड़ों पर जब जाते थे, पहाड़ी स्थानों के लिए जमीनी संदर्भो का उल्लेख या पहचान उन जोहड़ों (तालाबों) के नाम से या पहाड़ियों पर कुछ नाले के नाम से की जाती थी। ग्रामीण अपने मवेशियों को पहाड़ियों में चरने के लिए छोड़ देते थे और उन तालाबों का पानी जीवन के प्राकृतिक चक्र को बनाए रखता था। अग्रजो ने जल व भुमि संरक्षण हेतु अनेक स्थानो पर बांध बनाये जिससे ग्रामवासियेा को बाढ से बचाव होता था जिससे वन व जल संरक्षण हाता था। इन कार्यो ने कुदरती संरक्षण की तरह कुदरती संरक्षण चर्क्रो की इफाजत की ।

क्षेत्र में कई बाँध (तटबंध) बनाए गए (सूची इस अध्याय के अन्य शीर्षक में उल्लिखित है) केवल 25 बाँधों को रेखाचित्र मानचित्र 1.6 पर संख्या 1 से 25 तक अंकित किया गया है; जैसे 1 नाथूपुर बाँध, 2 चकरपुर बाँध, 3 वजीराबाद बाँध, 4 झाड़सा से बदशाहपुर बाँध 5 घाटा बाँध, 6 बहरामपुर बाँध, 7 कादरपुर बाँध, 8 फाजिलपुर बाँध, 9 गैरतपुर-टिकली बाँध, 10 रिठौज बाँध I और II, 11 घामडौज बाँध, 12 सोहना बाँध 13 भूतलाका बाँध, 14 खरखड़ी बाँध, 15 पचगावां बाँध, 16 बुराका बाँध, 17 तावडू बाँध, 18 रंगाला बाँध, 19 मानेसर-शिकोहपुर बाँध, 20 कासन बाँध, 21 खरखड़ी-मोकलवास बाँध, 22 बड़का अल्लमद्दीन बाँध, 23 खलीलपुर बाँध, 24 पाखल बाँध फरीदाबाद, 25 धौज बाँध, फरीदाबाद .

गुड़गांव की मुख्य जलापूर्ति पश्चिमी यमुना नहर (70 किलोमीटर) से विस्तारित एक छोटी नहर पर आधारित है, जिसकी सीमित क्षमता बढ़ती मांग को पूरा करने में असमर्थ है। जबकि भूजल स्तर में दशकीय गिरावट लगभग 30 मीटर है और भूमिगत दुर्लभ संसाधन खतरनाक रूप से तेज़ गति से कम हो रहे हैं। ऐसा माना जाता है कि जनता की पानी की ज़रूरतों को पूरा करने के लिए लगभग 19000 बोरवेल/ट्यूबवेल (ज़्यादातर अपंजीकृत) लगाए गए, जहाँ पानी की आपूर्ति उपलब्ध नहीं है या अनियमित है, उनमें से अधिकांश पर सूखने का खतरा मंडरा रहा है। जलोढ़ सतह के नीचे, अरावली

क्वार्जिटिक, नीस और शिस्टोज़ चट्टानें (परिवर्तनशील गहराई पर) मौजूद हैं जहाँ भविष्य की ज़रूरतों को पूरा करने के लिए भूजल की बहुत कम संभावना है।

अरावली पारिस्थितिकी तंत्र की प्राकृतिक ड्रेनेज प्रणाली का निर्बाध पुनर्भरण भविष्य के लिए गुड़गांव क्षेत्र की एक अनिवार्य आवश्यकता है। क्या करें, जहां इन जलधाराओं के तलों/मार्गों पर बड़े पैमाने पर निर्माण कार्य किया गया है। जलधाराओं के तलों से अतिक्रमण हटाने के प्रयास किए जाने चाहिए और जहां भी यह संभव नहीं है, उन स्थानों पर उसी भूभाग में जल के प्रवाह के लिए निचे से मार्ग बनाया जा सकता है क्योंकि ये पुरानी जल धाराएं मौजूदा भूगर्भीय संरचनाओं (जल पुनर्भरण के लिए कमजोर क्षेत्र) का अनुसरण करती हैं। उपसतह जल पुनर्भरण के लिए जलग्रहण क्षेत्रों की रक्षा ही इस शहरीकरण में पानी की बढ़ती आवश्यकता को पुरी कर सकती है।

दुनिया भर में, कई शहर अपनी जल आवश्यकताओं को वन जलग्रहण क्षेत्रों से पूरा करते हैं जैसे बोस्टन-यूएसए, न्यूयॉर्क-यूएसए (डेलावेयर वाटरशेड), टेक्सास-यूएसए (ऑस्टिन में एडवर्ड्स एक्वीफर्स), मुंबई (संजय गांधी राष्ट्रीय उद्यान, बोरीवली), शिमला (शिमला जलग्रहण वन), भोपाल (भोज ऊपरी झील जलग्रहण क्षेत्र)।

हम अन्य स्थानों के उदाहरणों से सीख सकते हैं। "दुनिया के 105 सबसे बड़े शहरों में से 33, पीने के पानी की उपलब्धता और गुणवत्ता के लिए प्राथमिक कारक के रूप में पास के संरक्षित वन भूमि पर बहुत अधिक निर्भर हैं। संयुक्त राज्य अमेरिका के पांच प्रमुख शहर - न्यूयॉर्क; बोस्टन; सैन फ्रांसिस्को; सिएटल और पोर्टलैंड, ओरेगन - अपने पानी को फ़िल्टर करने के लिए पारंपरिक बुनियादी ढांचे के बजाय पास के संरक्षित जंगलों पर निर्भर हैं । शहरों से सटे वनाच्छादित

जलक्षेत्र वर्षा, वाष्पीकरण और प्रवाह को नियंत्रित करके पानी की गुणवत्ता और उपलब्धता को प्रभावित करते हैं। पेड़ और अन्य वनस्पति कटाव को रोककर, प्रदूषकों को तोड़कर और छाया प्रदान करके पानी की गुणवत्ता में सुधार कर सकते हैं। जंगल और उनकी मिट्टी भी स्पंज की तरह काम करती है[148]

पूरी दुनिया में यह देखा गया है कि सघन रूप से संरक्षित वन क्षेत्र दुनिया के विभिन्न क्षेत्रों में बड़ी आबादी को अच्छी गुणवत्ता वाला पेयजल उपलब्ध कराते हैं। इसलिए भविष्य के लिए पीने के पानी की ज़रूरतों को पूरा करने के लिए अरावली के जंगलों को यथावत संरक्षित और सुरक्षित रखने की तत्काल आवश्यकता है। एफएओ ने सुरक्षित और वांछनीय गुणवत्ता वाले पेयजल की आपूर्ति के लिए वनों के संरक्षण पर भी ज़ोर दिया। "वन उच्च जल गुणवत्ता बनाए रखने, उपलब्ध पानी की मात्रा को प्रभावित करने और सतही और भूजल प्रवाह को विनियमित करने में मदद करते हैं। वन भूस्खलन, बाढ़ और सूखे जैसे जल-संबंधी जोखिमों को कम करने और रेगिस्तानीकरण और लवणीकरण को रोकने में भी मदद करते हैं।"[149]

आसोला वन्यजीव अभयारण्य दिल्ली-घाटा-बहरामपुर -कादरपुर अरावली जलग्रहण क्षेत्र का वर्षा जल अपवाह बादशाहपुर नाले में बहता था, यह कई अन्य नालों (धाराओं / धाराओं) से वर्षा जल एकत्र करने वाला प्रमुख नाला था जो पिछली शताब्दियों के दौरान नजफगढ़ झील में गिरता था (यह सोहना की ओर बहकर मेहंदवारी नदी में मिल जाता था जैसा कि गुड़गांव गजेटियर, 1883 में उल्लेख किया गया है)। उन्नीस सौ अस्सी के दशक तक बादशाहपुर नाले के विस्तृत तल में अच्छी मात्रा में वर्षा जल बहता था। तेजी से बढ़ते शहरीकरण, व्यापक भ्रष्टाचार और गलत नियोजन से भूमि के लालच ने इसके प्राकृतिक मार्ग को अवरुद्ध कर दिया है, जिसके परिणामस्वरूप बारिश के मौसम में बड़े पैमाने पर बाढ़ आती है और वाहनों की आवाजाही बाधित होती है कुछ विशेषज्ञों ने अनुमान लगाया है कि राष्ट्रीय राजमार्ग पर बाढ़ग्रस्त क्षेत्रों में यातायात जाम के कारण एक बरसात के मौसम में जनता को हजारों करोड़ रुपये का नुकसान होता है, हमें गुड़गांव के आसपास तेजी से शहरीकृत स्थानों के अन्य क्षेत्रों में यातायात जाम पर भी विचार करना होगा।

जलधाराओं के प्राकृतिक प्रवाह को अनदेखा करके और अवरुद्ध करके गलत नियोजन के कारण जलभराव की स्थिति पैदा होती है, जिससे कई अन्य समस्याएं पैदा होती हैं और लंबे समय में बीमारियां फैलती हैं। हर बरसात के मौसम में, मीडिया ने शहरी क्षेत्रों में बाढ़ और बाढ़ की कई रिपोर्टें दी हैं, जो प्रकृति की प्राकृतिक नसों (नालों) के अवरुद्ध होने के कारण होती हैं, जिन्हें धमनियों/शिराओं के रूप में समझा जा सकता है जो रक्त परिसंचरण को शुद्धिकरण के लिए हृदय तक ले जाती हैं, ताकि एक प्राकृतिक ड्रेनेज पैटर्न सतह के अपवाह को अवशोषित कर सके और भविष्य की पीढ़ियों के लिए पानी को संरक्षित/संग्रहित करने के लिए जल स्तर को रिचार्ज कर सके ।

अनुचित/गलत नियोजन और प्राकृतिक ड्रेनेज प्रणालियों की अनदेखी के कारण कई अन्य समस्याएं उत्पन्न होती हैं। "सड़कों, इमारतों, बांधों, रेलवे आदि को संरचनात्मक क्षति के साथ-साथ बाढ़ का विस्तार, जलभृत क्षमता में कमी, जल मुख्य लाइनों और सीवेज पाइपों के ढाल में परिवर्तन, महत्वपूर्ण भूमिगत बुनियादी ढांचे को प्रभावित करता है। अकेले 2012 में भूमि धंसने से होने वाले नुकसान की लागत अरबों डॉलर से अधिक होने का अनुमान है"। [150]इस पत्र में आगे बताया गया है कि सरकारी नीतियों में पानी की कमी को दूर करने पर ध्यान केंद्रित किया गया है, जबकि किसी ने अत्यधिक भूजल निष्कर्षण वाले क्षेत्रों में भूमि धंसने के भविष्य के खतरे को नजरअंदाज कर दिया है। टाइम्स ऑफ इंडिया और अन्य मीडिया ने बताया कि पुरानी दिल्ली-गुड़गांव रोड, दिल्ली और गुड़गांव को जोड़ने वाला 7.5 किमी लंबा खंड पिछले पांच वर्षों में 70 सेंटीमीटर धंस गया (शायद पुरानी सीवर लाइन लीकेज ने भी इसमें भूमिका निभाई)।

समय बीत रहा है और खतरे की घंटी बज रही है कि सरकारी कानूनों/नियमों को लागू करने वाली एजेंसियों को भूमिगत जल समस्याओं से निपटने के लिए सर्व-समावेशी तंत्र अपनाने की सख्त जरूरत है। इसके लिए जरूरी है कि भूविज्ञान, जल विज्ञान व्यवस्था, भूआकृति विज्ञान, लिथोलॉजी, भूवैज्ञानिक संरचनाएं, संरचनात्मक रेखाएं, भूमि उपयोग पैटर्न, जनसांख्यिकीय विस्तार, क्षेत्र में चल रही विभिन्न मानवजनित

गतिविधियां, भूजल निष्कर्षण की प्रकृति, तरीके (साधन) और मात्रा, जल उपभोग प्रथाओं को पर्याप्त महत्व दिया जाए, साथ ही भविष्य के खतरनाक खतरों का सावधानीपूर्वक आकलन किया जाए। भूजल गहराई में गिरावट के तुलनात्मक विश्लेषण (कुछ महत्वपूर्ण बांधो के साथ विवरण का उल्लेख किया गया है) ने संकेत दिया कि 2004 से 2022 तक गुड़गांव क्षेत्रों में भूजल की गहराई लगभग 60 से 80 मीटर (कुछ क्षेत्रों में इससे भी अधिक) घटी है। जल स्तर में इस तरह की गिरावट ने जलभृतों में खाली जगह बना दी है जहां से पानी कम हो गया है जिससे भविष्य में भूजल के नीचे धसने का खतरा पैदा हो गया है।

संयुक्त राष्ट्र, आर्थिक और सामाजिक मामलों के विभाग, 2020, वरिष्ठ अधिकारी ने कहा। " 2050 तक दुनिया की दो-तिहाई आबादी के शहरी क्षेत्रों में रहने की उम्मीद है, जंगल पानी, भोजन और ऊर्जा की अभूतपूर्व मांग के समाधान का एक महत्वपूर्ण हिस्सा हैं जिसका सामना ये शहर करेंगे।" संयुक्त राष्ट्र के एक अन्य लेख में, "शहरों में पेड़ जलवायु को नियंत्रित करने, कार्बन को संग्रहीत करने और बाढ़ और तूफानी जल अपवाह को कम करने में मदद करते हैं। टिकाऊ वन प्रबंधन और टिकाऊ वन उत्पाद कुछ सबसे प्रभावी और लागत-प्रतिस्पर्धी प्राकृतिक कार्बन कैप्चर और भंडारण विकल्प उपलब्ध कराते हैं।"

जंगल भूमि पर जीवन को सहारा देने वाली 80 प्रतिशत से अधिक जैव विविधता का घर हैं। शहरी क्षेत्रों में शहरीकरण जहाँ शहरी वन और शहर के पार्क प्रवासी पक्षियों के लिए महत्वपूर्ण आवास और आश्रय के रूप में काम कर सकते हैं और उन क्षेत्रों में जीव-जंतुओं और वनस्पतियों की रक्षा करने में मदद कर सकते हैं। एफएओ के महानिदेशक जोस ग्राज़ियानो दा सिल्वा ने अपने वीडियो संदेश में कहा, " शहरों में और उसके आस-पास अच्छी तरह से प्रबंधित जंगल और पेड़ कई पौधों और जानवरों के लिए आवास, भोजन और सुरक्षा प्रदान करते हैं, जिससे जैव विविधता को बनाए रखने और बढ़ाने में मदद मिलती है।"

1.15.1. गुड़गांव भूजल जटिलता

तेजी से बढ़ते शहरीकरण के कारण भूजल का अत्यधिक दोहन (कानूनी और अवैध) हुआ है, जो जलभृतों की रिचार्जिंग क्षमता से परे है। इस तेजी से बढ़ते शहरीकरण ने प्रवासी श्रमिकों की बड़े पैमाने पर आना हुआ है, जो की झुग्गी-झोपड़ियों जैसी स्थितियों में रहते हैं और ऐसे इलाकों में अवैध रूप से दोहन किए गए पानी का उपयोग करते हैं। वे बिना किसी जल सपलाइ के रहते हैं, जिससे भूजल में बड़े पैमाने पर प्रदूषण होता है। जब ताजा पानी खत्म हो गया, तो शहरीकृत इलाकों ने खारे पानी का दोहन किया, जिससे पानी के साथ-साथ सतही मिट्टी में भी लवणता बढ़ गई। अरावली के बाढ़ के मैदानी इलाकों में जलोढ़ जमा क्षेत्र में अत्यधिक जल दोहन ने खारे पैच को मिला दिया और अब ताजा पानी दुर्लभ हो गया है।

तेज़ शहरीकरण के कारण भारी मात्रा में ठोस अपशिष्ट पदार्थ उत्पन्न हुए हैं। ठोस अपशिष्ट के यहाँ-वहाँ निपटान ने भूजल पुनर्भरण के साथ-साथ इसके प्रदूषण के लिए एक गंभीर समस्या पैदा कर दी है। हरियाणा सरकार ने शहरीकरण कानून में बदलाव किया और कई पुरानी इमारतों को गिराकर ऊँची-ऊँची बहुमंजिला इमारतें बनाई गईं, लोगों ने निर्माण/भवन अपशिष्ट पदार्थों को अरावली में या बेतरतीब ढंग से फेंक दिया, जिससे अपवाह अवरुद्ध हो गया, भूजल पुनर्भरण कम हो गया और साथ ही भूजल दूषित हो गया। आवारा पशु एक बड़ी समस्या बन गए हैं और बड़ी आबादी के साथ कई अन्य जानवरों ने पशु अपशिष्ट निपटान (मृत पशुओं सहित) को बड़ी समस्या बना दिया है, इससे गुड़गांव और उसके आसपास का भूजल दूषित हो रहा है।

अपशिष्ट जल और सीवर निपटान के लिए किसी भी तंत्र के बिना आवासीय समूहों की बेतरतीब वृद्धि के साथ-साथ भूजल के अवैध दोहन ने अपशिष्ट जल के निपटान के लिए उचित तंत्र के बिना अव्यवस्थित कॉलोनियों/झोपड़ियों के कारण स्थिति को और भी बदतर बना दिया, जो नीचे रिसकर भूमिगत जल को दूषित कर देता है। इसी तरह, कई समूहों ने पानी का उपभोग करके अनियमित औद्योगिक इकाइयाँ या अन्य उत्पादन इकाइयाँ शुरू कीं और उनमें से कुछ बिना किसी उचित निपटान तंत्र के प्रदूषित अपशिष्ट जल का निपटान कर रहे हैं। इससे पीने के पानी की गंभीर कमी हो गई है और साथ ही भूजल प्रदूषित हो गया है।

तेजी से बढ़ते औद्योगिकीकरण ने रोजगार के अवसर प्रदान किए, जिससे बड़ी संख्या में प्रवासी आबादी को आमंत्रित किया गया, जिसके परिणामस्वरूप वायु, जल और अपशिष्टों में प्रदूषण का स्तर बहुत अधिक हो गया। अन्य औद्योगिक प्रदूषणों ने नाजुक अरावली प्राकृतिक संसाधन पारिस्थितिकी तंत्र पर दबाव बढ़ा दिया। घटते वन क्षेत्र वायु प्रदूषण के स्तर को फ़िल्टर करने में असमर्थ थे। ऐसी परिस्थितियाँ कई बीमारियों की शुरुआत के लिए जिम्मेदार बन गईं, जिससे स्वास्थ्य को खतरा पैदा हो गया। यहाँ-वहाँ फेंके गए विभिन्न प्रकार के औद्योगिक अपशिष्टों से बदबू आती है और समस्याएँ और बढ़ जाती है। औद्योगिक अपशिष्टों की गंध और रासायनिक उद्योगों से निकलने वाली गंध ने रहने की स्थिति को अमानवीय बना दिया। इन सबका जल संसाधनों पर प्रतिकूल प्रभाव पड़ता है।

विकास की अनियमित और असंवहनीय गति के नाम पर भूमि की भूख बढ़ती गई। अरावली के जंगलों को काटा गया/साफ किया गया और प्राकृतिक जलधाराओं को तोड़ा या अवरुद्ध किया गया, जिसके परिणामस्वरूप अरावली में जलस्रोत सूख गए, जिसका वन्यजीवों और पारिस्थितिकी तंत्र पर प्रतिकूल प्रभाव पड़ा। जंगलों में पानी की उपलब्धता गायब हो गई/घट गई, जिससे उन क्षेत्रों में शाकाहारी और अन्य वन्यजीवों के लिए खाद्य श्रृंखला टूट गई। विभिन्न जलधाराओं/नालों के जलग्रहण क्षेत्रों को चारदीवारी, अवैध फार्महाउस निर्माण, खनन, कोलोनाइजेशन और अन्य अवैध गैर-वानिकी गतिविधियों द्वारा तोड़ा/खंडित किया गया।

प्राकृतिक खाद्य श्रृंखला को तोड़ना और पारिस्थितिकी तंत्र को नुकसान पहुंचाना भविष्य में भयंकर परिणाम और बीमारियों को आमंत्रित कर सकता है। गुड़गांव-फरीदाबाद अरावली का क्षेत्र दक्षिणी दिल्ली के साथ अपनी सीमा साझा करता है। अरावली में भू-माफियाओं द्वारा किसी भी तरह से भूमि हड़पने का भारी दबाव देखा जा रहा है। इस प्रक्रिया में, कई सरकारी विभाग/विभाग भी गैर-वानिकी उद्देश्यों के लिए वन भूमि का अवैध उपयोग करने के लिए भू-माफिया की तरह काम करते हैं। भू-माफियाओं द्वारा नाज़ुक अरावली पारिस्थितिकी तंत्र को अवांछित, अनुचित नुकसान पहुंचाने से मानव सभ्यता के साथ-साथ भूजल आपूर्ति की भावी पीढ़ियों के लिए भी खतरा पैदा हो गया है।

ली नाला हरियाणा अरावली से उत्तर की ओर कुछ दूरी तक बहता था और शारपुर से मिल जाता था । यह नाला जो आसोला वन्यजीव अभयारण्य से बहता था और आसोला गाँव को पार करता था। अरावली का यह दक्षिणी दिल्ली का नाला अस्तित्व के लिए हांफ रहा है। जमीन की भूख से चलते समय के पहिये ने फरीदाबाद के प्रसिद्ध बुढिया नाले को बुढिया गन्दे नाले में बदल दिया है। अनंगपुर गाँव के आसपास अरावली में बेतरतीब खनन / उत्खनन ने माँ धरती मॉ की पसलियों को चीर दिया है, जिसके परिणामस्वरूप जलग्रहण क्षेत्र की कई धाराएँ अवरुद्ध हो गई हैं जहाँ बारिश का पानी परित्यक्त पुराने खनन गड्ढों में जमा हो जाता है, जिसके कारण पानी का बड़ा हिस्सा वाष्पीकरण में खो जाता है। प्राकृतिक धाराओं के इस अवरोध ने प्रसिद्ध सूरजकुंड झील (पर्यटक स्थल) को एक सूखे बैड में बदल दिया है, जहां कोलोनाइजर ने उस झील के जलाशय के तल पर अतिक्रमण कर रहे है।

बडकल झील के जलग्रहण क्षेत्र में खनन, निर्माण गतिविधियों और फार्महाउसों ने उस जल निकाय में अपवाह प्रवाह को रोक दिया, अब दो दशकों से झील में पानी नहीं है। सूखी हुई झील में मवेशी चर रहे हैं और जहाँ युवा क्रिकेट खेलते हैं। धौज-कोट स्टोन क्रशर ने कई जलधाराओं के प्राकृतिक जलग्रहण क्षेत्र को बर्बाद कर दिया है। सिलोखडी के पश्चिम में , प्रसिद्ध मांगर बांध में एक बड़ा जलाशय क्षेत्र हुआ करता था जो झील जैसा दिखता था, अब खतरे में है। दमदमा झील के जलग्रहण क्षेत्र में अवैध निर्माण ने इस जल निकाय के अस्तित्व को खतरे में डाल दिया है। सोहना पहाड़ी पर निर्माण ने सोहना के ऐतिहासिक रूप से प्रसिद्ध गर्म पानी के झरने को गंभीर रूप से प्रभावित किया है।

अरावली के खुले पानी में गहरी खुदाई से क्रेवासिज / फरेक्चर /जोड नष्ट हो गए और खनिकों ने इस तरह के पानी की भारी मात्रा को बर्बाद कर दिया। अरावली के लालची दोहन के कारण, अनंगपुर क्षेत्र में परित्यक्त खनन गड्ढों में नए जल निकाय बन गए, जिन्होंने कई लोगों (मानव के साथ-साथ मवेशी/वन्यजीव) की जान ले ली। खनन गड्ढों में दुर्घटनाएँ/मृत्यु इसलिए होती हैं क्योंकि गड्ढों के किनारे दाँतेदार होते हैं और ढलान (कई जगहों पर खड़ी) असिमित होती है, जानवर या नए लोग पानी में नीचे के खतरे की कल्पना नहीं कर सकते। जबकि प्राकृतिक जल निकायों में किनारे प्रबंधनीय ढलान के साथ बने रहते हैं।

गुड़गांव क्षेत्र में भूजल की स्थिति खतरनाक है और भारत सरकार की एजेंसियों ने इस क्षेत्र को भूजल के लिए डार्क जोन घोषित कर दिया है, जहां से और अधिक निष्कर्षण की अनुमति नहीं है। अरावली की प्राकृतिक ड्रेनेज प्रणाली का संरक्षण ही भविष्य की आबादी के लिए जलापूर्ति प्रदान करने की आशा की कुछ किरण दिखा सकता है। प्राकृतिक जल निकाय या लगभग 700 गांव के जोहड जो इस क्षेत्र में भूजल को रिचार्ज कर रहे थे, अब बेतहाशा शहरीकरण के कारण उनमें से अधिकांश को भू-माफिया द्वारा रेत से भर दिया गया है / अवरुद्ध कर दिया गया है। गलत नियोजन या कहें कि नियोजन में उन जल निकायों के महत्व को नजरअंदाज कर दिया गया, जो भूजल को रिचार्ज करने के स्रोत थे। हमें यह याद रखना होगा कि प्रकृति संरक्षण के लिए भूवैज्ञानिक और भू-आकृति विज्ञान संबंधी संरचनात्मक विशेषताओं के अनुसार प्राकृतिक साधनों को ही अपनाती है।

पश्चिमी यमुना नहर में हरियाणा का पानी का हिस्सा गुड़गांव की बढ़ती पानी की ज़रूरत को पूरा करने के लिए पर्याप्त नहीं है। भूजल पुनर्भरण के बिना गुड़गांव का भविष्य पानी की कमी से जूझने वाला है। तीन दशक पहले (अस्सी के दशक में) आम जनता आवासीय क्षेत्रों में पानी की आपूर्ति से संतुष्ट थी। अब यह बहुत ही अनियमित और अनियमित है, जिसमें पानी की आपूर्ति का समय और मात्रा कम हो गई है।

भूजल स्तर में दशक दर दशक गिरावट की दर बहुत तेज है और भूजल उपलब्धता के गंभीर परिणाम होंगे। गुड़गांव, "शहर 2013 से ही खतरनाक रूप से जल संकट के करीब है, जब इसे केंद्रीय भूजल प्राधिकरण (CGWA) द्वारा 'अतिशोषित' के रूप में वर्गीकृत किया गया था। जल विशेषज्ञों ने पहले ही स्थापित कर दिया है कि शहर जितना पानी रिचार्ज कर रहा है, उससे तीन गुना अधिक पानी निकाल रहा है।" [151]मीडिया ने यह भी बताया कि 1974 से 2022 तक कुछ सेक्टरों में जल स्तर में गिरावट 29.72 मीटर से 91.87 मीटर तक रही है, जिसमें आम गिरावट 60.60 मीटर है।

अब समय आ गया है कि किसी को भी सबसे छोटे प्राकृतिक जलमार्ग को रोकने या अवरुद्ध करने की अनुमति नहीं दी जानी चाहिऐ, भले ही वह वर्ष के अधिकांश भाग में सूखा ही क्यों न हो। बरसात के मौसम में, अपवाह प्रवाह उन क्षेत्रों के भूजल को रिचार्ज करता है। सभी प्राकृतिक जल निकायों/तालाबों को उनकी मूल स्थिति में बहाल करने की आवश्यकता है। "सभी भूजल कुओं और तालाबों के पानी के नमूने जीवाणु संबंधी मापदंडों के संदर्भ में अत्यधिक दूषित पाए गए"। [152]मीडिया ने [153]बताया कि भूजल सर्वेक्षणों ने अधिग्रहणकर्ताओं पर दबाव दिखाया। जल स्तर 100 मीटर से नीचे की गहराई तक गिर गया है, यह डूंडाहेड़ा में 115 मीटर, चकरपुर में 72 मीटर और नाथूपुर गांवों में 60 मीटर तक गिर गया है, हम जल संकट की ओर बढ़ रहे हैं।

1.15.2. गुड़गांव भूजल दायित्व

समय की मांग है कि जल संरक्षण और अरावली के पारिस्थितिकी तंत्र की प्रतिबद्ध सुरक्षा के लिए योजनाएं बनाई जाएं, जहां बारिश की हर बूंद को जहां भी गिरे, संरक्षित किया जाए। पुनर्चक्रित जल का उपयोग करने का प्रयास किया जा रहा है। वैज्ञानिकों को आर्टिफिशियल इंटेलिजेंस (एआई) आधारित नई तकनीकों पर काम करना होगा, ताकि इस्तेमाल किए गए पानी को शुद्ध करके आगे और भविष्य में उपयोग के लिए पुनर्चक्रित किया जा सके। एक निस्पंदन शुद्धिकरण तकनीक विकसित की जानी चाहिए, जहां अतिरिक्त शुद्ध पानी को प्राकृतिक जलाशय में संग्रहीत किया जा सके/या प्राकृतिक जलभृतों को वांछित सीमा तक रिचार्ज किया जा सके और उन जलभृतों को अच्छी तरह से परिभाषित किया जा सके। अपशिष्ट जल को शुद्ध किया जाता है, जिसे बगीचों, वृक्षारोपण, कृषि वानिकी, मत्स्य पालन और कृषि में उपयोग के लिए पुनर्चक्रित किया जा सकता है। हमें अरावली के जलग्रहण क्षेत्रों और बाढ़ के मैदानों में जल संरक्षण को नियंत्रित करने के लिए किसी प्रकार की स्वचालित प्रणाली विकसित करनी होगी। सूचना-आधारित, रिमोट-नियंत्रित प्रणालियां तैयार की जानी चाहिए और उन्हें जल संरक्षण के लिए चालू किया जाना चाहिए जैसे कि एफएसआई जंगलों में आग का पता लगाने के लिए कर रहा है। इसी तरह, जल निकासी और वनों पर अतिक्रमण और क्षति का पता 24 x 7 x 365 वार रूम जैसी नियंत्रण प्रणाली में लगाया जाना चाहिए। भूमिगत जल को रिचार्ज करने और आवासीय क्षेत्रों में अनावश्यक बाढ़ से बचने के लिए प्राकृतिक ड्रेनेज का संरक्षण अत्यंत महत्वपूर्ण है। जब अप्रत्याशित बारिश होती है, तो नीचे के क्षेत्रों में बाढ़ से बचने के लिए बारिश के पानी को कहां भेजा जाएगा, इसका निर्धारण किया जाना चाहिए। " स्वच्छ, ताजा पानी 21वीं सदी की एक प्रमुख समस्या बन गया है, जो लगातार महंगा होता जा रहा है और तेजी से संघर्ष का स्रोत बनता जा रहा है, (ग्लीक , 2014)[154]

संपूर्ण ड्रेनेज प्रणालियों (जलग्रहण क्षेत्रों के साथ-साथ बाढ़ के मैदानों) में प्राकृतिक जलमार्गों/धाराओं/धारों के यथास्थान संरक्षण की दिशा में प्रयास किए जा सकते हैं। बड़े पैमाने पर वृक्षारोपण और वनस्पति आवरण को बहाल करने के साथ-साथ। समय की मांग है कि जलग्रहण क्षेत्रों के यथास्थान संरक्षण के लिए कठोर परिस्थितियों में नए और नवीनतम तकनीकी इनपुट की आवश्यकता हो। सभी नालों /धाराओं/धारों को जल संरक्षण बेल्ट घोषित किया जा सकता है और उन हरित पट्टियों को संरक्षित वन घोषित और अधिसूचित किया जा सकता है। वन्यजीव अभयारण्यों की तरह संपूर्ण जलग्रहण क्षेत्रों को जल अभयारण्य घोषित करने के प्रयास किए जाने चाहिए, ऐसे कानूनी टैग उन क्षेत्रों के लिए संरक्षण प्रयासों में मदद कर सकते हैं।

जल संरक्षण को हमारी संस्कृति का अभिन्न अंग बनाया जाना चाहिए। इसके लिए स्थानीय लोगों, समूहों को संगठित किया जा सकता है। उन्हें संरक्षण की जिम्मेदारी देकर सशक्त बनाया जा सकता है। दूसरी ओर, प्राकृतिक संसाधनों के उपयोग की प्रभावकारिता में सुधार के लिए सुपरिभाषित स्पष्ट मानदंड और प्रतिबंध बनाए जाने चाहिए। प्राकृतिक संसाधनों और जल की सामाजिक-आर्थिक प्रभावकारिता में सुधार के लिए प्रणालियाँ विकसित करने की आवश्यकता है। पर्यावरण सुधार के लिए सामाजिक-पारिस्थितिक प्रशिक्षण के लिए तंत्र विकसित करें (गाँवों और शहरी क्षेत्रों पर अलग-अलग विचार करें)। अरावली के आसपास सामाजिक समूहों के विभिन्न वर्ग एक-दूसरे के साथ रह रहे थे और एक-दूसरे का भरण-पोषण कर रहे थे, पारिस्थितिकी तंत्र को उसके नैतिक निवासियों के साथ बचाने के लिए सामाजिक-नैतिक व्याख्या और अनुसंधान को फिर से तैयार करने की आवश्यकता है। ऐतिहासिक पारिस्थितिक प्रयास और नैतिक और सामाजिक प्रणालियों द्वारा अपनाए गए उपायों पर लोगों और उनके पारिस्थितिकी तंत्र की पारिस्थितिक सुरक्षा की निरंतरता में समग्र रूप से विचार किया जाना चाहिए। वैज्ञानिक नवाचार और अनुसंधान प्राकृतिक पर्यावरण और उनके परिवेश को संरक्षित करने के लिए सामाजिक उत्पादन साधनों को बदलने के लिए नई समाजशास्त्रीय तकनीक और तरीके विकसित कर सकते हैं ।

शहरी क्षेत्रों में ग्रीनबेल्ट को पर्यावरण सुरक्षा के लिए संरक्षित वन के रूप में चिह्नित किया जाना चाहिए , ऐसे बेल्ट बदले में अपवाह इन्फिलट्रेशन में मदद करते हैं। कई मामलों में, इन ग्रीनबेल्ट क्षेत्रों को अन्य व्यावसायिक उपयोगों के लिए छोड़ दिया जाता है, जो पर्यावरण सुरक्षा बेल्ट बनाने के मूल उद्देश्य को विफल कर देता है। ग्रीनबेल्ट बनाए जाते हैं लेकिन बाद में शहरों में अन्य उद्देश्यों के लिए उपयोग किए जाते हैं। ग्रीनबेल्ट संरक्षण के लिए, उन्हें संरक्षित वन के रूप में अधिसूचित करना उचित होगा, और गैर-वानिकी उद्देश्यों के लिए छोड़ना प्रतिबंधित किया जाना चाहिए। जल पुनर्भरण की सुविधा के लिए इन ग्रीनबेल्ट में भूजल पुनर्भरण कुओं/तालाबों का विकास किया जा सकता है। पर्यावरण पहलुओं पर जोर देने के साथ शहरीकरण के पारिस्थितिक मुद्दों का विश्लेषण करने के लिए प्रणाली तैयार की जानी चाहिए। पर्यावरणीय स्थिरता को ध्यान में रखते हुए विभिन्न प्रकार की बस्तियों (स्वीकृत और अस्वीकृत) पर विचार करें।

विभिन्न राज्यों से बड़ी संख्या में लोगों के एनसीआर/गुड़गांव आने के कारण लगातार अनियमित प्रवास तेजी से हो रहा है। जहां वे रहना शुरू करते हैं, वहां पानी की मांग तेजी से घटते प्राकृतिक संसाधनों पर असर डालती है। इस पहलू पर योजना के हिस्से के रूप में विचार किया जाना चाहिए। प्रवासी मजदूरों के कई समूह दूरदराज के इलाकों में झुग्गियों में रहने लगे और तेजी से लुप्त हो रहे अरावली के नाजुक जंगलों से ईंधन की लकड़ियां इकट्ठा करने लगे। आमतौर पर सर्दियों के दौरान यह समस्या और बढ़ जाती है। जल संसाधनों को बचाने और जलग्रहण क्षेत्र के जंगलों की सुरक्षा के लिए अनियमित प्रवासी आबादी के पर्यावरण में सुधार और नियमन की सख्त जरूरत है। अरावली के पारिस्थितिकी तंत्र के साथ असीमित और अनियमित संपर्क को नजरअंदाज नहीं किया जा सकता है, पारिस्थितिकी तंत्र की समस्याओं का स्वतंत्र रूप से विश्लेषण किया जाना चाहिए ताकि इसकी सुरक्षा की जा सके

सिर्फ़ ड्रोन, जीपीएस और सैटेलाइट इमेजरी के बारे में बात करना ही काफी नहीं है, हमें अरावली पारिस्थितिकी तंत्र को हुए नुकसान का पता लगाने और उस नुकसान को तुरंत ठीक करने के लिए वैज्ञानिक उपकरणों का इस्तेमाल करना चाहिए। भूजल भविष्य की योजना और संरक्षण के लिए पारिस्थितिकी तंत्र की सुरक्षा का पता लगाने और निगरानी के लिए आर्टिफिशियल इंटेलिजेंस सिस्टम का इस्तेमाल करें। अरावली पारिस्थितिकी तंत्र के प्रभावी संरक्षण के लिए आर्टिफिशियल इंटेलिजेंस-आधारित सिस्टम बनाए और लागू किए जा सकते हैं।

स्वचालित 'छत पर वर्षा जल संचयन' भूजल पुनर्भरण में तभी सहायक हो सकता है, जब इसे जलभृत जल-भूवैज्ञानिक विन्यास को ध्यान में रखते हुए तकनीकी रूप से लागू किया जाए। हाइड्रोजियोलॉजिकल स्ट्रेटा के ज्ञान के बिना अवैज्ञानिक भूजल पुनर्भरण कोई समाधान प्रदान नहीं कर सकता है। चिकनी मिट्टी की परतों के ऊपर जलोढ़ मिट्टी में जाने वाले पानी को पुनर्भरण करना मिट्टी के प्रभावी तनाव को कम करके मिट्टी के उभार व्यवहार से जुड़ा हो सकता है। गुड़गांव जैसे एनसीआर के कुछ शहरों ने भूमिगत जल पुनर्भरण में सुधार के लिए वर्षा जल संचयन संरचनाओं (प्लॉट के आकार के आधार पर) की अनिवार्य स्थापना के रूप में सख्त शर्तें लगाई हैं।

वांग और उनके साथियों ने चर्चा की कि यदि लंबे समय तक भूजल दोहन के कारण भूमि के धंसने की प्रक्रिया के बाद भूजल की वसूली होती है, तो संबंधित मिट्टी की परत फिर से फूल सकती है जिससे जमीन की सतह ऊपर उठ सकती है। एक सुनियोजित तरीके से, आवासीय क्षेत्रों से अतिरिक्त वर्षा जल अपवाह को पुराने नालों में ड्रिल किए गए बोरवेल में डाला जा सकता है ताकि उन नालों में वर्षा जल को रिचार्ज और डायवर्ट किया जा सके। अरावली की तलहटी में कई लोएस जमा क्षेत्र हैं, जिन्हें विशेष उपचार की आवश्यकता है, मिट्टी बारीक कणों वाली है और यह मिट्टी के समान व्यवहार करती है। क्षेत्र के भूविज्ञान के अनुसार रिचार्जिंग कुओं के रूप में वर्षा जल संचयन स्थापित किया जाना चाहिए।

1.16. बादशाहपुर नाला (गुड़गांव)

ईस नाले की जमीनी स्थिति का उल्लेख पुराने गजेटियर में किया गया है, उस समय यह नाला दिल्ली की सीमा को पार करके गुड़गांव की ओर बहता था और फिर दक्षिण की ओर सोहना घाटी की ओर बहता था, लेकिन एक लंबे मिट्टी के बांध (पुराने सरकारी नक्शों में 12 किलोमीटर लम्बाई दर्शाई है) के निर्माण के कारण इसकी दिशा बदल गई। उत्तर में अब सरकारी गर्ल्स कॉलेज, गुड़गांव के पास दिखाई दे रहा हिस्सा व दक्षिण में बादशाहपुर और मेदावास तक फैला हुआ है। संभवतः 1753 (1883-150 = 1753) के दौरान प्रवाह की दिशा दक्षिण की ओर से मोउकर पश्चिम की ओर बदल गई थी। यह भी संकेत देता है कि दिल्ली अरावली क्षेत्र के जलग्रहण क्षेत्र से इस नाले में भारी मात्रा में अपवाह जल बहता था। "बदशापुर नाला, दिल्ली की बल्लभगढ़ तहसील के हिस्से की जल निकासी को इस पर्वतमाला में एक घाटी के माध्यम से नीचे लाता है, यह नाला दिल्ली और गुड़गांव को विभाजित करता है: यह पहले भोडसी घाटी से होकर दक्षिण की ओर बहता था, लेकिन डेढ़ शाताबदी से भी पहले घासेरा के बहादुर सिंह द्वारा एक बांध के निर्माण के कारण इसे अपने वर्तमान मार्ग में मोड़ दिया गया, जो अब नजफगढ़ झील में गिरता है। 1875 की भारी बाढ़ में, इसकी धारा का एक हिस्सा अपने पुराने चैनल से बाहर निकल गया और भोंडसी से आगे बह गया। "[155] ग्वालपहाड़ी-बंधवारी-घाटा- बहरामपुर डिप्रेशन (घाटी) में दिल्ली और हरियाणा के क्षेत्रों से अरावली जलग्रहण क्षेत्रों से वर्षा का पानी एकत्र होता था और बादशाहपुर नाले में प्रचुर मात्रा में पानी बहता था।

बीटी गिब्सन, गुड़गांव जिले के तीसरे नियमित बंदोबस्त (1903-09), पंजाब सरकार, लाहौर में उल्लेख किया गया है, "इस धारा का पानी जो महरौली से लगभग दो मील पश्चिम में दिल्ली की पहाड़ियों से निकलता है और नजफगढ़ में बह जाता था गुड़गांव को दिल्ली से अलग करने वाली उत्तरी नदी की जल निकासी के लिए उपयोग होने वाली झील को भी बांधों की एक व्यापक प्रणाली द्वारा पूरी तरह से रोक दिया गया है।

"जिले की एक और उल्लेखनीय भौतिक विशेषता इसकी झीलें हैं। इनमें सबसे महत्वपूर्ण नजफगढ़ झील जिले की उत्तरी सीमा पर है; लेकिन यह मुख्य रूप से दिल्ली जिले में स्थित है। इसमें उफनाई गई साहिबी, इंदौरी और बादशाहपुर नाला अपना पानी डालती है। एक और झील है, लेकिन बहुत छोटी आकार की जिसे सरमथला के नाम से जाना जाता है। दिल्ली सीमा के पास गुड़गांव तहसील के दक्षिण-पूर्व में झील है। ... जो उत्तर में भोंडसी घाटी के दोनों ओर स्थित है; और पश्चिम में सीमावर्ती पर्वतमाला की वर्णनात्मक पूर्वी ढलानों पर स्थित है। इसमे सभी चार दिशाओं से पानी आता है, लेकिन मुख्य रूप से उत्तर और दक्षिण से, बरसात के मौसम में आसपास के क्षेत्र का अतिरिक्त ड्रेनेज का जल आता है [156]।

ली नाला, दिल्ली अरावली के मांदी (एमएसएल 250 मीटर), जूनापुर, डेरा मांदी और हरियाणा अरावली के ग्वाल पहाड़ी, बंधवारी, बेहरामपुर आदि से वर्षा का पानी इकट्ठा करके, इस घाटी में बादशाहपुर नाले में भारी मात्रा में पानी डालता है। कौन्सटनाला बंधवाड़ी क्षेत्र से उत्तर-पश्चिम दिशा में बहता है , धूलन्टी नाला फिर बहरामपुर पहाड़ियों के उत्तर की ओर बहता है और, भवारो उत्तर-पश्चिम दिशा की ओर मुड़ जाता है यह नाला कादरपुर पहाड़ियों से उत्तर की ओर बहता है और कई अन्य नालों /धाराओं के साथ मिलकर घाटा घाटी (एमएसएल 236 मीटर) में ली नाला (बदशाहपुर नाला) से मिलकर दक्षिण-पश्चिम की ओर बहता है, फिर बादशाहपुर के उत्तर में यह उत्तर-पश्चिमी दिशा में मुड़ जाता है।

पुराने नक्शों से पता चलता है कि ली नाला (संभवतः असोला (एमएसएल 260 मीटर) क्षेत्र के शारपुर नालों से पानी इकट्ठा करता था। डाकुवाला जोहड से भी क्षेत्र में जल विभाजक धाराएँ/नदियाँ उत्तर दिशा में बहती हैं तथा शेओवाला जोहड (जल विभाजक) क्षेत्र का जल प्रवाह से भी नदियाँ बहती हैं व शारपुर नाला से जुड़ जाती है जो फतेहपुर बेरी (एम.एस.एल. 260 मीटर) के दक्षिण से उत्तर-पूर्व की ओर बहता है और यह घाटा की घाटी (एम.एस.एल. 236 मीटर) की ओर प्रचुर मात्रा में पानी के साथ बह रहा था। उस पुराने समय को ध्यान में रखते हुए, बादशाहपुर नाला में प्रचुर मात्रा में पानी बह रहा होगा। दिल्ली क्षेत्र में निर्माण ने इस ली नाले में वर्षा जल की आपूर्ति करने वाले कई नाले और छोटी नदियाँ जलग्रहण क्षेत्रों में अवरुद्ध हो गई । घाटा से यह नाला दक्षिण-पश्चिम की ओर बहता है और फिर उत्तर-पश्चिम की ओर मुड़ता है और फिर दक्षिण की ओर बहता है और इसे बहरामपुर (236 मीटर एम.एस.एल.) के उत्तर में ली-नाला कहा जाता है। ली नाला गुड़गांव क्षेत्र में बादशाहपुर नाले में विलीन हो जाता है और बादशाहपुर नाला कई घुमावदार रास्ते लेते हुए दक्षिण-पश्चिम और फिर पश्चिम की ओर बहते हुए बादशाहपुर के उत्तर में उत्तर दिशा में बहता है, फाजिलपुर (एम.एस.एल. 223 मीटर) के पूर्व में और टिकरी के दक्षिण में बहता है और दिल्ली-जयपुर राष्ट्रीय राजमार्ग (सेक्टर 34 और 35 के बीच में) को पार करते हुए उत्तर-पश्चिम दिशा में बहता रहता है। यह गाडोली खुर्द (एम.एस.एल. 218 मीटर से उत्तर की और धनकोट ग्राम से मुडकर ड्रेन 8 के माध्यम से नजफगढ झील मे गिरता ।

गुड़गांव डिप्रेशन में बदशापुर नाला मुख्य नाला था जिसके माध्यम से पिछली दो शताब्दियों के दौरान नजफगढ़ झील में वर्षा जल सतही अपवाह बह जाता था। 1990 में गुड़गांव में मेरी पोस्टिंग के दौरान, हमने देखा कि बदशापुर नाले में पर्याप्त मात्रा में वर्षा जल बहता था। पिछले तीस वर्षों में, भूमि के लालच और गलत शहरीकरण योजना ने इसके प्राकृतिक मार्ग को अवरुद्ध कर दिया है और बरसात के मौसम में दिल्ली-जयपुर राष्ट्रीय राजमार्ग पर यातायात बाधित हो गया है, और आसपास की कॉलोनियों में बाढ़ आ गई है। भू-माफिया की भूमि लालच और नौकरशाहों के गैर-जिम्मेदाराना रवैये ने बदशापुर नाले के प्रवाह को नुकसान पहुंचाया है। बाद में, नौकरशाही ने इस धारा की पुनर्परिवर्तन क्षमता को समाप्त करने के लिए कुछ हिस्सों में एक बॉक्स संरचना का निर्माण किया।

राष्ट्रीय हरित अधिकरण, नई दिल्ली ने टिप्पणी की, "यह देखा गया है कि गुड़गांव के साथ-साथ दिल्ली में भी प्रदूषण फैल रहा है और अब तक किए गए सुधारात्मक उपाय अपर्याप्त हैं।" [157]उसी मीडिया ने रिपोर्ट की, "झील के जलग्रहण क्षेत्र में उद्योगों, सीवेज उपचार, संयंत्रों और सामान्य अपशिष्ट जल उपचार संयंत्रों में पर्यावरण मानदंडों के अनुपालन का दायित्व हरियाणा राज्य प्रदूषण नियंत्रण बोर्ड (एचएसपीसीबी) और गुरुग्राम महानगर विकास प्राधिकरण (जीएमडीए) पर है। बाद में हरियाणा राज्य प्रदूषण नियंत्रण बोर्ड ने जीएमडीए द्वारा जलग्रहण क्षेत्र में अनुपचारित सीवेज के निर्वहन को स्वीकार किया।" यह स्पष्ट हो जाता है कि बादशाहपुर नाला को एक गन्दे नाले में तबदिल कर दिया गया है (गुड़गांव के कुछ हिस्सों में) व इसे नजफगढ़ झील में मिलाने के लिए ड्रेन नंबर 8 में डाला जा रहा है।

1.17. बुढिया नाला (बुढ़िया नदी), फरीदाबाद

दिल्ली गजेटियर, 1883-84 में भुड़िया नाला का उल्लेख है, "बुढ़िया नाला" या नदी दक्षिण-पश्चिम और दक्षिण में अनंगपुर के आसपास की पहाड़ियों से होकर बहती है । यह तेखंड नाले से भी बड़ा है और बाढ़ के समय यह कभी-कभी इतना प्रचंड हो जाता है कि मथुरा रोड को पार करने वाले स्थान पर यात्रियों का रास्ता बंद हो जाता है , जिस पर पुल नहीं है।"[158]

हरियाणा सरकार, गुड़गांव गजेटियर (1998) में भुड़िया नाला का उल्लेख है , ' भुड़िया नाला (या तिलपत ड्रेन) अभी भी बल्लभगढ़ तहसील के मेवला महाराजपुर गांव के दक्षिण-पश्चिम में 2 किलोमीटर की दूरी पर पहाड़ियों से निकलता है। यह नाला मुज्जमाबाद गांव से आधा किलोमीटर उत्तर-पश्चिम में और अकबरपुर से 2 किलोमीटर पूर्व में यमुना में गिरता है। गुड़गांव (अब फरीदाबाद) जिले में इसकी लंबाई लगभग 34 किलोमीटर है, जबकि औसत चौड़ाई 15 से 50 मीटर तक होती है। गुड़गांव नहर फीडर और आगरा नहर के नीचे साइफन का निर्माण किया गया है ताकि बाढ़ के समय नाले का पानी आसन्न क्षेत्र को ज्यादा नुकसान पहुंचाए बिना यमुना नदी में जा सके। लेकिन इसके बावजूद, दिल्ली-मथुरा रोड और आगरा नहर के बीच का क्षेत्र भारी बारिश के दौरान बाढ़ में आ जाता बाद में इसका इस्तेमाल आगरा नहर से बल्लभगढ़ तालाबों में पानी लाने के लिए एक चैनल के रूप में किया गया। आजकल इसका इस्तेमाल बारिश में इकट्ठा हुए पानी को आगरा नहर में छोड़ने के लिए किया जाता है।"[159]

यह नाला आमवाला जोहड के दक्षिण से शुरू , (एमएसएल 300 मीटर) अनन्गपुर जल विभाजक के दक्षिण-पूर्व दिशा में बहता है, कई अन्य नाले जाटोवाला जोहड के उत्तर और दक्षिण से निकलते हैं (MSL 302 मीटर), उत्तर-पूर्व दिशा (साथ ही दक्षिण-पूर्व में) में बहते हुए भी बुढिया नाले में विलीन हो जाते हैं। अरावली पहाड़ियों का जल विभाजन दिल्ली सीमा के पश्चिमी भाग में स्थित है और लिथो इकाइयों का अनुसरण करते हुए उत्तर-दक्षिण (NE-SW भी) दिशा में व्यापक रूप से चलता है। जल विभाजन के दूसरी ओर नाले /धार दिल्ली क्षेत्र में पश्चिम दिशा (उत्तर-पश्चिम के साथ-साथ दक्षिण-पश्चिम) में बहते हैं/ दरबावाला जोहड के पूर्व में दिल्ली की ओर से कई धारें (एमएसएल300 मीटर) जल विभाजक रेखा पूर्व दिशा (दक्षिण-पूर्व) में बहकर बुढिया नाले से मिलती है। हरियाणा अरावली में नाला / लाटोंवाला जोहड के उत्तर-पूर्व में कई छोटी नदियाँ उत्तर-पूर्व की ओर बहने वाली जोहड़ बुड़िया नाला में विलीन हो जाती है अपवाह मात्रा को बढ़ाते है। मेवला महाराजपुर अरावली वन क्षेत्रों से कई छोटी नदियाँ भी अलग-अलग स्थानों पर इस धारा में मिलती हैं। बुढिया नाला दक्षिण की ओर टेढ़े-मेढ़े तरीके से बहता है और बड़कल-सूरजकुंड रोड के पास उत्तर की ओर मुड़कर रेलवे लाइन के नीचे उत्तर-पूर्व की ओर बहता है,

और फिर दक्षिण-पूर्व की ओर मुड़कर दिल्ली-मथुरा राष्ट्रीय राजमार्ग को पार करता है और दक्षिण-पूर्व दिशा में बहता है और बादशाहपुर-टिकौली गाँव (फरीदाबाद) के उत्तर में मवाई नाले के साथ अपना जल मिलाता है और यमुना नदी में मिलने के लिए पूर्व की ओर बहता है। अब अरावली पहाड़ियों पर बड़े पैमाने पर अतिक्रमण ने इस प्रसिद्ध नाले या नदी को गंभीर खतरा पहुँचा दिया है जिसे पहले के समय में नदी कहा जाता था।

पुराने दिल्ली गजेटियर में 1883-84 के दौरान दक्षिण दिल्ली और फरीदाबाद क्षेत्र में जल निकासी प्रणाली का पुराना विवरण पढ़ना दिलचस्प है [160], जिसमें वर्तमान फरीदाबाद जिले की अरावली पहाड़ियों से अपवाह के पिछले प्रवाह को समझने के लिए पूर्व या दक्षिण-पूर्व की ओर बहने वाली नदियों के ड्रेनेज पैटर्न का वर्णन किया गया है। “उत्तरी बल्लभगढ़ ड्रेनेज (धारा पैटर्न) के लिए तीन मुख्य आउटलेट हैं, जो पहाड़ियों से पूर्व की ओर बारहपुला , तेखंड और बुढ़िया नदी तक जाती हैं। इन जल-धाराओं का सामान्य प्रवाह पूर्व की ओर है जो बाढ़ के समय बहुत प्रचंड होता है और सिंचाई के लिए अधिक उपयोगी नहीं होता; लेकिन कहीं-कहीं मिट्टी की स्थानीय विशेषताओं के कारण इनका मार्ग बदल जाता है और ये कभी पूर्व की ओर, कभी दक्षिण की ओर बहती हैं। **बारहपुला** महरौली के उत्तर-पूर्व में पहाड़ी गाँवों की ढलानों से जल निकास करती है और एक पुल (जिनमें कई मेहराब हैं, जिनके कारण इसका नाम पड़ा है) के नीचे आगरा रोड को पार करके हुमायू के मकबरे के ठीक दक्षिण में खादर में मिल जाती है। तेखंड नदी महरौली के पश्चिम में भूमि का जल निकास करती है और बारहपुला से लगभग चार मील नीचे सड़क को पार करती है, ओखला से ढाई मील नीचे एक ऊपरी मार्ग से नहर के ऊपर से गुजरती है और फिर दक्षिण की ओर नदी में मिल जाती है।” अब दिल्ली क्षेत्र शहरीकृत हो चुका है और बुढिया नदी / नाला जलग्रहण क्षेत्र को पंजाब भूमि संरक्षण अधिनियम (1900) की धारा 4 और/या 5 के अंतर्गत वन के रूप में अधिसूचित किया गया है। इस क्षेत्र में खनन किया गया है, अब यहाँ कई परित्यक्त खनन गड्ढे, फार्महाउस, बैंक्वेट हॉल और अन्य अतिक्रमण हैं। वन वृक्ष आवरण दिन-प्रतिदिन कम होता जा रहा है। बुढिया नाला बाढ़ क्षेत्र शहरीकृत हो चुका है।

दिल्ली गजेटियर ने आगे लिखा, "दक्षिण बल्लभगढ़ ड्रेनेज दक्षिण-पूर्व में अधिक निर्णायक रूप से बहती है। उत्तर से शुरू होने वाले इस भाग पर जल धाराये और ड्रेनेज चैनल इस प्रकार हैं: -#

(1.), मेवला महाराजपुर गाँव के दक्षिण में पहाड़ियों से एक छोटा सा चैनल निकलता है, जो फतेहपुर # चंदीला की निचली भूमि पर आता है। ” # अधिसूचित वन क्षेत्रों से उत्पन्न होने वाली कई धाराएँ {पंजाब भूमि संरक्षण अधिनियम (1900), धारा, 4/5} के तहत बन्द है

(2.) “एक बहुत बड़ी धारा, जिसे **परसौन** (अब यह क्षेत्र धारा तल पर शहरीकृत है) कहा जाता है, फतेहपुर चंदीला में उसी निचली भूमि पर बड़खल पहाड़ी से नीचे आती है , दूसरी के थोड़ा दक्षिण में यह एक पुल के नीचे आगरा रोड को पार करती है और फरीदाबाद में तालाब को भरती है। इसके बाद यह दो भागों में विभाजित हो जाती है; जलमार्ग की एक शाखा पुराने शाही मार्ग से मजेसर भूमि की ओर जाती है और फिर पूर्व की ओर सीही में मुड़ जाती है। दूसरी शाखा सीधे सीही में जाती है, उस गाँव की आबादी से गुज़रती है, और इसी तरह सूरत राम के बगीचे के पास बल्लभगढ़ तक जाती है। इसके बाद यह मुख्य सड़क को पार करके फिर से रणहेडा की निचली भूमि पर पहुँचती है । आगरा नहर खोदे जाने से पहले, पानी मझेरी और चंदौली के खेतों में फैल जाता था ।”

(3.) तीसरी धारा बड़खल के दक्षिण की पहाड़ियों से उतरकर दौलताबाद भूमि से होकर दक्षिण की ओर मुड़ती है (यह क्षेत्र अब शहरीकृत हो चुका है)। अजरौंदा से होकर मजेसर गांव की सीमा में यह दो धाराओं में विभाजित हो जाती है; मुख्य धारा मजेसर की दो आबादियों के बीच से गुजरती हुई बल्लभगढ़ की पश्चिमी भूमि से होकर रणहेडा झील तक जाती है। दूसरा मजेसर के उत्तर में सरण में जाता है; इस नाले से भी कुछ पानी दौलताबाद की दक्षिणी भूमि पर, मीनारू से सरण तक आता है, और गौंछी गांव के डहर में अंतिम नामित धारा से मिलता है ।

(4.) “एक और धारा भाकरी और पाली की सीमाओं पर पहाड़ियों से नीचे डबुआ तराई में आती है, फिर गाजीपुर और नागलाह से होकर गुजरां, सारन के दक्षिण-पश्चिम कोने को छूती हुई गौंछी डहर में गिरती है भारी बाढ़ आने पर यह नदी वहां नहीं रुकती, बल्कि समयपुर की ओर निकल जाती है।

(5.) "स्थानीय रूप से **भंडवानबाज** नाम से जानी जाने वाली एक धारा है जो अंतिम नामित के दक्षिण में ‘खेडी गूजर’ तक आती है।" #

(6.) "छठी धारा पाली पहाड़ी से निकलती है। आबादी के दक्षिण से गुजरते हुए उस गांव का, यह अन्य गांवों की तरह खेडी में जाता है," #[161]

(7.) अन्य नाला गोढडा मुहब्बताबाद के पास की पहाड़ियों से नीचे आता है। यह पाखल के उत्तर से गुजरता है और कुरैशीपुर गुजरान में नंबर 5 और 6 से जुड़ते हुए नेकपुर की भूमि के उत्तर को छूता है। फिर नगला के दक्षिण-पश्चिमी कोने से और कुरैशीपुर के उत्तर से बहते हुए, यह सरूरपुर और मादलपुर से गुजरता है और शामपुर में नंबर 3 और 4 से जुड़ता है। फिर, झारसेतली, कंधौली और कैलगांव की भूमि को नम करते हुए, यह नगला, जोगियान, हरफला, महोला और कबूलपुर बांगर से होकर जिले से बाहर निकल जाता है।"

(8.) "यह नाला मांगर के नीचे की पहाड़ियों से निकलता है; यह बहुत ही खतरनाक है और जब बाढ़ आती है तो पानी का एक बड़ा हिस्सा नीचे बहता है। इसकी लाइन धौज, टिकरी कलां, फिरोजपुर कलां, लधियापुर के पास से कबूलपुर बांगर की झील में मिलती है।"

(9.) "आखिरी नदी कोट के नीचे से निकलती है। बाढ़ के समय यह मांगर नाले जितनी ही खतरनाक हो जाती है और भारी बारिश में जब यह नीचे आती है तो उन गांवों की जमीनों को नुकसान पहुंचाती है जहां से यह बहती है; यह आलमपुर, सिरोही, खोरी-जमालपुर, बीजूपुर से

होकर पलवल के सरमतला में दलदल में गिरती है और वहां से खलीलपुर की झील में गिरती है," #

"इन सभी में सबसे अधिक हिंसक हैं क्रमानुसार मांगर नंबर 8 , बढख़ल से नंबर 3 और कोट से नंबर 9होती है। हालाँकि, कोई बारहमासी धारा नहीं है; और बरसात के मौसम को छोड़कर प्रभाव केवल जमीन के लहरदार चरित्र में देखा जाता है, जहाँ-तहाँ अधिक स्पष्ट रूप से चिह्नित चैनलों में कट जाता है, निचली भूमि की स्थायी नमी, और कुछ गाँवों में खड़े पानी का एक तालाब जो शुष्क मौसम में पूरी तरह से गायब हो जाता है, लेकिन वर्षा मौसम में एक बड़े आकार की झील या दलदल में बदल जाता है। इस प्रकार, ठंड के मौसम में सड़क कभी-कभी पलवल की सीमा पर सरमथला और बल्लभगढ़ के बीच अप्रिय रूप से जलमग्न हो जाती है और सर्दियों के महीनों में आमतौर पर गौंछी के पास के तालाबों में बत्तखों का शिकार किया जा सकता है। तिलपत के दक्षिण में बुढ़िया नदी के पानी के स्थान के सामने नहर से एक निकास द्वार खोदा गया है। नदी आती है और यह भोपानी के उत्तर में कम खादर से होकर भस्कौला की ओर एक पतली तटवर्ती मिश्रित धारा में बहती है, जहाँ यह नदी में संदिग्ध निकास पाती है। यहाँ ड्रेनेज की कमी तटवर्ती क्षेत्र की व्यापकता से पता चलती है जो कमोबेश इस पड़ोस में स्थित सभी भूमि को प्रभावित करती है।" #

"पहाड़ियों के उत्तर में ड्रेनेज की ओर मुड़ते हुए और जिले के आगे के छोर से शुरू करते हुए, पहली ड्रेनेज रेखा जो ध्यान आकर्षित करती है। वह ऊपर वर्णित बुढिया नदी का चैनल है, जो बांगर चक के पूर्व की ओर लगभग दक्षिण की ओर बहती है। यह दिल्ली से कुछ मील की दूरी पर आती है, लेकिन अपने मार्ग के उत्तरार्ध में यह बहुत ही सर्पीली हो जाती है, और इसलिए इसे वहाँ नाग नाला" (साँप की तरह घुमावदार) कहा जाता है।" #

पुराने गजेटियर (1883-84) में अरावली पहाड़ियों से यमुना नदी की ओर बहने वाले अपवाह के बारे में अरावली ड्रेनेज पैटर्न का वर्णन किया गया है, जिसे और अधिक स्पष्ट करने की आवश्यकता नहीं है। केंद्रीय भूजल बोर्ड ने उद्धृत किया। "एनसीटी दिल्ली का भौगोलिक क्षेत्र मोटे तौर पर सात जल निकासी घाटियों में विभाजित है, जो अंततः यमुना नदी में गिरती हैं।[162]

जौहर नाला कई धाराओं के रूप में मांगर पहाड़ियों से निकलता है। बंधवाडी की पूर्वी सीमा पर जल विभाजक से निकलने वाले नाले दक्षिण-पूर्व की ओर बहते हैं और सिलनवाला जोहड से निकलने वाली कई धाराएँ क्षेत्र का प्रवाह उत्तर-पूर्व की ओर गुदडीवाला आश्रम के पश्चिम में मुख्य नाले से जुड़ता है । गुजरीवाला जोहड के पश्चिम में दिल्ली क्षेत्र में जल-विभाजन जौहर नाला मांगर अरावली के जंगलों में दक्षिण-पश्चिम दिशा में बहता है और रास्ते में कई जलधाराएं इस नाले में मिलती हैं, जो आगे दक्षिणी दिशा में बहते हुए गुदडीवाला आश्रम के पूर्व में मुख्य मांगर नाले में मिल जाती हैं । कई धाराएँ मिलकर मांगर गाँव के दक्षिण में धौज जलाशय झील में मिलती हैं। जलग्रहण क्षेत्र मांगर जंगलों में फैला हुआ है, लेकिन अब यह क्षेत्र बड़ी संख्या में पुराने खनन गड्ढों से भरपूर है, जो उनमें अपवाह को इकट्ठा करते थे जो अब मांगर नाले में पानी के प्रवाह को कम होता हैं। अब स्थिति खतरनाक है।

पीरवाला जोहड से आने वाली धाराएं, दुन्डेवाला जोहड , और भोरवाला जोहड नाले कोट गांव की ओर बहता है, फिर दक्षिण-पूर्व की ओर बहताहै और सिरोही गांव के उत्तर को पार कर जलोढ़ मैदानों में विलीन हो जाते है। **पाली वाला नाला** पाली पहाड़ियों से निकलता है और दक्षिण-पूर्व दिशा में बहता हुआ पाली का बास में बांध से मिलता है। अब यह क्षेत्र पुराने खनन गड्ढों और जलग्रहण क्षेत्र में कई पत्थर तोड़ने वाली मशीनों से भरा पड़ा है । मानवजनित हस्तक्षेपों ने ड्रेनेज प्रणाली को निरर्थक बना दिया है। सूरजकुंड और बड़कल झीलों की ड्रेनेज का उल्लेख मद 1.21.6 और 1.21.5 में किया गया है।

1.18. मेवात की लंदोहा नदी (फिरोजपुर झिरका)

गुड़गांव गजेटियर[163], 1883 में लंदोहा धारा के बारे में उल्लेख किया गया है, "एक अन्य महत्वपूर्ण धारा लंदोहा है , जो अलवर में दो धाराओं के मिलन से बनी है, एक तिजारा की दिशा से दक्षिण की ओर बहती है और दूसरी पश्चिम से लगभग समकोण पर उससे मिलती है। फिरोजपुर तहसील के दक्षिणी छोर के लगभग पश्चिम में एक बिंदु तक अपने दक्षिण की ओर जाने के बाद यह एक घुमावदार रास्ते में घूमती है और सीमा को पार करते हुए फिरोजपुर घाटी में उत्तर की ओर बहती है और अगर इसे अपने हाल पर छोड़ दिया जाए तो अंत में कोटला झील में गिर जाएगी । पूर्व में एक बहुत अधिक महत्वपूर्ण धारा, **मानसने** या (मानसले , यानी , मनुष्य को लेने वाली), जिसे अब आम तौर पर **रूपरेल** के रूप में जाना जाता है, अलवर से जिले में प्रवेश करती बाबर ने अपनी आत्मकथा में उल्लेख किया है कि यह फिर कोटला झील में गिर जाती थी, लेकिन बाद में, इसे या तो कृत्रिम रूप से मोड़ दिया गया या स्वाभाविक रूप से भरतपुर में अपना वर्तमान मार्ग मिल गया । श्री सी गुबिन्स द्वारा दर्ज की गई परंपरा के अनुसार, कुछ मेवों ने नदी के तल में कुछ महिलाओं का बलात्कार किया और फिर उनकी हत्या कर दी। और एक फकीर जो पास में रहता था उसने यह श्राप देकर छोड़ गया कि धाराएं फिर कभी प्रदूषित तल में प्रवेश नहीं करेंगी, फिर गर्म हवाओं में सूख गई । इन अन्य महत्वपूर्ण धाराओं के अलावा, छोटी दिशा की कई धाराएँ हैं जो बारिश के बाद पहाड़ी-ढलानों से बहने वाले पानी के साथ नीचे आती हैं और अपनी बाढ़ को निचले स्तरों पर फैलाती हैं। कुछ छोटे-छोटे नाले भी हैं जो झरनों से पोषित होते हैं, जिनमें से सबसे महत्वपूर्ण फिरोजपुर की झीर झरना है।

गुड़गांव गजेटियर 1910 में [164] लंदोहा धारा के बारे में अधिक विस्तृत विवरण दिया गया है, " लंदोहा- यह नदी एक मानसूनी धारा है जो मुख्य अरावली पर्वतमाला के पूर्व में बहती है। इसका उद्गम राजस्थान के अलवर जिले में होता है और यह दो धाराओं के मिलन से बनती

है, एक तिजारा की दिशा से दक्षिण की ओर बहती है और दूसरी खरखडा गांव के पास पश्चिम की ओर लगभग समकोण पर उससे मिलती है। फिरोजपुर झिरका तहसील के दक्षिणी छोर के लगभग पश्चिम में एक बिंदु तक दक्षिण की ओर अपना मार्ग अपनाने के बाद यह एक वक्र में घूमती है और शकरपुरी गांव के पास अंतरराज्यीय सीमा को पार करते हुए उत्तर की ओर फिरोजपुर झिरका तहसील में बहती है। मूल रूप से खरखडा के निकट से यह पूर्व की ओर नौगांव तक बहती थी । 18वीं शताब्दी में जाट वर्चस्व के दौरान खरखडा के पास अटारिया नामक एक बांध का निर्माण किया गया थाजिसने बहाव को दक्षिण की और मोड दिया और एक सेमी सरकुलर धुमाव से वापिस नोगॉव के पास मुख्य धारा मे मिला दिया । इस बिंदु तक पहुँचने से पहले, खरोली के पास पहाड़ियों में दो बैपस थीं जिनके माध्यम से पानी दक्षिण और पूर्व की ओर बहता था। पूर्व की ओर खुलने वाले गेप में एक बांध भी बनाया गया था (जिसे जाट बांध के रूप में जाना जाता है) एक पक्के जलद्वार के साथ इससे पानी को या तो रंगगढ़ (पूर्व) या फिर फिरोजपुर झिरका (उत्तर) में डाला जा सकता था। 19वीं शताब्दी के शुरुआती वर्षों में; अलवर शासक ने अआरिया बांध का पुनर्निर्माण और सुदृढ़ीकरण किया और दूसरे बांध को खंडहर हो जाने दिया। परिणामस्वरूप, कई वर्षों तक धारा फिरोजपुर झिरका क्षेत्र में प्रवेश नहीं कर पाई जो तब स्थानीय नवाबों के अधीन था। 1838 में जब अंतिम नवाब को फांसी दी गई और यह क्षेत्र ब्रिटिश भारत का हिस्सा बन गया तो अलवर के साथ एक समझौता हुआ जिसके परिणामस्वरूप दूसरे बांध को बहाल कर दिया गया और एकम चैनल से गुउगॉव जिले मे पानी लाया गया।

"पंजाब माइनर नहर अधिनियम 1909 की धारा 4 के प्रयोजनों के लिए लंदोहा को एक प्राकृतिक चैनल अधिसूचित किया गया था और कलेक्टर को इसके प्रवाह को नियंत्रित करने और इसके मार्ग में किसी भी बाधा को हटाने या संशोधित करने के लिए अधिकृत किया गया था। हालाँकि, इन शक्तियों का प्रयोग कलेक्टरों द्वारा कभी नहीं किया गया । कई गांवों में जमींदारों ने अपने खर्च पर धारा पर बांधों का निर्माण किया और इससे विभिन्न हितों के बीच लगातार विवाद हुए। हालाँकि, लंदोहा बाढ़ का सर्वोत्तम लाभ उठाने के उद्देश्य से जमींदारों के खर्च पर तीन बांध, कनमेड़ा , मादापुर और नंगली का निर्माण किया गया था । इन बांधों को पंजाब माइनर नहर अधिनियम की अनुसूची II के तहत अधिसूचित किया गया था। बाद में इन बांधों के रखरखाव की उपेक्षा की गई। हालाँकि, बाद में यह महसूस किया गया कि यदि वैज्ञानिक सर्वेक्षण और स्तरों की जाँच के द्वारा पानी के सामान्य वितरण को विनियमित करने और धारा से सिंचाई का पूरा लाभ सुनिश्चित करने के लिए एक स्थायी कार्य का निर्माण किया जा सके, तो काफी सुधार हो सकता है इस संबंध में जॉन लॉरेंस (बाद में लॉर्ड लॉरेंस) द्वारा दर्ज की गई निम्नलिखित टिप्पणियाँ बहुत प्रासंगिक हैं: -

"व्यक्तिगत गांवों द्वारा बनाए गए छोटे-छोटे बांध, किसी अधिक व्यापक योजना की आवश्यकता से कहीं अधिक हैं। वे कभी-कभी एक-दूसरे के साथ हस्तक्षेप करते हैं, लेकिन हमेशा अपर्याप्त रूप से बनाए जाते हैं । जिस समुदाय की भूमि पर वे स्थित हैं, वह केवल अपनी भूमि पर बाढ़ लाने के लिए आवश्यक स्तर तक पानी बढ़ाने की परवाह करता है और पड़ोसी ग्रामीण उच्च प्रवाह से लाभ उठाते हैं, प्रत्येक बरसात के मौसम के बाद सूखे महीनों में आवश्यक मरम्मत करने की उपेक्षा करते हैं (जब तक कि ऐसा करने के लिए मजबूर न किया जाए)। इसके अलावा ये बांध लगातार तेज बाढ़ से बह जाते हैं और उन्हें फिर से बनाने का खर्च व्यक्तिगत समुदायों पर बहुत भारी पड़ता है जबकि सरकार का राजस्व खतरे में पड़ जाता है यदि भूमि पर्याप्त रूप से जलमग्न नहीं होती है।" गजेटियर 1910.

लंदोहा का पानी भूमिगत जल को रिचार्ज करता है और इस प्रकार कृषि के लिए फायदेमंद साबित होता है, लेकिन वर्णित परिस्थितियों में इसने फिरोजपुर झिरका और नूंह तहसीलों में काफी नुकसान भी पहुंचाया है, खासकर तब जब इन पानी के बाहर निकलने का कोई सीधा रास्ता नहीं है। उझिना नाला इस पानी का एकमात्र आगे का वाहक है। यह राजस्थान में पहाड़ी कमान नाले से जुड़ता है जो आगे उत्तर प्रदेश में गोवर्धन नाले से जुड़ता है और बाद में मथुरा के नीचे यमुना में गिरता है।"

गजेटियर 1910 में उल्लेख किया गया है, "अनेक संख्या की धाराओं और पहाड़ी टोरेंट लैंदोहा से जुडकर फिरोजपुर घाटी स्वतंत्र रूप से बड़ी सिंचाई के क्षेत्र जमीन सिचित करतते है। तिरबेनी भरतपुर से आरम्भ हौकर कुछ मीलतक अलवर इलाका मे बहता है और केवल कुछ किलोमीटर से पहले यह तहसील मे दोहा में जु लैंदोहा से जुड़ता है। भोंड, झिर और बलोज अन्य नाले महत्वपूर्ण टोरेंट पश्चिम से आते हैं, और घाटा, दारुर, और झिमरावट नाला पूर्व से आते है । शहर फिरोजपुर झिरका के उतर मे झील बनती है एक स्वीप उत्तर की ओर करके पक्की सड़क पार करके और कई गांवों में बाढ़ उपयोगी रहती है । लैंदोहा की एक शाखा इस धारा की साकरस के पास में मिलती हे ।

बालोज नदी अलवर क्षेत्र की पहाड़ियों से निकलती है जो पश्चिमी सीमा बनाती है की यह फिरोजपुर झिरका तहसील से निकलती हुइ नगीना में लंदोहा से मिलती है। यह अक्सर बहुत मात्रा मे बहता है और ढेर सारे रेत की मात्रा नीचे लाता है ।

थेक नाले का उल्लेख भी किया जाना जरूरी है यह एक छोटी सी धारा से बना है जो अलवर हिल्स पर पश्चिम से बहती है और दोहा (रामबास) फिरोजपुर झिरका तहसील के हिस्से मे सिंचाई करता है । तत्कालीन अलवर राज्य के अधिकारियों के साथ वयवस्था द्वारा गुडगॉव ज़िला अधिकारी स्ट्रीम का द्विभाजन रामबास में ऊपर की ओर कुछ किलोमीटर से आधा पानी उपयोग का अधिकार सुरक्षित किया । 1936, राज्य अधिकारियों नेआगे की ओर एक बांध का निर्माण किया और बाधित जल का प्रवाह गुड़गांव जिले में बहता है।

पूर्वी सीमा के हिल्स का पूर्व की ओर का या मध्य की पहाडीयो से बहुत छोटे नाले कटाव करते जिनमे दारुर केवल महत्वपूर्ण धारा के रूप मे एक छोटा सा नाला है, इसकी शाखाएँ पूर्व में उजिना झिल मे गिरती है जबकी पश्चिमी श्रेणी से लांदोहा में मिलती है।" विवरण बहुत अच्छी

तरह से वर्णित है इसलिए आगे विवरण की कोई आवश्यकता नहीं है।

1998 में पुनः मुद्रित गुड़गांव गजेटियर 1910 में भी इस धारा से होने वाले नुकसान का उल्लेख किया गया है । लांदोहा नाला में बाढ़। -यह परियोजना सिंचाई हेतु जिला के इतिहास मे एक मील का पत्थर है। ... लैंदोहा स्ट्रीम मानसून की बाढ़ राजस्थान से उठ रही है। बाढ़ के समय यह नदी दक्षिण से गुड़गांव जिले में प्रवेश करती है तथा फिरोजपुर झिरका और नूह तहसील में भारी नुकसान पहुंचाती है।. सड़कें जलमग्न होती हैं, संचार बाधित होता हैं और वहाँ भोजन और चारे की भारी कमी होती है। 1969 में इन दोनों तहसीलों में बहुत ज्यादा भारी नुकसान हुआ है। जब फिरोजपुर झिरका तहसील मे 109 लाख रुपये का नुकसान और नूह तहसील मे लगभग 7 लाख रुपयो का नुकसान हुआ"

बीटी गिब्सन सीएस, गुड़गांव जिले के तीसरे नियमित बंदोबस्त (1903-09), पंजाब सरकार, लाहौर, 1909 में भी लंदोहा धारा का उल्लेख किया गया है। लेखक ने क्षेत्र निरीक्षण के दौरान पाया कि पुरानी नदी के तल में सिंचाई के लिए भूमिगत जल की उपलब्धता है तथा दोमट रेत में अच्छी फसलें उगती हैं। हालाँकि, धारा का लगभग पूरा पुराना मार्ग स्थानीय लोगों द्वारा कृषि के लिए अतिक्रमण कर लिया गया है।

1.19. नूंह-फिरोजपुर झिरका घाटी का ड्रेनेज

सोहना-मेवात घाटी का अपवाह अनियंत्रित रहने पर कोटला झील में गिरता है, "जो आंशिक रूप से नूंह और आंशिक रूप से फिरोजपुर तहसीलों में पहाड़ियों की पश्चिमी श्रेणी के अंतर्गत स्थित है। इसमें लगभग 5500 एकड़ जलमग्न होने वाला क्षेत्र शामिल है। इस अपवाह का उत्तरी भाग सबसे पहले नूंह तहसील के **खलीलपुर और चंदैनी** में दो छोटे बेसिनों में गिरता है, जो भरने के बाद कोटला से गुजरता है, जहां यह फिरोजपुर घाटी के पूरे अधिशेष अपवाह से मिलता है। कोटला झील भरने के बाद यह अपवाह नूंह तहसील के दक्षिण मध्य में उझिना-संगेल बेसिन में एकत्र होता है, जहां भारी वर्षा के वर्षों में लोहिंगा घाटी से भरतपुर में बहता है [165].. " पुरानी भूमि बंदोबस्त रिपोर्टों में उस समय के मौजूदा अपवाह का उल्लेख है।

गुड़गांव के दक्षिण में अरावली पर्वत में एक डिप्रेशन है और दो श्रृंखलाएं दक्षिण की ओर फैली हुई हैं, एक पूर्वी और दूसरी पश्चिमी श्रृंखला के रूप में। गुड़गांव से दक्षिण की ओर अरावली पर्वत का उत्तर-पूर्व-दक्षिण-पश्चिम विस्तार, पश्चिमी श्रृंखला भोंडसी-सोहना-नूंह-फिरोजपुर झिरका-रावली (299 मीटर, दक्षिण में पाटन गांव) तक जारी है, जिसमें परिवर्तनशील चौड़ाई है और ऊंचाई 299 से 431 मीट रहती है, झीर वन 406, रंगाला 415, नावली 413, गुमट बिहारी 396, कोटला 398, मुहम्मदपुर 407, गैरतपुर 326 मीटर इत्आदि हैं। वर्तमान में लगभग सूखा रहता है, लेकिन पहले बारिश के दौरान नावली का बास में 20 मीटर का जल प्रपात, कोटला का जल प्रपात 36 मीटर, नल्हड़ (नूंह के पश्चिम) और रायसीना का जल प्रपात 26 मीटर उवाई से पानी गिरता था। वनो कि कटाई की पजह से यह सभी जल प्रपात सुख रहै है ।

फिरोजपुर झिरका में जल के झरने मंदिर के सामने धारा तल पर झिर घाटी में प्रसिद्ध हैं , नल्हड झरना, रायसीना झरना, भांगोल घाटी झरना, आदि,

जिनमे 1991 के दौरान जल प्रवाह था। सोहना गर्म पानी के झरने किसी परिचय की मोहताज नहीं हैं। झिर वन क्षेत्र को छोड़कर राजस्थान के साथ राज्य की अधिकांश सीमाएँ जल विभाजक के साथ चलती हैं।

पूर्वी अरावली श्रृंखला दिल्ली क्षेत्र से हरियाणा की और निमोठ/ हरचंदपुर तक फैली हुई है, फिर मैदानी क्षेत्र के साथ एक अंतराल है। इंद्री-मालियावास के पास अलग-थलग पहाड़ियाँ हैं, उसके बाद फिर से एक अंतराल है। अरावली पहाड़ियों की पूर्वी श्रृंखला भूपावली-देवा नंगली के पूर्व में दिखाई देती है और पहाड़ियों की यह श्रृंखला दक्षिण की ओर उत्तर-पूर्व-दक्षिण-पश्चिम दिशा में घाटा समसाबाद पहाड़ियों को पार करते हुए राजस्थान की सीमा मे जारी रहती है और अरावली पहाड़ियों का कुछ हिस्सा फिरोजपुर झिरका घाटी में है जो कोलगांव (349 मीटर) के पूर्व में समाप्त होती है, जहां जल विभाजक पहाड़ियों के पश्चिमी हिस्से हरियाणा में और पूर्वी हिस्से राजस्थान में हैं। उत्तर-पश्चिम-दक्षिण-पूर्व दिशा में खोरी से गोधौली तक की पहाड़ी । लुहिंगा कुर्द और लुहिंगा कलां अरावली पहाड़ियाँ उत्तर-पूर्वोत्तर-दक्षिण-पश्चिम की पूर्वी दिशा की ओर अधिक झुकाव दिखाती हैं।

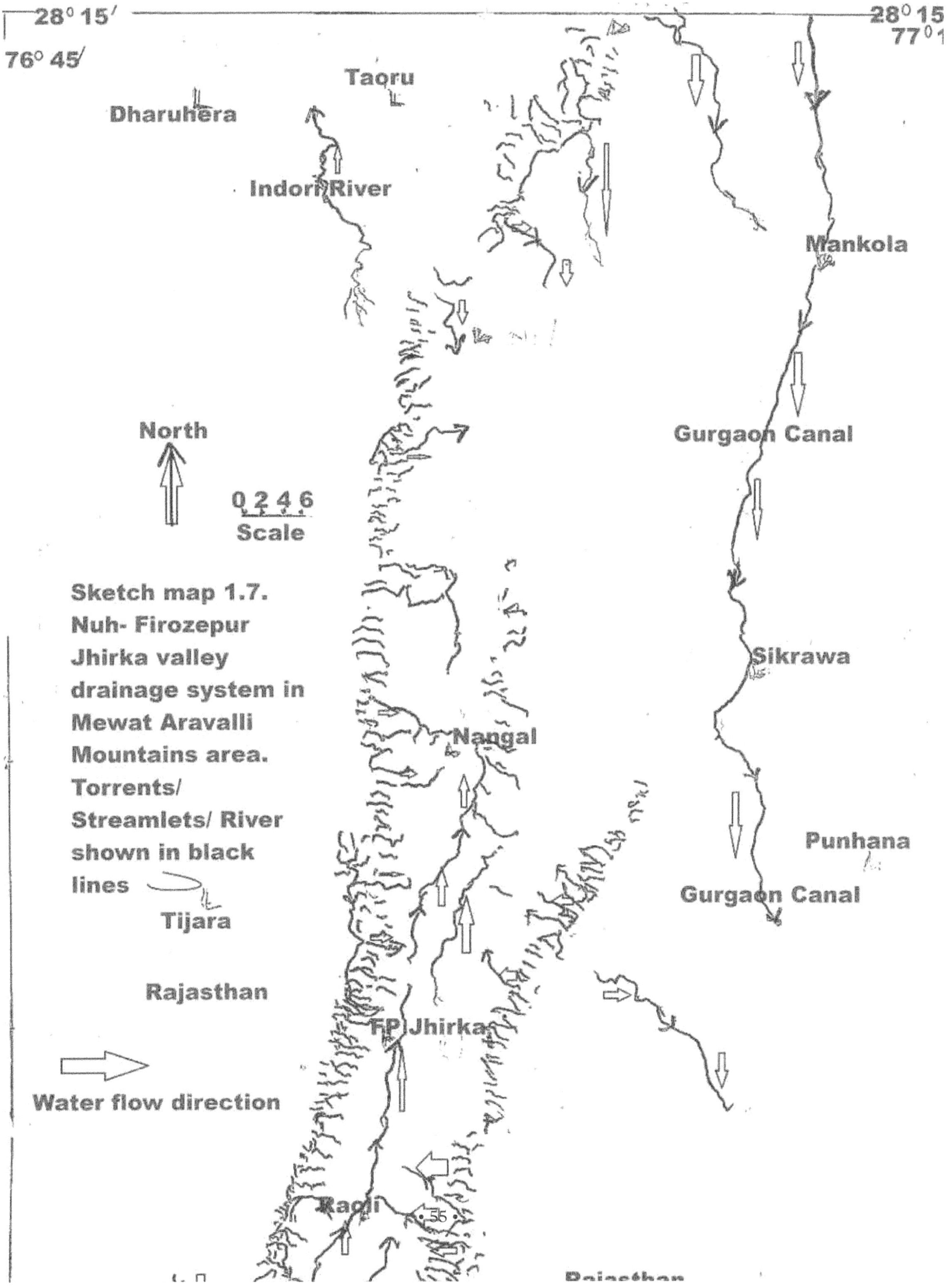

Sketch map 1.7. Nuh- Firozepur Jhirka valley drainage system in Mewat Aravalli Mountains area. Torrents/ Streamlets/ River shown in black lines

झिर् नाला राजस्थान के निमली-मुराद का बास से निकलता है और दक्षिण दिशा में बहता है तथा अरावली पहाड़ियों के पूर्व और पश्चिम जलग्रहण क्षेत्र से कई धाराएं इसमें मिलती हैं, फिर यह उत्तर की ओर मुड़ती है और उसके बाद दक्षिण-पूर्व दिशा में बहना शुरू करती है, फिर धोड कलां के उत्तर में नाला उत्तर की ओर मुड़ता है और उत्तर और उत्तर-पूर्व दिशा में बहना जारी रखता है, लोगों का कहना है कि पहले यह नदी लंदोहा नदी में मिलती थी । कोटला डहर में मिलने वाली इस नाले पर फिरोजपुर झिरका के पास तटबंध बनाया गया है ।

बीटी गिब्सन ने कहा, "इनमें से, मदापुर और नंगली बांध विशेष रूप से महत्वपूर्ण हैं क्योंकि वे लांदोहा नदी के जल को विभाजित करते हैं।" बराबर शाखाओं में विभाजित कर दिया जाता है, और यदि उन्हें बनाए नहीं रखा जाता है, तो पूर्वी शाखा पर स्थित ग्रामीणों को बाढ़ के पानी का उचित हिस्सा नहीं मिलता है। 1896-97 से दोनों बांध टूट चुके हैं, जिसके परिणामस्वरूप पूर्वी शाखा पर स्थित गांव बाढ़ से प्रभावित हुऐ । श्री चौनिंग ने भविष्यवाणी की थी कि शाखा को गंभीर नुकसान हुआ है । लैंदोहा पर अन्य बांध छोटे-छोटे हैं, जो अलग-अलग गांवों द्वारा बनाए गए जो बाढ़ का सबसे अच्छा उपयोग करने के लिए हैं। वे किसी भी महत्व के नहीं हैं सिवाय इसके कि वे विवाद को जन्म [166]देंकर सरकार के समक्ष समस्या पैदा करते है ।"

नूंह-फिरोजपुर झिरका घाटी पूर्व और पश्चिम की ओर अरावली पर्वतों से घिरी है और उत्तर-दक्षिण दिशाओं में खुली हुई है, कोटला डहर प्रमुख डिप्रेशन क्षेत्र है जिसमें खलीलपुर, उझिना और चंदेनी के निचले इलाकों के अलावा तेज धार/धाराएँ/नदियाँ समाहित हो जाती हैं, जहाँ बारिश का पानी झीलों की तरह जमा हो जाता है। वर्षा के पानी के भूमि-आबद्ध संचय के प्रमुख प्रभाव से मिट्टी में लवण बढ़ गए और इस बेल्ट में भूजल भी खारा हो गया है। कुछ रेतीले क्षेत्रों में केवल कुछ छोटे-छोटे मीठे पानी के जलभृत हैं। इन छोटे जलभृतों का जल्द ही दोहन हो जाता है और फिर से उन स्थानों में खारा पानी आने लगता है। इस क्षेत्र में पोर्टेबल पानी एक गंभीर समस्या है। गुड़गांव नहर ने कुछ राहत प्रदान की है।

आगरा नहर उत्तर-पश्चिमी प्रांतों की सरकार के नियंत्रण में थी और 5 मार्च 1874 को नाममात्र के लिए खोली गई थी, जिसका क्षेत्र की जल निकासी व्यवस्था पर बहुत प्रभाव पड़ा। उन संरक्षण उपायों ने ब्रिटिश काल के दौरान अरावली क्षेत्रों में कटाव को कम करने के लिए जल संरक्षण के महत्व को दर्शाया। अब कोलोनाइजेशन् और निर्माण लॉबी की भूमि की भूख ने कटाव को बढ़ाने में तेज़ी ला दी है। अरावली से वर्षा जल अपवाह का उपयोग करके कटाव को नियंत्रित करना एक बहुत पुरानी प्रथा रही है।

1.20. मेहंदवारी नदी । गुड़गांव गजेटियर [167]1910 महेंदवारी नदी का उल्लेख करते हुए उन्होंने कहा , "यह गुड़गांव ज़िला में रोजका गुज्जर पहाड़ियों से निकलती है जो गाँव के एक किलोमीटर पूर्व मे गोसाईंवाला जौहड गुड़गांव तहसील मे स्थित है और उसी तहसील मे 2 किलोमीटर ईशान कोण गांव इंद्री के पास खलीलपुर डिप्रेशन मे मिल जाती है । गुड़गांव नहर की नूंह उप-शाखा के अंतर्गत आरडी 20 पर इसके पानी के दक्षिणी भाग में प्रवाह के लिए एक साइफन प्रदान किया गया है जहा पर जल फैलता है। यह प्रस्ताव है की इस बिंदु को इसे नूह नाले के साथ जोड़ दें ताकि पानी बहकर सन्गेल -उझिना बेसिन मे मिल जाये और उपर के क्षेत्रो मे कोई नुकसान नही पहुचाऐ। गुड़गांव ज़िला मेइसकी लंबाई 24 किलोमीटर के लगभग है, जबकि औसत चौड़ाई 15 से 40 मीटर तक होती है। सामान्य समय में, यह नाला पानी की निकासी सोहना घाटी से खलीलपुर डिप्रेशन में डालने मे सहायक है ।"

जल विभाजक रेखा संभवतः अरावली पहाड़ियों पर फरीदाबाद और गुड़गांव जिलों के बीच की सीमा रेखा है, जहाँ पूर्वी ढलान पूर्व में बहता हैं और पश्चिमी ढलान बाद के जिले में हैं। जल विभाजक रेखा (MSL 310 से 300 मीटर) मांगर और कोट गाँव के पश्चिम में से धाराएँ पश्चिमी दिशा में बहती हैं और दमदमा जलाशय में दक्षिण की ओर बहने के लिए एक साथ मिलती हैं। रिठौज-नयागाँव पूर्वी तरफ अरावली पहाड़ियों में पहाड़ी की चोटियों पर जल विभाजक है। पश्चिमी तरफ बहने वाली धाराएँ गुडगॉव के मैदानी वाले क्षेत्रों में नीचे आती हैं, जबकि, गोसाईंवाला जोहड से पूर्व दिशा से बहने वाली नाला की धाराएँ आपस में मिलकर दक्षिण की ओर बहती हैं और दमदमा जलाशय में मिल जाती हैं। बड़ा जोहड , बनियावाला जाहेड, पाथोरवाला जोहड़ और बामनवाला जोहड़ से आने वाली जलधाराएँ रोजका गुज्जर गांव के पूर्व में अनेक धाराओं के साथ पश्चिम की ओर बहकर दमदमा जलाशय क्षेत्र में मिलती है। अरावली से अभयपुर गांव की धाराएं उत्तर-पश्चिम की ओर बहकर दमदमा जलाशय में मिल जाती हैं। दमदमा झील से बालूदा तक दक्षिण की ओर बहती है।

पहले इस नदी का पानी पश्चिम और दक्षिण-पश्चिम दिशा में बहता था जिसे मेहंदवारी नदी कहते थे जो खैरपुर (MSL188 मीटर) के निचले इलाके में जाती थी (पुराने साहित्य में इसे खलीलपुर झील बताया गया है।) । भोंडसी पहाड़ियों से बहता पानी नाले के रूप में दक्षिण की ओर बहता है और सोहना के दक्षिण-पूर्व और लाखूवास के उत्तर-पूर्व में इस नदी से मिलता है। घामडोज, हरियाहेड़ा , रायसीना, रामनगर आदि क्षेत्रों से आने वाली जलधाराएँ और दक्षिण-पूर्व से दक्षिण की ओर बहने वाले क्षेत्र मेहंदवारी नदी में मिलकर इसमें पानी की मात्रा बढ़ाते हैं। अब यह नदी का तल कुछ स्थानों पर ही दिखाई देता है, अन्यथा, क्षेत्र में अतिक्रमण/निर्माण हो गए हैं।

1.21. अरावली में सूखकर खत्म हो रही बिलखती झीलें

1.21.1.कोटला झील

गुड़गांव गजेटियर 1910 पुन¢ मुद्रित 1998 कोटला डहर में गिरने वाले नालों के साथ झीलों के अंतर्संबंध का वर्णन किया गया था। एमएसएल 186 से 189 वाला यह डहर इस घाटी में सबसे निचला भूतल प्रतीत होता है , "कोटला डहर झील में पानी की मात्रा को बहुत अधिक बढ़ने से रोकने के लिए, 1838 में नीचे की ओर एक बांध का निर्माण किया गया था ताकि फिरोजपुर झिरका घाटी से पानी को संगेल-उझिना बेसिन में मोड़ दिया जा सके। इस बांध को 1865-66 में उझिना तक बढ़ा दिया गया था । इसके साथ ही चंदैनी झील के पानी को संगेल-उझिना बेसिन में लाने के लिए एक नाले की नहर खोदी गई थी। चंदैनी कट के नाम से एक छोटा नाला भी खोदा गया था, ताकि बांध के उत्तर से अतिरिक्त पानी को चंदैनी नहर में ले जाया जा सके।"

चंदेनी (एमएसएल 189 मीटर) झील में भी कुछ निचले इलाके हैं लेकिन उझिना झील का पूर्व की ओर का क्षेत्र जिसकी एमएसएल 188 मीटर का स्तर निचला है। इस घाटी में तीन स्थान चंदेनी , उझिना और कोटला डहर निचले इलाके हैं और ये नालियों के माध्यम से अतिरिक्त जल प्रवाह के लिए अंततः लुहिंगा घाटी के माध्यम से पूर्व की ओर जुड़े हुए हैं। "कोटला डहर और नजफगढ़ की ओर प्रवाह को अलग करने वाली जलग्रहण रेखा गुड़गांव से लगभग 11 किलोमीटर दक्षिण में पाई जाती है। जल निकासी का बल्लभगढ़ हिस्सा पहले सीकरी और सरमथला डिप्रेशन में गिरता है और फिर खलीलपुर बेसिन में फैल जाता है जहां यह भोंडसी घाटी के बाढ़ के पानी में भी शामिल हो जाता है इस डिप्रेशन से बहकर दक्षिण की ओर कोटला डहर झील में चला जाता है , जिसमें दक्षिण से फिरोजपुर झिरका घाटी का जल-प्रवाह भी समा जाता है। इस झील से जल की कोई निकास नहीं है और बहुत अधिक वर्षा वाले वर्षों में आसपास क्षेत्र से, कई किलोमीटर तक पानी की चादर बन जाता है जो धीरे-धीरे पहाड़ियों की मध्य श्रृंखला के पूर्व में संगेल - उझिना डिप्रेशन में चला जाता है, जिसे लोहिंगा घाटी मे राजस्थान के भरतपुर जिले में पहाड़ी कांडला की झील के नाम से जाना जाता है। । यह बताता है कि अगर बाढ के वानी को कृत्रिम रूप से नियंत्रित नहीं किया गया तो जिले की जल निकासी किस दिशा में जाएगी।"[168]

लेकिन मानसून की विफलता के कारण कुछ उल्लेखनीय अकाल ब्रिटिश शासन के दौरान 1812-13, 1817, 1818, 1824-25, 1833-34, 1837-38, 1841-42, 1851-52, 1858-59, 1905 और 1943 में भी पड़े। लोगों ने भयंकर संकट और मानव, पशु और वनस्पति जीवन की भारी हानि का अनुभव किया। [169]"जिले की अन्य झीलें नूह के भूभाग में पाई जाती हैं, जो ऊपर वर्णित पहली (अरावली) पहाड़ियों की श्रेणी में स्थित हैं। यह ईस क्षेत्र की निचली पट्टी है, जो दक्षिण में फिरोजपुर घाटी और अलवर के कुछ हिस्सों की जल निकासी का प्राकृतिक भंडार है; पूर्व में ऊंची भूमि; पहाड़ी की"।[170]

1.21.2. खलीलपुर झील । इंद्री पहाड़ियों के दक्षिण-पूर्व में स्थित, खलीलपुर (MSL 190 मीटर) इस क्षेत्र में एक निचली झील है। गुड़गांव गजेटियर, 1883-84 में [171]इस झील का वर्णन इस प्रकार किया गया है, "इन बाढ़ के पानी का प्राकृतिक मार्ग उत्तरी भाग से खलीलपुर झील में सरमथला का अतिप्रवाह है। झील जो एक प्रकार के पलायन चैनल के माध्यम से दक्षिण की ओर जाती है, दिल्ली और गुड़गांव को विभाजित करने वाली पर्वतमाला के दक्षिणी भाग के पूर्वी ढलान का जल निकासी क्षेत्र है, और भौंडसी घाटी के जल निकासी का हिस्सा है। खलीलपुर झील एक प्राकृतिक निकास चैनल है जो अतिरिक्त जल को चंदैनी झील में ले जाता है, जो भोंडसी घाटी के जल निकास के दूसरे भाग को भी सीधे प्राप्त करता है ।

1998 में गुड़गांव गजेटियर में उल्लेख किया गया था, "यह झील नूंह तहसील के उत्तर-पूर्व में स्थित है। यह क्षेत्र के निचले हिस्से का सबसे गहरा हिस्सा है, जो खलीलपुर , इंद्री और अन्य गांवों के आसपास लगभग 10 मील (16 किलोमीटर) तक फैला हुआ है। यह पूरा इलाका सामान्य बरसात के मौसम में बाढ़ से भर जाता है। खलीलपुर गांव के ठीक उत्तर में इसका एक हिस्सा अधिक गहरा है, जिसके परिणामस्वरूप बारिश के बाद एक मीटर से अधिक गहरा पानी जमा हो जाता है, जिससे जमीन कमोबेश एक स्थायी दलदल में बदल जाती है... इसका क्षेत्रफल लगभग 1500 एकड़ (607 हेक्टेयर) माना जा सकता है।"

1.21.3. चंदैनी झील । सोहना-नूंह रोड क्षेत्र का पश्चिमी भाग, खेडली कांकड़ -छपरा-रिठौडा- चंदैनी जलमग्न होने की संभावना है। बार-बार बाढ़ आने से मिट्टी में अत्यधिक लवण विकसित हो गए हैं (कालर मिट्टी का पैन, जो कृषि के लिए उपयुक्त नहीं है), और यह पेड़ों से रहित है। 1991 के दौरान, हमने इस क्षेत्र का उपयोग अरावली में हवाई बीजारोपण करने के लिए विमानों के उतरने और उड़ान भरने के लिए किया था। अब कई निजी लोग इस क्षेत्र का उपयोग गुब्बारे की सवारी और अन्य खेल गतिविधियों के लिए करते हैं। 1998 में पुनर्मुद्रित गुड़गांव गजेटियर 1910 में उल्लेख किया गया है, "यह झील खलीलपुर झील के पश्चिम में लगभग 10 मील (16 किलोमीटर) दूर स्थित है और नूंह तहसील के उत्तर-पश्चिम में स्थित है

झील के पानी का एकमात्र प्राकृतिक निकास कोटला झील की ओर है, जो फिरोजपुर-अलवर पहाड़ियों के ठीक नीचे और दक्षिण में नूह और फिरोजपुर तहसील की सीमाओं पर स्थित है।" यह झील लंदोहा और पूर्व में मनसने सहित फिरोजपुर घाटी के ड्रेनेज का प्राकृतिक पात्र भी बनाती है। यह गुड़गांव की सबसे बड़ी झील है और उत्तर से दक्षिण तक लगभग तीन मील लंबी और 21 मील चौड़ी है। हालाँकि पानी का एक बड़ा हिस्सा, जो स्वाभाविक रूप से इसमें गिरता था, कृत्रिम कार्यों द्वारा मोड़ दिया गया है, झील 1874 के दौरान और इन कार्यों के निर्माण से पहले भरी रही और शायद ही कभी भी पानी से मुक्त नही रही हो। अन्य झीलें आमतौर पर गर्म मौसम में काफी सूखी होती हैं लेकिन भारी

बारिश के बाद नूह के इस निचले इलाके का बड़ा हिस्सा बाढ़ से भर जाता है और कभी-कभी लगभग 20 मील तक पानी की एक सतत चादर बन जाती है।"

1.21.4. संगेल-उझिंना झील । गुड़गांव गजेटियर 1910 जिसे 1998 में दोबारा छापा गया था, में उल्लेख किया गया है, "नूह के दक्षिण में स्थित इस झील ने अन्य झीलों की तरह स्पष्ट रूप से बेसिन को परिभाषित नहीं किया है। अन्य झीलों से आने वाला पानी खलीलपुर या चंदैनी में फैले पानी से कहीं ज़्यादा बड़े क्षेत्र में फैल जाता है । संगेल और उझिना के आस-पास के कई गाँवों की ज़मीनें बड़े पैमाने पर बाढ़ की चपेट में आ गई हैं और इससे होने वाला नुकसान बहुत गंभीर है।"

भारत सरकार के प्रकाशन ने [172]इस झील का वर्णन करते हुए कहा, " लंदोहा नाला राजस्थान से आने के बाद नूंह नाले से जुड़ता है और उझिंना नाले से होकर बहता है। भारी वर्षा वाले वर्षों में 30825 हैम के क्रम का भारी मात्रा में पानी आता है जो क्षेत्र में बाढ़ लाता है और व्यापक क्षति का कारण बनता है। इस बाढ़ के पानी का अस्तित्व उझिना, पहाड़ी और गोवर्धन के ड्रेनेज परिसर के माध्यम से है । ..... उझिंना झील क्षेत्र कोटला नाले के बहिर्वाह पर एक प्राकृतिक डिप्रेशन है। झील की जल भंडारण क्षमता लगभग 6165 हैम है । हरियाणा से राजस्थान तक बहिर्वाह केवल 11.32 हैम क्यूमेक है । अंतर्वाह दो स्रोतों से होता है, एक लंदोहा से नाला राजस्थान से और दूसरा प्रवाह नूह नाले से होता है। अंतर्वाह निर्वहन माप दर्ज नहीं किए जाते हैं। उझिना झील का बहिर्वाह उझिना नाले के माध्यम से होता है जो राजस्थान राज्य में बहता है।"

1.21.5. बड़खल झील

ठाकुरवाला जोहड के आसपास दक्षिण या दक्षिण-पूर्व दिशा में बहने वाली कई धाराएँ क्षेत्र के उत्तर-पूर्व दिशा में बहने वाली एक बड़ी जलधारा से मिलती है, इसके रास्ते में कई जलधाराएँ/नदियाँ इसमें मिलकर बड़कल झील में गिरती हैं। जाटोवाला जोहड के पूर्व में जलधाराएँ जलग्रहण क्षेत्र मे थोड़ा उत्तर-पूर्व की ओर बहता है और कुछ धाराये दक्षिण-पूर्व या उत्तर-पूर्व की ओर बहती हैं, जो बड़खल झील की ओर बहने वाली छोटी-छोटी धाराओं से जुड़ती हैं। बड़खल झील के दक्षिण-पश्चिम में वन जलग्रहण क्षेत्र से बहने वाली कई धाराएँ इस झील में अपवाह की आपूर्ति बढ़ाने के लिए उत्तर-पूर्व दिशा में बह रही थीं। जलग्रहण क्षेत्र में फार्महाउस निर्माण, खनन और चारदीवारी खड़ी करने से पूरा जलग्रहण क्षेत्र खंडित हो गया और झील में बारिश के पानी की आपूर्ति को रोकने के लिए धाराओं के प्रवाह को अवरुद्ध कर दिया। बड़े पैमाने पर खनन और खुले गड्ढों ने बड़खल झील की ओर बारिश के पानी के प्रवाह को रोक दिया, जिसके परिणामस्वरूप यह खूबसूरत झील या जल निकाय सूख गया है ।

गुड़गांव गजेटियर, 1910 को 1998 में अध्यन करके पुनः मुद्रित किया गया, जिसमें उल्लेख किया गया, "1947 में, नया बड़खल बांध का निर्माण किया गया था एक घाटी के पार ऊपर की ओर पुराना बड़खल बन्घ था । 15 क्यूसेक की एक नहर कानिर्माण संग्रहित जल को सिंचाई प्रयोजनों के लिए उपयोग करने के लिए भी किया गया है। 1971-72 ईस बांध को आगे बढ़ाया गया और मजबूत किया गया । बाँध में एक अपशिष्ट बाँध भी लगाया गया था। अभी ओर भी इस साइट को विकसित किया गया है, हरियाणा पर्यटन विभाग द्वारा इसे एक महान पर्यटक आकर्षण केमें बदल दिया गया है। टुंरिजमविभाग ने एक अन्य स्थान पर, इस गजेटियर में उल्लेख किया गया है, "फरीदाबाद के पास बड़खल झील एक कृत्रिम झील है जो अरावली के कुछ हिस्सों मे बांध बनाकर बनाई गई है। इसी तरह भोंडसी के पास दमदमा झील , सूरजकुंड की मयूर झील और धौज बांध पर धौज झील भी हैं। फर्रुखनगर के पास सुल्तानपुर झील एक और कृत्रिम झील है जिसे पक्षी अभयारण्य के रूप में विकसित किया गया है। इनमें से अधिकांश झीलें पर्यटकों के लिए आकर्षण का केंद्र बन गई हैं।"

इस झील के लिए पानी की आपूर्ति का एक और स्रोत अनखीर क्षेत्र था, जहाँ बड़खल झील में कई जलधाराएँ और झरने बहते थे, लेकिन कई फार्महाउसों की दीवारों और खनन गड्ढों ने बड़खल झील में बारिश के पानी की आपूर्ति को रोक दिया जिससे यह सूखने को मजबूर हो गई। 1998 में छपे 1910 गजेटियर में उल्लेख किया गया है कि यह भ्रष्ट नौकरशाही के कारण पैदा हुई आपदा है।

गुड़गांव गजेटियर, 1983 में इस बड़खल झील का वर्णन इस प्रकार किया गया है, "1947 में एक सिंचाई परियोजना के रूप में इसकी परिकल्पना की गई थी, यह बाढ़ नियंत्रण और मृदा अपरदन के प्रति एक प्रतिकार उपाय के रूप में भी काम करना था। दो पहाड़ियों की ऋृखलाऔ को जोड़कर 644.5 मीटर लंबा और 6 मीटर चौड़ा बांध बनाकर बाढ़ के पानी को नियंत्रित किया गया था। बाद में, 1958 में, मछली पालन भी शुरू किया गया था। इस प्रकार, बांध के एक तरफ एक सुंदर झील बनाई गई थी, जबकि अरावली पर्वतमाला के चट्टानी अवशेष एक सुंदर पृष्ठभूमि प्रस्तुत करते थे। 1966 में हरियाणा राज्य के गठन के बाद सरकार ने इस कृत्रिम झील को पिकनिक कम हॉलिडे रिसॉर्ट में बदलने का फैसला किया। 1967 में एक मास्टर प्लान तैयार किया गया था"। .... "झील मछुआरों और नौकायन के शौकीनों के लिए आदर्श है। रोविगं बोटस, पैडल बौटस, याचिंग हेतु शिकारा और लाइनें मामूली शुल्क पर उपलब्ध हैं । अरावली की चोटियाँ और झील के तटबंध एक प्रभावशाली सैरगाह के रूप में काम करते हैं, जहाँ पर्यटक आते हैं, कोई भी व्यक्ति चोटियों पर पैदल यात्रा कर सकता है और यहाँ तक कि 6 किलोमीटर के आंतरिक वन मार्ग के माध्यम से बड़कल से सूरजकुंड झील तक ट्रैक भी कर सकता है।"

1.21.6. सूरजकुंड मोर झील

अनंगपुर के उत्तर-पश्चिमी भाग और अरावली पर्वत के जंगलों के आस-पास के इलाकों में कई छोटी-छोटी नदियाँ बहती थीं और सूरजकुंड मयूर झील में मिल जाती थीं। दिल्ली डीएफओ कार्यालय परिसर के दक्षिण-पश्चिम से निकलने वाली कुछ धाराएँ कांत एन्क्लेव से होकर

बहती हुई इस झील में गिरती थीं, लेकिन चारदीवारी और कांत एन्क्लेव कोलोनाइजेश्न ने उन छोटी-छोटी धाराओं को रोक दिया, आगे पूर्व की ओर खनन के पुराने गड्ढों ने बारिश के पानी को अपने अंदर बनाए रखा। दिल्ली की ओर से आमवाला जोहड व अन्नगपुर के उत्तर में जल विभाजक क्षेत्र के पूर्व से शुरू होने वाली छोटी-छोटी धाराएँ आती है । बड़ी संख्या में जलधाराएँ उत्तर-पूर्व की ओर बहती हैं (दरबावाला जोहड के पास आसोला अभयारण्य क्षेत्र नदियां दिल्ली के फतेहपुर बेरी के उत्तर से होकर पश्चिम की ओर बहती थीं)।

अनंगपुर के उत्तर और पश्चिम की ओर बड़ी संख्या में छोटी नदियाँ उत्तर-पूर्व दिशा में प्रमुख नालों के रूप में बहती थीं जो इस झील में अपवाह जल जोड़ती थीं। अनंगपुर गाँव के उत्तर-पूर्वी हिस्से में भारी मात्रा में पानी वाला बड़ा नाला झील को भर रहा था, जहाँ झील में अपवाह की आपूर्ति को काटने के लिए एक तटबंध (मिट्टी का बाँध) बनाया गया था। ऐतिहासिक सूरजकुंड गोलाकार जल निकाय जिसे 'कुंड' कहा जाता है, सीढ़ियों के साथ एक अलग संरचना है जो मयूर झील के तटबंध या बांध के उत्तर में स्थित है । सूरजकुंड तटबंध में चैनल को पानी की आपूर्ति के लिए एक स्लाइस गेट था। पहाड़ी टीले का एक छोटा सा हिस्सा पेड़ों से ढका हुआ है जो थोड़ी लंबाई तक जलाशय में मयूर झील को दो भागों में विभाजित करता है

सत्तर से अस्सी के दशक में हरियाणा पर्यटन विभाग इस झील में नौकायन के लिए बहुत सी नावें रखता था। शौकीन लोग मछली पकड़ने और नौकायन के लिए जाते थे। मछली पकड़ने के परमिट मौके पर ही जारी किए जाते थे और नौकायन के लिए रोइंग बोट, पैडल बोट और शिकारा भी हरियाणा पर्यटन द्वारा मामूली शुल्क पर उपलब्ध कराए जाते थे। हरियाणा के दक्षिणी क्षेत्र में खनन विभाग ने अपने जलग्रहण क्षेत्र में खनन की अनुमति दी और उन खनन गड्ढों में वर्षा जल को रोक कर रखा गया। अरावली पारिस्थितिकी तंत्र के जलग्रहण क्षेत्र का एक और हिस्सा, जहाँ फार्महाउसों और कॉलोनाइजरों ने नालों में वर्षा जल के बहाव को रोकने के लिए चारदीवारी और अन्य निर्माण किए और धीरे-धीरे यह ड्रेनेज या झील पूरी तरह से सूख गई। जो कॉलोनाइजरों और फार्महाउसों की लॉबी के लिए झील के जलग्रहण क्षेत्र में अतिक्रमण करने के लिए काम आया।

फरीदाबाद गजेटियर 1994 में इस झील का उल्लेख है, "फरीदाबाद जिले में दो झीलें हैं। दोनों ही नाले पर बांध बनाकर बनाई गई कृत्रिम झीलें हैं। बड़खल झील बड़खल गांव के उत्तर में एक मौसमी जलधारा पर बांध बनाकर बनाई गई है। सूरजकुंड में एक और झील बनाई गई है। इसे मयूर झील कहा जाता है। यह भी एक अल्पकालिक जलधारा में बहती है। बड़खल में बांध का निर्माण 1947 में पुराने बड़खल बांध के ऊपर एक घाटी पर किया गया था। सिंचाई के लिए संग्रहीत पानी का उपयोग करने के लिए 15 क्यूसेक क्षमता वाली एक नहर भी बनाई गई थी। 1971-72 में इस बांध को और ऊंचा और मजबूत किया गया। बांध में एक जल बांध भी बनाया गया था। बड़खल और सूरजकुंड दोनों झीलों को हरियाणा पर्यटन विकास निगम द्वारा पर्यटकों के आकर्षण के केंद्र के रूप में विकसित किया गया है।"

गुड़गांव गजेटियर 1983 में उल्लेख किया गया है, "शांत मयूर झील में नौकायन करना, जिसके किनारों पर पतले यूकेलिप्टस के पेड़ लगे हैं और पौधे अपने पत्तों को स्थिर हरे पानी में फैलाते हैं, एक बहुत ही आनंददायक अनुभव है। मछली पकड़ने की सुविधा भी उपलब्ध है।" सुप्रीम कोर्ट के कुछ वरिष्ठ अधिवक्ताओं ने मुझे बताया कि हरियाणा सरकार ने सर्वोच्च न्यायालय में कहा है कि सूरजकुंड में मयूर झील जैसा कुछ नहीं है और इस स्थान पर केवल एक ऐतिहासिक कुंड है। मेरे परिवार ने अन्य राज्यों के मेरे IFS बैचमेट्स के साथ नब्बे के दशक में मयूर झील में कइबार नौकायन किया।

1.21.7. मेहंदवारी नदी पर दमदमा (झील) तटबंध

मद 1.20 में मेहंदवारी नदी के साथ वर्णित है क्योंकि यह नदी इसी जल निकाय से बहती है।

1.21.8. सुल्तानपुर झील (राष्ट्रीय उद्यान)

मानेसर-नैनवाल-नौरंगपुर से निकलने वाली कई धाराएँ आपस में मिलकर मानेसर नाला (MSL 243 मीटर) बनाती हैं, जिसमें पानी की अच्छी मात्रा के साथ एक बड़ा जलग्रहण क्षेत्र शामिल है। कासन-बांस लांभी क्षेत्र से बहने वाली कई धाराएँ भी उत्तर दिशा में बहकर सुल्तानपुर झील में मिल जाती हैं। औद्योगीकरण और शहरीकरण ने नालों के प्रवाह मार्ग को अवरुद्ध कर दिया है, लेकिन एमएसएल स्तर से पता चलता है कि कासन हिल्स नाहरपुर (एमएसएल 236 मीटर), नवादा फतेहपुर के पश्चिम (एमएसएल 230 मीटर), भांगरोला (एमएसएल 225 मीटर), ढोरका (एमएसएल 220 मीटर), वजीरपुर -पातली क्षेत्र (एमएसएल 219 मीटर), हमीरपुर- खैंटावास (एमएसएल 217 मीटर), सधराणा -सुल्तानपुर (एमएसएल 216 मीटर), भुढेडा से कालियावास (एमएसएल 212 मीटर), मकडौला (एमएसएल 211 मीटर) ड्रेन नंबर 8 से जुड़कर आगे नजफगढ़ झील में यमुना नदी में प्रवाहित होते हैं। अब अरावली की तलहटी में फैले मानेसर के पूर्व में एनएसजी परिसर ने मानेसर-नैनवाल-नौरंगपुर-शिकोहपुर क्षेत्र से निकलने वाले बड़ी संख्या में जलधाराओं/धाराओं/ नालों को रोक दिया है।

जो भी वर्षा जल का बहाव बचा था, उसे मानेसर औद्योगिक क्षेत्र और अन्य सभी जलधाराओं के शहरीकरण ने पूरी तरह से रोक दिया। इस प्रकार, भूजल का पुनर्भरण और सुल्तानपुर झील की ओर प्रवाह अवरुद्ध हो गया। प्राकृतिक ड्रेनेज प्रणालियों की अनदेखी की गई, जो जलभृतों के पुनर्भरण के लिए तंत्रिका की तरह थे। पुनर्भरण रोक दिया गया और भूमि के हर हिस्से को इमारतों के निर्माण के लिए ले जाया गया। यदि योजनाकारों में प्रकृति के लिए थोड़ा भी नरम रवैया होता, तो वे जलधाराओं (चाहे वे सूखी तलहटी ही क्यों न हों) को छोड़ सकते थे और उन जलधाराओं के तलहटी पर किसी भी निर्माण की अनुमति नहीं दे सकते थे। फिर उन इमारतों से वर्षा जल को उन प्राकृतिक

जलधाराओं में बहाया जा सकता था ताकि भविष्य की जरूरतों के लिए भूजल को पुनर्भरण किया जा सके। ऐसी योजना से सड़कों और आवासीय/औद्योगिक क्षेत्रों में बाढ़ से बचा जा सकता था। सुल्तानपुर झील क्षेत्र को प्रवासी पक्षियों के लिए एनपी घोषित किया गया था, पहले वन विभाग ने ट्यूबवेल के माध्यम से इस झील को भरने की कोशिश की, और अब नहर का पानी दिया जाता है, ताकि झील में पानी बना रहे और पक्षी अपना जीवन जारी रख सकें। धनवापुर-धनकोट-खेड़कीमाजरा क्षेत्र में सीवर का पानी जमा रहता है, ऐसा लगता है कि उस क्षेत्र में बड़ी संख्या में पक्षी भी आते हैं।

1.21.9. नजफगढ़ झील (महाभारत का द्वैतवन)

यह झील दिल्ली में स्थित है और गुड़गांव जिले से अरावली पहाड़ियों से बहता पानी मिलता है। पहले उत्तरी राजस्थान के अरावली पहाड़ों से नदियों के माध्यम से बाढ़ का पानी उत्तर-पूर्व दिशा की ओर बहता था; अर्थात् दोहान-कृष्णावती-साहिबी नदियाँ भी इस झील में गिरती थीं। गुड़गांव जिले से इंदौरी नदी और बादशाहपुर नाला बारिश के पानी को इसमें भरता था। ऐतिहासिक रूप से यह आस-पास के इलाकों से बारिश का पानी इकट्ठा करने वाला सबसे पुराना डिप्रेशन है। ऋग्वेदिक साहित्य में अर्वाव्रत सागर का उल्लेख है (इस अध्याय में पहले बताए गए विवरण)।

ऋग्वैदिक काल के दौरान नदियों और जल निकायों का वर्णन करते हुए एमएल भारद्वाज ने बताया, "साहिबी और इसकी तीन मुख्य सहायक नदियाँ से दक्षिण और दक्षिण-पश्चिम और का (निचला) नई से उत्तर बहुत जल निकासी ईस झिल होती थी, क्षेत्रों में भारी वर्षा मे जल की इस झील अभी भी प्राप्त करता है । ख़ासकर भारी बारिश के बाद कृष्णावती दक्षिण पश्चिम से भी पहुँचती है, लेकिन दोहान आगे दक्षिण पश्चिम मे इतना आगे नहीं बढती, जबकि पहले दोहान वदी ईसी झील मे मिलती थी ।जैसा बाद में दिखाया जाएगा प्राचीन काल में यह चारो नदिया झील के लिये स्थायी और बहुत बड़ी नदियाँ थी। उन दिनों कनिंघम[173] ने दिखाया है झील के बारे में लिखा यह बीस मीलों लंबा (उत्तर से दक्षिण) और सात मील चौड़ा रहा होगा । शतपथ ब्राह्मण में द्वैतवन शायद इसी झील को कहा जाता रहा होगा । मत्स्य के एक शक्तिशाली राजा धवासन से द्वैतवन का वह नाम दिया होगा, जिन्हाने इसके किनारे पर घोड़े की बलि की होगी, ऋग्वैदिक काल के बाद राजा मत्स्यस राजा उत्तरी पारियात्र[174] मे रहते थे (दिल्ली से खेतड़ी में राजस्थान से ईशान कोण को दक्षिण पश्चिम और अरावली के साथ निरंतर में राजस्थान दक्षिण और दक्षिण - पश्चिम की ओर विस्तार था)"

गुड़गांव गजेटियर (1883-84) में जिले की झीलों का उल्लेख है, "इनमें सबसे महत्वपूर्ण नजफगढ़ है। नजफगढ़ झील जिले की उत्तरी सीमा पर है; लेकिन यह मुख्य रूप से दिल्ली जिले में स्थित है। इसमें इंदौरी द्वारा बहाई गई साहिबी और बादशाहपुर धारा अपना पानी डालती है।" एक अन्य गजेटियर में भी उल्लेख है, "साहिबी नदी और बरदशाहपुर के अलावा नाले के अलावा कासन और मानेसर नामक दो अन्य नाले भी थे, जो भोंडसी के पश्चिम में पहाड़ियों के उत्तरी किनारे से लगभग उत्तर-पश्चिमी दिशा में बहते हुए नजफगढ़ झील में गिरते थे। इसके पश्चिमी कोने पर है। इन दोनों नालों को बहुत पहले ही बाँधों द्वारा रोक दिया गया है, और अब झील में बहना बंद हो गया है ।" दिल्ली गजट (1883) उल्लिखित नजफगढ़ "झील, सूखे के वर्षों को छोड़कर, अवशेषों सहित कई एकड़ क्षेत्र को कवर करती है, जो बहलोलपुर , दहरी और जैनपुर गांवों के दक्षिण में एक डिप्रेशन में स्थित है ।" अब ड्रेन नंबर 8 इस झील में गिरती है और अतिरिक्त पानी यमुना नदी में बह जाता है।

नालों पर तटबंध/ बांध

ब्रिटिश काल में अरावली पर्वत और उसके बाढ़ वाले मैदानी इलाकों में मिट्टी और जल संरक्षण के काम किए गए थे। सिंचाई के लिए पानी उपलब्ध कराकर अधिक राजस्व कमाने के लिए भले ही ऐसा किया गया हो, लेकिन इससे अरावली पर्वत के आसपास रहने वाले लोगों को बाढ़ से बचाया जा सका। साथ ही, ऐसे संरक्षण कार्यों से कटाव को रोकने और भूजल के पुनर्परिवर्तन में मदद मिली। जल संरक्षण के इन कामों के परिणामस्वरूप स्थानीय लोगों को उन इलाकों में पीने का पानी मिल रहा था। जल संरक्षण के लिए अरावली पर्वत पर वन क्षेत्र को संरक्षित और बनाए रखा गया।

गुड़गांव , 1883-84 गजेटियर में उल्लेख है कि किस तरह सूखे के समय में मिट्टी के तटबंधों के माध्यम से सिंचाई की सुविधा प्रदान की जाती थी। अब इस पहलू को अनदेखा कर दिया गया है और कहीं नहीं छोड़ा गया है। "जिला निधि समिति 1879 मे कार्यो का चार्ज लिया, नइ प्रणाली द्वारा तटबंध का विस्तारिण मरम्मत और नए निर्माण कार्य चलाये गये। पुराने बांधों पर अब कार्य ऑपरेशन मे हैं; गुड़गांव तहसील मे ग्वालपहाड़ी बाधं (हाल ही में मरम्मत दिल्ली समिति द्वारा किया}, झुंड सराय , बडगुजर , झाडसा , हरसरू , और रायसीना; रेवाड़ी मे डहिना और नंदरामपुरबास; नूह मे जलनिकास अलावलपुर और संगेल नहरें; फिरोजपु मे बांधों पर कार्यकि गया, बनारसी, कनमैदा , मादापुर , महौली और नागली; और इससेजुड़े हुए कार्य जिसमें शामिल हैं, कोटला तटबंध और गुब्बिन्स कट, डिजाइन चंदैनी झील मे जल बहाने के लिए और अतिरिक्त जल का उपयोग और कोटला झील से जलनिकास को फिरोजपुर घाटी से दूर डायवर्ट करेगे।" ..... " पहाड़ी धार पर सोहना पर 10000 रुपये की से लागत सिंचाई चैनलों के साथ एक नया तटबंध और चिनाई पर काम कर रहै है और हाल ही में sluices निर्माण किया है जो हज़ार एकड़ जमीन की सिंचाई करने मे सक्षम होगा, बादशाहपुर जल धारा के नजदीक एक और बांध घाटा के पास 7,500 रूपयो की लागत से सिंचाई चैनल व चिनाई जलद्वार बनाया गया और और एक नया तटबंध पर भौण्ड पास में फिरोजपुर मे जिसकी लागत 6500 रुपये है। बड़गुजर में एक पूरक तटबंध और बडगुजर के साथ एक नया बांध कासन मे बनाया जाएगा, दोनों का गुड़गांव तहसील मे निर्माण

कार्य चल रहा है, और राज्य के विभिन्न भागों में दमदमा, धुलावट , हरचंदपुर और कई अन्य उपयुक्त स्थलों पर इसी प्रकार के कार्यों के लिए परियोजनाएं तैयार की जा रही हैं। जिले में, बड़े पैमाने पर नालो का जल जो व्यथ जाता है उसका उपयोग करने की दृष्टि कार्य किया जायेगा। एक छोटा सा हिस्से की नहर का निर्माण किया गया जो नजफगढ़ झिल के आधिक्य पानी को जमुना नदी मे ले जायेगा ।" [175] पुराने साहित्य में वर्णन से पता चलता है कि गुड़गांव में अधिकांश पुराने बांध ब्रिटिश काल के दौरान बनाए गए थे, उनमें से कुछ तो 200 वर्ष से भी अधिक पुराने हो सकते हैं।

सेटलमेंट ऑफिसर की रिपोर्ट और पुराने गजेटियर में भी जल संरक्षण उपायों को जारी रखना ब्रिटिश काल की एक अनिवार्य प्रथा बताई गई है और आजादी के बाद भी संरक्षण उपाय जारी रहे। यह जानना दिलचस्प है कि इन संरक्षण बांधों का प्रबंधन अलग-अलग विभागों से कैसे बदलता रहा। हरियाणा के गठन से पहले इन बांधों को संरक्षित वन के रूप में अधिसूचित किया गया था और इन्हें बचाने के लिए प्रबंधन वन विभाग को सौंप दिया गया था।

गुड़गांव गजेटियर, 1910 में वर्णित पिछले प्रबंधन, 1998 में पुनर्मुद्रित और अद्यतन, "जब श्री ब्रायन का प्रभार ले लिया 1921 में जिला मे पाया कि जिले के बोर्ड इंजीनियरिंग कर्मचारी में अकुशलता सेजिले के अधिकांश बाँध जीर्णता के कारण गिर गए थे ।एसजे पर उनका प्रतिनिधित्व, काम रखरखाव का तबादला 1923 में ड्रेनेज बोर्ड के लिए किया था, जो बाद में पुर्नगठित ग्रामीण सेनेटरी बोर्ड को किया। 1932 मे काम पुनः डिप्टी आयुक्त को स्थानांतरित किया गया। ईस कालखंड के दौरान पुराने बंधो वमेढ़ों सुधार हुआ या पुनः निर्मित किये गये,और कई नए बाँधों का निर्माण किया गया, व्यापक सर्वेक्षण किया गया; बांधों के लिए नए स्थल खोजे गए और जल निकासी योजनाएं योजनाएँ और नए बाँध के लिए अनुमान तैयार किये। बाद मे सुखे का बड़ा चक्र आने कि वजह से अधिक बांघो पर ध्यान नही दिया अंततः 1943 में ये सभी कार्य दोबारा सिंचाई विभाग कोदे दिये गये" ।

"छोटसिंचाई बाँध हैं वास्तव में बहुउद्देशीय परियोजनाएं हे। वे भूमि का कटाव, विस्तारण और जल निकासी के फैलाव को रोकते है, दोनों में से किसी के लिए भी पानी बेसिन से बाहरी सिंचाई हेतु मिलता हे, मिट्टी और जल संरक्षण कर भूमिगत जल का स्तर ऊपर उठता है, खारे पानी को कम करते हे, निचले इलाकों के डिप्रेशन को बाढ़ का पानी भरने से बचाते हे, और रेगिस्तानी भूमि का फैलाव रूकता है। वे पशु और धुलाई के प्रयोजनों के लिए पानी भी उपलब्ध कराते हैं । इस प्रकार बांधों का निर्माण जिले के स्वास्थ्य में सुधार, जल निकासी, कृषि मे बहुत उपयोगी साबित होये है। ज़िला मे पुराने बांधों मरम्मत की गई ईसके अतिरिक्त कुछ संख्या को पुनः मॉडल किया गया है और नये बाँध निर्माण बनाये गये हैं।"

इस गजेटियर में यह भी उल्लेख किया गया है । " सिंचाई और स्वच्छता उद्देश्यों के लिए या नदियों और धाराओं के प्रवाह को नियंत्रित करने के लिए प्रशिक्षण कार्य के रूप में कार्य करने के लिए जल निकासी के पानी को रोकने, मोड़ने, निपटाने या वितरित करने के लिए बांधों या तटबंधों का निर्माण कोई नई बात नहीं है। भूमि की सिंचाई के लिए पानी के सतही प्रवाह को संरक्षित करने और उपयोग करने की यह विधि लंबे समय से ज्ञात और प्रचलित प्रतीत होती है। जिले में, यहां-वहां पुराने चिनाई वाले बांधों के निशान पाए जाते हैं जिन्हें आमतौर पर बादशाही बांध के रूप में जाना जाता है अनंगपुर और सोहना इसके बेहतरीन उदाहरण हैं जो किसी समय में आसपास की पहाड़ियों से बहने वाले पानी को रोक कर रखते होंगे। [176]" लेखक ने मध्यकालीन काल के पुराने साहित्य मे बांघो का पता नहीं लगाया है।

बाँधों को संरक्षित वन के रूप में अधिसूचित किया गया।

स्वतंत्रता के बाद बांधों को संरक्षित वन के रूप में अधिसूचित किया गया और आईएफए के तहत प्रबंधन के लिए वन विभाग को हस्तांतरित कर दिया गया। वन भूमि के रूप में अधिसूचित होने के कारण इन तटबंधों/बांधों के किसी भी हिस्से को भारत सरकार से वन संरक्षण अधिनियम (1980) के तहत पूर्व अनुमति के बिना गैर-वानिकी उपयोग के लिए नहीं बदला जा सकता है। आवासीय उद्देश्यों के लिए वन भूमि का उपयोग स्वीकार्य नहीं है।

प्रबंधन द्वैधता लंबे समय तक जारी रही, जहां स्वामित्व सिंचाई विभाग या किसी अन्य विभाग के पास रहा और उन बांधों को संरक्षित वन के रूप में अधिसूचित किया गया और उसको वन विभाग को हस्तांतरित कर दिया गया। पहले की अधिसूचनाओं की निरन्त्रता में, हरियाणा राजपत्र अधिसूचना संख्या, एसओ 71/सीए 16/27/एस. 29/85, दिनांक 05.07.1985 ने फिर से निम्नलिखित बांधों को संरक्षित वन के रूप में अधिसूचित किया और प्रबंधन के लिए वन विभाग को हस्तांतरित कर दिया। इस अधिसूचना में पहले की अधिसूचना एसओ 251/सीए 16/27/एस. 29/81, दिनांक 02.12.1981 का संशोधन भी शामिल है। लेखक ने पहले की अधिसूचनाओं का उल्लेख नहीं किया है, जो 1957 से 1980 की अवधि के दौरान जारी की गई थीं।

1 ग्वाल पहाड़ी बांध, 2 घाटा बांध, 3 मैदावास बांध, 4 फाजिलपुर बांध, 5 गैरतपुर बास बांध, 6 नौरंगपुर-मानेसर बांध, 7 कासन बांध, 8 धामडोज बांध, 9 रायसीना बांध, 10 सोहना बांध, 11 सोहना माइनर बांध, 12 रिठौज बांध I व II, 13 भहलपा बांध, 14 खेरली लाला बांध, 15 चकरपुर बांध, 16 सधखल बांध, 17 पाली पाखल बांध, 18 धौज बांध, 19 सबरस बांध, 20 टीएस रोड तटबंध बांध, 21 ताउरू बांध, 22 चंदैनी बांध, 23. चंदैनी कट बांध, 24 पाठा बांध, 25 पल्ला बांध, 26 कुतुबगढ़ बांध, 27 खलिलपुर बांध, 28 अकैडा बांध और एस्केप, 29 मऊ बांध, 30 कोटला बांध, 31 नगीना बांध, 32 बलौज बांध, 33 भोंड बांध, 34 रिघड बांध, 35 घाटा समसाबाद बांध, 36 रवा बांध, 37 गंगोचा

बांध, 38 पिनगवां बांध, 39 शाहचोखा बांध, 40 सिकरवा बांध, 41 लफुरी कट बांध, 42 पांचना कट बांध, 43 शमसाबाद बांध। 44 दमदमा बांध, 45 गुड़गांव नहर नंबर 1 बांध, 46 गुड़गांव नहर II बांध (झारसा बंड), 47 दमदमा नहर बांध, 48 पचगांव बांध, 49 मोकलवास बांध, 50 चकरपुर बांध, 51 वजीराबाद बांध, 52 मानेसर बांध, 53 कमेड़ा बांध, 54 डिंगोचा बांध 55 बस्सी मेव बांध, 56 झीर बांध नंबर 1, 57 नांगल मुबारकपुर बांध, 58 झीर बांध 1, 59 झीर बांध नंबर II, 60 झीर बांध नंबर III, 61 धुलावट बांध नंबर II, 62 कादरपुर बांध नंबर I, 63 कादरपुर बांध नंबर II, 64 तिगांव बांध, 65 बंधवारी बांध, 66 खरखड़ी बांध, 67 सिकंदरपुर-- नाहरपुर बांध, 68 रावली बांध, 69 बुबलहेड़ी बांध, 70 शहजादपुर बांध, 71 अखनाका बांध, 72 बस्सी खानजादा बांध, 73 खराली बांध, 74 मुतलाका बांध, 75 चिल्ला बांध, 76 दादू बांध 77 सराय बांध, 78 बिसर अकबरपुर बांध, 79 खरखड़ी बांध नंबर I, 80 खरखड़ी बांध नंबर II, 81 घासेड़ा सुरक्षा बांध, 83 हकदरपुर रिंग बांध, 84 बड़का सुरक्षा बांध, 85 खेडली बांध, 86 राजीपुर बांध, 87 दस्तपुर बांध, 88 भालरा बांध, 89 मकरौला रिंग बांध, 90 जटौली रिंग बांध, 91 खलीलपुर रिंग बंड, 92 खैटियावास रिंग बांध, 93 महेनियावास रिंग बांध, 94 डाड़ावास रिंग बांध, 95 शिधरावली रिंग बांध, 96 भूतलाका बांध, 97 धुलावट नंबर I बांध, 98 रेहाडी बांध, 99 पचगांव बांध, 100 बुराका बांध, 101 कोटा बांध, 102 सिलखोह बांध, 103 गोगजाका बांध, 104 रंगाला बांध नंबर I, 105 रंगाला बांध नंबर II, 106 खरक जलालपुर बांध, 107 पटौदी रिंग बांध और 108 खेरी रिंग बांध ।

ड्रेन 1. नूंह ड्रेन, 2 चांदनी लिंक ड्रेन, 3 खेर लिखनाका लिंक ड्रेन, 4 बरौली लिंक ड्रेन, 5 उझिना ड्रेन, 6 कलाई ड्रेन, 7 कोटला ड्रेन, 8 बादली ड्रेन, 9 महौली ड्रेन, 10 टेड ड्रेन, 11 गोगजाका ड्रेन, 12 रेवासन ड्रेन, 13 तेहर ड्रेन 14 हीरमथला ड्रेन 15 खेतली ड्रेन 16 सिरमथला ड्रेन 17 नाथूपुर ड्रेन 18 बास पदमका ड्रेन

फरीदाबाद जिला. उपरोक्त अधिसूचना में फरीदाबाद क्षेत्र के बांध भी शामिल हैं, जब यह गुड़गांव जिले का हिस्सा था। फरीदाबाद जिले के लिए अधिसूचना संख्या, एसओ 20/सीए16/27/एस. 29/89, दिनांक 27. 01. 1989, जिसमें 57 नालों को संरक्षित वन के रूप में और निम्नलिखित बांधों को संरक्षित वन के रूप में अधिसूचित किया गया, और प्रबंधन के लिए वन विभाग को हस्तांतरित किया गया। अधिसूचना में उल्लिखित क्रम संख्या वाले बांध।

1 बडकल नया बांध, 2 बडकल पुराना बंड। 3 यमुना संरक्षण बांध. 4 बसनीपुर रिंग बांध, 5 इस्माइलपुर रिंग बांध, 6 अगवानपुर रिंग बांध, 7 लालपुर रिंग बांध, 8. महावतपुर रिंग बांध, 9 मंझावली बांध, 10 पाली पाखल बांध, 11 धौज पुराना बांध, 12 कोट बांध, 13 धौज नया बांध, 14 राजूपुर रिंग बांध, 15 दोस्तपुर रिंग बांध, 16 भंबुका नागल रिंग बांध, 17 फेरूका नगला रिंग बांध, 18 भागपुर रिंग, 19 भोलरा रिंग बांध, 20 महासिंह का फार्म रिंग बांध, 21 बेहरा पट्टी रिंग बांध, 22 सिहा रिंग बांध, 23 डीगोट रिंग बांध, 24 लुहिना रिंग बांध, 25 औरंगाबाद रिंग बांध, 26 बंचारी रिंग बांध।

महेंद्रगढ़ जिला । महेंद्रगढ़ जिले के लिए अधिसूचना संख्या एसओ64/सीए16/27/एस. 29/71, दिनांक 11.06.1971 द्वारा जारी की गई। केवल एक नाला अर्थात् दादरी नाला और दो बांध अर्थात् 1 जोरासी बांध और 2 कोजिंदा बांध को संरक्षित वन के रूप में अधिसूचित किया गया। फिर अधिसूचना एसओ 113/ सीए16/27/एस. 29/78, दिनांक 28.07.1978 द्वारा और नाम अधिसूचित किए गए (रेवाड़ी जिले के बांध इस सूची में शामिल थे)

1 जोरासी बांध, 2 कोजिंदा बांध, 3 डहीना बांध, 4 झरथल बांध, 5 कुंडल बांध नं. 1, 6 खोल नया बांध, 7. पढ़ने योग्य नहीं, 8 कुंडल बांध नं. 2, 9 धाधौन बलाणा बांध। फिर अधिसूचना संख्या एसओ 16/सीए16/27/एस. 29/83, दिनांक 9 3 1983 में और नाम जोड़े गए; 10 गनियाड बांध, 11 राजावास बांध, 12 भगडाना बांध, 13 पाली बांध, 14 महेंद्रगढ़ बांध, 15 नारनौल बांध, 16 गांवडी जाट बांध, 17 रोपड़ सरी बांध, 18 मुसनोता बांध, 19 मेघोत बींजा बांध, 20 दर्गू नांगल बांध, 21 कालबा बांध, 22 नैन बांध, 23 ढाणी चिमरवाली बांध, 24 छिलरो ढाणी बांध, 25 सरेली बांध, 26 सोढ़ा का नांगल बांध, 27 छापरा बीबीपुर बांध, 28 पांचनोता बांध, 29 नापला बांध , 30 धनचोली बांध, 31 धोलेडा बांध, 32 गावडी बांध, 33 एन/चौधरी के पास बादल बांध, 34 नायन बांध, 35 बसीरपुर बांध, 36 मुकुंदपुर बांध, 37 प्रोटेक्शन बांध ढाणी चिमनावली , 38 घाटासेर बांध, 39 गोधावली ढाणी बांध, 40 इशलामपुर बांध, 41 हामिदपुर बांध, 42 दताल बांध, 43 नियामतपुर बांध। फिर एसओ 61/सीए16/27/एस. 29/91 दिनांक 26.4.1991, जोड़ा गया, 44 कुडंल बांध नंबर 2, 45 मसित बांध, 46 राजगढ़ बांध, 47 साबी नदी बांध, और 48 हलाने बांध ।

संरक्षित वन के रूप में अधिसूचित बांधों की उपरोक्त सूची में और भी अधिसूचित बांध हो सकते हैं, कुछ अधिसूचनाएँ लेखक को उपलब्ध नहीं थीं। उप वन संरक्षक के रूप में काम करते समय हमारे पास हर बांध की चौड़ाई और लंबाई का उल्लेख करने वाली पूरी सूची होती थी, साथ ही बांध का नक्शा भी होता था जिसमें पूरा विवरण होता था। लेखक को याद है कि उस समय कार्यालय में पीएफ के लिए 1957 के दशक की अधिसूचनाएँ उपलब्ध थीं।

बांधों/तटबंधों के लिए ड्रेनेज की चर्चा के लिए, हम अरावली भूभाग को शहरीकृत दिल्ली सीमा से शुरू करते हुए निम्नलिखित उप-भू-आकृति विज्ञान क्षेत्रों में विभाजित करते हैं।

i. **फरीदाबाद अरावली का पूर्व दिशा में बहने वाला ड्रेनेज, 1.22.1.**

ii. **ग्वालपहाड़ी -बादशाहपुर नाला की बंधवारी घाटी ड्रेनेज. 1.22.2.**
iii. **गुड़गांव-सोहना डिप्रेशन. ड्रेनेज 1.22.3.**
iv. **मानेसर-ग्वालियर-मोकलवास ड्रेनेज । 1.22.4.**
v. **ताउरू-इंदोरी बेसिन. ड्रेनेज 1.22.5.**
vi. **नूंह-एफपी झिरका घाटी (लोहिंगा डिप्रेशन शामिल) ड्रेनेज 1.22.6.**
vii. **रेवाड़ी की पृथक अरावली और जटूसाना-रतनथल डिप्रेशन । 1.22.7.**
viii. **नांगल दर्गू-नारनौल- डोसी से लहरोदा । 1.22.8.**
ix. **महेंद्रगढ़-दादरी-तोशाम। 1.22.9.**

1.22.1. फरीदाबाद अरावली ड्रेनेज पूर्व की ओर यमुना नदी में बहती है

अरावली पहाड़ियों से निकलने वाली जलधाराओं पर बनाए गए तटबंध हैं (क) बड़कल नया बांध और बड़कल पुराना बांध जिसका वर्णन बड़खल झील मद 1.21.5 में किया गया है। (ख) क्रमांक 10 पाली- **पाखल बांध**, क्रमांक 11 धौज पुराना बांध, क्रमांक 13 **धौज** नया बांध, और क्रमांक 12 कोट बांध, मद 1.17 में वर्णित है, जहाँ दिल्ली गजेटियर (1883-84) उद्धृत किया गया था और (सी) सूरजकुंड झील में वर्णित सूरजकुंड बांध, मद 1.21.6। ये सभी बांध अब फरीदाबाद जिले में स्थित हैं।

बादशाहपुर थेटर के दक्षिण-पूर्व में बाँध गुड़गांव सीमा पर खेरलीलाला और मुंडावर बांध गुड़गांव जिले में हैं, कुलियाका गांव के पश्चिम में बांध भी गुड़गांव जिले में है, लेकिन बारिश का पानी दक्षिण-पूर्व दिशा में बहता है। अधिसूचित अधिकांश बांध यमुना नदी के ड्रेनेज क्षेत्र में हैं। मद 1.17 में बुढिया नदी जल निकासी का उल्लेख है, उस पाठ में फरीदाबाद अरावली से बहने वाले विभिन्न नालों का भी उल्लेख किया गया है, इसके लिए मानचित्र 1.6 पर एक ड्रेनेज रेखाचित्र मानचित्र रखा गया है। शहरी क्षेत्रों में भांकरी क्षेत्र से नीचे की ओर धाराएँ बहती हैं। पालीवाला नाला दक्षिण और फिर दक्षिण-पूर्व की ओर बहने वाला अब पाली क्षेत्र में समाप्त हो जाता है, अरावली पहाड़ियों के जलग्रहण क्षेत्र में पत्थर क्रशरों के कारण अपवाह की आपूर्ति कम हो गई है।

गुड़गांव गजेटियर, 1910 को 1998 में अद्यतन करके पुनः मुद्रित किया गया, जिसमें उल्लेख किया गया है कि भांकेरी और पाली हिल्स पर से नीचे आ रही जलधारा कोविनियमित किया ताकि गौंछी मुख्य ड्रेन मे गिरे । मांगर घाटी के बरसाती पानी को घाटी में मिलाकर धौज के पास एक बाँध बनाया गया जो झील जैसा दिख रहा था। 1947 में पुराने बाँध के ऊपर की ओर एक बड़ा **धौज बन्ध का** निर्माण घाटी के आर पार किया है। एक शाखा सेइस बाँध से 35 क्यूसेक पानी निकलता है । यह भी कहा गया गुड़गांव कैनाल के नीचे एक साइफन उपलब्ध कराया गया है। आर डी 39930 पर नहर साईफन से अधिक पानी निकलता है उसे नाला गाोछी मुख्य ड्रेन में डाला है। धौज बांध, फरीदाबाद जलग्रहण क्षेत्र अनियंत्रित खनन, उद्योगों और निर्माण गतिविधियों के कारणो ये ग्रसित है। इन सभी बांधों को संरक्षित वन के रूप में अधिसूचित किया गया है और प्रबंधन के लिए वन विभाग को हस्तांतरित किया गया है।

भोरवाला जोहड़ क्षेत्र से पूर्व की ओर बहने वाली धाराएँ और सतीवाला जोहड के मांगर क्षेत्र से दक्षिण-पूर्व की ओर एक धारा बहती थी, पीरवाला जोहड क्षेत्र से धार कोट घाटी से उत्तर-पूर्व की ओर बहने वाला उस तटबंध मे समाहित होती है, कोट बांध को वर्षा जल के उपयोग के लिए ऊंचा किया गया था। **कोट बांध को** 1929 में मजबूत किया गया था। जुलाई 1972 में मूसलाधार बारिश के कारण , यह बाँध टुटा और सड़क बह गई और पुल में दरारें आ गईं, जिससे गुड़गांव नहर कई स्थानों की क्षति हुई। 1972-73 मे बांध की मरम्मत की गई थी और मजबूत हुआ और 1974 मे उपर उठायागया व बांध को एक जल निकासी तन्त्र प्रदान किया गया। सेहराला ड्रेन या सैलानी नाले से कोट के अधिक जल को मुख्य गौंछी ड्रेनमेडाला।

भूरेवाला जोहड से दक्षिण की ओर बहती धारा और गोथडा मोहबताबाद से पूर्व की ओर बहने वाली अन्य नदियां पाखल बांध में मिलती हैं । पाखल बांध को वैसट वैयर प्रदान किया गया । पाखल बंध. में खनन, उद्योग और अन्य गैर-वानिकी कार्यो के कारण जलग्रहण क्षेत्र खंडित हो गया है। शहरी निर्माण ने जलग्रहण क्षेत्र पर अतिक्रमण कर लिया है और जल निकासी व्यवस्था बर्बाद हो गई है।

1.22.2. ग्वाल पहाड़ी-बंधवारी भूजल पुनर्भरण घाटी ड्रेनेज

स्थलाकृति से पता चलता है कि यह घाटी लाखों वर्षो से लगातार भूगर्भीय क्रियाकलापों और कटाव के तहत भूभाग के प्राकृतिक भूआकृति विज्ञान विकास के बाद बनी है। इस प्राकृतिक प्रक्रिया में भूवैज्ञानिक लिन्यांमेन्ट, कमज़ोर संरचनात्मक संरचनाएँ और विशेषताएँ प्रकृति के नियमों का पालन करती हैं; जहाँ चट्टानें अपक्षयित, टुटी हुई, और भूवैज्ञानिक सिद्धांतों के अनुसार कटाव हुआ (अध्याय 3 देखें) और भूजल क्षेत्र की लिथो-इकाइयों की संरचनात्मक विशेषताओं के अनुसार उपसतह संरचनाओं में अवशोषित हो गया। यह घाटी **बादशाहपुर नाला जलग्रहण क्षेत्र** का हिस्सा है।

अधिकांश जलग्रहण क्षेत्र पंजाब भूमि संरक्षण अधिनियम, 1900 की धारा 4 और 5 के अंतर्गत अधिसूचित हैं (अध्याय 5 देखें)। विश्व बैंक द्वारा सहायता प्राप्त परियोजना और बाद में यूरोपीय संघ द्वारा वितपोषित अरावली परियोजना के अंतर्गत बड़े पैमाने पर वृक्षारोपण

किया गया, जिसे 18.3.2004 को सर्वोच्च न्यायालय के निर्णय और उसके बाद मे भी डीमड वन क्षेत्र घोषित किया गया। यह क्षेत्र दिल्ली की सीमा से सटा हुआ है। शहरीकरण निर्माण जारी रखने के लिए सर्वोच्च न्यायालय के निर्णयों और कानूनों को कहीं भी नहीं माना जा रहा है, जहाँ कानून और सर्वोच्च न्यायालय के आदेशों का उल्लंघन करते हुए वन भूमि का गैर-वानिकी उपयोग किया जा रहा है।

पहले के समय में दिल्ली की ओर अरावली पहाड़ियों में भी कई बाँध बनाए गए थे, जैसे जूनापुर बाँध, गदाईपुर बाँध, डेरा मंडी बाँध, भाटी खुर्द बाँध, आसोला बाँध आदि। ये सभी बाँध इस घाटी में भूजल पुनर्भरण का भी हिस्सा थे। इस जलग्रहण क्षेत्र से बहने वाली नदियाँ बादशाहपुर नाला में मिलती थीं , जो अंततः नजफगढ़ झील में शामिल हो जाता था ।

गुड़गांव की तरफ बनाए गए बांध थे (1) ग्वाल पहाड़ी बांध, (2) घाटा बांध, (3) बंधवारी बांध, (4) बहरामपुर बांध, आदि। अब कई ऊंची इमारतें, कोलोनाइजेश्न, आलीशान फार्महाउस और भू-माफियाओं द्वारा बड़े पैमाने पर निर्माण के कारण वर्षा जल का प्रवाह रुक गया है। इस घाटी में भारत के प्रसिद्ध लोगो ने कब्जा किया हुआ हैं, जिन्होंने प्रकृति को लूटने के लिए निर्माण कार्य किए हैं। भूजल पुनर्भरण संरचनाएं अवरुद्ध हो गई हैं, बर्बाद हो गई हैं, या गायब हो गई हैं। जब भूजल पुनर्भरण अवरुद्ध हुआ, तो बलियावास का जल स्तर खतरनाक दर से गिरा, दशकीय (2012 से 2022) गिरावट - 25.90 मीटर थी।

1.22.2.1 बंधवाडी बांध । गुड़गांव गजेटियर में 'बंधवाडी बांध' के बारे में विस्तृत जानकारी दी गई है तथा बताया गया है कि इसका उपयोग गुड़गांव शहर को बाढ़ से बचाने के लिए कैसे किया गया। उस दौरान बारिश के कारण छोटी-छोटी स्थानीय नदियाँ आपस में मिल गईं और घाटा बांध से नीचे की ओर बहने लगीं, जो गुड़गांव से लगभग 13 किलोमीटर दक्षिण-पूर्व में वजीराबाद गांव से परे अरावली पहाड़ियों पर स्थित है । इसके अलावा कटाव के कारण नदियाँ घाटा बांध में ख़तरनाक ढंग से भर जाती हैं; अधिक पानी झाड़सा-मैदावास बांध में छोडना पड़ता जो उपनगर की सीमा पर स्थित व गुड़गांव शहर की रक्षा करता है । 1972 मे अत्यधिक बारिश के पानी ने गुड़गांव शहर के लिए एक गंभीर खतरा पैदा किया । बंधवारी बांध नं. II घाटा गांव के ऊपर की ओर स्थित है। जिसकी डिजाइन इस क्षेत्र के रन-ऑफ व कटाव को रोकना और घाटा बांध मे आने वाले बाढ़ को कम करना था । 4.35 लाख' रूपये के कुल व्यय के साथ 1973 मे पुरा किया । धुलन्टी नाला और कौंसट नाला का बरसाती पानी बंधवारी के दो बंधों में एकत्रित होता था।

धुलंटी नाला । बंधवाडी अरावली पहाड़ियों के दक्षिण में गोसाईवाला जोहड़, उत्तर और दक्षिण की ओर बहने वाली धाराओं के लिए जल विभाजक के करीब है। अरावली मे कटाव पैदा करने के बाद जल धाराएँ शायद लिथो-इकाइयों के अनुसरण के बाद उत्तर-पूर्वी मे बहनी शुरू होती हैं और लगभग 26 छोटी धाराएँ धुलंटी नाले में मिल जाती हैं । अरावली पहाड़ियों के बाद नाला फिर भुड मे प्रवेश करता है, बहरमपुर की ओर उत्तर-पश्चिम की ओर मुड़ने वाली भूड क्षेत्र की नदियाँ कुछ दूर तक उत्तर की ओर बहती हैं और पश्चिम की ओर से बंधवाडी और बलोला के पूर्व से बहने वाली धाराएँ इसमें मिल जाती हैं। कुछ दूर बहने के बाद घाटा की ओर से पूर्व की ओर बहने वाली धाराएँ इसमें मिल जाती हैं। एक अन्य प्रमुख कान्साट नाला इसके साथ मिलकर उत्तर और फिर उत्तर-पूर्व दिशा में प्रवाह को बदल देता है, जिससे पानी और कटाव सामग्री की मात्रा बढ़ जाती है। पुराने नक्शों में बंधवाडी घाटी क्षेत्र में इन नालों पर दो बांध दिखाए गए थे, जिनमें भूजल को रिचार्ज करने के लिए एक बड़े क्षेत्र में जलाशय में उचित पानी फैला हुआ था। ग्वाल पहाड़ी से दक्षिण की ओर बहने वाली कई धाराएँ और ग्वाल पहाड़ी ढाणी से दक्षिण-पश्चिम की ओर बहने वाली **ली नाला** इस भूमि-रुद्ध नाले में मिलकर इसे एक प्रमुख भूजल रिचार्जिंग क्षेत्र बनाती हैं। दिल्ली के आयानगर (दिल्ली) अरावली पहाड़ियों से आने वाली धाराएँ ग्वाल पहाड़ी में दक्षिण की ओर बहती हैं और इस रिचार्ज ज़ोन में उछाल मारती हैं।

कौंसट नाला । बिल्लावाला जेहड से जल धाराये उत्तर-पूर्व की ओर बहती है और बंधवाडी गांव के पूर्वी हिस्से से होकर पश्चिम की ओर बहने वाली लगभग 5 धाराएं इसमें मिलती हैं, अरावली पहाड़ियों को छोड़कर भूड क्षेत्र में प्रवेश करने के बाद यह पश्चिम दिशा में बहना शुरू कर देती है और खरक पहाड़ियों से दक्षिण-पश्चिम की ओर बहने वाली एक अन्य धारा इसमें मिल जाती है। कौंसट नाला और फिर उत्तर-पश्चिम की ओर बहने के बाद यह धुलंटी नाला में विलीन हो जाती है । हालाँकि, खरक के उत्तर-पूर्व में रोहट नाला के नाम से जानी जाने वाली एक और नदी दिल्ली क्षेत्र में उत्तर-पूर्व की ओर बहती है और डेरा मंडी की ओर बहती है। पुराने नक्शे और अभिलेखों से पता चलता है कि यह नदी उत्तर-पश्चिम की ओर बहती है और फिर धुलंटी नाला में विलीन हो जाती है। इस घाटी में जल संरक्षण और भूजल पुनर्भरण के लिए इस नाले पर बांध बनाया गये थे।

1 .22.2.2. ग्वाल पहाड़ी बांध । 1883 के गुड़गांव गजेटियर में वर्णन के अनुसार इस बांध की मरम्मत दिल्ली समिति द्वारा की गई थी। वन विभाग ने इसके जलग्रहण क्षेत्र के आसपास संरक्षण उपाय किए, लेकिन एक शक्तिशाली भू-माफिया लॉबी के दबाव ने अधिकांश क्षेत्र पर कब्जा कर लिया और धीरे-धीरे लोग इस बांध को भूल गए। शक्तिशाली व्यक्तियों/भूमि हड़पने वालों द्वारा अनियंत्रित/शहरीकरण ने जलग्रहण क्षेत्र के साथ-साथ बांध के जलाशय क्षेत्र पर भी अतिक्रमण कर लिया है। तथाकथित संरक्षण नागरिक समाज संगठनों ने भी इस पर्यावरण-नाज़ुक भूमि पर कब्ज़ा कर लिया है। पुराने नक्शों में इस बांध को दिखाया गया था और अब भूमि हड़पने वालों ने इसे पूरी तरह से बर्बाद कर दिया है।

1.22.2.3 बहरामपुर तटबंध । अरावली पहाड़ियों से कई (लगभग 18) धाराएं और जलधाराएं भंवरो नाले में गोसाईवाला जोहड़ से उत्तर की ओर बहना शुरू होती हैं और जब यह नाला भूड क्षेत्र में प्रवेश करता है तो उत्तर-पश्चिम दिशा की ओर मुड़ जाता है और बहरमपुर बांध में पानी जमा हो जाता है। । एक और छोटा सा भवरो नाला (पश्चिम) भी उत्तर की ओर बहता है और इसमें मिल जाता है। यह छोटे जलग्रहण क्षेत्रों से पानी इकट्ठा करने और भवरो (पूर्व) प्रमुख नाले की तुलना में इसमें मिलने वाली धाराओं की संख्या में कम है । बांध भूजल पुनर्भरण के साथ-साथ नीचे के क्षेत्रों में कटाव को कम करने के लिए सिंचाई के लिए पानी उपलब्ध कराने का एक अच्छा स्रोत थे। वर्तमान में क्षेत्र में बड़े पैमाने पर कोलोनाइजेशन् की वजह से भूजल पुनर्भरण की उपेक्षा की जाती है।

1.22.2.4. घाटा बांध । इस पुराने बांध की मरम्मत गुड़गांव गजेटियर, 1883 में बताए अनुसार की गई थी, "घाटा बांध बादशाहपुर नाला के उपर "घाटा के पास, अच्छी लागत के साथ एक चिनाई जलद्वार और सिंचाई चैनल पर 7500 रूपये खर्च किए गए थे। चिनाई सलाइस गेट बरकरार है और 1990 में जलाशय क्षेत्र एक सुंदर झील की तरह दिख रहा था। घाटा गांव के पूर्व में अरावली पहाड़ियों से दक्षिण-पश्चिम में बहने वाली धाराएं इस बांध में गिर रही थीं। शहरीकरण से पहले अरावली पहाड़ियों से कई धाराएं इस बांध के पानी को बढ़ाने के लिए दक्षिण-पश्चिम में बहती थीं । यह बांध जलाशय ली नाला पर एक झील की तरह दिखता था और इसकी सहायक नदियां घाटा अरावली से दक्षिण-पश्चिम दिशा में बहकर इस क्षेत्र में पानी फैलाती थीं। अब अतिक्रमणकारियों ने इस क्षेत्र में कब्ज़ा कर लिया है, यहां तक कि बांध का बचना भी कुछ समय की ही बात है। फार्महाउसों और कोलोनाइजेशन् के कारण जलग्रहण क्षेत्रों के बड़े पैमाने पर विनाश ने जलग्रहण क्षेत्र को खंडित कर दिया और वर्षा जल अपवाह अब नगण्य है। शहरीकरण ने ड्रेनेज को पूरी तरह से बर्बाद कर दिया है।

1.22.3. गुड़गांव-सोहना डिप्रेशन ड्रेनेज

बादशाहपुर नाला कई अन्य जलधाराओं के साथ इस डिप्रेशन में पश्चिम की ओर (उत्तर-पश्चिम के साथ-साथ दक्षिण-पश्चिम) बह रहा है। रिठौज-धामडोज से बहता हुआ वर्षा जल सोहना घाटी में दक्षिण की ओर बहता है और फिर नूंह घाटी में चला जाता है। भौंडसी- टिकली और गुड़गांव क्षेत्र के उत्तर में वर्षा जल के साथ बहता हुआ नाला उत्तर-पश्चिम की ओर बहकर नजफगढ़ झील में मिल जाता है।

1.22.3.1. नाथूपुर बांध । रजोकरी के उत्तर और पूर्व में उत्तर-पश्चिम दिशा में बहने वाली धाराएँ गहरी दिखने वाली खाइयों के साथ भूमि को काटती हुई घाटी जैसी संरचना में बदल जाती थीं और राष्ट्रीय राजमार्ग (एनएच 8 बाईपास) को पार करते हुए और समालखा क्षेत्र के उत्तर से गुजरते हुए पुराने एनएच 8 को पार करते हुए रेतीले इलाके में घाटी जैसी संरचना का रूप ले लेती थीं और फिर बिजवासन के खेतों के उत्तर में रेलवे लाइन के सामने फैल जाती थीं । पुराने रिकॉर्ड बताते हैं कि नजफगढ़ झील में अपवाह का पानी उत्तर-पश्चिम दिशा में बहता था, लेकिन धीरे-धीरे जलग्रहण क्षेत्र में निर्माण के कारण अपवाह के पानी की मात्रा कम हो गई। यह नाला पीछे हट गया और बाढ़ के मैदानों में समाप्त हो गया।

सिकंदरपुर घोसी क्षेत्र से अरावली पहाड़ियों से बहने वाली धाराएँ उत्तर-पश्चिम की ओर बहती थीं और नाथूपुर अरावली से एक और नाला पश्चिम की ओर बहता था और अन्य क्षेत्रों से बहते पानी के साथ मिलकर उपसतह जल को रिचार्ज करता था। नाथूपुर गाँव के पश्चिम में एक मिट्टी का बांध (तटबंध) बनाया गया था जिसे पीएफ के रूप में अधिसूचित किया गया था। बांध लगभग 1450 मीटर लंबा NE-SW दिशा में विस्तार है। अब शहरीकरण (डीएलएफ -3) के कारण बांध गुमनामी में है। पहले यह सिरहौल गांव के उत्तर में राष्ट्रीय राजमार्ग 8 (बाईपास) को पार करता था, जो अब उद्योग विहार है। वन विभाग ने बाहरी सहायता प्राप्त परियोजनाओं और अन्य राज्य और केंद्रीय योजनाओं के तहत जलग्रहण क्षेत्र में वनरोपण किया। पांच सितारा होटल, वाणिज्यिक मॉल और तेजी से फैलते शहरीकरण ने अरावली जैव विविधता पार्क को छोड़कर लगभग संपूर्ण ड्रेनेज प्रणाली पर कब्जा कर लिया है।

नाथुपुर और सिकंदरपुर घोसी की अरावली पहाड़ियों से निकलने वाली जलधाराएँ दिल्ली की सीमा से कुछ दूर उत्तर-पश्चिम दिशा में बहती हैं, लगभग छह जलधाराएँ उत्तर-पश्चिम दिशा में बहते हुए इस नाले से मिलती हैं, तथा सात जलधाराएँ पश्चिम दिशा में बहते हुए दो नालों का निर्माण करती हैं और फिर दक्षिण-पश्चिम दिशा में मुख्य *नाले* से मिलकर नाथुपुर बाँध जलाशय क्षेत्र में मिल जाती हैं। अब शहरीकरण के कारण वे अपनी प्रासंगिकता खो चुके हैं। पहले एक प्रमुख नाला दिल्ली की सीमा पर NH 8 बाईपास (नब्बे के दशक में निर्मित) को पार करते हुए गहरी खाई के माध्यम से बहता था, जो पहले दिल्ली गुड़गांव रेलवे लाइन को पार करते हुए उत्तर-पूर्व दिशा में डूंडाहेड़ा के उत्तर और कापसहेड़ा के दक्षिण में बहता था। (संभवतः नजफगढ़ नाले में मिल जाता था) ।

1.22.3.2. चकरपुर बांध । चकरपुर बांध को संरक्षितवन के रूप में अधिसूचित किया गया है। सिकंदरपुर घोसी अरावली से दक्षिण-पश्चिम की ओर बहने वाली अरावली की धाराएँ और चकरपुर अरावली पहाड़ियों से पश्चिम की ओर बहने वाली छोटी नदियाँ चकरपुर गाँव के दक्षिण-पूर्व में स्थित एक 'एल' आकार के बांध (एक भुजा उत्तर-पूर्व-दक्षिण-पश्चिम में और दूसरी भुजा उत्तर-दक्षिण में) द्वारा एकत्रित की गई थीं। अब जलाशय की ओर का पूरा क्षेत्र कोलोनाइजेशन् मे आ चुका है और इस बांध की लंबाई और चौड़ाई के साथ अतिक्रमण की भरमार है (डीएलएफ फेज 1 और 4 और सुशांत लोक जिसमें कई शक्तिशाली व्यक्तियों की सोसायटियाँ शामिल हैं, जिनके लिए पीएफ के पेड़ उतने महत्वपूर्ण नहीं हैं, बिना वन संरक्षण अधिनियम के तहत किसी भी प्रकार की अनुमति लिए बांध का गैर-वानिकी गतिविधियों के रूप में उ कोलोनाइजेशन् के लिए उपयोग करना) / अब एकमात्र रास्ता बचा है कि इसकी लंबाई और चौड़ाई का सीमांकन करना और बांध के दोनों ओर

एक स्थायी दीवार का निर्माण करना है । जलग्रहण क्षेत्र को पी.एल.पी. अधिनियम की धारा 4 और 5 के अंतर्गत भी अधिसूचित किया गया है तथा सर्वोच्च न्यायालय के 18.3.2004 के निर्णय द्वारा इसे डीमंडवन माना गया है, जहां अरावली परियोजना के अंतर्गत भी वृक्षारोपण किया गया था।

डीएलएफ चरण 1 और 4 द्वारा शहरीकरण, बाढ़ के मैदानी इलाकों में बसे हुडा (एचएसवीपी) सेक्टरों ने इस बांध की ओर बारिश के पानी के बहाव को रोक दिया है। इससे भूजल का पुनर्भरण रुक गया। इस क्षेत्र में शहरीकरण के कारण, जल स्तर में खतरनाक गति से गिरावट आई है, जो 1974 के दौरान 17.5 मीटर था, जो जून 2022 में घटकर -74.75 मीटर हो गया, जिसमें दशकीय गिरावट -54.70 मीटर है। [177]शहरीकरण ने भूजल के पुनर्भरण को रोक दिया है और जलभृत में भविष्य के परिणामों जैसे कि क्षेत्र में धंसाव के लिए बहुत बड़ी घटना हो सकती है।

1.22.3.3. वजीराबाद बांध । पीएफ नोटिफिकेशन के क्रमांक 51 पर वजीराबाद बांध का उल्लेख है संरक्षित वन के रूप में । बंधियावाला जोहड से जलधाराएँ हयातपुर और वजीराबाद के अरावली वन क्षेत्र पश्चिम की ओर बहते हैं और कुछ दक्षिण की ओर झुके हुए हैं। वजीराबाद गांव के उत्तर-पूर्व में बांध बनाए गए हैं और बांध के पास एक मंदिर है । खोलीवाला बाबा क्षेत्र की नदियां और गांव के उत्तर-पूर्वी हिस्से से निकलने वाली छोटी नदियां भी शहरीकरण के कारण अवरुद्ध हो गई हैं। अरावली परियोजना, सामाजिक वानिकी परियोजना और वन विभाग द्वारा अन्य राज्य/केंद्रीय योजनाओं के तहत जलग्रहण क्षेत्र में वनरोपण किया गया। जलग्रहण क्षेत्र को पीएलपी अधिनियम की धारा 4 और/5 के तहत अधिसूचित वन माना जाता है, इन्हें 18.3.2004 के सर्वोच्च न्यायालय के निर्णय के तहत डीमडवन माना जाता है।

चकरपुर और वजीराबाद दोनों बांध धनुष के आकार के दिखते हैं। सुसांत लोक जैसी कॉलोनियों द्वारा शहरीकरण, डीएलएफ प्रथम चरण ने ड्रेनेज सिस्टम के वर्षा जल अपवाह को अवरुद्ध कर दिया जिससे भूजल पुनर्भरण में रुकावट आई। परिणामस्वरूप जल स्तर में गिरावट आई, जो 1974 में 12.10 मीटर था और 2022 में घटकर 43.85 मीटर रह गया, जिसमें दशकीय गिरावट -31.55 मीटर थी। जमीन के नीचे अरावली पहाड़ियों की चट्टानें छिद्रपूर्ण और पारगम्य नहीं हैं, इसलिए जब जलोढ़ में संग्रहीत पानी निकाला जाता है तो इस क्षेत्र में भूजल मिलने की संभावना कम होती है।

1.22.3.4. झाड़सा-मैदावास बांध - गुड़गांव गजेटियर, 1883 में उल्लेख है कि इस बांध की मरम्मत 1879 के दौरान की गई थी। गुड़गांव गजेटियर, 1910 (पुनर्मुद्रित 1998) इस बांध का उल्लेख झाड़सा-मैदावास बांध के रूप में किया गया है । पुराने रिकॉर्ड में 1957 के दौरान इस बांध की पीएफ अधिसूचना दिखाई गई थी, जिसमें बांध के अधिसूचित क्षेत्र की लंबाई और चौड़ाई का उल्लेख किया गया था (लेखक को याद है कि यह लाल सड़क की ओर नीचे की तरफ 70 फीट चौड़ी पट्टी के साथ लंबाई में 12 किलोमीटर है)। सिंचाई के लिए निर्मित दो नहरें, सिविल लाइंस में नहर नंबर 1 स्लाइस गेट और एनएच 8 पर राजीव चौक के पास स्लाइस गेट के साथ नहर नंबर 2 को भी पीएफ के रूप में अधिसूचित किया गया था, अब दोनों नहर क्षेत्र शहरीकृत हो गए हैं और जमीन पर दिखाई नहीं देते हैं। बाद में, वन विभाग की अधिसूचना ने इसके साथ-साथ इसकी दो नहरों, गुड़गांव नहर नंबर 1 बांध, गुड़गांव नहर II बांध का उल्लेख करते हुए संरक्षित वनों को फिर से अधिसूचित किया। बाहरी दबाव में धीरे-धीरे रिकॉर्ड गलत जगह पर रख दिए गए या नौकरशाहों द्वारा अनदेखा कर दिए

यह बाँध संभवतः 1753 (1883-150=1753) के दौरान बनाया गया था, एक लम्बे मिट्टी के बाँध के रूप में (12 किलोमीटर जिसकी जानकारी बुजुर्गों ने दी है तथा पुराने सरकारी नक्शों में भी अंकित है) राजकीय महिला महाविद्यालय, आईटीआई परिसर तथा सिंचाई कॉलोनी के पीछे से शुरू होकर उत्तर-दक्षिण दिशा में उत्तर-पूर्व दिशा में आगे बढ़ता हुआ, इस्लामपुर से पहले यह गाँव को बाढ़ से बचाने के लिए दक्षिण-पूर्व दिशा में मुड़ता है, पुनः उत्तर-पूर्व दिशा में आगे बढ़ता है, फिर उत्तर-दक्षिण दिशा में आगे बढ़ता है (गुड़गांव-सोहना रोड के पूर्वी तरफ) गाँव घसौला तथा दो आधारों के दक्षिण से आगे बढ़ता हुआ यह मेदावास (स्थानीय लोग से इसे ' भुवापुर भी कहते है) गांव के पश्चिम तक, बादशाहपुर गाँव के उत्तर -पूर्व दिशा में तथा मेदावास के उत्तर-पश्चिम दिशा में आगे बढ़ता है । यह बांध सैकडो वर्ष पूव भारी बारिश के कारण टूट गया था जैसा कि बादशाहपुर नाला के साथ वर्णित है ।

गुड़गांव शहर की सुरक्षा के अलावा, इसने बादशाहपुर के उत्तर में गुड़गांव, झाड़सा, इस्लामपुर, फतेहपुर, फाजिलपुर, घासोला और मेदावास जैसे कई गांवों और सिविल लाइंस की भी सुरक्षा की। अब हुडा सेक्टर 15 फेज 1 और 2, देवीलाल स्टेडियम, कई कॉलोनाइजेशन ने बांध के कुछ हिस्सों को समतल कर दिया है और अधिसूचित वन भूमि के अवैध हिस्सों का उपयोग कर रहे हैं। सेक्टर 46, 47, 49, 50, 51 और 52 के विकास ने इसके जलग्रहण क्षेत्र में पानी के प्रवाह को खंडित और अवरुद्ध कर दिया है। 1974 के दौरान गुड़गांव का जल स्तर 15.54 मीटर था, शहरीकरण द्वारा भूजल पुनर्भरण के रुकने के कारण यह 2022 में 48.07 मीटर तक गिर गया, जिसमें दशकीय गिरावट -32.53 मीटर थी। बादशाहपुर गांव का जल स्तर 1974 में 6.10 मीटर था, जो -22.50 मीटर की दशकीय गिरावट के साथ 2022 के दौरान -28.60 मीटर तक गिर गया है।

1.22.3.5. कादरपुर बांध । अरावली की तलहटी के पश्चिमी किनारे पर स्थित यह गाँव कादरपुर है । वन विभाग ने कादरपुर बांध संख्या I और कादरपुर बांध संख्या II को संरक्षित वन के रूप में अधिसूचित किया है। कादरपुर गाँव के पूर्वी किनारे पर अरावली की पहाड़ियों में लगभग 315 मीटर ऊँचा जल विभाजक है, जहाँ उत्तर-पश्चिम दिशा में धाराएँ बहकर कादरपुर गाँव के दक्षिण में रेवाइन का निर्माण करती

हैं। इस बाँध को खुला 'U' आकार देने के लिए कईचरणों में ईमबेन्क्मेन्ट बनाए गए थे , जबकि मुख्य बाँध उत्तर-दक्षिण दिशा में है और बाँध के उत्तरी किनारे पर उत्तर-पूर्व में और दक्षिणी किनारे पर दक्षिण-पश्चिम में ईमबेन्क्मेन्ट बनाए गए थे। बाँध के निर्माण से पहले ये नाले बादशाहपुर नाले में मिलते थे, बाँध को ऊँचा करने के बाद निचला क्षेत्र कटाव से बच गया और सिंचाई के लिए ग्रामीणों के कुओं में भूजल का पुनर्भरण हुआ। कोलोनाइजेश्न, केंद्रीय पुलिस बल और कई भू-माफियाओं के निर्माण ने क्षेत्र की ड्रेनेज को अवरुद्ध कर दिया, इसलिए भू-पुनर्भरण अवरुद्ध हो गया जिसके परिणामस्वरूप क्षेत्र में जल स्तर में तेजी से गिरावट आई।

1.22.3.6. फाजिलपुर बांध । यह तटबंध भी संरक्षित वन के रूप में अधिसूचित है। यह बांध फाजिलपुर गांव के पूर्वी किनारे पर स्थित है। अरावली पहाड़ियों से आने वाले वर्षा जल से होने वाली बाढ़ और मैदानी क्षेत्र में कटाव से फाजिलपुर गांव को बचाने के लिए इस बांध को बनाया गया था। इस बांध ने क्षेत्र में भूजल को रिचार्ज करने में मदद की। अब भू-माफियाओं ने बांध जलाशय क्षेत्र पर अतिक्रमण कर लिया है और शहरीकरण ने जल संरक्षण के महत्व को भुला दिया है ।

1.22.3.7. गैरतपुर बास बांध । गुड़गांव गजेटियर में उल्लेख है, "इस बंड का निर्माण 1930-31 में अकाल कार्य राहत के रूप में किया गया था। यह 1,676 मीटर लंबा है। यह बादशाहपुर के दक्षिण में गुड़गांव-अलवर रोड पर गैरतपुर बास गांव के पास है [178]"। इस बांध को संरक्षित वन क्षेत्र के रूप में भी अधिसूचित किया गया था। जल विभाजन सकतपुर अरावली पहाड़ियों से दक्षिण में गैरतपुर बास तक 314 से 338 मीटर तक पहाड़ियों के माध्यम से चलता है, जिसमें पूर्व और उत्तर-पूर्व में उत्तर दिशा में बहने वाली अपवाह धाराएं अरावली पहाड़ियों से गैरतपुर बास- टिकली घाटी में बहती हैं। बांध NW-SE दिशा में थोड़ा झुका हुआ था, जो इस गांव के तीन तरफ से अरावली से बहने वाले पानी को बनाए रखने और संरक्षित करने के लिए पूर्व- पश्चिम दिशा में फैल रहा था गैरतपुर- टिकली बांध के पूर्वी छोर पर जलग्रहण क्षेत्र में, फार्महाउस बन गए हैं। बड़े पैमाने पर फार्महाउस की चारदीवारी ने वर्षा जल के बहाव को रोक दिया है। क्षेत्र के कोलोनाइजेश्न ने भूजल पुनर्भरण को अवरुद्ध कर दिया है। परिणामस्वरूप जल स्तर जो 1974 में 15.62 मीटर था, अब 2022 के दौरान घटकर 33.10 रह गया है, जो कि दशकीय गिरावट -17.48 मीटर है।

1.22.3.8. रिठौज बांध I और II । रिठौज गांव के पास स्थित बांध की मरम्मत 1928-1929 के दौरान की गई थी । इसे वन विभाग द्वारा प्रबंधन के लिए संरक्षित वन के रूप में अधिसूचित किया गया था। रिठौज के पास चार बांध हैं, जिनमें से एक गांव के पास पूर्वी दिशा में स्थित है। भीमगोडिया जोहड से अरावली पहाड़ियों से आने वाली धाराओं के पानी को संरक्षित करना । एक और बाँध गाँव के उत्तर में उत्तर-पश्चिम से दक्षिण-पूर्व विस्तार में है, यह बाँध अरावली पहाड़ियों से दक्षिण-पश्चिम दिशा में बहने वाले पानी को रोकता है। रिठौज गाँव के पश्चिम में उत्तर-दक्षिण विस्तार वाला एक और बाँध है । एक बाँध पूर्व-पश्चिम विस्तार के साथ है जिसका पश्चिमी भाग उत्तर की ओर मुड़ता है और इसका उपयोग सड़क के रूप में किया जाता है। बाँध I और II का जलग्रहण क्षेत्र फार्महाउसों और शहरीकरण के कारण खंडित हो गया है, इससे वर्षा जल का प्रवाह अवरुद्ध हो गया है और भूजल पुनर्भरण में बाधा आई है। जल स्तर जो 1974 में 6.90 मीटर था, 2022 में घटकर 35.80 हो गया, जिसमें दशकीय गिरावट -28.70 मीटर है।

1.22.3.9. बहलपा बांध इस बांध का निर्माण 1929-30 के दौरान बाढ़ और कटाव नियंत्रण उपाय के रूप में किया गया था, जैसा कि गुड़गांव गजेटियर 1910 (1998 में अपडेट किया गया) में उल्लेख किया गया है और इसे संरक्षित वन के रूप में अधिसूचित किया गया है। उत्तर-पश्चिम से उत्तर-पश्चिम-से-दक्षिण-पूर्व विस्तार के साथ बहलपा गाँव के दक्षिण-पश्चिम में स्थित है, उत्तर में एक तटबंध उत्तर-पूर्व की ओर और दक्षिण-पूर्व दिशा में एक दक्षिणी तटबंध है। दक्षिण-पश्चिम दिशा में बहने वाली अरावली पहाड़ियों से आने वाली धाराएँ संग्रहित की जाती थीं, जो मेहंदवारी नदी से मिलती थीं, जो (पहले के समय में) दक्षिण की ओर बहती थी ।

1.22.3.10. दमदमा बांध और दमदमा नहर बांध । इन बांधों को संरक्षित वन के रूप में अधिसूचित किया गया था। जलग्रहण क्षेत्र का विवरण मद 1.20, मेहंदवारी नदी में दिया गया है । इस बांध का उपयोग अरावली पहाड़ियों से भारी वर्षा के पानी को संग्रहीत करने के लिए किया जाता है। पहले मछली पालन भी शुरू किया गया था, लेकिन अब मछली तालाब बंद हो गए हैं। शक्तिशाली फार्महाउस लॉबी ने इस जल निकाय (झील) के अस्तित्व के लिए एक गंभीर खतरा पैदा कर दिया है। कानूनों और सुप्रीम कोर्ट के फैसलों का उल्लंघन करके कई फार्महाउस बनाए गए थे। झील के दक्षिणी किनारे, अभयपुर गाँव की भूमि फार्महाउस लॉबी से गंभीर खतरे में है और नौकरशाह कानूनों को तोड़ने-मरोड़ने के लिए आँखें मूंद लेते हैं। बड़खल और सूरजकुंड झीलों के सूखने के बाद गुड़गांव-फरीदाबाद में यह आखिरी झील बचा है। हरचंदपुर का जल स्तर 2012 में 23.12 मीटर था तथा 2022 में 26.40 मीटर हो गया, जो दशकीय -3.28 मीटर की गिरावट दर्शाता है तथा जलग्रहण क्षेत्र के विनाश के कारण भूजल पुनर्भरण रुकने के कारण 1974 से 2022 तक -26.40 मीटर की गिरावट दर्शाता है।

1.22.3.11. घामडोज बांध । यह भी एक अधिसूचित संरक्षित वन क्षेत्र है। अरावली पहाड़ियों से दक्षिण-पूर्वी दिशा में बहने वाले पानी की कई धारें घामडोज बांध में जमा हो जाती थीं। उत्तर-दक्षिण विस्तार वाला यह बांध गुड़गांव-सोहना रोड के समानांतर दिखता है, साथ ही इसमें चार ईमबेन्क्मेन्ट लंबवत से लेकर लगभग लंबवत तक बने हुए हैं। इस बांध का उपयोग भारी मात्रा में बहते हुए वर्षा के पानी को संग्रहित करने और इस क्षेत्र में भूजल को रिचार्ज करने में मदद करने के लिए किया जाता था। जलग्रहण क्षेत्र बड़ा है और पीएलपी अधिनियम की धारा 4/और 5 के तहत वन के रूप में अधिसूचित है, लेकिन इस जलग्रहण क्षेत्र में खनन ने इसे खंडित कर दिया और धाराओं के प्रवाह को बर्बाद

कर दिया। घामडोज गाँव के पश्चिम में एक तालाब को भी जलग्रहण क्षेत्र के विखंडन के कारण पर्याप्त पानी नहीं मिल रहा है। क्षेत्र में किए गए खनन और अन्य गैर-वानिकी गतिविधियों ने जल निकासी प्रणाली को खंडित कर दिया । हरियाहेडा, अलिपुर, व घामडोज ग्रामवासीयो को खेतीबाडी मे ईस बांध से लाभ मिला । सोहना गुडगावँ सडक विस्तारीकरण ने ईस बांध को नष्टप्राय का दिया है ।

1.22.3.12. रायसीना बांध . यह बाँध संरक्षित वन के रूप में अधिसूचित है। रायसीना गांव अरावली पहाड़ियों की घाटी में स्थित है। उत्तर-पश्चिमी पहाड़ियों को पंजाब भूमि संरक्षण अधिनियम (1900) की धारा 4 और/या 5 के तहत अधिसूचित किया गया है। गांव के पश्चिम में अचानक खड़ी चट्टानों के साथ झरने जैसा दिखने वाला एक अच्छा गुणवत्ता वाला पानी का झरना था। 1990 के दौरान झरने से साल भर पानी बहता था। यहाँ बारहमासी पानी की आपूर्ति थी, और इस वजह से, इस जगह का इस्तेमाल पुराने समय में ऋषि-मुनियों द्वारा किया जाता था। 1990 में पानी के झरने के आसपास कई कलाकृतियाँ और नक्काशीदार पत्थर पड़े थे। लेकिन जब हम 2010 में वहाँ गए, तो कुछ भी दिखाई नहीं दिया और आश्रम के नाम पर कोई व्यक्ति वहाँ मौजूद था। पूरी जमीन हड़प ली। अरावली के जलग्रहण क्षेत्र पर फार्महाउस निर्माण ने वर्षा जल के संरक्षण को रोक दिया। जलग्रहण क्षेत्र के विखंडन और फार्महाउस की चारदीवारी द्वारा सतही प्रवाह अवरोधों के कारण, पहाड़ियों में कोई जल इन्फिलट्रेशन नहीं हो रही है। केवल नाम के लिए, थोड़ा पानी बाहर निकल रहा है।

अरावली की पहाड़ियों से दक्षिण-पूर्व दिशा में कई जलधाराएँ/धार बह रही थीं, फिर दक्षिण दिशा में बह रही थीं और तलहटी में होते हुए पूर्व दिशा में बहने लगीं और मेहंदवारी नदी से मिल गईं । जल संरक्षण और भूजल पुनर्भरण के लिए मौसमी जलधाराओं के बहाव को संग्रहित करने के लिए 3 किलोमीटर (लगभग 3.11 किलोमीटर) से अधिक लंबा 'एल' आकार का बांध बनाया गया था। भांगोल से जलधाराएँ/धार इस बांध में घाटी क्षेत्र भी बहता था । रायसीना अरावली पहाड़ियों और हरियाहेरा पहाड़ियों से इस बांध के लिए बड़ा जलग्रहण क्षेत्र है। स्टोन क्रशर ज़ोन ने इस क्षेत्र को नुकसान पहुंचाया। अब अरावली रिट्रीट में फार्महाउस और अन्य निर्माण कानून और सुप्रीम कोर्ट के फैसलों का उल्लंघन करके बनाए गए हैं और जलग्रहण क्षेत्र में अतिक्रमणों की भरमार ने भूजल पुनर्भरण को बर्बाद कर दिया है। जल स्तर बहुत तेज़ी से गिरा है। निजी शैक्षणिक संस्थानों ने भी वर्षा जल के मुक्त प्रवाह के लिए पूर्वी हिस्से के खुले क्षेत्र में अपवाह जल के प्रवाह को अवरुद्ध कर दिया है।

1.22.3.13. सोहना बांध । सोहना बांध और सोहना माइनर बांध को संरक्षित वन के रूप में अधिसूचित किया गया है। सोहना कस्बा अरावली पहाड़ी के फॉल्ट जोन में स्थित है, तलहटी में गर्म पानी के झरने के कारण इस क्षेत्र में जनसंख्या का घनत्व अधिक है। यह गर्म पानी के झरनों के पास शुरुआती बस्तियों के कारण हो सकता है। सोहना के पश्चिम में वर्षा जल को संग्रहीत करने के लिए एक बहुत पुराना बांध स्थित है। सोहना के उत्तर-पश्चिम में एक और बांध है। इन बांधों का निर्माण सोहना और सांप की नंगली क्षेत्रों की अरावली पहाड़ियों से पूर्वी और दक्षिण -पूर्वी दिशाओं में बहने वाले वर्षा जल को संग्रहीत करने के लिए किया गया था। सोहना बांध में कई मोड़ हैं, एक छोर से यह NE-SW दिशा में चलता है, फिर NE-SE दिशा में चलते हुऐ दो बार SEदिशा मे मुडता है। इसकी लम्बाइ लगभग 562 मीटर है।

इसके उत्तरी भाग के दोनों ओर शहरीकरण ने इस क्षेत्र को हड़प लिया है। वन विभाग द्वारा किए गए कठोर प्रयासों के बावजूद, बांधों (सांप की नगली और सोहना आदि) के जलग्रहण क्षेत्रों में बड़े पैमाने पर फार्महाउस विकसित हो गए हैं, जिससे बारिश के पानी का बहाव रुक गया है। जलग्रहण क्षेत्र कई जगहों पर खंडित और टूट गया है। नियंत्रित या अनियंत्रित शहरीकरण ने क्षेत्र में भूजल संकट पैदा कर दिया है और घटते भूजल संसाधनों के पुनर्भरण को रोक दिया है, 1974 में 3.53 मीटर का सोहना जल स्तर 2022 के दौरान घटकर 35.70 हो गया है, जिसमें -24.99 मीटर की दशकीय गिरावट है।

1.22.4. मानेसर-पंचगांव-मोकलवास उप प्रणाली ड्रेनेज

शिकोहपुर के पूर्व में अरावली पहाड़ियाँ नौरंगपुर, बडगूजर, नैनवाल से दक्षिण में फैली हुई हैं और फिर पश्चिम की ओर मानेसर, कासन सहरावन आदि तक फैली हुई हैं। जहाँ विभिन्न दिशाओं में जल धाराएँ बहती हैं। जल धाराएँ पश्चिम और दक्षिण-पश्चिम में बहकर इंदौरी जलग्रहण क्षेत्र में मिल जाती हैं या मैदानी इलाकों में समाप्त हो जाती हैं। जो जल धाराएँ उत्तर और उत्तर-पश्चिम दिशाओं में सुल्तानपुर डिप्रेशन की ओर बहती थीं, अतिप्रवाह का पानी अतीत में नजफगढ़ झील में शामिल हो जाता था। इन पहाड़ियों पर जल विभाजक अरावली पहाड़ियों की चोटी पर स्थित विभिन्न गाँवों के साथ दाँतेदार तरीके से चलता है। सहरावन, मोकलवास, पंचगाँव, ग्वालियर, बाघनकी, खेड़की, बिस्सर अकबरपुर, कोट खंडेला, गंगानी और सराय दक्षिण, दक्षिण-पश्चिम दिशाओं में जल विभाजक से बहने वाली धाराओं के साथ तलहटी में स्थित हैं जहा जल का बहाव दक्षिण पश्चिम दिशा मे है यह इनदोरी नदी का जल ग्रहण क्षेत्र कहा जा सकता है, नाले या तो इन्दोरी नदी जो कि साहिबी नदी मे मिल जाती है या फिर जलोढ क्षेत्र मे समाप्त हो जाते है।

दक्षिण-पश्चिम की ओर बहने वाली और उत्तर-पश्चिम की ओर बहने वाली जलधाराएँ दो अलग-अलग जल निकासी प्रणालियाँ बनाती हैं।

1 .22.4.1. मानेसर-नौरंगपुर-शिकोहपुर बांध

पुराने समय के गजेटियर (1883 और 1910) में इस बांध का उल्लेख है , "मूल रूप से, दो बांध थे; मानेसर और नौरंगपुर। मानेसर बांध 1889-90 में बनाया गया था। यह एक बहुत बड़ा बांध था। 1907 में इसे तोड़कर जमींदारों को सौंप दिया गया। इसे फिर से अपने अधीन कर लिया गया 1910 में सरकार ने इसकी मरम्मत करवाई। नौरंगपुर बांध 1886-87 में बनाया गया था। बाद में इसे मानेसर बांध से जोड़ दिया

गया। संयुक्त बांध 3749 मीटर लंबा है और यह कई गांवों के लिए फायदेमंद है, जहां मानेसर नाला रेत जमा करता है। इसने बहुत सी कटी हुई जमीन को समतल कर दिया है।"

संभवतः शिकोहपुर बाँध को नौरंगपुर बाँध के रूप में शामिल किया गया था, लेकिन बाद में नौरंगपुर के उत्तर-पूर्व और शिकोहपुर के दक्षिण में एक और बाँध बनाया गया, जिसे नौरंगपुर बाँध कहा गया और पहले के बाँध को मानेसर-शिकोहपुर बाँध या मानेसर बाँध कहा जाता था । मानेसर और नौरंगपुर बाँध को अलग-अलग संरक्षित वन के रूप में अधिसूचित किया गया था।

नैनवाल-मानेसर अरावली पहाड़ियों से उत्तर दिशा में बहने वाली धाराओं/जलधाराओं का पानी इस बाँध में संग्रहित किया जाता था, हालाँकि बाद में नैनवाल के पास भी एक बाँध बनाया गया। मानेसर-नौरंगपुर-शिकोहपुर पहाड़ियों से उत्तर-पश्चिम दिशा में बहने वाली धाराओं/जलधाराओं को भी इस बाँध द्वारा रोक दिया गया।

अब एनएसजी कैंपस ने अपवाह जल के प्रवाह को अवरुद्ध कर दिया है, जिसके परिणामस्वरूप क्षेत्र में भूजल पुनर्भरण रुक गया है। बड़े पैमाने पर शहरीकरण, उद्योगों और आवासीय कॉलोनियों के कारण मानेसर-शिकोहपुर बांध गंभीर खतरों का सामना कर रहा है। लगभग पूरा क्षेत्र कई तरह के निर्माणों के अंतर्गत आ गया है और भूजल पुनर्भरण रुक गया है, जिसके परिणामस्वरूप भूजल संसाधनों में तेजी से कमी आई है। खेड़की दौला में (-) 45.26 मीटर की दशकीय गिरावट देखी गई। 14.70 (1974) से 39.54 (2022) तक शिकोहपुर का जल स्तर -24.84 मीटर की दशकीय गिरावट दर्शाता है।

1.22.4.2. कासन बांध - यह बांध संरक्षित वन के रूप में अधिसूचित है। गजेटियर (1910) में उल्लेख किया गया है, "यह 183 मीटर लंबा है। इसका निर्माण 1884 में हुआ था, लेकिन 1904 में इसे अनुपयोगी बताकर ग्रामीणों को सौंप दिया गया था। 1910 में इसे फिर से सरकार ने अपने अधीन कर लिया, लेकिन बाद में इसमें सेंध लगाई गई होगी, क्योंकि 1921 में उल्लेख किया गया था कि यह 12 वर्षों से उपयोग में नहीं था। जिस नाले को यह बांध रोकता है, वह ज़्यादातर गाद से भरा हुआ था; हालाँकि, बांध का रखरखाव अभी भी सरकार द्वारा किया जा रहा है।"

कासन गांव के उत्तर-पश्चिम में, उत्तर और उत्तर-पश्चिम में बहने वाली जलधाराएँ इस बाँध द्वारा रोकी गई थीं । इन जलधाराओं का अपवाह जल अच्छी बारिश के दौरान सुल्तानपुर डिप्रेशन की ओर बहता है, अन्यथा बाढ़ के मैदान में समाप्त हो जाता है। बहुत भारी वर्षा के दौरान सुल्तानपुर डिप्रेशन से अतिरिक्त पानी नजफगढ़ झील की ओर बहता था। अब मारुति कारखानों की दीवार ने वर्षा जल के प्रवाह को रोक दिया है। कासन बाँध क्षेत्र कोलोनाइजेशन और औद्योगीकरण ने भूजल के पुनर्भरण को अवरुद्ध कर दिया है, जिसके परिणामस्वरूप जल स्तर 17.80 मीटर (1974) से घटकर 44.60 (2022) हो गया है, जो कि (-) 26.80 मीटर की दशकीय गिरावट है।

1.22.4.3. मोकलवास बाँध। यह बाँध संरक्षित वन के रूप में अधिसूचित किया गया। खरखडी-मोकलवास बाँध खरखडी गाँव के पूर्व से शुरू होकर दक्षिण-पूर्व दिशा में मोकलवास गाँव के उत्तर-पूर्व तक लगभग 2 किलोमीटर तक चलता है। दक्षिण-पश्चिम दिशा में अरावली पहाड़ियों से बहने वाले वर्षा जल को इस बाँध में रोका जाता है ताकि कटाव को नियंत्रित किया जा सके और क्षेत्रों के भूजल को रिचार्ज किया जा सके। सहरावन गाँव के दक्षिण-पश्चिम में एक और छोटा बाँध बनाया गया है। खनन, फार्महाउस, उद्योग और अन्य निर्माण गतिविधियों ने जलग्रहण क्षेत्र को खंडित कर दिया है, जिससे भूजल पुनर्भरण का दायरा बिगड़ गया है।

1 .22.4.4. पंचगांव बांध । .यह बाँध अधिसूचित संरक्षित वन है। इस 'एल' आकार के बाँध का निर्माण ग्वालियर गाँव के पास किया गया था। पंचगाँव उत्तरी अरावली पहाड़ियों से दक्षिण की ओर बहने वाली कई धाराएँ ग्वालियर गाँव की पहाड़ियों से दक्षिण-पश्चिम की ओर बहने वाली मुख्य जलधाराओं से मिलती हैं और बाघनकी पहाड़ी क्षेत्र से आने वाली धाराएँ भी इसमें मिलकर इसे एक बड़ा नाला बनाती हैं। यह बिनौला गाँव के पास NH 8 को पार करने के लिए दक्षिण-पश्चिम दिशा में बह रहा था। पहले के समय में, यह इंदौरी नदी से मिलती थी ।

अब मुख्य जलग्रहण क्षेत्र रक्षा बलों के शिविर (वन संरक्षण अधिनियम का उल्लंघन करते हुए) द्वारा खंडित कर दिए गए हैं, जिन्होंने अवैध रूप से वनों को नष्ट कर दिया है और वन संरक्षण अधिनियम (1980) और पंजाब भूमि संरक्षण अधिनियम (1900) का उल्लंघन करते हुए संरचनाएं खड़ी की हैं। निजी शैक्षणिक संस्थान परिसरों ने भी जलग्रहण क्षेत्र को तोड़ दिया है और पानी के प्रवाह को अवरुद्ध कर दिया है। कुछ फार्महाउस और अन्य अतिक्रमणों ने वर्षा जल के प्रवाह को अवरुद्ध कर दिया है जिससे क्षेत्र में भूजल के पुनर्भरण में बाधा उत्पन्न हुई है। इस जलग्रहण क्षेत्र को अरावली परियोजना और विश्व बैंक सहायता प्राप्त परियोजना (एसएफपी) के दौरान फिर से वनीकरण किया गया था, जिन्हें पंजाब भूमि संरक्षण अधिनियम (1900) की धारा 4 और 5 के तहत वन और अधिसूचित वन माना जाता है।

अधिसूचित अन्य बांध (इस अध्याय में पहले उल्लिखित सूची) दादू बांध, सराय बांध, बिसर अकबरपुर बांध, सबरस बांध, कोटा बांध, सिकंदरपुर- नाहरपुर बांध, खरक जलालपुर बांध, शिधरावली रिंग बांध, (तावडू घाटी) , जटौली रिंग बांध, खैटियावास रिंग बांध, महेनियावास रिंग बांध, डाडावास रिंग बांध और पटौदी रिंग बांध आदि हैं। ये सभी बांध इंदौरी-साहिबी जल निकासी प्रणाली में स्थित अरावली पहाड़ियों से कुछ दूर हैं और इनका उपयोग क्षेत्र में सिंचाई और भूजल पुनर्भरण के लिए जल संरक्षण के लिए किया जाता है।

1.22.5. इंदौरी घाटी-ताउरू-धारूहेड़ा उप-प्रणाली ड्रेनेज

इंदौर क्षेत्र, अरावली पर्वतमाला के जंगलों के जलग्रहण क्षेत्र की पश्चिमी ढलानों से राजस्थान में पश्चिमी दिशा में बहने वाला वर्षा जल का बहाव साहिबी नदी में मिल जाता है। जबकि इंदौरी घाटी का अपवाह इंदौरी ड्रेनेज में बहता है जो तावडू से उत्तर-पश्चिम दिशा में भिवाड़ी औद्योगिक क्षेत्र (राजस्थान) से होकर -हरियाणा का धारूहेड़ा क्षेत्र मे बहता है। । सोहना क्षेत्र की पहाड़ियों की पश्चिमी ढलानों से उत्तर-पश्चिम की ओर बहने वाली ड्रेनेज इंदौरी नदी और मोहम्मदपुर अहीर-गंगानी-कोटा खंडेला-बिसर क्षेत्र की अरावली पहाड़ियों से दक्षिण से दक्षिण-पश्चिम की ओर बहने वाली ड्रेनेज इंदौरी नदी जलग्रहण क्षेत्र का भी हिस्सा हैं।

1.22.5.1. भुतलाका बांध (तहसील नूह)। यह बाँध अधिसूचित संरक्षित वन है। भूतलाका बाँध ताउडू-सोहना रोड के उत्तरी किनारे पर स्थित है। यह दक्षिण दिशा में बहने वाली अरावली से वर्षा जल को संरक्षित करने के लिए पूर्व-पश्चिम दिशा में बाँध है। इन नालों का अतिरिक्त पानी पीपाका-किरुरी गाँवों की ओर बह रहा था । फार्महाउस लॉबी ने अतिक्रमण कर इस बाँध को क्षतिग्रस्त कर दिया जिसके परिणामस्वरूप पड़ोसी गाँवों में जल स्तर में गिरावट आई। छज्जूपुर उत्तर-पश्चिमी किनारे पर स्थित है जहाँ 1974 में जल स्तर 10.60 मीटर था, यह 2022 में घटकर 29.60 मीटर हो गया, इस दशक में जल स्तर में (-)19.67 मीटर की गिरावट आई है। पास के गाँव पीपाका में 1974 में जल स्तर 14.93 मीटर था जबकि चहलका गांव उत्तर-पश्चिम में उसी अरावली पहाड़ियों में स्थित है, जहां पश्चिमी दिशा में अपवाह प्रवाह और अरावली परियोजना और एसएफपी के तहत किए गए वनीकरण कार्य ने इसके जल स्तर (चहलका) को 1974 के दौरान 22.48 मीटर से बढ़ाकर 2022 के दौरान 18.60 मीटर करने में मदद की है, जिसमें दशकीय वृद्धि +3.88 मीटर है। क्षेत्र वही है, केवल अंतर यह है कि अरावली के इलाकों में खनन के बावजूद वनों द्वारा वर्षा जल संरक्षण किया जाता है।

भुतलाका बांध का उल्लेख गजेटियर मे किया है, “यह भुतलाका पट्टी में गांव सहसोला मेस्थित है और सोहना-धारूहेड़ा सड़क पर लगभग 8 किलोमीटर है।गुड़गांव गजेटियर में उल्लिखित बांध का जलग्रहण का क्षेत्रफल 3.9 वर्ग किमी है, यह एक लंबा बाँध है । साथ लगति पहाडियो से आने वाले पॉचो नालो के पानी को नियंत्रण करता है । इसके समानांतर सड़क बनाई हुई है। सड़क पार करने के बाद इसका प्रवाह -एक बॉक्स के आकार के बेसिन में दक्षिण की ओर जिसके पश्चिमी तरफ एक द्वार है, जो उत्तर-पश्चिम की ओर बहता है और धुलावट और गोज्जका घाटी केबांध में विलीन हो जाता है। भूतलाका बांध 1974 मे शुरू कर दिया और था अपेक्षित को 1975-76 के दौरान 6 लाख रूपये की लागत से पूरा होना था।”

1.22.5.2. गोगजाका और गोयला बांध (ताउडु के उत्तर-पूर्व में) । इसे संरक्षित वन क्षेत्र के रूप में अधिसूचित किया गया है। गुड़गांव गजेटियर, 1910 (1998 में अपडेट किया गया) के अनुसार अकाल राहत कार्य के लिए इस बांध का निर्माण 1930 में किया गया था। यह पूर्वोत्तर-दक्षिण-पश्चिम दिशा में फैला एक लंबा बांध है। गोयला गाँव के दक्षिण से शुरू होकर यह दक्षिण-पूर्व दिशा में बडता है, फिर धनीमाली गाँव के पूर्व से होकर पूर्वी दिशा में मुड़ता है, और फिर से दक्षिण-पश्चिम दिशा में ताउडु के उत्तर तक बहता है। चहलका गाँव के दक्षिण में अरावली पहाड़ियों से बहने वाला वर्षा जल इस बांध में जमा होता है । अब फार्महाउस निर्माण और अतिक्रमण ने इसके जल निकासी मार्गो को अवरूध कर दिया है।

1.22.5.3 खरखडी बांध और रेहडी बांध . खरखडी बांध, खरखडी बांध नं 1, खेरखड़ी बांध नं. 2 और रेहडी बांधों को संरक्षित वन के रूप में अधिसूचित किया गया है। ये बांध पूर्व-पश्चिम दिशा में चलने वाली ताउडु -सोहना सड़क के दक्षिण में स्थित हैं, जिनके बीच में दक्षिण दिशा में चलने वाला एक समकोणीय आधार है। उत्तर दिशा में सलाका, मल्लहाका और खरखडी की अरावली पहाड़ियों से बहता हुआ पानी इन बांधों में कई धाराओं में रुक जाता है । अब फार्महाउस निर्माण और अन्य गैर-वानिकी कार्यों ने अपवाह प्रवाह को कमजोर बना दिया है और जल संरक्षण पहलुओं में इन बांधों को नुकसान पहुंचाया है।

1.22.5.4. पचगावां बांध (मेवात) पचगावा बांध को संरक्षित वन के रूप में अधिसूचित किया गया है। यह बांध संरक्षण के लिए पंचगाव अरावली पहाड़ियों से बहते पानी को संग्रहित करने के लिए उत्तर-पश्चिम से दक्षिण-पूर्व दिशा में फैला हुआ है। यह पंचगाव (मेवात) गाँव के उत्तर में और सलाका गाँव के पश्चिम में , मल्लाहाका गाँव के कुछ दक्षिण-पश्चिम में स्थित है । निर्माण गतिविधियों और फार्महाउसों ने पूरे जल निकासी क्षेत्र को नुकसान पहुँचाया है। “ पंचगाव बांध (तहसील नूह *)* ताउडु रेस्ट हाउस से लगभग 5 किलोमीटर दक्षिण पूर्व मे स्थित है और सोहना-रेवाड़ी रोड से लगभग 1.5 किलोमीटर। यह 1,295 मीटर लंबा और लगभग रु. 5.00 लाख. लागत से बना। ईससे पंचगांव गांव की 127 हेक्टेयर भूमि को लाभ मिलेगा ।यह बाँध 1972-73 में पुरा होना था ” जैसा कि गुड़गांव गजेटियर में वर्णित है, जिसे 1998 में अद्यतन किया गया।

1.22.5.5. बुराका बांध । बुराका बांध को संरक्षित वन के रूप में अधिसूचित किया गया है। बुराका बांध वक्र आकार का है, जिसका एक वक्र पूर्वी दिशा में खुलता है। चीला- छरौरा अरावली पहाड़ियों से उत्तर-पश्चिम दिशा में वर्षा का पानी बहता था, जहाँ ग्रामीणों के लिए पानी की उपलब्धता को सुविधाजनक बनाने के लिए संरक्षण और भूजल पुनर्भरण उद्देश्यों के लिए कई धाराओं को रोका गया था। अब उद्योगों और निर्माण कार्यों ने क्षेत्र को विभाजित कर दिया है और भूजल पुनर्भरण पर प्रतिकूल प्रभाव पड़ा है। बुराका का जल स्तर 1974 में 10.66 मीटर और 2022 में 35.80 मीटर था, जिसमें (-)28.70 मीटर की दशकीय गिरावट थी।

1.22.5.6. ताउडु बांध । ताउडु बांध ताउडु के उत्तर पश्चिम में स्थित है और इसे संरक्षित वन के रूप में अधिसूचित किया गया है। यह लंबा बांध आकार में घुमावदार है। ताउडु -पटौदी रोड से शुरू होकर उत्तर पश्चिम दिशा में विस्तारित होकर फिर दक्षिण पश्चिम दिशा में मुड़कर ताउडु - जौरासी रोड को पार करने के लिए एक वक्र बनाते हुए, बांध की एक लंबवत शाखा दक्षिण दिशा में फैली हुई है, और बांध की पहली भुजा पर एबैटमेंट है। सिलखोह -चिल्ला अरावली पहाड़ियों से उत्तर दिशा में बहने वाली जलधाराएँ और साथ ही इंदौरी नदी से बाढ़ का पानी इस बंध में संरक्षित हुआ करता था । ताउडु बांध क्षेत्र में फार्महाउस निर्माण, औद्योगिक गतिविधियों और अन्य निर्माण गतिविधियों ने पूरे जलग्रहण क्षेत्र को नुकसान पहुँचाया है

1.22.5.7 रंगाला बांध । रंगाला बांध संख्या I और रंगाला बांध संख्या II को संरक्षित वन के रूप में अधिसूचित किया गया है। जल संरक्षण के लिए रंगाला बांध इस क्षेत्र का एक महत्वपूर्ण बांध रहा है। यह उत्तरपश्चिम दिशा में बहने वाली इंदौरी नदी के बाढ़ के पानी को रोकता है। अरावली पहाड़ियों से बहने वाली कई अन्य धाराएं भी इस बांध में गिरती हैं। यह दक्षिण की ओर एक अन्य बांध के साथ उत्तर-दक्षिण दिशा में फैला है , इसका उत्तरी भाग पूर्व की ओर मुड़कर फतेहपुर गांव की सड़क तक जाता है ताकि उत्तर की ओर बहने वाले पानी के चैनलों को अवरुद्ध किया जा सके। झामवास-जौरासी क्षेत्र से पश्चिम दिशा में बहने वाला अपवाह वर्षा जल भी इस बांध में एकत्र होता है। खोरी कलां अरावली क्षेत्र से उत्तर की ओर बहने वाला अपवाह जल भी इस बांध में विलीन हो जाता है। फार्महाउस मालिकों, उद्योगों और अन्य निर्माण की भूमि की भूख रंगाला जल स्तर 2012 में 24.67 मीटर था और 2022 में 33.45 मीटर है, जो -8.78 मीटर की दशकीय गिरावट दर्शाता है। जोरासी जल स्तर 1974 में 4.16 मीटर था और 2022 में 13.75 मीटर है, जो -9.59 मीटर की दशकीय गिरावट दर्शाता है।

अन्य बाँध जो इस क्षेत्र (मेवात) के संरक्षित वन हैं, चिल्ला बाँध , धुलावट नंबर 1 बाँध , धुलावट हैं बाँध नं. II, मदावास बाँध (मेवात), सिलखोह बाँध, सोलनघेरी -सुंध बांध , और सबरस बांध जो सबरस- हसनपुर ताउरू गांवों के पश्चिम में स्थित बड़ा बांध है।

1.22.6. सोहना-नूंह-फिरोजपुर झिरका घाटी (लोहिंगा डिप्रेशन सहित) ।

मेवात घाटी में निम्नलिखित बांधों को संरक्षित वन के रूप में अधिसूचित किया गया। चंदैनी बांध, चंदैनी कट बांध, पाठा बांध, पल्ला बांध, कुतुबगढ़ बांध, खलिलपुर बांध, खलीलपुर रिंग बांध, (खलीलपुर बांध क्षेत्र में बड़े पैमाने पर खनन उद्योग और निर्माण)), अकेडा बांध और ईसकेप, मऊ बांध , कोटला बांध, नगीना बांध, बलौज बांध, भोंड बांध (1929-30, एफपीझिरका शहर के दक्षिण में भोंड में एक बांध का निर्माण किया गया था और यह 1936 के दौरान टूट गया था)# । रिघड बांध (1930-31 बांध को रिघड #, एफ झिरका क्षेत्र में अकाल कार्य के रूप में बनाया गया था), बडका अल्लुमद्दीन बांध, घाटा समसाबाद बांध, रावा बांध, गंगोचा बांध, पिनगवां बांध (1930 में पिनगावा में, अकाल कार्य के लिए), शाहचोखा बांध, सिकरावा बांध, लफुरी कट बांध, पंचाना कट बंध, शमसाबाद बांध. कामेदा बांध, डिंगोचा बांध, बस्सी मेओ बांध, झिर बांध नं 1, नांगल मुबारकपुर बांध, झिर बांध १, झिर बांध नं. 2, झिडर बांध नं. III, तगांव बांध, रावली बांध, बाबलहेडी बांध, शाहजादपुर बांध, अखनाका बांध, बस्सी खानजादा बांध, खराली बांध, मुतलाका बांध, घासेड़ा संरक्षण बांध, हकदरपुर रिंग बांध, बरका संरक्षण बांध, खेरली बांध , राजीपुर बांध (पुन्हाना), दस्तपुर बांध, भालरा बांध, मकरौला रिंग बांध और खेरी रिंग बांध । 1930 के दौरान निर्मित भटका बांध को 1936 में पहाड़ी के पास एक और बांध के निर्माण के कारण छोड़ दिया गया था" [179](अधिसूचना में बांध के रूप में उल्लेख किया गया है जिसे बंध भी लिखा गया है)

गुड़गांव जिला गजेटियर, 1910 का पुनर्मुद्रण, गजेटियर संगठन, राजस्व विभाग हरियाणा चंडीगढ़ (भारत) 1998 में अद्यतन आंकड़ों के साथ पुनर्मुद्रित कुछ बांधों का उल्लेख इस प्रकार है, " बसई खानजादा बांध (तहसील फिरोजपुर झिरका): यह बांध है स्थानीय लोगों हेतु फिरोजपुर झिरका तहसील पर्वतमाला में लालदोहा पहाड़ी क्षेत्र के जलग्रहण से आते हुए जलधाराओ को रोककर गांव बसई खानज़ादा, मज्बलाका, खेरली कलाँ और नई नांगल नगीना पास में बांध बनाया है। बाँध 3.14 किलोमीटर लम्बा और लगभग 3 लाख धन फुट मिटी का काम होगा जिसमे 3 लाख रूपये लागत आयेगी, इसमें 80 लाख घन मीटर पानी होगा । यह बेसिन सिंचाई 63.5 हेक्टेयर भूमि मे और 160 हेक्टेयर का भूमि बाँध के बाहर मिट्टी का कटाव से बचायेगा । फरवरी 1975 तक मिट्टी का काम 50 लाख तक घन फीट किया गया था और 1975-76 तक काम पुरा होने कि उम्मीद है। यह बडकली-होडल रोड पर गाँव मोराडा से लगभग 5 किमी पर स्थित है। डोंगडवान शहजादपुर बांध (तहसील फिरोजपुर झिरका) “ यह बांध गाँव भादस के पूर्व मे 10 किलोमीटर पर स्थित है। यह 647 मीटर लंबा है और इसकी लागत 1.55 लाख रुपये है।यह डोंगरावां , साहजादपुर, बेजादपुर और बनारसी गांवों की आवश्यकताओं पूरा करता है और 53 हेक्टेयर क्षेत्र को फ़ायदा देता है । यह 1975 में पूरा किया गया था ।"

1 .22.7. रेवाड़ी की पृथक अरावली

झडथल बांध, कुंडल तालाब नं. 1, खोल नया बांध, 7 अधिसूचना में पढ़ने योग्य नहीं, कुंडल बांध नं. 2, कुंडल बांध नं. 2, मसीत बांध, राजगढ़ बांध, साबी नदी बांध, हलानाबांध और डहिना बांध आदि को संरक्षित वन के रूप में अधिसूचित किया गया ।

1.22.8. नारनौल-ढोसी- लहरोदा क्षेत्र

निम्नलिखित बांधों को संरक्षित वन के रूप में अधिसूचित किया गया: जोरासी बांध, कोजिंदा बांध, धाधौन बलाना बांध, गनियाड बांध, नारनौल बांध, गांवडी जाट बांध, रोपड़ सारी बांध, मुसनोता बांध, मेघोत बिंजा बांध, दर्गू नांगल बांध, कालबा बूंध, नायन बांध, ढाणी

चिमनवाली बांध, छिलरो ढाणी बांध, सरेली बांध, सोढ़ा का नांगल बांध, छापरा बीबीपुर बांध, पचनोता बांध, नापला बांध, धनचोली बांध, धोलेडा बांध, गाॅवडी बांध, बादल बांध, नांगलचौधरी के पास बांध, नायन बांध, बसीरपुर बांध, मुकुंदपुर बांध, संरक्षण बांध ढाणी चिमनावली, घाटासेर बांध, गोधावली ढाणी बांध, इशलामपुर बांध, हामिदपुर बांध, दताल बांध और नियामतपुर बांध ।

1.22.9. महेंद्रगढ़

इन बांधों को संरक्षित वन के रूप में अधिसूचित किया गया: राजावास बांध, भगडाना बांध, पाली बांध और महेंद्रगढ़ बांध आदि ।

1.23. जल स्रोत । अरावली पहाड़ियों में अधिकांश झरने चट्टानों के विभेदक क्षरण और/या स्थानों पर हुये फॉल्टिग के कारण थे। ऊर्ध्वाधर गहरे संयुक्त जॉयन्ट पैटर्न में रोके गए जल को फॉल्ट, भूस्खलन और कटाव के कारण उजागर हो गये। कुछ स्थानों पर, भूजल शीर्यड और खंडित ग्रेनाइट वैनज या पेग्मटाइट्स या शीयर क्षेत्रों या फॉल्ट रेखाओं से जल स्रोतों के रूप में रिसना शुरू हो गया। आग्नेय इनट्रुजिव के साथ ऊपर उठी हुई मुड़ी हुई बहु-रूपांतरित चट्टानें उजागर हो जाती हैं या अपरदन के बाद इसे आसान बना देती हैं जिससे जल स्रोत उत्पन्न होते हैं। फिरोजपुर झिरका के पास अन्कनफॅरमिटी जल स्रोत में समूह जहां कांगलोमेरेट जल स्रोत के रूप में धारा तल में उजागर होता है । चूना पत्थर की चट्टानें मे क्षरण आसानी से होता है पानी चट्टानो की दरारो, बेडिगं पलेन्ज़ मे समाकर झरने के रूप मे प्रगट हो जाता है । फॉल्ट रेखा (नूहँ सोहना फॉल्ट) के साथ अमुमन झरने देखे जाते है जैसे सोहना, नलहड, व रायसिना झरने।

"एक झरना भूजल का एक केंद्रित निर्वहन है जो बहते पानी की धारा के रूप में जमीन की सतह पर दिखाई देता है।[180]" झरनों की घटनाएँ चट्टानों की प्रकृति और उनकी भूवैज्ञानिक संरचनाओं से संबंधित हैं। चट्टानों की प्रकृति, भूवैज्ञानिक संरचनाओं के प्रकार और दिए गए चट्टान के स्वभाव में क्षेत्रों के तापमान के आधार पर जल निर्वहन होता है। गुरुत्व झरनों में जल हाइड्रोस्टेटिक दबाव के कारण बहता है जैसे ढोसी पहाड़ी पर शिवकुंड झरना, बाहराकि (नांगल दर्गू), नारनौल क्षेत्र में नायन- थानावास झरना और रेवाड़ी क्षेत्र में खोल झरना। फिरोजपुर झिरका के पास शिव मंदिर के सामने अनकंफर्मिटी झरना है। अरावली चट्टानों में बहुत गहराई तक लंबे समय तक फैली हुई दरारों/जोड़ों के कारण अरावली फिशर झरने (रायसीना झरने की तरह)।

अरावली की मजबूत तहवाली पहाड़ियों में गहराई पर परिचालित भूजल गर्म हो गया और फॉल्ट लाइनों के साथ झरनों/गर्म झरनों के रूप में प्रगट हो गया। सोहना में फॉल्ट स्प्रिंग थर्मल स्प्रिंग वाटर (शिव कुंड, 46^0 डिग्री सेल्सियस, और शीतला कुंड, 42^0 डिग्री सेल्सियस, और तीसरा कुंड 36^0 डिग्री सेल्सियस) है जो अत्यधिक खनिजयुक्त है और इसके चिकित्सा उपचार गुणों का गुड़गांव गजेटियर 1883-84 में विस्तार से वर्णन किया गया है। ऐसा प्रतीत होता है कि सोहना घाटी में एक गहरा जलभृत है।

अरावली के खोड-बसई में झरने में पानी की निकासी कम है। हरचंदपुर के पास बुढेडा आश्रम के पास झरना सूख रहा है। रायसीना झरने का पानी ऊंचाई से गिर रहा था, अब जलग्रहण क्षेत्र में फार्महाउसों के कारण पानी कम हो गया और एक आश्रम ने झरने को बर्बाद कर दिया। बाघोल घाटी का झरना भी सूखने की स्थिति में है। नल्हड़ , नूंह झरना, सोहना-नूंह-फिरोजपुर फॉल्ट लाइन के करीब लगता है और दरारें पानी को बाहर निकलने में मदद करती हैं। यह भी कमोबेश एक फ्रैक्चर/फाल्ट झरना है। पहले मांगर बणी में गुदडीवाला मंदिर नाले में भी पानी आता था। नांगल दर्गू के बाहराकि की झरने जहां भूगर्भीय संरचनाओं में दरारों के साथ पानी रिस रहा था।

भूजल का संबंध लिन्यांमेन्ट और संरचनाओं जैसे कि फॉल्ट और फोल्ड से होता है। अन्टीकलाइन मे शियरिग सटरेश के कारण एंटीकलाइन पहले ही क्षरण करने लगती है और संग्रहीत पानी जोड़ों और दरारों के साथ बहना शुरू हो जाता है। लंबे समय तक कटाव के बाद विस्तारित चैनल ढाल के साथ बग़ल में बहते हैं जो चट्टानों की संरचनाओं के प्रभाव के अनुसार होते हैं, जिसके माध्यम से वे लगातार क्षरण हो रहे हैं। अधिक प्रतिरोधी चट्टानों ने चैनलों को दिशा बदलने के लिए मजबूर किया, जिससे पहाड़ी चैनल धारा घाटियों में बदल गए। एक मिलियन से अधिक वर्षों की प्रक्रिया के दौरान कठोर चट्टानों के उन प्राकृतिक क्षेत्रों में दरारें, जोड़ और दरारें के रूप में पानी भर गया और वह अरावली में भूजल के रूप में बना रहा।

xxxxxxx xxxxxxx xxxxxxxx

"जल समस्या जलवायु परिवर्तन से बहुत गंभीर रूप से जुड़ी हुई है। लोग कहते हैं कि कार्बन जलवायु परिवर्तन की मुद्रा है तो पानी दांत है" --जिम योंग किम

xxxxxxx xxxxxxx xxxxxxx

Refences

[1]डेविड कीथ टॉड, *ग्राउंड वॉटर हाइड्रोलॉजी* , विले एंड संस, इंक., न्यूयॉर्क, 1959. (विले इंटरनेशनल संस्करण)

[2]आर्थर होम्स, *भौतिक भूविज्ञान के सिद्धांत* , थॉमस नेल्सन एंड संस लिमिटेड, लंदन यूके, 1965,

[3]वही, पृष्ठ 412.

[4] Porosity.। चट्टान या मिट्टी की छिद्रता उसमें मौजूद अंतरालों का माप है। इसे द्रव्यमान के कुल आयतन में रिक्त स्थान के प्रतिशत के रूप में व्यक्त किया जाता है। वही। टोड, पृष्ठ 15 ।

[5]पारगम्यता। छिद्रपूर्ण माध्यम की पारगम्यता से तात्पर्य है कि तरल पदार्थ कितनी आसानी से उसमें से गुजरेगा। वही। टोड, पृष्ठ 50 ।

[6] भारत सरकार , जल संसाधन मंत्रालय, भूजल संसाधन आकलन समिति की रिपोर्ट, *भूजल संसाधन आकलन पद्धति* , नई दिल्ली, 2009 ।

[7]भारत सरकार, केंद्रीय भूजल बोर्ड, *राष्ट्रीय राजधानी क्षेत्र (एनसीआर), हरियाणा के लिए एक्वीफर मैपिंग और एक्वीफर प्रबंधन योजना के निर्माण पर रिपोर्ट,* (खंड I) जल संसाधन मंत्रालय, नदी विकास और गंगा संरक्षण, उत्तर पश्चिमी क्षेत्र, चंडीगढ़, अगस्त 2015 (ऑनलाइन)

[8]वही, *एक्वीफर मैपिंग* पर रिपोर्ट , 2015।

[9]भारत सरकार, केंद्रीय भूजल बोर्ड, जल संसाधन विभाग, नदी विकास और गंगा संरक्षण, जल शक्ति मंत्रालय, *हरियाणा राज्य की भूजल वर्ष पुस्तिका 2020-2021* , उत्तर पश्चिमी क्षेत्र, चंडीगढ़, अक्टूबर, 2021। (ऑनलाइन) https://data.gov.in/node/87154

[10]वही, डेविड कीथ टोड, पृष्ठ 26

[11]वही, सीजीडब्ल्यूबी की रिपोर्ट के अनुसार।

[12] एफएओ. *वन* और *जल – अंतर्राष्ट्रीय गति और कार्रवाई ।* एफएओ, रोम, 2013. (www.fao.org)

[13]वही। डेविड कीथ टॉड, पृष्ठ 15.1 'चट्टानों या मिट्टी की छिद्रता निहित अंतरालों का एक माप है। इसे द्रव्यमान के कुल आयतन में रिक्त स्थान के प्रतिशत के रूप में व्यक्त किया जाता है।'

[14]भारत सरकार, *एनसीआर दिल्ली की एक्वीफर मैपिंग और भूजल प्रबंधन योजना* , केंद्रीय भूजल बोर्ड राज्य इकाई कार्यालय, नई दिल्ली, 2016।

[15] भारत सरकार, *राष्ट्रीय राजधानी क्षेत्र (एनसीआर), हरियाणा के लिए एक्वीफर मैपिंग और एक्वीफर प्रबंधन योजना के निर्माण पर रिपोर्ट, (खंड I*), केंद्रीय भूजल बोर्ड, जल संसाधन मंत्रालय, नदी विकास और गंगा संरक्षण, उत्तर पश्चिमी क्षेत्र, चंडीगढ़, अगस्त 2015. (ऑनलाइन)

[16]वही, सीजीडब्ल्यूबी 2015 रिपोर्ट, खंड- I.

[17]भारत सरकार, *एनसीआर दिल्ली की एक्वीफर मैपिंग और भूजल प्रबंधन योजना* , केंद्रीय भूजल बोर्ड राज्य इकाई कार्यालय, नई दिल्ली, 2016. (ऑनलाइन)

[18]वही, सीजीडब्ल्यूबी 2015 रिपोर्ट खंड-I, रिपोर्ट का पृष्ठ 179 (ऑनलाइन)

[19]भारत सरकार, *रेवाड़ी जिला हरियाणा* , केंद्रीय भूजल बोर्ड, जल संसाधन मंत्रालय, उत्तर पश्चिमी क्षेत्र, चंडीगढ़, 2007।

[20]भारत सरकार, *फरीदाबाद जिला हरियाणा* , केंद्रीय भूजल बोर्ड, जल संसाधन मंत्रालय, उत्तर पश्चिमी क्षेत्र, चंडीगढ़, 2007।

[21]वही, सीजीडब्ल्यूबी 2015 रिपोर्ट, खंड- I.

[22] टाइमज आफ इन्डिया, नई दिल्ली 30. 7. 2024

[23]एफएओ. *वन और जल* – अंतर्राष्ट्रीय गति *और कार्रवाई।* एफएओ, रोम, 2013. (www.fao.org)

[24] हैनरी डार्सी नियम; भूजल हाइड्रोलिक ढाल के अनुसार बहता है, जिसमें पानी का प्रवाह उच्च से निम्न दबाव (क्षैतिज प्रवाह के लिए) की ओर होता है। लेकिन अरावली में (नगण्य छिद्र और पारगम्यता) दरार में झुकाव वाला प्रवाह वास्तव में बढ़ते दबाव की दिशा में बहता है।

[25]डेनियल पी., *भूजल प्रवाह का मापन* , प्रोक., अंकारा संगोष्ठी शुष्क क्षेत्र जल विज्ञान पर, यूनेस्को पेरिस, 1953।

[26]इसे मापने के लिए पीजोमीटर, ट्यूब, बेलनाकार गुहा, छेद और पंपिंग परीक्षण विधियों आदि का उपयोग किया जाता है

[27]कुक, पीटर, और एंड्रयू, *सबसरफेस हाइड्रोलॉजी में पर्यावरण ट्रेसर* , क्लूवर अकादमिक प्रकाशक, बोस्टन, यूएसए, 2000।

[28]वही, सीजीडब्ल्यूबी 2015, रिपोर्ट, खंड- I।

[29]वही, सीजीडब्ल्यूबी 2015, रिपोर्ट, खंड-I

[30] भारत सरकार, भूजल संसाधन आकलन समिति की रिपोर्ट, *भूजल संसाधन आकलन पद्धति* , जल संसाधन मंत्रालय, नई दिल्ली, 2009।

[31]टाइम्स ऑफ इंडिया, देहरादून, 23.03.2023.

[32] भारत सरकार, भूजल संसाधन आकलन समिति की रिपोर्ट, *भूजल संसाधन आकलन पद्धति* , जल संसाधन मंत्रालय, नई दिल्ली, 2009।

[33]वार्षिक पुनर्भरण सूत्र की गणना के लिए इस रिपोर्ट या इस विषय पर अन्य प्रकाशनों का संदर्भ लिया जा सकता है।

[34]टाइम्स ऑफ इंडिया, देहरादून, टाइम्स इवोक में, 25.10.2023.

[35] जलभृत में भूजल संसाधनों की गणना के लिए डार्सी के नियम का उपयोग किया जाता है। संबंधित प्रकाशनों में विभिन्न सूत्रों का उल्लेख किया जा सकता है।

[36]वही, *भूजल संसाधन आकलन पद्धति* , 2009.

[37] भारत सरकार, केंद्रीय भूजल बोर्ड, *राष्ट्रीय राजधानी क्षेत्र (एनसीआर) के लिए एक्वीफर मैपिंग और एक्वीफर प्रबंधन योजना के निर्माण पर रिपोर्ट* , हरियाणा, (खंड I), जल संसाधन मंत्रालय, नदी विकास और गंगा संरक्षण, उत्तर पश्चिमी क्षेत्र, चंडीगढ़, अगस्त 2015 ।

[38]भारत सरकार, जल शक्ति मंत्रालय, अटल जल योजना,

[39]टाइम्स ऑफ इंडिया। नई दिल्ली, 25.11.2022।

[40] एफएओ. *वन और जल – अंतर्राष्ट्रीय गति और कार्रवाई।* एफएओ, रोम, 2013. (www.fao.org)।

आपो वारि कं तोय पयः पाथस्तधोदक। पानीयं सलिलं नीरं कीलालं जलमम्बु च ।जीवनं वनमम्भोऽर्णोऽ मतं धानरसोऽपि च । 1 । पानीयं श्रमनाशनं क्लहरं मूर्च्छापिपासापहं तन्द्राच्छदिविबन्धा हृद्यालकरं, निंद्राहरं तर्पणम् । हृद्य गुप्तरसं vजीर्णशमकं नित्यं हितं शीतलं, लघ्वच्छं रसकारणं निगदितं पीयूषवज्जीचनम् ।2।

[42]जवाहर लाल थुस्सू , *हरियाणा और दिल्ली का भूविज्ञान* , भारतीय भूवैज्ञानिक सोसायटी, बैंगलोर, 2006।

[43] *टाइम्स ऑफ इंडिया* , देहरादून, 23.3.2023.

[44] टाइम्स ऑफ इंडिया, नई दिल्ली, 13.10.2022.

[45]टाइम्स ऑफ इंडिया, नई दिल्ली, 3.3.2023.

[46]टाइम्स ऑफ इंडिया, नई दिल्ली, 06.09.2022.

[47]शगुन गर्ग एट अल, अंतरिक्ष से भारत की राजधानी में छिपे संकट का पता लगाना: भूजल के असंवहनीय उपयोग के निहितार्थ, *वैज्ञानिक रिपोर्ट* , 13. 01. 2022 अंक। https://www.nature.com/articles

[48]टाइम्स ऑफ इंडिया, देहरादून, 23.3.2023.

[49]भारत सरकार, केंद्रीय भूजल बोर्ड, *राष्ट्रीय राजधानी क्षेत्र (एनसीआर)* , हरियाणा के लिए एक्वीफर मानचित्रण और एक्वीफर प्रबंधन योजना के निर्माण पर रिपोर्ट, (खंड I), जल संसाधन मंत्रालय, नदी विकास और गंगा संरक्षण, उत्तर पश्चिमी क्षेत्र, चंडीगढ़, अगस्त 2015।

[50]भारत सरकार, *एनसीआर दिल्ली के एक्वीफर मैपिंग और भूजल प्रबंधन योजना* , केंद्रीय भूजल बोर्ड राज्य इकाई कार्यालय, नई दिल्ली, 2016।

[51]वही, भारत सरकार, 2015, रिपोर्ट।

[52]वही 2015, रिपोर्ट

[53]वही, 2015, रिपोर्ट।

[54] जवाहर लाल थुस्सू , *हरियाणा और दिल्ली का भूविज्ञान* , भारतीय भूवैज्ञानिक सोसायटी, बैंगलोर, 2006

[55]डी.जी.ए. व्हिटेन एट अल., *डिक्शनरी ऑफ जियोलॉजी* , पेंगुइन बुक्स. मिडलसेक्स, इंग्लैंड, 1972.

[56]भारत सरकार, *भूजल संसाधन आकलन पद्धति के कार्यान्वयन के लिए विस्तृत दिशानिर्देश- 2015* , केंद्रीय भूजल बोर्ड, जल संसाधन मंत्रालय, 2017।

[57]जवाहर लाल थुस्सू , *हरियाणा और दिल्ली का भूविज्ञान* , भारतीय भूवैज्ञानिक सोसायटी, बैंगलोर, 2006, पृष्ठ 131 और पृष्ठ 141

[58]भारत सरकार, *उत्तर-पश्चिम भारत के पैलियोचैनल : पैलियोचैनल पर उपलब्ध जानकारी की समीक्षा के लिए विशेषज्ञ समिति की समीक्षा और मूल्यांकन रिपोर्ट* , नई दिल्ली, 2016. (ऑनलाइन), पृष्ठ 24.

[59] सिंघवी ए.के. और कार, अमल संपादक, 1992, *राजस्थान में थार रेगिस्तानः भूमि, मानव और पर्यावरण* , बैंगलोर, जियोलॉजिकल सोसायटी ऑफ इंडिया, बैंगलोर। पृष्ठ 16 पर उद्धृत ' *वैदिक नदी सरस्वती, हिंदू सभ्यता'* ,

[60]सूरज भान, हाल के समय में यमुना के मार्ग में परिवर्तन के पुरातात्विक साक्ष्य, *जर्नल ऑफ हरियाणा स्टडीज* , खंड II. कुरुक्षेत्र, 1970.

[61]वही.

[62] एस. कल्याणरमन, *वैदिक नदी सरस्वती, हिंदू सभ्यता* , आर्यन बुक्स इंटरनेशनल नई दिल्ली, 2008. (ऑनलाइन)

[63]वही, वैदिक नदी सरस्वती।

[64]मनोहर लाल भार्गव, *ऋग्वैदिक भारत का भूगोल* , द अपर इंडिया पब्लिशिंग हाउस, लखनऊ, 1964, पृष्ठ 14- 15।

[65]एलेनाबाद (हरियाणा) के पास स्थित झील को द्वैतवन कहा हैं

[66] भारत सरकार, केंद्रीय भूजल बोर्ड, *राष्ट्रीय राजधानी क्षेत्र (एनसीआर)* , हरियाणा के लिए एक्वीफर मानचित्रण और एक्वीफर प्रबंधन योजना के निर्माण पर रिपोर्ट, (खंड I), जल संसाधन मंत्रालय, नदी विकास और गंगा संरक्षण, उत्तर पश्चिमी क्षेत्र, चंडीगढ़, अगस्त

2015।

[67]भारत सरकार, *उत्तर-पश्चिम भारत के पैलियोचैनल : पैलियोचैनल पर* उपलब्ध जानकारी की *समीक्षा के लिए विशेषज्ञ समिति की समीक्षा और मूल्यांकन रिपोर्ट* , नई दिल्ली, 2016. (ऑनलाइन)।

[68]वही . भारत सरकार 2016 रिपोर्ट

[69]वही, भारत सरकार 2016 रिपोर्ट।

[70]महेंद्रगढ़ को पहले कानुड के नाम से जाना जाता था, संभवतः यह कुरु जंगल का एक हिस्सा रहा होगा : कुरु जंगला में हरियाणा के रोहतक और हिसार जिले भी शामिल थे (वीएस अग्रवाल), *भारत जैसा कि पाणिनि को ज्ञात है।* पृष्ठ 54, लखनऊ, 1953।. महेंद्रगढ़ राजपत्र 1988 का अध्याय 2, पारंपरिक साहित्य में ज्ञात एक क्षेत्रीय पदनाम।

[71]वही, पृष्ठ 165, पृष्ठ 165.

[72]भारत सरकार, *उत्तर-पश्चिम भारत के पैलियोचैनल : पैलियोचैनल पर उपलब्ध जानकारी की समीक्षा करने के लिए विशेषज्ञ समिति की समीक्षा और मूल्यांकन रिपोर्ट* , नई दिल्ली, 2016. (ऑनलाइन), पृष्ठ 42

[73] जैसा कि हेक्टर ए. ओरेंगो और कैमरन ए. पेट्री के एक लेख में उद्धृत किया गया है, पैलियो-रिवर नेटवर्क के बड़े पैमाने पर, बहु-कालिक रिमोट सेंसिंग: उत्तर-पश्चिम भारत से एक केस स्टडी और सिंधु सभ्यता के लिए इसके निहितार्थ, *रिमोट सेंसिंग,* 2017 (9) ।

[74] डॉ. एस. कल्याणरमन, *सरस्वती- वैदिक नदी और हिंदू सभ्यता* , सरस्वती रिसर्च एंड एजुकेशन ट्रस्ट, चेन्नई, 2008. पृष्ठ 16. (ऑनलाइन पीडीएफ)

[75] विट्टाला , एसएस, एस. गोविंदैया और एचएच गौड़ा (2008)। प्राकृतिक संसाधनों के सतत विकास और प्रबंधन के लिए उप-वाटरशेड का प्राथमिकताकरण: रिमोट सेंसिंग, जीआईएस और सामाजिक-आर्थिक डेटा का उपयोग करके एक एकीकृत दृष्टिकोण। *करंट साइंस* , वॉल्यूम 95, नंबर 3, 345-354।

[76]ए.आर. चौधरी, *सरस्वती नदी के किनारे सभ्यता - एक वैज्ञानिक अध्ययन* , डॉ . एस. कल्याणरमन द्वारा संपादित पुस्तक , *सरस्वती - वैदिक नदी और हिंदू सभ्यता* , आर्यन बुक्स इंटरनेशनल सरस्वती रिसर्च नई दिल्ली, 2008 और एजुकेशन ट्रस्ट, चेन्नई, 2008, पृष्ठ 17 में उद्धृत।

[77] गुरदीप सिंह, 1971, *ओशिनिया में पुरातत्व और भौतिक नृविज्ञान* , उत्तर पश्चिमी भारत में हिमनदोत्तर जलवायु और पारिस्थितिकी अध्ययन के संदर्भ में सिंधु घाटी संस्कृति, 1971।

[78]वही, पास्को, पृष्ठ 19

[79]मेरे पिता कहानियाँ सुनाया करते थे कि कैसे वे ढोसी पहाड़ी की चोटी पर चंद्र कूप में स्नान करते थे और सोमवती अमावस्या के दौरान चंद्र कूप को भरने के लिए पानी पहाड से रिसता था । भूवैज्ञानिक अध्ययनों से पता चला है कि घने जंगल पानी को सोख लेते थे और चंद्रमा के गुरुत्वाकर्षण के कारण पानी जोड़ों/दरार से बहकर चंद्र कूप को भर देता था (1980 के दौरान गोलाकार कुआँ जैसी संरचना बरकरार थी)। धीरे-धीरे जंगल नष्ट हो गए और चंद्र कूप को भरने के लिए पानी का बहना बंद हो गया, साथ ही सिलाहजीत (पानी की क्रिया के तहत पौधे और खनिजों के टूटने से बनने वाला चिपचिपा काला टार जैसा पदार्थ) चट्टानें भी बंद हो गईं, आसपास का इलाका सूखी बंजर चट्टानों में बदल गया।

[80] गच्छपुत्र नदीं पुण्यं वधसरकृतहृदयाम् । तत्रोपस्प्रपस्प्रश्य तीर्थोषु पुनर्वपूरवाप्स्प्स्यसि । महाभारत वनपर्व . 99.68.

[81] *महाभारत* , आदि पर्व, पुस्तक 1. अध्याय 6. श्लोक 7-8. भगवान ब्रह्मा ने पौलोमा के आंसुओं को 'वधुसारा या दोहान नदी' नाम दिया।

[82] नर्रास्त्रम च निर्जित्य कुन्तिभोजमुपाद्रवत् / प्रीतीपूर्व च तस्यासौ प्रतिजग्राह शासनं।. महाभारत , पुस्तक 2. अध्याय 31. श्लोक 6.

[83]पंजाब स्टेट्स गजेटियर्स, वॉल्यूम XVII.A, *फुलकियां स्टेट्स* । (पटियाला, जींद, नाभा), 1904. हरियाणा सरकार द्वारा पुनर्मुद्रित, 1998. पृष्ठ 197 (जींद राज्य)। "नारनौल की स्थापना परंपरा के अनुसार 900 साल पहले एक विशाल जंगल के बीच ढोसी पहाड़ी के पास हुई थी, इसे नाहरहौल या 'शेर की गुफा' कहा जाता था। एक अन्य लोक व्युत्पत्ति इसकी स्थापना का श्रेय राजा लौनकरण को देती है, जिनकी पत्नी के नाम पर नर लौन का नाम रखा गया है। पृष्ठ 199 का उल्लेख है। "ढोसी (नारनौल के पास एक सपाट चोटी वाली पहाड़ी) पर एक कुआँ है जिसका नाम चंदर कुप है चयपन ऋषि के लिए पवित्र, जिसकी हिंदू पूजा करते हैं, और जब अमावस तिथि को सोमवार होता है तब मेले का आयोजन होता है, सूर्योदय के समय पानी ऊपर से बहता है, उस समय लोग वहाँ कुप मे स्नान करते हैं। चैत और कार्तिक के महीनों में वहाँ बड़े मेले लगते हैं।"

[84] मनोहर लाल भार्गव, *ऋग्वैदिक भारत का भूगोल* , द अपर इंडिया पब्लिशिंग हाउस, लखनऊ, 1964 .

[85]लेखक के पास इसका कोई विश्वसनीय प्रमाण नहीं है। हांसी क्षेत्र में दृषद्वती में तीन नदियों का सम्मिलित होना तर्कसंगत प्रतीत होता है तथा प्रकाशित पैलियो चैनल रिपोर्टों तथा जमीनी स्तर के अध्ययनों से भी इसका समर्थन होता है।

[86]वही. हिसार गजेटियर.

[87]इस पौराणिक अवधारणा को भूवैज्ञानिक/विवर्तनिक घटनाओं के इतिहास द्वारा समर्थित करने की आवश्यकता है, जो इस पुस्तक के दायरे से बाहर है।

[88]पंजाब स्टेट्स गजेटियर्स, खंड XVII.A, फुलकियां स्टेट्स (पटियाला, जींद, नाभा), 1904. हरियाणा सरकार द्वारा पुनर्मुद्रित, 1998. (जींद राज्य)

[89]वही, जींद राज्य के फुलकियां गजेटियर का पृष्ठ 333. "दादरी नाम झील से लिया गया माना जाता है (झील), जिसे दादर से दादरी कहा जाता है संभवतः पहले के समय में दोहान नदी का पानी उत्तर-पश्चिम की ओर बहकर सरस्वती नदी की सहायक नदी से मिलता था, लेकिन क्वाट्रनरी काल के अंत में पश्चिम से धूल भरी आंधी चलने से थार रेगिस्तान की रेत ने जलोढ़/अनुदैर्घ्य रेत के टीलों को जमा कर दिया, जिससे सतह का स्तर ऊपर उठ गया और दोहान का प्रवाह अवरुद्ध हो गया, जिससे इस क्षेत्र (झील) में बाढ़ आ गई, सतह के नीचे बड़े पैमाने पर कंकड़ जमा होने से भी क्षेत्र में नदी की बाढ़ का संकेत मिलता है और धीरे-धीरे इसका मार्ग उत्तर-पूर्व की ओर बदलकर यमुना नदी से मिल गया।

[90]वही, जींद राज्य के फुल्कियां स्टेट्स गजेटियर्स, 1904।

[91]ई. जोसेफ, सी.एस., *सेटलमेंट ऑफिसर रोहतक जिले की सेटलमेंट रिपोर्ट 1905- 1910* , हरियाणा सरकार द्वारा 2010 में पुनर्मुद्रित

[92] हरियाणा सरकार, *हरियाणा जिला गजेटियर, महेंद्रगढ़* , हरियाणा गजेटियर संगठन, चंडीगढ़, 1988।

[93]वही, महेंद्रगढ़ गजेटियर, 1988.

[94]लेखक को याद है कि 1978 के दौरान दोहान और कृष्णावती नदियाँ बाढ़ में थीं और कृष्णावती का पानी बाढ़ के विशाल मैदानी क्षेत्रों में फैल गया था, जिससे यातायात अवरुद्ध हो गया था और मुझे एम.एससी. (भूविज्ञान) में प्रवेश के लिए साक्षात्कार में शामिल होने के लिए 26 किलोमीटर पैदल चलकर जाना पड़ा था।

[95]हरियाणा *जिला गजेटियर, महेंद्रगढ़* , हरियाणा गजेटियर संगठन, चंडीगढ़, (1988)

[96] *हिसार जिला गजेटियर,* 1883-84, हरियाणा जिला गजेटियर, हरियाणा सरकार, चंडीगढ़, पुनर्मुद्रित 1999. अध्याय 1 पृष्ठ 5

[97]हरियाणा सरकार , *हरियाणा राज्य गजेटियर* , खंड II, चंडीगढ़, 2001-02।

[98] चौधरी, बी.एस. और ए.के. सिन्हा। रिमोट सेंसिंग और जी.आई.एस. का उपयोग करके भारत के हरियाणा के दक्षिणी भाग में भूमि उपयोग/भूमि आवरण विकास पर अध्ययन। *बारहवीं विश्व वानिकी सम्मेलन* , 2003, क्यूबेक सिटी, कनाडा

[99]ये सर्वे ऑफ इंडिया शीट नंबर (आरएफ. 1:50000) इंटरनेट पर ओपन सोर्स के रूप में उपलब्ध हैं। शोधकर्ता और पाठक व्यवस्थित तरीके से आगे के विवरण आसानी से देख सकते हैं।

[100]औसत समुद्र स्तर (एमएसएल) भारतीय सर्वेक्षण विभाग की शीटों में उपलब्ध है, जो खुले स्रोत के रूप में उपलब्ध हैं।

[101]वही. भारतीय भूवैज्ञानिक सर्वेक्षण और केंद्रीय भूजल बोर्ड की रिपोर्ट

[102]कुछ शोधकर्ताओं ने साहिबी, कृष्णावती और दोहान नदियों के संयुक्त नाम को *दृषद्वती* नाम दिया है, जो उत्तर पश्चिम की ओर बहकर सरस्वती में मिलती हैं।

[103]काशीनाथ वासुदेव, *संस्कृत व्याकरण का शब्दकोष* , ओरिएंटल इंस्टीट्यूट, बड़ौदा, 1961।

[104] मनोहर लाल भार्गव, *ऋग्वैदिक भारत का भूगोल* , द अपर इंडिया पब्लिशिंग हाउस, लखनऊ, 1964।

[105]हरियाणा के झज्जर जिले के पास दुजाना गांव उस समय नवाबों के अधीन एक राज्य/ परगना था।

[106] *गुड़गांव जिले का गजेटियर* , 1883-84. हरियाणा सरकार द्वारा पुनर्मुद्रित।

[107]उस समय नीमराणा एक राज्य या परगना था।

[108]बाद में हरियाणा सरकार द्वारा डहीना बांध या तटबंध को संरक्षित वन के रूप में अधिसूचित किया गया।

[109]अब झज्जर जिला है।

[110]सैंडहिल का अर्थ है पश्चिम-पूर्व दिशा में फैला लम्बा अनुदैर्ध्य रेत का टीला।

[111]वही, *रोहतक जिला गजेटियर* , 1883-84, 1999 में पुनर्मुद्रित।

[112]राता अब महेंद्रगढ़ जिले का एक गांव है।

[113] *पंजाब स्टेट्स गजेटियर्स* , खंड XVII.A, फुलकियां स्टेट्स। (पटियाला, जींद, नाभा), 1904. हरियाणा सरकार द्वारा पुनर्मुद्रित, 1998. (नाभा राज्य)।

[114]वही, 1988, *महेंद्रगढ़ गजेटियर।*

[115]वही. *महेंद्रगढ़ गजेटियर्स* 1988.।

[116]वही, 1904 के अनुसार, *फुलकियन गजट* ।

[117]वही. 1988 गजेटियर।

[118]वही.

[119] *फुलकियां स्टेट गजेटियर्स* , 1904. हरियाणा सरकार, चंडीगढ़ द्वारा पुनर्मुद्रित, (1998)।

[120] *गुड़गांव जिले का गजेटियर* , 1883-84. हरियाणा सरकार द्वारा पुनर्मुद्रित, 1999.

[121] *महाभारत* , आदिपर्व , अध्याय 95, श्लोक 76 में युधिष्ठिर ने शिवि राज्य के राजा गोवासन की पुत्री देविका को सव्यम्बर में जीता।

[122] www.ramanisblog.in

[123]ओपन सोर्स: इंटरनेट। राजस्थान की नदियाँ, "कई आधुनिक विद्वान साहिबी नदी की पहचान वैदिक काल की दृषद्वती नदी से करते हैं। ऐसा माना जाता है कि दृषद्वती नदी वैदिक काल के ब्रह्मवर्त राज्य की सीमा पर बनी थी , जबकि दूसरी सरस्वती नदी या आधुनिक घग्गर-हकरा नदी थी। बेसिन अलवर, जयपुर और सीकर राजस्थान के जिलों के कुछ हिस्सों में फैला हुआ है, जिसका कुल जलग्रहण क्षेत्र 4607.9 वर्ग किमी है । "

[124] अग्रवाल , आर.सी. और कुमार, वी. 1982. गणेश्वर-जोधपुरा संस्कृति: भारतीय पुरातत्व में नए लक्षण। इन: पोसेल, जी.एल. (एड.), *हड़प्पा सभ्यता: एक समकालीन परिप्रेक्ष्य* , 125-134. नई दिल्ली: ऑक्सफोर्ड और आई.बी.एच. पब्लिशिंग कंपनी।

[125]रवींद्र नाथ सिंह, गणेश्वर का कालक्रम जोधपुरा संस्कृति: भितिचित्र और क्रॉस-सांस्कृतिक तुलना पर आधारित पुनर्मूल्यांकन, *प्राचीन एशिया* , 28.6.2021।

[126] टांमस ऑफ ईनडिया, नई दिलली, 20,09,2024।

[127]लेखक ने अपनी पुस्तक में साहिबी नदी, कृष्णावती, दोहान से लेकर सरस्वती तक के क्षेत्र को भी जम्बूद्वीप माना है ।

[128]मनोहर लाल भार्गव, *ऋग्वैदिक भारत का भूगोल* , द अपर इंडिया पब्लिशिंग हाउस, लखनऊ , 1964।

[129] *गुड़गांव जिले का गजेटियर* , 1883-84. हरियाणा सरकार द्वारा पुनर्मुद्रित.।

[130]ई. जोसेफ, सी.एस., सेटलमेंट ऑफिसर, *रोहतक जिले की सेटलमेंट रिपोर्ट 1905-1910* , हरियाणा सरकार द्वारा पुनर्मुद्रित, 2010 ।

[131] वही, *रोहतक जिला गजेटियर* , 1883-84, 1999 में पुनर्मुद्रित।

[132] *पंजाब स्टेट्स गजेटियर्स* , खंड XVII.A, फुलकियां स्टेट्स (पटियाला, जींद, नाभा), 1904 (नाभा स्टेट)। हरियाणा सरकार द्वारा पुनर्मुद्रित, 1998। शायद सावी शब्द का इस्तेमाल साबी नदी के लिए किया जाता है, क्योंकि साहिबी झाबवा जंगल के दक्षिण में बहती है।

[133] भटेडा गांव अभी भी निचला क्षेत्र है और वहां पानी रुक जाता है, हमारे पौधारोपण डूब गए थे और क्षतिग्रस्त हो गए।

[134]सैंडहिल अनुदैर्ध्य रेत के टीले हैं; स्थानीय लोग इसे थली कहते हैं और हमने सामाजिक वानिकी के तहत इनके ऊपर वृक्षारोपण किया।

[135] *रोहतक जिला* गजेटियर, 1910 , 1998 के दौरान हरियाणा सरकार द्वारा पुनर्मुद्रित।

[136]माया राम, *राजस्थान गजेटियर, अलवर* , जिला गजेटियर निदेशालय, राजस्थान सरकार, जयपुर, 1960, पृष्ठ 5 और 6।

[137]उस समय रेवाड़ी महेंद्रगढ़ जिले का हिस्सा था।

[138]हरियाणा सरकार, *हरियाणा जिला गजेटियर, गुड़गांव* , हरियाणा गजेटियर संगठन, चंडीगढ़, 1910 गजेटियर को 1988 में पुनः मुद्रित और अद्यतन किया गया।

[139] *हरियाणा जिला गजेटियर, महेंद्रगढ़* , हरियाणा गजेटियर संगठन, चंडीगढ़, (1988)। गजेटियर के लेखन के समय रेवाड़ी महेंद्रगढ़ जिले का हिस्सा था।

[140] भारत सरकार, *हरियाणा राज्य की भूजल वर्ष पुस्तिका, 2020-2021,* केंद्रीय भूजल बोर्ड, जल संसाधन विभाग, नदी विकास और गंगा संरक्षण , जल शक्ति मंत्रालय, उत्तर पश्चिमी क्षेत्र, चंडीगढ़, अक्टूबर, 2021 ।

[141]हरियाणा सरकार, *हरियाणा राज्य गजेटियर* , खंड II, चंडीगढ़, 2001-2।

[142]श्री फैनशॉ की 1880 की निपटान रिपोर्ट, *गुड़गांव जिले के गजेटियर में उद्धृत* , 1883-84। हरियाणा सरकार द्वारा पुनर्मुद्रित।

[143] *गुड़गांव जिले का गजेटियर* , 1883-84. 1998 में हरियाणा सरकार द्वारा पुनर्मुद्रित.

[144] *गुड़गांव जिला गजेटियर* , 1910 का पुनर्मुद्रण , गजेटियर संगठन, राजस्व विभाग हरियाणा चंडीगढ़ (भारत) 1998 में अद्यतन आंकड़ों के साथ पुनर्मुद्रित ।

[145] बार्ट मुयस , डेविड एलिसन *एट अल.* , जल चक्र में वनों की क्या भूमिका है? *यूरोपीय वन संस्थान* , 2022 ।

[146]जैसा कि EFI द्वारा उद्धृत किया गया है।

[147]IUCN . *वन किस प्रकार शहरों को जल प्रबंधन में मदद करते हैं* , 19 मार्च, 2018

[148] एडी जूनो और जॉन-रॉब पूल , कैसे निकट या दूर के जंगल शहरों के लिए पानी की रक्षा कर सकते हैं, *विश्व संसाधन संस्थान* , 23 सितंबर, 2020।

[149] एफएओ. *वन और जल – अंतर्राष्ट्रीय गति और कार्रवाई।* एफएओ, रोम, 2013. (www. fao .org)

[150]शगुन गर्ग, महदी मोटाघ , आदि, अंतरिक्ष से भारत की राजधानी में छिपे संकट का पता लगाना: भूजल के असंवहनीय उपयोग के निहितार्थ, *वैज्ञानिक रिपोर्ट* , 13.1.2022. (https://www.nature.com/articles)

[151]टाइम्स ऑफ इंडिया, नई दिल्ली, 6.9.2022.।

[152]बंधवारी एमएसडब्ल्यू लैंडफिल साइट, गुरुग्राम, हरियाणा के आसपास के गांवों के भूजल गुणवत्ता की स्थिति पर संक्षिप्त अंतरिम रिपोर्ट सीएसआईआर-नीरी-दिल्ली क्षेत्रीय केंद्र, 27 अगस्त, 2019 ।

[153]टाइम्स ऑफ इंडिया, नई दिल्ली, 25 11.2022.।

[154] ग्लीक , पी.एच. (2014)। सीरिया में पानी, सूखा, जलवायु परिवर्तन और संघर्ष। *मौसम, जलवायु और समाज* 6(3), 331-340. (ऑनलाइन)

[155]वही। *गुड़गांव जिले का गजेटियर* , 1883-84। हरियाणा सरकार द्वारा पुनर्मुद्रित, 1998।

[156]वही। *गुड़गांव जिले का गजेटियर* , 1883-84। 1998 में हरियाणा सरकार द्वारा पुनर्मुद्रित।

[157]टाइम्स ऑफ इंडिया, नई दिल्ली, 4.12.2022.

[158] *दिल्ली जिला गजेटियर* , 1883-84, 1999 के दौरान हरियाणा सरकार द्वारा पुनर्मुद्रित।

[159]वही, *गुड़गांव गजेटियर* , 1998.

[160]वही, *दिल्ली जिला गजेटियर* , 1883-84

[161]# *दिल्ली जिला गजेटियर* , 1883-84 से पुन: प्रस्तुत, 1999 के दौरान हरियाणा सरकार द्वारा पुनर्मुद्रित

[162]भारत सरकार, *एनसीआर दिल्ली की एक्वीफर मैपिंग और भूजल प्रबंधन योजना* , केंद्रीय भूजल बोर्ड राज्य इकाई कार्यालय, नई दिल्ली, 2016

[163]वही, पृष्ठ 3.

[164] *गुड़गांव जिला गजेटियर , 1910* का पुनर्मुद्रण , गजेटियर संगठन, राजस्व विभाग हरियाणा चंडीगढ़ (भारत) 1998 में अद्यतन आंकड़ों के साथ पुनर्मुद्रित।

[165] बीटी गिब्सन सी.एस., गुड़गांव जिले का *तीसरा नियमित बंदोबस्त (1903-09), पंजाब सरकार, लाहौर, 1909*

[166] बीटी गिब्सन सी.एस., गुड़गांव जिले का *तीसरा नियमित बंदोबस्त (1903-09), पंजाब सरकार, लाहौर, 1909*

[167]वही.

[168]*गुड़गांव जिला गजेटियर , 1910* का पुनर्मुद्रण , गजेटियर्स संगठन, राजस्व विभाग हरियाणा, चंडीगढ़ (भारत) अद्यतन जानकारी के साथ 1998 में पुनर्मुद्रित।

[169] *हरियाणा गजेटियर* , खंड-2, अध्याय 1, रिपोर्ट उद्धृत (1928 पुनर्मुद्रण 1979 में), भारत में कृषि पर रॉयल कमीशन, एग्रीकल पब्लिशिंग अकादमी, नई दिल्ली, पृष्ठ 7-27।

[170]वही, *गुड़गांव गजेटियर* , 1883-84

[171]वही। *गुड़गांव जिले का गजेटियर* , 1883-84। 1998 में हरियाणा सरकार द्वारा पुनर्मुद्रित।

[172] भारत सरकार, *मेवात जिला हरियाणा* , केंद्रीय भूजल बोर्ड, जल संसाधन मंत्रालय, उत्तर पश्चिमी क्षेत्र, चंडीगढ़, 2007 ।

[173] सिकंदर कनिंघम, प्राचीन भूगोल का भारत , लंदन: ट्रबनेर एंड कंपनी , लंडन, 1871.

[174]यहाँ एम.एल. भार्गव ने उत्तरी अरावली (पारियत्र) का उल्लेख किया है, क्योंकि उन्होंने ऋग्वैदिक काल में सरस्वती नदी से जुड़ी सात लोकप्रिय नदियों का उल्लेख किया है। (लेखक की मृत्यु 1939 में हुई तथा उनका शोध कार्य बाद में प्रकाशित हुआ)

[175]वही। *गुड़गांव जिले का गजेटियर* , 1883-84। हरियाणा सरकार द्वारा पुनर्मुद्रित

[176] ऊपर यह जानकारी अख्तर हुसैन, आईसीएस, सेटलमेंट ऑफिसर, गुड़गांव द्वारा 1945 में लिखे गए "गुड़गांव बंड्स पर नोट" पर आधारित है, जैसा कि गुड़गांव गजेटियर 1910 (अद्यतन 1998) में उल्लेख किया गया है।

[177]भूजल स्तर का अवलोकन भूजल प्रकोष्ठ, हरियाणा द्वारा किया गया तथा 1974 से 2022 तक के आंकड़े पंजाब हरियाणा उच्च न्यायालय, चंडीगढ़ को CWP 20032/08, जनहित याचिका, सुनील सिंह बनाम हरियाणा सरकार में प्रस्तुत किए गए। इस पुस्तक में अन्यत्र बताई गई भूजल स्तर में गिरावट भी उसी CWP से ली गई है ।

[178] हरियाणा सरकार, *हरियाणा राज्य गजेटियर* , खंड II, चंडीगढ़, 2001-2।

[179]*गुड़गांव जिला गजेटियर* , *1910* का पुनर्मुद्रण , गजेटियर संगठन, राजस्व विभाग हरियाणा चंडीगढ़ (भारत) 1998 में सांख्यिकीय डेटा को अद्यतन करने और स्थानों पर जानकारी जोड़ने के साथ पुनर्मुद्रित।

[180]वही, डेविड कीथ टोड.

2
जलवायु परिवर्तन और अरावली

जलवायु परिवर्तन और अरावली

2.1 पारिस्थितिकी: जलवायु परिवर्तन, 2.2 मौसम, जलवायु और पर्यावरण, 2.2.1 अरावली जलवायु, 2.3 जलवायु परिवर्तन: इसके प्रभाव, अनुकूलन, भेद्यता और शमन, 2.4 जलवायु परिवर्तन: भूवैज्ञानिक परिप्रेक्ष्य, 2.5 जलवायु परिवर्तन के प्राकृतिक कारण, 2.6 मानवजनित जलवायु परिवर्तन और अरावली, 2.7 जलवायु परिवर्तन: वैश्विक चिंता, 2.7.1 जलवायु परिवर्तन के लिए अनुकूलन

'This we know: the earth does not belong to man; man belongs to the earth. All things are connected like the blood that unites us all. Man did not weave This we know: the earth does not belong to man; man belongs to the earth. All things are connected like the blood that unites us all. Man did not weave." भारत के सर्वोच्च न्यायालय ने 18.04.2024 के निर्णय में इसका हवाला दिया।

भूवैज्ञानिक इतिहास ने जलवायु परिवर्तन के अनेक परिवर्तनशिल चक्रों से गुजरा है। विभिन्न भूवैज्ञानिक युगों के दौरान पृथ्वी के धीरे-धीरे ठंडा होने से तापमान में वृद्धि के साथ टेक्टोनिक/मैग्मैटिक गतिविधियों को भी झेला है। सबसे पुरानी अरावली पर्वत प्रणाली ने कई चरणों के साथ जलवायु परिवर्तन के कई विविध बदलते रहते चक्रों को सहन किया है। आर्कियोज़ोइक युग के बाद से अरावली में होने वाले विविध जलवायु परिवर्तन जैसे शानदार वनस्पति आवरण, हिमनद आवरण, जलीय समुद्री जीवन, उपजाऊ भूमि से बहने वाली समृद्ध सरस्वती नदी, बाद में नदी के सूखने और शुष्क अल्प वर्षा और वन आवरण के नुकसान के साथ रेगिस्तानी परिस्थितियों की शुरुआत आदि से संबंधित रहै हैं। अरावली ने अपने निर्माण के बाद से कठोर जलवायु परिवर्तनों के कई चक्रों मे हो रहे बदलाव मे भी परिर्वतन देखे है। लगभग 1000 से 600 [1]मिलियन वर्षों तक व्यापक जल कवरेज से लेकर ग्लेशियर कवर और फिर रेगिस्तानी परिस्थितियों में बदलने तक जलवायु में भारी बदलाव दिखाया। भूवैज्ञानिक इतिहास ने दिखाया कि प्राकृतिक प्रक्रियाएँ लाखों वर्षों में बहुत धीरे-धीरे हुईं और उन लंबी अवधियों के दौरान प्रणालियों को फिर से समायोजित होती रही है। लेकिन वर्तमान समय में मानवजनित कारणों से पारिस्थितिकी तंत्र बहुत तेजी से बर्बाद हो रही हैं, जहां पारिस्थितिकी तंत्र अपनी पुनर्स्थापना के लिए इसका सामना नहीं कर सकता, खासकर जब मानवजनित संबंधित कारकों के कारण शहरीकरण के लिए भूमि साफ कर दी जाती है।

2.1. पारिस्थितिकी: जलवायु परिवर्तन

"**पारिस्थितिकी** जीव और उसके पर्यावरण से संबंधित है। पर्यावरण की अवधारणा में अन्य जीव और भौतिक परिवेश दोनों शामिल हैं। इसमें एक आबादी के भीतर जीवो के बीच और विभिन्न आबादी के जीवो के बीच संबंध शामिल हैं। जीवो के बीच, आबादी के बीच और जीवों और उनके पर्यावरण के बीच ये अंतःक्रियाएं पारिस्थितिक तंत्र या पारिस्थितिकी तंत्र बनाती हैं । पारिस्थितिकी को अलग-अलग तरीके से परिभाषित किया गया है जैसे "जीवों के अपने पर्यावरण और एक-दूसरे के साथ अंतर्संबंधों का अध्ययन", "प्रकृति की अर्थव्यवस्था" और " पारिस्थितिकी तंत्रों का [2]जीवविज्ञान होता है।"

"पारिस्थितिकी, वह विज्ञान है जो जीवों के अस्तित्व की स्थितियों व जैविक ज्ञान की प्रणाली के भीतर उत्पन्न हुऐ जीवों तथा उनके द्वारा अवरोधित माध्यमों के बीच आपसी संबंधों का अध्ययन करता है, । प्राकृतिक चयन के माध्यम से प्रजातियों के विकास की डार्विन की अवधारणाएँ, जिसने प्रत्येक जैविक प्रजाति और उसके आवास के बीच की अंतःक्रिया को जैविक विकास को नियंत्रित करने वाले प्राथमिक कारकों में सीधे रखा, व इसके निर्माण में सबसे महत्वपूर्ण भूमिका निभाई।" [3]अरावली पारिस्थितिकी जीवों के संबंधों, उन अंतःक्रियाओं के अंतर्संबंधों और अरावली पर्वतों के प्रचलित पर्यावरण से संबंधित है। इन अंतःक्रियाओं में, मानवीय संबंध अरावली पारिस्थितिकी में जीवित जीवों के अस्तित्व को प्रतिकूल रूप से प्रभावित कर रहे हैं, जिससे अंतर्संबंधों का जाल, उनकी खाद्य श्रृंखला और उसमें ऊर्जा का प्रवाह टूट रहा है। अर्नस्ट हेकेल ने पारिस्थितिकी को "जानवरों का अपने जैविक और अजैविक पर्यावरण दोनों से संबंध " कहा है।

वैज्ञानिकों द्वारा देखा गया **पारिस्थितिकी** तंत्र "एक पारिस्थितिकी तंत्र को इसके अजैविक घटकों में वर्गीकृत किया जा सकता है, जिसमें खनिज, जलवायु, मिट्टी, पानी, सूरज की रोशनी और अन्य सभी निर्जीव तत्व शामिल हैं, और इसके जैविक घटक, जिसमें इसके सभी जीवित सदस्य शामिल हैं। इन घटकों को एक साथ जोड़ने वाली दो प्रमुख ताकतें हैं: पारिस्थितिकी तंत्र के माध्यम से ऊर्जा का प्रवाह और पारिस्थितिकी तंत्र के भीतर पोषक तत्वों का चक्रण । पारिस्थितिकी तंत्र आकार में भिन्न होते हैं: कुछ इतने छोटे होते हैं कि वे पानी की एकल बूंदों के भीतर समाहित हो सकते हैं जबकि अन्य इतने बड़े होते हैं कि वे पूरे परिदृश्य और क्षेत्रों को घेर लेते हैं "[4]

यूजीन पी. ओडम (1975) ने "**सिस्टम**" शब्द का इस्तेमाल "एक नियमित रूप से परस्पर क्रियाशील या अन्योन्याश्रित वस्तुओं का समूह जो एक एकीकृत संपूर्ण बनाता है" के रूप में किया। यूजीन पी ओडम (1975) ने पदानुक्रमित नियंत्रण के सिद्धांत को बताया, "जैसे-जैसे घटक एक पदानुक्रमित श्रृंखला में बड़े कार्यात्मक संपूर्ण बनाने के लिए संयोजित होते हैं, नए गुण उभर कर सामने आते हैं। इस प्रकार, जैसे-जैसे हम जीव प्रणाली से जनसंख्या प्रणाली और फिर पारिस्थितिकी तंत्र की ओर बढ़ते हैं, नई विशेषताएँ विकसित होती हैं जो अगले स्तर पर मौजूद नहीं थीं या स्पष्ट नहीं थीं। एकीकृत स्तरों का सिद्धांत पुरानी कहावत का एक अधिक औपचारिक कथन है कि "संपूर्ण भागों के योग से अधिक होता है" या, जैसा कि अक्सर कहा जाता है, "वन पेड़ों के संग्रह से अधिक है"। " पर्यावरण प्रणालियों, उनके और दूसरों के बीच उनकी अंतःक्रियाओं और अंतर्संबंधों का अध्ययन पारिस्थितिकी में किया जाता है"।

हमारे ग्रह पृथ्वी में एक पारिस्थितिकी तंत्र है, जिसमें भौगोलिक भूभाग/क्षेत्र संघ पारिस्थितिकी तंत्र में व्यापक रूप से फैले हुए हैं। ऐसे भौगोलिक भूभाग /क्षेत्र एक दूसरे से स्वतंत्र हो सकते हैं या बड़े भूभाग /क्षेत्रों में निरंतरता मे हो सकते हैं। पौधों, जानवरों और पारिस्थितिकी तंत्र के परिदृश्य की प्राकृतिक भौतिक दुनिया के आधार पर कई पारिस्थितिकी तंत्र एक दूसरे से जुड़े या एक दूसरे पर निर्भर हो सकते हैं। अरावली पारिस्थितिकी तंत्र का हर कारक अरावली क्षेत्र में मौजूद अन्य कारकों (तापमान, मिट्टी, पानी, आदि) पर प्रत्यक्ष या अप्रत्यक्ष रूप से निर्भर करता है। किसी को भी उन बुनियादी प्राकृतिक कारकों को बदलने की कोशिश नहीं करनी चाहिए। अरावली पारिस्थितिकी तंत्र बहुत बड़ा है और इसमें एक या एक से अधिक या कई हेबिटेटस शामिल हैं जो एक विशाल भूमि द्रव्यमान की लंबाई और चौड़ाई में फैले हुए हैं।

अरावली के जंगलों में पौधे पर्यावरण के प्रति संवेदनशील होते हैं, कुछ पौधों में व्यापक अनुकूलन क्षमता होती है और कुछ पौधे सीमित पर्यावरणीय आवास में ही जीवित रह सकते हैं, विशिष्ट परिस्थितियों में परिवर्तन या बदलाव होने पर वे पौधे या जीव नष्ट हो सकते हैं। आवास की स्थिरता के लिए उस पारिस्थितिकी तंत्र की उन्हीं मूल आवश्यक स्थितियों और रूपों को बनाए रखने का प्रयास किया जाना चाहिए।

जैव विविधता के नुकसान का मानव और अन्य जीवित जीवों के स्वास्थ्य पर प्रभाव पड़ता है। वनों की कटाई ने पेंडोरा बॉक्स को खोल दिया है, जिससे वन्यजीवों द्वारा मनुष्यों में रोगजनकों को फैलाने और फिर एक व्यक्ति से दूसरे व्यक्ति में फैलने की संभावना बढ़ गई है, जिससे मनुष्य और जंगली जानवरों के बीच संघर्ष बढ़ गया है। जब जीव तनाव में होते हैं, तो वे तेजी से प्रजनन करते हैं और मनुष्यों में रोग संचारित होते हैं। अरावली के जंगलों के विखंडन ने खुले क्षेत्रों को उजागर कर दिया है, जिससे प्रजातियों की विविधता में कमी आई है और नई बीमारियों के फैलने को आमंत्रित किया है।

Crotalaria *burhia* (खरसना) और Zizyphus *nummularia* (झाडी बेर) जैसे कई पौधे उन क्षेत्रों में सिंचाई शुरू होने के बाद गायब हो गए। Salvadora *oleoides, S. persica* (जाल) ,Capparis *decidua* (करीर, कैर), जैसी देशी पेड़ प्रजातियाँ आदि ने फल देना बंद या बहुत कम कर दिया और बदले में, कुछ आक्रामक प्रजातियों ने ऐसे क्षेत्रों पर कब्जा कर लिया, जो स्थानीय परिस्थितियों के लिए फायदेमंद नहीं हैं।

अरावली पारिस्थितिकी तंत्र में रेत के टीले बायोम हैं और रेत के टीलों में समान दिखने वाले बायोम में अरावली क्षेत्र में अलग-अलग पारिस्थितिकी तंत्र हैबिटॅाट के स्थान हो सकते हैं। पारिस्थितिकी तंत्र में निरंतर मानवजनित हस्तक्षेप/गड़बड़ी कई प्रजातियों की मोजुदकी/अस्तित्व को खतरे में डालती है क्योंकि प्रकृति में सभी प्रजातियाँ तेज़ी से बदलती नई परिस्थितियों के अनुकूल नहीं हो सकती हैं। जब भी प्रकृति में प्राकृतिक परिवर्तन होते हैं, तो वे बहुत धीमे होते हैं और लंबी अवधि (लाखों वर्ष) तक फैले होते हैं, ऐसी धीमी गति से कुछ प्रजातियाँ अपने गुणो में कुछ संशोधनों के साथ बदली हुई परिस्थितियों के अनुकूल होने की कोशिश करती हैं।

भू-माफिया और मानवीय हस्तक्षेप अरावली के पारिस्थितिकी तंत्र में स्थानीय प्रजातियों के अस्तित्व को खतरे में डाल रहे हैं। हम उनमें से कई प्रजातियों को हमेशा के लिए खो सकते हैं, जैसे कि Anogeissus *pendula* (धौक,धॅाऊ) और कई अन्य प्रजातियाँ हम पहले ही खो चुके हैं या विलुप्त होने के करीब पहुँच चुके हैं। एक बार जब हम आनुवंशिक सामग्री खो देते हैं तो उन प्रजातियों को पुनर्जीवित करना संभव नहीं होगा। नवीनतम वैज्ञानिक तकनीक या ऊतक संवर्धन अरावली में इन प्रजातियों के सफल वृक्षारोपण को बढ़ाने में विफल रहे। ऊतक संवर्धन द्वारा उगाए गए पौधे कुछ समय बाद कठोर परिस्थितियों में मर गए, लेकिन ऐसी प्रजातियों के जड से उगाए गए पौधे बच गए। इसलिए, पारिस्थितिकी तंत्र को उसके मूल रूप में बचाना ही एकमात्र विकल्प है, शब्दजाल से नहीं।

वनों की कटाई एक अंतरराष्ट्रीय समस्या है, वनों की कटाई के प्रतिकूल प्रभाव को संयुक्त राष्ट्र, नैरोबी 2022 रिपोर्ट द्वारा व्यक्त किया गया है, "उत्सर्जन अंतर को बंद करने के लिए आठ साल से भी कम समय के साथ वनों की कटाई की निगरानी, रिपोर्टिंग और सत्यापन (एमआरवी) की प्रभावी, एकीकृत और सार्वजनिक प्रणालियों की आवश्यकता है ताकि सरकारों और कंपनियों को उनके वनों की कटाई की

प्रतिबद्धताओं के लिए जवाबदेह बनाया जा सके (नाबुर्सव अनय 2022) स्थानीय समुदाय और पारंपरिक रूप से हाशिए पर पड़े समूह जैसे कि स्थानिय समुदाय जो वन क्षेत्रों में निवास करते हैं या उनके करीब रहते हैं, वनों की कटाई के प्रभावों के प्रति अत्यधिक संवेदनशील हैं और इसलिए उन्हें इसमें बारीकी से शामिल किया जाना चाहिए (एफएओ, 2022)। उनका योगदान और ज्ञान अमूल्य है और जोखिम के महत्वपूर्ण स्रोतों को संबोधित करने में मदद कर सकता है।"

किसी भी दिए गए वातावरण में जीवित जीवों के अन्य जीवित जीवों के साथ संबंधों और अंतःक्रियाओं का अध्ययन पारिस्थितिक अध्ययनों का आधार बनता है। पारिस्थितिकीविदों ने अरावली पारिस्थितिकी तंत्र को इस क्षेत्र की पारिस्थितिकी का एक कार्यात्मक और संरचनात्मक इकाई/उपभाग माना; पारिस्थितिकी तंत्र पारिस्थितिकी का एक उपसमूह बन गया। अरावली पारिस्थितिकी तंत्र एक भौगोलिक क्षेत्र है जिसमें जंगल, जल धाराएँ, नदियाँ, रेत के टीले, भूड मे एओलियन जमा, जानवर और जीव शामिल हैं। अरावली पारिस्थितिकी में, हम जीवित जीवों की अंतःक्रियाओं और उनके पर्यावरण का अध्ययन करते हैं।

वन पारिस्थितिकी तंत्र में उनके भौतिक पर्यावरण के संबंध में जैविक (सभी जानवर, पौधे जिनमें सूक्ष्मजीव शामिल हैं) और अजैविक [5](जलवायु, सूर्य का प्रकाश, मिट्टी, पानी, खनिज, चट्टानें और निर्जीव पहलू) कारक शामिल हैं। यह अनुमान लगाया जा सकता है कि अरावली पारिस्थितिकी तंत्र में उनके पर्यावरण में विभिन्न जीवित जीवों के बीच परस्पर क्रिया की श्रृंखलाएँ चल रही थीं। अरावली पारिस्थितिकी तंत्र ने पिछले समय के दौरान प्रचलित पर्यावरण के भीतर अपनी स्थिरता बनाए रखी।

विशेषज्ञों ने सूक्ष्मजीवों की भूमिका की जटिलताओं को देखा और बताया कि: सूक्ष्मजीवों में अरावली पारिस्थितिकी तंत्र में मौजूद बैक्टीरिया, कवक, वायरस आदि जैसे छोटे जीवन शामिल हैं। उनका विकास हवा, पानी, मिट्टी और वनस्पति के पत्तों से जुड़ा हुआ है। सूक्ष्मजीव ऑक्सीजन का उत्पादन करने और पोषक तत्वों को विघटित करके जीवन को पुनर्चक्रित करने के लिए जीवन की निर्माण सामग्री हैं। सूक्ष्मजीव अरावली पारिस्थितिकी तंत्र और उसमें पृथ्वी की भलाई में इंजीनियरों के रूप में काम करते हैं। अरावली के विनाश का मतलब है कि हम उसमें सूक्ष्मजीवों के जीवन चक्र को नष्ट कर रहे हैं। इसलिए, सूक्ष्मजीवों की समझ और अस्तित्व आवश्यक है, जो पारिस्थितिकी तंत्र पर्यावरण को समझने के लिए आधार और मौलिक रूप से आवश्यक हैं। ये सूक्ष्मजीव भू-रासायनिक और जैविक चक्र चलाते हैं। सूक्ष्मजीव जीवन को बढ़ाने में मदद करने के लिए पोषक तत्वों को पुनर्चक्रित करते हैं और मिट्टी के स्वास्थ्य को मजबूत करने के लिए कार्बन पृथक्करण में मदद करते हैं। जलवायु परिवर्तन का सामना करने के लिए सूक्ष्मजीव अपनी आनुवंशिक सामग्री को बदलकर बहुत तेजी से बदलते हैं।

निरंतर वनों की कटाई और गैर-वानिकी उद्देश्यों के लिए वन भूमि के उपयोग ने नाजुक पर्यावरण में परिवर्तन ला दिया है, जिससे पारिस्थितिकी तंत्र के जीवों को बाहर जाने के लिए मजबूर होना पड़ रहा है। पारिस्थितिकी तंत्र का विखंडन, जैविक दबाव, अपनी वहन क्षमता से अधिक मांग/निष्कर्षण, भूमि हड़पना, निर्माण गतिविधियाँ, शहरीकरण, वन्यजीवों की हत्या और नौकरशाहों और राजनेताओं का दयनीय रवैया अरावली पारिस्थितिकी तंत्र में सूक्ष्मजीवों के जीवन और जीव श्रृंखला के लिए गंभीर खतरा पैदा कर रहा है ।

आसन्न आवश्यकता स्थानीय समुदायों के आर्थिक विकास को ध्यान में रखते हुए संरक्षण उपायों को संतुलित करने की है। मानव सह-अस्तित्व वाला पारिस्थितिकी तंत्र प्रकृति का नियम है और दोनों एक दूसरे के विकास को बनाए रखने और समर्थन करने के लिए सहजीवी संबंधों के साथ विकसित हुए हैं। वन्यजीवों की भूमिका पारिस्थितिकी तंत्र के लिए महत्वपूर्ण है और पारिस्थितिकी तंत्र/हेबिटॉट की स्थिरता के लिए वन्यजीवों की मुक्त आवाजाही सुनिश्चित की जानी चाहिए। जनता और सरकार दोनों को अरावली के जंगलों से दबाव कम करना सुनिश्चित करना चाहिए।

जंगलों में, जहाँ पौधे, पेड़, झाड़ियाँ, जड़ी-बूटियाँ, लताएँ और घास जैसे प्राथमिक उत्पादक होते हैं, जीव पारिस्थितिकी तंत्र और उसके विकास को आगे बढ़ाने के लिए जीवों की परस्पर क्रियाओं के लिए ऊर्जा को भोजन में बदलने के लिए पृथ्वी, वायु, जल और सूर्य के प्रकाश का उपयोग करते हैं। बैक्टीरिया, छोटे जीव, कीड़े, पक्षी, शाकाहारी, आदि जैसे प्राथमिक उपभोक्ता उस दिए गए पारिस्थितिकी तंत्र में प्राथमिक उत्पादकों का उपभोग/खाते हैं। जबकि पारिस्थितिकी तंत्र के द्वितीयक उपभोक्ता पारिस्थितिकी तंत्र की खाद्य श्रृंखला को बनाए रखने के लिए प्राथमिक उत्पादकों के साथ-साथ प्राथमिक उपभोक्ताओं का भी उपभोग करते हैं। तेंदुए, लकड़बग्घा, भेड़िये, आदि जैसे तृतीयक उपभोक्ता प्राथमिक उपभोक्ताओं के साथ-साथ द्वितीयक उपभोक्ताओं को भी खाते हैं।

अरावली पारिस्थितिकी तंत्र में तेंदुआ, बाघ शाकाहारी जानवरों की आबादी को नियंत्रित करने के लिए शीर्ष शिकारी के रूप में बने हुए हैं, अगर शाकाहारी जानवरों की आबादी को नियंत्रित नहीं किया जाता है तो वे सभी घास, जड़ी-बूटियाँ, लताएँ और झाड़ियाँ खा जाएँगे, फिर कीटों या पक्षियों जैसे द्वितीयक उपभोक्ताओं को उनके भोजन जैसे फल आदि नहीं मिलेंगे। पक्षी बीज फैलाने में मदद करते हैं और कीट अरावली पारिस्थितिकी तंत्र के विकास के लिए परागण में मदद करते हैं। अगर घास कम हो जाती है या खत्म हो जाती है तो नंगी सतह सतही अपवाह दर को बढ़ाएगी और उपसतह जल पुनर्भरण को रोक देगी, जिसके परिणामस्वरूप कम जल वाष्प और कम वाष्पोत्सर्जन होगा, फिर हवा में ऑक्सीजन कम होगी जिससे कम प्रकाश संश्लेषण के साथ कार्बन का कम अवरोध होगा। भूजल पुनर्भरण में गिरावट से पेड़ों के अस्तित्व और पारिस्थितिकी तंत्र के विकास पर प्रतिकूल प्रभाव पड़ना तय है।

मैक्रोइकोलॉजी "बड़े स्थानिक और लौकिक पैमाने पर जैव विविधता पैटर्न और प्रक्रियाओं का अध्ययन है। आणविक समय वृक्षों जैसे उपकरणों का उपयोग करना, जहाँ एक परिवार के पेड़ की शाखाएँ अरबों वर्षों की समय इकाइयों में होती हैं, जो आनुवंशिक डेटा द्वारा सूचित होती हैं... कारकों के संयोजन ने तय किया कि कौन सी प्रजातियाँ कहाँ मौजूद होंगी - स्थानीय से लेकर वैश्विक पैमाने तक फैली मैक्रोइवोल्यूशनरी प्रक्रियाएँ महत्वपूर्ण रहती है। साथ ही, प्रजातियों की परस्पर क्रिया और फैलाव जैसी मैक्रोइकोलॉजिकल प्रक्रियाएँ, कम समय-सीमाओं पर काम करती हैं। प्रजातियों के वितरण, विलुप्त होने और जनसंख्या की पुनर्स्थापना में कई समय-सीमाएँ शामिल होती हैं [6]..." किसी क्षेत्र में प्रजातियों की उपस्थिति का फैसला करती हैं।

पारिस्थितिकी तंत्र का अध्ययन पारिस्थितिकी का हिस्सा है और पारिस्थितिकी तंत्र अरावली के पर्यावरण के विभिन्न भौगोलिक क्षेत्रों में जीवों के समुदाय की परस्पर क्रिया द्वारा निर्मित इकाइयाँ हैं। अरावली पर्वतों में पारिस्थितिक स्थिति मोटे तौर पर (कुछ अक्षांशीय भिन्नताओं के साथ) पूरी अरावली पर्वत श्रृंखला के लिए समान है, अलग-अलग राज्य खंडों (भौगोलिक इकाइयों और भूवैज्ञानिक संरचनाओं) के बीच अंतर हो सकता है, असमानताएँ अक्षांशीय स्थान, जनसांख्यिकीय और बाहरी दबाव के मुद्दों के कारण हो सकती हैं। एनसीआर क्षेत्र में, भू-माफिया पारिस्थितिकी तंत्र में वनों, वन्यजीवों और भूजल संसाधनों को बेतहाशा नष्ट करके स्वार्थी हितों के लिए अरावली का दुरुपयोग और शोषण कर रहे हैं।

वन आवश्यक हैं, जबकि वनों की कटाई अभियान जलवायु जनित समस्याओं को बढ़ा रहा है। "पेड़ न केवल भौतिक रूप से कण पदार्थ को रोक सकते हैं; कुछ पत्तियों में जैव-रसायन होते हैं जो उन्हें पूरी तरह से बेअसर कर सकते हैं। शहरी क्षेत्रों में हरित स्थानों की संरचना को समझने के लिए दुनिया भर में अध्ययन किए जा रहे हैं जो वायु प्रदूषण को कम करने में सबसे अच्छा होगा। [7]" "पेड़ अवरोध वायु ध्वनि प्रदूषण को कम करते हैं और सड़कों के सौंदर्य मूल्यों में सुधार करते हैं ।"[8] वायुमंडल में कार्बन डाइऑक्साइड का उत्पादन पौधों द्वारा अवशोषित किए जाने से कहीं अधिक होता है, इसलिए लंबे समय तक रोटेशन अवधि वाले अधिक पेड लगाने की आवश्यकता है। अंतर्राष्ट्रीय संस्थाओं ने भी वनों को बचाने के बारे में चिंता व्यक्त की, "शुद्ध उत्सर्जन प्रवृत्तियाँ मुख्य रूप से वनों की कटाई से प्रेरित हैं, उन जगहों पर जहाँ भूमि-उपयोग प्रवृत्तियों की निगरानी और मात्रा का निर्धारण चुनौतीपूर्ण है।" [9]वनों की कटाई को कम करना पर्यावरण और ग्रीनहाउस गैसों के उत्सर्जन को बेहतर बनाने के लिए COP22 रणनीति का एक अनिवार्य हिस्सा है।

पेड़ों की पत्तियों की शिराएँ प्रकाश संश्लेषण के दौरान कार्बन अवशोषण (CO_2) के लिए पानी का स्थानांतरण करती हैं, पेड़ की पत्तियाँ पत्ती में शिराओं के घनत्व के आधार पर अधिक पानी का परिवहन करती हैं (पत्ती में शिराएँ जितनी अधिक होती हैं, उतना ही अधिक पानी पंप किया जाता है) इस प्रक्रिया में पेड़ों में अधिक कार्बन स्थिर होता है। पत्तियों में छिद्रों का घनत्व भी वायुमंडल में CO_2 से संबंधित है। अरावली पारिस्थितिकी तंत्र में पेड़ और जीव एकीकृत और बारीकी से पूर्व-व्यवस्थित हैं, जब वे बड़े क्षेत्रों में एक साथ कार्य करते हैं तो जीवित उप-घटकों का व्यवहार बदल जाता है / संशोधित होता है।

अरावली में, जैविक घटक तत्वों की कुछ उप प्रणालियाँ पारिस्थितिकी तंत्र से जुड़ी रह सकती हैं और अर्ध-स्वतंत्र इकाइयों में काम कर सकती हैं। हमें अरावली पारिस्थितिकी तंत्र को समग्र रूप से समझना होगा (जो आसान है) और साथ ही इसके घटकों को भी समझना होगा। अरावली की जैविक प्रणालियाँ अनिश्चित वर्षा के दबाव में विकसित हुईं, ऐसे वातावरण में सूखा सहिष्णु कुछ प्रजातियाँ सहजीवी पारस्परिक निर्भरता के साथ जनसंख्या और पोषक तत्वों की खपत में हावी हो सकती हैं।

बड़े अरावली पारिस्थितिकी तंत्र की कुछ विशेषताएँ जटिल और लचीली दिखाई देंगी, लेकिन उनकी कार्यप्रणाली जैसे कि प्रकाश संश्लेषण, कार्बन लॉकिंग, आदि (होमियोस्टेटिक तंत्र) कम परिवर्तनशीलता दिखा सकते हैं। अरावली पारिस्थितिकी तंत्र की तरह, कई पारिस्थितिकी तंत्र प्राकृतिक पहलुओं का सामना करने के लिए स्वयं की मरम्मत और आत्म-विकास के लिए आंतरिक रूप से प्रोग्राम किए गए हैं, जहाँ सिस्टम नष्ट हो जाता है या भूमि उपयोग बदल जाता है तब सिस्टम की नींव समाप्त हो जाती है और पारिस्थितिकी तंत्र खुद की मरम्मत करने में विफल हो जाता है। अरावली पारिस्थितिकी तंत्र में मानव-प्रेरित परिवर्तनों से बचने के लिए, मृत / गिरे हुए / नष्ट हुए पेड़ों के स्थान पर फिर से पौधे लगाकर पारिस्थितिकी तंत्र की स्थिरता और स्थिर स्थिति बनाए रखने के प्रयास जारी रखने होंगे, अन्यथा हम पारिस्थितिकी तंत्र को भविष्य के विनाश से नहीं बचा सकते।

कई लोगों का मानना है कि अरावली पारिस्थितिकी तंत्र मौजूदा वनस्पति आवरण के साथ निष्क्रिय है, लेकिन इसमें एक विशाल चयापचय शामिल है और मौसमी जलवायु परिवर्तन, सूखा, बीमारियों, कीटों के हमलों, सौर ऊर्जा में उतार-चढ़ाव और जैविक दबाव के बावजूद प्रकृति में इसे बनाए रखने के लिए ऊर्जा के बड़े प्रवाह की आवश्यकता है। सौर ऊर्जा अरावली पारिस्थितिकी तंत्र के लिए ऊर्जा का प्रमुख स्रोत है, पानी, वर्षा, आर्द्रता, पोषक तत्व, मिट्टी की प्रकृति, भूवैज्ञानिक स्तर और वन जीवों के प्रकार और उनकी संख्या के कामकाज और कामकाज को प्रभावित करते हैं।

तेजी से शहरीकरण जंगलों को खत्म कर रहा है। सौंदर्य मूल्यों को देखते हुए शहरीकरण विषमपोषी [10]शहरी पारिस्थितिकी तंत्र बहुत अधिक ऊर्जा की खपत करता है, जिससे ऊर्जा और सामग्री बजट में बदलाव होता है, जिससे सिस्टम नष्ट हो जाता है या यह अनुत्पादक हो जाता है, जबकि एक स्वपोषी प्रणाली सिस्टम में जीवों के जीवन का समर्थन करती है। विभिन्न जलग्रहण क्षेत्रों के शहरीकरण में पानी और

अन्य सामग्रियों की उच्च खुराक की खपत होती है और बदले में प्रदूषित पानी, ठोस अपशिष्ट पदार्थ, ध्वस्त भवन सामग्री, वायु प्रदूषक और अपशिष्ट पदार्थ का बहिर्वाह होता है, जो आवास को नुकसान पहुंचाता है जहां जीव रहते हैं।

पारिस्थितिकी तंत्र में मानवजनित हस्तक्षेप प्रजातियों के वितरण की विविधता को कम करता है और साथ ही उस प्रणाली में पाई जाने वाली प्रजातियों के प्रकारों को भी कम करता है। अरावली पारिस्थितिकी तंत्र में मानवजनित हस्तक्षेप इस हद तक पहुँच गया है कि यह प्रजातियों की स्थिरता को प्रभावित कर रहा है, जहाँ अशांत प्रजातियाँ संतुलन में वापस आने में असमर्थ हैं। परिणामस्वरूप पारिस्थितिकी तंत्र के कार्य और संरचना प्रभावित होती हैं, कई प्रजातियों की आबादी नष्ट हो जाती है या समाप्त हो जाती है/विलुप्त हो जाती है।

प्रचुर मात्रा में उपलब्ध सौर ऊर्जा पौधों की ऊर्जा को बायोमास उत्पादन में परिवर्तित करती है, जब पेड़ों को नष्ट/हटा दिया जाता है/काट दिया जाता है तो सौर ऊर्जा मेटासेडिमेंटरी पॉलीफ़ेज़ फोल्डेड चट्टानों को गर्म करती है और वातावरण जीवों को बाधित करने के लिए गर्म हो जाता है। अरावली अत्यधिक नाजुक पारिस्थितिकी तंत्र हैं; अनुकूलन और प्रणाली के पुनर्गठन के लिए ऊर्जा के प्रकार और स्तर उपलब्ध नहीं हैं। क्योंकि अरावली के जंगलों में ऊर्जा प्रवाह की गुणवत्ता और मात्रा कम हो गई है और जंगलों का नियमित रूप से क्षरण हो रहा है। पारिस्थितिकी तंत्र को ऊर्जा की आपूर्ति में कमी के कारण इसके भौतिक उत्पादन में कमी आई है तथा भौतिक प्रजनन के चक्र तनाव में बने हुए हैं, जिससे आगे ऊर्जा उत्पादन के लिए आवश्यक जल और पोषक तत्वों का अवशोषण कम हो रहा है।

अरावली पारिस्थितिकी तंत्र में पौधे खाद्य उत्पादक के रूप में विभिन्न जीवों के उपभोग के लिए खाद्य ऊर्जा का हस्तांतरण करते हैं, जो [11]स्वपोषी (मिट्टी से पोषक तत्व प्राप्त करते हैं) और विषमपोषी (अन्य जीवों से पोषक तत्व प्राप्त करते हैं) का पोषण करने के लिए समान ट्रॉफिक स्तर के हो सकते हैं। इस प्रकार उत्पादक स्तर, प्राथमिक उपभोक्ता स्तर, द्वितीयक उपभोक्ता से तृतीयक स्तर के उपभोक्ताओं तक की खाद्य श्रृंखला उस खाद्य श्रृंखला [12]प्रणाली का हिस्सा बनी रहती है। श्रृंखला को तोड़ने का मतलब है कि हम पूरी प्रणाली को नष्ट कर रहे हैं और तृतीयक उपभोक्ता के रूप में मनुष्य अंततः भोजन से वंचित हो जाएगा। अरावली पारिस्थितिकी तंत्र में बैक्टीरिया और कवक की कमी पौधों के डिट्रिटस पदार्थ को विघटित करती है ताकि डिट्रिटस उपभोक्ताओं को उपलब्ध कराया जा सके जिसका उपयोग उत्पादकों के लिए किया जा सके। अरावली में पौधे पहले ट्रॉफिक स्तर के उत्पादक हैं

अरावली क्षेत्रों के भूभौतिकीय वातावरण में विशिष्ट प्रजातियों (वनस्पति के साथ-साथ अन्य जीवित जीवन) के वितरण और फैलाव का पैटर्न विशिष्ट प्रजातियों और अन्य के बीच बातचीत को निर्धारित करता है। जब आवास संसाधन सीमित और दुर्लभ होते हैं, तो नई प्रजातियाँ जोड़ी जाती हैं, या कहें कि खुले क्षेत्रों में वृक्षारोपण किया जाता है, वे पौधे उस क्षेत्र के उपलब्ध भौतिक संसाधनों (चट्टानें, मिट्टी, पत्ती कूड़े, नमी) का उपयोग करते हैं, और नमी और पोषक तत्व मानवीय हस्तक्षेप से प्रदान किए जाते हैं, जहाँ मिट्टी उपलब्ध नहीं होती है, वहाँ चट्टान की सतह को तोड़ दिया जाता है या उसमें नमी और मिट्टी जमा करने के लिए गड्ढा खोदा जाता है। ताकि जड़ संरचनाएँ अपने लिए जगह बना सकें और दुर्गम इलाकों में अपने अस्तित्व और विकास के लिए जगह बना सकें।

सभ्यता को बचाने के लिए वन आवश्यक हैं, ताकि पर्यावरण उत्पादक बना रहे और उसमें जीवन टिकाऊ हो। "यदि लकड़ी उत्पादन में अस्थायी लाभ के लिए वनों को नष्ट कर दिया जाता है, तो पानी और मिट्टी ढलानों से बहकर मैदानों की उत्पादकता को कम कर सकती है। दुनिया के विभिन्न हिस्सों में सभ्यताओं के खंडहर और मानव निर्मित रेगिस्तान इस बात के प्रमाण हैं कि मनुष्य सुरक्षात्मक और उत्पादक दोनों तरह के वातावरण की अपनी ज़रूरत के बारे में पूरी तरह से जागरूक नहीं है। परिपक्व प्रणालियों में उत्पादों के अलावा मानव जाति के लिए अन्य मूल्य भी होते हैं। [13]"

कुछ लोग अरावली में विद्यमान मस्कट हरियाली की आलोचना करते हैं। मस्कट (Prosopis *juliflora*) में भौतिक कारकों और प्रतिकूल परिस्थितियों को सीमित करके अपनी जनसंख्या बढ़ाने की उच्च प्रजनन क्षमता है। पहले के Acacia *senegal*, A. *leucophloes* ने कम वर्षा और सीमित मिट्टी की गहराई में अच्छा प्रजनन दिखाया, जानवर उनकी फली में चर रहे थे, और जानवरों की आंतों से गुजरने वाले बीज कम वर्षा और सीमित नमी के बाद भी बीजों के अंकुरण को आसान बनाते थे। वृक्ष प्रजातियों के बीच पारिस्थितिक प्रतिस्पर्धा महत्वपूर्ण है, जहां विकास के लिए पर्याप्त सामग्री (प्रकाश और पोषक तत्व) की आपूर्ति सीमित है। नमी की कमी की स्थिति में अरावली की झाड़ीदार वनस्पति खुद को स्व-नियमन व्यवहार के रूप में क्षैतिज स्थान पर कब्जा करने के लिए फैलाती है ताकि उन सीमित संसाधनों में अन्य पौधों की वृद्धि से बचा जा सके

सह-अस्तित्व के लिए और प्रतिस्पर्धा को कम करने के लिए पौधे व्यवहार बदलते हैं और भोतिक परिवर्तनों को शामिल करते हैं या फूल पैटर्न/समय में बदलाव करके, पत्तियों को गिराकर और अपने विकास के समय को फिर से बदलकर अपने अस्तित्व के लिए बदलते पर्यावरण में तनावग्रस्त ऊर्जा का उपयोग करके अपनी स्थिति बदलते हैं। पारस्परिकता के तहत एक पारिस्थितिकी तंत्र में जीव अपने अस्तित्व के लिए एक दूसरे की मदद करते हैं। इसी तरह, मनुष्य भी पारिस्थितिकी तंत्र की स्थिरता को बनाए रखने में मदद करने के लिए पारस्परिकता में रहना सीखता है। कोई भी व्यक्ति [14]लगातार बदलते तापमान, वर्षा और आर्द्रता के कारण ऑटोजेनिक उत्तराधिकार परिवर्तनों के अस्तित्व से इनकार नहीं कर सकता है, जो अरावली पर्वतों में कुछ क्षेत्रों की सूक्ष्म जलवायु को प्रभावित करता है जिससे विविधता आती है। पारिस्थितिकी तंत्र में इस तरह के चक्रीय चरमोत्कर्ष [15]आम हैं।

2.2. मौसम, जलवायु और पर्यावरण।

किसी भी क्षेत्र के **मौसम** का मतलब है अल्पकालिक रूप से प्रचलित वायुमंडलीय परिस्थितियाँ, जैसे तापमान, दबाव, आर्द्रता, वर्षा, हवाएँ, आकाश में बादलों की स्थिति, हवा के तूफ़ान और उस समय का कोई भी अन्य वायुमंडलीय ईलेमेन्ट। समय के अनुसार, हम दिन, सप्ताह, महीने आदि के मौसम की बात करते हैं। सूर्य हमारी पृथ्वी के घूमने और स्थान के अनुसार ऊर्जा प्रदान करता है, यह ऊर्जा प्रवाह वायुमंडलीय परिस्थितियों और ग्रह के अपने कक्षीय पथ में परिक्रमण के अनुसार बदलता रहता है जिससे मौसमी विविधताएँ पैदा होती हैं।

जलवायु एक लंबी अवधि में मौसम की स्थितियों का औसत है और जलवायु के चक्र हज़ारों वर्षों में लंबी अवधि के होते हैं, कभी-कभी हिमनद चक्र और अंतर-हिमनद चक्र जैसे कि पिछले 11500 वर्षों में हुए, जब राजस्थान के रेगिस्तानी क्षेत्र में भी हिमनद चक्र देखा गया था। मौसम और जलवायु के मूल तत्व तापमान, वायुमंडलीय दबाव, नमी की मात्रा (वर्षा) और हवा हैं।

ये तत्व और कारक अरावली प्रणालियों की जलवायु से संबंधित हैं, जो पारिस्थितिकी तंत्र के लिए मौलिक हैं। सौर ऊर्जा वायुमंडल और इसकी सतह को गर्म करती है, ऊर्जा एक प्रणाली से दूसरी प्रणाली में और वापस अंतरिक्ष में प्रवाहित होती है। ये तत्व अरावली में कई भौगोलिक पैटर्न को जन्म देते हैं, जिससे वायुमंडलीय दबाव में बदलाव होता है। दबाव में परिवर्तन के कारण हवा की गति में परिवर्तन के कारण रेगिस्तान के विशिष्ट ग्रीष्मकालीन परिदृश्यों के रूप में तेज़ और धूल भरी हवा के तूफान (आंधी) बनते हैं।

वर्षा भी इन मौसम तत्वों से प्रभावित होती है; वन, अन्य वनस्पति और अन्य जैविक जीवन विकास भी इनसे प्रभावित होते हैं। जो बदले में मिट्टी के विकास को प्रभावित करता है और प्रणालियों में एक भाग से दूसरे भाग में ऊर्जा के हस्तांतरण के साथ सतह के गर्म या ठंडे होने को प्रभावित करता है। शुष्क गर्म परिस्थितियों में विभिन्न जीव तापमान सहनशीलता विकसित करते हैं और कई इस प्रक्रिया में अपना जीवन खो सकते हैं। अरावली क्षेत्र में दीर्घकालिक रूप से प्रचलित शुष्क गर्म स्थितियाँ जहाँ जानवर और पौधे (जीव और वनस्पति) विकसित हुए और उन प्रचलित कठोर परिस्थितियों में जीवित रहने के लिए विकसित हुए। अरावली क्षेत्रों में अत्यधिक गर्म ग्रीष्मकाल / ठंडी सर्दियों के दौरान, मोबाइल जीव भू-आकृतिक परिदृश्यों में आश्रय पाते हैं और यदि उनका आश्रय नष्ट हो जाता है, तो उन जीवों को मरना तय है।

पर्यावरण "वह स्थान जहाँ कोई जानवर या पौधे रहते हैं।" [16]पर्यावरण आसपास के संपूर्ण समुच्चय है जहाँ कोई रहता है। अरावली के पर्यावरण में इसके भौतिक और जैविक घटक जैसे सौर ऊर्जा प्रवाह, सूरज की रोशनी, हवा, पानी, सतह, जानवर, पौधे और उस क्षेत्र में रहने वाले अन्य सभी जीव शामिल हैं। "जलवायु और मौसम में बदलाव पर्यावरण पर अलग-अलग प्रभावों के कारण होते हैं और इसलिए प्राकृतिक चक्र को बदल सकते हैं। पर्यावरण के दो मुख्य घटक हैं, जैविक और अजैविक। पर्यावरण के जैविक घटकों में मनुष्य, पशु, पक्षी और सरीसृप जैसे सभी जीव शामिल हैं, जिनमें वायरस, बैक्टीरिया, शैवाल जैसे सूक्ष्मजीव शामिल हैं । पर्यावरण के अजैविक घटकों में भूमि, नदी, हवा, मिट्टी, पहाड़, बादल और भौतिक घटक जैसे आर्द्रता, तापमान आदि शामिल हैं। [17]" यह समझना महत्वपूर्ण है कि पर्यावरण में किसी भी प्रकार की गड़बड़ी पारिस्थितिकी को प्रभावित करेगी और इससे बदले में पारिस्थितिकी तंत्र भी प्रभावित होगा।

पर्यावरण न्याय का मुद्दा महत्वपूर्ण हो गया है। पर्यावरण न्याय के संबंध में सुप्रीम कोर्ट के दिनांक 18.4.2024 के निर्णय में ग्रेटर मुंबई नगर निगम बनाम अंकिता सिन्हा, (2022) 13 एससीसी 401 के निर्णय का हवाला दिया गया है।

part of para 75, "....The concept of environmental justice is a trifecta of distributive justice, procedural justice, and justice as recognition. [Schlosberg D., Defining Environmental Justice: Theories, Movements, and Nature (Oxford University Press 2009).] Environmental equity as a developing concept has focused on the disproportionate implications of environmental harms on economically or socially marginalised groups. The concerns of human rights and environmental degradation overlap under this umbrella term, to highlight the human element, apart from economic and environmental ramifications. Environmental equity thus stands to ensure a balanced distribution of environmental risks as well as protections, including application of sustainable development principles."

Parts of para 76, "Environmental justice, which focuses on whether minorities and low-income people bear a disproportionate burden of exposure to environmental harms and any resulting health effects. In the past ten to fifteen years, this issue has crystallized a grass-roots movement that combines civil rights issues with environmental issues, with a goal of achieving "environmental justice" or "environmental equity", which is understood to mean the fair distribution of environmental risks and protection from environmental harms." [Schiffer, L.J. & Dowling, T.J. (1997), "Reflections on the Role of the Courts in Environmental Law", 27(2) Environmental Law 327-342.]"

Part of para 77, "Environmental justice starts with distributive justice, or more accurately, distributive injustice. The rich and powerful derive the most benefit while suffering the least harm from environmentally harmful activities; conversely, the poor and minorities derive the least benefit but suffer the most harm. Further, those who benefit cause harm to the places where people "live, work, play, and go to school", whereas the people who reside there do little or nothing to harm their community." [Jeff Todd, "A 'Sense of Equity' in Environmental Justice

Litigation", 44 Harv Envtl L Rev 169, 193 (2020).]"

2.2.1. अरावली जलवायु . एनसीआर अरावली की जलवायु अपनी चरम मौसम स्थितियों के लिए जानी जाती है, उच्च तापमान के साथ बहुत गर्म परिवर्तनशील ग्रीष्मकाल और पाला मारने वाली सर्दियाँ (यहाँ तक कि कुछ स्थानों पर तापमान हिमांक बिंदु से नीचे चला जाता है) जिसमें न्यूनतम और अधिकतम दैनिक तापमान के साथ-साथ औसत वार्षिक तापमान में बड़ा अंतर होता है। गर्मियों में पारा 48 ^{0}डिग्री सेल्सियस तक बढ़ जाता है और जलन के साथ गर्म हवा चलती है, (निर्जलित पत्ती कोशिकाएँ और छाल लंबे समय तक तेज धूप में झुलस जाती हैं / क्षतिग्रस्त हो जाती हैं जब पौधे की पत्तियाँ उच्च तापमान से जली हुई लगती हैं)। गर्म झोंकेदार हवाएँ और धूल के तूफान सूर्य को ढक देते हैं और वातावरण को उड़ती धूल, रेत से भर देते हैं और कभी-कभी गरज के साथ वर्षा होती है। अल्प वर्षा के साथ अत्यधिक अनिश्चित अप्रत्याशित परिवर्तनशील मानसून के साथ बरसात का मौसम। सर्दियों के मौसम में रबि फसल के लिये पश्चिमि विक्षोभ की आश लगाये रहते है। वर्षा प्राय तुफानी व ताबडतोड होती है, कम समय मे अधिक वर्षा जल बहकर जाता है व अत्यधिक कटाव करते हुये क्षरण करता है।

बारिश और उसके बाद लंबे गर्म शुष्क अंतराल नई वनस्पति के अंकुरण/उगने के लिए अनुकूल नहीं होते हैं, यहां तक कि कुछ बीज अंकुरित भी होते हैं तो लंबे सूखे के कारण सूखने से नुकसान होता है और ताजा अंकुर बीजपत्र चरण में ही मर जाते हैं। अगर कुछ कठोर प्रजातियां कुछ समय के लिए जीवित रह भी जाती हैं तो लंबे गर्म ग्रीष्मकाल और कड़ाके की ठंड उन्हें मरने के लिए मजबूर कर देती है। बारिश के दिनों की संख्या कम और सीमित होती है, जहां शुष्क मौसम वनस्पतियों के लिए अत्यधिक अनिश्चित, गर्म, शुष्क और अप्रत्याशित वर्षा की स्थिति में जीवित रहना मुश्किल बना देता है। वार्षिक वर्षा का लगभग 81% जुलाई, अगस्त और सितंबर के मानसून महीनों के दौरान प्राप्त होता है। भूमध्यसागरीय क्षेत्र में पश्चिमी विक्षोभ अरावली के एनसीआर क्षेत्र में सर्दियों के दौरान कभी कभी कुछ बारिश लाता है।

मौजूदा कठोर जलवायु के कारण इस क्षेत्र में पुनः वनरोपण करना मुश्किल है, जिससे ईमानदारी से अनुकूल वनस्पतियों और जीवों को प्रयासों के साथ संरक्षित करना अनिवार्य हो जाता है। गर्मियों के दौरान कठोर लू कुछ छोटे पेड़ों की पत्तियों को भून देती है और पेड़ों की नई शाखाओं और कोमल शाखाओं को झुलसा देती है। जब कठोर प्रजातियाँ अंकुरित/बढ़ती हैं, तो कठोर सर्दियों का पाला नीम (Azadirachta *indica*), शीशम (Dalbergia *sissoo*),जैसे कुछ दस फीट की ऊँचाई तक के पेड़ों और अन्य प्रजातियों के पौधों को मार देता है, जबकि अधिकांश प्रजातियों के छोटे पौधे पाले के कारण मर जाते हैं और कुछ दिनों के लिए जमी हुई परिस्थितियों के कारण पौधों में सैप का चढ़ना बंद हो जाता है।

आंधी मिट्टी कटाव कर देती है, जिससे पेड़ों की जड़ें बाहर निकल आती हैं और वे अस्थिर हो जाते हैं। तेज़ हवाएँ कई पेड़ों को तोड़ देती हैं और कई पेड़ जड़ से उखड़ भी जाते हैं। धूल भरी आंधिया महीनों तक चलती रहती हैं और पत्तियों पर स्प्रेयर की तरह धूल छिड़कती हैं और प्रकाश संश्लेषण की प्रक्रिया को बाधित करती हैं, जिससे पेड़ों की वृद्धि धीमी हो जाती है या उस पर प्रतिकूल प्रभाव पड़ता है। थार रेगिस्तान की रेत पश्चिम (राजस्थान) से हरियाणा के पूर्वी हिस्से की ओर बहती है, जिससे महेंद्रगढ़, रेवाड़ी, भिवानी, सिरसा, हिसार और गुड़गांव क्षेत्रों में रेत के टीले बन जाते हैं और हवा में ऊँचाई पर उड़ने वाली महीन धूल को अरावली पहाड़ों ने रोक लिया और अरावली की तलहटी वाले क्षेत्रों में लोएस जमा हो गई।

भूमि की भूख और वनोपज की बढ़ती मांग ने अरावली पारिस्थितिकी तंत्र में बड़े पैमाने पर पेड़ों को काटने के लिए वनों की कटाई जारी रखी और वन क्षेत्र के नुकसान ने अरावली क्षेत्रों से वाष्पोत्सर्जन को कम कर दिया। वाष्पोत्सर्जन में कमी भी वर्षा में कमी का एक कारण बन गई। सौर विकिरण के कारण चट्टानी सतह का तापमान बढ़ता रहा। काटे गए वनस्पति पदार्थ, यहां तक कि दूर से ले जाए जाने से भी वातावरण में CO_2 बढ़ गई जिससे बढ़ते तापमान में वृद्धि हुई। वन क्षेत्र में कमी के कारण पत्तेदार क्षेत्र कम हो गया और इसके परिणामस्वरूप, वायुमंडलीय CO_2 को अवशोषित करने के लिए प्रकाश संश्लेषण कम हो गया ,जबकि पहले खड़े जंगल के पेड़ CO_2 को ऑक्सीजन में परिवर्तित कर रहे थे और कार्बन को रोक रहे थे।

कुछ नौकरशाहों ने दावा किया कि पेड़ों को काटने की अनुमति देते समय, पेड़ों के नुकसान की भरपाई के लिए काटे गए पेड़ों के स्थान पर तीन गुना नए पेड़ लगाने की शर्त लगाई जाती है। सबसे पहले, तीन गुना नए पौधे लगाने की व्यवस्था तार्किक नहीं है। साथ ही, वे यह भी भूल गए कि नए पौधे में CO_2 का ऑक्सीजन में रूपांतरण और कार्बन लॉकिंग, उन परिपक्व पेड़ों की तुलना में हमेशा कम और कमतर होगा। फिर लाख टके का सवाल उठता है कि ऐसे कितने पौधे जीवित रहते हैं या धरती में लगाए जाते हैं या सिर्फ कागजों पररहते है?

अरावली क्षेत्रों में वाहनों और मशीनरी की भारी आवाजाही, निर्माण गतिविधियाँ, आवारा पशुओं का चरना और कई मानवजनित गतिविधियों ने पारिस्थितिकी तंत्र में मिट्टी के संघनन को बढ़ावा दिया, जिससे सतह पर वर्षा जल का कम अवशोषण हुआ और साथ ही कम वाष्पीकरण हुआ, जिससे वर्षा कम हुई और अपवाह दर में वृद्धि हुई, जिससे नाजुक पारिस्थितिकी तंत्र में कटाव में तेजी आई। पारिस्थितिकी तंत्र के अस्तित्व के लिए पानी या भूजल आवश्यक है।

अरावली पारिस्थितिकी तंत्र में वनों की कटाई और भूमि उपयोग में परिवर्तन ने हटाए गए वनस्पतियों को विघटित करके और साफ किए गए अरावली क्षेत्रों को जलाकर वातावरण में CO_2 बढाया/जोड़ा दिया जाता है। वन और वनस्पति आवरण प्रकाश संश्लेषण में CO_2 का उपयोग करते हैं, लेकिन गैर -वानिकी गतिविधियों के कारण वनों की कटाई से सौर विकिरण अवशोषण पर भी प्रभाव पड़ता है, जिससे

वायुमंडल में तापीय संतुलन प्रभावित होता है। जलवायु परिवर्तन को कम करने के लिए वनों/पौधों के समुदायों का अस्तित्व महत्वपूर्ण है। अरावली पारिस्थितिकी तंत्र में पुष्प संरचना की समग्र संरचना को प्रभावित करने वाले जलवायु परिवर्तनों के कारण पौधों की प्रजातियों ने भी पलायन का जवाब दिया।

पिछले 30 वर्षों (2015 की रिपोर्ट) के अनुसार औसत के आधार पर दक्षिण हरियाणा अरावली क्षेत्र में बारिश के दिनों और मिमी ([18]मिलीमीटर) में वर्षा की संख्या 21 दिन और 485 मिमी वर्षा रही है। पुराने गजेटियर (1883) में 1862 से 1879 तक औसत वर्षा 26 इंच (660 मिमी) बताई गई है, जबकि कुछ वर्षों में 38 इंच (965 मिमी) वर्षा हुई है। इससे पिछले सौ वर्षों में वर्षा में गिरावट का पता चलता है, जिसमें उच्च परिवर्तनशीलता को नजरअंदाज किया गया है।

-------------- वर्षा वाले दिनों की संख्या --------औसत वार्षिक वर्षा (मिमी में)

रेवाड़ी ---------- ----22.8 -------------------------488.8

गुड़गांव मेवात --------22.4 -------------------------508.2

फरीदाबाद-पलवल ---19.7 ------------------------460.3

“1984 से 2017 तक के वर्षा के आंकड़ों के अवलोकन से पता चलता है कि राष्ट्रीय राजधानी क्षेत्र दिल्ली में कम वर्षा हुई पिछले 21 वर्षों के दौरान हल्के से लेकर गंभीर सूखे की स्थिति के अनुरूप रहा। 1989 में 50% की गिरावट के साथ गंभीर सूखा अनुभव किया गया था। सामान्य वर्ष 1986, 1987, 2002 और 2014 के दौरान हाल ही में 25 से 50% तक सूखे का अनुभव किया गया था। । जबकि वर्ष 1984, 1991, 1992, 1997, 1999, 2001, 2004 से 2007, 2009, 2010, 2012 और 2015 से 2017, मे 25% तक के विचलन के साथ हल्के सूखे का अनुभव किया गया था । संभाव्यता विश्लेषण से पता चलता है कि सामान्य वर्षा से अधिक वर्षा की संभावना 669 मिमी बारिश 48% तक है, जबकि 90% संभावना है कि वर्षा 476 मिमी तक सीमित रहेगी। कुल मिलाकर, दिल्ली में वर्षा अत्यधिक परिवर्तनशील होती है और इससे प्राकृतिक आपदाएं प्रभावित होती हैं व साल दर साल भूजल पुनर्भरण प्रभावित होता है [19]”।

इस क्षेत्र में कृषि, जल, भोजन, औद्योगिक, अर्थव्यवस्था, ऊर्जा और सामाजिक जीवन संरचना मानसून से प्रभावित होती है। हम कह सकते हैं कि लोगों का जीवन मानसून से जुड़ा हुआ है, जहां मानसून शासक राजा है। मानसून जीवन के लिए खतरा था; अब मानवजनित कारक वनों और पारिस्थितिकी प्रणालियों को नुकसान पहुंचाने के कारण मानसून के लिए खतरा बन गए हैं। “हरियाणा राज्य उपोष्णकटिबंधीय, अर्ध-शुष्क से उप-आर्द्र, महाद्वीपीय और मानसून प्रकार की जलवायु की विशेषता है। राज्य की औसत वर्षा 560 मिमी है। जलवायु के आधार पर, एनसीआर में तीन अलग-अलग क्षेत्रों की पहचान की गई है, यानी गर्म उप-आर्द्र क्षेत्र जिसमें पानीपत और सोनीपत जिले शामिल हैं, एक गर्म अर्ध-शुष्क क्षेत्र जिसमें रोहतक, फरीदाबाद और पलवल जिले शामिल हैं, और एक गर्म शुष्क क्षेत्र जिसमें रेवाड़ी, झज्जर, गुड़गांव और मेवात जिले शामिल हैं। ये जलवायु प्रकार क्षेत्र में कृषि -पारिस्थितिकी और फसल पैटर्न को नियंत्रित करते हैं”[20]

दिल्ली, 1883-84 गजेटियर में उस समय की जलवायु के बारे में उल्लेख किया गया है, "दिल्ली की पहाड़ियाँ, हालांकि अपने आप में आकर्षक नहीं हैं, यमुना के पार एक सुखद दृश्य प्रदान करती हैं, और स्पष्ट मौसम में, ऐसा कहा जाता है, हिमालय की एक झलक भी प्रदान करती हैं। [21]"

अरावली क्षेत्र के निवासियों के लिए सूखा एक आम बात थी। जीवन शैली भविष्य में अप्रत्याशित सूखे को ध्यान में रखते हुए घूमती थी। ऐसे समय में भोजन और चारे का भंडारण आम बात थी। अरावली उनके पशुधन का एक हिस्सा थी। चारे की कमी के दौरान लोग अपने मवेशियों को अरावली में छोड़ देते थे। "जिले में कुछ सूखे के वर्ष अभी भी याद किए जाते हैं: -

ई. -----------------सम्मत ----------------------अकाल की प्रकृति

1754 -------------1810 ----------------------दसोतिया

1783·84 ----------1840 ---------------------चालिसिया, भयंकर अकाल

1803·4 -------------1860 --------------------साठा , कमी

1812·13, ----------1869 --------------------उनहेत्तरा , कमी

1817·18, ----------1874 ---------------------चौहट्टरा , कमी

1824-25, ----------1881 -------------------ईकाईसया , कमी

1833·34, -----------1890 -------------------नबिया , भयंकर अकाल

1837·38, ------------1894 --------------------चौरांनवाला , भयंकर अकाल

1843·44, -------------1900 ------------------यूनिश्वा, कमी

1850·51 --------------1907 ------------------सातवा, कमी

1860·61 --------------1917 ------------------सत्त्रवहा , अकाल

1868-69. --------------1925 ------------------पचीसवा , कमी

1877-78. -------------------------------------अकाल

1860-61 और 1868-69 के सूखे के प्रभाव को सरकार द्वारा दी गई राहत से काफी हद तक कम किया गया था। [22]" अतीत में (1783 से 1883-84 तक, अकाल) अरावली क्षेत्र की जलवायु बहुत अनिश्चित थी और अब भी बहुत अनिश्चित है और वर्षा की भविष्यवाणी अनिश्चित बनी हुई है। वर्षा की अनिश्चितता ने अरावली के पारिस्थितिकी तंत्र की वनस्पति/वन (जीव और वनस्पति दोनों) पर प्रभाव डाला। शायद कठोर जलवायु के कारण अरावली में केवल शुष्क पर्णपाती पेड़ ही बचे हैं।

2.3. जलवायु परिवर्तन: इसके प्रभाव, भेद्यता और शमन

जलवायु परिवर्तन एक सार्वभौमिक घटना है, अरावली पारिस्थितिकी तंत्र इसका अपवाद नहीं है। वैश्विक जलवायु परिवर्तन के अलावा, अरावली पारिस्थितिकी तंत्र गंभीर तनाव में है और भू-माफिया, खनन लॉबी, कॉलोनाइजर, फार्महाउस और कई अन्य गैर-वानिकी गतिविधियों द्वारा पारिस्थितिकी तंत्र के विनाश का सामना कर रहा है। अरावली पारिस्थितिकी तंत्र की जलवायु में परिवर्तन एनसीआर में रहने वाले लोगों के लिए गंभीर चिंता का विषय है, जहाँ शहरी जीवनशैली भी [23]वातावरण में ग्रीनहाउस गैसों (जीएचजी) के माध्यम से प्रदूषण बढ़ा रही है जो जलवायु परिवर्तन को बढ़ाने वाले कारकों के रूप में काम करती है। एनसीआर ग्रामीण इलाकों की तुलना में अधिक जीएचजी जारी कर रहा है जहाँ अरावली के जंगल प्रदूषकों को अवशोषित करने और इन उत्सर्जन/प्रदूषकों के नकारात्मक प्रभावों को कम करने का काम करते हैं।

संयुक्त राष्ट्र संगठनों ने जलवायु परिवर्तन के प्रति गंभीर चिंता व्यक्त की है और जलवायु परिवर्तन को इस प्रकार परिभाषित किया है, "जलवायु परिवर्तन का मतलब तापमान और मौसम के पैटर्न में दीर्घकालिक बदलाव है। ये बदलाव प्राकृतिक हो सकते हैं, जैसे कि सौर चक्र में बदलाव के माध्यम से। लेकिन 1800 के शतक से, मानवीय गतिविधियाँ जलवायु परिवर्तन का मुख्य चालक रही हैं, मुख्य रूप से कोयला, तेल और गैस जैसे जीवाश्म ईंधन को जलाने के कारण। जीवाश्म ईंधन को जलाने से ग्रीनहाउस गैस उत्सर्जन उत्पन्न होता है जो पृथ्वी के चारों ओर लपेटे गए कंबल की तरह काम करता है, जो सूर्य की गर्मी को फँसाता है और तापमान बढ़ाता है। जलवायु परिवर्तन का कारण बनने वाले ग्रीनहाउस गैस उत्सर्जन के उदाहरणों में कार्बन डाइऑक्साइड और मीथेन शामिल हैं। उदाहरण के लिए ये कार चलाने के लिए गैसोलीन या इमारत को गर्म करने के लिए कोयले का उपयोग करने से आते है। भूमि और जंगलों को साफ करने से भी कार्बन डाइऑक्साइड निकलती है। कचरे के लिए लैंडफिल मीथेन उत्सर्जन का एक प्रमुख स्रोत हैं। ऊर्जा, उद्योग, परिवहन, भवन, कृषि और भूमि उपयोग मुख्य उत्सर्जकों में से हैं ।"[24]

वायुमंडल में ग्रीनहाउस गैसें 200000 वर्षों में उच्चतम स्तर पर पहुंच गई हैं और 200 साल पहले की तुलना में पृथ्वी का तापमान 1.1 डिग्री सेल्सियस बढ़ गया है, इस सदी के अंत तक यह तापमान 2.8 डिग्री सेल्सियस बढ़ सकता है। ग्रीनपीस इंडिया की रिपोर्ट ने सुझाव दिया कि CO_2 उत्सर्जन 2050 तक दोगुना हो सकता है, एनसीआर का तापमान 2080 तक 4 डिग्री सेल्सियस अधिक हो सकता है, और अधिकतम तापमान 2080 तक 48 डिग्री सेल्सियस तक पहुंच सकता है (मई 2024 के दौरान नजफगढ़ में 48 डिग्री सेल्सियस दर्ज किया गया)। गर्मियों के लिए 48 डिग्री सेल्सियस 2099 तक नया सामान्य हो सकता है, चरम मौसम के कारण अधिक गर्मी की लहरों के साथ अधिक अस्पताल में भर्ती होने की आवश्यकता हो सकती है

वर्ष 2022, 2023 और 2024 गर्म रहे हैं, सितंबर 2022 तो 123 वर्षों में सबसे गर्म रहा। दिसंबर 2022 की पहली छमाही में सामान्य से 3 से 5 डिग्री सेंटीग्रेड अधिक तापमान देखा गया है। 2022 के [25] दौरान "भारत में 122 वर्षों में सबसे गर्म दिसंबर" रहा और आईएमडी ने तापमान में वृद्धि के लिए मानवजनित कारकों को जलवायु परिवर्तन के लक्षण के रूप में दिसंबर 2022 के इस सामान्य से अधिक तापमान को जिम्मेदार ठहराया। रॉबर्ट वाउटार्ड [26](2024) "हीट स्ट्रेस इंडेक्स खतरनाक हीट इंडेक्स मानों को पार कर गया और बेहद खतरनाक के करीब पहुंच गया। हमारा निष्कर्ष यह था कि भारत में ऐसी घटनाएँ अब जलवायु परिवर्तन के बिना होने वाली घटनाओं की तुलना में 30 गुना अधिक संभावित हैं।"

WMO ने पुष्टि की है कि 2023 'पिछले 174 वर्षों में सबसे गर्म वर्ष' होने वाला है और EL NINO के कारण 2024 में गर्मी और बढ़ सकती है। 2023 में तापमान वृद्धि की सीमा 1.5 डिग्री सेल्सियस तक पहुँच गई। मानवजनित कारकों और अत्यधिक कार्बन उत्सर्जन के कारण, "वैश्विक वायुमंडलीय CO_2 2019 से 2020 तक सांद्रता में वृद्धि जारी रही, जो 413 भाग प्रति मिलियन के वार्षिक औसत तक पहुंच गई। [27]" विश्व आर्थिक मंच ने अनुमान लगाया है कि 2050 तक जलवायु प्रभावों के कारण लगभग 1.2 बिलियन लोग विस्थापित हो सकते हैं।

कार्बन को जलवायु परिवर्तन का प्रमुख कारक माना जाता है। कृषि पद्धतियों में, मिट्टी द्वारा CO_2 उत्सर्जित की जाती है जो विभिन्न फसलों की खेती द्वारा निर्धारित CO_2 से अधिक हो सकती है। खेतों में पड़े ह्यूमस के ऑक्सीकरण से भी CO_2 उत्सर्जित होती है , लेकिन औद्योगिक क्षेत्र में CO_2 का सबसे अधिक उत्सर्जन देखा गया है। वायुमंडल में उत्सर्जित यह CO_2 सौर ऊर्जा को जीवमंडल में प्रवेश करने की अनुमति देता है, लेकिन जीवमंडल से ऊष्मा के प्रवाह को धीमा कर देता है। इस प्रकार, वायुमंडल में यह बढ़ी हुई CO_2 जीवमंडल के तापमान को बढ़ाती है जो पृथ्वी के गर्म होने को बढ़ाती है। "कार्बन चक्र पर सबसे महत्वपूर्ण मानवीय प्रभाव जीवाश्म ईंधन का जलना है, जो वायुमंडल में कार्बन डाइऑक्साइड (CO_2) उत्सर्जित करता है और ग्लोबल वार्मिंग को बढ़ाता है । [28]एक अन्य महत्वपूर्ण मानवीय प्रभाव पृथ्वी के

भूमि आवरण को बदलने में निहित है - उदाहरण के लिए, जंगलों को साफ करना या कृषि क्षेत्रों को छोड़ना गणना के अनुसार एक किलोग्राम लकड़ी में 460 से 500 ग्राम कार्बन होता है और इसके जलने से लगभग 1.75 किलोग्राम CO_2 उत्पन्न होगी।

जलवायु परिवर्तन को आमंत्रित करने का मतलब है कि हम भयंकर सूखे, जंगलों में आग, पीने के पानी की कमी, भूजल स्तर में गिरावट, अप्रत्याशित क्षेत्रों में बाढ़, अरावली क्षेत्रों सहित जैव विविधता में तेजी से गिरावट, तेज हवा, धूल भरी आंधी और तूफान की संभावना को आमंत्रित कर रहे हैं। जलवायु परिवर्तन हमारे स्वास्थ्य को प्रभावित करेगा, खाद्य उत्पादन में कमी आ सकती है, हमें फसल पैटर्न बदलने, आवास शैली में परिवर्तन और लोगों की कामकाजी परिस्थितियों को बदलने के लिए मजबूर होना पड़ सकता है।

जलवायु परिवर्तन ने सूखे, अचानक बाढ़ और पानी के माध्यम से बीमारी फैलने का जोखिम बढ़ा दिया है, जिससे कीड़ों/मच्छरों से फैलने वाली बीमारियाँ, संक्रामक रोग, वेक्टर जनित बीमारियाँ, भोजन की कमी, पोषण, खराब स्वास्थ्य और पानी की अनुपलब्धता हो सकती है। तापमान वृद्धि के कारण लू का सामना करना पड़ सकता है, जहाँ हाशिए पर रहने वाले और गरीब लोगों को सबसे ज़्यादा परेशानी होगी। जलवायु आपदाओं के कारण लोगों को दूसरी जगहों पर पलायन करना पड़ेगा जिससे उनकी आजीविका खत्म हो जाएगी।

जलवायु परिवर्तन हमारे शरीर की कई प्रणालियों को प्रभावित करेगा जिसका असर हमारे स्वास्थ्य पर पड़ेगा और श्वसन प्रणाली, हृदय, फेफड़े, प्रजनन स्वास्थ्य आदि पर भी असर पड़ेगा। तंत्रिका तंत्र पर प्रभाव न्यूरोलॉजिकल समस्याओं का कारण बन सकता है और संज्ञानात्मक पहलुओं को ख़राब कर सकता है। बदलती पर्यावरणीय परिस्थितियों के प्रति हमारी प्रतिरक्षा प्रणाली और प्रतिरक्षा प्रतिक्रिया टीकों के प्रति कम प्रतिक्रिया पैदा कर सकती है। जलवायु परिवर्तन के कारण कीटों का वितरण बदल जाता है और वायरस तेज़ी से बढ़ते हैं जिससे लोगों के लिए स्वास्थ्य संबंधी खतरे पैदा होते हैं।

मौसम की आपदाएँ जिस तरह से मानसिक स्वास्थ्य को आघात पहुँचाती हैं, जहाँ लोग बढ़ते प्रदूषण, वाहनों से होने वाले प्रदूषण, खनन, ईंट भट्टों के प्रदूषण आदि के कारण पर्यावरण संबंधी चिंता महसूस करते हैं। तापमान में वृद्धि से गर्मी बढ़ेगी और गर्म लू के थपेड़े अरावली क्षेत्र को रहने के लिए अनुपयुक्त बना सकते हैं। केवल अरावली में गर्म तापमान को जलवायु परिवर्तन के रूप में गलत नहीं समझा जा सकता है। हमारी पूरी धरती आपस में जुड़ी हुई है, इसलिए अरावली के जंगलों के विनाश के कारण होने वाले परिवर्तनों का अन्य क्षेत्रों में भी प्रभाव पड़ना तय है। "जलवायु संकट जलवायु परिवर्तन, प्रदूषण और जैव विविधता के नुकसान के ट्रिपल ग्रहीय संकट का हिस्सा है।"[29]

मीडिया ने लिखा , [30]"पिछले 8 साल रिकॉर्ड पर दुनिया के सबसे गर्म साल रहे है।" इसने यूरोपीय संघ के वैज्ञानिकों के हवाले से आगे कहा, "जलवायु परिवर्तन के कारण रिकॉर्ड तोड़ मौसम की चरम सीमाएँ सामने आईं, जिससे फ़सल की पैदावार कम हुई, नदियाँ सूख गईं और हज़ारों लोगों की मौत हुई। यूरोपीय संघ कोपरनिकस जलवायु परिवर्तन सेवा (C3S) ने कहा कि 2022 भी एक छोटे अंतर से दुनिया का पाँचवाँ सबसे गर्म साल था। C3S रिकॉर्ड 1950 से पहले के हैं, लेकिन अन्य लंबे डेटासेट पुष्टि करते हैं कि 2022 कम से कम 1850 के बाद से दुनिया का पाँचवाँ सबसे गर्म साल था।" यह भी बताया गया कि 2022 के दौरान वायुमंडल में CO_2 की सांद्रता 417 पीपीएम थी जो पिछले 2 मिलियन वर्षों में सबसे अधिक थी। "ग्रीनलैंड 1000 वर्षों में इतना गर्म कभी नहीं रहा है। [31]नवंबर 2023 में संयुक्त राष्ट्र पर्यावरण कार्यक्रम द्वारा जारी उत्सर्जन अंतराल रिपोर्ट में चेतावनी दी गई है कि दुनिया 2030 तक तापमान में 2.5 डिग्री - 2.9 डिग्री सेल्सियस की वृद्धि देख सकती है, जहां 2021 की तुलना में 2022 के दौरान वैश्विक ग्रीनहाउस गैस उत्सर्जन में 1.2% की वृद्धि होगी।

भारत सरकार के पर्यावरण, वन एवं जलवायु परिवर्तन मंत्रालय ने भी इस बारे में चिंता व्यक्त की, "ग्लोबल वार्मिंग एक वैश्विक सामूहिक कार्रवाई समस्या है। इसलिए इसका समाधान अंतर्राष्ट्रीय सहयोग और बहुपक्षीय प्रक्रियाओं में निहित है, जो जलवायु परिवर्तन पर संयुक्त राष्ट्र फ्रेमवर्क कन्वेंशन (यूएनएफसीसीसी) में सन्निहित हैं। भारत जलवायु सम्मेलन में निर्धारित समानता और सीबीडीआर-आरसी के आधार पर यूएनएफसीसीसी के लिए ग्लोबल वार्मिंग से निपटने के प्रयासों को मजबूत करने के लिए दृढ़ता से प्रतिबद्ध है। [32]" " पृथ्वी तेजी से गर्म हो रही है, जो पर्यावरणीय आपदा की चेतावनी है ... प्रदूषण उत्सर्जन को कम करने के लिए सरकार की प्रतिबद्धताओं और जनता द्वारा सामना किए जाने वाले वास्तविक प्रदूषण स्तरों के बीच एक बड़ा अंतर है।"[33]

बढ़ते तापमान पर मीडिया रिपोर्ट्स, "2013-22 के दौरान समुद्र का स्तर 4.5 मीलमीटर प्रति वर्ष बढ़ा, कई बड़े शहर खतरे में: WMO" [34]"सभी महाद्वीपों के कई बड़े शहर खतरे में हैं, जैसे शंघाई, ढाका, बैंकॉक, जकार्ता, मुंबई, मापुटो, लागोस, काहिरा, लंदन, कोपेनहेगन, न्यूयॉर्क, लॉस एंजिल्स, ब्यूनस आयर्स और सैंटियागो। यह एक बड़ी आर्थिक, सामाजिक और मानवीय चुनौती है," WMO ने वैश्विक समुद्र स्तर वृद्धि पर अपने तथ्य पत्र में आगे कहा। "वैश्विक औसत समुद्र स्तर 1900 के बाद से कम से कम पिछले 3000 वर्षों में किसी भी पिछली सदी की तुलना में तेजी से बढ़ा है।"

कार्बन उत्सर्जन के संबंध में, यूएन-हैबिटेट ने पाया कि शहर दुनिया की दो-तिहाई ऊर्जा की खपत करते हैं और दुनिया के 75% कार्बन उत्सर्जन का उत्पादन करते हैं। विश्व बैंक ने अनुमान लगाया है कि जलवायु परिवर्तन के कारण, 2030 तक 132 मिलियन लोग गरीबी में चले जाएंगे। यूएन सीओपी के प्रति प्रतिबद्धता को जारी रखते हुए जीएचजी उत्सर्जन में कमी और [35]वनों के संरक्षण पर ज़ोर दिया गया। एनसीआर में मुख्य उत्सर्जन थर्मल पावर परियोजनाओं और अन्य ऊर्जा क्षेत्रों, उद्योग, परिवहन, कृषि, इमारतों और वन से गैर-वानिकी में भूमि उपयोग में परिवर्तन से होता है। मेट्रो पोल / घने शहरी समूहों के आसपास खपत-आधारित उत्सर्जन अधिक है, जबकि फार्महाउस,

कोलोनाइजेश्न और निर्माण गतिविधियों द्वारा अरावली के वनों की कटाई एनसीआर में आग में घी डालने का काम करती है।

पशुपालन/पशुधन पालन, लैंडफिल साइट्स सहित अनुपचारित ठोस अपशिष्ट और कोयला उपयोग श्रृंखला से मीथेन का उत्सर्जन निरंतर उत्सर्जन है। एनसीआर में तेजी से बढ़ रहे उद्योग भी विभिन्न प्रकार के ईंधन, लकड़ी, कोयला, पेट्रोलियम आदि का उपयोग करते हैं, जो वातावरण में कार्बन छोड़ते हैं। तेजी से बढ़ते शहरीकरण में एयर कंडीशनर और रेफ्रिजरेटर का उपयोग हवा में सीएफसी को जोड़ने के लिए किया जाता है, जिससे ओजोन का क्षय होता है। उद्योग में उपयोग की जाने वाली कई प्रकार की मशीनें और क्षमता से अधिक चलने वाले वाहनों की संख्या हवा में सल्फर उत्पादों को जोड़कर वाहन प्रदूषण का कारण बनती है।

संयुक्त राष्ट्र नैरोबी रिपोर्ट में उल्लेख किया गया है, " CO_2 उत्सर्जन में कमी के साथ-साथ , मीथेन और अन्य अल्पकालिक जलवायु प्रदूषकों से उत्सर्जन में तेजी से कमी, पीक वार्मिंग को कम करने, ओवरशूट की संभावना को कम करने और इस सदी में बाद में वार्मिंग को सीमित करने के लिए CO_2 निष्कासन विधियों पर निर्भरता को कम करने के लिए महत्वपूर्ण है (IPCC 2021; IPCC 2022)। वायुमंडल में वैश्विक औसत मीथेन सांद्रता पूर्व-औद्योगिक स्तरों (WMO 2021) की तुलना में 162 प्रतिशत बढ़ी है। यह वृद्धि काफी हद तक मानवजनित स्रोतों, मुख्य रूप से पशुधन और खाद के एंटरिक किण्वन, चावल की खेती, अपशिष्ट और जीवाश्म ईंधन की खोज (जैक्सन व अन्य। 2020) द्वारा संचालित है। मीथेन में CO_2 की तुलना में काफी अधिक ग्लोबल वार्मिंग क्षमता है (बायोजेनिक और जीवाश्म मीथेन के लिए क्रमशः 20 वर्षों में 80 और 83 गुना अधिक), लेकिन बहुत कम वायुमंडलीय जीवनकाल (लगभग 12 वर्ष) (फोर्स्टर व अन्य। 2021)। इसलिए, मीथेन उत्सर्जन को कम करने से निकट भविष्य में तापमान वृद्धि की दर प्रभावित होती है, जिसके परिणामस्वरूप पारिस्थितिकी तंत्र और लोगों को लाभ होता है, और मनुष्य जलवायु परिवर्तन के अनुकूल होने में सक्षम होते हैं (यूएनईपी 2021)"

जलवायु परिवर्तन के प्रभाव, अनुकूलन, भेद्यता और शमन के संबंध में (आईपीसीसी 2022बी) रिपोर्ट में भविष्य में जलवायु के प्रभाव के बारे में गंभीर चिंताओं का उल्लेख किया गया है। एनसीआर अरावली में 2022 में अनियमित वर्षा हुई और जुलाई-अगस्त की तुलना में सितंबर-अक्टूबर के दौरान अधिक वर्षा हुई, जिससे शहरी क्षेत्रों में बाढ़ आई, भारी नुकसान हुआ और विकास गतिविधियों पर प्रतिकूल प्रभाव पड़ा। सर्दियों के मौसम की शुरुआत और अप्रत्याशित गर्मियों की अवधि में परिवर्तन से क्षेत्र की वनस्पति और अर्थव्यवस्था पर प्रतिकूल प्रभाव पड़ना तय है। ग्रीनहाउस गैस उत्सर्जन के अनुकूलन और शमन को अपनाते समय जलवायु न्याय एक महत्वपूर्ण मुद्दा है। अरावली पारिस्थितिकी तंत्र तापमान में वृद्धि के प्रभाव को कम करने के लिए इसके संरक्षण और संरक्षण प्रयासों के लिए न्याय की मांग करता है।

पर्यावरण की रक्षा, आजीविका की रक्षा, स्वास्थ्य समस्याओं से बचने, घरों की रक्षा करने और व्यापार और उत्पादन आधार को बचाने के लिए नाजुक अरावली पारिस्थितिकी तंत्र सहित वन संसाधनों को बचाने, संरक्षित करने और उनकी रक्षा करने के प्रयास किए जाने चाहिए। अरावली पारिस्थितिकी तंत्र और इसके प्राकृतिक पर्यावरण के बुनियादी ढांचे की रक्षा करके ही सुरक्षा की जा सकती है। एक बार पारिस्थितिकी तंत्र खतरे में पड़ गया तो कुछ भी सुरक्षित नहीं रह जाता। प्राकृतिक पारिस्थितिकी तंत्र को नुकसान पहुंचाना किसी इमारत की नींव के पत्थरों को हटाने जैसा है, प्राकृतिक पारिस्थितिकी तंत्र के ढहने का मतलब है आने वाले समय में पूरी सभ्यता का ढह जाना।

"हम पहले से ही प्रजातियों पर जलवायु के पर्याप्त प्रभाव देख सकते हैं। तापमान और आर्द्रता में परिवर्तन वनस्पति को भी बदलने लगा है। इसमें एक अंतराल है - वर्तमान पेड़ औसतन 30 से 50 वर्ष पुराने हैं और वे लंबे समय तक टिक सकते हैं। लेकिन अगली पीढ़ी बदल जाएगी, जिसका असर जानवरों, पक्षियों और अन्य प्रजातियों पर पड़ेगा। ग्लोबल वार्मिंग भी आवासों को बदल रही है। [36]... "संक्षेप में भूमि उपयोग में परिवर्तन जैव विविधता के नुकसान का मुख्य कारण है - वनों की कटाई सीधे प्रजातियों को विलुप्त होने की ओर ले जाती है। यह जैव विविधता प्रतिबद्धताओं और मापों को और भी महत्वपूर्ण बनाता है।"

कुछ स्वार्थी लालची लोग अरावली की भूमि का गैर-वानिकी उद्देश्यों के लिए अवैध रूप से उपयोग करते हैं, वे जलवायु परिवर्तन को भविष्य की समस्या कह सकते हैं। वे अरावली पारिस्थितिकी तंत्र में गर्मी को रोकने वाले वन कवच और कार्बन को रोकने वाले वनस्पति आवरण को नष्ट करना जारी रखते हैं। वनों के विनाश के कारण भूजल समाप्त हो गया है, और जलीय आवास को समाप्त करने के लिए जल निकाय सूख गए हैं। वनों का ऐसा अंधाधुंध विनाश हमें अप्रत्याशित कठोर जलवायु परिस्थितियों में फंसा देगा। अरावली के विनाश से वर्षा और तापमान, बारिश के दिनों की संख्या और सीमित अवधि में प्राप्त होने वाली बारिश की मात्रा में बदलाव आना तय है, जिससे दुखों का कहर बरपा है।

पुराजलवायु अध्ययनों से संकेत मिला है कि वर्तमान समय में तापमान में वृद्धि हिमयुग के बाद के औसत तापमान से दस गुना तेज है। वैश्विक स्तर पर उपाय अपनाने की जरूरत है जो इस एनसीआर क्षेत्र के लिए भी लागू होंगे। "जीएचजी लक्ष्य सभी प्रमुख जीएचजी- कार्बन डाइऑक्साइड (CO_2), मीथेन (CH_4), नाइट्रस ऑक्साइड (N_2O), हाइड्रोफ्लोरोकार्बन (एचएफसी), परफ्लोरोकेमिकल्स (पीएफसी), सल्फर हेक्साफ्लोराइड (SF_6)) और नाइट्रोजन ट्राइफ्लोराइड (NF_3) को कवर करने के लिए तैयार किए जा सकते हैं- या केवल उनमें से एक उपसमूह [37]।" समय पर किया गया एक उपाय नौ समस्याओ से बचाता है, एनसीआर अरावली की सख्त जरूरत वायुमंडल में ऐसे गैसों के उत्सर्जन को रोकने के उपायों को अपनाना है।

भारत सरकार, पर्यावरण, वन और जलवायु परिवर्तन मंत्रालय ने अंतर्राष्ट्रीय समुदायों के समक्ष अपनी चिंता व्यक्त की है। "भारत जलवायु परिवर्तन से निपटने के लिए प्रतिबद्ध है, इसके लिए विकास के ऐसे विकल्प अपनाए जा रहे हैं जो 2070 तक शून्य कार्बन उत्सर्जन की ओर कम कार्बन के रास्ते पर अर्थव्यवस्था की वृद्धि और विकास सुनिश्चित करते हैं। यह स्वीकार करते हुए कि जलवायु परिवर्तन एक वैश्विक सामूहिक कार्रवाई समस्या है, भारत समानता और साझा लेकिन विभेदित जिम्मेदारियों और संबंधित क्षमताओं (सीबीडीआर-आरसी) के सिद्धांत पर आधारित बहुपक्षवाद के दृढ़ पालन के साथ चुनौती का समाधान करने के लिए प्रतिबद्ध है, जैसा कि जलवायु परिवर्तन पर संयुक्त राष्ट्र फ्रेमवर्क कन्वेंशन (यूएनएफसीसीसी) में निहित है।" [38] कथनी और करनी में अंतर कम होना चाहिए, वन संरक्षण अधिनियम (1980) में हाल ही में किए गए बदलावों से अरावली को नुकसान पहुंचना तय है, अगर जंगलों को साफ किया जाता है और गैर-वानिकी गतिविधियों के लिए डायवैट किया जाता है, तो कार्बन को कैसे कम किया जाएगा? यह लाखों डॉलर के सवाल अभी भी खुला हैं।

"जलवायु संकट मानव सुरक्षा, आर्थिक सुरक्षा, पर्यावरण सुरक्षा, राष्ट्रीय सुरक्षा और हमारे प्लानेट के जीवन से जुड़ा है।" मिस्र के शर्म अल-शेख में आयोजित सीओपी27 जलवायु सम्मेलन के दौरान अमेरिकी राष्ट्रपति ने कहा। "वैज्ञानिकों का कहना है कि ग्लोबल वार्मिंग को 2015 के पेरिस समझौते के लक्ष्य के अनुसार पूर्व-औद्योगिक तापमान से 1.5 डिग्री सेल्सियस ऊपर सीमित करने के लिए उत्सर्जन में 43% की गिरावट आनी चाहिए- यह वह सीमा है जिसके ऊपर जलवायु परिवर्तन के जोखिम नियंत्रण से बाहर होने लगते हैं।[39]" उसी पेपर की एक अन्य रिपोर्ट, "एक निजी जेट एक घंटे में दो टन कार्बन डाइऑक्साइड उत्सर्जित कर सकता है और एक वाणिज्यिक विमान की तुलना में प्रति यात्री पांच से 14 गुना अधिक प्रदूषण करता है।" सीओपी27 ने घोषणा की कि संयुक्त राष्ट्र मीथेन अलर्ट और रिस्पांस सिस्टम (MARS) द्वारा उपग्रह डेटा के माध्यम से मीथेन उत्सर्जकों की तलाश करेगा।

समानता और जलवायु न्याय के मुद्दे पर वैश्विक जलवायु कार्रवाई के रूप में विचार किया जाना चाहिए जैसा कि भारत ने दिसंबर 2023 में संयुक्त अरब अमीरात में सीओपी28 में भारत की ईस बात को आगे बढ़ाया था। सीओपी28 के दौरान प्रसारित अनुकूलन पर वैश्विक लक्ष्य (जीजीए) के मसौदे के अनुसार 2025 तक अपनी अनुकूलन योजनाओं को तैयार करने के लिए जलवायु खतरों के जोखिम और भेद्यता का आकलन किया जाना चाहिए। इस बैठक में, 195 राष्ट्र अंततः जीवाश्म ईंधन से समान और व्यवस्थित रूप से संक्रमण पर सहमत हुए, 2030 तक जीएचजी उत्सर्जन में 43% की कटौती करने की आवश्यकता है, ताकि 2025 तक वे औसत तापमान में वृद्धि को 1.5 डिग्री सेल्सियस तक सीमित कर सकें, जो पहले ही पूर्व-औद्योगिक स्तरों से 1.2 डिग्री सेल्सियस अधिक हो गया है। सीओपी28 ने नुकसान और क्षति जलवायु कोष के लिए 792 मिलियन डॉलर का वचन दिया, जो कि विकासशील देशो मे होने वाले नुकसान का एक प्रतिशत से भी कम है ।

2.4. जलवायु परिवर्तन: भूवैज्ञानिक परिप्रेक्ष्य

ब्रह्मांड में अनेक आकाशगंगाएँ हैं। मिल्की वे आकाशगंगा में हमारा सौरमंडल शामिल है। परिवर्तन का सिद्धांत ब्रह्मांड में होने वाले परिवर्तनों की घटना को प्रकृति के नियम के रूप में समझाने का प्रयास करता है। इसलिए, ग्रह प्रणालियों में परिवर्तन अतीत में हुए हैं और भविष्य में भी जारी रहने की उम्मीद है। ग्रहों के परिवर्तनों के कारण ही हमारी पृथ्वी अस्तित्व में आई है। हमारे ग्रह प्रणालियों में होने वाले परिवर्तनों से ही हमारी पृथ्वी अस्तित्व में आई है। सौरमंडल मे हमारे ग्रह पृथ्वी का निर्माण 4500±50 मिलियन वर्ष पहले हुआ था। निरंतर परिवर्तनों के कारण पृथ्वी ठंडी हो गई और लगभग 3700 मिलियन वर्ष पहले भूपर्पटी यानी क्रॅसट का निर्माण हुआ । परिवर्तन की दिशा में परिवर्तन होना विकास के लिए एक आवश्यक तत्व माना जाता है। हमारा पूरा मानव जीवन अनेक परिवर्तनों से होकर गुजरा है ।

विभिन्न अवधारणाएँ/सिद्धांत/परिकल्पनाएँ पृथ्वी की स्थिति और उसके बाद होने वाले जलवायु में होने वाले परिवर्तनों की व्याख्या करती हैं ; जैसे संकुचन परिकल्पना, भू-सिंक्लिनल सिद्धांत, प्लेट टेक्टोनिक सिद्धांत, पर्वतीय क्षेत्र के चरण और क्षेत्रीय पर्वतीय गतिविधियाँ, संवहन धारा परिकल्पना, और कई अन्य अवधारणाएँ पिछले 4500±50 MY के दौरान होने वाले परिवर्तनों और चक्रों की निरंतरता की व्याख्या करती हैं। पृथ्वी के ठंडा होने और प्रारंभिक 'Pangea' भूमि द्रव्यमान महासागरों और महाद्वीपों के निर्माण की ओर बदल गया, जिसने महासागरों में धाराओं के परिसंचरण पैटर्न में परिवर्तन को प्रेरित किया। इस प्रकार जलवायु परिवर्तन एक सतत प्रक्रिया रही है और हमेशा जारी रहेगी। "समुद्र तल फैलाव" (महाद्वीपीय बहाव से जुड़ा) ने महासागर विस्थापन और जलवायु विविधताएँ पैदा करने मे मददगार रहा है।

जलवायु परिवर्तन भूर्गभ्यि काल खण्डो मे विकास से जुडा रहा हैं । प्रोटेरोज़ोइक युग के शैवाल और सरल जीवन का विकास और परिवर्तन ट्रिलोबाइट्स और ग्रेप्टोलाइट्स (कैम्ब्रियन) से सिलुरियन के दौरान समुद्री अकशेरुकी से लेकर पैलियोज़ोइक से मेसोज़ोइक युग के दौरान परिवर्तन जीवन विकसित होता रहा। पृथ्वी पर स्तनधारियों और मनुष्य के विकास में सेनोज़ोइक से लेकर हाल के चरण तक जलवायु परिवर्तन जारी रहा। विभिन्न भूवैज्ञानिक युगों के दौरान जलवायु परिवर्तन ने कई प्रजातियों को विलुप्त होने के लिए मजबूर किया।

आणविक वृक्षों का समय मे उपयोग करना, जहाँ उनके परिवार की शाखाओं का उपयोग समय की इकाइयों के रूप में किया जाता है, जो कि समय और स्थानिक अध्ययनों के लिए आनुवंशिक डेटा द्वारा उपयोग किया जाता है। प्रजातियों के बीच परस्पर क्रिया और फैलाव का अध्ययन मैक्रोइवोल्यूशनरी रुझानों में किया जाता है। तापमान और आर्द्रता में परिवर्तन वनस्पति को भी बदल देता है। भूमि उपयोग में

परिवर्तन जैव विविधता के नुकसान में मुख्य चालक बना हुआ है। पेड़ों को काटना और जंगलों को नष्ट करना सीधे पेड़ों को विलुप्त होने की ओर ले जाता है। पैलियो अध्ययनों ने पिछले युगों में जलवायु के विभिन्न परिवर्तनों और भारतीय उपमहाद्वीप में विभिन्न क्षेत्रों में समुद्र / मीठे पानी / जल निकायों के सिकुड़ने / परिवर्तनों की सीमा के बारे में जानकारी प्रदान की। जीवाश्म विज्ञान के साक्ष्यों ने इस बारे में जानकारी प्रदान की कि कैसे और किस प्रकार की जलवायु में और उस जलवायु में कई प्रकार की जैविक गतिविधियाँ पनपीं या समाप्त हो गईं या विलुप्त होने का खतरा था ।

भूवैज्ञानिकों ने पाया कि 2000 मिलियन वर्ष पहले पृथ्वी जमी हुई थी और भूवैज्ञानिक इतिहास में पांच बड़े पैमाने पर विलुप्तियां देखी गईं। ऑर्डोवियन (445 मिलियन वर्ष) के अंत में 86% प्रजातियां और 57% वंश विलुप्त हो गए, लेट डेवोनियन (350 मिलियन वर्ष) में 75% प्रजातियां, 35% वंश और 20% परिवार विलुप्त हो गए। तीसरा विलुप्ति पर्मियन (250 मिलियन वर्ष) के अंत में हुआ जब 95% प्रजातियां, 56% वंश और 57% परिवार विलुप्त हो गए। फिर ट्राइएसिक (200 मिलियन वर्ष) के अंत में 80% प्रजातियां, 47% वंश और 23% परिवारों को विलुप्त होने का सामना करना पड़ा [40]। विभिन्न भूवैज्ञानिक युगों के दौरान जलवायु बदलती रही और पृथ्वी पर जीवन प्रचलित जलवायु के अनुसार बदलता रहा, जैसा कि जीवाश्म अभिलेखों से पता चलता है।

विंध्यन काल के दौरान पन्ना, मध्य प्रदेश में हिमनद क्रिया के साक्ष्य [41]देखे गए। भूगर्भशास्त्रियों का मानना है कि 700 मिलियन वर्ष पहले पूरी धरती बर्फ से ढकी हुई थी। ऑर्डोविशियन-सिलुरियन काल के दौरान भारत के उत्तर में समुद्र की स्थिति और विस्तार जलवायु परिवर्तन के साथ बदल गया। अरावली पारिस्थितिकी तंत्र सात पर्वतीय अवधियों के दौरान जलवायु परिवर्तन के विभिन्न चक्रों से गुज़रा है । अरावली पर्वत प्रणाली में सात औरोजेनिक चक्रों के बाद जलवायु में बदलाव के चक्रों से गुजरी भूमि कटाव चक्र, निक्षेपण और चटटानो का बहुरूपतावाद भी अरावली पर्वतमाला मे जलवायु परिवर्तन के साक्ष्य हैं।

पेलियोज़ोइक के अंत में पर्वत निर्माण आंदोलनों की शुरुआत से समुद्र से भूमि के व्यापक उत्थान के कारण कुछ प्रमुख जलवायु संबंधी विशिष्टताएँ और भौतिक परिवर्तन देखे गए। परिणामस्वरूप, पौधे और पशु जीवन में महत्वपूर्ण परिवर्तन हुए। कई जीव मर गए जबकि कुछ पर्यावरणीय परिस्थितियों के अनुकूल बने रहे। एक छोटा जानवर जो व्यावहारिक रूप से बहुत कम बदलाव के साथ आज तक जीवित रहने में सक्षम है, वह है ब्रैकियोपोड, जिसे लिंगुला कहा जाता है, क्योंकि इसका खोल जीभ के आकार का है।

जलवायु परिवर्तन के कारण लगातार होने वाले भूगर्भीय काल में बाढ़ और भूस्खलन ने जैविक जीवन में कई बदलाव लाए। क्रेटेशियस काल के दौरान पर्वत निर्माण और समुद्र तल में गिरावट के कारण दलदलों का खात्मा हुआ। डायनासोर 120 से 90 मिलियन वर्षों तक गर्म जलवायु में घूमते रहे, और बाद में जलवायु परिवर्तन के कारण समुद्र तल में परिवर्तन के साथ डायनासोर और कई स्तनपायी प्रजातियाँ विलुप्त हो गईं।

"12 से 15 मिलियन वर्ष पहले, मध्य मायोसीन में पृथ्वी बहुत गर्म थी। इसके बाद हर जगह नाटकीय रूप से ठंडक होने लगी - साथ ही, भूमि पर भी बहुत बड़े परिवर्तन हुए जो समुद्र के तापमान में परिवर्तन के साथ सटीक रूप से सहसंबद्ध थे। [42]" पैलियो-ओशनोग्राफी पृथ्वी के जलवायु के अतीत और वर्तमान पहलुओं का अध्ययन करने में मदद करती है, और कहती है, "पौधे और जानवर अपनी जलवायु के अनुसार आकार लेते हैं और अतीत हमें इस बात का सबूत देता है कि कैसे जंगलों, घास के मैदानों और प्रजातियों ने जलवायु परिवर्तन के साथ अपने वितरण या बहुतायत को बदल दिया।" भूवैज्ञानिकों का मानना है कि पैलियोसीन-इओसीन अवधि के दौरान वायुमंडल में महत्वपूर्ण CO_2 बढ गया था, जिससे लगभग 55 मिलियन वर्ष पहले पृथ्वी गर्म हुई और महासागर अम्लीय हो गए।

"पुरातन घोड़े और हाथी जैसे जानवर पेलियोसीन-इओसीन काल की जलवायु के दौरान विकसित हुए थे"। वैज्ञानिकों का मानना है कि 'हिम युग' 2.5 मिलियन वर्ष पहले प्लेइस्टोसिन काल के दौरान था। तापमान में परिवर्तन के कारण हिमयुग/अंतर-हिमनदीय जैविक जीवन में बड़े पैमाने पर परिवर्तन हुए। क्षेत्र के कुछ हिस्सों में जलवायु परिवर्तन के लिए क्षुद्रग्रहों या धूमकेतुओं से टकराव को भी माना जाता है। 130,000 साल पहले के अंतर-हिमनदीय काल के दौरान समुद्र का स्तर अब की तुलना में लगभग 6 मीटर अधिक था , समुद्र के घटते स्तर का जलवायु पर प्रभाव पड़ा।

पृथ्वी की जलवायु में पहले भी कई बार बदलाव हुए हैं। वैज्ञानिकों ने पिछले 8,50,000 वर्षों में 9 हिमयुग और 10 अंतर हिमयुग देखे हैं। माना जाता है कि अंतिम हिमयुग लगभग 14000 वर्ष पहले शुरू हुआ था और 11500 वर्ष पहले तक चला था, जब पृथ्वी का अधिकांश भाग बर्फ से ढका हुआ था। इन जलवायु परिवर्तनों का कारण पृथ्वी की कक्षा में होने वाले छोटे-छोटे बदलाव हैं, जो सूर्य से पृथ्वी को मिलने वाली सौर ऊर्जा में बदलाव करते हैं।

सौर ऊर्जा का सीधा संबंध पौधों और जानवरों द्वारा उत्सर्जित कार्बन से है, पैलियोक्लाइमेट अध्ययनों से पता चला है कि पिछले 850000 वर्षों के दौरान CO_2 का स्तर 'हिम युग' के दौरान भी 300 PPM से कम था, पिछले 50 वर्षों के दौरान यह बढ़ रहा है और 2022 में यह लगभग 420 PPM (पार्ट्स प्रति मिलियन) है। ग्रीनहाउस गैसों जैसे CO_2, नाइट्रस ऑक्साइड, क्लोरोफ्लोरोकार्बन, मीथेन और जल वाष्प के उत्सर्जन के कारण ग्रीनहाउस प्रभाव के लिए मानवजनित गतिविधियाँ जिम्मेदार थीं, जिससे बायोस्फीयर का तापमान बढ़ गया [43]।

यदि पृथ्वी के घूर्णन अक्ष का झुकाव 23.5 डिग्री से अधिक होता, तो प्रभाव अधिक मजबूत होता और अधिक मौसमी प्रभाव होता। पृथ्वी की कक्षा की उत्केन्द्रता लगभग 100,000 वर्षों के चक्र के साथ चक्रीय रूप से बदलती है, जिससे सौर ऊर्जा उत्पादन में भिन्नता होती है। पिछले 600000 वर्षों के दौरान सापेक्ष दूरी में परिवर्तन हुआ है, पिछले 15000 वर्षों के दौरान उत्केन्द्रता में कमी देखी गई है। पृथ्वी की परिक्रमा स्थिति में इस तरह के परिवर्तन का सूर्य के साथ संबंध है। पृथ्वी की धुरी का तिरछापन चक्र या झुकाव भी लगभग 41,000 वर्षों के चक्र की अवधि के साथ चक्रीय रूप से बदलता रहता है, और तिरछापन लंबवत से 22.1 डिग्री और 24.5 डिग्री (पृथ्वी की कक्षा में +/- 1.5 डिग्री का उतार-चढ़ाव) के बीच बदलता रहता है। सूर्य के 21,000-वर्षीय चक्र (विषुवों की पूर्वगमन) के चारों ओर पृथ्वी की अण्डाकार कक्षा को जलवायु परिवर्तन का एक खगोलीय कारण माना जाता है।

पहाड़ों का बढ़ना और पहाड़ों में लगातार कटाव से क्षेत्र की जलवायु में बदलाव होता है। पैलियो चैनल के वैज्ञानिक शोध से पता चला है कि पिछले भूवैज्ञानिक युगों के दौरान जलवायु परिवर्तन के अलग-अलग चक्र थे। जलवायु परिवर्तन के कारण मीठे पानी के स्रोत सूख गए, जिसका असर भूजल/पानी की उपलब्धता पर पड़ा। पानी की अनुपलब्धता के कारण क्षेत्रों की जलवायु प्रभावित हुई और जैविक जीवन में बदलाव आया। ज्वालामुखी विस्फोट/भूकंप जैसी भूवैज्ञानिक घटनाएँ और वायुमंडलीय स्थितियों के साथ-साथ अन्य भूवैज्ञानिक परिवर्तन जलवायु परिवर्तन की शुरुआत करते हैं। पृथ्वी के वायुमंडल में कार्बन डाइऑक्साइड और मीथेन जैसी गैसों के निकलने के कारण वायुमंडल में गर्मी बरकरार रहती है, जिससे अतीत में तापमान में बदलाव हुआ।

हम वर्तमान समय में रह रहे हैं और अंतरराष्ट्रीय संस्थाओं के अनुसार जलवायु परिवर्तन के लिए मुख्य रूप से मानवजनित कारण जिम्मेदार हैं। "जलवायु परिवर्तन जीवाश्म ईंधन के जलने के कारण ग्रीनहाउस गैस उत्सर्जन में वृद्धि के बारे में है, जो मुख्य रूप से औद्योगिक गतिविधियों और मोटर परिवहन के परिणामस्वरूप होता है, इसलिए वातावरण में कार्बन डाइऑक्साइड का स्तर बढ़ जाता है। कार्बन डाइऑक्साइड का निर्माण जंगलों के बढ़ते नुकसान से और भी बदतर हो जाता है, जो "कार्बन सिंक" के रूप में कार्य करते हैं जो गैसों को अवशोषित करते हैं और उन्हें वायुमंडल में छोड़ने से रोकते हैं। इसके अलावा, वायुमंडल में कार्बन डाइऑक्साइड और अन्य गैसों की वृद्धि "ग्रीनहाउस प्रभाव" (जिसमें अधिक गर्मी उत्पन्न होती है) को भी बढ़ाती है, जिससे तापमान बढ़ता है।"[44]

2.5. जलवायु परिवर्तन के प्राकृतिक कारण

चट्टानों का अपक्षय और क्षरण प्रकृति में एक सतत प्रक्रिया है। इस प्रक्रिया में चट्टानों के अपघटन से जैव-रासायनिक चक्रों जैसे कि जल विज्ञान चक्र, ऑक्सीजन चक्र, कार्बन चक्र, नाइट्रोजन चक्र, सल्फर चक्र, फॉस्फोरस चक्र आदि में पोषक तत्व निकलते हैं। ये चक्र प्रकृति को बनाए रखने के लिए अपना संचालन जारी रखते हैं। विभिन्न जीव इन प्रणालियों में उपलब्ध तत्वों को प्रयोग करते हैं और जैव-रासायनिक चक्रों को बनाए रखते हैं। ये चक्र जारी रहते हैं और विभिन्न प्रणालियों द्वारा अपने संचालन के लिए उनका पुनः उपयोग किया जाता है। रासायनिक और जैविक तंत्र जीवों में होने वाले परिवर्तनों को प्रेरित करते हैं। कुछ जैविक परिवर्तन तंत्र जलवायु में होने वाले परिवर्तनों से संबंधित रहते हैं।

अनियंत्रित /अनियंत्रित निरंतर कटाव क्षेत्र के तापमान, जल व्यवस्था और वर्षा में परिवर्तन लाकर भू-आकृति विज्ञान की स्थितियों के साथ-साथ वनस्पति, जीव और पशु जीवन को भी बदल देता है। अरावली शुष्क जलवायु क्षेत्र में जल निकायों की उपस्थिति और अनुपस्थिति या गायब होने का उस क्षेत्र की जलवायु के अनुसार वनस्पति और जैविक जीवन पर एक प्रत्यक्ष प्रभाव पड़ता है। किसी क्षेत्र में भूमि सतह कारक या भू-आकृति विज्ञान परिवर्तन उस क्षेत्र की जैविक गतिविधियों, जीव-जंतुओं और वनस्पतियों को प्रभावित करने के लिए विभिन्न भू-आकृतियों में परिवर्तन लाते हैं।

वन क्षेत्र को हटाए जाने पर भूमि उपयोग पैटर्न में मानवजनित परिवर्तन सबसे महत्वपूर्ण होते हैं। वनस्पति से ढकी सतह की तुलना में नंगी सतह अधिक गर्म हो जाती है। यह देखा गया है कि वन क्षेत्र में वाष्पोत्सर्जन से क्षेत्र के स्थानीय तापमान को कम करने में मदद मिलती है और वायुमंडल में जल वाष्प क्षेत्र में वर्षा को प्रेरित करने में मदद करता है। वनों की कटाई और वन भूमि का क्षरण CO_2 उत्सर्जन में लगभग 11% योगदान देता है। वन कार्बन को सोखते हैं, इसलिए वनों की कटाई को रोका जाना चाहिए।

El Nino अल नीनो महासागर की सतह के तापमान को बदलता है, दुनिया के बड़े क्षेत्रों में मौसम को प्रभावित करता है, और अरावली क्षेत्र (भारत) में मानसून की बारिश को भी प्रभावित करता है। वैज्ञानिकों का मानना है कि "ग्लोबल वार्मिंग **La Ninas** ला नीना को कम करते हुए अल नीनो घटनाओं की ताकत और आवृत्ति को बढ़ाती है। [45]" अल्बेडो प्रभाव, जहां वन आवरण से रहित नंगी अरावली चट्टानी सतह चालन और संवहन द्वारा तापमान में वृद्धि करने के लिए उच्च आने वाली सौर ऊर्जा को अवशोषित करती है। अरावली में, झीलें सूख गई हैं, जबकि जल निकायों में भी कम अल्बेडो है, इसलिए जल निकायों की अनुपस्थिति सतह पर गर्मी बढ़ाने में मदद करती है। वैज्ञानिकों ने देखा कि औसतन पृथ्वी एक तिहाई सौर विकिरण को वापस भेजती है और प्राप्त होने वाले विकिरण का लगभग दो तिहाई अवशोषित करती है।

एल नीनो-दक्षिणी ओस्किलेशन (ENSO) महासागर की सतह के तापमान में होने वाला एक आवधिक परिवर्तन है। हिंद महासागर डापोल (IOD) भारत में मानसून को दृढ़ता से प्रभावित करता है। "एल नीनो पूर्वी और मध्य भूमध्यरेखीय प्रशांत क्षेत्र में महासागर की सतह के असामान्य रूप से गर्म होने की स्थिति है, जिससे हवा के पैटर्न में बदलाव होता है, जिसका मौसम पर असर पड़ता है। एल नीनो और ला

नीनो - एल नीनो के विपरीत - भारत में गर्मियों में मानसून की बारिश के महत्वपूर्ण चालक हैं। पिछले 50 वर्षों में, भारत में सूखे के सभी वर्ष एल नीनो के साथ मेल खाते हैं। हालाँकि, सभी एल नीनो घटनाओं के कारण मानसून में कमी नहीं आई है।" द टाइम्स ऑफ इंडिया, नई दिल्ली, 13.5.2023।

जहाँ वर्षा जल को जल निकायों में संग्रहीत किया जाता था/है और ग्रामीण उस पानी का उपयोग सिंचाई के लिए करते थे। खुला पानी तापमान को प्रभावित करता है। सिंचित क्षेत्र मिट्टी को गीला रखते हैं, और इस वजह से गर्मियों में उड़ने वाली धूल कम होती है। जब वातावरण में धूल कम होती है, तो कम धूल का मतलब है सौर ऊर्जा का कम नुकसान क्योंकि सौर ऊर्जा धूल द्वारा गर्म होने के लिए अवशोषित की जाती है। अरावली क्षेत्रों में जल संरक्षण तापमान को कम करने में मदद कर सकता है जिससे जलवायु परिवर्तन को कम करने में हमारी मदद मिल सकती है।

तापमान वृद्धि हमेशा अन्य वायुमंडलीय घटनाओं जैसे गर्मी की उपस्थिति, वर्षा पैटर्न में परिवर्तन, गर्मी की लहर की उपस्थिति/अनुपस्थिति, सूखे की पुनरावृत्ति और तूफान से संबंधित होती है। कुछ लोगों ने जलवायु परिवर्तन पर ऐसे वायुमंडलीय घटनाओं के प्रभाव के बारे में संदेह व्यक्त किया, कुछ ने इसे टेक्नोक्रेट की साजिश कहा, लेकिन लंबे वैज्ञानिक शोध ने स्थापित किया है कि जलवायु तत्वों में बदलाव हुआ है जो जलवायु परिवर्तन का संकेत देता है। जलवायु तत्व एक साथ काम करते हैं और परिवर्तन के एजेंट एक दूसरे को एक साथ प्रभावित करते हैं ताकि प्रभाव अधिक स्पष्ट हो सके।

Paleoclimate पुराजलवायु अध्ययन, पुरापाषाणकालीन साक्ष्य, भूवैज्ञानिक अभिलेख और अन्य प्रॉक्सी संकेतकों ने विभिन्न समयों के दौरान जलवायु में हुए पिछले परिवर्तनों का खुलासा किया है। अब ऑप्टिकली स्टिम्युलेटेड ल्यूमिनेसेंस का उपयोग अरावली में रेत के टीलों के लिए किया जा सकता है, ताकि तलछट की आयु 300 वर्ष से एक लाख वर्ष तक और सूर्य के संपर्क में आने की स्थिति का पता लगाया जा सके। पिछले 8000 वर्षों के दौरान जलवायु परिवर्तन के कारण हरियाणा में थार रेगिस्तान के विस्तार की अवधारणा को नई तकनीक से परखा जा सकता है। अरावली क्षेत्र में गर्मी 11500 साल पहले (अंतिम हिमयुग के बाद) शुरू हुई और इसने अरावली क्षेत्र की जलवायु पर भी अपना प्रभाव दिखाया। सूर्य द्वारा उत्सर्जित सौर ऊर्जा की तीव्रता में परिवर्तन के कारण वर्षा की परिवर्तनशीलता के साथ अत्यधिक ठंड और गर्मी की घटनाओं के पैटर्न बदल गए।

ड्रेनेज पैटर्न, इसकी जमा परतें, कटाव और वनस्पति की सीमा और मात्रा आदि से संबंधित पुराजलवायु अध्ययनों ने अरावली क्षेत्र में 'छह जलवायु चरणों' का संकेत दिया है। शोधकर्ताओं ने कहा, हरियाणा से बहने वाली एक सहायक नदी (यमुना चैनल Y2) चौटांग (दृषद्वती) सरस्वती नदी में मिलती है। अरावली पर्वत से निकलने वाली और हरियाणा में उत्तर की ओर बहने वाली प्रमुख नदियाँ दृषद्वती नदी में मिलती हैं। जलवायु परिवर्तन के चक्रों के कारण, यमुना नदी ने अतीत में कम से कम तीन बार अपना मार्ग बदला और साथ ही अरावली क्षेत्र की नदियों ने भी अपना मार्ग बदला। नदी में मिलने वाले पानी की मात्रा और नदी के प्रवाह की गति हमेशा इलाके की जलवायु परिस्थितियों से संबंधित रही।

रेडियोकार्बन डेटिंग के परिणामों से पता चला है कि सरस्वती नदी लगभग 2000 ईसा पूर्व सूख गई थी (आरबी लाल, 1997, जबकि कुछ अन्य विद्वानों का अनुमान है कि सरस्वती 3100 ईसा पूर्व में बह रही होगी), जलवायु परिवर्तन और टेक्टोनिक उथल-पुथल को उन परिवर्तनों के लिए जिम्मेदार माना गया था। पारिस्थितिक अध्ययनों ने संकेत दिया कि सिंधु-सरस्वती सभ्यताएं (हड़प्पा) 'वैदिक संस्कृति' का हिस्सा थीं और जलवायु परिवर्तन ने लोगों को पीड़ित किया और उन्हें अन्य सुरक्षित क्षेत्रों की ओर जाने के लिए मजबूर किया। टेक्टोनिक गतिविधियों ने क्षेत्र में वृद्धि की और नदियों और इसकी सहायक नदियों में प्रवाह भी प्रभावित हुआ जिससे क्षेत्र में जलवायु परिवर्तन आया। भूवैज्ञानिकों ने देखा कि 2450 ईसा पूर्व के भूकंप ने सरस्वति नदी के तल को ऊपर उठा दिया और पूर्वी सहायक नदी को दृषद्वती में मिलने के लिए मजबूर किया, कुछ भूगर्भवेताओ का मानना है कि उसी कालखण्ड के दौरान साहिबी, दोहान व कृष्णावती नदियो ने दृषद्वती नदी से मार्ग बदलकर यमुना की तरु रूख किया।

भारतीय उपमहाद्वीप के उत्तर-पश्चिमी भाग की रिमोट सेंसिंग और रडार छवियों ने सरस्वती और उसकी सहायक नदियों के सूखे तल के पैलियोचैनल्स को अरावली पर्वतों से जुड़ा हुआ दिखाया। प्लीस्टोसीन काल के दौरान हुए कई जलवायु परिवर्तन अच्छी तरह से ज्ञात हैं, जिसमें हिमनदी/अंतर हिमनदी काल और कई प्रजातियों के विलुप्त होने के साथ-साथ कई टेक्टोनिक गतिविधियाँ भी शामिल हैं।

महाभारत महाकाव्य के शल्य पर्व के अध्याय 34 और 35 में उल्लेख है कि श्री बलराम की नौकावाहन यात्रा प्रभास से पुष्प नक्षत्र पर शुरू हुई थी। जो पट्टन (सोमनाथ, गुजरात के पास) सरस्वती नदी के किनारे जल यात्रा करते हुए और शरवन नक्षत्र में 42 दिन बिताने के बाद महाभारत के युद्ध के मैदान (हरियाणा) में अपने भाई भगवान श्री कृष्ण से मिले और चांदोद्भव तीर्थ का दौरा किया, जहाँ सरस्वती नदी फिर से प्रकट हुई। समय के साथ जलवायु परिवर्तन ने नदियों के सूखने के बाद नदी और क्षेत्र की पूरी व्यवस्था को कैसे बदल दिया है।

बड़े पैमाने पर वनों की कटाई ने जलवायु को बदल दिया जिससे नदियों और उनकी सहायक नदियों की जल आपूर्ति में कमी आई जिसके परिणामस्वरूप उनका जलमार्ग समाप्त हो गया या कुछ अन्य धाराओं द्वारा कब्जा कर लिया गया (नदी हरण, उदाहरण के लिए, यमुना के मामले में पोंटा -दून क्षेत्र [46]में सरस्वती नदी का हरण हुआ)। पश्चिम से पूर्व की ओर शक्तिशाली हवाएँ चलीं, जिसके परिणामस्वरूप

राजस्थान का थार रेगिस्तान हरियाणा में आगे बढ़ गया। इन हवाओं ने हवा से उड़ने वाली रेत को जमा कर अनुदैर्ध्य रेत के टीलों का निर्माण किया, जिससे ऐसे जलवायु परिवर्तनों के कारण अरावली पर्वतों से निकलने वाली दोहान-कृष्णावती-साहिबी नदियों के जलमार्ग को अवरुद्ध/परिवर्तित किया गया। NE-SW दिशा में टेक्टोनिक उत्थान के कारण, फॉल्ट ने सतह की विशेषताओं की सीमाओं को फिर से खींच दिया। अरावली की नदीयो ने अपना बहाव उतरपूर्व की और यमुना नदी की किया।

लगभग 3950 से 3300 ई.पू. जलवायु परिवर्तन के कारण उत्तर हड़प्पा-सरस्वती सभ्यता के लोग हिमालय के शिवालिक क्षेत्र की ओर चले गए। पैलियो चैनल शोधकर्ताओं का मानना था कि गौतम बुद्ध काल में इस क्षेत्र की कुछ नदियों ने अचानक अपना मार्ग बदल दिया था, ऐसा माना जाता है कि सरस्वती और उसकी सहयोगी नदियों के सूखने के कारण हड़प्पा-सरस्वती सभ्यता का पतन हो गया। 800 से 1300 ई. तक औसत वैश्विक तापमान वर्तमान से १० डिग्री सेल्सियस अधिक था। कुछ पैलियोचैनल शोधकर्ताओं का मानना था कि हरियाणा में थार रेगिस्तान के दिल्ली की ओर बढ़ने के कारण ११ वीं शताब्दी ईस्वी के दौरान साहिबी नदी यमुना नदी की ओर बहने लगी थी (लेखक का दृष्टिकोण अलग है)। उन विद्वानों ने इसे 14 वीं शताब्दी के दौरान 'लघु हिमयुग' कहा।

अरावली प्रणाली के भौगोलिक क्षेत्रों में क्षेत्रीय और स्थानीय वायुमंडलीय विविधताएं और अल्पकालिक उतार-चढ़ाव क्षेत्र में सौर विकिरण में परिवर्तन के संबंध में प्रबल थे। अपने जीवनकाल में हमने अरावली क्षेत्र की कई जल स्रोतों को सूखते, पानी कम होते या नदियों में पानी नहीं होते देखा है। मानवजनित कारणों से हिमालय में बर्फ की रेखाओं का पीछे हटना, तापमान में वृद्धि और जलवायु परिवर्तन का आमतौर पर हवाला दिया जाता है। ग्लेशियरों का आकार छोटा हो गया। अरावली की प्रणालियों या अन्य जगहों पर वनों की कटाई से नदियों में पानी की आपूर्ति कम हो गई, जहां अधिकांश नदियाँ अब सूखी हैं, जिससे बाढ़ वाले क्षेत्रों में भूजल की कमी हो रही है जिससे कृषि को नुकसान हो रहा है और आबादी को कठिनाई हो रही है। पुराने समय में एनसीआर अरावली क्षेत्र मे वर्षाकाल मे लम्बे समय तक झडी हाती थी, वह लम्बे समय की बाशि अब देखने को नही मिलती है।

जलवायु परिवर्तन का उभरते बाजारों और अंतरराष्ट्रीय स्तर पर विकास की संभावनाओं पर गंभीर प्रभाव पड़ रहा है। बढ़ते तापमान का असर सभी देशों पर पड़ रहा है, लेकिन इसका सबसे ज़्यादा असर गरीब देशों पर पड़ रहा है, भले ही वे ग्रीनहाउस गैसों के उत्सर्जन में सबसे कम योगदान देते हों। अंतरराष्ट्रीय स्तर पर, संयुक्त राष्ट्र नैरोबी 2022 की रिपोर्ट ने वनों की कटाई में वृद्धि के बारे में चिंता व्यक्त की, "वनों की कटाई प्राकृतिक जंगलों में वायुमंडलीय कार्बन के भविष्य के निष्कासन को भी कम करती है, जिससे जलवायु परिवर्तन और भी बढ़ जाता है (मैक्सवेल व अन्य, 2019)। वैश्विक स्तर पर, खाद्य प्रणालियाँ वस्तु-चालित वनों की कटाई और स्थानांतरित कृषि के माध्यम से लगभग आधे वृक्ष आवरण के नुकसान से सीधे संबंधित हो सकती हैं, और अगर इसे जंगल की आग से जोड़ा जाए तो योगदान और भी अधिक हो सकता है (कर्टिस व अन्य, 2018; पेंड्रिल व अन्य, 2022)। इसलिए वनों की कटाई को रोकना पर्यावरण संरक्षण और जलवायु परिवर्तन शमन दोनों के लिए महत्वपूर्ण है। एसडीजी में 2020 तक वनों की कटाई को रोकने का लक्ष्य शामिल है, और इस उद्देश्य को कई घोषणाओं में दोहराया गया है, जैसे कि सीओपी 26 के दौरान ग्लासगो लीडर्स डिक्लेरेशन ऑन फॉरेस्ट्स एंड लैंड यूज के साथ।" हरित प्रौद्योगिकी और जैव विविधता के संरक्षण की आवश्यकता के अनुसार निवेश बढ़ाना एक बड़ा प्रश्नचिह्न है। जलवायु को वित्तपोषित करने के लिए प्रति वर्ष लगभग एक ट्रिलियन डॉलर का जलवायु निवेश ग्रह पर जीवन के अस्तित्व के लिए दुनिया भर में एक बड़ा मुद्दा है।

जलवायु परिवर्तन प्रकृति में अपरिवर्तनीय है, एक बार खो जाने के बाद पारिस्थितिकी तंत्र को पुनः प्राप्त नहीं किया जा सकता है, उदाहरण के लिए, विशाल जानवरों जैसे खोए हुए डायनासोर को पुनः प्राप्त नहीं किया जा सकता है। प्राकृतिक धीमी जलवायु परिवर्तन के दौरान जीवों में अनुकूलन होने लगता है और विशेष वातावरण धीरे-धीरे प्राप्त होता है, जहाँ अनुकूलन दिशा में प्रगतिशील हो सकता है। जलवायु परिवर्तन की प्राकृतिक गति आम तौर पर लाखों वर्षों तक फैली एक धीमी प्रक्रिया रही। इस तरह के धीमे परिवर्तन विभिन्न भूवैज्ञानिक समय युगों/अवधियों के दौरान पारिस्थितिकी तंत्र के विभिन्न अवधियों और विभिन्न भौगोलिक स्थानों में पूरे विश्व में असमान तरीके से विकसित हुए। कुछ क्षेत्रों में, कुछ प्रजातियाँ तेजी से बदलीं, जबकि कुछ समूह जलवायु परिवर्तन की प्रकृति और पर्यावरणीय अनुकूलन गति के आधार पर कई मिलियन वर्षों तक अपरिवर्तित रहे। पर्यावरणीय मापदंडों से संबंधित जीवों की अनुकूलनशीलता की परिवर्तनशीलता और निर्भरता। कुछ वैज्ञानिकों ने जीवों के जीन संयोजनों में भिन्नताओं की संख्या और व्यक्तियों के बीच रूपात्मक भिन्नता की मात्रा के बीच एक उच्च सहसंबंध देखा। रूपात्मक और पारिस्थितिक विशेषताएँ बदलती पर्यावरणीय अंतःक्रियाओं और अनुकूलनशीलता की प्रकृति द्वारा काफी हद तक संशोधित होती हैं। जलवायु में परिवर्तन की सीमा और परिवर्तन के प्रति जीवों की प्रतिक्रिया का विशेष चरित्र महत्वपूर्ण रहा।

2.6. मानवजनित जलवायु परिवर्तन और अरावली

जीवाश्म ईंधन के उपयोग ने उद्योग को बदल दिया है जबकि ग्रीनहाउस गैसों के उत्सर्जन ने वातावरण में बदलाव लाए हैं। भौतिक संस्कृति ने समुद्र और भूमि दोनों को प्रदूषित किया है। मनुष्य ने गलत तरीके से प्रकृति को एक अंतहीन खजाना माना है जिसे वे जितना चाहें उतना निकाल सकते हैं। हमारी धरती निर्जीव की तरह निष्क्रिय नहीं हो सकती। स्वतंत्रता के बाद की अवधि ने एक-दूसरे के साथ सामंजस करते हुए परिवर्तन लाए गये। अरावली में परिवर्तन के साथ-साथ मानवजनित कारणों से क्षेत्रीय जैव विविधता में भारी नुकसान हुआ है।

भूवैज्ञानिकों ने नए युग का नामकरण करने पर विचार करना शुरू किया मानव क्रियाकलापों के केंद्रीय प्रभाव के साथ पारिस्थितिकी तंत्र में त्वरित और अपरिवर्तनीय परिवर्तनों के कारण **एंथ्रोपोसीन** के रूप में जाना जाता है। पॉल क्रुटज़ेन ने इस शब्द का इस्तेमाल 1780 से 1950 की अवधि के लिए किया था, जबकि भूगर्भशास्त्रियों ने अब 1950 से एंथ्रोपोसीन की तिथि निर्धारित करना शुरू कर दिया है। ऊर्जा के स्रोत के रूप में जीवाश्म ईंधन के उपयोग को चरणबद्ध तरीके से समाप्त करने/कम करने की वकालत की। होलोसीन की शुरुआत 11700 साल पहले अंतिम हिमनद समय के बाद हुई थी। एंथ्रोपोसीन युग में, मानवीय गतिविधियों ने ग्रीनहाउस गैसों के उत्सर्जन को प्रेरित किया और वैश्विक स्तर पर हवा और पानी को गर्म करके प्राकृतिक संतुलन को बिगाड़ दिया।

अरावली में **मानवजनित जलवायु परिवर्तन** मुख्य रूप से विभिन्न प्रकार की मानवीय गतिविधियों के कारण होता है जैसे: किसी क्षेत्र या प्रदेश के भूमि उपयोग पैटर्न में परिवर्तन, तीव्र औद्योगीकरण की गति, जनसंख्या की वहन क्षमता से अधिक वृद्धि के कारण पारिस्थितिकी तंत्र के पर्यावरण पर अत्यधिक असंवहनीय दबाव पड़ना, ऊर्जा उपयोग पैटर्न में परिवर्तन, वनों की कटाई, शहरीकरण के लिए पारिस्थितिकी तंत्र को मोड़ना, निर्माण गतिविधियाँ, असंवहनीय विकास के नाम पर गैर-वानिकी गतिविधियाँ, वाणिज्यिक गतिविधियों के लिए वन भूमि का उपयोग, फार्म हाउस और होटल जैसे विलासितापूर्ण उपयोग के लिए वनों की कटाई, खनन, वन भूमि पर सरकारी संस्थानों को अनुमति देना, पुलिस प्रशिक्षण स्कूल, रक्षा संगठनों द्वारा वन भूमि को बलपूर्वक साफ करना, धर्म के नाम पर वन भूमि का उपयोग, भारत सरकार और हरियाणा सरकार वन भूमि को सबसे आसान लक्ष्य के रूप में देखने के लिए कई तरह का उपयोग कर रही हैं, वनों को बचाने के प्रति नौकरशाही की उदासीनता, वन भूमि को छोडने और वनों के विनाश को छिपाने के लिए गलत सूचना फैलाने के लिए राजनेताओं-कॉर्पोरेट-नौकरशाहों की सांठगांठ, औद्योगिक कचरे को डंप करना, शहरों के ठोस कचरे को जंगलों में डंप करना और सी एंड डी निर्माण सामग्री को डंप करना आदि।

गुड़गांव अरावली के राष्ट्रीय राजधानी क्षेत्र में एक प्रमुख विकास केंद्र है, गुड़गांव शहरी क्षेत्र से कुल कार्बन डाइऑक्साइड समतुल्य उत्सर्जन लगभग 13.05 मिलियन मीट्रिक टन (t CO_2e) होने का अनुमान है। शुद्ध-शून्य आवश्यकता को पूरा करने के लिए, हमें यह सुनिश्चित करना होगा कि हरित इमारतों को अपनाकर, ईंधन वाहनों को ई-वाहनों से बदलकर, और कार्यालयों और समाजों को केंद्रीकृत शीतलन संयंत्रों को अपनाकर, ऊर्जा की बर्बादी को कम करके, ठोस अपशिष्ट निपटान को इस तरह से प्रबंधित करके कि कोई कार्बन न बढाया जाए, वृक्षारोपण करके हरियाली में सुधार करें, नए क्षेत्रों को ब्लॉक या पट्टियों में संरक्षित वनों के रूप में अधिसूचित करें, भूतापीय ऊर्जा की ओर रुख करें, शुद्ध शून्य कार्बन का संचालन करें, उद्योगों को कार्बन टैक्स क्रेडिट को हतोत्साहित करें, इत्यादि। गुड़गांव शहर का CO स्तर उच्च है और सुरक्षित सीमा से 75 गुना अधिक है।

भूमि उपयोग में परिवर्तन और वनों की कटाई हर साल वैश्विक ग्रीनहाउस गैस उत्सर्जन में 18% का योगदान देती है -7 बिलियन टन/वर्ष। अरावली पर्वत पारिस्थितिकी तंत्र राष्ट्रीय राजधानी क्षेत्र के लिए फेफडो को प्राणदायी हवा प्रदाता है, हमें सभ्यता को बचाने के लिए उन्हें संरक्षित करने और बचाने के लिए एक प्रमुख रणनीति अपनानी चाहिए। अरावली के बाढ़ के मैदानी इलाकों में कार्बन लॉकिंग के लिए लंबे समय तक वृक्ष प्रजातियों के रोपण की गुंजाइश है। वनरोपण- कार्बन भंडार/लॉकिंग के रूप में काम करने के लिए खुली और क्षरित वन भूमि को उनकी पूरी क्षमता तक बहाल करना। विशेषज्ञों का मानना है कि भारतीय जंगलों में संग्रहीत कार्बन 8,680 मिलियन टन [47](Mt) बायोमास है। जबकि गैर-वन क्षेत्रों में संग्रहीत कार्बन 2,900 मिलियन टन है। वन और वृक्ष आवरण में संग्रहीत कुल कार्बन 11,580 मिलियन टन है ।

अंतर्राष्ट्रीय संगठन संयुक्त राष्ट्र स्तर पर कार्बन मुद्दों पर गंभीरता से विचार कर रहे हैं। "किसी निश्चित तापमान वृद्धि सीमा के लिए, उदाहरण के लिए, 1.5 डिग्री सेल्सियस या 2 डिग्री सेल्सियस की दीर्घकालिक सीमा, संबंधित कार्बन बजट कार्बन उत्सर्जन की कुल मात्रा को दर्शाता है जिसे तापमान को उस सीमा से नीचे रखने के लिए उत्सर्जित किया जा सकता है। दूसरे शब्दों में, कार्बन बजट कार्बन डाइऑक्साइड (CO_2) उत्सर्जन प्रक्षेप पथ के अंतर्गत एक क्षेत्र है जो वैश्विक औसत सतह तापमान वृद्धि के एक निश्चित स्तर से बचने के लिए अनुमानित संचयी उत्सर्जन की सीमाओं के बारे में मान्यताओं को संतुष्ट करता है। कार्बन डाइऑक्साइड समतुल्य (CO_2e): जलवायु पर उनके प्रभाव को ध्यान में रखते हुए विभिन्न विकिरणकारी बल एजेंटों के उत्सर्जन को एक समान आधार पर रखने का एक तरीका। [48]"

पौधे वातावरण में कार्बन डाइऑक्साइड पर प्रतिक्रिया करते हैं क्योंकि वे इसे सौर ऊर्जा के साथ प्रकाश संश्लेषण में उपयोग करते हैं। CO_2 के उच्च स्तर का मतलब है कि पौधे अधिक CO_2 का उपभोग करते हैं और इसे लकड़ी के बायोमास, पत्तियों, पत्ते आदि में संग्रहीत करने के लिए अधिक बढ़ते हैं। जब मिट्टी में सूक्ष्म जीवों के साथ पानी और नाइट्रोजन उनके लिए उपलब्ध होते हैं, तो वे लंबे समय तक मिट्टी में चले जाते हैं। उच्च CO_2 के तहत बढ़ने वाले पौधे कुछ हद तक जलवायु परिवर्तन को कम करते हैं। यदि पानी उपलब्ध नहीं है, तो पौधों का भोजन निर्माण बंद हो जाता है या वे मर जाते हैं, हालांकि पौधों में बदलती परिस्थितियों के अनुकूल होने की प्रभावशाली क्षमता होती है। पौधे अपने माइक्रोबियल भागीदारों को कार्बन भेजकर अधिक जड़ों के उत्पादन के लिए कार्बन आवंटित करने के लिए पानी और पोषक तत्वों की तलाश में अपनी जड़ें फैलाते हैं

MoEFCC का दावा है, "2016 में, भूमि उपयोग और भूमि उपयोग परिवर्तन और वानिकी (LULUCF) को छोड़कर, भारत का कुल ग्रीनहाउस गैस (GHG) उत्सर्जन 2,838 मिलियन टन कार्बन डाइऑक्साइड-समतुल्य (Mt CO_2e) था, (MoEFCC , 2021)।" [49]" जंगलों में कार्बन स्टॉक 7,204 मिलियन टन (FSI, 2021) होने का अनुमान है। 2019-21 के दौरान कार्बन स्टॉक की वार्षिक वृद्धि 39.7 मिलियन टन या 145.6 मिलियन टन CO_2 समतुल्य होने का अनुमान है। इसका मतलब है कि प्रति वर्ष प्रति हेक्टेयर 0.44 टन कार्बन का कार्बन पृथक्करण, जो हाल के दिनों में वैश्विक स्तर पर उष्णकटिबंधीय जंगलों के लिए रिपोर्ट किए गए के बराबर या उससे अधिक है (FSI, 2021)। [50]" MoEFCC की रिपोर्ट में दावा किया गया है कि, "भारत का 2019 में प्रति व्यक्ति उत्सर्जन 2.46 t CO2 e है जो वैश्विक औसत 4.79 t CO_2 e से काफी कम है।"

अरावली क्षेत्र में पहले के समय में लोग गैर-वन क्षेत्रों में पेड़ों को बचाने के बारे में बहुत सचेत थे क्योंकि वे भविष्य के रक्षक (फिक्स्ड डिपॉजिट के रूप में काम करते थे) थे, ताकि बार-बार सूखे का सामना करने मे सक्षम हो सके। कई कहानियाँ प्रचलन में थीं जब भयंकर सूखे के दौरान (लोग इसे नब्बिया का काल कहते हैं, विकर्मि संवत 1990) लोग खेजड़ी (जट्टी या जांडी) की छाल खाई गयी (इस पेड़ की छाल को पीसकर रोटियाँ पकाई गई थी)। Prosopis *cineraria* कृषि और सामाजिक जीवन की जीवन रेखा बना रहा। किसान अपने ईंधन और चारे की ज़रूरतों को पूरा करने के लिए औसतन 50 पेड़/हेक्टेयर इन पेड़ों की देखभाल करते थे और कुछ किसानों के खेतों में, 80 पेड़/हेक्टेयर उनकी चारा और ईंधन की ज़रूरतों को पूरा करने के लिए थे क्योंकि जलवायु संबंधी अनिश्चितताओं के कारण फसलें होना निश्चित नहीं थीं।

अब अरावली के कई बाढ़ के मैदानों/रेत के टीलों वाले इलाकों में पेड़ों की संख्या में भारी कमी आई है। 80 Prosopis *cineraria* पेड़ों/हेक्टेयर को बचाने के लिए प्रयास किए जाने चाहिए। यह लक्ष्य हासिल किया जा सकता है क्योंकि खरीफ की फसल को नुकसान नहीं पहुंचता है और रबी की फसल के दौरान किसान चारे और ईंधन के लिए इन पेड़ों को छांग देते हैं। किसानों को उनके खेतों में लगाए गए Prosopis *cineraria* और अन्य पेड़ों की प्रजातियों में कार्बन लॉकिंग के लिए लाभकारी कार्बन मूल्य प्रदान किया जा सकता है । [51]फार्म फॉरेस्ट्री शुष्क क्षेत्रों में कार्बन लॉकिंग में सहायक हो सकती है।

संयुक्त राष्ट्र द्वारा घोषित कार्बन उत्सर्जन व्यापार, अरावली क्षेत्र में वनों की कटाई रोकने के लिए शुरू किया जा सकता है।[52] भारत ने कार्बन ट्रेडिंग योजना शुरू करने के लिए कार्बन ट्रेडिंग बाजार में भी कदम बढ़ाया है। अंतर्राष्ट्रीय मंचों पर कार्बन क्रेडिट के व्यापार के लिए MoEFCC द्वारा गतिविधियों की एक सूची की घोषणा की गई है, जिसका अर्थ है कि ये संस्थाएँ अब इन गतिविधियों के माध्यम से क्रेडिट जमा कर सकती हैं और कमा सकती हैं और उन क्रेडिट का अंतर्राष्ट्रीय स्तर पर व्यापार किया जा सकता है। अरावली क्षेत्रों में, कार्बन को रोकने के लिए वनरोपण किया गया था, लेकिन खनन/गैर-वानिकी गतिविधियों के कारण, पेड़ों को काट दिया गया जिससे कार्बन वापस वायुमंडल में चला जा रहा है।

जलवायु परिवर्तन के प्रभाव को कम करने के लिए वन विभाग ने विश्व बैंक द्वारा वित्तपोषित सामाजिक वानिकी परियोजना (1980-1990), अरावली पहाड़ियों में सावजनिक भूमि का पुनर्वास (1990-2K) , हरियाणा राज्य (जिसे आम तौर पर अरावली परियोजना कहा जाता है) जैसी विभिन्न परियोजनाओं के तहत वृक्षारोपण किया, जिसे यूरोपीय संघ द्वारा वित्तपोषित किया गया और [53]अरावली पहाड़ियों में 39360 हेक्टेयर क्षेत्र में वृक्षारोपण किया गया ताकि कार्बन को रोका जा सके और सर्वोच्च न्यायालय ने [54]उन क्षेत्रों को डीमड वन घोषित कर दिया। यूरोपीय संघ द्वारा वित्तपोषित हरियाणा सामुदायिक वानिकी परियोजना, JICA (जापान अंतर्राष्ट्रीय सहयोग एजेंसी) द्वारा वित्तपोषित 'एकीकृत प्राकृतिक संसाधन प्रबंधन और गरीबी उन्मूलन परियोजना (2004-5 से 2010-11) ने कार्बन को रोकने के लिए वनीकरण कार्य किया।

अरावली क्षेत्रों में पंजाब भूमि संरक्षण अधिनियम (1900) के तहत लगाए गए प्रतिबंधों को कमजोर करने/अनदेखा करने के परिणामस्वरूप हरियाली को कम करते हुऐ चारकोल/ईंधन की लकड़ी के लिए प्रोसोपिस जूलीफ्लोरा की कटाई हुई। अरावली पहाड़ियों में प्रोसोपिस जूलीफ्लोरा के पेड़ों को लगाया गया। मसकट के अत्यधिक दोहन के कारण हरियाली कम हो गई, इस क्षेत्र में कटे हुए अवशेश छोड़ दिए गए जिससे सिस्टम में कार्बन बढ गया। मानवजनित दबाव इतना अधिक रहा है कि मसकट को पेड़ के रूप में बढ़ने नहीं दिया गया, बल्कि हर साल लोग अरावली पर्वतीय क्षेत्रों में चारे और ईंधन की लकड़ी के लिए इसे काट देते हैं। यदि एक तने को बढ़ने दिया जाता है तो यह लंबे समय तक कार्बन को लॉक करने के लिए अच्छे पेड़ का रूप ले लेगा। अस्थिर प्रबंधन प्रथाएँ अरावली पारिस्थितिकी तंत्र को नुकसान पहुँचा रही हैं, और कटाई व्यवस्था को तर्कसंगत बनाने के लिए समय की माँग है, प्रोसोपिस जूलीफ्लोरा वन में लगभग 25 मिलियन टन बायोमास कार्बन को बनाए रखने की क्षमता है। इसके पारिस्थितिक मूल्य प्रोसोपिस जूलीफ्लोरा के प्रबंधन अभ्यास में एक नया समीकरण स्थापित कर सकते हैं। कटाई चक्र में वृद्धि से उपज और कार्बन पृथक्करण में भी सुधार हो सकता है।

कृषि वानिकी के लिए किसानों को बेहतर आर्थिक लाभ के लिए उच्च उपज वाली आनुवंशिक किस्में प्रदान की जा सकती हैं, जो उन्हें लंबे समय तक पेड़ों को रखने के लिए प्रोत्साहित कर सकती हैं। किसानों को वानिकी के लिए प्रोत्साहित करने के लिए कार्बन क्रेडिट खरीदार बाजार विकसित करने की आवश्यकता है। प्रभावी विपणन की आवश्यकता से इनकार नहीं किया जा सकता है। वन विभाग के विंग को मजबूत करके विस्तार गतिविधियों को बढ़ाने की आवश्यकता है। स्थानीय समुदायों को जोड़कर विभिन्न भूमि उपयोग पैटर्न और वित्तपोषण योजनाओं के

लिए बेसलाइन कार्बन विकसित करने की आवश्यकता है।

संयुक्त राष्ट्र ने कार्बन बाजार विकसित करने पर जोर दिया। **कार्बन समतुल्य को** परिभाषित किया गया है जैसा कि, "कार्बन ट्रेडिंग सिस्टम के लिए एक शब्द जिसके माध्यम से देश क्योटो प्रोटोकॉल के तहत या अन्य समझौतों के तहत, जैसे कि यूरोपीय संघ के सदस्य राज्यों के बीच उत्सर्जन पर अपनी राष्ट्रीय सीमाओं को पूरा करने के प्रयास में जीएचजी उत्सर्जन की इकाइयों को खरीद या बेच सकते हैं। यह शब्द इस तथ्य से आता है कि कार्बन डाइऑक्साइड प्रमुख जीएचजी है, और अन्य गैसों को कार्बन डाइऑक्साइड समकक्ष नामक इकाइयों में मापा जाता है। [55]" वन विभाग इसके लिए प्रक्रिया को सरल बनाकर स्वच्छ विकास तंत्र (सीडीएम) का समर्थन करने के लिए एक तंत्र विकसित कर सकता है।

वायुमंडलीय कार्बन को पेड़ों द्वारा प्रकाश संश्लेषण द्वारा सबसे अच्छी तरह से कम किया जा सकता है (पेड़ कार्बन सिंक के रूप में काम करते हैं)। वायुमंडल से कार्बन को कम करने के लिए वन क्षेत्र को बढ़ाना अनिवार्य है। हमें लंबे समय तक खडे रहने वाले पेड़ों के साथ अधिक वृक्षारोपण करना चाहिए। कठिन चट्टानी अरावली भूभाग में पुरानी जडो से पुनर्जनन को प्रोत्साहित किया जाना चाहिए। हमें पेड़ों की कटाई और बायोमास [56]/पौधे की सामग्री को जलाने से रोकना चाहिए, जो कार्बन को वायुमंडल में वापस छोड़ सकता है। कार्बन तटस्थता तब प्राप्त की जा सकती है जब वैश्विक शुद्ध कार्बन उत्सर्जन शून्य हो, और जिम्मेदार CO_2 उत्सर्जन को CO_2 में कमी या वायुमंडल से हटाने से मुआवजा दिया जाए।

कार्बन मूल्य निर्धारण "कार्बन करों या कैप-एंड-ट्रेड सिस्टम जैसे नीतिगत साधनों के माध्यम से किया जा सकता है। उत्सर्जन-व्यापार योजनाएँ और कार्बन कर अब सभी वैश्विक उत्सर्जन का 30 प्रतिशत कवर करते हैं, जिसमें वैश्विक औसत मूल्य प्रति टन CO_2 का US$6 है। वित्तीय प्रणाली को बदलने के लिए कवरेज और मूल्य दोनों अपर्याप्त हैं: अंतर्राष्ट्रीय मुद्रा कोष ने 2030 तक आवश्यक वैश्विक औसत मूल्य US$75 का सुझाव दिया है। [57]"

यूरोपीय संघ ने 1 अक्टूबर, 2023 को कार्बन सीमा समायोजन तंत्र (CBAM) के लिए एक नया नियम पेश किया, जिसके तहत फर्मों से अपेक्षा की जाती है कि वे विशिष्ट उत्पादों के लिए उत्पादन और उत्सर्जन से संबंधित डेटा प्रस्तुत करें और 2034 तक इसे सभी उत्पादों तक विस्तारित करने की योजना बनाएं, इससे उत्सर्जन करने वाली कंपनियों को सुधार करने और स्वच्छ तकनीकों को अपनाने के लिए बाध्य होना पड़ेगा। नई व्यवस्था उत्पादों के लिए कार्बन उत्सर्जन का सटीक आकलन करेगी। भारत में आयोजित G20 शिखर सम्मेलन 2023 में, देशों ने विकासशील देशों के लिए NDCs को लागू करने के लिए 2030 से पहले की अवधि के दौरान 5.8 ट्रिलियन डॉलर और स्वच्छ तकनीकों के लिए प्रति वर्ष 4 ट्रिलियन डॉलर की आवश्यकता पर चर्चा की, ताकि 2050 तक शुद्ध शून्य उत्सर्जन लक्ष्य प्राप्त किया जा सके। संयुक्त राष्ट्र ने देखा कि वैश्विक स्तर पर पेड़ों में 100 मिलियन डॉलर का निवेश करने से तापमान में 1^{0} सेल्सियस की कमी आ सकती है।

अरावली पारिस्थितिकी तंत्र का विखंडन, वनों की कटाई और गैर-वानिकी गतिविधियों के लिए वन भूमि का उपयोग बंद किया जाना चाहिए। जलवायु परिवर्तन की गति को कम करने के लिए वन विभिन्न तरीकों से अत्यंत महत्वपूर्ण हैं। जंगल की आग और अरावली का क्षरण कार्बन के शमन में गंभीर मुद्दे हैं। कार्बन जमीन के ऊपर जैविक पदार्थ, पत्तियों, कूड़े, मृत लकड़ी, पौधों और पेड़ों की जड़ों में जमीन के नीचे बायोमास में जमा हो जाता है। अरावली पारिस्थितिकी तंत्र में कई तरह के मानवजनित हस्तक्षेप मुक्त-लॉक कार्बन के लिए क्षरण को बढ़ाते हैं।

वैज्ञानिकों ने जलवायु परिवर्तन के लिए जिम्मेदार लगभग 450 जैविक और 100 भौतिक प्रक्रियाओं का अवलोकन किया है और इसका प्रभाव दिखाई देता है। अरावली पारिस्थितिकी तंत्र पर तनाव के कारण बारिश का पैटर्न और उसकी तीव्रता बदल रही है। तूफान, हवाएं और बाढ़ अप्रत्याशित हो रही हैं। कई प्रजातियों में फूल और फल लगने के पैटर्न और समय बदल गए हैं, जैसे कि Capparis *decidua*, Salvadora *oleoides*, S.*persica, and* Prosopis *cineraria*, इन पेड़ों ने प्रचुर मात्रा में फल देना बंद कर दिया और फल लगने के पैटर्न, गुणवत्ता और मात्रा में बदलाव आया। अरावली क्षेत्रों से वनस्पति की कई प्रजातियां गायब हो गई। अरावली के कई सामान्य रूप से उपलब्ध औषधीय पौधे अब मानवजनित हस्तक्षेप के कारण क्षेत्र में दिखाई नहीं देते हैं।

विशेषज्ञों का मानना है कि तापमान में वृद्धि से हवा की गति बढ़ने से अरावली क्षेत्र में रेत के टीलों का विस्तार हो सकता है। जलवायु परिवर्तन से उत्पन्न अनिश्चितता के कारण स्थानीय लोगों की आय में कमी आ सकती है, वन क्षेत्र घटने से उनके मवेशियों की संख्या में कमी आ सकती है। वनों की कटाई से घास की उपलब्धता कम हो जाएगी और चरागाह उपलब्ध नहीं होंगे, जिससे मवेशियों के साथ-साथ गरीब ग्रामीणों के स्वास्थ्य में भी बीमारियाँ और समस्याएँ पैदा होंगी। भूजल के कम होने से जल आपूर्ति में कमी आएगी, जबकि अरावली क्षेत्र के कई इलाकों में लोग पहले से ही सरकारी एजेंसियों द्वारा दिए जाने वाले पानी पर निर्भर हो रहे हैं। जल सुरक्षा की गारंटी खत्म हो जाएगी। सीमित भूजल की जो भी उपलब्धता होगी, वह खतरनाक गति से प्रदूषित हो जाएगी।

कृषि उत्पादकता में गिरावट से ग्रामीणों की खाद्य सुरक्षा ख़तरे में पड़ सकती है। जंगल से भोजन और चारे की आपूर्ति कम हो जाएगी/बंद हो जाएगी, जिससे गरीबों का जीवन ख़तरे में पड़ जाएगा। पर्यावरण का क्षरण सुरक्षित और वांछित स्वास्थ्य मुद्दों को ख़तरे में डाल सकता है, और नई बीमारियों के साथ नई स्वास्थ्य समस्याएँ पैदा होंगी। वाष्पोत्सर्जन के कारण होने वाली हानि से वर्षा में कमी आ सकती

है, जिससे फसलें नष्ट हो सकती हैं, साथ ही अरावली की जैव विविधता भी नष्ट हो सकती है। औषधीय पौधों का हमेशा के लिए विनाश हो सकता है। जंगल में आग लगने की घटनाएं बढ़ सकती हैं, जिससे अरावली पर अतिक्रमण एक प्रमुख मुद्दा बन सकता है। जाने-माने राजनीतिक-व्यापारी गठजोड़ का प्रभाव बढ़ेगा।

सांस के साथ अंदर जाने वाले सूक्ष्म कण कैंसर, अस्थमा, ब्रोंकाइटिस, फेफड़े और हृदय संबंधी समस्याओं का कारण बन सकते हैं। पेड़ ईन भौतिक कण पदार्थों को रोकते हैं क्योंकि पेड़ जैव रासायनिक प्रक्रियाएँ छोड़ते हैं जो उन्हें बेअसर कर सकती हैं। जलवायु परिवर्तन के कारण मानसिक स्वास्थ्य और मानव पीड़ा के मुद्दों को IPCC (2022) द्वारा सूचीबद्ध किया गया है। तापमान में वृद्धि जीवन की गुणवत्ता को प्रभावित कर सकती है और श्वसन, हृदय संबंधी बीमारियों और अस्थमा की संभावना को बढ़ा सकती है। जलवायु परिवर्तन बच्चों के विकास को प्रभावित कर सकता है, तनाव के लक्षणों को बढ़ा सकता है, गर्मी नकारात्मक/उत्पादकता में कमी का कारण बन सकती है। गर्म अरावली क्षेत्र में व्यावसायिक खतरे सबसे अधिक होंगे।

राष्ट्रीय राजधानी क्षेत्र में आने वाली बड़ी संख्या में प्रवासी आबादी संसाधन की मांग की समस्या को और बढ़ा सकती है, जिससे नए सामाजिक मुद्दे पैदा हो सकते हैं। सीमित या बिना आय के स्रोत वाले स्थानीय गरीब ग्रामीण इस संकट में सबसे ज़्यादा पीड़ित होंगे। स्थानिय गरीब अनिश्चित प्रकृति की अनिश्चितताओं के संपर्क में आएंगे। वनों की कटाई के कारण कटाव की प्रक्रिया में वृद्धि उनके उत्पादक भूमि आधार को नष्ट कर देगी। वनों की कटाई के साथ पारिस्थितिकी तंत्र के विखंडन से वातावरण में अधिक कार्बन निकलेगा, ग्रामीण अप्रत्याशित खतरनाक मौसम की अनिश्चितताओं के प्रति संवेदनशील होंगे।

आर्थिक समस्याओं के साथ-साथ संचित सामाजिक तनाव स्थानिय निवासियों के बीच बढ़ने के लिए बाध्य हो सकते है। मौसमी मौसम विशेषताओं में परिवर्तन सामाजिक जीवनशैली के साथ-साथ वनस्पति उत्पादकता को भी प्रभावित करेगा। चरम मौसम की स्थिति में अप्रत्याशित परिवर्तन मौसम पूर्वानुमान की अप्रत्याशितता को बढ़ाएगा जिससे किसानों के लिए समस्याएँ पैदा होंगी। शुष्क/शुष्क अरावली में घास की कमी/नुकसान से वन्यजीवों के अस्तित्व को खतरा है, कुछ प्रजातियाँ विलुप्त हो सकती हैं और नई प्रजातियाँ आ सकती हैं जो पारिस्थितिकी तंत्र को खतरे में डाल सकती हैं। अपशिष्ट खतरों और रसायनों में वृद्धि भी अरावली उप-पारिस्थितिकी तंत्र के अस्तित्व के लिए खतरा पैदा करती है।

जलवायु परिर्वतन की स्थिती पर राष्टिय परिपेक्ष पर नज़र डालें , "भारत जलवायु परिवर्तन के प्रभावों के प्रति संवेदनशील है। सदी के अंत तक अधिक बार सूखा पड़ने, उच्च तापमान और मानसून की वर्षा में परिवर्तनशीलता की उम्मीद है (कृष्ण व अन्य, 2020)। ये परिवर्तन भारत की बड़े पैमाने पर वर्षा-आधारित और संसाधन-विवश कृषि प्रणाली को चुनौती देंगे, जिससे फसल की पैदावार और आय प्रभावित होगी (डीईए, 2018)। जलवायु परिवर्तन से गर्मी की लहरों की आवृत्ति और तीव्रता में वृद्धि होने की उम्मीद है, जो बाहरी श्रम उत्पादकता को प्रभावित कर सकती है और शहरी और ग्रामीण क्षेत्रों में प्रतिकूल स्वास्थ्य परिणामों के जोखिम को बढ़ा सकती है (डीएसटी, 2016)। [58]"

अरावली क्षेत्र में जलवायु परिवर्तन के कारण वनस्पति के व्यवहार में परिवर्तन देखा गया। (Capparis *decidua*) करीर या कैर के पेड़ों और झाड़ियों में साल में तीन बार असमय फूल आना शुरू हो गए या फूल और फल लगना बंद हो गए, कुछ क्षेत्रों में फूल आने के बाद भी, कुछ महीनों के दौरान परिवर्तनशील जलवायु के अनुसार फल लगने (रंग की गुणवत्ता और मात्रा) में भी कमी आई। (Prosopis *cineraria*) खेजड़ी या जांडी या जाटी (Salvadora) जाल, (Tecomela *undulata*) रोहेडा, (Azadirchta *indica*) नीम, (Cordia *myxa*) लेशवा , (Cordia *gharafi*) गूंदी, (Acacia *nilotica*) कीकर आदि के मामले में फूल और फल लगने का पैटर्न और फलों की मात्रा भी प्रभावित हुई है। यह सभी शुष्क जलवायु में पाए जाने वाले लगभग सभी पेड़ हैं। फुलने की अवधि और फलने की गुणवत्ता में परिवर्तन से इन वृक्ष प्रजातियों कीकर, *हिंस* (कैरिसा ओपका), ककेडा (मेयटेनस *एमारजिनेटा*) के अंकुरण और प्रजनन पर गंभीर प्रभाव पड़ता है।), फोग (कैलिगोनम *पॉलीगोनोइड्स*), *खिप* (लेप्टाडेनिया *पाइरोटेक्निका*), बुई (एर्वा *स्यूडोटोमेंटोसा*), हिंगोट (बैलानाइट्स *एजिप्टियाका*), खरसणा (क्रोटोलेरिया बुर्हिया), अकेशिया *निलोटिका* किस्म कपप्रेसिफॉर्मिस कुछ क्षेत्रों (महेंद्रगढ़ जिला) से तो ये दुर्लभ हो गए हैं या लुप्त होने के कगार पर हैं।

बदलती जलवायु के कारण फसलों या फलों के पकने की अवधि में परिवर्तन हुआ है, जिसका प्रति हेक्टेयर फसलों या बागवानी उत्पादन पर गंभीर प्रभाव पड़ा है। इससे किसानों/खेती करने वालों की आर्थिक स्थिति पर प्रतिकूल प्रभाव पड़ा है और खाद्य सामग्री/खाद्य पदार्थों की कमी हो गई है। कीटों ने मेजबान पौधों को बदल दिया है/बदल रहे हैं या कीटों /रोगों के पैटर्न और कीटनाशकों के प्रति प्रतिरोध में परिवर्तन लाने के लिए रोग फैलाने और प्रजनन की समयावधि को बदल दिया है।

पहले के दिनों में खरिप फसलों पर एक बालदार कैटरपिलर (लोग इसे 'कातरा' कहते हैं) द्वारा हमला किया जाता था। स्थानीय रूप से कात्रा खरीप की फसलों की कोमल पत्तियों को खाकर फसलों को बर्बाद कर देता था, अब यह इतनी बार दिखाई नहीं देता या महामारी के पैमाने पर नहीं है। टिड्डियों जैसे कीटो के स्थानीय प्रजनन की घटनाओं में कमी आई है । अरावली पारिस्थितिकी तंत्र की जलवायु में परिवर्तन के कारण बरसात के मौसम में दिखाई देने वाले नए प्रकार के कीटों/कीटों की बहुलता बदल जाती है।

समग्र पारिस्थितिकी तंत्र जलवायु में परिवर्तन, ऐसे परिवर्तन बरसात के मौसम की बारिश की अवधि और तीव्रता में परिलक्षित होते हैं। मानसून की बारिश के पैटर्न में परिवर्तन, बारिश के दिनों की संख्या में परिवर्तन, बारिश की मात्रा, बारिश की गुणवत्ता और बारिश की समय-

अवधि में बदलाव अरावली पारिस्थितिकी तंत्र की वनस्पति को प्रतिकूल रूप से प्रभावित करते हैं, जिससे इसके मापदंडों में बदलाव होता है। सर्दियों की बारिश में कमी से रबी की फसल के पैटर्न के साथ-साथ वन विविधता और उत्पादकता में सर्दियों की वनस्पति पर प्रतिकूल प्रभाव पड़ता है। बाढ़ की भविष्यवाणी में अनिश्चितता से फसलों और अन्य वनस्पतियों को नुकसान होता है।

जलवायु परिवर्तन के कारण शीतकाल (ठंडे पाले वाले दिनों की संख्या और न्यूनतम तापमान, न्यूनतम और अधिकतम तापमान के बीच का अंतर, पाले और कोहरे की अवधि और उसकी तीव्रता) में परिवर्तन हुए हैं। ग्रीष्मकाल (अधिकतम तापमान, ग्रीष्म ऋतु में गर्मी की अवधि, लू का समय और क्षेत्र में लू के फैलने की सीमा) में भी परिवर्तन हुए हैं। इसका जाल प्रजाति के पिल्लू फल और जाटी के सांगरी *फल* पर गंभीर प्रभाव पड़ा है , जिनका स्थानीय लोगों द्वारा आमतौर पर उपयोग किया जाता था।

वैज्ञानिकों ने इन परिवर्तनों को उच्च कार्बन उत्सर्जन परिदृश्यों से जोड़ा है। 1 डिग्री सेल्सियस तापमान में वृद्धि से फसलों (जंगल के पेड़ों सहित) की बुनियादी उत्पादकता प्रभावित होगी। कीटों की संख्या और प्रकृति बदल सकती है। अरावली का पारिस्थितिकी तंत्र सिकुड़ सकता है। भूजल जलभृत पहले ही कम हो चुके हैं और भूजल पुनर्भरण में भारी गिरावट आई है। नए खरपतवारों की संख्या बढ़ सकती है जिससे नाजुक वातावरण में शुष्क पर्णपाती पेड़ों के विकास के लिए कड़ी प्रतिस्पर्धा हो सकती है। कुछ प्रजातियों के लिए खतरा वास्तविक हो सकता है, अरावली क्षेत्र में पहले से ही कई प्रजातियाँ गायब हो गई हैं या कम हो गई हैं। कुछ प्रजातियाँ दूसरे क्षेत्रों में जा सकती हैं। जंगलों पर जलवायु तनाव उनकी प्रतिरोध शक्ति को कमजोर कर सकता है और क्षतिग्रस्त/कम हो सकता है या कुछ प्रजातियाँ गायब हो जाएँगी।

अरावली पारिस्थितिकी तंत्र में बड़े पैमाने पर शहरीकरण और निजी हस्तक्षेप के कारण जैव विविधता के उचित वन प्रबंधन की दिशा में अच्छे वनीकरण प्रथाओं को अपनाना संभव नहीं हो पा रहा है। केवल पूरे अरावली में बड़े पैमाने पर वनरोपण (बिना किसी अंतराल के) ही जलवायु परिवर्तन के प्रभाव को कम करने के लिए कार्बन उत्सर्जन को अवशोषित करने में मदद कर सकता है। यदि हम अरावली पारिस्थितिकी तंत्र और इसकी जैव विविधता को बचाने में असमर्थ हैं, तो हम राष्ट्रीय राजधानी क्षेत्र की भविष्य की जीवन समर्थन प्रणाली को नुकसान पहुंचा रहे हैं।

वैज्ञानिकों ने इस तरह के जलवायु परिवर्तनों को सार्वभौमिक रूप से देखा, "पौधों में होने वाली कई फेनोलॉजिकल घटनाओं की शुरुआत, जैसे कि पत्ती का खुलना, फूल आना और फलों का पकना (क्लेलैंड व अन्य. , 2007), तापमान और वर्षा जैसे जलवायु संकेतों पर निर्भर करती है। इसलिए, जलवायु परिवर्तन फेनोलॉजिकल घटनाओं के समय, गुणवत्ता और अवधि को बदल सकते हैं, और यह संभावना है कि भविष्य में मानव-प्रेरित जलवायु परिवर्तन (थॉमसन, 2010; मैककिनी व अन्य, 2012) के कारण पौधों और परागणकों में फेनोलॉजिकल बेमेल बढ़ेंगे [59]।"

राष्ट्रीय स्तर पर , भारतीय विज्ञान संस्थान (आईआईएससी) बैंगलोर, भारतीय वन सर्वेक्षण और भारतीय उष्णकटिबंधीय मौसम विज्ञान संस्थान ने (2005) अध्ययन किया कि वनस्पति के प्रकार में बदलाव से बड़े पैमाने पर वनों का विनाश हो सकता है और जैव विविधता का नुकसान हो सकता है, खासकर जलवायु परिवर्तन के कारण वन प्रकारों के बीच संक्रमण के कारण। सौर विकिरण वनस्पति और कृषि फसलों की वृद्धि को प्रभावित करता है, जिससे उनकी उत्पादकता और कीटों और बीमारियों की घटनाओं पर असर पड़ता है, जिससे वन क्षेत्रों में सीमा परिवर्तन हो सकता है।

जल चक्र भी सौर विकिरण से संबंधित है, और जल/नमी जलवायु का एक मुख्य घटक है। भूजल और वर्षा की उपलब्धता जलवायु परिवर्तन से प्रभावित होती है, जहाँ उद्योग, कृषि, पेयजल आपूर्ति, जैव विविधता और वन पारिस्थितिकी तंत्र जल से संबंधित हैं। जबकि भारत में दुनिया के कुल जल संसाधनों का केवल 4% है। भूजल भंडारण, रिसाव और जलभृतों के पुनर्भरण में गिरावट से अत्यधिक निकासी होती है जिससे पूरी प्रणाली ध्वस्त हो जाती है। जब पीने और सिंचाई के लिए पानी उपलब्ध नहीं होता है, तो सभ्यता का पतन हो सकता है। सांस्कृतिक परिवर्तन और कुछ संस्कृतियों का विलुप्त होना हो सकता है। वन आवरण के अभाव में अपवाह दर बढ़ जाती है। पानी और वनस्पति की अनुपस्थिति/अनुपलब्धता में, पारिस्थितिकी तंत्र से कई प्रजातियाँ विलुप्त हो सकती हैं।

अंतरराष्ट्रीय संस्थाओं ने भी जलवायु परिवर्तन के बारे में चिंता व्यक्त की है। "वर्षा पैटर्न में परिवर्तन फूल खिलने के समय और परागणकर्ता गतिविधि को प्रभावित कर सकता है। उष्णकटिबंधीय क्षेत्रों में विशिष्ट पौधे-परागणकर्ता अंतःक्रियाएं सामान्यीकृत अंतःक्रियाओं की तुलना में जलवायु परिवर्तन के प्रति अधिक संवेदनशील होने की उम्मीद है (रामिरेज़ और कल्लारकल , 2018)।" "जलवायु स्थितियों में परिवर्तन फेनोलॉजिकल घटनाओं के समय, गुणवत्ता और अवधि को बदल सकते हैं। यह संभावना है कि जलवायु परिवर्तन के तहत पौधों और परागणकर्ताओं के बीच फेनोलॉजिकल बेमेल बढ़ेंगे। पौधे-परागणकर्ता अंतःक्रियाओं की असंगति विनाशकारी हो सकती है, खासकर परागण विशेषज्ञों के लिए। परागणकर्ताओं की स्थिति पर कुछ दीर्घकालिक अध्ययन मौजूद हैं जो परागणकर्ताओं पर जलवायु परिवर्तन के प्रभावों को पेश करने के लिए डेटा प्रदान कर सकते हैं।"[60]

पिछले जलवायु परिवर्तन भूवैज्ञानिक अभिलेखों/घटनाओं में दर्ज हैं, ऐसे भूवैज्ञानिक अभिलेख अतीत में जलवायु के विभिन्न तत्वों के बारे में जानकारी प्रदान करते हैं। चट्टानों और गहरे समुद्रों में तलछट विभिन्न रसायनों के साथ पृथ्वी के भूवैज्ञानिकों के लिए अतीत में जलवायु परिवर्तनों के बारे में जानकारी प्रदान करने के लिए पृथ्वी का संग्रह है। कुछ वैज्ञानिकों का कहना है कि हमारे 'महासागर गर्मी और

गतिशील ऊर्जा का सबसे बड़ा बैंक खाता हैं'। पीने के पानी की आपूर्ति भी सीधे महासागरों से संबंधित है, जहाँ से पानी दुनिया भर में अपनी यात्रा करता है।

क्षेत्र में उगने वाले जंगलों और प्रजातियों के प्रकार भी पिछली जलवायु को दर्शाते हैं। जीव-जंतुओं और वनस्पतियों का Succession पर्यावरण परिवर्तनों से संबंधित है। विभिन्न पीढ़ी और परिवार जलवायु परिस्थितियों से संबंधित हैं और अचानक परिवर्तन या क्रमिक जलवायु परिवर्तनों द्वारा अस्थायी या स्थायी रूप से एक-दूसरे का स्थान लेते हैं। नई प्रजातियों का अचानक प्रकट होना इन समूहों की अचानक उत्पत्ति या नए क्षेत्रों में विस्थापन या क्रमिक परिवर्तनों के दौरान गैर-प्रस्तुति की लंबी अवधि के कारण होता है। दुनिया भर के वैज्ञानिकों का मानना है कि जलवायु परिवर्तन से दुनिया भर के विभिन्न क्षेत्रों/इलाकों में बाढ़ और जंगल की आग बढ़ेगी।

जीवों के शरीर के आकार, प्रकार और जनसंख्या में क्रमिक परिवर्तन जलवायु की मौजूदा स्थितियों में परिवर्तन के साथ सहसंबद्ध हैं। जीव नए पर्यावरण परिवर्तनों के अनुसार अनुकूलन करने का प्रयास करते हैं और, कुछ अर्थों में उन जीवित चीजों में रूपात्मक परिवर्तनों को प्रभावित करते हैं जो शुरू किए जाते हैं। प्रचलित जलवायु के अनुसार परिवर्तन आनुवंशिक सामग्री के संशोधन द्वारा एक जीवो पर प्रभाव डालते हैं (जो गुणसूत्रों की संरचनाओं में उत्परिवर्तन या प्रत्यक्ष परिवर्तन उत्पन्न कर सकते हैं)। परिवर्तन जीव के जीवित रहने और प्रजनन की सीमा के माध्यम से वृद्धि और विकास की प्रक्रिया को प्रभावित कर सकते हैं।

जलवायु जीवों के फैलाव को भी प्रभावित करती है। जलवायु परिवर्तन का जैव विविधता के तीन स्तरों पर प्रभाव पड़ता है; पारिस्थितिकी तंत्र विविधता, प्रजाति विविधता और आनुवंशिक विविधता। शोधकर्ताओं का मानना है कि जलवायु परिवर्तन का मस्तिष्क की कार्यप्रणाली पर भी असर पड़ेगा। डॉ. किम्बर्ली सी डोली का मानना है कि जलवायु परिवर्तन से हमारे मस्तिष्क में भी बदलाव आ सकते हैं। बार-बार आने वाली बाढ़, गर्मी की लहरें, सूखा और आग मस्तिष्क के स्वास्थ्य, संरचना और कार्यप्रणाली को बदल सकती हैं। जीवित प्राणियों के स्वास्थ्य पर जलवायु परिवर्तन के प्रतिकूल प्रभाव को देखते हुए, विश्व स्तर पर चिंता व्यक्त की जा रही है। टाइम्स ऑफ इंडिया, नई दिल्ली, 16.11.2023।

अरावली पारिस्थितिकी तंत्र में वनस्पति के पत्ते, जड़ें, मृत सूखे पदार्थ और कूड़ा [61]सतह के ऊपर और जमीन के नीचे होते हैं, और इस तरह की सामग्री उन क्षेत्रों में प्रचलित जैविक और अजैविक कारकों के साथ धीरे-धीरे विघटित होती है। कार्बन और नाइट्रोजन की स्थिति कूड़े के अपघटन की गुणवत्ता और मात्रा से संबंधित रहती है। " सतह की पत्तियों और दबी हुई बारीक जड़ों के कूड़े के अपघटन दर (k मान) में कोई अंतर नहीं था, लेकिन दबी हुई बारीक जड़ें और दबी हुई पत्ती का कूड़ा सतह की पत्ती के कूड़े की तुलना में तेजी से विघटित हुआ। सतह की पत्तियों और दबी हुई पत्तियों के k मानों का अनुपात पत्ती के C:N अनुपात के साथ घट गया। जड़ी-बूटी और फलीदार झाड़ियाँ दबी हुई बारीक जड़ों के लिए गैर-फलियां वाली झाड़ियों की तुलना में तेजी से विघटित हुईं, लेकिन पत्तियों के लिए नहीं।[62]

भारत सरकार ने जलवायु परिवर्तन के बारे में चिंता व्यक्त की है, "जलवायु परिवर्तन के प्रभावों, शमन और अनुकूलन गतिविधियों और विकासात्मक परिणामों के बीच संभावित अंतर्संबंध हैं, जिनकी पहचान जलवायु-लचीले विकास मार्गों की पहचान करने में मदद कर सकती है... जबकि जलवायु-लचीला विकास एक मानक आकांक्षा है, यह विकासशील देशों के लिए व्यवहार में बेहद चुनौतीपूर्ण है। अनुकूलन, शमन और विकास के बीच कई समझौते मौजूद हैं। जिस हद तक तालमेल को व्यावहारिक रूप से आगे बढ़ाया जा सकता है, वह जलवायु वित्त की उपलब्धता से बाधित है। इसके अलावा, जलवायु-लचीले विकास मार्गों का अनुसरण भविष्य के जलवायु जोखिमों, सामाजिक-आर्थिक असमानताओं, राष्ट्रीय और उप-राष्ट्रीय परिस्थितियों (संसाधन, भेद्यता, संस्कृति और मूल्य), अनुकूलन प्रतिक्रियाओं और वैश्विक कार्बन बजट के उचित हिस्से तक पहुँच पर भी निर्भर करता है। जलवायु-लचीले विकास को प्राप्त करने के लिए एकीकृत नियोजन प्रक्रियाओं के माध्यम से कमजोर और हाशिए पर पड़े समुदायों, समानता और सामाजिक न्याय की जरूरतों को सामने रखना महत्वपूर्ण है।"[63]

भारत के सर्वोच्च न्यायालय के 18.4.2024 के फैसले में जलवायु परिवर्तन और वनों के महत्व पर चिंता व्यक्त की गई है, पैरा 35, "A difference of one and half degree Celsius in temperature saves the global economy tens of trillions of dollars. We must realise that carbon emissions not only come from industrial activities but also from agriculture. Such functions are to be valued for assessing forest wealth. The concept of carbon credit in the carbon market is indeed a reality. With the need for imposing restrictions towards carbon emissions, the concept of carbon markets has come into being. Emissions of carbon dioxide worldwide, need to be seen holistically, as emissions from each nation ultimately disperse into the atmosphere. Thus, a country with excess forest cover would be in a position to sell its excess carbon credit to the one in deficit. This in turn underlines the significance of forests in contributing to the financial wealth of a country. From the economic perspective we wish to quote the report of the Ministry of Environment and Forests, Government of India titled "India's Forest and Tree Cover: Contribution as a Carbon Sink" (August 2009), as an aid to assess the valuation of forests in the Indian context, "Over the last two decades, progressive national forestry legislations and policies in India aimed at conservation and sustainable management of forests have reversed deforestation and have transformed India's forests into a significant net sink of CO_2. From 1995 to 2005, the carbon stocks stored in our forests and trees have increased from 6,245 million tonnes (mt) to 6,662 mt, registering an annual increment of 38 mt of carbon or 138 mt of CO_2 equivalent. Mitigation Service by India's Forest and Tree Cover India's forests serve as a major sink of CO_2. Our estimates show that the annual CO_2 removals by India's forest and tree cover is enough to neutralize 11.25 % of India's total GHG emissions (CO_2 equivalent) at 1994 levels, the most recent year for which comparable data is available for developing countries based on their respective National Communications (NATCOMs) to the United Nations Framework Convention on Climate Change (UNFCCC). This is equivalent to offsetting 100% of emissions from all energy in residential and transport sectors; or 40% of total emissions from the agriculture sector. Clearly, India's forest and tree cover is serving as a major mode of carbon mitigation for India and the world. Value of Mitigation Putting a conservative value of US$ 5 per tonne of CO_2 locked in our forests, this huge sink of about 24,000 mt of CO_2 is worth US$ 120b, or Rs 6,00,000 crores. Incremental carbon under scenario three will add a value of around US$ 1.2b, or Rs 6,000 crores every year to India's treasury of forest sink, assuming a value of US$ 7 per tonne."

18.4.2024 को सुप्रीम कोर्ट के फैसले में भारतीय रिज़र्व बैंक द्वारा प्रकाशित " मुद्रा और वित्त पर रिपोर्ट; एक हरित और स्वच्छ भारत की ओर", (2022-2023), (पृष्ठ 45, 47), II.32 का भी हवाला दिया गया। 4. भारत में जलवायु परिवर्तन का व्यापक आर्थिक प्रभाव :-

"India, along with countries such as Brazil and Mexico, face a high risk of reduction in economic growth, if global warming raises temperature by 2 degrees Celsius as against 1.5 degree Celsius (IPCC, 2018). Climate change manifested through rising temperatures and changing patterns of monsoon rainfall in India could cost the economy 2.8 percent of its GDP and depress the living standards of nearly half of its population by 2050 (Mani et al., 2018). India could lose anywhere around 3 percent to 10 percent of its GDP annually by 2100 due to climate change (Kompas et al., 2018; Picciariello et al., 2021) in the absence of adequate mitigation policies. Furthermore, Indian agriculture (along with construction activity) as well as industry are particularly vulnerable to labour productivity losses caused by heat-related stress (Somnathan et al., 2021). India could account for 34 million of the projected 80 million global job losses from heat stress-associated productivity decline by 2030 (World Bank, 2022). Further, up to 4.5 percent of India's GDP could be at risk by 2030 owing to lost labour hours from extreme heat and humidity conditions. Moreover, heatwaves could also last 25 times longer, i.e., rise in severity, by 2036-2065 if the current rate of carbon emissions is not contained (CMCC, 2021). These estimates, thus, underscore the importance of timely adoption and faster implementation of climate mitigation policies to reduce the adverse impact on the Indian economy."

2.7. जलवायु परिवर्तनः वैश्विक चिंता

जलवायु परिवर्तन के कारण संरक्षित आवासों में जैविक समुदायों में परिवर्तन हो रहा है, जो वर्तमान शताब्दी में एक गंभीर चुनौती बन गया है। अरावली जैसे पारिस्थितिकी तंत्र कुछ प्रजातियों की सीमित आबादी और सीमित टूटे हुए अलग-थलग छोटे खण्डो के कारण सबसे अधिक असुरक्षित हैं जो कठोर पर्यावरणीय परिस्थितियों में जीवित रहते हैं। आक्रमणकारी प्रजातियों के कारण खाद्य जाल श्रृंखला में व्यवधान आवासों में कई प्रजातियों के सह-अस्तित्व को खतरे में डाल सकता है।

वैज्ञानिकों का ध्यान जलवायु परिवर्तन की इस अपरिहार्य समस्या की ओर गया। जीन बैप्टिस्ट जोसेफ़ फूरियर (1768 -1830) ने 1827 की शुरुआत में इस परिवर्तन को देखा और ग्रीनहाउस प्रभाव शब्द का इस्तेमाल किया। जॉन टिंडल, एक भौतिक विज्ञानी को 1860 में पृथ्वी के प्राकृतिक ग्रीनहाउस प्रभाव को पहचानने वाला पहला वैज्ञानिक माना जाता है। स्वीडिश रसायनज्ञ स्वेन्ते अरहेनियस ने जीवाश्म ईंधन (1896) के कारण वायुमंडल में CO_2 को मापने की कोशिश की और इसे तापमान में वृद्धि से जोड़ा। जीएस कैलेंडर (1938) मौसम विज्ञानी ने मौसम केंद्रों से जानकारी एकत्र की और रॉयल सोसाइटी को ग्लोबल वार्मिंग प्रभाव के बारे में समझाने का प्रयास किया।

1940 में लंबी तरंग विकिरण को मापने के लिए इन्फ्रारेड स्पेक्ट्रोस्कोपी का उपयोग किया गया था, इससे यह समझने में मदद मिली कि CO_2 में वृद्धि से पृथ्वी को गर्म करने के लिए अवरक्त विकिरण को अवशोषित किया जा सकता है। चार्ल्स कीलिंग ने 1950 से 1960 तक वायुमंडल के लिए CO_2 सांद्रता वक्र तैयार किए। 1970 के दशक में ठंडी सर्दियों के कारण ग्लोबल वार्मिंग के मुद्दे को खारिज कर दिया गया और संयुक्त राष्ट्र के दस्तावेजों में 'ग्लोबल वार्मिंग' शब्द का इस्तेमाल नहीं किया गया। स्टॉकहोम में मानव पर्यावरण पर संयुक्त राष्ट्र सम्मेलन (1972) में, 114 देशों ने प्रदूषण के मुद्दों पर चर्चा की और संयुक्त राष्ट्र पर्यावरण कार्यक्रम की स्थापना पर सहमति व्यक्त की। नॉर्विच, इंग्लैंड में दीर्घकालिक जलवायु उतार-चढ़ाव पर सम्मेलन (1975) पर चर्चा की गई, इसके बाद 1979 में जिनेवा में पहला विश्व जलवायु सम्मेलन हुआ।

1980 के दशक के दौरान वैश्विक वार्षिक औसत तापमान वक्र में वृद्धि को स्वीकार किया गया। 1988 में ग्रीनहाउस प्रभाव को 1880 के बाद से गर्म जलवायु के लिए माना गया। जलवायु परिवर्तन पर अंतर-सरकारी पैनल (IPCC) की शुरुआत संयुक्त राष्ट्र पर्यावरण कार्यक्रम और विश्व मौसम विज्ञान संगठन द्वारा की गई थी। 1988 में 48 देशों ने "बदलते वातावरण: वैश्विक सुरक्षा के लिए निहितार्थ" पर सम्मेलन में 2005 तक CO_2 के 20% उत्सर्जन को कम करने और वनों की कटाई को कम करने के लिए कहा और जीवाश्म ईंधन की खपत पर कार्बन कर का प्रस्ताव रखा। क्योटो प्रोटोकॉल पर 1997 में हस्ताक्षर किए गए थे, जिसके लिए सरकारों द्वारा अलग से अनुसमर्थन की आवश्यकता थी और यह 2005 में लागू हुआ, जिसने औद्योगिक देशों के लिए GHG उत्सर्जन में कमी के लिए बाध्यकारी लक्ष्य निर्धारित किए।

मानव विकास रिपोर्ट 2007/2008 जलवायु परिवर्तन से लड़ना: विभाजित दुनिया में मानव एकजुटता, यूएनडीपी, पाल्ग्रेव मैकमिलन, न्यूयॉर्क, 2007 में कहा गया है, "औद्योगिक राष्ट्र दुनिया की आबादी का 15 प्रतिशत हिस्सा हैं, फिर भी वे CO_2 के उत्सर्जन का लगभग आधा हिस्सा हैं ।"

तापमान कम करने के लिए पेरिस समझौते की प्रतिबद्धता, वादे किए गए और वास्तव में आवश्यक उत्सर्जन में कमी के बीच अंतर, "सीओपी 26 के बाद से प्रस्तुत देशों के नए और अद्यतन राष्ट्रीय स्तर पर निर्धारित योगदान (एनडीसी) 2030 में अनुमानित वैश्विक ग्रीनहाउस गैस (जीएचजी) उत्सर्जन को केवल 0.5 गीगाटन CO_2 समतुल्य ($GtCO_2e$) से कम करते हैं, सीओपी 26 के समय शमन प्रतिज्ञाओं के आधार पर उत्सर्जन अनुमानों की तुलना में।"

"2030 में उत्सर्जन अंतर 2° C मागं के लिए सालाना 15 $GtCO_2e$ और 1.5° C आगे के लिए 23 $GtCO_2e$ है । यह बिना शर्त NDC के पूर्ण कार्यान्वयन को मानता है और बताई गई तापमान सीमा से नीचे रहने की 66 प्रतिशत संभावना है। इसके अलावा अगर सशर्त NDC को पूरी तरह से लागू किया जाता है, तो इनमें से प्रत्येक अंतर लगभग 3 $GtCO_2e$ कम हो जाता है ।"[64]

क्योटो प्रोटोकॉल के तहत, औद्योगिक देशों से एक निश्चित समय तक अपने उत्सर्जन में कटौती करने के लिए प्रतिबद्ध होने के लिए कहा गया था, और विकासशील देशों को अपनी अर्थव्यवस्थाओं को विकसित करने के लिए जगह दी गई थी। उत्सर्जन व्यापार, संयुक्त कार्यान्वयन और स्वच्छ विकास तंत्र (सीडीएम) ने विकसित देशों को वनों के विकास के माध्यम से कार्बन पृथक्करण [65]के लिए अन्य विकसित देशों / विकासशील देशों में कार्यान्वित परियोजनाओं के माध्यम से व्यापार के लिए उत्सर्जन क्रेडिट अर्जित करने की अनुमति दी ।

कार्बन ट्रेडिंग में कुछ अंतर्निहित समस्याएं और विवाद रहे हैहैं। पर्यावरणीय स्थिरता के लिए विश्व बैंक द्वारा अंतर्राष्ट्रीय कार्बन क्रेडिट ट्रेडिंग की सुविधा प्रदान की जाती है। प्रोटोटाइप कार्बन फंड राजस्व उत्पन्न करने के लिए बनाया गया था। पार्टियों के सम्मेलन (सीओपी) ने कार्यान्वयन की समीक्षा की और जलवायु परिवर्तन के प्रति अंतर्राष्ट्रीय प्रयासों की देखरेख के लिए जिम्मेदार पक्षों की प्रतिबद्धताओं की जांच की। वन कार्बन भागीदारी सुविधा की स्थापना वनों की कटाई और वनों के क्षरण से उत्सर्जन को कम करने के लिए क्षमता निर्माण को वित्तपोषित कर सकती है ।

संयुक्त राष्ट्र विकास कार्यक्रम ने विकासशील देशों को कम उत्सर्जन के लिए अपने भविष्य के मार्ग चुनने में मदद की। यूएनडीपी, यूएनईपी और विश्व बैंक वैश्विक पर्यावरण सुविधा (जीईएफ) के लिए कार्यान्वयन एजेंसियों के रूप में काम करते हैं । संयुक्त राष्ट्र पर्यावरण कार्यक्रम (यूएनईपी) ने जलवायु परिवर्तन के लिए शिक्षा, प्रशिक्षण और जन जागरूकता कार्यक्रम शुरू किए और पारिस्थितिक कमजोरियों के लिए मानदंड/संकेतक विकसित किए। जलवायु परिवर्तन पर अंतर-सरकारी पैनल (आईपीसीसी) ने जलवायु परिवर्तन के निहितार्थों और प्रासंगिक कार्यों के बारे में जागरूकता पैदा की। जलवायु परिवर्तन का जैव विविधता और पारिस्थितिकी तंत्र पर प्रभाव पड़ता है, जैविक विविधता पर कन्वेंशन इसका ध्यान रखता है।

खेतीबाडी क्षेत्र से उत्सर्जन में कमी लाना एफएओ के लिए जलवायु परिवर्तन शमन प्रथाओं के अनुकूलन को बढ़ावा देने के लिए महत्वपूर्ण है। जलवायु परिवर्तन पर संयुक्त राष्ट्र फ्रेमवर्क कन्वेंशन (यूएनएफसीसीसी), मरुस्थलीकरण से निपटने के लिए कन्वेंशन (सीसीडी), विश्व मौसम विज्ञान संगठन (डब्ल्यूएमओ), **विश्व पर्यटन संगठन**, डब्ल्यूएचओ और संयुक्त राष्ट्र/अंतर्राष्ट्रीय संगठन जलवायु परिवर्तन के प्रभाव को कम करने के लिए काम कर रहे हैं। संयुक्त राष्ट्र शैक्षिक, वैज्ञानिक और सांस्कृतिक संगठन (यूनेस्को) समाज की प्राकृतिक और सांस्कृतिक विरासत पर जलवायु परिवर्तन के प्रभाव पर काम कर रहा है। मरुस्थलीकरण से निपटने के लिए संयुक्त राष्ट्र कन्वेंशन के कार्यान्वयन और भूमि क्षरण और मरुस्थलीकरण से निपटने के साथ-साथ टिकाऊ भूमि और प्राकृतिक संसाधन प्रबंधन में महत्वपूर्ण विशेषज्ञता हासिल की।

संयुक्त राष्ट्र मंच (यूएनएफएफ) ने वनों की कटाई को ग्रीनहाउस गैसों के 20% के लिए जिम्मेदार माना है, वन सबसे अच्छे कार्बन सिंक हो सकते हैं क्योंकि वन CO_2 उत्सर्जन को अवशोषित करके इसे बायोमास में बदल देते हैं। वनों की कटाई को रोकना और क्षरित/साफ किए गए वन क्षेत्रों को फिर से लगाना जलवायु परिवर्तन को कम करने और संधारणीय तरीकों के लिए सबसे अधिक लागत प्रभावी तंत्र है। संधारणीय विकास आयोग ने जलवायु परिवर्तन को एक संधारणीय विकास मुद्दे के रूप में मान्यता दी है जिसने अधिकांश देशों के सामाजिक और आर्थिक विकास के लिए खतरा पैदा किया है। व्यापार और विकास पर संयुक्त राष्ट्र सम्मेलन (यूएनसीटीएडी) जलवायु परिवर्तन के आर्थिक पहलुओं पर व्यापार के लिए जोर देता है।

जलवायु न्याय की अवधारणा को अंतर्राष्ट्रीय मंचों पर उठाया जा रहा है, वर्तमान विश्व व्यवस्था में विभिन्न देशों के अलग-अलग संबंध हैं और वे विकास के चरणों/प्रौद्योगिकी के विभिन्न स्तरों पर हैं। किसी भी वैश्विक एजेंडे में सभी देशों की साझा चिंता को प्रतिबिंबित किया जाना चाहिए। जलवायु परिवर्तन के लिए अंतर्राष्ट्रीय एजेंडे में हाशिए पर पड़े और स्वदेशी लोगों की आवाज़ भी प्रतिबिंबित होनी चाहिए। गरीब देश ग्रीनहाउस गैसों का सबसे कम योगदान देते हैं लेकिन वे सबसे ज़्यादा प्रभावित होते हैं।

2.7.1. जलवायु परिवर्तन के प्रति अनुकूलन

संयुक्त राष्ट्र, पर्यावरण कार्यक्रम (2022), उत्सर्जन अंतर रिपोर्ट, 2022, द क्लोजिंग विंडो - **जलवायु संकट समाजों के तेजी से परिवर्तन की मांग करता है** , नैरोबी, 2022 गैसीय उत्सर्जन के कारण आसन्न खतरे के बारे में चेतावनी दी, "मीथेन, नाइट्रस ऑक्साइड और एफ-गैस उत्सर्जन प्रारंभिक COVID-19 महामारी प्रतिक्रिया के दौरान और उसके बाद भी बढ़ता रहा। ये गैर- CO_2 उत्सर्जन स्रोत मुख्य रूप से कृषि गतिविधियों (मीथेन और नाइट्रस ऑक्साइड), जीवाश्म ईंधन आपूर्ति श्रृंखला (मीथेन) और शीतलन और औद्योगिक प्रक्रियाओं (एफ-गैसों) से जुड़े हैं। उन्होंने स्थिर वृद्धि (एफ-गैस उत्सर्जन के लिए) की दीर्घकालिक प्रवृत्ति का अनुसरण किया।

रिपोर्ट ने हमें वाणिज्यिक उपयोग, विकास के रुझान, जीवाश्म ईंधन और अन्य उपभोग पैटर्न के बारे में चेतावनी दी, "जिस तरह से हम अपने घरों और व्यवसायों को बिजली देते हैं; लोगों, वस्तुओं और सेवाओं का परिवहन करते हैं; भोजन और उपभोग करते हैं; अपने शहरों का निर्माण करते हैं; और अपनी भूमि का प्रबंधन करते हैं, वे आवश्यक बदलावों में से हैं, जिन्हें महिलाओं और अल्पसंख्यकों सहित सबसे गरीब लोगों की आजीविका में सुधार करते हुए और सतत विकास लक्ष्यों को प्राप्त करते हुए किया जाना चाहिए। जीवाश्म ईंधन को चरणबद्ध तरीके से खत्म करने से लेकर परिवहन को विद्युतीकृत करने, वनों की कटाई को रोकने और इमारतों को फिर से तैयार करने तक के बदलावों की आवश्यकता है (जलवायु परिवर्तन पर अंतर-सरकारी पैनल [आईपीसीसी] 2021)"।

इस रिपोर्ट में कृषि उत्पादन और जीएचजी उत्सर्जन पर टिप्पणी की गई है, "खाद्य प्रणाली वर्तमान में कुल जीएचजी उत्सर्जन के लगभग एक तिहाई या 18 (रेंज: 14-22) गीगाटन CO_2 के लिए जिम्मेदार है समतुल्य ($GtCO_2$ e) प्रति वर्ष (आईपीसीसी 2019; क्रिप्पा व अन्य. 2021)। सबसे बड़ा योगदान कृषि उत्पादन (7.1, $GtCO_2$ e, 39 प्रतिशत) से आता है, जिसमें उर्वरक जैसे इनपुट का उत्पादन शामिल है, इसके बाद भूमि उपयोग में बदलाव (5.7, $GtCO_2$ e, 32 प्रतिशत) का स्थान आता है, और आपूर्ति श्रृंखला गतिविधियाँ (5.2 $GtCO_2$ e, 29 प्रतिशत)। उत्तरार्ध में खुदरा, परिवहन, खपत, ईंधन उत्पादन, अपशिष्ट प्रबंधन, औद्योगिक प्रक्रियाएं और पैकेजिंग शामिल हैं।

जोखिम-ग्रस्त अरावली क्षेत्रों में भी अल्पकालिक विचारों पर आधारित विकास को रोकने की आवश्यकता है। अरावली पर्वतों के अलावा अरावली के बाढ़ के मैदानी क्षेत्रों में सघन संधारणीय मृदा संरक्षण पद्धतियों को अपनाने की आवश्यकता है। प्राकृतिक मल्चिंग को उगाकर और उसका उपयोग करके कार्बन का संरक्षण, संधारणीय मृदा प्रबंधन तकनीक, क्षेत्र में परिवर्तित रोग वाहकों से बचने के लिए देशी पौधों की सामग्री का उपयोग, कटाव से बचने के लिए मिट्टी को बांधने वाली लंबी घास की प्रजातियों का उपयोग, नदियों/नालों के किनारों की सुरक्षा, और वनस्पति अवरोधों का उपयोग, कटाव के लिए पेड़ों की आश्रय पट्टी और अवरोधों का उपयोग, ढलानों पर पत्थर के बांध बनाना, स्थानीय रूप से उपलब्ध सामग्री का उपयोग करके ढीले पत्थर के चेक डैम, जलग्रहण क्षेत्र में अपवाह/बाढ़ को कम करने के लिए धाराओं/जलधाराओं की सुरक्षा करना आदि।

पहले के समय में लोगों में भविष्य के स्टॉक के रूप में चारा के भूखंडों को रोटेशन के आधार पर रखने और संरक्षित करने की परंपरा थी। वे सूखे के दौरान जीवित रहने के लिए बहु-प्रजाति के जानवरों को रखते थे और मिट्टी और उसकी उर्वरता को संरक्षित करने के लिए चक्रीय आधार पर रोटेशनल भूमि उपयोग पैटर्न अपनाते थे। उन्होंने स्थानिय रोग रोधक पौधों की प्रजातियों को लगाया और उनका पालन-पोषण किया जो सूखे के दौरान जीवित रहे और मिट्टी को बांधने का काम किया। वर्तमान आवश्यकता ग्रीनहाउस गैसों के उत्सर्जन के बारे में जानकारी साझा करने के माध्यम से इन-सीटू संरक्षण के लिए सर्वोत्तम राष्ट्रीय नीतियों को अपनाने की है,

उत्सर्जन के स्तर को कम करने के भारत सरकार के प्रयास हमारे बहुमूल्य वन संसाधनों की रक्षा और संरक्षण के बिना सफल नहीं हो सकते, अन्यथा ऐसे बयान केवल कागजों पर ही रह जाएंगे, “भारत ने 2021 में ग्लासगो में पार्टियों के 26वें सम्मेलन में अपने राष्ट्रीय वक्तव्य में घोषणा की कि वह 2070 तक शुद्ध-शून्य उत्सर्जन तक पहुंच जाएगा। जलवायु परिवर्तन ग्रह में हर जगह लोगों के लिए एक खतरा और हमारे सामूहिक विकास लक्ष्यों के लिए एक महत्वपूर्ण चुनौती प्रस्तुत करता है। इसी संदर्भ में भारत ने COP26 में अपने राष्ट्रीय वक्तव्य में एक वैश्विक आंदोलन, LiFE , या पर्यावरण के लिए जीवन शैली का आह्वान किया। आंदोलन का लक्ष्य दुनिया के प्राकृतिक संसाधनों के साथ व्यवहार करने के तरीके में एक बदलाव के लिए जोर देना है, "विचारहीन और विनाशकारी उपभोग" के रवैये से "सचेत और जानबूझकर उपयोग [66]" के लिए।

भारत सरकार ने एक अंतर-मंत्रालयी पैनल का गठन किया है, "देश के विचारों को पुष्ट करने के अलावा, पैनल का कार्य पेरिस समझौते के तहत प्रमुख पांच मुद्दों - शमन, अनुकूलन, हानि और क्षति, जलवायु वित्त और कार्बन बाजार - पर पूरे वैश्विक दक्षिण (विकासशील देशों) की आकांक्षाओं के साथ तालमेल बिठाते हुए उन्हें अधिक व्यापक बनाना भी होगा। [67]"

पृथ्वी पर तापमान में वृद्धि के साथ वनों की कटाई और जलवायु परिवर्तन भविष्य की रणनीतियों को लागू करने के लिए वैश्विक चिंता का विषय बन गए हैं। नवंबर 2021 में ग्लासगो में COP26 वैश्विक जलवायु सम्मेलन में, 105 देशों के नेताओं ने जलवायु परिवर्तन को धीमा करने में मदद करने के लिए शक्तिशाली ग्रीनहाउस गैस मीथेन के उत्सर्जन को कम करने के लिए 2030 के अंत [68]तक वनों की कटाई को रोकने पर सहमति व्यक्त की। वनों की कटाई को रोकने से तीव्र गर्मी की लहरों, सूखे, बाढ़ और तूफानों को रोकने और कटाव को कम करने में मदद मिलेगी। विलुप्त होने के प्रलय से बचने के लिए अन्य प्रजातियों सहित हमारे अस्तित्व के लिए वनों को बचाना समय की तत्काल आवश्यकता है।

COP 27, UNFCC (शर्म अल शेख, मिस्र, 6 से 20 नवंबर 2022), ने 'हानि और क्षति कोष' समझौते का वादा किया। जैव विविधता पर संयुक्त राष्ट्र सम्मेलन (CBD), जैव विविधता सम्मेलन (मॉन्ट्रियल, कनाडा, 7 से 19 दिसंबर 2022) ने 2030 के लिए वैश्विक जैव विविधता ढांचे (GBF) के कार्यान्वयन को सुविधाजनक बनाने के लिए संयुक्त राष्ट्र द्वारा एक विशेष ट्रस्ट फंड (STF) शुरू करने के लिए वैश्विक पर्यावरण सुविधा (GEF) से अनुरोध करने पर सहमति व्यक्त की। विकासशील देशों का समर्थन करने के लिए एक नया 'हानि और क्षति कोष' शुरू करने पर चर्चा एक अच्छी पहल थी। वनों और जल-संबंधी पारिस्थितिकी तंत्रों की रक्षा, संरक्षण और पुनर्स्थापना के प्रयासों को बढ़ाने पर जोर दिया गया जिसमें कृषि, नदी जलभृत, झीलें और नदी घाटियाँ शामिल हैं।

' नेचर ' में प्रकाशित एक अध्ययन का हवाला देते हुए , टाइम्स ऑफ इंडिया [69]ने बताया कि "1995 से ग्रीनलैंड के तापमान में तेज उछाल ने द्वीप को 20 वीं सदी के औसत से 1.5 डिग्री सेल्सियस अधिक गर्म दिखाया, जो कि नए आइस कोर डेटा के अनुसार 1000 से अधिक वर्षों में सबसे गर्म है।" COP 27 ने बिजली, इस्पात, कृषि, सड़क परिवहन और हाइड्रोजन के डीकार्बोनाइजेशन के लिए निजी वित्त और जलवायु के पेचीदा मुद्दे के लिए अग्रणी उद्योगों द्वारा पहल के साथ पांच प्रमुख क्षेत्रों की शुरुआत की । वित। यूएन पॉपुलेशन फंड के लिए काम करने वाली क्वीन मैरी यूनिवर्सिटी ने एक रिपोर्ट प्रकाशित की जिसमें कहा गया है कि जलवायु परिवर्तन युवा आबादी की प्रजनन क्षमता पर प्रतिकूल प्रभाव डाल सकता है और युवा व्यक्तियों के प्रजनन और यौन व्यवहार पर इसका गंभीर प्रभाव पड़ सकता है। हम महिलाओं की प्रजनन क्षमता पर जलवायु परिवर्तन के प्रभाव को समझने में असमर्थ हैं। (राष्ट्रीय सहारा, 18 -10- 23) । नवंबर से 12 दिसंबर 2023 तक दुबई, संयुक्त अरब अमीरात में आयोजित सीओपी 28 में भी जलवायु परिवर्तन के मुद्दों पर गंभीर चिंता व्यक्त की गई।

संयुक्त राष्ट्र, जलवायु कार्रवाई समाधान, ने जलवायु परिवर्तन पर संयुक्त राष्ट्र फ्रेमवर्क कन्वेंशन और पेरिस समझौते में सतत विकास लक्ष्यों पर चर्चा की। तीन दूरगामी प्रकार की कार्रवाई का तत्काल उल्लेख करने की आवश्यकता है; उत्सर्जन में कटौती, जलवायु प्रभावों के अनुकूल होना और आवश्यक समायोजन को वित्तपोषित करना। जीवाश्म ईंधन उन्मुखीकरण से ऊर्जा प्रणालियों के उपयोग को स्थानांतरित करने पर विचार-विमर्श सौर या पवन जैसे नवीकरणीय स्रोतों की खोज करने की दिशा में जो जलवायु परिवर्तन को धीमा करने के लिए उत्सर्जन के स्तर को कम करने में मदद कर सकते हैं। 2021 और 2030 के बीच जीवाश्म ईंधन का उत्पादन लगभग 6 प्रतिशत प्रति वर्ष घटना चाहिए। वैश्विक स्तर पर अभी से नवीकरणीय ऊर्जा का उपयोग शुरू करने की जरूरत है। 2050 तक शुद्ध शून्य उत्सर्जन की अवधारणा के लिए प्रतिबद्ध देशों की वैश्विक साझेदारी आगे आ रही है। तापमान को 1.5^0 सेन्टीगरेड कसे कम रखने हमे इमिशन को आधे सतर पर रखना होगा।

पाठकों की जानकारी के लिए, नीचे दिए गए कुछ अंश संयुक्त राष्ट्र, आर्थिक और सामाजिक मामलों के विभाग, सामाजिक नीति और विकास प्रभाग, *जलवायु परिवर्तन पर एक सिंहावलोकन* , स्वदेशी मुद्दों पर संयुक्त राष्ट्र स्थायी मंच के सचिवालय द्वारा तैयार किए गए पेपर से उद्धृत किए गए हैं। नवंबर 2007 . "जलवायु परिवर्तन को एक गंभीर वैश्विक चुनौती माना जाता है और हाल की घटनाओं ने जलवायु परिवर्तन के प्रति दुनिया की बढ़ती संवेदनशीलता को प्रदर्शित किया है। जलवायु परिवर्तन के प्रभाव कृषि को प्रभावित करने से लेकर खाद्य सुरक्षा को और अधिक खतरे में डालने, समुद्र के बढ़ते स्तर और तटीय क्षेत्रों के त्वरित क्षरण, प्राकृतिक आपदाओं की बढ़ती तीव्रता, प्रजातियों के विलुप्त होने और वेक्टर जनित रोगों के प्रसार तक फैले हैं। ..." आज, जलवायु परिवर्तन के प्रभाव दुनिया भर में महसूस किए जा रहे हैं। लेकिन वे सबसे अधिक उन लोगों द्वारा महसूस किए जा रहे हैं जो इससे निपटने में सबसे कम सक्षम हैं। वास्तव में, कई विकासशील देशों के लिए भयानक विडंबना यह है कि, हालांकि उन्होंने जलवायु परिवर्तन की प्रक्रिया में सबसे कम योगदान दिया है, लेकिन वे इसके परिणामों से सबसे अधिक जोखिम में हैं ..." स्थानिय लोग अक्सर दुनिया के सबसे हाशिए पर और गरीब लोगों में से हैं और जलवायु परिवर्तन की तबाही का खामियाजा भुगतेंगे और इस तरह जलवायु परिवर्तन संकटों को एक मानवीय चेहरा प्रदान करेंगे"। उन्होंने बताया कि "सबसे उन्नत वैज्ञानिक शोध ने निष्कर्ष निकाला है कि जलवायु परिवर्तन स्थानिय लोगों की पारंपरिक भूमि और जल के स्वास्थ्य को गंभीर रूप से नुकसान पहुंचाएगा और जिन पौधों और जानवरों पर वे जीवित रहने के लिए निर्भर हैं, उनमें से कई जलवायु परिवर्तन के तत्काल प्रभावों से खतरे में पड़ जाएंगे। यह महसूस किया गया कि इस तरह के निष्कर्षों के लिए वैश्विक समुदाय की ओर से तत्काल और अभूतपूर्व प्रयासों और हस्तक्षेप की आवश्यकता है" ... "जलवायु परिवर्तन के बारे में चल रही बहस के संबंध में स्थानिय लोगों की आवाज़ को शामिल करना उन्हें प्रभावित करने वाले मुद्दों में एक महत्वपूर्ण मुद्दा है। निर्णय लेने में भाग लेने के अधिकार की पुष्टि की जाती है"

मीडिया ने "संयुक्त राष्ट्र पर्यावरण कार्यक्रम (यूएनईपी) उत्सर्जन अंतर रिपोर्ट 2022" की रिपोर्ट दी, जिसमें कहा गया है कि शून्य-कार्बन बिजली की हिस्सेदारी 2030 तक 65-92% और 2050 तक 98-100% तक बढ़नी चाहिए। इसलिए, "अबाधित कोयला" - कोयला बिजली जो CO_2 उत्सर्जन को कम करने के प्रयासों से संतुलित नहीं है - को 2030 में शून्य पर गिरना चाहिए। इसके अलावा, अबाधित प्राकृतिक गैस की हिस्सेदारी 2030 में 17% और 2040 और 2050 के बीच शून्य पर गिरनी चाहिए। ये कठिन लक्ष्य हैं क्योंकि दुनिया की 10% आबादी के पास अभी भी बिजली की पहुँच नहीं है, और 40% के पास अनियमित आपूर्ति है। [70]" "विकसित देशों द्वारा वैश्विक कार्बन बजट का अनुपातहीन रूप से बड़ा हिस्सा इस्तेमाल किया गया है। 2020 से दुनिया के पास 500 गीगाटन कार्बन डाइऑक्साइड (GtCO2) का शेष कार्बन बजट है, जिससे पूर्व-औद्योगिक स्तरों के सापेक्ष ग्लोबल वार्मिंग को 1.5 डिग्री सेल्सियस तक सीमित रखने की 50% संभावना है, और 1350 $GtCO_2$ का शेष कार्बन बजट ग्लोबल वार्मिंग को 2 ^{0}C की वृद्धि तक सीमित रखने की 50% संभावना रखता है (आईपीसीसी, 2021) [71]"

xxxxxx xxxxxxx xxxxxxx

Refernces

[1]ए.के. डे, *जियोलॉजी ऑफ इंडिया* , नेशनल बुक ट्रस्ट, नई दिल्ली, 1968. पृ.-58

[2]*एनसाइक्लोपीडिया ब्रिटानिका* . https://www.britannica.com/science/ecology

[3] ए.डी. उर्सुल एट अल., *दर्शन और सभ्यता की पारिस्थितिकी समस्याएं* , प्रोग्रेस पब्लिशर्स. मॉस्को, 1983.

[4]वही. *विश्वकोश ब्रिटानिका* .

[5]वही। ओडम। "अजैविक पदार्थ और अस्तित्व की स्थितियाँ, मूल तत्व, यौगिक और पर्यावरण की जलवायु व्यवस्थाएँ"

[6]वाल्टर जेट्ज , येल विश्वविद्यालय, अमेरिका में पारिस्थितिकी और विकासवादी जीव विज्ञान के प्रोफेसर, टाइम्स ऑफ इंडिया, देहरादून, 26.3.2023 में उद्धृत।

[7]यूजीन पी ओडम, पारिस्थितिकी, *प्राकृतिक और सामाजिक विज्ञान के बीच की कड़ी* , जॉर्जिया विश्वविद्यालय, होल्ट, रिनहार्ट और विंस्टन, न्यूयॉर्क, 1975।

[8]टाइम्स ऑफ इंडिया, नई दिल्ली, 18.12.2022.

[9]संयुक्त राष्ट्र, पर्यावरण कार्यक्रम (2022), *उत्सर्जन अंतर रिपोर्ट, 2022, द क्लोजिंग विंडो - जलवायु संकट समाजों के तेजी से परिवर्तन का आह्वान करता है* , नैरोबी, 2022।

[10]वही। ओडम। 'ट्रॉफ़' का अर्थ है पोषण करना, **ऑटोट्रॉफ़्स** हरे पौधों की तरह उत्पादक होते हैं; **'हेटरोट्रॉफ़'** हैं बड़े उपभोक्ता या मैक्रोकंज्यूमर अन्य जीवों को निगलते हैं; ' **फेगोट्रोफ्स** ' निगलते हैं या उपभोग करते हैं; ' **सैप्रोट्रॉफ़्स** ' अपघटक हैं, जो सामग्री को विघटित करने वाले बैक्टीरिया और कवक का उपयोग करते हैं।

[11]वही। ओडम। "जटिल प्राकृतिक समुदायों में, वे जीव जिनका भोजन पौधों से समान चरणों में प्राप्त होता है, उन्हें एक ही ट्रॉफिक स्तर (ट्रॉफ़ = पोषण, ऑटोट्रॉफ़िक और हेटरोट्रॉफ़िक में एक ही मूल) से संबंधित कहा जाता है।"

[12]वही। ओडम। "पौधों में भोजन के स्रोत से लेकर जीवों की एक श्रृंखला के माध्यम से खाने और खाए जाने के दोहराए गए चरणों के माध्यम से खाद्य ऊर्जा का स्थानांतरण खाद्य श्रृंखला के रूप में जाना जाता है"।

[13]यूजीन पी ओडम, *पारिस्थितिकी, प्राकृतिक और सामाजिक विज्ञान के बीच की कड़ी* , जॉर्जिया विश्वविद्यालय, होल्ट, रिनहार्ट और विंस्टन, न्यूयॉर्क, 1975. पृष्ठ 164.

[14]**Succession** जब नए रेत के टीले बनते हैं, जहाँ शुरू में परिस्थितियाँ अनुकूल नहीं होती हैं, तो प्राथमिक Succession के रूप में उस पर समुदाय विकसित होता है। द्वितीयक Succession में पहले से अच्छी तरह से विकसित समुदायों के स्थलों पर अन्य समुदायों का कब्ज़ा हो जाता है।

[15]पारिस्थितिकी की दृष्टि से विकास की अंतिम स्थिर क्रमिक अवस्था **चरमोत्कर्ष** है। "पौधों और/या जानवरों का उनके पर्यावरण के संबंध में अध्ययन" *तकनीकी शब्दावली* , एफआरआई, देहरादून, 1983।

[16]डीजीए व्हिटेन और जेआरवी ब्रूक्स, पेंगुइन *डिक्शनरी ऑफ जियोलॉजी* , पेंगुइन बुक्स, 1972 ।

[17] https://www.vedantu.com/biology/difference-between-environment-and-ecology .

[18]वही सीजीडब्ल्यूबी रिपोर्ट 2015।

[19] भारत सरकार, *भूजल वर्ष पुस्तिका* , राष्ट्रीय राजधानी क्षेत्र, दिल्ली 2017-18, केंद्रीय भूजल बोर्ड राज्य इकाई कार्यालय, दिल्ली जल शक्ति मंत्रालय जल संसाधन विभाग, नदी विकास और गंगा संरक्षण, 2019.।

[20] भारत सरकार, केंद्रीय भूजल बोर्ड, *राष्ट्रीय राजधानी क्षेत्र* (एनसीआर), हरियाणा के लिए एक्वीफर मानचित्रण और एक्वीफर प्रबंधन योजना के निर्माण पर रिपोर्ट, (खंड I), जल संसाधन मंत्रालय, नदी विकास और गंगा संरक्षण, उत्तर पश्चिमी क्षेत्र, चंडीगढ़, अगस्त 2015।

[21]*दिल्ली जिला गजेटियर , 1883-84* का पुनर्मुद्रण , 1999 के दौरान हरियाणा सरकार द्वारा पुनर्मुद्रित। पृष्ठ 2

[22] *गुड़गांव जिले का गजेटियर* , 1883-84. 1998 में हरियाणा सरकार द्वारा पुनर्मुद्रित.

[23]संयुक्त राष्ट्र, पर्यावरण कार्यक्रम (2022), *उत्सर्जन अंतर रिपोर्ट, 2022* , द क्लोजिंग विंडो - जलवायु संकट समाजों के तेजी से परिवर्तन की मांग करता है , नैरोबी, 2022 के अनुसार, "वैश्विक वार्मिंग और जलवायु परिवर्तन के लिए जिम्मेदार वायुमंडलीय गैसें। प्रमुख जीएचजी कार्बन डाइऑक्साइड (CO_2), मीथेन (CH_4) और नाइट्रस ऑक्साइड (N_2O) हैं। कम प्रचलित, लेकिन बहुत शक्तिशाली, जीएचजी में हाइड्रोफ्लोरोकार्बन (HFC), परफ्लोरोकार्बन (PFC) और सल्फर हेक्साफ्लोराइड (S_6) शामिल हैं।"

[24]संयुक्त राष्ट्र की रिपोर्ट. https://www.un.org/en/climatechange/what-is-climate-change .

[25]टाइम्स ऑफ इंडिया, नई दिल्ली , 5.1.2023. आईएमडी के सूत्रों के हवाले से।

[26]रॉबर्ट वाउटार्ड आईपीसीसी के वर्किंग ग्रुप-1 के सह-अध्यक्ष हैं, जैसा कि टाइम्स ऑफ इंडिया, एनडी, 20.4.2024 में बताया गया है।

[27]वही. संयुक्त राष्ट्र रिपोर्ट 2022, नैरोबी 1

[28] एलन स्ट्रालर, *भौतिक भूगोल का परिचय* , जॉन विले एंड संस इंक. एनजे, यूएसए, 2011 .1

[29]वही. संयुक्त राष्ट्र, नैरोबी 2022 रिपोर्ट।

[30]टाइम्स ऑफ इंडिया, नई दिल्ली, 11.01.2023

[31]टाइम्स ऑफ इंडिया, 19.01.2023, देहरादून, भारत।

[32]भारत सरकार, पर्यावरण, वन और जलवायु परिवर्तन मंत्रालय, *भारत की दीर्घकालिक निम्न-कार्बन विकास रणनीति* , नई दिल्ली, 2022. पृष्ठ 15 ।

[33] टाइम्स ऑफ इंडिया, नई दिल्ली, 4.11.2022. ।

[34]टाइम्स ऑफ इंडिया, नई दिल्ली, 15.02.2023.।

[35]वही। यूएन रिपोर्ट 2022। "कॉन्फ्रेंस ऑफ द पार्टीज (सीओपी): जलवायु परिवर्तन पर संयुक्त राष्ट्र फ्रेमवर्क कन्वेंशन (यूएनएफसीसीसी) का सर्वोच्च निकाय। यह वर्तमान में यूएनएफसीसीसी की प्रगति की समीक्षा करने के लिए वर्ष में एक बार मिलता है।"

[36]वाल्टर जेट्ज , येल विश्वविद्यालय, अमेरिका के प्रोफेसर, टाइम्स ऑफ इंडिया, देहरादून, 26 3.2023 में उद्धृत।

[37]वही, संयुक्त राष्ट्र, नैरोबी 2022 रिपोर्ट

[38]भारत सरकार, पर्यावरण, वन और जलवायु परिवर्तन मंत्रालय, *भारत की दीर्घकालिक निम्न-कार्बन विकास रणनीति* , नई दिल्ली, 2022।

[39]टाइम्स ऑफ इंडिया, नई दिल्ली, 12.11.2022.

[40]पॉल विग्नॉल, लीड्स विश्वविद्यालय,

[41]ए.के. डे, *भारतीय भूविज्ञान* , नेशनल बुक ट्रस्ट, नई दिल्ली, 1968. पृष्ठ 62

[42]टिमोथी डी. हर्बर्ट, ब्राउन विश्वविद्यालय में पृथ्वी, पर्यावरण और ग्रह विज्ञान के प्रोफेसर, टाइम्स इवोक, *द टाइम्स ऑफ इंडिया* , नई दिल्ली, 18.11.2023 में उद्धृत।

[43]https://climate.nasa.gov/effects

[44]संयुक्त राष्ट्र, आर्थिक और सामाजिक मामलों का विभाग, सामाजिक नीति और विकास प्रभाग , *जलवायु परिवर्तन एक अवलोकन* , स्वदेशी मुद्दों पर संयुक्त राष्ट्र स्थायी मंच के सचिवालय द्वारा तैयार किया गया पेपर। नवंबर 2007.।

[45] एलन स्ट्रालर, *भौतिक भूगोल का परिचय* , जॉन विले एंड संस, इंक, न्यूयॉर्क, 2011।

[46] डॉ. एस. कल्याणरमन, *सरस्वती- वैदिक नदी और हिंदू सभ्यता* , आर्यन बुक्स इंटरनेशनल सरस्वती रिसर्च नई दिल्ली, 2008 और एजुकेशन ट्रस्ट, चेन्नई, 2008

[47]*भारत की दीर्घकालिक निम्न-कार्बन विकास रणनीति* , नई दिल्ली, 2022 द्वारा रिपोर्ट के अनुसार 7204 मिलियन टन कार्बन स्टॉक। पृष्ठ 11. ऑनलाइन

[48]संयुक्त राष्ट्र, पर्यावरण कार्यक्रम (2022), उत्सर्जन अंतर रिपोर्ट, 2022, द क्लोजिंग विंडो - जलवायु संकट समाजों के तेजी से परिवर्तन का आह्वान करता है , नैरोबी, 2022।

[49]वही। MoEFCC , 2022 रिपोर्ट।

[50]वही MoEFCC , 2022 रिपोर्ट।

[51]CO_2 का मूल्य या CO_2e उत्सर्जन। यह कार्बन टैक्स की दर या उत्सर्जन परमिट की कीमत को संदर्भित कर सकता है"।

[52]वही । जैसा कि संयुक्त राष्ट्र की रिपोर्ट नैरोबी, 2022 में परिभाषित किया गया है। उत्सर्जन व्यापार: "उत्सर्जन को सीमित करने के लिए उपयोग किया जाने वाला एक बाजार-आधारित साधन। पर्यावरणीय उद्देश्य या कुल अनुमत उत्सर्जन का योग उत्सर्जन कैप के

रूप में व्यक्त किया जाता है। कैप को व्यापार योग्य उत्सर्जन परमिट में विभाजित किया जाता है, जिन्हें व्यापार योजना के अधिकार क्षेत्र में संस्थाओं को - नीलामी या मुफ्त में सौंपने के द्वारा - आवंटित किया जाता है। संस्थाओं को अपने उत्सर्जन की मात्रा (जैसे, CO_2 के टन) के बराबर उत्सर्जन परमिट को सरेंडर करना होगा। एक संस्था अतिरिक्त परमिट बेच सकती है। व्यापार योजनाएं इंट्रा-कंपनी, घरेलू या अंतर्राष्ट्रीय स्तर पर हो सकती हैं, और CO_2 , अन्य GHG या अन्य पदार्थों पर लागू हो सकती हैं। उत्सर्जन व्यापार भी क्योटो प्रोटोकॉल के तहत निर्दिष्ट तंत्रों में से एक है।"

[53]माननीय सर्वोच्च न्यायालय में उत्तर, 2003

[54]18.3.2004 निर्णय

[55]वही। संयुक्त राष्ट्र, पर्यावरण कार्यक्रम (2022), *उत्सर्जन अंतर रिपोर्ट* , 2022, बंद होती खिड़की - जलवायु संकट समाजों के तेजी से परिवर्तन की मांग करता है , नैरोबी, 2022।

[56]वही। ओडम। **बायोमास**। 'किसी भी समय मौजूद जीवों के वजन को सुविधाजनक रूप से बायोमास (= जीवित वजन) या खड़ी फसल कहा जाता है।'

[57]वही, संयुक्त राष्ट्र, नैरोबी रिपोर्ट 2022।

[58]भारत सरकार, पर्यावरण, वन और जलवायु परिवर्तन मंत्रालय, *भारत की दीर्घकालिक निम्न-कार्बन विकास रणनीति* , नई दिल्ली, 2022।

[59] एफएओ. *वन और जल – अंतर्राष्ट्रीय गति और कार्रवाई।* एफएओ, रोम, 2013. (www.fao.org)

[60] कृष्णन, एस., विडेरकेहर गुएरा,व अन्य. 2020. *वनों की परागण सेवाएँ - उनके क्रॉस-सेक्टरल लाभों को बढ़ाने के लिए वन और परिदृश्य हस्तक्षेपों की समीक्षा।* वानिकी, कार्य पत्र संख्या 15. रोम, एफएओ और जैव विविधता अंतर्राष्ट्रीय। (https://doi.org)

[61]वही। ओडम। "पौधे की उत्पत्ति का मलबा आम तौर पर पशु मूल के मलबों से ज़्यादा प्रमुख होता है। जैविक मलबा (ह्यूमस) पारिस्थितिकी तंत्र में कई महत्वपूर्ण भूमिकाएँ निभाता है"

[62] एन्खमा एर्डेनेबिलेग , कांगवेन वांग एट अल. जड़ और पत्ती कूड़े से कार्बन बनाम नाइट्रोजन रिलीज कूड़े की स्थिति और पौधे के कार्यात्मक प्रकार द्वारा संशोधित होते हैं, *जर्नल ऑफ इकोलॉजी* , पहली बार प्रकाशित: 28 अक्टूबर 2022,

[63]भारत सरकार, पर्यावरण, वन और जलवायु परिवर्तन मंत्रालय, *भारत की दीर्घकालिक निम्न-कार्बन विकास रणनीति* , नई दिल्ली, 2022।

[64] संयुक्त राष्ट्र, पर्यावरण कार्यक्रम (2022), उत्सर्जन अंतर रिपोर्ट, 2022, *द क्लोजिंग विंडो - जलवायु संकट समाजों के तेजी से परिवर्तन का आह्वान करता है* , नैरोबी, 2022।

[65]http://unfccc.int/kyoto_protocol/items/2830.php

[66] भारत सरकार, पर्यावरण, वन और जलवायु परिवर्तन मंत्रालय, *भारत की दीर्घकालिक निम्न-कार्बन विकास रणनीति* , नई दिल्ली, 2022।

[67]टाइम्स ऑफ इंडिया, देहरादून, 18.10.2023.

[68] द टाइम्स ऑफ इंडिया, नई दिल्ली, 3.11.2021 और द इंडिया एक्सप्रेस, नई दिल्ली, 3.11.2021

[69] टाइम्स ऑफ इंडिया, देहरादून, 19.01.2023.

[70] टाइम्स ऑफ इंडिया, नई दिल्ली, 04.11.2022.

[71] भारत सरकार, पर्यावरण, वन और जलवायु परिवर्तन मंत्रालय, *भारत की दीर्घकालिक निम्न-कार्बन विकास रणनीति* , नई दिल्ली, 2022।

3

अरावली के भूवैज्ञानिक पहलू

3.1 परिचय, 3.2 पुराने साहित्य में अरावली, अर्बुद या परियात्रस , 3.3 पृथ्वी की उत्पत्ति, 3.4 पर्वत निर्माण: प्लेट टेक्टोनिक्स और ओरोजेनी, 3.5 अरावली पर्वत निर्माण, 3.6 अरावली क्षेत्र की भौतिक संरचना, 3.6.1 अरावली रेत के टीले, 3.7 अरावली सुपर ग्रुप: भूविज्ञान और स्ट्रेटीग्राफी, 3.8 अरावली की भूवैज्ञानिक संरचनात्मक विशेषताएं, 3.10 अपक्षय और कटाव, 3.10.1 मृदा निर्माण, 3.11 अरावली कटाव चक्र, 3.12. एनसीआर अरावली खनिज और आर्थिक महत्व।

"Man, whether civilised or savage, is a child of nature — he is not the master of nature. He must conform his actions to certain natural laws if he is to maintain his dominance over his environment. When he tries to circumvent the laws of nature, he usually destroys the natural environment that sustains him. And when his environment deteriorates rapidly, his civilisation declines..."

सुप्रीम कोर्ट के फैसले 18.4.2024 के पैरा 37 में टॉम डेल और वर्नोन गिल कार्टर की पुस्तक "टॉप सॉइल एंड सिविलाइज़ेशन" से एक उद्धरण उद्धृत किया गया, जिसे ओक्लाहोमा प्रेस विश्वविद्यालय, (1955) द्वारा प्रकाशित किया गया था।

अरावली पर्वत प्रणाली विश्व की सबसे पुरानी पर्वत श्रृंखला के भूविज्ञान को समझने से पाठकों को इसकी पारिस्थितिक विविधता, पारिस्थितिकी तंत्र की अप्रत्याशितता, चरम जलवायु परिस्थितियों, अत्यधिक नाजुक पर्यावरण, निरंतर चक्रीय अपक्षय और क्षरण, घटते दुर्लभ भूजल संसाधनों, इन पहाड़ों के आसपास रहने वाले लोगों की प्राकृतिक संसाधन-आधारित अर्थव्यवस्था को समझने में मदद मिलेगी। इस क्षेत्र ने कई बार टेक्टोनिक उथल-पुथल सही है। निरंतर क्षरण, निक्षेपण, अवसादन, और आग्नेय इनट्रुजिव की संख्या के साथ बहु-रूपांतरण इन पहाड़ों में पिछले भूवैज्ञानिक घटनाओं के चक्रों को प्रकट करते हैं। भूवैज्ञानिक इतिहास को समझना कानूनी ढांचे के कार्यान्वयन और प्राकृतिक उपहार की मानवजनित उपयोगिता को सुविधाजनक बना सकता है। आइए हम पिछले अरबो वर्षों के रहस्यों को जानें।

3.0. परिचय

वैज्ञानिक पृथ्वी विज्ञान के मूलभूत सिद्धांतों का उपयोग यह प्रकट करने के लिए करते हैं कि अरबों वर्षों के दौरान विविध पर्यावरणीय परिस्थितियों के साथ आर्कियन 'अरावली पर्वत प्रणाली' में क्या हुआ। इन अरावली को पृथ्वी पर सबसे प्राचीन 'फोल्डेड माउंटेन' श्रृंखलाओं में से एक माना जाता है। "सभी भूवैज्ञानिक विचारों को समझने के दो मूल सिद्धांत हैं कि पृथ्वी की सतह हमेशा बदलती रहती है और पृथ्वी की सतह में हुए सभी पिछले परिवर्तन उन्हीं भौतिक नियमों द्वारा लाए गए थे जो अब भी प्रभावी हैं [1]या संक्षेप में कहा जाए तो "वर्तमान अतीत की कुंजी है"। [2]हम जो कुछ भी अभी होते हुए देखते हैं, वह पृथ्वी के पिछले भूवैज्ञानिक इतिहास की भी व्याख्या करता है। पृथ्वी परिदृश्य भू-आकृति संरचना विज्ञान के विभिन्न भूवैज्ञानिक युगों में संक्रमण और रूपांतरणों को दर्शाते हुए निरंतर परिवर्तनों का वृत्तांत बताता करता है।

"भूवैज्ञानिक प्रक्रियाएँ धीरे-धीरे काम करती हैं, लेकिन भूवैज्ञानिक समय अकल्पनीय रूप से लंबा होता है। लंबे समय तक काम करने वाली धीमी प्रक्रियाओं के प्रभाव पृथ्वी पर देखे गए परिदृश्य के सभी क्रमिक परिवर्तनों के लिए पूरी तरह से पर्याप्त हैं।" [3]अरावली की पर्वत प्रणाली के निर्माण के बाद से, वे पृथ्वी की गति, महाद्वीपीय विस्थापन, अपक्षय और अनाच्छादन, कटाव, निक्षेपण, उत्थान और वलय, कायापलट और आग्नेय इनट्रुजिव जैसी भूवैज्ञानिक घटनाओं के कारण लगातार परिवर्तनों के अधीन रहे हैं, जिससे भूवैज्ञानिक संरचनाओं में परिवर्तन हुए हैं। वर्षा, जल, हवा, सूर्य का तापमान, वायुमंडल में विभिन्न गैसें, ऑक्सीजन, कार्बन डाइऑक्साइड, जैविक गतिविधियाँ, पौधों की जड़ें और पत्ती का कूड़ा, कीड़े/मकोडे और अन्य प्राकृतिक एजेंसियाँ लगातार पृथ्वी की सतह पर भौतिक और रासायनिक परिवर्तन लाने के

लिए कार्य करती हैं। जो कोई भी यह सोचता है कि एक बार कटाव नियंत्रण उपाय करना पर्याप्त है, तो वह गलत है, हमारी धरती माँ को इस अत्यधिक नाज़ुक अरावली पारिस्थितिकी तंत्र के संरक्षण के लिए निरंतर प्रयासों की आवश्यकता है।

माना जाता है कि पृथ्वी एक ग्रह के रूप में 4500±50 मिलियन वर्ष (Ma या MY) पहले अस्तित्व में आई थी। हेडियन ईऑन में सौर मंडल से ग्रहीय चट्टान सामग्री की बौछार हुई थी। शुरू में पृथ्वी धूल और गैसों का एक ढेर थी, जो धीरे-धीरे गैसीय अवस्था से पिघली हुई अवस्था से ठंडी हो गई। ग्रह के ऊपर का आदिम वातावरण धीरे-धीरे पानी में संघनित हो गया। भूगर्भशास्त्रियों का मानना है कि विभिन्न चट्टान संरचनाओं ने 3700 से 3900 मिलियन वर्ष (Ma या MY) के दौरान क्रस्टल परिवर्तनों को जन्म [4]दिया। फिर धीरे-धीरे पृथ्वी ने महाद्वीपीय विस्थापन के कारण अपने महासागरों और महाद्वीपों का विकास किया। समुद्री सूक्ष्मजीव जीवन हमारे ग्रह पर ऑक्सीजन का उत्पादन करने के लिए साइनोबैक्टीरिया से शुरू हुआ। ऑक्सीजन युक्त समुद्री वातावरण ने धीरे-धीरे समुद्री जीवन विकसित किया।

पृथ्वी की क्रस्ट में पिघली हुई मैग्माटिक अवस्था से लेकर चट्टान निर्माण तक निरंतर परिवर्तन सतह पर (**सुपरजीन**) हो रहे थे और क्रस्ट के अंदर परिवर्तन (**हाइपोजेन**) एक सतत प्रक्रिया के रूप में चल रहे थे। "3500 मिलियन वर्ष पुरानी बहुत पुरानी चट्टानें, इस प्रकार अवसादी चट्टानों (अपक्षय, क्षरण और अवसादन के माध्यम से), कायांतरित चट्टानों (विभिन्न गहराइयों पर तह और कायापलट के माध्यम से) और मैग्माटिक या आग्नेय चट्टानों (मेंटल से इनट्रूजन या आंशिक रूप से या पूरी तरह से पिघलने के माध्यम से-जिसे **एनाटेक्सिस** भी कहा जाता है) में बदल गईं। नई बनी युवा चट्टानें भी इसी तरह बदल गईं, और घटनाओं के एक समान चक्र से भी गुजरीं जैसे कि अपक्षय-क्षरण-अवसादन-फोल्डिंग (ऑरोजेनी के माध्यम से)-कायापलट। 3500 मिलियन वर्ष (3787) पहले प्रथम चट्टानों के निर्माण के बाद से उपरोक्त व्यापक प्रकृति के कई बड़े और छोटे चक्र हुए हैं; वर्तमान में क्रस्टल चट्टानों के अभिलेख इनके साक्ष्य हैं [5]।

सतह पर चल रहे कटाव और निक्षेपण की चक्रीय प्रकृति को एस रे (1976) द्वारा समझाया गया है, "इस प्रकार, क्रस्ट के विकास का इतिहास समग्र रूप से बड़े या छोटे परिमाण के चक्रों में भूवैज्ञानिक घटनाओं का इतिहास है, कुछ छोटे चक्र मिलकर बड़े चक्र बनाते हैं। क्रमिक चक्रों में चट्टानों में लावा प्रवाह, आर्थिक मूल्य के खनिज, तेल, कोयला यूरेनियम आदि के निर्माण के साथ-साथ अपक्षय-क्षरण-अवसादन-फोल्डिंग-मेटामॉर्फिज्म-मैग्मा निर्माण (एनाटेक्सिस) की भूवैज्ञानिक घटनाओं का क्रमिक क्रम, एक क्षेत्र की स्ट्रेटीग्राफ़ी का निर्माण करता है।" साक्ष्य ने साबित कर दिया है कि कटाव, परिवहन और निक्षेपण के चक्र अन्य भूवैज्ञानिक घटनाओं (ओरोजेनी और मैग्मैटिक इनट्रूजिव) के साथ पृथ्वी पर लगभग 3500 Ma से चल रहे हैं।

जेम्स हटन [6](1726-97) ने कहा, "ऐसी कोई शक्ति नहीं होनी चाहिए जो पृथ्वी के लिए स्वाभाविक न हो, कोई भी कार्य स्वीकार नहीं किया जाना चाहिए सिवाय उन कार्यों के जिनके सिद्धांत हम जानते हैं। उन्होंने जोर देकर कहा कि प्रकृति के तरीकों और साधनों को केवल अवलोकन द्वारा ही खोजा जा सकता है।" भूविज्ञानी जल क्रियाओं, वायु क्रियाओं, रासायनिक और जैविक क्रियाओं, चट्टानों, ज्वालामुखियों और भूकंपों में खनिजों के भौतिक और रासायनिक प्रकियाओ और उनके निर्माण को नियंत्रित करने वाले नियमों की चल रही प्रक्रियाओं का अवलोकन जारी रखते हैं। हमें अरावली पर्वतों में होने वाली प्रकृति और प्राकृतिक घटनाओं के महत्व को समझना होगा।

आर्कियन चट्टानों को दुनिया में सबसे पुराना माना जाता है। "आर्कियन सभी तलछटी प्रणालियों का आधार या नींव बनाते हैं। इस वजह से और उनकी जटिल संरचना के कारण, उन्हें **'बेसमेंट कॉम्प्लेक्स'** या 'मूलभूत नीस' कहा जाता है। जिस क्षेत्र में वे पाए जाते हैं उसे **'शील्ड'** कहा जाता है क्योंकि बाद में होने वाली पृथ्वी की हलचलों के प्रति उनके प्रतिरोध ने उन्हें व्यावहारिक रूप से अप्रभावित रखा है। एक समय ऐसा माना जाता था कि आर्कियन नीस में से कुछ ठंडी दुनिया पर बनी आदिम या पहली परत का प्रतिनिधित्व करते हैं। अब हम जानते हैं कि आर्कियन डायस्ट्रोफिज्म और बड़े पैमाने पर आग्नेय गतिविधि की कई अवधियों से प्रभावित हुए हैं।"[7]

एमएस कृष्णन (1956) और भारतीय भूवैज्ञानिक सर्वेक्षण, भारत सरकार ने भूवैज्ञानिक नियमों को स्पष्ट किया कि उस समय के दौरान **चक्रों के बाद चक्रों ने** भूदृश्य में परिवर्तन (क्षरण, निक्षेपण, कायापलट, और बार-बार होने वाली पर्वतीय गतिविधियाँ) को भूवैज्ञानिक घटनाओं की निरंतरता के साथ दर्ज किया और जो भविष्य के समय में भी प्रकृति में निरंतर बनी रहेगी। भूवैज्ञानिक दृष्टि से वर्तमान जहा अतीत की कुंजी है और भविष्य के लिए भी संकेत है।

भारत के पश्चिमी भागों में आर्कियन ईऑन युग की अरावली पर्वत श्रृंखलाएं सतह पर दिल्ली, हरियाणा, राजस्थान से गुजरात तक फैली हुई हैं और इसे दुनिया की सबसे पुरानी मोड़दार पर्वत प्रणाली माना जाता है। उत्तर-पूर्व-दक्षिण-पश्चिम दिशा में चट्टानें और बहुत ऊंचे ढलान के साथ खड़ी चट्टानें दिखाई देती हैं। सतह पर अरावली पर्वत प्रणाली के उभार उत्तर में दिल्ली विश्वविद्यालय के पास (सतह के नीचे उत्तराखंड तक) दिखाई देते हैं और दक्षिण की ओर बढ़ते हुए हरियाणा से गुजरते हुए राजस्थान से होकर पालमपुर के पास गुजरात तक (सतह के नीचे समुद्र के नीचे बॉम्बे हाई तक) लगभग 700 किलोमीटर की लम्बाइ में दिखाई देते हैं। सतह के नीचे अरावली चट्टानें सरस्वती-सिंधु नदी प्रणाली और गंगा नदी प्रणाली के बीच एक जल विभाजक के रूप में काम करतीरही, जिसमे पहले वाली नदीया दक्षिण पश्चिम मे बहकर अरब सागर मे मिलती थी व बाद वाली नदीया दक्षिण पूर्व कि और बहकर बंगाल की खाडी की तरफ बहती थी।

3.2. अरावली (अर्बुद) अर्बुदा या पुराने साहित्य में पारियात्रस

भारत में पहाड़ों का नामकरण विभ्न्न क्षेत्रो मे दरअसल एक क्षेत्र से दुसरे क्षेत्र मे अलग-अलग रहा है। भूविज्ञानी पास्को, जीएसआई ने कहा, "भारत की पर्वत श्रृंखलाओं का नामकरण अभी भी मुश्किल है, क्योंकि लोगों द्वारा किसी क्षेत्र की पर्वत श्रृंखला के लिए उसके पूरे विस्तार में लागू किया गया कोई निश्चित शब्द मिलना दुर्लभ है। स्थानीय निवासियों की ओर से पहाड़ी क्षेत्र की चोटियों और चोटियों के बजाय घाटियों और दर्रों को नाम देने की प्रवृत्ति देखी जा सकती है, इसका कारण यह है कि पहले वाले अधिक चर्चित होते हैं और अधिक उपयोगी होते हैं। भेड़-बकरियों के चरने, बस्तियों की स्थापना और एक सुरक्षित क्षेत्र से दूसरे सुरक्षित क्षेत्र तक संचार के साधन के रूप में उपयोग किया जाता है।"[8]

अनेक लोगों का मानना है कि 'अरावली' शब्द की उत्पत्ति संस्कृत शब्द ' अर्बुद ' से हुई है । कुछ संस्कृत लेखकों ने 'आरा+वलि' का उल्लेख किया है जिसका अर्थ है चोटियों की एक पंक्ति, जिसका अर्थ है अरावली में चोटियों की संख्या जो भूभाग में एक आरे जेसी रेखा बनाती है। संस्कृत साहित्य और शब्दकोश में विषय के अनुसार अर्बुदा (अर्बुद) के कई अर्थ बताए गए हैं, जहाँ इस शब्द का प्रयोग किया गया है। ऋग्वेद (1.51.6) में ' [9]अर्बुदम्' शब्द का अनुवाद 'असंख्य विशिष्ट विशेषताएँ' के रूप में किया गया है और ऋग्वेद में 'अर्बुदस्य' शब्द का उल्लेख किया गया है। मन्त्र 10.67.12 और 8.32.3 में इसका अनुवाद 'बादलों की तरह फैला हुआ' के रूप में किया गया है और मन्त्र 8.32.6 में इसका अर्थ है सतह को ढकने वाले बादलों की तरह माना। इन वैदिक संदर्भों को उस अवधि के दौरान आकाश में बादलों की तरह अरावली पर्वत प्रणालियों के व्यापक वितरण का संकेत माना जा सकता है। यह अरावली पर्वतों की अधिक ऊँचाई की ओर भी इशारा करता है।

महाभारत महाकाव्य में अरावली पर्वत के माउंट आबू के लिए[10]' अर्बुद' का उल्लेख मिलता है । कुछ पुराने साहित्य में अर्बुद का उल्लेख एक राजा के राज्य के रूप में भी किया गया है और इस शब्द का प्रयोग एक क्षेत्र के नाम के रूप में भी किया गया है [11]। इससे पहले के साहित्य में अर्बुदा में सबसे शक्तिशाली अजेय शासक पुररवा और ययाति के राज्य का उल्लेख है और वे अजेय रहे, उनके राज्य को भी अर्बुदा नाम से जाना गया (यहां अर्बुदा का अर्थ 'अजेय' है जो ययाति वंश के [12]शासकों के लिए एक विशेषण है, जो उस समय अजेय रहे)। यह क्षेत्र ययाति वंश द्वारा बसाया हुआ माना जाता है कि अर्बुदा शब्द उनके आभिर कुलों का बिगड़ा हुआ नाम भी बताया जाता है। धीरे-धीरे अर्बुदा शब्द समय के साथ अरावली बन गया। अर्बुद उन लोगों के लिए भी प्रयोग किया गया जो अर्बुदा पर्वत (अरावली पर्वत) पर निवास करते थे [13]। अर्बुद शब्द का प्रयोग पर्वत के पर्याय के रूप में भी किया जाता था। जैन साहित्य में इसका उल्लेख मिलता है। अर्बुदा, अर्बुदाद्रि पर्वत, अरावली पर्वत प्रणालियों के माउंट आबू के रूप में, और उनके पवित्र स्थान अरावली पर्वतों में स्थित हैं। कई पवित्र स्थान, ऋषियों के आश्रम और धार्मिक स्थल (तीर्थ स्थान) कई स्थानों पर अर्बुदा या अरावली पर्वत प्रणालियों में स्थित हैं ।

एमएल भार्गव ने अरावली पर्वत श्रृंखला का उल्लेख [14]*पारियात्रस* पर्वत के नाम से किया है, "उत्तरी परियात्रस लगता है कि ऋग्वैदिक काल में बहुत ऊंचे पर्वत थे।उन पर शायद एक बहुत भारी वर्षा होती होगी व उनके ऊपर उन दिनों मे बर्फबारी भी होती होगी। दृषद्वती एक बड़ी नदी थी जिसमें निचली नई नदी की एक शाखा मिलती होगी और ऐसा भी प्रतीत होता है कि वह सभी चार नदियाँ (तीन अन्य दोहान, कृष्णावती और साहिबी थीं) द्वैतवन झील में गिरती थी। ऋग्वैदिक युग मे यह झील बहुत बडी रही होगी, बजाय की महाभारत काल के पूर्व ब्राह्मण अवधि से अधिक जल रहा होगा। झील मे पानी का विशाल जल सग्रह ऋग्वैदिक युग में नदियो के जल से रहा होगा, बनिस्पत बाद की अवधि की तुलना मे, दक्षिण पूर्व मे अर्वावत समुन्दर या पूर्वा समुद्र का यह विशाल पानी का संग्रह ज्ञात होता है। "उत्तरी परियात्रस, अर्बुदाऊली या अरौली पर्वतमाला ऊंचे पर्वत थे जिनकी ऊंची चोटियां बर्फ से ढकी थीं और इन पर्वतों से बारहमासी नदियां निकलती थीं " ।

विज्ञान में अरावली क्या है :

भूविज्ञान में वैज्ञानिक और तकनीकी रूप से, अरावली एक विशेष समय-अवधि (आर्कियन युग) के दौरान निर्मित विशेष चट्टान संरचनाओं के एक स्ट्रेटीग्राफिकल अनुक्रम का नाम है। स्ट्रेटीग्राफी में, समान नाम की चट्टानें दुनिया के विभिन्न हिस्सों में भी पाई जाती हैं, लेकिन प्रत्येक स्ट्रेटीग्राफिकल अनुक्रम और उसकी संरचनाओं की कुछ विशिष्ट विशेषताएं होती हैं, उन विशिष्ट गुणो के आधार पर उन्हें अलग से पहचान और नाम दिया जाता है। उदाहरण के लिए, अरावली के नीस, शिस्ट और क्वार्टजाइट अन्य क्षेत्रों की समान चट्टानों से तुलना करने पर संरचना, आयु और चरित्र में भिन्नता दिखाते हैं। कुछ लोग केवल पहाड़ों के लिए अरावली पहाड़ी शब्दावली लेकर आए, यह स्पष्ट किया जाता है कि अरावली चट्टानो का नाम अरावली हैं चाहे तो वह चट्टानें सतह पर या सतह के नीचे गहराई में पाई जाऐ। पहाड़ी की भौतिक संरचना या न होने का अरावली संरचनाओं से कोई लेना-देना नहीं है। हरियाणा के मैदानों में अरावली की संरचनाएँ सतह से 300 से 450 फीट की गहराई पर पाई जाती हैं, विज्ञान में वे चट्टानें भी अरावली ही हैं। पहाड़ शब्द धरातलिए उवाई का सकेंतक है और इसका इस बात से कोई लेना-देना नहीं है कि यह अरावली संरचनाएँ है या नहीं। अरावली का एक्सपोजर या छोटे-छोटे हिस्से भी कई जगहों पर मौजूद हैं, वे पहाड़ियाँ नहीं हैं बल्कि अरावली हैं। इस प्रकार अरावली भूगर्भीय संरचनाओं का नाम है और इसका धरातलिऐ उचाई की विशेषताओं से कोई लेना-देना नहीं है।

प्रसिद्ध भूविज्ञानी पैस्को ने अरावली के बारे में कहा, "राजस्थान के प्राचीन हाइबरिड नीस को कायापलट के क्षेत्र से लाकर इस क्षेत्र में अगले चरण के लिए भूमि का निर्माण किया गया, जो इसका अनाच्छादन था और जिसके परिणामस्वरूप मिट्टी की एक मोटी श्रृंखला के रूप में जमाव हुआ, जिसके कायापलट के समकक्ष अब महान अरावली प्रणाली का निर्माण करते हैं"।

3.3. पृथ्वी की उत्पत्ति

पृथ्वी की उत्पत्ति के बारे में व संबंध में कई सिद्धांत, परिकल्पनाएं और मॉडल प्रकाशित किए गए हैं, उनमें से कुछ इस प्रकार हैं: इमैनुअल कांट की नेबुला (सौरमंडल एक नेबुला से विकसित हुआ) परिकल्पना (1755) [15], मार्क्विस डी लाप्लास की परिकल्पना (1796), मॉलटन (1901) और चेम्बरलिन (1905) की प्लेनेटेसिमल परिकल्पना, जीन्स और जेफरीज़ (1929) ज्वारीय परिकल्पना, लिटलटन (1938) डबल स्टार परिकल्पना, वेइज़ैकर (1943) गैसीय परिकल्पना (हाइड्रोजन और हीलियम), ओजे श्मिट उल्कापिंड परिकल्पना, फ्रेड हॉयल सुपरनोवा विस्फोट परिकल्पना, जी कुइपर (1951) नेबुला प्रस्ताव को तोड़ने, रसेल की बाइनरी स्टार परिकल्पना, ब्लैक होल सिद्धांत, जॉर्ज ले नाइत्रे (1920) द्वारा बिग बैंग सिद्धांत जिसे गेमेनोव (1970) द्वारा सुधारा गया था, कोर अभिवृद्धि मॉडल के सिद्धांत पर भी व्यापक रूप से चर्चा की गई थी हेंस अल्फवेन (1978) द्वारा निर्मित बैंड संरचना मॉडल, लुईस जैकोट (1981) द्वारा निर्मित सौर विखंडन मॉडल, तथा जे. मार्विन हेरंडन (2012) द्वारा निर्मित संपूर्ण-पृथ्वी विसंपीडन गतिकी (WEDD) मॉडल पर शोध किया गया है तथा पृथ्वी की उत्पत्ति के रहस्य को समझने के लिए भविष्य में भी शोध जारी रहेगा।

परिवर्तन को प्रकृति के नियम के रूप में समझना ही काफी है। "पृथ्वी का जन्म एक ग्रह के रूप में हुआ था: इसके अंदर और इसकी सतह पर स्थितियाँ क्रमिक रूप से बदलती रहीं और रासायनिक-भौतिक और जैविक प्रतिक्रियाओं को भी परिस्थितियों और समय के साथ बदलना पड़ा। [16]" (एस रे)। परिवर्तन पृथ्वी की सतह के साथ-साथ पृथ्वी के अंदरूनी भाग में भी एक सतत प्रक्रिया है। प्रकृति में विभिन्न क्षरणकारी कारकों द्वारा विभिन्न रूपों में क्षरण परिवर्तन के उस अंतर्निहित सतत चक्र का हिस्सा है।

पृथ्वी की उत्पत्ति के बाद, (4500 ± 50, MY) आदिम वायुमंडल के संघनन में लाखों वर्ष लगे, इसी प्रकार पृथ्वी में गैसीय, पिघली हुई पृथ्वी से परिवर्तन ज्वालामुखी और पटलविरूपता (लॉर्ड केल्विन) की प्रक्रिया के माध्यम से हुआ। जमने की प्रक्रिया ने पृथ्वी के आयतन में संकुचन किया, जिससे पृथ्वी की सतह पर झुर्रियाँ पैदा हुईं। धीरे-धीरे आदिम वायुमंडलीय जल वाष्प ने पृथ्वी पर महासागरों का निर्माण करने के लिए पानी में संघनित होना शुरू कर दिया। इस प्रक्रिया ने असमान दबाव वाले वायुमंडलीय तरल पदार्थ और पृथ्वी की तरल अवस्था का निर्माण किया, जिससे महाद्वीपों का निर्माण शुरू हुआ, जैसा कि सोलास ने समझाया है। दूसरी ओर, लैपवोथ ने महासागरीय बेसिन और भूमि द्रव्यमान बनाने के लिए तह की घटना को जिम्मेदार ठहराया। परिवर्तन अनादि काल से प्रकृति का नियम रहा है ।

3.4. पर्वत निर्माण: प्लेट टेक्टोनिक्स और पर्वत श्रृंखला

जब पृथ्वी अस्तित्व में आई, तब पर्वतों का निर्माण कैसे हुआ, इसका एक बहुरूपदर्शक दृश्य जानना आवश्यक था क्योंकि अरावली पर्वत प्रणाली कई पर्वतीय चरणों से गुज़री थी। महाद्वीपीय विशथापन की परिकल्पना स्नाइडर (1858), टेलर (1910) और वेगेनर (1915) द्वारा आगे बढ़ाई गई थी, पृथ्वी पर महाद्वीप एक भूमि द्रव्यमान ('पैंजिया') थे जो महासागरों से घिरे थे। उन्होंने कहा कि हम वर्तमान महाद्वीपों में जो देखते हैं, वे संभवतः 'पैंजिया' नामक भूमि द्रव्यमान के टुकड़े हैं (चित्र 3.1)।

कलासिकल टेक्टोनिक सिद्धांतों का उल्लेख संकुचन सिद्धांत, महाद्वीपीय विस्थापन परिकल्पना, जियोसिंक्लिनल सिद्धांत, तलछटी पर्वतीय चक्र, संवहन वर्तमान परिकल्पना, टेक्टोजीन परिकल्पना, गुरुत्वाकर्षण भू-विवर्तनिक परिकल्पना, समुद्र तल प्रसार और प्लेट टेक्टोनिक्स, वैन बेमेलन द्वारा अधोगति परिकल्पना के रूप में किया जा सकता है, प्लेट टेक्टोनिक्स के कारण होने वाली ऑरोजेनी को दो प्रकार का माना जाता था; एक दो महाद्वीपों के टकराव के कारण यांत्रिक रूप से संचालित ऑरोजेनी और दूसरा एक प्लेट के दूसरे के नीचे आने के कारण तापीय रूप से संचालित ऑरोजेनी (ईडब्ल्यू स्पेंसर [17])। भूवैज्ञानिकों का मानना है कि महाद्वीप प्रति वर्ष 1.6 सेंटीमीटर की गति से विस्थपित हो रहे है, भारत हर साल 3.5 सेंटीमीटर की दर से उत्तर की ओर बढ़ रहा है। "सभी आधुनिक टेक्टोनिक सिद्धांत कम से कम मेंटल के ऊपरी हिस्से को शामिल करते हैं, और यह मेंटल में ही है कि हमें मूल रूप से महाद्वीपीय विस्थपिता, समुद्र तल के फैलाव और पहाड़ों के निर्माण के लिए जिम्मेदार तनावों की उत्पत्ति के लिए जिम्मेदार प्रक्रियाओं की तलाश करनी चाहिए" ईडब्ल्यू स्पेंसर। [18]पहले के भूवैज्ञानिकों ने 'ज्वालामुखी गतिविधि, विभेदक क्षरण, क्रस्टल आंदोलनों और दो या अधिक प्रक्रियाओं के संयोजन के कारण पहाड़ों के निर्माण' को परिभाषित किया था।

ओरोजेनी के कारण पृथ्वी के आंतरिक भाग और इसकी बाहरी परत के बीच तापमान के अंतर के कारण हो सकते हैं। कन्वेंशन धाराएं मेंटल में एक मजबूत तापमान की ढाल बनाती हैं, जबकि क्रस्ट इतना कठोर होता है कि संवहन की अनुमति नहीं देता जिससे समुद्री क्रस्ट में तनाव पैदा होता है। समय-समय पर होने वाले ज्वालामुखीय इनड्रुजन के माध्यम से पिघला हुआ मैग्मा बाहर निकलता है। भूविज्ञानियों ने पृथ्वी के पिछले इतिहास को देखा जब पिछले 3500 मिलियन वर्षो के दौरान कई बार पर्वत निर्माण हुआ है। गहराई पर उच्च दबाव और उच्च तापमान के विकास ने भूमिगत वाष्पों के कारण मौजूदा चट्टानों में रासायनिक संरचना में परिवर्तन किए। प्राचीन पर्वत श्रृंखलाएं पृथ्वी का सबसे स्थिर हिस्सा हैं, ए.के. डे।[19]

इस अध्याय में **ऑरोजेनी** शब्द कई स्थानों पर दिखाई देता है। ऑरोजेनी शब्द "एक युग्मित जियोसिंक्लाइन-जियोएंटिकलाइन की बेल्ट से एक पर्वतीय बेल्ट के निर्माण से जुड़ी तह और उत्थान की सभी प्रक्रियाओं का योग है । क्रस्ट में इस तरह की एक महत्वपूर्ण हलचल ने प्लेटफॉर्म का निर्माण किया है और क्रस्ट को मोटा और उतरोत्तर अधिक स्थिर बना दिया है। इस तरह की हलचलों में अनिवार्य रूप से बड़ी मात्रा में संपीड़न शामिल होत है।"[20]

पृथ्वी के अंदर और बाहर की सतह की संरचनाओं में परिवर्तन के लिए विभिन्न बल लगातार काम करते हैं। "भूवैज्ञानिक इतिहास के दौरान, पृथ्वी की क्रस्ट कई हाइपोजीन बलों के खेल के माध्यम से विरूपण, विस्थापन, फोल्डिंग, फॉल्टिंग, व्युत्क्रम और अतिप्रक्षेपण के अधीन रही है - जैसे, ठंडा होने के बाद संकुचन, ऊपर की ओर लपेटना और नीचे की ओर लपेटना, ' सीमा' में *[21]*, रेडियोधर्मी गर्मी का संचय, क्रस्ट के नीचे घने, बुनियादी 'मेंटल' परत में गर्मी का असमान वितरण। क्रस्टल आंदोलनों के कारण जो भी हों, इसकी राहत की प्रमुख विशेषता को जन्म देते हैं।" [22]सभी महाद्वीपों में एक या एक से अधिक बड़े क्षेत्र होते हैं जिन्हें **'क्रेटन'** कहा जाता है जो दीर्घकालिक स्थिरता प्रदर्शित करते हैं और माना जाता है कि **'शील्ड'** में अंतर्निहित 'क्रेटोनिक' चट्टानों के साथ ऑरोजेनेसिस में शामिल नहीं होते हैं।

पहले भूगर्भशास्त्रियों का मानना था कि तीन महान संपीडनात्मक हलचलें हुई थीं, जहाँ पहली दो हलचलें तीसरी हलचल के समकोण पर थीं। बुंदेलखंड और मेवाड़ अत्यधिक तीव्र पैमाने पर तह के अधीन थे और उसी समय एक के बाद एक प्लूटोनिक एसिड मैग्मा का इनट्रुजन हुआ। दिल्ली के निक्षेपण के बाद, दूसरी हलचल अरावली पर्वतमाला में बनी रही। माना जाता है कि तीसरी हलचल अपनी दिशा में मेरिडियन है। अरावली पर्वत प्रणाली में लंबे समय तक लगातार कटाव के कारण सैकड़ों मिलियन वर्षों तक मूल अधिरचनाएँ नष्ट/बदल गईं और लगातार नई संरचनाएँ विकसित हुईं। हम जो देख रहे हैं वह अरावली मुड़ी हुई धुमावदार पर्वत श्रृंखला का कटाव पठार अवशेष है, जिसे विभिन्न भूवैज्ञानिक युगों (आर्कियन के बाद) में विभेदक कटाव के कारण अवशेष पर्वत का एक उदाहरण माना जाता है।

3.5. अरावली पर्वत संरचना

डी एन वाडिया ने अरावली पर्वतों की व्याख्या इस प्रकार की, "अरावली श्रृंखला, जो विश्व की सबसे प्राचीन भू-समन्वयिकाओं में से एक है, अभी भी भारतीय प्रायद्वीप की सबसे प्रमुख पर्वत-श्रृंखला है, जिसके शिखर हैं।" "संरचनात्मक रूप से अरावली श्रंखला, अरावली और दिल्ली प्रणालियों की चट्टानों का एक सघन रूप से मिश्रित समन्वय है, जो बाद में दिल्ली से इदार तक उत्तर-पूर्व-दक्षिण-पश्चिम दिशा में लगभग

800 किमी तक तह का मूल बनाती है। इसकी फोल्डिंग दक्षिण-पूर्व सीमा एक फॉल्ट है - राजस्थान का महान सीमा फॉल्ट, जो विंध्यन को अरावली प्रणाली के विरुद्ध लाता है।" [23] ऐसा माना जाता है कि ऋग्वैदिक काल के दौरान, अरावली पर्वत को बारहमासी नदियों के जल के स्रोत के रूप में संभवतः बर्फ से ढकी ऊंची चोटियों के साथ माना जाता था।

'अरावली पर्वत प्रणाली' में ' **दिल्ली फोल्डेड सुपरग्रुप**' शामिल है जो '**अरावली के सुपरग्रुप**' के ऊपर स्थित है और दोनों को मिलाकर अरावली पारिस्थितिकी तंत्र (या **अरावली दिल्ली मोबाइल बेल्ट**) बनता है, जिसका निर्माण अरबो वर्षो (टेक्टोनिक घटनाओं) के दौरान आर्कियोज़ोइक से प्रोटेरोज़ोइक ईऑन तक टेक्टोनिक उथल-पुथल के कई चरणों में भारतीय शिल्ड में कई क्रेटोनिक टकरावों के माध्यम से हुआ था । अरावली पर्वतों के निर्माण की आयु के संबंध में, विभिन्न सिद्धांत प्रचलन में रहे, जैसे कि वैज्ञानिक अध्ययनों में बदलती प्रौद्योगिकियों के कारण ऑरोजेनी घटने के समय अवधि के बारे में वैज्ञानिक विविधताएं रही है। पहाड़ों में कटाव, निक्षेपण, विरूपण, तह, मेटासेडिमेंटरी, कायापलट, मेटावोलकेनिक, मैग्मा इनट्रुजन और निरंतर संरचनात्मक परिवर्तनों के कई चक्रों (बार-बार) की अवधारणा वास्तविकता बनी रही।

प्रसिद्ध भूविज्ञानी ए होम्स ने परिवर्तनों के बारे में लिखा, "पृथ्वी की क्रस्ट में मौजूद चट्टानों का कोई भी द्रव्यमान ऊपर की चट्टानों के भार के अनुरूप गुरुत्वाकर्षण दबाव के अधीन होता है, और ज्वार-भाटे, मेंटल में प्रवाह की गति, इनट्रुजन, क्रसट के कुछ हिस्सों का विस्तार और अन्य का संकुचन जैसी प्रक्रियाओं द्वारा उत्पन्न कई अन्य तनावों के अधीन भी होता है।" [24]भारतीय भूवैज्ञानिक सर्वेक्षण के भूविज्ञानी पैस्को ने अरावली के बारे में कहा, "इस क्षेत्र में अगले चरण के लिए भूमि बनाने के लिए राजस्थान के प्राचीन हाइबरीड नीस को कायापलट के क्षेत्र से लाया गया था, जिसका परिणाम मिट्टी की एक मोटी श्रृंखला के रूप में जमा होना था, जिसके कायापलट के समकक्ष अब महान अरावली प्रणाली का निर्माण करते हैं।"[25]

संपीड़न बलों के कारण अरावली के निर्माण से पता चला कि जमा तलछट की परतें ऊपर की ओर मुड़ी हुई होगी। **एंटीक्लाइन** का निर्माण शिखर के सबसे ऊंचे हिस्से के रूप में हुआ था, जहां दोनों तरफ के बैडस दूर की ओर झुके हुए थे। जबकि जहां बैडस गर्त में नीचे की ओर मुड़े हुए थे, सबसे निचला हिस्सा जहां दोनों तरफ के बैडस एक साथ झुके हुए थे, उन्हें **सिंकलाइन** कहा जाता है। बार-बार होने वाली ओरोजेनी और टेक्टोनिक हलचलों ने परतों को और अधिक संकुचित कर दिया और अरावली क्षेत्र में एक बड़ी एंटीक्लाइन में कई छोटी एंटीक्लाइन बन गईं और उन्हें **एंटीक्लिनोरियम** कहा गया; सिंकलाइन के विपरीत मामले को मुड़े हुए अरावली पहाड़ों में **सिंक्लिनोरियम** कहा जाता है। टेक्टोनिक हलचलों के कारण, जब विभिन्न कारणों से चट्टानें अपेक्षाकृत विस्थापित होती हैं, और, कुछ मामलों में, सैकड़ों फीट का ऊर्ध्वाधर विस्थापन और लंबा क्षैतिज विस्थापन अरावली में फॉल्टिंग के कारण होता है। अरावली के निर्माण और उसके बाद ओरोजेनी के कई चरणों के दौरान पॉलीफोल्डिंग और मल्टीपल फॉल्टिंग विकसित हुई।

3.6. अरावली क्षेत्र की भूआकृति संरचना

पास्को ने अरावली के बारे में लिखा, "प्रायद्वीपीय स्थलाकृति के इतिहास में सबसे प्रमुख भूमिका निभाने वाली श्रृंखला अरावली है, जो उस क्षेत्र की अन्य राहत विशेषताओं से इस मायने में भिन्न है कि यह विक्षुब्ध चट्टानों से बनी है, जिसमें विक्षुब्धता की धुरी कमोबेश श्रृंखला की दिशा के समानांतर है, और उत्थान की मूल अक्षों के साथ मेल खाती है। अजमेर से दक्षिण की ओर राजपुताना (अब राजस्थान) के माध्यम से, यह श्रृंखला माउंट आबू तक निश्चित और निरंतर है। हिमालय और नीलगिरी के बीच सबसे ऊँचे बिंदुओं में से एक, आबू (5650 फीट), महान थार रेगिस्तान की रेत के लिए हमेशा प्रभावी बाधा नहीं साबित हुआ है जो इसके पश्चिमी किनारे तक फैली हुई है। अजमेर के उत्तर पूर्व में यह श्रृंखला कमोबेश दक्षिण-पश्चिम से उड़ी रेगिस्तानी रेत और आगे जलोढ़ द्वारा ढक गई है। अजमेर के उत्तर-पूर्व में विछुप्त हुई पहाड़ियाँ रेत के बीच से निकल गई हैं जो लगातार पूर्व की ओर बढ़ती जा रही है। अरावली पहाड़ियों के अवशेष अलग-अलग चोटियों और चट्टानों के रूप में काठियावाड़ और कच्छ में मौजूद हैं। और यह अत्यधिक संभावना है कि इस श्रेणी का मुख्य भाग पहले दक्षिण-पश्चिम में बहुत दूर तक फैला हुआ था, (मुंबई हाई तक कहा जाता है), हालांकि इसके कुछ हिस्से मध्य भारत में पूर्व की ओर फैले हुए प्रतीत होते हैं। यह वास्तव में प्रायद्वीपीय भारत के सबसे प्राचीन और महत्वपूर्ण जलग्रहण क्षेत्रों में से एक का अवशेष है; उदाहरण के लिए यह इस जलग्रहण क्षेत्र से हो सकता है कि कुछ नदियाँ बहती थीं जिनमें समृद्ध कोयला जमा हुआ था। अरावली पर्वतमाला में पाए जाने वाले निर्माण ज्यादातर आर्कियन और अन्य प्री-कैम्ब्रियन प्रणालियों से संबंधित हैं और इस प्रकार बहुत प्राचीन हैं। चट्टानों का एक बड़ा हिस्सा अत्यधिक रूप से परिवर्तित हो चुका है और इस निष्कर्ष के पक्ष में सबूत मौजूद हैं कि इस श्रेणी की ऊंचाई की शुरुआत विंध्यन चट्टानों के जमाव से पहले की अवधि में हुई थी, जिनकी आयु प्रारंभिक पैलियोज़ोइक से कम नहीं हो सकती। वास्तव में, यह विंध्यन चट्टानें अरावली श्रृंखला के पड़ोस में दोनों तरफ लगभग क्षैतिज रूप से पाई जाती हैं, यह इस बात का एक और उदाहरण है कि किस तरह से प्रायद्वीपीय क्षेत्र का बहुत बड़ा हिस्सा उन ताकतों के प्रभाव से बच गया है जिन्होंने बाद के भूवैज्ञानिक युगों में प्रायद्वीपीय क्षेत्र को प्रभवित किया है।

डॉ . हेरॉन द्वारा हाल ही में किए गए अवलोकनों से यह संभव हो पाया है कि अरावली पर्वतमाला प्रायद्वीपीय पहाड़ियों के प्रचलित चरित्र का ऐसा पूर्ण अपवाद नहीं है जैसा कि मूल रूप से माना जाता था, और यह कि, कम से कम अपने निचले हिस्से में, यह एक समय में पठार का एक अभिन्न अंग था- एक पठार जो मध्य और दक्षिणी प्रायद्वीप के पठार से बहुत छोटा था। उत्तर-पूर्वी राजपुताना के बारे में बोलते हुए, डॉ.

हेरॉन लिखते हैं: "दृश्यावली की एक और बहुत ही खास विशेषता अलवर के बीच उत्कृष्ट चोटियों की अनुपस्थिति और पर्वतमाला के शिखरों की समतल रेखा है......शिखरों का स्तर अजबगढ़ घाटी के पश्चिम में सबसे अधिक है, जो मैदान से लगभग 1100 फीट ऊपर है, और उत्तर और पूर्व में मैदान के स्तर के समान दिशा में लगातार और धीरे-धीरे गिरता है, लेकिन एक अधिक ढलान के साथ, ताकि वे एक-दूसरे के करीब आ सकें.....कोई भी यह मानने से नहीं बच सकता है, कि यह घटना इतनी अलग है, कि यह एक प्राचीन 'उन्मूलन का आधार स्तर' है जो ऊपर उठा हुआ है और नया उन्मूलन एक नए और निचले आधार स्तर पर हो रहा है"। जो पहाड़ियाँ इस काल्पनिक तल तक नहीं पहुँचती हैं, उनमें ऐसा कोई विनियामक नहीं है, सभी चोटियाँ ऊँचाई पर हैं: हालाँकि बहुत सी चोटियाँ इस अधिकतम ऊँचाई को प्राप्त करती हैं, लेकिन हेरॉन ने पाया कि कोई भी इससे अधिक ऊँचाई पर नहीं है। [26]पहाड़ियों की चोटियों की इसी तरह की योजना इदार राज्य में श्री मिडलमिस द्वारा देखी गई है, जो कि पर्वतमाला के दक्षिण-पश्चिमी छोर पर है: इस योजना को उन्होंने दक्षिण की ओर लगभग क्षैतिज अहमदनगर बलुआ पत्थर के तल के साथ जोड़कर देखा है, जो संभवतः निचले क्रेटेशियस युग का है। [27]अरावली पर्वतमाला, जब पहली बार देखी गई थी, संभवतः **हिमालय के समान ही परिमाण में थी।** यह असंभव है कि इसके नंगे अवशेष क्रेटेशियस और इओसीन काल के अंत तक पूरी तरह से जलमग्न हो गए थे: यह अधिक संभावना है कि इओसीन के बाद के समय में पर्वतमाला में एक आधार भाग होता है जो एक छत से घिरा होता है जिसे तब से पूरी तरह से नंगा कर दिया गया है और जिसके माध्यम से पुरानी चट्टानों की उभरी हुई लकीरें और [28]इनसेलबर्ग हैं ।"

'राजस्थान में किसी भी परिमाण की सबसे पुरानी तलछटी संरचना अरावली की तलहटी के बाद कुछ हद तक स्थानीय रायलो श्रृंखलाएँ बनीं, जिनमें एक स्पष्ट असंगति थी। उल्लेखनीय असंगति महान दिल्ली प्रणाली तक फैली हुई है, जिसे **पुराण युग** कहा जाता है।' डॉ. हेरॉन ने कडप्पा काल से थोड़ा पहले दिल्ली पर विचार किया। मौसम की विघटनकारी शक्तियों के अत्यधिक 'लंबे समय तक संपर्क में रहने के कारण बड़े हिस्से पुराण युग के उथले समुद्रों के नीचे चले गए और उनके निक्षेपण हुए। **भूवैज्ञानिक इतिहास ने बिना किसी संदेह के स्थापित किया कि चट्टानों का अनाच्छादन, अपक्षय, अपरदन, अपरदित सामग्री का परिवहन और उसका निक्षेपण भूवैज्ञानिक समय पैमाने में एक नियमित भूवैज्ञानिक विशेषता रही है।** पुराणकाल कुछ अस्पष्ट है और इसे महान एपार्चियन स्थलीय काल के बाद और कैम्ब्रियन से पहले के निक्षेपों के लिए निर्दिष्ट किया गया है। अरावली को पुराण काल के दौरान कायापलट का सामना करना पड़ा और सिंक्लिनोरियम के केंद्र में दिल्ली श्रृंखला की स्थिति में कायापलट और ग्रेनाइट इंजेक्शन के पैमाने पर परिवर्तन हुआ है जिसने अरावली की पुरानी प्रणाली को बदल दिया है। पुराण युग के अंत में, उत्तर-पश्चिम से और अधिक उथल-पुथल और संपीड़न बलों ने आर्कियन-पुराना ढाल के खिलाफ चट्टान-तरंगों को चलाया। अरावली पर्वत उन संपीड़न बलों से शायद ही प्रभावित हुए। " **पुरानी अरावली श्रृंखला की चौड़ाई आज के हिमालय से कम नहीं थी, यह अनुमान योग्य प्रमाण है कि एक द्वारा प्राप्त की गई ऊँचाई दूसरे में पाई जाने वाली ऊँचाई के बराबर थी।** "[29]

भारतीय भूवैज्ञानिक सर्वेक्षण, पास्को ने पाया कि अरावली के पहाड़ बहुत ऊँचे थे और धीरे-धीरे अपक्षयित होकर अवशिष्ट पठार जैसी पहाड़ियों में बदल गए, कुछ लोगों ने अरावली की वर्तमान ऊँचाई को देखते हुए माननीय सर्वोच्च न्यायालय को गुमराह करने की कोशिश की कि अरावली स्वयं पहाड़ नहीं है। एमएल भार्गव [30](*ऋग्वैदिक भूगोल*) ने उद्धृत किया कि अरावली की ऊँची चोटियाँ संभवतः ऋग्वैदिक काल के दौरान बर्फ से ढकी हुई थीं और नदियों को बारहमासी पानी प्रदान करती थीं

दिल्ली में अरावली पहाड़ियों के बारे में भारत सरकार की एजेंसियों के विचारों में कहा गया है कि इन पहाड़ों के पिछले भूवैज्ञानिक इतिहास के दौरान परिवर्तन के कई चरण हुए, "दिल्ली प्रणाली की चट्टानें समय के साथ कई तहों और कायापलट के विभिन्न चरणों से गुजरी हैं (नाहा व अन्य., 1984 और 1987 और रॉय, 1988)। दिल्ली की चट्टानों में तह की तीन पीढ़ियां पाई गई हैं (गंगोपाध्याय और सेन, 1968)। पहली पीढ़ी के तहों के तह अक्ष मुख्य रिज यानी, NNE-SSW की प्रवृत्ति का अनुसरण करते हैं, दूसरी पीढ़ी के तह NE-SW की प्रवृत्ति का अनुसरण करते हैं जो तुगलकाबाद-महरौली क्षेत्र में देखे जाते हैं, और तीसरी पीढ़ी के तह NW-SE की प्रवृत्ति का आनंद पर्वत पर देखा जाता है। चट्टानें अत्यधिक संयुक्त हैं ये पुराने और नए संरचनात्मक रुझानों के अनुरूप NNE-SSW और WNW-ESE जोड़ हैं। श्रीवास्तव व अन्य. (1980) ने NNE-SSW, NE-SW और WNW-ESE की प्रवृत्ति वाले कई फॉल्टस का अनुमान लगाया है"[31]

केंद्रीय भूजल बोर्ड ने गुडगॉव फरीदाबाद अरावली पर्वतमाला के बारे मे देखा कि समय बीतने के साथ बहुत सारे परिवर्तनों को निरंतरता में पाया गया। "हरचंदपुर-बडकल रिज हरचंदपुर में 25 डिग्री दक्षिण -पश्चिम में एंटीफॉर्म के रूप में है। फोल्ड अक्ष दक्षिणी भाग में NS दिशा के साथ-साथ चलती है और उत्तरी भाग में NNE-SSW दिशा में थोड़ा मुड़ती है। फोल्ड का पूर्वी भाग दक्षिणी भाग में NNE दिशा में और उत्तरी भाग में NE में 60 डिग्री -80 डिग्री के बीच तीव्र पूर्वी ढलान के साथ चलता है। इस एंटीफॉर्म का पश्चिमी भाग गुड़गांव जिले में अच्छी तरह से उजागर होता है, जहां चट्टान NS दिशा में 50 डिग्री -70 डिग्री पश्चिमी डिप के साथ चलती है। पाली और मोहब्बताबाद में, क्वार्टजाइट ने सतह से 5 से 20 मीटर की गहराई पर भुरभुरापन की अलग-अलग डिग्री हासिल की है... राख/टफ के बैडस, 0.5 से 1.4 मीटर की मोटाई में क्वार्टजाइट के साथ मौजूद हैं। राख के बैडस में एक तेज निचला संपर्क और फैला हुआ ऊपरी संपर्क है। कठोर क्वार्ज़िटिक सामग्री के छोटे बाउंडेज लेंस राख के बैडस के भीतर मौजूद हो सकते हैं। [32]कटाव के कारण सबसे पुरानी अरावली पहाड़ियाँ इस क्षेत्र में पठारी संरचनाओं में दिखाई देती हैं, जो इन पहाड़ों के अस्तित्व को बताती है

अरावली पर्वतों के भूविज्ञान को पढ़ने के बाद, जो लोग गुड़गांव-फरीदाबाद में अरावली पर्वतों के अस्तित्व को अदालत में नकार रहे थे, वे इस भूवैज्ञानिक तथ्य को स्वीकार करेंगे। उन्हें हमारी सभ्यता को बचाने के लिए अरावली को बचाने के लिए आगे आना चाहिए। वे गुड़गांव गजेटियर, 1883, (पृष्ठ 2) का हवाला देख सकते हैं, "पेशेवर सर्वेक्षण द्वारा जिले का कुल पहाड़ी क्षेत्र 99.897 वर्ग मील दिखाया गया है"। "मैदान के ऊपर पर्वतमालाओं की सामान्य ऊंचाई 500 से 750 फीट तक है: मेवई के ऊपर की पहाड़ी को मानचित्र पर समुद्र से 1,847 फीट ऊपर चिह्नित किया गया है, नीचे के मैदान की ऊंचाई लगभग 625 फीट है। टांकरी की अलग-थलग पहाड़ी जिले में सबसे ऊंची है और समुद्र से लगभग 2,000 फीट ऊपर तक पहुंचता होगा।"

एक अन्य सरकारी प्रकाशन (1910, 1998) ने अरावली पहाड़ों में पेनेप्लानेशन और कायाकल्प की प्रक्रिया को और विस्तार से बताया, "इस क्षेत्र की पहाड़ियाँ अरावली का उत्तरी विस्तार जो भारतीय उपमहाद्वीप की सबसे पुरानी पर्वत प्रणाली है। लंबे समय तक कटाव से बचने के बाद ये केवल कुछ हिस्सों में ही पाए जाते हैं। वे अतीत में बार-बार पेनेप्लानेशन और कायाकल्प के दृश्य रहे हैं। इस आशय के साक्ष्य के पर्याप्त स्थलाकृतिक खण्ड हैं। पहाडी रीज आम तौर पर नंगे होते हैं और बिना किसी मिट्टी के आवरण के होते हैं। उत्तर की ओर रीजं की ऊंचाई कम हो जाती है। रीजं की पूर्वी ढलान आमतौर पर खड़ी होती है जबकि पश्चिमी तुलनात्मक रूप से धीमी होती है। इन रीजस के पूर्वी किनारों पर कई झरने हैं। महत्वपूर्ण झरनों में सोहना में गर्म सल्फर का झरना, फिरोजपुर झिरका के पास ठंडे पानी का झरना और रायसीना और रोजका में छोटे झरने शामिल हैं [33]।

3.6.1. अरावली रेत के टीले।

अरावली की उप-प्रणाली इन पहाड़ियों के बीच फैले रेत के टीले हैं। अरावली क्षेत्र से फैलते हुए रेत के टीले रोहतक जिले में उत्तर की ओर भी फैले हुए रहे है, रोहतक गजेटियर, 1883 में कुछ भागों में अर्ध-स्थिर से लेकर परिवर्तनशील रेत के टीलों का उल्लेख किया गया है और उस समय वे अधिक उत्पादक नहीं थे। "रेत के टीले जिले के केंद्र में उत्तर से दक्षिण तक दो बहुत ही नियमित और समानांतर रेखाओं में चलते हैं, रोहतक शहर के पास सबसे पश्चिमी वाला अधिक महत्वपूर्ण है: हिसार सीमा पर छोटी रेखा में उनके फिर समानांतर टीले है। रेत के सबसे खराब हिस्से एक श्रृंखला में पाए जाते हैं जो झज्जर तहसील के उत्तर में नीचे की ओर ढलान पर है। इस श्रृंखला के दक्षिण में स्थित रेत के टीले किसी भी अन्य से अलग चरित्र के हैं वे जिन पर बबूल की झाड़ियों, खीप और पाला के जंगलों [34]के साथ अच्छी घास पाई जाती है; वे जिन पर झुण्डे [35] और [36]ढाब खडे है [37]; और उन पर अन्य कुछ भी नहीं उगेगा, केवल रेत के स्थान हैं, जो लगातार पश्चिम से पूर्व की ओर बढ़ते रहते हैं और कभी-कभी गांवों को खतरे में डालते हैं, जैसा कि भूरियावास के मामले में है। [38] स्थानीय लोग उन रेत के टीलों को थली कहते हैं और उनमें से अधिकांश को सामाजिक वानिकी परियोजना और अन्य योजनाओं के तहत उनकी रेत को स्थिर करने के लिए वनरोपण किया गया था।

पुराने अभिलेखों में अलग-अलग प्रकार के रेत के टीलों के लिए अलग-अलग गांवों के नाम बताए गए हैं। दक्षिण-पश्चिम हरियाणा में स्थिर रेत के टिब्बे या टीले, अर्ध-स्थिर, सक्रिय रेत के टीले, चढ़ाई के टीले, कलाइमिग टीले और क्षेत्र में आकृति विज्ञान के विभिन्न चरणों में स्थानांतरित रेत के टीलों के विभिन्न रूप शामिल हैं। महेंद्रगढ़, रेवाड़ी, भिवानी, दादरी और गुड़गांव जिलों में अनुदैर्ध्य, बरचान, ट्रैवर्स और अवरोधक रेत के टीले देखे जाते हैं, पुराने मानचित्रों में इन अनुदैर्ध्य रेत के टीलों की लंबाई राजस्थान से शुरू होकर गुड़गांव जिले में पूर्व की ओर विस्तार के साथ बीच-बीच में कई अंतराल और गैपस के साथ दिखाई गई है। हवा और पानी से होने वाले कटाव को ध्यान में रखते हुए पुराने रोहतक जिले के कुछ क्षेत्रों को पीएलपी अधिनियम (1900) की धारा 3 से 5 के तहत अधिसूचित किया गया था। अब इन दिनों **ऑप्टिकली स्टिम्युलेटेड ल्यूमिनेसेंस का** उपयोग अरावली के रेत के टीलों के लिए किया जा सकता है, ताकि तलछट की आयु 300 वर्ष से एक लाख वर्ष तक और सूर्य के संपर्क में आने की जानकारी मिल सके। पिछले 8000 वर्षों के दौरान जलवायु परिवर्तन के कारण हरियाणा में थार रेगिस्तान के विस्तार की अवधारणा को नई तकनीकों के साथ परखा जा सकता है । अरावली क्षेत्र का गर्म होना हिमयुग की समाप्ति के बाद 11500 वर्ष पहले शुरू हुआ था।

हवा के तेज बहाव से कटाव और रेत का परिवहन फसलों के लिए नुकसानदेह रहा। बचपन में (1966-70 के दशक में) हमने देखा था कि बाजरे की फसल जोती जाती थी और धूल भरी आंधियों से खेत में बने खुंड रेत से भर जाते थे, जिससे पूरी अंकुरित फसल रेत से ढक जाती थी। कभी-कभी किसान तीन से चार बार खरीफ की फसल जोत कर बो देते थे। इतनी कठिनाइयों के बाद भी खरीफ की फसलें रेत के टीलों पर टिकी रहती थीं और करीब दो से तीन फीट ऊंची हो जाती थीं, फिर सूखा और तेज हवाएं उन फसलों की जड़ों से रेत उड़ा कर फसलों को नुकसान पहुंचाती थीं। उन इलाकों में हवा के तेज बहाव से कटाव होता था। वातानुकूलित घरों में रहने वाले लोग शायद अरावली क्षेत्रों में हवा के तेज बहाव से होने वाले कटाव की गंभीरता को नहीं जानते होंगे।

हिसार गजेटियर-1883 में भिवानी इलाकों में रेत के टीलों की स्थिति का उल्लेख किया गया है। "धूल के तूफ़ान अक्सर ईलाके की सूरत बदल देते हैं; जहाँ कल खेती होती थी, वहाँ अगले दिन रेत की पहाड़ियाँ दिखाई देने लगती हैं; और अगर किसान फसल लगाना चाहता है तो उसे फिर से जुताई करनी पड़ती है और उस ज़मीन को बार बार जोतना पड़ता है जो पहले रेत के टीलों के नीचे थी" [39]बाद में हवा के कटाव की तीव्रता को समझते हुए पीएलपी अधिनियम (1900) के तहत पूरे अधिसूचित कटाव संभावित क्षेत्रों में पेड़ों की कटाई पर अनुमति के साथ

प्रतिबंध लगा दिया गया। शायद आज के समय में कॉलोनाइजर और भू-माफियाओं को किसी भी क्षेत्र में कटाव की तीव्रता का एहसास नहीं है।

गुड़गांव जिले में वायु कटाव और रेत के टीलों के संबंध में (पहले गजेटियर में उल्लेख किया गया है), "यह क्षेत्र, जो जिले के उत्तर-पश्चिम में स्थित है, रेत से ढका हुआ है और यह रेत के बदलते टीलों का दृश्य है। मुख्य रूप से रेतीली मिट्टी के कारण यह कृषि के लिए कम उत्पादक है। यह लहरदार है, तथा कई स्थानों पर स्थानीय टिले लगभग 9 मीटर तक उचाई तक पहुंचती है। रेत के टीले तीन प्रकार के होते हैं: अनुदैर्ध्य, अनुप्रस्थ और बरकान। रेत के टीलों का अधिकांश भाग पश्चिमी और दक्षिण-पश्चिमी हवाओं की दिशा में स्थित है गर्मियों के दौरान ये काफी रेतिले होते हैं। नमी और वनस्पति आवरण की कमी के कारण, तेज हवाओं के प्रभाव में रेत स्वतंत्र रूप से हवा के साथ उडकर चलती है। हवा कटाव का मुख्य कारक है। तेज़ गति से बहते हुए, यह छोटेकंकड़ और रेत के बड़े कणों को अपने साथ ले जाती है जो इसके विनाशकारी कार्य में मदद करते हैं।"

सीजीडब्ल्यूबी की हालिया रिपोर्ट में यह भी उल्लेख किया गया है कि थार रेगिस्तान के उत्तर-पूर्वी विस्तार द्वारा चिह्नित एओलियन मैदान; जिसमें 10 मीटर ऊंचे और 5 किलोमीटर लंबे रेत के टीले और रेत की चादरें शामिल हैं, जो प्रकृति में स्थिर से सक्रिय हैं और अरावली क्षेत्र में हरियाणा के महेंद्रगढ़, रेवाड़ी और मेवात जिलों में फैले हुए हैं। इनमें से अधिकांश स्थिर रेत के टीले अनुदैर्ध्य और अंडाकार आकार के हैं, जबकि सक्रिय टीले पश्चिम से पूर्व की ओर निरंतरता के साथ अनुप्रस्थ और बर्चनोइडल प्रकृति के हैं।

3.7. अरावली सुपर ग्रुप: भूविज्ञान और स्ट्रेटीग्राफी

भूवैज्ञानिक चक्र की सबसे व्यापक अवधि को **ईऑन और ईरा** (प्रदर्शनी संख्या 3.1 का स्तंभ 1) कहा जाता है और तुरंत छोटे चक्र को **पीरीयड** और **सीस्टम** (प्रदर्शनी संख्या 3.1 का स्तंभ 2) कहा जाता है, श्रृंखला को **ईपोच** कहा जाता है। दुनिया भर में भूवैज्ञानिक अध्ययनों से पता चला है कि सबसे बड़े चक्र व्यापक रूप से और एक साथ काम करते हैं, लेकिन सभी भूवैज्ञानिक चक्र पूरी धरती पर एक ही समय पर नहीं हुए थे। किसी महाद्वीप या भूभाग में भूवैज्ञानिक घटनाएँ मोटे तौर पर कुछ भिन्नताओं के साथ घटनाओं के एक समान क्रम के समान होती हैं, यहाँ तक कि वे पूरी धरती पर एक ही समय पर नहीं होती हैं, लेकिन आम तौर पर भूवैज्ञानिक मापदंडों में एक दूसरे से सह-संबंधित होती हैं। प्रदर्श संख्या 3.1 भारत के भूवैज्ञानिक कालक्रम को दर्शाता है। ए.के. डे ने लेट प्री-कैम्ब्रियन से अर्ली कैम्ब्रियन तक को **पुराण**, पर्मियन से कार्बोनिफेरस तक को **द्रविड़** और पर्मियन से हाल के काल को **आर्यन काल** बताया है। '**स्ट्रेटीग्राफी**' क्षेत्र में फैली उन स्तरीकृत चट्टानों का अध्ययन है।

लिथो या चट्टानों (एक या अधिक खनिजों से बनी), खनिजों (एक या अधिक तत्वों से बने अकार्बनिक पदार्थ) की संरचना और उनकी संरचना भिन्न होती है। **आग्नेय चट्टानें** मैग्मा के जमने से बनती हैं जब मैग्मा सतह से नीचे गहराई पर ठंडा होता है, फिर **प्लूटोनिक** (मोटे दाने वाली), जब सतह पर ठंडा होता है, तो बहिर्वेधी या ज्वालामुखीय चट्टानें बनती हैं। **तलछटी चट्टानें** पहले से मौजूद चट्टानों के अपक्षय और क्षरण से उत्पन्न होती हैं और अपरदित सामग्री जमा हो जाती है, जो समय के साथ ऊपरी परतों या अन्य दबाव में सीमेंट या कॉम्पैक्ट हो जाती है। हवा और पानी के कटाव के कारण तलछट परतों में जमा हो जाती है जिन्हें **बेड** कहा जाता है।

भूगर्भशास्त्री क्षेत्र में बेडस/स्तरों/लिथो-इकाइयों की स्थिति का निर्धारण करते हैं, जिसके लिए वे **'डिप' और 'स्ट्राइक'** शब्द का उपयोग करते हैं। बैडस की **'स्ट्राइक'** उस पर क्षैतिज रेखा और क्षैतिज तल के साथ बैडस को जिस कोण पर बनाया जाता है, उसे स्ट्राइक के समकोण पर मापा जाता है, जिसे उन बैडस की **'डिप'** कहा जाता है। पार्श्व दबाव उन तलछटों में झुर्रियाँ या तह पैदा करता है। शिखर **एंटीक्लाइन** हैं और गर्त **सिंकलाइन** हैं। आगे संपीड़न दबाव उन चट्टानों की फिर से मोड और कई मोड बनाता है और यदि दबाव और तापमान बहुत अधिक है तो वे चट्टानें **कायापलट** हो जाती हैं, जो पहले बनी चट्टानों के बदले हुए उत्पाद हैं, जो तलछटी या आग्नेय या पहले से मौजूद कायापलट वाली चट्टानें भी हो सकती हैं। चट्टानों में **फरेक्चर** जिनके साथ कोई गति नहीं होती है उन्हें **'जांयन्ट'** कहा जाता है और **'जांयन्टस'** चट्टानों की निकट से संबंधित संरचनाएं हैं। जब चट्टानों की गति होती है तो उसे **' फॉल्ट '** कहा जाता है। यह इस पुस्तक को पढ़ने वाले आम आदमी के लिए सबसे सरल व्याख्याएँ हैं।

Exhibit 3.1Geological Chronology (Arthur Holmes and inputs from S Roy. A K Dey. P K Verma)

Periods ------- -- Age (MY) ----- Major Geological Events

Recent ------------- ----------------- Alluvium, sand dunes, soil, modern life

Pleistocene --------- 2 -----------------Indo-Gangetic alluvium, ice age, glacial beds

Pliocene ------------ 12 ---------------- Man`s ape like ancester

Miocene ------------ 25 --------------- Siwalik Group, fluviate in foot hills

Oligicene ----------- 40 --------------- Barail of Assam,hardwood forests

Eocene ------------- 60 -------------- Jaintia of Assam, Angiosperms

Palaeocene -------- 70 --------------- Deccan Traps, (Up Cretacious), simple mamales

Cretaceous -------- 135 -------------- Reptiles, insects, Gondwana Group

Jurassic ------------ 180 -------------- Cycads, Upper Gondwana
Triassic ------------ 225 -------------- Middle gondwana
Permian ----------- 270 --------------- Reptiles, sharks, Lower gondwana
Carboniferous ---- 350 -------------- Spore trees, ferns, fishesw, mollusssces
Silurian ------------- 440 -------------- Marine invertiberates
Ordovician ---------500 -------------- Sea weeds
Cambrian ----------- 600 ------------- Upper Vindhyan, Trilobites, Graptolies
Pre-Canbrian -------575 -------------Lower Vindhyan (Preterozoic)
Pre-Cambrian ------1650 ----------- DelhiAravallis Super Group
Pre-Cambrian ------2540 ----------- Aravalli System, 2550 MY Bundelkhand Granite
Archaean ----------- 3787 ----------- Older gneisses and metamorphics
Azoic -----------------3800 ---------- Crust formation
------------------------ 4500 - Birth of the Earth

हाल ही में किए गए शोध से पता चला है कि 3700 मिलियन वर्ष पहले सूक्ष्मजीव विकसित हुए और 3500 मिलियन वर्ष पहले स्ट्रोमेटोलाइट्स में चट्टानों में कार्बन अणु पाये गए। लगभग 2400 मिलियन वर्ष पहले साइनोबैक्टीरिया ने परिदृश्य बदल दिया और माना जाता है कि प्रकाश संश्लेषण प्रक्रिया की शुरुआत हुई। 800 मिलियन वर्ष पहले स्पंज जैसा जीवन दिखाई दिया जिसे पहला जानवर माना जाता है और कैम्ब्रियन 540 के दौरान आगे विकसित हुआ । माना जाता है कि पौधों का जीवन 500 मिलियन वर्ष पहले जीवों के साथ-साथ दिखाई दिया था। माना जाता है कि थैलोफाइट्स, शैवाल और कवक प्रीकैम्ब्रियन और ब्रायोफाइटा के दौरान मौजूद थे, और काई प्रीकैम्ब्रियन के अंत में मौजूद थे। हालांकि मध्य भारत में पाए जाने वाले लाल शैवाल 1600 मिलियन वर्ष पहले उथले समुद्र में पाए जाते थे। जिम्नोस्पर्म जैसे कि ताड़, चीड़, शंकुधारी पेड़ और टेरिडोफाइट जैसे कि फर्न, ग्लोसोप्टेरिस वनस्पतियाँ पैलियोज़ोइक युग के दौरान मौजूद थीं। मोलस्क (लेट प्रोटेरोज़ोइक जैसे कि फोरामिनिफ़र्स, पोरिफ़ेरा और कोएलेंटरेट) कुछ कीड़े, आदि ने जीवन के आगे के विकास के लिए मंच की शुरुआत की। पौधों के जीवन ने वातावरण में CO_2 को कम किया, ऑक्सीजन को बढ़ाया और धीरे-धीरे तापमान को कम किया। पौधों की सामग्री (माना जाता है कि यह पृथ्वी के कुल बायोमास का 82% है) ने मिट्टी को स्थिर करने में मदद की, जिसने बदले में जल चक्र में संतुलन विकसित किया। पर्मियन से जुरासिक तक भारतीय उपमहाद्वीप (गोंडवाना) में शानदार वनस्पति और पशु जीवन फला-फूला।

अरावली-पूर्व चट्टानें: बैंडेड नीस कॉम्प्लेक्स (बीसीजी): बीसीजी का आउटक्रॉप दिल्ली सिस्टम (पुरान) के महान सिंक्लिनोरियम और अरावली चट्टानों की एक और विस्तृत पट्टी से घिरा हुआ है जिसमें बीसीजी का एक इनलायर रुप मे पाया जाता है। [40]पैस्को ने बीसीजी को कई प्रकार के नीस, उच्च श्रेणी के रूपांतरित शिस्ट, मिग्माटाइट्स और मेटा-बेसिक चट्टानों के रूप में वर्णित किया है, जो पर्वतीय ओरोजेनी के दौरान क्रस्टल रिफ्टिंग के कई चरणों को सहते रहे हैं, जिससे रिफ्ट बेसिन का निर्माण होता है और तलछट के रूप में अपरदित सामग्री का जमाव होता है। आगे टेक्टोनिक उथल-पुथल ने अम्लीय और बुनियादी आग्नेय चट्टानों में इनट्रुजन की, जिसके परिणामस्वरूप बहु-चरणीय कायापलट पुनरुत्थान टेक्टोनिक्स के रूप में हुआ। इन मुड़े हुए पहाड़ों को चट्टानों के **अरावली सुपरग्रुप [41]**(पैलियो- से मेसो-प्रोटेरोज़ोइक **अरावली फोल्ड बेल्ट**) और **दिल्ली सुपरग्रुप** (मेसो- से नियो-प्रोटेरोज़ोइक दिल्ली फोल्ड बेल्ट) के रूप में भी उल्लेख किया गया है। इसमें बायोटाइट ग्रेनाइट द्वारा इंजेक्ट किए गए पत्तेदार गहरे बायोटाइट और क्लोराइटिक शिस्ट शामिल हैं, जिसमें जगह-जगह क्वार्ट्ज और फेल्डस्पार की धारियों के साथ गार्नेट के साथ बायोटाइट की धारियाँ हैं। इसे अरावली से पहले की चट्टान माना जाता है, जिसकी संरचना और इसमें शामिल खनिजों में विभिन्न स्थानों पर व्यापक भिन्नताएँ हैं। (इस पुस्तक के लिए ईससै अधिक भूवैज्ञानिक विवरण की आवश्यकता नहीं है)

स्ट्रेटीग्राफी अनुक्रम, भूगर्भिक समय इकाइयों में संरचनाओं के स्ट्रेटीग्राफिक क्रम (उनकी घटना की आयु और संरचना के अनुसार) में चट्टान डेटा का संकलन है, प्रदर्श 3.2 अरावली के स्ट्रेटीग्राफिकल अनुक्रम को दर्शाता है। दिल्ली सुपर ग्रुप के दिल्ली-हरियाणा अरावली अनुक्रम में अलवर समूह और अजबगढ़ समूह शामिल हैं, जो रेतीले से लेकर कैल्केरियस-मिट्टी के रूप में परिवर्तन दर्शाते हैं। भूवैज्ञानिक घटनाओं का इतिहास क्रमिक क्रम के साथ छोटे या बड़े परिमाण के चक्रों में तब हुआ जब क्षेत्र के भूवैज्ञानिक संरचनाओं के क्रमिक विकास में अपक्षय और अनाच्छादन, कटाव और परिवहन, तलछट और उत्थान सहित वलन और फॉल्टिंग, कायापलट और आग्नेय घुसपैठ का भूवैज्ञानिक कार्य हुआ।

अरावली की रेतीली चट्टानें, अलवर समूह की मिट्टीदार चट्टानें फेसीजं, कार्बोनेट फेसीजं चट्टानों के साथ हैं। माना जाता है कि अजबगढ़ समूह का जमाव ज्वारीय समतल वातावरण के माध्यम से फॉल्टिंड गर्त में हुआ है। फरीदाबाद जिले के अन्नागपुर-मांगर-पाली क्षेत्रों और गुड़गांव मोहम्मदपुर अहीर क्षेत्र में मोटे दाने वाले किरकिरा क्वार्टजाइट से क्वार्ट्ज रेत का निर्माण हुआ।

बाकलीवाल और रविन्द्र (1975) ने सोहना-नूंह-फिरोजपुर पहाड़ी रिज में कार्बनयुक्त फ़िलाइट और ब्रेकिएटेड क्वार्टजाइट की रिपोर्ट की। खान (1985) ने इस क्षेत्र में स्ट्रोमेटोलाइट्स और फॉस्फेट बैंड की रिपोर्ट की। (सेन, 1981, 1983; रॉय व अन्य., 1988; गुप्ता व अन्य, 1992: सिन्हा-रॉय व अन्य, 1993ए और 1993बी, गुहा और गर्खल, 1993) और कई अन्य वैज्ञानिकों ने 2000 मिलियन वर्ष पहले अरावली बेसिन की शुरुआत मानी। माना जाता है कि अरावली बेसिन की रीफटिंग लगभग 1700 मिलियन वर्ष पहले बंद हो गई थी और क्रस्टल संपीड़न शुरू हो गया था, जिससे अरावली फोल्ड बेल्ट में फॉल्ट और डिश्लोकेशन क्षेत्रों का घटनाये हुई, जैसा कि कई भूवैज्ञानिकों का मानना है।

दिल्ली फोल्ड बेल्ट अरावली को दो भागों में विभाजित करती है, जिसमें पश्चिमी भाग ज्वालामुखी उद्गम स्थल है। एरिनपुरा ग्रेनाइट और मलानी आग्नेय सुइट के दक्षिणी दिल्ली फोल्ड बेल्ट में व्यापक अम्लीय मैग्माटिज्म का दखल

Exhibit 3.2. **General Geological Succession** of Pre-Cambrian Formations of Rajasthan (After Heron 1953)

System ---- ------- Series ----------- Composition ----------------------------- --Entrusion/ extrusion

----------- Recent & sub -recent -- Alluvium and blown sands -----------

Vindhyan --- -------------------- Sandstone, limestone & boulders --- Dolerite and basalt (age uncertain)

----------- malani Ryolites ------- Ryolite, Tuffs -------------- Granite,Erinpura granite, pegmatite, epidiorite

Delhi --- Ajabgarh Series ---- Upper Ryholite ------------- ------------- --------------------------------------

------------------------------------ Limestone --

---------- ------------------------ Biotitic limestone & calc --

---------------------------------- Phylites,biotite schist, composite gness ---

-----------Alwar Series---- Quartzites , arkose-, grit & conglomerates ----------- -------------------------------

---------- Rialo Series ------- Garnetiferous- biotite schist -------- -------- Aplogranite, epidiorite

----------- ------------------ Limestone (marble) -------- --------- --- and horneblende

---------------- ------------- Local basal grit ---- ----------- ------ ------------ ----- --------- -------

Aravalli ----- ------------- -- Impure limestone, quartzites, phyllites, biotite schist -------------------------

----------- ------------------- Quartzite, grits, & local soda syenites, conglomerates ------------- ----------

----------- ------------------- Local amygloaloids and tuffs ------------ ---------------- ------------------

--------- B G Comlex ---- Schists, gneisses, & composite gneiss ------Pegmatites, granite, aplite, basic rocks

माना जाता है, जो 900 और 700 MY के बीच था। चौधरी व अन्य, (1984) ने अजमेर के दक्षिण में मुख्य SDFB अक्षीय क्षेत्र और ट्रांस-अरावली बेल्ट में ग्रेनाइट के एक सामान्य मैग्मैटिक विकास का सुझाव दिया। मैथ्यू रॉय (1988) ने अरावली पहाड़ी श्रृंखला के दक्षिणी भाग में ग्रेनाइट गतिविधि को दिल्ली ओरोजेनी के बाद की ओरोजेनिक मैग्माटिज्म का हिस्सा माना।

"अरावली में ग्रेनाइट का प्रवेश हुआ है, जिसके बारे में यह मानने का अच्छा कारण है कि यह रायलो और दिल्ली तलछट से भी पुराना है, जो पूर्व में स्थित है; इसलिए इस विशेष ग्रेनाइट को आर्कियन के साथ समूहीकृत किया गया है। अरावली के सबसे उत्तरी भाग दक्षिणी अलवर में हैं।" "अरावली के बैडस उत्तर-पश्चिम से दक्षिण-पूर्व की ओर कायापलट में सामान्य कमी दर्शाते हैं।" [42]"कटाव असंगति जिसके साथ बेसल ग्रिट नीस पर स्थित है, हेरोन द्वारा वर्णित है कि यह ठोस है, ग्रिट से क्वार्टजाइट के माध्यम से फ़िलाइट्स में ऊपर की ओर संक्रमण क्रमिक और अखंड है। नीस के बाहर निकलने के भीतर चूना पत्थर और क्वार्टजाइट के कई छोटे अलग-अलग आउटलाईर्स हैं जो बहुत अधिक कटे हुए हैं, और स्ट्राइक की दिशा में लम्बे हैं; ये अवतल रूप से एंटीक्लिनोरियम के उपर में मामूली सिंकलाइन की युक्तियों का प्रतिनिधित्व करते हैं। [43]इस नीसीय आन्तरिक परत के दक्षिणी किनारे पर, आधारीय अरावली क्वार्टजाइट के खंड अंतर्निहित नीस में भ्रंशित हो जाते हैं, जो कि क्वार्टजाइट कटकों के बीच लम्बी टंन्गस के रूप में विस्तारित होते हैं।

हरे रंग के गार्नेटिफ़ेरस हॉर्नब्लेंड शिस्ट और क्वार्टजाइट में, हेमेटाइट शिस्ट का विकास होता है जो संभवतः सिलिका और क्वार्टजाइट के हेमेटाइट द्वारा मेटासोमैटिक प्रतिस्थापन है, पैस्को। [44]अरावली बेड के आधार पर असंगति बैंडेड नीस कॉम्प्लेक्स पर अस्पष्ट फॉल्ट और इनट्रुजन के साथ स्थित है। अरावली को पार करने वाले मोटे बनावट वाले डाइक को प्री-रायलो, पोस्ट-अरावली इनट्रुजिव से संबंधित माना जाता है जो ग्रेनाइट और डोलेराइट के मिश्रण की तरह दिखते हैं। एसिड इनट्रुजिव और बाद में डोलराइट्स ने आसपास की चट्टानों में संपर्क परिवर्तन का उत्पादन किया जैसे कि फ़िलाइट को माइका शिस्ट में बदल दिया गया है और चूना पत्थर मार्मोराइज़्ड (बहु -रंगीन संगमरमर) बन गया है। मिश्रित नीस और ग्रेनाइट से युक्त पेग्माटाइट की वैंन्स अरावली में पाई जाती हैं। आम तौर पर स्वीकार किया जाता है कि मिट्टी का शेल से फ़िलाइट मेटामॉर्फ़िज्म में रूपांतरण और परिवर्तन, माइका शिस्ट से फ़ेलस्पैथोइड शिस्ट में परिवर्तित, फिर मिग्माटाइट ने ग्रेनाइट प्लेसमेंट किया, चट्टानों में ये परिवर्तन ग्रेनाइटीकरण की प्रक्रिया में हुए। क्वार्टजाइट भी ग्रेनाइटीकरण की प्रक्रिया से गुजरता है,

रेत से बलुआ पत्थर, उच्च तापमान पर उच्च दबाव क्वार्टजाइट में परिवर्तित होकर आग्नेय इनट्रुजिव के साथ फेल्डस्पैथोइड क्वार्टजाइट में परिवर्तित हो जाता है और ग्रेनाइट बन जाता है। बारीक-दानेदार क्वार्टजाइट को अक्सर गनीस चट्टानों और रूपांतरित एरेनेसियस सामग्री द्वारा अलग किया जाता है।

"दिल्ली में खड़ी चोटियों या लम्बी पठारों का प्रदर्शन, संकरी मध्यवर्ती घाटियों के साथ," "अरावली के उत्तरी भाग में रायलोस के बाद, एक और बड़ी अनकॅन्फरमिटी के बाद, क्वार्टजाइट्स, ग्रिट्स और शिस्टोज चट्टानों की प्रणाली है जो दिल्ली शहर के प्रसिद्ध रिज का निर्माण करती है। ये दिल्ली प्रणाली का निर्माण करते हैं।"

कुछ स्रोतों ने अरावली पर्वतमाला (अरावली प्रणाली) में 3300 MY से 500 MY तक टेक्टोनिक उथल-पुथल का उल्लेख किया है। अरावली पर्वतमाला का टेक्टोनिक-स्ट्रेटीग्राफ़िक विकास:[45] इस क्रम में दस लाख वर्ष को Ma या MY कहा गया है।

नियोप्रोटेरोज़ोइक: मारवाड़ समूह -- (500–550 Ma): मालानी आग्नेय सुइट
-------------------------- (720–750 Ma): सिन्धुरथ/पुनागढ़ समूह
--------------------------(800–850 Ma): सिरोही समूह (900 Ma): एरिनपुरा ग्रेनाइट
मेसोप्रोटेरोज़ोइक: दिल्ली सुपरग्रुप ---- (1100-900 Ma): दक्षिण दिल्ली फ़ोल्ड बेल्ट
-------------------------(1600-1450 Ma): उत्तरी दिल्ली फोल्ड बेल्ट
पैलियोप्रोटेरोज़ोइक: हिंडोली समूह -- (1800–1700 Ma): सैंडमाटा कॉम्प्लेक्स
-- (2200-1800 Ma): अरावली सुपरग्रुप और राजपुरा-दरीबा में खनिजयुक्त बेसिन
नियोआर्कियन (2900-2600 Ma):--- भीलवाड़ा समूह के साथ मंगलवर परिसर
मेसोआर्कियन (3300–3000 Ma): --- जगत सुपरग्रुप के साथ मेवाड़ नीस

दिल्ली सिस्टम में फेरुजिनस क्वार्टजाइट, नीस, शिस्ट और स्लेट के साथ गहरे अपक्षयित चट्टानें क्षेत्र में उजागर हुई हैं। शिस्टोज चट्टानें (क्वार्ट्ज-मस्कोवाइट-सेरीसाइट शिस्ट, और सहायक खनिजों के रूप में टूमलाइन और जिरकोन) और बैंडेड नीस कॉम्प्लेक्स स्लेट में जगह-जगह टेक्टोनिक विरूपण के साथ रूपांतरित हुए हैं। दिल्ली सिस्टम अरावली स्ट्रेटा के सिंक्लिनोरियम के केंद्र में होता है और इसके कारण इसमें उच्च स्तर का कायापलट और टेक्टोनिक विरूपण हुआ है। दिल्ली सिस्टम की चट्टानें सिंक्लिनल जड़ों में गहराई से दबी हुई थीं और अरावली के उच्च दबाव और इनट्रुजिव की क्रियाओं का सामना करती थीं। अलवर क्वार्टजाइट, ग्रिट और फ्लैगस्टोन प्रमुख इकाइयाँ बनाते हैं। ग्रेनाइट, लैकोलिथ, पेग्माटाइट और एप्लाइट्स की इनट्रुजिव ने दिल्ली लिथो इकाइयों में बड़े क्षेत्र को कवर किया।

क्वार्टजाइट बैंड की संरचनाओं का अवलोकन करने से पता चलता है कि अरावली में फांल्डिगं बहुत जटिल रही है, जो शियरिगं, फॅाल्ट और विकृतियों के चक्रों से ग्रेसित है। कई जगहों पर क्रॉस-बेडिंग और ग्रेडेड बेडिंग के तलछटी होने का अनुमान लगाया जा सकता है। अरावली की मिट्टी की संरचनाएं अलग-अलग डिग्री के मेटामॉर्फिज्म को दिखाती हैं - शेल (मेवात क्षेत्र) से लेकर स्लेट (रेवाड़ी क्षेत्र) तक और अलग-अलग क्षेत्रों (नारनौल क्षेत्र) में फ़िलाइट्स, माइका शिस्ट, गार्नेट और कायनाइट तक। बेसल क्वार्टजाइट, कॉन्ग्लोमरेट या चूना पत्थर भी कई जगहों पर मिट्टी की परतों में पाए जाते हैं। अलग-अलग ग्रेड के क्वार्टजाइट का मेटामॉर्फोसिस अलग-अलग क्षेत्रों में हुआ है।

"अरावली पर्वत श्रृंखला की प्रीकैम्ब्रियन करसट् में कई प्रोटेरोज़ोइक फोल्ड बेल्ट शामिल हैं, जो आर्कियन युग की शिस्ट-नीस-ग्रेनाइटिक चट्टानों के नीचे और सीमांकित हैं। बेसमेंट, जिसे प्रोटेरोज़ोइक ऑरोजेनेसिस के दौरान आंशिक रूप से फिर से संगठित किया गया था, में 3500-2500 [46] मिलियन वर्षों की अवधि के दौरान निर्मित बायोटाइट नीस, एम्फीबोलाइट, एल्युमिनस पैराग्नीस, क्वार्टजाइट और संगमरमर का एक विषम संयोजन शामिल है।" रॉय (2008) ने 2500 MY से 900 MY के बीच अरावली की तीन इकाइयों का उल्लेख किया, "तीन प्रमुख प्रोटेरोज़ोइक कवर इकाइयां: अरावली सुपरग्रुप (2500 से 1900 मिलियन वर्ष), दिल्ली सुपरग्रुप (1900 से 1450 मिलियन वर्ष) और चंपानेर ग्रुप (ˉ0900 मिलियन वर्ष के करीब), रीफट-बेसिन्स की एक श्रृंखला के विकास के माध्यम से एन्सियालिक फोल्ड बेल्ट के रूप में विकसित हुए, बीच में हॉर्स्ट्स के साथ ग्रैबेंस था। बेसिन-भरण में कई क्रमिक चरणों में रखे गए तलछट और ज्वालामुखी शामिल थे, जिनमें बड़े अंतराल थे। इन बेसिनों में अवसादन और ज्वालामुखी ने बेसिन निर्माण, लिथोलॉजिक चरित्र, जैविक विकास, मैग्माटिज्म और मेटालोजेनी के संदर्भ में कई जैविकनिरपेक्ष परिवर्तन दर्ज किए। प्रोटेरोज़ोइक, जो लीनयर फोल्डिड बेलटस के निर्माण के साथ शुरू हुआ, असफल रीफटिग में परिणत हुआ और पर्वत श्रृंखला के अक्षीय क्षेत्र और उसके पश्चिम में पर्वतजनित बहुविध मैग्माटिज़्म से संबद्ध हुआ।"

पीके वर्मा ने 2500 MY से लेकर 1400 MY तक के ऑरोजेनी के पांच अलग-अलग चरणों का उल्लेख किया और उन्हें उलटे महाद्वीपीय रीफटट के लिए अंतर-महाद्वीपीय ऑरोजेनी कहा। " भारतीय प्रायद्वीप के उत्तर-पश्चिमी भाग में अरावली पर्वत श्रृंखला (एएमआर) में दो मुख्य प्रोटेरोज़ोइक मेटासेडिमेंटरी और मेटा आग्नेय अनुक्रम हैं, क्रमशः अरावली और दिल्ली सुपरग्रुप, जो आर्कियन नीस बेसमेंट पर स्थित हैं। अरावली पर्वत श्रृंखला से संबंधित स्वयं के क्षेत्र कार्य और भूभौतिकीय व्याख्याओं के परिणामों सहित उपलब्ध भूवैज्ञानिक, भू-कालानुक्रमिक और भूभौतिकीय आंकड़ों के संश्लेषण और पुनर्व्याख्या से पता चलता है कि इसकी उत्पत्ति एक उल्टे बेसिन के रूप में हुई

है: ग्रेनाइटॉइड बेसमेंट में दरार ~ 2.5; Ga पहले शुरू हुई थी संबद्ध मैफ़िक आग्नेय चट्टानें महाद्वीपीय और महासागरीय थोलेइटिक भू-रसायन विज्ञान दोनों को दर्शाती हैं और फ़ैनरोज़ोइक, रीफट-संबंधी मैग्मैटिक उत्पादों के साथ तुलनीय हैं। उपलब्ध डेटा ने एएमआर में महासागरीय स्थलमंडल और द्वीप-चाप/सक्रिय मार्जिन मैग्मैटिक गतिविधि के लिए कोई निर्णायक सबूत नहीं दिखाया। बाद में उलटा और ओरोजेनी (दिल्ली ओरोजेनी, ~ 1.5--1.4 Ga) जटिल विरूपण और कायापलट को जन्म देती है। केवल पश्चिमी और मध्य क्षेत्रों में बेसमेंट इस मध्य-प्रोटेरोज़ोइक (दिल्ली) विरूपण में शामिल रहा है, जबकि यह पूर्वी भाग में अप्रभावित है, मुख्य रूप से बेसमेंट/कवर इंटरफ़ेस के साथ स्थानीय शीयर क्षेत्रों को छोड़कर। पूर्व में ग्रीन्सचिस्ट फ़ेसिज़ से पश्चिम में स्थानीय एचपी संयोजनों के साथ एम्फीबोलाइट फ़ेसिज़ तक कायापलट की डिग्री बढ़ जाती है। इन उत्तरार्द्ध को पतले और ठंडे महाद्वीपीय स्थलमंडल के तेजी से बुरिसल और उत्खनन द्वारा समझाया गया है। इसके बाद, व्युत्क्रम के अंतिम, हल्के चरण के दौरान, विंध्य की घाटियाँ मुख्य रूप से बलुआ पत्थर, चूना पत्थर और शेल से बनी हुई थीं, जो अरावली पर्वत श्रृंखला के किनारे बनीं, जो कि फोरलैंड घाटियों के बराबर हैं। इसलिए अरावली पर्वत श्रृंखला के टेक्टोनिक विकास को एक प्रमुख उल्टे महाद्वीपीय दरार और एक प्रोटेरोज़ोइक अंतर-महाद्वीपीय ओरोजेन के उदाहरण के रूप में व्याख्या किया जाता है, " [47]पीके वर्मा (1995)।

डीसी मिश्रा व अन्य ने आइलैंड आर्क के अवशेषों के साथ टकराव टेक्टोनिक्स को समझाया, " अरावली दिल्ली मोबाइल बेल्ट (एडीएमबी) में विभिन्न अवधियों की चट्टानों के दो अलग-अलग समूह शामिल हैं। मोबाइल बेल्ट के पूर्वी और पश्चिमी भागों की ओर क्रमशः पैलियोप्रोटेरोज़ोइक और मेसो-नियोप्रोटेरोज़ोइक काल की चट्टानों का अरावली और दिल्ली सुपरग्रुप है। ट्रांसेक्ट के पूर्वी भाग की विशेषता मेसोआर्कियन के बैंडेड नीसिक कॉम्प्लेक्स (बीजीसी) है जो एक तहखाने के रूप में है जो विंध्य तलछट से पूर्व की ओर ग्रेट बाउंड्री फॉल्ट द्वारा अलग किया गया है । बीजीसी में मेटासेडिमेंट और मेटा-ज्वालामुखी (बेसिक और अल्ट्राबेसिक) शामिल हैं[48]

डीसी मिश्रा और एम. रवि कुमार (2023) ने भी उल्लेख किया, "इनमें से अधिकांश आयु उस क्षेत्र में उजागर हुए ग्रेनाइटॉइड से हैं जो टकराव टेक्टोनिक्स के लिए महत्वपूर्ण है। पुरानी आर्कियन तिथियां बैंडेड गनीस कॉम्प्लेक्स जैसे बेसमेंट चट्टानों से संबंधित हैं, जबकि पैलियोप्रोटेरोज़ोइक तिथियां (~ 1.9 - 1.7 Ga) चट्टानों के अरावली सुपरग्रुप से संबंधित हैं। चट्टानों का अरावली सुपरग्रुप मेटावोलकेनिक और मेटासेडिमेंट्स से बना है। अरावली दिल्ली मोबाइल बेल्ट के पूर्वी किनारे पर ~ 1.7 - 1.5 Ga का जहाजपुर ग्रेनाइट उस अवधि के एक द्वीप आर्क का प्रतिनिधित्व कर सकता है (सुगडेन व अन्य, 1990)। ये इनड्रुजिव अरावली चट्टानों के सुपरग्रुप के समतुल्य हैं माना जाता है कि वे पूर्व की ओर आर्क-ट्रेंच अनुक्रम और पश्चिम की ओर ओफियोलाइट्स मेलंज का प्रतिनिधित्व करते हैं (सिन्हा-रॉयव अन्य, 1995)। प्रोटेरोज़ोइक काल के अंत में मैग्मैटिक गतिविधियाँ देखी गईं, जैसे कि एरिनपुरा ग्रेनाइट का विस्थापन और मोबाइल बेल्ट के पश्चिमी मार्जिन के साथ मालानी ज्वालामुखी, जिसे 800-750 मिलियन वर्ष पुराना माना जाता है।

परमप्रीत कौर व अन्य (2011) ने 1171 MY तक जारी अरावली के कई चरणों में 3700 MY पहले से क्षीण मेंटल से निर्मित सबसे प्राचीन क्रस्ट की व्याख्या करते समय डेट्राइटल जिरकोन के U–Pb–Hf आइसोटोप विश्लेषण का इस्तेमाल किया, "अरावली पर्वत श्रृंखला में उत्तरी दिल्ली फोल्ड बेल्ट के सबसे प्राचीन रॉक, अलवर क्वार्टजाइट से डेट्रीटल जिरकोन के ईन सीटू U–Pb–Hf आइसोटोप विश्लेषण से संकेत मिलता है कि उत्तर-पश्चिम भारत का बेंसमेन्ट एक सामान्य आर्कियन-पैलियोप्रोटेरोज़ोइक विकासवादी इतिहास साझा करता है, और यह 3.70० और 1.71 Ga के बीच कई क्रस्ट बनाने और क्रस्ट फिर से काम करने की घटनाओं का परिणाम है। यह जिरकोन आयु स्पेक्ट्रम द्वारा सुझाया गया है जिसमें अधिकांश आयु 1.87७-1.71 Ga (75%), 3.27७-3.23 Ga. Lu-Hf आइसोटोप डेटा से पता चलता है कि सबसे पुरानी क्रस्ट, चाहे अरावली पर्वत श्रृंखला में हो या उसके भीतरी भाग में, लगभग 3.7 Ga पर एक क्षीण मेंटल स्रोत से बनी थी। इसके अलावा, डेटा यह भी दर्शाता है कि अलवर तलछट का भीतरी भाग 3.25, 2.89, 2.67, 2.51 और 1.87-1.80 Ga पर नए "किशोर" क्रस्ट गठन की कई अवधियों से प्रभावित हुआ था, जबकि क्रस्टल पुनर्रचना 2.62-2.45, 2.2 और 1.87-1.77 Ga पर प्रमुख थी। ज़ेनोक्रिस्टिक कोर और मेटामॉर्फिक अतिवृद्धि वाले ज़िरकॉन, अतिरिक्त रूप से सुझाव देते हैं कि स्रोत क्षेत्र 2.5 और 2.2 Ga पर उच्च-श्रेणी (?) मेटामॉर्फिक घटनाओं से प्रभावित था। यह निष्कर्ष निकाला जा सकता है कि अलवर क्वार्टजाइट में पैलियो- से नियोआर्कियन डिट्रिटस (3.3-2.5 Ga) समीपस्थ स्रोतों से उत्पन्न होता है। प्रमुख लेट पैलियोप्रोटेरोज़ोइक ज़िरकोन डिट्रिटस (1.87-1.71 Ga) की आपूर्ति पास के बेसमेंट से हुई थी, जो लगभग 1.85 Ga पर सबडक्शन-एक्रीशन टेक्टोनिक्स से प्रभावित था, और 1.77 Ga पर पहले, शायद पोस्ट-कोलिज़नल रिफ्ट-संबंधी चरण से प्रभावित था। बाद की घटना अभी तक पहचानी नहीं गई है और 1.72-1.70 Ga पर रिफ्ट-संबंधी A-टाइप मैग्माटिज़्म के दूसरे चरण से पहले की है। सबसे कम उम्र के डिट्रिटल ज़िरकोन की आयु लगभग 1.71 Ga है, जो यह सुझाव देती है कि उत्तरी दिल्ली फोल्ड बेल्ट में अवसादन और कायापलट रिफ्ट-संबंधी A-टाइप मैग्माटिक गतिविधि के दूसरे चरण के बाद की है।"[49]

नांगल दर्गू (नारनौल) के पास बायोटाइट शिस्ट में गार्नेट और स्टॉरोलाइट पाए गए, जिससे नीस चट्टानों का निर्माण हुआ। नांगल दर्गू और पांचनोता गांवों में ऑर्थोक्लेज़ से भरपूर बड़े पेग्माटाइट पिंड पाए जाते हैं। गुड़गांव के सिकंदरपुर, घोसगढ़, अलीपुर, कासन, घमरोज, महेंद्रगढ़ जिले के बायल और फरीदाबाद जिले के अन्नागपुर के आसपास पाए जाने वाले पेग्माटाइट प्लेगियोक्लेज़, मस्कोवाइट, टूमलाइन, बेरिल, एपेटाइट से जुड़े माइक्रोक्लाइन से भरपूर हैं। राजस्थान के नीम-का-थाना और नारनौल क्षेत्र के दक्षिण में उच्च श्रेणी के रूपांतरित

बहुरंगी संगमरमर और रूपांतरित चूना पत्थर की पहाड़ियाँ।

ढोसी पहाड़ी ग्रेनाइट के ज़ेनोलिथ में ग्रेनाइटोडायोरिटिक समानता है (शिओ प्रसाद व अन्य 1994) क्वार्टजाइट ग्रेनाइट में बायोटाइट शिस्ट के साथ मिला हुआ है। यह एक विलुप्त ज्वालामुखी क्रेटर जैसा प्रतीत होता है और खनक में हाइपेबिसल ग्रेनाइट स्थलीय ज्वालामुखी से जुड़ा हुआ है। खुराना व अन्य(1996) ने 708±106 MY के तोशाम ग्रेनाइट और 732±203 MY के खानक ग्रेनाइट का उल्लेख किया है। तोशाम के रायोलाइट के भीतर रायोलाइट के टुकड़े बाद के विस्फोटों की उथल-पुथल का संकेत देते हैं। ढोसी, कुलताजपुर, धानोता, मुकुंदपुरा, तोशाम, खानक, रेवासा, निगाना, देल्हेरी और देवसर क्षेत्रों जैसे अलग-अलग स्थानों में गुलाबी ग्रे हॉर्नब्लेंड बायोटाइट या ल्यूक्रेटिक ग्रेनाइट की घटनाएँ। ए.के. डे के अनुसार, अरावली प्रणाली का इतिहास 3500 ई.पू. पुराना हो सकता है, हालांकि कुछ बाद की तलछट भी इसमें शामिल हो गई लगती है। इस प्रणाली की चट्टानें लगभग 1000 MY में अंततः रूपांतरित हो गईं।[50]

दिल्ली में अरावली के बारे में भारत सरकार के 2019 के प्रकाशन में [51]भारतीय भूवैज्ञानिक सर्वेक्षण के हवाले से कहा गया है, [52]"अध्ययनों से पता चला है तीन स्ट्रेटीग्राफिक क्षितिज और एनसीटी दिल्ली की तीन अलग-अलग लिथोस्ट्रेटीग्राफिक इकाइयाँ अंतर्निहित हैं। इनमें से सबसे ऊंची सतह अपरदनशील सतह है जो अनाच्छादनशील पहाड़ियों के शीर्ष का निर्माण करती है।

Exhibit 3.3. Generalised Stratigraphy of Haryana State (After GSI, 2012)

Age -----Super Group -----Group Formations ------ Lithology

Quaternary -- --------- Older & newer alluvium & aeolian --- Grey and brownsand, silt, silt-clay, with -- ------------ ------ calcrete, limestone and gypsum

Tertiary .... Siwalik ------Upper Siwalik ....------------- Boulder, conglomerate, sandstones, clay /mudstone

----------- Super---- --Middle Siwalik ....---------- Sanstone with variegated clay /mudstone

------------- Group ----- Lower Siwalik ----------- Sandstone, mudstone / shale

---------- ------------- Sabathu ------- ------------ Fine grained sandstone, clay and limestone

Pre- Tertiary (?) ---- Tundapathar ------------Stromalitic limestone, Tosham Ryolite, Granite, migmatite

Proterozoic --Delhi SG--Ajabgarh Group ----- Quartzite and basic flows, mica schist, carbonaceous phyllite, --- ------ -------------(five formstions) ----and slates, calc-schist, dolomite, marble, calc-silicate, amphibolite

------------ -------- Alwar Group ------- Quartzite, conglomerate, amphibolite, mica schist, & arkose quartzite

दूसरी सतह पुराना जलोढ़ मैदान है और तीसरी निक्षेपणशील युवा जलोढ़ मैदान (यमुना) है। तीनों ही सतहें अपरदनशील पहाड़ियों के शीर्ष का निर्माण करती हैं। उनके अनुरूप लिथोस्ट्रेटीग्राफिक इकाइयों में व्यापक और के कारण परिवर्तन हुए हैं इस अवधि में अनियंत्रित शहरी गतिविधि देखी गई।" जीएसआई के एक अध्ययन में बताया गया है [53]कि दिल्ली की चट्टानों में तीन पीढ़ियों से तह बनी हुई है। पहली पीढ़ी के फोल्ड की अक्ष मुख्य रिज की प्रवृत्ति का अनुसरण करती हैं, अर्थात NNE-SSW, दूसरी पीढ़ी के फोल्ड तुगलकाबाद-महरौली क्षेत्र में उत्तर-पूर्व-दक्षिण-पश्चिम की ओर रुझान देखा गया है, तथा तीसरी पीढ़ी की तह का रुझान आनंद पर्वत पर NW-SE देखा गया है। चट्टानें अत्यधिक संयुक्त हैं और संयुग्मित ऊर्ध्वाधर के दो सेट हैं उप-ऊर्ध्वाधर जोड़ों की सूचना दी गई है। जीएसआई के एक अन्य अध्ययन (जीएसआई अध्ययन रिपोर्ट: श्रीवास्तव व अन्य(1980) ने कई फॉल्ट्स का अनुमान लगाया है उत्तर-उत्तर-दक्षिण-पश्चिम, उत्तर-पूर्व-दक्षिण-पश्चिम और पश्चिम-उत्तर-पूर्व-दक्षिण-पूर्व की ओर प्रवृत्त।" अलग-अलग ऊंचाइयों की पृथक पहाड़ियाँ प्री-कैम्ब्रियन बेसमेंट चट्टानों के संपर्क में हैं।

एनसीआर अरावली क्षेत्र की जांच श्रीवास्तव (1959, 1959-60), मिश्रा (1964), काशी राम और भट्टाचार्य (1969), गोपेंद्र कुमार (1972-73), तिवारी (1971-72), कोचर (1977, 83), डे और राव (1980), दत्ता और रवींद्र (1980), धीर और जोशी (1985), खान (1985), कालिया व अन्य(1992), जपौल और धीर (1988), भोला व अन्य(1981) और शिव प्रसाद व अन्य (1994) [54]आदि द्वारा की गई है।

भारत सरकार के प्रकाशनों ने प्रदर्शनी संख्या 3.3 में हरियाणा में चट्टानों के क्रम को उनकी संरचनाओं की आयु के अनुसार वर्णित किया है। केंद्रीय भूजल बोर्ड के [55]प्रकाशनों में उल्लेख किया है कि जलोढ़ जमाव सामान्यतः लेंटिकुलर आकार के होते हैं। महेन्द्रगढ़ और भिवानी जिलों के कुछ हिस्सों में , भूवैज्ञानिक अनुक्रम को रिसेन्ट से सब-रिसेन्ट के रूप में वर्णित किया गया है-जलोढ़ और हवा से उड़ने वाली रेत, आदि; दिल्ली के बाद का इनड्रुजिव -पेग्माटाइट, क्वार्ट्ज वैनस, ग्रेनाइट, आदि; अल्गोनुकियन दिल्ली प्रणाली-अजबगढ़ श्रृंखला, कुशलगढ़ चूना पत्थर, और अलवर श्रृंखला। पुराने जलोढ़ से संबंधित क्षेत्र में जलोढ़ में रेत, गाद, चिकनी मिट्टी और कंकर शामिल हैं। नया जलोढ़ मुख्य रूप से नदी के प्राकृतिक जल मार्गों के किनारों तक ही सीमित है रेत के टीले भिवानी, महेन्द्रगढ़, हिसार और सिरसा जिलों में पाए जाते हैं, जहाँ मोटे रेत, बजरी और पत्थर पाइडमाउंट क्षेत्रों और आस-पास के जलोढ़ क्षेत्रों में पाए जाते हैं। उत्तर से दिल्ली और भिवानी, महेन्द्रगढ़, गुड़गांव और फरीदाबाद जिलों के कठोर चट्टानी क्षेत्रों की ओर बढ़ने पर तलछट की मोटाई धीरे-धीरे कम होती जाती है।

बाढ़ के मैदानी इलाकों में दोहान, कृष्णावती और साहिबी नदियों द्वारा होलोसीन काल के जलोढ़ और एओलियन तलछट जमा इस क्षेत्र में भू-आकृति विज्ञान संबंधी घटनाओं के अध्ययन के लिए महत्वपूर्ण हैं। दक्षिण हरियाणा (नारनौल-रेवाड़ी-चरखी दादरी-झज्जर जिले) अरावली क्षेत्रों के आसपास भूवैज्ञानिक लिथो-इकाइयों को उनकी आकृति विज्ञान और भू-आकृति विज्ञान संबंधी पहलुओं के साथ [56]प्रदर्शनी संख्या 3.4 में संक्षेपित किया गया है।

Exhibit 3.4. **दक्षिण हरियाणा में अनुमानित स्तर अनुक्रम।**

समय लिथोलॉजी, भू-आकृति विज्ञान और इकाइयों की आकारिकी

होलोसीन दोहान, साहिबी, कृष्णवती जलोढ़ मिट्टी, महीन, मध्यम से मोटी रेत, जिसमें मोटी रेत, गाद और मिट्टी, चैनल जमा, ऑक्सबो झीलें और परित्यक्त चैनल शामिल हैं।

नदियों के पुराने बाढ़ के मैदान, मोटे रेत के सीढ़ीनुमा ढांचे, परित्यक्त चैनलों में मामूली मिट्टी के साथ कंकड़युक्त बेड, पैलियोचैनल मेन्डियरिंग, ऑक्सबो झीलें, और मेन्डर स्क्रॉल।

अंतर-चैनल अवसादों और पुराचैनलों में गाद और सिलिकायुक्त कंकर सहित मध्यम रेत के एओलियन तलछट , मोटी रेत वाले कुछ सक्रिय टीले, अर्द्ध-स्थिर टीले, स्थिर रेत के टीले और एओलियन समतल।

झील के निक्षेपों की गाद और मिट्टी।

xxxxx..............................xxxxx.......................xxxxxx..................................

दिल्ली के बाद के इनट्रुजन: अम्लीय ज्वालामुखी, ग्रेनाइट प्लूटोन, एप्लाइट, पेग्माटाइट, क्वार्ट्ज शिराएँ, एम्फीबोलाइट।

अजबगढ़ संरचनाएं: क्वार्टजाइट अंतर्संबंधों के साथ शेल और स्लेट, ब्रेशिया ब्रेकियेटेड क्वार्टजाइट कैल्क -सिलिकेट चट्टानें, विशाल क्वार्टजाइट शिस्ट, कैल्कशिस्ट, कैल्क-नीस, कैल्क एम्फीबोलाइट, संगमरमर से संबद्ध कैल्केरियस और मैग्नीफिशियल शेल्स।

हॉर्नस्टोन ब्रेक्सिया: फेरुजिनस मैट्रिक्स के साथ ब्रेक्सिया।

चूना पत्थर: क्रिस्टलीय चूना पत्थर और संबंधित ब्रेशिया ।

अलवर संरचना: विशाल और शिस्टोज क्वार्टजाइट, कार्बनयुक्त फाइलाइट और शिस्ट, कैल्क एम्फीबोलाइट

चरखी दादरी क्षेत्र (अतीत में कंकर को कच्चे माल के रूप में सीमेंट फैक्टरी मे इस्तेमाल किये गये) के आसपास के बेडस वाले जमा कंकड़ को दोहान, कृष्णावती और साहिबी नदियों के बाढ़ के मैदानों के पैलियोचैनल में जमा माना जाता था। अंतर-टीला क्षेत्रों में, अनुदैर्ध्य रेत के टीलों के बीच में कंकड़ जमा अतीत के पानी के लैगून या ऑक्सबो झीलों का संकेत है। बोरवेल में और किसानों द्वारा कुएं खोदते समय देखी गई महीन कले और गाद की बहुत मोटी परतें भी पुराने जल निकायों या खड़े पानी के जमाव का संकेत हैं। स्थानों पर बोरवेल में छोटे अंतराल के साथ गहराई पर कले और रेत की वैकल्पिक परतें दिखाई दीं, जो अतीत में नदी के चक्रों और क्षेत्र में उतार-चढ़ाव वाली जलवायु परिस्थितियों का संकेत देती हैं।

भिवानी में एक बोरहोल अध्ययन में 249 मीटर की गहराई पर क्वार्ट्ज बायोटाइट शिस्ट की बेड रॉक पाई गई, जो उस क्षेत्र में अवसादन के पांच चक्रों को दर्शाता है। बेवल-भालखी-महेंद्रगढ़ क्षेत्र में लगभग 125 मीटर की गहराई पर बायोटाइट शिस्ट की मौजूदगी भी अलग-अलग अवसादन चक्रों और सतह के नीचे अरावली पहाड़ियों के क्षरण का संकेत देती है। बोरहोल अध्ययनों ने ग्लेशियल वातावरण, नदी संबंधी वातावरण, एओलियन वातावरण और मिश्रित वातावरण की घोल-वर्षा विशेषताओं (ग्लेशियल- एओलियन, फ्लुवियोग्लेशियल, ग्लेशियल-फ्लुवियल- एओलियन और अवक्षेप उप-जलीय स्थिति और उसके बाद शुष्क जलवायु स्थितियों का संकेत देते हैं) का संकेत दिया [57]।

दिल्ली सुपर ग्रुप चट्टानों के अनुक्रम के लिए [58]शिव प्रसाद व अन्य(1994) [59]द्वारा वर्णित एनसीआर क्षेत्र का स्थानीय भूविज्ञान , अलवर समूह (तटीय वातावरण में एक इंटरटाइडल में जमा): 1.बायल-पचनोता संरचनाएं: (बायल, पचनोता, खुडाना के आसपास, सोहला और चरखी-दादरी के बीच, फरीदाबाद के कुछ हिस्से, भोंडसी और दिल्ली के [60]कुछ हिस्से) बड़े पैमाने पर फेल्सपैथिक ग्रिट्टी क्वार्टजाइट, क्रॉस-बेडेड रिपल मार्क क्वार्ट्जाइट। अजबगढ़ समूह, लिथो-इकाइयों में शामिल हैं; 2. गोलवा-गंगताना संरचनाएं: (नारनौल, गंगताना, आंतरी-बिहारीपुर, दोखेरा, मेघोत बिंजा और मुसनोता क्षेत्र के आसपास देखी गई) (ख) एम्फीबोल एपिडोट-क्वार्टजाइट, संगमरमर के मोड़ के साथ एक्टिनोलाइट शिस्ट, गार्नेटिफेरस माइका-शिस्ट; (ग) माइका शिस्ट; (घ) बायोटाइट शिस्ट, कैल्क नीस, क्वार्टजाइट और माइका शिस्ट के साथ ट्रेमोलाइट चूना पत्थर; (ङ) कैल्केरियस क्वार्ट्ज बायोटाइट शिस्ट; (च) एम्फीबोल एपिडोट शिस्ट; (छ) राख/टफ्स बैंड के साथ एम्फीबोल क्वार्टजाइट। 3. देवता-दताल संरचनाएं; (महेंद्रगढ़ में कालबा, दताल, देवता, कानवी के आसपास, फिरोजपुर झिरका, मंडकोला-बिवन में देखी गईं) शिस्ट और फाइलाइट के साथ इंटरबेडिंग ब्रेकियेटेड क्वार्टजाइट। 4. थानघाजी संरचना; (नूनिया का नांगल, आजमाबाद मोखूता, बाहमणवास, महेंद्रगढ़ में कालबा और फिरोजपुर झिरका के आसपास देखा गया) राख/टफ बैंड के साथ कार्बनयुक्त फाइलाइट का। 5. आसरवास संरचना: (महेंद्रगढ़ में आसरवास, नूनिया का नांगल, कांटी, गनियार-बजाड़, थानवास और गोत्री के आसपास देखा गया; गुड़गांव में फिरोजपुर झिरका-सोहना रिज, भोंडसी, हरचंदपुर और फरीदाबाद में बड़कल, सूरजकुंड) स्किस्ट/टफ के साथ विशाल फेल्सपैथिक क्वार्टजाइट, स्लेट और फाइलाइट के साथ सेरीसाइट क्वार्टजाइट, फाइलाइट के साथ करंट बेडेड क्वार्टजाइट, मामूली फाइलाइट

के साथ स्लेट। 6 . त्सिंग संरचना: (रेवाड़ी जिले के कुंड, खोल, खोरी, राजगढ़, टांकरी, बवाना गुज्जर, हरजीपुर आदि के आसपास देखी गई) फिलाइट, कार्बनयुक्त फिलाइट, स्लेट, क्वार्ट्ज के साथ रिथमाइट, माइनर फिलाइट के साथ स्लेट। 7 पेग्माटाइट, रायोलाइट, ग्रेनाइट, मेटा-डोलराइट/एम्फीबोलाइट घुसपैठ।

कल्याणा, चरखी दादरी का लचीला बलुआ पत्थर ।

अरावली पहाड़ियों में लहरदार निशानों वाला लचीला बलुआ पत्थर एक दुर्लभ और अनोखी घटना रही है। इस बलुआ पत्थर में दो जोड़ों के साथ जोड़ और विस्तार जोड़ हैं। लहरदार निशान दोलनशील और सममित प्रकृति के होते हैं। चट्टानों में लचीलापन एक दुर्लभ घटना है, भूविज्ञानी [61]लचीलेपन के लिए अन्यत्र अलग-अलग कारण बताते हैं, कुछ इसे अभ्रक सामग्री के कारण मानते हैं, लेकिन इन बलुआ पत्थरों में अभ्रक दिखाई नहीं देता है। कुछ भूविज्ञानी इसे इंटरबेडेड क्वार्टजाइट कहते हैं। ऐसा प्रतीत होता है कि अनियमित आकार के क्वार्ट्ज के टुकड़े मिट्टी के पदार्थ से शिथिल रूप से भरे हुए हैं जो उन्हें थोड़ा आगे पीछे की ओर बढ़ने में सक्षम बनाता है। बलुआ पत्थर कई कणों से बना होता है, जिनमें से प्रत्येक अपने पड़ोसी से पूरी तरह से अलग होता है और बीच की जगह के कारण गति की एक निश्चित मात्रा में स्वतंत्रता रखता है [62]। वैज्ञानिकों ने बताया कि "मेटासेडिमेंटरी चट्टानें कठोरता की सूक्ष्म घटनाओं से छिद्रित हो गई थीं, जैसा कि NaCl और जिप्सम के माइक्रोक्रिस्टल जैसे वाष्पित खनिजों की उपस्थिति से प्रमाणित होता है (घोष, 1996)। बेहतरीन क्लासिक्स में काओलिनाइट, कार्बोनेट, मैंगनीज, लोहे के ऑक्साइड, टफेशियस सामग्री आदि शामिल हैं, परिवर्तन मेटामॉर्फिज्म और दबाब के कारण हुए थे, जिसने सिलिका रेत के कणों को शुद्ध क्रिस्टलीय अल्फा-क्वार्ट्ज से युक्त सिलिका सीमेंट के नेटवर्क में बदल दिया। माइक्रो वाष्पीकरण और पाइरोक्लास्टिक सामग्री से प्राप्त सोडियम और मैग्नीशियम के मेटासिलिकेट्स और क्लोराइड की उपस्थिति के कारण β-क्वार्ट्ज का रूपांतरण बहुत कम तापमान पर हुआ, जो कि लाइसेगैंग घटना (घोष 1996) के कारण फ्लक्स के रूप में कार्य करता है। इसके परिणामस्वरूप आयतन में कमी आई और सिकुड़न फ्रेक्चर और बॉल और सॉकेट जोड़ों वाले इंटरलॉकिंग सिलिका कणों की विशिष्ट वृद्धि का विकास हुआ, जिससे कठोर चट्टान में लचीलापन आया। [63]"

3.8. अरावली की भूवैज्ञानिक संरचनात्मक विशेषताएँ

"**अधिकांश आग्नेय, रूपांतरित और अवसादी चट्टान निकायों में** फ्रैक्चर होती हैं, और वे आम तौर पर आग्नेयए, मेटामोरफिक व असंगठित तलछट चट्टानों में पाई जाती हैं। **फ्रैक्चरस** आम तौर पर उप-समानांतर प्रवृत्ति के सेट के रूप में होती हैं और कभी-कभी ऐसी जगह भी होती हैं जो चट्टानों को ब्लॉकों में तोड़ देती हैं, दो या अधिक सेट आम होते हैं।" [64]जोड़ों के समकोण पर मामूली हलचल के फ्रेक्चर ने अरावली चट्टानों में खुली **फिंशरस** पैदा की हैं। पौधों की जड़ें और पानी ऐसी फ्रेक्चर, जोड़ों और फिंशर के साथ नीचे की ओर रिसते हैं। भूवैज्ञानिक अरावली प्रणाली के निर्माण के बाद हुई ओरोजेनी की गतिविधियो के साथ जोड़ों और फ्रैक्चर का संबंध बताते हैं। फोलडिड हुए पहाड़ के एंटीक्लिनल हिस्से में चट्टान में अवशिष्ट और टेक्टोनिक तनाव और खिंचाव के कारण फ्रैक्चर और जोड़ विकसित हुए, जिससे उन फोलड हुई चट्टानों का क्षरण हुआ और सिंक्लिनल हिस्से एक कटा हुआ अवशिष्ट पठार के रूप में बन गये।

"ओरोजेनिक बेल्ट और प्रीकैम्ब्रियन क्रिस्टलीय परिसरों में अत्यधिक जटिल फ्रैक्चर पैटर्न पाए जाते हैं। फ्रैक्चर की व्यापक घटना और सभी प्रकार की चट्टानों में उनकी उपस्थिति आकस्मिक स्थितियों की बहुलता का सुझाव देती है। फ्रैक्चर की उत्पत्ति को उन विशेष भूवैज्ञानिक परिस्थितियों के संमबन्ध में माना जाना चाहिए जिनमें वे बने थे।" "अधिकांश चट्टानें अपेक्षाकृत परिवर्तित फ्रैक्चर द्वारा टूटी हुई हैं जिन्हें **जोडो** के रूप में जाना जाता है"। [65]अरावली प्रणाली में आर्कियन के बाद के भूवैज्ञानिक काल में कई चक्रों में ओरोजेनिक हलचलें और टेक्टोनिक उथल-पुथल हुई, जो अरावली पहाड़ियों की फोल्ड् हुई और फॉल्टिड चट्टानों में फ्रैक्चर पैटर्न की उत्पत्ति हो सकती है। फ्रैक्चर ओरिएंटेशन क्षेत्र में फॉल्ट् के लिए जिम्मेदार तनावों के बारे में मूल्यवान सुराग प्रदान करते हैं। क्षेत्रीय संपीड़न बलों ने अरावली प्रणाली में तह का कारण बना।

अरावली चट्टानों में जोड़ों की लंबाई कुछ मीटर से लेकर सैकड़ों मीटर तक होती है, जबकि चौड़ाई एक सेंटीमीटर से लेकर कुछ सेंटीमीटर आदि के अंश तक होती है। अधिकांश जोड़ घुमावदार या अनियमित आकार के होते हैं, कभी-कभी बेड के तल के साथ और अधिकतर बेडस के तल के पार होते है। कुछ स्थानों पर फ्रैक्चर /जोड़ों में हल्की हलचल दिखाई देती है लेकिन हर जगह नहीं। कुछ स्थानों पर जोड़ लंबवत या उच्च कोणों पर झुके हुए होते हैं और साथ ही खनन चट्टान कटौती के संपर्क क्षेत्रों में क्षैतिज जोड़ भी देखे जाते हैं। अरावली की निम्न श्रेणी की कायांतरित चट्टानों में कलिवेज विकसित हो गई है, जहां अभ्रक के छोटे-छोटे गुच्छे एक दूसरे के समानांतर होते हैं और उन चट्टानों को उन **फिंशरज** के साथ टूटने के लिए प्रवण बनाते हैं। अभ्रक शिस्ट चट्टानों में **फोलिएशन** (शिस्टोसिटी) भी उन चट्टानों को फोलिएशन पैटर्न के साथ क्षरण करने में मदद करता

कई वैज्ञानिकों द्वारा लिन्यांमेन्ट और व्यापक संरचनात्मक विशेषताओं की रिपोर्ट की गई है और इस तरह के कुछ निष्कर्ष यहां दिए गए हैं। गहराई पर संरचनात्मक विशेषताओं के उपसतह व्यवहार को समझने के लिए मैग्नेटो-टेल्यूरिक अध्ययन के संबंध में भारत सरकार का बयान। "दिल्ली क्षेत्र में मैग्नेटो-टेल्यूरिक (एमटी) नामक एक भूभौतिकीय सर्वेक्षण भी किया जा रहा है। मैग्नेटो-टेल्यूरिक (एमटी) एक भूभौतिकीय पद्धति है जो भूवैज्ञानिक (भूमिगत) संरचनाओं और प्रक्रियाओं को समझने के लिए पृथ्वी के चुंबकीय और विद्युत क्षेत्रों के

प्राकृतिक समय परिवर्तन का उपयोग करती है। ये माप तीन प्रमुख भूकंपीय स्रोतों, महेंद्रगढ़-देहरादून फॉल्ट (एमडीएफ), सोहना फॉल्ट (एसएफ), और मथुरा फॉल्ट (एमएफ) में किए गये हैं। ये माप तरल पदार्थ की उपस्थिति का पता लगाएंगे, जो आम तौर पर भूकंप के ट्रिगर होने की संभावना को बढ़ाता है[66]

. एनसीआर अरावली प्रोटेरोज़ोइक दिल्ली फोल्ड बेल्ट (DFB) का हिस्सा है जो उत्तर-पूर्वी तरफ हिमालय टेक्टोनिक बेल्ट का सामना करने वाले एक अत्यधिक संयुक्त और मोड़दार नीस बाथोलिथिक परिसर पर है। मुरादाबाद फॉल्ट ज़ोन दिल्ली-मुरादाबाद और कासगंज-उझानी क्षेत्रो के टेक्टोनिक क्षेत्र को अलग करता है। “दिल्ली फोल्ड बेल्ट का हिमालय की ओर उत्तर-उत्तर-पूर्व की ओर एक रिज जैसा विस्तार माना गया है और इसे **दिल्ली-हरिद्वार रिज** कहा जाता है। इस रिज ने गंगा बेसिन की पश्चिमी सीमा को नियंत्रित किया है और अंतर्निहित तलछटी अनुक्रम इस रिज की ओर पतला प्रभाव डालता है। उजागर प्रोटेरोज़ोइक दिल्ली फोल्ड बेल्ट और हिमालय का फ्रंटल फोल्ड ज़ोन क्रमशः दिल्ली-मुरादाबाद टेक्टोनिक प्रांत की दक्षिण-पश्चिमी और उत्तरी सीमाएँ बनाते हैं।”[67]

राष्ट्रीय भूकंप विज्ञान केंद्र, नई दिल्ली, (2016) [68]ने एनसीआर टेक्टोनिक विशेषताओं को समझा, “दिल्ली के दक्षिण-पूर्व में सबसे विशिष्ट फॉल्ट में से एक राजस्थान, **ग्रेट बाउंड्री फॉल्ट** है। इस फॉल्ट का सतही निशान एक अच्छी तरह से परिभाषित लिन्यांमेन्ट (चित्तौड़गढ़-मछलीपुर लिन्यांमेन्ट) के रूप में चित्रित किया गया है क्योंकि दोनों तरफ विपरीत भू-आकृतिक इकाइयों की उपस्थिति है। ग्रेट बाउंड्री फॉल्ट और इसकी सहायक सबसिडरिज इस बेल्ट के विकासवादी इतिहास के विभिन्न चरणों में बार-बार पुनर्सक्रियन के निशान प्रदर्शित करती हैं। **महेंद्रगढ़-देहरादून सबसर्फेस फॉल्ट** (एमडीएसएसएफ) उत्तर-पूर्व में हिमालय की तराई तक फैला हुआ है जहां उत्तर में **मेन बाउंड्री फॉल्ट** (एमबीएफ) है, ... सोहना से दिल्ली के पश्चिम में NS दिशा में चलने वाले एक फॉल्ट को भारतीय भूवैज्ञानिक सर्वेक्षण द्वारा मैप किया गया है भू-तकनीकी मानचित्रण, भूभौतिकीय सर्वेक्षण और सुदूर संवेदन अध्ययनों ने दिल्ली के आसपास कई लिन्यांमेन्ट की उपस्थिति का संकेत दिया है, ... इन अध्ययनों के आधार पर, DFB के मुख्य टेक्टोनिक तत्व को सर्वसम्मति से परिभाषित किया गया है: (i) MDSSF, (ii) GBF, (iii) मुरादाबाद फॉल्ट, (iv) DSR और (v) सोहना फॉल्ट और (vi) मथुरा फॉल्ट के कुछ प्रमुख महत्व। सोहना फॉल्ट भूतापीय गतिविधि से जुड़ा हुआ है। यह ध्यान रखना महत्वपूर्ण है कि MDSSF और DSR ऐसी संरचनाएं हैं जो दोनों के करोसिंग पर फैली हुई भूकंपीयता के साथ क्षेत्र स्रोत प्रदान करती हैं जबकि अन्य लिन्यांमेन्ट स्रोत प्रदान करते हैं।

ग्रेट बाउंड्री फॉल्ट और अरावली की टेक्टोनिक गतिविधियों को जमुना बिस्वा व अन्य, 2021 द्वारा समझाया गया है, “ग्रेट बाउंड्री फॉल्ट अरावली में कई अन्य फॉल्ट की तरह एक महत्वपूर्ण संरचनात्मक विशेषता है और फॉल्टिंग और फोल्डिंग से जुड़ी कई चक्रीय घटनाओं ने भूगर्भीय संरचनाओं और भू-आकृति विज्ञान संबंधी विकासवादी विशेषताओं के विकास में महत्वपूर्ण भूमिका निभाई है, जिसका किसी भी क्षेत्र में कटाव की प्रकृति और कटाव के चक्रों पर प्रभाव पड़ता है। "ग्रेट बाउंड्री फॉल्ट का कालानुक्रमिक विकास और आयु, (मेडलिकॉट (1868) ने बहुत प्राचीन डेटा की एक विशेषता का उल्लेख किया है। फर्मोर (1930), एक पूर्व-विंध्यन फॉल्ट जो विंध्यन अवसादन के दौरान पुनः सक्रिय हो गया। हेरॉन (1953), मेसोज़ोइक युग (205-65 Ma) में अरावली पर्वतमाला के उत्थान के साथ विकसित हुआ। पास्को (1959), पृथ्वी की हलचलों के परिणामस्वरूप विकसित हुआ, जिसने अरावली समूह और दिल्ली समूह की चट्टानों में तह को जन्म दिया (लगभग 2000-1450० Ma)। इकबालुद्दीन व अन्य (1978) पूर्व-विंध्यन के साथ एक सामान्य फॉल्ट के रूप में शुरू हुआ और विन्धयन सेडीमेन्टेश्न के बाद फोल्डिंग व फॉल्टिंग मे पैलियोज़ोइक युग (570 Ma) में रिवर्स जियोमेटरी अख्तयार की। 2000 Ma) विंध्य तलछट के जमाव के दौरान और उसके बाद टेक्टरनिक कमजाकर क्षेत्र मे विकसित हुआ। प्रसाद (1981,1984), एक पूर्व-विंध्य फॅाल्ट, जो मूलभूत ग्रेन के बाद एक लिन्यांमेन्ट को चिह्नित करता है जिसमें फ्रैक्चर का क्षेत्र शामिल है। विंध्य अवसादन के अंत के बाद से सक्रिय रहा । सिन्हा-रॉय व अन्य(1981), विंध्य कवर चट्टानों के साथ बुंदेलखंड द्रव्यमान के टकराव के कारण हुआ। यह टकराव एशियाई प्लेट (लगभग 60 Ma) के साथ टकराव के बाद भारतीय प्लेट में क्रस्टल विरूपण का परिणाम है। सिन्हा रॉय व अन्य(1995) जीबीएफ एक इम्ब्रिकेट क्षेत्र है जिसमें तीव्र डिप वाले रिवर्स फॉल्ट और शियरड चट्टानों की स्लाइड की एक श्रृंखला शामिल है। वर्मा (1996), चौधरी और गुहा (2004), एक पोस्ट विंध्यन फॅाल्ट जो भंगुर-नमनीय स्थ्ती में थरस्ट के रूप में उत्पन्न होता है और एक सामान्य फॅाल्ट के रूप में पुनः सक्रिय होता है। [69]जैसा कि जमुना बिस्वा, केके शर्मा और गंगा बिस्वा, (2021) द्वारा उल्लेख किया गया है।

बंसल बीके व अन्य, 2021, एनसीआर संरचनात्मक विशेषताएं, "दिल्ली क्षेत्र दो विपरीत संरचनात्मक परिवेश पर स्थित है: पश्चिम में रिवर्स फॉल्टिंग और पूर्व में सामान्य फॉल्टिंग, जो NE-SW ट्रेंडिंग दिल्ली हरिद्वार रिज / महेंद्रगढ़-देहरादून फॉल्ट (DHR-MDF) द्वारा अलग किया गया है। WNW-ESE ट्रेंडिंग दिल्ली सरगोदा रिज (DSR), जो पश्चिम में DHR-MDF को काटती है, को एक थ्रस्ट फॉल्ट के रूप में अनुमानित किया गया है। DHR-MDF और DSR के इंटरैक्शन ज़ोन से पास के छोटे फॉल्ट में तनाव का स्थानांतरण दिल्ली क्षेत्र में बिखरे हुए उथले भूकंपीयता में और योगदान कर सकता है। [70]" गोडिन और हैरिस, 2014 ने सुझाव दिया, कि महेन्द्ररगढ़-देहरादून फॉल्ट सिस्टम उपरी सतह पर स्थित आबलिक्यु सलिप फॅाल्ट है जो लगातार उतर पूर्व की तरफ मुख्य फरोन्टल फॅाल्ट काराकोरम फॅाल्ट की तरफ बढता है।

पृथ्वी वैज्ञानिकों ने दिल्ली की भूकंपीयता को प्रभावित करने वाली हिमालय की प्रमुख टेक्टोनिक विशेषताओं जैसे मुख्य सीमा थ्रस्ट और मुख्य केंद्रीय थ्रस्ट के साथ-साथ स्थानीय टेक्टोनिक विशेषताओं जैसे **महेंद्रगढ़-देहरादून फॉल्ट, महेंद्रगढ़-हरिद्वार रिज, फिरोजपुर झिरका-सोहना फॉल्ट, अरावली की ग्रेट बाउंड्री फॉल्ट, मथुरा फॉल्ट और मुरादाबाद फॉल्ट** आदि का अवलोकन किया है। दिल्ली क्षेत्र के अध्ययनों से स्ट्राइक-स्लिप और अन्य सामान्य फॉल्टो के घटकों के साथ उप-सतही थ्रस्ट फॉल्टस का संकेत मिला है। वल्दिया [71]और चंद्रा ने [72]इस क्षेत्र में अरावली के स्ट्राइक के साथ एक फॉल्ट क्षेत्र का भी संकेत दिया है। मलिक व अन्य (2012) ने यमुना नदी के मार्ग के साथ एक गहरे फॉल्ट का संकेत दिया। पूर्वी दिल्ली मे बलाक फॉल्टिग के संकेत रीचर,1971 ने दिये। **दिल्ली सरगोदा रिज (DSR) व महेंद्रगढ़-हरिद्वार रिज का मिलन क्षेत्र पश्चिमी दिल्ली के पास सिजमिक अकटिव है।** गहराई से संरचनात्मक अध्ययनों से पता चला है कि महेंद्रगढ़-देहरादून फॉल्ट और एमएचआर दिल्ली सुपर ग्रुप के उत्तर-दक्षिण-पश्चिम प्रवृत्ति का अनुसरण करते हैं। हिमालय का मुख्य सीमा फॉल्ट भी दक्षिण-पश्चिम-उत्तर-पूर्व दिशा में चल रहा है। दिल्ली हरिद्वार रिज और इसके दोनों ओर ग्रेट बाउंड्री फॉल्ट के साथ-साथ उत्तर-दक्षिण-दक्षिण दिशा में दिल्ली सुपर ग्रुप के प्रतिबिंब हैं।

वी. विजया राव, पीआर रेड्डी, व अनय (2000) द्वारा उल्लिखित अरावली की पर्वतमाला का भूकंपीय परावर्तन अध्ययन , "भारतीय शील्ड के उत्तर-पश्चिमी भाग में स्थित अरावली दिल्ली फोल्ड बेल्ट में एक गहन भूकंपीय परावर्तन अध्ययन ने एक गहरी मर्मज्ञ 25 किलोमीटर चौड़ी क्रस्टल-स्केल थ्रस्ट फॉल्ट, ऊपरी क्रस्ट से मोहो तक डुबकीदार परावर्तन और एक डायवर्जेंट परावर्तन फैब्रिक का खुलासा किया है। वर्तमान अध्ययन में पैलियो-सबडक्शन जोन और द्वीप-आर्क उपस्थिति की पहचान की गई है। क्रस्ट की भूकंपीय छवियां अरावली और दिल्ली की पर्वतमाला के अनुरूप रिफटिंग, अवसादन, टकराव और सुचुरिंग के दो अलग-अलग प्रकरणों के साथ क्षेत्र की टेक्टोनिक्स को प्रकट करती हैं। प्लेट टेक्टोनिक प्रक्रियाएं पैलियोप्रोटेरोज़ोइक अरावली और मेसोप्रोटेरोज़ोइक दिल्ली फोलड बेलट सामने से बुंदेलखण्ड करेटान व पूर्व मे मारवाड करेटान मे घटित हुये । 50-Ω मीटर विद्युत कंडक्टर, जो 25 किमी की गहराई तक फैला हुआ है, और 70 mGal की एक खड़ी ढाल की गुरुत्वाकर्षण विसंगति, जो दोनों तरफ स्पष्ट रूप से कम होने के साथ फोल्ड बेल्ट की स्ट्राइक के साथ-साथ फैली हुई है, भूकंपीय प्रतिबिंब डेटा से अनुमानित गहरे बैठी डिप प्रतिबिंब/सिवनी के साथ अच्छी तरह से सहसंबंधित है। वर्तमान अध्ययन से पता चलता है कि क्षेत्र के प्रोटेरोज़ोइक ऑरोजेन्स में एक उच्च-वेग, मोटी परत का उत्पादन किया गया था।[73]

एनसीआर स्थानीय भूगर्भीय संरचनाओं की रिपोर्ट कई अधिकारियों द्वारा की गई है, इनमें से कुछ अवलोकन यहाँ प्रस्तुत किए गए हैं। दिल्ली-हरचंदपुर पहाड़ियों का विस्तार उत्तर-पूर्व-दक्षिण-पश्चिम दिशा में है, फिर दक्षिण की ओर बढ़ने पर एक गैप है, और फिर इंद्री इंसेलबर्ग आइसोक्लिनल फोल्डेड पहाड़ियाँ हैं। भूवैज्ञानिकों का मानना है कि सोहना-इंद्री क्षेत्र में कई फॉल्टस से घिरा एक पूर्व-पश्चिम फॉल्ट या ग्रैबेन है। इस क्षेत्र की अरावली में तीखे टिकाव के साथ आइसोक्लिनल फोल्ड की सूचना मिली थी; मंडकोला-देवला, नंगली-घाटा, समसाबाद-बीवन पहाड़ियाँ, फिरोजपुर झिरका-नूंह-सोहना-भोंडसी पहाड़ियाँ पश्चिम में मानेसर क्षेत्र तक फैली हुई हैं।

भूगर्भीय दृष्टि से गुड़गांव-मेवात घाटी की इन अरावली पहाड़ियों के बीच की गैप उत्तर से दक्षिण की ओर फिरोजपुर झिरका की ओर बढ़ने पर चौड़ी होती जाती है। अरावली पहाड़ियाँ अलवर समूह और दिल्ली सुपरग्रुप के अजबगढ़ समूह से संबंधित हैं। भूवैज्ञानिकों द्वारा इनसेलबर्ग और 'ग्रेबेन' संरचनाओं को अच्छी तरह से समझा नहीं गया है। चट्टानों में पर्णावरण मुख्य रूप से उत्तर-पूर्व-दक्षिण-पश्चिम से उत्तर-पूर्व-दक्षिण-पश्चिम की ओर होता है, और पर्णावरण छोटी तहों के अक्षीय तल के समानांतर होता है। अरावली की "संरचना एक आइसो-एंटीक्लाइन की है, जिसका अक्षीय तल दक्षिण-पश्चिम की ओर झुकता है।" पैस्को, 1973।

फिरोजपुर झिरका-नूंह-सोहना पहाड़ियों (सोहना फॉल्ट) के साथ उत्तर-पूर्व-दक्षिण-पश्चिम दिशा में चलने वाला एक प्रमुख फॉल्ट है और सोहना से पहले, इंद्री की ओर बढ़ने वाला एक और पूर्व-पश्चिम फॉल्ट है। उत्तर-पश्चिम-दक्षिण-पूर्व दिशा में इंद्री के पूर्व और होडल के पश्चिम से एक और फॉल्ट की सूचना मिली है। उत्तर-पश्चिम-दक्षिण-पूर्व में एक फॉल्ट लाइन इंद्री से भोंडसी क्षेत्र तक भी फैली हुई है। भूगर्भशास्त्रियों ने अन्नगपुर-मांगर अरावली पहाड़ियों में उत्तर-पूर्व दिशा में एक फॉल्ट लाइन की सूचना दी है। घाटा समसाबाद-बीवन-मंडकोला अरावली पहाड़ियों में एक और फॉल्ट गहराई पर माना जाता है, जिसके बारे में माना जाता है कि यह अपर टर्शियरी के दौरान सक्रिय हुआ था और लेट प्लीस्टोसीन काल तक जारी रहा।

अरावली में कई फॉल्ट की उपस्थिति और फॉल्टो का पुनः सक्रिय होना इसे भूकंप-प्रवण क्षेत्र बनाता है। माना जाता है कि जींद शहर के दक्षिण में एक फॉल्ट है। हाल ही में जींद/रोहतक/सोनीपत जिलों के पास एक केंद्र के साथ कम तीव्रता के कई भूकंप आए और उन्हें दिल्ली-सरगोदा रिज और महेंद्रगढ़-डेहरादून फॉल्ट के गहरे फॉल्ट लाइन जंक्शन के साथ जारी रहने के रूप में माना जाता है। फिरोजपुर झिरका क्षेत्र में झिर मंदिर के सामने नाला तल में झिर के जंगलों में सिलिका द्वारा ढीले ढंग से सीमेंट किए गए ब्रेकियेटेड कॉन्गलोमेरेट की तरह दिखने वाले उजागर समूह के साथ एक अनकरफिमिटि देखी गई। कई जनरेशन तक फॉल्टिंग हुई और आखिरी को सोहना क्षेत्र का फॉल्ट माना जाता है जो पूर्व-पश्चिम फॉल्टिंग को दर्शाता है।

नारनौल के पास घाटासेर ने WNW-ESE और NNE-SSW फॉल्ट लाइनों का संकेत दिया। अत्यधिक फोलडिड हुई दिल्ली श्रृंखला की चट्टानों में आइसोक्लिनल, उलटी और सामान्य सीधी फोल्ड हुई चट्टानों की श्रृंखला में कई स्थानों पर फॉल्ट की सूचना मिली है। भोला

और वरदराजन 1981, शीओ प्रसाद व अन्य, 1994 ने चट्टानों के विरूपण और मोड़ के तीन चरणों की पहचान की। शीओ प्रसाद व अन्य ने महेंद्रगढ़ जिले में मुसनोता, गोलवा, गंगुटाना, घाटासेर, नारनौल, रेवाड़ी जिले में मनेठी, टांकरी, बवाना गुज्जर, लोहाना, मेवात जिले में घाटा समसाबाद, गंडशेरा, बसई मेव, फिरोजपुर झिरका महेंद्रगढ़ जिले के नांगल दर्गू, मुसनोता, घाटासेर में दूसरी पीढ़ी की फोल्डिंग की सूचना मिली है, तथा महेंद्रगढ़ जिले के दोखेरा, रावतों की ढाणी और रेवाड़ी जिले के कुंड, टांकरी में तीसरी पीढ़ी की फोल्डिंग की सूचना मिली है। खानक भिवानी में क्षेत्रीय गुरुत्वाकर्षण ने आधार चट्टानों के उत्थान का संकेत दिया, श्रीवास्तव (1993, 1998)।

कुछ भूगर्भशास्त्रियों का मानना है कि बदरपुर या लाल रेत का निर्माण रायलो असंगति काल के दौरान लोहे के ऑक्सीकरण और पानी के संपर्क में आने के कारण हुआ था, जबकि विचारकों के एक अन्य समूह का मानना है कि ओरोजेनी काल के दौरान बड़ी वेनस में पैग्माटाइट इनट्रुजिव को कुचल दिया गया, चूर्णित किया गया और क्वार्ट्ज रेत बनाने के लिए विघटित किया गया। अरावली पहाड़ियों के कई क्षेत्रों में विभिन्न ग्रेड की क्वार्ट्ज रेत का खनन किया गया था/किया जा रहा है। भूगर्भीय संरचनाओं और लिन्यांमेन्ट ने भू-भाग संरचना और भू-आकृति विज्ञान संबंधी विशेषताओं के विकास में महत्वपूर्ण भूमिका निभाई। पॉलीफ़ेज़ मेटामॉर्फिज़्म और टेक्टोनिक गतिविधियों के दौरान उच्च डिप और फोल्डिंग के कई चरणों ने समय या ईराज के विभिन्न चरणों के दौरान अपक्षय और क्षरण को प्रेरित किया। क्षेत्र के कुछ स्थानों पर फोल्डिग और फॉल्ट को पानी के झरनों से जुड़ा माना जाता है।

3.10. अपक्षय और क्षरण

पृथ्वी की क्रस्ट के जमने और पृथ्वी पर पानी के बनने के बाद से, चट्टानें लगातार विभिन्न भूवैज्ञानिक कारकों के माध्यम से अनाच्छादन और अपक्षय के प्रभावों के अधीन रही हैं। यह घिसाव-रंगडाव/टूटना कटाव की विभिन्न प्रक्रियाओं के तहत निरंतर बना रहता है। अपक्षय की प्रक्रिया में यांत्रिक टूटना या विघटन और रासायनिक अपघटन शामिल है, जिससे चट्टान की सामग्री थोड़ी-थोड़ी करके ढीली हो जाती है और तापमान में बदलाव, वर्षा, बारिश या हिमपात और वायुमंडल में मौजूद गैसों जैसी परिचालन वायुमंडलीय क्रियाओं के तहत उन्हें छोटा और छोटा बनाती है। अपक्षय में चट्टानों को गुरुत्वाकर्षण के तहत छोटी दूरी की गति को छोड़कर, छोटे कणों में तोड़ना और विघटित करना शामिल है।

जब रात के समय अरावली की चट्टानों की करेक्स, क्रेवासिज और जोड़ों में पानी रिसता है तो तापमान (सर्दियों) ठंडा हो जाता है और चट्टानों पर दबाव डालने के लिए आयतन को बढ़ाने के लिए जम जाता है और धीरे-धीरे चट्टानें टूटने लगती हैं। अरावली क्षेत्र में दैनिक तापमान में बदलाव के साथ-साथ गर्मियों और सर्दियों के दौरान भी बदलाव होते हैं जो अपक्षय प्रक्रिया को जारी रखते हैं। गुड़गांव गजेटियर 1883-84 में अरावली के उच्च तापमान का उल्लेख इस प्रकार किया गया है, "हालाँकि, पहाड़ी श्रृंखलाओं के पास और फिरोजपुर घाटी में, जो दोनों तरफ पहाड़ियों से घिरी हुई है, वहाँ बहुत अधिक गर्मी होती है'; कुछ गाँवों में जो पहाड़ियों के ठीक नीचे स्थित हैं, लोग रात में सोने के लिए खेतों में चले जाते हैं, ताकि चट्टानों के चमकते हुए पत्थरो से निकलने वाली गर्मी से बच सकें।"

अरावली क्षेत्र में उच्च और निम्न तापमान के उतार-चढ़ाव के कारण चट्टानों का ऊष्मीय विस्तार हुआ। चट्टानों में विभिन्न खनिजों के विस्तार के अलग-अलग गुणांक होते हैं, जिसके कारण चट्टानें अलग-अलग तरीके से फैलती हैं और विघटन के कारण अपक्षय होता है। गर्मियों में उच्च तापमान के कारण विस्तारित चट्टानें मूल चट्टानों से अलग हो जाती हैं और यह विभेदक विस्तार चट्टानों को तोड़ देता है। एक्सफोलियशन् अपक्षय घुमावदार परतों में होता है, जहाँ गोलाकार अपक्षय के तहत चट्टानों के पतले खोल परत दर परत अलग हो जाते हैं। गुरुत्वाकर्षण अरावली ढलानों से अलग हुई चट्टान सामग्री को अपक्षय के लिए नई सतह को उजागर करके हटाने में मदद करता है। सूरज की गर्मी दिन और रात के तापमान में परिवर्तन का कारण बनती है जिससे बाहरी चट्टान की सतह सिकुड़ती और फैलती है और पानी उन क्रेवासिज /क्ररेक्स में प्रवेश करता है जिससे वे और फैलती हैं और पेड़ों की बाल जैसी जड़ें भी पानी की तलाश में ऐसी दरारों में गहराई तक जाती हैं। चट्टानों का विस्तार और संकुचन अपक्षय का कारण बनता है। चींटियाँ और केंचुए जैसे बिल खोदने वाले जीव भी चट्टानों के विघटन और विखंडन में मदद करते हैं।

अरावली क्षेत्र को पश्चिमी दिशा से अधिक हवाओं का सामना करना पड़ा और पहाड़ियों की पश्चिमी ढलानें अपक्षय के प्रति अधिक संवेदनशील रहीं और उन ढलानों पर वनस्पतियों का अधिक विनाश हुआ। पानी क्रिस्टल संरचनाओं और जोड़ों में भी भर जाता है, जिससे बारी-बारी से ठंडा और गर्म होने से उन सतहों का विस्तार होता है और वे टूट जाती हैं। उन चट्टानों में पानी की चिकनाई की भूमिका ढलानों पर रेंगने के रूप में धीमी गति से चलने में मदद करती है। हवा और पानी दोनों ही क्षेत्रों में निरंतर कटाव के रूप में अपक्षयित सामग्री को हटाने का काम करते हैं।

जैविक कारक जैसे जानवर, पौधे और जीव भी अपक्षय में मदद करते हैं। रासायनिक अपक्षय में जलयोजन, हाइड्रोलिसिस, ऑक्सीकरण और कार्बोनेशन चट्टानों के अपघटन, विघटन और निक्षालन में महत्वपूर्ण भूमिका निभाते हैं। वर्षा से घुली वायुमंडलीय गैसें (कार्बन डाइऑक्साइड, CO_2) हाइड्रोकार्बोलिक एसिड (HCl) बनाती हैं, सल्फर डाइऑक्साइड (SO_2 / SO_3 सल्फ्यूरिक एसिड (H_2SO_4) बनाती हैं, और नाइट्रोजन गैसें नाइट्रिक एसिड (HNO_3), आदि बनाती हैं, ये एसिड घुलनशील सामग्री को हटाने के लिए अच्छा विलायक बनाते हैं। वायुमंडलीय ऑक्सीजन (O_2) चट्टानों में ऑक्सीकरण को प्रेरित करती है जिससे हाइड्रॉक्साइड और लिमोनाइट ($2Fe_2O_3$, जब पानी

CO_2 के साथ प्रतिक्रिया करता है , तो अरावली चूना पत्थर में यह $CaCO_2 + H_2O + CO_2 = Ca(HCO_3)_2$ के रूप में प्रतिक्रिया करता है। अरावली चट्टानों में फेलस्पार अपघटन पर क्योलिन और रेत (ऑर्थोक्लेज़ $2KAlSi_3O_8 + 6H_2O + CO_2 = K_2CO_3$ (घोल में निकाला गया) + $Al_2Si_2O_5(OH)_4$ (मिट्टी की सामग्री) + $4SiO(OH)_2$ बन जाता है। K_2CO_3 पानी में घुल जाता है और हाइड्रोलिसिस चट्टान के अपक्षय में परिवर्तन लाता है। पिछला "मौसम चट्टानों की संरचनाओं में दर्ज हो जाता है" [74]।

ये सभी जैविक, रासायनिक (आयन एक्सचेंज भी) और भौतिक, एजेंट क्रस्ट निर्माण के बाद से ही काम कर रहे हैं और भविष्य में भी अरावली पहाड़ियों के कटाव को जारी रखेंगे क्योंकि ये सीधे या परोक्ष रूप से वायुमंडल से प्रभावित हैं। वायुमंडल गर्मी वितरित करता है और तापमान में परिवर्तन को प्रभावित करता है, जो मानव नियंत्रण से परे है, इसलिए अपक्षय की निरंतर प्रक्रिया को कभी नहीं रोका जा सकता है। "अपक्षय सभी विभिन्न उप-वायुमंडलीय प्रक्रियाओं का कुल प्रभाव है जो चट्टानों के क्षय और विघटन को लाने में सहयोग करते हैं, बशर्ते कि ढीले उत्पादों का कोई बड़े पैमाने पर परिवहन शामिल न हो"[75]

जब ऐसी अपक्षयित सामग्री निर्माण स्थल से हटा दी जाती है तो उसे अपरदन कहते हैं। उस ढीली सामग्री को हवा, पानी और बर्फ (बर्फ, हिमनद, भूमिगत जल और समुद्री कटाव जो इस पुस्तक में शामिल नहीं हैं) जैसे कारकों द्वारा तोड़ा और ले जाया जाता है। अपरदन के ये कारक अपक्षयित और अपरदित सामग्री को अन्य स्थानों पर ले जाते हैं और भूविज्ञान में इन्हें **परिवहन एजेंट** कहा जाता है। "प्राकृतिक एजेंसियों से जुड़ी भौतिक शक्तियों के कारण चट्टानों के टूटने या विघटन के बाद विस्थापित चट्टान के टुकड़ों और कणों का परिवहन होता है और इस प्रक्रिया के कुल योग को **अपरदन** के रूप में परिभाषित किया जाता है"[76]

"**अपक्षय** को चट्टानों के क्षय के रूप में समझना सुविधाजनक है, जिसमें गुरुत्वाकर्षण के अलावा परिणामी उत्पादों का बहुत कम या कोई परिवहन शामिल नहीं है, और अपरदन को भूमि विनाश के रूप में देखना सुविधाजनक है, जो मलबे को एक साथ हटाने वाले एजेंटों द्वारा किया जाता है। प्रक्रियाओं के दोनों सेट भूमि की सतह को खराब करने में सहयोग करते हैं, और उनके संयुक्त प्रभावों को अनाच्छादन शब्द द्वारा वर्णित किया जाता है ।"[77] केंद्रीय भूजल बोर्ड ने [78]क्षेत्र में चट्टानों के अपक्षय के संबंध में एक अध्ययन का उल्लेख किया, " [79]प्रोटेरोज़ोइक क्वार्टजाइट के अपक्षय पर शोध अध्ययन दिल्ली के आसपास की अर्ध-शुष्क परिस्थितियों को देखते हुए, यह सुझाव दिया गया है कि क्वार्टजाइट एक प्रतिरोधी चट्टान है, पाइराइट्स की छोटी मात्रा की उपस्थिति, पानी को हिलाने से सल्फेट युक्त अम्लीय पदार्थ का उत्पादन होता है घोल और लौह लोहा जो क्रमशः एल्युमिनोसिलिकेट खनिजों और क्वार्ट्ज के साथ प्रतिक्रिया करता है और दिल्ली क्वार्टजाइट को छिद्रपूर्ण और बाद में भुरभुरा बना दिया है। युग्मित अपक्षय तंत्र, कोर से बाहर की ओर और शुरू में फ्रैक्चर से अंदर की ओर बढ़ता है, उत्पन्न होता है छिलकों का अपक्षय और उसके बाद छिलकों के विकास के दौरान उत्पन्न ढीली रेत का भौतिक क्षरण सबसे बाहरी क्षेत्रों में, जिसने टॉर्स, स्फेरोइड्स, गलीज़, कैविटी और छोटे पैमाने जैसी विशेषताओं को जन्म दिया है इन क्वार्टजाइट को छिद्रपुर्ण बनाई गई हैं। इस प्रकार, इस इलाके ने अर्ध-शुष्क परिस्थितियों में ऊबड़-खाबड़पन हासिल कर लिया है।"

वर्षा जल अरावली मे अपरदन का सबसे कार्यशील अजेंट है, जो हाइड्रोलिक क्रिया, संक्षारण या घर्षण, attrition और संक्षारण हाइड्रोलिक प्रक्रियाओं के माध्यम से यांत्रिक रूप से चट्टानों को ढीला करता है और पानी द्वारा उस सामग्री को दूर ले जाया जाता है। अरावली की कठोर चट्टान की ढाल या नंगे चट्टानों पर ढलान पानी के अशांत प्रवाह के दौरान वेग को बढ़ाती है, जिससे धारा के तल में गड्ढे धीरे-धीरे सतह के अपवाह को नष्ट करके गड्ढों (गुहा) में बदल जाते हैं। बारिश का पानी जोड़ों के साथ चट्टानों में जबरदस्ती प्रवेश करता है और चट्टानों में वेजिंग के रूप में काम करने वाले चट्टान के जोड़ों को चौड़ा करने के लिए बहुत शक्तिशाली दबाव डालता है। जब बारिश का पानी चट्टानों में इसके बेडिग पलेन्स, जोड़ों या दरारों के माध्यम से प्रवेश करता है, तो चट्टान के स्लैब ढलानों पर फिसल कर दूर चले जाते हैं।

अरावली की पोलीमेटामोर्फोजड् रॉक्स के नाजुक परिस्थिकी तन्त्र दरारे, फिंशरज व करेक्स की उपस्थ्ति अपरदन को बढाती है। जब बोल्डर, कंकड़, रॉक स्लैब और चट्टान के टुकड़े आधारशिला के साथ/ऊपर चलते हैं, तो यह सतह को क्षरण करने के लिए ड्रिलिंग उपकरण या भँवर स्प्रे के रूप में कार्य करने वाले घूमते हुए कंकड़ के रूप में काम करता है। पानी की क्रिया के तहत सतह के किनारे और फर्श घिस जाते हैं, और यहाँ तक कि कठोर चट्टानें भी इस प्रक्रिया से घिस जाती हैं। पानी द्वारा क्षरण की इस प्रक्रिया में, उस समय मौजूद विभिन्न गैसें घुल जाती हैं और उस क्षरणित सामग्री को और मिटा देती हैं/तोड़ देती हैं। बहते पानी में छोटे कण पानी में निलंबित रूप में परिवहन किए जाते हैं और बड़े कण घूमते हैं और चलते समय रुक-रुक कर बैठते हैं। वर्षाजल जबरदस्ति करेक्स व दरारो मे धुसकर जबरदस्त दबाब से पत्थरो को तोडता है। और जब वर्षाजल चट्टानों की बेडिंग पलेन, जोडो व फिंशरज के अन्दर घुसता हे तो ढलान पर पत्थरों के बडे हिस्से बहने लगते है।

मौसमी छोटी नदियाँ, नाले और बहते पानी द्वारा पहाड़ियों से लिए गए ठोस भार के साथ परिवहन करने वाली नदियाँ की शक्ति बढ़ जाती हैं, जिसमें निलंबित भार और मलबे सहित कर्षण भार शामिल हैं जो इस क्षेत्र में लवणीकरण, ग्लाइडिंग और सतह पर लुढ़कते समय कटाव जारी रखते हैं। यह सर्वविदित है कि बहते पानी की कटाव क्षमता पानी में इस तरह के भारित पदार्थ से बढ़ जाती है। बहते पानी में ठोस भार का अनुपात जगह-जगह और समय-समय पर बदलता रहता है, जो अरावली क्षेत्र में वर्षा की गति और सतही अपवाह की मात्रा के साथ-साथ इसके आधार और चट्टानों के ढलान (भूविज्ञान, भूआकृति विज्ञान, संरचनात्मक विशेषताएं और अन्य जलवायु पैरामीटर) पर निर्भर करता

है। छोटी नदियाँ / धारे / नाले / नदियों का आकार, रूप और विस्तार लगातार बदलता / बढ़ता रहता है । अरावली क्षेत्र में कम समय अवधि में अचानक हुई बारिश से मिट्टी या जोड़/ क्रेवासिज फिशरज कम समय में अवशोषित नही हो पाती हैं और नदियों में भारी मात्रा में पानी का बहाव इन क्षेत्रों में कटाव को बढ़ाता है। जब नदी का पानी बाढ़ के मैदानी इलाकों में आगे बढ़ता है तो ये निलंबित भार रास्ते में गिर जाते हैं और दूसरे इलाकों को और भी नुकसान पहुंचाते हैं, जबकि घुला हुआ पदार्थ तेजी से आगे बढ़ता है और नए इलाकों में जमा होकर मैदानी इलाकों को भी नुकसान पहुंचाता है (कृषि और आवास को नष्ट करता है)।

अरावली क्षेत्र में मौसमी जलधाराओं/नालों/धाराओं/नदियों या हवा की कुल ऊर्जा कटाव के लिए उपलब्ध रहती है और परिवहन असामान्य रूप से बहुत अधिक रहता है और अरावली क्षेत्र में प्रचलित जलवायु परिस्थितियाँ भी इसके संचलन के अनुकूल हैं। विभिन्न ओरोजेनी काल के दौरान बड़े क्षेत्रों में एक के बाद एक चक्रों में पहाड़ियाँ बनीं और एक के बाद दुसरे क्षरण चक्र मे उनका बार बार कटाव होता रहा । भूगर्भशास्त्रियों ने भू-रासायनिक जैसे विभिन्न परीक्षण करने और अन्य जाँचों से निष्कर्ष निकालने के बाद पता लगाया कि अरावली में चक्र दर चक्र खरण समान व भूवैज्ञानिक सामग्री का पुनर्चक्रण होता रहा है।

हवा अपक्षयित चट्टान कणों को हटाने और उन्हें उनकी जगह से विस्थापित करने के लिए उन्हें हवा से उड़ा देती है। हवा के घर्षण के दौरान, चट्टान के कण उजागर चट्टानों से टकराकर उन्हें नष्ट कर देते हैं। हवा के घर्षण की प्रक्रिया के दौरान, उन चट्टान कणों को एक दूसरे से टकराकर घिसा जाता है जिससे चट्टान की सामग्री नष्ट हो जाती है और फिर उन्हें अलग-अलग जगहों पर जमा करने के लिए अन्य स्थानों पर हवा से ले जाया जाता है। हवा द्वारा इस तरह की टूटी हुई सामग्री को सतह के बहाव, हवा के झोंके द्वारा ले जाया जाता है, जो बदले में उस सतह को लगातार नष्ट करना जारी रखता है जिसके साथ वे अपने परिवहन की प्रक्रिया के दौरान संपर्क में आते हैं। आर्कियन काल के बाद एक के बाद एक ओरोजेनी ने बड़े क्षेत्रों को प्रभावित किया, पेनेप्लेन में फिजियोलॉजी बदल गई, और नई भूमि / मैदानों मे क्षरण किया गया मेट्रियल जमा किया जो अरावली से कटाव (हवा और पानी) से प्राप्त हुआ।

तेज़ **धूल भरी आंधी** और भभुलियो जनित हवाओं ने नए क्षेत्रों में रेत का कटाव, परिवहन और रेत के जमाव को बलपूर्वक और तेज़ी से बढ़ावा दिया। अरावली के इलाकों में बारिश की कमी है और वनस्पति आवरण के बिना मिट्टी हवा के कारण (deflation) अपस्फीति क्षरण का कारण बनती है। रेत के टीलों को स्थानांतरित किया जाता है और दूसरे स्थानों पर ले जाया जाता है जो उन क्षेत्रों पर मौजूदा वनस्पति आवरण को भी नष्ट कर देता है। हवा के (abrasion) घर्षण से होने वाला कटाव अपने रास्ते में आने वाली हर चीज़ को नष्ट कर देता है, यहाँ तक कि इमारतें और कठोर चट्टानें भी घर्षण से होने वाले कटाव से गुज़रती हैं। अरावली क्षेत्रों में ज़्यादातर हवाएँ पश्चिम से चलती हैं, सतह से लगभग एक से तीन फ़ीट या उससे ज़्यादा की निचली सतह पर नरम सामग्री के कण हवा उठा ले जाती है, और उस कटाव वाली सामग्री को हवा द्वारा दूसरे क्षेत्रों में ले जाया जाता है जहाँ उन्हें उन क्षेत्रों में जमा किया जाता है जिससे उनकी उर्वरता को नुकसान पहुँचता है।

लगातार चलने वाली हवा चट्टानों के जोड़ को और खोल देती है और अपक्षयित चट्टान सामग्री को विस्थापित करके ढलानों पर ले जाती है जिससे और अधिक कटाव होता है। यहां तक कि ग्रेनाइट जैसी कठोर चट्टानें और शिस्ट और नीस जैसी पर्णयुक्त चट्टानें भी हवा की प्रमुख दिशा में धारीदार क्षरण होता है और तल चिकना हो जाता हैं। मिट्टी में छोटी नालियाँ बन जाती हैं, चूना पत्थर और कंकर जैसी नरम चट्टानें कट जाती हैं और रेत की सतह उड़ जाने के बाद कंकर सतह पर बिखर जाते हैं।

निरंतर घर्षण के तहत लुढ़कते रेत के कणों का (attrition) घर्षण से रेत के कण टुट जाते है। तेज़ हवा के झोंके से रेत के कण लुढ़कते हुए और आगे-पीछे टकराते हुए अरावली क्षेत्रों में मौजूदा चट्टानों और मिट्टी को नुकसान पहुँचाते हुए अधिक दूरी तक लुढकते हुऐ जाते हैं। शिस्टोज क्षेत्रों में, अरावली चट्टानों के अभ्रक शिस्ट से हवा द्वारा उड़ाए गए सतह पर छोटे अभ्रक के टुकडे दिखाई देते हैं। हवा के साथ उड़ने वाले महीन रेत के कण ऊँचाई में ऊपर उठते हैं और हवा के तूफ़ान के साथ लंबी दूरी तक यात्रा करते हैं और अरावली की तलहटी के साथ जमा होने वाली ऐसी महीन रेत लोएस के रूप मे जमा होती है जो ह्यूमस सामग्री से रहित होती है और पानी को अवशोषित करने में असमर्थ होती है जिससे और अधिक कटाव होता है।

राजस्थान और दक्षिण हरियाणा के रेगिस्तानी इलाकों में हजारों वर्षों से गर्मी के मौसम में तेज आंधिया उनमुकत रूप मे तांडव करती रही हैं, जिससे इन इलाकों में तबाही मची है। हमने बचपन में देखा है कि अंकुरित फसलें हवा ने उखाड दीजाती थी, खडी फसलों/वनस्पतियों की जड़ें हवा के कटाव से उजागर हो जाती थी और यहां तक कि वनस्पतियां भी उडा दी जाती थी, जिससे सतह पर हरियाली नष्ट हो गई। रेत से लदे धूल भरी आंधियॉ अचानक तेज गडगडाहट के साथ पूरे इलाके को ढक लिया करती थी, दिन मे अन्धेरा छा जाता था जिससे दृश्यता बहुत कम हो जाती थी और आंधि का रेत आंखों में चुभने लगता था और रेगिस्तानी इलाकों में आदमी और मवेशियों का चलना बहुत मुश्किल हो जाता था। तेज हवाएं घरों की छतें उड़ा जाती थी, छांद व छप्पर वाले (छप्पर बनाने वाली सामग्री को झुण्डो से काटते है उसे पुल्ला कहते हैं) छप्परो मे रहनेवाले आदमी और जानवरों के रहने के स्थान नष्ट हो जाते थे, यह सब उन्नीस साठ और सत्तर के दशक में हुआ करता था। जब लोग धूल भरी तेज हवा के उन दिनों को याद करते हैं, तो हमें याद आता है कि खेतों की सीमाएं भी बदल जाती थीं, सीमाकन के पत्थर जिसे खाक कहते थे वे हवा से उखड़ जाते थे और पड़ोसी के खेत से रेत के टीले दूसरे खेत में स्थानांतरित हो जाते थे, जिससे स्थलाकृति बदल जाती थी।

कम वर्षा, उच्च उतार-चढ़ाव और उच्च तापमान की स्थितियों के कारण अरावली पहाड़ियों में यांत्रिक अपक्षय के कारण चट्टानें टूटती रहती थी, दिन में गर्मी और रात में ठंड के कारण चट्टानें exfoliation क्षरण व अपक्षय होकर उखड़ जाती हैं, वाष्पीकरण के कारण वर्षा की अधिक नमी वनस्पतियां शोशित नही कर पाती और स्थिरता की और नहीं बढ पाती हैं।

अरावली क्षेत्र मे **अनाच्छादन और कटाव की दर** बहुत अधिक रही। ढलानों और ढीली मिट्टी पर कटाव की अधिकतम दर रहती है। निचले क्षेत्रों में कटाव सामग्री के निष्कासन और जमाव/तलछट के परिणाम से अरावली में मैदानी क्षेत्र का निर्माण हुआ हैं। जबकि, पहाड़ियों का एक अरब वर्षों में क्षरण होते रहने से वे अब पठार की तरह दिखती हैं, लेकिन उन पहाड़ों को कटाव करने में अरबो वर्ष लगे। कुछ भूगर्भशास्त्रियों का मानना है कि विभिन्न क्षेत्रों के लिए कटाव और जमाव की दरें अलग-अलग थीं, और पिछले 3500 मिलियन वर्षों के दौरान से चल रही थीं, जहाँ वही क्षरित सामग्री का लगातार पर्वतीय अवधियों के दौरान कायापलट की विभिन्न डिग्री के साथ कटाव, अनाच्छादन और जमाव की प्रक्रियाओं द्वारा क्षरण और जमाव, पुनर्सरचना और पुनर्चक्रण होता रहा है।

ये जमाव हजारों-लाखों सालों तक बाहरी ताकतों (प्रकृति के कारक) बर्फ, बारिश, हवा, तापमान में बदलाव और आंतरिक ताकतों जैसे प्लेट टेक्टोनिक्स, धरती की प्लेटों में हलचल, ज्वालामुखी, भूकंप, धरती की सतह में बदलाव लाने और अपक्षय, अनाच्छादन, कटाव, जमाव, अवसादन, उथल-पुथल और कायापलट की प्रक्रिया के साथ हुआ। कटाव की यह प्रक्रिया हर समय जारी रही और आज भी जारी है। इसका एक उदाहरण अलवर की पहाड़ियों में फ्लोराइड मिनरल मिलते है जो साहिबी नदी द्वारा फ्लोराइड घोल को ले जाकर रेवाड़ी इलाकों में जमा किया गया, जहां आज भी भूजल में फ्लोराइड की मात्रा बहुत अधिक है।

3.10.1. मृदा निर्माण ।

भूगर्भीय प्रक्रियाओं अनाच्छादन और अपक्षय, अपरदन और परिवहन के अंतर्गत चट्टानें निरंतर विघटित और टुटती रहती हैं, जिसके परिणामस्वरूप मृदा निर्माण होता है। सतही आधार-चट्टानों में निरंतर भौतिक, रासायनिक और जैविक परिवर्तनों के कारण सतह पर मृदा परतों के निर्माण के लिए सामग्री का संचय हुआ। आधार-चट्टानों पर स्थित इस तरह के असंगठित तलछट को मृदा कहा जाता है। अपरदन के बाद परिवहन ऊपरी सतह परत से विघटित सामग्री को हटा देता है, जिस पर बैक्टीरिया और काई का बसेरा बन जाता है। धीरे-धीरे मृत जीवों का सड़ांध मिट्टी में जमा हो जाता है। मिट्टी को छिद्रपूर्ण बनाने के लिए नालियाँ बनाने वाले जीवो द्वारा अकार्बनिक पदार्थ मिलाए जाते हैं, और हवा और पानी का धीमा प्रवाह मिट्टी को परिपक्व होने में मदद करता है। अरावली पहाड़ियों में ऊपरी सतह की मिट्टी की परत को हटाने से मूल आधार चट्टानें उजागर हो जाती हैं, और फिर ऐसी कठोर शुष्क रेगिस्तानी जलवायु परिस्थितियों में उस खोई हुई मिट्टी की परत के निर्माण के लिए फिर से लाखो साल लग जाते हैं। अरावली पर्वत की कठोर जलवायु परिस्थितियों में, अधिक तीव्र ढलानें विलयन में विघटित पदार्थों को हटाने तथा गुरुत्वाकर्षण स्थानांतरण में सहायक होती हैं।

अरावली की मूल चट्टानें क्वार्टजाइट, नीस व शिस्ट आदि हैं, जो कठोर चट्टानें हैं। कार्बनिक पदार्थ और बैक्टीरिया जीवों की पिछली पीढ़ियों से प्राप्त होते हैं। अरावली में, उप-प्रणालियों की जलवायु, अपक्षय और कटाव एजेंटों के संचालन का प्रकार, और वनस्पति का प्रकार क्षेत्र में मिट्टी के प्रकार और किस्म निर्धारित करते हैं। मूल चट्टान अपक्षय, अनाच्छादन, अपरदन (क्षरण एजेंट), और हवा, पानी और उपसतह जल (चूना पत्थर में) जैसे परिवहन एजेंट मिट्टी के कणों की संरचना को प्रभावित करते हैं। वनस्पति का समर्थन करने वाली परिपक्व मिट्टी का विकास बेहद धीमा है [80](एके दत्ता, 1970)। "भूवैज्ञानिक दृष्टिकोण से मिट्टी को चट्टान-अपशिष्ट के आवरण की सतह परत के रूप में परिभाषित किया जा सकता है जिसमें अपक्षय की भौतिक और रासायनिक प्रक्रियाएँ जैविक प्रक्रियाओं के साथ घनिष्ठ संबंध में सहयोग करती हैं," आर्थर होम्स।[81]

अरावली की पहाडियो मे एक ईन्च मिट्टी निर्माण मे लाखों साल लग जाते है। जब कठोर चट्टान सामग्री धीरे-धीरे विघटित हुई, तो उस सतह पर केवल विरल वनस्पति उग आई। पेडो का मेटिरयल गलने व सड़ने पर वह वनस्पति ह्यूमस प्रदान करती है, बैक्टीरिया के साथ वह ह्यूमस चट्टानों के आगे के अपघटन में मिट्टी की एक बहुत पतली परत विकसित करने में मदद करता है। मिट्टी की इतनी पतली परत के साथ भी वनस्पति की जड़ें उस पर स्थापित होने की कोशिश करती हैं। वनस्पति मिट्टी को और अधिक समृद्ध करने के लिए आधारशिला के क्रमिक अपघटन में भी मदद करती है। पानी और वायुमंडलीय गैसीय क्रियाओं द्वारा घुलनशील सामग्री का निक्षालन मिट्टी को परिपक्व होने में और मदद करता है। मूल चट्टान की संरचना, उस क्षेत्र की जलवायु और अपक्षय के प्रकार अरावली पहाड़ी क्षेत्रों में बनी अवशिष्ट मिट्टी के चरित्र को निर्धारित करते हैं

अरावली के पर्वतीय क्षेत्र के चट्टानी सतह वाले इलाके में वर्षा की तीव्रता और प्रकार, सतह विन्यास (भू-आकृति विज्ञान, ढलान/पहलू और सूक्ष्म जलवायु), जलवायु के तत्वों ने चट्टान के क्षय और खनिज अपक्षय को प्रभावित किया है। चट्टानों के क्षय के बाद आयनिक गतिशीलता और मैक्रो-क्रोमैटोग्राफिक पृथक्करण प्रक्रिया ने अरावली क्षेत्र में मिट्टी के निर्माण में मदद की। अरावली क्षेत्रों में तलहटी के साथ लोएस जमा, बाढ़ के मैदानों में गाद दोमट, जलोढ़ और रेतीले जलोढ़ और रेत के टीलों वाले क्षेत्रों में मोटी, मध्यम से बारीक रेतीली मिट्टी है । अरावली पहाड़ियों में लाखों वर्षों में बनी मिट्टी इन पारिस्थितिक नाजुक पारिस्थितिक तंत्रों पर वनों के आवरण के विनाश के कारण वर्षा के पानी और हवा की क्रियाओं से नष्ट हो रही है।

गुड़गांव गजेटियर (1883-84) में उल्लेख किया गया है, "गुड़गांव और रेवाड़ी तहसील, जो जिले के उत्तरी और पश्चिमी भाग बनाते हैं, आम तौर पर रेतीले हैं - पहाड़ियों के पास की भूमि बहुत ही निम्न श्रेणी की है और अक्सर रेवाईन के एक परिपूर्ण गडडो में कटी हुई है, पहाड़ियों से आगे, कुछ इलाकों में, मिट्टी बेहतर है, इसकी प्रकृति हल्की दोमट है; अन्य स्थानों पर यह बहुत ढीली स्थिरता की है, और कुछ हिस्से रेत के ऊंचे टीलों के साथ एक उजाड़ दिखते हैं।" [82]पिछली शताब्दियों के दौरान मिट्टी के कटाव को विनाशक बुराई के रूप में पहचाना गया है।

अगर हम वैश्विक स्तर पर देखें तो कटाव एक भयंकरखतरा है, हमारे ग्रह की लगभग 40% भूमि क्षरित हो चुकी है और 50% मानवता भूमि क्षरित होने से प्रभावित है, जो वैश्विक सकल घरेलू उत्पाद के लगभग आधे हिस्से के लिए खतरा है। भारत में, भारत की कुल भूमि का लगभग 29.3% क्षरित हो चुका है। वनों की कटाई, शहरीकरण, असंवहनीय मृदा प्रबंधन, अपशिष्ट निपटान और अनुचित विकास मॉडल भूमि क्षरित होने और जैव विविधता को नुकसान पहुंचा रहे हैं, जिसके परिणामस्वरूप कई प्रजातियां विलुप्त हो रही हैं। प्रतिगामी भूमि उपयोग प्रथाएँ हमारी उत्पादकता और उत्पादन आधार को खत्म कर रही हैं। कार्बनिक पदार्थों और सूक्ष्मजीवों को पुनर्जीवित किए बिना हम क्षरित भूमि को बहाल नहीं कर सकते, जहाँ वन पारिस्थितिकी तंत्र में महत्वपूर्ण भूमिका निभाते हैं।

केंद्रीय भूजल बोर्ड अरावली में मिट्टी की श्रेणी पर जलवायु के प्रभाव का उल्लेख करते हुए, " शुष्क जलवायु के कारण, मिट्टी हल्के रंग की होती है और अत्यधिक वाष्पीकरण के कारण, मिट्टी चूनायुक्त होती है और उपसतह क्षितिज में चूने की गांठें होती हैं। उष्णकटिबंधीय शुष्क भूरी मिट्टी (ustocheept, haplustarp and sales thids)) जिले के पूर्वी भाग में मौजूद है (कुमार 2007)। अधिकांश मिट्टी मध्यम बनावट की है; [83]रेवाड़ी जिले के सभी ब्लॉकों में दोमट रेत औसत बनावट की है।" गुड़गांव जिले में, कटारिया, (2011) ने मिट्टी का उल्लेख करते हुए कहा, "मैदानी क्षेत्रों में रेत से दोमट रेत, जलोढ़ मैदानों में रेतीली दोमट से चिकनी दोमट/सिल्टी चिकनी दोमट, नमक प्रभावित मैदानों में मिट्टी को उष्णकटिबंधीय और भूरी मिट्टी के रूप में वर्गीकृत किया गया है, जो जिले के प्रमुख भागों में मौजूद है (ज्योति कुमार, 2007)।[84]

अरावली मृदा निर्माण पर जलवायु परिवर्तन के प्रभाव पर रिमोट सेंसिंग (आरएस) निष्कर्ष पाये, "अध्ययन क्षेत्र का दक्षिणी क्षेत्र थार रेगिस्तान के विस्तार और अरावली पर्वतमाला से आने वाले पानी की प्रगतिशील कमी और अंततः कटौती से जुड़े जलवायु परिस्थितियों के परिवर्तन के महत्वपूर्ण प्रभाव का संकेत देता है । थार रेगिस्तान के उत्तर-पूर्व की ओर विस्तार को ध्यान में रखा जाना चाहिए, न केवल इस चैनल के अंततः लुप्त होने के कारण, बल्कि अरावली पर्वतमाला से आने वाली नदियों के अधिक विस्तारित नेटवर्क की संभावित उपस्थिति और थार रेगिस्तान के फैलते हुए टीलों के नीचे वर्तमान आरएस तकनीकों की क्षमता से परे छिपे होने के कारण भी। थार रेगिस्तान में टीले निर्माण के साक्ष्य की सिंघवी और कर की समीक्षा में मध्य - होलोसीन के दौरान पश्चिम से पूर्व की ओर विस्तार का उल्लेख किया गया डीडवाना अभिलेख में उल्लेखित शुष्कता में यह वृद्धि इन पुरा-नदियों में उपलब्ध जल की मात्रा को कम कर सकती थी, लेकिन सबसे महत्वपूर्ण बात **यह है कि इसने थार रेगिस्तान के उत्तर-पूर्वी किनारे पर एक महत्वपूर्ण टीले के विकास की अवधि की शुरुआत** की , जो संभवतः **3900 बी.पी. (लगभग 1900 ई.पू.) से शुरू हुए उत्तर-हड़प्पा या उत्तर हड़प्पा चरण के साथ संयोग रहा होगा** । यद्यपि थार रेगिस्तान में टीलों का निर्माण कम से कम 200 ka BP तक फैली एक लंबी [85]प्रक्रिया है, थार रेगिस्तान के सबसे उत्तरी किनारे से टीलों की कुछ हाल की डेटिंग ने सुझाव दिया है कि **टीलों का जमाव 4.9 ka BP से पहले का है, हालांकि कुछ लगभग 1500 वर्ष पुराने हैं**। इसलिए, यह अपेक्षा करना तर्कसंगत लगता है कि टीलों के निर्माण और नदियों के साथ अंतःक्रिया की एक लंबी अवधि रही होगी।गुजरात के एक शोध ने पाया कि रेगिस्थान के किनारो कि तरफ सतह व सतह के निचे जल भण्डार रहे होगे जो निवासियो द्वारा काम मे लाये गये होगे, इससे पहले कि ये अंततः मिट जाएं इस क्षेत्र में टीलों से घिरे एक बड़े पैलियोचैनल का पुनर्निर्माण और टीलों वाले क्षेत्र से निकलने वाली एक सहायक नदी इस क्षेत्र के निवासियों के लिए एक महत्वपूर्ण संसाधन रही होगी, भले ही इस क्षेत्र में टीलों का विस्तार शुरू हो गया हो [86]।"

दुनिया भर में बिगड़ती पर्यावरणीय स्थितियों के अनुसार, अरावली के जंगल आज गंभीर खतरों का सामना कर रहे हैं। "विश्व पौधों और कवक की स्थिति पर केव गार्डन रिपोर्ट (2023) में चार में से तीन पौधों की प्रजातियों को अस्तित्व के दबाव में पाया गया है- 45% फूल वाले पौधे, जिनमें खाद्य फसलें शामिल हैं, विलुप्त होने का सामना कर रहे हैं। यह अब एक बड़े ग्रहीय प्रलय के साथ मेल खाता है, जो बढ़ते CO_2, बढ़ते तापमान और मिट्टी के क्षरण के रूप में प्रकट होता है। ये स्थितियाँ पौधों के नुकसान के कारण होती हैं- और उनके अस्तित्व को और अधिक खतरे में डालती हैं। एफएओ ने पाया है कि जंगल 80% उभयचर प्रजातियों, 75% पक्षी प्रजातियों और 68% स्तनपायी समूहों को आवास प्रदान करते हैं- जैसे-जैसे हम पौधों को काटते हैं, हम और भी बहुत कुछ खो देते हैं [87]। " धरती पर जीवन बचाने हेतु हमे प्रण लेना होगा कि हम हर हाल मे अरावली को बचायेगे ।

3.11. अरावली कटाव चक्र

भूमि की सतह पर कटाव के विभिन्न भूवैज्ञानिक कारक लगातार काम करते रहते हैं, जो लगातार विभिन्न प्रकार के परिवर्तनों से गुजरता रहता है, जो कटाव शक्ति की तीव्रता और वायुमंडलीय स्थितियों पर निर्भर करता है। कटाव की सापेक्ष दर भूभाग में विकास के नए चरणों को शामिल करती है, ये परिवर्तन भू-आकृति को आकार देने में मदद करते हैं। हालांकि कम और अचानक अप्रत्याशित वर्षा रेगिस्तानी इलाकों पर जोरदार प्रभाव डालती है। कभी-कभी बिना बारिश के, सौर तापमान में अत्यधिक बदलाव के साथ-साथ दिन और रात के तापमान में बदलाव

इन रेगिस्तानी इलाकों की विशेषताएँ हैं।

डब्ल्यूएम डेविस ने भू-आकृति विज्ञान में विकासवादी श्रृंखला के रूप में कटाव के चक्रों की अवधारणा को आगे बढाया। अरावली क्षेत्रों में एक चक्र को अपना मार्ग बनाने में लगने वाला समय स्वाभाविक रूप से अवसादन/कटाव की दर, भूवैज्ञानिक संरचनाओं के उत्थान, भूवैज्ञानिक उथल-पुथल, ओरोजेनी, पिछले इतिहास और पानी और हवा द्वारा कटाव की प्रभावकारिता के अनुसार भिन्न होता है। अरावली में कटाव चक्रों में कटाव और विशाल चट्टान सामग्री द्रव्यमान (जो प्रारंभिक सतह की ऊंचाई के समानुपातिक हो सकता है) को हटाना शामिल था जो पेनेप्लेन गठन की ओर बढ़ रहा था। पृथ्वी की हलचल, फॉल्ट और ओरोजेनी के कारण इन कटाव चक्रों में गंभीर रुकावटें आ सकती हैं। बीच में इंटरग्लेशियल अवधियों ने भी कटाव चक्रों पर प्रभाव छोड़ा है।

रेगिस्तानी इलाकों में, कई छोटी धाराओं/जलधाराओं का समुद्र की ओर कोई निकास नहीं होता है। धाराओं द्वारा लाई गई अपरदन सामग्री का भारी मलबा रेगिस्तान में ही समाप्त हो जाता है और झीलों जैसे जल निकायों का निर्माण करता है या अवरुद्ध/बांधित मौसमी धाराओं को भी झील कहा जाता है या वे झीलों की तरह दिखती हैं जैसे दिल्ली के पास बड़कल, दमदमा, सूरजकुंड झील आदि। हालांकि सही मायने में ये झील नहीं हैं, केवल जल निकाय हैं। अरावली की नदियाँ जैसे दोहान, कृष्णावती, साहिबी और अन्य धाराएँ अचानक बारिश के कारण बहुत ही कम समय में बाढ़ में आ जाती हैं। कटाव पैदा करने वाले भारी मलबे के भार से भरी नदियों ने अरावली पहाड़ों में घाटियों को चौड़ा कर दिया और पहाड़ी ढलान कम खड़ी हो गईं। ऊपरी सतह कई घाटियों के बीच विभाजित हो गई और धीरे-धीरे ऊंचाई खो दी।अरावली मे लगातार अपक्षय व क्षरण ने उबड खाबड आकृति को पठारी रूप मे परीर्वतित कर दिया।

कटाव की प्रक्रिया समुद्र तल से ऊपर भूमि के पहले उभरने पर अपना काम शुरू करती है और समय के साथ-साथ विस्तार में बढ़ती जाती है। यह प्रक्रिया पहाड़ी क्षेत्रों को पठारों में और उन पठारों को मैदानी क्षेत्रों में परिवर्तित करती रहती है। कटाव चक्रों की यह चक्रीय प्रकृति कटाव

के एक के बाद एक चक्र को दोहराती रहती है। वाल्टर पेंक (1924) ने पृथ्वी की गति और पहाड़ी ढलान कटाव की समस्याओं की जटिलताओं की परिकल्पना की थी। अधिकांश परिदृश्य दोहराए गए क्रमिक कटाव चक्रों के उत्पाद हैं। वर्तमान परिदृश्य आर्कियन ईऑन से लेकर अब तक कई परिवर्तनों से दृढ़ता से प्रभावित हुआ है। वे परिवर्तन, टेक्टोनिक गतिविधियों के चरण और कई आग्नेय इनड्रुजिन परिदृश्य उद्भव के लिए जिम्मेदार हैं जो चल रहे कटाव और अनाच्छादन क्रियाओं के परिवर्तन के अधीन भी हैं।

वर्षा का पानी सतह के नीचे रिसता है जहां मिट्टी में मजबूत वनस्पति आवरण (वन) होता है, आपस में गुंथी जड़ें मजबूती से एक साथ बंधी रहती हैं और तेजी से सतह के कटाव से मिट्टी की रक्षा करती हैं। जहां मिट्टी ढीली और खराब रूप से समेकित होती है, बारिश की बौछारों के संपर्क में आने से भारी मात्रा में अपवाह होता है, जो इलाके के लिए विनाशकारी साबित होता है और सतह पर भारी कटाव का कारण बनता है। ढीली मिट्टी पर गिरने वाली बारिश की बूंदों की अचानक बारिश तबाही का कारण बनती है, जहां हर एक बारिश की बूंद सैकड़ों मिट्टी के कणों को हटाकर एक छोटा गड्ढा बनाती है। जब बारिश की बूंदें ढलान वाली जमीन पर गिरती हैं तो यह मिट्टी के कणों की अस्थिरता को और बढ़ाती हैं। मूसलाधार बारिश के दौरान हजारों और लाखों बारिश की बूंदें बहुत पतली मिट्टी की परतों वाले अस्थिर ढलानों पर उच्च वेग के साथ सतह पर कटाव करते हुऐ पतली मिट्टी परत नष्ट करके विनाशक रूप मे अपरदन करती है। बारिक मिट्टी के कण वर्षाजल द्वारा चिकनाहट बनाके उनको जल मे घोल लेती है व मिट्टी कि पतली परत को बहा ले जाकर सतह को नंगाा कर देती है ।

कटाव की यह प्रक्रिया अनियंत्रित रूप से जारी रहती है, जिससे नए क्षरण की स्थिति बनती है और कटाव में और तेज़ी आती है। मिट्टी या तो पानी से बह जाती है या हवा से उड़ जाती है, शायद दोनों ही एक के बाद एक कारक होते हैं। अंततः मिट्टी का आवरण हमेशा के लिए खत्म हो जाता है। मानवीय हस्तक्षेप, जैविक दबाव, मिट्टी को साफ करना या तोड़ना, पेड़ों को काटना और मिट्टी के साथ किसी भी तरह की छेड़छाड़ से मिट्टी की सुरक्षात्मक परत हट जाती है, जिससे कटाव की गति मरम्मत योग्य सीमा से ज़्यादा हो जाती है। फिर इस प्रक्रिया का शिकार इंसान ही बनता है। अरावली की अल्पकालिक बारिश की बौछारें सतह को नालियो में बदल देती हैं, फिर घाटियों में बदल जाती हैं, हवा के कटाव से चट्टान का मलबा पीछे हट जाता है और रेत के झोंके उस सामग्री को बहा ले जाते हैं।

अरावली पर्वत प्रणालियाँ फोल्डिड और फॉल्टिड पहाड़ों के गहरे क्षरण वाले भागों के अवशेष हैं जो सैकड़ों मिलियन वर्षों तक विभिन्न वायुमंडलीय अनाच्छादन और अपक्षय के संपर्क में रहे। ये पहाड़ कई बार क्षरणित हुए और पृथ्वी की हलचलों के कारण ऊपर उठे। चट्टान का कठोर कोर बार-बार उत्थान और टेक्टोनिक आंदोलनों के कारण ऊपर उठा हुआ है जो उच्च तापमान और दबाव के तहत अत्यधिक संकुचित और रूपांतरित हो गया है। बलुआ पत्थर विभिन्न ग्रेड के क्वार्टजाइट में रूपांतरित हो गया, मडस्टोन और गाद फ़िलाइट, स्लेट और अभ्रक शिस्ट, चूना पत्थर और डोलोमाइट्स से संगमरमर, ग्रेनाइट और ग्रेनाइट सामग्री के साथ तलछटी चट्टानों से नीस में रूपांतरित हो गया। परिवर्तनों का चक्र जारी रहा।

प्राचीन नीस और शिस्ट ने भू-समन्वय वितरण की ओर संकेत प्रदान किए, जिससे पर्वतों की श्रृंखलाएँ बनीं, जिनमें से अधिकांश में अपरदनित आधार चट्टानें शामिल थीं। मौजूदा चट्टानों पर सतह की विशेषताएँ बारिश और हवा की क्षरणकारी क्रिया द्वारा काफी हद तक आकार लेती थीं। कठोर चट्टानें नरम चट्टानों की तुलना में लंबे समय तक प्रतिरोध करती रहीं और फोल्डिड हुए पहाड़ों के एंटीक्लाइन में खंडित, संयुक्त भागों पर अलग-अलग क्षरण हुआ। ऊंचे क्षेत्रों में, शिस्टोज चट्टानें उनमें पर्णन के कारण क्षरण के लिए अधिक प्रवण थीं, लेकिन क्वार्टजाइट और बैंडेड हेमेटाइट और मैग्नेसाइट चट्टानें मैदानों के बगल में खड़ी होने के लिए लंबे समय तक क्षरण का अवरोध करती रहीं।

ढोसी और तोशाम जैसे अरावली के इलाकों में ग्रेनाइट की पहाड़ियाँ सफेरायडल गोलाकार अपक्षय से गुज़री हैं और गोल पहाड़ियों की तरह दिखती हैं। अरावली में कई जगहों पर इनड्रुजिव डाईक दीवार की तरह खड़े हैं क्योंकि वे कटाव के प्रति प्रतिरोधी हैं। चरखी दादरी (हरियाणा) के पास अरावली के उत्तरी हिस्सों में बलुआ पत्थरों में अपघटित फेल्डस्पार की मौजूदगी और कुछ प्री-कैम्ब्रियन चट्टानों में महीन गाद के मैट्रिक्स के माध्यम से बिखरे हुए बड़े पत्थर स्थानीय हिमनदी स्थितियों के लगभग प्रमाण हैं।[88]

"वर्तमान समय की पहाड़ियाँ और पर्वत शाश्वत नहीं रही, बल्कि वे स्वयं ही कटाव की धीमी प्रक्रिया द्वारा तराशे गये हैं, जो कि वर्तमान में भी चल रही हैं। उन्होंने दिखाया कि नदियों द्वारा भूमि से लगातार हटाए जा रहे जलोढ़ तलछट अंततः रेत और मिट्टी के रूप में समुद्र तल पर जमा हो जाते हैं। उन्होंने देखा कि पृथ्वी की क्रस्ट की तलछटी चट्टानें बिल्कुल वैसी ही जमा होने के सभी लक्षण दर्शाती हैं, जैसी कि वर्तमान में जमा हो रही हैं। उन्होंने महसूस किया कि पहले किसी ने ऐसा नहीं किया था, कि इन पुरानी तलछटी चट्टानों की विशाल मोटाई ने एक ऐसे समय अवधि में कटाव और अवसादन के संचालन को दर्शाया, जिसे केवल अकल्पनीय रूप से लंबा ही कहा जा सकता है।"[89]

अरावली पर्वत लगातार विभिन्न प्रकार के क्षरण चक्रों के अंतर्गत रहा। भू-संयोजी क्षेत्रों में जमा अपरदित पदार्थ टेक्टोनिक गतिविधियों के संपीड़न बलों और प्लेटों की गति के कारण पर्वतों के रूप में ऊपर उठ गए। इन पर्वतों को वायुमंडलीय गैसों, पानी, तापमान में परिवर्तन और पृथ्वी की सतह पर कार्बनिक पदार्थों द्वारा अपक्षय और अनाच्छादन का सामना करना पड़ा, और वर्षा और हवा (अन्य कारकों के साथ) द्वारा ले जाया गया अपरदित पदार्थ फिर से निचले क्षेत्रों में जमा हो गया, जहाँ इसकी प्रकृति, गुण और संरचना को बदलने के लिए कायापलट और मैग्मैटिक इनड्रुजन के टेक्टोनिक चरणों से गुजरना पड़ा।

चक्रों में, चट्टानें उस समय की प्रचलित वायुमंडलीय स्थितियों के तहत अपक्षयित और अपरदित होती हैं और निचले इलाकों में जमा होती हैं, जिन्हें फोल्डिड पहाड़ों के रूप में संपीड़न/उभार के अधीन किया जाता है, ताकि आगे के जमाव के लिए उनका पुनः अपरदन हो सके, फिर वे पृथ्वी की आंतरिक प्रक्रियाओं, मैग्माटिक इनट्रुजिव, ज्वालामुखी, ग्रेनाइटीकरण, कायापलट, अपरदन, अवसादन, समेकन के अधीन होती हैं, और उनकी कायापलट प्रक्रियाएं प्रकृति में जारी रहती हैं।

दुनिया भर के प्रतिष्ठित भूविज्ञानियों ने इस घटना को स्वीकार किया और साबित किया। जैसा कि चित्र 3.2 में दिखाया गया है, पृथ्वी की सतह पर अपक्षय, कटाव, परिवहन और निक्षेपण एक सतत प्रक्रिया है, जो चक्र दर चक्र चलती रहती है। हमे ईस कटाव की चक्रीय प्रकृति और कटाव की निरंतरता को समझना होगा। कोई भी यह सुनिश्चित नहीं कर सकता कि किसी निर्दिष्ट अवधि के बाद कटाव नहीं होगा। कटाव नियंत्रण उपायों को उन क्षेत्रों की भूवैज्ञानिक आवश्यकताओं के अनुसार अलग-अलग समय अवधि में लगातार जारी रखना होगा,

3.12. एनसीआर अरावली खनिज और आर्थिक महत्व

अब तक किए गए अन्वेषणों में अरावली पहाड़ियों के फरीदाबाद-गुड़गांव-मेवात क्षेत्र में किसी भी आर्थिक रूप से व्यवहार्य और काम करने लायक महत्वपूर्ण खनिज भंडार की घटना की सूचना नहीं मिली है। अधिकांश खनिज घटनाएँ महेंद्रगढ़ जिले के क्षेत्रों में नारनौल के दक्षिण में गोलवा-नांगल दर्गू में रिपोर्ट की गई थीं, जो हरियाणा में महेंद्रगढ़-खुडाना की ओर उत्तर में जारी है। यह बेल्ट राजस्थान क्षेत्रों के दक्षिण और पश्चिमी किनारों तक फैली हुई है। एनसीआर के आसपास, अरावली पहाड़ियों का उपयोग ज्यादातर निर्माण सामग्री जैसे बदरपुर लाल रेत (या पत्थर पीसकर उसका चूर्ण) और निर्माण सामग्री (रोडी) के लिए किया जाता है। दिल्ली की सीमा से सटे फरीदाबाद जिले के अन्नागपुर-मांगर बेल्ट के आसपास क्वार्ट्ज रेत खनन रोक दिया गया था। क्वार्ट्जाइट को स्टोन क्रशर प्लांटों में पीसा जाता है और एनसीआर के लिए निर्माण सामग्री के रूप में उपयोग किया जाता है हमें याद है कि पहले स्टोन क्रशर का खतरा दिल्ली के आनंद पर्वत क्षेत्र के आसपास था और धीरे-धीरे फरीदाबाद-गुड़गांव-मेवात क्षेत्रों में फैल गया, अब धीरे-धीरे राजस्थान के क्षेत्रों में दक्षिण की ओर बढ़ रहा है। यहां तक कि सख्त जरूरत पड़ने पर भी गुड़गांव और दिल्ली की निर्माण सामग्री की जरूरतें मुख्य अरावली वन्यजीव क्षेत्रों से दूर स्थित अलग-थलग पहाड़ियों से पूरी की जा सकती हैं।

फरीदाबाद से महेन्द्रगढ़ जिलों के दक्षिण हरियाणा अरावली पर्वतों में उत्तर-पश्चिम अक्षों में अजबगढ़ और अलवर श्रृंखला की कैल्केरियस और एरेनेसियस तंग तह चट्टानें पाई जाती हैं, जबकि तोशाम पहाड़ियाँ बाद की दिल्ली सुपर ग्रुप ज्वालामुखी श्रृंखला से संबंधित हैं। नांगल दर्गू-बायल-निजामपुर क्षेत्र की अतिव्यापी फोल्डिड जटिल संरचनाओं में कई खनिज पाए गए हैं। वोल्फ्रामाइट, वोलास्टोनाइट, कायनाइट, टूमलाइन, क्वार्ट्ज क्रिस्टल, क्वार्ट्ज प्रिज्म, फ्लिंट, चर्ट, डोलोमाइट, बेरिल, हेमेटाइट, मैग्नेटाइट आदि जैसे कई खनिज और आंतरी-बिहारीपुर अरावली **पहाड़ियों** के आसपास बहुरंगी संगमरमर पाए गए हैं। ढोसी, खालडा, नसीबपुर और आसपास की पहाड़ियों में गोलाकार आकार के पेग्माटाइट्स की इनट्रुजिव देखी गई है, जिनमें ऑर्थोक्लेज़, क्वार्ट्ज, फेल्सपार, एल्बाइट, गार्नेट, बायोटाइट, मैलाकाइट, टूमलाइन, अभ्रक, एक्टिनोलाइट, कैल्साइट (कैल्साइट के पुराने खनन गड्ढे खालडा पहाड़ियों पर थे) जैसे खनिज पाए जाते हैं।

खनिज घटनाएँ प्रकाशित साहित्य, गजेटियर, भारतीय भूवैज्ञानिक सर्वेक्षण की रिपोर्ट, हरियाणा सरकार की रिपोर्ट/प्रकाशन, प्रकाशित लेख, शोध पत्र और पिछले 45 वर्षों के दौरान क्षेत्र भ्रमण के दौरान की गई टिप्पणियों पर आधारित हैं। यहाँ-वहाँ बिखरी हुई जानकारी को संकलित किया गया है, किसी एक रिपोर्ट को अलग करना संभव नहीं था क्योंकि जानकारी समय-समय पर बदलती रहती थी। पुराने गजेटियर केवल जनता को यह बताने के लिए उद्धृत किए गए हैं कि पिछली दो शताब्दियों के दौरान खनिजों की उपथ्स्तिी अच्छी तरह से ज्ञात थीं।

क्षारीय पृथ्वी : अरावली के नांगल दर्गू क्षेत्र में लोग नालों से मिट्टी एकत्र करके अपने कपड़े धोते थे।

एस्बेस्टोसः महेंद्रगढ़ जिले के नारनौल क्षेत्र के पास गोलवा, नांगल दर्गू और नाहिर-का-बाग के आसपास कैल्क शिस्ट में भंगुर एस्बेस्टस देखा गया, और गुड़गांव जिले के सोहना के पास कुछ स्थानो की सूचना पुराने साहित्य मे मिली।

बदरपुर या फाउंड्री रेत : भूवैज्ञानिकों का मानना था कि लंबे समय तक संपर्क में रहने से इनट्रुजिव करने वाली वैन खराब हो गईं, एक अन्य स्कूल का मानना था कि अनकनफारमिटि अवधि के दौरान लंबे समय तक संपर्क में रहने से लोहा लाल रंग में परिवर्तित हो गया। दिल्ली में छतरपुर के दक्षिण में, फरीदाबाद जिले के अन्नगपुर, मांगर, कोट, मेवला महाराजपुर, सराय आदि, गुड़गांव जिले के बिसर, रिठौज, सहसोला, सोंख, चाहलका, गंगानी और मोहम्मदपुर अहीर क्षेत्रों और हरियाणा के महेंद्रगढ़ जिले के सराय में बड़ी पुरानी परित्यक्त खनन खदानें देखी गईं। ये अनियोजित गहरी खुली खनन खदानें धरती माँ के कंकाल की उजागर पसलियों की तरह प्रतीत होती हैं। कई जानवर और वन्यजीव मरने के लिए उन परित्यक्त गड्ढों में गिर गए। इन पुरानी खनन खदानों की वजह से वर्षाजल का बहाव अवरूध होगया जिसकी वजह से बडकल व सुरजकुन्ड झीले सुख गई है। वर्षाजल पुरानी परित्यक्त खनन खदानो मे भर जाता है जिसकी वजह से अन्नगपुर वन क्षेत्र मे कई जगह जल संचय हो गया है।

बेराइट : महेंद्रगढ़ जिले में मुसनोता और बायल-की-ढाणी के आसपास पेग्माटाइट वैयन और अलवर में लेंटिक्युलर लेंस बेराइट की उपस्थिति के लिए प्रसिद्ध हैं।

बेरिल: हमने अवलोकन किया मुसनोता, नांगल दर्गू, बायल, पचनोता और सराय क्षेत्रों के आसपास पेग्माटाइट्स में बेरिल बड़े क्रिस्टल पाए गए।

निर्माण सामग्री: हरियाणा के एनसीआर क्षेत्र में क्वार्टजाइट, शिस्ट और नीस का उपयोग निर्माण सामग्री के रूप में किया जाता है। फरीदाबाद से महेंद्रगढ़, चरखी दादरी से हरियाणा के भिवानी जिलों और राजस्थान के अलवर जिले में सैकड़ों स्टोन करॅशर काम कर रहे हैं। क्वार्टजाइट और अभ्रक के शिस्ट ब्लॉकों से खंभे काटे गए और निर्माण सामग्री और बाड़ लगाने के लिए उपयोग किए गए। पुराने समय में बिहाली, खोल और कुंड स्लेट, टहला-मुकुंदपुरा पत्थर की पटिया, गोलवा और कल्याण (दादरी) भूरे बलुआ पत्थर और कई अन्य स्थानों पर निर्माण सामग्री के लिए विभिन्न चट्टानों का उपयोग किया जाता था। शहरीकरण ने पूर्व में फरीदाबाद से पश्चिम में महेंद्रगढ़, दक्षिण में मेवात से राजस्थान के अलवर जिले और दक्षिण-पश्चिमी भाग में नारनौल, हरियाणा और राजस्थान के सीकर जिले तक सैकड़ों सटोन करशर (कानूनी या अवैध) कॉयरत है जिनका माल दिल्ली ले जाया जाता है।

कले : कले की कुछ घटिया किस्म का खनन किया गया था, जो आग रोधक कपड़ा और इन्सुलेशन उद्योगों के लिए उपयुक्त थी। फरीदाबाद जिले के अन्नागपुर, मांगर, गुड़गांव जिले के अलीपुर धामडोज, नाथूपुर, सिकंदरपुर, कासन, घाटा और इंद्री क्षेत्रों के आसपास पेग्माटाइट्स में कले की मौजूदगी की सूचना मिली थी। अरावली में बड़े पैमाने पर शहरीकरण, कोलोनाइजेश्न, फार्महाउस और भू-माफियाओं द्वारा अतिक्रमण ने इसे महत्वहीन बना दिया।

कैल्साइट : अजबगढ़ समूह की चट्टानों में ट्रेमोलाइट चूना पत्थर संगमरमर की मौजूदगी रघुनाथपुरा (खालडा) पहाड़ियों के समूह और खालडा, सुनारो-की-पहाड़ी, मुंडिया पहाड़ी और बायल-की ढाणी के आसपास देखी गई है, जहाँ कैल्साइट की मौजूदगी है, जहाँ ट्रेमोलाइट और एपेटाइट के साथ पुराने खनन गड्ढे देखे गए हैं। हमें बताया गया कि रसूलपुर में पारदर्शी कैल्साइट का खनन किया गया है।

तांबा, चाल्कोपाइराइट और ऐज़ुराइट : खेतड़ी (राजस्थान) में तांबे की प्रसिद्ध खदानें थीं। महेंद्रगढ़ जिले की अरावली पहाड़ियों में विभिन्न ग्रेड के तांबे के भंडार पाए गए हैं। नारनौल, घाटाशेर, खालडा, बिहाली, गोलवा-गंगटाना बेल्ट (अयस्क में 0.3% Cu के साथ 28 मिलियन टन का भंडार) और महेंद्रगढ़ जिले की खुडाना पहाड़ियों व नारनौल की तीजावली पहाड़ियों (अयस्क में 0.25% Cu) में चाल्कोपीराइट/मैलाकाइट/चाल्कोसाइट/कोवेलाइट और तांबे के खनिज पाए गए हैं। रघुनाथपुरा, दोखेरा , मेघोत हाला, जैनपुरा और धोलेहेड़ा के पास की पहाड़ियों में भी मैलाकाइट पाए गए हैं। ढाणी भाठोठा, नांगल कालिया और दोस्तपुर के चूना पत्थर के क्रिस्टल में भी पाइराइट और चाल्कोपीराइट की धारियाँ देखी गई हैं। पुराने गजेटियर में बताया गया है कि मुसनोता, धोलेहेड़ा और बायल "तांबे की खदानें थीं, लेकिन ईंधन की कमी के कारण, उनमें काम नहीं किया जाता है। [90]" "यहां पत्थरों के बड़े ब्लॉकों में छोटे गोल हीरे के आकार के कॉर्नेलियन भी पाए गए हैं"। तोशाम क्षेत्र में तांबे की मौजूदगी मेटासेडिमेंट्स और रायोलाइट में पाई जाती है। हरियाणा के दक्षिण में, राजस्थान के अलवर जिले में खो-दरीबा बेल्ट, भगोनी बेल्ट तांबे के भंडार के लिए प्रसिद्ध हैं। झुंझुनू जिले में खेतड़ी तांबे की खदानें प्रसिद्ध थीं और अन्य तांबे की खदानें अकवाली, सात-कुई, धनोता आदि हैं।

फेल्डस्पार: गुड़गांव के अलीपुर, सिकंदरपुर, घमरोज, कासन और महेंद्रगढ़ के बायल, पचनोता, नागल दर्गू, मुसनोता, कपुरी की ढाणी के पास पेग्माटाइट्स में फेल्डस्पार देखा गया ।

गार्नेट : कॉलेज के समय में हमने नांगल दर्गू, मुसनोता, बायल, गोलवा और सोडा की ढाणी क्षेत्र से बड़े आकार के गार्नेट क्रिस्टल एकत्र किए। छोटे आकार के गार्नेट अपक्षय के बाद चट्टानों पर फैले हुए थे और नारनौल क्षेत्र के बरोंडला, बायल, गोलवा, सरेली और मुकुंदपुरा गांवों के आसपास देखे गए। इसी क्षेत्र के स्टॉरोलाइट-बायोटाइट-गार्नेट शिस्ट में **स्टॉरोलाइट** क्रिस्टल देखे गए। गुड़गांव जिले के हरियाहेड़ा में गार्नेटयुक्त अभ्रक शिस्ट देखा गया।

ग्रेफाइट : दक्षिणी हरियाणा के सोहना के आसपास क्वार्टजाइट में शिस्ट की पट्टियों में ग्रेफाइट की सूचना मिली थी। महेंद्रगढ़ जिले के शिस्ट में ग्रेफाइट फैजाबाद ढाणी, खालडा पहाड़ियों, मुंडिया पहाड़ियों और जाखनी के पश्चिम में देखा गया था, लेकिन आर्थिक महत्व का नहीं पाया गया।

लौह अयस्क : **धनोता-धनचोली अरावली** में मैग्नेटाइट और हेमेटाइट लौह अयस्क (Fe_2O_3 लगभग 59.5%, SiO_2 5.55% और Al_2O_2 1.63%) के भंडार मुख्य रूप से मैग्नेटाइट अयस्क निकाय (1.5 मिलियन टन भंडार के साथ 52 से 67% लोहा) के हैं। संरचनात्मक रूप से लौह अयस्क की उपस्थिति लेंसोइड निकायों के रूप में बताई गई है, जो बेडिंडग की स्ट्राइक के साथ पिंचिंग और उभरे हुए हैं। ग्रेनाइटॉइड, नीस, कैल्क नीस, एम्फीबोलाइट और संगमरमर से युक्त देशी चट्टानें लेंस के आकार के अयस्क निकायों की उपस्थिति के साथ एक सिंकलाइन में अत्यधिक मुड़ी हुई हैं। **खोल** (रेवाड़ी) अरावली पहाड़ियों के आसपास शेल और स्लेट में लिमोनाइट और हेमेटाइट के खनिज भी बताए गए।

आंतरी-बिहारीपुर पहाड़ियों में मैग्नेटाइट अयस्क सतह पर दिखाई देता है। आंतरी में लौह अयस्क का खनन योग्य है। [91]लगभग 1204 मिलियन टन हेमेटाइट और मैग्नेटाइट लौह अयस्क के भंडार का अनुमान है। लेखक को उन वन क्षेत्रों को बचाने के लिए भारी राजनीतिक दबाव का सामना करना पडा था । [92]ड्रिलिंग करने के बाद करोता लौह अयस्क भंडार का अनुमान लगाया गया था। छाबड़ा-बीबीपुर, कमानिया, मोखूता (नारनौल), राजावास और सोल्हा (महेंद्रगढ़) अरावली पहाड़ियों के पास की पहाड़ियों में हेमेटाइट लौह अयस्क

की उपस्थिति देखी गई। नांगल दर्गू क्षेत्र के पास मैंगनीज शेल्स और चूना पत्थर में **मैंगनीज** खनिज देखे गए। चुंबकीय सर्वेक्षण ने गोलवा और धोखेरा क्षेत्रों में पाइराइट, कार्बनयुक्त और चुंबकीय सामग्री की उपस्थिति दिखाई।

गुड़गांव जी. एजेटियर (1883-84) ने लौह अयस्क निष्कर्षण के बारे में पुरानी रिपोर्ट दी, "लौह अयस्क फिरोजपुर के पास पहाड़ी श्रृंखला में और फिरोजपुर से कुछ मील दक्षिण में पाटन उदयपुरी में मौजूद है; फिरोजपुर के नवाबों के समय में पहाड़ियों पर पेड़ों को सख्ती से संरक्षित किया गया था, और अयस्क का काम किया गया और फिरोजपुर में गलाया गया, वहां 22 भट्टियां काम कर रही थीं, जिनमें से प्रत्येक 18 घंटे में दो मन [93]लोहा बना सकती थी।"

कंकर: पुराने कंकर के जमाव दक्षिण हरियाणा के पैलियोचैनल और इंटरडनल ट्रैक्ट तक सीमित हैं; पुराने भिवानी जिले के रेवासा, दादरी, अचीना, लोहारी-जट्टू, बलियाली, रूपगढ़, मनकावास इस कंकर का इस्तेमाल दादरी सीमेंट फैक्ट्री (अब बंद) द्वारा सीमेंट उत्पादन के लिए किया जाता था। महेंद्रगढ़, रेवाड़ी और गुड़गांव जिलों के कई गांवों में इंटरडुनल कंकर जमा होना आम बात थी, जिन्हें पुराने समय में ग्रामीणों द्वारा इमारतों की प्लास्टरिंग के लिए चूने में बदलने के लिए खनन किया जाता था।

कायनाइट: गोलवा के आसपास एक्टिनोलाइट शिस्ट के भीतर क्वार्टजाइट बेंड में कायनाइट खनिज पाया गया। गुड़गांव जिले में सोहना, मोहम्मदपुर अहीर और भोंडसी क्वार्ट्ज वैन के आसपास छोटे कायनाइट क्रिस्टल के गुच्छे पाए गए।

चूना पत्थर : महेंद्रगढ़ जिला पुराने समय में 1980 तक रूपांतरित चूना पत्थर कळी के लिए जाना जाता था, जब सैकड़ों भट्टियाँ चूना पत्थर को कली में बदलने के लिए काम कर रही थीं, जिसका उपयोग इमारतों की सफेदी और निर्माण के लिए मोर्टार बनाने के लिए किया जाता था। फुलकिया गजट 1904 में कली के निर्यात का उल्लेख है, "इसे नारनौल से पटियाला और अन्य स्थानों पर निर्यात किया जाता है"। [94]दोचाना (8 मिलियन टन) में चूना पत्थर की बेल्ट की घटनाएँ दर्ज की गई हैं, यह बेल्ट नारनौल क्षेत्र के भाकरी गाँव के आसपास के क्षेत्रों के साथ उत्तर में फैली हुई है। अरावली क्रिस्टलीय चूना पत्थर की चट्टानें ढाणी भाटोटा (0.240 मिलियन टन), बनिहारी, कालबा, आजमाबाद मोखुता क्षेत्र (लगभग 10 मिलियन टन), तोचरी, कालिया-का-नंगल (14 मिलियन टन), मुसनोता, धानोता हरियाणा के आसपास पाई जाती हैं, फिर यह बेल्ट राजस्थान राज्य के नीम-का-थाना क्षेत्र में दक्षिण की ओर जाती है।

प्रकाशित रिपोर्टों में उल्लेख किया गया है कि बनिहाडी-कालवा-मोखुता-बामनवास चूना पत्थर में -CaO 34.5 प्रतिशत से ~44.9% के बीच है। बनिहाडी के आसपास भूगर्भशास्त्रियों ने गहरे भूरे रंग के चूना पत्थर की पट्टियों में ग्रे क्रिस्टलीय चूना पत्थर की तीन पट्टियाँ देखीं। यह चूना पत्थर की उपस्थिति 300 x 8 मीटर से अधिक चट्टानों के प्रहार के साथ फैली हुई है। मुसनोता में हल्के रंग के क्रिस्टलीय चूना पत्थर की किस्म का अनुमान 47,040 मीट्रिक टन भंडार है, (औसत CaO---33.79%, MgO-12.93%, और एसिड अघुलनशील-9.36% के रूप में रिपोर्ट किया गया है)। भूवैज्ञानिकों ने धानोता में क्रिस्टलीय चूना पत्थर की तीन पट्टियाँ (CaO-32%, MgO-7.9%, और एसिड-अघुलनशील-27.22%, 35 मीटर की गहराई तक 3,03,740 मीट्रिक टन का अनुमानित भंडार) की सूचना दी। सोडा-की-ढाणी में क्रिस्टलीय चूना पत्थर के नमूनों के विश्लेषण में CaO - 44.9% और अम्ल में अघुलनशील 18.6% तक पाया गया, साथ ही मैग्नेशिया की मात्रा भी अधिक थी (CaO-33.7%; MgO-13.9% और अम्ल में अघुलनशील -3%)।

बहुरंगी धारीदार संगमरमर : महेंद्रगढ़ जिले के आंतरी बिहारीपुर, नांगल दर्गू, मुसनोता, रसूलपुर, रघुनाथपुरा (खालडा), मेघोत हाला, धनचोली, गुंगटाना, गोलवा और नियाज-अलीपुर गांवों में कई टेक्टोनिक उथल-पुथल के तहत अजबगढ़ समूह की चट्टानों में बहुचरणीय कायापलट हुआ, जिससे चूना पत्थर धारीदार बहुरंगी संगमरमर में बदल गया। विभिन्न स्थानों पर संगमरमर की संरचना और गुणवत्ता में भिन्नता को जन्म देते हुए कायापलट की डिग्री में भिन्नता थी ।

भूरे रंग के बैंडेड मार्बल को मुख्य रूप से ढाणी बाठोठा, डोंगली, कमानिया, छापरा, आंतरी-बिहारीपुर और नांगल दर्गू की खदानों से चूना जलाने के लिए निकाला जाता है। अंतरी-बिहारीपुर और दोखेरा में अरावली पहाड़ियों की 8 किलोमीटर लंबाई में सफेद संगमरमर की सूचना मिली है। दादा पहाड़ियों पर लगभग 125 मीटर की चौड़ाई वाली सफेद और काले संगमरमर की एक पट्टी का खनन किया गया था। नारनौल के आसपास मध्यकाल के दौरान निर्मित कई इमारतों में स्थानीय खदानों से प्राप्त सफेद संगमरमर का उपयोग किया गया था। एक विशिष्ट सफेद संगमरमर धानोता और धनचोली के बीच भी पाया जाता है, और लौह अयस्कों के साथ संगमरमर के जुड़ाव ने इसे बहुत उच्च श्रेणी का दूधिया सफेद रंग दिया है।

अभ्रक: कॉलेज के दिनों में हम नांगल दर्गू, मुसनोता और पाचनोता पहाड़ियों से मस्कोवाइट और बायोटाइट अभ्रक के अच्छे फलेक इकट्ठा करते थे, जो पेग्माटाइट्स और क्वाट्र्ज़ नसों के भीतर घुसे हुए थे। उस क्षेत्र में अरावली की आसपास की पहाड़ियों में अभ्रक का पाया जाना आम बात है। पुराने साहित्य में गुड़गांव जिले की भोंडसी पहाड़ियों में अभ्रक खनिजों का उल्लेख है। इन पेग्माटाइट्स इनट्रुजिव में **फेल्डस्पार (ऑर्थोक्लेज़ और प्लेगियोक्लेज़)** को क्वाट्र्ज़ के साथ जोड़ा गया है। कुछ जगह पॉकेट्स वैन में गोलवा के उत्तर और नागल दर्गू के दक्षिण में अरावली पहाड़ियों में स्टॉरोलाइट-गार्नेट-बायोटाइट शिस्ट के साथ क्वाट्र्ज़ से जुड़े **कायनाइट ब्लेड देखे गए हैं।**

पाईराइट : सोने की तरह चमकने वाले पाइराइट खनिज (जिसे मूर्खों का सोना भी कहा जाता है) नारनौल और खुडाना अरावली पहाड़ियों के आसपास कई स्थानों पर देखे गए। कुंड के स्लेट जमा में पाइराइट धारियाँ देखी गईं। नारनौल के पास तीजावली पहाड़ी में चाल्कोपाइराइट

और पाइराइट प्रसिद्ध हैं और लोग इसे सोना समझते हैं।

क्वार्ट्ज सेन्ड या ग्लास सेन्ड : गुड़गांव जिले के अन्नागपुर, बड़खल, मांगर, पाली, धौज और मोहम्मदाबाद (फरीदाबाद), बंधवारी, घामरोज, महमूदपुर अहीर, सोहना, खरक, चहलका, सोंख, रोजका-गुज्जर और सहसोला के आसपास क्वार्ट्ज सेन्ड के रूप में अत्यधिक अपक्षयित क्वार्ट्जाइट/क्वार्ट्ज इनड्रुजिव की सूचना मिली है। इन क्षेत्रों में बड़ी संख्या में पुराने खनन के गड्ढे देखे जा सकते हैं। माननीय सर्वोच्च न्यायालय के 18.3.2004 और 2002 के फैसले के बाद खनन बंद कर दिया गया था और खनन सामग्री इन गांवों के वन क्षेत्रों में कई स्थानों पर पड़ी हुई थी। महेंद्रगढ़ जिले के अटेला, सराय और टहला क्षेत्रों के आसपास भुरभुरा क्वार्ट्ज/क्वार्ट्जाइट देखा गया।

क्वार्ट्ज : लेखक ने नांगल दर्गू-मुसनोता-पांचनोता-गोलवा क्षेत्र से उत्कृष्ट गुणवत्ता के षट्कोणीय छह-पक्षीय पिरामिड की उपस्थिति के साथ रंबोहेड्रॉन प्रिज्मीय बड़े क्वार्ट्ज क्रिस्टल देखे हैं। निजामपुर और नागल दर्गू क्षेत्र में बड़े आकार के षट्कोणीय पिरामिड उपस्थिति पीजोइलेक्ट्रिक गुणवत्ता के क्वार्ट्ज क्रिस्टल पाए गए। ग्रामीण लोग अपने पवित्र स्थानों पर क्वार्ट्ज क्रिस्टल रखकर उनकी पूजा करते थे। खालडा (पुरानी खदान के गड्ढे) के पास कैल्साइट नसों में बड़े क्वार्ट्ज क्रिस्टल देखे गए। बेरोन्डला और घाटासेर क्षेत्र में और उसके आसपास अच्छे आकार के क्वार्ट्ज क्रिस्टल देखे गए। "रॉक क्रिस्टल, क्वार्ट्ज, अभ्रक शिस्ट और निर्माण प्रयोजनों के लिए उपयोग किए जाने वाले बलुआ पत्थर मुसनोता, [95]पचनोता क्वार्ट्ज क्रिस्टल गुड़गांव जिले के भोंडसी, इंद्री और सोहना क्षेत्रों के आसपास भी पाए गए।

नमक: गुड़गांव जिले के गजेटियर (1883-84) में सुल्तानपुर (350 एकड़), सधराना (30 एकड़), सैदपुर (15 एकड़), मोहम्मदपुर (16 एकड़), मुबारिकपुर (550 एकड़), बशीरपुर (550 एकड़), इकबालपुर (20 एकड़), कालियावास (43 एकड़), जाहिदपुर (20 एकड़) और सैलाना (10 एकड़) जैसे कई स्थानों पर नमक तैयार करने का उल्लेख है। गजेटियर के अनुसार कुल 1565 एकड़ क्षेत्र में 3799 पानियों में 246 कुओं का उपयोग नमक बनाने के लिए किया जाता था। **बशीरपुर** आरएफ ब्रिटिश काल के दौरान नमक बनाने के लिए प्रसिद्ध था । नमक बनाने के लिए कुओं से पानी निकालकर धूप में सुखाया जाता था।

शोरा : होडल, हथिन, नूंह, फिरोजपुर झिरका और बल्लभगढ़ जैसे मैदानी इलाकों में शोरा पाए जाने की सूचना मिली है।

स्लेट: कुंड स्लेट (दिल्ली सुपरग्रुप का अजबगढ़ समूह) की खदानें पिछले सौ वर्षों से संचालित की जा रही हैं और उच्च गुणवत्ता वाली स्लेटें विदेशों में निर्यात की जाती थीं और लघु उद्योग के रूप में लोगों को रोजगार प्रदान करती थीं। अब निर्यात व्यवसाय यूरोप और यूएसए में उपयोग की जाने वाली सिंथेटिक टाइलों की वजह से कम हो गया है, और अधिकांश पुरानी खदानें बंद हो गई हैं। राजस्थान में दक्षिण की ओर फैले बिहाली, खोल, रामपुरा और कांटी गाँव के स्लेट पत्थर क्षेत्रों में बहुत पहले स्लेट पत्थर निकालने के लिए इस्तेमाल किया जाता था और ग्रामीण इसका उपयोग छत सामग्री के लिए करते थे। अब ग्रामीणों ने घरों के लिए आरसीसी स्लैब की छतों को अपना लिया है और छत के लिए पत्थर की सामग्री की मांग नई तकनीक के कारण कम हो गई है। स्लेट के काले पाउडर का उपयोग रंगद्रव्य के रूप में भी किया जाता है। बिहाली स्लेट क्षेत्र में काले गेरू के पाउडर की सूचना मिली थी। मेवात क्षेत्र के बसई मेव, तिगांव और मह में स्लेट की कम गुणवत्ता की सूचना मिली थी।

वर्मीक्यूलाईट : धानोता और घाटासेर के आसपास कैल्क-शिस्ट में वर्मीक्यूलाईट की उपस्थिति देखी गई।

टिन-टंगस्टन: टिन और टंगस्टन खनिजकरण का तोशाम क्षेत्र में गहराई पर मैग्माटिज्म से जुड़ा होने का संदेह है (अग्रवाल 1991 और सिंह एट अल 1994)।

इस भाग में केवल एनसीआर क्षेत्र को शामिल किया गया है और राजस्थान और गुजरात के अरावली में आर्थिक खनिज भंडार इस पुस्तक के दायरे से बाहर रखे हैं। हालाँकि अरावली में पाए जाने वाले प्रमुख आर्थिक खनिज ज़ावर (उदयपुर), राजपुरा और दरीबा (उदयपुर) के सीसा-जस्ता भंडार हैं। कई स्थानों पर सीसा-जस्ता भंडार, लौह अयस्क और मैंगनीज भंडार, डेगाना (नागौर) के टंगटन प्रसिद्ध हैं। एस्बेस्टस, फेल्डस्पार, सिलिका रेत, क्वार्ट्ज, मैग्नेसाइट, वर्मीक्यूलाइट, वोलास्टोनाइट, डोलोमाइट, अभ्रक, जिप्सम, फॉस्फेट, फ्लोरस्पार, बेराइट, बेंटोनाइट, ग्रेनाइट, संगमरमर, तालक, कैल्साइट, गेरू कई स्थानों पर खनन किया जाता है।

भविष्य : महेंद्रगढ़ जिले में कई अयस्क भंडार और खनिज काम करने योग्य मात्रा में पाए गए हैं। भविष्य की मांग काम करना शुरू कर सकती है। भारत सरकार द्वारा खनिज अन्वेषण महेंद्रगढ़ क्षेत्र में और अधिक खनिज भंडार का पता लगा सकता है। कैल्साइट, गार्नेट (आभूषण बनाने के लिए छोटे क्रिस्टल), क्वार्ट्ज (पीजोइलेक्ट्रिक) और फेल्सपार उपयोगी हो सकते हैं। कुछ खनिज और अयस्क जो औद्योगिक उद्देश्यों के लिए काम करने की तत्काल संभावना रखते हैं, वे हैं लौह अयस्क, मैंगनीज अयस्क, अभ्रक और भवन और सड़क निर्माण के लिए क्वार्टजाइट पत्थर। बायल क्षेत्र के बेराइट्स पर ध्यान देने की आवश्यकता है ताकि भारी ड्रिलिंग आवश्यकताओं के लिए तेल कंपनियों को आपूर्ति करने से पहले भंडार का अनुमान लगाया जा सके। ढाणी बाठोठा का चूना पत्थर अच्छा चूना पैदा करता है और लौह अयस्क गलाने में एक उत्कृष्ट प्रवाह होने की संभावना है। चूना पत्थर में, पोर्टलैंड सीमेंट निर्माण के लिए मैग्नेशिया प्रतिशत बहुत अधिक है। खालरा और दताल हिल्स खदानों का कैल्साइट भविष्य में ध्यान आकर्षित कर सकता है।

References

[1]डॉ. ए.के. डे, *भारत का भूविज्ञान* , नेशनल बुक ट्रस्ट, भारत, नई दिल्ली, 1968. पृष्ठ 2.

2. जेम्स हटन (1785).

[3]आर्थर होम्स, *भौतिक भूविज्ञान के सिद्धांत* , थॉमस नेल्सन एंड संस लिमिटेड, लंदन यूके, 1965।

[4]हाल ही में जिरकोन परीक्षण से 4400 MY वर्ष पुरानी चट्टानों का संकेत मिला है। "जब हेडियन युग के दौरान पिघले हुए मैग्मा से पृथ्वी की क्रस्ट बन रही थी, तब जिरकोन क्रिस्टलीकृत होने वाले पहले खनिजों में से एक था..." *टाइम्स ऑफ इंडिया* , नई दिल्ली, 26.2.2023।

[5]एस रे, *ए टेक्स्ट बुक ऑफ जियोलॉजी* , ओरिएंट लॉन्गमैन लिमिटेड, नई दिल्ली, 1976।

[6]आर्थर होम्स के अनुसार, वे भारत में रहते थे और पृथ्वी के कालक्रम के बारे में वैदिक दर्शन की सराहना करते थे। वर्तमान विश्व के अस्तित्व में आने के 1972949061 वर्ष (1960 ई. तक) हैं। पृथ्वी की आयु 4500±50 मिलियन वर्ष मानी जाती है।

[7]कृष्णन एम.एस., *भारत और बर्मा का भूविज्ञान* , हिगिनबोथम्स (प्राइवेट) लिमिटेड, मद्रास, 1956।

[8]एडविन एच. पास्को, *ए मैनुअल ऑफ जियोलॉजी ऑफ इंडिया एंड बर्मा* , खंड 1, भारत सरकार, भारतीय भूवैज्ञानिक सर्वेक्षण, नई दिल्ली, 1973, पृष्ठ 8।

[9]स्वामी दयानंद सरस्वती. *ऋग्वेद भाष्य* , खंड 1, सार्वदेशिक प्रतिनिधि सभा, नई दिल्ली, 1.51.6. पृष्ठ 280.

[10]महाभारत, वन पर्व, अध्याय 82, श्लोक 55, ततो गच्छेत धर्मज्ञ हिमवत्सुतामर्बुदम् । युधिष्ठिर ने अर्बुद (पर्वत आबू) की ओर यात्रा की।

[11] राजशेखर की 10वीं शताब्दी की *काव्यमीमांसा* में अर्बुद का उल्लेख पर्वत और जनपद दोनों के रूप में किया गया है।

[12]साहिबी नदी के इतिहास में सावी या सबी जनजातियों के राजाओं का उल्लेख मिलता है, जहां सबसे बड़े पांडव युधिष्ठिर का विवाह उस वंश में हुआ था (अध्याय 1) और भगवान वासुदेव श्री कृष्ण ने कृष्णावती नदी घाटी पर शासन किया था।

[13]वराहमिहिर , *बृहत्संहिता.*

[14]मनोहर लाल भार्गव, *ऋग्वैदिक भारत का भूगोल* , द अपर इंडिया पब्लिशिंग हाउस, लखनऊ, 1964. पृष्ठ 14. (एम.एल. भार्गव ने उन्नीसवीं सदी के तीसवें दशक में शोध कार्य किया और 1939 में उनकी मृत्यु बताई गई। उनका कार्य बाद में प्रकाशित हुआ)।

[15]ए.के. दत्ता, *भौतिक भूविज्ञान का परिचय* , एच.आर. दत्ता, बर्दवान कंपाउंड, रांची, 1970।

[16]उक्त

[17]ई.डब्लू. स्पेंसर, *पृथ्वी की संरचना का परिचय* , मैकग्रॉ हिल इंक, लंदन, 1977।

[18]वही.

[19] डॉ. ए.के. डे, *भारत का भूविज्ञान* , नेशनल बुक ट्रस्ट, भारत, नई दिल्ली, 1968. पृष्ठ 31 .

[20]वही, एस रे.

[21]पृथ्वी के तीन भाग हैं, बाहरी भाग जिसे 'क्रस्ट' कहा जाता है, उसके नीचे 'मेंटल' और मध्य भाग जिसे 'कोर' (सियाल और सिमा) कहा जाता है।

[22]डी.एन. वाडिया, *जियोलॉजी ऑफ इंडिया* , टाटा मैकग्रॉ-हिल पब्लिशिंग कंपनी, नई दिल्ली, 1975. पृष्ठ 391.

[23]वही, डी.एन. वाडिया, पृष्ठ 406.

[24]वही, आर्थर होम्स, पृष्ठ 195.

[25]वही ई.एच. पास्को, पृष्ठ 36.

[26]भारत सरकार, भारतीय भूवैज्ञानिक सर्वेक्षण, *संस्मरण* XLV. 8-9 (1917): 25*वीं भारतीय विज्ञान कांग्रेस की कार्यवाही , भाग II* . 127 (1938)

[27]भारत सरकार, भारतीय भूवैज्ञानिक सर्वेक्षण, *संस्मरण XLIV* . 90 (1923)।

[28]वही, एडविन एच. पास्को, पृष्ठ 9-10.

[29]वही, ई.एच. पास्को, खंड 1. पुराने आधिकारिक अभिलेखों से लिया गया यह उद्धरण भूगर्भीय तथ्यों जैसे कि कटाव, अनाच्छादन, निक्षेपण आदि तथा ऐसी घटनाओं के बार-बार दोहराए जाने वाले चक्र को स्थापित करता है।

[30]वही.

[31] केंद्रीय भूजल बोर्ड, राज्य इकाई कार्यालय, *एनसीआर दिल्ली की एक्वीफर मैपिंग और भूजल प्रबंधन योजना* , नई दिल्ली, 2016 ।

[32]भारत सरकार, केंद्रीय भूजल बोर्ड, *दिल्ली और फरीदाबाद के खनन क्षेत्रों में हाइड्रोलॉजिकल जांच।* चंडीगढ़, 2008।

[33]वही, *गुड़गांव जिला गजेटियर का पुनर्मुद्रण* , 1910 गजेटियर संगठन राजस्व विभाग हरियाणा चंडीगढ़ (भारत) 1998.

[34]जंगली बेर (जिज़िफस *न्यूमुलेरिया*) को लोग फल के रूप में खाते थे।

[35] *सरकंडा* या झुंडा (सच्चरम *मुंजा)* रस्सी बनाने और झोपड़ियों (छापर) के लिए छप्पर बनाने के लिए उपयोग किया जाता है

[36]खिप (लेप्टाडोनिया *पायरोटेक्निका*) का उपयोग छप्पर बनाने के लिए किया जाता था, तथा बुई (अरवा *स्यूडो टोमेंटोसा*) रेतीले क्षेत्र की एक बारहमासी झाड़ी है।

[37] *दाब* (डेस्मोटाच्या *बिपिन्नाटा*) लोग इसका उपयोग धार्मिक उद्देश्यों, छप्पर बनाने और अन्य उपयोगों के लिए करते हैं।

[38]वही, *रोहतक जिला गजेटियर* , 1883-84, हरियाणा सरकार, चंडीगढ़ द्वारा 1999 में पुनर्मुद्रित।

[39]वही, हरियाणा सरकार, *हिसार गजेटियर* , 1883-84, हरियाणा, चंडीगढ़ द्वारा पुनर्मुद्रित।

[40]वही. ई.डब्लू. पास्को

[41]वही, डी.एन. वाडिया ने इसे अरावली प्रणाली और दिल्ली प्रणाली कहा है, पृष्ठ 95.

[42]वही. पास्को

[43]जीएसआई रेक. LXII (1929)

[44]वही, पास्को, पृष्ठ 254

[45] https://www.hmoob.in/wiki/Aravalis.

[46]रॉय एबी, *अरावली पर्वत श्रृंखला के प्री-कैम्ब्रियन क्रस्ट का विकास* , 2008, ऑनलाइन: https://www.sciencedirect.com/science/article

[47]वर्मा, पी.के. , ग्रीलिंग, आर.ओ. , अरावली पर्वतमाला (उत्तर-पश्चिम भारत) का टेक्टोनिक विकास: एक उलटा प्रोटेरोज़ोइक रिफ्ट बेसिन? *जियोलॉजिस्चे रनडशॉ* , खंड 84, अंक 4, पृ. 683-696, 1995.

[48]डीसी मिश्रा, एम. रवि कुमार, प्रोटेरोज़ोइक ओरोजेनिक बेल्ट और भारतीय क्रेटन्स की दरार: भूभौतिकीय बाधाएं, *जियोसाइंस फ्रंटियर्स, 30.3.2013.* (www. elsevie r. com /locate / gsf)

[49] परमप्रीत कौर , आर्मिन जेह , नवीन चौधरी , एक्सल गेर्डेस , मार्टिन ओक्रूश , अरावली पर्वत श्रृंखला, उत्तर-पश्चिम भारत और इसके भीतरी इलाकों का आर्कियन से पैलियोप्रोटेरोज़ोइक क्रस्टल विकास: डेट्राइटल ज़िरकोन का यू-पीबी और एचएफ आइसोटोप रिकॉर्ड, *प्रीकैम्ब्रियन रिसर्च* , एल्सेवियर साइंस, 2011।

[50]वही, ए.के. डे, पृष्ठ 52

[51] भारत सरकार, केंद्रीय भूजल बोर्ड, *भूजल वर्ष पुस्तिका* , राष्ट्रीय राजधानी क्षेत्र, दिल्ली 2017-18, राज्य इकाई कार्यालय, दिल्ली जल शक्ति मंत्रालय जल संसाधन विभाग, नदी विकास और गंगा संरक्षण, 2019

[52] कचरू और बागची, भारतीय भूवैज्ञानिक सर्वेक्षण, *अध्ययन रिपोर्ट* , 1999. (जेएल थुस्सू द्वारा उद्धृत)

[53] नाहा व अन्य1944 और 1987; रॉय 1988; गंगोपाध्याय और सेन, 1968, भारतीय भूवैज्ञानिक सर्वेक्षण, अध्ययन रिपोर्ट। (जे.एल. थुस्सू द्वारा उद्धृत)

[54] जवाहर लाल थुस्सू, *हरियाणा और दिल्ली का भूविज्ञान* , भारतीय भूवैज्ञानिक सोसायटी, बैंगलोर, 2006।

[55] भारत सरकार, केंद्रीय भूजल बोर्ड, जल संसाधन विभाग, नदी विकास और गंगा संरक्षण, जल शक्ति मंत्रालय, *हरियाणा राज्य की भूजल वर्ष पुस्तिका, 2020-2021* , उत्तर पश्चिमी क्षेत्र, चंडीगढ़, अक्टूबर, 2021। (मामूली बदलावों के साथ उद्धृत पाठ)

[56]पुरानी भूविज्ञान रिपोर्ट [56]जवाहर लाल थुस्सू, *हरियाणा और दिल्ली का भूविज्ञान* , भारतीय भूवैज्ञानिक सोसायटी, बैंगलोर, 2006 ।

[56] भारत सरकार, केंद्रीय भूजल बोर्ड, जल संसाधन विभाग, नदी विकास और गंगा संरक्षण, जल शक्ति मंत्रालय, *हरियाणा राज्य की भूजल वर्ष पुस्तिका, 2020-2021* , उत्तर पश्चिमी क्षेत्र, चंडीगढ़

[57]वही जवाहर लाल थुस्सू.

[58]भूवैज्ञानिक अनुक्रम में सबसे पुरानी चट्टान का उल्लेख नीचे किया जाता है, अलवर समूह अजबगढ़ समूह से पुराना है, संरचना 1 पर संरचना 2 पर उल्लिखित संरचना से पुरानी है और (ए) लिथो-इकाई (बी) पर लिथो-इकाई से पुरानी है और इसी तरह लिथो इकाइयाँ भी। उल्टे क्रम में लिखा गया है।

[59]वही, जवाहर लाल थुस्सू द्वारा अपनी पुस्तक में उद्धृत।

[60]हेरोन (1917) ने दिल्ली को अलवर श्रृंखला से संबंधित बताया, श्रीवास्तव एवं अन्य (1980) ने इन्हें अलवर संरचनाएं कहा; कचरो एवं बागची (1999) ने इन चट्टानों को दिल्ली सुपरग्रुप के अजबगढ़ समूह के रूप में वर्गीकृत किया।

[61]विश्व में केवल पांच स्थानों पर ही ऐसा लचीला पत्थर पाया गया है, ब्राजील के पत्थर को 'इटाकोलुमाइट' कहा जाता है।

[62]भूवैज्ञानिक रिपोर्ट 1978.

[63] जवाहर लाल थुस्सू, *हरियाणा और दिल्ली का भूविज्ञान* , भारतीय भूवैज्ञानिक सोसायटी, बैंगलोर, 2006।

[64]ई.डब्लू. स्पेंसर, *पृथ्वी की संरचना का परिचय* , मैकग्रॉ-हिल, नई दिल्ली, 1977.

[65]मार्लैंड पी बिलिंग्स, *स्ट्रक्चरल जियोलॉजी* , प्रेंटिस-हॉल ऑफ इंडिया प्राइवेट लिमिटेड, नई दिल्ली, 1974।

[66]https://www.pib.gov.in/PressReleseDetailm.aspx?PRID=1686171 पोस्ट किया गया : 05 जनवरी 2021 पीआईबी दिल्ली द्वारा।

[67]भारत सरकार, पृथ्वी विज्ञान मंत्रालय, राष्ट्रीय *राजधानी क्षेत्र दिल्ली के भूकंपीय खतरे माइक्रोज़ोनेशन पर एक रिपोर्ट* , राष्ट्रीय भूकंप विज्ञान केंद्र, 2016. नई दिल्ली। पृष्ठ 8

[68]वही, पृष्ठ 10 (संदर्भ 64 ऊपर)

[69]जमुना बिस्वा, केके शर्मा, और गंगा बिस्वा, चित्तौड़गढ़, राजस्थान के आसपास ग्रेट बाउंड्री फॉल्ट ज़ोन में प्रीकैम्ब्रियन इवोल्यूशन और विरूपण शैली, *जर्नल ऑफ साइंटिफिक रिसर्च* , खंड 65, अंक 1, 2021, बनारस हिंदू विश्वविद्यालय, वाराणसी, भारत।

[70] बृजेश के. बंसल , कपिल मोहन , मिथिला वर्मा और अनूप के. सुतार , दिल्ली क्षेत्र का एक समग्र भूकंपीय मॉडल, *वैज्ञानिक रिपोर्ट* , खंड **11** , लेख संख्या: 13818 (2021), 5 जुलाई, 2021।

[71]वल्दिया, के.एस. भारत का टेक्टोनिक ढांचा: हाल के संरचनात्मक और टेक्टोनिक अध्ययनों की समीक्षा और व्याख्या। *भूभौतिकी। अनुसंधान बुलेटिन।* **11** , 79–114 (1973).।.

[72]चंद्रा, यू. भूकंपीयता, हिमालय पर्वत श्रृंखला और उसके आसपास के भूकम्प तंत्र और टेक्टोनिक्स। *भौतिकी। अर्थ प्लैनेट इंटरनेशनल,* **16** , 109–131 (1978)।

[73] वी. विजया राव , पीआर रेड्डी एट अल, भूकंपीय अध्ययनों से उत्तर-पश्चिमी भारतीय शील्ड में प्रोटेरोज़ोइक अरावली दिल्ली फोल्ड बेल्ट का विकास, नवंबर 2000, *टेक्टोनोफिज़िक्स* , 327(1):109-130, नवंबर 2000।

[74]वही, ए होम्स, पृष्ठ 143.

[75]वही, आर्थर होम्स, पृष्ठ 386.

[76]पी.के. मुखर्जी, *टेक्स्ट बुक ऑफ जियोलॉजी* , द वर्ल्ड प्रेस प्राइवेट लिमिटेड, कलकत्ता, 1969।

[77]आर्थर होम्स, *फिजिकल जियोलॉजी के सिद्धांत* , थॉमस नेल्सन एंड संस लिमिटेड, लंदन, यूके, 1975. पृष्ठ 40.।

[78] भारत सरकार, केंद्रीय भूजल बोर्ड, भूजल वर्ष पुस्तिका , राष्ट्रीय राजधानी क्षेत्र, दिल्ली 2017-18, राज्य इकाई कार्यालय, दिल्ली जल शक्ति मंत्रालय जल संसाधन विभाग, नदी विकास और गंगा संरक्षण, 2019।

[79] जयंत के. त्रिपाठी और वी. राजमणि: 'सुपर परिपक्व की भूआकृति विज्ञान पर मौसम नियंत्रण प्रोटेरोज़ोइक दिल्ली क्वार्टजाइट्स ऑफ इंडिया', *अर्थ सरफ़ेस प्रोसेसेस एंड लैंडफ़ॉर्म्स* - खंड 28, अंक 13, दिसंबर 2003.।

[80]पूर्वोक्त

[81]वही, पृष्ठ 403.

[82] *गुड़गांव जिले का गजेटियर* , 1883-84. हरियाणा सरकार, चंडीगढ़ द्वारा पुनर्मुद्रित.।

[83]भारत सरकार, केंद्रीय भूजल बोर्ड, *रेवाड़ी जिला हरियाणा* , चंडीगढ़. 2007.1

[84] भारत सरकार, जल संसाधन, नदी विकास और गंगा संरक्षण मंत्रालय, *राष्ट्रीय राजधानी क्षेत्र (एनसीआर), हरियाणा के लिए जलभृत मानचित्रण और जलभृत प्रबंधन योजना के निर्माण पर रिपोर्ट, (* खंड I), केंद्रीय भूजल बोर्ड, उत्तर पश्चिमी क्षेत्र, चंडीगढ़, अगस्त 2015 ।

[85] हजारों वर्ष की आयु वाली युवा चट्टानों के लिए **Ka** इकाई का उपयोग किया जाता है (किलो वर्ष आयु) 200000 वर्ष 200 Ka होंगे और 4.9 Ka 4900 वर्ष पुराने होंगे।

[86]जैसा कि हेक्टर ए. ओरेंगो और कैमरून ए. पेट्री के लेख में उद्धृत किया गया है, बड़े पैमाने पर, बहु-कालिक रिमोट सेंसिंग पैलियो-नदी नेटवर्क: उत्तर-पश्चिम से एक केस स्टडी भारत और सिंधु सभ्यता पर इसके प्रभाव, *रिमोट सेंसिंग,* 2017 (9)।

[87]टाइम्स ऑफ इंडिया, नई दिल्ली, टाइम्स इवोक, 4 नवंबर, 2023।

[88]इबिस ए.के. डे, पृष्ठ 56

[89]वही, आर्थर होम्स, पृष्ठ 43

[90]वही. *फुल्कियन गजेटियर्स* 1904.

[91] *फुलकियां स्टेट्स गजेटियर्स* , 1904, हरियाणा सरकार, चंडीगढ़, (1998)

[92]पूरी कहानी पुस्तक में, आरपी बलवान, *नौकरशाही में भ्रष्टाचार: इनसाइड स्टोरीज,* अटलांटिक पब्लिशर्स एंड डिस्ट्रीब्यूटर्स (पी) लिमिटेड, नई दिल्ली, 2023 ।

[93]एक *मन* 40 *सेर* यानी लगभग 36 किलोग्राम का होता था।

[94] *फुल्कियन स्टेट्स गजेटियर्स* 1904. वही.

[95] वही. *फुल्कियन स्टेट्स गजेटियर्स* 1904.

4
अरावली की साझा भूमि में गोलमाल

4.1. सामुदायिक भूमि की अवधारणा, 4.2. भूमि राजस्व विभाग और सामुदायिक भूमि, 4.3. सामुदायिक भूमि में पंचायतों की भूमिका, 4.4. अरावली सामुदायिक भूमि, 4.4.1. अरावली में सामुदायिक भूमि का विस्तार, 4.4.2. अरावली में भूमि हड़पने का कारण, 4.5. सर्वोच्च न्यायालय का निर्णय: सार्वजनिक भूमि के बारे में गलत व्याख्याओं का स्पष्टीकरण।

"Man is the most insane species. He worships an invisible God and destroys a visible Nature, unaware that this Nature he's destroying is this God he's worshiping." Hubert Reeves. कनाडाई खगोल भौतिक विज्ञानी, जैसा कि 18.4.2024 के सुप्रीम कोर्ट के फैसले में उद्धृत किया गया है।

4.1. सामुदायिक भूमि की अवधारणा

क्वाट्रनरी पीरयढ की वायुमंडलीय परिसंचरण विन्यास ने धूल भरी हवाओं के पूर्व की ओर गति को प्रेरित किया ('होलोसीन युग' अधिक स्पष्ट था) जिसने अरावली क्षेत्र में एओलियन टीलों को जमा किया। अध्ययनों से संकेत मिलता है कि टीलों के निर्माण के कई प्रकरणों में एओलियन, नदीय और यहां तक कि झीलीय प्रक्रियाओं द्वारा स्थानों पर तलछटों जमा करने मे योगदान था। हालांकि, संक्रमणकालीन जलवायु व्यवस्था में बदलाव हिमयुग (अंतिम हिमयुग 11500 साल पहले था) से लेकर अंतर-हिमनद काल तक हुआ और हिमयुग के लगभग 4000 से 10000 साल बाद, ए.के. सिंघवी और अमल कर ने इसे महत्वपूर्ण माना। अरावली पर्वतों के निवासी इन बदली हुई कठोर रेगिस्तानी जलवायु परिस्थितियों में कम वर्षा और उच्च तापमान भिन्नताओं के साथ जीवित रहे।

प्रारंभिक जीवन से लेकर 'पाषाण युग' तक अरावली में सभ्यता का विकास हुआ। समय बीतने के साथ, इस क्षेत्र में नई बस्तियाँ और आवास विकसित हुए। जलोढ़ जमा क्षेत्रों का उपयोग कृषि के लिए किया जाता था, और लगभग पूरे अरावली पहाड़ियों के चट्टानी क्षेत्रों को मूल निवासियों द्वारा गॉव के साझा उपयोग के लिए अलग रखा गया था। अरावली भूभाग में ऐसी साझा भूमि का उपयोग मवेशियों को चराने और ग्रामीण समुदायों द्वारा वन उपज एकत्र करने के लिए किया जाता था। इन साझा भूमि या अविभाजित भूमि का उपयोग 'शामिलत देह / शामलात' भूमि 'के रूप में किया जाता था साझा भूमि '/ शामलात भूमि (जिसका अर्थ निवासियों के लिए संयुक्त/झासा उपयोग है। इस शब्द का प्रयोग अंग्रेजी में गांव के पास एक बिना बाड़ वाले क्षेत्र के लिए किया जाता था, जिसका उपयोग [1]गांव के सभी निवासी कर सकते थे। संभवतः 'शामिलत' या शामलात (सामुदायिक भूमि) एक बहुत पुराना शब्द है, जो इन गांवों/बस्तियों की उत्पत्ति के समय से ही प्रयोग में है। संस्कृत में 'शम[2] का अर्थ' 'कल्याण', शुभ , समृद्धि, आदि, और 'शामिल ' शामिलत' का अर्थ है का सामान्य बोलचाल में अर्थ है 'सहित' या 'सभी का एक साथ जुड़ना'। शामलात' भूमि' का अर्थ 'सामुदायिक भूमि' है । समिलात या शामलात भूमि का अर्थ है सभी गाँव निवासियों के लिए साझा उपयोग के लिए रखी गई भूमि।

पुराने बंदोबस्त अभिलेखों और अन्य राजस्व दस्तावेजों/कानूनों में 'शामलात' शब्द का विस्तार से वर्णन किया गया है। सर डब्ल्यूएच रैटिगन की पुस्तक (1880) में सामुदायिक भूमि और गांवों में पुरानी संस्कृति के रूप में इसके सामान्य उपयोग के बारे में विस्तृत जानकारी दी गई है। सर जेम्स एम. डूई , पंजाब सेटलमेंट मैनुअल, 1930. (पृष्ठ 93), ने उल्लेख किया कि 1871 के XXXIII अधिनियम के पारित होने के बाद, "वन , खदान, लावारिस, खाली, निर्जन या बंजर भूमि, स्वतःस्फूर्त उत्पादन, या भूमि में अन्य सहायक हित" सरकार के थे, जबकि पहले इस पर संपत्ति के मालिकों का दावा था। सामुदायिक भूमि को विशेष रूप से/मूल रूप से उस गांव के सभी निवासियों द्वारा साझा उपयोग के लिए ग्रामीणों की आम जरूरतों को पूरा करने के लिए निर्धारित किया गया था।

अंग्रेजों द्वारा 'शामिलत देह / शामलात' भूमि के उपयोग और प्रबंधन के संबंध में कई अधिनियम पारित किए गए और बाद में पंजाब सरकार द्वारा **' पंजाब ग्राम कॉमन भूमि (विनियमन) अधिनियम, 1961' जैसे परिवर्तनों या संशोधनों के साथ उन्हें अपनाया गया।**

पंजाब ग्राम साझा भूमि (विनियमन) अधिनियम, 1961 की धारा 2 , जो हरियाणा (2008) पर लागू है, धारा 2 (जी) में शमिलात देह को परिभाषित किया गया है:

"2(g) "shamilat deh" includes----

(1) lands described in the revenue records as 1[Shamilat Deh or Charand] excluding abadi deh;

(2) shamilat tikkas;

(3) lands described in the revenue records as shamilat, tarafs, patties, pannas and tholas and used according to revenue records for the benefit of the village community or a part thereof or for common purposes of the village;

[(4)[3] lands used or reserved for the benefit of village community including streets, lanes, playgrounds, schools, drinking wells or ponds situated within the sabha area as defined in clause (mmm) of section 3 of the Punjab Gram Panchayat Act, 1952, excluding lands reserved for the common purpose of a village under section 18 of the East Punjab Holdings (Consolidation and Prevention of Fragmentation) Act, 1948 (East Punjab Act 50 of 1948), the management and control whereof vests in the State Government under section 23-A of the aforesaid Act;

[(4 a)[4] vacant land situated in abadi deh or gorah deh not owned by any person;]

(5) lands in any village described as banjar qadim and used for common purposes of the village according to revenue records;

[* * * * * * * *][5]"

"but does not include land which----

(i) becomes or has become shamilat deh due to river action or has been reserved as shamilat in villages subject to river action except shamilat deh entered as pasture, pond, or playground in the revenue records;

(ii) has been allotted on quasi-permanent basis to a displaced person; [(ii-a)[6] was shamilat deh, but has been allotted to any person by the Rehabilitation Department of the State Government, after the commencement of this Act, but on or before the 9th day of July 1985;]

(iii) has been partitioned and brought under cultivation by individual land holders before the 26th of January, 1950;

(iv) having been acquired before the 26th January 1950, by a person by or in exchange for proprietary land from a co-sharper in the shamilat deh is so recorded in the Jamabandi or is supported by a valid deed;

(v) is described in the revenue records as shamilat, taraf, pattis, pannas and thola and used according to revenue records for the benefit of the village community or a part thereof for common purposes of the village;

[(vi)[7] lies outside the abadi deh and was being used as gitwar, bara, manure pit, house or for cottage industry, immediately before the commencement of this act;]

[(vii) * * * * * * *][8]

(viii) was shamilat deh, was assessed to land revenue and has been in the individual cultivating possession of co-shares not being in excess of their respective shares in such shamilat deh on or before the 26th January, 1950; or

(ix) is used as a place of worship or for purposes subservient thereto;

[(6)[9] lands reserved for the common purposes of a village under section 18 of the East Punjab Holdings (Consolidation and Prevention of Fragmentation) Act, 1948 (East Punjab Act 50 of 1948), the management and control whereof vest in the Gram Panchayat under section 23-A of the aforesaid Act."

"*Explanation*----Lands entered in the column of ownership of record of rights as Jumla Malkan 'Wa Digar Haqdaran Arazi Hassab Rashad','Jumla Malkan' or 'Mushtarka Malkan' shall be shamilat deh within the meaning of this section]

(h) "shamilat law" means----

(i) in relation to land situated in [part of the territory][10] which immediately before the 1st November 1956, was comprised in the State of Punjab, the Punjab Village Common Lands (Regulation) Act, 1953; or

(ii) in relation to land situated in [part of the territory] which immediately before the 1st November 1956, was comprised in the State of Patiala and East Punjab States Union, the Pepsu Village Common Lands (Regulation) Act, 1954;"

इरस कानुन को सीधेतौर में पढ़ने पर पता चलता है कि सामुदायिक भूमि में अरावली पर्वत की पूरी भूमि शामिल होगी जिसमें भूड, लोएस जमा भूमी भी शामिल है। जैसे कि यह शमिलात देह या चरन्ड (चारागाह या चरागाह या गोचरण) या शमिलात टिक्का या शमिलात, या

तरफ, या पैटी, या पना या ठोला या बंजर कदीम या ग्राम के भीतर स्थित तालाब थे। अरावली के पहाड़ों में सभा क्षेत्र (लगभग पूरे अरावली में कई तालाब थे, जिनका उपयोग समुदाय द्वारा मवेशियों और वन्यजीवों के पानी के लिए किया जाता था) या आबादी देह या गोरा देह में स्थित खाली भूमि किसी भी व्यक्ति के स्वामित्व में नहीं है। यहां तक कि अगर किसी ने अनुचित तरीकों को अपनाकर राजस्व रिकॉर्ड को निजी स्वामित्व के रूप में प्रबंधित (छेड़छाड़) किया है, तो भी अरावली के उस जमीन को परिभाषा के अनुसार साझां जमीन में कवर किया जाता है, क्योंकि यह निवासियों द्वारा सामान्य साझा उद्देश्यों के लिए उपयोग किया जाता था, किसी भी तरह का निजी उपयोग संभव नहीं था। और हाल ही में बाहरी कॉलोनाइजर, फार्महाउसों या अन्य निर्माण लॉबी ने सत्ता के दबाव में या नौकरशाही के साथ अनुचित तरीकों से कानून का उल्लंघन करके इसे अवैध रूप से हड़प लिया। यहां, हम अन्य धाराओं का वर्णन नहीं कर रहे हैं जिनके तहत सरकार ने इस अधिनियम के तहत 1956 से पहले विस्थापितों को भूमि आवंटित की थी व्यावहारिक रूप से अरावली की भूमि को अरावली के गांवों में वन भूमि के रूप में छोड़ दिया गया था और कठोर चट्टानी इलाकों और बहुत कम अप्रत्याशित बहुत कम वर्षा में किसी भी तरह की कृषि संभव नहीं थी। जब एओलियन जमा/बाढ़ के मैदानों में निवासियों के लिए बहुत सारी भूमि उपलब्ध थी, तब भी अरावली के पहाड़ी इलाकों का उपयोग आवासीय उद्देश्यों के लिए नहीं किया गया था क्योंकि इसमें उच्च लागत और दुर्गम रहने की पस्थितियॉं शामिल थी।

जहां तक अरावली क्षेत्र में पर्यटन का सवाल है, 1966 में हरियाणा के गठन के बाद पर्यटकों के लिए नौकायन और उससे जुड़ी गतिविधियों के लिए दो जगहों बड़कल झील और सूरजकुंड झीलों को विकसित किया गया और दोनों झीलों में बड़े जलाशय क्षेत्र के साथ-साथ अरावली में बड़े जलग्रहण क्षेत्र भी हैं। सूरजकुंड झील (जिसके अंदर पहाड़ी बाहरी क्षेत्र होने के कारण मोर जैसी आकृति है) का जलाशय क्षेत्र अनंगपुर गांव की ओर फैला हुआ है। सोहना में गर्म पानी के झरने को भी पर्यटन के लिए विकसित किया गया। अन्यथा, अधिकांश क्षेत्रों को वैसे ही छोड़ दिया गया।

पंजाब होल्डिंग्स (चकबंदी और विखंडन की रोकथाम) अधिनियम, 1948 (पूर्वी पंजाब अधिनियम 50, 1948) धारा 18 का उल्लेख कॉमन लैंड एक्ट की धारा 2(जी) में किया गया है, स्पष्टीकरण के लिए उस धारा का उल्लेख नीचे किया गया है;

"18. Lands reserved for common purposes. - Notwithstanding anything contained in any law for the time being in force, it shall be lawful for the Consolidation Officer to direct. –

(a) that any land specifically assigned for any common purpose shall cease to be so assigned and to assign any other land in its place;

(b) that any land under the bed of a stream or torrent flowing through or from the Shiwalik mountain range within the 1[State] shall be assigned for any common purpose;

(c) that if any area under consolidation no land is reserved for any common purpose including extension of the village *abadi*, or if the land so reserved is inadequate, to assign other lands for such purpose."

टिप्पणि: चूँकि अरावली की साझां भूमि को पंजाब भूमि संरक्षण अधिनियम, 1900 की विभिन्न धाराओं के तहत वन की कानूनी स्थिति के साथ अधिसूचित किया गया था और उस अधिसूचना के बाद भूमि उपयोग में कोई बदलाव स्वीकार्य नहीं है। इसलिए, चकबंदी की कोई आवश्यकता नहीं थी/नहीं है, क्योंकि भूमि जंगलों के सघन खंडों में है और किसी भी तरह के कृषि उपयोग के लिए अनुपयुक्त है, चकबंदी अब स्वीकार्य नहीं है।

"3[23 A. Management and control of lands for common purposes to vest in Panchayats or State Government – As soon as a scheme comes into force the management and control of all lands assigned or reserved for common purposes of the village under section 18, -

a. in the case of common purposes specified in sub-clause (v) of clause (bb) of section 2 in respect of which the management and control are to be exercised by the State Government, shall vest in the State Government; and

(b) in the case of any other common purpose, shall vest in the Panchayat of that village; and the state Government or the Panchayat, as the case may be, shall be entitled to appropriate the income accruing therefrom for the benefit of the village community, and the rights and interests of the owners of such lands shall stand modified and extinguished accordingly:

Provided that in the case of land assigned or reserved for the extension of village abadi or manure pits for the proprietors and non-proprietors of the village, such land shall vest in the proprietors and non-proprietors to whom it is given under the scheme of consolidation."

टिप्पणि। नौकरशाहों द्वारा भूमि हड़पने वालों और भू-माफियाओं के पक्ष में इस अधिनियम के प्रावधानों का दुरुपयोग करने का प्रयास किया गया है। परंपरागत रूप से अरावली की पूरी भूमि का उपयोग निवासियों द्वारा सामान्य उद्देश्यों के लिए साझा भूमि के रूप में किया

जाता था। जब माननीय सर्वोच्च न्यायालय द्वारा 29/30.9.2002 में पूरे अरावली में खनन गैर-वानिकी गतिविधि पर रोक लगाई गई थी, और 18.3.2004 के फैसले में अरावली परियोजना क्षेत्रों को वन क्षेत्र माना गया था, और गोदावर्मन-1996 के फैसले में 'स्वामित्व और वनों के शब्दकोश अर्थ के बावजूद अरावली के जंगलों को संरक्षण प्रदान किया गया था (14.05-2008 और 21.7.2022 के फैसले भी)। राजस्व विभाग ने चकबंदी को एक बहाने के रूप में करने का प्रयास किया, जिसका अर्थ है कि उक्त अधिनियम की भावना के खिलाफ वन भूमि को छोटे भागों में विभाजित करना। नौकरशाह भू-माफियाओं/राजनेताओं के दबाव में कानुन को तोड़-मरोड़ कर विभिन्न नियमों/कानूनों का दुरुपयोग करने के लिए जाने जाते हैं। इन क्षेत्रों की वन स्थिति को नष्ट करने के लिए चकबंदी को एक उपकरण/चाल के रूप में दुरुपयोग करने का प्रयाश है।

समुदायों द्वारा पारंपरिक रूप से साझा उपयोग वनों की कटाई और घास के मैदानों का उपयोग प्राचीन काल से किया जाता रहा है और निवासी अपने साझा उपयोग और मवेशियों के चरने के लिए वन उपज एकत्र करते थे। नौकरशाहों द्वारा फार्महाउस या कोलोनाइजेशन् की अनुमति देने का प्रयास ग्रामीणों का साझा उपयोग नहीं है, बल्कि यह अमीर लोगों के लिए कानूनों का उल्लंघन है।

भारत सरकार की अधिसूचना दिनांक 7-5-1992 में अरावली पहाड़ियों के लिए राजस्व विभाग की शब्दावली का इस्तेमाल किया गया था, 'हरियाणा भूमि अभिलेख मैनुअल, 2013' के मद 7.53 में उल्लिखित ये शब्द, राजस्व विभाग, हरियाणा सरकार नीचे प्रस्तुत किए गए हैं, हालांकि, सुप्रीम कोर्ट के फैसले 7.4.2022 ने सब कुछ स्पष्ट रूप से स्पष्ट कर दिया है।

"7.53. Land which is not cultivated- This land is described in the village papers either as unculturable waste (*ghair mumkin*), or as old waste (*banjar kadim*), or as new waste (*banjar jadid*). For the meaning of these terms, the instructions appended to the khasra *girdawari* (chapter 9), and paragraph 267 of the Settlement Manual may be consulted. When waste land of either of these three classes is cultivated, or when cultivated land is so injured as to make it unculturable (e.g. by the action of rivers or torrents), there is no difficulty in showing the change at once in the annual *jamabandi* or diluvion papers. The entries connected with the changing of cultivation into *banjar jadid* and of *banjar jadid* into *banjar kadim* are less easily carried out with accuracy. Such changes, therefore, should not be shown in an annual *jamabandi* or in diluvion papers but in the next detailed *jamabandi*."

7.5.1992 की अधिसूचना में उल्लेख किया गया है कि (क) गैर मुमकिन पहाड़ , या (ख) गैर मुमकिन राडा , या (ग) गैर मुमकिन बीहड , या (घ) बंजड़ बीड या (ङ) रूंध के रूप में दर्शाए गए सभी क्षेत्रों का उपयोग पूर्व अनुमति के बिना अन्य गतिविधियों के लिए नहीं किया जा सकता है। 7.5.1992 की अधिसूचना में राजस्थान के अलवर जिले को भी शामिल किया गया था और उस राज्य के शब्दों का इस्तेमाल किया गया था; जैसे ' गैर मुमकिन पहाड़' , 'गैर मुमकिन राडा' , ' गैर मुमकिन बीहड ', ' बंजाड़ बीड', ' रूंध ' आदि।

गैर मुमकिन पहाड़ में कृषि के अयोग्य पहाड़ियां शामिल हैं, ग्रामीण लोग गैर मुमकिन बीहड़ शब्द का प्रयोग सामान्यतः बंजर भूमि जंगल या पेड़ों से ढकी बड़ी बंजर भूमि के लिए करते हैं। बंजड़ बीड़ भूमि को अक्षम (बंजड़ को उपयोग के लिए अयोग्य और अनुत्पादक बंजर भूमि माना जाता है) बंजर भूमि, पेड़ों के साथ घास का मैदान, पेड़ों के आवरण का अस्तित्व घास के मैदान को बीड़ शब्द के लिए योग्य बनाता है । आम बोलचाल में बीहड़ या बीड़ का प्रयोग भूमि के स्वामित्व से परे जंगलों की तरह दिखने वाले पेड़ों के एक बड़े भाग के लिए किया जाता है। गैर मुमकिन राड़ा अरावली की तलहटी में स्थित बंजर भूमि का पथरीला क्षेत्र है जिसे राजस्थान में राड़ा कहते हैं । राजस्थान में रुंध शब्द का प्रयोग राजा के पुराने सीकारगाह (राजा द्वारा शिकार के लिए आरक्षित जंगल) के लिए किया जाता है।

राजस्थान भूमि राजस्व (भूमि अभिलेख) नियम, 1957 में अलवर जिले में इस्तेमाल किए गए इन शब्दों की व्याख्या नहीं की गई है। टाइम्स ऑफ इंडिया, नई दिल्ली, 26.8.2017 ने बताया कि MoEFCC , भारत सरकार ने एक हलफनामे के माध्यम से NGT को बताया है कि अरावली के पहाड़ी क्षेत्रों को सरकारी अभिलेखों में 'वन' के रूप में परिभाषित किया जा सकता है, "गैर मुमकिन के रूप में वर्गीकृत किया गया है पहाड (अकृषि पहाड़ी), गैर मुमकिन राडा (तलहटी चरागाह), गैर मुमकिन बीहड़ (खड्ड वाली तलहटी), बंजाड बीड़ (खेती के अयोग्य घास वाली तलहटी) और रुंध (दो पहाड़ियों के बीच चट्टानी क्षेत्र) को अरावली का माना जाएगा।

4.2. भूमि राजस्व विभाग और सामुदायिक भूमि

अरावली पर्वत के जंगलों में अधिकांश सामुदायिक भूमि का उपयोग निवासियों द्वारा मवेशियों के चराने और वनोपज संग्रह के लिए किया जा रहा था। तत्कालीन सरकार इन सामुदायिक भूमि से लगभग कोई राजस्व एकत्र नहीं करती थी। सामुदायिक भूमि से प्राप्त होने वाले लाभ का प्रबंधन ग्राम पंचायतों द्वारा किया जाता था (पंचायत प्रणाली से पहले, यह सामुदायिक प्रमुखों के माध्यम से होता था), जो अब संबंधित जिले के उपायुक्त के अधीन हैं। पारंपरिक रूप से और कानूनी रूप से सामुदायिक भूमि का प्रबंधन और नियंत्रण ग्राम प्रधानों/ पंचायतों के पास होता था। हरियाणा के कई मामलों का फैसला करते हुए, सुप्रीम कोर्ट ने 7.4.2022 के फैसले में पुष्टि की कि सभी प्रकार की सामुदायिक भूमि केवल साझा उपयोग के उद्देश्यों के लिए ग्राम पंचायतों के पास होनी चाहिए। इस तरह, कोई भी व्यक्तिगत स्वामित्व का दावा अनुचित और अवैध होने के साथ-साथ सामान्य साझा उपयोग की अवधारणा के खिलाफ भी है।

जिले के डिप्टी कमिश्नर के अधीन राजस्व विभाग ग्राम पंचायतों और उसके भूमि प्रबंधन को नियंत्रित करता है। राजस्व विभाग को आम जमीनों के विखंडन से बचना था। सामुदायिक भूमि के विक्रय विलेखों से बचा जा सकता था, क्योंकि व्यक्तियों के पास गांव के निवासियों के साझा उपयोग के अधिकार को खत्म करने वाले कोई व्यक्तिगत अधिकार नहीं होते। जबकि बाहरी लोग उन गांवों के निवासी नहीं हैं, जहां सामुदायिक भूमि का साझा उपयोग केवल मूल निवासियों के लिए निर्धारित किया गया था, न कि बाहरी लोगों जैसे फार्महाउस या कॉलोनाइजर के लिए। स्टांप ड्यूटी राजस्व संग्रह के नाम पर ऐसे विक्रय विलेखों को उचित नहीं ठहराया जा सकता है। पंचायत की भूमि का दर्जा सामुदायिक भूमि में कैसे बदल दिया गया? फिर कामॅन भूमि या सामुदायिक भूमि के विभाजन के बिना गांव के संयुक्त स्वामित्व (मालिकियत) को विभिन्न बाहरी व्यक्तियों को कैसे बेच दिया गया? पूरी प्रक्रिया एक धुंधली पर्दा की तरह दिखती है।

पूर्वी पंजाब जोत (चकबंदी और विखंडन निवारण) अधिनियम, 1948; हरियाणा द्वारा संशोधित , भूमि के विखंडन को प्रतिबंधित करता है, लेकिन हरियाणा, राजस्व विभाग पिछले तीन दशकों के दौरान वन क्षेत्रों के हिस्सों को विभाजित करने के लिए बिक्री विलेख पंजीकृत कर रहा है । इस अधिनियम की धारा 8 में भूमि के विखंडन **पर रोक लगाई गई है और कहा गया है , "किसी भी अधिसूचित क्षेत्र में कोई भी भूमि इस तरह हस्तांतरित या विभाजित नहीं की जाएगी कि उसका कोई और टुकड़ा या टुकडे बन जाए।** " इसके अलावा उक्त अधिनियम की धारा 9 में **अधिनियम के प्रावधानों के विपरीत हस्तांतरण या विभाजन के लिए दंड के बारे में कहा गया है।** " अधिनियम के प्रावधानों के विपरीत किसी भी भूमि का हस्तांतरण या विभाजन अमान्य होगा।" राजस्व विभाग ने उन कानूनों में हेराफेरी की जहां वे कार्यान्वयनकर्ता बने रहे।

इसी तरह, वन विभाग बाहरी लोगों को भी पेड़ काटने की अनुमति दे रहा है, जो उस गांव के मूल निवासी नहीं हैं और न ही असल खेती उपयोग है। ऐसे लोगों को पंजाब भूमि संरक्षण अधिनियम (1900) की धारा 4 (जी) के तहत डीएफओ को पेड़ काटने की अनुमति के लिए आवेदन करने की अनुमति कानुन मे नहीं है, जो केवल वास्तविक घरेलू या कृषि उद्देश्यों के लिए है। 14.5.2008 के सर्वोच्च न्यायालय के निर्णय के पैरा 12 के अनुसार, निवासियों के अलावा अन्य को ऐसे लाभों की अनुमति नहीं है, जो न तो वास्तविक घरेलू उपयोग है और न ही कृषि उपयोग है। (विवरण के लिए अध्याय 5 देखें)

अरावली के नाज़ुक पर्वतीय पर्यावरण की स्थितियाँ अलग हैं, ये क्षेत्र कटाव-प्रवण थे, पहाड़ियों में जल कटाव और भूड़ (लोएस) या पहाड़ी क्षेत्रों के बीच में हवा का कटाव था। एक सामान्य उद्देश्य के रूप में ग्रामीणों के कल्याण के लिए, इन पूरे अरावली क्षेत्रों को पंजाब भूमि संरक्षण अधिनियम (1900) की धारा 3 के तहत उपसतही जल के संरक्षण और कटाव को नियंत्रित करने के लिए अधिसूचित किया गया था। फिर कुछ विशिष्ट क्षेत्रों को पीएलपी अधिनियम की धारा 4 और / या 5 के तहत बंद कर दिया गया। उस प्रबंधन और नियंत्रण के आधार पर वन विभाग के पास निहित था, जहां से पूरी आय ग्राम पंचायतों / समुदायों के पास जाती थी। गांव का पूरा समुदाय इन अधिसूचित वन क्षेत्रों से फल, पत्ते, औषधीय पौधे, ईंधन और चारा एकत्र करता था।

पुराने रिकॉर्ड से पता चलता है कि अधिकांश गांवों में अरावली की अधिकांश भूमि को ग्राम पटवारी द्वारा नकल जमाबंदी (1960 से 1985) जारी करते समय पंचायती भूमि के रूप में दिखाया गया था, जबकि उसी क्षेत्र की हाल की जमाबंदी को सामुदायिक भूमि के रूप में दिखाया गया था। पंचायती भूमि धीरे-धीरे सामुदायिक भूमि कैसे बन गई? इस तरह के परिवर्तनों ने सामुदायिक भूमि की खरीद को जन्म दिया और राजस्व विभाग ने धीरे-धीरे रिकॉर्ड में निजी स्वामित्व दिखाना शुरू कर दिया। पुरानी पंचायती जमीन कैसे निजी स्वामित्व बन गई, इसका रहस्य केवल राजस्व विभाग के लोग ही जानते हैं। इसी तरह, पहले पुराने राजस्व रिकॉर्ड में अरावली पहाड़ियों के भूमि उपयोग के रूप में ' जगलात ' दिखाया गया था, ' जगलात ' का भूमि उपयोग कैसे और कब गायब हो गया, और जबकी उन अरावली भूमि पर जंगल मौजूद रहे है। लगभग पूरी अरावली भूमि इन नाज़ुक क्षेत्रों के पुनर्वास और संरक्षण के लिए वनीकरण के लिए वन विभाग के पास थी। मौके पर वन विभाग के कार्य मौजूद हैं, लेकिन राजस्व विभाग ने वन क्षेत्रों को निजी कार्यों के रूप में दिखाया। कुछ पटवारियों ने गिरदावरी / जमाबदी रिकॉर्ड में फार्महाउस दिखाए, जबकि भूमि रिकॉर्ड मैनुअल/नियमों में ऐसी कोई बात का उल्लेख नहीं है। ऐसी गलत प्रविष्टियों की सूचना न्यायालयों को दी गई तथा उपायुक्त ने कुछ स्थानों पर राजस्व अभिलेखों में गलत/अवांछित प्रविष्टियों को बदलने का आदेश दिया।

एफसीआर और एसीएस हरियाणा मेमो डीएलआर-7202 दिनांक 21-6-2022 को सुप्रीम कोर्ट के 7-4-2022 के फैसले की अनुपालना में जारी किया गया। हल्का पटवारी शामलात देह को राजस्व रिकॉर्ड में शामलात देह रसद ज़ारे खेवत या शामलात देह हसब रसद पैड़माना मलकियत राजस्व बंदोबस्त/चकबंदी के बाद पहली जमाबंदी में पंचायत देह के पक्ष में है के रूप में दर्ज करेगा । जुमला मलकान या जुमला मुश्तरका मलकान या जुमला मुश्तरका मलकान वा दीगर हकदारान आराजी हसब रसद रक़्बा के लिए की जमाबंदी काश्तकार कॉलम मकबूजा पंचायत में प्रविष्टियां दर्ज की जानी चाहिए। **इन जमीनों को किसी भी स्तर पर किसी भी तरह से alienated अलग नहीं किया जा सकता और विभाजित नहीं किया जा सकता**, विभाजन के लंबित मामलों को माननीय सर्वोच्च न्यायालय के फैसले का उल्लेख करते हुए दायर और सौंप दिया जाना चाहिए। जुमला मलकान या जुमला मुश्तरका मलकान और इसी तरह की साझा प्रयोजनों की जमीनों का बंटवारा/ अलगाव गलत किया गया है, माननीय सुप्रीम कोर्ट के आदेशों का पालन करते हुए पुनः प्राप्ति की प्रक्रिया शुरू की जाए और उस पर कार्रवाई की जाए, अगर मामले हाईकोर्ट में लंबित हैं, तो ऐसे मामलों को खारिज करने और बंद करने के लिए आवेदन किया जाए। आम प्रयोजनों के लिए आरक्षित जमीनों को ग्राम पंचायतों के संपत्ति रजिस्टर में दर्ज किया जाना चाहिए। **शामलात देह और इसी तरह की प्रविष्टियों वाली**

जमीनों का बंटवारा/अलगाव alienate किया गया था, जो कानून में कभी भी जायज नहीं था, इसलिए उन जमीनों को ग्राम पंचायत को वापस किया जाए।

7-4-2022 के फैसले के पैरा 107 में उल्लेख किया गया है, "The management and control as of the land reserved for common purposes whereof vested in the Gram Panchayat in a summary way where the possession of the occupant was unauthorized." " Even after merging in MC land will remain for the common use of the community.

4.3 सामुदायिक भूमि में पंचायतों की भूमिका

हरियाणा पंचायती राज अधिनियम, 1994 , धारा 2 (xvi) में उल्लेख किया गया है कि,"...common land" means land which is not in the exclusive use of any individual and has, by usage, custom or prescription been reserved for the common purposes of village community or has been acquired for such purposes;"

टिप्पणि: उपयोग के अनुसार, अरावली की कॉमन भूमि का उपयोग निवासियों के साझा उद्देश्यों के लिए किया जाता था और वन विभाग अरावली क्षेत्रों में बार बार वनरोपण कर रहा है (1948 मे जारी की गइ अधिसूचनाएँ के निरन्तर मे साक्ष्य उच्चतम न्यायालय प्रस्तुत की गये हैं, संभवतः पहले की अधिसूचनाएँ पंजाब के अभिलेखों में हो सकती हैं)। प्रथाअनुसार कानुनी उपयोग और संसतुति के अनुसार संपूर्ण अरावली पहाडी वन भूमि है, इसके वन उत्पाद, फल, पत्ते, फूल, जड़ी-बूटियाँ, झाड़ियाँ, ईंधन की लकड़ी, चारा और छोटी लकड़ी का उपयोग ग्रामीणों द्वारा साणतौर पर उपयोग के रूप में किया जाता है। यहाँ तक कि 1990 के दौरान, जब मैं अरावली क्षेत्रों में तैनात था, तब भी अरावली में कहीं भी (कुछ कोलोनाइजर द्वारा भूमि हड़पने वाले क्षेत्रों को छोड़कर) हम ग्रामीणों द्वारा वनों के सामान्य उपयोग के अलावा कोई अन्य उपयोग नहीं देखा।

हरियाणा पंचायती राज अधिनियम, 1994,

"Section 21, Functions and duties of Gram Panchayat.

21. V. Social and Farm Forestry, Minor—Forest Produce, Fuel Fodder—

(1) Planting and preservation of trees on the sides of roads and other public lands under its control.

2) Fuel plantation and fodder development.

(3) Promotion of farm forestry.

(4) Development of social forestry."

टिप्पणी: पंचायत अधिनियम में प्रावधान हैं, लेकिन अरावली क्षेत्र में इनका प्रयोग बहुत कम हुआ। जब ग्राम पंचायतों को निःशुल्क पौधे उपलब्ध कराए गए, तब भी वे सफल पौधरोपण नहीं कर पाए। स्थानीय स्तर पर वोट बैंक की राजनीति के कारण ग्राम पंचायतों ने अपने प्राकृतिक संसाधनों पर नियंत्रण और प्रबंधन करने में ढिलाई बरती। गांवों में वनों के साझा संसाधनों के प्रबंधन के लिए ग्राम वन समितियां गठित की गईं, जिनका अध्यक्ष गांव का सरपंच होता था। लेकिन वन विभाग के हटते ही वीएफसी ने काम करना बंद कर दिया।

हरियाणा पंचायती राज अधिनियम, 1994, **"Section 36.** Subject to rules made under this Act and the conditions agreed upon in writing, a Gram Panchayat may receive from any person any property vested in him, or the management of any institution, or the execution or maintenance of any work, or the performance of any duty, within its area:

Provided that no work costing more than five thousand rupees shall be entrusted to, or undertaken by a Gram Panchayat except with the previous approval of the Director."

टिप्पणि: समय-समय पर कार्य व धनराशी शक्तियो में परिवर्तन किया गया है। अरावली परियोजना या सामुदायिक भूमि/पंचायत भूमि पर अन्य योजनाओं के तहत किए गए वनरोपण कार्यों को परियोजना/योजना अवधि समाप्त होने पर संबंधित ग्राम पंचायतों को सौंप दिया गया। हालांकि, डीएफओ प्रादेशिक का प्रबंधन और नियंत्रण पीएलपी अधिनियम के तहत जारी रहता है।

4.4. अरावली सामुदायिक भूमि

अरावली के गांवों की सामाजिक संरचना और समाज विकास (evolution) उत्तरी शुष्क पर्णपाती रेगिस्तानी जंगलों का उपयोग करके इन पहाड़ियों के इर्द-गिर्द घूमता रहा। अरावली पहाड़ियों में किसी भी प्रकार की खेती या कृषि संभव नहीं हो पाई। बरसात के मौसम में, घास फुलती/उगती है और मवेशी धन इन सार्वजनिक भूमि पर चरने पर निर्भर करते थे। अरावली की सार्वजनिक भूमि इन ग्रामीणों की अर्थव्यवस्था का मूल आधार या धुरी रही है। उनकी आजीविका और आर्थिक गतिविधियों का आधार अरावली के इर्द-गिर्द घूमता था और इन गांवों में सार्वजनिक भूमि का विस्तार बड़ा होता था, कई गांवों में, यह उनकी कुल कृषि भूमि से भी अधिक था। भूमि का केवल एक छोटा सा हिस्सा जो घाटियों/ डिप्रेशन या छोटे बाढ़ के मैदानों में कम पथरीला और मोटा रेतीला था, उसका उपयोग खाद्यान्न फसल उगाने के लिए कृषि के लिए किया जाता था। निरंतर कटाव के कारण, ये भूमि भी उनके जीवन यापन के लिए उत्पादक नहीं थी।

जबकि मध्य हरियाणा के इलाकों में, ग्रामीणों के पास उपजाऊ कृषि भूमि है और अधिकांश मामलों में कम उत्पादक भूमि या अकृषि योग्य भूमि को कॉमन भूमि के रूप में रखा जाता है। हालांकि, कई गांवों में जनसंख्या के दबाव के साथ, अधिक से अधिक ऐसी भूमि को

बहुत सी ग्राम पंचायतों द्वारा कृषि के लिए नीलाम किया जाता रहा है। जलोढ़ मैदानी इलाकों में, कृषि अवशेष या पेड़ों की टहनियों की छगांई का उपयोग ग्रामीणों द्वारा ईंधन की लकड़ी के रूप में किया जाता था, जबकि अरावली के पूरे गांव ईंधन की लकड़ी और चारा संग्रह के लिए अरावली की सामुदायिक भूमि पर निर्भर हैं। जलोढ़ मैदानी इलाकों में, ग्रामीणों के पास मवेशियों और कृषि से जुड़ी गतिविधियों के लिए उचित भूमि उपलब्ध है। लेकिन अरावली की पहाड़ियों की कठोर परिस्थितियों ने ऐसी संम्भावनाये नगण्ए है। अरावली में सामुदायिक जमीनें ग्रामीणों के सामाजिक जीवन / व्यवस्था का आवश्यक और अभिन्न अंग रही हैं।

आजादी से पहले , कठोर जलवायु परिस्थितियों के कारण अरावली पहाड़ियों में बहुत कम आबादी रहती थी। आजादी के बाद भी अधिकांश पहाड़ी भूमि सामुदायिक साझा उपयोग के लिए छोड़ दी गई, कुछ गांवों में अरावली में हजारों एकड़ सार्वजनिक भूमि थी जो सार्वजनिक उपयोग के लिए उपलब्ध थी, जहां केवल सीमित संख्या में परिवार रहते थे। दिल्ली एनसीआर के आसपास आबादी में वृद्धि ने अरावली की सार्वजनिक भूमि पर अनुचित शहरीकरण दबाव बढ़ा दिया। संसाधन संपन्न अमीर व्यक्तियों ने विभिन्न वाणिज्यिक गतिविधियों के लिए जंगलों को साफ कर दिया। प्रवासी अस्थायी आबादी ने सार्वजनिक भूमि पर अतिक्रमण करना शुरू कर दिया क्योंकि इन जमीनों का कोई भी निजि व्यक्ति मालिक नहीं था। ग्रामीणों ने इस घटना की अनदेखी की। धीरे-धीरे अरावली में विलासिता का रुझान बढ़ने लगा और फार्महाउस संस्कृति ने पूरी दिल्ली अरावली भूमि को लगभग मुफ्त में या मामूली रिश्वत देकर अपने कब्जे में ले लिया।, नौकरशाहों और राजनेताओं ने अनुचित तरीकों को अपनाकर या अपने पास उपलब्ध अंतर्निहित शक्ति आधार का दुरुपयोग करके अरावली की आम भूमि हड़पने के लिए अपनी शक्ति का दुरुपयोग करना शुरू कर दिया।

समय बीतने (1960 के बाद) के साथ धन कमाने के लिए सामुदायिक जमीन हड़पने की प्रवृत्ति बढ़ी है। पहले स्टोन क्रेशर वाली मशीनें करोल बाग की पहाड़ियों के पास अरावली में काम करते थे, सत्तर के दशक में दिल्ली का इलाका अरावली के दक्षिण की ओर स्थानांतरित होता रहा। निर्माण सामग्री की बढ़ती मांग के कारण ये स्टोन क्रेशर वाली मशीनें मेवात की सामूदायिक जमीनों से होते हुए राजस्थान के इलाकों में चली गईं। खनन बंद होना कॉलोनाइजरों/फार्महाउस लॉबी के लिए वरदान साबित हुआ। शहरीकरण के कारण जमीन की मांग बढ़ी। 1970 के बाद दक्षिण दिल्ली की समस्या हरियाणा में स्थानांतरित हो गई। जब फार्महाउस की बुराई दक्षिण दिल्ली से गुड़गांव-फरीदाबाद के अरावली में फैलने लगी। चूंकि अरावली में सामुदायिक भूमि कृषि के लिए उपयुक्त नहीं थी और सामुदायिक स्वामित्व के कारण भू-माफियाओं ने नौकरशाही के साथ चालें चलनी शुरू कर दीं और इन सामुदायिक जमीनों को कुछ निवासियों के खास हिस्से के रूप में बेचना शुरू कर दिया। नौकरशाही-व्यवसायी के गठजोड़ ने अरावली में तबाही मचा दी। भू-माफिया थोड़े ही समय में अरबपति बन गए। हरियाणा में और अब यह मेवात क्षेत्र को पार कर रहा है। फार्महाउस के चचेरे भाई कॉलोनाइजेश्न ने इसे तेजी से आगे बढ़ाया, पहले अरावली की साझा जमीन पर कोई खरीदार नहीं था। एक बार जब वह जमीन कॉलोनाइजरों के हाथों में चली गई, तो उन्होंने कीमतें बढ़ाकर लाखों रुपये प्रति वर्ग मीटर कर दीं। आसान पैसे की भूख ने अरावली की आम जमीनों को निगलना शुरू कर दिया और पूरे पारिस्थितिकी तंत्र को अस्थिर कर दिया।

4.4.1 अरावली पर्वतमाला में सामुदायिक भूमि का विस्तार

अरावली में सामुदायिक भूमि विस्तार का आकलन अति कठिन है क्योंकि राजस्व अभिलेखों के आंकड़ों में भिन्नताएं दिखाई देती हैं। अरावली गांव की सामुदायिक जमीन में कुछ गांवों के मैदानी इलाके भी शामिल हैं। इसके लिए विशेष गांववार सर्वेक्षण की जरूरत है। मूल रूप से, अरावली पहाड़ियों और भूड़ क्षेत्रों की सामुदायिक जमीन लोएस टिले अरावली प्रणाली का एक अनिवार्य हिस्सा है। दूसरी ओर, कई गांवों में अरावली के outliers के हिस्से हैं, लेकिन अरावली के कुल क्षेत्रफल की गणना करते समय उन्हें छोड़ दिया गया, क्योंकि वे क्षेत्र या तो काफी बड़े नहीं थे या सफल वृक्षारोपण के लिए व्यवहार्य नहीं थे। इसी तरह, मुख्य अरावली पहाड़ियों की श्रृंखला से दूर के क्षेत्रों को छोड़ दिया गया। उदाहरण के लिए, कोसली के पास गुडियानी अरावली पहाड़ी एक अलग पहाड़ी है और मुख्य अरावली पहाड़ों से बहुत दूर है

वन विभाग ने 1983 में बाहरी फंडिंग के लिए एक परियोजना तैयार करते समय एक प्रयास किया। हरियाणा वन विभाग द्वारा 1983 में तैयार की गई "अरावली हिल्स वनरोपण परियोजना" नामक परियोजना केवल अरावली पहाड़ियों के 293 प्रमुख [11]गांवों/इकाइयों के लिए तैयार की गई थी। उस परियोजना दस्तावेज में 293 गांवों में अरावली की पहाड़ियों का कुल क्षेत्रफल 45925 हेक्टेयर पहाड़ी क्षेत्र के रूप में दर्शाया गया था, जहाँ सफल वृक्षारोपण किया जा सकता था; और इसमें से 36212 हेक्टेयर क्षेत्र को पंचायत/समुदाय भूमि स्वामित्व के रूप में दिखाया गया था और 5621 हेक्टेयर क्षेत्र को राजस्व अभिलेखों में निजी स्वामित्व के साथ दिखाया गया था और शेष खनन दर्शाया। 293 गांवों का कुल क्षेत्रफल 207035 हेक्टेयर बताया गया (शायद इसमें आबादी, रास्ते, तालाब और मंदिर आदि शामिल हैं, यह स्पष्ट नहीं किया गया है), अगर हम इस कुल खेती योग्य क्षेत्रफल 129383 हेक्टेयर में से घटा दें तो 207035- 129383 = 77652 हेक्टेयर अरावली क्षेत्र रह जाताहै। 45925 हेक्टेयर का पहाड़ी क्षेत्र अरावली क्षेत्र माना जा सकता है, जिसमें कुछ निजी गैर-खेती योग्य बंजर भूमि भी शामिल है । 77652 हेक्टेयर -45925 = 31727 हेक्टेयर, इसमें तलहटी के क्षेत्र भी शामिल हैं, जिन्हें आमतौर पर भूड़ कहा जाता है, 31727 हेक्टेयर में से 27886 हेक्टेयर की यह भूड़ भूमि, यदि हम इस भूड़ क्षेत्र को 45925 + 27886 = कुल 73811 हेक्टेयर या 73811x2.5 = 184527.5 एकड़ के अरावली पहाड़ी क्षेत्रों में माना जायेगा, तो इस परियोजना रिपोर्ट के अनुसार अरावली का एक अस्थायी क्षेत्र होगा। हरियाणा वन विभाग द्वारा तैयार की गई एक अन्य परियोजना रिपोर्ट में [12]उल्लेख किया गया है, "हरियाणा में अरावली की चट्टानें 146000 हेक्टेयर से अधिक क्षेत्र

में फैली हुई हैं"। हरियाणा में अरावली पहाड़ियों के अंतर्गत भूमि की सीमा का आकलन करने के लिए गांववार व्यवस्थित सर्वेक्षण उपलब्ध नहीं है।

सर्वोच्च न्यायालय के निर्देशों (29/30.10.2002 और अन्य आदेश) का पालन करने के लिए, अरावली पहाड़ियों की सीमा को रिकॉर्ड करने के लिए एक सर्वेक्षण किया गया था क्योंकि आदेश में हरियाणा में "संपूर्ण अरावली" शब्द का उल्लेख किया गया था। भ्रम को दूर करने के लिए कि सर्वोच्च न्यायालय के आदेश को लागू करने के लिए अरावली के कौन से गाँव हैं, जहाँ आदेश 'संपूर्ण अरावली पहाड़ियों' के लिए था। यह अभ्यास अरावली गांवों के लिए न्यायालय/सीईसी निर्देशों के अनुपालन में किया गया था। दक्षिण सर्कल के डीएफओ (टी) द्वारा सर्वेक्षण किए गए मौजूदा अरावली पहाड़ियों की एक सूची, जो मानचित्रों (आरएफ; 1; 50000 पैमाने) पर चिह्नित की गई थी और संकलित रिपोर्ट हरियाणा में अरावली पहाड़ों के वास्तविक फैलाव और इसके कवर किए गए क्षेत्रों के बारे में सर्वोच्च न्यायालय को अवगत कराने के लिए सीईसी को सौंपी गई थी। दक्षिण सर्कल ने 484 अरावली गांवों को सूचीबद्ध किया, विस्तृत रिपोर्ट की एक प्रति (पंत्र संख्या 8337-44, दिनांक 18-09-2008) महानिदेशक, एफएसआई, सचिव वन, प्रधान मुख्य वन संरक्षक और आयुक्त गुड़गांव को रिकॉर्ड अपडेट करने के लिए सीईसी के निर्देशानुसार भेजी गई थी। इस रिपोर्ट में 484 गांवों में (गुड़गांव 67, फरीदाबाद 25, रेवाड़ी 44, महेंद्रगढ़ 147 और मेवात 201 = 484) अरावली का उल्लेख किया गया है। दक्षिण हरियाणा के गांवों के रिकॉर्ड के अनुसार 293 गांवों/इकाइयों की मौजूदा सूची में 191 और गांवों को जोड़ा गया। बाद में, भिवानी जिले (उस समय, अब चरखी दादरी एक अलग जिला है) में अरावली के 47 गांवों की एक सूची भारतीय सर्वेक्षण विभाग की स्थलाकृतिक शीट्स (आरएफ:: 1;50000) के आधार पर पहचान की गई थी जहाँ तक सर्वोच्च न्यायालय के आदेशों के अनुपालन का प्रश्न है, अरावली विस्तार/बाहरी क्षेत्रों वाले कुल गाँव 484 + 47 पुराने भिवानी जिले = 531 हैं। इस पुस्तक के अध्याय 5 में 358 गाँवों/इकाइयों की सूची दी गई है, जहाँ 'अरावली परियोजना ' के तहत कार्य किया गया (358 को 531 में शामिल किया गया है) और 531 गाँव जहाँ अरावली फैली हुई है।

यहां 1983 की परियोजना रिपोर्ट के आधार पर जिलाववार जानकारी दी गई है।

गुड़गांव । अरावली पहाड़ियाँ 18359 हेक्टेयर + गैर कृषि योग्य बंजर भूमि 13606 हेक्टेयर = 31965 हेक्टेयर

फरीदाबाद । अरावली पहाड़ियाँ 10975 हेक्टेयर + गैर कृषि योग्य बंजर भूमि 1758 हेक्टेयर = 12733 हेक्टेयर

महेन्द्रगढ़ । अरावली पहाड़ियाँ 13947 हेक्टेयर + गैर कृषि योग्य बंजर भूमि 9146 हेक्टेयर = 23093 हेक्टेयर

भिवानी । अरावली पहाड़ियाँ 2644 हेक्टेयर + गैर कृषि योग्य बंजर भूमि 3376 हेक्टेयर = 6020 हेक्टेयर

कुल 73811 हेक्टेयर (केवल 293 गांवों के लिए 1983 की परियोजना रिपोर्ट के आंकड़ों पर आधारित। अरावली में गैर कृषि योग्य बंजर भूमि ज्यादातर भुड अरावली तलहटी क्षेत्र हैं)।

(गुड़गांव के 1983 के आंकड़ों में मेवात, फरीदाबाद, पलवल जिले शामिल थे; महेंद्रगढ़ में रेवाड़ी जिला शामिल था; भिवानी में चरखी दादरी जिले भी शामिल थे, जिनमें केवल 293 गांव थे, जबकि अरावली पहाड़ियों में फैले कुल गांवों की संख्या लगभग 531 है)।

कानूनी तौर पर उप वन संरक्षक/डीएफओ (टी) पीएलपी अधिनियम के तहत अधिसूचित क्षेत्रों के प्रबंधन और नियंत्रण के लिए जिम्मेदार हैं, जबकि धारा 4 और/या 5 के तहत अधिसूचित विशिष्ट क्षेत्रों को इस अधिनियम की शुरुआत के बाद से वन विभाग के रिकॉर्ड में वन के रूप में दर्ज किया गया हुवा है। डीएफओ (टी) को सामान्य लोक कल्याण उपायों के रूप में वनीकरण और संरक्षण कार्यों द्वारा कटाव को नियंत्रित करने और उपसतह पानी के संरक्षण के लिए कानूनी शक्तियां दी गई थीं। जहां सभी प्रकार के लाभ ग्राम पंचायत/समुदाय को प्राप्त हुए। जब वनीकरण के लिए पर्याप्त धन उपलब्ध नहीं था, तो विश्व बैंक से सहायता प्राप्त एसएफपी और उसके बाद यूरोपीय संघ के फंड का उपयोग इन नाजुक क्षेत्रों में वनीकरण करने के लिए किया गया। हालांकि एसएफपी पूरे हरियाणा में लागू किया गया था, लेकिन अरावली परियोजना केवल अरावली क्षेत्रों के लिए थी।

4.4.2. अरावली में भूमि हड़पना क्यों जारी है?

जब कोई अतीत पर नजर डालता है, तो पूरी अरावली भूमि का उपयोग निवासियों द्वारा केवल साझा उद्देश्यों के लिए किया जाता था, जिसका नियंत्रण सरकार के पास था। मुख्य रूप से अरावली पर्वतीय चट्टानी इलाका पेड़ों की घटती-बढ़ती वृद्धि के कारण झाड़ीदार जंगलों जैसा दिखता है। भूड़ लोएस क्षेत्र इन लोएस जमाओं में नगण्य जल धारण क्षमता के साथ पोषक तत्वों से रहित होने के कारण निजी उपयोग/ कृषि उपयोग के लिए अनुपयुक्त/ unculturable थे। इन अनुपयोगी बंजर भूमि का बाजार मूल्य नगण्य या शून्य था। चट्टानी पहाड़ियों पर वनस्पति में कम ऊंचाई वाले पेड़ों के जंगल शामिल हैं, जो ज्यादातर छोटी लकड़ी के है। महंगी वाणिज्यिक लकड़ी के लिए उपयुक्त नही हैं, जिससे उन्हें ऊंची कीमतें मिलती हो। वनो की गैर-आर्थिक प्रकृति के कारण, लोगों की इसके स्वामित्व में कोई रुचि नहीं ली। अरावली पर्वत गर्मियों में बहुत गर्म होते हैं और सर्दियों में हड्डियों को जमा देने वाली ठंड का सामना करते हैं, यह अत्यंत कठोर जलवायु बाहरी लोगों को अरावली पहाड़ियों में बसने से हतोत्साहित करती है। संचार, परिवहन के कोई साधन नहीं थे, पीने के पानी की कमी थी, चिकित्सा आपातकाल के मामले में कुछ भी उपलब्ध नहीं था।

शहरीकरण के कारण भूमि की मॉग बढ़ी है। दक्षिण दिल्ली के अरावली की जमीन पर आलीशान रिसॉर्ट बनाने वाले फार्म हाउस लॉबी ने कब्जा कर लिया, उसके बाद उनकी नजर हरियाणा में अरावली की सार्वजनिक भूमि पर है। काले धन से भरमार इन अमीर लोगों ने खराब मौसम से निपटने के लिए तकनीकी उपकरणों (सोलर लाइटिंग, एसी के लिए जेनसेट, फ्रिज, सेल फोन, सड़कों के लिए सफाई) से लैस होकर रोजमरा की दिकत्तो की समस्या का समाधान कर लिया है। शुरुआत में पानी की आपूर्ति टैंकरों से की जाती थी, बाद में गहरी बोरिंग करके उन्होंने भूजल को चूसा और समाप्त कर दिया। धीरे-धीरे अमीर लोगों के नापाक लालच ने नौकरशाही की मिलीभगत से अरावली की इन बंजर पहाड़ियों पर नजर डालना शुरू कर दिया। अमीर लोगों ने अरावली की जमीन को कौड़ियों के भाव खरीदा और कुछ साल बाद इसे करोड़ों रुपये में बेच दिया। कानूनी तौर पर [13]सार्वजनिक वन भूमि के विखंडन की अनुमति देना उचित नहीं था, लेकिन उन्होंने अनुचित आधार पर ऐसा किया। सार्वजनिक वन भूमि का किसी भी तरह का विभाजन स्वीकार्य नहीं था। यहां तक कि राजस्व पटवारी भी पहाड़ियों पर खसरा नंबर का सीमांकन करने में असमर्थ थे, जहां कुछ गांवों में 50 से लेकर सैकड़ों एकड़ के लिए एक खसरा नंबर है, (पहाड़ी इलाकों और कुछ आम जमीनों में बहुत बड़े भूखंड के लिए एक ही खसरा नंबर है)। कई बिक्री विलेख साइट पर किसी वास्तविक सीमांकन के बिना पंजीकृत किए गए थे।

धनी लोगों ने ग्रामीणों को अपने हिस्से बेचने के लिए कागजात पर हस्ताक्षर करने के नाम पर मामूली रकम देनी शुरू कर दी। ग्रामीणों को इस तरह की नौकरशाही की बाजीगरी का पता नहीं था। जब जमीन का प्रबंधन पंचायत कर रही थी, तो उन्होंने अपना हिस्सा कैसे बेच दिया? केवल धनी लोग ही पैसे और शक्ति के बल पर ऐसा करवा सकते हैं। नए अवैध धन ने ग्रामीणों के साथ-साथ नौकरशाहों और राजनेताओं को भी लुभाया। ग्रामीणों को आश्चर्य हुआ कि उनकी जमीन का कोई खरीदार नहीं था, उसका कोई व्यावसायिक मूल्य नहीं था, उस जमीन के वे मालिक भी नहीं थे, उस जमीन के लिए कोई उन्हें पैसे दे रहा था। यह अनादि काल से सार्वजनिक जमीन थी। राजस्व विभाग ने खुले भ्रष्टाचार के तंत्र का उपयोग करके बाहरी धनी लोगों को उपकृत करने के लिए अलग-अलग तरीकों (कानूनों का उल्लंघन) से चीजों में हेराफेरी की। वहीं वन विभाग ने दायित्व या लापरवाही के नाम पर आंखें मूंद लीं। नौकरशाही-व्यापारियों की साजिश के रूप में जमीन हड़पना जारी रहा।

ग्रामीणों की जीवनशैली में आए बदलावों ने धीरे-धीरे उनके पशुधन में कमी ला दी, जिससे पशु चराण के लिए ग्रामीणों की सार्वजनिक भूमि पर निर्भरता कम हो गई और पेड़ों के चारे/घास पर निर्भरता कम हो गई। रसोई गैस ने ईंधन की लकड़ी पर निर्भरता कम कर दी। प्राकृतिक संसाधनों और जंगलों पर निर्भरता में इस कमी ने धीरे-धीरे सार्वजनिक भूमि और जंगलों के प्रति उनके भावनात्मक लगाव को कम कर दिया। कॉलोनाइजरो, भू-माफिया, नौकरशाहों और राजनेताओं ने मिलकर गरीब ग्रामीणों को प्रभावित करने का काम किया, जो मुफत के पैसे के लिए कागजों पर हस्ताक्षर करने से इनकार नहीं कर सके । भू-माफिया ने ग्रामीणों के हस्ताक्षर शराब की बोतल से देकर हज़ारों रुपये (अब लाखों) में करवा लिए। भू-माफिया ने फिर उस ज़मीन को करोड़ों में बेच दिया और सिर्फ़ रिश्वत देकर और सिस्टम को तेल देकर सौ गुना ज़्यादा पैसा कमाया। एक और चाल, सत्ताधारी नौकरशाहों ने पंचायतों का इस्तेमाल करके आईएएस के दबाव में अपने रिश्तेदारों के नाम पर मुफ़्त में फार्महाउस बनाने का प्रस्ताव पारित करवाया। पैसा और सत्ता अरावली पारिस्थितिकी तंत्र के विनाश के लिए जिम्मेदार हैं।

शायद शुरू मे कुछ कृषि भूमि फार्म हाउसों के लिए बेची गई थी। रिश्वत के पैसे के लालच ने पंचायत / सामुदायिक भूमि को निशाना बनाना शुरू कर दिया। क्योंकि इन जमीनों को बिना किसी व्यक्तिगत मालिक की जमीन (नो मैन लैंड) माना जाता था। धीरे-धीरे ग्राम पंचायतें भ्रष्टाचार बढ गया या सत्ताधारियों के हाथों मजबूर हो गईं। भ्रष्ट नौकरशाही- भूमाफिया - कॉलोनाइजरोर -बिचौलियों का गठजोड़ अरावली की साझी विरासत को नष्ट करने के लिए पनपा। प्रवासी अस्थायी आबादी का भी अरावली में सामुदायिक जमीनों पर अतिक्रमण करने के लिए एक उपकरण के रूप में इस्तेमाल किया गया। सिस्टम में कर्मचारियों ने अपनी आँखें मूँद लीं और प्रवासी मजदूरों को बसने की अनुमति दी, जिन्हें अरावली के जंगल को नष्ट करने के लिए जलाऊ लकड़ी के नाम पर पेड़ों की अवैध कटाई के लिए एक साधन के रूप में इस्तेमाल किया गया। ग्रामीण, पंचायत, राजस्व और वन नौकरशाह शक्तिशाली खनन लॉबी ने अरावली की सामुदायिक जमीनों हेतु राजनीतिक-नौकरशाही दबाव का उपयोग करके लंबी अवधि के लिए सामुदायिक भूमि के पट्टे बनावाये गये ।

सोहना में गर्म पानी के मौजूदा झरने, सूरजकुंड झील, दमदमा झील और बड़कल झीलों के कारण पर्यटकों की आमद ने वन भूमि पर जैविक दबाव बनाया और अमीर लोगों ने इन स्थानों के आसपास की जमीनों पर कब्जा कर लिया। दिल्ली से निकटता के कारण पर्यटकों की नज़रों ने अरावली की भविष्य की संभावनाओं को पैसे की खान के रूप में देखा। दिल्ली से निकटता ने कई नए संस्थागत परिसरों (शैक्षणिक, कॉर्पोरेट, पुलिस, रक्षा , सरकार, आदि) के निर्माण को लुभाया / आकर्षित किया। उन्होंने अरावली की सामुदायिक जमीन को हड़पने के लिए उल्टे सीधे तरीके अपनाए। फिर लोगों ने आर्थिक गतिविधियों के लिए इन संस्थानों के आसपास कुछ गतिविधियाँ शुरू करने के लिए सामुदायिक जमीनों पर अतिक्रमण किया।

रक्षा संस्थाओं ने भी अरावली में गंभीर अतिक्रमण किया है, सेना की ताकत के बल पर उन्होंने आंतरिक निरीक्षण की अनुमति नहीं दी और धीरे-धीरे मानेसर- पचगांव पहाड़ियों जैसे विशाल सामुदायिक भूमि के वन क्षेत्रों को नष्ट कर दिया। सीआरपीएफ, बीएसएफ, सीआईएसएफ और राज्य पुलिस शिविरों सहित शायद लगभग अधिकांश केंद्रीय पुलिस बल ने कानूनों और सुप्रीम कोर्ट के आदेशों का उल्लंघन करते हुए अरावली की सामुदायिक भूमि पर कब्जा किया है। ग्रामीण भी उन्हें रोकने में असमर्थ रहे हैं। अदालतों में कई जनहित याचिकाएँ दायर की

गईं, कुछ जगहों पर उनको न्यालय ने रोक दिया, और स्थानों पर, अलग-अलग बहाने बनाकर अतिक्रमण जारी रखा।

शीर्ष राजनेता, भूतपूर्व राज्यपाल, मुख्यमंत्री, मंत्री, विधायक, शीर्ष अंतरराष्ट्रीय खिलाड़ी, शीर्ष व्यापारिक घराने, कॉर्पोरेट घराने, शीर्ष नौकरशाह, शीर्ष मीडिया मैग्नेट, शीर्ष रक्षा व्यक्ति, कोई भी कह सकता है कि भारत के जाने माने लोग अरावली की सामुदायिक भूमि पर कब्जा करने के लिए लालच में मे आगे रहे हैं। अरावली के आस-पास के उद्योग ने प्रदूषण को बढ़ाया और औद्योगिक मजदूर के रूप में काम करने वाले श्रमिकों ने झुग्गियों बनाकर कई जगहों पर अरावली में अतिक्रमण करना शुरू कर दिया। फिर उन्होंने अरावली के वन क्षेत्र को नष्ट करने के लिए ईंधन के लिए अवैध रूप से पेड़ों को काटा।

भूमि राजस्व, ग्राम एवं नगर नियोजन, वन, पुलिस, पंचायत, एचएसवीपी (हुडा), शहरीकरण, श्रम, खनन, उद्योग इत्यादि सभी संबंधित विभाग अरावली की सामुदायिक भूमि पर अतिक्रमण या अवैध भूमि हड़पने को रोकने में विफल रहे। वन विभाग वन को बचाने के लिए कानून को सख्ती से लागू करने में लापरवाह रहा (जिसके लिए वे अधिसूचित क्षेत्र की रक्षा करने के लिए बाध्य थे), अन्यथा वे पीएलपी अधिनियम के तहत भूमि को नोतोड को रोक सकते थे। भूमि रिकॉर्ड में राजस्व विभाग की हेराफेरी ने अतिक्रमणकारियों की मदद की। वे मुख्य रूप से कॉमन लैंड एक्ट के तहत आम भूमि की रक्षा के लिए जिम्मेदार थे और वे अवैध कब्जे को बेदखल कर सकते थे, लेकिन चुप रहे, टाउन एंड कंट्री प्लानिंग विभाग ने इसे नजरअंदाज कर दिया। पंचायत विभाग ने अपनी आंखें बंद कर लीं जैसे कि कॉमन जमीन [14]पर अतिक्रमण किसीभी जिम्मेवारी ही नही हो। पुलिस महकमा तो खुद ही अतिक्रमणकारी रहा है, तब कौनसा महकमा सामुदायिक जमिन से अवैध कब्जे हटवायेगा।

अरावली के गांवों के निवासियों ने कृषि उत्पादकता में गिरावट महसूस हुई, लोगों के पास अब कोई आमदनी नहीं बची और संकट समय में उनके पास अपनी ज़मीन को कॉलोनाइजरो को बेचने के अलावा कोई विकल्प नहीं था। अरावली एरिया कि नाज़ुक पारिस्थितिकी तंत्र को नुकसान पहुँचाने के कारण भूजल समाप्त हो गया, सिंचाई के लिए पानी उपलब्ध नहीं था और महंगे इनपुट के साथ उत्पादन की उच्च लागत के कारण वर्षा आधारित फ़सलें व्यवहार्य नहीं रहीं। उसी समय, कॉलोनाइजर और अमीर लोगों ने भूजल निकालने के लिए गहरी बोरिंग की और नौकरशाह उन पर लगाम लगाने में असफल रही। भूजल में तेज़ी से गिरावट भी ग्रामीणों के लिए अरावली में अपनी ज़मीन बेचने का एक कारण बन गई, क्योंकि इस क्षेत्र में सिंचाई का कोई अन्य स्रोत नहीं है। बेरोज़गार गाँव के युवाओं को ज़मीन हड़पने वालों ने कानूनी कार्रवाई से चीज़ों को छिपाने के लिए कुछ पैसे देकर अरावली में अतिक्रमण, खनन और चारदीवारी बनाने का लालच दिया। भू-माफ़िया ने विभिन्न रूपों में रिश्वत देने वाले तंत्रों ने ग्रामीणों, ग्राम पंचायतों और नौकरशाहों को सामुदायिक ज़मीन हड़पने के लिए लुभाया।

महत्वपूर्ण प्रश्न यह उठता है कि कानून और सर्वोच्च न्यायालय के निर्णयों का उल्लंघन करके सामुदायिक वन भूमि को गैर-वानिकी उपयोग जैसे कोलोनाइजेश्न, फार्महाउस, बिल्डर्स, खनन और अन्य गैर-वानिकी उपयोगों के लिए उपयोग करने की अनुमति क्यों दी गई? कानूनों के कार्यान्वयनकर्ता, नौकरशाहों ने स्वयं कानूनों और सर्वोच्च न्यायालय के आदेशों का उल्लंघन करते हुए सामुदायिक वन भूमि पर आवासीय और वाणिज्यिक क्षेत्र बनाए। उनकी मजबूरी क्या थी? केवल सत्ता का अहंकार या कानूनी या अवैध रूप से धन का प्रवाह? इन कॉलोनाइजर /फार्महाउस मालिकों को सरकार द्वारा घोषित जल रहित डीक ब्लॉकों में 2000 फीट गहराई से भूजल निकालने की अनुमति कैसे दी गई? लेकिन कोई कार्रवाई नहीं, जबकि किसानों को क्षेत्र में भूजल की अनुपलब्धता का हवाला देकर नए बोरवेल की अनुमति नहीं है। गहरे भूजल के अत्यधिक दोहन से ग्रामीणों के जीवन पर गंभीर प्रतिकूल प्रभाव पड़ता है, यहा तक कि ग्रामिणो को पिने का पानी भी उपल्बध नही हे जहा पर अमीर लोग फॅामहाउस मे समीन्ग पुल मे पानी बरबाद का रहै है।

इस प्रकार, अरावली पर्वतीय सार्वजनिक भूमि क्षेत्रों में बड़े पैमाने पर कॉलोनाइजेश्न और अन्य निर्माण गतिविधियों के साथ-साथ अन्य विकासात्मक/संस्थागत गतिविधियाँ बहुत तेज़ गति से हो रही हैं, जबकि यह क्षेत्र पीएलपी अधिनियम की विभिन्न धाराओं के तहत बंद और अधिसूचित हैं। कानून के तहत, वृक्षो की कटाई व नई भूमि को तोडना प्रतिबंधित गतिविधियाँ अंकित हैं। संबंधित डीसीएफ/डीएफओ से पूर्व अनुमति के प्रावधान केवल वास्तविक घरेलू/कृषि उपयोग के लिए मूल निवासियों के लिए हैं। अरावली वन क्षेत्रों की सामुदायिक भूमि पर भूमि को खुदाई और पेड़ों को काटना कैसे हुआ। भ्रष्ट वन नौकरशाहों ने अरावली में उगने वाले पेड़ों को पीएलपी अधिनियम के पूर्वावलोकन से बाहर करने के कई असफल प्रयास किए, विवरण के लिए मेरी पुस्तक, “नौकरशाही में भ्रष्टाचार: अंदर की कहानियाँ” पढे।

बड़ी संख्या में लोग/भू-माफिया/कॉलोनाइजर ऐसे अरावली की आम भूमि से पेड़ काटने की अनुमति के लिए आवेदन कर सकते है, जिस पर वे उचित या अनुचित तरीके से कब्जा करते हैं। वे अरावली गांवों के निवासी नहीं होने के कारण ऐसी अनुमति पाने के हकदार नहीं हैं और उनका कोई वास्तविक घरेलू/कृषि उपयोग नहीं है। कानुन मे पेड़ों को काटने का प्रावधान केपल निवासियों को वास्तविक घरेलू उपयोग और कृषि उपयोग के लिए उपलब्ध था।

विकास के नाम पर कई अन्य विभागों (जैसे भारत सरकार, हरियाणा राज्य के विभाग, हुडा (अब एचएसवीपी) आदि) ने भी अरावली की सामुदायिक वन भूमि/पंचायत भूमि पर कब्जा कर लिया। वन विभाग द्वारा कटाव-ग्रस्त क्षेत्रों में वृक्षारोपण किया गया ताकि आगे होने वाले कटाव को रोका जा सके। कुछ संस्थाओं (ग्वाल पहाडी) ने अनुसंधान उद्देश्यों के नाम पर अरावली भूमि से बड़ी संख्या में पेड़ों को काट डाला। यहां तक कि पीएलपी अधिनियम के नियमों के तहत दस वर्षीय कटाई कार्यक्रमों का भी पालन करने की तुलना में अधिक उल्लंघन किया

गया, खासकर अरावली के नाजुक क्षेत्रों में। सरकारी विभाग/एजेंसियां अरावली के सामुदायिक वन भूमि पर कब्जा करने के लिए जिम्मेदार रही क्योंकि वे आसानी से ग्राम पंचायतों को प्रभावित कर सकते थे या सत्ता के प्रभाव में सभी कानूनी औपचारिकताओं को नजरअंदाज करते रहे है ।

HSVP (HUDA), गुड़गांव जैसे शक्तिशाली संगठनों ने कानून का उल्लंघन करते हुए अधिसूचित वन क्षेत्रों पर आवासीय क्षेत्र बनाए हैं, (वन संरक्षण अधिनियम और वन नियम आवासीय उपयोग के लिए वन भूमि के डायवर्जन की अनुमति नहीं देते हैं) क्योंकि उनके पास वन क्षेत्रों के लिए भूमि हड़पने के लिए पैसे की बाढ़ आ गई है। नियमों के तहत, उन्होंने क्षेत्रों को 'ग्रीन बेल्ट' के रूप में चिह्नित किया, जो पर्यावरणीय विचारों के लिए आवश्यक था; बाद में, HUDA ने अन्य उद्देश्यों के लिए भूमि को डायवर्ट करने के लिए ऐसी ग्रीन बेल्ट से पेड़ों को काट दिया। फिर ग्रीन बेल्ट क्यों चिह्नित किए गए? जरूरत और अधिक ग्रीन बेल्ट क्षेत्रों को चिह्नित करने की आवश्यकता होती है, तो शक्तिशाली व्यक्तियों को उन क्षेत्रों में रहने के लिए आवासीय भूखंड आवंटित किए जाते हैं।

बड़ी संख्या में कॉलोनाइजर/फार्महाउस मालिकों ने नियमों और कानूनों का उल्लंघन करते हुए पेड़ों की कटाई के लिए आवेदन करना शुरू कर दिया। बड़े पैमाने पर वन भूमि का व्यावसायिक उपयोग शुरू हो गया। वन नौकरशाही ने 200 सेंटीमीटर की परिधि वाले 100 साल पुराने पेड़ों को स्थानांतरित करने के नाम पर अनुमति जारी करके 'पेड़ों की शिफ्टिंग' नामक नए शब्द का इस्तेमाल करना शुरू कर दिया। जब उनके पास ऐसी अनुमति जारी करने का कोई अधिकार नहीं है, तो वे ऐसे शब्दों का इस्तेमाल करते हैं। ये शब्दावली के भेष में शक्तियों के दुरुपयोग के उदाहरण रहे है।

वन संरक्षण अधिनियम (1980) के अंतर्गत वन भूमि के परिवर्तन की अनुमति प्राप्त किए बिना अरावली की सामुदायिक भूमि के वन क्षेत्रों में गैर वानिकी भूमि उपयोग परिवर्तन के लिए बड़ी संख्या में मामले सामने आ रहे हैं। राजस्व विभाग ने पुरानी पंचायती जमीनों को सामुदायिक भूमि कहना और फिर निजी हाथों में देना शुरू कर दिया है। राजस्व रिकॉर्ड में स्थिति निजी भूमि के रूप में बदल दी गई है लेकिन अरावली परियोजना/एसएफपी के दौरान पंचायती भूमि के रूप में रिकॉर्ड में किए गए पुराने वृक्षारोपण साइटों पर खड़े हैं। इनमें से अधिकांश क्षेत्र सुप्रीम कोर्ट के 18 3 2004 के फैसले के अनुसार जंगल माने गए हैं। सामुदायिक भूमि/पंचायत भूमि पर पेयजल सार्वजनिक उपयोगिताओं का निर्माण, जहां युवा वृक्षारोपण खड़े हैं, जो अपनी कठान आयु के करीब नहीं हैं, केवल 4 से 9 साल पुराने वृक्षारोपण या छोटे वृक्षारोपण को काटने और साफ करने की मांग की जाती रही है । कानूनों का दुरुपयोग ही साझी जंगलात जामिन को नष्ट करने के लिये सबसे ज्यादा जिम्मेवार रहा है।

4.5. उच्चतम न्यायालय के निर्णय:

सार्वजनिक भूमि के बारे में गलत व्याख्याओं को स्पष्ट किया गया

भारत के सर्वोच्च न्यायालय का दिनांक 7.4.2022 का निर्णय, हरियाणा राज्य बनाम जय सिंह एवं अन्य, सिविल अपील संख्या 6990/2014 तथा कई अन्य सिविल अपीलों में, सभी प्रकार या नामों की सामान्य भूमि के लिए ऐतिहासिक निर्णय है।

शमीलात भूमि को प्राचीन काल से ही सभी ग्रामीणों द्वारा उनके साझा उपयोग के लिए निर्धारित किया गया था, जिससे ग्रामीण एकजुट रहे और उनके साझा संसाधनों के प्रति भावनात्मक लगाव विकसित हुआ। इस अवधारणा को सुप्रीम कोर्ट (7.4.2022) ने **पैरा 7 में खूबसूरती से समझाया है,** "Customary Law by Sir W.H. Rattigan (Sixteenth Edition revised by Dr. Hari Dev Kohli) was first published in the year 1880. It is a celebrated reference book, which explained the origin of Shamilat law in Punjab in Chapter X of the book that the land is the true basis of unity in villages, supplying the ultimate real bond of union between the members who constitute the aggregate proprietary body generally called the "village community". It was elaborated as under: -

"That land is the true basis of unity in village groupings, supplying the ultimate real bond of union between the members who constitute the aggregate proprietary body generally called the "village community", is a fact which may be verified by the most superficial observer of the organization which underlies those communities in the Punjab. Thus, whatever may be the type to which a particular village may belong, and to whatever extent individualistic notions of property may have superseded the earlier ideas of jointness and common holdings, there will be found still surviving very distinct evidence of the fact that in its origin the village association was bound together by the acquisition of a definite space of land, which, as Sir Henry Maine has so abundantly demonstrated, began at once to become the basis of its capacity instead of kinship, ever more and more vaguely conceived. This evidence is to be found in the reservation within the territorial limits of every village of some portions of the uncultivated waste for purposes of common pasture, for assemblies of the people, for the tethering of the village cattle, and for the possible extension of the village dwellings. Lands so reserved are jealously guarded as the common property of the original body of settlers who founded the village or of their descendants, and occasionally also those who assisted the settlers in clearing the waste and bringing it under cultivation are recognised as having a share in these reserved plots. xxxx xxxx and finally, a modified and consolidated Punjab Village Common Land Regulation Act, 1961 came in the statute book which vests the village common land in the Gram Panchayats without putting any constraints on the rights of the village folks to use the village common land. It is only the ownership which is vested in the Gram Panchayats along with its management and power of alienation and thus superseding the village proprietary body...."

सामुदायिक जमीन को पूरे गांव के साझा उद्देश्य के लिए रखा गया था, व्यक्तिगत मालिकों को एक भी अधिकार नहीं छोड़ा गया था, जैसा कि फैसले के **पैरा 8 में बताया गया है**, किस आधार पर उन बाहरी लोगों को, जिन्होंने अवैध रूप से साझा जमीन में हिस्सा लिया था, उनका कोई अधिकार नहीं है। किसी भी व्यक्ति या कॉर्पोरेट घराने द्वारा सभी प्रकार के फार्महाउस या इस तरह का कोई भी निर्माण या कंपनियों द्वारा बिक्री मौलिक रूप से गलत और अवैध है।

Para 8, "The East Punjab Holdings (Consolidation and Prevention of Fragmentation) Act, 1948 was enacted to provide for compulsory consolidation of agricultural holdings and for preventing their fragmentation. The expression "common purpose" defined under Section 2(bb) to mean "any purpose in relation to any common need, convenience or benefit of the village" was inserted by Punjab Act No. 22 of 1954 with retrospective effect. The scope of such expression came up for consideration before the Full Bench of Punjab and Haryana High Court in a judgment reported as Munsha Singh & Ors. v. The State of Punjab & Ors.[15] It was held that the individual proprietors of the land were not left with even a single right which may be included among the attributes of ownership and that it was a case of total expropriation of the right-holders. The Full Bench held that neither the language of the preamble, nor that of section 18(c) could be extended so as to include within its ambit wider programme, with a view to bring about social equality by taking away from individual proprietors their lands and giving them to non-proprietors, or handing them over to the Panchayat for purposes of management for any 'common purpose'. The amendment carried out was thus set aside. It was thereafter, the expression "common purpose" was amended by Punjab Act No. 27 of 1960. Such amendment was upheld by the Full Bench of Punjab High Court in a judgment reported as Kishan Singh & Ors. v. The State of Punjab & Ors".[16]

व्यक्तिगत भूमि का उपयोग एक सामान्य उद्देश्य के लिए किया जा सकता है, पैरा 9 में उल्लेख किया गया है, "Bench of five judges in a judgment reported as Jagat Singh & Ors. v. The State of Punjab & Ors.[17] The question examined therein was as to whether it was permissible to keep aside land owned by private individuals for providing income to the Gram Panchayat. It was held that the 1948 Act was a measure designed to promote agrarian reforms and therefore, not ultra vires the Constitution. The judgment in Jagat Singh came up for consideration in Ranjit Singh v. State of Punjab[18] wherein the judgment of the High Court was not interfered with."

साझा उपयोग के लिए पंचायतों द्वारा प्रबंधन, **पैरा 10** में उल्लेख किया गया है, , "Constitution Bench of this Court in a judgment reported as Ajit Singh v. State of Punjab & Anr[19] . The Court considered Rule 16(ii) of the Punjab Holdings (Consolidation and Prevention of Fragmentation) Rules, 1949[20] to hold that the title vests in the proprietary body, the management of the land is done on behalf of the proprietary body by the Panchayat for common needs and purposes and for the benefit of estate or estates concerned. Hence, the beneficiary of the modification of rights was not the State."

गांवों बसासत से लेकर के निवासियों द्वारा शमिलात और खेवतदारों के सामान्य उपयोग का इतिहास **पैरा 14** में समझाया गया है , "The shamilat deh lands in Punjab and Haryana are the common lands in the villages reserved and utilized for common purposes by inhabitants of the villages. These were kept as such at the time when the villages were formed or consolidated and the land was colonized. In many cases, land was contributed by the landowners or the village proprietary body from their own landholdings for common purposes. Villages were formed by cultivating the barren, uncultivated, waste, or fallow land, which are known as 'banjar qadim' or 'banjar jadid' (barren land since long or recent). The agricultural tribes which cultivated such land and made it cultivable were the original landowners. Agricultural land owned by a proprietor in his own right was a 'holding' of the land and was recorded as such in the revenue records as 'khewat' and the owners were known and recorded as 'khewatdars'. A khewatdar or landowner may hold the entire khewat or have a share in it. The khewatdars were collectively treated as owners of the land in a village ('malkan deh'). The shamilat lands were enjoyed collectively by the khewatdars and also by the other inhabitants of the village. These rights find mention in the Village Land Administration Papers known as 'Sharat

Wajib-ul Arz'."

शमीलात देह के उपयोग के लिए गैर-स्वामित्व वाले निवासियों का अधिकार, **पैरा 15** में उल्लेख किया गया है, "The proprietors of land in an estate had a right of ownership in the shamilat deh lands, mostly to the extent of the share of their holdings in the revenue estate. Various revenue terms were used for describing and indicating the extent of ownership rights and share of the proprietors. The non-proprietors including labourers, artisans, etc., as also those responsible for collecting the land revenue ('mal guzars') were entitled to the use of the common lands of the village i.e., shamilat deh lands."

विभिन्न प्रकार की शमिलात देह और ग्रामीणों द्वारा सामूहिक स्वामित्व में सभी प्रकार की कॉमन भूमि या सामुदायिक भूमि पर उपयोग के आधार पर उनका साझा उपयोग, पैरा 16 , "The shamilat lands are recorded in the revenue records by various nomenclatures such as shamilat deh, as also shamilat tikkas, besides shamilat tarrafs, pattis, pannas and tholas. The said lands are recorded as such in the revenue records for the common use of the inhabitants of the village or for the common use of a particular subdivided class of the village like 'tikkas', 'tarrafs', 'pattis', 'pannas' and 'tholas' etc. These types of lands, however, were not without ownership or proprietary rights of the owner or 'khewatdar'. Such ownership was and had been collective in nature and not exclusive. The lands recorded and described with different aforementioned nomenclatures would vest accordingly in the 'tarraf', 'patti', 'panna' or 'thola' etc. which is in the form of a unit or a class in the village. The proprietary body of the village managed the day-to-day affairs of the inhabitants of the village and also generated income for common use and kept lands for common use for its inhabitants."

ब्रिटिश काल से भूमि बंदोबस्त और अधिकारों के अभिलेखों ने न्यायिक चरित्र का निर्माण किया, पैरा 17, "The British Government in India had undertaken the task of land settlements. The most important aspect of land settlement was to formulate a 'record of rights' commonly known as 'fard', which is a detailed register of land in the form in which they were believed to have been in existence at the time of annexation of Punjab by the British in 1849. These settlements were carried out by Settlement Officers whose duty was to prepare the 'record of rights'. The records were prepared primarily for fiscal purposes; however, these assume a judicial character, specifically with reference to the proprietorship or ownership. The records prepared in the past during settlements play an important role in determining the rights of owners and cultivators even as on date."

'ग्राम समुदाय' संयुक्त जिम्मेदारी वाले मालिकों का एक निकाय था, जहां बाहरी लोग अजनबी थे और ग्रामीणों के लिए बोझ थे, निवासी उन्हें गांव में आने देने से हिचकिचाते थे, अब बाहरी लोगों के दावे साझा उपयोग के लिए सामुदायिक जमीन की पुरानी व्यवस्था के खिलाफ हैं, पैरा 18 , "The Punjab Settlement Manual by Sir James M. Douie, KCSI, ICS, 4th Edition, (3rd Reprint 2013)[21] delineated the Development of Settlement Policy in Punjab, which then included the State of Haryana as well. In these settlements, various areas and regions of the States were demarcated. The Punjab Land Revenue Act, 1887 was enacted and is now applicable in the States of Punjab and Haryana with modifications by the respective States. The Settlement Manual by Sir Douie makes a mention of the 'village community' as a body of proprietors who then or formerly owned part of the village lands in common, and who were jointly responsible for the payment of revenue.[22] As time passed by, it has been mentioned that the tendency was for the area held in severalty to increase, but it was rare indeed to find a village which was one of the communal types in which there was no common property remaining. **Joint responsibility had been made a permanent feature of village tenure** by the British Government. Under the native rule, it did not exist when the State realized its dues by division of crops or by appraisement. Even when a cash assessment was made, only a few leading members of the community became responsible and they generally occupied the position of revenue farmers in their dealings with the rest of the brotherhood. But joint responsibility occupied a far more prominent position in the codes than in practice. There was reluctance of the village proprietary body to admit strangers. **The admission of strangers into the brotherhood was always in theory at least, a thing to be guarded against, and village customs in the matter of inheritance and pre-emption were founded on this feeling**. But under the native rule, the repugnance to admit strangers often yielded to the pressure of the Government demand, and outsiders were allowed to share in rights that had become burdens. The almost complete freedom of transfer for long enjoyed in practice under the British Rule had a still more disintegrating effect on village communities."

पट्टी या ठोला या तर्रफ आदि में सामुदायिक भूमि का स्थानिक विभाजन, **पैरा 19**, "The Settlement Manual also makes a mention to the subdivisions of villages into 'Pattis' etc. It has been stated that villages often consisted of several divisions known by various names such as 'tarraf, 'patti' {where the term 'tarraf' is used in The Settlement Manual also makes a mention to the subdivisions of villages into 'Pattis' etc. It has been stated that villages often consisted of several divisions known by various names such as 'tarraf', 'patti' (where the term 'tarraf' is used for main divisions, the sub-divisions are sometimes called 'pattis')} or 'panna' and these again sometimes divided into smaller sections like 'thoks', 'thulas' etc. The lands of two 'pattis' may be separated ('chakbat' i.e., applicable to a 'patti' or sub-division of an estate which has all its land in one block) or intermixed ('khetbat' i.e., applicable to a 'patti' or subdivision of an estate, the land of which do not lie in a single block) and the proprietors of a 'patti' may have common lands of their own and also a share in the general village common land."

स्वतंत्रता से पहले और राज्यों के पुनर्गठन के बाद समुदाय के सामान्य लाभ और साझा उपयोग के लिए सामुदायिक भूमि की कानूनी स्थिति, **पैरा 22**, "In State of Haryana v. Karnal Co-op. Farmers' Society Limited[23], it was held that the Punjab Act and the Pepsu Village Common Lands (Regulation) Act, 1954[24] are two legislative measures enacted by the respective States of Punjab and Pepsu to vest the common lands of villages in their Panchayats for the common benefit and advantage of the whole community of the village. It was held as under:

"3. Villages in pre-independent rural India having village common or communal lands meant for use by the whole village community was their common redeeming feature, in that, the inhabitants of the villages whose occupation was predominantly agriculture dependent on their live-stock needed to give manure to their lands, to cart manure to their lands, to plough their lands to carry on several other incidental agricultural operations, required common lands for using as pasturages, pools, ponds, thrashing-floors, cow dung pits, hay stack areas, tethering areas and the like. Villages in the States of Punjab and Pepsu were of no exception. With the dawn of independence and rise in land value even in villages, powerful and greedy inhabitants in villages became grabbers of Village common lands depriving their use to the village community. Some of the States which were enabled by the Constitution of India to organise village Panchayats as units of Self Government and encourage growth of agriculture and animal husbandry in villages by suitable legislative measures took prompt steps to legislate on common lands of the village, so as to restore such lands for communal use and common benefit of all the inhabitants of the villages by vesting them in their respective Panchayats. Punjab Village Common Lands (Regulation) Act, 1953 and Pepsu Village Common Lands (Regulation) Act, 1954 are two legislative measures enacted by the respective States of Punjab and Pepsu to vest the common lands of villages in their Panchayats for common benefit and advantage of the whole community of the village concerned. When under the States Reorganisation Act, 1956 Pepsu State merged in Punjab State, the said Pepsu Act continued to operate in the area of erstwhile Pepsu. When the operation of two legislative measures in the new Punjab State, which were in some respects not common, was found to be undesirable, the State of Punjab enacted the Village Common Lands (Regulation) Act, 1961 referred to by us already as 'principal Act' and made it operative in the whole territory of Punjab State, with effect from 4th day of May, 1961. By the principal Act the two earlier Acts which had covered the field till then were repealed, as well. The principal Act, as stated in its preamble, sought by its provisions to consolidate and amend the law regulating the rights in village common lands popularly and colloquially known as 'shamilat deh' and 'abadi deh'. As 'shamilat deh' was not defined in the repealed Acts adverted to and there prevailed uncertainty as to its nature, the principal Act defined 'shamilat deh' in Section 2(g) thereof in an endeavour to achieve certainty, ..."

मकबूजा मलिकान और मालिकान-देह में अंतर की व्याख्या करती है **पैरा 23** में कहा, "The nature of shamilat deh lands or village common lands was examined by a Constitution Bench in Gram Panchayat of Village Jamalpur v. Malwinder Singh[25]. It was observed that prior to the partition of India, shamilat deh lands in Punjab were owned by proprietors of other lands in the village, "*Hasab Rasad Khewat*", that is to say, in the same proportion in which they owned other lands. Therefore, a person who did not own any land in the village could have no proprietary rights or interest in the shamilat deh lands. But since the interest of the proprietors of other lands in shamilat deh lands was incidental to their proprietary interests in those other lands, such interest in the shamilat was not a mere appendage to their interest in the other lands. A reference was made to Chapter X (Village Common Land) of Rattigan's Digest, which is to the effect that within the territorial limits of every village, some portion of the uncultivated wastelands was reserved 'for purposes of common pasture, assemblies of people, the tethering of the village cattle, and the possible extension of the village dwellings'. The lands so reserved were zealously guarded as the common property of the original body of settlers who founded the village or their descendants, and occasionally also those who assisted the settlers in clearing the waste and bringing it under cultivation were recognized as having a share in these reserved plots. It was further noticed, 'even in villages which have adopted separate ownership as to the cultivated area, some of such plots are usually reserved as village common, and in pattidar villages, it is not unusual to find certain portions of the waste reserved for the common use of the proprietors of each patti, and other portions for common village purposes. The former is designated as Shamlat-patti and the latter Shamlat deh'. It was said, 'as a general rule, only proprietors of the village (malikan-deh) as distinguished from proprietors of their own holdings (malikan makbuza khud) are entitled to share in the "shamilat deh. It was said, 'as a general rule, only proprietors of the village (malikan-deh) as distinguished from proprietors of their own holdings (malikan makbuza khud) are entitled to share in the "shamilat deh"'...." "Since the Punjab Act of 1953 extinguished all private interests in Shamlat-deh lands and vested those lands in the Village Panchayats".

संबंधित गांव की पंचायत में स्वामित्व और शीर्षक कं बारे मे, पैरा 24, "The shamilat land in terms of Section 4 of the 1961 Act vested in the Gram Panchayat of the village. The vesting of shamilat land in a village panchayat brought about a paradigm shift in the ownership of rights in 'shamilat deh'. The proprietary rights of the proprietary body of the village in shamilat land were extinguished by a statutory declaration. The proprietary and possessory rights of proprietors and non-proprietors in shamilat deh were to henceforth vest in a Gram Panchayat and used for common purposes of the entire village community, under the aegis of the Gram Panchayat. The shamilat deh lands as defined under Section 2 (g) of the 1961 Act now vest completely, that is, with ownership and title, in the Panchayat of the village concerned. The vesting of the shamilat deh lands or the village common lands in the Panchayat has been for agrarian reforms and such vesting is protected by Article 31A of the Constitution."

जुमला मुस्तरका मलकान वा दिगर हक़दारन अर्ज़ी हसब रसद रकबा भूमि आम उपयोग की भूमि है, पैरा 25, The other form of common land in the village is the land described as `*jumla mustarka malkan wa digar haqdaran arzi hasab rasad raqba*', referring to joint holding of the proprietary body and other right holders as per the share in the land according to their holdings. These had come into effect with the enactment of the 1948 Act, which was an act to provide for compulsory consolidation of agricultural holdings, preventing fragmentation of agricultural holdings and for assignment or reservation of land for common purposes in the villages."

अधिनियमों में उल्लिखित गांव के लिए साझा उद्देश्य क्या है और उसकी व्याख्या, पैरा 26, "The 'common purpose' is defined in Section 2 (bb), Section 18 and Section 23A of the 1948 Act as follows:

"(bb) "Common purpose" means any purpose in relation to any common need, convenience or benefit of the village]; and includes the following purposes: -

(i) extension of the village Abadi;[26][-].

[(ii) providing income for the Panchayat of the village concerned for the benefit of the village community].

[(iii)[27] village roads and paths; village drains, village wells; ponds or tanks; village watercourses or water channels; village bus stands and waiting places; manure pits; hada rori; public latrines; cremation and burial grounds, Panchayat Ghar; Janj Ghar; grazing grounds; tanning places; mela grounds; public places of religious or charitable nature; and

(iv) schools and playgrounds, dispensaries, hospitals and institutions of like nature, waterworks or tube-wells whether such schools, playgrounds, dispensaries, hospitals institutions, water-works or tube-wells may be managed and controlled by the State Government or not.]

18. Land reserved for common purposes. - Notwithstanding anything contained in any law for the time being in force, it shall be lawful for the Consolidation Officer to direct -

(a) that any land specifically assigned for any common purpose shall cease to be so assigned and to assign any other land in its place;

(b) that any land under the bed of a stream or torrent flowing through or from the Shiwalik mountain range within the [State] shall be assigned for any common purpose;

(c) that if in any area under consolidation no land is reserved for any common purpose including extension of the village abadi, or if the land so reserved is inadequate, to assign other land for such purpose.

[28][23A Management and control of lands for common purposes to vest in Panchayats or State Government. –

As soon as a scheme comes into force the management and control of all lands assigned or reserved for common purposes of the villages under Section 18, -

(a) in the case of common purposes specified in subclause (iv) of clause (bb) of section 2 in respect of which the management and control are to be exercised by the State Government, shall vest in the State Government; and

(b) in the case of any other common purpose, shall vest in the Panchayat of that village; and the State Government or the Panchayat, as the case may be, shall be entitled to appropriate the income accruing therefrom for the benefit of the village community, and the rights and interests of the owners of such lands shall stand modified and extinguished accordingly: Provided that in the case of land assigned or reserved for the extension of village *abadi* or manure pits for the proprietors and non-proprietors of the village, such land shall vest in the proprietors and non-proprietors to whom it is given under the scheme of Consolidation.]"

पैरा 27 में उल्लेख है कि यदि कुछ गांवों में शमिलात देह नहीं है तो चकबंदी प्रक्रिया के दौरान शमिलात देह को चिह्नित किया जा सकता है। चकबंदी से पहले जुमला मुस्तर्का मलकान भूमि की स्थिति साझा प्रयोजन भूमि थी और चकबंदी के बाद, कानूनी स्थिति साझा प्रयोजन भूमि रही, जैसा कि **पैरा 36 में स्पष्ट किया गया है** , "On the other hand, the Jumla Mustarka Malkan land is reserved for common purposes during consolidation. The reservation of land for common purposes after consolidation is not different from the shamilat deh land existing prior to the consolidation as both are reserved for common purposes. The two nomenclatures are on account of difference of time as shamilat lands were carved out prior to the commencement of shamilat law whereas Jumla Mustarka Malkan lands were carved out after the commencement of shamilat law. Therefore, once land is reserved for common purposes, what was implicit in the definition of shamilat deh as defined in Section 2(g)(6) of 1961 Act has been made explicit by virtue of the Amending Act. It was further contended that explanation of Section 2(g)(6) again uses the expressions used in Rule 16(ii) of the 1949 Rules. Hence, the amendment is not vesting of land reserved for common purposes during consolidation for the benefit of the village community for the first time but is merely a clarificatory amendment."

पैरा 43 में तीन प्रकार की शामलात देह का उल्लेख किया गया है, "A reading of the aforementioned judgments and the history of the *shamilat deh* (common land) in the State of Punjab, including State of Haryana, shows that the common land for the purposes of the present appeals falling in Section 2(g)(1) and (6) of the 1961 Act as amended by the Amending Act can be broadly classified into three categories: *(i) shamilet deh recorded in the ownership of the Gram Panchayat prior to consolidation which vests unequivocally with the commencement of the Punjab and PEPSU Act. (ii) land for common purposes reserved during the process of consolidation by applying pro-rata cut from the holdings of the proprietors, not necessarily falling within the permissible ceiling limits under the land ceiling laws. (iii) common purposes land reserved by pro-rata cut within the permissible limits as per the land ceiling laws, the management and control of which vests with the panchayat.*"

ऊपर वर्णित तीन प्रकार की शमिलात देह की व्याख्या, **पैरा 44** , "There is no dispute about the land falling in the first category as held by the High Court in Hukam Singh and subsequently affirmed by this Court in Malwinder Singh as being part of the agrarian reforms."

पैरा 46, "The land falling in the second category was held to be a part of the agrarian reforms protected by Article 31A of the Constitution by the Full Bench of the Punjab and Haryana High Court in Kishan Singh and Jagat Singh......"

जुमला मलकान वा दीगर हकदारन अराज़ी हसब रसद रक्बा', ' जुमलान मलकान' या 'मुश्तरका मलकान ' भूमि **पैरा 52 से 55** में उल्लिखित पंचायत में निहित है ।

पैरा 43 में उल्लिखित भूमि की दूसरी/तीसरी श्रेणी के लिए **पैरा 56 में स्पष्टीकरण दिया गया है** । "We do not find any merit in the arguments raised that on the basis of insertion of Sections 13C and 13D by virtue of amendment in the year 1981 and insertion of Sections 5A and 5B by virtue of amendments carried out in 2007 or on the strength of Section 11 of the 1961 Act as originally enacted, the legality and validity of the Amending Act is anyway affected. The Panchayat was conferred ownership rights over the land when pro-rata cut was applied on the land of the proprietors to reserve land for the common purposes under the 1948 Act. **The Panchayat is therefore the absolute owner of such property**

which came to be vested in the Panchayat with the commencement of shamilat law. The entire right, title or interest in the said land forming part of second category mentioned above vests with the Panchayat in view of the judgment of this Court in Ranjit Singh."

पैरा 61. . "This Court held that the proprietor is not entitled to compensation as the title of the proprietor is not being divested and that management and control alone vests with the panchayat. It was thus held that it was not a case of acquisition of land."

भूमि शीर्षक और भूमि अधिग्रहण का विलुप्तीकरण **पैरा 62 में उल्लेख किया गया है** । "This Court considered the questions as to "whether in the second proviso to Article 31A(1), the expression "acquisition" means substantial taking over the benefits of property and conferring it on the State?" and that "whether the acquisition means the entire process terminating with possession and extinction of the title of the individual?". This Court held that the title vests in the proprietary body, the management of the land is done on behalf of the proprietary body, the **land is used for the common needs and the benefits of the estate or estates concerned. The Panchayat would manage such land on behalf of the proprietors and use for common purposes**, therefore, the beneficiary of the modification of the rights is not the State. Therefore, there is no acquisition by the State within the meaning of second proviso. This Court examined the Constitution (Seventeenth Amendment) Act, 1964 and negated the argument raised by the proprietor....."

अरावली के लिए टिप्पणि: पंजाब भूमि संरक्षण अधिनियम (1900) के तहत अधिसूचित भूमि के मामले में, कुछ लोगों ने मालिकों के अधिकारों का मुद्दा उठाया, पीएलपी अधिनियम (1900) के तहत अधिसूचित भूमि का प्रबंधन और नियंत्रण वन विभाग द्वारा पूरे गांव के निवासियों और पूरे समाज के साझा उद्देश्य (सामाजिक लाभ) के उपयोग के लिए किया जाता है और ऐसी अधिसूचित भूमि में मालिकों के स्वामित्व पर कोई असर नहीं पड़ता है, ऐसे प्रबंधन को पंचायती भूमि की तरह उनकी भूमि का अधिग्रहण नहीं कहा जा सकता है। वन विभाग ने प्रबंधन और उपयोग के बंटवारे के लिए पंचायत सरपंच की अध्यक्षता में ग्राम वन समितियों का भी गठन किया है।

सामान्य भूमि की बिक्री के संबंध में, **पैरा 63** में बताया गया है, "**Such land would not be available for sale** so as to confer title on the purchaser in view of the fact that the Panchayat is not the full owner of the land but while exercising control and management, it is duty bound to safeguard the land for the benefit of the village community."

साझा प्रयोग के उद्देश्य समय के साथ बदलते रहते है और परिवर्तनशील होते है। साझा जमीनों का प्रबंधन और नियंत्रण हमेशा बदलता रहता है और समय के साथ तय नहीं होता है, ऐसे समय में जब जलवायु परिवर्तन हो रहा है और विविध प्रदूषण स्तरों में वृद्धि के कारण कार्बन का स्तर बढ़ रहा है, कार्बन पृथक्करण के रूप में अरावली की सामुदायिक जमीन को साझा उपयोग के लिए वन भूमि के रूप में बचाना अधिक महत्वपूर्ण है, **पैरा 64**। "The Panchayat will not have title over the land (para 63, in respect of the land taken from the proprietors from their permissible ceiling limits) but as part of management and control, the panchayat is at liberty to put the land for the use for the common purposes. Such common purposes as defined under Section 2(bb) of 1948 Act are interchangeable and also can be used for any other common purposes. It is to be noted that common purposes are ever-evolving, they are not fixed in time. With the change in time and expectations of the village community, common purposes have to be given wider meaning in view of the object of such reservation of land. Therefore, though the panchayat has management and control in respect of the land which was carved out from the land falling within the ceiling limits, the panchayat would have complete control over the said part of the land. The word 'vesting' appearing in Section 4 has to be read down to mean that management and control of such land alone would vest in the panchayat".

टिप्पणि: पीएलपी अधिनियम के तहत अधिसूचित क्षेत्रों पर प्रबंधन और नियंत्रण भी इसी अवधारणा के समान है। वन विभाग समुदाय और समाज के साझा प्रयोग के उद्देश्य के लिए बड़े पैमाने पर नियंत्रण और प्रबंधन करता है, ईंधन और चारा गांव वालो द्वारा एकत्र किया जाता है, तापमान में वृद्धि (जलवायु परिवर्तन), ऑक्सीजन और पूरे समाज के लिए पर्यावरण लाभ के लिए जंगल में कार्बन लॉकिंग की जाती है। वन विभाग ने कोई वित्तीय लाभ नहीं प्राप्त किया है, बल्कि ग्रामीणों के उपयोग के लिए हरियाली बढ़ाने और उन्हें पर्यावरणीय अनिश्चितताओं से बचाने के लिए सरकारी धन का खर्च लोगो के लिये किया जाता रहा है। वन विभाग समाज के साझा उद्देश्य के लिए काम करता है।

सांझा उद्देश्य आवश्यकता के अनुसार बदल सकता है, **पैरा 65**। "In Shish Ram & Ors. v. State of Haryana & Ors.[29] , an argument was raised that the land reserved for a particular common purpose can be used only for the said purpose. This Court held that a land vesting in the Gram Panchayat can be used for any one or more of the purposes...."

भविष्य में समय की जरूरत और आधुनिकीकरण के आधार पर साझा उपयोग बदल सकता है। अब बढ़ते तापमान को कम करने के लिए कार्बन लॉकिंग की जरूरत है। COVID-19 महामारी के दौरान लोगों ने ऑक्सीजन की कमी को महसूस किया और उस संकट के दौरान ऑक्सीजन वनों की अवधारणा पर बहस हुई। **पैरा 66।** "Having said so, though the land vests with the Panchayat, but **such land should be utilized only for common purposes for the benefit of village community**. Such benefits to the village community is not limited to traditional benefits of the village community i.e., land for grazing of cattle, dumping of dead animals, schools and hospitals but also the activities which would be required in future, keeping in view the modernization of the village economy which will ultimately for the benefit of the village community."

सामुदायिक भूमि के पुनः विभाजन की अनुमति नहीं दी जा सकती, **पैरा 84** , "We find that the land reserved for common purposes cannot be re-partitioned amongst the proprietors only because at a particular given time, the land so reserved has not been put to common use. The learned counsel for the parties could not point out any particular timeline during which the common purposes have to be accomplished. Since 'common purpose' is a dynamic expression, as it keeps changing due to the change in requirement of the society and the passing times, therefore once the land has been reserved for common purposes, it cannot be reverted to the proprietors for redistribution...."

नगरपालिका संशोधन

नगरपालिका अधिनियम के माध्यम से, साझा उपयोग के लिए रखी गई कई गांवों की साझा जमीनें ग्राम पंचायत से कुछ नगर पालिकाओं मे सम्लित कर दी गई हैं। उन नगर पालिकाओं को केवल भूमि के प्रबंधन और नियंत्रण का अधिकार है, लेकिन वे उन साझा जमीनों के मालिक नहीं हो सकते। उन जमीनों से लाभ समुदाय को मिलते रहने चाहिऐ। **पैरा 93** , "It was further argued that shamilat land is not an asset of Gram Panchayat and cannot be transferred. The Gram Panchayat only has the management and control of land carved out during consolidation under the 1948 Act for a limited purpose for benefits of villagers of that village. Such vesting is a trust created with the Panchayat and cannot be transferred or vested with any other person. Still further, the Gram Panchayat can transfer only that much right which it had, therefore, the transfer of the shamilat land to the municipality lead to divesting of the interest of the proprietors and, therefore, the proprietors in any case would have continue to use the land so reserved for the benefit of the community."

फरीदाबाद, मानेसर और गुड़गांव जिलों के कई गांवों की सामुदायिक वन भूमि और अरावली पारिस्थितिकी तंत्र में पंचायत की जमीन भी पीएलपी अधिनियम अधिसूचना के तहत नोटिफाइड थी, जैसे कि अरावली के जंगलों की भूमि का फरीदाबाद निगम, नगर निगम गुड़गांव और मानेसर को देना भी कानुनी पहलुओं के तहत कवर किया गया है कि इस तरह का हस्तांतरण कृषि सुधारों का हिस्सा नहीं है। **पैरा 95।** "The fact is that the Full Bench of the Punjab and Haryana High Court in Rajender Parshad has struck down the Haryana Municipal Common Lands (Regulation) Act, 1974 as unconstitutional inter alia on the ground that such Act is not a measure of agrarian reform. The infirmities pointed out by the High Court in Rajender Parshad are very well applicable to the amending Statutes amending the 1973 Municipal Act and the 1994 Corporation Act. Therefore, we have no hesitation to affirm the findings recorded by the High Court that the amending statutes amending the 1973 Municipal Act and the 1994 Corporation Act are also unconstitutional as they are not part of the agrarian reforms."

यह एक इकाई से दूसरी इकाई में साझा प्रयोजन के उपयोग। वन विभाग द्वारा प्रबंधित पीएलपी अधिनियम अधिसूचित भूमि उन निवासियों के सामान्य उद्देश्य की पूर्ति करती थी जिनके गांव की सीमा नगरपालिका के रूप में विस्तारित हो गई। जब उन अधिसूचित वन भूमि को नगरपालिका ने ले लिया जाता है, तो वे इसे बेच नहीं सकते हैं, यदि नगरपालिका इसे किसी तीसरे पक्ष को बेचती है तो इससे वह साझा प्रयोग का उद्देश्य विफल हो जाता है जिसके लिए इन जमीनों को अलग रखा गया था या उनका उपयोग किया गया था। किसी तीसरे पक्ष को कोई भी बिक्री या हस्तांतरण कानून के खिलाफ है और सामान्य प्रयोजन के उपयोग को विफल कर दिया जाता है। पैरा 104। "Thus, if the whole or part of Gram Panchayat area is included in the municipal limits, the land reserved for common purposes as part of agrarian reforms would stand vested with the municipality. Such vesting is not a part of agrarian reforms but shall be on account of the extension of municipal limits. When the municipal limits are extended, the residents of the Panchayat also became residents of the municipality. The common purposes of the village community prior to extension of the municipal limits would be deemed to be common purposes for which land can be utilized by the municipality. Therefore, such vesting of land reserved for common purposes is not an acquisition for the first time but transition of the land reserved for common purposes in the changed scenario when the land vest with the municipality."

पैरा **108.** "Consequently, we hold that Act No. 9 of 1992, the Amending Act is valid and does not suffer from any vice of constitutional infirmity. The entire land reserved for common purposes by applying pro-rata cut had to be utilized by the Gram Panchayat for the present and future needs of the village community and that no part of the land can be re-partitioned amongst the proprietors."

हरियाणा अरावली के मामले में कई मुद्दे अभी भी उलझे हुऐ हैं। हरियाणा में अरावली भूमि का स्वामित्व और निजीकरण की प्रक्रिया? अधिसूचित पीएलपी अधिनियम के तहत सामुदायिक भूमि के मामले में कानूनी जिम्मेदारियाँ पंजाब ग्राम सामुदायिक भूमि अधिनियम के तहत वन विभाग को सौंपी जा सकती थीं। इससे सामुदायिक भूमि में नए मालिकाना हिस्सेदारो के प्रवेश को रोका जा सकता था ताकि साझा-उद्देश्य उपयोग वाली भूमि का विखंडन रोका जा सकता है। जिससे भूमि मालिकों के बीच भूमि के बंटवारे से बचा जा सकता था और भूमि के पुनर्विक्रय की गुंजाइश को रोका जा सकता था। पर्यावरणविदों के अनुसार, हरियाणा में अरावली का निजीकरण ठीक नहीं है, खासकर एनसीआर में, जहाँ रियल एस्टेट की दिलचस्पी बहुत अधिक है।

xxxx xxxxxxxxx xxxxx

Meaning of Term Used as included by the Honourable Supreme Court in 7.4.2022 judgement.

1. Abadi. Land which is the site of a house, homestead or building.

2. Abadi Deh. Land reserved for houses of the village community. Lies within the Laldora (red line). Is normally assigned one Khewat and one Khasra no. No land revenue is charged.

3. Bachat land. Land left out which was carved out by imposing a cut on proprietors which was reserved for common purposes during Consolidation.

4. Types of land.

(a) Banjar Jadid. Old Fallow that has remained uncultivated for four Harvests but may still be brought to cultivation

(b) Banjar Qadim. Old Fallow that has remained uncultivated for eight Harvests but may still be brought to cultivation.

(c) Gair Mumkin Land. Land that is no longer capable of being **used** for cultivation as it is the site of a house, building, road, canal, river etc

(d) Nehri land. Land that is irrigated by a canal

(e) Barani. Rain fed

(f) Chahi. Irrigated by wells or Tube wells

(g) Aabi. Irrigated by means other than a canal or well

5. Deh. Land

6. Fard. Document prepared by the revenue official

7. Documents that form part of the Records of Rights U/s 31 of the Punjab Land Records Act, 1887.

(a) Jamabandi. Records names of land owners, tenants or assignees of land revenue in the estate or who are entitled to receive rents, profits or produce of the estate or to occupy land therein.

(b) Wajib-ul-arz Or Sharat Wajibul-arz. The statement of custom respecting rights and liabilities in the estate and also contains the rights of proprietors and non-proprietors in the common land of the village. It is also called the village administration paper.

(c) Shajra Kishtwar. A Map of the estate (shajra kishtawar (map of the village) is prepared on a strong cloth called a Latha. A copy of the Map is called the Aksh Shajra).

9. Hasab Rasad Zare Khewat. Share of a proprietor in common land. According to the revenue assessed on his proprietary holding.

10. Jumla Mushtarka Malkan. Land carved out for common purpose from the holding of the proprietors, the control and management of which vests with Panchayat.

11. Jumla Mushtarka Malkan Wa digar Haqdaran Arazi Hasab Rasad Raqba. Joint holding of the proprietary body and other right holders as per share in the land contributed during consolidation on a pro rata basis. The management and control of such land vests in the Panchayats.

12. Khewat Number. Is the number assigned to an owner of his land holding. Only a landowner will be assigned a khewat number.

13. Khewatdar. The holder of Land/share in a village.

14. Khatauni. Records the name of person in possession

15. Mal Guzars. The person who pays the revenue assessed on an estate

16. Malikan Deh. Proprietary body of the village.

17. Malikan Makbuza Khurd. Owner in self-cultivation

18. Mushtarka Malkan. Joint ownership of all the proprietors

19. Phirni. Pathway around the village habitation i.e. the village path around the Abadi Deh

20. Shamilat. Common purposes

21. Shamilat Deh. Lands Reserved and used for common purposes.

22. Tarrafs, Pattis, Pannas and Tholas. The village was divided into different Pattis/sections based upon caste, religion, occupation, etc. of the persons residing in the village. Patti is described as division of land into separate portions or strips in a village. Patti is basically, therefore, a small division of the village. The terms 'Taraf', 'panna', and 'Thola' may be different but are akin to Patti and also deal with community of villagers residing separately.

23. Marla. 30.25 sq. yards

24. Kanal. 20 marlas = 605 sq. yards

25. Acre. 160 marlas = 4840 sq. yards

Pukhta / Kachcha

26. Biswani. 7.5625 sq. yards / 2.521 sq. yards

27. Biswa. 151.25 sq. yards / 50.42 sq. yards

28. Bigha. 3025 sq. yards / 1008.33 sq. yards

Acre 5 Bighas 12 Biswa / 4 Bigha 75 Biswa

30. Hadbast. Boundary of a village or revenue estate. Each village or revenue estate is assigned a separate Hadbast number.

31. Rectangle/Mushtatil. The land is divided into different rectangles/Mushtatils. The rectangle is represented by (//) in the revenue record. Each Mushtatil contains 25 Khasra Numbers with Khasra No. 13 being in the centre. The holding of the land owner is represented by the rectangle/ Mushtatil number, followed by the Khasra number and the area of each khasra number

32. Khasra number. Khasra number is given to a specific piece of land in the village. One or more Khasra form a khatauni, one or more Khatauni form a Khewat. The Khasra numbers in a khatauni may or may not be mentioned sequentially.

xxxxxxxxxx xxxxxxxxxxxxxxxxx xxxxxxxxxxxxxxxx

References

[1]ए.एस. हॉर्नबी, *ऑक्सफोर्ड एडवांस्ड डिक्शनरी ऑफ करेंट इंग्लिश*, ऑक्सफोर्ड यूनिवर्सिटी प्रेस, दिल्ली, 1986।

[2]वामन शिवराम आप्टे, *द स्टूडेंटस संस्कृत-इंग्लिश डिक्शनरी*, मोतीलाल बनारसीदास पब्लिशर्स प्राइवेट लिमिटेड, नई दिल्ली, 2011.

[3] Substituted by Haryana Act 9 of 1992.

[4]Inserted by Haryana Act 23 of 1973 and further omitted by Haryana Act 2 of 1981 and further inserted by Haryana Act 15 of 1983 w.e.f 12-2-1981.

[5] Omitted by Haryana Act 9 of 1992

[6] Inserted by Haryana Act 13 of 1996

[7] Substituted by Haryana Act 2 of 1981

[8] Omitted by Haryana Act 18 of 1995.

[9] Inserted by Haryana Act 9 of 1992.

[10] Substituted for the words "the territory" by the Haryana Adaptation of Laws (State and concurrent) order 1968.

[11]प्रमुखः अर्थात् ऐसे गांव जहां परियोजना मानदंडों के अनुसार वृक्षारोपण कार्यों के कार्यान्वयन के लिए वांछनीय अरावली भूमि उपलब्ध थी।

[12]हरियाणा सरकार, वन विभाग, अरावली क्षेत्र के लिए एकीकृत वनरोपण और पारिस्थितिकी विकास परियोजना।" 2000.

[13] पंजाब होल्डिंग्स (चकबंदी और विखंडन निवारण) अधिनियम, 1948।

[14]डीजीपी रैंक के अधिकारियों की जमीन हड़पने की कहानियां मेरी किताब, "नौकरशाही में भ्रष्टाचार: अंदरूनी कहानियां" में पढ़ी जा सकती हैं।

[15] AIR 1960 P&H 317 (FB)

[16] AIR 1961 P&H 1

[17] AIR 1962 P&H 221 (FB)

[18] AIR 1965 SC 632

[19] AIR 1967 SC 856

[20] 1949 Rules

[21] or short, 'Settlement Manual' printed by the Controller of Printing & Stationery Department, Haryana, 2013.

[22] Para 126 of the Settlement Manual

[23] (1993) 2 SCC 363.

[24] Pepsu Act (Patiala and East Punjab States Union)

[25] 1985) 3 SCC 661

[26] The word "and" omitted by Punjab Act 39 of 1963 and shall be deemed always to have been omitted.

[27] Substituted by Punjab Act 39 of 1963

[28] Substituted by Punjab Act 39 of 1963.

[29] (2000) 6 SCC 84

5

वन कानूनों की तरोड़ मरोड़: कानूनी पहलू

5.1 प्रस्तावना, 5.2 पीएलपी अधिनियम की जरूरत, 5.3 पीएलपी अधिनियम (1900): इतिहास और पृष्ठभूमि, 5.3.1 निजी भूमि को बचाने के लिए वन अधिनियम के रूप में पीएलपी अधिनियम, 5.3.2 पीएलपी अधिनियम: चर्चा, 5.4 पीएलपी अधिनियम पर सर्वोच्च न्यायालय का निर्णय, 5.5 पीएलपी अधिनियम से संबंधित प्रश्न, 5.6. भारतीय वन अधिनियम और वन संरक्षण अधिनियम, 5.6.1 पीएलपी में वन संरक्षण अधिनियम (1980), 5.6.2 अरावली के जंगलों के बारे में अदालत के फैसले, 5.6.3 अरावली पर केंद्रीय समिति की रिपोर्ट, 5.6.4 अधिसूचना 7.5.1992, 5.7 पीएलपी अधिनियम के तहत अरावली के अधिसूचित क्षेत्र, . 5.8 'अरावली पहाड़ियों में सामुदायिक भूमि का पुनर्वास' परियोजना क्षेत्र

"We must not allow exercise of economic powers without restrictions that means allowing negative consequences not only for present generations but consequences for future generations also"

"Aravalli's cannot be allowed to be treated as an inexhaustible treasure-house for satisfying the greed of few. The basis of our own existence depends on the nature we need to understand nature as complete ecosphere / biosphere life as one component." As said by the Supreme Court of India.

वनों की आवश्यकता के बारे में सर्वोच्च न्यायालय ने 18.4.2024 के निर्णय, पैरा 29 में उल्लेख किया है, "Forests not only provide for and facilitate the sustenance of life, but they also continue to protect and foster it. They continue to tackle the ever-increasing carbon dioxide emissions produced by humans in the name of development while striving to sustain all species. Despite the unblemished, selfless, and motherly service rendered by forests, man in his folly continues with their destruction, unmindful of the fact that he is inadvertently destroying himself."

5.1. प्रस्तावना

वन कानूनों की व्याख्या के लिए दूरदर्शिता, पर्यावरण की विवेकपूर्ण समझ, **"पब्लिक ट्रस्ट सिद्धांत", "निवारक सिद्धांत", "टिकाऊ विकास", मौलिक कर्तव्यों और संवैधानिक दायित्वों से संबंधित समग्र दृष्टिकोण की आवश्यकता** होती है। वन अधिकारियों और नौकरशाही प्रणालियों को सर्वोच्च न्यायालय के निर्देशों का सही मायने में पूर्ण निष्ठा से पालन करना चाहिए। सर्वोच्च न्यायालय ने कई बार पर्यावरण और वनों की रक्षा के लिए कई निर्णयों (आइटम 5.6.2.14 में 6.3.2024 के निर्णय का भी संदर्भ लें) के माध्यम से महत्वपूर्ण निर्देश दिए हैं, लेकिन नौकरशाही में निहित स्वार्थों ने ग्राहकों की जरूरतों के अनुसार मनमाफिक कानूनों में फेरबदल करती रहती है।

यहां ऐतिहासिक सर्वोच्च न्यायालय के निर्णय 21.7.2022 के पैरा 25 को प्रस्तुत किया गया है: - "While interpreting the laws relating to forests, the Courts will be guided by the following considerations:

i. Under clause (a) Article 48A forming a part of Chapter IV containing the Directive Principles of State Policy, it is the **obligation of the State to protect and improve** the environment and to safeguard the forests;

ii. Under clause (g) of Article 51A of the Constitution, it is a **fundamental duty of every citizen** to protect and preserve the natural environment, including forests, rivers, lakes and wildlife etc.;

iii. Article 21 of the Constitution confers a **fundamental right on the individuals to live in a pollution-free environment**. Forests are, in a sense, lungs which generate oxygen for the survival of human beings. The forests play a very important role in our ecosystem to prevent pollution. The presence of forests is necessary for enabling the citizens to enjoy their right to live in a pollution-free environment;

iv. It is well settled that the **Public Trust Doctrine is a part of our jurisprudence**. Under the said doctrine, **the State is a trustee of natural resources**, such as sea shores, running waters, forests etc. The public at large is the beneficiary of these natural resources. The State being a trustee of natural resources is under a legal duty to protect the natural resources. The public trust doctrine is a tool for exerting long-established public rights over short-term public rights and private gains;

v. **Precautionary principle** has been accepted as a part of the law of the land. A conjoint reading of Articles 21, 48-A, and 51-A(g) of the Constitution of India will show that **the State is under a mandate to protect and improve the environment and safeguard the forests**. The precautionary principle requires the Government to anticipate, prevent, and remedy or eradicate the causes of environmental degradation including to act sternly against the violators;

vi. While interpreting and applying the laws relating to the environment, the **principle of sustainable development** must be borne in mind. In the case of **Rajeev Suri v. Delhi Development Authority and Others**, a Bench of this Court to which one of us is a party (A.M. Khanwilkar, J.) has very succinctly dealt with the concept of sustainable development. Paragraphs 507 and 508 of the said decision reads thus:

"507. The principle of sustainable development and the precautionary principle need to be understood in a proper context. The expression **"sustainable development" incorporates a wide meaning within its fold. It contemplates that development ought to be sustainable with the idea of preservation of natural environment for present and future generations. It would not be without significance to note that sustainable development is indeed a principle of development, it posits controlled development. The primary requirement underlying this principle is to ensure that every development work is *sustainable*; and this requirement of sustainability demands that the first attempt of every agency enforcing environmental rule of law in the country ought to be to alleviate environmental concerns by proper mitigating measures. The future generations have an equal stake in the environment and development. They are as much entitled to a developed society as they are to an environmentally secure society.** By Declaration on the Right to Development, 1986, the United Nations has given express recognition to a right to development. Article 1 of the Declaration defines this right as:

"1. The right to development is an inalienable human right by virtue of which every human person and all peoples are entitled to participate in, contribute to, and enjoy economic, social, cultural, and political development, in which all human rights and fundamental freedoms can be fully realized."

508. The right to development, thus, is intrinsically connected to the preservance of a dignified life. It is not limited to the idea of infrastructural development, rather, it entails human development as the basis of all development. The jurisprudence in environmental matters must acknowledge that there is immense inter-dependence between the right to development and the right to natural environment. In International Law and Sustainable Development, Arjun Sengupta in the chapter "***Implementing the Right to Development***" notes thus:

"... Two rights are interdependent if the level of enjoyment of one is dependent on the level of enjoyment of the other..."

vii. Even 'environmental rule of law' has a role to play. This Court in the case of **Citizens for Green Doon and Others *v.* Union of India and Others** has dealt with another important issue of lack of consistent and uniform standards for analysing the impact of development projects. This Court observed that the principle of sustainable development may create differing and arbitrary metrics depending on the nature of individual projects. Therefore, this Court advocated and accepted the need to apply and adopt the **standard of 'environmental rule of law'**. Paragraph 40 of the said decision reads thus:

"40. A cogent remedy to this problem is to adopt the standard of the 'environmental rule of law' to test governance decisions under which developmental projects are approved. In its 2015 Issue Brief titled "Environmental Rule of Law: Critical to Sustainable Development", the United Nations Environment Programme has recommended the adoption of such an approach in the following terms:

"Environmental rule of law integrates the critical environmental needs with the essential elements of the rule of law, and provides the basis for reforming environmental governance. It prioritizes environmental sustainability by connecting it with fundamental rights and obligations. It implicitly reflects universal moral values and ethical norms of behaviour, and it provides a foundation for environmental rights and obligations. Without environmental rule of law and the enforcement of legal rights and obligations, environmental governance may be arbitrary, that is, discretionary, subjective, and unpredictable."

The concept of 'Public Doctrine' is very important as mentioned by the Supreme Court in judgement 3.6.2022[1] ; Para **28 is quoted here,**

"The role of the State cannot be confined to that of a facilitator or generator of economic activities for immediate upliftment of the fortunes of the State. The **State also has to act as a trustee for the benefit of the general public in relation to the natural resources** so that sustainable development can be achieved in the long term. Such role of the State is more relevant today than, possibly, at any point of time in history with the threat of climate catastrophe resulting from global warming looming large. This Court has highlighted the Public Trust Doctrine in the case of **M.C. Mehta v. Kamal Nath and Others** [(1997) 1 SCC 388] and opined that the Public Trust Doctrine is part of the law of land. In Paragraph 25 of the said judgment, as reported, this doctrine has been explained with reference to the writings of Joseph L. Sax, Professor of Law, University of Michigan, the proponent of Modern Public Trust Doctrine: "**25.** The Public Trust Doctrine primarily rests on the principle that certain resources like air, sea, waters, and forests have such great importance to the people as a whole that it would be **wholly unjustified to make them a subject of private ownership**. The said resources being a gift of nature, they should be made freely available to everyone irrespective of the status in life. The doctrine 17 enjoins upon the Government to protect the resources for the enjoyment of the general public rather than to permit their use for private ownership or commercial purposes. According to Professor Sax the Public Trust Doctrine imposes the following restrictions on governmental authority:

"Three types of restrictions on governmental authority are often thought to be imposed by the public trust: first, the property subject to the trust must not only be used for a public purpose, but it must be held available for use by the general public; second, the property may not be sold, even for a fair cash equivalent; and third the property must be maintained for particular types of uses."

35. The approach of the Court in dealing with complaints of environmental degradation has been laid down by this very Bench in this Writ Petition itself in an order passed on 9th May 2022 in connection with another set of applications. In this Order, it has been observed and held:

"**15.** Adherence to the principle of sustainable development is a constitutional requirement. While applying the principle of sustainable development one must bear in mind that development which meets the needs of the present without compromising the ability of the future generations to meet their own needs. Therefore, Courts are required to balance development needs with the protection of the environment and ecology. It is the duty of the State under our Constitution to devise and implement a coherent and coordinated programme to meet its obligation of sustainable development based on intergenerational equity. While economic development should not be allowed to take place at the cost of ecology or by causing widespread environment destruction and violation; at the same time, the necessity to preserve ecology and environment should not hamper economic and other developments. Both development and environment must go hand in hand, in other words, there should not be development at the cost of environment and vice versa, but there should be development while taking due care and ensuring the protection of the environment.

16. In **Vellore Citizens' Welfare Forum v. Union of India**, this Court held that the 'Precautionary Principle' is an essential feature of the principle of 'Sustainable Development'. It went on to explain the precautionary principle in the following terms:

(i) Environmental measures — by the State Government and the statutory authorities — must anticipate, prevent, and attack the causes of environmental degradation.

(ii) Where there are threats of serious and irreversible damage, lack of scientific certainty should not be used as a reason for postponing measures to prevent environmental degradation.

(iii) The "onus of proof" is on the actor or the developer/industrialist to show that his action is environmentally benign.

17. The principle of precaution involves the anticipation of environmental harm and taking measures to avoid it or to choose the least environmentally harmful activity. It is based on scientific uncertainty. Environmental protection should not only aim at protecting health, property, and economic interest but also protect the environment for its own sake. Precautionary duties must not only be triggered by the suspicion of concrete danger but also by justified concern or risk potential.

18. A situation may arise where there may be irreparable damage to the environment after an activity is allowed to go ahead and if it is stopped, there may be irreparable damage to economic interest. **This Court held that in case of a doubt, protection of the environment would have precedence over the economic interest**. It was further held that precautionary principle requires anticipatory action to be taken to prevent harm and that harm can be prevented even on a reasonable suspicion. Further, this Court emphasises in the said judgment that it is not always necessary that there should be direct evidence of harm to the environment."

अरावली पर्वत श्रृंखला विश्प की सबसे पुरानी प्रणाली में अत्यधिक नाजुक पारिस्थितिकी तंत्र है। अरावली ने पिछले भूवैज्ञानिक इतिहास में आर्कियन/एज़ोइक से आगे के टेक्टोनिक चरणों, कटाव, अपरदित सामग्री के जमाव, उत्थान, संपीड़न, फोल्डिंग, फॉल्टिगं, कायापलट, आग्नेय इनट्रुजिव /ईम्पलेस्मेन्ट आदि के कई चक्रों का अनुभव किया है (रेत के टीलों के जमाव को क्वाट्रनरी पीरयढ /होलोसीन युग से संबंधित माना जाता है)। विभिन्न पर्वतीय चरणों के बाद कटाव और जमाव के कई चक्र हुए। वर्तमान समय में जल, वायु आदि जैसे कटाव के विभिन्न कारकों द्वारा भूवैज्ञानिक सतह पर अपरदन क्रियाएँ निरंतर जारी रहती हैं। सर्वोच्च न्यायालय के निर्णयों में उल्लिखित पब्लिक ट्रस्ट सिद्धांत पर आधारित निवारक सिद्धांतों का पालन करते हुए अरावली पारिस्थितिकी प्रणालियों की सुरक्षा और संरक्षण को स्थायी आधार पर किया जाना चाहिए। भविष्य की पीढ़ियों के लिए विरासत के रूप में अरावली के प्राकृतिक संसाधनों की सुरक्षा और संरक्षण पर निर्णय लेते समय नौकरशाहों को इन मौलिक अवधारणाओं/सिद्धांतों का पालन करना चाहिए।

वन मानव अस्तित्व के निर्वाह के लिए महत्वपूर्ण हैं और दुनिया की विशाल आबादी का भरण-पोषण करते हैं। जैव विविधता और पारिस्थितिकी तंत्र सेवाओं पर अंतर-सरकारी विज्ञान-नीति मंच (आईपीबीईएस), जुलाई 2022 ने वनों के महत्व के बारे में रिपोर्ट दी है क्योंकि अरबों लोग भोजन, दवाओं, ऊर्जा, भरण पोषण और अपनी अन्य आवश्यकताओं के लिए लगभग 50000 पौधों और जानवरों की प्रजातियों का उपयोग करते हैं। दुनिया की लगभग 20 प्रतिशत आबादी भोजन और आय के लिए जंगली प्रजातियों पर निर्भर है। रिपोर्ट में उल्लेख किया गया है कि दुनिया भर में पर्यटन के लिए सालाना 8 बिलियन लोग संरक्षित क्षेत्रों का दौरा करते हैं, जिससे प्रति वर्ष 600 बिलियन अमेरिकी डॉलर की आय होती है। मानवजनित कारणों से वैश्विक स्तर पर लगभग दस लाख प्रजातियाँ विलुप्त होने के खतरे का सामना कर रही हैं। एफएओ ने उल्लेख किया कि कृषि और उद्योग से संबंधित विकास के कारण 80 प्रतिशत वनों की कटाई हो रही है, ऐसा हि अरावली के साथ हुआ है।

जब लगभग दस लाख प्रजातियाँ विलुप्त होने के कगार पर हैं, तो आइए हम पृथ्वी पर वृक्ष प्रजातियों के पिछले विकास को समझने का प्रयास करें। अध्ययनों से पता चला है कि विभिन्न पारिस्थितिकी प्रणालियों में विकास के दौरान, परस्पर सह-अस्तित्व था। हरे पौधे और शैवाल पृथ्वी पर 500 मिलियन वर्ष पहले दिखाई दिए, धीरे-धीरे लगभग 300-400 मिलियन वर्ष पहले बड़े हो गए, और तने, शाखाओं और पत्तियों के साथ पूर्ण विकसित पेड़ बन गए। बदलती जलवायु के साथ, पौधे दुनिया भर में फैल गए, और क्रेटेशियस युग (140 MY पहले) के दौरान एंजियोस्पर्म विकसित हुए और महीन नसों और वाहिकाओं का विकास हुआ जिससे पृथ्वी के जीवमंडल में परिवर्तन लाने के लिए अधिक वाष्पोत्सर्जन हुआ। पौधों का विकास और विकास विभिन्न प्रजातियों के साथ संबंधों और अंतःक्रियाओं के माध्यम से आगे बढ़ता है जो उसमें वनों की सुरक्षा के लिए पारिस्थितिकी तंत्र के संरक्षण पर जोर देता है। जब पत्ती खाने वाले कीट पौधों की पत्तियों को खाते हैं, तो पौधे प्रतिरोध के साथ खुद को विकसित करने के लिए एक रक्षा तंत्र विकसित करते हैं। विभिन्न कीटों और रोगजनकों के ऐसे अद्भुत संबंध पारस्परिक सह-अस्तित्व के लिए प्रकृति में पनपते हैं।

जैविक विकास समायोजन और पुन:स्थापना धीमी गति से परिवर्तनों के साथ जारी है जो अनुकूलन के लिए जगह बना लेती है। जबकि छिटपुट कटाव भूमि क्षरण को सक्रिय करता है, जो जैविक जीवन प्रणालियों के अस्तित्व के लिए जीवन समर्थन आधार को उजाड़ देता है। इसलिए, पारिस्थितिक तंत्र में जीवों की श्रृंखला के संरक्षण, सुरक्षा और भरण-पोषण की सुरक्षा के लिए कटाव को नियंत्रित करना एक पूर्वापेक्षा और अपरिहार्य है। निरंतर प्रचलित मानवजनित लालच के कारण एनसीआर की नाज़ुक अरावली पर्वत प्रणाली में वनस्पति और जीव अत्यधिक खतरों का सामना कर रहे हैं। जहां अत्यधिक संवेदनशील शुष्क पर्णपाती वन प्रजातियां लुप्तप्राय चरण की ओर बढ़ने को मजबूर हैं। अरावली पारिस्थितिकी तंत्र में वन प्रजातियों की निरंतर कमी के कारण, आवश्यक पुष्प और जीव प्रजातियों की कमी जीवों की जैविक गतिविधियों की श्रृंखला को बनाए रखने में एक बाधा बन गई, जिसने पारिस्थितिकी तंत्र को एक खतरनाक चरण में धकेल दिया। वन वनस्पति से रहित सतह सतही अपवाह (वर्षा जल) के कटाव को तेज करती है, जिससे सम्पूर्ण पारिस्थितिकी तंत्र को अपूरणीय क्षति होती है।

प्रकृति की चल रही भूगर्भीय प्रक्रियाओं में, किसी भी समय किसी एक क्षेत्र में कटाव के किसी एक कारक को अलग करना संभव नहीं है। भूवैज्ञानिक रूप से, यह सर्वमान्य तथ्य है कि लाखों वर्षों से प्रत्येक क्षेत्र में प्रकृति में कटाव के विभिन्न कारक निरंतर कार्य करते रहे हैं और वर्तमान समय में भी परिवर्तनशील आयामों के साथ कार्य करते रहे हैं। कटाव के कुछ कारकों की कटाव क्रिया दूसरों की तुलना में अधिक स्पष्ट हो सकती है, उदाहरण के लिए, अरावली की पहाड़ियों में दैनिक तापमान परिवर्तन के कारण गोलाकार अपक्षय होता है, जबकि वर्षा ने

ऐसे अपक्षय और अनाच्छादन प्रक्रिया को तेज कर दिया। इसी तरह, यदि निचली शिवालिक की पहाड़ियाँ वन आवरण से रहित हैं, तो पानी के कटाव के कारण पूरी मिट्टी की पहाड़ियाँ टूटकर गिर जाएँगी, जिससे पारिस्थितिकी तंत्र की मृत्यु हो जाएगी।

मानव हस्तक्षेप की कार्रवाई द्वारा पृथ्वी/मिट्टी, ठोस, पत्थर, या भूमि या अन्य सामग्री को हटाने या विस्थापित करने से हार्मोनिक प्रगति (एचपी) में कटाव की दर में तेजी आएगी। किसी भी तरह का अव्यवस्थित/अवैज्ञानिक/अस्थायी विकास कार्य नाजुक पर्यावरण और इसके पारिस्थितिकी प्रणालियों के संरक्षण के लिए अत्यधिक हानिकारक होगा। जो इन क्षेत्रों के संरक्षण की अवधारणा के खिलाफ जाएगा (जैसा कि सुप्रीम कोर्ट के फैसलों में उल्लेख किया गया है)। अरावली पहाड़ियों में मिट्टी की एक इंच परत के निर्माण में लाखों साल लग जाते है। यह कल्पना की जा सकती है, कि हजारों वर्षों में निर्मित पतली मिट्टी का आवरण एक बरसात के मौसम में खत्म हो सकता है। एक बार मिट्टी का आवरण खत्म हो गया, तो यह हमेशा के लिए खत्म हो गया।थोडे से समय अवधि के दौरान पुन¢ भूमी मे पेणपत्र डालना दुश्कर हो जाता है।

कटाव की विविध प्रक्रियाएँ पृथ्वी की सतह को लगातार विकृत करती हैं और भू-आकृति विज्ञान में परिवर्तन लाती हैं। पृथ्वी विज्ञान में कटाव की प्रक्रिया को समय-सीमा में सीमित करके 'स्थायी' या 'अस्थायी' नहीं कहा जा सकता। कटाव एक निरंतर प्राकृतिक प्रक्रिया है जो प्रचलित भूवैज्ञानिक, वायुमंडलीय और पारिस्थितिकी तंत्र की स्थितियों से संबंधित है। उचित समय पर वैज्ञानिक हस्तक्षेप केवल कटाव की प्रक्रिया को धीरे करने/घटाने या धीमा करने में मदद कर सकते हैं। कटाव को कम करने के लिए सैकड़ों वर्षों तक एक क्षेत्र में किए गए विभिन्न सफल कटाव नियंत्रण उपाय प्रकृति की क्रूरता (मूसलाधार बारिश या हवा) के कारण एक बार में ही खत्म हो सकते हैं। यदि ऐसे नाजुक क्षेत्रों को विनाश के लिए छोड़ दिया जाता है, तो पुनर्वास प्रक्रिया में एक और दशक/सदियाँ लग सकती हैं या यह भी हो सकता हे कि बहाली भी संभव नहीं हो।

डिप्रेशन और गैपस जिन्हें बाढ़ के मैदान भी कहा जाता है, भूगर्भीय क्रियाओं के कटाव और निक्षेपण विशेषताओं के कारण विकसित हुए हैं। निजी स्वामित्व वाली कृषि भूमि की उत्पत्ति अत्यधिक पर्यावरण के प्रति संवेदनशील अरावली पारिस्थितिकी तंत्र में व्याप्त कठोर अप्रत्याशित जलवायु परिस्थितियों के कारण क्षरण के लिए अतिसंवेदनशील भूमि से संबंधित है। हवा का कटाव एनसीआर (दक्षिण हरियाणा) के रेतीले अर्ध-रेगिस्तानी इलाकों में प्रमुख रूप से बालु मिट्टी को काटता और ले जाता है। पहाड़ी इलाकों में सतह के अपवाह द्वारा बार-बार होने वाले कटाव से पहाड़ियों के नीचे कृषि भूमि पर कहर बरपा है। निचले शिवालिक पहाड़ी क्षेत्र [2]कुछ और नहीं बल्कि तलछटी पहाड़ियाँ हैं जो बारिश की बौछारों से कट जाती हैं और बारिश के पानी के साथ बहने वाली गाद/मिट्टी ने आस-पास के/नीचे के इलाकों में कटाव को और तेज़ हो जाता है।

वन विभाग लगातार इस तरह के कटाव को नियंत्रित करने और विनियमित करने के प्रयास कर रहा है ताकि धरती माता को जीवमंडल जीवन समर्थन प्रणाली के पोषण के लिए बचाया जा सके। भूमि संरक्षण एक अत्यधिक जटिल प्रक्रिया है, जहाँ विभिन्न उप-पारिस्थितिकी तंत्रों को लंबे समय तक विभिन्न क्षेत्रों में फैली विभिन्न तकनीकों को अपनाकर स्थायी तरीके से संरक्षित किया जाना चाहिए।

डेवलपर्स/ कॉलोनाइजर /खनन लॉबी/फार्महाउस डेवलपर्स को मानवता के अस्तित्व को खतरे में डालने की कीमत पर पैसा कमाने के लिए कटाव के मुद्दों पर हल्के ढंग से विचार नहीं करना चाहिए। कटाव नियंत्रण उपायों का कार्यान्वयन क्षेत्र के दृष्टिकोण के साथ प्रकृति के नियमों के अनुरूप होना चाहिए। प्रकृति मानव नियंत्रण से परे है, इसलिए पुनर्वास क्षेत्रों (क्षेत्रों) में प्रतिबंधों को लागू करते समय, तत्काल नियंत्रण उपायों (जिन्हें न तो 'स्थायी' कहा जा सकता है और न ही 'अस्थायी') को कुछ स्वार्थी/लालची अमीर और शक्तिशाली व्यक्तियों के धन इच्छाओं की लालच को छोडकर पूरी मानवता की सुरक्षा के लिए बिना ज्यादा समय गंवाए स्थायी रूप से लागू करने की आवश्यकता है। यदि बीच बीच में कुछ इलाकों या भूमि के टुकड़ों को संरक्षित नहीं किया जाता है, तो पारिस्थितिकी तंत्र को स्थायी आधार पर संरक्षित नहीं किया जा सकता है।

भूमि कटाव कि प्रक्रिया भूमि मालिकों की वित्तीय स्थिति या किसी व्यक्ति की राजनीतिक शक्ति को मान्यता नहीं देती है। धूल के तूफान और बाढ़ से होने वाली क्षति व्यक्ति की स्थिति या शक्ति की परवाह किए बिना अपने रास्ते में आने वाली हर चीज को नष्ट कर देती है। लेखक अपने शुरुआती जीवन को याद करते हैं, साठ और सत्तर के दशक के दौरान दक्षिणी हरियाणा में जब धूल भरी ऑधी के तूफान (घनघोर आंधी) और तेज गति से हवा के भभुलिये (स्थानीय रूप से भभुलिया कहा जाता है) गर्मियों के मौसम (अप्रैल के अंत, मई-जून) के दौरान एक नियमित विशेषता हुआ करते थे। ऑधी के नुकसान गंभीर और व्यापक थे क्योंकि ' कच्चे' घर छप्पर (अधिकांश लोग ऐसे झुन्डा या पुल्ला के छप्पर वाले घरों में रहते थे) और फसलें नष्ट हो जाती थीं।

रेत के टीलों का पूर्व की ओर खिसकना एक नियमित विशेषता थी और कृषि क्षेत्र की सीमाएँ या आकार बदल जाते थे या खिसक जाते थे। कभी-कभी ये खिसकते रेत के टीले सड़कों/रास्तों को अवरुद्ध कर देते थे (संवेदनशील क्षेत्रों में, यहाँ तक कि कुछ घर भी तेज़ और धूल भरी हवा के तूफ़ानों से खिसकती रेत से ढक जाते थे) जिससे लोगों के लिए किसी भी तरह की आवाजाही मुश्किल हो जाती थी। अंग्रेजों ने उन ऊँचे रेत के टीलों को गजेटियर में रेत के टीले के रूप में लिखा था। मेरे गाँव में, कुछ रेत के टीले इतने ऊँचे थे कि ऊँटों को भी चढ़ना मुश्किल हो जाता था, या ऊँट की पीठ पर सवार लोग टीलों की ऊँची ढलान के कारण फिसलकर निचे गिर जाते थे। वर्ष 2000-2001 के दौरान भी, सड़कों

को अवरुद्ध करने वाले ऐसे खिसकते रेत के टीलों को सिवानी क्षेत्र में मैनेयूरोपीय संघ की टीम को दिखाया गया था, जो इन क्षेत्रों में वनीकरण परियोजना को वित्तपोषित कर रहे थे

सत्तर और अस्सी के दशक में वन विभाग ने हरियाणा में राजस्थान के रेगिस्तान को खिसकने से रोकने के लिए राजस्थान की सीमा पर शेलटर बैलट वृक्षारोपण किया। दुलोठ-अहीर, महेंद्रगढ़ में राजस्थान की सीमा पर हवा के अवरोध के रूप में शेलटर बैलट वृक्षारोपण करके रेत के टीलों को स्थिर किया गया, जो इसका अच्छा उदाहरण है। 1980 से 1990 तक हरियाणा ने विश्व बैंक द्वारा वित्तपोषित परियोजना के तहत रेत के टीलों को स्थिर करने का कार्यक्रम चलाया, 1990 से 1999 तक यूरोपियन संघ द्वारा वित्तपोषित अरावली साझा भूमि पुनर्वास परियोजना और 1999 के बाद से यूरोपियन संघ द्वारा वित्तपोषित सामुदायिक वानिकी परियोजना के तहत भी रेत के टीलों को स्थिर करने के लिए वृक्षारोपण किया गया। शायद धन की चकाचौन्द मे अन्धे भू-माफिया और डेवलपर्स लॉबी किसानों की कृषि भूमि पर हवा/पानी के कटाव के प्रभाव को देखने में असमर्थ हो सकता है।

संवैधानिक प्रावधानों को ध्यान में रखते हुए, प्रत्येक नागरिक को अरावली के पर्वतीय क्षेत्र में मिट्टी/पृथ्वी, ठोस, पत्थर, या अन्य सामग्री के किसी भी प्रकार के निष्कासन या विस्थापन से कटाव की संवेदनशीलता को पहचानना चाहिए, जिससे मौजूदा सतह अस्थिर हो सकती है और वन क्षेत्र नष्ट हो सकता है। ये क्षेत्र हवा या/और पानी के प्रभाव में हैं या लगातार कटाव के अधीन/उत्तरदायी हैं। इन क्षेत्रों में कटाव की रोकथाम के लिए उप-मृदा जल का संरक्षण प्रदान करना अनिवार्य रूप से अनिवार्य है। कोलोनाइजेशन और फार्महाउस/निर्माण/खनन/गैर-वानिकी कार्य या गतिविधियाँ, पूरे वनस्पति आवरण को नष्ट/हटा देंगी और मौजूदा जीव-जंतुओं और वनस्पतियों को नष्ट कर देंगी, जिससे पारिस्थितिकी तंत्र का पतन हो जाएगा। इसलिए, पारिस्थितिकी तंत्र के लिए हानिकारक ऐसी गतिविधि या कोई अन्य गतिविधि को नाज़ुक क्षेत्रों या जमीन के टुकड़ों पर अनुमति नहीं दी जानी चाहिए।

हरियाणा सरकार ने 1988 में अपने हलफनामे (दिनांक 27-10-88 और 03-08-1988 के संचार) के माध्यम से सर्वोच्च न्यायालय को सूचित किया कि अरावली पर्वत श्रृंखला और राष्ट्रीय राजधानी क्षेत्र के आसपास के विशेष क्षेत्रों का पारिस्थितिकी तंत्र अत्यधिक नाजुक है और कटाव के विभिन्न कारकों के प्रति संवेदनशील है। इन वन क्षेत्रों में कोलोनाइजेशन, फार्महाउस और अन्य निर्माण कार्य या गैर-वानिकी गतिविधियाँ पर्यावरण के सबसे बड़े विध्वंसक रहे हैं। यह न केवल पारिस्थितिकी तंत्र को नष्ट करता है, बल्कि कुछ अमीर लोगों के आर्थिक हितों को बरकरार रखता है, बल्कि क्षेत्र के ग्रामीण निवासियों की पूरी सामाजिक व्यवस्था को भी खतरे में डालता है और भावी पीढ़ियों के जीवन में अनिश्चितता को आमंत्रित करता है।

पर्यावरण और वन मंत्रालय, भारत सरकार ने अपने पत्र दिनांक 21-12-1992 के अनुसार स्पष्ट किया है कि पीएलपी अधिनियम की धारा 4 और 5 के अंतर्गत अधिसूचित क्षेत्र 'वन' के रूप में दर्ज हैं और एफसीए, 1980 के प्रावधानों के तहत भारत सरकार से पूर्व अनुमोदन की आवश्यकता है। अरावली पर्वतों पर उचित रूप से अच्छा खुला जंगल मौजूद है, जहां भी कोलोनाइजर और अन्य डेवलपर्स ने ऐसे वन क्षेत्रों को नष्ट किया है। आमतौर पर सर्दियों के दौरान, प्रवासी आबादी (निहित स्वार्थों द्वारा प्रबंधित) जलाऊ लकड़ी संग्रह के नाम पर इन पेड़ों को अवैध रूप से काटती है। आमतौर पर यह टिप्पणी की जाती है कि कभी-कभी इन गरीब लोगों को वनस्पति आवरण को हटाने के लिए डेवलपर लॉबी द्वारा काम पर रखा जाता है, ताकि ऐसे क्षेत्रों से वनस्पति आवरण को नष्ट करने के बाद इच्छुक पक्ष अधिकारियों/अदालतों से संपर्क कर यह दिखा सकें कि मौके पर कौई वन आवरण नही है।

5.2. पी.एल.पी. अधिनियम का सार (भूमिगत जल के संरक्षण एवं कटाव की रोकथाम के लिए अधिसूचना)।

सर्वोच्च न्यायालय के निर्णयों में निवारक के सिद्धांत पर जोर दिया गया है। राज्य सरकार को तत्काल उपचारात्मक कार्रवाई करने के लिए पर्यावरणीय नुकसान का अनुमान लगाना चाहिए। राज्य को 'पब्लिक ट्रस्ट सिद्धांत' के तहत जनता के लिए वनों के ट्रस्टी के रूप में काम करना चाहिए। प्राकृतिक संसाधन जनता के कल्याण के लिए हैं। निजी स्वामित्व के लिए वनों के उपयोग की अनुमति देना पूरी तरह से अनुचित है। सार्वजनिक ट्रस्ट के तहत रखी गई संपत्ति का उपयोग केवल सार्वजनिक सामान्य उपयोग के लिए किया जाना चाहिए, बिक्री/खरीद की अनुमति नहीं दी जा सकती। टिकाऊ विकास की मांग है कि भविष्य की पीढ़ी की जरूरतों की क्षमता से समझौता किए बिना वर्तमान की जरूरतों को पूरा किया जाए।

अरावली पारिस्थितिकी तंत्र में अपक्षय, अनाच्छादन, विस्थापन और कटाव के बाद कटाव के कारकों के माध्यम से कटाव सामग्री का परिवहन भूवैज्ञानिक युगों से जारी रहा है। उप-सतही जल के संरक्षण और कटाव (हवा और पानी) की रोकथाम को अत्यंत आवश्यक मानते हुए, पीएलपी अधिनियम के तहत समय-समय पर विभिन्न अधिसूचनाएँ जारी की गईं, जबकि कटाव नियंत्रण उपायों के लिए नियम, प्रतिबंध और निषेध उन क्षेत्रों में प्रचलित भू-आकृति विज्ञान और भू-भाग की स्थितियों के अनुसार अधिसूचित किए गए। एहतियात के सिद्धांत के तहत, राज्य ने जनता को होने वाले पर्यावरणीय नुकसान का अनुमान लगाया और सार्वजनिक विश्वास सिद्धांत के तहत सुरक्षा उपाय शुरू किए। वन विभाग ने सस्टेनेबल विकास के लिए अधिसूचित 'वन भूमि' के रूप में कटाव प्रभावित क्षेत्रों को नियंत्रित और प्रबंधित किया।

भूमि संरक्षण का विचार श्री कोल्डस्ट्रीम ने 1876 में रखा था, तथा वन संरक्षक श्री बेडेन पावेल ने 1879 में वनों क्षेत्रो मे 'वनों की कटाई' रोकने के लिए विषेश प्रस्ताव तैयार किया था। राजस्व और वन विशेषज्ञों की राय दर्ज करने के बाद 1883 में उप वन संरक्षक श्री मोइर ने एक

और रिपोर्ट लिखी। फिर इसे कानून बनाने के लिए 16.8.1899 को शिमला में परिषद की बैठक में प्रस्ताव पेश किया गया। यह अधिनियम 15-11-1900 को राजपत्र में प्रकाशित हुआ। [3]इस कानून को बनाने में पिछले 50 वर्षों (जंगलों और झाड़ियों की कटाई और सफ़ाई के कारण, हिंसक कटाव ने किसानों की ज़मीन को बर्बाद कर दिया, जो कटाव 1852 से 1883 तक कुछ जिलों में दोगुना हो गया) का विश्लेषण और अध्ययन करने में लगभग 25 साल लगे, कटाव के खतरे को नियंत्रित करने के लिए विभिन्न 'वन कानून' और 'नियमों' को लागू करते समय 'वन अधिकारियों' और 'राजस्व अधिकारियों' के क्षेत्र के अनुभव। कटाव को रोकने के लिए भूगर्भीय / भूआकृति विज्ञान संबंधी विशेषताओं के साथ-साथ भूभाग की प्रचलित भौगोलिक संरचनाओं के अनुसार विभिन्न संरक्षण उपायों (जैविक और यांत्रिक) के कार्यान्वयन में वनपाल के अनुभव पर विचार किया गया।

पंजाब गजट, 7 सितंबर, 1899 , में उल्लेख किया गया है, "पिछले पचास वर्षों में इस प्राकृतिक बुराई (क्षरण) ने इतने गंभीर रूप धारण कर लिए हैं, इसका मुख्य कारण यह है कि 1852 से पहले शिवालिक की बंजर भूमि को राज्य का माना जाता था और राज्य के कर्मचारियों द्वारा नियंत्रित किया जाता था, जो उस समय पेड़ों, झाड़ियों और घास से अच्छी तरह से संरक्षित थी, होशियारपुर की पहली नियमित बस्ती में इन जमीनों को पहाड़ियों के आस-पास के गांवों में विभाजित किया गया था, और उस समय से इसे गांवों की कॉमन जमीन माना जाता है। इसका और मैदानी इलाकों में आस-पास के बड़े गांवों और छोटे शहरों के विकास का नतीजा यह हुआ है कि पहाड़ियों पर घास, झाड़ियाँ और पेड़ बड़े पैमाने पर नष्ट कर दी गई..." अरावली की पहाड़ियों में भी ऐसी ही स्थिति हुई थी। अरावली की पहाड़ियों में इन आम जमीनों पर राज्य सरकार का नियंत्रण और प्रबंधन बाहरी दबाव के कारण कमजोर हो गया और एनसीआर में तेजी से शहरीकरण ने अरावली की वनस्पतियों और जीवों को नष्ट करने के बाद जमीन हड़पने की एक पागल दौड़ शुरू कर दी।

कटाव नियंत्रण के लिए अधिकतर जैविक नियंत्रण उपायों/तकनीकों का उपयोग किया जाता है/किया जाता था, जैसे किसी क्षेत्र में प्रत्यक्ष/अप्रत्यक्ष रूप से वनस्पति आवरण प्रदान करना, वहां लगाए गए पेड़ों/वनस्पतियों की वृद्धि मापदंडों, परिपक्वता और जीवन काल/चक्र के अनुसार बंद अवधि प्रतिबंध वैधता/समय अवधि की आवश्यकता को तय करना। इस बात की कोई गारंटी नहीं है कि एक बार नियंत्रित/विनियमित कटाव भविष्य में नहीं होगा। विज्ञान का वर्तमान ज्ञान पृथ्वी पर किसी भी क्षेत्र के मौसम के भविष्य के 30-वर्ष की वर्षा/हवा की तीव्रता का अनुमान लगाने में असमर्थ है। यहां तक कि पुनर्जीवित क्षेत्रों के सफल कटाव नियंत्रण उपायों को भी अप्रत्याशित बारिश/बाढ़/हवाओं द्वारा एक बार में नष्ट किया जा सकता है। हमने हाल के दशकों में हिमालय या अन्य जगहों पर या अतीत में अरावली में कैसा विनाश देखा है?

भूवैज्ञानिक/भूआकृति विज्ञान संबंधी ऐतिहासिक साक्ष्यों से पता चला है कि भूवैज्ञानिक समय पैमाने {आर्कियन/प्री-कैम्ब्रियन (2540 मिलियन वर्ष आगे)} के दौरान पृथ्वी पर सबसे पुरानी पर्वत श्रृंखला अरावली मे क्षरण हौता रहा है। भूवैज्ञानिक घटनाओं के आधार पर अरावली लगातार अपक्षयित और नष्ट होती रही है। यह कई बार कटाव और पुनः क्षरण का शिकार हुई है, सैडीमेन्टेशन् या पुनः जमाव के बाद उत्थान के चक्रों, टेक्टोनिक उथल-पुथल/आंदोलनों के दौरान बहु-रूपांतरित हुई है।

तापमान का अपक्षय और क्षरण से सीधा संबंध है। जलवायु परिवर्तन पर अंतर-सरकारी पैनल (आईपीसीसी) ने वैश्विक स्तर पर बढ़ते तापमान के खिलाफ चेतावनी दी है। एक अंतरराष्ट्रीय टीम के अध्ययन में पाया गया है कि पैलियोसीन-इओसीन थर्मल मैक्सिमम (पीईटीएम) के दौरान बढ़े हुए अपक्षय और क्षरण के लिए आइसोटोप साक्ष्य उच्च तापमान के कारण चट्टानों का तेजी से अपक्षय और क्षरण होता है, जो कुछ कार्बन डाइऑक्साइड को अघुलनशील कार्बोनेट में बदल देता है जो जमा हो जाता है और कुछ कार्बन डाइऑक्साइड कार्बोनिक एसिड बनाता है, जिससे अपक्षय और क्षरण प्रक्रिया तेज हो जाती है। चट्टान का अपक्षय 50% बढ़ गया और क्षरण तीन गुना हो गया।[4]

कटाव की प्रक्रिया के बारे में **'स्थायी'** या **'अस्थायी'** के रूप में धारणाएँ गलत हैं। बल्कि कटाव प्रकृति में एक सतत प्रक्रिया है। सतही अपवाह प्रवाह बारिश या अचानक हवा के धूल के तूफान के दौरान परिवर्तनशील हो सकता है जो सतह को अलग-अलग तरीके से नष्ट कर देता है, लेकिन वह कटाव सामग्री उस क्षेत्र में स्थायी निशान/क्षति का कारण बनती है। मानव अस्तित्व और सुरक्षा के लिए कटाव को कम करने के लिए, प्राकृतिक अनिश्चितताओं की तीव्रता के आधार पर संरक्षण उपायों को निरंतर जारी रखना होगा। अस्थायी या स्थायी के रूप में पहचाने जाने के बावजूद कटाव की प्रक्रिया सतह पर विनाश और क्षति जारी रखती है।

ब्रिटिश काल में भी, कटाव प्रभावित क्षेत्रों को हवा या पानी की क्रिया द्वारा भूमी/मिट्टी, ठोस, पत्थर या अन्य सामग्री के हटने या विस्थापित होने या कटाव के अधीन होने के कारण कटाव के प्रति संवेदनशील के रूप में अधिसूचित किया गया था। प्राकृतिक आपदाओं से सार्वजनिक संपत्ति और जीवन को बचाने के लिए उस समय उपलब्ध उचित तकनीक को अपनाकर उप-भूमि जल का संरक्षण और कटाव की रोकथाम करना आवश्यक था।

हरियाणा के कटाव प्रभावित 'क्षेत्रों' (अरावली और शिवालिक दोनों) को पीएलपी अधिनियम की धारा 3 के तहत अधिसूचित किया गया था, और बाद में, निजी भूमि पर पेड़ों की कटाई को पूर्व अनुमति के साथ विनियमित करने के लिए पीएलपी अधिनियम की ' **सामान्य**' धारा 4 के तहत कुछ भाग या पूरे क्षेत्र को अधिसूचित किया गया था, क्योंकि पेड़ों की जड़ें मिट्टी को एक साथ बांधती हैं और पानी/हवा के कटाव के कारण मिट्टी के नुकसान को कम करने में मदद करती हैं। पेड़ों की कटाई पर ये नियम जन कल्याण उपाय के रूप में फसलों और लोगों

की आजीविका को कटाव से बचाने के लिए थे।

फिर भूमि के कुछ विशिष्ट टुकड़ों के लिए, जहां उच्च स्तर पर संरक्षण गहनता की आवश्यकता थी, उन टुकड़ों की खसरा संख्या को पीएलपी अधिनियम की 'विशेष' धारा 4 और/या 5 के अंतर्गत अधिसूचित किया गया, जहां अन्य गतिविधियां जैसे कि सामान्यतः खेती के अंतर्गत न आने वाली भूमि को साफ करना या तोड़ना या उस पर खेती करना, स्वामित्व की परवाह किए बिना विनियमित किया गया।

सर्वोच्च न्यायालय के दिनांक 14-05-2008 के निर्णय में स्पष्ट रूप से कहा गया है कि पीएलपी अधिनियम की धारा 3 के तहत अधिसूचना जारी होने के बाद भूमि की स्थिति में किसी भी प्रकार का परिवर्तन कानून के अनुसार लिखित मंजूरी के बिना स्वीकार्य नहीं है। इसने यह भी स्पष्ट किया कि **अधिसूचना की तिथि/समय पर भूमि उपयोग की प्रकृति/प्रकार सर्वोपरि है।** उस समय कृषि या आवास या किसी अन्य उपयोग के अंतर्गत आने वाली भूमि को ध्यान में रखा गया था और ऐसी भूमि को कभी भी वन भूमि के रूप में दर्ज कर शामिल नहीं किया गया था। कृषि भूमि और आवासों के लिए कटाव की समस्या को कम करने के लिए कटाव-ग्रस्त क्षेत्रों में जन कल्याण कार्यों के रूप में स्थायी आधार पर संरक्षण उपाय किए गए थे।

अधिसूचना जारी होने के बाद वन विभाग ने कटाव-संवेदनशील इन क्षेत्रों में संधारणीय आधार पर संरक्षण उपायों को लागू किया, ताकि पीएलपी अधिनियम की धारा 4 या/और 5 के तहत बंद क्षेत्रों पर वनस्पति हरित आवरण स्थापित किया जा सके और उन्हें अपने अभिलेखों में वन के रूप में दर्ज किया । पीएलपी अधिनियम की धारा 3 के तहत अधिसूचित बचे हुए क्षेत्रों को इसके अभिलेखों में कभी भी वन भूमि के रूप में दर्ज नहीं किया गया, केवल उन क्षेत्रों में पेड़ों की कटाई /नया नोतोड को 'सामान्य' धारा 4 अधिसूचना के तहत प्रतिबंधित और विनियमित किया गया था (दूसरे शब्दों में इन क्षेत्रों में मुख्य रूप से पेड़ों की कटाई व नौतोड को नियमों द्वारा प्रतिबंधित किया गया था, कभी-कभी ये क्षेत्र धारा 3 क्षेत्रों या उसके हिस्से के समान थे)। कुछ लोगों की धारणाएं कि पीएलपी अधिनियम की धारा 3 के तहत अधिसूचित संपूर्ण क्षेत्र दर्ज वन भूमि हैं, गलत साबित हुईं। धारा 3 के तहत अधिसूचना जारी करने के लिए कटाव-प्रभावित/प्रवण/उत्तरदायी क्षेत्रों की पहचान के समय उसे कभी भी रीर्कार्ड मे वन भूमी र्दज नही किया गया लेकिन उस क्षेत्र वासियो की सुरक्षा हेतु कुछ बन्दिसते व नियम लागु किये गये।

कानूनी निहितार्थों से मुक्त निजी स्वामित्व और अधिसूचित क्षेत्रों के बीच अंतर करने की आवश्यकता है यानी ऐसी भूमि पर निर्माण जहां कोई अन्य अधिनियम/कानून लागू नहीं होता है, वह भूमि से अलग है, जो कुछ अधिनियमों/कानूनों के तहत कवर/अधिसूचित/बंद है यानी निषिद्ध क्षेत्र या जंगल है। उदाहरण के लिए, शहरी निकाय फ्रीहोल्ड प्लॉट बेचते हैं और मालिकों को उन क्षेत्रों में निर्माण या रहने के दौरान शहरीकरण नियमों का पालन करना होता है। अधिसूचित सड़कों/राष्ट्रीय राजमार्गों के किनारे निर्माण भी उनके मालिकों द्वारा विनियमित भूमि उपयोग है, मालिकों को एक निश्चित चौड़ाई तक निर्माण करने की अनुमति नहीं है। आप एक वाहन के मालिक हैं, लेकिन इसका मतलब यह नहीं है कि आप किसी भी गति से गाड़ी चला सकते हैं। नियम सार्वजनिक सुरक्षा के लिए बनाए जाते हैं। पीएलपी अधिनियम-अधिसूचित क्षेत्रों में निषेध लोक कल्याण के लिए जरूरी हैं।

विकास की आड़ में अनियंत्रित गतिविधियाँ पूरे मौजूदा जीव-जंतुओं, वनस्पतियों और पारिस्थितिकी तंत्र को नष्ट करने के लिए अनुमति नही दी जा सकती और सुप्रीम कोर्ट के निर्णयों के साथ-साथ सुप्रीम कोर्ट द्वारा उल्लिखित 'निवारक सिद्धांत' और अन्य सिद्धांतों का उल्लंघन नही करना चाहिऐ। पारिस्थितिकी तंत्र के लिए हानिकारक ऐसी गतिविधियों या किसी अन्य निजी गतिविधि को 'पब्लिक ट्रस्ट डॉक्ट्रिन' के अनुसार पारिस्थितिकी-संवेदनशील क्षेत्रों में अनुमति नहीं दी जानी चाहिए। पीएलपी अधिनियम के तहत 30-09-1948 की अधिसूचना के बाद, **बाद की अधिकांश अधिसूचनाएँ उक्त वैधता अवधि की समाप्ति से पहले जारी की गईं** । उन क्षेत्रों के संरक्षण/संरक्षण की आवश्यकता के आधार पर समान प्रतिबंध, निषेध और नियमन दोहराए गए हैं या मौजूदा नियम/प्रतिबंध जारी रखे गए हैं। जब भू-माफिया और कॉलोनाइजर लॉबी ने सरकार को संरक्षण के लिए फिर से अधिसूचना जारी न करने के लिए प्रभावित किया,

किसी भी बडे क्षेत्र की पारिस्थितिकी में उस क्षेत्र का संपूर्ण पारिस्थितिकी तंत्र शामिल होता है। यदि उप-पारिस्थितिकी तंत्र या उप-घटक क्षतिग्रस्त/नष्ट हो जाते हैं, तो पूरा पारिस्थितिकी तंत्र अपने आप अपूरणीय सीमाओं से परे खतम हो जाएगा, जिसका अर्थ है कि यह हमेशा के लिए मर जाएगा। किसी भी प्रकार की भूमि-आधारित गैर-वानिकी गतिविधि जिसमें पेड़ों की कटाई और सतह/भूमि को बड़े पैमाने पर साफ करना/तोड़ना शामिल है, वनस्पतियों को खतरे में डालती है और जीवों को नष्ट करती है। अरावली पहाड़ियों में, जीव-जंतु और वनस्पतियाँ संवेदनशील और जटिल हैं, और एक बार नष्ट हो जाने के बाद वे पारिस्थितिक रूप से नाजुक अरावली पहाड़ी संवेदनशील क्षेत्र में कभी भी पुनर्जीवित नहीं हो पाएँगे। यह आवश्यक है कि राष्ट्रीय राजधानी क्षेत्र की सुरक्षा के लिए, अरावली पहाड़ियों के पारिस्थितिकी तंत्र को यथावत संरक्षित और संरक्षित किया जाए।

वन भूमि का गैर-वानिकी उपयोग के लिए प्रयोग करना 'पब्लिक ट्रस्ट सिद्धांत' और 'निवारक सिद्धांत' के विरुद्ध पर्यावरण का सबसे बड़ा विध्वंसक रहा है। राज्य परयावरण का एक ट्रस्टी होते हुए भी, शहरीकरण के वाणिज्यिक हितों को बरकरार रखते हुए न केवल पारिस्थितिकी तंत्र को नष्ट कर दिया, बल्कि क्षेत्र के ग्रामीण निवासियों की पूरी सामाजिक व्यवस्था को भी खतरे में डाल दिया और भावी पीढ़ियों के जीवन में अनिश्चितता ला दी। हरियाणा शहरी विकास प्राधिकरण (एचएसवीपी), जीएमडीए और नगर निगम, फरीदाबाद

(एमसीएफ) के कार्यों से स्पष्ट है कि ग्रामीणों की पंचायती जमीन और सामुदायिक जमीन को एमसी एक्ट में शामिल कर दिया गया है, जिससे ग्रामीणों को राजस्व रिकॉर्ड (शरत वाजिब-उल-अराज) में वर्णित उनके 'साझा उपयोग' के स्थानीय अधिकारों से वंचित किया गया है। कुछ मामलों में, उन्होंने 'साझा उपयोग' मानदंडों का उल्लंघन करते हुए जंगल की ऐसी साझी जमीन को तीसरे पक्ष को बेच दिया और सर्वोच्च न्यायालय के आदेशों का उल्लंघन किया।

अतीत में भी, शक्तिशाली विभागों की सत्ताधारी लॉबी ने वन विभाग की आपत्तियों और वन संरक्षण अधिनियम (1980) की अनदेखी की है। हरियाणा शहरी विकास प्राधिकरण (एचएसवीपी) के पास वन भूमि का उपयोग कोलोनाइजेश्न और व्यक्तियों को कॉलोनी के रूप में भूखंड आवंटित करने के लिए नहीं है, जो कि वन संरक्षण अधिनियम 1980 के तहत एक गैर कानुनी गतिविधि है। साथ ही [5]कानून के अनुसार वन भूमि को कोलोनाइजेश्न (आवासीय) उद्देश्यों के लिए नहीं दिया जा सकता है। वन विभाग द्वारा उठाई गई आपत्तियों को नजरअंदाज कर दिया गया। हरियाणा शहरी विकास प्राधिकरण का एनसीआर में 799 एकड़ अधिसूचित 'वन भूमि' का उपयोग करने का डिज़ाइन अवैध था और पूरी कार्रवाई/प्रक्रिया माननीय सर्वोच्च न्यायालय के आदेशों, कानून, नियमों (वन संरक्षण अधिनियम, भारतीय वन अधिनियम, पंजाब भूमि संरक्षण अधिनियम आदि) का उल्लंघन करके की गई है। हुडा (अब एचएसवीपी) द्वारा 2007 में डाली गई याचिका को सुप्रीम कोर्ट ने 11-9-2018 के फैसले के पैरा 123 में और इससे पहले 14-5-2008 के फैसले में खारिज/अस्वीकार कर दिया था। उक्त आईए में शहरीकरण अधिनियम/फरीदाबाद नगरपालिका अधिनियम के प्रभाव को प्रभावित करने की दलील को भी खारिज कर दिया गया था और इसे 11-9-2018 और 21-7-2022 के फैसलों में भी दोहराया गया था।

शहरीकरण अधिकारियों ने गोदावर्मन 12-12-1996 के फैसले का उल्लंघन करते हुए ग्रीन बेल्ट की भूमि का उपयोग वाणिज्यिक उद्देश्यों के लिए किया है, और ग्रीन बेल्ट के रूप में भूमि को चिह्नित करने के बारे में उनका दावा पर्यावरण संरक्षण के संदर्भ में भ्रामक रहा है। शहरीकरण एजेंसियाँ एनसीआर में वन संरक्षण अधिनियम का सबसे बड़ा उल्लंघनकर्ता बनी रहीं और उनके अधिकारियों ने शायद ही कभी भूमि के कानूनों का पालन करने की जहमत उठाई।

हरियाणा शहरी विकास प्राधिकरण (अब एचएसवीपी) या टाउन एंड कंट्री प्लानिंग या नगर निगम, फरीदाबाद, मानेसर, और जीएमडीए ने वन संरक्षण अधिनियम 1980 के तहत अनुमति लेने की जहमत नहीं उठाई और [6]एफसीए का उल्लंघन करते हुए आवासीय उद्देश्यों के लिए वन भूमि का उपयोग किया। माननीय सर्वोच्च न्यायालय ने अपने दिनांक 18-03-2004, 14-05-2008, 11-09-2018 और 21-7-2022 के फैसले में अरावली पहाड़ियों के नाजुक वन पारिस्थितिकी तंत्र और इन पहाड़ियों में पर्यावरणीय गिरावट के लिए गंभीर चिंता व्यक्त की है। वन विभाग द्वारा किए गए वृक्षारोपण सहित अन्य जैविक उपाय ही नाजुक पारिस्थितिकी तंत्र को बचा सकते हैं और सर्वोच्च न्यायालय ने अरावली परियोजना के सभी ऐसे वृक्षारोपणों को 'मान्य वन' घोषित किया है। वन विभाग, हरियाणा सर्वोच्च न्यायालय के निर्देशों के अनुपालन में कटाव को कम करने के लिए इस क्षेत्र में वनों की रक्षा, संरक्षण और संरक्षण के लिए काम कर रहा है।

सर्वोच्च न्यायालय ने (18-03-2004, 14-5-2008, 11-09-2018, 21-7-2022) पर्यावरण, वन और लुप्तप्राय वन्यजीवों के पारिस्थितिक संतुलन को बनाए रखने के लिए देश के सबसे अधिक क्षरित क्षेत्रों में से एक अरावली पर्वत श्रृंखला के जैव-भौगोलिक क्षेत्रों की रक्षा करने का आदेश दिया। दिल्ली रिज देश की राजधानी के औद्योगिक और वाहनों के उत्सर्जन के लिए कार्बन सिंक के रूप में कार्य करता है। केवल लंबे समय तक पेड़ों की निरंतरता ही कार्बन को अवशोषित और लॉक करना जारी रख सकती है। जलवायु परिवर्तन और तापमान वृद्धि दुनिया के लिए महत्वपूर्ण मुद्दे बन गए हैं, हमें इन संवेदनशील क्षेत्रों के लिए वन कवर को बनाए रखने के लिए कड़ी मेहनत करनी होगी।

अरावली की पहाड़ियाँ राष्ट्रीय राजधानी क्षेत्र के बढ़ते रेगिस्तानीकरण के खिलाफ एक संभावित आश्रय-क्षेत्र साबित हुई हैं। यदि इस पर किसी भी तरह की कोलोनाइजेश्न, खनन, औद्योगिकीकरण और किसी भी अन्य ऐसी भूमि-आधारित गतिविधियों की अनुमति दी जाती है, तो यह अपने आप ही अरावली पर्वत श्रृंखला के पारिस्थितिकी तंत्र को नष्ट कर देगा। इस पारिस्थितिकी-नाजुक क्षेत्र में मानव सभ्यता की रक्षा के लिए वन पारिस्थितिकी तंत्र की रक्षा करना आवश्यक है। हरियाणा सरकार द्वारा पीएलपी अधिनियम में संशोधन को शामिल करने के प्रयास केवल अरावली पहाड़ियों या शिवालिक के इन पारिस्थितिकी-संवेदनशील क्षेत्रों में कोलोनाइजेश्न / भू-माफिया को खुश करने के लिए प्रतीत हुए।

जब आवास इकाईयाँ/ कोलोनाइजेश्न वन संरक्षण अधिनियम, 1980 के तहत स्वीकृत गतिविधि नहीं है, तो यह पूरी तरह से गैर-वानिकी गतिविधि है व गैरकानुनी है । आश्चर्यजनक रूप से पीएलपी अधिनियम के तहत अधिसूचित वन भूमि को वन संरक्षण अधिनियम, 1980 के उल्लंघन में गैर-वानिकी उपयोग के लिए खुला छोड़ दिया गया है। उपरोक्त तथ्यों को ध्यान में रखते हुए, यह स्पष्ट है कि हरियाणा सरकार या हरियाणा शहरी विकास प्राधिकरण या नगर एवं ग्राम नियोजन विभाग, हरियाणा इत्यादी भारत सरकार, पर्यावरण वन एवं जलवायु परिवर्तन मंत्रालय से वन संरक्षण अधिनियम 1980 के तहत पूर्व अनुमति के बिना शहरीकरण या किसी भी प्रकार के गैर-वानिकी उपयोग के लिए वन क्षेत्रों को छोड़ने व प्रयोग करने के लिए सक्षम नहीं था।

5.3. पी.एल.पी. अधिनियम (1900): इतिहास और पृष्ठभूमि

अंग्रेजों के समय मे महसूस किया कि पहाड़ी क्षेत्रों में पेड़ों और जंगलों को बचाकर लोगों की संपत्ति और जान बचाई जा सकती है। इस दिशा में काम करते हुए अंग्रेजों ने पहाड़ों और जंगलों में पेड़ों को बचाने के लिए नियम/कानून बनाए। गवर्नर इन काउंसिल द्वारा दिनांक 21.05.1885 के अनुसार पंजाब कानून अधिनियम, IV, 1872 को मंजूरी दी गई और पंजाब के पहाड़ी जिलों में जंगलों और वनों के संरक्षण के नियम, 1885 जारी किए गए; उन नियमों में, नियम (1) में उल्लेख किया गया है, "ब्रिटिश क्षेत्राधिकार के भीतर किसी भी पहाड़ी जिले में, नागरिक अधिकारियों को किसी भी पथ, भूखंड या जमीन को, जहां भी स्थित हो, चिह्नित करने की शक्ति है, जिसे वे लकड़ी या ईंधन के विकास के लिए विशेष रूप से अनुकूल मान सकते हैं। (2) इसमें कहा गया है कि प्राधिकारियों को सभी प्रकार की कटाई और कटान को निषेध, प्रतिबन्धित या विनियमित करने तथा पेड़ों, झाड़ियों या झाड़-झंखाड़ के विकास, संरक्षण और वृद्धि की व्यवस्था करने का अधिकार दिया गया है, जैसा कि उन्हें उचित लगे।[7] नियम (4) में उल्लेख किया गया है कि अधिकारी पेड़ों, झाड़ियों या झाड़ियों को काटने, नष्ट या अन्य हानिकारक कार्यों के संबंध में निषेध, प्रतिबंध या विनियम जारी कर सकते हैं, चाहे वे किसी भी आकार या वृद्धि के हों, चाहे वे समूह में हों या बिखरे हुए हों। बाद मे उन नियमों में आगे पहाड़ी क्षेत्रों में किसी भी निजी भूमि (मालिकों की भूमि) पर वनों के संरक्षण के लिए पंजाब भूमि संरक्षण अधिनियम (1900) जैसे अन्य प्रावधानों को अधिसूचित किया गया था। उन पुराने समय में भी नाजुक क्षेत्रों में वनों का विनाश एक गंभीर चिंता का विषय रहा है।

5.3.1. निजी भूमि को बचाने के लिए वन अधिनियम के रूप में पीएलपी अधिनियम

सरकार ने पाया कि जनसंख्या वृद्धि के साथ, लोगों ने पहाड़ी क्षेत्रों में वन क्षेत्र को साफ कर दिया। इससे पहाड़ी क्षेत्रों में कटाव की मात्रा बढ़ गई है, जिसके परिणामस्वरूप मैदानी क्षेत्रों में उपजाऊ कृषि भूमि बाढ से नष्ट हो जाती है। कटाव-प्रवण क्षेत्रों की सुरक्षा के लिए जहां पानी और हवा से भूमि का कटाव हो रहा था। तब पंजाब के लेफ्टिनेंट गवर्नर ने 1899 का बिल नंबर 1 पेश किया जिसका उद्देश्य "कुछ क्षेत्रो मे वन्यजीवों व वन क्षेत्रो के बेहतर संरक्षण और सुरक्षा के लिए प्रावधान करना था। पंजाब के कुछ हिस्से जो इस राज्य में स्थित हैं या शिवालिक पर्वत श्रृंखला के समीप या प्रभावित या धाराओं और मूसलाधार बारिश की क्रिया से प्रभावित होने के लिए उत्तरदायी, जैसे कि जिन्हें आमतौर पर चो (नाला) कहा जाता है, जो उस सीमा के भीतर जंगलों के माध्यम से या उससे बहते हैं, या वनों की कटाई *deboisement* की वजह से उत्पन्न होते हैं ।

"इस प्राकृतिक बुराई (क्षरण) ने पिछले पचास वर्षो में इतने गंभीर रूप धारण कर लिया हैं, इसका मुख्य कारण यह है कि 1852 से पहले शिवालिक की बंजर भूमि, जो उस समय पेड़ों, झाड़ियों और घास से अच्छी तरह से संरक्षित थी, राज्य की संमपति मानी जाती थी और राज्य के कर्मचारियों द्वारा नियंत्रित होती थी, होशियारपुर की पहली नियमित बसावट के समय इन जमीनों को पहाड़ियों में और उसके आस-पास के ग्रामीणों के बीच विभाजित किया गया था, और उस समय से इसे गांव की सामुदायिक भूमि के रूप में माना जाता है। इसका और मैदानी इलाकों में आस-पास के बड़े गांवों और छोटे शहरों के विकास का परिणाम यह हुआ है कि पहाड़ियों की ओर घास, झाड़-झंखाड़ और पेड़ बड़े पैमाने पर नष्ट किये गए हैं और पहाड़ियों के गांवों में पाले जाने वाले मवेशियों और भेड़-बकरियों की संख्या सभी उचित सीमाओं से अधिक बढ़ गई है; और यह निश्चित है कि जब तक संबंधित बुराई (क्षरण) को रोकने के लिए विशेष विधायी कार्रवाई नहीं की जाती है, तब तक वे बढ़ती रहेंगी जब तक कि एक आम विनाश दोनों गांवों और पहाड़ियों को शामिल नहीं कर लेता।" [8]पहाड़ी क्षेत्रों में कटाव की सीमा को ध्यान में रखते हुए, "यह विषय 1879 में पंजाब के तत्कालीन वन संरक्षक श्री बेडेन पॉवेल द्वारा तैयार किया गया था और 1883 में उप वन संरक्षक श्री मोइर द्वारा एक और रिपोर्ट लिखी गई थी... तब से विशेषज्ञों, वन और राजस्व की विभिन्न विभागो की राय दर्ज की गई हैं।" वन और राजस्व विभाग के अनुभव और राय ने इस अधिनियम के निर्माण का आधार बनाया।

इस अधिनियम के क्रियान्वयन के बारे में 1899 के विधेयक में वर्णित उद्देश्यों और कारणों के विवरण ने पूरी स्थिति को स्पष्ट किया, *"विधेयक में निर्धारित प्रक्रिया इस प्रकार है। सबसे पहले, धारा 3 स्थानीय सरकार को पंजाब राजपत्र में एक अधिसूचना जारी करने का अधिकार देती है, जिसमें यह घोषित किया जाता है कि किसी विशेष क्षेत्र के बेहतर संरक्षण और सुरक्षा के लिए प्रावधान करना वांछनीय है, जिसे अधिनियम के प्रावधानों के तहत लाया जाना है, जो शिवालिक में या उसके आस-पास स्थित है या चो एक्शन से प्रभावित है। इसके बाद धारा 4 के तहत जारी किए गए और अनुमोदित किसी भी सामान्य आदेश/विशेश आदेश सभी क्षेत्रों पर लागू होने की घोषणा की जाती है, जिन्हें अधिसूचित किया जा सकता है, और विशेष आदेश जो प्रश्नगत अधिसूचित क्षेत्र के संदर्भ में धारा 4 या 5 के तहत जारी किए जा सकते हैं, ऐसे क्षेत्र के संबंध में लागू होंगे। धारा 6 के प्रावधानों के तहत ये आदेश पंजाब राजपत्र में प्रकाशित किए जाएंगे और, यह बताएंगे कि सरकार संतुष्ट है कि उनके द्वारा लगाए गए प्रतिबंध आवश्यक हैं; और उनके प्रभाव की एक सार्वजनिक सूचना धारा 8 के तहत, डिप्टी कमिश्नर द्वारा दी जाएगी। धारा 4 के खंड (क)-(ग) के अंतर्गत जारी किए गए सामान्य या विशेष आदेश सख्त सीमाओं के अधीन हैं। जहां तक भूमि की सफाई और खेती या पत्थर की खदान और चूना जलाने का संबंध है, वे* ***उस क्षेत्र को अधिसूचित क्षेत्र घोषित करने की अधिसूचना की तारीख से पहले की गई कार्रवाई को प्रभावित नहीं कर सकते हैं जिसमें इन अधिकारों का प्रयोग किया गया है****; जबकि पेड़ों की कटाई और वन उपज को हटाने के संबंध में, वे उस क्षेत्र के निवासियों के वास्तविक घरेलू और कृषि उद्देश्यों के लिए किए गए किसी भी कार्य को प्रभावित नहीं कर सकते हैं। दूसरी ओर पहाड़ियों पर आग लगाने और भेड़-बकरियों को चराने की प्रथाएं, जो कि वनों की कटाई से होने वाले नुकसान का मुख्य*

कारण हैं, और जिन पर रोक लगाना, कई वन विशेषज्ञों की राय में, [9]अब नष्ट हो चुकी पहाड़ियों को फिर से उपजाऊ बनाने के लिए पर्याप्त होगा, धारा 4 के खंड (डी) और (ई) के तहत पूरी तरह से प्रतिबंधित की जा सकती हैं। इसी धारा के खंड (एफ) और (जी) में अधिसूचित क्षेत्र से वन उपज को हटाने के लिए परमिट देने और इस प्रकार हटाए गए उत्पाद की जांच करने जैसे छोटे मामलों के लिए प्रावधान किया गया है।

"धारा 5 के अंतर्गत जारी किए गए आदेश सभी मामलों में विशेष होने चाहिए और विशेष परिस्थितियों को पूरा करने के लिए जारी किए जाएँगे। वे भूमि को तोड़ने और खेती करने तथा पत्थर की खदान खोदने और चूना जलाने के अधिकारों को प्रतिबंधित या निषिद्ध कर सकते हैं, ***भले ही वे क्षेत्र को अधिसूचित घोषित किए जाने की तिथि से पहले प्रयोग किए गए हों*** *, -पेड़ों को काटने और वन उपज लेने के अधिकार, भले ही वे वास्तविक कृषि और घरेलू उद्देश्यों के लिए हों -और सभी मवेशियों को चराने का अधिकार, न कि केवल भेड़ और बकरियों को। ...धारा 4 और 5 के अंतर्गत मौजूदा अधिकारों का प्रतिबंध मुआवजे के भुगतान के अधीन है, जो विधेयक की धारा 14 और 15 के लिए प्रदान किया गया है; और इसलिए उपायुक्त प्रभावित प्रत्येक शहर और गाँव में ऐसे प्रतिबंधों को निर्देशित करने वाले आदेश प्रकाशित करेंगे, और ऐसा करते समय वे सभी व्यक्तियों को चेतावनी देंगे जो अधिकारों के प्रतिबंध के लिए मुआवजे का दावा करते हैं कि वे अपने दावों को साबित करने के लिए दो महीने से कम की निश्चित अवधि के भीतर उनके सामने उपस्थित हों। मैं समझता हूं कि धारा 14 और 15 में ऐसे दावों की पूरी और निष्पक्ष जांच का प्रावधान है, तथा मुआवजे की राशि को डिप्टी कमिश्नर के अन्य सभी आदेशों के समान ही माना जाएगा, दो छोटे अपवादों के साथ, जैसा कि पंजाब भूमि राजस्व अधिनियम की धारा 13-15 के तहत कलेक्टर के आदेशों के मामले में होता है... यह अनुमान लगाया जाता है कि मुआवजा देने में कोई विशेष कठिनाई नहीं होगी, जो उन व्यक्तियों को संतुष्ट करेगा जिनके लकड़ी काटने और वन उपज लेने के अधिकार प्रतिबंधित हो सकते हैं।*

"धारा 9 सरकार को संरक्षण के दो निर्दिष्ट प्रयोजनों के लिए या तो किसी ऐसे खेत के मालिकों से, जो न तो खेती की जा रही है और न ही खेती योग्य है, उन उपायों को करने की मांग करने की शक्ति प्रदान करती है, या पहली बार में या मालिक द्वारा ऐसी मांग का पालन करने में विफल रहने पर, ***खेत को किसी भी मुआवजे के भुगतान के बिना, कुछ वर्षों की अवधि के लिए या हमेशा के लिए सरकार में निहित घोषित करने की शक्ति प्रदान करती है*** *। यह प्रावधान विधेयक में इसलिए डाला गया है क्योंकि ऐसे चो बेड पर कोई भूमि राजस्व नहीं लगाया जाता है, और क्योंकि आमतौर पर कई ग्रामीणों, और भी अधिक गांवों के लिए, संरक्षण के कार्यों को करने के लिए एकजुट होना असंभव है, जो अगर लगातार जारी रहे तो चो से प्रभावित भूमि के हिस्से अक्सर खेती के अयोग्य हो जाएंगे। अधिकांश मामलों में, निस्संदेह ग्रामीणों को पहले चरण में चो बेड में प्रभावित भूमि को पुनः संरक्षित करने का अवसर दिया जाएगा; और जहां कोई कार्य पूरी तरह से उनकी शक्ति से परे है, वे शायद केवल इस बात से बहुत खुश होंगे कि सरकार इसे अपने हाथ में ले, क्योंकि भले ही अंततः पुनः संरक्षित की गई भूमि पर उनके व्यक्तिगत अधिकार समाप्त हो जाएं, ऐसा पुनः प्राप्ति आस-पास के गांवों की भूमि के लिए बहुत लाभकारी होगा,..."*

"चो को [10]बिना किसी मुआवजे के कई वर्षों या हमेशा के लिए सरकार के अधीन किया जाना चाहिए।" चो का मतलब है पहाड़ों से बहने वाले झरने, छोटी नदियाँ और नाले। "धारा 13 सरकारी अधिकारियों को धारा 3 और 9 के तहत अधिसूचित भूमि पर प्रवेश करने के लिए आवश्यक अधिकार देती है, और धारा 16 सभी अधिसूचित क्षेत्रों में अधिकारों के उचित रिकॉर्ड तैयार करने का प्रावधान करती है। ..." यह स्पष्ट करता है कि नालियो, नालों, धाराओं, नदियों और छोटी नदियों के नीचे की भूमि को पुनर्ग्रहण के लिए सरकार के अधीन किया जा सकता है, ऐसे जलमार्गों पर अतिक्रमण अरावली के पारिस्थितिकी तंत्र के सभी अधिसूचित क्षेत्रों में अवैध है, जलमार्गों पर सभी प्रकार के निर्माण कानून के विरुद्ध हैं।

5.3.2. पी.एल.पी. अधिनियम पर चर्चा

5.3.2.1. क्या पी.एल.पी. अधिनियम निजी 'वन भूमि' के लिए वन अधिनियम है ?

आइए अधिनियम के परिभाषा वाले भाग पर चर्चा करें, जो इस अधिनियम को समझने में मदद करता है। पीएलपी अधिनियम (1900) की धारा 2 भारतीय वन अधिनियम (1927) से परिभाषाएँ प्राप्त करती है, जो भारतीय वन अधिनियम 1878 की निरंतरता मे प्रतिस्थापन था, जो दर्शाता है कि कटाव वाले क्षेत्रों को वन भूमि के रूप में माना जाना था।

धारा 2(ए) के अनुसार, *"expression "land" means land within any ()[11]area preserved and protected or otherwise dealt with in manner in this Act"*, यह स्वयं अरावली पारिस्थितिकी तंत्र/शिवालिक के लिए महत्वपूर्ण भूमि है, जिसे वन भूमि मानकर संरक्षण और सुरक्षा की जानी चाहिये। धारा 2(बी), "Cho" includes stream/streamlets/torrents/ nalah[12], जबकि अधिनियम रेतीले क्षेत्र सहित दक्षिण हरियाणा के अरावली पहाड़ियों पर भी लागू था व है, और पंजाब सरकार और हरियाणा द्वारा भी अपनाया गया था। इसमें सभी धाराएं/धार/उपधार/ नाले शामिल हैं । भारतीय वन अधिनियम, (1927 [13]) धारा 2 (5) ""river" *includes any stream, canal, creek, or other channels, natural or artificial;"* पीएलपी अधिनियम को मूल रूप से वनों की रक्षा (deboisement) के लिए अधिनियमित किया गया था और इसमें भारतीय वन अधिनियम (1878) की परिभाषाएं शामिल की गई थीं, जिसे बाद में पारित किया गया और भारतीय वन अधिनियम (1927) का नाम दिया गया।

भारतीय वन अधिनियम (1927) से प्राप्त 'वन अधिकारी' की 'वन उपज' और 'वन अपराध' से निपटने/संभालने की शक्तियां; पीएलपी अधिनियम (1900) धारा 2(सी), *"the expression "tree", "timber", "forest produce", and "cattle", respectively shall have the meanings severally assigned thereto in Section 2 of Indian Forest Act (1927)":*

भारतीय वन अधिनियम (1927) के अंतर्गत, धारा 2(4) में "forest produce" is explained as (2.4.a) *timber, charcoal, catechu, wood oil, resin, natural varnish, bark, myrabolams;* Section (2.4.b.) *whether brought from the forest or not;* (2.4.b.i) *trees leaves, flowers, and fruits and all other parts or produce not herein-before mentioned, of trees,* (2.4.b.ii) *plants not being trees (including grass, creepers, reeds, and moss) and all parts or produce of such plants,* (2.4.b.iii) *wild animals and skins, tusks, horns, bones, silk cocoons, honey and wax, and all other parts of animals,* and (2.4.b.iv) *peat surface soil, rock and minerals (including limestone, laterite, minerals oil, and oil products of mine and quarries)".* । इससे यह स्पष्ट हो गया कि भूमि संरक्षण क्षेत्र 'वन भूमि' है और उन क्षेत्रों से वन उपज के निष्कर्षण को वन विभाग द्वारा नियंत्रित किया जाता है तथा 'वन कानूनों' के अनुसार निपटा जाता है।

भारतीय वन अधिनियम (1927) धारा 2 (5) "river includes any stream, canal, creek, or other channels, natural or artificial; Section 2(6) *'timber" includes trees when they have fallen or have been felled and all wood whether cut or fashioned or hollowed out for any purpose or not;* Section 2 (7) *"trees" include palms, bamboos, stumps, brushwood, and canes."*

पीएलपी अधिनियम (1900) के परिभाषा भाग ने भारतीय वन अधिनियम (1927) के साथ इसकी उत्पत्ति और संबंध को दर्शाया, जबकि निजी भूमि का प्रबंधन भारतीय वन अधिनियम (1927) की विभिन्न धाराओं के तहत किया जाता था और इन निजी भूमियों को 'वन भूमि' माना जाता था और इन निजी भूमियों पर वनों को बचाने के लिए यह अधिनियम लाया गया था।

पीएलपी अधिनियम (1900) धारा 2 (ई), *"expression "Deputy Commissioner" includes any officer or officers at any time specially appointed by the State Government to perform the functions of a Deputy Commissioner under this Act":* सरकार ने अधिसूचना संख्या 6912-डी-52/7100 दिनांक 18 नवंबर 1953 को जारी की [14]और डीएफओ प्रादेशिक को अधिनियम के तहत उप आयुक्त के कार्य करने का अधिकार दिया। *"In exercise of powers conferred by clause (e) of section 2 of the Punjab Land Preservation Act, 1900, Divisional Forest Officer, in charge of the territorial Forest Divisions in the Punjab to perform the functions of a Deputy Commissioner under section 13 of said Act within limits of their divisions."*

भारतीय वन अधिनियम (1927) की धारा 2 (2) में "वन अधिकारी" को परिभाषित किया गया है और धारा 2 (3) में "वन अपराध" को परिभाषित किया गया है, वही परिभाषाएँ पंजाब भूमि संरक्षण अधिनियम (1900) की धारा 20 में इस्तेमाल की गई हैं, जिसमें भारतीय वन अधिनियम (1927) के प्रावधानों के अनुप्रयोग का उल्लेख किया गया है।

पंजाब भूमि संरक्षण अधिनियम (1900) की धारा 20, *"the provisions of sections 52, 54, 55, 56, 57, 58, 59,60, 61, 62, 64(excluding last sentence), 66, 67, 68 and 73 of Indian Forest Act,1927, shall so far as applicable, be read as part this Act and for the purposes of those provisions, every offence punishable under Section 19 shall be deemed to be a 'forest offence" and every officer employed in the management of any area notified under Section 3 or 8 as a caretaker or otherwise shall be deemed to be a "forest officer"."*

इससे यह स्पष्ट होता है कि पीएलपी अधिनियम निजी क्षेत्रों/व्यक्तियों या समुदायों/पंचायतों के स्वामित्व वाली भूमि में कटाव के लिए उत्तरदायी वनों/वन भूमि के संरक्षण और सुरक्षा के लिए था। इस बात पर कोई संदेह नहीं है कि इस अधिनियम को शामिल करने का उद्देश्य वनों की रक्षा करके और निजी स्वामित्व वाली/साझा भूमि पर पुनः वनरोपण करके कटाव को नियंत्रित करना था, ताकि हवा और पानी के कटाव को कम/न्यूनतम/कम किया जा सके और विभिन्न प्रकार के वानिकी हस्तक्षेपों (उपायों) के माध्यम से सार्वजनिक कल्याण कार्य के रूप में नियंत्रित किया जा सके।

आईएफए, 1927 की ये धाराएं और पीएलपी अधिनियम में 'वन अधिकारियों' को प्रदान की गई शक्तियों के शीर्षक इस प्रकार हैं; भारतीय वन अधिनियम, 1950 के Sections *52 (seizure of property liable to confiscation), 54 (power to release property seized under Section 52), 55 (forest produce, tools, etc., when liable confiscation), 56 (Disposal, on conclusion of trial for forest offence, of produce, in respect of it was committed), 57 (procedure when offender not known, or cannot be found), 58 (procedure as to perishable property seized under Section 52), 59 (appeal from order under Section 55, 56 and 57), 60 (property when vests in government), 61 (saving of power to release property seized), 62 (punishment for wrongful seizure), 64 (power to arrest without warrant) (excluding last sentence), 66 (power to prevent commission of offence), 67 (power to try offence summarily), 68 (power to compound offence) and 73 (forest officer deemed public servant) of Indian Forest Act,1927.*

पीएलपी अधिनियम में दिए गए ये प्रावधान दर्शाते हैं कि धारा 3 के तहत अधिसूचना जारी करने के बाद, और बाद में धारा 4, और/या 5, 5ए, और अन्य प्रासंगिक धाराओं के तहत अधिसूचित क्षेत्रों को 'वन' नियंत्रण के तहत माना जाता था, जो सरकार की संपत्ति नहीं थी और उन क्षेत्रों में किए गए अपराध 'वन अपराध' थे, जिनकी सुनवाई 'वन अधिकारी' द्वारा की जानी थी। इससे यह स्पष्ट हो जाता है कि पीएलपी अधिनियम एक 'वन अधिनियम' है जिसे 'वन अधिकारियों' द्वारा नाजुक कटाव-प्रवण क्षेत्रों के वनों की रक्षा और संरक्षण के लिए लागू किया जाता है। अब 'वन' concurrent list में हैं, भारतीय वन अधिनियम (1927) और एफसीए के मानदंड पीएलपी अधिनियम क्षेत्रों पर भी लागू रहेंगे।

5.3.2.1.1. पी.एल.पी. अधिनियम और आई.एफ.ए.

भारतीय वन अधिनियम (1927) के अध्याय V के रूप में IFA 1878 के अध्याय VI को मामूली बदलावों के साथ शामिल किया गया ; जबकि इस अध्याय का शीर्षक है, *"सरकार की संपति न होने वाले वनों और भूमि पर नियंत्रण के विषय में।"* कानून की उचित प्रक्रिया का पालन करने के बाद किसी भी सरकारी संपत्ति को आरएफ या पीएफ के रूप में अधिसूचित किया जा सकता है। धारा 35 से 38 तक यह अध्याय निजी भूमि पर वन प्रबंधन की प्रक्रिया की व्याख्या करता है; धारा 35 राज्य सरकार को तूफान, हवा, लुढ़कते पत्थरों, बाढ़ आदि से सुरक्षा के लिए किसी भी वन या बंजर भूमि को तोड़ने या भूमि को साफ करने, मवेशियों के चरागाह, आग लगाने या वनस्पति आदि को साफ करने आदि को विनियमित या प्रतिबंधित करने के लिए (आधिकारिक राजपत्र में) अधिसूचना जारी करने की शक्तियां प्रदान करती है; ढलानों, पहाड़ी भूभागों पर मिट्टी के संरक्षण के लिए झरनों, नदियों और तालाबों आदि में जलापूर्ति के रखरखाव के लिए। धारा 35 (2) राज्य सरकार को किसी भी जंगल या बंजर भूमि पर अपने खर्च से जैसा वह उचित समझे, कार्य कराने की शक्ति प्रदान करती है।

सर्वोच्च न्यायालय के 21.7.2022 के निर्णय के कुछ अंश उद्धृत हैं:

पैरा 27, "***5. Bar of accrual of forest-rights.***-*After the issue of a notification under Section 4, no right shall be acquired in or over the land comprised in such notification, except by succession or under a grant or contract in writing made or entered into by or on behalf of the Government or some person in whom such right was vested when the notification was issued;* ***and no fresh clearings for cultivation or for any other purpose shall be made in such land except in accordance with such rules as may be made by the State Government in this behalf.***" (emphasis added).

यहाँ, इस धारा ने पंजाब भूमि संरक्षण अधिनियम (1900) के लिए भी मार्ग प्रशस्त किया।

पैरा 29, भारतीय वन अधिनियम (1927) की धारा के तहत, "**30. *Power to issue notification reserving trees, etc.***–*The State Government may, by notification in the Official Gazette,*

(a) declare any trees or class of trees in a protected forest to be reserved from a date fixed by, the notification;"

"Chapter V of the 1927 Forest Act applies to forests or waste-lands not being the property of the Government. Thus, Chapter V applies to forests on private properties as the title of the Chapter is "Of the control of forests and lands not being property of Government". Sections 35 to 37 are relevant which read thus:

"35. Protection of forests for special purposes. *-(1) The State Government may, by notification in the Official Gazette, regulate or prohibit in any forest or waste-land*

(a) the breaking up or clearing of land for cultivation;

(b) the pasturing of cattle; or

(c) the firing or clearing of the vegetation;

when such regulation or prohibition appears necessary for any of the following purposes:–

(i) for protection against storms, winds, rolling stones, floods and avalanches;

(ii) for the preservation of the soil on the ridges and slopes and in the valleys of hilly tracts, the prevention of land slips or of the formation of ravines, and torrents, or the protection of land against erosion, or the deposit thereon of sand, stones or gravel;

(iii) for the maintenance of a water-supply in springs, rivers and tanks;

(iv)for the protection of roads, bridges, railways and other lines of communication;

(v) for the preservation of the public health.

(2) The State Government may, for any such purpose, construct at its own expense, in or upon any forest or waste-land, such work as it thinks fit.

(3) No notification shall be made under sub-section (1) nor shall any work be begun under sub-section (2), until after the issue of a notice to the owner of such forest or land calling on him to show cause, within a reasonable period to be specified in such notice, why such notification should not be made or work constructed, as the case may be, and until his

objections, if any, and any evidence he may produce in support of the same, have been heard by an officer duly appointed in that behalf and have been considered by the State Government.

36. Power to assume management of forests. –

(1) In case of neglect of, or wilful disobedience to, any regulation or prohibition under section 35, or if the purposes of any work to be-constructed under that section so require, the State Government may, after notice in writing to the owner of such forest or land and after considering his objections, if any, place the same under the control of a Forest-officer, and may declare that all or any of the provisions of this Act relating to reserved forests shall apply to such forest or land.

(2) The net profits, if any, arising from the management of such forest or land shall be paid to the said owner.

37. Expropriation of forests in certain cases. –

(1) In any case under this Chapter in which the State Government considers that, in lieu of placing the forest or land under the control of a Forest-Officer, the same should be acquired for public purposes, the State Government may proceed to acquire it in the manner provided by the Land Acquisition Act, 1894 (1 of 1894).

(2) The owner of any forest or land comprised in any notification under section 35 may, at any time not less than three or more than twelve years from the date thereof, require that such forest or land shall be acquired for public purposes, and the State Government shall require such forest or land accordingly."

Para 31. *Once a notification is issued by exercising the power under sub-section (1) of Section 35, there is a complete prohibition on breaking up or clearing forest lands for cultivation, the pasturing of cattle or clearing of vegetation. There is a power to assume management of such private forests by exercising the power under Section 36. There is also a power to acquire such private land. In fact, under sub-section (2) of Section 37, an option is given to the owner of a forest land comprised in any notification issued under Section 35 to require the State Government to acquire such forest land. But the owner must make a requisition at any time not less than three months from the date of the notification or more than twelve years from the said date.*

Para 33. *Now, we come to the 1980 Forest Act. This is a complementary enactment, dealing with matters concerning conservation of forests. In its statement of objects and reasons, it is noted that deforestation is causing ecological imbalance and is leading to environmental deterioration. It also notes that a widespread concern has been caused due to deforestation taking place on a large scale in our country.*

The preamble of the 1980 Forest Act recites that: -

"An Act to provide ***for the conservation of forests*** *and for matters connected therewith or ancillary or incidental thereto." (emphasis added).*

It must be borne in mind that the 1927 Forest Act is a pre-Constitution legislation. The said legislation is confined to only three categories of forests. The 1980 Forest Act has not repealed the 1927 Forest Act. In a sense, the 1980 Forest Act supplements the provisions of the 1927 Forest Act. During the last four decades, there has been a realization of the adverse impact of deforestation on the environment. The depletion of the green cover was one of the consequences of deforestation. Cutting down forests led to environmental degradation. Since the forests absorb carbon dioxide, its destruction considerably affects the ability of nature to keep emissions out of the atmosphere. This is one of the causes of global warming. The law relating to the environment gradually evolved during the last three decades in the light of the Constitutional provisions and ever-increasing awareness and growing concern about environmental degradation. Perhaps, to prevent large-scale deforestation, the Legislature thought it fit to come out with another legislation for protecting the forests."

यह पीएलपी अधिनियम की भावना को स्पष्ट करता है, जिसे सामुदायिक/पंचायत और निजी स्वामित्व वाली भूमि पर वनों की सुरक्षा और संरक्षण के लिए भी अधिनियमित किया गया था ताकि उन क्षेत्रों में कटाव को नियंत्रित किया जा सके। पीएलपी अधिनियम के तहत अधिसूचित क्षेत्रों का प्रबंधन और नियंत्रण वन विभाग के पास था, जिसके तहत संरक्षण कार्य किए गए, जिन्हें वन विभाग ने कटाव नियंत्रण उपायों को लागू करने के लिए सरकारी धन खर्च करके किया।

प्रतिबंध, विनियमन और निषेध भारतीय वन अधिनियम (1927) की धारा 76 के तहत नियम बनाने के लिए धारा 35 ए के अनुरूप हैं। भारतीय वन अधिनियम (1927) की धारा 36 राज्य सरकार को 'वन अधिकारी' द्वारा अधिसूचित निजी भूमि पर वनों का प्रबंधन और नियंत्रण संभालने की शक्ति प्रदान करती है और भारतीय वन अधिनियम (1927) के प्रावधान उस भूमि पर लागू होंगे, यही वह प्रक्रिया है जहां इस अधिनियम की धारा 3, 4 और 5 के तहत अधिसूचित क्षेत्रों के लिए प्रबंधन और नियंत्रण वन विभाग के पास निहित है। पीएलपी अधिनियम की धारा 19 और 20 के तहत निहित शक्तियां भी वन अधिनियम के अनुरूप हैं। भारतीय वन अधिनियम (1927) की धारा 37

में कुछ मामलों में वनों के अधिग्रहण का उल्लेख है। मालिकों के अनुरोध पर निजी भूमि पर वनों की धारा 38 संरक्षण एक अलग उद्देश्य पूरा करता है, जहां अलग-अलग मालिक अपनी जमीन का प्रबंधन करने में असमर्थ हैं, वे इसके लिए वन विभाग से अनुरोध कर सकते हैं।

अध्याय 5 को पढ़ने के बाद यह स्पष्ट है कि पी.एल.पी. अधिनियम के सभी प्रावधान कटाव के अधीन या उसके लिए उत्तरदायी क्षेत्रों को वन मानते हुए बनाए गए थे और यही कारण रहा कि इस अधिनियम के लागू होने के बाद से धारा 4 और 5 के विशेष आदेश के तहत अधिसूचित क्षेत्रों को वन विभाग के वार्षिक प्रतिवेदन प्रपत्र 7 में दर्ज वनों की सूची में शामिल किया गया। इसमें कोई संदेह नहीं हो सकता कि पी.एल.पी. अधिनियम अधिसूचना में कटाव के अधीन या उसके लिए उत्तरदायी या लगातार कटाव वाले क्षेत्रों को 'वन' माना गया (धारा 3 के अधिसूचित क्षेत्रों को अभिलेखों में 'वन' के रूप में दर्ज नहीं किया गया, लेकिन धारा 4 के 'सामान्य' प्रतिबंध, निषेध और विनियमन उन क्षेत्रों पर लागू थे, जो कटाव को नियंत्रित करते थे, जैसे पेड़ों की कटाई / कभी-कभी भूमि को नए सिरे से तोड़ना)

पंजाब एवं हरियाणा उच्च न्यायालय, चंडीगढ़ द्वारा विजय बंसल बनाम हरियाणा सरकार के मामले में सी.डब्लू.पी. संख्या 20134/2004, (2009 एस.सी.सी. ऑनलाइन पी.एंड.एच. 5365) दिनांक 15.5.2009 को निर्णीत आदेश के पैरा 32, और 34 भाग स्थिति को स्पष्ट करने के लिए प्रस्तुत किए गए हैं।

पैरा 32, "*The Statement of 'Objects and Reasons' of the PLPA deciphers that due to destruction of the under-growth and forests on the Shivalik mountain range, the surface soil has been largely washed away from the high-lands by rains, and the injurious action of mountain torrents and streams on the low-lands had greatly increased. The fertile plains below the water-shed of the Shivalik range were being damaged and deteriorated by erosion, deposits of sand, and boulder and sand drift. It was with a view to prevent injury to the rich region of the plains that the PLPA was enacted to enable the Government to extinguish the pasture and wood cutting rights and right to break-up new land for cultivation of 'forest areas' which otherwise were not the property of the government, and to prevent the future growth of such rights. Section 2(c) of the PLPA (as amended from time to time) provides the same expression to "tree" "timber" "forest produce" and "cattle" as has been given to these expressions in Section 2 of the Indian Forest Act, 1927. Section 3 of the PLPA enables the State Government to notify the areas whenever it is so desirable "to provide for the conservation of sub-soil water or the prevention of erosion" The restrictions or directions which the State Government is competent to issue are itemized under Section 4 of the PLPA. Section 5 further empowers the State Government to issue 'special orders' in respect of any specific village/villages or part thereof, comprised within the area already notified under Section 3 of the PLPA. Section 19 contains the penal consequences for breach of any regulation or restriction/prohibition imposed under the Act. Section 20 is indeed significant as by virtue thereof, several provisions of the Indian forest Act, 1927 have been borrowed to be read as a part of the PLPA.*"

Para 34, "As may be noticed, firstly, the State Government may notify a large chunk of land under Section 3 to prevent erosion and for the conservation of sub-soil water and thereafter issue directions under Section 4 in respect of the entire or part of that land."

5.3.2.1.2. पीएलपी अधिनियम, शिमला उच्च न्यायालय 1951 निर्णय। कई व्यक्तियों ने सुप्रीम कोर्ट में दावा दायर किया कि पीएलपी अधिनियम के कानूनी पहलुओं पर अदालतों में चर्चा ही नहीं की गई है, अतीत में पीएलपी अधिनियम के तहत जारी प्रतिबंधों और निषेधों की वैधता को रोकने के लिए कई उच्च न्यायालय या सुप्रीम कोर्ट के फैसले हो सकते हैं। ऐसा ही एक मामला पंजाब उच्च न्यायालय, शिमला के डबल बेंच के फैसले द्वारा 20 दिसंबर, 1951 को तय किया गया था , सिविल रिट याचिका संख्या 242/1951, बनवारी लाल बनाम पंजाब राज्य में [15]पीएलपी अधिनियम के खिलाफ अनुच्छेद 226 के तहत दायर किया गया था, धारा 4 आदेश 30 मई, 1951 को जारी किया गया था, जो 20 नवंबर, 1950 की धारा 3 अधिसूचना और 5-2-1951 की अधिसूचना की निरंतरता में अधिसूचित प्रतिबंधों और निषेधों के न्यायालय ने निर्णय दिया कि अधिनियम की धारा 3 के तहत निषेध का उद्देश्य भूमिगत जल का संरक्षण तथा चराई द्वारा सभी वनस्पतियों के विनाश के कारण क्षेत्र में कटाव की रोकथाम है। न्यायालय ने पाया कि प्रतिबंध अनुच्छेद 19 के खंड (6) के तहत राहत के लिए उचित प्रतिबंध के रूप में शामिल हैं तथा पीएलपी अधिनियम की धारा 3 और 4 के तहत जारी अधिसूचना में हस्तक्षेप करने का कोई आधार नहीं है।

5.3.2.2. धारा 3, 4, एवं 5 के सामान्य पहलू .

'Area subjected /liable to erosion' is notified as an 'entire area', the basis of the Act was an '<u>area-based</u>" approach.

राजपत्र अधिसूचना को सरलता से पढ़ने पर निम्नलिखित बातें स्पष्ट हो जाती हैं। कटाव एक क्षेत्र-उन्मुख दृष्टिकोण रहा है, इसलिए संपूर्ण कटाव-प्रवण क्षेत्र जो हवा या पानी या दोनों से कटाव से प्रभावित या प्रभावित होने के योग्य है, को धारा 3 के तहत अधिसूचित किया जाता है। यह एक ब्लॉक, तहसील, जिला, कोई भी क्षेत्र, क्षेत्र के हिस्से या किसी भी भौगोलिक निरंतरता क्षेत्र / इकाइ हो सकता है जो जंगलों

के विनाश (वनों की कटाई) की ओर ले जाता है। कटाव जंगलों और मिट्टी को कम या नष्ट कर देता है जिस पर जंगल उगते हैं और अच्छा वन कवर केवल कटाव को कम या रोक सकता है। सत्ता के दबाव में कुछ खसरा नंबरों को बाहर करने की अवधारणा कुछ विशिष्ट खसरा नंबरों के निकालने के योग्य नहीं है और उन हिस्सों को संरक्षण के लिए जंगलों के रूप में माना जाना चाहिए, अन्यथा, पड़ोसी क्षेत्र कटाव से बर्बाद हो जाएंगे।

धारा 3 के तहत अधिसूचित क्षेत्रों में पेड़ों की सुरक्षा अत्यधिक महत्वपूर्ण हो जाती है ताकि कानून में प्रस्तावित प्रतिबंध या निषेध की वैधता को सही ठहराया जा सके कि केवल पूर्व अनुमति के बाद ही पेड़ों को काटने की अनुमति दी जाए ('सामान्य' धारा 4) ताकि निजी भूमि और कृषि भूमि में वांछनीय वृक्ष आवरण बनाए रखा जा सके ताकि उनकी जमीन को पानी या/और हवा के कटाव से बचाया जा सके। ये प्रतिबंध मानव जीवन, संपत्ति, खेती की फसलों और पशुधन को बचाने के लिए जारी किए गए थे। वर्तमान 'नीति/कानून' निर्माता को धारा 3 क्षेत्रों में पेड़ों की सुरक्षा के सार की सराहना करनी चाहिए। अन्यथा, कटाव पर्यावरण के साथ ग्रामीणों और पहाड़ों को बर्बाद कर देगा। इन क्षेत्रों में रहने वाले लोगों के जीवन को बचाने के लिए पेड़ों को बचाना जरूरी है। धारा 3 सरकार को किसी भी कटाव-ग्रस्त क्षेत्र की सुरक्षा और संरक्षण के लिए सशक्त बनाती है और इसके लिए एक क्षेत्र (भूवैज्ञानिक/भौगोलिक क्षेत्र की निरंतरता) के लिए अधिसूचना जारी की जाती है। पीएलपी अधिनियम को 'क्षेत्र दृष्टिकोण' के साथ कटाव प्रभावित/प्रवण क्षेत्रों में जंगलों, वन भूमि, पेड़ों और मिट्टी को बचाने के लिए लाया गया था ।

धाराा 3 की अधिसुचना जारी होने के बाद , धारा 4 के तहत 'सामान्य' अधिसूचना जारी की जाती है, ताकि उस पूरे क्षेत्र या उसके हिस्से में पेड़ों को काटने या जमीन को नए सिरे से तोड़ने पर प्रतिबंध/निषेध लगाया जा सके। झज्जर तहसील (रोहतक जिले का एक पूर्व भाग) में पेड़ों की कटाई पर प्रतिबंध, साहिबी, दोहान और कृष्णावती नदियों के कटाव से उन बाढ़ क्षेत्रों में भूमि और बस्तियों को हुए नुकसान को बचाने के लिये एक उदाहरण के रूप में लगाए गए थे। कृपया, अध्याय 1 का संदर्भ लें, कि कैसे राजस्थान और हरियाणा से अरावली पहाड़ियों से उठने वाले तेज बहाव से कटाव दिल्ली और यमुना के मैदानों तक के क्षेत्र को प्रभावित कर रहा था (पहले दोहान, साहिबी और कृष्णावती नदियाँ हांसी-हिसार क्षेत्र में सरस्वती नदी में मिलने के लिए दृषद्वती नदी में मिलती थीं और बाद में यमुना नदी में मिलने के लिए अपना रास्ता बदल लिया था)। लोगों को 'सामान्य' धारा 4 अधिसूचना के महत्व की सराहना करनी चाहिए कि पेडो कि कटाई मे केवल वन मण्डल अधिकारी कि अनुमति जरूरी कि गइ है, इसके बाद, कृषि भूमि और बस्तियों में कटाव के खतरे को रोकने के लिए प्राकृतिक संतुलन बनाए रखने के लिए काटे गए पेड़ों के स्थान पर 3 से 10 गुना पेड़ लगाने की शर्तें भी लागू की गईंताकी प्रयावरण सन्तुलन बना रहे, क्योंकि हवा के तूफान या बाढ़ कभी भी एक दूसरे की भूमि के बीच अंतर नहीं करते हैं, वे अपने रास्ते में आने वाली हर चीज को नुकसान पहुंचाते हैं।

इस राजपत्र अधिसूचना में विचारणीय वाक्य "*धारा 4 के खंड (ए)-(सी) के अंतर्गत जारी किए गए आदेश, चाहे सामान्य हों या विशेष, सख्त सीमाओं के अधीन हैं।*" इन क्षेत्रों में अधिसूचना जारी होने से पहले आमतौर पर खेती के अधीन नहीं रहने वाली भूमि को साफ करने या तोड़ने या खेती करने पर प्रतिबंध, निषेध और नियम लगाए जाते है, धारा 3 के तहत अधिसूचित क्षेत्रों में भूमि (ए) को तोड़ने या साफ करने और पेड़ों (सी) को काटने को 'सामान्य' धारा 4 के तहत सीमित किया जा सकता है। धारा 3 के संपूर्ण क्षेत्रों को 'अभिलेखित वन भूमि' नहीं माना गया क्योंकि वे ऐसे भूवैज्ञानिक/भौगोलिक क्षेत्र हैं जो उस समय क्षरण के लिए उत्तरदायी या अधीन हैं, अधिनियम में ऐसे क्षेत्रो के लिये एक सीमित सीमा तक निषेध और नियम निर्धारित किए गए ।

कानूनी स्थिति स्पष्ट कर दी गई थी, "*जहां तक भूमि को साफ करने और खेती करने या पत्थर निकालने और चूना जलाने का संबंध है,* ***वे उस क्षेत्र को अधिसूचित क्षेत्र घोषित करने की अधिसूचना की तारीख से पहले की गई कार्रवाई को प्रभावित नहीं कर सकते जिसमें इन अधिकारों का प्रयोग किया गया है ; जबकि पेड़ों को काटने और वन उपज को हटाने के संबंध में, वे ऐसी किसी भी चीज को प्रभावित नहीं कर सकते जो क्षेत्र के निवासियों के वास्तविक घरेलू और कृषि उद्देश्यों के लिए किया जाता है*** ।" अधिसूचना की भावना स्पष्ट है कि धारा 3 के तहत अधिसूचना जारी करने से पहले भूमि की स्थिति बहुत महत्वपूर्ण है {उस समय के पूरे गुड़गांव जिले के लिए अधिसूचना 9419-डी दिनांक 30.09.1948 महत्वपूर्ण हो गई, जिसमें फरीदाबाद, पलवल, गुड़गांव, मेवात, रेवाड़ी जिले शामिल [16]थे, पटियाला राज्य मे नारनौल और महेंद्रगढ़ तहसीलें, जींद राज्य से दादरी (चरखी दादरी) और नाभा राज्य से बावल निजामत का एक हिस्सा।} और **धारा 4 के क्षेत्रों में निवासियों के वास्तविक घरेलू और कृषि उपयोग प्रभावित नहीं किये गये** , जबकि धारा 5 के तहत अधिसूचित क्षेत्रों में **विशेष परिस्थितियों को पूरा करने के लिए उस समय चल रही गतिविधियों के लिए नए प्रतिबंध भी लगाए जा सकते हैं** ।

5.3.2.3. पी.एल.पी. अधिनियम, धारा 3 ।

5.3.2.3.1. अपरदन प्रक्रिया: 'स्थायी' या 'अस्थायी'। पीएलपी अधिनियम भू-क्षरण को नियंत्रित करने के लिए बनाया गया था, यह एक भूवैज्ञानिक शब्द है। भूविज्ञान में अपरदन की व्याख्या इस प्रकार की गई है, "अनाच्छादन की प्रक्रिया का वह भाग जिसमें परिवहन किए गए मलबे की यांत्रिक क्रिया द्वारा भूमि की सतह का क्षरण होता है। परिवहन के कारक स्वयं चट्टानों पर केवल सूक्ष्म क्षरण क्रिया करने में सक्षम होते हैं, लेकिन जब उनमें अपक्षयित पदार्थ के कण होते हैं, तो वे विनाश के शक्तिशाली कारक बन जाते हैं।"[17]

पीएलपी अधिनियम की धारा 2(जी) में उल्लेख किया गया है, *"The expression 'includes the removal or displacement of earth, soil, stones, or other material by the action of wind or water."* यहां पीएलपी अधिनियम में 'क्षरण' के लिए क्षेत्र से संबंधित कटाव के केवल दो एजेंटों 'हवा' और 'पानी' का उल्लेख किया गया है। हवा या पानी की क्रिया से एक बार हटाई गई पृथ्वी, मिट्टी, पत्थर, या अन्य सामग्री को उसी मूल स्थिति में बहाल नहीं किया जा सकता है। टूटी हुई चट्टानों को उनके मूल/पिछले रूप में बहाल करना / जोड़ना संभव नहीं है। प्रकृति में, किसी कारण से एक बार हुआ कटाव, तो वह कटाव हमेशा के लिए बना रहता है। वैज्ञानिक तंत्रों/हस्तक्षेपों का उपयोग करके, हम आगे के कटाव को कम करने के लिए क्षेत्र को पुनः रीकलेम करने का प्रयास कर सकते हैं, लेकिन एक बार जिन स्थानो पर कटाव, क्षरण, अपरदनहो गया तो उस भूमी, मिट्टी व चट्टानों को उनके मूल रूप मे पुर्नस्थापित नही किया जा सकता। कटाव का प्रभाव स्थायी हौता है।

क्या हम बारिश और हवा को स्थायी या अस्थायी कह सकते हैं? बिल्कुल नहीं। बारिश और हवा प्रकृति में अनादि काल से मौजूद हैं और भविष्य में भी प्रकृति में जारी रहेंगी। जब वायुमंडलीय तत्वों के आधार पर बारिश और पानी निरंतर जारी रहता है, तो कटाव भी किसी भी क्षेत्र के भूविज्ञान और भूआकृति विज्ञान से किसी भी प्रचलित जलवायु परिस्थितियों में हमेशा जुड़ा रहता है। हालाकि कटाव की तीव्रता वायुमंडलीय स्थितियों के साथ बदलती रहती है।

कटाव के इन दो कारकों को कभी भी ' **स्थायी**' या '**अस्थायी**' की स्थिति तक सीमित नहीं किया जा सकता है, जैसा कि कुछ लोगों द्वारा अनुचित तरीके से प्रचारित किया जाता है। अपक्षय और अनाच्छादन की प्रक्रिया में चट्टानों का घिसना, फटना, टूटना और सड़ना शामिल है। अपक्षय और अनाच्छादन हमारी पृथ्वी की क्रॅस्ट के निर्माण (लगभग 3700 मिलियन वर्ष) के बाद से प्रकृति में लगातार काम कर रहे हैं। कटाव के एजेंट के रूप में हवा और पानी पृथ्वी, मिट्टी, पत्थरों या अन्य अनाच्छादित और अपक्षयित सामग्री को विस्थापित/उखाड़ते हैं और ले जाते हैं। पृथ्वी की सतह पर इसकी यांत्रिक क्रिया के माध्यम से क्षति/विनाश की तीव्रता कई गुना बढ़ जाती है।

आर्कियन काल से ही अरावली पर्वत श्रृंखला की संरचना में क्षरण, पुनः क्षरण, निक्षेपण, अवसादन, उत्थान और कायापलट के कई चरण आते रहे हैं, और इस प्रकार प्रकृति में क्षरण का एक के बाद एक चक्र चलता रहा। राष्ट्रीय राजधानी क्षेत्र के अरावली पर्वतों में एंटीक्लिनोरियम सिंक्लिनोरियम संरचनात्मक विशेषताओं (जिसमें अलवर, दिल्ली सुपर ग्रुप चट्टानों की अजबगढ़ श्रृंखला शामिल है) की एक श्रृंखला के साथ कई चरणों के क्षरण के साथ कई पर्वतजन्य और विवर्तनिक उथल-पुथल के दौरान जोड़, दरारें, फ्रैक्चर और अन्य संरचनात्मक लिन्यांमेन्ट विकसित हुई।

कटाव की प्रक्रिया चक्रीय [18]प्रकृति की होती है और विभिन्न क्षेत्रों में कई तरह के कटाव चक्र चलते रहते हैं, वैज्ञानिक रूप से कटाव को 'स्थायी' या 'अस्थायी' नहीं कहा जा सकता। कटाव नियंत्रण उपाय भी प्रकृति की अनिश्चितताओं का सामना करने के लिए स्थायी नहीं रहते। बल्कि कटाव एक सतत प्रक्रिया है और भविष्य में भी जारी रहेगी। साथ ही, कटाव नियंत्रण उपायों को भी निरंतर लागू किया जाना चाहिए और कटाव करने वाले एजेंटों की निरंतर क्रियाओं से होने वाले नुकसान को कम करने के लिए प्रतिबंधों, निषेधों और विनियमों के साथ भविष्य में भी जारी रहना चाहिए। मनुष्य प्रकृति को नियंत्रित/विनियमित नहीं कर सकता, बल्कि प्रकृति मनुष्य को नियंत्रित/विनियमित करती है ।

5.3.2.3.2. पीएलपी अधिनियम की धारा 3 के तहत क्षेत्रों को अधिसूचित करते समय समयावधि का उल्लेख क्यों नहीं किया गया?

कटाव एक सतत प्रक्रिया है, तथा इसे पूर्णतः रोकने या नियंत्रित करने की कोई समयावधि बताकर इसे निर्दिष्ट नहीं किया जा सकता। वर्तमान में कटाव के लिए उत्तरदायी क्षेत्र भविष्य में भी कटाव के लिए उत्तरदायी रह सकते हैं। क्षेत्र की स्थितियों का आकलन करने के पश्चात, कटावग्रस्त या जारी कटाव वाले या कटाव के लिए उत्तरदायी निर्दिष्ट क्षेत्र को पीएलपी अधिनियम की धारा 3 के अंतर्गत अधिसूचित किया जाता है। कटाव की कोई समय सीमा नहीं होती, यह एक सतत प्रक्रिया चक्र है, जिसके एक के बाद दूसरा चक्र चलता रहता है, इसलिए यह कहना अनुचित होगा कि किसी क्षेत्र का कटाव इतने समय में रोका जा सकता है। उदाहरण के लिए, कोई भी यह नहीं कह सकता कि इतने समय में अरावली क्षेत्रों में भूजल रिचार्ज हो जाएगा । आगामी दशकों में वर्षा या वायु तूफान तथा उसके कारण होने वाले कटाव का पूर्वानुमान लगाने के लिए कोई वैज्ञानिक पद्धति उपलब्ध नहीं है। इसलिए केवल कटाव प्रभावित क्षेत्रों की पहचान कर उन्हें अधिसूचित किया जाता है। इस स्तर पर पीएलपी अधिनियम में समयावधि का उल्लेख आवश्यक नहीं है, प्रतिबंधों के दौरान, अपनाए गए नियंत्रण उपायों के प्रकार के आधार पर समयावधि/बंद जैसे निषेध अधिसूचित किए जाते हैं।

5.3.2.3.3. पीएलपी अधिनियम, धारा 3 , कटाव 'क्षेत्रों' की अधिसूचना से संबंधित है, *"Whenever it appears1 to the State[19] Government that it is desirable to provide for the conservation of sub-soil water2 or the prevention of erosion in any area3 subject to erosion or likely to become liable to erosion4, such Government may by notification make a direction5 accordingly."*

1900 के बाद से (पहले भी) सौ साल से भी ज़्यादा समय बाद, वन विभाग प्रकृति की लगातार बदलती वायुमंडलीय घटनाओं के साथ भूगर्भीय क्षरण की प्रक्रिया को नियंत्रित करने के लिए पीएलपी अधिनियम की धारा 3 को लागू कर रहा है। उस समय के वनपालों ने सतह की

स्थलाकृति/भूभाग में परिवर्तन (विकास), तापमान के बदलते पैटर्न, प्रकृति की अनिश्चित अनिश्चितताओं, आने वाली प्राकृतिक आपदाओं, वर्षा की अनिश्चित अनिश्चितताओं, धूल से भरे हवा के तूफानों, वायु क्षरण, मानवजनित कारणों को समझा और सिकुड़ते प्राकृतिक संसाधनों पर लगातार बढ़ते जैविक दबाव से निपटने के साथ-साथ वन आवरण, उसके प्रकार और प्रकृति की रक्षा करके संरक्षण उपाय करने का प्रयास किया।

अधिनियम के मुख्य शब्द हैं **'क्षरण'** , **'क्षेत्र'** और ' **भूमि के नीचे के जल का संरक्षण'** । ये सभी वैज्ञानिक शब्द हैं जिन्हें इन शब्दों में शामिल विज्ञान के संदर्भ में समझने की आवश्यकता है। यह इतना सरल नहीं है और इसे हल्के में नहीं लिया जाना चाहिए। विचार करें! ऐसा क्यों होता है। यह कब वांछनीय है? कटाव को कैसे रोका जाए? कटाव के लिए उत्तरदायी क्षेत्र? कटाव को नियंत्रित करने के लिए किस तरह के निर्देशों की आवश्यकता है और ऐसे निर्देश अच्छी तरह से स्थापित वैज्ञानिक तरीकों के अनुरूप होने चाहिए।

अतीत [20]में वनपालों ने कैसे सोचा और उन्होंने सरकारी संपत्ति न होने वाली भूमि को बंद करने के लिए तकनीकी नोट संख्या 6 प्रकाशित किया। (नियम 6.1) पी.एल.पी. अधिनियम की धारा 3, 4, 5, और 5-ए के तहत अधिसूचित, और आई.एफ.ए. की धारा 38 (1927) के तहत निजी क्षेत्र। पत्र संख्या 1568 दिनांक 4.10.1939 द्वारा कटाव-रोधी कार्यों के लिए प्रक्रिया निर्धारित की गई थी, जिसे अलग-अलग समय पर संशोधित किया गया और अंतिम प्रक्रिया निर्धारित की गई (नियम 6.4)। धारा 3 के तहत अधिसूचना जारी करने के बाद, पी.एल.पी. अधिनियम के प्रावधानों को मालिकों की सहमति से या बिना सहमति के लागू किया जा सकता है (नियम 6.5)। (इस अध्याय में उपयुक्त मद में विस्तृत विवरण दिया गया है)

अब हम इस अनुभाग की विषय-वस्तु को अलग-अलग भागों में विभाजित करके चर्चा करते हैं; *'whenever it appears'1,* शब्द; जब भी; जिसका अर्थ है 'जो भी समय कोई फर्क नहीं पड़ता जब' [21]क्षरण की रोकथाम वांछनीय है, शब्द 'प्रकट होता है' जैसा कि शब्दकोश में समझाया गया है, " *अस्तित्व में आना या अस्तित्व में आना " या " दृश्य पर दिखाई दें "* जैसे " *होमो सेपियंस दिखाई दिया लाखों* साल पहले " जो उन क्षेत्रों में लंबे समय से चल रहे कटाव के अस्तित्व को स्पष्ट करता है , और लंबे समय के दौरान उन क्षेत्रों में कटाव के कारण जो भी नुकसान हुआ था। मौजूदा भौतिक विशेषताएं कटाव की दर और सीमा को तेज करने के लिए उत्तरदायी हैं।

राज्य सरकार को अधिनियम के तहत, "***भूमिगत जल के संरक्षण या कटाव की रोकथाम के लिए" अधिसूचना जारी करने का अधिकार है*** **। पर्यावरण को बेहतर बनाने के लिए पारिस्थितिकी तंत्र के संरक्षण के लिए इस्तेमाल किए जा सकने वाले** विभिन्न संरक्षण उपायों और तकनीकों को समझना महत्वपूर्ण है । फिर वैज्ञानिक और टिकाऊ उपाय, तकनीक, वैज्ञानिक तरीके और उसके लिए आवश्यक आवश्यकताएं क्या हैं, जो कटाव की रोकथाम में मदद कर सकती हैं?

क्षेत्र' की अवधारणा महत्वपूर्ण है, उन क्षेत्रों की निरंतरता में लंबाई और चौड़ाई क्या है। क्षेत्र एक निरंतर इकाई है, हम उपचार उपायों के अनुप्रयोगों के दौरान क्षेत्र को खंडित करने का जोखिम नहीं उठा सकते। कटाव वाले क्षेत्रों को समरूप इकाइयों के रूप में माना जाना चाहिए, निजी क्षेत्रों में कटाव के प्रकारों को ध्यान में रखते हुए, उन्हें कटाव को नियंत्रित/कम करने के लिए एक इकाई के रूप में अधिसूचित किया गया था। भूजल संरक्षण के लिए निरंतर प्रयासों और बार-बार संरक्षण और सुरक्षा उपायों को लागू करने की आवश्यकता है क्योंकि 10 से 30 साल की छोटी अवधि में या किसी भी अस्थायी नियंत्रण उपायों के साथ भूजल को पूरी तरह से संरक्षित करना संभव नहीं है। एक उदाहरण दक्षिण हरियाणा है, सत्तर के दशक में विद्युतीकरण के बाद, कई ट्यूबवेल स्थापित किए गए और 30 वर्षों के भीतर लाखों वर्षों से संरक्षित भूजल एक छोटी अवधि में समाप्त हो गया। भूजल स्तर लगातार गिरता गया और अब पुरे क्षेत्र मे जल की कमी हो रही है।

यह उचित नही होगा अगर हम अपरदन व क्षरण रोकने के लिये संरक्षण हेतु अस्थायी या स्थायी शब्द कर प्रयोग करे , बल्कि हर सरकार और जनता को भविष्य में भी भूजल संरक्षण के लिए अपने संरक्षण प्रयासों को जारी रखना चाहिए और वर्षा की हर बूंद को जहाँ गिरती है, वहाँ संरक्षित किया जाना चाहिए। अरावली क्षेत्रों में भूजल की वर्तमान स्थिति इतनी खराब है कि किसानों/ग्रामीणों को भूजल उपलब्ध नहीं हो पा रहा है, यहाँ तक कि कुछ किसान अपने जीवनयापन के लिए भारी भरकम धन लगाकर सतह से 1500 फीट नीचे तक गहरी बोरिंग भी करवा चुके हैं।

यहाँ यह उल्लेख करना महत्वपूर्ण है कि हिमालय के ग्लेशियर तेजी से पिघल रहे हैं और पीछे हट रहे हैं। यमुना नदी से WJC में हरियाणा का हिस्सा अपर्याप्त है, यहाँ तक कि यह गुड़गांव शहर की आबादी की पीने के पानी की जरूरतों को पूरा करने के लिए भी पर्याप्त नहीं है। सभ्यता के अस्तित्व के लिए भूजल के संरक्षण के लिए गंभीर चिंता की आवश्यकता है। पानी की बढती मांग को केवल वर्षा जल की हर बूंद को संरक्षित करके ही पूरा किया जा सकता है।

पूरी दुनिया में बड़ी संख्या में शहर (भारत में शिमला जैसे शहरों सहित) वन संरक्षण क्षेत्रों से अपनी पेयजल आपूर्ति प्राप्त कर रहे हैं। इसलिए, लोगों की पेयजल की आवश्यकता को पूरा करने के लिए, इन क्षेत्रों में वनों की रक्षा करके वर्षा जल के अवशोषण और इन्फिल्ट्रेशन को बढ़ाने के लिए अरावली पहाड़ियों में वनों का संरक्षण करना अनिवार्य और आवश्यक है। जब अरावली वन आवरण से आच्छादित थी, तब ग्रामीणों को पर्याप्त पानी उपलब्ध था।

यह उल्लेख करना महत्वपूर्ण है कि अरावली की भूगर्भीय संरचनाएँ, जो क्षेत्रीय रूप से भू-संयोजी और भू-विरोधी प्रकृति की हैं, जिसका अर्थ है कि इन क्षेत्रों में एक समान विस्तृत जल स्तर/जलभृत नहीं हो सकता है, संरक्षित भूजल मैदानी क्षेत्रों में परिवर्तनशील आयाम वाले जलभृतों में और अरावली पहाड़ियों में जॉन्ट, क्रेवासिज/फिंशरज/फोलिएशन/ कलिवेज/ फ्रेक्चर/ लिन्यांमेन्ट के माध्यम से बनाए रखा है। भूवैज्ञानिक संरचनाएँ हमें भविष्य में भूजल संरक्षण उपायों को निरंतर जारी रखने के लिए बाध्य करती हैं।

धारा 3 के अगले भाग में लिखा है, "*the prevention of erosion in any area3...*" यहाँ *'कटाव की रोकथाम'* और *'किसी भी क्षेत्र में' शब्दों* को उचित परिप्रेक्ष्य में समझना चाहिए। इन क्षेत्रों में बहुत लंबे समय तक, शायद हमेशा के लिए, कटाव की रोकथाम के उपायों को लगातार जारी रखना होगा। कटाव की रोकथाम के उपायों के प्रकार और प्रकृति हमेशा कटाव की सीमा और किसी भी क्षेत्र की मौजूदा भू-आकृति विज्ञान विशेषताओं और भूवैज्ञानिक संरचनाओं की प्रकृति के अनुसार अलग-अलग होंगे।

वैज्ञानिक दृष्टि से कटाव एक 'क्षेत्र' आधारित अवधारणा है जिसे कानून बनाते समय स्वीकार किया गया था, यह बात सर्वोच्च न्यायालय के 14.5.2008 के निर्णय के पैरा 7 में भी कही गई थी। पैरा 7 में स्पष्ट किया गया है कि **संरक्षण क्षेत्र-उन्मुख होना चाहिए** , खसरा नंबरों के आधार पर नहीं, "**यह ध्यान दिया जाना चाहिए कि पहले फोकस क्षेत्रों पर था न कि खसरा नंबरों पर।** 21.12.1992 से पहले के बारे में आवेदकों के रुख [22]को पहले के फैसले 18.3.2004 के पैरा 80 और 81 में निपटाया गया है। एमसी मेहता के मामले (*सुप्रा*) में इस न्यायालय के फैसले ने राज्य वन विभाग द्वारा वन के रूप में माने जाने वाले क्षेत्रों पर संरक्षण अधिनियम की प्रयोज्यता से निपटा।" 18.03.2004 के फैसले का पैराग्राफ 78,79,80,81 और 82 मे अरावली वन संरक्षण पर बल दिया।

आइए हम 'वायु' अपरदन का एक उदाहरण समझाते हैं, जहां बहती हवा वनस्पति आवरण से रहित क्षेत्रों से मिट्टी को काटती है, फिर उसका परिवहन करती है, और उस स्थानांतरित रेत के कुछ हिस्से को दूसरी जगह जमा करती है जिससे पूरे क्षेत्र को नुकसान होता है। उदाहरण के लिए, दक्षिण हरियाणा में पश्चिम (राजस्थान के थार रेगिस्तान) से चलने वाली धूल भरी हवाएं उस रेत को हरियाणा के महेंद्रगढ़, रेवाड़ी और गुड़गांव जिलों में ले जाकर जमा करती हैं। वायु कटाव की इस प्रक्रिया ने फसलों को नष्ट कर देती थी और आवासीय क्षेत्रों को नुकसान पहुंचाती थी। अरावली पहाड़ियों से टकराने के बाद उन हवा के तूफानों ने अरावली की तलहटी के किनारों पर बारीक रेत के लोएस (भूड़) जमाव (क्योंकि रास्ते में खेतों में मोटी रेत जमा हो गई और बारीक रेत अधिक ऊंचाई तक उड़ गई) का निर्माण हुआ।

अगर हम साहिबी, दोहान, कृष्णावती नदियों आदि नदियों के जलग्रहण क्षेत्रों में मौसमी नालों /नदियों/धारों/छोटीनदियों से होने वाले जल कटाव को देखें, तो राजस्थान से निकलने वाली यह नदियाँ महेंद्रगढ़, रेवाड़ी, भिवानी, पटौदी के विशाल कृषि क्षेत्रों को नष्ट कर देती थीं और फिर उत्तर-पूर्व की ओर हरियाणा के झज्जर/चरखी दादरी जिलों में बहती थीं। वर्षा का पानी पूरे क्षेत्र में तलहटी के नीचे कृषि भूमि में नालीयों, नालों और खड्डों के माध्यम से कटाव का कारण बनता था और फिर बाढ़ के मैदानी क्षेत्रों में कटाव सामग्री जमा करता था।

चूंकि कटाव 'पूरे क्षेत्र' में था और हवा और पानी के कटाव के कारण होने वाले नुकसान को कम करने के लिए पीएलपी अधिनियम की धारा 4 के तहत पेड़ों की कटाई पर प्रतिबंध लगाए गए थे, ताकि पीएलपी अधिनियम की धारा 3 के तहत अधिसूचित क्षेत्रों के पूरे या हिस्से में कटाव के कारण होने वाले नुकसान से ग्रामीणों को बचाया जा सके। समय के साथ, राजस्थान ने जल संरक्षण के उपाय किए और अपने क्षेत्रों में अधिकतम वर्षा जल को संरक्षित करने की कोशिश की। लेकिन कई मौकों पर, कई मिट्टी के तटबंध / बांध बह गए / टूट गए और रेवाड़ी, पटौदी और महेंद्रगढ़ के इलाके बाढ़ से जलमग्न हो गए।

पिछले अनुभवों को ध्यान में रखते हुए, हमें सतत आधार पर संरक्षण उपायों को नियमित/निरंतर जारी रखना होगा। प्रकृति में बदलते कटाव चक्र के कारण अस्थायी कटाव नियंत्रण उपाय कभी भी प्रभावी नहीं रह सकते। हमें ग्रामीणों की आजीविका की रक्षा के लिए पीएलपी अधिनियम के निषेध और प्रतिबंध प्रावधानों का कार्यान्वयन जारी रखना होगा।

धारा 3 का अगला भाग कहता है, ***"subject to erosion or likely to become liable to erosion4".*** इन क्षेत्रों में भूमि पर कटाव की प्रक्रिया लंबे समय तक जारी रहती है और प्रकृति मानव नियंत्रण से परे है। विभिन्न वैज्ञानिक कटाव नियंत्रण उपायों के कार्यान्वयन को अनिर्दिष्ट अवधि में निरंतर जारी रखना होगा। अतीत या वर्तमान में कटाव के अधीन ' क्षेत्र ' सीमावर्ती क्षेत्रों या नए क्षेत्रों में फैल सकते हैं, यदि निरंतर कटाव नियंत्रण उपायों को प्रभावी तरीके से जारी नहीं रखा जाता है।

जैसा कि ऊपर बताया गया है, भूजल संरक्षण के लिए भविष्य में भी कटाव नियंत्रण उपायों को जारी रखना अनिवार्य और आवश्यक है। वर्तमान स्थिति में, कोई भी यह कहने का जोखिम नहीं उठा सकता कि सतही अपवाह/जलधाराओं के कारण होने वाले कटाव को रोक दिया गया है और भूजल को संरक्षित किया गया है। यह जमीनी हकीकत है कि कटाव से इलाके नष्ट हो रहे हैं और भूजल तेजी से घट रहा है। सतह से बहुत नीचे तक के ग्रामीणों को पीने के लिए भूजल भी नहीं मिल रहा है। अप्रत्याशित बारिश के कारण बाढ़ आ रही है और अरावली की पहाड़ियों पर पेड़ों का आवरण कम हो रहा है। इन नाजुक अरावली पहाड़ियों पर व्यापक कटाव नियंत्रण उपायों को लागू करने की सख्त जरूरत है, जो अत्यधिक संवेदनशील हैं और कटाव की उच्च गति के लिए उत्तरदायी हैं।

अगला भाग है ***'Government may by notification make a direction5 accordingly'.*** *।* स्वतंत्रता से पहले, स्वतंत्रता के बाद और हरियाणा के गठन के बाद संबंधित सरकारों ने निर्देश जारी किए और वन विभाग ने इस संबंध में तकनीकी नोट संख्या 6 के रूप में नियम

बनाए, जिसमें सूक्ष्म विवरण दिए गए थे। पीएलपी अधिनियम की धारा 3, 4 और 5 आदि के तहत अधिसूचित क्षेत्रों के लिए निषेध, प्रतिबंध और विनियमन अधिसूचित किए गए थे। पहले ऐसे नियम संयुक्त पंजाब या उससे पहले ब्रिटिश काल के दौरान भी मौजूद थे।

5.3.2.4. धारा 4. कलोजर अवधि वैधता निर्णय

कटाव के उन नाजुक क्षेत्रों की सुरक्षा और संरक्षण के लिए कटाव को नियंत्रित करने/कम करने के लिए किस प्रकार के (गुणात्मक और मात्रात्मक) नियंत्रण उपाय, तकनीक या तरीके अपनाए जाएंगे, इस बारे में कई वैज्ञानिक/तकनीकी मापदंडों के आकलन के आधार पर निर्णय लिए जाते हैं। उन क्षेत्रों में किस प्रकार के पेड़/झाड़ियाँ/जड़ी-बूटियाँ लगाई जाएँ, इसके साथ ही जैविक हस्तक्षेप के प्रकारों को अपनाने/चुनने के निर्णय उस क्षेत्र के भूविज्ञान/भूआकृति विज्ञान/भूमिगत और जलवायु मापदंडों पर आधारित होते हैं।

वनपालको को यह ध्यान रखना होगा कि लगाए गए पेड़ों की प्रजातियाँ कितने वर्षों तक नाजुक क्षेत्रों में स्थिर रह सकती हैं, तथा ग्रामीणों (सी.एल./पी.एल. के लिए) या भूमि के स्वामियों (निजी भूमि) की क्या जरूरतें/पसंद हैं। उन वृक्ष प्रजातियों की रोटेशन अवधि क्या होगी या उन पेड़ों को मवेशियों आदि द्वारा नुकसान पहुँचाए जाने से परे ऊँचाई प्राप्त करने के लिए आवश्यक समय-अवधि क्या होगी? पेड़ों में सतत वार्षिक वृद्धि (औसत वार्षिक वृद्धि और वर्तमान वार्षिक वृद्धि) की अवधारणा, भू-आकृति विज्ञान, भूवैज्ञानिक संरचनाओं और मिट्टी की गहराई से संबंधित कई सिल्वीकल्चरल कारकों के संयोजन के साथ, क्लोजर अवधि वैधता (10 से 30 वर्ष या अधिक) तय करते समय ध्यान में रखी जाती है। पेड़ों की रोटेशन अवधि और क्लोजर अवधि पर वैज्ञानिक तरीके से गम्भिरता से विचार किया जाना चाहिए, जहाँ विभिन्न वानिकी पहलुओं को ध्यान में रखा जाना चाहिए। क्लोजर अवधि समाप्त होने के बाद भी कुछ वृक्ष प्रजातियों के रोटेशन को दूसरे क्लोजर या दोहराए गए/अधिक क्लोजर अवधियों के लिए बढ़ाया जा सकता है। अधिकार धारकों की ज़रूरतों के आधार पर, क्षेत्र को घास/चारा या ईंधन की लकड़ी संग्रह/चराई/लघु वन उपज संग्रह आदि के लिए खोला जा सकता है।

कानून के पाठ में प्रयुक्त शब्द 'अस्थायी रूप से' का कटाव चक्रों से कोई लेना-देना नहीं है, जो प्रकृति में जारी हैं। शब्द 'अस्थायी रूप से' (सीमित समय के लिए) को गतिशील वानिकी संचालन / संरक्षण उपायों के प्रति प्रतिबंध / विनियमन / निषेध के परिपेक्ष्य में पढ़ा जा सकता है, जो वृक्ष प्रजातियों के प्रकार, उनके रोटेशन अवधि, बंद अवधि और वन फसल की स्थापना के बाद या एक बंद अवधि के बाद / दौरान वन उपज को निकालने या चराई के लिए क्षेत्रों को खोलने या ईंधन की लकड़ी आदि को ले जाने और उस पर प्रतिबंधों पर विचार करने के लिए चुने गए / अपनाए गए होते है।

विनियमन/प्रतिबंधों, निषेधों की प्रकृति एक निश्चित अवधि के लिए हो सकती है, जैसे पेड़ों की ऊंचाई जानवरों की पहुंच से बाहर हो जाने पर चराई की अनुमति दी जा सकती है, इसी तरह वन उपज को निकालने पर अस्थायी रूप से एक निश्चित समय के लिए प्रतिबंध लगाया जाता है और कुछ समय बाद उसे स्थायी प्रबंधन प्रथाओं के आधार पर काटने की अनुमति दी जाती है। विनियमन और प्रतिबंध प्रकृति में 'अस्थायी' थे, क्योंकि कटाव-प्रवण क्षेत्रों में, जब घास और पेड़ का आवरण स्थापित हो जाता है, तो उन प्रतिबंधों और निषेधों को हटा दिया जाता है/ढील दी जाती है या कम कर दिया जाता है।

इस अधिनियम को स्पष्ट रूप से समझने की आवश्यकता है कि 'अस्थायी' शब्द को 'स्थायी' शब्द हटाने के बाद जोड़ा गया था, प्रतिबंध, विनियमन कटाव नियंत्रण उपायों की सफलता और किसी भी क्षेत्र में कटाव की सीमा और प्रकृति के साथ-साथ क्षेत्र में लगाए गए वृक्ष प्रजातियों के आधार पर व्याख्या किए जाने जरूरी हैं। उदाहरण के लिए, उत्तर हरियाणा में यूकेलिप्टस जैसे कुछ कम रोटेशन अवधि के पेड़ लगाए जाते हैं, छोटी बंद अवधि होती है, और फसल की कटाई के बाद, स्टंप से कॉपिस बढ़ने की अनुमति दी जाती है, उन क्षेत्रों की बंद वैधता 10 साल हो सकती है। जहां लगाए गए वृक्ष प्रजातियां ऊंचाई तक बढ़ने मे समय लेती हैं, जो चराई/ब्राउज़िंग दबाव को सहन कर सकती हैं और छोटी लकड़ी, चारा आदि प्रदान कर सकती हैं, 30 साल के भीतर, भले ही कुछ पेड़ों की रोटेशन अवधि अधिक हो सकती है

जैविक कारकों के साथ-साथ मिट्टी के कारक भी बंद अवधि तय करने के लिए महत्वपूर्ण हैं और उन क्षेत्रों को उस अवधि के लिए बंद कर दिया जाता है। लेकिन इसका मतलब यह नहीं है कि बंद अवधि की वैधता के बाद, कोई कटाव नहीं होगा। जब भूमि के मालिकों को डीएफओ की अनुमति से स्थायी आधार पर वन फसलों की कटाई करने की अनुमति दी जाती है, तो सिल्वीकल्चरल और भूवैज्ञानिक आवश्यकताओं के अनुसार उन क्षेत्रों को एक और बंद अवधि के लिए फिर से बंद किया जा सकता है। यह एक सतत प्रक्रिया हो सकती है क्योंकि कटाव भी निरंतर होता है। यदि मिट्टी में पत्ती कूड़े और ह्यूमस के जुड़ने से, अगले चक्र में कुछ बेहतर उत्पादक पेड़ प्रजातियाँ लगाई जा सकती हैं।

'बंद करना' वानिकी की पुरानी प्रथा है : तकनीकी नोट संख्या 14 नियमों में उल्लेखित बंद करना वन संरक्षण का हिस्सा रहा है [23], वनो के "पुनरुद्धार के हित में चराई को बंद करना आवश्यक है, लेकिन केवल हानिकारक प्रथाओं के खिलाफ बंद करने के लिए सावधानी बरतनी चाहिए। जैसे ही पौधे स्थापित हो जाते हैं, घास और झाड़ियों को काटने की अनुमति दी जानी चाहिए और सीमित संख्या में मवेशियों को चरने की अनुमति दी जानी चाहिए, लेकिन भेड़ या बकरियों को नहीं, जब पौधे कम से कम 5 साल पुराने हो जाएं तो ज्वलनशील अंडरग्राउथ को कम करने के लिए अनुमति दी जानी चाहिए। जैसे ही पौधे भेड़ और बकरियों की पहुंच से बाहर होने के लिए पर्याप्त रूप से विकसित हो जाते हैं, इन जानवरों को उन जगहों पर जाने दिया जाना चाहिए जहां उनके पास दर्ज अधिकार हैं, लेकिन अन्य जगहों पर नहीं।"

यह समझना चाहिए कि बंद करना एक अच्छी तरह से स्थापित वानिकी प्रथा है और पीएलपी अधिनियम की धारा 4, 5 और 5 ए के तहत विशेष आदेश द्वारा अधिसूचित क्षेत्र, जिन्हें रिकॉर्डेड वन माना जाता था, उन क्षेत्रों के लिए अधिसूचनाओं में बंद करने की अवधि का उल्लेख किया जा रहा है। बंद करने की अवधि के दौरान अधिकार धारकों के अधिकारों को विधिवत मान्यता दी गई है, उन्हें केवल निर्दिष्ट अवधि के लिए अस्थायी रूप से प्रतिबंधित किया गया था, लेकिन हमेशा के लिए समाप्त नहीं किया गया था।

निजी क्षेत्रों के लिए , वन संरक्षक निजी भूमि पर खड़े पेड़ों के प्रबंधन के उद्देश्य से प्रत्येक जिले के गांवों के लिए 'दस वर्षीय' कटाई कार्यक्रम को मंजूरी देते हैं। गांवों के नाम वहां निजी स्थान पर खड़े पेड़ों की प्रजातियों को ध्यान में रखते हुए एक निर्दिष्ट वर्ष में कटाई के लिए अनुमोदित किए जाते हैं। डीएफओ अनुमोदित वर्ष के दौरान अपने स्तर पर अनुमति जारी कर सकता है। जब किसी गांव का उल्लेख 'दस वर्षीय' कटाई कार्यक्रम के 'वर्ष में नहीं होता है, तो विचलन [24]के लिए मामला वन संरक्षक को भेजना पड़ता है और विचलन की अनुमति मिलने के बाद, फिर डीएफओ पेड़ों को काटने की अनुमति जारी कर सकता है। वन संरक्षक इन पहलुओं पर 'स्थायी आदेश' जारी करते रहे हैं। लेखक ने नवीनतम विकास और सुप्रीम कोर्ट के निर्णयों को ध्यान में रखते हुए 2008 के दौरान स्थायी आदेश संख्या 1 और 2 भी जारी किए थे।

वन विभाग के नियमों में कटाई कार्यक्रम का उल्लेख है, "इस कार्यक्रम में शामिल किए जाने वाले क्षेत्र ऐसे होंगे जहां वन फसल निर्धारित चक्रण आयु तक पहुंच गई है[25]"। इसे समापन अनुसूची के साथ पढ़ा जाना चाहिए, पीएलपी अधिनियम क्षेत्र में लगाए गए पेड़ों को चक्रण आयु और उन वृक्ष प्रजातियों के निर्धारित व्यास वर्ग को प्राप्त करने के बाद ही कटाई की अनुमति दी जाएगी जो पेड़ से पेड़ की प्रजाति में भिन्न होती है।

अरावली पहाड़ियों में पेड़ों की बढत बहुत धीमी रहति है और पेड़ों को उत्तरी हरियाणा या अन्य स्थानों की तुलना में निर्धारित व्यास वर्ग तक पहुंचने में अधिक समय लगता है। कभी-कभी वन अधिकारी (thinning) थिन्निग के नाम पर पेड़ों की कटाई की अनुमति देते हैं [26]जो कि समान आयु वाली वन फसलों के लिए होती है। नियम 12.14 में पेड़ों की समान या असमान आयु की मिश्रित फसलों के लिए (improvement felling) सुधार कटाई, (selective thinning) चयन थिन्निग (नियम 12.15) देखभाल संचालन (tending operations), कभी-कभी कलचरल ऑपरेशन (नियम 12.17), छंटाई (नियम 12.18) और कलाम्बर नियंत्रण (नियम 12.19) आदि शब्दों का उपयोग किया जाता है, जबकि अरावली पारिस्थितिकी तंत्र बहुत पतली मिट्टी की परत या नंगी चट्टानों के साथ ऐसे संचालन (ज्यादातर आवश्यक नहीं) के लिए मौजूदा वनस्पतियों के संरक्षण और सुरक्षा पर जोर देने के साथ वैज्ञानिक विवेक की आवश्यकता होती है। कुछ लचीले वन अधिकारियों ने (transplantation) 'प्रत्यारोपण' के नाम पर पेड़ों की कटाई की अनुमति देने के लिए एक नई तरकीब निकाली है, अरावली की शुष्क जलवायु और क्षेत्र में मौजूद वृक्ष प्रजातियों के लिए इस शब्द का प्रयोग अत्यधिक जोखिमपूर्ण है और अक्सर शक्तिशाली व्यक्तियों को लाभ पहुंचाने के लिए इसका दुरुपयोग किया जाता है।

आकलन करने के बाद, कटाव की स्थिति और हालत के आधार पर कानूनी प्रतिबंधों, निषेधों और नियमों में कुछ हद तक अस्थायी रूप से छूट दी जाती है, और ऐसे क्षेत्रों में आगे होने वाले नुकसान की संभावनाओं का आकलन करने के बाद निवासियों/अधिकार धारकों को इन क्षेत्रों से वन उपज बेचने/एकत्र करने के लिए परमिट जारी किए जाते हैं।

इसी तरह, धारा 4 के तहत 'सामान्य' निषेध और प्रतिबंध आम तौर पर (धारा 3 क्षेत्रों) केवल निवासियों के लिए डीएफओ से अनुमति प्राप्त करने के बाद पेड़ों की कटाई / नई भूमि को तोड़ने के लिए थे। अत्यधिक कटाव-संवेदनशील क्षेत्रों को विशेष देखभाल की आवश्यकता है और पीएलपी अधिनियम की धारा 5 के तहत अधिसूचित क्षेत्रों में कटाव को नियंत्रित करने के लिए गहन उपायों की आवश्यकता है।

संक्षेप में बंद करने के नियम

अधिसूचना जारी करने से पहले सार्वजनिक सहमति और प्रचारः अनुलग्नक के बारे में स्पष्टीकरण ।

तकनीकी नोट संख्या 6 में पंजाब भूमि संरक्षण अधिनियम (1900) तथा वन विभाग द्वारा निजी क्षेत्रों को बंद करने के नियम निर्धारित किए गए हैं। इनमें से अधिकांश का वर्णन किया जा चुका है, लेकिन सुविधा के लिए इन्हें एक ही स्थान पर रखा गया है।

नियम 6.4 में इस अधिनियम के क्रियान्वयन की पृष्ठभूमि तथा स्वतंत्रता के पश्चात दक्षिण वृत्त के संरक्षक द्वारा जारी परिपत्र का उल्लेख किया गया है। पी.एल.पी. अधिनियम केवल शिवालिक के लिए ही नहीं, बल्कि अरावली पर्वतीय क्षेत्रों के लिए भी था... धारा 4 और 5 के अंतर्गत अधिसूचना जारी होने के पश्चात भूमि स्वामियों द्वारा भूमि उपयोग में कोई परिवर्तन नहीं किया जा सकता, इससे यह संकेत मिलता है कि उन क्षेत्रों में भूमि कटाव को कम करने के लिए भूमि को नए सिरे से तोड़ने या खेती करने की अनुमति नहीं दी गई।

नियम 6.13 में कहा गया है, "जहां तक संभव हो, सभी बस्तियों, धार्मिक स्थलों, कब्रिस्तानों, कुओं, तालाबों, सार्वजनिक सड़कों और रास्तों आदि को बंद करने की सीमा से बाहर रखा जाना चाहिए।" नियम 6.14 में कहा गया है कि यदि उनकी सामुदायिक भूमि पूरी तरह से बंद कर दी जाती है, तो मालिकों और अधिकार धारकों की लिखित सहमति की आवश्यकता होती है, अन्यथा, ग्रामीणों को किसी भी असुविधा से बचने के लिए ऐसी भूमि को केवल रोटेशन के आधार पर बंद किया जाता है।

नियम 6.16 के तहत "उपायुक्त गांव के निवासियों को निषिद्ध या प्रतिबंधित अधिकारों के लिए मुआवज़ा मांगने के लिए नोटिस देता है।" यह कहना गलत है कि भूमि के अधिकार धारकों/स्वामियों के लिए मुआवज़ा पर विचार नहीं किया गया। नियम 6.17 के तहत मुआवज़े के फैसले के खिलाफ़ अपील संभागीय आयुक्तों के पास होती है।

नियम 6.20 के अनुसार, आरएफओ/डीएफओ द्वारा कटाव क्षेत्र का दौरा करना तथा बंद करने से पहले स्थानीय निवासियों से परामर्श करना अनिवार्य है। नियम 6.21 के तहत आरएफओ को मालिकों की राय लेनी चाहिए तथा कटाव की स्थिति को स्पष्ट रूप से बताना चाहिए। जांच करने तथा मालिकों से राय प्राप्त करने के पश्चात उस क्षेत्र के लिए अपनाए जाने वाले नियंत्रण उपायों के प्रकार/प्रकृति के आधार पर बंद करने का निर्णय लिया जाता है।

यदि मालिक बंद करने के लिए सहमत नहीं होते हैं, तो आरएफओ स्पष्ट रूप से इंगित करता है कि मालिकों की सहमति के अभाव में भी बंद करना क्यों आवश्यक है। नियम 6.22 से 6.25 में प्रक्रिया का उल्लेख है, जहां मालिकों द्वारा बंद करने पर सहमति व्यक्त की जाती है। नियम 6.26 में एक प्रक्रिया का उल्लेख है, जहां भूमि के मालिक द्वारा बंद करने पर सहमति नहीं दी जाती है। नियम 6.28 में उल्लेख है कि यदि उपायुक्त अपनी सहमति नहीं देते हैं, तो वन संरक्षक अपनी सिफारिशों को उच्च अधिकारियों को भेजेंगे।

नियम 6.28 के अनुसार, बंद करने के प्रस्तावों में समुदाय के शरत वाजिब-उल-अराज अधिकारों का उल्लेख करते हुए कागजात प्रस्तुत किए जाने चाहिए। संबंधित क्षेत्रों से होने वाली पूरी आय मालिकों/अधिकार धारकों को जाती है, कटाव की स्थिति आदि सभी छोटी-छोटी जानकारियाँ बंद करने से पहले बताई गई थीं। कटाव नियंत्रण उपायों के लिए क्षेत्रों को बंद करते समय कानूनी रूप से स्वीकृत प्रक्रिया अपनाई जानी चाहिए।

सार्वजनिक सूचना के लिए इस्तेमाल की जाने वाली पारंपरिक विधि सार्वजनिक घोषणा द्वारा संबंधित गांवों में मुनादी करना और गांवों से सार्वजनिक आपत्तियां आमंत्रित करना था। समाचार पत्रों में बंद करने की सूचना प्रकाशित करना शहरी लोगों के उद्देश्य को पूरा कर सकता है, न कि उन निवासियों को, जो उस भूमि से संबंधित हैं। सैद्धांतिक रूप से संसोधित नई प्रक्रिया को अपनाने से निवासियों/स्थानीय आबादी को बाहर रखा जा सकता है, जिन्हें उन भूमियों की वास्तविक चिंता है। कटाव प्रकृति से संबंधित है, बाढ़ और हवा के तूफान सैद्धांतिक प्रक्रिया का इंतजार नहीं कर सकते, कभी-कभी कटाव नियंत्रण उपायों को तत्काल करने की भी तत्काल मांग होती है।

5.3.2.4.1. पी.एल.पी. अधिनियम, धारा 4.

धारा 4, शीर्षक; ***"Powers to regulate, restrict, or prohibit by general, or special order, within notified areas, certain matters."*** अधिनियम के तहत राज्य सरकार को धारा 3 के तहत अधिसूचित क्षेत्रों के लिए कुछ मामलों के संबंध में 'सामान्य' आदेश द्वारा विनियम, प्रतिबंध और निषेध जारी करने का अधिकार दिया गया है, जैसे कि उन क्षेत्रों में पेड़ों की कटाई या भूमि की नई कटाई पर रोक लगाना या धारा 3 के तहत अधिसूचित क्षेत्रों के भीतर 'विशेष आदेश' द्वारा अधिसूचित क्षेत्रों के लिए विभिन्न विनियमों, प्रतिबंधों और निषेधों के संबंध में 'विशेष' आदेश जारी करना।

कुछ मामलों शब्द का प्रयोग क्षेत्रों की आवश्यकताओं के अनुसार प्रतिबंध और निषेध में परिवर्तनशीलता को स्पष्ट करता है। इसे समझने के लिए फरीदाबाद जिले का एक उदाहरण समझाया गया है; धारा 3 अधिसूचना के लिए; अधिसूचना संख्या 164/पीए2/1900/एस. 3/80, दिनांक 10 जुलाई 1980 और "सामान्य" धारा 4 अधिसूचना संख्या 227/पीए2/1900/एस. 4/80, दिनांक 10.11.1980, बल्लभगढ तहसील और "दिल्ली-बल्लभगढ रोड के पश्चिमी तरफ और बल्लभगढ-सोहना रोड के उत्तरी तरफ स्थित क्षेत्र" में उल्लिखित कटाव 'क्षेत्रों' को अधिसूचित किया गया था। पिछले अवलोकनों से परिवर्तन देखा गया था। अधिसूचना 113/पीए2/1900/एस. 3/97, दिनांक 17.11.1997 धारा 3 के अंतर्गत, उदाहरण के लिए संपूर्ण बल्लभगढ़ तहसील को अधिसूचित किया गया था, लेकिन अधिसूचना (121/पीए2/1900/एस. 4/97 दिनांक 28.11.1997), धारा 4 के अंतर्गत "सामान्य" जारी की गई थी, जिसमें यूकेलिप्टस और पॉपुलर को छोड़कर पेड़ों की कटाई को प्रतिबंधित किया गया था, केवल दिल्ली-बल्लभगढ रोड के पश्चिमी तरफ और बल्लभगढ-सोहना रोड के उत्तरी तरफ और शेष क्षेत्रों को "सामान्य" अधिसूचना से बाहर रखा गया था। धारा 3 के अंतर्गत 'क्षेत्रों' का पुनःअधिसूचन और धारा 4 के "सामान्य" क्षेत्रों की सीमा को प्रचलित परिस्थितियों के अनुसार बदल दिया गया था। उदाहरण के लिए, सिलो-खेड़ी (सिलाखारी) गाँव के "भूमि खंडों" के लिए गहन कटाव नियंत्रण उपायों के कार्यान्वयन के लिए धारा 4 और/या 5 के अंतर्गत "विशेष अधिसूचना" (14.07.1998) केवल 97 एकड़ खसरा नंबर के लिए अधिसूचित की गई थी, न कि पूरे गाँव के क्षेत्र को।

इस तरह कई अरावली पहाड़ी क्षेत्रों के खसरा नंबर धारा 4 और/या 5 के तहत 'विशेष अधिसूचना' के तहत अधिसूचित किए गए थे, जैसे बड़कल और सूरजकुंड झील के पहाड़ी भूमि के जलग्रहण क्षेत्र को इन झीलों को बचाने के लिए गहन कटाव नियंत्रण उपायों के लिए अधिसूचित किया गया था। दुर्भाग्य से, उन जलग्रहण क्षेत्रों को नुकसान पहुँचा और वर्षा जल का सतही प्रवाह बाधित हो गया, जिसके परिणामस्वरूप ये झीलें सूख गईं। ये उदाहरण धारा 3 के तहत अधिसूचित 'क्षेत्रों' को प्रभावित करने वाले कटाव की स्थिति को स्पष्ट करते हैं और फिर 'सामान्य' धारा 4 के तहत 'पूरे' या 'उस क्षेत्र के हिस्से' को घोषित करते हैं, डीएफओ से अनुमति के साथ पेड़ों की कटाई पर प्रतिबंध लगाते हैं और फिर पीएलपीए की धारा 4 और/या 5 के तहत 'विशेष' श्रेणी के तहत कटाव के लिए अत्यधिक संवेदनशील कुछ खसरा नंबरों को

अधिसूचित करते हैं ।

पीएलपी अधिनियम की धारा 4, ***"In respect of areas notified under section 3 generally or the whole or any part of any such area, the State[27] Government may, by general or special order, temporarily[28] regulate, restrict or prohibit."***

अधिनियम के तहत राज्य सरकार को सामान्य रूप से या अधिनियम की धारा 3 के तहत अधिसूचित पूरे क्षेत्र या क्षेत्रों के हिस्से के लिए विनियम, प्रतिबंध और निषेध जारी करने का अधिकार है। यह क्षेत्रों में कटाव की सीमा और विस्तार, प्रचलित मिट्टी के कारक, चट्टानों के प्रकार और उनके शैलविज्ञान गुणों, क्षेत्र में मौजूद भू-आकृति विज्ञान संबंधी विशेषताओं, कटाव के कारण पिछले/भविष्य के विकास आदि का आकलन करने के बाद किया जाता है।

(a) ***"Clearing or breaking up or cultivating of land not ordinarily under cultivation prior to the publication of the notification under section 3';***

(b) quarrying of stone or the burning of lime at places where such stone or lime had not ordinarily been so quarried or burnt prior to the publication of the notification under section 3;

(c) cutting of trees or timber, or the collection or removal or subjection to any manufacturing process, otherwise than as described in clause (b) of this sub-section of any forest-produce other than grass, save for bona fide domestic or agricultural purposes of right-holder[29] in such area;

(d) setting on fire of trees, timber or forest produce;

(e) admission, herding, pasturing or retention of sheep, goats or camels;

(f) examination of forest-produce passing out of any such area; and

(g) granting of permits to the inhabitants of towns and villages situate within the limits or in the vicinity of any such area, to take any tree, timber or forest produce for their own use therefrom, or to pasture sheep, goats or camels or to cultivate or erect buildings therein and the production and return of such permits by such persons."

धारा 4 (ए), 4 (बी) ने यह स्पष्ट रूप से स्पष्ट कर दिया है कि धारा 3 ***के तहत अधिसूचना के प्रकाशन से पहले भूमी को 'साफ़ करना'*** या '***तोड़ना*** ' या '***आमतौर पर खेती के तहत नहीं आने वाली भूमि पर खेती करना'*** या ' खदान निकालना' या ' ***चूना जलाना'*** । धारा 3 की अधिसूचना के समय उस क्षेत्र में भूमि की स्थिति अधिनियम की इस धारा को समझने और लागू करने के लिए सबसे महत्वपूर्ण है। आजादी से पहले या आजादी के तुरंत बाद की पहली ऐसी अधिसूचना को ध्यान में रखें। यदि उस समय भूमि पर खेती या आवास था, तो वह भूमि 'विशेष' धारा 4 प्रतिबंधों से बाहर है। कई लोग मेरे पास आए और पटौदी क्षेत्रों में निर्माण कार्य के बारे में बात की, जहां धारा 3 की अधिसूचना जारी होने से पहले खेती जारी थी, इसलिए वे गांव 'विशेष क्षेत्रों' के लिए अधिसूचित 'विशेष आदेशों' के प्रावधानों को आकर्षित नहीं करते हैं।

धारा 3 के तहत अधिसूचना दिनांक 30.9.1948 को जारी की गई, तथा उसके बाद या हरियाणा के गठन के बाद कई अधिसूचनाएं जारी की गईं। यह सर्वविदित तथ्य है कि भू-माफिया, खनन माफिया और कॉलोनाइजरों के दबाव या नौकरशाही के साथ सांठगांठ के कारण नए 'विशेष' अधिसूचनाएं जारी करना लगभग उपेक्षित/बंद कर दिया गया था। लेकिन सुप्रीम कोर्ट के फैसले (21.7.2022) 'एक बार वन क्षेत्र हमेशा वन रहता है और पहले की अधिसूचनाओं द्वारा अधिसूचित सभी क्षेत्र स्वामित्व के बावजूद वन के रूप में शामिल हैं। यहां यह स्पष्ट किया जाता है कि सुप्रीम कोर्ट के 16.12.2002 के आदेश के बाद, विशेष आदेश के तहत नोटिफिकेश्न अवधी समाप्त होने के बाद भी सभी क्षेत्र वन हैं।

वन विभाग के अभिलेखों में पीएलपीए की धारा 4 के अनुसार धारा 3 अधिसूचना जारी होने से पहले के आवास या खेती के क्षेत्रों को वन क्षेत्रों की सूची में शामिल नहीं किया गया है। धारा 4 (जी) के तहत निवासियों/अधिकार धारकों को वन उपज एकत्र करने और डीएफओ से पूर्व अनुमति प्राप्त करने के बाद वास्तविक घरेलू या कृषि उपयोग के लिए किसी भी विनिर्माण प्रक्रिया के अधीन पेड़ों को काटने की अनुमति का प्रावधान है। धारा 4 (सी) को 4 (जी) के साथ पढ़ने पर, धारा 4 (सी) के तहत परमिट जारी करने का प्रावधान मूल निवासियों के लिए है/था और यह कॉलोनाइजर या फार्महाउस या किसी अन्य गैर-वानिकी उपयोग के लिए अधिसूचित क्षेत्रों में भूमि पर कब्जा करने वाले व्यक्तियों के लिए खुला नहीं है (14.5.2008 और अन्य निर्णयों का संदर्भ लें)।

कटाव को नियंत्रित करने के लिए एक विनियामक प्रतिबंध तंत्र था और मालिकों/अधिकार धारकों को इन बंद क्षेत्रों से वन उपज के साथ-साथ उससे होने वाली आय का पूरा अधिकार है। धारा 4 (जी) ने उन क्षेत्रों में पूर्व अनुमति के साथ मूल निवासियों को वास्तविक उपयोग के लिए अनुमति दी जाने वाली गतिविधियों को और स्पष्ट किया। प्रकृति माँ सहारा दे सकती है लेकिन अमीरों का लालच प्रकृति को नष्ट करने के लिए बाध्य है। ये भू-माफिया या बाहर से आये व्यक्ति कानून के तहत किसी भी अनुमति/परमिट के हकदार नहीं हैं। [30]पीएलपी अधिनियम में किया गया कोई भी नियम का कमजोर पड़ना स्पष्ट रूप से गलत होगा और विनाशकारी होने के लिए बाध्य है। अरावली से देडछाड केवल लालच का विस्तार है और वर्तमान पीढ़ियों के साथ-साथ हमारी सभ्यता के भविष्य के अस्तित्व के लिए विनाशकारी साबित होने के लिए बाध्य होगा।

धारा 4 (सी) के तहत 'सामान्य' प्रतिबंधों के तहत पेड़ों की कटाई पर रोक लगाई गई थी, जहां मूल निवासी/अधिकार धारक डीएफओ से 4 (जी) के तहत अनुमति प्राप्त कर सकते हैं। कटाव प्रभावित क्षेत्रों में वांछनीय वृक्ष आवरण बनाए रखने के लिए इस तरह के प्रतिबंध अनिवार्य रूप से आवश्यक थे। पेड़ों की जड़ें मिट्टी को एक साथ बांधती हैं, जिससे हवा और पानी के कटाव से होने वाले नुकसान को कम किया जा सके। हवा या पानी से होने वाले कटाव को नियंत्रित करने के लिए वृक्षारोपण किया गया, दोनों ही मामलों में मौजूदा पेड़ कटाव को कम करते हैं। धारा 4 (जी) के तहत शक्तियों का उपयोग केवल 4 (सी) के लिए किया जाता है, किसी बाहरी व्यक्ति के लिए खुला नहीं है जो कि क्षेत्र का मूल निवासी नहीं है।

पंजाब और हरियाणा उच्च न्यायालय, चंडीगढ़ के 15.5.2009 के विजय बंसल बनाम हरियाणा के मामले में दिए गए फैसले के पैरा [35] में उल्लेख किया गया है, ""Thereafter, the notification dated 28.11.1997 (Annexure P-3) under Section 4 of the PLPA has been issued prohibiting the 'cutting of trees' or timber except eucalyptus and poplar or the collection or removal or subjection to any manufacturing process of any forest produce other than flower, fruit, and honey, save for bona fide domestic or agricultural purposes of the right holders. In addition, owners/right holders of the land have been asked to sell trees or timber only after obtaining a 'permit' from the Divisional Forest Officer and the purchase of Khair trees has been solely assigned to the Haryana Forest Development Corporation Limited. The directions issued vide the notification under Section 4 of the PLPA, however, do not apply to the entire area notified under Section 3."

सर्वोच्च न्यायालय के 14.5.2008 और 11.9.2018 के निर्णयों ने पीएलपी अधिनियम की धारा 4 (जी) के तहत डीएफओ की शक्तियों के संबंध में कानूनी स्थिति को स्पष्ट किया।

उच्चतम न्यायालय (14.5.2008, पैरा 12) ने स्पष्ट किया है कि धारा 4(जी) के तहत डीएफओ की शक्तियों का उपयोग क्षेत्र के मूल निवासियों द्वारा घरेलू हित के लिए किया जाना है। यह प्रतिबंध वनों के संरक्षण और लालच के कारण नाजुक पारिस्थितिकी प्रणालियों को नष्ट होने से बचाने के लिए पेड़ों की अनावश्यक कटाई से बचने के लिए है। नियम, प्रतिबंध और निषेध कटाव की मात्रा और कटाव को कम करने के लिए अपनाए गए उपायों के प्रकार और उस क्षेत्र में लगाए गए पेड़ों के रोटेशन चक्र से संबंधित रहते है। इन प्रतिबंधों को समय-समय पर इलाके की स्थितियों और संरक्षण उपायों की आवश्यकता के अनुसार बदला / संशोधित और शिथिल किया जा सकता है। इस प्रकार के किसी भी प्रतिबंध और निषेध को लागू किए बिना कटाव को नियंत्रित नहीं किया जा सकता है।

धारा 4 (एफ) में वन अधिकारियों को इस अधिनियम के तहत अधिसूचित किसी भी ऐसे क्षेत्र से बाहर जाने वाली वन-उपज की जांच करने की शक्ति दी गई है , वन विभाग को इन क्षेत्रों के प्रबंधन और नियंत्रण के लिए शक्तियां प्रदान की गई हैं और वह इन क्षेत्रों से लाए गए वन-उपज की जांच (चेक पोस्ट) को विनियमित कर सकता है।

5.3.2.5. धारा 5. "*Powers in certain cases to regulate, restrict, or prohibit by special order, within notified areas, certain further matters.*

धारा 5 इस प्रकार है, ***"In respect of any specified village or villages, or part or parts, thereof, comprised within the limits or any area notified under section 3 of the State Government may, by special order temporarily[31] regulate, restrict or prohibit-"***

(a) cultivating of land not ordinarily under cultivation prior to the publication of the notification under section 3';

(b) quarrying of stone or the burning of lime at places where such stone or lime had not ordinarily been so quarried or burnt prior to the publication of the notification under section 3;

(c) cutting of trees or timber, or the collection or removal or subjection to any manufacturing process, otherwise than as described in clause (b) of this sub-section of any forest-produce for any purpose[32], and

(d) admission, herding, pasturing or retention of generally other than sheep, goats and camels or any class or description of such cattle.

धारा 5 के तहत केवल प्रतिबन्धो का विवरण है, ईस धारा मे धारा 4 के तहत अनुमति देने का कोई जिकर नही है। धारा 5 के तहत राज्य को '*कुछ मामलों*' में, जिसका अर्थ है विशिष्ट मामले या अत्यधिक संवेदनशील मामले, *कुछ अन्य मामलों को प्रतिबंधित, विनियमित और निषिद्ध करने का अधिकार दिया गया है। 'अधिसूचित क्षेत्र के भीतर'* , यहां आगे के मामले पहले उल्लेखित चीजों के लिए मार्ग प्रदान करते हैं। यह स्पष्ट किया गया कि यह शक्ति कुछ गतिविधियों पर अधिसूचित क्षेत्रों में प्रतिबंधों, निषेधों और नियमों की उच्च तीव्रता से संबंधित है, जो धारा 3 की अधिसूचना जारी करने के समय जारी थीं। तकनीकी नोट संख्या 6 स्पष्ट करता है कि केवल वे क्षेत्र जो धारा 4 'विशेष' अधिसूचना के तहत अधिसूचित किए गए थे, उन्हें धारा 5 के तहत अधिसूचित किया जा सकता है, यह भी स्पष्ट करता है कि इन क्षेत्रों के संरक्षण के लिए कुछ और सख्ती की आवश्यकता है । इस धारा के तहत उच्च तीव्रता के प्रतिबंध लगाए गए हैं, जिन्हें धारा 4 के तहत जारी रखने की अनुमति दी गई थी लेकिन द्रस धारा के तहत उन शक्तियो का वर्णन नही है।

धारा 5 में कटाव क्षेत्र के '*निर्दिष्ट गांव या गांवों*' का उल्लेख है , यहां बड़े क्षेत्र की अवधारणा छोटे गांव स्तर पर स्थानांतरित हो जाती है '*अधिसूचित क्षेत्र की सीमाओं के भीतर इसका हिस्सा या हिस्से*' का उल्लेख किया गया है। यह कटाव की गंभीरता को स्पष्ट करता है जिसका अर्थ है कि भूमि के निर्दिष्ट हिस्सों में कटाव की तीव्रता अधिक है और उस स्थिति में कटाव नियंत्रण उपाय के रूप में पहले से चल रही कुछ गतिविधियों (खेती, उत्खनन, संग्रह और वन उपज को हटाना आदि) को रोकने की आवश्यकता है।

धारा 4 और 5 दोनों के विषय में अंतर देखा जा सकता है। धारा 3 की अधिसूचना से पहले मौजूद / जारी कुछ गतिविधियों को धारा 5 के तहत प्रतिबंधित, प्रतिबंधित या विनियमित किया जा सकता है। 'गांव या गांवों' का उल्लेख निर्दिष्ट कटाव क्षेत्रों को लक्षित करके सूक्ष्म स्तर पर कटाव नियंत्रण की आवश्यकता को इंगित करता है। धारा 5 में धारा 4 के तहत उल्लिखित गतिविधियों जैसे (ए) जमीन को जोतना का उल्लेख नहीं किया गया है क्योंकि धारा 3 और 4 के तहत पहले से ही इसे प्रतिबंधित किया गया है, लेकिन चल रही खेती का उल्लेख किया गया है। (बी) चूना निकालना और जलाना (सी) पेड़ों को काटना और (डी) चरागाह चराना आदि के लिए कड़े संरक्षण उपायों की आवश्यकता थी। **धारा 5 का उपयोग उन संवेदनशील क्षेत्रों में कटाव को नियंत्रित करने के लिए मौजूदा गतिविधियों को रोकने के लिए किया जाता है।**

धारा 4 (जी) में मूल निवासियों को वास्तविक घरेलू उपयोग हेतु वृक्षों की कटाई आदि की अनुमति जारी करने का प्रावधान धारा 5 में वर्णित नहीं है। "धारा 5 के अंतर्गत कोई भी अधिसूचना जारी करने से पहले धारा 4 के अंतर्गत अधिसूचना आवश्यक है। [33]" इन नियमों में आगे स्पष्ट किया गया है, "भूमि संरक्षण अधिनियम की धारा 4 या 5 के अंतर्गत अधिसूचना जारी होने के पश्चात, प्रतिबंधों या विनियमों के कार्यान्वयन का दायित्व वन विभाग पर आ जाता है; तथा इस संबंध में भूमि स्वामियों की ओर से कोई परिवर्तन नहीं किया जा सकता है (नियम 6.10)..."तथा नियम 6.11 में उल्लेख है, "भूमि संरक्षण अधिनियम की धारा 4 और 5 के अंतर्गत बंद करने के लिए आवेदन की आवश्यकता नहीं है।" धारा 3, 4, 5, 5-ए के अंतर्गत अधिसूचना के मानक प्रपत्र इस अध्याय के अंत में अनुलग्नक 5 ए, 5 बी और 5 सी के रूप में दिए गए हैं।

हरियाणा वन विभाग के 'बंदी नियम' में स्पष्ट किया गया है, "जहां तक संभव हो, सभी बस्तियां, धार्मिक स्थान, कब्रिस्तान, कुएं, टैंक, सार्वजनिक सड़कें और रास्ते आदि को बंद करने की सीमा से बाहर रखा जाना चाहिए। यदि यह संभव नहीं है, तो पहुंच प्रदान की जानी चाहिए। धारा 5 के तहत अधिसूचित किए जाने वाले क्षेत्रों की सीमा किसी भी बस्ती के आसपास नहीं होनी चाहिए।" (नियम 6.13)। 'सामुदायिक भूमि बंद करना एक (rotational) घूर्णी तरीके से किया जाना चाहिए, ग्रामीणों को कठिनाई से बचाने के लिए एक बार में आधी से अधिक भूमि बंद नहीं की जानी चाहिए।' नियम 6.20, "रेंज अधिकारी / कार्य योजना अधिकारी से सुझाव प्राप्त होने पर, प्रभागीय वन अधिकारी व्यक्तिगत रूप से वनीकरण और / या कटाव की जांच के उद्देश्य से बंद किए जाने वाले क्षेत्र का निरीक्षण करेंगे। वह इस संबंध में स्थानीय निवासियों से अनौपचारिक रूप से परामर्श भी करेंगे।" नियम स्पष्ट रूप से दिखाते हैं कि वानिकी कटाव को नियंत्रित करने और रोकने के लिए बंद करने का प्रमुख उद्देश्य है। नियम 6.22 से 6.25 में उस प्रक्रिया का उल्लेख है, जहां भूमि के मालिक बंद करने के लिए सहमत हैं। नियम 6.26 जहां भूमि के मालिक बंद करने के लिए सहमत नहीं हैं, तो राजस्व अधिकारियों के साथ संयुक्त निरीक्षण। नियम 6.27, जहां उप मंडल अधिकारी (नागरिक) प्रस्ताव से सहमत नहीं हैं, तो डीएफओ उपायुक्त की सहमति प्राप्त कर सकते हैं। नियम 6.28। जब उपायुक्त बंद करने के लिए अपनी सहमति नहीं देते हैं, तो वन संरक्षक बंद करने की अधिसूचना जारी करने के लिए सरकार को प्रस्ताव भेजेंगे।

धारा 4 और 5 के तहत बंद करने के लिए फॉर्म में स्पष्ट शर्तों का उल्लेख है {टेक्निकल नोट 6, परिशिष्ट 1 (ए) पृष्ठ 9-10} ' **शामलात और काश्तकारी के जो भी अधिकार हैं, उनमें किसी भी तरह का बदलाव नहीं किया जाएगा। उक्त भूमि से होने वाली हर तरह की उपज और आय मालिकों को मिलेगी, सिवाय वन अपराध के मुआवजे के।** सरकार मालिकों से किसी भी तरह का मुआवजा मांगने की हकदार नहीं होगी।' इससे स्पष्ट था कि भूमि को बंद करना भूमि मालिकों की भूमि को कटाव से बचाने के लिए कल्याणकारी कार्य के रूप में किया गया था और सरकार द्वारा धन मालिकों और पूरे समाज के कल्याण के लिए खर्च किया गया था।

धारा 4 के तहत 'विशेष' आदेश द्वारा अधिसूचित क्षेत्रों के लिए , मूल निवासियों के भू मालिक डीएफओ से पूर्व अनुमति प्राप्त करके खेती के लिए मलकियत भूमि को तोड़ सकते हैं। डीएफओ से अनुमति प्राप्त करने के बाद वास्तविक घरेलू और कृषि उपयोग को छोड़कर पेड़ों या लकड़ी को काटना या अन्य वन उपज का संग्रह करना प्रतिबंधित था। **संरक्षण के आवश्यक हित पर विचार करने के बाद** डीएफओ पेड़ों और लकड़ी की बिक्री की अनुमति देगा। इसी तरह, धारा 5 के तहत 'विशेष' आदेश द्वारा बंद किए गए क्षेत्रों के लिए, डीएफओ गांव के मूल निवासियों को ईंधन की लकड़ी, चारा, घास, झाड़-झंखाड़, पेड़ों की कटाई, घर बनाने के लिए लकड़ी, कृषि उपकरण, शादी, मृत्यु समारोह और विनियमित चराई के लिए सूखी लकड़ी एकत्र करने की अनुमति दे सकता है। (तकनीकी नोट 6, पृष्ठ 9-10)।

5.3.2.6. धारा 5 ए *'Powers to require execution of works and taking of measures'*

This Section as follows: -

5 A. "In respect of areas notified under section 3 generally or the whole or any part of any such area, the State Government, may, by general or special order, direct-

(a) the levelling, terracing drainages and embanking of fields;

(b) the construction of earthworks in fields and ravines;

(c) the provision of drains for storm water;

(d) the protection of land against the action of wind or water;

(e) the training of streams; and

(f) the execution of other works and the carrying out other such measures as may, in the opinion of the State Government, be necessary for carrying out the purpose of this Act."

यह धारा पीएलपी अधिनियम की धारा 3 के तहत अधिसूचित क्षेत्रों में कटाव नियंत्रण उपायों को लागु करने की सुविधा के लिए डाली गई थी। राज्य सरकार को अधिनियम की धारा 3 के तहत अधिसूचित क्षेत्र के पूरे या हिस्से के लिए 'सामान्य' या 'विशेष आदेश' जारी करने का अधिकार है। निजी/स्वामित्व वाली भूमि पर किए जाने वाले कटाव नियंत्रण उपाय जैसे (क) समतलीकरण, सीढ़ीदार नालों और खेतों की मेड़बंदी, कटाव प्रभावित खेतों की कृषि भूमि का पुनर्वास; (ख) खेतों और खड्डों में मिट्टी के काम, कटाव को नियंत्रित करने के लिए छोटे मिट्टी के काम; (ग) पानी का प्रवाह अवरुद्ध होने की स्थिति में पानी के अवरोध को हटाने का प्रावधान, बाढ के पानी के लिए नालियों का प्रावधान; (घ) हवा या पानी के प्रभाव से भूमि की सुरक्षा, धारा 3 के तहत अधिसूचित क्षेत्र में बड़े निजी क्षेत्र और खेती के क्षेत्र शामिल हैं, कटाव को न्यूनतम करने के लिए और (च) अन्य कार्यों का निष्पादन तथा ऐसे अन्य उपाय करना जो राज्य सरकार की राय में इस अधिनियम के उद्देश्य को पूरा करने के लिए आवश्यक हों। स्थानीय परिस्थितियों को ध्यान में रखते हुए स्थानीय वन विभाग द्वारा सबसे उपयुक्त कटाव नियंत्रण उपायों का निर्णय लिया जाना चाहिए। ये वन अधिकारियों को वनों के संरक्षण और सुरक्षा के लिए कार्य करने की अनुमति देने वाले एफसी अधिनियम (1980) की तरह दी गइ छुट हैं।

यह धारा सरकार द्वारा कटाव नियंत्रण कार्यों/उपायों के क्रियान्वयन से संबंधित है अथवा सरकार भूमि स्वामियों को इस अधिनियम की धारा 7-ए के अंतर्गत उनकी भूमि पर संरक्षण कार्यों को निष्पादित करने का निर्देश दे सकती है अथवा सरकार धारा 7-ए के प्रावधानों के अंतर्गत संरक्षण कार्यों को निष्पादित कर स्वामियों से लागत वसूल सकती है। महत्वपूर्ण बात यह है कि ये कार्य/कटाव नियंत्रण उपाय धारा 3 के अंतर्गत अधिसूचित 'सामान्य' क्षेत्रों के *' आंशिक या संपूर्ण' क्षेत्रों में किसी भी निजी भूमि पर निष्पादित किए जा सकते* हैं, जहां मुख्य रूप से वृक्षों की कटाई/भूमि की नई तुड़ाई/नई खेती पूर्व अनुमति द्वारा प्रतिबंधित है अथवा धारा 4 और/या 5 के अंतर्गत 'विशेष आदेश' के अंतर्गत अधिसूचित क्षेत्र हैं। वन विभाग के नियम 6.8, "धारा 5-ए का प्रयोग तब किया जाता है, जब मृदा कटाव की प्रकृति और सीमा को देखते हुए, इस धारा के अंतर्गत दिए गए विभिन्न कार्यों के निष्पादन की आवश्यकता समझी जाती है, [34]"

5.3.2.7. धारा 6. समुचित जांच के पश्चात सरकार संतुष्ट हो जाती है और तब वह धारा 4, 5 और 5 ए के अंतर्गत आवश्यक प्रतिबंध, निषेध या निर्देश जारी करती है, जिन्हें राज्य के आधिकारिक राजपत्र में प्रकाशित किया जाता है।

5.3.2.8. धारा 7 में प्रकाशन के बारे में उल्लेख किया गया है कि विनियमन, निषेध और प्रतिबंधों के संबंध में आदेश जारी किये जा सकते है। किसी भी मौजूदा अधिकार के प्रयोग समबन्धित स्थानीय भाषा में हर गांव और शहर की सीमाओं में प्रकाशित किया जाएगा और किसी भी अधिकार के संबंध में मुआवजे का दावा करने वाले प्रत्येक व्यक्ति को उपायुक्त को घोषणा **जारी करने के तीन महीने के भीतर ऐसे अधिकारों और राशि की प्रकृति और सीमा को निर्दिष्ट करने वाले लिखित नोटिस प्रस्तुत करने की आवश्यकता** होती है और धारा 14 के तहत ऐसे दावों के लिए जांच की जाती है और मुआवजे की राशि के लिए धारा 14 (1) डी के तहत पुरस्कार की घोषणा की जाती है। तकनीकी नोट 6 के वन विभाग नियम 6.16 (पृष्ठ 5), "जब क्षेत्र को भूमि संरक्षण अधिनियम के तहत अधिसूचित किया जाता है और सीमांकन किया जाता है, तो उपायुक्त गांव के निवासियों को निषिद्ध या प्रतिबंधित अधिकारों के लिए मुआवजे का दावा करने के लिए एक नोटिस देता है। अनुमत अवधि ऐसी घोषणा जारी करने की तारीख से **तीन महीने है। (धारा 7)"। यदि कोई दावा प्रस्तुत किया जाता है** मुआवजे के लिए निर्णय के विरुद्ध अपील (नियम 6.17) संभागीय आयुक्त के पास की जा सकती है तथा निर्णय के 60 दिनों के भीतर की जानी चाहिए।

5.3.2.9. धारा 7-ए . धारा 5-ए के तहत दिए गए आदेशों के प्रवर्तन के लिए, यदि कोई निजी व्यक्ति कार्य करने या कटाव नियंत्रण उपायों को लागू करने में विफल रहता है, तो राज्य सरकार इसे स्वयं कर सकती है, और पूरा खर्च भूमि के मालिक से वसूला जाना है, यदि भुगतान नहीं किया जाता है तो उसे भू-राजस्व के बकाया के रूप में वसूला जाएगा। इस धारा में विस्तृत विवरण में धारा 3 के तहत अधिसूचित निजी क्षेत्रों में कटाव नियंत्रण उपायों को लागू करने पर महत्व दिया गया है।

5.3.2.10. धारा 8. इस धारा में नदी तल/धार या जलमार्गों के पुनरुद्धार और संरक्षण का उल्लेख किया गया है। राज्य सरकार भूमि स्वामियों को ऐसी धाराओं/धारों/नदियों पर कटाव नियंत्रण उपायों को लागू करने के लिए बाध्य कर सकती है, यदि स्वामी संरक्षण उपायों को लागू करने में विफल रहता है, तो सरकार आदेश पारित कर सकती है कि पूरा तल राज्य सरकार के पास चला जाएगा या लागू किए गए कटाव नियंत्रण उपायों की लागत नदी/धार/जलधारा तल के अधिभोगियों से वसूल की जा सकती है।

5.3.2.11. धारा 9. धारा 8 के तहत अधिसूचित क्षेत्र में निजी अधिकारों को निलंबित या समाप्त करने की अधिसूचना का प्रभाव, सभी निजी अधिकार समाप्त किए जा सकते हैं और प्रत्येक क्षेत्र के संबंध में पानी आरक्षित किया जाएगा जो आवश्यकताओं को पूरा करने के लिए

आवश्यक हो सकता है। जबकि जमीनी हकीकत यह है कि अरावली क्षेत्र / शिवालिक क्षेत्र में अधिसूचित क्षेत्रों में बड़ी संख्या में धारे / धाराएँ / नदियाँ / जलमार्ग या उनके तल पर सभी जिलों में भूमि हड़पने वालों द्वारा अतिक्रमण और कब्जा कर लिया गया है। भूजल पुनर्भरण के लिए इस समस्या को कम करने और वर्षा जल बाढ़ से बचने के लिए, राज्य सरकार इस अधिनियम के प्रावधानों का उपयोग करके जल की कमी की समस्या को हल करने के लिए आवश्यक उपाय कर सकती है।

5.3.2.12. धारा 10. धारा/धार/नदी तल का सीमांकन करने की शक्तियाँ तथा धारा/धार/नदी तल पर कब्ज़ा लेने की शक्तियाँ, जब राज्य सरकार में निहित हों, प्रदान करती है। राज्य सरकार क्षेत्र अपने अधिन कर सकती है तथा वहाँ से लोगों को निकाल सकती है।

कटाव नियंत्रण और भूजल पुनर्भरण के लिए राज्य सरकार को शक्तियां प्रदान की गई हैं, जहां धारा/नदी तल पूर्ण संपत्ति के रूप में सरकार के पास निहित है।

5.3.2.13. धारा 11. धारा 8, 9, 10 के अंतर्गत किए गए कार्यों के लिए मुआवजे पर रोक लगाएगी और कोई भी व्यक्ति किसी भी मुआवजे का हकदार नहीं होगा।

5.3.2.14. धारा 13. तकनीकी नोट 6 का नियम 6.13, "भूमि संरक्षण अधिनियम की धारा 13 के तहत सीमांकन तब किया जा सकता है जब अधिनियम की धारा 3 या धारा 4 के तहत अधिसूचना जारी की गई हो और धारा 5, 5-ए के तहत अधिसूचना जारी करने का प्रस्ताव हो..." यह निर्देश वन अधिकारियों के लिए धारा 5, 5-ए के तहत अधिसूचना जारी करने से पहले सीमांकन करना बाध्यकारी बनाता है।

हो यह रहा है कि बार-बार अधिसूचना जारी करते समय सीमांकन को नजरअंदाज कर दिया जाता है और इस कारण अतिक्रमणकारी कोर्ट में केस दायर करना शुरू कर देते हैं। अगर उचित सीमांकन किया जाए तो अधिकांश फार्महाउस और भू-माफिया द्वारा किए गए अतिक्रमण को हटाया जा सकेगा। यह नौकरशाही की इच्छाशक्ति पर सवाल उठाता है।

5.3.2.15. धारा 14 और 15. उपायुक्त मुआवजे की राशि (यदि कोई हो) के लिए धारा 7 के तहत किए गए दावों की जांच करता है, धारा 15 में उल्लेख है कि मुआवजे का निर्धारण करते समय उपायुक्त 'भूमि अधिग्रहण अधिनियम 1894' की धारा 23 और 24 द्वारा निर्देशित होंगे और धारा 15 (3) के तहत, उस अवधि के संबंध में मुआवजा दिया जाएगा, जिसके दौरान अधिकार का प्रयोग निषिद्ध है।

5.3.2.16. धारा 16. उपायुक्त धारा 4 और 5 में वर्णित सभी अधिकारों की प्रकृति, विवरण, स्थानीय स्थिति और सीमा तथा अधिसूचना के समय धारा 3 या 8 के तहत अधिसूचित प्रत्येक क्षेत्र को रिकॉर्ड करेगा।

न्यायालय में चले मुकदमों में बहुत से लोगों ने मालिकाना हक के बारे में दावे किए, जिनका अधिनियम में ध्यान रखा गया है। जब पहली अधिसूचना जारी की गई थी, तो ऐसे दावे तीन महीने की निर्धारित समयावधि के दौरान किए गए होंगे, ब्रिटिश काल 1900 से धारा 3, 4, 5 आदि के तहत पुनः अधिसूचनाएं बार-बार जारी की गईं, जिसका अर्थ है कि निवासियों के दावों का निपटारा पहली अधिसूचना के समय के दौरान किया गया होगा। वर्तमान समय में चरागाह अधिकारों के दावे मान्य नहीं हैं, क्योंकि भूमि हड़पने वाले भू-माफिया, कॉलोनाइजर और फार्महाउसों का नया वर्ग हैं। यदि कोई नया क्षेत्र धारा 3 के तहत अधिसूचित किया जाता है, तो केवल चरागाह अधिकारों आदि के ऐसे दावे मुआवजे के लिए किए जा सकते हैं। हालांकि, अधिकांश क्षेत्रों के लिए, यह 121 वर्ष से अधिक पुराना मुद्दा है। ब्रिटिश काल या तत्कालीन पंजाब के दौरान अपने अधिकारों के मुआवजे का दावा करते हुए जिला न्यायालयों/उच्च न्यायालयों में कई मामले दायर किए गए होंगे और कई मामलों का कानून के अनुसार फैसला किया गया होगा।

5.3.2.17. धारा 17. इस अधिनियम के अंतर्गत किसी भी प्रावधान के तहत अधिसूचना का प्रकाशन। सार्वजनिक सूचनाएं इलाके में सुविधाजनक स्थानों पर दी जाती हैं ताकि जनता को ऐसी घोषणाओं के बारे में पता चले और नोटिस देने की प्रक्रिया पूरी हो जाए। भूमि अधिग्रहण अधिनियम की धारा 20, 21 और 22 के तहत धारा 17 (2) प्रक्रिया का पालन किया जाएगा। ऐसे आदेश के खिलाफ धारा 18 के तहत अपील का प्रावधान।

यह आशंका गलत है कि जनता को सूचित नहीं किया गया तथा अधिनियम के तहत अधिसूचना जारी करने से पहले उचित कानूनी प्रक्रिया का पालन किया गया।

5 .3.2.18. धारा 19. अपराधों के लिए दंड। ***"Any person who, within the limits of any area notified under Section 3 commits any breach of any regulation and restriction or prohibition imposed, order passed or requisition made under sections 3, 4, 5, 5-A, or 7-A shall be punished with imprisonment for a term which may extend to one month or with a fine which may extend to one hundred rupees or with both."***

यहाँ, धारा 3 अधिसूचित क्षेत्र को दंडमात्मक कार्यवाही के लिए माना जाता है, क्योंकि यह क्षेत्र कटाव के लिए उत्तरदायी है या कटाव जारी है या निरंतर कटाव के लिए उत्तरदायी है, जिसके लिए धारा 4 'सामान्य' के तहत पूरे क्षेत्र या क्षेत्र के हिस्से में पेड़ों की कटाई / नई खेती को डीएफओ की पूर्व अनुमति से प्रतिबंधित या विनियमित किया जाता है। भले ही धारा 3 क्षेत्र को दर्ज 'वनों' की सूची में शामिल नहीं किया गया था, लेकिन कटाव को नियंत्रित करने के लिए निषेध, प्रतिबंध और विनियमन लगाए गए थे।

5.3.2.19. धारा 20. पंजाब भूमि संरक्षण अधिनियम (1900) क्षेत्रों के लिए भारतीय वन अधिनियम, 1927 के प्रावधान का अनुप्रयोग धारा 20, ***"The provisions of sections 52, 54, 55, 56, 57, 58, 59, 60, 61, 62, 64(excluding last sentence), 66, 67, 68 and 73 of the Indian Forest Act, 1927, shall so far as applicable, be read as part of this Act, and for the purpose of those provisions, every offence punishable under section 19 shall be deemed to be a "forest offence" and every officer employed in the management of any area notified under section 3 or section 8, as a caretaker or otherwise shall be deemed to be a Forest Officer."***

इससे यह स्पष्ट हो गया है कि अधिसूचित क्षेत्रों में किए गए अपराधों पर 'वन अधिकारी' द्वारा 'वन अपराध' के रूप में मुकदमा चलाया जाता है, कानून के निर्माता ने अरावली पहाड़ियों और शिवालिक पहाड़ियों या रेत के टीलों वाले क्षेत्रों को 'वन' माना है। कुछ लोगों का मानना है कि पीएलपी अधिनियम (1900) के तहत अधिसूचित अरावली पहाड़ी क्षेत्र वन नहीं हैं जो टिकाऊ नहीं हैं और कानूनी स्थिति का सामना नहीं कर सकते हैं।

5.3.2.20. धारा 21. भूमि संरक्षण अधिनियम के अंतर्गत सद्भावनापूर्वक किए गए किसी भी कार्य के लिए लोक सेवकों और सरकार के विरुद्ध मुकदमा दायर नहीं किया जा सकता।

5.4. वन एवं पीएलपी अधिनियम पर सर्वोच्च न्यायालय के निर्णय

अरावली पहाड़ियों और वनों से संबंधित सर्वोच्च न्यायालय द्वारा कई निर्णय दिए गए हैं, यहां केवल कुछ चयनित निर्णयों/आदेशों का उल्लेख किया गया है।

5.4.1. सर्वोच्च न्यायालय निर्णय 21.7.2022 और पीएलपी अधिनियम। सिविल अपील संख्या 10294 ऑफ 2013, नरेन्दर सिंह एवं अन्य बनाम दिवेश भूटानी एवं अन्य, सिविल अपील संख्या 8454/2014, सिविल अपील संख्या 8173/2016, सिविल अपील संख्या 11000/2013, रिट याचिका (सिविल) संख्या 1008/2021, रिट याचिका (सिविल) संख्या 1031/2021, रिट याचिका (सिविल) संख्या 1320/2021 के साथ, सर्वोच्च न्यायालय ने 18.3.2004, 14.5.2008 और 11.9.2018 के निर्णयों के अनुक्रम में 21.7.2022 के निर्णय में पीएलपी अधिनियम और वन कानूनों के संबंध में याचिकाकर्ताओं और प्रतिवादियों द्वारा उठाए गए कई प्रश्नों का समाधान/स्पष्ट किया। केवल प्रासंगिक और महत्वपूर्ण अनुच्छेद या अनुच्छेद के कुछ भागों का ही उल्लेख किया गया है, संपूर्ण निर्णय कानून की पुस्तकों में देखे जा सकते है।

"The Impact of the Notifications/Orders Issued Under PLPA"

21.7.2022, Para 44. "PLPA was published in the Government Gazette of Punjab on 15th November 1900. PLPA was brought into force from that very day. A photocopy of the proceedings of the Council of the Lieutenant Governor of Punjab along with a photocopy of the Gazette dated 15th November 1900 has been placed on record. Reliance was placed on the address of Hon'ble Mr H.C. Fanshawe while tabling the Bill of PLPA. His address reflects the intention of the legislature. The proceedings record that:

"The Hon'ble Mr. Fanshawe moved for leave to introduce a Bill to provide for the better preservation and protection of certain portions of the territories of the Punjab situate within or adjacent to the *Siwalik* Mountain range or affected or liable to be affected by the action of streams and torrents, such as are commonly called *chos* flowing through or from, or by the deboisement of forests within, that range."

Mr. Fanshawe in his address, further notes that prior to 1852, the waste-lands of Siwalik's were well protected by trees and bushes and grass. He further stated that grass and trees on the hillsides have been largely destroyed. He, therefore, stated that legislative action is required to be taken to check the evils in question. In the Preamble of PLPA, as originally enacted, it is stated thus:

"Act to provide for **the better preservation and protection of certain portions of the territories of the Punjab situate within or adjacent to the *Siwalik* Mountain range or affected or liable to be affected by the deboisement of forests within that range**, or by the action of streams and torrents, such as are commonly called *Chos* flowing through or from it." [emphasis added]"

Para 45. "The Preamble specifically refers to the deboisement of the forests. The dictionary meaning of the word "deboisement" is "deforestation". Thus, the object of PLPA is also to protect the territories likely to be affected by deforestation. It is argued that PLPA has been enacted essentially for the conservation of sub-soil water or the prevention of erosion and it has nothing to do with forests. Deforestation is one of the accepted and recognized causes of erosion of soil. There is an article published on the website of the World Wildlife Fund. The article deals with deforestation and recognizes it as a cause of soil erosion. The relevant portion of the said article reads thus:

"Deforestation.

Without plant cover, erosion can occur and sweep the land into rivers. The agricultural plants that often replace the trees cannot hold onto the soil and many of these plants, such as coffee, cotton, palm oil, soybean, and wheat, can actually worsen soil erosion. And as land loses its fertile soil, agricultural produces move on, clear more forest, and continue the cycle of soil loss." (emphasis added)"

Thus, one of the objects of PLPA undoubtedly appears to be the protection and preservation of forests as it is one of the measures for preventing erosion of soil. Significantly, Clause (c) of Section 2 of PLPA provides that the expressions, 'tree', 'timber', 'forest-produce' and 'cattle' shall have the same meaning which is assigned in Section 2 of the 1927 Forest Act."

Para 46. "The material Sections in PLPA are Sections 3 to 7. Firstly, we are dealing with Section 3, which reads thus:

"**3. Notification of areas**— Whenever it appears to the Provincial Government that it is desirable to provide for the conservation of sub-soil water or the prevention of erosion in any area subject to erosion or likely to become liable to erosion, such Government may by notification make a direction accordingly."

Section 3 enables the State Government to **notify an area subject to erosion or likely to become liable to erosion**. When it appears to the State Government that it is desirable to provide for the conservation of sub-soil water or the prevention of erosion in any area subject to erosion or likely to become liable to erosion, the State Government may by a notification issue a direction accordingly. By the inclusion of any area in a notification under Section 3, *per se*, there are no constraints or restrictions imposed on the use of the lands. There is nothing in Section 3 to suggest that the power to issue notification can be exercised necessarily in respect of forest lands. The lands covered by the notification may also include non-forest lands. However, in respect of the areas notified under Section 3, the State Government can exercise the powers under Section 5A. Section 5A reads thus:

"**5-A. Power to require execution of works and taking of measures.** — In respect of areas notified under section 3 generally or the whole or any part of any such area, the Provincial Government may, by general or special order, direct—

(a) the levelling, terracing, drainage and embanking of fields;

(b) the construction of earth-works in fields and ravines;

(c) the provision of drains for storm water;

d) the protection of land against the action of wind or water; (e) the training of streams; and

(f) the execution of such other works and the carrying out of such other measures as may, in the opinion of the Provincial Government, be necessary for carrying out the purposes of this Act."

Before the amendment made in the year 1926, Sections 4 and 5 empowered the State Government to pass general or special orders providing for regulations, restrictions, and prohibitions as mentioned in the said sections either temporarily or permanently. However, by the 1926 amendment, the word 'permanently' has been deleted. Sections 4 and 5 of PLPA, as they stood before the 2019 Amendment Act, read thus:

"**4. Power to regulate, restrict or prohibit, by *general or special* order, within notified areas, certain matters.** - In respect of areas notified under section 3 generally or the whole or any part of any such area, the Provincial Government may, by general or special order temporarily regulate, restrict or prohibit-

(a) the clearing or breaking up or cultivating of land not ordinarily under cultivation prior to the publication of the notification under section 3;

a. **the quarrying of stone or the burning of lime at places where such stone or lime had not ordinarily been so quarried or burnt prior to the publication of the notification under section 3;**

c. **the cutting of trees or timber, or the collection or removal or subjection to any manufacturing process, otherwise than as described in clause (b) of this sub-section of any forest-produce other than grass, save for *bonafide* domestic or agricultural purposes of right holder in such area;**

d. **the setting on fire of trees, timber or forest produce;**
e. the admission, herding, pasturing or retention of sheep, goats or camels;
f. the examination of forest-produce passing out of any such area; and
g. the granting of permits to the inhabitants of towns and villages situate within the limits or in the vicinity of any such area, to take any tree, timber or forest produce for their own use therefrom, or to pasture sheep, goats or camels or to cultivate or erect buildings therein and the production and return of such permits by such persons.

5. Power, in certain cases to regulate, restrict or prohibit, by special order within notified areas, certain further matters. - In respect of any specified village or villages, or part or parts thereof, comprised within the limits of any area notified under section 3, the Provincial Government may, by special order, temporarily regulate, restrict or prohibit-

(a) the cultivating of any land ordinarily under cultivation prior to the publication of the notification under section 3;

(b) the quarrying of any stone or the burning of any lime at places where such stone or lime had ordinarily been so quarried or burnt prior to the publication of the notification under section 3;

(c) the cutting of trees or timber or the collection or removal or subjection to any manufacturing process, otherwise than as described in clause (b) of this sub-section of any forest-produce for any purposes; and

(d) the admission, herding, pasturing or retention of cattle generally other than sheep, goats and camels or of any class or description of such cattle."

Section 6 lays down the procedural requirement of publishing notifications/orders issued under Sections 4, 5 or 5A in the official gazette after recording the satisfaction of the State Government, after due inquiry, that the directions contained in the orders are necessary for the purposes of giving effect to the provisions of PLPA. Section 7 enables the persons affected by special orders under Sections 4, 5, and 5-A to seek compensation."

Para 47. "Though in this group of cases, wider submissions have been canvassed, we find that the entire challenge concerns only the three separate Government orders dated 18th August 1992 issued under Section 4 of PLPA in relation to the specific lands in the said three villages. There is no challenge in any of the Writ Petitions to any order issued under Section 5 of PLPA. Even the NGT in the impugned orders has relied upon only the special orders under Section 4. Therefore, we are confining our discussion to the question whether the lands covered by special orders issued under Section 4 of PLPA are forest lands within the meaning of the 1980 Forest Act. When an order is issued under Section 4 in respect of a specifically identified area which is a part of a larger area notified under Section 3 for imposing any of the specific prohibitions or restrictions provided in Section 4, such an order can be termed as a special order under Section 4. Section 3 of PLPA contemplates the issuance of a notification in respect of a larger area when it is desirable to provide for the conservation of sub-soil water or prevention of erosion. When the State Government is satisfied that deforestation of a forest area forming part of a larger area notified under Section 3 is likely to lead to erosion of soil, the power under Section 4 can be exercised. Various clauses of sub-section (4) refer to trees, timber, forest produce and cattle. Clause (c) of Section 2 of PLPA specifically provides that the said words shall have the meaning severally assigned to these expressions in Section 2 of the 1927 Forest Act. Clause (a) of Section 4 empowers the State Government to restrict or prohibit clearing or breaking up or cultivating of land not ordinarily under cultivation prior to the publication of the notification under Section 3. In the context of Clause (a) of Section 4, we may note here that Clause (a) of sub-section (1) of Section 26 read with Section 5 of the 1927 Forest Act prohibits clearing of a reserved forest for cultivation. Sub-section (1) of Section 35 of the 1927 Forest Act empowers the State Government to prohibit breaking up or clearing private forest land, pasturing of cattle or clearing vegetation on forest lands not vested in the Government. Such prohibition can be imposed in respect of privately owned forest lands for various reasons set out in the provision. One of the specified reasons is the protection of lands from erosion. Even clause (h) of sub-section (1) of Section 26 of the 1927 Forest Act prohibits breaking up or clearing any land forming a part of a reserved forest for cultivation or for any other purpose. Clause (g) of Section 4 of PLPA empowers the State Government to prohibit or prevent quarrying of stones or burning of lime at places where such stones or lime had not ordinarily been so quarried or burnt prior to the notification issued under Section 3. Similar are the restrictions imposed by clause (g) of sub-section (1) of Section 26 of the 1927 Forest Act in respect of the lands forming part of a reserved forest. clause (c) of Section 4 of PLPA which empowers the Government to impose restrictions on the cutting of trees or timber is also a pointer which indicates that a special order under Section 4 has to be necessarily in respect of a forest land. A similar restriction is applicable to a reserved forest as provided in clause (f) of sub-section (1) of Section 26 of the 1927 Forest Act. Clause (d) of Section 4 of PLPA empowers the State Government to prohibit the setting on fire of trees, timber or forest produce. Such restriction is also found in clauses (b) and (f) of sub-section (1) of Section 26 in respect of a reserved forest. Clause (f) of Section 4 empowers the State Government to regulate, restrict or prohibit the admission, herding, pasturing or retention of sheep, goats or camels. Clause (d) of sub-section (1) of Section 26 of the 1927 Forest Act imposes a similar restriction on the lands forming a part of a reserved forest. Clauses (f) and (g) of Section 4 of PLPA refer to forest produce generated out of any such area notified under Section 4. As noted earlier, PLPA incorporates the definition of "forest produce" in the 1927 Forest Act in PLPA by reference. Sub-Section (4) of Section 2 of the 1927 Forest Act defines "forest produce" which reads thus:

"2(4) "forest-produce" includes -

- (a) the following whether found in, or brought from, a forest or not, that is to say:-

timber, charcoal, caoutchouc, catechu, wood-oil, resin, natural varnish, bark, lac, mahua flowers, mahua seeds, kuth and myrabolams, and

(b) the following when found in, or brought from a forest, that is to say –

(i) trees and leaves, flowers and fruits, and all other parts or produce not hereinbefore mentioned, of trees,

(ii) plants not being trees (including grass, creepers, reeds and moss), and all parts or produce of such plants,

(iii) wild animals and skins, tusks, horns, bones, silk, cocoons, honey and wax, and all other parts or produce of animals, and

iv) peat, surface soil, rock and minerals (including lime-stone, laterite, mineral oils, and all products of mines or quarries)."

Thus, it appears to us that various restrictions, regulations, and prohibitions in different clauses in Section 4 of PLPA can be invoked necessarily in respect of forest lands. Whereas, Section 3 of PLPA contemplates the issuance of a general notification in respect of any area subject to erosion or likely to become liable to erosion when it appears to the State Government that it is desirable to provide for the conservation of sub-soil water or the prevention of erosion. As noted earlier, one of the objectives of PLPA is to prevent erosion of land which may be caused due to deforestation. When the State Government is satisfied that as a result of deforestation or impending deforestation, erosion of a particular area out of the area notified under Section 3 is likely to take place, the State Government may exercise the power under Section 4 by issuing a special order. The reason is that the measures provided in Section 4 are intended to prevent deforestation of a forest area. Section 3 of PLPA contemplates the issuance of a notification in respect of a larger area when it is desirable to provide for the conservation of subsoil water or prevention of erosion. When the State Government is satisfied that deforestation of a forest area forming part of a larger area notified under Section 3 is likely to lead to erosion of soil, the power under Section 4 can be exercised. Therefore, it follows that the specific land in respect of which a special order under section 4 of PLPA has been issued will have all the trappings of a forest governed by clauses (ii) to (iv) of Section 2 of the 1980 Forest Act. Therefore, in respect of the lands covered by special orders under Section 4 of PLPA, the State Government or authorities of the State can permit diversion to non-forest use only after prior approval of the Central Government is granted in accordance with Section 2 of the 1980 Forest Act."

Para 48. "Clause (a) of Section 5 of PLPA provides for restricting or prohibiting the cultivation of any land ordinarily under cultivation prior to the publication of the notification under Section 3. However, the power under Section 5 to restrict or prohibit can be exercised in a case where prior to the publication of the notification under Section 3, quarrying of any stone or the burning of any lime was being made. Thus, there is a marked difference between the language used in Section 4 and that in Section 5 of PLPA. However, as noted earlier, it is not necessary for us to decide the issue whether a land forming a part of a special notification under Section 5 of PLPA *ipso facto* becomes a forest under the 1980 Forest Act."

टिप्पणी: धारा 5 तभी जारी की जा सकती है जब किसी क्षेत्र को धारा 4 के तहत अधिसूचित किया गया हो, इसलिए धारा 5 का प्रत्येक क्षेत्र धारा 4 के तहत अधिसूचित होने के कारण वन भूमि है।

Para 63. "In this group of petitions, we are concerned with three special orders under Section 4 issued on 18th August 1992 in respect of the said three villages. The effect of the said orders is that the lands referred to therein are forest lands within the meaning of Section 2 of the 1980 Forest Act. **Even if such orders are cancelled or amended or rescinded or their duration comes to an end, the status of the lands covered by the same as forest lands governed by Section 2 of the 1980 Forest Act cannot be altered without following the due process provided therein.** Once a land is found to be a 'forest' within the meaning of the 1980 Forest Act, its **user for non-forest purposes will be always governed by Section 2 of the 1980 Forest Act.** Secondly, clause (i) of Section 2 provides that even in the case of a reserved forest under the 1927 Forest Act, the State Government cannot pass an order declaring that the same shall cease to be a reserved forest, without the prior approval of the Central Government. **Thirdly, Section 2 starts with a *non obstante* clause which overrides anything contained in any other law for the time being in force in a State which will include all State and Central legislations applicable to the State.** Therefore, *prima facie,* the 2019 Amendment Act enacted by the State Legislature would be repugnant to and violative of Section 2 of the 1980 Forest Act, if construed otherwise. Hence, **whether the 2019 Amendment Act is given effect or not, it will not change the status of the lands covered by the special orders under Section 4 of PLPA as the said lands possess all the trappings of a forest with effect from 25th October 1980 within the meaning of the 1980 Forest Act.** Therefore, it is not necessary for us in these petitions to deal with the issue whether the order dated 01st March 2019 passed in Writ Petition (Civil) No.4677 of 1985 should be modified. The said prayer will have to be considered by the Bench dealing with the said writ petition.

टिप्पणि: यह बहुत महत्वपूर्ण है कि भले ही वन भूमि के लिए पीएलपी अधिनियम की अधिसूचना समाप्त हो जाए, लेकिन यह हमेशा के लिए वन भूमि ही रहेगी। कानून के तहत पूर्व अनुमोदन के बिना किसी भी वन भूमि को गैर-वन नहीं माना जा सकता है। सबसे महत्वपूर्ण अवलोकन यह है कि एफसी अधिनियम भारत सरकार या राज्य सरकार के सभी अन्य अधिनियमों को override रद्द कर देगा। हरियाणा सरकार द्वारा पीएलपी अधिनियम में 2019 में किए गए संशोधन एफसी अधिनियम के प्रतिकूल और उल्लंघनकारी होंगे और पीएलपी अधिनियम द्वारा अधिसूचित वन भूमि को नहीं बदलेंगे।

पैरा 64. "Thus, we hold that the lands covered by the special orders issued under Section 4 of PLPA have all the trappings of forest lands within the meaning of Section 2 of the 1980 Forest Act and, therefore, the State Government or competent authority cannot permit its use for non-forest activities without the prior approval of the Central Government with effect from 25th October 1980. Prior permission of the Central Government is the quintessence to allow any change of user of forest or so to say deemed forest land. We may add here that even during the subsistence of the special orders under Section 4 of PLPA, with the approval of the Central Government, the State or a competent authority can grant permission for non-forest use. If such non-forest use is permitted in accordance with Section 2 of the 1980 Forest Act, to that extent, the restrictions imposed by the special orders under Section 4 of PLPA will not apply in view of the language used in the opening part of Section 2 of the 1980 Forest Act. We also clarify that only because there is a notification issued under Section 3 of PLPA, the land which is subject matter of such notification, will not *ipso facto* become a forest land within the meaning of the 1980 Forest Act."

टिप्पणि। 25/10/1980 वन संरक्षण अधिनियम (1980) के लागू होने की तिथि है, पंजाब भूमि संरक्षण अधिनियम (1900) के विशेष आदेश द्वारा अधिसूचित क्षेत्रों को उनकी समाप्ति की तिथि के बावजूद वन भूमि का दर्जा प्राप्त होगा और गैर वानिकी उपयोग के लिए वन संरक्षण अधिनियम (1980) के प्रावधान आकर्षित होंगे। कुछ नौकरशाहों ने 25.10.1980 की तारीख को तोड़-मरोड़ कर पेश किया और यह व्याख्या करने की कोशिश की कि इस तिथि से पहले अधिसूचित पीएलपी अधिनियम की भूमि वन नहीं है और उन्होंने पैरा 63 और पहले के आदेशों की अनदेखी की, कि एक बार जंगल हमेशा जंगल ही रहता है, अधिसूचना अवधि समाप्त होने के बाद भी उन क्षेत्रों को वन भूमि माना जाएगा। 25.10.1980 वन संरक्षण अधिनियम (1980) लागु होने की तिथि है, इसका मतलब है कि उस तिथि के बाद वन भूमि का कोई भी डायवर्जन वन अधिनियम 1980 के प्रावधानों को आकर्षित करेगा। यह स्पष्ट है कि यदि वन भूमि का डायवर्जन 25.10.1980 (एफसी अधिनियम से पहले) से पहले किया गया था, तो उन मामलों में एफसी अधिनियम लागू नहीं किया जा सकता है क्योंकि यह अधिनियम

अस्तित्व में नहीं था। वे पीएलपी अधिनियम-अधिसूचित वन भूमि जिनकी बंद करने की अवधि 1980 से पहले समाप्त हो गई थी, जैसे कि 1970 के दौरान, वे अधिसूचित वन भूमि वन भूमि के रूप में मानी जाएगी यदि उन्हें एफसी अधिनियम को आकर्षित करने के लिए 25.10.1980 या उसके बाद की किसी भी तारीख के बाद डायवर्ट किया गया हो।

पैरा 65. "Therefore, the lands covered by the special orders dated 18th August 1992 issued under Section 4 of PLPA will be governed by the orders passed by this Court in the Petition for Special Leave to Appeal (Civil) Nos. 7220-7221 of 2017. Hence, **all the concerned authorities shall take action to remove the remaining illegal structures standing on land covered by the special orders and used for non-forest activities on the said lands erected after 25th October 1980**, without prior approval of the Central Government, and further to **restore *status quo ante* including to undertake reforestation/afforestation programmes** in right earnest. As far as the lands covered by special orders under Section 5 are concerned, we are not making any adjudication. Therefore, the authorities will have to decide the status of the lands covered by the said orders under Section 5 on case-to-case basis."

टिप्पणि: धारा 5 के क्षेत्र पहले से ही धारा 4 के तहत अधिसूचित और बंद हैं, जिसके अनुसार सभी धारा 5 क्षेत्र वन भूमि हैं और अधिसूचना अवधि की समाप्ति की तारीख के बावजूद वन संरक्षण अधिनियम (1980) के तहत कवर किए जाएंगे।

पैरा 66. "To avoid any prejudice to the affected persons, we direct that before the action of removal of the illegal structures and/or action of stopping non-forest activities is taken in respect of the lands covered by the special orders dated 18th August 1992 issued under Section 4 of PLPA, the concerned competent authority shall afford an opportunity of being heard to the affected persons and conclude such proceedings finally not later than three months from today and submit a compliance report in that regard within the same time."

5.5. पी.एल.पी. अधिनियम (1900) से संबंधित प्रश्न

माननीय सर्वोच्च न्यायालय द्वारा सिविल अपील संख्या 10294/2013, नरेन्दर सिंह एवं अन्य बनाम दिवेश भूटानी एवं अन्य में दिनांक 21.07.2022 को दिए गए निर्णय के माध्यम से अधिकांश मुद्दों को स्पष्ट किया गया तथा उनका समाधान किया गया। आम आदमी की सुविधा के लिए जनता एवं नौकरशाहों द्वारा उठाए गए प्रमुख मुद्दों के उत्तरों को स्पष्ट करने का प्रयास किया गया है। संबंधित न्यायालयों में उठाए गए प्रमुख मुद्दों/शंकाओं को निर्णय के पैरा को उद्धृत किया गया है। शेष मुद्दों को स्पष्टीकरण प्रपत्र में नीचे स्पष्ट किया गया है तथा उन पर चर्चा की गई है।

1. कुछ लोगों ने दावा किया कि अधिसूचित पी.एल.पी. क्षेत्र में निर्माण कार्य पी.एल.पी. अधिनियम के तहत 1992 की विशेष अधिसूचना (पुनः अधिसूचना) से पहले हुआ था, तथा उन्होंने अपने शांतिपूर्ण कब्जे में व्यवधान न डालने का अनुरोध किया।

स्पष्टीकरण: सर्वोच्च न्यायालय ने (21.7.2022) ऐसे समय-बाधित मुद्दों की मांग को खारिज कर दिया। यदि, कोई 30.9.1948 या उससे पहले की धारा 3, 4 और 5 अधिसूचनाओं की पुरानी स्थिति पर विचार करे, और उसके बाद अधिकांश बाद की अधिसूचनाएं बंद अवधि की समाप्ति से पहले फिर से जारी की गईं, तो 30.9.1948 या उससे पहले की भूमि की स्थिति ऐसे मुद्दों के लिए महत्वपूर्ण हो जाती है। ये भूमि एफसी अधिनियम, 1980 से पहले भी वन भूमि के रूप में दर्ज की गई थी। शायद उस समय ऐसा कोई निर्माण मौजूद नहीं था। दोषपूर्ण विकास के नाम पर वास्तव में बहुत सारा पानी पुल के नीचे बह गया, जिसने खतरनाक गति से कटाव को बढ़ा दिया। हालांकि, 'विशेष' पुन: अधिसूचना जारी करने से पहले, क्षेत्र का सर्वेक्षण करके वास्तविक जमीनी हकीकत/क्षेत्र की स्थितियों पर उचित विचार किया जाता था। धारा 3 के तहत कटाव के अधीन या उसके लिए उत्तरदायी चिन्हित क्षेत्र की अधिसूचना में किसी समय अवधि (समाप्ति तिथि) का उल्लेख करने की आवश्यकता नहीं होती है, इसलिए धारा 4 और 5 के तहत बाद में अधिसूचनाएं जारी की जा सकती हैं, हालांकि समय-समय पर धारा 3 के तहत पुनः अधिसूचनाएं जारी करने के प्रयास भी किए गए।

2. कुछ लोगों ने दावा किया कि यह ग्रामीणों की पुश्तैनी जमीन है, वे गांव के निवासी हैं और इसका उपयोग कर रहे हैं।

स्पष्टीकरण: 21.7.2022 का पैरा 56, "The lands in the schedule are specific lands described by reference to Killa or other relevant numbers. Even the area of the lands covered has been incorporated. The notifications do not relate to the entire village. The same are in respect of specific lands in the said three villages." पीएलपी अधिनियम में स्पष्ट रूप से कहा गया है कि निवासी/अधिकार धारक/मालिक कानूनी प्रतिबंधों के अनुसार वन उपज और वन फसलों को इकट्ठा करना/काटना जारी रखते हैं। वन विभाग ऐसी भूमि से कोई भी उत्पाद नहीं ले सकता/बेच सकता/हड़प सकता, पूरी आय मालिकों/अधिकार धारकों को जाती है। विशेष आदेश जारी करने से पहले सर्वेक्षण के दौरान खेती या निवास या वनों के अलावा किसी अन्य उपयोग के तहत किसी भी भूमि को बाहर रखा गया था। धारा 3 अधिसूचना जारी करने के समय भूमि उपयोग को धारा 4 'विशेष' अधिसूचना के बाद भी जारी रखने की अनुमति दी गई थी।

3. क्या वन भूमि पर अस्थायी गैर-वानिकी गतिविधियाँ अनुमत हैं?

स्पष्टीकरण: कुछ गैर-वानिकी उपयोगकर्ता जैसे कि बैंक्वेट हॉल, रेस्तरां, होटल, मैरिज हॉल, फार्महाउस और अस्थायी उपयोग के लिए अस्थायी संरचनाओं के नाम पर अन्य उपयोगों ने एनजीटी के आदेशों के खिलाफ अपील की, ऐसी अपीलों को सर्वोच्च न्यायालय ने खारिज कर दिया। एफसी अधिनियम के उल्लंघन में वन भूमि पर कोई भी गैर-वानिकी गतिविधि या अस्थायी या अर्ध-स्थायी निर्माण की अनुमति नहीं है। वन संरक्षण अधिनियम (1980) के नियमों के तहत किसी भी आवासीय उद्देश्य के लिए वन भूमि का डायवर्सन स्वीकार्य नहीं है ।

4. क्या पीएलपी अधिनियम क्षेत्रों के अंतर्गत अधिसूचित 'वन भूमि' पर वाणिज्यिक गैर-वनीय गतिविधियों की अनुमति है?

स्पष्टीकरण: नहीं। एफसी अधिनियम (1980) का उल्लंघन करते हुए 'वन भूमि' और 'वन' पर वाणिज्यिक गतिविधियों की अनुमति नहीं है। सुप्रीम कोर्ट ने भी कई मामलों में ऐसे आईए या आवेदनों को खारिज कर दिया है।

5. पुरानी पंचायती भूमि/सामुदायिक भूमि एमसीएफ, जीएमडीए, एमसीजी और मानेसर आदि नगर निगमों के अधीन आ गई है, क्या वे इसे बेच सकते हैं या गैर-वानिकी उपयोग की अनुमति दे सकते हैं?

स्पष्टीकरण: उन गांवों की अधिसूचित सामुदायिक वन भूमि जहां नगर निगम की सीमाएं बढ़ाई गईं और जो नगर निगमों/एमसीएफ/जीएमडीए/एमसीजी/एमसीएम आदि के अंतर्गत आ गए, वन भूमि की स्थिति वही पुरानी रहेगी, इसलिए देखभाल करने वाले के बावजूद, वे कानून का उल्लंघन करके गैर-वानिकी उद्देश्य के लिए वन भूमि के उपयोग की अनुमति नहीं दे सकते। सुप्रीम कोर्ट के फैसले 7.4.2022 ने इस तरह की दलीलों को खारिज कर दिया। वे निवासियों के साझा उपयोग को खत्म करने के लिए इसे बेच नहीं सकते। 21.7.2022 के पैरा 59 , "Another argument canvassed was that the said three villages are covered by controlled areas declared under the 1971 Act as well as a final development plan. In view of the language used by Section 2 of the 1980 Forest Act, the said provision overrides all other laws applicable to the State of Haryana including the Central laws. Moreover, once it is found that the lands covered by the said three orders dated 18th August 1992 are forest lands covered by clauses (ii) to (iv) of Section 2 of the 1980 Forest Act, its status as forest lands cannot be altered unless Section 2 is followed".

न्यायालय ने यह भी कहा कि **समुदाय द्वारा सामुदायिक भूमि का साझा उपयोग जारी रहेगा, इसलिए समुदाय कानून के अनुसार वन उत्पादों और अन्य साझा उपयोग के उद्देश्यों का उपयोग करना जारी रखेगा।** वन अधिनियम पर शहरीकरण अधिनियमों के अधिभावी प्रभाव के मुद्दे को 14.5.2008 (हुडा द्वारा दायर आईए खारिज कर दिया गया), 11.9.2018 और 21.7.2022 के निर्णयों द्वारा खारिज कर दिया गया है। इसलिए, समुदाय के साझा उपयोग के लिए रखी गई भूमि (7.4.2022 निर्णय) व्यक्तियों को नहीं बेची जा सकती है। 11.9.2018 फरीदाबाद कॉम्प्लेक्स (विनियमन और विकास) अधिनिय, 1971, हरियाणा विकास और शहरी क्षेत्रों का विनियमन अधिनियम, 1975, आदि के संबंध में पैरा 125 से 128 , माननीय सर्वोच्च न्यायालय ने पीएलपीए अधिसूचित क्षेत्रों पर इसकी प्रयोज्यता को खारिज कर दिया है।

एफसी अधिनियम के तहत भारत सरकार से पूर्व अनुमति के बिना किसी भी वन भूमि का उपयोग या गैर-वानिकी उद्देश्यों के लिए डायवर्ट नहीं किया जा सकता है। नगर निगम गुरुग्राम। एमसी मानेसर, नगर निगम फरीदाबाद ने कुछ गांवों पर अपनी सीमा का विस्तार किया, इस आधार पर कि उन गांवों की 'सामुदायिक भूमि' और 'पंचायत भूमि' की हिरासत का दावा किया गया था, जिसे स्वामित्व के बिना 'वन भूमि' अधिसूचित किया गया था। पंचायत से नगर निगमों में इस बदलाव का मतलब यह नहीं है कि कॉमन उद्देश्यों के लिए साझा भूमि में निवासियों / ग्रामीणों के अधिकार समाप्त हो गए। इस तरह के हस्तांतरण से जंगल की स्थिति नहीं बदलेगी। एमसी फरीदाबाद के मामले में कुछ वन भूमि बेची गई या ऐसी भूमि के कुछ हिस्से को तीसरे पक्ष को बेचने की कोशिश की गई, जो माननीय सर्वोच्च न्यायालय के फैसले 7.4.2022 का सीधा उल्लंघन है,

सर्वोच्च न्यायालय के 11.9.2018 के निर्णय पैरा 123, "The culpability of some of the State authorities in ensuring this tragic situation is quite evident from I.A. No. 2269 of 2007 filed by the Administrator, Haryana Urban Development Authority, in which the first prayer is to the effect that this Court should issue an appropriate direction that the judgment and order dated 18th March 2004 was restricted only to mining activities and did not affect the development or urbanisation or construction activities carried out as per the laws, rules, and regulations of the Municipal Corporation of Faridabad or the Haryana Urban Development Authority. Despite the clear judgment and order passed by this Court, the attitude of some sections of the State Government obviously did not change and unrestricted development through mining activity and construction activity was given precedence over the environment resulting in, amongst other things a parched Badkal Lake."

6. क्या एमसीएफ अधिनियम (1971) और अन्य शहरीकरण केंद्रीय अधिनियमों का पीएलपी अधिनियम पर अधिभावी प्रभाव होगा, जो कि राज्य अधिनियम है? क्या राष्ट्रीय राजधानी क्षेत्र योजना बोर्ड अधिनियम, 1985 का पीएलपीए पर अधिभावी प्रभाव होगा, जो कि एक राज्य अधिनियम है?

स्पष्टीकरण: यह उपरोक्त प्रश्न संख्या 5 में स्पष्ट किया जा चुका है। इस तरह के तर्कों को सर्वोच्च न्यायालय ने विभिन्न निर्णयों के माध्यम से बार-बार खारिज किया है। 21.7.2022 के **पैरा 35** , "Section 2 overrides all the laws applicable to a particular State which will include not only the laws of that particular State but also the relevant Central laws applicable to that particular State. Clause (i) of Section 2 applies to a reserved forest within the meaning of any law for the time being in force in that State. Clauses (ii), (iii) and (iv) of Section 2 applies to "any forest land". As clause (i) specifically refers to a reserved forest within the meaning of any law in force, it is obvious that clauses (ii), (iii), and (iv) apply to any other forest, whether or not recognized or declared as such under any law in force in that State. Hence, clauses (ii), (iii), and (iv) of Section 2 apply to any forest land which may not be necessarily a reserved forest or a protected forest, or a private forest governed by Chapter V under the 1927 Forest Act. Restrictions imposed by Section 2 (except clause (i) thereof) apply to every forest land in respect of which no declarations have been made either under the 1927 Forest Act or any other law relating to the forests in force in that State." Para 59, "In view of the language used by Section 2 of the 1980 Forest Act, the said provision overrides all other laws applicable to the State of Haryana including the Central laws."

7. कुछ आवेदकों ने सुप्रीम कोर्ट में दावा किया कि पीएलपी अधिनियम की धारा 4 के तहत 1992 की पुनः अधिसूचना अवैध और समय-सीमा समाप्त हो चुकी थी। अधिनियम की धारा 6 और 7 में अधिसूचनाओं का पालन नहीं किया गया। पीएलपीए की धारा 7 के अनुसार, धारा 3, 4 और 5 के तहत अधिसूचनाएँ/आदेश स्थानीय भाषा में प्रकाशित नहीं किए गए थे।

स्पष्टीकरण: सुप्रीम कोर्ट के 21.7.2022 के फैसले ने ऐसे दावों को खारिज कर दिया और पीएलपी अधिनियम अधिसूचनाओं की वैधता और निरंतरता को बरकरार रखा। धारा 4 विशेष अधिसूचना और पुनः अधिसूचना स्वतंत्रता के बाद जारी की गई थी और धारा 3 अधिसूचना बिना समय सीमा के खुली है। ऐसे दावे समय-बाधित हैं।

21.7.2022 के **पैरा 58** , "A submission was canvassed that there was no notification issued under Section 3 of PLPA covering the said three villages. It is contended that the requisite procedure was not followed. We may note here that it is too late in the day to challenge the said orders after the lapse of more than 20 years. The ground of the gross delay is itself sufficient to negative the said challenge. The State Government cannot be called upon to show compliance with procedural aspects for the first time after a lapse of more than 20 years. Therefore, it will not be appropriate to entertain a challenge to the said orders on the ground of non-compliance with the procedural provisions of Sections 6 and 7 after lapse of more than 20 years."

8. कुछ आवेदकों ने प्रतिवादियों (वन विभाग) को उनके पुराने गांव में अधिसूचित भूमि पर याचिकाकर्ताओं की आवासीय संरचनाओं का कब्जा बहाल करने का निर्देश देने के लिए परमादेश जारी करने हेतु याचिका दायर की।

स्पष्टीकरण: ऐसे सभी आवेदन खारिज कर दिए गए, और वन भूमि वन भूमि ही रहेगी, सर्वोच्च न्यायालय ने (21.7.2022) तीन महीने के भीतर सभी अवैध संरचनाओं को ध्वस्त करने और उन स्थलों पर वनरोपण करने का आदेश दिया। **पैरा 56.** "...the orders are special orders relating to only certain specific lands mentioned therein in the schedules thereto. The lands in the schedule are specific lands described by reference to Killa or other relevant numbers. Even the area of the lands covered has been incorporated. The notifications do not relate to the entire village. The same are in respect of specific lands in the said three villages..." Para 36. "...Considering the scheme of the 1980 Forest Act, the title holder of a private land which is a forest within the meaning of Section 2 is not divested of his right, title or interest in the land. But there is an embargo on using his forest land for any non-forest activity."

9. दावा किया गया कि पी.एल.पी. अधिनियम की धारा 3, 4 और 5 के अंतर्गत हरियाणा राज्य द्वारा जारी अधिसूचनाओं/आदेशों को वन अधिनियम 1980 के अर्थ में स्वतः ही वन भूमि नहीं माना जा सकता।

स्पष्टीकरण: सर्वोच्च न्यायालय ने 21 जुलाई 2022 के निर्णय में आदेश दिया है कि धारा 4 और 5 के तहत अधिसूचित क्षेत्र 'वन भूमि' हैं और धारा 3 के तहत अधिसूचित कटाव-प्रवण क्षेत्र हैं, इसलिए इस पर जारी निषेधाज्ञा और प्रतिबंध उचित हैं। **पैरा 35.** "Section 2 overrides all the laws applicable to a particular State which will include not only the laws of that particular State but also the relevant Central laws applicable to that particular State.....". । धारा 4 और 5 की भूमि वन विभाग के रिकॉर्ड में दर्ज वन हैं।

10. दावा किया गया कि पीएलपीए की धारा 3 के तहत उचित अधिसूचना जारी करना पीएलपीए की धारा 4 और 5 के तहत आदेश जारी करने के लिए अनिवार्य है ।

स्पष्टीकरण: धारा 3 के तहत अधिसूचना 30.9.1948 से जारी की गई है और ऐसी अधिसूचनाओं के लिए कोई समय सीमा नहीं है। क्षेत्र में कटाव जारी है या कटाव के लिए उत्तरदायी क्षेत्र हैं, ऐसी अधिसूचना वैध रहती है। सरकार ने पुनः अधिसूचना जारी करने के भी प्रयास किए। 21.7.2022 के पैरा 58, "...it cannot be accepted that the special orders under Section 4 dated 18th August 1992 were not preceded by a general order under Section 3 of PLPA in respect of Tehsil Ballabgarh. The three special orders specifically refer to a due inquiry made by the State Government for coming to the conclusion that prohibitions contained in the said orders are necessary for the purpose of giving effect to the provisions of PLPA."

11. किसी ने धारा 3 क्षेत्र को रिकॉर्डेड वन के रूप में शामिल करके यह भ्रामक दावा किया है कि हरियाणा राज्य के भौगोलिक क्षेत्र का लगभग 39.35% पी.एल.पी. अधिनियम (1900) के तहत वनों के रूप में अधिसूचित किया गया है और इसमें शहरों के कार्यालय और बस्तियां शामिल होंगी? यदि पी.एल.पी.ए. की धारा 3 के तहत अधिसूचनाओं द्वारा कवर की गई भूमि को वन माना जाना है, तो फरीदाबाद और गुरुग्राम के पूरे जिलों को 1980 के वन अधिनियम के तहत वनों के रूप में माना जाना होगा।

स्पष्टीकरण: इस तरह के भ्रामक कथन कुछ लोगों द्वारा सर्वोच्च न्यायालय को गुमराह करने के लिए किए गए थे, लेकिन सर्वोच्च न्यायालय ने ऐसे गलत दावों को पूरी तरह से खारिज कर दिया। हालांकि, धारा 4 'सामान्य' अधिसूचना के माध्यम से पेड़ों की कटाई आदि जैसे कुछ प्रतिबंधों की घोषणा धारा 3 के तहत अधिसूचित क्षेत्रों में की जाती है, लेकिन उन क्षेत्रों को एफसी अधिनियम (1980) के रिकॉर्ड में कभी भी 'वन भूमि' के रूप में दर्ज नहीं किया गया था। **217** 2022 के पैरा 57 , "Thus, the special orders under Sections 4 and 5 in respect of 22 districts of Haryana including the districts of Gurugram and Faridabad cover only an area of 31,738 hectares, out of the total area of 44,21,200 hectares. In at least 8 districts, not a single land is governed by special orders under Sections 4 and 5. Hence, only about 7.1% of the total lands in 22 districts are covered by special orders issued under Sections 4 and 5 of PLPA. Going by these figures of the lands covered by the special orders under Sections 4 and 5, the percentage of the lands covered by special orders under Section 4 must be insignificant as compared to the total area of the districts. Thus, the picture tried to be projected by the petitioners and the State Government is completely misleading and fallacious."

11अ. क्या धारा 3 के अंतर्गत अधिसूचित सम्पूर्ण क्षेत्र वन विभाग के अभिलेखों में अभिलिखित वन है?

हरियाणा के पीसीसीएफ (2009 में उच्च न्यायालय में हलफनामा) ने स्पष्ट किया था कि धारा 3 के तहत अधिसूचित पूरे क्षेत्र को कभी भी वन के रूप में रिकॉर्ड में दर्ज नहीं किया गया था, बल्कि केवल धारा 4 और/या 5 'विशेष अधिसूचना' के तहत अधिसूचित क्षेत्रों को ही वन के रूप में दर्ज किया गया था। सर्वोच्च न्यायालय ने यह भी कहा है ।

12. धारा 3, 4 व 5 के अंतर्गत अधिसूचना जारी होने के पश्चात राजस्व विभाग के अधिकार क्षेत्र में परिवर्तन होने के कारण उन गांवों की प्रशासनिक सीमाएं बदल गई हैं, तहसील, उपखंड व जिला आदि बदल गए हैं। उनकी भूमि पर अधिसूचना लागू नहीं होगी ।

स्पष्टीकरण: तहसील/उपमण्डल/जिला/राज्य के प्रशासनिक नाम में परिवर्तन से उन क्षेत्रों में कटाव की स्थिति पर कोई प्रभाव नहीं पड़ता, प्रशासनिक नाम बदलने से प्रकृति कभी नहीं बदलती। कटाव से प्रभावित या कटाव के लिए उत्तरदायी बड़े क्षेत्र को बिना किसी समय की बंदी अवधि के धारा 3 के अन्तर्गत अधिसूचित किया जाता है। क्योंकि भविष्य में हवा या पानी से होने वाले कटाव का पूर्वानुमान नहीं लगाया जा सकता, इसलिए कोई समय सीमा निर्धारित नहीं होती है, यहां तक कि पुरानी धारा 3 की अधिसूचनाएं भी वैध मानी जा सकती हैं, जबकि सुविधा के लिए समय-समय पर कुछ क्षेत्रों को बाहर करने के लिए पुनः अधिसूचनाएं जारी की जाती हैं। प्रशासनिक अधिकार क्षेत्र के परिवर्तन के बावजूद क्षेत्र में कटाव बना रहता है, अंग्रेज चले गए, फिर संयुक्त पंजाब, हरियाणा 1966 में एक अलग राज्य के रूप में बना, तब फरीदाबाद गुड़गांव जिले का हिस्सा था, अब फरीदाबाद से अलग होकर एक नया जिला बना, पूरी प्रक्रिया बदलती रहती है लेकिन कटाव वहीं रहता है। इसी प्रकार, नगर निगमों में शामिल और विकास प्राधिकरण घोषित ग्राम पंचायतों से वन की स्थिति में कोई परिवर्तन नहीं होता।

यहां निर्णय का पैरा उद्धृत किया गया है जो तीन मुद्दों पर निर्णय करता है। (ए) अधिसूचना के लिए प्रक्रिया का अनुपालन (बी) अधिसूचना के खिलाफ अपील समय-बाधित (सी) गांवों की राजस्व सीमाओं में परिवर्तन, पैरा **58.** "**....** A submission was canvassed that there was no notification issued under Section 3 of PLPA covering the said three villages. It is contended that the requisite procedure was not followed. We may note here that it is too late in the day to challenge the said orders after the lapse of more than 20 years. The ground of the gross delay is itself sufficient to negative the said challenge. The State Government cannot be called upon to show compliance with procedural aspects for the first time after lapse of more than 20 years. Therefore, it will not be appropriate to entertain a challenge to the said orders on the grounds of non-compliance with the procedural provisions of Sections 6 and 7 after lapse of more than 20 years. Reliance was placed on a notification dated 17th October 1989 issued by the State Government under Section 5 of the Punjab Land Revenue Act, 1887. By the said notification, the State Government excluded certain areas from the limits of Ballabgarh Tehsil in Faridabad District. A new Tehsil was formed of the said excluded areas known as Faridabad Tehsil. However, on 10th April 1992, a notification was issued under Section 3 of PLPA in respect of the entire Tehsil of Ballabgarh. The three special orders dated 18th August 1992 are in respect of specifically described lands in the said three villages in Tehsil of Ballabgarh. Therefore, apart from the gross delay, it cannot be accepted that the special orders under Section 4 dated 18th August 1992 were not preceded by a general order under Section 3 of PLPA in respect of Tehsil Ballabgarh. The three special orders specifically refer to a due inquiry made by the State Government for coming to the conclusion that prohibitions contained in the said orders are necessary for the purpose of giving effect to the provisions of PLPA."

13. जब 1926 में पी.एल.पी.ए. में संशोधन किया गया था, उसके बाद धारा 4 और 5 के अंतर्गत विचारित आदेश केवल अस्थायी अवधि के लिए जारी किए जा सकते थे। धारा 4 और 5 के अंतर्गत आदेशों में निर्दिष्ट अवधि समाप्त होने पर, उक्त आदेशों द्वारा लगाए गए प्रतिबंध समाप्त हो जाते हैं।

स्पष्टीकरण: सर्वोच्च न्यायालय के 29/30-10-2002 आदेश, 18-03-2004, 14 05-2008, 11-09-2018 और 21-07-2022 निर्णयों ने स्पष्ट किया कि धारा 4 और 5 के तहत अधिसूचित क्षेत्र बंद अवधि की समाप्ति के बाद भी वन बने रहेंगे। हरियाणा सरकार द्वारा अपनाई गई कलाबाजी को सर्वोच्च न्यायालय ने खारिज कर दिया। निर्णय 21-07-2022, पैरा **60,** "A vague attempt was made to contend that firstly the lands covered by special orders under Section 4 can be treated as forests within the meaning of the 1980 Forest Act only from the date of the respective orders and that it will continue to be a forest for a limited duration for which the said special orders are in force. **Both the arguments do not commend us at all.** An occasion for passing special orders under Section 4 arises when the lands in respect of which special orders are sought to be issued, are forest lands. It is true that, to such lands, Section 2 of the 1980 Forest Act will apply from 25th October 1980 when the same was brought into force. Once a land is covered by the sweep of Section 2 of the 1980 Forest Act, whether the special orders under Section 4 continue to be in force or not, the lands covered by the said notifications will continue to fall in the category of forests covered by Section 2 of the 1980 Forest Act."

14. यह मुद्दा उठाया गया कि पीएलपीए के निषेध, प्रतिबंध और विनियमन के प्रावधानों का उद्देश्य किसी भी वन या वन गतिविधियों की रक्षा करना नहीं है।

स्पष्टीकरण: पीएलपी अधिनियम के निषेध, विनियमन और प्रतिबंध वही हैं जो भारतीय वन अधिनियम 1927 में वन और वानिकी गतिविधियों के लिए लागू हैं। वन अधिनियम की शक्तियाँ 'वन अधिकारियों' में निहित हैं, ताकि इन क्षेत्रों में 'वन अपराधों' को रोका जा सके और किसी भी तरह के वनों की कटाई को रोका जा सके। 21-7-2022 के फैसले के पैरा 44 में, "...In the Preamble of PLPA, as originally enacted, it is stated thus: "Act to provide for the better preservation and protection of certain portions of the territories of the Punjab situate within or adjacent to the Siwalik Mountain range or affected or liable to be affected by the deboisement of forests within that range, or by the action of streams and torrents, such as are commonly called *chos* flowing through or from it."

15. एक मुद्दा उठाया गया कि आईएफए केवल आरएफ, पीएफ और आईएफए 35 सेक्शन से संबंधित है। पीएलपी अधिनियम धारा 4 में अनुमेय या सक्षम प्रावधान हैं, और धारा 35 पूरी तरह से निषेधात्मक है। धारा 35 के तहत जो निषिद्ध है, उसे अधिकारी भी अनुमति नहीं दे सकते, यहां तक कि वन 1927 अधिनियम की धारा 35 से 38 के अंतर्गत आने वाली भूमि, जो वनों के साथ निजी भूमि है, सरकार में निहित नहीं है।

स्पष्टीकरण: पीएलपी अधिनियम मालिकों/अधिकार धारकों की भूमि के लिए निजी या समुदाय/पंचायत आदि के स्वामित्व वाली उन मालिकों की भूमि में कटाव को रोकने के लिए बनाया गया था। आरएफ और पीएफ प्रकृति में निषेधात्मक हैं क्योंकि सरकारी भूमि अधिसूचित हैं और यदि कोई अधिकार है तो अधिसूचना जारी होने से पहले निपटारा किया जाता है। जबकि पीएलपी अधिनियम क्षेत्र में मालिकों/अधिकार धारकों को पूर्ण अधिकार हैं और वे कानून के अनुसार फसल एकत्र कर सकते हैं। 21-07-2022 निर्णय **पैरा 36,** "Before we deal with the concept of a forest under the 1980 Forest Act, we must note here that this enactment does not provide for an absolute prohibition on the use of any forest land or a part thereof for any non-forest purposes. The State Government or any other authority can always permit the use of any forest land or any portion thereof for non-forest purposes only with the prior approval of the Central Government. In a sense, this enactment provides for permissive use of forest land for non-forest activities with the prior approval of the Central Government. Therefore, the owner of a private land which is a forest within the meaning of Section 2 can convert its use for non-forest purposes only after obtaining requisite permission of the State Government or concerned competent authority. However, the

State Government or the competent authority, as the case may be, cannot permit such use for non-forest activities without obtaining prior approval from the Central Government. This provision has been made to check further depletion of already depleted green cover and to ensure that only such non-forest activities are permitted by the Central Government which will not cause ecological imbalance leading to environmental degradation. Considering the scheme of the 1980 Forest Act, the title holder of a private land which is a forest within the meaning of Section 2 is not divested of his right, title or interest in the land. But there is an embargo on using his forest land for any non-forest activity."

16. अधिसूचित भूमि को भूमि अधिग्रहण अधिनियम, 1894 के तहत राज्य सरकार द्वारा या मालिकों के अनुरोध पर अधिग्रहित नहीं किया गया था, जो कि आईएफए की धारा 35 के तहत जारी अधिसूचना से तीन महीने से कम समय के भीतर और ऐसी अधिसूचना की तारीख से बारह वर्ष के अन्दर किया जाना चाहिए।

स्पष्टीकरण: सर्वोच्च न्यायालय 7 4 2022 के फैसले में हरियाणा में सामुदायिक भूमि के अधिग्रहण के मुद्दे पर फैसला किया गया, **पैरा 62**, "This Court considered the questions as to "whether in the second proviso to Article 31A(1), the expression "acquisition" means substantial taking over the benefits of property and conferring it on the State?" and that "whether the acquisition means the entire process terminating with possession and extinction of the title of the individual?". This Court held that the title vests in the proprietary body, the management of the land is done on behalf of the proprietary body, and the land is used for the common needs and the benefits of the estate or estates concerned. The Panchayat would manage such land on behalf of the proprietors and use it for common purposes, therefore, the **beneficiary of the modification of the rights is not the State**. Therefore, **there is no acquisition by the State within the meaning of the second proviso.**" संपत्ति का प्रबंधन वन विभाग द्वारा सामान्य जन उपयोग और समाज के साझा उद्देश्यों के लिए किया जाता है, इसलिए पीएलपी अधिनियम भूमि प्रबंधन के तहत भूमि अधिग्रहण की आवश्यकता नहीं होती है।

21. 7. 2022 निर्णय **पैरा 29**, "Forest Under Chapter IV of the 1927 Forest Act, there is a power vested in the State Government to declare any forest land or waste-land vested in it, which is not included in a reserved forest, as a protected forest. The consequences of a land being declared as a protected forest are not as stringent as the consequences of the declaration of a land as a reserved."कृपया अगले अंक में उल्लिखित पैरा 31 की विषय-वस्तु भी पढ़ें।

17. यह मुद्दा उठाया गया कि निजी भूमि से संबंधित धारा 35 से 38 के प्रावधानों को 1927 के अधिनियम के अध्याय V में शामिल कर लिया गया है, जिससे यह दृष्टिकोण मजबूत हो गया है कि पीएलपीए ऐसा कानून नहीं है जो निजी संपत्तियों पर वनों से संबंधित है या उससे संबंधित होने का इरादा रखता है।

स्पष्टीकरण: पीएलपी अधिनियम का अधिनियमन वनों के संरक्षण के लिए किया गया था । 21.7.2022 के निर्णय के **पैरा 30** में कहा **गया है,** "Chapter V of the 1927 Forest Act applies to forests or waste-lands not being the property of the Government. Thus, Chapter V applies to forests on private properties as the title of the Chapter is "Of the control of forests and lands not being the property of Government". Sections 35 to 37 are relevant."

Para 31. "Once a notification is issued by exercising the power under sub-section (1) of Section 35, there is a complete prohibition on breaking up or clearing forest lands for cultivation, the pasturing of cattle or clearing of vegetation. There is a power to assume management of such private forests by exercising the power under Section 36. There is also a power to acquire such private land. In fact, under sub-section (2) of Section 37, an option is given to the owner of a forest land comprised in any notification issued under Section 35 to require the State Government to acquire such forest land. But the owner must make a requisition at any time not less than three months from the date of the notification or more than twelve years from the said date." इसमें ऊपर 16 में उठाए गए मुद्दे के बारे में स्पष्टीकरण भी शामिल है।

18. यह मुद्दा उठाया गया कि पीएलपीए वनों से संबंधित नहीं है, इसका उद्देश्य मृदा क्षरण को रोकना और भूमिगत जल का संरक्षण करना है। यह तर्क दिया गया कि पीएलपीए का वनों के मुद्दे से कोई संबंध नहीं है।

स्पष्टीकरण: पीएलपी अधिनियम वनों की सुरक्षा और कटाव-प्रवण क्षेत्रों में वनों की कटाई को रोकने के लिए बनाया गया था। वनों की कटाई इसका मूल उद्देश्य था। यह अधिनियम . 21.7.2022 पैरा 44, "Mr. Fanshawe in his address, further notes that prior to 1852, the waste-lands of Siwaliks were well protected by trees and bushes and grass. He further stated that grass and trees on the hillsides have been largely destroyed. He, therefore, stated that legislative action is required to be taken to check the evils in question. In the Preamble of PLPA, as originally enacted, it is stated thus:

"Act to provide for the better preservation and protection of certain portions of the territories of the Punjab situate within or adjacent to the *Siwalik* Mountain range or affected or liable to be affected by the deboisement of forests within that range, or by the action of streams and torrents, such as are commonly called *chos* flowing through or from it."

Para 45, "The Preamble specifically refers to the deboisement of the forests. The dictionary meaning of the word "deboisement" is "deforestation". Thus, the object of PLPA is also to protect the territories likely to be affected by deforestation. It is argued that PLPA has been enacted essentially for the conservation of sub-soil water or the prevention of erosion and it has nothing to do with forests. Deforestation is one of the accepted and recognized causes of erosion of soil. There is an article published on the website of the World Wildlife Fund. The article deals with deforestation and recognizes it as a cause of soil erosion. The relevant portion of the said article reads thus:

"Deforestation- Without plant cover, erosion can occur and sweep the land into rivers. The agricultural plants that often replace the trees cannot hold onto the soil and many of these plants, such as coffee, cotton, palm oil, soybean, and wheat, can worsen soil erosion. And as land loses its fertile soil, agricultural produces move on, clear more forest, and continue the cycle of soil loss." (emphasis added)

'Thus, one of the objects of PLPA undoubtedly appears to be the protection and preservation of forests as it is the sustainable measures for preventing erosion of soil. Significantly, Clause (c) of Section 2 of PLPA provides that the expressions, 'tree', 'timber', 'forest-produce', and 'cattle' shall have the same meaning which is assigned in Section 2 of the 1927 Forest Act."

पंजाब भूमि संरक्षण अधिनियम(1900 वनों के लिए बनाया गया एक वन अधिनियम है जिसका उद्देश्य वनों की सभी सुविधाओं सहित निजी भूमि पर वनों की कटाई को रोकना है।

19. यह मुद्दा उठाया गया कि पीएलपीए के प्रावधान 1927 के वन अधिनियम के प्रतिकूल होने के कारण निष्क्रिय हो गए। भारतीय वन अधिनियम एक केंद्रीय कानून है, जिसे लागू होना चाहिए। किसी भी निजी भूमि को वन भूमि माना जाना है, उसे 1927 के वन अधिनियम के अध्याय V में निर्धारित परीक्षणों को पूरा करना होगा।

स्पष्टीकरण: पी.एल.पी. अधिनियम की उत्पत्ति भारतीय वन अधिनियम से हुई है, लेकिन इसमें स्थायी आधार पर मालिकाना हक रखने वाले लोगों की भूमि पर वनों की कटाई को रोकने के लिए एक तंत्र है। पिछले पैराग्राफ में, यह समझाया गया है। 21.7.2022 का पैरा 26 , "The concept of forest under the 1927 Forest Act appears to be different from the concept of forest under the 1980 Forest Act. The analysis of the provisions of both the enactments will show that their spheres of operation are not the same though there may be some overlap."

21-07-2022 के निर्णय के पैरा 29 और 30 में इस पहलू को विस्तार से समझाया गया है। पीएलपी अधिनियम ने भारतीय वन अधिनियम (1927) की परिभाषाओं को अपनाया है और यह कहा जा सकता है कि पीएलपी अधिनियम ने अपनी संरचना, परिभाषाएँ और शक्तियाँ (धाराएँ 19 और 20) भारतीय वन अधिनियम (1927) से ही ली हैं।

20. तर्क दिया गया कि अरावली की कुछ भूमि फरीदाबाद कॉम्प्लेक्स (विकास और विनियमन) अधिनियम, 1971 की धारा 29 के तहत अधिसूचित नियंत्रित क्षेत्र का हिस्सा थी और विकास योजना 17 दिसंबर 1991 को अधिसूचित की गई थी। एक बार जब कोई भूमि नियंत्रित क्षेत्र के रूप में नामित हो जाती है, तो वह वन नहीं रह जाती है ।

स्पष्टीकरण: यह पहले भी बताया जा चुका है। जैसा कि सुप्रीम कोर्ट ने कहा है, एफसी एक्ट (1980) का केंद्रीय और राज्य अधिनियमों पर अत्यधिक ओवरराडिंग प्रभाव है। इसे ऊपर क्रम 7 में उठाए गए मुद्दे में स्पष्ट किया गया है। पैरा **21.7.2022 के 59, "**....Another argument canvassed was that the said three villages are covered by controlled areas declared under the 1971 Act as well as a final development plan. In view of the language used by Section 2 of the 1980 Forest Act, the said provision overrides all other laws applicable to the State of Haryana including the Central laws. Moreover, once it is found that the lands covered by the said three orders dated 18th August 1992 are forest lands covered by clauses (ii) to (iv) of Section 2 of the 1980 Forest Act, its status as forest lands cannot be altered unless Section 2 is followed....."

21. यह मुद्दा उठाया गया कि पी.एल.पी. अधिनियम, धारा 3 केवल वन के लिए ही जारी की जा सकती है।

स्पष्टीकरण: यह अधिनियम वनों की कटाई के कारण निजी/अधिकार धारकों की भूमि में होने वाले कटाव को रोकने के लिए बनाया गया था। **21.7.2022 के पैरा 46** , "There is nothing in Section 3 to suggest that the power to issue notification can be exercised necessarily in respect of forest lands. The lands covered by the notification may also include non-forest lands." **Para 47**, "Section 3 of PLPA contemplates the issuance of a notification in respect of a **larger area** when it is desirable to provide for the conservation of sub-soil water or prevention of erosion. When the State Government is satisfied that deforestation of a forest area forming part of a larger area notified under Section 3 is likely to lead to erosion of soil, the power under Section 4 can be exercised."

22. 'विशेष आदेश' और 'सामान्य आदेश' क्या है?

स्पष्टीकरण: 21.7.2022 का पैरा 47, ""When an order is issued under Section 4 in respect of a specifically identified area which is a part of a larger area notified under Section 3 for imposing any of the specific prohibitions or restrictions provided in Section 4, such an order can be termed as a special order under Section 4.Þ 'विशेष आदेश' के माध्यम से निषेध, प्रतिबंध, विनियमन जारी किए जाते हैं, जिसमें खसरा संख्या/चिह्नित भूमि का उल्लेख होता है, जिसे अधिसूचित किया जाना है और 'सामान्य आदेश' प्रशासनिक/भौगोलिक क्षेत्र के बड़े क्षेत्र के लिए जारी किया जाता है, जिसे धारा 3 के तहत अधिसूचित किया गया था। 'विशेष' आदेश के तहत अधिसूचित खसरा संख्या वाली भूमि रीकार्डिड वन बन जाती है और 'सामान्य' आदेश के तहत अधिसूचित क्षेत्रों को अभिलेखित दर्ज वन नहीं माना जाता है, बल्कि उन क्षेत्रों पर अधिसूचित निषेध और प्रतिबंध लागू रहते हैं।

23. पीएलपीए की धारा 6 के अनुसार, पीएलपीए की धारा 4 और 5 के तहत विनियमन और प्रतिबंध लगाने से पहले कोई जांच नहीं की गई। पीएलपीए की धारा 7 के अनुसार सरकारी आदेशों की सार्वजनिक सूचना प्रकाशित नहीं की गई।

स्पष्टीकरण : पीएलपी अधिनियम अधिसूचना जारी करना एक पुरानी प्रक्रिया है, 1900 में अधिनियम के शामिल होने के बाद, 1947 में स्वतंत्रता के बाद और 1966 में राज्यों के पुनर्गठन के बाद, कानूनी रूप से निर्धारित प्रक्रियाओं का पालन करने के बाद कटाव को नियंत्रित करने के लिए वांछित अधिसूचनाएं जारी की गईं। राज्य नियमों (तकनीकी नोट संख्या) में उल्लिखित प्रक्रिया 6) का कानून के अनुसार पालन किया गया। जांच की जाती है और निर्धारित प्रोफार्मा (तकनीकी नोट संख्या में 6 मं उल्लिखित) में रिपोर्ट प्रस्तुत की जाती है। और ग्रामीणों को सूचित किया जाता है और कटाव की सीमा और प्रकृति को ध्यान में रखते हुए निर्धारित प्रक्रिया का पालन करते हुए रिपोर्ट में इसका उल्लेख किया जाना चाहिए। विवरण के लिए कृपया इस अध्याय के मद 5.3.2 का संदर्भ लें।

24. धारा 7(बी) के तहत भूमि मालिक पीएलपीए की धारा 4 या 5 के तहत अधिसूचित प्रतिबंधों और निषेधाज्ञाओं के कारण राज्य सरकार से मुआवजा पाने के हकदार हैं। भूमि मालिकों को कोई मुआवजा नहीं दिया गया है। कहा गया कि 1927 के वन अधिनियम की धारा 37 में भी वन वाली निजी भूमि के मालिकों को मुआवजा देने का प्रावधान है ।

स्पष्टीकरण: पीएलपी धारा 6 और 7 के लिए अदालत ने **पैरा 58** में कहा , "... it will not be appropriate to entertain a challenge to the said orders on the ground of non-compliance with the procedural provisions of Sections 6 and 7 after lapse of more than 20 years..." मालिकों/अधिकार धारकों को इन बंद जमीनों से वन उपज पर पूरे अधिकार हैं, किसी क्षेत्र को कटाव से बचाने के लिए केवल कुछ गतिविधियों को प्रतिबंधित, निषिद्ध और विनियमित किया गया है। अब बंद करने की पहली अधिसूचना के बाद या कहें कि 30.9.1948 की अधिसूचना के बाद के पुराने रिकॉर्डो की अनदेखी करते हुए, खोज करना दुश्कर कार्य होगा कि उस अवधि के दौरान उनके अधिकारों पर लगाए गए प्रतिबंधों को फिर से लागू करने के लिए कितने लोगों को मुआवजा मिला। नए मालिक (कानूनी या अवैध कॉलोनाइजर, भूमि माफिया, फार्महाउस मालिक आदि हैं, जिनका चराई के अधिकार आदि से कोई लेना-देना नहीं है उस समय कई मूल निवासियों ने अपील दायर की और चरागाह आदि पर प्रतिबंधों के बदले में मुआवज़ा प्राप्त किया होगा। ईस भूमि का स्वामित्व स्वामी/अधिकार धारक के पास रहता है, मुआवज़े का सवाल ही नहीं उठता और प्रबंधन समाज के लिए साझा उपयोग के लिए किया जाता है। ये अंतहीन मुद्दे हैं, मूल रूप से राजस्व विभाग को इन क्षेत्रों में किसी भी बिक्री विलेख के पंजीकरण की अनुमति नहीं देनी चाहिए। इस पुस्तक में सर्वोच्च न्यायालय के 7.4.2022 के निर्णय का हवाला दिया गया है, जिसमें स्पष्ट रूप से कहा गया है कि वे सामान्य उद्देश्य प्रतिबंधों/निषेधों के लिए मुआवज़े के हकदार नहीं हैं । कल कोई यह दावा करे कि आवासीय क्षेत्रों में अनिवार्य रूप से छोड़ी गई भूमि, ऐसे प्रतिबंध सामान्य उद्देश्यों के लिए हैं। बिल्कुल तर्कहीन गलत दावे किए गए।

25. यह मुद्दा उठाया गया कि गोदावर्मन और एमसी मेहता मामलों में पीएलपी अधिनियम के तहत यह परिभाषित नहीं किया गया है कि 'वन' और 'वन भूमि' क्या है।

स्पष्टीकरण: 21-07-2022 के निर्णय **पैरा 52** में इस मुद्दे पर विस्तार से चर्चा की गई है, जिसमें सुप्रीम कोर्ट के पिछले निर्णयों का विस्तार से उल्लेख किया गया है कि पीएलपी अधिनियम की धारा 4 और 5 के क्षेत्रों को स्पष्ट रूप से 'वन भूमि' के रूप में बरकरार रखा गया था। 14.5.2008 के निर्णय ने पीएलपी अधिनियम के बारे में धारावार सभी मुद्दों का फैसला किया और उन आईए को खारिज कर दिया। सुप्रीम कोर्ट के दिनांक 18-3-2004, 14-5-2008 और 11-9-2018 के निर्णयों ने धारा 4 और 5 की भूमि को 'वन भूमि' के रूप में बनाए रखा। 1900 में पीएलपी अधिनियम की शुरुआत से धारा 4 और 5 के तहत अधिसूचित भूमि वन विभाग के रिकॉर्ड में वन के रूप में दर्ज की गई थी और वार्षिक रिपोर्ट के फॉर्म-7 में भी दिखाई गई थी।

21-7- 2022 पैरा 38 में इसे पुनः स्पष्ट करने के लिए गोदावर्मन (12.12.1996) पैरा 4 का उल्लेख किया गया है।

"4. The Forest Conservation Act, 1980 was enacted with a view to check further deforestation which ultimately results in ecological imbalance; and therefore, the provisions made therein for the conservation of forests and for matters connected therewith must apply to all forests irrespective of the nature of ownership or classification thereof. The word **"forest"** must be understood according to its dictionary meaning. This description covers all statutorily recognised forests, whether designated as reserved, protected or otherwise for the purpose of Section 2(*i*) of the Forest Conservation Act. The term **"forest land"**, occurring in Section 2, will not only include "forest" as understood in the dictionary sense, but also any area recorded as forest in the Government record irrespective of the ownership. This is how it has to be understood for the purpose of Section 2 of the Act. The provisions enacted in the Forest Conservation Act, 1980 for the conservation of forests and the matters connected therewith must apply clearly to all forests so understood irrespective of the ownership or classification thereof."

Para 39 "The Legislature has used the words "any forest" in Clauses (ii) to (iv) of Section 2 after referring to the reserved forests in Clause (i) of Section 2. The intention is to bring all the forests, whether covered by the 1927 Forest Act or not, within the sweep of the 1980 Forest Act. A dictionary always contains the meaning of the words as they are understood by people for generations. It contains the meaning of a word which is already legitimized. Lexicographers include a word in the dictionary when it is used by many in the same way. Therefore, forest as understood by its dictionary meaning is covered by Section 2."

सर्वोच्च न्यायालय के 11.9.2018 के फैसले, पैरा 99, "One of the more significant orders was passed by this Court on 12th December, 1996. Through this order, this Court laid down what could be described as 'forest' and 'forest land'. The view taken was that the two expressions must be given their dictionary or natural meaning and if so considered, there can be no doubt that degraded forests and closed lands under the **PLP Act are nothing but forest land**. Similarly, the orders passed by this Court from time to time in M.C. Mehta make it loud and clear that the Aravalli hills need protection from environmental degradation and the laws must be strictly enforced to ensure that there is no damage caused to the ecology of the Aravalli hills. In view of the clear expression of views T.N. Godavarman v. Union of India, (1997) 2 SCC 267 and conclusions arrived at by this Court from time to time and repeated on several occasions we have no doubt that closed areas under the PLP Act are nothing but forest land and deserve to be treated as such."

26. हरियाणा सरकार के वन विभाग का रुख यह था कि पी.एल.पी.ए. की धारा 4 और 5 के तहत अधिसूचित क्षेत्र अधिसूचना की अवधि समाप्त होने के बाद वन नहीं रह जाते। मुख्य मुद्दा विशेष आदेशों का कानूनी प्रभाव है।

स्पष्टीकरण: 12-12-1996 और 18-3-2004 के निर्णयों में 5-12-1996 (श्री बनारसी दास और 25-2-1997 के श्री एसके माहेश्वरी) के हरियाणा हलफनामे का उल्लेख किया गया था, जिसे सर्वोच्च न्यायालय ने अपने फैसले में हरियाणा सरकार के खिलाफ उनके बदलते रुख के लिए प्रतिकूल टिप्पणी के साथ खारिज कर दिया था। 21-7-2022 के फैसले, पैरा 49, "...पीएलपीए की धारा 4 और 5 के तहत अधिसूचनाओं द्वारा कवर की गई भूमि को वन भूमि माना गया।" पैरा 50, "...lands covered by the notifications under Sections 4 and 5 of PLPA were treated as **forest lands**." Para 50, "...those lands which are covered by notifications imposing restrictions/prohibitions under clause (a) of Section 4 and clause (a) of Section 5 of PLPA are declared as 'forest lands' for the purposes of 1980 Forest Act." Para 51 "We may note here that the **statements made on behalf of the State Government in the letters, affidavits, and pleadings cannot be conclusive to decide the issue of the status of the lands covered by a special notification under Section 4 of PLPA.** The finding on the issue cannot be based only on the stand taken earlier by the State Government in the correspondence and affidavits. Independently of the stand taken as aforesaid, on a careful analysis of Section 4 of PLPA, we have come to a conclusion that the lands covered by the special orders under Section 4 of PLPA have all the trappings of a forest within the meaning of Section 2 of the 1980 Forest Act. **Therefore, we have held that the lands covered by the special notification under Section 4 will be forest lands within the meaning of Section 2 of the 1980 Forest Act."**

Then Para 60. "A vague attempt was made to contend that firstly the lands covered by special orders under Section 4 can be treated as forests within the meaning of the 1980 Forest Act only from the date of the respective orders and that it will continue to be a forest for a limited duration for which the said special orders are in force. Both arguments do not commend us at all. An occasion for passing special orders under Section 4 arises when the lands in respect of which special orders are sought to be issued, are forest lands. It is true that, to such lands, Section 2 of the 1980 Forest Act will apply from 25th October 1980 when the same was brought into force. Once a land is covered by the sweep of Section 2 of the 1980 Forest Act, whether the special orders under Section 4 continue to be in force or not, the lands covered by the said notifications will continue to fall in the category of forests covered by Section 2 of the 1980 Forest Act."

26.ए. पीएलपी एक्ट क्षेत्रों के संबंध में हरियाणा द्वारा माननीय सर्वोच्च न्यायालय में पलटवार का मुद्दा

स्पष्टीकरण : 11.09.2018 के फैसले के पैरा 105 में स्पष्ट किया गया है कि पीएलपीए की धारा 4 और 5 के तहत आने वाले क्षेत्र वन हैं और सरकार को इस तरह से पलटा मारने की अनुमति नहीं दी जा सकती, पीएलपीए के बंद क्षेत्र 18.3.2004 के फैसले के तहत वन हैं, सरंक्षण उद्देश्यों के लिए वृक्षारोपण और मृदा संरक्षण उपायों के लिए धन सरकार द्वारा खर्च किया गया। वन विभाग ने वर्तमान में बंद क्षेत्रों को वन भूमि के रूप में रिकॉर्ड में वन दर्ज किया और रोटेशनल क्लोजर को अपनाया गया। पर्यावरण, वन और जलवायु परिवर्तन मंत्रालय ने 21-12-1992 को स्पष्टीकरण जारी किया कि धारा 4 और 5 के क्षेत्र वन भूमि हैं और उन क्षेत्रों पर एफसी अधिनियम लागू होगा। बाहरी दबाव में व राजनीतिक दबाव में हरियाणा सरकार ने ऐसे क्षेत्रों को अधिसूचित / पुनः बंद करना बंद कर दिया।

27. बीएस संधू बनाम भारत सरकार एवं अन्य 5 (2014) 12 एससीसी 172, इस न्यायालय ने स्पष्ट रूप से माना है कि पीएलपी अधिनियम की धारा 4 और 5 के तहत आदेशों द्वारा कवर की गई भूमि 1980 के अधिनियम के अर्थ में वन भूमि हो सकती है या नहीं भी हो सकती है। (बी) 28. एमसी मेहता (कांत एन्क्लेव मैटर्स, *11.9.2018*, (2018) 18 एससीसी 397 मामले में पीएलपीए की धारा 4 के तहत किए गए आदेश की वैधता को चुनौती नहीं दी गई।

स्पष्टीकरण: 21-07-2022 के निर्णय पैरा 53 में सर्वोच्च न्यायालय के पूर्व निर्णय को उद्धृत किया गया है, "23. We have also examined the two decisions of this Courtin the *first* and *second cases* of *M.C. Mehta* [*M.C. Mehta* v. *Union of India*, (2004) 12 SCC 118] , [*M.C. Mehta* v. *Union of India*, (2008) 17 SCC 294] cited on behalf of the State of Punjab and we find that the aforesaid decisions have been rendered in the case of the *Aravalli Hills* in the State of Haryana and it was held therein that as the State Forest Department had been treating and showing the areas as "forest", in fact, and in law, the area was forest and non-forest activities could not be allowed in such areas without the prior permission of the Central Government under Section 2 of the Forest (Conservation) Act, 1980. In these two decisions, this Court has not enquired into the basis of inclusion of the areas in forest by the State Forest Department nor has this Court considered as to whether a land becomes "forest land" by mere inclusion of the same under the notification under Section 3 of the PLP Act, 1900. In the present case, on the other hand, the State Government has in its affidavit stated before this Court that the basis of inclusion of the entire land of Village Karoran, District Ropar, in forest areas in the records of the Forest Department of Government of Punjab was that the land was closed under the PLP Act, 1900 and we have found this basis as not correct in law."

आगे **पैरा 55**, "Thus, essentially in the case of B.S. Sandhu, this Court dealt with a notification under Section 3 of PLPA which was applicable to the entire village in question. Though Sections 4 and 5 are referred in the said decision, it is not clear whether there was a special order issued under Sections 4 in respect of the lands of Mr. B.S. Sandhu. Moreover, the said decision overlooks that one of the objects of PLPA was to prevent deforestation as the same may result in erosion of soil. The Court did not notice that the restrictions provided in Section 4 show that the same can be applied only to the lands having trappings of a forest within the meaning of the 1980 Forest Act. The decision in the case of B.S. Sandhu, with great respect, does not take note of these crucial legal and factual aspects."

28. 1927 के वन अधिनियम जो कि एक केंद्रीय कानून है और पीएलपी अधिनियम जो कि एक राज्य कानून है, के बीच एक असंगति है। पीएलपी अधिनियम का उद्देश्य कभी भी वनों या वन भूमि से निपटना नहीं था। क्या कोई विशेष भूमि 1980 के वन अधिनियम के अर्थ में वन है, यह एक ऐसा मुद्दा है जिस पर प्रत्येक मामले के तथ्यों के आधार पर विचार किया जाना चाहिए और निर्णय लिया जाना चाहिए।

स्पष्टीकरण: 21-7-2022 के फैसले के पैरा 47 में कहा गया है, "When the State Government is satisfied that because of deforestation or impending deforestation, erosion of a particular area out of the area notified under Section 3 is likely to take place, the State Government may exercise the power under Section 4 by issuing a special order. The reason is that the measures provided in Section 4 are intended to prevent deforestation of a forest area. Section 3 of PLPA contemplates the issuance of a notification in respect of a larger area when it is desirable to provide for the conservation of sub-soil water or prevention of erosion. When the State Government is satisfied that deforestation of a forest area forming part of a larger area notified under Section 3 is likely to lead to erosion of soil, the power under Section 4 can be exercised. Therefore, it follows that the specific land in respect of which a special order under section 4 of PLPA has been issued will have all the trappings of a forest governed by clauses (ii) to (iv) of Section 2 of the 1980 Forest Act. Therefore, in respect of the lands covered by special orders under Section 4 of PLPA, the State Government or authorities of the State can permit diversion to non-forest use only after prior approval of the Central Government is granted in accordance with Section 2 of the 1980 Forest Act." पीएलपी अधिनियम की उत्पत्ति भारतीय वन अधिनियम से हुई है और भूमि तथा कार्यान्वयन के लिए कानूनी प्रावधान वन अधिनियम के अनुसार हैं।

29. हरियाणा, 2019 संशोधन: (क) पंजाब भूमि संरक्षण (हरियाणा संशोधन) अधिनियम, 2019 को अधिसूचित करने और लागू करने के लिए हरियाणा राज्य को परमादेश प्रार्थना रिट। (ख) एक बार जब रिट याचिका (सिविल) संख्या 4677/1985 में पारित 1 मार्च 2019 के आदेश को संशोधित करके 2019 संशोधन अधिनियम को लागू करने की अनुमति दी जाती है, तो पूरा मुद्दा सुलझ जाएगा। (ग) 2019 संशोधन अधिनियम भूमि मालिकों के अधिकारों और पर्यावरण संरक्षण की आवश्यकता के बीच संतुलन बनाने का प्रयास करता है। (घ) 2019 संशोधन अधिनियम के उद्देश्यों और कारणों का विवरण यह स्पष्ट करता है कि पीएलपीए का उद्देश्य संपत्ति के अधिकारों को खत्म करना नहीं था। (ई) 2019 संशोधन अधिनियम की वैधता को कोई चुनौती नहीं है

स्पष्टीकरण: दिनांक 21.7.2022 के निर्णय ने पैरा 61 में उल्लिखित 2019 संशोधन अधिनियम के बारे में स्पष्ट किया, "The State Government as well as the appellants have relied upon the 2019 Amendment Act. Our attention was also invited to the order dated 01st March 2019 in Writ Petition (Civil) No. 4677 of 1985 (M.C. Mehta v. Union of India & Ors.). By the said order, this Court directed that the 2019 Amendment Act shall not be acted upon without permission of this Court. I.A. No. 93600/2021 has been filed by the State of Haryana in Writ Petition (Civil) No. 4677 of 1985 seeking permission to implement the provisions of the 2019 Amendment Act. In one of our orders passed in this group of appeals, we had observed that the said prayer can be considered in this group itself."

Para 62, "By the 2019 Amendment Act, Section 3 has been substituted from the date of publication of the Amendment Act in the Government Gazette. Substituted Section 3 contemplates the State Government issuing a preliminary notification before issuing a final notification under Section 3. It also provides for inviting objections to the preliminary notification and giving a hearing to the objectors. Section 3 A was added which provides that the provisions of PLPA shall not apply, amongst others, to the lands included in the final development plans or any other town improvement plans or schemes published under the provisions of the said Act of 1971, the Haryana Development and Regulation of Urban Areas Act, 1975, etc. A proviso has been added to Section 4 laying down that the period of validity of any order issued under Section 4 shall not exceed the period of validity of the corresponding notification under Section 3. Section 23 was incorporated in the principal Act by the 2019 Amendment Act. It provides that the orders and notifications issued under PLPA shall be deemed to have been amended so as to exclude the categories of land covered under Section 3A with effect from the date of issuance or publication of such orders or notification. Moreover, clause (c) of sub-section (2) of Section 23 provides that after the expiry of the period stated in such orders or notifications, the regulations, restrictions or prohibitions imposed shall cease to exist. Another important feature of the 2019 Amendment Act is that Section 4A has been incorporated. It provides that in respect of the areas notified under Section 3, the State Government may, in the whole or any part of such areas, by general order temporarily regulate, restrict or prohibit the cutting of trees and timber. Sub-section (3) of Section 4A provides that all subsisting general orders issued under Section 4 prior to the date of commencement of 2019 Amendment Act shall be deemed to have been issued under Section 4A. A note appended to Section 4A clarifies that all the subsisting general orders issued under Section 4 or notifications made thereunder prior to the publication of the 2019 Amendment Act shall be solely for the purpose of temporarily regulating, restricting or prohibiting felling of trees and not for regulating any other activity or imposing restrictions or change in the permissible land use for such area. Sub-section (2) of Section 1 of 2019 Amendment Act is of some importance. It lays down that the said Amendment Act shall be deemed to have come into force from 01st November 1966 except unless expressly provided otherwise."

Para 63. "In this group of petitions, we are concerned with three special orders under Section 4 issued on 18th August 1992 in respect of the said three villages. The effect of the said orders is that the lands referred to therein are forest lands within the meaning of Section 2 of the 1980 Forest Act. Even if such orders are cancelled or amended or rescinded or their duration comes to an end, the status of the lands covered by the same as forest lands governed by Section 2 of the 1980 Forest Act cannot be altered without following the due process provided therein. **Once a land is found to be a 'forest' within the meaning of the 1980 Forest Act, its user for non-forest purposes will be always governed by Section 2 of the 1980 Forest Act.** Secondly, clause (i) of Section 2 provides that even in the case of a reserved forest under the 1927 Forest Act, the State Government cannot pass an order declaring that the same shall cease to be a reserved forest, without the prior approval of the Central Government. Thirdly, Section 2 starts with a *non obstante* clause **which overrides anything contained in any other law for the time being in force in a State which will include all State and Central legislations** applicable to the State. Therefore, *prima facie,* the 2019 Amendment Act enacted by the State Legislature would be repugnant to and violative of Section 2 of the 1980 Forest Act, if construed otherwise. Hence, whether the 2019 Amendment Act is given effect or not, it will not change the status of the lands covered by the special orders under Section 4 of PLPA as the said lands possess all the trappings of a forest with effect from 25th October 1980 within the meaning of the 1980 Forest Act. Therefore, it is not necessary for us in these petitions to deal with the issue whether the order dated 01st March 2019 passed in Writ Petition (Civil) No. 4677 of 1985 should be modified. The said prayer will have to be considered by the Bench dealing with the said writ petition."

30. अरावली वन भूमि में अवैध निर्माणों को ध्वस्त करने में एक ही नीति क्यों नही अपनाई जाती है?

स्पष्टीकरण: सर्वोच्च न्यायालय ने विभिन्न निर्णयों के माध्यम से इस नौकरशाही की चूक का उल्लेख किया है। नौकरशाही की जोड़-तोड़/छेड़छाड़ से जनता के मन में ऐसे सवाल उठते हैं। सत्ताधारियों/शक्तिशाली व्यक्तियों/धनी/उच्च स्थानों तक पहुँच रखने वाले व्यक्तियों द्वारा किए गए अवैध निर्माणों को नौकरशाही की नज़रों से ओझल/अनदेखा/विलंबित/देखा नहीं गया, उन्होंने उन्हे ही ज्ञात कारणों से इसमें फेरबदल/अनदेखा किया। वन भूमि का गैर-वानिकी उद्देश्यों के लिए किसी भी तरह का उपयोग एफसी अधिनियम का उल्लंघन करते हुए सभी के लिए समान है।

30.अ. अरावली क्षेत्र में तोड़फोड़ एक बार में क्यों नहीं की गई, बल्कि किश्तों में क्यों की गई?

स्पष्टीकरण: कानून में नौकरशाही द्वारा की गई छेड़छाड़ इस चूक का कारण बनी हुई है। पिछले तीन दशकों से नौकरशाह और भूमि हड़पने वाले यहा वहा अदालत का दरवाजा खटखटाते रहे हैं। फरीदाबाद अरावली पहाड़ियों के कुछ हिस्सों में पीएलपीए की अधिसूचित धारा 4 और/या 5 क्षेत्रों पर निर्मित अवैध संरचनाओं की एक सूची 2008 में सुप्रीम कोर्ट को सौंपी गई थी। अदालत के दबाव में ही ध्वस्तीकरण की प्रक्रिया शुरू हुई। धारा 3 के तहत अधिसूचना जारी होने के बाद लिखित अनुमति के बिना भूमि उपयोग में बदलाव स्वीकार्य नहीं है। अधिसूचना से पहले ये क्षेत्र वन भूमि थे। अधिसूचना के बाद भूमि उपयोग में बदलाव अवैध है और इसे ध्वस्त किया जाना चाहिए तथा अदालत के निर्देशों के अनुसार क्षेत्र में पुनः वनरोपण किया जाना चाहिए। यह एक तथ्य है कि पीएलपीए के अधिसूचित वन क्षेत्रों में सरकारी भवनों सहित एनसीआर में कई अवैध संरचनाएं बनाई गई थीं और कई मामलों में राष्ट्रीय हरित अधिकरण और सुप्रीम कोर्ट ने भी उनके विरूध फैसला सुनाया है। उन संरचनाओं ने सुप्रीम कोर्ट के आदेशों/कानूनों का उल्लंघन किया है और एफसी अधिनियम के तहत मंजूरी लेने की कभी जहमत नहीं उठाई ।

31. सरकारी अभिलेखों में वन भूमि के रूप में दर्शाई गई कोई भी भूमि वन अधिनियम 1980 के अर्थ में वन होगी, केवल राजस्व अभिलेख/भूमि अभिलेख ही सरकारी अभिलेख हैं, ऐसा मानकर सरकारी अभिलेखों की अवधारणा को संकीर्ण अर्थ नहीं दिया जा सकता।

स्पष्टीकरण: 21-7-2022 निर्णय पैरा 41, ""If a land is shown as a forest in Government records, it will be governed by Section 2. A Government record is a record maintained by its various departments. A Government record is always made after following a certain process. Only the entries made after following due process can be a part of any Government record. Government records will include land or revenue records, being statutory documents. For the same reason, it will also include the record of the forest department. After all, the forest department is the custodian of forests. It is this department of the State which is under an obligation to protect the forests for upholding the constitutional mandate. Further, it is this department which identifies the forest lands and maintains a record. Therefore, the record maintained by the Forest Department of forest lands after duly identifying the forest lands will necessarily be a government record."

मुद्दे 1 से 31 तक अदालतों में उठाए गए थे, और अब कुछ मुद्दे लोगों द्वारा उठाए गए हैं।

32. क्या धारा 3 के अंतर्गत अधिसूचित सम्पूर्ण क्षेत्र को अभिलिखित वन माना जाता है?

स्पष्टीकरण: धारा 3 के अंतर्गत अधिसूचित सम्पूर्ण कटाव-प्रवण क्षेत्र को अभिलेखित वन नहीं माना जाता है। अधिसूचित क्षेत्रों में धारा 3 के अंतर्गत अधिसूचना जारी होने से पूर्व भूमि उपयोग की स्थिति महत्वपूर्ण होती है। कटाव-प्रवण क्षेत्रों में भूमि को नए सिरे से तोड़ने से कटाव बढ़ना स्वाभाविक है, अतः कटाव को नियंत्रित करने के लिए इसकी अनुमति नहीं है। अधिसूचना जारी होने से पूर्व जो भूमि खेती/कृषि/अन्य किसी उपयोग अथवा गैर-वनीय उपयोग के अंतर्गत थी, उसे उसी रूप में जारी रखने की अनुमति है; अधिनियम की 'सामान्य' धारा 4 के अंतर्गत अधिसूचित प्रतिबंध, प्रतिषेध अथवा धारा 5 के अंतर्गत विशेष आदेश को छोड़कर। विद्यमान बसावट, धार्मिक स्थल,

रास्ते, विद्यालय आदि की स्थिति ऐसी ही मानी जाती है। 'सामान्य' धारा 4 के अंतर्गत अधिसूचित भाग अथवा सम्पूर्ण क्षेत्र पर वन विभाग के वन संरक्षक की पूर्व अनुमति के बिना वृक्षों की कटाई अथवा सामान्यतः खेती के अंतर्गत न आने वाली भूमि को तोड़ने के लिए प्रतिबंध एवं प्रतिषेध लगाए जाते हैं। इन क्षेत्रों में अपराधों पर धारा 19 के अंतर्गत मुकदमा चलाया जा सकता है। धारा 3 कटाव के लिए उत्तरदायी अथवा कटाव के अधीन क्षेत्र की स्थिति तथा संरक्षण उपायों की आवश्यकता को इंगित करती है। विजय बंसल मामले में हरियाणा उच्च न्यायालय में डॉ. रमेश सिंह के हलफनामे के पैरा 34 में कहा गया है, *"As may be noticed, firstly, the State Government may notify a large chunk of land under Section 3 to prevent erosion and for the conservation of sub-soil water and thereafter issue directions under Section 4 in respect of the entire or part of that land."*

33. क्या अपरदन अस्थायी है, स्थायी है या चक्रीय प्रकृति का है?

स्पष्टीकरण: भूगर्भीय क्षरण, प्रचलित जलवायु परिस्थितियों में होने वाली एक सतत भूवैज्ञानिक प्रक्रिया है। क्षरण को स्थायी या अस्थायी नहीं कहा जा सकता। क्षरण चक्र दर चक्र चलता रहता है। चक्रीय क्षरण को नियंत्रित करने के लिए प्रतिबंधों और निषेधों का लगातार पालन करना पड़ता है। भूआकृति विज्ञान की स्थितियों के विकास से विन्यास में परिवर्तन एकीकृत होते हैं। अतीत में क्षरण भूगर्भीय चक्रों से जुड़ा रहा और इसे चक्रीय प्रकृति का कहा जाता था। गर्मियों के दौरान हवा से क्षरण अधिक होता है और बरसात के मौसम में पानी से क्षरण अधिक होता है, जो क्षरण कारकों के साथ संबंध को दर्शाता है। क्षरण की सीमा वर्षा, हवाओं और संबंधित वायुमंडलीय स्थितियों की गुणवत्ता और मात्रा से भी संबंधित है। वानिकी हस्तक्षेपों / अन्य वैज्ञानिक हस्तक्षेपों द्वारा क्षरण को कम / नियंत्रित / विनियमित / कम किया जा सकता है।

34. क्या अरावली क्षेत्र/पारिस्थितिकी तंत्र या अन्यत्र कटाव पूरी तरह रुक गया है या जारी है?

स्पष्टीकरण: कटाव एक सतत प्रक्रिया है और अरावली क्षेत्र में जारी है। मानवजनित गतिविधियों ने इस क्षेत्र में कटाव की गति को बढ़ा दिया है। वानिकी हस्तक्षेप और अन्य मृदा संरक्षण उपाय कटाव की तीव्रता को कम कर सकते हैं। वानिकी वृक्ष आवरण वर्षा जल को अवशोषित करके भूजल को रिचार्ज करने में मदद करता है। चेक डैम, गाद प्रतिधारण बांध, क्रेट वायर संरचना और सटेगरिंग पत्थर की दीवारें जैसे संरक्षण उपाय क्षरण रोकने मे मदद करते हैहैं। पेड़ों को काट दिया जाता है या हटा दिया जाता है तो अपरदन बढ जाता है। कटाव नियंत्रण उपायों को स्थायी तरीके से जारी रखना आवश्यक है।

35. पी.एल.पी. अधिनियम क्षेत्रों में वृक्षों को काटने के लिए डी.एफ.ओ. से पूर्व अनुमति क्यों आवश्यक है?

स्पष्टीकरण: मौजूदा वृक्ष आवरण अनिवार्य रूप से अधिसूचित स्वामियों की भूमि में कटाव को नियंत्रित करने, विनियमित करने और कम करने में मदद करता है। खड़े पेड़ भूजल के पुनर्भरण की सुविधा प्रदान करते हैं, मिट्टी को बांधते हैं, और किसानों और ग्रामीणों को कई अन्य लाभकारी लाभ प्रदान करते हैं। पेड़ हमें कठोर मौसम से बचाने के लिए हमारे कपड़ों की तरह काम करते हैं, इसी तरह, पेड़ धरती को कटाव और क्षरण से बचाते हैं, इसलिए पेड़ों की कटाई पर प्रतिबंध इन क्षेत्रों के लिए कटाव के खतरे को नियंत्रित करने के लिए एक आवश्यक आवश्यकता है।

36. धारा 4 (जी) के तहत मूल निवासियों को वास्तविक घरेलू और कृषि उपयोग के लिए दी गई अनुमति का जनता पर क्या प्रभाव पड़ता है?

स्पष्टीकरण: निवासियों को अपनी साझा भूमि/पंचायत भूमि पर ईंधन की लकड़ी/चारा संग्रह और चराई आदि के लिए पारंपरिक अधिकार हैं। उनकी सामाजिक व्यवस्था की जरूरतें वन भूमि के इर्द-गिर्द घूमती हैं। उनके दैनिक जीवन में कठिनाई से बचने के लिए घरेलू वास्तविक उपयोग की अनुमति की धाराएँ आवश्यक हैं। इन जंगलों को उनके सामान्य उपयोग के लिए संधारणीय आधार पर संरक्षित और संरक्षित किया गया था। बाहरी लोगों द्वारा फार्महाउस निर्माण, कोलोनाइजेशन और पैराट्रूपर बाहरी लोगों (विलासिता या लालच के लिए) जो मूल निवासी नहीं हैं, कानूनी तौर पर वे पेड़ों को काटने की अनुमति के लिए आवेदन करने के लिए इस धारा 4 (जी) के हकदार नहीं हैं। उनके पास किसी भी तरह की घरेलू कृषि वास्तविक उपयोग की अनिवार्य आवश्यकता नहीं है। सुप्रीम कोर्ट के 14.5.2008 के फैसले के पैरा 12 ने कानून के इस पहलू को स्पष्ट किया।

37. क्या नौकरशाही प्रणाली कानून और अदालती आदेश का अनुपालन कराने में विफल रही है?

स्पष्टीकरण: नौकरशाही में व्याप्त भ्रष्टाचार, लापरवाह रवैया, औपनिवेशिक नौकरशाही कार्य प्रणाली सही मायनों में कानूनों और अदालती आदेशों को प्रभावी ढंग से लागू करने में विफल रही। कोलोनाइजर, डेवलपर, फार्महाउस लॉबी और भू-माफिया के धनबल ने राजनेताओं और नौकरशाहों को गैरकानूनी तरीके से जमीन हड़पने वालों के लिए एक खिड़की (छेड़छाड़) बनाने के लिए प्रेरित किया। यह वास्तविकता बनी हुई है।

38. रोहतक, भिवानी और झज्जर जिलों में यमुना नदी तक हवा और पानी का कटाव जारी है, लेकिन उन क्षेत्रों में अरावली पहाड़ियां सतह पर प्रमुखता से दिखाई नहीं देती हैं, इसे धारा 3 अधिसूचना में क्यों शामिल किया गया?

स्पष्टीकरण: राजस्थान से रेगिस्तानी हवा पश्चिम से पूर्व की ओर दिल्ली की ओर चली और बड़ी संख्या में अनुदैर्ध्य रेत के टीलों का निर्माण पश्चिम-पूर्व दिशा में हुआ, इन क्षेत्रों में विशिष्ट रेगिस्तानी रेत के टीलों की स्थलाकृति के साथ (1960 या सत्तर के दशक के भारतीय सर्वेक्षण पत्रक देखें)। पश्चिम-पूर्व दिशाओं के बीच, अंतर-टीला क्षेत्र दोमट या चिकनी मिट्टी वाला है। यह इन अंतर-टीला क्षेत्रों में अवरुद्ध वर्षा जल संचय (ज्यादातर लवण के कारण खारा) का संकेत है, और सतह के नीचे, कंकर का निर्माण हुआ। दक्षिण हरियाणा में हवा और पानी का कटाव एक साथ संचालित होता है और दोनों एजेंटों ने इन क्षेत्रों में कटाव जारी रखा। अरावली की पहाड़ियों से दूर उत्तर की ओर कटाव वाले पहलुओं का अनुभव करने वाले क्षेत्र (धाराएँ / नदियाँ / नदियाँ उत्तर से उत्तर- पूर्व की ओर बहती थीं) को पीएलपी अधिनियम (1900) की धारा 3 के तहत अधिसूचित किया गया था।

39. राजस्थान के अरावली क्षेत्रों को पी.एल.पी. एक्ट के तहत बंद क्यों नहीं किया गया, तथा हरियाणा के क्षेत्रों को क्यों?

स्पष्टीकरण: इसका उत्तर इतिहास में छिपा है। राजस्थान के अरावली पहाड़ी क्षेत्र पर अलग-अलग भागों में कई राजाओं ने शासन किया। हर राजा के अलग-अलग क्षेत्रों के लिए अलग-अलग कानून थे। अंग्रेजों ने अपने राज के अधीन क्षेत्रों के लिए यह कानून बनाया। राजस्थान में पानी की कमी की समस्या है, इसलिए उन्होंने बड़े पैमाने पर बांधों और नालों/नदियों के किनारे तटबंध बनाकर जल संरक्षण पर ध्यान केंद्रित किया और हर धार को उसके उद्गम पर ही रोकने की कोशिश की। बड़े पैमाने पर तटबंधों के निर्माण से राजस्थान में वर्षा जल के संरक्षण में मदद मिली। वर्षा जल का संरक्षण हुआ और दोहान, कृष्णावती, साहिबी और अन्य नदियों में सतही अपवाह प्रवाह बहुत कम स्तर पर आ गया। परिणामस्वरूप दक्षिण हरियाणा में भूजल में कमी/गिरावट आई।

40. कुछ लोगों का कहना है कि बारिश की तीव्रता कम हो गई है, बाढ़ की घटनाएं कम हुई हैं, हालांकि अचानक बाढ़ आ गई थी। क्या हमें अब पीएलपी अधिनियम के ऐसे पुराने प्रतिबंधों की आवश्यकता है?

स्पष्टीकरण: जलवायु परिवर्तन ने वैश्विक चिंता का विषय बना दिया है। अरावली में मानवजनित कारणों से गुणात्मक और मात्रात्मक वन क्षेत्र में निरंतर कमी तथा वन भूमि के सिकुड़ने के कारण इस अधिनियम को अधिक कठोरता और ईमानदारी से लागू करके बढ़ी हुई कटाव दर को नियंत्रित करना अधिक महत्वपूर्ण हो गया है। वर्षा में कमी से भी वन विहीन सतह पर अपवाह दर में वृद्धि हुई है; अरावली के निकटवर्ती क्षेत्रों में तेज बहाव से अधिक नुकसान होता है। महेंद्रगढ़, रेवाड़ी, गुड़गांव, नूंह और चरखी दादरी जिलों में भूजल स्तर में कमी और पीने के पानी की अनुपलब्धता के कारण अधिसूचित क्षेत्रों में प्रतिबंध और निषेध पहले की तुलना में अधिक सख्ती की मांग करते हैं। जब भी अचानक भारी बारिश होती है, राजस्थान में तटबंध कई बार टूट जाते हैं और दक्षिण हरियाणा में भारी बाढ़ से फसलें और आवास क्षेत्र क्षतिग्रस्त हो जाते हैं। आवास और कृषि को बचाने के लिए हमें पीएलपी अधिसूचित क्षेत्रों में प्रतिबंधों का अधिक सख्ती से अनुपालन करने की आवश्यकता है।

41. भूजल तेजी से घट रहा है, अरावली पहाड़ियों को बचाने के अलावा क्या उपाय है?

स्पष्टीकरण: भूजल में गिरावट के कारण दक्षिण हरियाणा में जल संरक्षण के लिए निरंतर सतत प्रयासों की आवश्यकता है तथा पीएलपी क्षेत्रों के बंद रखने की अवधि को बढ़ाने की आवश्यकता है, ताकि लंबी अवधि के वृक्षों के माध्यम से कार्बन लॉकिंग (जमाव) की सुविधा मिल सके। जहां भी वर्षा जल गिरता है, उसकी प्रत्येक बूंद को संरक्षित करें। यमुना व अन्य नदियों के अतिरिक्त बाढ़ के पानी को नहरों के माध्यम से दोहान, साहिबी, कृष्णावती आदि पुरानी धाराओं/ धाराओं/ सहायक नदियों/नदियों के तल में प्रवाहित करने के लिए उपयोग किया जाना चाहिए। जलग्रहण क्षेत्र से नीचे की ओर नदियों/ धाराओं/ जलधाराओं/ धारों के तल/ मार्गो को अतिक्रमण से मुक्त किया जाना चाहिए तथा भूजल को रिचार्ज करने के लिए वर्षा जल को उनमें बहने दिया जाना चाहिए। वनों का संरक्षण और सुरक्षा करें। सरकार इसके लिए पीएलपी अधिनियम के कानूनी प्रावधान का उपयोग कर सकती है।

42. अधिसूचित धारा 3 और 'सामान्य' धारा 4 क्षेत्रों के बीच क्या अंतर है?

स्पष्टीकरण: कटाव के लिए उत्तरदायी या कटाव के अधीन क्षेत्रों को धारा 3 के तहत अधिसूचित किया जाता है, उसके बाद उस क्षेत्र के पूरे या हिस्से को 'सामान्य' धारा 4 के तहत अधिसूचित किया जाता है, ताकि डीएफओ से पूर्व अनुमति के साथ पेड़ों की कटाई या भूमि को नए सिरे से तोड़ने को विनियमित करने के लिए निषेध और प्रतिबंध लागू किए जा सकें। उन क्षेत्रों में हवा और पानी के कटाव के प्रभाव को कम करने के लिए निजी भूमि में वृक्ष आवरण का वांछित स्तर बनाए रखा जाता है।

43. हरियाणा में धारा 4 और/या 5 के तहत समापन अवधि 10 से 30 वर्ष तक क्यों भिन्न होती है?

स्पष्टीकरण: बंद करने की अवधि को वन वृक्षों की चक्रण अवधि, तथा निर्दिष्ट वृक्ष प्रजातियों के वांछित व्यास/परिधि वर्गों को प्राप्त करने के लिए बढ़ने की आदत को ध्यान में रखते हुए रखा जाना चाहिए। भू-भाग की स्थितियों तथा कटाव नियंत्रण उपायों के प्रकार/ कटाव के प्रकार/ चट्टानें/ सतह/ मृदा कारक/ स्थलाकृति/ क्षेत्र की जलवायु स्थितियों पर विचार किया जाता है। निवासियों/ भू मालिको/ समुदाय की आवश्यकताओं को भी ध्यान में रखा जाता है ताकि वे डीएफओ से अनुमति प्राप्त करने के बाद उन क्षेत्रों से आय प्राप्त करने के लिए 'वन फसल'/ 'वनोपज' पैदावार की कटाई कर सकें। उत्तरी हरियाणा में यूकेलिप्टस को 8 से 10 वर्षों में काटा जा सकता है तथा अगली कटाई की फसल 10 वर्ष की बंद अवधि में ली जा सकती है। यह किसी भी इलाके में अंतिम आवश्यकताओं तथा उपयोग के प्रकार (छोटी लकड़ी या

इमारती लकड़ी या अन्य) पर निर्भर करता है। स्थानीय आवश्यकता-आधारित चक्रण अवधि किकर के लिए 20 वर्षों तथा शिशम के लिए 40 वर्षों (आमतौर पर वन विभाग द्वारा निर्धारित) के लिए उपयोग की जा सकती है। जबकि सिल्वीकल्चरल प्रथाओं में वर्तमान वार्षिक वृद्धि (सीएआई) और औसत वार्षिक वृद्धि (एमएआई) पर विचार किया जाता है। परिवर्तनशील बंद अवधि तकनीकी रूप से भू-आकृति विज्ञान और जलवायु परिस्थितियों, लगाए गए पेड़ों की प्रजातियों और क्षेत्र में कटाव की सीमा से संबंधित है, जबकि मालिकों की जरूरतों को ध्यान में रखा जाता है।

44. पी.एल.पी. अधिनियम के विशेष आदेश के तहत अधिसूचित/बंद क्षेत्रों से आय किसे प्राप्त होती है?

स्पष्टीकरण: नियम और कानून स्पष्ट हैं कि ऐसी बंद भूमि से होने वाला पूरा वित्तीय लाभ/आय निवासियों/मालिकों को ही मिलेगा। वन विभाग केवल जनता के कल्याण के लिए सार्वजनिक धन खर्च करता है और उससे कोई आय अपने पास नहीं रख सकता। संपूर्ण 'वन उपज' को विनियमित किया जाता है और संबंधित गांवों के निवासियों/मालिकों/अधिकार धारकों के बीच वितरित किया जाता है। निजी स्वामित्व के मामले में लाभ मालिकों को ही मिलता है। केवल कानूनों के उल्लंघन के लिए लगाया गया जुर्माना, जिसे भारतीय वन अधिनियम, 1927 की धारा 68 के तहत 'वन अपराधों' के लिए शमन के बाद वसूला जाता है, सरकारी खजाने में जाता है।

45. सर्वोच्च न्यायालय के दिनांक 7-4-2022 के निर्णय में सामुदायिक भूमि/पंचायत भूमि का नियंत्रण और प्रबंधन केवल ग्राम पंचायतों को दिया गया है। पीएलपी अधिसूचना में नियंत्रण और प्रबंधन वन विभाग को दिया गया है। (अध्याय 4)। भ्रम को स्पष्ट करें।

स्पष्टीकरण: स्थायी आधार पर कटाव नियंत्रण उपायों के लिए पीएलपी अधिनियम के कार्यान्वयन से संबंधित तकनीकी प्रबंधन और नियंत्रण वन विभाग के पास है। साथ ही ग्राम पंचायत वनोपज, वन उपज साझाकरण तंत्र और निवासियों/अधिकार धारकों के बीच आय के उपयोग/वितरण का प्रबंधन करेगी। गांव के सरपंच की अध्यक्षता में ग्राम वन समिति ऐसे निर्णय लेती है। सभी लाभ और आय ग्राम पंचायत को प्राप्त होगी।

46. हुडा ने अब एचएसवीपी को अरावली में वन भूमि पर आवासीय सेक्टर और अन्य निर्माण किये है? क्या संपूर्ण अरावली वन है? गोदावर्मन (1996) में अरावली में निजी भूमि की स्थिति क्या है, चाहे वह किसी भी स्वामित्व की हो?

स्पष्टीकरण: वन संरक्षण अधिनियम (1980) के तहत पूर्व अनुमति लिए बिना कानूनी तौर पर अधिसूचित 'वन भूमि' पर आवासीय सेक्टर विकसित करना कानून का स्पष्ट उल्लंघन है। फरीदाबाद में, सीईसी की बैठक में हुडा द्वारा विकसित कुछ सेक्टरों को गलत पाया गया। [35]वन संरक्षण अधिनियम (1980) के नियमों के अनुसार वन भूमि का उपयोग आवासीय उद्देश्यों के लिए नहीं किया जा सकता है। [36]माननीय सर्वोच्च न्यायालय ने दिनांक 12-12-1996 (गोदावर्मन) के आदेश में निर्देश दिया था कि एफसीए, 1980, "Must apply to all forests **irrespective of nature of ownership or classification** thereof. The word 'forest' must be understood according to its **dictionary meaning**. This description covers the whole statutorily recognized forest, whether designated as reserved, protected, or otherwise for the purpose of section 2(i) of the Forest Conservation Act. The term 'forest land' occurs in Section. 2, not only includes 'forest' as understood in the dictionary sense but also any area recorded as forest in the government record irrespective of ownership." पीएलपी अधिनियम के विशेष आदेश के तहत अधिसूचित सभी क्षेत्र वन भूमि हैं।

47. खसरा संख्या का उल्लेख धारा 4 और/या 5 के 'विशेष' आदेश/अधिसूचना में क्यों किया गया है, धारा 3 में क्यों नहीं?

स्पष्टीकरण: कटाव नियंत्रण के लिए पीएलपी अधिनियम क्षेत्र-आधारित दृष्टिकोण अपनाता है। अधिनियम की धारा 3 के अंतर्गत कटाव के लिए उत्तरदायी या सम्पूर्ण क्षेत्र को प्रभावित करने वाले कटाव वाले क्षेत्र को कटाव नियंत्रण उपायों हेतु अधिसूचित किया जाता है (यहां खसरा क्रमांक की आवश्यकता नहीं है)। फिर सर्वेक्षण के दौरान कटाव की तीव्रता के आधार पर कटाव की तीव्रता का आकलन किया जाता है और फिर क्षेत्र के उन हिस्सों या पूरे खसरा क्रमांकों की पहचान/ सीमांकण किया जाता है और धारा 4 व 5 के अंतर्गत विशेष आदेश के तहत अधिसूचित किया जाता है। धारा 4/5 के अंतर्गत ऐसे क्षेत्रों को चिन्हित करने के लिए सीमांकन किया जाता है जो विशिष्ट गहन उपचार उपायों के लिए कटाव के अधीन/उत्तरदायी हैं। जिस तरह चिकित्सक शरीर के कुछ ऐसे हिस्सों की पहचान करते हैं जिनमें गंभीर संक्रमण है। क्योंकि उस क्षेत्र में कटाव के प्रति संवेदनशील भूमि के टुकड़ों की पहचान कटाव व भूमि क्षरण को बढ़ाने वाले कारक के रूप में की जाती है। ऐसे क्षेत्र खसरा क्रमांकों में कम मिट्टी की गहराई वाले अरावली के क्षेत्रों को बंद कर दिया जाता वृक्षारोपण या घास के बीज बोना या मिट्टी संरक्षण के उपाय जैसे कि चेक डैम, गली प्लगिंग इत्यादि किए जाते हैं, ताकि उत्पत्ति के स्थान पर ही कटाव को रोका जा सके और पहाड़ों के नीचे बाढ़ के मैदानी इलाकों को बचाया जा सके। रेत के टीलों से प्रभावित क्षेत्रों को भी अधिसूचित किया जाता है, जहाँ उड़ती रेत आस-पास के क्षेत्रों को नुकसान पहुँचाती है और मिट्टी को बाँधने के लिए पेड़ लगाए जाते हैं ताकि आस-पास के खेतों को हवा और पानी के कटाव से बचाया जा सके।

48. धारा 4 और 5 में क्या अंतर है?

स्पष्टीकरण: धारा 5 के अंतर्गत अधिसूचित क्षेत्रों में कटाव की तीव्रता और सीमा अधिक है, इसलिए धारा 3 की अधिसूचना के समय जो गतिविधियाँ चल रही थीं, उन पर कड़े प्रतिबंध और निषेध (खेती और भूमि को तोड़ना आदि) लगाए जा सकते हैं। जबकि धारा 4 के क्षेत्रों में ऐसी विद्यमान भूमि उपयोग गतिविधियों को जारी रखने की अनुमति है। धारा 4 क्षेत्र में धारा 4 (ए) से (डी) में वर्णित प्रतिबंध, निषेध और विनियमन लागू हैं, लेकिन धारा 3 की अधिसूचना से पहले के 'भूमि उपयोग' को जारी रखने की अनुमति है। यदि किसी की खेती धारा 3 से पहले मौजूद थी तो उसे धारा 4 के बंद होने के बाद भी जारी रखने की अनुमति है। लेकिन धारा 5 के क्षेत्रों के अंतर्गत पुरानी विद्यमान 'भूमि उपयोग' प्रथाओं को प्रतिबंधित, प्रतिबंधित, विनियमित और चल रही गतिविधियों को रोका जा सकता है। उदाहरण के लिए, यदि धारा 3 की अधिसूचना के समय भूमि के किसी हिस्से पर खेती की जा रही थी, तो धारा 5 के अधिसूचित होने पर उसे प्रतिबंधित, प्रतिबंधित किया जा सकता है और उस हिस्से में भी संरक्षण के उपाय शुरू किए जा सकते हैं। दोनों धाराओं के शब्दों में भिन्नता दिखती है, धारा 5 में गांव या गांव के हिस्से या हिस्सों का उल्लेख है, जबकि धारा 4 में 'क्षेत्र' शब्द का इस्तेमाल किया गया है, यानी पूरा या आंशिक, इससे यह भी पता चलता है कि धारा 5 के क्षेत्रों में सूक्ष्म स्तर का प्रबंधन जरूरी है। धारा 4 (जी) के प्रावधान धारा 5 में शामिल नहीं हैं। धारा 5 के तहत अधिसूचित किए जाने वाले किसी भी क्षेत्र को पहले विशेष धारा 4 के तहत बंद किया जाना चाहिए, उसके बाद ही उसे धारा 5 में अधिसूचित किया जा सकता है।

49. भूमि के नए क्रेता पेड़ों को काटने या भूमि को तोड़ने के लिए धारा 4(जी) के तहत अनुमति नहीं ले सकते, लेकिन व्यवहार में, डीएफओ द्वारा इसकी अनुमति दी गई थी, 14.5.2008 के सुप्रीम कोर्ट के फैसले का क्या प्रभाव है?

स्पष्टीकरण: केवल मूल निवासी ही वास्तविक घरेलू और कृषि उपयोग के लिए पेड़ों को काटने की अनुमति मांग सकते थे। बाहरी लोगों या भूमि के नए खरीदारों जैसे कॉलोनाइजर , भू-माफिया और फार्महाउस को पेड़ों को काटने या जमीन को तोड़ने की अनुमति नहीं दी जा सकती है और डीएफओ ऐसे बाहरी लोगों को अनुमति जारी नहीं कर सकता है। अधिनियम में यह छूट मूल रूप से निवासियों के लिए थी, न कि भूमि खरीदने वाले किसी भी व्यक्ति के लिए (वे निवासी नहीं हैं)। कृपया सर्वोच्च न्यायालय के विभिन्न निर्णयों का संदर्भ लें। सर्वोच्च न्यायालय के आदेश 14.5.2008 और 11.9.2018 में स्पष्ट रूप से कहा गया है कि केवल वास्तविक उपयोग के लिए निवासी ही परमिट मांग सकते हैं, कॉलोनाइजर नहीं, 11.9.2018 के आदेश में न्यायालय ने उन शक्तियों को और कम कर दिया।

50. पंचायत भूमि/विभिन्न प्रकार की सामुदायिक भूमि को पट्टे पर क्यों दिया गया/बेचा गया? राजस्व विभाग ने पीएलपी अधिनियम के तहत 'वन भूमि' का विभाजन या समेकन करने की पहल की?

स्पष्टीकरण: सत्ताधारियों ने अपनी शक्तियों का दुरुपयोग करते हुए पंचायती भूमि के लिए लंबी अवधि के पट्टे प्राप्त करने के लिए नापाक डिजाइन का इस्तेमाल किया। सामुदायिक वन भूमि का विभाजन और बिक्री राजस्व विभाग द्वारा की गई एक अनुचित और अवांछनीय कार्रवाई है। इस तरह की कार्रवाई मानदंडों और नियमों के भी खिलाफ है। जब हमने उनसे पूछा, तो उन्होंने कहा। "वे सिर्फ बिक्री के कामों को पंजीकृत कर रहे हैं और राज्य को इसके लिए राजस्व मिलता है।" इस पूरी प्रक्रिया ने पूरे नाजुक अरावली पारिस्थितिकी तंत्र को खतरे में डाल दिया है और वन क्षेत्र का विनाश शुरू कर दिया है। जब अरावली पहाड़ियों में वन भूमि सघन है, तो चकबंदी के बहाने वन भूमि को खंडित करने की कोई जरूरत नहीं है। पहले कामॅन जमीनों में अज्ञात स्थान के हिस्से के बिक्री के कामों को पंजीकृत करना और फिर वन भूमि का विखंडन हर तरह से टाला जाना चाहिए। अरावली वन भूमि की बिक्री विखंडन का कारण बनती है, जो कि किसी प्रकार से कृषि सुधार नहीं है (अरावली पहाड़ियों में भूमि बिल्कुल भी कृषि भूमि नहीं है, यह कानूनी रूप से वन भूमि है) और कानूनों, नियमों, प्रक्रियाओं और निर्देशों का उल्लंघन है।

50-ए. राजस्व विभाग ने अरावली के जंगलों, जो सघन ब्लॉकों में हैं, की चकबंदी क्यों शुरू की?

स्पष्टीकरण: अधिनियम के तहत अरावली पहाड़ियों में वन कृषि सुधार नहीं हैं और सर्वोच्च न्यायालय ने इसे बरकरार रखा है। पीएलपी अधिनियम के तहत अधिसूचित वन क्षेत्रों में कोई कृषि नहीं की गई या यह संभव नहीं है और इसकी अनुमति नहीं दी जा सकती। भू-राजस्व वाले लोग सघन वन क्षेत्रों के **चकबंदी** के नाम पर अपनी शक्तियों का दुरूपयोग कर रहे हैं। अरावली वनभूमि सघन खंडों में है और कोई विखंडन नहीं है, कॉलोनाइजर लॉबी अवैध रूप से वनभूमि का विखंडन करना चाहती है। यदि वे **चकबंदी** के दौरान पथ या सड़क के नाम पर वन भूमि को प्रयोग करतेकरते हैं तो वन संरक्षण अधिनियम (1980) लागू होगा। वन संरक्षण अधिनियम (1980) अन्य सभी अधिनियमों को दरकिनार करता है, यह 21-07-2022 के सर्वोच्च न्यायालय के फैसले में स्पष्ट किया गया है। एनजीटी ने भी इस तरह के **चकबंदी** को गलत और अवांछनीय बताया।

51. विभिन्न श्रेणियों की सामुदायिक भूमि पर सर्वोच्च न्यायालय के 7.4.2022 के निर्णय का प्रभाव और सर्वोच्च न्यायालय के अनुपालन हेतु वित आयुक्त, हरियाणा को जारी निर्देश का प्रभाव।

स्पष्टीकरण: इस निर्णय ने इस बात की पुष्टि की है कि सामुदायिक भूमि को ग्रामीणों के साझा उपयोग के लिए ही रहने दिया जाना चाहिए, किसी भी व्यक्ति को इस भूमि का व्यक्तिगत उपयोग करने का कोई अधिकार नहीं है। इसलिए, सभी प्रकार की सामुदायिक भूमि का नियंत्रण निर्वाचित ग्राम पंचायत के पास रहेगा, और सभी प्रकार की सामुदायिक भूमि का उपयोग केवल ग्रामीणों (निवासियों) के साझा

उद्देश्यों के लिए किया जाएगा। भू-माफिया, कॉलोनाइजर और फार्महाउस द्वारा खरीदी गई भूमि निरर्थक हो जाती है, ऐसे सभी फार्महाउस अवैध हो जाते हैं और माननीय सर्वोच्च न्यायालय के निर्णय का उल्लंघन करते हैं। सामुदायिक भूमि को व्यक्तिगत शेयरों में बदलना गलत हो जाता है और वे बिक्री विलेख निरर्थक हो जाते हैं। एफसीआर, हरियाणा ने उन सामान्य भूमि उत्परिवर्तनों को पंचायत देह के रूप में ग्राम पंचायतों को बहाल करने के निर्देश भी जारी किए। "It has come to notice of the Government that several lands which were entered in revenue record as Shamlat Deh and similar entries have been wrongly partitioned/alienated. This was never permissible under the Act. Therefore, the Department of Development and Panchayats may move to restore such land to panchayat."

52. इसी प्रकार, नौकरशाही और निर्वाचित ग्राम पंचायतें भी पंचायत अधिनियम और सामान्य भूमि अधिनियम में निहित अपने कर्तव्यों/भूमिका के प्रति लापरवाह थीं या उनकी उपेक्षा कर रही थीं।

स्पष्टीकरण: निर्वाचित ग्राम पंचायतें भ्रष्ट नौकरशाही का हिस्सा बन गई हैं और उनमें से कई ने अधिनियमों में निहित अपनी शक्तियों का उपयोग करने की उपेक्षा थी या वे भू-माफियाओं, नौकरशाही, राजनेताओं और स्वार्थी तत्वों के दबाव में झुक गए हैं।

53. कुछ मामलों में ग्रामीण एवं नगर नियोजन विभाग या हुडा (अब एचएसवीपी) या अन्य एजेंसियों ने अधिसूचित वन भूमि में निर्माण के लिए चित्र/नक्शा/योजना स्वीकृत/अनुमोदित की। जब हुडा या ग्रामीण एवं नगर नियोजन या किसी अन्य विभाग द्वारा वन भूमि पर स्वीकृत भवन योजना/चित्र अवैध हैं, तो वे ऐसी योजनाओं को कैसे स्वीकृत करते हैं?

स्पष्टीकरण: इन विभागों के पास वन भूमि पर निर्माण की अनुमति देने/मंजूरी देने का कोई अधिकार नहीं है, जब तक कि भारत सरकार द्वारा वन संरक्षण अधिनियम (1980) के तहत इस तरह के भूमि परिवर्तन की अनुमति न दी गई हो। वन भूमि पर किसी भी तरह के आवासीय या आवासीय इकाइयों को आम तौर पर अनुमति नहीं दी जाती है और इस तरह के परिवर्तन की अनुमति अधिनियम के तहत नहीं है। नौकरशाहों ने कानूनों/अधिनियमों/सुप्रीम कोर्ट के निर्णयों की अनदेखी करके अपनी शक्तियों का घोर दुरुपयोग किया। इस तरह की मंजूरी/अनुमोदन का मालिकों के लिए कोई महत्व नहीं है। सुप्रीम कोर्ट ने नौकरशाहों के ऐसे सभी झूठे दावों को खारिज कर दिया और कई निर्णयों/आदेशों के माध्यम से ऐसे अवैध निर्माणों को ध्वस्त करने का आदेश दिया और 11.9 2018 और 21.7.2022 के निर्णय महत्वपूर्ण हैं।

54. कुछ वन अधिकारियों ने अरावली क्षेत्र में यह कहते हुए एनओसी जारी कर दी कि कोई पौधारोपण नहीं किया गया, क्या यह कानूनी तौर पर सही है या यह केवल हेराफेरी है?

स्पष्टीकरण: पीएलपी अधिनियम की धारा 4 और/या 5 के तहत अधिसूचित किसी भी क्षेत्र के लिए एफसी अधिनियम (1980) के तहत पूर्व अनुमति प्राप्त किए बिना किसी भी प्रकार का एनओसी जारी नहीं किया जा सकता है ताकि ऐसी वन भूमि को गैर-वानिकी उद्देश्यों के लिए बदला जा सके। नौकरशाहों के लिए एनओसी एक व्यवसाय/उद्योग बन गया है। पीएलपी अधिनियम की धारा 3 के तहत अधिसूचित क्षेत्रों के लिए स्पष्टीकरण उचित प्रक्रिया का पालन करने के बाद जारी किया जा सकता है जैसा कि 2008 के दौरान दक्षिण, हरियाणा, गुड़गांव के वन संरक्षक द्वारा जारी स्थायी आदेश संख्या 1 और 2 में वर्णित है। 9.2.2007 (9.2.2007 के समाचार पत्रों) से पहले जारी सभी एनओसी कानून की उचित प्रक्रिया का पालन करके वापस ले लिए गए थे। प्राप्त अभ्यावेदन पर कानून के अनुसार निर्णय लिया गया। वन भूमि के लिए नया एनओसी जारी करना भी कानून के खिलाफ है

55. जब वर्ष 2006 में मुख्य सचिव हरियाणा ने [37]राजस्व (उपायुक्त), वन (डीएफओ) तथा खनन विभाग द्वारा संयुक्त सर्वेक्षण करने के आदेश दिए थे, तथा विधिवत हस्ताक्षरित रिपोर्ट मुख्य सचिव तथा सर्वोच्च न्यायालय को उचित माध्यम से भेजी गई थी, जिस पर एक भी आपत्ति नहीं आई। फिर भी हर सरकार बदलने के बाद तथ्यों को छिपाने या हेरफेर करने के लिए अलग-अलग नामों/बहानों पर अरावली क्षेत्रों के लिए नए सिरे से सर्वेक्षण क्यों किया जा रहा है?

स्पष्टीकरण: अरावली परियोजना के प्रत्येक अरावली गांव में वृक्षारोपण और वन क्षेत्रों की पहचान की गई और एक संयुक्त टीम द्वारा निरीक्षण किया गया और उनके द्वारा हस्ताक्षर किए गए। यह रिपोर्ट वन संरक्षक द्वारा प्रधान मुख्य वन संरक्षक (एचओएफ), मुख्य सचिव और फिर सर्वोच्च न्यायालय को भेजी गई। पुनः, सभी अरावली क्षेत्रों, जंगलों और वनभूमि में सत्यापन और जमीनी सच्चाई के अभ्यास के बाद राजस्व सजरा मानचित्रों पर 20 से 30 सेंटीमीटर के संकल्पों की सैटेलाइट इमेजरी (क्विक बर्ड) को सुपर इमपोज किया गया और उन मानचित्रों पर संदर्भ वर्ष 2009 के रूप में चिह्नित किया गया। ऐसी रिपोर्ट केंद्रीय अधिकार प्राप्त समिति के माध्यम से सर्वोच्च न्यायालय को भी दी गई। सभी प्रकार के रिकॉर्ड तैयार किए गए। जोड़-तोड़ या कवर-अप अभ्यासों के तहत हर सरकार बदलने के बाद नए सर्वेक्षणों की बिल्कुल भी आवश्यकता नहीं है।

अरावली पहाड मे 10 हेक्टेयर का पौधारोपण कभी भी 10 हेक्टेयर में नहीं रह सकता बल्कि चट्टान की सतह पर उपस्थिति के आधार पर 15 से 25 हेक्टेयर या अधिक क्षेत्र में फैला होना चाहिए क्योंकि वन रोपण 1100 पौधों / हेक्टेयर के साथ-साथ क्षेत्र की गिनती के साथ किया जाता है। इसलिए, 10 हेक्टेयर या अधिक क्षेत्र में लगाए गए 11000 पौधों को केवल 10 हेक्टेयर के लक्ष्य के रूप में गिना जाना चाहिए,

भले ही साइट पर 15 या 20 हेक्टेयर में फैले हों। नौकरशाहों ने सरकार बदलने या अधिकारियों के बदलने के साथ इस तकनीकी पहलू का फायदा उठाया और उन्होंने अरावली क्षेत्रों को बाहर करने की कोशिश की। 11. 9. 2018 के फैसले, पैरा 100, ""In the decision rendered on 12th December 1996 this Court directed the identification of areas which are 'forests' irrespective of whether they are so notified, recognised or classified under any law, and irrespective of the ownership of the land of such forest". । पैरा 105 में स्पष्ट किया गया है कि पीएलपीए धारा 4 और 5 के अंतर्गत आने वाले क्षेत्र वन हैं और यह मान लेना उचित नहीं है कि पीएलपीए द्वारा बंद किए गए क्षेत्र वन नहीं हैं।

56. अरावली में हवाई बीजारोपण की मीडिया रिपोर्टों की सफलता की संभावनाएं क्या हैं?

स्पष्टीकरण: 1990-91 के दौरान अरावली की पहाड़ियों में हवाई बीजारोपण करने के प्रयास किए गए थे और यह प्रयोग बिना किसी सफल अंकुरण और अंकुरित पौधों के जीवित रहने के विफल रहा। फिर अरावली परियोजना में बड़े पैमाने पर बीजों को राख और गोबर मे लपेटकर झाड़ियों और पथरीले इलाकों में हाथ से छिडका गया, परिणाम उत्साहजनक नहीं रहे। क्यों? कम वर्षा, कठोर चट्टानी सतह, पतली मिट्टी की परत, उच्च तापमान, बारिश के दिनों की कम संख्या, जैविक दबाव और पहाड़ियों में उगने वाली पेड़ों की प्रजातियाँ बीजों को अंकुरित नहीं होने देती हैं। अगर कुछ प्रतिशत बीज अंकुरित भी होते हैं, तो वे सुखे के कारण मर जाते हैं। हवाई बीजारोपण की बातें अरावली पहाड़ियों के बारे में ध्यान भटकाने के लिए अधिक की जाती हैं, यह अतीत में कई अलग-अलग प्रयासों में विफल रही है।

57. अरावली का संरक्षण क्यों महत्वपूर्ण है?

स्पष्टीकरण: 42 वें संविधान संशोधन द्वारा संविधान **के भाग IV में अनुच्छेद 48-ए जोड़ा गया, जिसमें यह प्रावधान किया गया कि राज्य पर्यावरण की रक्षा और सुधार करने** तथा देश के वन और वन्यजीवों की सुरक्षा करने का प्रयास करेगा। **अनुच्छेद 51ए** , अन्य बातों के साथ-साथ यह प्रावधान करता है कि **भारत के प्रत्येक नागरिक का यह कर्तव्य होगा** कि वह वन, झील, नदियाँ और वन्यजीवों सहित प्राकृतिक पर्यावरण की रक्षा और सुधार करे तथा जीवित प्राणियों के प्रति दया भाव रखे। अनुच्छेद 21 के तहत जीवन के अधिकार को ध्यान में रखते हुए सबसे महत्वपूर्ण आवश्यकताओं, अर्थात् हवा, पानी और मिट्टी का दुरुपयोग और प्रदूषण इस तरह से नहीं होने दिया जा सकता कि दूसरों के जीवन की गुणवत्ता कम हो जाए।

अरावली दुनिया की सबसे पुरानी फोल्डिड पर्वत श्रृंखला है, जिसमें सबसे नाजुक पारिस्थितिकी तंत्र है। गुफाओं में सबसे पुरानी सभ्यता इसकी गोद में विकसित हुई और पाषाण युग की सभ्यता के साक्ष्य फरीदाबाद जिले के अनंगपुर, मांगर, कोट बेल्ट और राजस्थान क्षेत्रों के गांवडी-गणेश्वर अरावली पर्वतों में पाए जाते हैं। दिल्ली की ओर थार रेगिस्तान के प्रभाव को रोकने के लिए अल्पकालिक और दीर्घकालिक योजना के साथ अरावली को हर कीमत पर संरक्षित करने के लिए सुप्रीम कोर्ट के कई आदेश/निर्णय दिए गए हैं।

अरावली पहाड़ियाँ अत्यधिक नाजुक पारिस्थितिकी-संवेदनशील क्षेत्र हैं, जो कटाव या भूमि क्षरण के विभिन्न कारकों (पानी, हवा, आदि) द्वारा कटाव के प्रति संवेदनशील हैं, और रेगिस्तान को आगे बढ़ने से रोकने के लिए दिल्ली एनसीआर के लिए ऑक्सीजन फेफड़ों के रूप में तत्काल संरक्षण की आवश्यकता है। यदि क्षेत्र वनस्पति आवरण से रहित है तो सतही अपवाह (वर्षा जल) कटाव में तेजी आएगी, क्षेत्र पर वनस्पति आवरण (वन) वर्षा जल को अवशोषित करता है, अपवाह दर को कम करता है, और भूजल को रिचार्ज करता है, जो मानव जाति के अस्तित्व के लिए गरीब ग्रामीणों के लिए कृषि और आजीविका का समर्थन करता है। वन वायुमंडलीय कार्बन को रोकते हैं और पेड़ प्रकाश संश्लेषण में कार्बन डाइऑक्साइड का उपयोग कार्बन निक्षेपण के रूप में करते हैं। वाष्पोत्सर्जन तापमान वृद्धि को कम करने और वर्षा में मदद करता है।

58. अरावली पहाड़ियों पर भू-माफियाओं द्वारा भूमि हड़पने का क्या प्रभाव होगा?

स्पष्टीकरण: कुछ अमीर लोगों के आर्थिक हितों को बनाए रखने के लिए पर्यावरण और अरावली पारिस्थितिकी तंत्र को कोई भी नुकसान पहुँचाने से क्षेत्र के ग्रामीण निवासियों की पूरी सामाजिक व्यवस्था खतरे में पड़ जाएगी और आने वाली पीढ़ियों के जीवन में अनिश्चितता आएगी। अरावली पर्वत श्रृंखलाओं में, मानवजनित हस्तक्षेप (फार्महाउस, खनन, कोलोनाइजेशन, आदि) की कार्रवाई द्वारा मिट्टी, ठोस, पत्थर या अन्य सामग्री को हटाने या विस्थापित करने से कटाव की दर में तेजी आने की संभावना है। किसी भी तरह का अव्यवस्थित विकास कार्य नाजुक पर्यावरण और उसके पारिस्थितिकी तंत्र के संरक्षण के लिए अत्यधिक हानिकारक होगा, जो उक्त क्षेत्रों के संरक्षण की अवधारणा के खिलाफ होगा। गैर-वानिकी उपयोग के लिए अरावली में वन भूमि का बड़े पैमाने पर छोडना प्रारंभिक सभ्यता 'पाषाण युग' के बाद के सभी साक्ष्यों को नष्ट कर देगा। यह विनाश भविष्य की पीढ़ियों के लिए भी खतरा पैदा करेगा। भूजल की कमी, बढ़ता प्रदूषण, जलवायु परिवर्तन, हवा में बढ़ता तापमान और कार्बन और अनियमित बारिश मानव सभ्यता के लिए प्रलय का दिन लाएगी।

अरावली पर्वत श्रृंखलाओं में कोलोनाइजेशन या शहरीकरण के लिए भूमि को तोड़ने के लिए आवश्यक रूप से मिट्टी, ठोस, पत्थर या अन्य सामग्री को हटाना या विस्थापित करना शामिल होगा, जिससे कटाव की दर में तेजी आएगी। किसी भी तरह का कोलोनाइजेशन शहरीकरण कार्य उप-मृदा जल और उसके पारिस्थितिकी तंत्र के संरक्षण के लिए हानिकारक होगा, जो उक्त क्षेत्रों के संरक्षण और संरक्षण की अवधारणा के विरुद्ध होगा। एक बार मिट्टी का आवरण खत्म हो जाने के बाद, वनरोपण द्वारा क्षेत्र का पुनर्वास करना मुश्किल हो जाता है।

59. अरावली पारिस्थितिकी तंत्र क्षेत्रों में फार्महाउस, कोलोनाइजेश्न, खनन, शहरीकरण, एचएसवीपी, सड़कों का निर्माण आदि जैसी गैर-वानिकी गतिविधियों को जारी रखने का क्या प्रभाव होगा?

स्पष्टीकरण: हरियाणा शहरी विकास प्राधिकरण (अब HSVP) ने FCA के तहत लिखित पूर्व अनुमति के बिना अरावली वन भूमि का उपयोग गैर-वानिकी उद्देश्यों के लिए किया। यह स्पष्ट है कि PLP अधिनियम के तहत धारा 3, 4 और 5 अधिसूचना के बाद भूमि की स्थिति में किसी भी तरह के बदलाव की अनुमति सक्षम अधिकारियों द्वारा नहीं दी गई थी। HSVP (HUDA) द्वारा कोलोनाइजेश्न और निर्माण गंभीर गैर-वानिकी गतिविधियाँ थीं, जो पारिस्थितिकी तंत्र के लिए हानिकारक थीं, मौजूदा जीव-जंतुओं और वनस्पतियों को नष्ट कर रही थीं और पूरे क्षेत्र की पारिस्थितिकी को नष्ट करने में सहायक थीं। इसलिए, ऐसी गैर-वानिकी गतिविधियाँ या पारिस्थितिकी तंत्र के लिए हानिकारक कोई अन्य गतिविधि ऐसे नाजुक पारिस्थितिक क्षेत्रों में अनुमति नहीं दी जा सकती। सर्वोच्च न्यायालय ने अपने अनेक निर्णयों (विशेष रूप से टी.एन. गोदावर्मन 12.12.1996, 18-03-2004, और 11.9 .2018, 21-7-2022, आदि) के माध्यम से 'वन' की परिभाषा को स्पष्ट किया है। पर्यावरण और वन मंत्रालय, भारत सरकार ने अपने पत्र दिनांक 21-12-1992 के माध्यम से स्पष्ट किया है कि पी.एल.पी.-अधिसूचित क्षेत्र एफसी अधिनियम के अधीन होंगे)। सभी प्रकार की गैर-वानिकी गतिविधियों से भूजल पुनर्भरण में बाधा उत्पन्न होगी, जिससे संपूर्ण पारिस्थितिकी तंत्र ध्वस्त हो जाएगा और जीवन रक्षक प्रणालियों के लिए जीवों की श्रृंखला को रोकने के लिए वनस्पतियों और जीवों का सफाया हो जाएगा।

60. क्या वन संरक्षण अधिनियम (1980) के लिए वन विभाग के रिकॉर्ड या राजस्व विभाग के रिकॉर्ड में प्रविष्टियों का उपयोग किया जाएगा?

स्पष्टीकरण: हरियाणा, भूमि प्रशासनिक मैनुअल (राजस्व मैनुअल) और हरियाणा, भूमि अभिलेख मैनुअल को संदर्भित करता है, भूमि राजस्व विभाग की पूरी प्रक्रिया क्षेत्र में बोई गई कृषि फसलों के बारे में है, केवल अकृषि योग्य अपशिष्ट, बंजर कदीम आदि के भूमि उपयोग का उल्लेख किया गया जाता है, क्योंकि उन निजी भूमि पर कोई फसल नहीं बोई गई थी। भूमि राजस्व विभाग का मूल उद्देश्य किसी भी क्षेत्र में बोई गई फसलों (सिंचित / बरानी) के प्रकार के आधार पर राजस्व / भूमि कर संग्रह करना था। ढलान और समोच्च की कमी वाले कैडस्ट्रल मानचित्र, कटाव के कारण ढलान में बदलाव के बाद सतह विन्यास / आयाम बदल जाते हैं। भूमि राजस्व विभाग के पास क्षेत्र में उगने वाली विभिन्न वन वृक्ष प्रजातियों या वन्यजीवन या पारिस्थितिकी तंत्र में वैज्ञानिक कार्यों के बारे में वैज्ञानिक / तकनीकी विशेषज्ञता नहीं है।

वन विभाग के पास वन क्षेत्रों के भूमि अभिलेखों को बनाए रखने के लिए पटवारी से लेकर तहसीलदार आदि कर्मचारी हैं। वन कर्मचारी और अधिकारी वैज्ञानिक तरीके से भूमि सर्वेक्षण करने में अच्छी तरह से प्रशिक्षित हैं और उनके पास संप्रभु कार्य हैं। वे सर्वेक्षण और सुदूर संवेदन की नवीनतम तकनीकों में अच्छी तरह से प्रशिक्षित हैं। वन अभिलेखों को पहले भी अधिक वैज्ञानिक तरीके से बनाए रखा जाता था, जहां आगे और पीछे के कम्पास बीयरिंग रिकॉर्ड किए जाते थे और अब जीपीएस निर्देशांक रिकॉर्ड किए जाते हैं। देश स्तर पर वन विभाग के पास वन क्षेत्र की निगरानी के लिए भारतीय वन सर्वेक्षण और वैज्ञानिक इनपुट के लिए आईसीएफआरई है। वानिकी कार्यों के लिए वास्तविकता और क्षेत्र की स्थितियों को ध्यान में रखते हुए, केवल वन विभाग के रिकॉर्ड पर विचार किया जाना चाहिए। वानिकी समवर्ती सूची में है, जबकि भूमि राजस्व राज्य का विषय है। सुप्रीम कोर्ट के फैसले 21.7.2022 के फैसले के पैरा 41। वनों को दर्शाने वाले किसी भी सरकारी रिकॉर्ड पर वन संरक्षण अधिनियम (1980) लागू होगा। यह विशेष रूप से उल्लेख किया गया था कि वन विभाग देश के वनों का प्रबंधन और रखरखाव करने वाला प्राथमिक विभाग है, इसलिए वन संरक्षण अधिनियम (1980) और अन्य कानूनी उद्देश्यों के लिए वन विभाग के रिकॉर्ड रिकॉर्ड स्वीकार्य करना अति आवश्यक है।

61. पी.एल.पी. अधिनियम अधिसूचित क्षेत्रों में मालिकों के स्वामित्व अधिकार समाप्त हो गए हैं या नहीं?

स्पष्टीकरण: निषेध और प्रतिबंध स्वामित्व की परवाह किए बिना अधिसूचित किए जाते हैं। पीएलपी अधिनियम और तकनीकी नोट 6 [38]में उल्लेख किया गया है कि मालिकों के पास वन उपज पर संपूर्ण अधिकार हैं और ऐसे अधिसूचित क्षेत्रों से प्राप्त पूरी आय मालिकों/अधिकार धारकों को जाती है। हम पीएलपीए के तहत धारा 4 और 5 के तहत क्षेत्रों को अधिसूचित करने के लिए निर्धारित फॉर्म 1(ए) का भी उल्लेख कर सकते हैं; पैरा 1 (i) और (ii) जिसमें स्पष्ट रूप से उल्लेख किया गया है, कि स्वामित्व को किसी भी तरह से बदला या हस्तक्षेप नहीं किया जाएगा, और पैरा (ii) कहता है, "वन अपराध के मुआवजे को छोड़कर उक्त भूमि से हर तरह की उपज और आय मालिकों को जाएगी।" उत्पादक भूमि को हवा और पानी के कटाव से बचाने के लिए उनकी भूमि पर कटाव को कम करने/कम करने के लिए निषेध और प्रतिबंधों को विनियमित किया गया था। कॉमन लैंड्स के संबंध में सुप्रीम कोर्ट के 7-4-2022 के फैसले में स्पष्ट रूप से उल्लेख किया गया है कि संपत्ति के साझा उपयोग से मालिक के स्वामित्व के अधिकार नहीं छिनते हैं।

62. धारा 4 और/या 5 की विशेष अधिसूचना के अंतर्गत अधिसूचित क्षेत्र समय-समय पर वन अभिलेखों में परिवर्तनशील क्यों होते हैं?

स्पष्टीकरण: धारा 4 और/या 5 के विशेष आदेश के तहत अधिसूचित क्षेत्रों को वन भूमि के रूप में अभिलेखों में दर्ज किया गया था। वन विभाग द्वारा जारी किए गए आदेशों के अनुसार, वन भूमि के सभी नोटिफिकेश्न समाप्त हो चुके क्षेत्रों को वन भूमि के रूप में माना जाएगा।

एक बार जब क्षेत्र वनों की सूची में रिकॉर्ड में परिलक्षित होता है, तो इसे कानूनी वन भूमि का दर्जा प्राप्त रहेगा। लेकिन इसका मतलब यह नहीं है कि जिन क्षेत्रों में बंद करने की अवधि समाप्त हो गई, वे वन भूमि नहीं थे। शायद धन की कमी के कारण, अगले बंद होने तक संरक्षण कार्यों को निष्पादित करने के लिए कुछ क्षेत्रों को कुछ समय के लिये छोड़ दिया गया था। इस प्रथा ने फॉर्म 7 में वन भूमि के आंकड़ों में भिन्नता को जन्म दिया। जब यह मामला कानूनी व्याख्याओं के लिए सुप्रीम कोर्ट के संज्ञान में लाया गया, तो 29/30.10.2002 और 16. 12 .2002 के आदेशों द्वारा सुप्रीम कोर्ट ने निर्देश दिया कि सभी नोटिफिकेशन अवधि समाप्त हो चुके क्षेत्रों को वन भूमि माना जाएगा। इसके बाद पीएलपी क्षेत्रों के वनों की सूची उन सभी क्षेत्रों को शामिल करके स्थिर होनी चाहिए जिनकी बंद करने की अवधि समाप्त हो गई है। कानूनी तौर पर सभी पुराने अवधि समाप्त हो चुके क्षेत्रों को वन भूमि की सूची में शामिल किया जाना चाहिए, लेकिन उसके बाद भी यह आंकड़ा गतिशील रहेगा, क्योंकि कुछ क्षेत्रों को गैर-वानिकी कार्यों जैसे कि सड़क आदि के लिए डायवर्ट किया जाता रहा है। अतीत में, पीएलपी अधिनियम धारा 4 और / या 5 के तहत क्षेत्र 11513 हेक्टेयर (1995-96 हलफनामे के अनुसार) से लेकर 26499 हेक्टेयर (पीसीसीएफ द्वारा हलफनामे के अनुसार 1985-86) और 31738 हेक्टेयर (19.10.2021 हलफनामे के अनुसार) तक भिन्न थे और यह हरियाणा के कुल क्षेत्रफल का 0.71% का एक बहुत छोटा क्षेत्र है। इस पुस्तक में अन्य मद में वर्षवार ईसका विवरण का उल्लेख किया गया है।

63. बंदी अवधि समाप्त होने के बाद ये क्षेत्र वन भूमि हैं या नहीं?

स्पष्टीकरण: सर्वोच्च न्यायालय के 29/30.10.2002 के आदेश, “We prohibit and ban all mining activity in the entire Aravalli hills...” और 16 12 2002, “... for the present, no mining will be permitted in the areas for which notification under Section 4 and 5 of the Punjab Land Preservation Act 1900 have been issued for regulating the breaking up of the land, etc., and such lands are or were recorded as “forest” in Government records even if notification period has expired......” बंद अवधि की समाप्ति के बाद भी, ये क्षेत्र कानूनी और व्यावहारिक रूप से वन भूमि बने रहेंगे, वन विभाग को उन क्षेत्रों का प्रबंधन और नियंत्रण करना होगा।

64. भिवानी और चरखी दादरी जिलों में खनन क्यों चल रहा है, क्या वे सर्वोच्च न्यायालय के आदेशों के अंतर्गत नहीं आते?

स्पष्टीकरण: सर्वोच्च न्यायालय के आदेश और निर्णय हरियाणा की संपूर्ण अरावली पहाड़ियों पर लागू होते हैं, जिसमें पुराना भिवानी (वर्तमान चरखी दादरी जिला भी शामिल है) शामिल है। चूंकि यूरोपीय संघ द्वारा वित्तपोषित परियोजना के तहत वृक्षारोपण भी उन क्षेत्रों में किया गया था, इसलिए 18-3-2004 का निर्णय भी सभी क्षेत्रों पर लागू होता है, लेकिन कानून और सर्वोच्च न्यायालय के निर्णयों को लागू करने में नौकरशाही की जोड़-तोड़/छेड़छाड़ ने प्रमुख भूमिका निभाई। कानून एक ही है और व्यक्ति के लिए समान रूप से लागू होता है।

65. गैर-वानिकी गतिविधियाँ क्या हैं?

स्पष्टीकरण: वन संरक्षण अधिनियम (1980) के नियमों में उल्लेख है;

“*Explanation* - For the purpose of this section, "non-forest purpose" means the breaking up or clearing of any forest land or portion thereof for-

a) the cultivation of tea, coffee, spices, rubber, palms, oil-bearing plants, horticultural crops or medicinal plants;

b) any purpose other than reafforestation;

but does not include any work relating or ancillary to conservation, development, and management of forests and wildlife, namely, the establishment of check-posts, fire lines, wireless communications, and construction of fencing, bridges and culverts, dams, waterholes, trench marks, boundary marks, pipelines or other like purposes.”

Any activity other than forestry work is non-forestry activity. Ornamental shrubs or horticulture plantations or orchards or developing lawns etc are non-forestry activities 2023 में संशोधन के बाद, **संशोधित वन (संरक्षण एवं संवर्धन) अधिनियम, 1980,** धारा 2(1) स्पष्टीकरण नोट में उल्लेख किया गया,

“Explanation – For the purposes of this subsection, “non-forest purpose” includes breaking up or clearing of any forest land or a portion thereof for––

(a) cultivation of tea, coffee, spices, rubber, palms, oil-bearing plants, horticultural crops or medicinal plants;

(b) any purpose other than reafforestation, but does not include any work relating to or ancillary to conservation, development, and management of forests and wildlife, such as––

(i) silvicultural operations including regeneration operations;

(ii) establishment of check-posts and infrastructure for the front-line forest staff;

(iii) establishment and maintenance of fire lines;

(iv) wireless communications;

(v) construction of fencing, boundary marks or pillars, bridges and culverts, dams, waterholes, trenches and pipelines;

(vi) establishment of zoo and safaris, referred to in the Wild Life (Protection) Act, 1972, owned by the Government or an Authority, in forest areas other than Protected Areas;

(vii) eco-tourism facilities included in the Forest Working Plan or Wildlife Management Plan or Tiger Conservation Plan or Working Scheme of that area; and

(viii) any other like purposes, which the Central Government may, by order, specify.';

(2) The Central Government may, by order, specify the terms and conditions subject to which any survey, such as, reconnaissance, prospecting, investigation or exploration including seismic survey, shall not be treated as non-forest purpose.

66. अरावली में प्रस्तावित सफारी का क्या प्रभाव होगा?

स्पष्टीकरण: प्रस्तावित सफारी ईन्कलोजर/बाड़ लगाने से पारिस्थितिकी तंत्र में कृत्रिम सीमा या क्षेत्र का विखंडन पैदा होने से अरावली पहाड़ियों में वन्यजीवों की मुक्त आवाजाही बाधित होगी। वन्यजीवों के लिए भोजन और आवास की खाद्य-श्रृंखला की उपलब्धता अवरुद्ध या बंद हो जाएगी, जिससे मौजूदा वन्यजीवों का विनाश होगा और अंततः समय के साथ उनका विनाश हो जाएगा। वनों का विखंडन इस पारिस्थितिकी तंत्र के लिए हानिकारक है। वाणिज्यिक उद्देश्यों के लिए बहुउद्देशीय भवनों के निर्माण के लिए एफसी अधिनियम (1980) का उल्लंघन करते हुए भूमि को तोड़ना पारिस्थितिकी तंत्र के लिए हानिकारक होगा। अरावली पहाड़ियों से सटे अवैध फार्महाउसों से अवैध गतिविधियां शुरू हो जाएंगी और वन क्षेत्रों में वन्यजीवों का अवैध शिकार शुरू हो सकता है। अरावली का नाजुक पारिस्थितिकी तंत्र अत्यधिक संवेदनशील है और दुर्गम क्षेत्रों में वन क्षेत्र को बनाए रखना बहुत मुश्किल है, अछूते क्षेत्रों में निर्माण और सड़क बनाने के लिए बड़े पैमाने पर पेड़ों को काटना गलत होगा। देशी दुर्लभ लुप्तप्राय प्रजातियों के नुकसान को बहाल नहीं किया जा सकता है, जिससे पारिस्थितिकी तंत्र की जीवों की श्रृंखला में बाधा उत्पन्न होने वाले जीव और वनस्पतियों का स्थायी नुकसान हो सकता है। भूजल पुनर्भरण पर प्रतिकूल प्रभाव पड़ना तय है। वन्यजीवों के लिए मौजूदा जल उपलब्धता पर्याप्त नहीं है। सूखे के दौरान घास सूख जाती है / पत्तेदार वनस्पतियों की कमी या भोजन या जल संकट की स्थिति में शाकाहारी (मृग) आस-पास के क्षेत्रों से भोजन/पानी का प्रबंध करते हैं और अरावली के जंगलों में रहते हैं। अरावली क्षेत्र की बाड़ लगाने से भोजन की उपलब्धता के लिए संकट पैदा होगा। कम मिट्टी की उत्पादकता, खाद्य श्रृंखला का पारिस्थितिकी तंत्र जाल, कठोर जलवायु परिस्थितियाँ, दुर्लभ लुप्तप्राय वनस्पति आवरण, पारिस्थितिक जीव, स्थानीय नाजुक पर्यावरण, दुर्लभ लुप्तप्राय वन्यजीव प्रजातियाँ जो अप्रभावित पारिस्थितिकी तंत्र में जीवित रहीं, सफारी की गड़बड़ी क्षेत्र की पारिस्थितिक आवश्यकताओं के खिलाफ़ हैं।

67. जैव-विविधता पार्क क्या है? क्या अरावली में प्रस्तावित जैव-विविधता पार्क वन भूमि का गैर-वानिकी कार्यों के लिए उपयोग करने के लिए मात्र एक छद्म रूप है?

स्पष्टीकरण: जैव विविधता का अर्थ है कि जो जहाँ भी यह मौजूद है, वहाँ पूर्ण रूप से इन-सीटू संरक्षण। किसी क्षेत्र, पारिस्थितिकी तंत्र, बायोम और बायोज़ोन की जैव विविधता में उस प्रणाली में काम करने वाले कवक, बैक्टीरिया और कीटों सहित सूक्ष्मजीवों सहित संपूर्ण जीव और वनस्पति शामिल हैं। जैव विविधता मिट्टी को निषेचित करती है, पोषक तत्वों की आपूर्ति करती है और प्रणाली को पुनर्चक्रित करती है। यह प्रणाली में रोग प्रसार को नियंत्रित करती है, परागण प्रदान करती है और प्रणाली में कटाव और क्षति को नियंत्रित करती है। जैव विविधता के उपाय प्रजाति विविधता, पारिस्थितिक विविधता, रूपात्मक विविधता और आनुवंशिक विविधता हो सकते हैं। अरावली जैव विविधता कटाव को नियंत्रित और विनियमित करके पारिस्थितिकी तंत्र को बनाए रखने, मिट्टी के निर्माण को सुविधाजनक बनाने, प्राकृतिक आपदाओं से उबरने में मदद करने, सभी जीवित प्राणियों को अच्छा स्वास्थ्य प्रदान करने वाली प्रणाली में खाद्य श्रृंखला को बनाए रखने, आनुवंशिक विविधता को बनाए रखने में मदद करने, प्राकृतिक संसाधनों की रक्षा करने, सतत विकास को बनाए रखने, पारिस्थितिकी तंत्र में संतुलन प्रदान करने, मनुष्यों को भोजन प्रदान करने में मदद करने और उत्पादकता में संतुलन बनाए रखने के लिए शीर्ष प्रदर्शन द्वारा प्रणाली के अस्तित्व को बनाए रखने के लिए एक-दूसरे से जुड़े रहने के लिए महत्वपूर्ण है।

मानवीय हस्तक्षेप के कारण नाजुक प्रणालियाँ असंतुलित और अस्तव्यस्त हो जाती हैं, जिससे पारिस्थितिकी तंत्र नष्ट हो सकता है। मानवजनित गतिविधियाँ, शहरी गतिविधियाँ, बाहरी हस्तक्षेप, निर्माण गतिविधियाँ, वनों की कटाई, जल निकासी, भूमि को तोड़ना, आवास का नुकसान, आक्रामक प्रजातियों का प्रवेश, अत्यधिक दोहन और प्रदूषण, जैव विविधता में गिरावट का कारण बनते हैं और कई तरह के नाजुक पारिस्थितिकी तंत्र के पतन का गंभीर खतरा पैदा करते हैं। जैव विविधता की रक्षा के लिए इन-सीटू संरक्षण सबसे अच्छा विकल्प है, अरावली के संवेदनशील और नाजुक पारिस्थितिकी तंत्र में किसी भी तरह का बाहरी हस्तक्षेप प्रणाली को नुकसान पहुँचाने के लिए बाध्य है और यह हमेशा के लिए नष्ट हो सकता है। रोज़का-गुज्जर और अन्य स्थानों के बारे में मीडिया रिपोर्टें जनता के लिए जैव विविधता पार्कों में क्षेत्रों को बदलने के लिए का प्रयोजन विनाशकारी होगा और पर्यटन के नाम पर भू-माफिया को लाभ पहुँचाने के लिए प्रणाली को बाधित करने के लिए पूरी तरह से अवांछनीय गतिविधि हैं।

68. लोगों ने विभिन्न बहानों/नामों/कवच के आधार पर अरावली भूमि के गैर-वानिकी उपयोग के लिए अदालतों में बार-बार आईए और सीडब्ल्यूपी दायर किए।

स्पष्टीकरण: 11.9 2018 उचचतम न्यालय का कांत मामले में फैसला, पैरा 82, "In our opinion, there is nothing in these applications before us to remotely suggest that the various orders passed by this Court need any clarification or modification or recall. All issues raised by the applicants have been considered threadbare by several Benches of this Court and all of them have arrived at a similar conclusion namely that the environmental and ecological degradation of the Aravalli hills must stop and that everybody is bound by the terms of the notification issued under the provisions of the PLP Act and that closed land under the notification dated 18th August, 1992 is a forest and should be treated as a forest." नौकरशाही भी भूमि माफियाओं को लाभ पहुंचाने के लिए हेरफेर तरीके से तोड़-मरोड़ कर हलफनामे दायर करती है। पैरा 84, "We propose to deal with these applications on merits, treating them as applications for clarification, modification, recall, reconsideration, etc., of the orders passed by this Court from time to time." इससे स्पष्ट है कि माननीय सर्वोच्च न्यायालय के अनेक निर्णय पीएलपीए की स्थिति के बारे में स्पष्ट थे तथा पुनर्विचार के बाद सर्वोच्च न्यायालय ने भी इसी दृष्टिकोण को बरकरार रखा है।

69. पी.एल.पी. अधिनियम की धारा 4 और/या 5 के अंतर्गत अधिसूचित क्षेत्रों को वन के रूप में क्यों दर्ज किया गया?

स्पष्टीकरण: अरावली/शिवालिक के क्षेत्रों में कटाव को कम करने, नियंत्रित करने और विनियमित करने के निरंतर प्रयासों के तहत, कटाव नियंत्रण उपायों के प्रभावी कार्यान्वयन के लिए भूमि के कुछ हिस्से जो कटाव की गंभीर समस्याओं के अधीन या उत्तरदायी हैं, उन्हें अधिनियम की धारा 4 और/या 5 के तहत अधिसूचित किया गया था। सर्वेक्षण के दौरान ऐसे क्षेत्रों के खसरा नंबरों का सीमांकन किया गया और निर्धारित प्रक्रिया का पालन करने के बाद राजपत्र में अधिसूचित किया गया। उसके बाद, वन विभाग ने इन क्षेत्रों को 'वन भूमि' के रूप में दर्ज वनों की सूची में शामिल किया ताकि उन क्षेत्रों के 'वन भूमि' के संरक्षण, सुरक्षा और उपचार के लिए अभिलेखों में 'वन भूमि' हो। कोई भी क्षेत्र जो हवा या पानी की क्रिया द्वारा पृथ्वी, ठोस, पत्थर, या अन्य सामग्री को हटाने या विस्थापित करने के कारण कटाव के अधीन या उत्तरदायी है या लगातार कटाव के अधीन होने की संभावना है, ऐसे क्षेत्रों के लिए धारा 3 अधिसूचनाएं जारी की जाती है।

विभिन्न भूर्गभभ्यि ईराज व कालखण्डो के दोरान में भूमि कटाव की प्रकृति और सीमा अलग-अलग रही है। क्षेत्रीय अवलोकनों से पता चला है कि आजादी के बाद दक्षिण हरियाणा में गर्मियों के महीनों में धूल भरी आंधीयॉ चलती थी। इन लगातार चलने वाली आंधी के कारण नए क्षेत्रों में नए रेत के टीले बन गए और उन टीलों के खिसकने से फसलों को नुकसान पहुंचा / नष्ट किया जिसका बस्तियों पर गंभीर असर पड़ा। बचपन में हमने जो कुछ झेला है, शायद नई पीढ़ी उसकी कल्पना भी नही कर सके। पानी के माध्यम से कटाव की सीमा भी बहुत अधिक और चिंताजनक थी, बारिश के पानी के छींटे के साथ मिट्टी के कणो के विस्थापन के कारण उपजाऊ मिट्टी की परतें नष्ट हो जाती थी। शुरुआती बारिश के बाद दिखाई देने वाली खरीफ की फसलें जैसे बाजरा, ज्वार आदि कटाव के कारण उखड़ जाती या नष्ट हो जाती थी। सतही अपवाह किसानों के लिए कहर बन जाता था, ताजा अंकुरित फसलों को खोने के बाद, किसानों को लंबे समय तक सूखे के कारण बुवाई करने का दूसरा मौका भी कइ बार नहीं मिलता था।

वनों और खड़े पेड़ों का उपयोग मिट्टी को कटाव से बचाने के लिए किया जाता है। धारा 3 के अधिसूचित क्षेत्रों में कटाव की गंभीरता का आकलन करने के बाद ही, कटाव के प्रति संवेदनशील भूमि के हिस्सों को अधिनियम की विशेष धारा 4 और/या 5 के तहत अधिसूचित किया जाता है, उन कटाव-संवेदनशील क्षेत्रों को नियमित रूप से भूमिगत जल के संरक्षण और उक्त क्षेत्रों में कटाव की रोकथाम के लिए 'वन' के रूप में दर्ज किया गया था। अधिनियम की धारा 4 के तहत 'विशेष अधिसूचना' जारी करने के बाद, 'सामान्य रूप से खेती के अधीन नहीं होने वाली भूमि को साफ करना या तोड़ना या खेती करना' प्रतिबंधित, निषिद्ध और विनियमित किया गया था। इन क्षेत्रों को वन के रूप में दर्ज करना जनता और कृषि को और अधिक कटाव और नुकसान को रोकने के लिए सही दृष्टिकोण था क्योंकि ये क्षेत्र जन कल्याण के लिए वन विभाग के नियंत्रण और प्रबंधन के अधीन थे।

70. भूजल कटाव की रोकथाम और संरक्षण हेतु इस अधिनियम के अंतर्गत क्षेत्रों को पुनः अधिसूचित करने की क्या आवश्यकता थी?

स्पष्टीकरण : अरावली पहाड़ियाँ पारिस्थितिकी के प्रति संवेदनशील क्षेत्र हैं, जो विभिन्न कारकों (पानी, हवा, आदि) द्वारा कटाव के प्रति संवेदनशील हैं। भूमि क्षरण को संरक्षण की आवश्यकता है। यदि क्षेत्र वनस्पति आवरण से रहित रहेगा, तो सतही अपवाह (वर्षा जल) कटाव को कम करता है, और क्षेत्र पर वनस्पति आवरण (वन) वर्षा जल को अवशोषित करता है, और लंबे समय में भूजल को रिचार्ज करने के लिए अपवाह दर को कम करता है। वन एक दुर्लभ वस्तु है। अरावली भूभाग का पुनर्वास करना कठिन है, इस तरह की गंभीरता को ध्यान में रखते हुए उप-सतही जल के प्रभावी पुनर्भरण के लिए किसी भी तरह की मिट्टी को तोड़ने पर प्रतिबंध लगा दिया गया था।

आजादी के काफी पहले से ही अरावली पर्वतीय पारिस्थितिकी तंत्र क्षेत्रों को कटाव के प्रति संवेदनशील और नाजुक माना जाता था/जाता रहा है। वन विभाग ने निरंतर पर्यावरणीय क्षरण को रोकने हेतु इन क्षेत्रों की रक्षा और संरक्षण पर जोर दिया है। क्षेत्र की जैविक आवश्यकताओं

की प्रकृति और इन क्षेत्रों में लगाए गए पेड़ों के रोटेशन की अवधि को ध्यान में रखते हुए समय बीतने के साथ लगातार कटाव नियंत्रण उपायों को लागू किया गया। वन कवर और कटाव नियंत्रण उपायों की स्थिति के आकलन के बाद, 'वन फसल' या 'वन उपज' को (उचित तकनीकी विचारों के बाद) मालिकों/ग्रामीणों/मालिकों द्वारा अधिनियम की धारा 4(जी) के तहत पूर्व अनुमति प्राप्त करने के बाद निकालने की अनुमति दी जाती रही है, स्थानीय निवासियों को केवल उनकी वास्तविक घरेलू कृषि जरूरतों के लिए परमिट दिए जाते थे, और ये कभी भी फार्महाउसों/ कॉलोनाइजर के लिए नहीं बनाये गये थे (14.5.2008 और 11.9.2018 सुप्रीम कोर्ट के फैसले)।ईन क्षेत्रो मे कटाव रोकने हेतु बार बार पोधारोपण किया जाता रहा है। कटाव राकने व उसपर काबु पाने हेतु ईन क्षेत्रो को बार बार इरस अधिनियम के तहत बन्द किया जाता रहा है।

कटाव के मूल तंत्र की अनदेखी और नियंत्रण उपायों (रिज्ज, गली, नालों और रेवाइन के निर्माण) और भूजल पुनर्भरण की आवश्यकता को कोलोनाइजेश्न / गैर-वानिकी कार्यो को बढ़ावा देने के लिए प्रचारित नहीं किया जा सकता है। यह अधिनियम मृदा कटाव को कम करने (रिल्ज, गली, नालों और रेवाइन को रोकने), भूमि क्षरण को रोकना, भूमिगत जल को पुनर्भरण करना, पारिस्थितिकी तंत्र को संरक्षित करना, पर्यावरण की रक्षा करना और जीव-जंतुओं और वनस्पतियों (वनों) को संरक्षित करना है।

कटाव के अधीन या कटाव के लिए उत्तरदायी इन क्षेत्रों को स्वतंत्रता के बाद तत्कालीन पंजाब के दौरान पीएलपी अधिनियम की धारा 3, 4 और/या 5 या 5ए के तहत कानूनी प्रक्रिया का पालन करने के बाद अधिसूचित किया गया था। बाद में, इन क्षेत्रों में कटाव नियंत्रण उपायों की आवश्यकताओं के अनुसार निर्धारित कानूनी प्रक्रिया का पालन करते हुए हरियाणा सरकार द्वारा 1966 से इन क्षेत्रों को फिर से कई बार अधिसूचित किया गया। पीएलपी अधिनियम के कार्यान्वयन के लिए प्रक्रिया/नियम राज्य सरकार द्वारा तकनीकी नोट संख्या 6 शीर्षक 'हरियाणा वन विभाग के निजी क्षेत्रों को बंद करना' के तहत निर्धारित किए गए हैं। प्रत्येक अधिसूचना राज्य (हरियाणा) के सरकारी राजपत्र में प्रकाशित की गई थी। ये अधिसूचनाएं क्षेत्र/गांवों में उचित जांच/प्रचार/ मुनादी के बाद प्रकाशित और जारी की गई हैं। इन गांवों के क्षेत्रों को निर्धारित कानूनी प्रक्रिया का पालन करने के बाद पीएलपी अधिनियम की धारा 4 और/या 5 के तहत फिर से बंद कर दिया गया

71. क्या सामान्य प्रयोजनों के लिए पी.एल.पी. अधिनियम के तहत बंद करना भूमि अधिग्रहण के समान था?

स्पष्टीकरण: सर्वोच्च न्यायालय के निर्णय 7-4-2022 के पैरा 62 में उल्लेख किया गया है (कुछ पहले के निर्णयों में भी है), "This Court considered the questions as to "whether in the second proviso to Article 31A(1), the expression "acquisition" means substantial taking over the benefits of property and conferring it on the State?" and that "whether the acquisition means the entire process terminating with possession and extinction of the title of the individual?". This Court held that the title vests in the proprietary body, the management of the land is done on behalf of the proprietary body, and the land is used for the common needs and the benefits of the estate or estates concerned. The Panchayat would manage such land on behalf of the proprietors and use for common purposes, therefore, the beneficiary of the modification of the rights is not the State. Therefore, there is no acquisition by the State within the meaning of the second proviso." पीएलपी अधिनियम समाज के लिए एक सामान्य उद्देश्य के लिए है और भूमि **अधिग्रहण कानुन** दायरे मे नही आता है।

72. इस अधिनियम का उपयोग अधिकार धारकों/स्वामियों के स्वामित्व वाली निजी/सामुदायिक/पंचायत भूमि को अधिसूचित करने के लिए क्यों किया गया, जबकि ऐसी भूमि को भारतीय वन अधिनियम (1927) के तहत आरएफ या पीएफ घोषित किया जा सकता था।

स्पष्टीकरण: IFA 1878 (बाद में 1927) और तत्कालीन पंजाब में लागू कुछ अधिनियमों के क्रम में, यह अधिनियम मुख्य रूप से भूमि क्षरण को कम करने और निजी भूमि पर मिट्टी के कटाव को नियंत्रित करने के लिए लाया गया था, जो कि हवा के कटाव जैसे कटाव के विभिन्न कारकों के कारण होता है, जो रेतीले रेगिस्तानी क्षेत्रों (अरावली पहाड़ियों की तलहटी में भी) में प्रमुख है। पहाड़ी क्षेत्रों में प्रमुख कटाव सतही अपवाह के कारण होता है और कटाव सामग्री से लदे पानी का अनियंत्रित प्रवाह बदले में नीचे के आसपास के क्षेत्रों में कृषि/आवास क्षेत्रों को नुकसान पहुंचाने के लिए कटाव शक्ति को बढ़ाता है। आम आदमी, किसानों और निवासियों की समस्या को कम करने के लिए सामाजिक कल्याण के सामान्य उद्देश्य के लिए इस अधिनियम को बनाया गया था।

प्रकृति में, किसी भी समय किसी भी कटाव-प्रवण क्षेत्र या भूमि के किसी विशेष पृथक टुकड़े में कटाव के एक एजेंट को अलग करना संभव नहीं है। भूवैज्ञानिक रूप से, यह एक सर्वमान्य तथ्य है कि कटाव के विभिन्न एजेंट किसी भी समय बड़े क्षेत्रों में प्रकृति में लगातार काम करते हैं, जबकि कटाव के कुछ एजेंटों की क्रिया दूसरों की तुलना में अधिक प्रभवी हो सकती है। अरावली पर्वतों में, गोलाकार अपक्षय चट्टानों को तोड़ने के लिए दैनिक तापमान परिवर्तन के कारण होता है। यहां तक कि कम वर्षा भी अपक्षयित सामग्री के परिवहन के द्वारा अपक्षय और अनाच्छादन प्रक्रिया को तेज कर देती है। प्रकृति में, किसी भी कटाव-प्रवण क्षेत्र में भूमि के कुछ हिस्से/टुकड़े को अलग नहीं किया जा सकता है। भूमि संरक्षण एक जटिल घटना है, जहां विभिन्न पारिस्थितिक तंत्रों और संपूर्ण क्षेत्रों को सुरक्षित और संरक्षित किया जाना है।

यह आवश्यक और अनिवार्य है कि हजारों/लाखों वर्षों में बनी मिट्टी और दशकों/सदियों से मौजूद वनस्पति आवरण को विकासात्मक गतिविधियों या प्रकृति से छेड़छाड़ के नाम पर नष्ट न होने दिया जाए। मिट्टी के बिना वनस्पति उगाना मुश्किल है, जिससे मानव जाति और

अन्य जीवित प्राणियों के अस्तित्व के लिए किसी भी कीमत पर मौजूदा पारिस्थितिकी तंत्र (वन) की रक्षा करना अनिवार्य हो जाता है।

मालिक/निवासी ऐसे वृक्षारोपणों से लाभ कमाने के लिए समय पर वन उपज की कटाई और बिक्री करते रहे हैं, साथ ही उन प्रतिबंधात्मक बंदी चक्रों का भी पालन करते रहे हैं। वन विभाग स्थानीय लाखों लोगों के कल्याण के लिए सबसे नाजुक पारिस्थितिकी तंत्र की रक्षा और संरक्षण कर रहा है और इन कठोर परिस्थितियों में उनके अस्तित्व के लिए उनकी आजीविका के साधनों का समर्थन कर रहा है। घास, चारा, ईंधन की लकड़ी और छोटी लकड़ी/लकड़ी जैसे सभी लाभ ग्रामीणों/मालिकों/अधिकार धारकों द्वारा निर्धारित प्रक्रियाओं का पालन करने के बाद एकत्र किए जाते हैं, जो आरएफ या पीएफ में संभव नहीं था, आरएफ मे अधिसूचना से पहले सभी अधिकारों का निपटान किया जाता है।

पीएलपी अधिनियम की धारा 4 और/या 5 के तहत प्रतिबंधों/निषेधों को विनियमित करके सरकार ने केवल पूरे क्षेत्र की आबादी और मानवता के व्यापक हित (सामान्य उद्देश्य) में विशिष्ट उद्देश्यों के लिए भूमि के उपयोग को विनियमित किया है ताकि वर्तमान सभ्यता और भविष्य की पीढ़ियों को भी बचाया जा सके। यह स्पष्ट किया जाता है कि पूरे क्षेत्र को संरक्षित करने और प्राकृतिक कटाव की अनिश्चितताओं से बचाने के लिए बार-बार पुनः अधिसूचनाएँ जारी की गईं।

वन संरक्षण अधिनियम 1980 निजी स्वामित्व वाले वन क्षेत्रों पर भी लागू होता है। पीएलपी भूमि का उपयोग वानिकी फसलों को उगाने के लिए किया जा सकता है, जो प्रकृति और भू-भाग की स्थितियों के अनुरूप हैं। जब ज़रूरत होती है तो जनता के बड़े हिस्से के हितों को कुछ अमीर लोगों के हितों से ज़्यादा महत्वपूर्ण माना जाता है। संबंधित भूमि के मालिकों को उनकी भूमि के वानिकी उपयोग से कभी वंचित नहीं किया गया/नहीं किया जा रहा है और उन क्षेत्रों में वानिकी बढ़ाने के लिए भूमि का उपयोग करने के व्यक्तिगत अधिकारों को कभी बाधित/रोका नहीं गया। डीएफओ से अनुमति प्राप्त करने के बाद मालिकों को निर्धारित प्रक्रिया के अनुसार वानिकी फसलों की कटाई करने की अनुमति दी गई थी।

73. भू-माफिया यह प्रचार करते हैं कि कटाव कम हो गया है, अभी जमीनी हकीकत क्या है?

स्पष्टीकरण: यह कहना कि अरावली पर्वत या शिवालिक की पहाड़ियों में कोई कटाव नहीं है या कम हुआ है, उन सभी लोगों की समझदारी को नकारना है, जिनमें आज़ादी के बाद से सभी सरकारें शामिल हैं, जो पीएलपी अधिनियम के प्रावधानों के तहत इन क्षेत्रों को अधिसूचित और 'बंद' करती रही हैं। कुछ लोग प्रकृति में अपक्षय, अनाच्छादन और कटाव की प्रक्रिया के बारे में गलत धारणाएँ फैलाते हैं। शिवालिक में कटाव की सीमा उस क्षेत्र में अधिक वर्षा के कारण अधिक स्पष्ट है, लेकिन अरावली पर्वत में कटाव के अस्तित्व और नीचे के लोगों पर इसके प्रभाव को नकारना ज़मीन की कठोर वास्तविकताओं से आँखें मूंदना है और भू-आकृति विज्ञान प्रक्रिया के वैज्ञानिक तथ्यों को नकारना भी है।

जब 1900 में तत्कालीन पंजाब राज्य में यह अधिनियम लागू किया गया था, तब अरावली/शिवालिक में भूमि क्षरण की समस्या विद्यमान थी और इस तथ्य को ध्यान में रखते हुए, उक्त अधिनियम को न केवल शिवालिक/अरावली में बल्कि राज्य के अन्य कटाव प्रभावित भागों में भी भूमि क्षरण को रोकने के लिए लागू किया गया था।

अरावली की पहाड़ियों में जारी कटाव अभी भी एक जमीनी हकीकत है और इन पहाड़ियों पर मौजूद वनस्पतियों और जंगलों को बचाने के लिए हरसंभव प्रयास किए जाने की जरूरत है। इसके अलावा, ये पहाड़ियाँ और उन पर मौजूद वनस्पतियाँ राजस्थान के रेगिस्तान को राष्ट्रीय राजधानी दिल्ली की ओर बढ़ने से रोकने में बाधा का काम करती हैं। इसलिए, अरावली की पहाड़ियों और उन पर मौजूद वनस्पतियों का संरक्षण हर हाल में जरूरी और अनिवार्य है।

वन विभाग दुर्लभ भूजल और अन्य प्राकृतिक संसाधनों के संरक्षण के लिए नाजुक कटाव प्रभावित क्षेत्रों के पारिस्थितिकी तंत्र और पर्यावरण की रक्षा करता रहा है। कटाव-संवेदनशील क्षेत्रों पर जैविक आवरण बनाए रखने के लिए वन विभाग बाहरी सहायता प्राप्त परियोजनाओं (विश्व बैंक, यूरोपीय संघ और जेआईसीए, जापान) और कई राज्य और केंद्रीय योजनाओं के माध्यम से धन खर्च करता रहा है । आजादी के बाद से वन विभाग इन क्षेत्रों में लगातार वनीकरण करता रहा है, वन फसलों के एक के बाद एक चक्र (10 से 30 साल की वैधता अवधि फसलों के प्रकार और कटाव की प्रकृति से संबंधित थी)। एक भ्रांति अब तक किए गए पूरे प्रयासों को बर्बाद कर सकती है।

5.6. भारतीय वन अधिनियम, वन संरक्षण अधिनियम, तथा पी.एल.पी. क्षेत्र।

वन समवर्ती सूची में हैं और पीएलपी क्षेत्रों को भारतीय वन अधिनियम (1927) के तहत क्रियावन किया जाता है। सुप्रीम कोर्ट के फैसले 12.12.1996, 18.3.2004, 14.5.2008, 11.9.2018 और 21.7.2022 ने भी पीएलपी अधिनियम क्षेत्रों में भारतीय वन अधिनियम (1927) और वन संरक्षण अधिनियम (1980) के प्रभावी कार्यान्वयन के लिए स्थिति स्पष्ट की।

5.6.1 वन संरक्षण अधिनियम (1980)

स्वतंत्रता के बाद विभिन्न राज्य सरकारें वन भूमि को गैर-वानिकी उद्देश्यों के लिए परिवर्तित कर रही थीं। 1951 से 1975-76 तक लगभग 4.135 मिलियन हेक्टेयर वन भूमि को गैर-वानिकी उद्देश्यों के लिए परिवर्तित किया गया था। वन भूमि के ऐसे परिवर्तिन को नियंत्रित और विनियमित करने के लिए भारत सरकार ने गैर-वानिकी उद्देश्यों के लिए वन भूमि के परिवर्तिन को धीमा करने के लिए वन (संरक्षण) अधिनियम, 1980 को अधिनियमित किया। एफसी अधिनियम 1980 के अधिनियमन के बाद 1980 से 2023 तक वन भूमि परिवर्तिन की औसत वार्षिक दर घटकर 22000 हेक्टेयर हो गई और लगभग 9.83 लाख हेक्टेयर वन भूमि को गैर-वानिकी उद्देश्यों के लिए

परिवर्तिन दिया गया। वन (संरक्षण) अधिनियम, 1980 पूर्व अनुमति के बिना वन भूमि के गैर-वानिकी उपयोग से संबंधित है वर्ष 2023 में अधिनियम का शीर्षक संशोधित कर वन **(संरक्षण एवं संवर्धन) अधिनियम, 1980 कर दिया गया। न्यायिक प्रक्रिया को समझते है।**

सर्वोच्च न्यायालय का निर्णय 21.7.2022, **पैरा 34.** "The 1980 Forest Act came into force with effect from 25th October 1980. It has only 5 Sections. The most important is Section 2 which reads thus:

"2. Restriction on the dereservation of forests or use of forest land for non-forest purpose. —

Notwithstanding anything contained in any other law for the time being in force in a State, no State Government or other authority shall make, except with the prior approval of the Central Government, any order directing—

(i) that any reserved forest (within the meaning of the expression "reserved forest" in any law for the time being in force in that State) or any portion thereof, shall cease to be reserved;

(ii) that any forest land or any portion thereof may be used for any "non-forest" purpose.

[(iii) that any forest land or any portion thereof may be assigned by way of lease or otherwise to any private person or to any authority, corporation, agency or any other organization not owned, managed or controlled by Government;

(iv) that any forest land or any portion thereof may be cleared of trees which have grown naturally in that land or portion, for the purpose of using it for reafforestation.]

[Explanation--For the purposes of this section non-forest purpose means the breaking up or clearing of any forest land or portion thereof for

(a) the cultivation of tea, coffee, spices, rubber, palms, oil-bearing plants, horticultural crops or medicinal plants;

(b) any purpose other than reafforestation, but does not include any work relating or ancillary to conservation, development, and management of forests and wildlife, namely, the establishment of check-posts, fire lines, wireless communications, and construction of fencing, bridges and culverts, dams waterholes, trench marks, boundary marks, pipelines or other like purposes."] [emphasis added]

टिप्पणि। संशोधित वन (संरक्षण एवं संवर्धन) अधिनियम, 1980, 1.12.2023 से लागू, इस प्रकार है:

Section 1A, "***Act to cover certain land. –– (1)*** The following land shall be covered under the provisions of this Act, namely: -

(a) that has been declared or notified as a forest in accordance with the provisions of the Indian Forest Act, 1927 or under any other law for the time being in force;

(b) that is not covered under clause (a), but has been recorded in Government record as forest, as on or after the 25th October, 1980:

Provided that the provisions of this clause shall not apply to such land, which has been changed from forest use to use for non-forest purpose on or before the 12th December, 1996 in pursuance of an order, issued by any authority authorised by a State Government or an Union Territory Administration in that behalf.

Explanation. - (i) For the purposes of this sub-section, the expression 'Government record' means a record held by the Revenue Department or Forest Department of the State Government or Union territory Administration or any authority, local body, community or council recognised by the State Government or Union territory Administration;"

टिप्पणि । यह स्पष्ट किया जाता है कि पीएलपी अधिनियम की धारा 4 और 5 के तहत अधिसूचित क्षेत्र राजपत्र अधिसूचना के बाद वन विभाग के अभिलेखों में दर्ज वन हैं, चाहे स्वामित्व कुछ भी हो और फॉर्म-7 में वार्षिक प्रशासन रिपोर्ट में वन दिखाया गया जाता है (यह 1900 से है जब यह अधिनियम लागू हुआ था)। इस रिकॉर्ड का हर साल इसके नक्शों के साथ निरीक्षण किया जाता है। ये पीएलपी वनभूमि धारा 1ए (1) के तहत वन भूमि के रूप में अभिलेख मे शामिल हैं।

संशोधित अधिनियम धारा "**2. Restriction on the de-reservation of forests or use of forest land for non-forest purpose–**

– **(1)** Notwithstanding anything contained in any other law for the time being in force in a State, no State Government or other authority shall make, except with the prior approval of the Central Government, any order directing -

(i) that any reserved forest (within the meaning of the expression "reserved forest" in any law for the time being in force in that State) or any portion thereof, shall cease to be reserved;

(ii) that any forest land or any portion thereof may be used for any non-forest purpose;

(iii) that any forest land or any portion thereof may be assigned by way of lease or otherwise to any private person or to any authority, corporation, agency or any other organisation subject to such terms and conditions, as the Central Government may, by order, specify;

(iv) that any forest land or any portion thereof may be cleared of trees which have grown naturally in that land or portion, for the purpose of using it for reafforestation:

'***Explanation***–– For the purposes of this sub-section, "non-forest purpose" includes breaking up or clearing of any forest land or a portion thereof for––

(a) cultivation of tea, coffee, spices, rubber, palms, oil-bearing plants, horticultural crops or medicinal plants;

(b) any purpose other than reafforestation, *but does not include any work relating to or ancillary to conservation, development and management of forests and wildlife, such as––*

(i) *silvicultural operations including regeneration operations;*

(ii) *establishment of check-posts and infrastructure for the front-line forest staff;*

(iii) *establishment and maintenance of fire lines;*

(iv) *wireless communications;*

(v) *construction of fencing, boundary marks or pillars, bridges and culverts, dams, waterholes, trenches and pipelines;*

(vi) *establishment of zoo and safaris, referred to in the Wild Life (Protection) Act, 1972, owned by the Government or an Authority, in forest areas other than Protected Areas;*

(vii) *eco-tourism facilities included in the Forest Working Plan or Wildlife Management Plan or Tiger Conservation Plan or Working Scheme of that area; and*

(viii) *any other like purposes, which the Central Government may, by order, specify.';*

(2) The Central Government may, by order, specify the terms and conditions subject to which any survey, such as, reconnaissance, prospecting, investigation or exploration including seismic survey, shall not be treated as non-forest purpose."

एफसी अधिनियम में इन 2023 संशोधनों को सर्वोच्च न्यायालय में चुनौती दी गई है और 19.02.2024 को एक अंतरिम आदेश पारित किया गया।

'लाइव लॉ न्यूज नेटवर्क' की रिपोर्ट के अनुसार, सुप्रीम कोर्ट ने 19.2.2024 को अंतरिम आदेश जारी किया, जिसमें निर्देश दिया गया कि राज्यों और केंद्र शासित प्रदेशों को *टीएन गोदावर्मन* में 1996 के फैसले में निर्धारित "वन" की परिभाषा के अनुसार कार्य करना चाहिए। *T.N Godavarman Thirumalpad v. Union of India* मामले में वन (संरक्षण) अधिनियम में 2023 के संशोधन के अनुसार सरकारी अभिलेखों में वन के रूप में दर्ज भूमि की पहचान करने की प्रक्रिया चल रही है। भारत के मुख्य न्यायाधीश डीवाई चंद्रचूड़ की अगुवाई वाली पीठ ने वन संरक्षण अधिनियम में 2023 के संशोधन को चुनौती देने वाली रिट याचिकाओं के एक समूह की सुनवाई करते हुए अंतरिम आदेश पारित किया। याचिकाकर्ताओं ने तर्क दिया कि *गोदावर्मन* फैसले में दी गई 'वन' की व्यापक परिभाषा को 2023 के संशोधन द्वारा डाली गई धारा 1ए द्वारा संकुचित कर दिया गया है, जिसके अनुसार किसी भूमि को "वन" के रूप में अर्हता प्राप्त करने के लिए या तो वन के रूप में अधिसूचित किया जाना चाहिए या सरकारी रिकॉर्ड में विशेष रूप से वन के रूप में दर्ज किया जाना चाहिए। जबकि, *गोदावर्मन* फैसले के अनुसार, 'वन' को उसके शब्दकोश अर्थ के संदर्भ में समझना होगा। याचिकाकर्ताओं ने यह भी बताया कि वन (संरक्षण एवं संवर्धन) नियम, 2023 के नियम 16 के अनुसार , राज्य सरकारें और केंद्र शासित प्रदेश प्रशासन, 2023 संशोधन की अधिसूचना से एक वर्ष की अवधि के भीतर वन भूमि का समेकित रिकॉर्ड तैयार करेंगे। चूंकि यह प्रक्रिया अभी पूरी नहीं हुई है, इसलिए याचिकाकर्ताओं ने इस बीच गैर-वनीय उपयोग के लिए भूमि - जो गोदावर्मन निर्णय के अनुसार 'वन' है - के डायवर्ट होने की आशंका जताई। न्यायालय को बताया गया कि परिभाषा को छोटा करने से लगभग 1.99 लाख वर्ग किलोमीटर वन भूमि 'वन' के दायरे से बाहर हो जाएगी।"

सर्वोच्च न्यायालय ने कहा, "Pending the completion of exercise by the administration of the State Governments and Union Territories, under Rule 16, the principles which are elucidated in the judgment of this court in TN Godavarman must be continued to be observed. As a matter of fact, it is evident that Rule 16 includes within its ambit forest-like areas to be identified by the expert committee, unclassed forest lands, and community forest lands. In the interregnum therefore, while being guided by the provisions of the statute and those contained in Rule 16, the State Governments and UT administrations shall peremptorily ensure compliance with the ambit of expression "forest" as explained in the decision in TN Godarman."

सर्वोच्च न्यायालय ने यह भी निर्देश दिया, "Any proposal for the establishment of zoo/safaris referred to in the Wildlife Protection Act 1972 owned by Govt or any authority in forest areas other than protected areas shall not be finally approved save and except with the prior permission of this Court. Where any such proposal is sought to be implemented, this Court shall be moved by the Union Government or as the case may be by the competent authority for the prior approval of the Court,"

21.07.2022 के पैरा 35 में इस अधिनियम की व्याख्या की गई है । "Section 2 overrides all the laws applicable to a particular State which will include not only the laws of that particular State but also the relevant Central laws applicable to that particular State. Clause (i) of Section 2 applies to a reserved forest within the meaning of any law for the time being in force in that State. Clauses (ii), (iii) and (iv) of Section 2 apply to "any forest land". As clause (i) specifically refers to a reserved forest within the meaning of any law in force, it is obvious that clauses (ii), (iii), and (iv) apply to any other forest, whether or not recognized or declared as such under any law in force in that State. Hence, clauses (ii), (iii), and (iv) of Section 2 apply to any forest land which may not be necessarily a reserved forest or a protected forest or a private forest governed by Chapter V under the 1927 Forest Act. Restrictions imposed by Section 2 (except clause (i) thereof) apply to every forest land in respect of which no declarations have been made either under the 1927 Forest Act or any other law relating to the forests in force in that State."

21.07.2022, निजी भूमि के संबंध में पैरा 36, "Before we deal with the concept of a forest under the 1980 Forest Act, we must note here that this enactment does not provide for an absolute prohibition on the use of any forest land or a part thereof for any non-forest purposes. The State Government or any other authority can always permit the use of any forest land or any portion thereof for non-forest purposes only with the prior approval of the Central Government. In a sense, this enactment provides for permissive use of forest land for non-forest activities with the prior approval of the Central Government. **Therefore, the owner of a private land which is a forest within the meaning of Section 2 can convert its use for non-forest purposes only after obtaining requisite permission of the State Government or concerned competent authority**. However, the State Government or the competent authority, as the case may be, cannot permit such use for non-forest activities without obtaining prior approval from the Central Government. This provision has been made to check further depletion of already depleted green cover and to ensure that only such non-forest activities are permitted by the Central Government which will not cause ecological imbalance leading to environmental degradation. Considering the scheme of the 1980 Forest Act, the **title holder of a private land which is a forest within the meaning of Section 2 is not divested of his right, title or interest in the land. But there is an embargo on using his forest land for any non-forest activity."**

21.07.2022, वनों के सतत विकास के उद्देश्य और अधिदेश पर पैरा 37। "The object of the embargo on permitting non-forest use of forest land without prior permission of the Central Government is not to completely prevent the conduct of non-forest activities. This provision enables the Central Government to regulate non-forest use of forest lands. While exercising the power to approve non-forest use, the Central Government is under a mandate to keep in mind the principles of sustainable development as evolved by this Court including in its decision in the case of **Rajeev Suri**. The embargo imposed by Section 2 ensures that the development and use of a forest land for non-forest use is governed by the principle of sustainable development. In a sense, Section 2 promotes the development work on forest land only to the extent it can be sustained while alleviating environmental concerns. **The power given to the Central Government under Section 2 must be exercised by adopting scientific and consistent yardsticks for applying the principles of sustainable development."**

21.07.2022, पैरा 38 वनों को परिभाषित करता है। "Now, coming to the meaning of "forest" or "any forest land" covered by Section 2, this Court in **1997 *Godavaraman's case*** has explained the legal position. Paragraphs 3 and 4 of the said decision read thus:-

"**3.** It has emerged at the hearing, that there is a misconception in certain quarters about the true scope of the Forest Conservation Act, 1980 (for short "the Act") and the meaning of the word "forest" used therein. There is also a resulting misconception about the need of prior approval of the Central Government, as required by Section 2 of the Act, in respect of certain activities in the forest area which are more often of a commercial nature. It is necessary to clarify that position.

4. The Forest Conservation Act, 1980 was enacted with a view to check further deforestation which ultimately results in ecological imbalance; and therefore, the provisions made therein for the conservation of forests and for matters connected therewith, must apply to all forests irrespective of the nature of ownership or classification thereof. **The word "forest" must be understood according to its dictionary meaning. This description covers all statutorily recognised forests, whether designated as reserved, protected or otherwise for the purpose of Section 2(*i*) of the Forest Conservation Act. The term "forest land, occurring in Section 2, will not only include "forest" as understood in the dictionary sense, but also any area recorded as forest in the Government record irrespective of the ownership. This is how it has to be understood for the purpose of Section 2 of the Act. The provisions enacted in the Forest Conservation Act, 1980 for the conservation of forests and the matters connected therewith must apply clearly to all forests so understood irrespective of the ownership or classification thereof.** This aspect has been made abundantly clear in the decisions of this Court in *Ambica Quarry Works* v. *State of Gujarat* [(1987) 1 SCC 213], *Rural Litigation and Entitlement Kendra* v. *State of U.P.* [1989 Supp (1) SCC 504] and recently in the order dated 29-11-1996 (*Supreme Court Monitoring Committee* v. *Mussoorie Dehradun Development Authority* [WP (C) No 749 of 1995 decided on 29-11-1996]). The earlier decision of this Court in *State of Bihar* v. *Banshi Ram Modi* [(1985) 3 SCC 643] has, therefore, to be understood in the light of these subsequent decisions. We consider it necessary to reiterate this settled position emerging from the decisions of this Court to dispel the doubt, if any, in the perception of any State Government or authority. This has become necessary also because of the stand taken on behalf of the State of Rajasthan, even at this late stage, relating to permissions granted for mining in such area which is clearly contrary to the decisions of this Court. It is reasonable to assume that any State Government which has failed to appreciate the correct position in law so far, will forthwith correct its stance and take the necessary remedial measures without any further delay." [emphasis added]

Thus, according to the aforesaid decision, Section 2 applies to three categories of forests:

i. Statutorily recognized forests such as reserved or protected forests to which clause (i) of Section 2 is applicable;

ii. The forests as understood in accordance with dictionary sense and

iii. Any area recorded as a forest in Government records.

So far as the first category of forests is concerned, it poses no difficulty as the forests under the said category covered by Clause (i) of Section 2 are statutorily recognized forests."

21.07.2022, वनों के शब्दकोष के अर्थ पर पैरा 39। "It is the second category which poses some difficulty. As the object of Section 2 of the 1980 Forest Act is to ensure that only sustainable growth/development takes place on forest lands. The need for giving a wider meaning to "forest" or "forest land" contemplated by the 1980 Forest Act can be well understood and justified. Moreover, the object of the 1980 Forest Act is to prevent ecological imbalance resulting from deforestation. The provision is aimed at protecting inter-dependence between the right to development of an individual and the right to the natural environment of the public at large. The Legislature has used the words "any forest" in Clauses (ii) to (iv) of Section 2 after referring to the reserved forests in Clause (i) of Section 2. The intention is to bring all the forests, whether covered by the 1927 Forest Act or not, within the sweep of the 1980 Forest Act. A dictionary always contains the meaning of the words as they are understood by people for generations. It contains the meaning of a word which is already legitimized. Lexicographers include a word in the dictionary when it is used by many in the same way. Therefore, forest as understood by its dictionary meaning is covered by Section 2."

21.07.2022, पैरा 40, शब्दकोश अर्थ को आगे स्पष्ट करते हुए। "Hence, the question is what is the dictionary meaning of the word 'forest'? Most of the well-known dictionaries are more or less consistent when it comes to the meaning of the word 'forest'. The erstwhile Nagpur High Court in the case of **Laxman Ichharam v. The Divisional Forest Officer, Raigarh** made an attempt to define 'forests' by referring to dictionary meaning of the word 'forest' in the Oxford English dictionary. Paragraph 13 of the said decision reads thus:

10 AIR 1953 Nagpur page 51 "**13.** The term 'forest' has not been defined anywhere in the Forest Act. In the absence of such a definition the word 'forest' must be taken in its ordinary dictionary sense. The *Shorter Oxford English Dictionary*, Vol.I, gives the following meaning to it:

'1. An extensive tract of land covered with trees and undergrowth sometimes intermingled with pasture..........

2. Law. A woodland district, usually belonging to the king, set apart for hunting wild beasts and game etc.,.........

3. A wild uncultivated waste."

The Cambridge Dictionary defines a forest as under:

"a large area of land covered with trees and plants usually larger than a wood, or the trees and plants themselves."

Merriam-Webster dictionary defines a forest as under: -

"1: a dense growth of trees and underbrush covering a large tract

2: a tract of wooded land in England formerly owned by the sovereign and used for game

3: something resembling a forest especially in profusion or lushness."

Therefore, when we consider the meaning of a forest or forest land within the meaning of Clauses (ii) to (iv) of Section 2, it has to be a large or extensive tract of land having a dense growth of trees, thickets, mangroves etc. A small isolated plot of land will not come within the ambit of Clauses (ii) to (iv) of Section 2 merely because there are some trees or thickets thereon, as opposed to extensive tract of land covered with dense growth of trees and underbrush or plants resembling a forest in profusion or lushness."

टिप्पणि। क्योटो प्रोटोकॉल के निर्णय 19 के अनुसार किसी भी देश द्वारा अपनी क्षमताओं और सामर्थ्य के आधार पर जंगलों को परिभाषित किया जा सकता है, जो इस पर आधारित है "(i) वृक्ष आवरण प्रतिशत: वृक्ष शिखर आवरण-10% से 30%; (ii) न्यूनतम स्टैंड क्षेत्र: 0.05 से 1 हेक्टेयर के बीच का क्षेत्र; और (iii) पेड़ों की न्यूनतम ऊंचाई: परिपक्वता के समय न्यूनतम ऊंचाई 2 से 5 मीटर तक पहुंचने की क्षमता।" एफएओ और यूएनएफसीसीसी के अनुसार, "वन आवरण को एक हेक्टेयर से अधिक क्षेत्र वाली समस्त भूमि के रूप में परिभाषित किया जाता है, जिसमें स्वामित्व और कानूनी स्थिति से परे 10 प्रतिशत से अधिक वृक्ष छत्र घनत्व हो। ऐसी भूमि आवश्यक रूप से एक दर्ज वन क्षेत्र नहीं हो सकती है।" यदि कोई इस अंतरराष्ट्रीय स्तर पर स्वीकृत परिभाषा पर गौर करे तो संपूर्ण अरावली भूमि वनों की इस परिभाषा के अंतर्गत आती है।

21.07.2022, वन विभाग के अभिलेखों में जंगल के बारे में पैरा 41, ß If a land is shown as a forest in Government records, it will be governed by Section 2. A Government record is a record maintained by its various departments. A Government record is always made after following a certain process. Only the entries made after following due process can be a part of any Government record. Government records will include land or revenue records, being statutory documents. For the same reason, it will also include the record of the forest department. After all, the forest department is the custodian of forests. It is this **department of the State which is under an obligation to protect the forests for upholding the constitutional mandate**. Further, it is this department which identifies the forest lands and maintains a record. Therefore, the record maintained by the Forest Department of forest lands after duly identifying the forest lands will necessarily be a Government record."

21.07.2022, पैरा 42. "Whether a particular land is a 'forest land' within the meaning of Clauses (ii) to (iv) of Section 2 of the 1980 Forest Act, is a question which is required to be decided in the facts of each case in the light of the aforesaid parameters."

21.07.2022, पैरा 43. "Clause (i) of Section 2 mandates that no reserved or declared forest should be divested of its status by the State Government without prior approval of the Central Government. The effect of Clause (i) is that the State Government cannot exercise the power under Section 27 of the 1927 Forest Act of declaring that a particular land will cease to be a reserved forest unless there is prior approval from the Central Government. The test for the grant of prior approval which we have laid down above will also apply to such prior approval. In this background, we proceed to discuss the issue which we have been called upon to decide in this group of cases."

वन संरक्षण अधिनियम, 1980 और अरावली पर्यावरण की प्रयोज्यता : - सर्वोच्च न्यायालय (18.3.2004) ने कहा है, "We may note that to stall the fast depletion of forest, series of orders have been passed by this Court in T.N. Godavarman case regulating the felling of trees in all the forests in the country. Principle 15 of Rio Conference of 1992 relating to the applicability of precautionary principle which stipulates that where there are threats of serious or irreversible damage, lack of full scientific certainty shall not be used as a reason for proposing effective measures to prevent environmental degradation is also required to be kept in view. In such matters, many a times, the option to be adopted is not very easy or in a straight jacket. In case of doubt, however, **protection of environment would have precedence over the economic interest. Precautionary principle requires anticipatory action to be taken to prevent harm.**

The harm can be prevented even on a reasonable suspicion. It is not always necessary that there should be direct evidence of harm to the environment." "

राज्य वन विभाग द्वारा 'वन' माने जाने वाले पी.एल.पी. क्षेत्रों में एफ.सी. अधिनियम, 1980 की प्रयोज्यता के संबंध में, दिनांक 18-03-2004 के निर्णय के पैरा 78 का भाग नीचे पुन: उद्धृत है:

"The provisions of the Act provide for the conservations of forest and for matters connected therewith or ancillary or incidental thereto. Any forest land or portion thereof cannot be used for any non-forest purposes or assigned by way of leases or otherwise to any private person or to any authority, corporation, agency or any other organization not owned, managed or controlled by the Government. Mining activity within forest area cannot be permitted in contravention of the provisions of the Act. The Act makes the contravention of any of the provisions of Section 2 as an offence punishable in the manner provided in the Act".

5.6.1.1. पंजाब एवं हरियाणा उच्च न्यायालय, चंडीगढ़ द्वारा पी.एल.पी. अधिनियम पर निर्णय ।

पंजाब एवं हरियाणा उच्च न्यायालय, चंडीगढ़ द्वारा 4.9.2009 को दिए गए निर्णय की टिप्पणियां विजय बंसल बनाम हरियाणा राज्य मामले में [39]धारा 3, 4 और 5 अधिसूचनाओं को स्पष्ट करने के लिए प्रासंगिक हैं-

फैसले के पैरा 7 में कहा गया है, "In compliance thereto, Dr. D.R. Ramesh Singh, IFS, Principal Chief Conservator of Forests, Haryana, has filed an affidavit along with copies of "all the notifications issued under Sections 4 and 5 of the PLPA which subsist as per the tenure given in the notifications" and have been collectively attached as Annexure A-1. The affidavit further states that "there is no other notification issued under Sections 4 and 5 of the PLPA which subsists as per the tenure of its operation given in the notifications" The details of the areas, villages, and Tehsil-wise, covered under the notifications [Annexure A-1 (Colly)] have also been appended as Annexure A-2. The affidavit further explains that the area covered by the notification dated 29.1.1993 placed on record by the petitioners has never been treated and maintained as 'forest land' for the reason that the said notification is general in nature and there is no absolute prohibition on clearing or breaking up of the land for 'non-forest purposes' without the consent of the right-holders for such prohibition and, in any case, clause 8 of the notification expressly permits the quarrying of stone or burning of lime without any prior permission. In this manner, the Principal Chief Conservator of Forests has stated on oath that there are in all 77 notifications [Annexure A1] covering an area of 12527.94 hectares of land under Sections 4 and 5 of the PLPA and spread-over in various villages, Tehsils, and Districts of the State of Haryana, particulars whereof have been compiled in Annexure A-2. The land covered by these notifications alone has been treated as 'forest land' in the records of the Forest Department, as stated on oath before us. This very plea was taken by the Forest Department before the Hon'ble Supreme Court firstly while disclosing the total 'forest cover' of the State and later on while making an unsuccessful attempt for exclusion thereof from the 'forest area'."

Para 11, "Contrary to it, our order dated 15 May, 2009 has declared the entire area notified under Sections 4 and 5 of the PLPA as the 'forest land' irrespective of the nature of restrictions imposed vide such notification(s). The error has apparently crept up for the reason that neither a complete copy of the notification dated 28.11.1997 was placed on record nor, to our dismay and surprise, the notifications issued under Sections 4[a] and 5[a] of PLPA [Annexure A-1(Colly)] prohibiting clearing, breaking up or cultivation of the lands, now being treated as 'forest lands', were brought on record by the Forest or the Mines and Geology Departments of the State of Haryana. The same have been brought on record for the first time after the main decision."

Parts of Para 12, "In the absence of both sets of notifications, namely, one which prohibits clearing, breaking up or cultivation of the land and the other which simply restricts the cutting of trees and timber etc., we had no occasion, while passing our order dated 15 May, 2009, to draw any distinction in respect to their legal implications or the nature of land covered by these notifications."

Parts of para 13, "The contention that only those lands where clearing, breaking up or cultivation has been prohibited under Section 4[a] or 5[a] of the PLPA are to be treated as 'forest lands' finds force and is consistent with Section [2] [ii] read with the Explanation, of the Forest [Conservation] Act, 1980 which reads as follows: - "2. Restriction on the dereservation of forests or use of forest land for non-forest purposes.- Notwithstanding anything contained in any other law for the time being in force in a State, no State Government or other authority shall make, except with the prior approval of the Central Government, any order directing.- [i] xx xx [ii] that any forest land or any portion thereof may be used for any non-forest purpose, xx xx Explanation.- For the purposes of this Section "non-forest purpose" means the breaking up or clearing of any forest land or portion"

Para 15, "We, therefore, allow this application and modify our order dated 15 May, 2009 qua Issue No. 1 read with direction No. [i] contained in Paragraph 57 thereof, and clarify that only those lands/areas forming part of the notification issued under Section 3 of the PLPA, 1900 in respect of which restrictions against clearing, breaking up or cultivation have been imposed under Sections 4[a] or 5[a] of the said Act, are declared as 'forest lands' for the purposes of the Indian Forest Act and the Forest [Conservation] Act, 1980 and the said areas shall not be used for 'non-forest purposes' including the mining of major or minor minerals. This shall, however, not preclude the State Government from imposing such restrictions in respect of the remaining area[s] notified under Section 3 of the Act, if so required to be done in the public interest."

5.6.2. अरावली के वनों के बारे में न्यायालय के निर्णय

माननीय सर्वोच्च न्यायालय/केन्द्रीय अधिकार प्राप्त समिति/उच्च न्यायालय द्वारा पारित केवल चयनित एवं महत्वपूर्ण तथा प्रासंगिक निर्णयों/ आदेशों का ही उल्लेख इस अध्याय में किया गया है। इन निर्णयों के प्रासंगिक अंश इस अध्याय के संबंधित मदों में उद्धृत किए गए हैं।

5.6.2.1. सीडब्ल्यूपी संख्या 4677/1995 में दिनांक 10.05.1996 का सुप्रीम कोर्ट आदेश । सुप्रीम कोर्ट ने कहा, "We direct the Director, Mines and Geology, Haryana the Haryana Pollution Control Board to enforce all the recommendations of National Environmental Engineering Research Institute (NEERI) contained in para 6.1 of its report, so far as the mining operations in the State of Haryana are concerned, All the mine-operators shall be given notices to implement the said recommendations. Failure to comply with the recommendations may result in the closure of the mining operations ....". The recommendation of NEERI clearly states that, "All the mine leaseholders need to prepare detailed mining plants and obtain approvals before the actual mining operations are initiated. The implementing of approved mining plants by the mine leaseholders needs to be ensured by a designated authority with specialization in environment."

5.6.2.2. सर्वोच्च न्यायालय ने अपने आदेश दिनांक 11-10-1996 में कहा: We further direct that no construction of any kind shall be permitted now onwards within 5 Km radius of the Badkhal Lake and Surajkund. All open areas shall be covered into green belts." Further observed, "Large scale construction activity in close vicinity of two lakes (Surajkund and Badkal) is bound to cause an adverse impact on the local ecology". "No construction of any type shall be permitted now onwards, in the areas outside the greenbelt".

5.6.2.3. सी.डब्लू.पी. संख्या 202/1995 में दिनांक 12.12.1996 का निर्णय

सर्वोच्च न्यायालय ने निर्देश दिया कि वन भूमि अधिनियम, 1980, , "Must apply to all forest irrespective of nature of ownership or classification thereof. The word "Forests" must be understood according to its dictionary meaning. This description covers whole statutorily recognized forest, whether designated as reserved, protected or otherwise for the purpose of section 2 (1) or the FC Act. The term "Forest Land" occurring in section 2, not only includes forest as understood in the dictionary sense but also any area recorded as forest in the Govt. Records irrespective of ownership".

यह एक ऐतिहासिक निर्णय रहा है। ईस निर्णय के समबन्धित हिस्से पुस्तक मे अन्य निर्णयो मे दिये गये है ।

सर्वोच्च न्यायालय ने राज्यों को निर्देश दिया कि वे उन क्षेत्रों की पहचान करें जो वन हैं, चाहे उन्हें किसी कानून में अधिसूचित, मान्यता प्राप्त या स्पष्ट किया गया हो या नहीं और ऐसी भूमि का स्वामित्व किसी के पास हो। उन क्षेत्रों की पहचान करें जो पहले वन थे लेकिन अब उजड़ गए हैं, नष्ट हो गए हैं या साफ हो गए हैं। सरकार के स्वामित्व वाले और निजी व्यक्तियों के स्वामित्व वाले वृक्षारोपण द्वारा कवर किए गए क्षेत्र की पहचान करें।

सी.डब्लू.पी. संख्या 202/1995 में सर्वोच्च न्यायालय का आदेश दिनांक 4.3.1997 , सभी उच्च न्यायालयों के रजिस्ट्रारों को 12.12.1996 के आदेश का कड़ाई से अनुपालन सुनिश्चित करने का निर्देश दिया गया।

5.6.2.4. आईए संख्या 1785/2001 में सीडब्ल्यूपी संख्या 4677/1985 में दिनांक 6.5.2002 का एससी ।

सुप्रीम कोर्ट ने हरियाणा के मुख्य सचिव को निर्देश दिया कि वे हरियाणा की **ओर से दिल्ली-हरियाणा सीमा से 5 किलोमीटर तक के क्षेत्र में सभी खनन गतिविधियों और भूजल की पंपिंग को रोकें तथा अरावली पहाड़ियों में भी खनन रोक दें।** इसे देखते हुए, फरीदाबाद और गुड़गांव जिलों में दिल्ली-हरियाणा सीमा के 5 किलोमीटर के भीतर सभी खनन कार्य 7.5.2002 से बंद कर दिए गए थे।

5.6.2.5. सी.डब्लू.पी. संख्या 4677/1985 में दिनांक 29/30.10.2002 का सर्वोच्च न्यायालय आदेश।

सुप्रीम कोर्ट ने निर्देश दिया कि] "**....we prohibit and ban all mining activity in the entire Aravalli hills.** This ban is not limited only to the hills encircling Kot and Alampur villages but extends to the entire hill range of the Aravalli from Dholpur to Rajasthan... ". राज्य सरकार को अरावली पहाड़ियों के साथ-साथ उस हिस्से में खनन कार्य बंद करने का आदेश दिया गया, जिसे वन क्षेत्र के रूप में दर्ज किया गया है या पर्यावरण संरक्षण अधिनियम के तहत संरक्षित किया गया है। सुप्रीम कोर्ट ने मुख्य सचिव को यह सुनिश्चित करने का भी निर्देश दिया कि अरावली पहाड़ियों में कोई खनन गतिविधि न की जाए।

सी.डब्लू.पी. संख्या 4677/1985 (आई.ए. 839) में दिनांक 16.12.2002 का सर्वोच्च न्यायालय आदेश।

आदेश में कहा गया है, "...no mining will be permitted in the areas for which notification under Section 4 and 5 of the Punjab Land Preservation Act 1900 have been issued for regulating the breaking up of the land, etc., and such lands are or were recorded as "Forest" in Government records even if the notification period has expired. Unless there is approval under the FC Act." In addition, it was also directed. " ...no mining shall be permitted within the areas of Gurgaon District in the State of Haryana where the mining is regulated under the notification dated 7.5.1992 issued under Section 3 of the Environment (Protection) Act, pursuant to the permission granted after 29-11-1999."

सर्वोच्च न्यायालय ने **16-12-2002** के अपने आदेश में स्पष्ट रूप से कहा है कि पीएलपी अधिनियम, 1900 की धारा 4 और 5 के अंतर्गत अधिसूचित सभी क्षेत्रों में भूमि को किसी भी प्रकार से तोड़ा नहीं जा सकेगा, भले ही अधिसूचना अवधि समाप्त हो गई हो। इस प्रकार यह स्पष्ट है कि पीएलपी अधिनियम की धारा 4 और 5 के अंतर्गत बंद किए गए क्षेत्र , वन भूमि थे/हैं और उन्हें एफसी अधिनियम 1980 के तहत भारत सरकार की पूर्व स्वीकृति के बिना गैर-वानिकी गतिविधियों के लिए नहीं बदला जा सकता है।

5.6.2.7. सी.डब्लू.पी. संख्या 4677/1985 में दिनांक 27.2.2003 का सर्वोच्च न्यायालय का आदेश

राज्य सरकार को यूरोपीय संघ द्वारा वित्त पोषित अरावली परियोजना के कार्यान्वयन के संबंध में एक हलफनामा दायर करने का निर्देश दिया गया था। न्यायालय के आदेशों का पालन करने के लिए, श्री संजय कोठारी, आईएएस, तत्कालीन सचिव, हरियाणा वन विभाग ने सीडब्ल्यूपी (सिविल) 4677/85 में आईए 1785 में दिनांक 4.3.2003 को एक हलफनामा दायर किया, जिसमें गुड़गांव, फरीदाबाद, भिवानी, रेवाड़ी और महेन्द्रगढ़ जिलों में अरावली परियोजना में किए गए वृक्षारोपण का विवरण दिया गया। यह भी बताया गया कि 39390 हेक्टेयर (गुड़गांव 16709 + फरीदाबाद 3767 + महेंद्रगढ़ 10841 + रेवाड़ी 5016 + भिवानी 2967 = 39390 हेक्टेयर) वृक्षारोपण पंचायतों / सामान्य भूमि क्षेत्रों पर किया गया था और कुछ क्षेत्रों में भी स्वामित्व की परवाह किए बिना बंद अवधि के दौरान पीएलपीए की धारा 4 और 5 के तहत बंद कर दिया गया था। ऐसे क्षेत्रों का विवरण रिकॉर्ड में उपलब्ध है। सर्वोच्च न्यायालय ने अपने निर्णय 18.3.2004 के तहत इन वृक्षारोपण क्षेत्रों को डीमड वन क्षेत्र घोषित किया है तथा उन भूमियों पर वन भूमि अधिनियम 1980 लागू होगा।

5.6.2.8. सी.डब्लू.पी. संख्या 4677/1985 और अन्य में दिनांक 18.3.2004 का सर्वोच्च न्यायालय का निर्णय

सर्वोच्च न्यायालय ने निर्देश दिया कि यूरोपीय संघ द्वारा वित्तपोषित अरावली परियोजना के तहत वनीकरण किए गए डिमड वन माने गए वन क्षेत्रों पर खनन गतिविधियाँ नहीं की जा सकतीं। यह भी स्पष्ट किया गया कि पीएलपीए की धारा 4 और/या 5 के अंतर्गत आने वाले क्षेत्रों पर एफसी अधिनियम के तहत अनुमोदन के बिना कोई खनन नहीं किया जाएगा। सर्वोच्च न्यायालय के इस निर्णय (18-03-2004 में आईए नंबर 1785, और अन्य, 1985 के डब्ल्यूपीसी 4677 में) ने अरावली पहाड़ियों के नाजुक पारिस्थितिकी तंत्र को बहाल करने के लिए अल्पकालिक और दीर्घकालिक योजना के साथ संवेदनशील पर्यावरण को बचाने पर जोर दिया।

पैरा 45, "The natural sources of air, water, and soil cannot be utilized if the utilization results in irreversible damage to environment. There has been accelerated degradation of environment, primarily on account of lack of effective enforcement of environmental laws and non- compliance of the statutory norms. This Court has repeatedly said that **the right to live is a fundamental right under Article 21 of the constitution** and it includes the **right to enjoyment of pollution free water and air for full enjoyment of life**."

Para 46, "Further, by the Forty-second Constitutional Amendment, Article 48-A was inserted in the Constitution in Part IV stipulating that the State shall endeavour to protect and improve the environment and to safeguard the forest and wildlife of the country. Article 51-A, inter alia, provides that it shall be the duty of every citizen of India to protect and improve the natural environment including forest, lakes, rivers, and wildlife, and to have compassion for living creatures. Article 47 which provides that it shall be the duty of the State to raise the level of nutrition and the standard of living and to improve public health is also relevant in this connection. The most vital necessities, namely, air, water, and soil, having regard to right of life under Article 21 cannot be permitted to be misused and polluted so as to reduce the quality of life of others. Having regard to the right of the community at large it is permissible to encourage the participation of Amicus curiae, the appointment of experts, and the appointments of monitoring committees. The approach of the court has to be liberal towards ensuring social justice and protection of human rights. In M.C. Mehta v/s Union of India & others. {(1987), 4 SCC 663}, this Court observed that sustainable development means the type or extent of development that can take place and which can be sustained by nature/ ecology with or without mitigation. In these matters, the required standard now is that the risk of harm to the environment if to human health is to be decided in public interest, according to a "reasonable person's test. [See Chairman Barton: The Status of the Precautionary Principle in Australia: (Vol. 22), (1988) (Harv. Envtt. Law Review, p. 509 at p. 549-A) as in AP Pollution Control Board vs. Prof. M.V. Nayuder(Retd) & Ors.[(1999) 2 SCC. 718]".

विनियामक प्राधिकरणों के बारे में यह देखा गया कि, "The regulatory authorities have to act with utmost care in ensuring compliance of safeguards, norms, and standards to be observed by such entrepreneurs. When questioned, the regulatory authorities have to show that said authorities acted in the manner enjoined upon them. Where the regulatory authorities, either connive or act negligently by not taking prompt action to prevent, avoid or control the damage to environment, natural resources and people`s life health, and property, the principles of accountability for restoration and compensation have to be applied."

राष्ट्रीय वन नीति के बारे में अवलोकन पैरा 55 में था, "In respect of mining in the forest area, we also refer to the National Policy, 1988 issued by Ministry of Environment and Forests, Government of India, which, inter alia, notices that over the years, forests in the country have suffered serious depletion. One of the reasons of it is inadequacy of protection measure and diversion of forest land to non-forest uses. Without ensuring compensatory afforestation and essential environmental safeguards; and the tendency to look upon forests as revenue earning resource. The basic objectives of the policy, inter alia, are maintenance of environment stability through preservation and where necessary, restoration of the ecological balance that has been adversely disturbed by serious depletion of the forests of the country and checking the soil erosion and water conservation and increasing substantially the forest/tree cover through massive afforestation and social forestry programmes. It provides that the national goal should be to have a minimum of 1/3rd of the total land area of the country under forest or tree cover. In the hills and in mountainous regions, the aim should be to maintain 2/3rd of the area under such cover in order to prevent erosion and land degradation and to ensure the stability of the fragile eco-system. It also provides that a massive need based and time bound programme of afforestation and tree planting with particular emphasis on fuel wood and fodder development, on all degraded and denuded lands in the country, whether forest or non-forest land, is a national imperative."

यहां यह उल्लेख करना महत्वपूर्ण है कि हरियाणा वन नीति में मौजूदा 3.1% (आंकड़ा परिवर्तनशील रहा) दर्ज वन क्षेत्रों को 10% तक बढ़ाने की परिकल्पना की गई थी। हरियाणा एक कृषि-आधारित राज्य है, इसलिए वन क्षेत्र को बढ़ाना बहुत मुश्किल है। अधिक क्षेत्रों को वन घोषित किए बिना, उस प्रतिबद्धता को बनाए रखना संभव नहीं होगा, जबकि, धारा 4 और/या 5 के तहत बंद किए गए क्षेत्रों का बड़ा हिस्सा वनों के रूप में पहले ही शामिल है, सड़कों के किनारे पट्टी-संरक्षित वन पहले ही सड़क-चौड़ीकरण के लिए खो चुके हैं। जहां तक जमीन पर मौजूद वास्तविक वनों का सवाल है, हरियाणा एक गंभीर स्थिति का सामना कर रहा है।

अरावली पर्वत श्रृंखलाओं के सबसे नाजुक पारिस्थितिकी तंत्रों में से एक के बारे में पैरा 58 में टिप्पणियां की गई थीं, ".... In the early part of this century, the Aravalli were well-wooded. There were dense forests with waterfalls and one could encounter a large number of wild animals. Today, the changes in the environment at Aravalli are severe. Though one finds a number of tree species in the hills, timber quality trees have almost disappeared. Despite the increase of population resulting in increase of demand from the forest, it cannot be questioned nor has been questioned that to save the ecology of the Aravalli Mountain, the laws have to be strictly implemented. The notification dated 7th May, 1992 was passed with a view to strictly implement the measures to protect the ecology of the Aravalli range. The notification was followed more in its breach."

"Afforestation should be planned not only with a view to increasing vegetation on the hills but also to be supplemented for fuel, fodder etc. in the districts. All efforts should be made to preserve the groundwater resources. Watershed management and rainwater harvesting to be implemented in the Aravalli Hills regions on a war footing. The environmental cost needs to be internalized in the cost of the product and there is a need to limit the supply options. Noticing that the Aravalli Range prevents the desert from spreading into Indo-Gangetic plains, it has been suggested all future planning should not only concentrate to meet the ever-growing demand of the products but due consideration should also be given to protect the chain. All the development activities should, therefore, be planned in a coherent manner and there should be an integrated approach for sustainable development." Developmental activities including colonisation /mining/ farmhouses etc in catchments areas will accelerate land degradation and deplete scarce subsurface water in this area, which is against the hydrogeological principles."

पैरा 64 में अरावली पर्यावरण की सुनियोजित तरीके से बहाली पर जोर दिया गया है, "It has been suggested that the short-term and long-term action plan for the restoration of environmental quality of the area shall be prepared separately. The action plan shall be prepared in such a way that it should a guiding tool also in the hands of the State Pollution Control Boards and governmental agencies for enforcement of the environmental laws for the restoration of environmental quality of the area...."

Para 96.6, "The Aravalli hill range has to be protected at any cost. In case despite stringent conditions, there is an adverse irreversible effect on the ecology in the Aravalli hill range area, at a letter date, total stoppage of mining activity in the area may have to be considered in respect of mining in Faridabad district as well." Para 96.7, "MOEF is directed to prepare a short-term and long-term action plan for the restoration of environmental quality of Aravalli hills in Gurgaon district having regard to what is stated in the final report of CMPDI within four months."

पैरा 82 में डब्ल्यूपी संख्या 202/1995 में 12.12.1996 के अपने फैसले का उल्लेख किया गया है, "The term 'forest land' occurring in Section 2' will not only include forest as understood in the dictionary sense but also the area recorded as forest in the government record irrespective of its ownership, would be a forest."..... अधिनियम की धारा 2 के उद्देश्य के लिए इसे इसी तरह समझा जाना चाहिए। वनों के संरक्षण और उससे जुड़े मामलों के लिए वन संरक्षण अधिनियम, 1980 में अधिनियमित प्रावधान स्वामित्व या वर्गीकरण के बावजूद इस तरह समझे जाने वाले सभी वनों पर स्पष्ट रूप से लागू होने चाहिए।

यह वनों के महत्व को स्वीकार करने और वनों के संरक्षण के लिए गहरी चिंता दिखाने वाली उनकी टिप्पणियों में माननीय सर्वोच्च न्यायालय का एक स्पष्ट फैसला है। सर्वोच्च न्यायालय ने कहा कि वन स्थलीय पारिस्थितिक तंत्र के प्रमुख तत्व हैं जो पूर्ण नवीकरणीय संसाधन आधार होने के साथ-साथ असंख्य जीवन रूपों के लिए आवास भी हैं। वन विभिन्न जीवन रूपों के पारिस्थितिक संतुलन और विविधता को बनाए रखने, भविष्य के लिए जल संरक्षण, वन्यजीवों की रक्षा, वायुमंडलीय प्रदूषकों को अवशोषित करने, कार्बन को संग्रहीत करने और मौसम और जलवायु पैटर्न को प्रभावित करने में मदद करते हैं। वानिकी का कृषि, चारागाह और खाद्य-उत्पादन प्रणालियों के साथ एक महत्वपूर्ण अंतर-संबंध है, क्योंकि यह मिट्टी और जल संरक्षण, भूजल पुनर्भरण और मिट्टी की उर्वरता के रखरखाव के माध्यम से महत्वपूर्ण समर्थन प्रदान करता है। इस प्रकार, वन पृथ्वी पर जीवन अस्तित्व प्रणाली के लिए बहुत ही बुनियादी और मौलिक आधार का गठन करते हैं

माननीय न्यायालय के 18-03-2004 के फैसले में यह भी कहा गया है, ""We may note that to stall the fast depletion of forest, series of orders have been passed by this Court in T.N. Godavarman case regulating the felling of trees in all the forests in the country. Principle 15 of Rio Conference of 1992 relating to the applicability of precautionary principle which stipulates that where there are threats of serious or irreversible damage, lack of full scientific certainty shall not be used as a reason for proposing effective measures to prevent environmental degradation is also required to be kept in view. In such matters, many a times, the option to be adopted is not very easy or in a straight jacket. If an activity is allowed to go ahead, there may be irreparable damage to economic interest. **In case of doubt, however, protection of environment would have precedence over the economic interest**. The precautionary principle requires anticipatory action to be taken to prevent harm. The harm can be prevented even on a reasonable suspicion. It is not always necessary that there should be direct evidence of harm to the environment."

चर्चा के अंतर्गत आने वाले क्षेत्रों में तथा राज्य वन विभाग द्वारा 'वन' माने जाने वाले क्षेत्रों में वन संरक्षण अधिनियम, 1980 की प्रयोज्यता के संबंध में दिनांक 18-03-2004 के पैरा 78 के अंश नीचे पुन: उद्धृत हैं:

"The provisions of the Act provide for the conservations of forest and for matters connected therewith or ancillary or incidental thereto. Any forest land or portion thereof cannot be used for any non-forest purposes or assigned by way of leases or otherwise to any private person or to any authority, corporation, agency or any other organization not owned, managed or controlled by the Government. Mining activity within forest area cannot be permitted in contravention of the provisions of the Act. The Act makes the contravention of any of the provisions of Section 2 as an offence punishable in the manner provided in the Act". Last sentence of para 82 which said, "In the present case, for the purposes of the Forest Conservation Act, these areas shall be treated as forest and for use of it for non-forestry purpose, it would be necessary to comply with the provisions of the Forest Conservation Act."

5.6.2.9. सर्वोच्च न्यायालय ने टी.एन.गोडावर्मन थिरुमुलपाद बनाम भारत संघ, (2006) 1 एस.सी.सी. 1, फैसला सुनाया कि - "प्राकृतिक संसाधन किसी एक राज्य या व्यक्ति के स्वामित्व में नहीं हैं, आम जनता ही इसकी लाभार्थी है" और आगे कहा कि, "पर्यावरण राज्य की संपत्ति नहीं है और यह एक राष्ट्रीय परिसंपत्ति है।"

COP26 वैश्विक जलवायु सम्मेलन, ग्लासगो, नवंबर 2021 सौ से अधिक देशों ने वन संसाधनों के घटते स्तर और जलवायु परिवर्तन के लिए जिम्मेदार शक्तिशाली ग्रीनहाउस गैसों के उत्सर्जन पर गंभीर चिंता व्यक्त की। ग्लोबल फॉरेस्ट वॉच, वर्ल्ड रिसोर्सेज इंस्टीट्यूट के अनुसार 2020 में 58000 वर्ग किलोमीटर जंगल नष्ट हो गए। WWF के अनुमान के अनुसार हर मिनट 27 फुटबॉल मैदान के बराबर वन नष्ट हो जाते हैं। जब दुनिया वन क्षेत्रों को बढ़ाने पर विचार कर रही है, तो हरियाणा सरकार वनों के विनाश या पीएलपीए वन भूमि को डायवर्ट करने की अनुमति दे रही है जिसे मानवता के अस्तित्व के लिए स्वीकार नहीं किया जा सकता है।

5.6.2.10. सुप्रीम कोर्ट का आदेश 13.4.2006

आदेश के कुछ अंश इस प्रकार हैं, "..order dated 31ist October, 2002 it was observed that in the principle of sustainable development, no mining activity can be carried out without remedial measures taking place. It was further noted in that order that before any mining activity is permitted, it is necessary that the environment impact assessment is done and the application for the said purpose is dealt with."

9 दिसंबर, 2002 को न्यायालय ने यह देखते हुए कि आदेश संपूर्ण अरावली पहाड़ियों में सभी खनन गतिविधियों को प्रतिबंधित करता है और उस पर रोक लगाता है, हरियाणा और राजस्थान के मुख्य सचिवों को अनुपालन रिपोर्ट दाखिल करने का निर्देश दिया।" "We have examined orders dated 6th May, 2002, 29-30th October, 2002, 16th December, 2002, the judgement dated 18th March, 2004 in M. C. Mehta (*supra*), and affidavits placed on records. It seems clear that the order dated 6th May, 2002 was confined to the limits of 5 kms. and did not prohibit mining in the entire Aravalli hills in the State of Haryana. The mining in the entire Aravalli hills was prohibited and banned by order dated 29th /30th October 2002. This order was however modified and clarified on 16th December 2002." "As held in M. C. Mehta case the risk of harm to the environment or to human health is to be decided in public interest, according to "reasonable person`s test'. It has been further observed that for carrying out any mining activity close to the township which has tendency to degrade environment and is likely to affect air, water, and soil and impair the quality of life of inhabitants of the area, there would be greater responsibility on the part of entrepreneur. The regulatory authorities have to act with utmost care in ensuring compliance of safeguards, norms, and standards to be observed..."

भारतीय संविधान का अनुच्छेद 51 ए: भारत के प्रत्येक नागरिक का यह कर्तव्य होगा कि वह (च) हमारी समग्र संस्कृति की समृद्ध विरासत को महत्व दे और उसका संरक्षण करे, (छ) वन, झील, नदियाँ और वन्य जीवन सहित प्राकृतिक पर्यावरण की रक्षा करे और उसका सुधार करे तथा प्राणी मात्र के प्रति दया भाव रखे।

वनों और वन्यजीवों की सुरक्षा के लिए मौलिक अधिकार को संविधान के अनुच्छेद 21 में वर्णित वनों के शब्दों में, "... life and personal liberty" appearing in Article 21 of the Constitution. The right to environment is an inherent aspect of the right to life as enshrined in the Constitution. Both the fundamental rights and directive principles are supplementary and complementary to each other. The fundamental rights are but a means to achieve the directive principles that constitute the aspiration whose fulfillment is to be regarded as essential to the kind of society, which India should have. It is submitted that sustained growth of forests and wildlife is a right that is fundamental to every citizen and besides the duty of the citizens under Article 51 A(2), it is also the duty of the State to protect it."

5.6.2.11. दिनांक 14.5.2008 का सर्वोच्च न्यायालय का निर्णय , (एमसी मेहता बनाम भारत संघ, आईए 1901-1904 में 1888, 1999, 1955, 1965-66 और 2024 में डब्ल्यूपी (सी) 4677/1985)। विचाराधीन मुद्दों को और अधिक स्पष्ट करने के लिए निर्णय के महत्वपूर्ण अंश यहां प्रस्तुत किए गए हैं।

पैरा 7 में स्पष्ट किया गया है कि पीएलपी अधिनियम क्षेत्रों में संरक्षण क्षेत्र-उन्मुख होना चाहिए, खसरा संख्या के आधार पर नहीं।

"It is be noted that earlier the focus was on areas and not on Khasra Numbers. The stand of the applicants regarding pre-21.12.1992[40] has been dealt with in paras 80 & 81 of the earlier judgment. The decision of this Court in M.C. Mehta's case (*supra*) dealt with the applicability of the Conservation Act to the areas treated as forest by the State Forest Department in Paragraphs 78, 79, 80, 81 & 82." of 18.03.2004 judgement.

पैरा 9, अरावली पहाड़ियों को हर कीमत पर संरक्षित करना होगा, सभी गैर-वानिकी गतिविधियों को रोकना होगा,

"6. The Aravalli hill range has to be protected at any cost. In case despite stringent conditions, there is an adverse irreversible effect on the ecology in the Aravalli hill range area, at a later date, the total stoppage of mining activity in the area may have to be considered. For similar reasons such step may have to be considered in respect of mining in Faridabad district as well." "7. MOEF is directed to prepare a short-term and long-term action plan for the restoration of environmental quality of the Aravalli hills in Gurgaon district having regard to what is stated in final report of CMPDI within four months."

पैरा 11, पंजाब भूमि संरक्षण अधिनियम 1900 की धारा 3 के तहत अधिसूचना जारी होने के बाद संरक्षण उपाय शुरू किए जा सकते हैं,

"Reference can be made to Sections 3, 4, and 5 of the Act. Section 3 inter-alia provides that whenever the State Government with a view to conserve-(a) sub-soil water; (b) erosion if any area; may make a notification for the said purpose and Section 4 thereof provides as to what activities can be prohibited. A perusal of Section 4 and 5 would show that what can be prohibited is:

a. the clearing or breaking up of any area/land which was not under cultivation;
b. the quarrying of stone or burning of lime which was not so being done earlier;
c. the cutting of trees or timber or collection or removal of any forest produce except for *bona fide* domestic use;
d. the setting on fire of trees, timber of forest produce;
e. the admission, herding retention or pasturing of animals;
f. the examination of forest produce;
g. the grant of permits to the inhabitants of the towns and villages to take any trees or timber or forest produce for their own use or to pasture sheep or camel or to cultivate or to make building etc."

गैर-वानिकी गतिविधियाँ जैसे कोलोनाइजेश्न / फार्महाउस / खनन / किसी भी प्रकार का निर्माण आदि में 'भूमि को तोड़ना' शामिल है, जो एक अनुमेय गतिविधि नहीं है।

पैरा 12 ने यह स्पष्ट कर दिया है, "In view of the notification under Section 4 when the clearing or breaking up of the land is not permitted that itself is a bar from fresh construction because a construction only can take place if clearing and breaking of an area/land taking place. This prohibition is clearly contained in the notification of 1992. The reliance placed by the applicants on clause (g) is clearly misconceived, inasmuch as the permissible activity allowed within **clause (g) is in favour of inhabitants of town and villages within the limits or vicinity of any such area.** The admitted case is that the applicants herein have developed plots in the area in questions and have sold it to persons who are not inhabitants of town and villages within such specified living area, but could be anybody from all over the country or outside, **and therefore clause (g) in Section 4 has no application**. The factum of developing a plot and then construct therein would amount to clearing or breaking up of an area or land."

पंजाब भूमि संरक्षण अधिनियम 1900 की धारा 3 के तहत अधिसूचना जारी करने के लिए कटाव क्षेत्र की पहचान की गई है, पैरा 13 में एम.सी.मेहता के मामले में फैसले का उल्लेख किया गया है, "इस न्यायालय ने फैसले के पैरा-82 में इसका उल्लेख किया है जिसे ऊपर उद्धृत किया गया है।" यहां धारा 3 का उल्लेख कटाव के बारे में गंभीरता को दर्शाता है और नियमों के अनुसार, धारा 3 की अधिसूचना जारी होने के बाद ही धारा 4 की अधिसूचना जारी की जा सकती है।

पैरा 14. पारिस्थितिकी संतुलन बनाए रखने की बात को फिर से दोहराते हुए, "...The Aravalli Hills causing environmental degradation as is apparent from para-1 of the judgment. Further, in para-8, it has been noted that the application that was filed by Delhi Ridge Management Board not only sought a direction to stop all mining activities but also of pumping of groundwater in and from areas upto 5 km from Delhi Haryana border on the Haryana side of the Ridge, inter-alia stating that this was in the larger interest of maintaining ecological balance of the environment."

पैरा 18 में लोगों की दुर्दशा और अपनाए जाने वाले विकास दृष्टिकोण का उल्लेख है, पैरा 19 में खतरनाक भूजल स्थितियों का उल्लेख है और पैरा 20-21 इत्यादि। पैरा 18:

"Not only must further degradation be halted but all efforts must be made to ensure that the local economy is rejuvenated, with the use of plantations and local water-harvesting-based opportunities. It is indeed sad to note the plight of people living in these hills who are caught enclosing water-dependent livelihoods and between losing their only desperate livelihood to break stones in the quarries. It is essential that the Government of Haryana seriously implement programmes to enhance the land-based livelihood of people in agriculture, animal care, and forestry. Local people must not be thrown into making false choices, which may secure their present but will destroy their future. Already, all the village visited by EPCA complained of dire and desperate shortages of drinking water. Women talked about long queues before taps to collect water. Clearly water resources of the region are critical inputs to development and cannot be wasted and destroyed like this. The State Government must come up with strategies to involve local communities in the future development of this region."

हरियाणा सरकार के 2019 पीएलपीए संशोधन से गरीब लोगों को नुकसान होने वाला है, जहां अमीर कॉर्पोरेट घराने ग्रामीणों के अस्तित्व के आधार को नष्ट कर देंगे, ये अमीर लोग अपनी विलासिता और आनंद के लिए अनिश्चित भूजल की आखिरी बूंद का दोहन करेंगे। वर्तमान पीएलपीए में कोई भी डायलुश्न गरीब ग्रामीणों की आजीविका के लिए हानिकारक है।

पैरा 19 में कहा गया है, "Central Ground Water Board's report referred to in para-16 shown that the area in question in village Anangpur has been notified as a very precarious groundwater situation. Any construction activity therein without adequate water reserves will also have a negative effect. In para-24 of M.C. Mehta's case, it is noted that the groundwater table is already at a critical stage in Faridabad." यह महेंद्रगढ़, रेवाड़ी, गुड़गांव, मेवात और फरीदाबाद जिलों के कुछ हिस्सों के पूरे दक्षिण हरियाणा क्षेत्रों के लिए सच है, जो खतरनाक भूजल की तीव्र कमी का सामना कर रहे हैं।

5.6.2.12 . सर्वोच्च न्यायालय का निर्णय 11.09.2018 [41]. सर्वोच्च न्यायालय द्वारा की गई कुछ महत्वपूर्ण टिप्पणियां (पैरा के कुछ भाग) यहां उल्लिखित हैं: -

पैरा 2 में उल्लेख किया गया है, "We have no doubt that land notified by the State of Haryana under the provisions of the **PLP Act must be treated as 'forest' and 'forest land' and has in fact been so treated for several decades by the State of Haryana**. There is no reason to change or alter the factual-or legal position."…. "Unfortunately, the Town and Country Planning Department of the State of Haryana has been supporting the illegalities of the applicant despite strong resistance from the Forest Department of the State of Haryana. There is no doubt that at the end of the day, the State of Haryana comes out in a very poor light and must be held accountable for its conflicting and self-destructive stand taken in spite of affidavit filed by the Chief Secretary of the State of Haryana from time to time supporting Forest Department…"

टिप्पणि: पैरा 2 में इस बात पर जोर दिया गया है कि पीएलपीए-अधिसूचित क्षेत्र "वन" और "वन भूमि" हैं। इसका मतलब यह है कि भले ही ऐसे क्षेत्रों में कोई वृक्ष आवरण न हो, लेकिन उन क्षेत्रों को 'वन भूमि' माना जाएगा और एफसीए लागू होगा। अतीत में, कैसे भू-माफियाओं ने ईंधन की लकड़ी इकट्ठा करने के नाम पर गरीब लोगों की आड़ में जंगलों को नष्ट कर दिया। वे पेड़ों के आवरण को साफ करवा लेते थे और खनन माफिया विभिन्न अदालतों में झूठा दावा करते थे कि क्षेत्र में कोई पेड़ नहीं है। पेड़ों की अवैध कटाई की इस प्रथा को रोका जाना चाहिए, जनता को यह मुद्दा समझना चाहिए कि जंगल उनकी रक्षा करते हैं और उन्हें भविष्य की पीढ़ियों के लिए जंगलों की रक्षा करनी चाहिए। नौकरशाहों ने कानूनों का उल्लंघन करके कॉलोनाइजर को लाभ पहुँचाने के लिए चालें चलीं।

पैरा 3 में उल्लेख किया गया है, "The unfortunate and distressing consequence of this is that because of a complete lack of any concern for the environmental and ecological degradation carried out in the Aravalli hills by influential colonizers like the applicant and what appears to be a very strong mining lobby in Haryana, the **damage caused to the Aravalli hills is irreversible**. It is not only the future generations that have to pay a heavy price for this environmental degradation, but even the present generation is paying a heavy price for the environmental and ecological degradation inasmuch as there is an acute water shortage in the area as prophesied by the Central Ground Water Board. In addition, what was once a popular tourist destination, namely, Badkal Lake has now vanished and the entire water body has become bone dry. What are the more severe consequences that will be felt in the years to come, only time and nature will tell."

टिप्पणि: न्यायालय द्वारा निर्णय में प्रयुक्त शब्दों पर जोर देना और उनकी सराहना करना महत्वपूर्ण है। "अरावली पहाड़ियों में किए गए पर्यावरण और पारिस्थितिकी क्षरण के प्रति किसी भी प्रकार की चिंता का पूर्ण अभाव"। इसने नौकरशाही की उदासीनता या कानूनों में फेरबदल को उजागर किया जिसके कारण वनों का विनाश हुआ और न्यायालय को कहना पड़ा, "अरावली पहाड़ियों को हुआ नुकसान अपरिवर्तनीय है" ऐसी लापरवाही और लापरवाह रवैये के कारण, "भविष्य की पीढ़ियों को पर्यावरण क्षरण की भारी कीमत चुकानी पड़ेगी" जिसके कारण "क्षेत्र में पानी की भारी कमी" पैदा होगी और "जल निकाय सूख जाएंगे" जिससे जनता को परेशानी उठानी पड़ेगी और ग्रामीण सबसे ज्यादा पीड़ित होंगे। जनता को पता होना चाहिए कि यदि अरावली पहाड़ियों को संरक्षित नहीं किया गया तो उन्हें भूजल उपलब्ध नहीं होगा

पैरा 7, "The issue of environmental degradation in the Aravalli hill areas as well as in the Shivalik hill areas was a matter of concern for the State of Haryana, as it should be...." लेकिन नौकरशाही हेरफेर जारी रहा और आम आदमी की पीड़ा की कीमत पर पर्यावरण को लगातार ख़राब होने दिया गया।

पैरा 10, "The notification prohibited, inter alia, clearing or breaking up of land not ordinarily under cultivation. Permission to break the land for cultivation could be permitted by the Divisional Forest Officer, Faridabad Forest Division. In any event, **construction activity could not be permitted even by the Divisional Forest Officer."**

टिप्पणि । वन विभाग को इस पहलू को समझना चाहिए क्योंकि सर्वोच्च न्यायालय ने स्पष्ट किया है कि डीएफओ अधिसूचित भूमि में निर्माण कार्यों के लिए अनुमति पत्र (पेड़ काटने और भूमि को तोड़ने) जारी नहीं कर सकता है। शायद डीएफओ को पीएलपी अधिनियम की धारा 4 के खंड 4 (जी) का दुरुपयोग करने के लिए मजबूर किया गया था या उन्हें इसके बारे में जानकारी नहीं थी। डीएफओ इस खंड के तहत केवल वास्तविक घरेलू उपयोग और कृषि उपयोग के लिए मूल निवासियों को अनुमति जारी कर सकता है, न कि कॉलोनाइजरों/फार्महाउसों/अन्य निर्माण गतिविधियों के लिए।

पीएलपीए की "अधिसूचना अन्य बातों के साथ-साथ, **सामान्य रूप से खेती के अंतर्गत न आने वाली भूमि को साफ करने या तोड़ने पर रोक लगाती है**"। यह समझना चाहिए कि अधिसूचना की तिथि पर, खेती की गई भूमि को जंगल नहीं माना जा सकता है, जैसा कि आम तौर पर लोगों द्वारा गलत समझा जाता है। इस संबंध में कई लोग मेरे पास आए। **"किसी भी स्थिति में प्रभागीय वन अधिकारी द्वारा भी निर्माण गतिविधि की अनुमति नहीं दी जा सकती है।"** फिर से, यह महत्वपूर्ण बिंदु है कि डीएफओ केवल मूल निवासियों को परमिट जारी कर सकता है, किसी कॉलोनाइजर, फार्महाउस या भू-माफिया को नहीं। धारा 4 (जी) के तहत पीएलपी अधिनियम के तहत पेड़ों को काटने की अनुमति जारी करने की डीएफओ की शक्ति को 14.5.2008 के फैसले के क्रम में स्पष्ट किया गया है।

पैरा 11, पैरा का अंतिम वाक्य, "...in any event, as mentioned above, **construction activity could not be permitted even by the Divisional Forest Officer."** 2019 के संशोधन के माध्यम से कोलोनाइजेश्न की अनुमति देने के हरियाणा सरकार के इरादे अवांछनीय हैं और उन्हें खारिज किया जाना चाहिए।

टिप्पणी : हरियाणा मुख्य रूप से कृषि प्रधान राज्य है, जहां खेती के लिए भूमि को तोड़ने पर डीएफओ को विचार करने हेतु शक्तिया दी गई थी, लेकिन सर्वोच्च न्यायालय ने फिर से पुष्टि की कि डीएफओ निर्माण गतिविधि के लिए अनुमति जारी नहीं कर सकता है। सभी डीएफओ को इस पहलू के बारे में सावधान रहना चाहिए। अब, डीएफओ को सर्वोच्च न्यायालय के निर्देशों का उल्लंघन नहीं करना चाहिए।

पैरा 12(3) में अधिसूचना की शर्तों का उल्लेख किया गया है, "The cutting of trees or timber or the collection or removal or subjection to any manufacturing process of any forest produce other than grass, flower, fruit and honey save for the *bona fide* domestic or agricultural purpose of right holders in the land provided that owners of the land may sell trees or timber after first obtaining a permit to do so from the Divisional Forest Officer, Faridabad Forest Division. Such permit will prescribe such conditions for sale as may from time to time appear necessary in the interest of forest conservancy."

टिप्पणि। इससे वन उपज के साथ-साथ भूमि पर मुल निवासियों/अधिकार धारकों की स्थिति स्पष्ट हो जाती है, भूमि मालिकों के अधिकारों के नाम पर किसी सरकारी हलफनामे द्वारा बनाया गया कोई भी भ्रम गलत है और खारिज किए जाने योग्य है। धारा 4 से संबंधित पैरा 12 में फिर से स्पष्ट किया गया है कि डीएफओ केवल खेती के उद्देश्य से धारा 3 के नोटिस के प्रकाशन से पहले सामान्य रूप से खेती के अधीन नहीं होने वाली भूमि को साफ करने या तोड़ने के लिए निवासियों को अनुमति जारी कर सकता है। डीएफओ को कॉलोनाइजरों, फार्महाउस लॉबी और अन्य गैर-वानिकी गतिविधियों से अनुमति के लिए मामलों पर विचार नहीं करना चाहिए। यह डीएफओ पर एक अच्छा संयम होगा। पेड़ों को काटने की अनुमति को परिभाषित और सशर्त बनाया गया है। नौकरशाहों द्वारा इस शक्ति के दुरुपयोग को स्पष्ट रूप से स्पष्ट किया गया है, इससे डीएफओ द्वारा कानून के अंधाधुंध दुरुपयोग पर रोक लगेगी।

पैरा 13 में फरीदाबाद कॉम्प्लेक्स (विनियमन और विकास) अधिनियम , 1971 की धारा 29 के तहत विकास योजना के मुद्दे को निपटाया गया। तेजी से शहरीकरण के नाम पर, एफसीए और पीएलपीए पर अन्य शहरीकाण कानुनो के किसी भी प्रभाव को अदालत ने स्वीकार नहीं किया है। पीएलपीए में 2019 का संशोधन विकास के नाम पर नाजुक पारिस्थितिकी तंत्र को नष्ट करने की दिशा में एक गलत कदम है।

पैरा 13 से 19: एनसीआर और शहरी क्षेत्र विकास योजनाओं में शहरी विकास प्राधिकरण और टाउन एंड कंट्री प्लानिंग द्वारा कानून का दुरुपयोग उजागर हुआ है कि उन्होंने वन क्षेत्र के लिए जो लाइसेंस जारी किया है वह वैध नहीं है (वे सक्षम नहीं हैं)। यह सरकार के इन अंगों के लिए एक सबक है कि उन्हें अरावली पहाड़ियों को नष्ट करने की अनुमति नहीं दी जा सकती। स्वामित्व के बावजूद 'वन भूमि' पर शहरीकरण अधिनियम लागू होने के उनके दावे को नकार दिया गया है।

पैरा 20-21: वन अधिकारियों और हरियाणा सरकार द्वारा कॉलोनाइजर के पक्ष में जारी गलत पत्र को खारिज किया गया। अधिकारी अपने पद का दुरूपयोग न करें, यह ऐसे अधिकारियों के लिए चेतावनी है।

पैरा 28-33: शहरी विकास के लिए हुडा, टाउन एंड कंट्री प्लानिंग की दलील को स्वीकार नहीं किया गया, और कहा गया कि इन विभागों ने पर्यावरण क्षरण, प्रदूषण और भूजल अवधारणाओं के प्रति चिंता को नजरअंदाज किया। सुप्रीम कोर्ट के 10-5-1996 और 11-10-1996 के आदेशों का उल्लेख किया गया है, जिसमें 'दो झीलों (बडकल और सूरजकुंड) के आसपास के हरित क्षेत्र में 5 किलोमीटर से घटाकर एक किलोमीटर के दायरे में कोई निर्माण की अनुमति नहीं दी जाएगी।

पैरा 31 में वन की परिभाषा के शब्दकोश अर्थ के बारे में पुनः पुष्टि की गई। **पैरा** 32 और 33 में हरियाणा सरकार द्वारा प्रस्तुत भ्रामक हलफनामों के बारे में पुष्टि की गई, जहां सुप्रीम कोर्ट ने अधिकारीयो की कलाबाजी को खारिज कर दिया था।

पैरा 34, 12.12.1996 गोदावर्मन निर्णय को दोहराया गया, 'वन' और 'वन भूमि' स्वामित्व और वन की शब्दकोश परिभाषा से रहेगा मालिकाना हक के बावजूद।

पैरा 35, "It was further directed that in view of the meaning given to the word 'forest,' it is obvious that prior approval of the Central Government is required for any non-forest activity within the area of any forest. All ongoing activity within any forest in any State throughout the country, without the prior approval of the Central Government, must cease forthwith. Each State Government was also directed to constitute within one month an Expert Committee to identify areas that are forests, irrespective of whether they are so notified, recognised or classified under any law, and irrespective of the ownership of the land of such forest and also to identify areas which were earlier forests but stand degraded, denuded or cleared. In other words, this Court gave a realistic and pragmatic definition to the words 'forest' and 'forest land'."

टिप्पणि : गोदावर्मन निर्णय 12.12.1996 की पुनः पुष्टि की गई। किसी भी राज्य में वन क्षेत्रों (वन और वन भूमि) में एफसी अधिनियम के तहत भारत सरकार की पूर्व स्वीकृति के बिना गैर-वानिकी गतिविधि पूरे देश में तत्काल बंद होनी चाहिए। हरियाणा सरकार ने पीएलपीए संशोधन 2019 का उपयोग गैर-वानिकी कार्यों के लिए वन भूमि के डायवर्जन के लिए एक उपकरण के रूप में किया, जो कानूनों के विपरीत है।

पैरा 36, "The affidavit dated 8th December, 1996 stated that the total forest area in Haryana is 1,54,706 hectares (1995-96), which includes 11,513 hectares of PLP Act areas. It further says that earlier (1985-86) the forest area in Haryana was 1,68,543 hectares, which included 26,499 hectares of PLP Act areas. The reduction in the forest area was due to the expiry of notifications issued under the PLP Act and Section 38 of the Indian Forest Act, 1927. It was noted that steps were taken for the protection of forests, which included the enforcement of regulations under the PLP Act. What is of significance is that even before the order was passed by this Court on 12th December, 1996 the State of Haryana had acknowledged its treatment of PLP Act areas as forest land, and as **we shall see later, this was always so."**

टिप्पणि: यदि हम वन क्षेत्रों के संबंध में हरियाणा सरकार द्वारा विभिन्न हलफनामों के माध्यम से दिए गए बयानों की तुलना करें तो हलफनामों के बारे में यह बहुत महत्वपूर्ण है: -

वन क्षेत्र (हेक्टेयर) ----------- वर्ष ----------------------- पीएलपीए क्षेत्र (हेक्टेयर)

168543 ---------------- 1985-86 ----------------------- 26499

173334 --------------- 1991-92 ------------------------ 26408 वार्षिक रिपोर्ट 1991-92

154706 ----------------1995-96 ------------------------- 11513 श्री द्वारा शपथ पत्र बनारसीदास, आईएफएस

149680 ---------------- 1997 --------------------------- 15171 श्री एस.के. माहेश्वरी, आईएएस द्वारा शपथ पत्र

-------------------------- 2003 -------------------------- श्री संजय कोठारी, आईएएस द्वारा हलफनामा

--------------------------- 2009 -------------------------- 12527.94 श्री डॉ. रमेश सिंह, आईएफएस द्वारा हलफनामा

146254 -----------------2021 31738 ----------------- श्री सुरेश दलाल, आईएफएस द्वारा हलफनामा (पैरा 50)

आंकड़ों से पता चलता है कि कुल वन क्षेत्र लगातार घट रहा है, जो जलवायु परिवर्तन के आसन्न खतरे के समय चिंता का एक गंभीर विषय है। आंकड़ों से पता चलता है कि बाहरी दबाव के कारण, 2009 के बाद पीएलपी अधिनियम की धारा 4 और/या 5 के तहत कोई भी नया महत्वपूर्ण कटाव-प्रभावित/प्रवण क्षेत्र अधिसूचित नहीं किया गया। हरियाणा सरकार ने कुल वन क्षेत्र में गिरावट के लिए व्यवहार्य कारणों की व्याख्या नहीं की है।

सर्वोच्च न्यायालय के आदेश 2002 (बाद में भी कई निर्णय) ने घोषित किया कि पीएलपीए की धारा 4 और 5 के सभी क्षेत्र, जहां बंद करने की अवधि समाप्त हो गई है, उन्हें वन माना जाएगा। सर्वोच्च न्यायालय के निर्णयों/आदेशों को ध्यान में रखते हुए, पीएलपी अधिनियम की धारा 4 और 5 के तहत अधिसूचित क्षेत्रों में वृद्धि की आवश्यकता है, जबकि 1966-67 के दौरान यह 63953 हेक्टेयर था। हलफनामों में इस बारे में उचित वैज्ञानिक स्पष्टीकरण नहीं दिया गया कि पीएलपी अधिनियम की धारा 4 और 5 के तहत अधिसूचित क्षेत्र 12257 हेक्टेयर या 31738 हेक्टेयर कैसे हो गए।

यह माना जा सकता है कि 19211 हेक्टेयर का अंतर इसलिए हो सकता है क्योंकि पीएलपीए की धारा 4 और 5 के तहत नए क्षेत्रों को अधिसूचित नहीं किया गया था। 1970-71 के दौरान पीएलपी अधिनियम अधिसूचित क्षेत्र 65234 हेक्टेयर था, जबकि 2021 में दायर एक हलफनामे में इसे 31738 हेक्टेयर दिखाया गया (पैरा 50) जब 16 दिसंबर 2002 को सुप्रीम कोर्ट का आदेश जारी किया गया था कि धारा 4 और 5 के अवधि समाप्त क्षेत्र वन भूमि होंगे, तो 65234-31738 = 33496-हेक्टेयर क्षेत्र जानकारी में नहीं दिखाया गया या गायब है।

पंजाब एवं हरियाणा उच्च न्यायालय, चंडीगढ़ को वर्ष 2009 में पी.एल.पी. अधिनियम अधिसूचनाओं की प्रतियां उपलब्ध कराई गई थीं (सी.डब्लू.पी. 20134 एवं 13502, वर्ष 2004 में), आंकड़ों में अंतर को कवर किया जा सकता था। नौकरशाही सुविधा या लापरवाही या शायद गलत बयानी की नीति अपनाती है। हालांकि 1985-86 के बाद कुछ अपवादों को छोड़कर अधिकांश पुराने क्षेत्रों को पुनः अधिसूचित किया गया। इस पुस्तक के लिए जानकारी संकलित करते समय, यह देखा गया कि कई पुरानी अधिसूचनाएं उपलब्ध नहीं हैं या उच्च न्यायालय को प्रस्तुत वन विभाग के संकलन में उनका उल्लेख नहीं है ।

श्री संजय कोठारी द्वारा 2003 में दायर एक अन्य हलफनामे (1985 के डब्ल्यूपीसी नंबर 4677 में आईए 1785 में) के पैरा 8 और 9 में दावा किया गया कि पीएलपी अधिनियम के तहत आने वाले क्षेत्र, चाहे वे किसी भी स्वामित्व के हों, कटाव के लिए प्रवण हैं और संरक्षण के लिए, अरावली क्षेत्रों में समुदाय के सहयोग से 39390 हेक्टेयर में वृक्षारोपण किया गया था। सफल वृक्षारोपण को संचालन की स्वीकृत योजना के अनुसार आगे के प्रबंधन के लिए समुदाय/पंचायतों/मालिकों को सौंप दिया गया। इन क्षेत्रों को सर्वोच्च न्यायालय के 18.3.2004 के फैसले द्वारा डिमड वन घोषित किया गया था। बाद के हलफनामों में उन क्षेत्रों के बारे में कुछ नहीं कहा गया।

धारा 4 और 5 के तहत अधिसूचित दर्ज वन भूमि में समय बीतने के साथ परिवर्तनशीलता देखी गई, “हरियाणा के लिए परिप्रेक्ष्य भूमि उपयोग योजना पर अध्ययन रिपोर्ट”, राष्ट्रीय उत्पादकता परिषद, चंडीगढ़, पृष्ठ 194 और वन विभाग के फॉर्म -7, वार्षिक रिपोर्ट के आंकड़े नीचे दिए गए हैं:

वर्ष , ------------कुल वन क्षेत्र (हेक्टेयर),-------- पी.एल.पी.ए. 4 और 5 क्षेत्र, हेक्टेयर
1966-67, -------136237 , -----------------------63953
1968-69, --------- 134815, --------------------59900
1970-71,- ------- 147773, - -------------------65224
1974-75,- --------143448,- --------------------45133
1978-79,- ---------163101,- ------------------31058
1982-83 =======171135 --------------------33484
31.3.1984 ----------169245 -------------------32149
31.3.1985 -----------168488 ----------------- 29544
31.3.1987 -----------169888------------------ 27640
31.3.1989 ------------168734 ----------------25372
31.3.1991 ------------170199 ----------------26308
1994-95 ---------------158948 -----------------15708
1998-99 ---------------155031 ----------------11987
2001-02--------------- 155726 ----------------12550
2004-05 ---------------155910 ---------------12284
2007-08 ---------------156153 -----------------12527
2010-11 ---------------168381---------------- 24049
2012-13 ---------------175806 -----------------29682
2015-16 ---------------175755 -----------------28624
2019-20 ----------------177894 ----------------31640
2020-21 -----------------178467.20------------- 31715.33
2021-2022 -------------178141 -------------------31805

“माननीय पंजाब एवं हरियाणा उच्च न्यायालय द्वारा दिनांक 4-9-2009 को सी.एम. संख्या 12170 एवं 13502/2009 तथा सी.डब्ल्यू.पी. संख्या 20134 एवं 13502/2004 में जारी निर्देशों के अनुपालन में, हरियाणा में पंजाब भूमि संरक्षण अधिनियम, 1900 (पी.एल.पी.ए., 1900) की धारा 4 एवं 5 के अन्तर्गत अधिसूचनाएं जारी की गईं”। उस हलफनामे में उल्लिखित सार नीचे प्रस्तुत है।

धारा 4 और 5 पीएलपी अधिनियम, 1900 के तहत अधिसूचना का सार 31-12-2009 तक की स्थिति।

Division ----ज़िला --------धारा 4 और 5 पंजाब भूमि ----धारा 4 और 5 पंजाब भूमि संरक्षण ---कुल योग (acres)

---------------------------संरक्षण अधिनियम, 1900, ------अधिनियम, 1900 लागू एकड़ में) -------------------

------------------------------समाप्त (क्षेत्रफल एकड़ में)------- ------------ ---

1 -----------2------------ 3 ----------------------- ------- 5-------------------------------------- 7-

--- ,

मोरनी-------- पंचकुला -----------5817 * ---------------------------5219 --------------------------------------11036

अंबाला -------अंबाला ------------ 2490.57 ----------------------- 1110 ----------------------------------- 3600.57

वाई/नगर ----- वाई/नगर -----------5082 -------------------------1148 ------------------------------------ 6230

K/क्षेत्र ------- K/क्षेत्र ------------------ 0 ---------------------------- 0 --- 0

कैथल ---------कैथल========== 0 ---------------------------- 0 -- 0

सी.एफ., उत्तर, कुल -------------13389.57 ----------------- 7477 -------------------------------- 20866.57

करनाल -------- करनाल ------------ 20 --------------------------- 0 -------------------------------------- 20

पानीपत -------पानीपत ---------------- 0 ------------------------- 0 --- 0

सोनीपत -------- सोनीपत ----==== 0 ------------------------- 0 -- 0

रोहतक --------- रोहतक ---------------- 0 ------------------------ 552 -------------------------------- 552

झज्जर ----------- झज्जर ----------------- 526 ------------------- 526 5----------------------------------- 26

सी.एफ., सेंट्रल, कुल -------------- 546 ---------------------- 552 ----------------------------- 1098

गुडगाँव ------- गुडगाँव ---------------- 16168 ----------------------- 762 ---------------------------- 16930

फरीदाबाद ------ फरीदाबाद ------------ 4569 ----------------------- 5876 -------------------------- -10445

मेवात ----------- मेवात --------------------- 11561 ------------------- 4586 ----------------------- 16147

एम/गढ़ ---------एम/गढ़ -------------------- 2110 ------------------- 0 -------------------------------- 2110

रेवाड़ी -----------रेवाड़ी ----------------- 2399 ---------------------- 0 -------------------------------- 2399

पलवल --------- पलवल ---------------- 63 ------------------------- 0 ------------------------------ 63

सी.एफ., दक्षिण, कुल ------------------ 36870 ----------------- 11224 -------------------- 48094

हिसार ---------- हिसार ------------------- 0 -------------------------- 0 ------------------------------ 0

फतेहाबाद -------- फतेहाबाद------------ 0 ---------------------- 0 ----------------------------------- 0

सिरसा -----------सिरसा ---------------------- 0 ------------------ 0 ------------------------------------ 0

भिवानी ----------भिवानी ------------------ 26 ------------------------ 0 ------------------------------ 26

जींद ------------- जींद ---------------------- 0 ------------------------ 0 ---------------------------------- 0

सीएफ,वेस्ट, कुल ---------------------- 26 --------------------- 0 --------------------------- 26

कुल एकड़ -------------------------- **50831.57** ------------------ **19253** ----------------- **70084.57**

कुल योग है0------------------------- **20570.51** ---------------- 7791.30 -------------------- 28361.80

*दिनांक 29-01-1993 की अधिसूचना द्वारा धारा 4 के अंतर्गत बंद किए गए क्षेत्र (दिनांक 29-01-1993 को जारी) पृष्ठ-34) राजस्व बंदोबस्त अभिलेख में घासनी के रूप में दर्ज क्षेत्रों के संबंध में कालका और पंचकूला तहसीलों में चरांद, शामलात देह का पता लगाना अभी बाकी है और इसे इस आंकड़े में शामिल नहीं किया गया है।”

टिप्पणि : विभाग द्वारा डेटा एकत्र किया गया था और माननीय पंजाब और हरियाणा उच्च न्यायालय को प्रस्तुत किया गया था, जबकि उपरोक्त तालिका में कई अधिसूचनाएं गायब हैं या गैर-पता लगाने योग्य हो सकती हैं या इस प्रस्तुति में शामिल नहीं हैं। यद्यपि सावधानी बरती गई है , लेखक इस पुस्तक में उल्लिखित सूची की किसी भी विसंगतियों या लापता / चूक या परिवर्धन या शुद्धता के लिए जिम्मेदार नहीं होगा (लेखक जानता है कि कई अधिसूचनाएं पता लगाने पर भी उपलब्ध नहीं हुई है, जिन्हें लेखक ने अपनी सेवा के दौरान उपयोग किया था), इसे सामान्य जानकारी माना जा सकता है / पढ़ना किसी भी कानूनी उद्देश्य के लिए उपयोग नहीं किया जाना चाहिए। कुछ स्थानों पर

पुरानी गजेटियर अधिसूचनाएं सुपाठ्य नहीं थीं या पुराने रिकॉर्ड की स्याही फूल गई थी या गायब हो गई थी। नियंत्रण से परे कई कारणों से ऐसे थे कि शुद्धता और गायब रिकॉर्ड को प्रमाणित नहीं किया जा सकता है।

मुख्य कानूनी बिन्दु यह है कि 1966-67 में पी.एल.पी. एक्ट की धारा 4 व 5 के अन्तर्गत अधिसूचित क्षेत्र 63953 हेक्टेयर था तथा सुप्रीम कोर्ट में दाखिल हलफनामे में 31738 हेक्टेयर बताया गया है, जबकि सुप्रीम कोर्ट ने आदेश दिया है कि धारा 4 व 5 के अन्तर्गत सभी बन्धि अवधी समाप्त क्षेत्र वन भूमि है, तो वन विभाग 63053 हेक्टेयर से 31738 हेक्टेयर के अन्तर को कैसे पूरा करेगा। कानूनी तौर पर वन विभाग को सभी अवधी समाप्त अधिसूचनाओं को अभिलेखों से संकलित करना होता है।

सर्वोच्च न्यायालय के **21-7-2022** के निर्णय में इस मुद्दे पर विस्तार से चर्चा की गई है, जिसका शीर्षक है 'राज्य सरकार द्वारा दलीलों/ शपथपत्रों और पत्राचार में अपनाए गए रुख का प्रभाव।' कुछ प्रासंगिक अनुच्छेद यहाँ उद्धृत किए गए हैं।

21-7-2022 पैरा "49. At this stage, it is relevant to note that on 08th December 1996 an affidavit was filed by Mr. Banarsi Dass, Principal Chief Conservator of Forests of the State of Haryana in Civil Writ Petition No.171 of 1996. The said civil writ petition was dealt with by this Court in the **1997 *Godavarman's case*** in its judgment dated 12th December 1996. The stand taken in the said affidavit was that the State was treating the lands notified under Sections 4 and 5 of PLPA as forests. It must be noted here that a similar stand was taken by the State Government even in the subsequent correspondence/ affidavits/pleadings. In the letter dated 21st December 1992 addressed by the Deputy Inspector General of Forests of the Government of India to the Principal Chief Conservator of Forests, the Government of Haryana, it was stated that the area notified under Sections 4 and 5 of the PLPA has been recorded as forest in the Government record. As stated in the said letter, this factual position has been noted on the basis of what is stated in the letter dated 09th December 1992 addressed by the Principal Chief Conservator of Forests of the Government of Haryana. ... Record of Discussions in a meeting of Principal Chief Conservator of Forests held under the Chairmanship of Director General of Forests and Special Secretary (DGF&SS) of the Government of India on 25th August 2014 is placed on record along with a note submitted by Shri A.D.N. Rao, the learned counsel. The meeting was attended by various officers of the Ministry of Environment, Forests, and Climate Change as well as the Principal Chief Conservator of Forests of Government of Haryana. It is noted in paragraph 2 that subject to the approval of this Court various areas stated therein shall be mandatorily treated as a 'forest' for the purposes of the 1980 Forest Act. The lands which were to be mandatorily treated as forests were divided into two categories. Category (A) was of Recorded Forest Areas and Category (B) of Forests by Dictionary meaning. In clause (c) of Category (A), it is provided that the areas covered by the notifications issued under Sections 4 and 5 of PLPA shall be treated as forests for the purposes of the 1980 Forest Act. The stand of the Government of Haryana is also reflected in the decision of the Division Bench of Punjab and Haryana High Court in the case of **Vijay Bansal**. The said decision, rendered on 15th May 2009, proceeded to hold that the areas forming parts of notification under Section 3 of PLPA in respect of which restrictions have been imposed under Sections 4 and 5 of PLPA are to be treated as forest lands for the purposes of 1980 Forest Act. An application being C.M. No. 12170 of 2009 was filed in the said case by the State of Haryana seeking modification of the judgment. Prayer 5 of the said application is relevant which is reproduced for convenience.

"(5) It has been accordingly prayed that only those lands where clearing, breaking-up or cultivation has been prohibited by a special order notified under Section 4(a) or 5(a) of the PLPA, 1900 may be treated as 'forest lands' as has been so held by the Hon'ble Supreme Court in M.C. Mehta's case (*supra*) and not those lands in respect where to general restrictions have been imposed under Section 4(c) and (d) or Section 5(c) and (d) of the PLPA, 1900."

In the said application, there is a specific pleading that the lands covered by the notifications under Sections 4 and 5 of PLPA were treated as forest lands."

21.7.2022, पैरा 50, "The Division Bench of the Punjab and Haryana High Court by the order dated 04th December 2009 accepted the aforesaid prayer and held that those lands which are covered by notifications imposing restrictions/prohibitions under clause (a) of Section 4 and clause (a) of Section 5 of PLPA are declared as 'forest lands' for the purposes of 1980 Forest Act. Thus, this was the categorical stand taken by the State Government in the pending proceedings on oath."

21.7.2022, पैरा 51, "We may note here that the statements made on behalf of the State Government in the letters, affidavits, and pleadings cannot be conclusive to decide the issue of the status of the lands covered by a special notification under Section 4 of PLPA. The finding on the issue cannot be based only on the stand taken earlier by the State Government in the correspondence and affidavits. Independently of the stand taken as aforesaid, on a careful analysis of Section 4 of PLPA, we have come to a conclusion that the lands covered by the special orders under Section 4 of PLPA have all the trappings of a forest within the meaning of Section 2 of the 1980 Forest Act. Therefore, we have held that the lands covered by the special notification under Section 4 will be forest lands within the meaning of Section 2 of the 1980 Forest Act."

सर्वोच्च न्यायालय ने हरियाणा सरकार की इस चाल को स्वीकार नहीं किया है। इससे पता चलता है कि घटते वन क्षेत्रों और पीएलपी अधिनियम पर हरियाणा सरकार का रुख सत्ताधारी पार्टी की मर्जी के मुताबिक रहा है और नौकरशाही 'वनों' और 'वन भूमि' के लिए अलग-अलग रुख और दृष्टिकोण प्रदान करती रही है। शायद डेवलपर्स/कॉलोनाइजर्स निर्णय को प्रभावित करते हैं जैसा कि निर्णय में भी उल्लेख किया गया है। फिर से, पैरा 129 में 12.12.1996 गोदावर्मन के संबंध में कहा गया है कि यह दलील वैध नहीं है।

हम **11.9.2018 के फैसले पर चर्चा कर रहे थे , अब इसी पर चर्चा जारी रखेंगे पैरा** 39-43 में न्यायालय ने अरावली पहाड़ियों में दुर्लभ, तेजी से घटते भूजल संसाधनों और वनस्पतियों के विनाश को बचाने पर जोर दिया। जैसा कि पहले उल्लेख किया गया है, 6 मई, 2002 को भूजल के सभी खनन और पंपिंग को रोकने के निर्देशों के संबंध में आदेश पारित किया गया था। संपूर्ण अरावली पहाड़ियों में दुर्लभ भूजल संसाधनों और वनस्पतियों को संरक्षित और संरक्षित करने की आवश्यकता है।

सीईसी की रिपोर्ट, 11.9.2018 का पैरा 45 का हिस्सा , "This Court also directed that no mining would be permitted in areas for which a notification under Sections 4 and 5 of the PLP Act has been issued in regulating the breaking up of the land, etc. and such lands are or were recorded as 'forest' in government records even if the notification period had expired, unless there was approval under the provisions of the Forest (Conservation) Act, 1980. These directions are significant and appear, generally, to have been overlooked."

11.9.2018 पैरा 47, "While considering the entire issue, this Court also considered the question whether areas covered under the PLP Act are 'forest' of any kind. While dealing with this, it was noted that the Forest Department of the State of Haryana has been treating and showing the closed areas as 'forest' in its records. This Court also adverted to the affidavits filed in this Court from time to time, including by Shri S.K. Maheshwari and Shri Banarsi Das. This Court also drew attention to its earlier order of 12th December, 1996 and the fact that the State of Haryana had been seeking permission of the Central Government to divert such closed land for non-forestry purposes. This Court also referred to letters dated 26th November, 2002 and 17th September, 2001 wherein a view was expressed that land closed under the PLP Act is forest land. **This Court, therefore, declined to permit the State of Haryana to take a somersault** and contend that land closed under the provisions of the PLP Act is not forest."

टिप्पणि । यह स्पष्ट है कि 1996 के गोदावर्मन आदेशों से पहले, धारा 4 और 5 के तहत अधिसूचित पीएलपीए क्षेत्रों को 'वन' के रूप में दर्ज किया गया था (ब्रिटिश काल के दौरान 1900 और 1947 के बाद, साथ ही हरियाणा राज्य के गठन के बाद 1966), और इस बारे में 21.12.1992 को एमओईएफ, भारत सरकार द्वारा स्पष्टीकरण भी जारी किया गया था। इन हलफनामों का दूसरा पहलू यह है कि बाहरी दबाव में हरियाणा सरकार अरावली पहाड़ियों को बचाने के लिए गंभीर नहीं थी। वन विभाग के रिकॉर्ड में वन के रूप में दर्ज वन क्षेत्र एफसीए 1980 के लिए वन हैं। इस संबंध में भ्रम पैदा करने की कोशिश की गई, जिसे बार-बार स्पष्ट किया गया है।

केन्द्रीय अधिकार प्राप्त समिति की दिनांक 12-9-2007, 5-12-2007, 28-8-2008, 13-11-2008, 15-1-2009 की रिपोर्ट पर चर्चा की गई:

11.9.2018, पैरा 50: अरावली पहाड़ियों को संरक्षित करने की आवश्यकता पर बल देते हुऐ केंद्रीय अधिकार प्राप्त समिति ने अपनी रिपोर्ट संसतुति के साथ दी।

11.9.2018, पैरा 51, 12 9 2007 रिर्पोट के भाग, "Maps of appropriate scales should be prepared of areas notified under the provisions of the PLP Act, including areas for which the notifications have expired. These areas could be cross-verified with the help of relevant afforestation maps, satellite imagery of the relevant times, progress reports filed in the Aravalli Afforestation Programme, and other details. It was also recommended that **these areas may be demarcated and treated as a prohibited zone** for mining activity." ऐसे नक्शे तैयार किए गए और 2007 से 2009 तक सीईसी के माध्यम से सर्वोच्च न्यायालय को प्रस्तुत/दिखाए गए।

11.9.2018, पैरा 52 भाग, "Areas notified under the provisions of the PLP Act are being used or proposed to be used for colonisation, farm-houses, and other construction activities. It was noted that in many cases such user has been permitted by the concerned departments of the State Government on the strength of improper no-objection certificates granted in the past by the Forest Department. The CEC stated that the **recommendations made in respect of mining in these areas are equally applicable to activities such as colonisation, construction of farm-houses, etc.** It was recommended that areas notified **under the provisions of the PLP Act, including areas for which notifications have expired, may also be treated as a prohibited zone for colonisation, construction of farm-houses, and other construction activities.** Such activities in the prohibited zone should be permitted only if in public interest and **after obtaining permission from this Court.**"

11.9.2018, पैरा 53. दिनांक 28-8-2008 की सीईसी रिपोर्ट में उन क्षेत्रों की पहचान की गई है जहां गैर-वानिकी गतिविधियां निषिद्ध क्षेत्रों में चल रही हैं और फिर सार्वजनिक हित में केवल बिल्कुल आवश्यक और अपरिहार्य सार्वजनिक हित गतिविधियों की अनुमति देने के लिए एक निगरानी तंत्र बनाया गया है।

11.9.2018, पैरा 54, भाग, "Necessary maps are prepared of the prohibited zone, macro plans and identification being completed, a detailed proposal would be placed before this Court for appropriate directions. It was expected that the **State Government would ensure an immediate cessation of non-forestry activity going on in any prohibited area in violation of the orders of this Court and provisions of Law.**"

सीईसी की 13.11.2008 की रिपोर्ट के बारे में **11.9.2018, पैरा 55 का हिस्सा,** "There was large-scale illegal use of areas closed under the provisions of the PLP Act for illegal private gains in blatant violation of the environmental laws and the orders of this Court. It was suggested that this could not have taken place without the active connivance and support of the concerned officials. It was also noted that the groundwater level in the area was rapidly depleting and had already been marked as 'Dark Zone for Ground Water'. In view of the somewhat alarming situation, it was recommended by the CEC that **colonies, farmhouses, banquet halls and other buildings illegally constructed in areas closed under the provisions of the PLP Act, such as Kant Enclave should be demolished.**"

11.9.2018, पैरा 56, सीइसी की 15 1 2009 की रिर्पोट में कहा गया है, "The work of super-imposing on all geo-rectified village maps with the corresponding satellite imageries had been completed. In addition, village-wise land-use maps had been prepared. These comprised of three components, namely, satellite imagery, scanned village maps, and superimposed village maps on satellite imagery with a marking of areas notified under the provisions of the PLP Act." वन विभाग सहित नौकरशाही को अधिसूचित क्षेत्रों के बारे में कोई भ्रम नहीं पैदा करना चाहिए।

11.9.2018, पैरा 57 के अनुसार, "A large number of colonies, buildings, banquet halls, farm-houses, engineering colleges, schools, ashrams, etc. were located in areas notified under the provisions of the PLP Act or areas with forest cover. The CEC expressed the view that demolition of the above illegal structures and rehabilitation of such areas (including Kant Enclave) should be taken up by the State of Haryana in a time-bound manner and **no sale or purchase of such lands should be permitted. The permission earlier granted, if any, for non-forestry uses in such areas should be immediately revoked."** इन उल्लंघनों की पहचान पी.एल.पी.ए. की धारा 4 और 5 के तहत अधिसूचित और बंद किए गए क्षेत्रों में की गई थी।

11.9.2018, पैरा 59 भाग, "An affidavit dated 25th October, 2010 was filed by the Chief Town Planner in the Department of Town & Country Planning. It was stated in the affidavit that the Development Plan for Faridabad had been prepared in accordance with the Punjab Scheduled Roads and Controlled Areas Restrictions of Unregulated Development Act, 1963, and the final W.P. No. 4677 of 1985 Development Plan was published in 1991 in consonance with the NCR Planning Board Act, 1985. The Development Plans provided, inter alia, areas to be used for residential, commercial, industrial, public and semi-public uses, agriculture, open space, etc. In addition, it was stated that Kant Enclave had been granted an exemption under Section 23 of the Haryana Development and Regulation of Urban Areas Act, 1975. In view of this, the State of Haryana through the Forest Department ought not to have published the notification under Section 4 of the PLP Act, including therein the area already earmarked for urbanisation in the final Development Plan. It was stated that the Town & Country Planning Department had taken steps to exclude the land of the applicant from the notification issued under the PLP Act and follow-up action was also taken in this regard."

टिप्पणि: वन भूमि पर नियंत्रित क्षेत्र अधिनियमों या अन्य विकासात्मक अधिनियमों के आवेदन के इस मुद्दे को 14.5.2008 के फैसले और अब सुप्रीम कोर्ट के 11.9.2018 के इस फैसले द्वारा खारिज कर दिया गया था। इसलिए, शहरीकरण अधिनियमों का पर्यावरण और केंद्रीय एफसी अधिनियम पर कोई प्रभाव नहीं हो सकता है। वनों द्वारा पर्यावरण और ऑक्सीजन की आपूर्ति मानव अस्तित्व के लिए आवश्यक है। यह पैरा 59: एनसीआर प्लानिंग बोर्ड एक्ट 1985, विकास योजनाओं में हरियाणा विकास और शहरी क्षेत्रों के नियमन

अधिनियम, 1975 की धारा 23 के तहत कांत एन्क्लेव छूट का उल्लेख है, वन विभाग पीएलपीए अधिसूचना 1992 के खिलाफ आपत्ति उठाई गई है। माननीय न्यायालय ने उनकी दलील को इस दृष्टिकोण से खारिज कर दिया कि अरावली गैर-वानिकी गतिविधियों के लिए **निषिद्ध क्षेत्र है।** सरकार वन व वन भूमी अन्य नामो से नामित नही करे, यह अरावली को नष्ट करने का एक षडयन्त्र मात्र लगता है।

11.9.2018, पैरा 60-61 : नौकरशाही द्वारा कॉलोनाइजर के साथ मिलीभगत करके **वन भूमि पर उनकी सक्षमता के बिना अनुमति जारी करने का प्रयास** अवैध है, ऐसे भ्रष्ट गठजोड़ की आड़ में कॉलोनाइजर वन और वन भूमि को नष्ट करने का आश्रय नहीं ले सकते।

11.9.2018, पैरा 64 भाग: 14.5.2008 के निर्णय को दोहराया गया। "Developing a plot and making construction thereupon would amount to clearing up or breaking of area and that would be in violation of prohibition contained in the notification." धारा 4 (जी) के तहत केवल ऐसे क्षेत्रों के आस-पास रहने वाले मुल निवासी ही इस धारा के तहत वास्तविक घरेलू/कृषि उपयोग के लिए अनुमति का दावा कर सकते हैं, न कि कॉलोनाइजर/बाहरी लोग। डीएफओ को इस पहलू में उचित सावधानी बरतनी चाहिए कि कॉलोनाइजर और फार्महाउस डेवलपर उन गांवों के मूल निवासी है या नही । अनंगपुर के अरावली हिल्स गांव को बहुत ही खतरनाक भूजल स्थिति के बारे में अधिसूचित किया गया है और महत्वपूर्ण भूजल स्तर क्षेत्र में निर्माण की अनुमति नहीं है।

11.9.2018, पैरा 67 से 74 : बीएस संधू केस (2014) 12 एससीसी 172; गांव करोरन, रोपड़, पंजाब, का उल्लेख किया गया है, पैरा 71, "It was held that the High Court failed to correctly appreciate the meaning of 'Forest' and 'Forest Land' as well as decision of this Court in Godavarman (decided on 12th December 1996)" पैरा 74 की अंतिम पंक्ति का समापन करते हुए "संधू में निर्णय को उसके अपने तथ्यों तक ही सीमित रखा जाना चाहिए"।

11.9.2018, पैरा 75, "We may mention, without comment, that the purpose of issuing a notification under the PLP Act is to ensure that in the closed area, there is no activity such as cultivation, pasturing of sheep and goats, erection of buildings, herding, pasturing or retaining cattle etc. Therefore, the notification is a clear indication that such closed areas must be forest land or treated as forest land so that such objectionable non-forest activities are not carried out therein and that activities that are not normally carried out in forests are prohibited in forest land, so as to preserve and protect such forest land. A notification under the PLP Act does not convert land into forest land but recognizes it as such or at least requires it to be treated as such"

टिप्पणि। 'बंद क्षेत्रों को वन माना जाना चाहिए और वन भूमि को गैर-वानिकी गतिविधियों की अनुमति नहीं है। ऐसी वन भूमि को संरक्षित और सुरक्षित रखने हेतु पीएलपीए भूमि को गैर वन भूमि में परिवर्तित नहीं करना है, इसे वन भूमि के रूप में ही माना जाना चाहिए। यह धारा 3 के तहत अधिसूचित क्षेत्रों के बारे में भ्रम पैदा करता है, जहाँ धारा 4 'सामान्य' पीएलपी के प्रतिबंध और निषेध लागू होते हैं, लेकिन उन पूरे क्षेत्रों को रिकॉर्ड में 'वन भूमि' के रूप में दर्ज नहीं किया जाता है, क्योंकि वह भूमि एफसी अधिनियम के दायरे से बाहर रहती है क्योंकि गैर-वानिकी के लिए वह भूमि-उपयोग धारा 3 अधिसूचना जारी होने से पहले मौजूद था।

11.9.2018, पैरा 79 का हिस्सा: "... indiscriminate filing of review petitions wastes the time of court, there must be some seriousness and restrain in filing review applications. This Court answered the question in the following manner:

"At the outset, we have to refer to the practice of filing review applications in large numbers in undeserving cases without properly examining whether the cases strictly come within the narrow confines of Rule XL of the Supreme Court Rules. In several cases, it has become almost everyday experience that (2000) 7 SCC 296 review applications are filed mechanically as a matter of routine and the grounds for review are a mere reproduction of the grounds of special leave and there is no indication as to which ground strictly falls within the narrow limits of Rule XL of the Rules. We seriously deprecate this practice. If parties file review petitions indiscriminately, the time of the Court is unnecessarily wasted, even if it be in chambers where the review petitions are listed. Greater care, seriousness, and restraint is needed in filing review applications."

11.9.2018, पैरा 82 , "In our opinion, there is nothing in these applications before us to remotely suggest that the various orders passed by this Court need any clarification or modification or recall. All issues raised by the applicants have been considered threadbare by several Benches of this Court and all of them have arrived at a similar conclusion namely that the environmental and ecological degradation of the Aravalli hills must stop and that everybody is bound by the terms of the notification issued under the provisions of the PLP Act and that closed land under the notification dated 18th August, 1992 is a forest and should be treated as a forest."

टिप्पणि: सर्वोच्च न्यायालय के अनेक निर्णयों में पी.एल.पी. अधिनियम के अंतर्गत अधिसूचित भूमि की स्थिति को स्पष्ट किया गया है तथा अनेक याचिकाओं पर पुनर्विचार के पश्चात् सर्वोच्च न्यायालय ने भी नाजुक अरावली पहाड़ियों के पी.एल.पी. क्षेत्रों को बचाने के लिए

इसी दृष्टिकोण को बरकरार रखा है।

क्या अधिसूचित भूमि वन है या उसे वन के रूप में माना जाता है?

11.9.2018, पैरा 86-भाग , आवेदक का दावा है कि पीएलपी अधिनियम के प्रावधानों के तहत अधिसूचित भूमि वन भूमि नहीं थी। "यह दावा स्पष्ट रूप से अस्वीकार किए जाने योग्य है।"

11.9.2018, पैरा 88 स्पष्ट करता है, "Therefore, identification of forest land from 1900 would have been a humungous task and to avoid an unnecessary exercise, the cut-off date of 25th October, 1980 was taken. The affidavit cannot be read or understood to mean that land not recorded as 'forest' on 25th October, 1980 in the Government records can never become or be recognised or treated as 'forest'. This would be too far-fetched and would go against the letter and spirit of the PLP Act."

टिप्पणि: हरियाणा सरकार द्वारा अलग-अलग हलफनामे प्रस्तुत किए गए और हर बार उन्होंने पीएलपी अधिनियम (1900) क्षेत्रों के बारे में अलग-अलग दृष्टिकोण और आंकड़े अपनाए, लेकिन हर हलफनामे में उन्होंने स्वीकार किया कि पीएलपीए भूमि 'वन' है। पैरा 87 पीएलपीए क्षेत्रों को हमेशा वन रिकॉर्ड में वन माना जाता है, और इसलिए सदा वन रहते हुए भी वन हैं।

11.9.2018, पैरा 89 के भाग, "This was to bring on record that the provisions of the PLP Act have been made use of through notifications issued thereunder for several decades for the protection and preservation of forests and forest land, even if such lands are not recorded as 'forest' in Government records. This would be in consonance with the provisions and the spirit of the PLP Act."

टिप्पणी: वनों की सुरक्षा और संरक्षण के लिए 1900 से पीएलपी अधिनियम के तहत जारी अधिसूचना, भले ही उन क्षेत्रों के रिकॉर्ड अब उपलब्ध न हों, वे दर्ज वन क्षेत्र वन है और वन भूमि ही रहेंगे। यह समय-समय पर जारी किए गए सुप्रीम कोर्ट के कई निर्णयों/आदेशों के अनुरूप भी है।

11.9.2018, पैरा 92, "Quite apart from the affidavits filed by the State of Haryana through the Chief Secretary or the Principal Chief Conservator of Forests or the Commissioner & Secretary of the Forest Department, we are aware that through the conduct and correspondence of the Town & Country Planning Department that it was very keen on permitting construction in closed areas. We are not sure why the Town & Country Planning Department was persistently going out of its way to be of assistance to the applicants but whatever the reason, it was categorical in recommending the environmental degradation of the Aravalli hills."

टिप्पणि: हरियाणा सरकार के मुख्य सचिव, सचिवों और प्रधान मुख्य वन संरक्षक द्वारा कॉलोनाइजर /फार्महाउसों/खनन लॉबी को लाभ पहुंचाने के लिए प्रस्तुत हलफनामों को सर्वोच्च न्यायालय ने खारिज कर दिया।

इस न्यायालय के आदेश:

11.9.2018, पैरा 93 , "In addition to the affidavits of the State of Haryana, the various orders passed by this Court from time to time in Godavarman and in M.C. Mehta make it very clear that closed areas under the PLP Act are forest and forest land and need to be treated as forest land."

11.9.2018, पैरा 94 भाग, 10.5.1996 के आदेश में उल्लेख किया गया है, "It was concluded that there shall be no mining activity within a 2 km radius of the tourist resorts of Badkal Lake and Surajkund. All the mines, which fall within the said radius shall not be reopened. It was further directed that no construction activity of any type shall be permitted now onwards within the 5 km radius of Badkal Lake and Surajkund and all open areas shall be converted into green belts..."

11.9.2018, पैरा 98 , "In spite of all these concerns shown to the environment and availability of water, the fact of the matter is that today Badkal Lake is bone dry and there is no water in the 'Lake'. We had specifically asked learned counsel for the parties as well as learned Amicus Curiae about the status of Badkal Lake and we were told quite categorically that today there is absolutely no water in Badkal Lake. The damage to the environment has been done and appears to be irreversible."

टिप्पणी : अरावली पहाड़ियों में खनन और निर्माण गतिविधियों के कारण बड़कल और सूरजकुंड झीलें सूख गई और अब बिना पानी के हैं। इन क्षेत्रों के संरक्षण और लोगों को भूजल की उपलब्धता के लिए अरावली पहाड़ियों का संरक्षण और सुरक्षा आवश्यक है।

11.9.2018, पैरा 99 , "One of the more significant orders was passed by this Court on 12th December, 1996. Through this order, this Court laid down what could be described as 'forest' and 'forest land'. The view taken was that the two expressions must be given their dictionary or natural meaning and if so considered, there can be no doubt that degraded forests and closed lands under the PLP Act are nothing but forest land. Similarly, the orders passed by this Court from time to time in M.C. Mehta make it loud and clear that the Aravalli hills need protection from environmental degradation and the laws must be strictly enforced to ensure that there is no damage caused to the ecology of the Aravalli hills. In view of the clear expression of views and conclusions arrived at by this Court from time to time and repeated on several occasions we have no doubt that closed areas under the PLP Act are nothing but forest land and deserve to be treated as such."

टिप्पणि: सर्वोच्च न्यायालय ने 12.12.1996 के निर्णय में वन और वन भूमि को स्वामित्व से परे परिभाषित किया और ईसके लिये शब्दकोश अर्थ के दृष्टिकोण को दोहराया गया। " **अरावली पहाड़ियों को पर्यावरणीय क्षरण से बचाने की आवश्यकता है और अरावली पहाड़ियों की पारिस्थितिकी को कोई नुकसान न हो यह सुनिश्चित करने के लिए कानूनों को सख्ती से लागू किया जाना चाहिए।**"

11.9.2018, पैरा 100 , "In the decision rendered on 12th December, 1996 this Court directed the identification of areas which are 'forests' irrespective of whether they are so notified, recognised or classified under any law, and irrespective of the ownership of the land of such forest. As a result of this, each State Government was directed, inter alia, to: (T.N.Godavarman Thirumulpad case[42], SCC p. 271, para 5)

(i) Identify areas which are "forests", irrespective of whether they are so notified, recognised or classified under any law, and irrespective of the ownership of the land of such forest;

(ii) identify areas which were earlier forests but stand degraded, denuded or cleared..."

11.9.2018, पैरा 118 भाग , ".... Reliance placed on an observation in Sandhu with respect, may not strictly be valid, in the sense that there was enough material to indicate why, at least since 1970 closed areas have been included as forest and treated as forest by the State of Haryana"

11.9.2018, पैरा 122 भाग, "... The concern of this Court was to preserve and protect the environment in and around the Aravalli hills and generally avoid environmental and ecological degradation of the area both through the stoppage of mining activity and constructions. Unfortunately, this Court was unable to enforce its orders in letter and spirit, thanks entirely to the apathy of the State of Haryana and the persistence of the applicants with the result that Badkal Lake is today, admittedly, absolutely dry."

टिप्पणि: सर्वोच्च न्यायालय में बार-बार आवेदन दायर किए गए, जिसमें कहा गया कि 18.3.2004 का निर्णय केवल खनन के लिए था, निर्माण और अन्य गैर-वानिकी गतिविधियों के लिए नहीं। गैर-वानिकी गतिविधियाँ नाजुक पर्यावरण को नुकसान पहुँचाती हैं। न्यायालय की ऑबजरवेश्न क्षेत्र के पर्यावरणीय और पारिस्थितिक क्षरण से बचाने के लिए अरावली पहाड़ियों में और उसके आस-पास के पर्यावरण को संरक्षित और सुरक्षित रखने के लिए थीं।

11.9.2018, पैरा 123, "The culpability of some of the State authorities in ensuring this tragic situation is quite evident from I.A. No. 2269 of 2007 filed by the Administrator, Haryana Urban Development Authority, in which the first prayer is to the effect that this Court should issue an appropriate direction that the judgment and order dated 18th March, 2004 was restricted only to mining activities and did not affect the development or urbanisation or construction activities carried out as per the laws, rules, and regulations of the Municipal Corporation of Faridabad or the Haryana Urban Development Authority. Despite the clear judgment and order passed by this Court, the attitude of some sections of the State Government obviously did not change and unrestricted development through mining activity and construction activity was given precedence over the environment resulting in, amongst other things a parched Badkal Lake."

टिप्पणि : इस अनुच्छेद ने फिर से शहरीकरण अधिनियमों की स्थिति को स्पष्ट करते हुऐ खारिज किया, जिसे पहले सुप्रीम कोर्ट ने पहले भी खारिज कर दिया था। अब 2019 में पीएलपी अधिनियम में संशोधन करते समय नई धारा 3 ए जोड़कर, हरियाणा सरकार ने इस अदालत को दरकिनार करने के लिए सुप्रीम कोर्ट के आदेशों का उल्लंघन किया है। 14.5.2008 के फैसले के बाद, फिर से 21.7.2022 के फैसले ने स्पष्ट किया कि एफसी अधिनियम का सभी केंद्रीय और राज्य अधिनियमों पर अधिभावी प्रभाव रहेगा।

11.9.2018, Para 125, फरीदाबाद कॉम्प्लेक्स (विनियमन और विकास) अधिनियम , 1971 की धारा 29, हरियाणा शहरी क्षेत्र विकास और विनियमन अधिनियम, 1975 आदि के **पैरा 125 में** , सर्वोच्च न्यायालय ने पीएलपी अधिनियम के तहत अधिसूचित वन भूमि पर उनके कानुनी प्रावधानों की प्रयोज्यता को खारिज कर दिया है।

11.9.2018, पैरा 133 भाग, "... The rule of law seems to have broken down in Haryana and become the rule of men only to favour the applicants. At this point, we cannot help but referring to a passage from a judgment of this Court with regard to the Aravalli hills and the need for their protection. We had intended to avoid this reference only because it would be repetitive, but it is painful to see such a mockery of the law and total lack of concern for the environment and ecology of the Aravalli hills."

टिप्पणि: नौकरशाही द्वारा कानून में छेड़छाड़ और नियमों में हेराफेरी पर टिप्पणियाँ।

11.9.2018, पैरा 134 , दिनांक 18 मार्च, 2004 के आदेश में रिपोर्ट के पैरा 58 में निम्नलिखित कहा गया था:

"The Aravallis, the most distinctive and ancient mountain chain of peninsular India, mark the site of one of the oldest geological formations in the world. Heavily eroded and with exposed outcrops of slate rock and granite, it has summits reaching 4950 feet above sea level. Due to its geological location, the Aravalli range harbours a mix of Saharan, Ethiopian, peninsular, oriental, and even Malayan elements of flora and fauna. In the early part of this century, the Aravalli's were well-wooded. There were dense forests with waterfalls and one could encounter a large number of wild animals. Today, the changes in the environment at Aravalli are severe. Though one finds a number of tree species in the hills, timber-quality trees have almost disappeared. Despite the increase of population resulting in increase of demand from the forest, it cannot be questioned nor has it been questioned that to save the ecology of the Aravalli mountains, the laws have to be strictly implemented."

टिप्पणि, 18.3.2004 के निर्णय में अरावली पहाड़ियों के सम्पूर्ण पारिस्थितिकी तंत्र को बचाने पर पुरा जोर दिया गया था।

11.9.2018, पैरा 136 , "There is no doubt that irreversible damage has been caused to the environment and ecology of the Aravalli hills. The damage was caused or allowed to be caused, despite a statutory notification issued under the provisions of the PLP Act. The brazenness of the applicants in flouting the law is quite apparent. But what is more unfortunate is the support given to the applicants by the Town & Country Department of the State of Haryana, despite the reservations of the Forest Department. The Town & Country Department in apparent collusion with R. Kant & Co. effectively led a very large number of people up the garden path."

टिप्पणि: नौकरशाहों और कॉलोनाइजर का गठजोड़ अरावली पहाड़ियों की पारिस्थितिकी और पारिस्थितिकी तंत्र को नुकसान पहुंचाने के लिए लगा हुआ है

11.9.2018, पैरा 140 का भाग, "... to direct the State of Haryana to demolish the illegal and unauthorized constructions. The demolition should be completed on or before 31 December 2018...."

11.9.2018, पैरा 143 भाग, , "The polluter Pays the Principle is a wholesome principle that has been universally accepted and also adopted and applied in our country through several decisions of this Court...." "**The damage caused to the Aravalli hills, as already noted is irreversible....**"माननीय सर्वोच्च न्यायालय के दिनांक 11.9.2018 के निर्णय में WP(C) 4677 of 1985 में IA 2310/2008, 2378-79/2009, IA 2269, 2270, 2393.2382 से 84, IA नंबर 2310-2311 आदि के साथ MC मेहता बनाम कांत एन्क्लेव मामले, WP(C) 202/1995 ईत्यादी शामिल हैं ।

5.6.2.13. सर्वोच्च न्यायालय का निर्णय 21.7.2022 (पूर्व अनुच्छेदों में शामिल नहीं किए गए शेष भाग)

पीएलपी अधिनियम के संबंध में कई मुद्दे पहले भी आईए संख्या 1901/2005, आईए संख्या 1999, आईए संख्या 1955/2006, आईए संख्या 1965-66/2006, आईए संख्या 1901-04/2005, 2310/2008, 2378-79/2009, 2269, 2270, 2393, 2381-84 के माध्यम से कई आवेदकों द्वारा उठाए गए थे, जिनमें मुख्तया शामिल हैं; कांत एन्क्लेव, कांत एन्क्लेव रेजिडेंट वेलफेयर एसोसिएशन, करमयोगी शेल्टर प्राइवेट लिमिटेड, प्रशासक हुडा, फरीदाबाद, और कई अन्य, जिनमें पीएलपी अधिनियम से संबंधित अधिकांश मुद्दों का फैसला किया गया था, और सुप्रीम कोर्ट ने 14-05-2008 के फैसले द्वारा इन सभी आईए को खारिज कर दिया है। फिर 11.09.2018 को पीएलपी अधिनियम और वन भूमि पर विस्तृत निर्णय दिया गया। हरियाणा सरकार ने 2019 में पंजाब भूमि संरक्षण अधिनियम में कुछ संशोधन शामिल किए थे, ताकि कॉलोनाइजरों और फार्महाउस लॉबी को लाभ मिल सके, जिस पर सुप्रीम कोर्ट ने रोक लगा दी थी। फिर से, सुप्रीम कोर्ट से एक तरह हेरफेर किया गया हेराफेरी का हलफनामा पेश करके एक प्रयास किया गया, और 21-7-2022 के निर्णय में ऐसे संशोधनों से असहमति जताई गई और उन संशोधनों को एफसी अधिनियम के खिलाफ बताया गया। और इसे उचित पीठ द्वारा तय करने के लिए खुला छोड़ दिया गया।

सिविल अपील संख्या 10294/2013, नरेन्दर सिंह एवं अन्य बनाम दिवेश भूटानी एवं अन्य, सिविल अपील संख्या 8454/2014, सिविल अपील संख्या 8173/2016, सिविल अपील संख्या 11000/2013, रिट याचिका (सिविल) संख्या 1008/2021, रिट याचिका (सिविल) संख्या 1031/2021, रिट याचिका (सिविल) संख्या 1320/2021 के साथ, तीन न्यायाधीशों की पीठ द्वारा 21.7.2022 को निर्णय पर हस्ताक्षर किए गए। इन अपीलों और रिट याचिकाओं में शामिल व्यापक मुद्दे थे "क्या पंजाब भूमि संरक्षण अधिनियम, 1900 (संक्षेप में, 'पीएलपीए') की धारा 4 के तहत हरियाणा सरकार द्वारा जारी विशेष आदेश के तहत कवर की गई भूमि वन (संरक्षण) अधिनियम, 1980

(संक्षेप में, '1980 वन अधिनियम') के अर्थ में 'वन भूमि' है?" इस अध्याय में विभिन्न स्थानों पर विभिन्न मदों/शीर्षकों के साथ इस फैसले के प्रासंगिक पैराग्राफ उद्धृत किए गए हैं। पीएलपी अधिनियम-अधिसूचित क्षेत्रों के मुद्दे को सर्वोच्च न्यायालय ने स्पष्ट तरीके से वर्णित किया है। 21.7.2022 के फैसले के महत्वपूर्ण पैराग्राफ इस अध्याय में विभिन्न मदों में पहले ही उद्धृत किए गए हैं।

21-07-2022 के फैसले की प्रमुख टिप्पणियों का उल्लेख इस अध्याय के प्रासंगिक मदों में पहले ही किया जा चुका है, बीएस संधू मामले से संबंधित केवल एक पैरा 55 का उल्लेख नीचे किया गया है। पैरा, "**55.** Thus, essentially in the case of **B.S. Sandhu,** this Court dealt with a notification under Section 3 of PLPA which was applicable to the entire village in question. Though Sections 4 and 5 are referred in the said decision, it is not clear whether there was a special order issued under Sections 4 in respect of the lands of Mr. B.S. Sandhu. Moreover, the said decision overlooks that one of the objects of PLPA was to prevent deforestation as the same may result in the erosion of soil. The Court did not notice that the restrictions provided in Section 4 show that the same can be applied only to the lands having trappings of a forest within the meaning of the 1980 Forest Act. The decision in the case of **B.S. Sandhu**, with great respect, does not take note of these crucial legal and factual aspects."

5.6.2.14. सर्वोच्च न्यायालय का 6.3.2024 आदेश

6,3,2024 को रिट याचिका (सिविल) संख्या 202/1995 में 'टाइगर सफारी' से संबंधित IA NO.20650/2023 में 'टी.एन. गोदावर्मन थिरुमुलपाद बनाम भारत संघ' के संबंध में दिया गया निर्णय। इस निर्णय में पर्यावरण संबंधी मुद्दों के लिए वैध सिद्धांतों का खूबसूरती से उल्लेख किया गया है, जो अरावली पर भी समान रूप से लागू होते हैं। प्रासंगिक भागों का उल्लेख नीचे किया गया है।

पैरा 68. "This Court had an occasion to consider an issue with regard to environmental justice in the case of ***T.N. Godavarman Thirumulpad v. Union of India and others (***2012) 3 SCC 277=2012 INSC 81), wherein this Court held thus:

"**17.** ***Environmental justice could be achieved only if we drift away from the Principle of anthropocentric to ecocentric***. Many of our principles like sustainable development, polluter-pays principle, and intergenerational equity have their roots in anthropocentric principles. Anthropocentrism is always human interest focussed and that non-human has only instrumental value to humans. In other words, humans take precedence and human responsibilities to nonhuman-*based* benefits to humans. Ecocentrism is nature-centred where humans are part of nature and non-humans have intrinsic value. In other words, human interest does not take automatic precedence and humans have obligations to non-humans independently of human interest. ***Ecocentrism is therefore life-centred, nature-centred where nature includes both humans and non-humans...."***

Para 69. "It could thus be seen that this Court has held that, to achieve environmental justice, the approach of anthropocentrism i.e. human interest focused and that non-human has only instrumental value to humans will have to be avoided. It has been held that ecocentrism i.e. nature cantered where humans are a part of nature and non-humans have intrinsic value will have to be adopted. It has been held that human interest does not take automatic precedence and humans have obligations to nonhumans independently of human interest...."

Para 74. "In ***Vellore Citizens' Welfare Forum v. Union of India and others {***(1996) 5 SCC 647=1996 INSC 952***}***, this Court observed thus:

"**10**. The traditional concept that development and ecology are opposed to each other is no longer acceptable. "**Sustainable Development**" is the answer. In the international sphere, "Sustainable Development" as a concept came to be known for the first time in the Stockholm Declaration of 1972. Thereafter, in 1987 the concept was given a definite shape by the World Commission on Environment and Development in its report called "Our Common Future". The Commission was chaired by the then Prime Minister of Norway, Ms G.H. Brundtland, and as such the report is popularly known as "Brundtland Report". In 1991 the World Conservation Union, United Nations Environment Programme, and Worldwide Fund for Nature, jointly came out with a document called "Caring for the Earth" which is a strategy for sustainable living. Finally, came the Earth Summit held in June 1992 at Rio which saw the largest gathering of world leaders ever in history—deliberating and chalking out a blueprint for the survival of the planet. Among the achievements of the Rio Conference was the signing of two conventions, one on biological diversity and another on climate change. These conventions were signed by 153 nations. The delegates also approved by consensus three non-binding documents, namely, a Statement on Forestry Principles, a declaration of principles on environmental policy and development initiatives, and Agenda 21, a programme of action into the next century in areas like poverty, population, and pollution. During the two decades from Stockholm to Rio "Sustainable Development" has come to be accepted as a viable concept to eradicate poverty and improve the quality of human life while living within the carrying capacity of the supporting ecosystems. "Sustainable Development" as defined by the Brundtland Report means **"Development that meets the needs of the present without compromising the ability of the future generations to meet their own needs"**. We have no hesitation in holding that "Sustainable Development" as a balancing concept between ecology and development has been accepted as a part of the customary international law though its salient features have yet to be finalised by the international law jurists.

***

16. The constitutional and statutory provisions protect a person's right to fresh air, clean water, and pollution-free environment, but the source of the right is the inalienable common law right of clean environment. It would be useful to quote a paragraph from Blackstone's commentaries on the Laws of England (*Commentaries on the Laws of England of Sir William Blackstone*) Vol. III, Fourth Edn. published in 1876. Chapter XIII, "Of Nuisance" depicts the law on the subject in the following words: 'Also, if a person keeps his hogs, or other noisome animals, or allows filth to accumulate on his premises, so near the house of another, that the stench incommodes him and makes the air unwholesome, this is an injurious nuisance, as it tends to deprive him of the use and benefit of his house. A like injury is, if one's neighbour sets up and exercises any offensive trade; as a tanner's, a tallow chandler's, or the like; for though these are lawful and necessary trades, yet they should be exercised in remote places; for the rule is, "*sic utere tuo, ut alienum non leadas*"; this therefore is an actionable nuisance. And on a similar principle a constant ringing of bells in one's immediate neighbourhood may be a nuisance. ... With regard to other corporeal hereditaments; it is a nuisance to stop or divert water that used to run to another's meadow or mill; to corrupt or poison a watercourse, by erecting a dye-house or a lime-pit, for the use of trade, in the upper part of the stream; to pollute a pond, from which another is entitled to water his cattle; to obstruct a drain; or in short to do any act in common property, that in its consequences must necessarily tend to the prejudice of one's neighbour. So closely does the law of England enforce that excellent rule of gospel-morality, of "doing to others, as we would they should do unto ourselves".

75. Further in the case of ***Intellectuals Forum, Tirupathi v. State of A.P. and others {***(2006) 3 SCC 549=2006 INSC 101}, this Court observed thus:

"**84**. The world has reached a level of growth in the 21st century as never before envisaged. While the crisis of economic growth is still on, the key question which often arises and the courts are asked to adjudicate upon is whether economic growth can supersede the concern for environmental protection and whether sustainable development which can be achieved only by way of protecting the environment and conserving the natural resources for the benefit of humanity and future generations could be ignored in the garb of economic growth or compelling human necessity. The growth and development process are terms without any content, without an inkling as to the substance of their end results. This inevitably leads us to the conception of growth and development, which sustains from one generation to the next in order to secure "our common future". In pursuit of development, focus has to be on sustainability of development, and policies towards that end have to be earnestly formulated and sincerely observed. As Prof. Weiss puts it, "conservation, however, always takes a back seat in times of economic stress". It is now an accepted social principle that all human beings have a fundamental right to a healthy environment, commensurate with their well-being, coupled with a corresponding duty of ensuring that resources are conserved and preserved in such a way that present as well as the future generations are aware of them equally."

Para 76. In ***Indian Council for Enviro-Legal Action v. Union of India and others {***(1996) 5 SCC 281=1996 INSC 543***}***, this Court observed thus:

"**41**. With rapid industrialisation taking place, there is an increasing threat to the maintenance of the ecological balance. The general public is becoming aware of the need to protect environment. Even though, laws have been passed for the protection of environment, the enforcement of the same has been tardy, to say the least. With the governmental authorities not showing any concern with the enforcement of the said Acts, and with the development taking place for personal gains at the expense of environment and with disregard of the mandatory provisions of law, some public-spirited persons have been initiating public interest litigations. The legal position relating to the exercise of jurisdiction by the courts for preventing environmental degradation and thereby, seeking to protect the fundamental rights of the citizens, is now well settled by various decisions of this Court. The primary effort of the court, while dealing with the environmental-related issues, is to see that the enforcement agencies, whether it be the State or any other authority, take effective steps for the enforcement of the laws. The courts, in a way, act as the guardian of the people's fundamental rights but in regard to many technical matters, the courts may not be fully equipped. Perforce, it has to rely on outside agencies for reports and recommendations whereupon orders have been passed from time to time. Even though, it is not the function of the court to see the day-to-day enforcement of the law, that being the function of the Executive, but because of the nonfunctioning of the enforcement agencies, the courts as of necessity have had to pass orders directing the enforcement agencies to implement the law."

Para 77. Emphasizing on the concern for environmental and ecological protection, the Courts have recognised the importance of sustainable development. Development which can be achieved only by way of protecting the environment and conserving the natural resources for the benefit of humanity and future generations. This Court holds that, it is now an accepted social principle that **all human beings have a fundamental right to a healthy environment, commensurate with their well-being, coupled with a corresponding duty of ensuring that resources are conserved and preserved in such a way that the present as well as future generations will be aware of them equally**. This Court has further held that, the primary effort of the court while dealing with the environment-related issues, is to see that the enforcement agencies, whether it be the State or any other authority, take effective steps for the enforcement of the laws. It has been held that the courts, in a way, act as the guardian of the people's fundamental rights. This Court has observed that it is not the function of the court to see the day-to-day enforcement of the law; that being the function of the Executive, but because of the non-functioning of the enforcement agencies, the courts out of necessity have had to pass orders directing the enforcement agencies to implement the law. In the recent judgments of this Court in the cases of ***Resident's Welfare Association and another v. Union Territory of Chandigarh and others [*** (2023) 8 SCC 643=2023 INSC 22], ***State of Himachal Pradesh and others v. Yogendera Mohan Sengupta and another [***2024 SCC OnLine SC 36=2024 INSC 30] and ***State of Uttar Pradesh and others v. Uday Education and Welfare Trust and others [***2022 SCC OnLine SC 1469 = 2022 INSC 465] , to which one of us (B.R. Gavai, J.) was a party, this Court has also emphasized on the principle of sustainable development.

Para 81. For the first time, a **'safari'** was defined in the 'Guidelines for Safari Parks which are Working either as Zoos or as Extension to Zoos, 1996'. It reads thus: "Safaris are specialized zoos where the captive animals are housed in any large naturalistic enclosures to and the visitors are allowed to enter the enclosure to view the animals in a mechanized vehicle or a pre-determined route from close quarters."

Para 134. The importance of the 'Public Trust' doctrine in environmental and ecological matters has been explained by this Court in the case of ***M.C. Mehta v. Kamal Nath and others {***1997) 1 SCC 388=1996 INSC 1482}. This Court has elaborately referred to various articles and the judgments on the issue to come to a conclusion that the 'public trust' doctrine is a part of the law of the land in the following paragraphs:

"23. The notion that the public has a right to expect certain lands and natural areas to retain their natural characteristic is finding its way into the law of the land. The need to protect the environment and ecology has been summed up David B. Hunter (University of Michigan) in an article titled '*An ecological perspective on property*': *A call for judicial protection of the public's interest in environmentally critical resources*' published in Harvard Environmental Law Review, Vol. 12 1988, p. 311 is in the following words:

"Another major ecological tenet is that the world is finite. The earth can support only so many people and only so much human activity before limits are reached. This lesson was driven home by the oil crisis of the 1970s as well as by the pesticide scare of the 1960s. The current deterioration of the ozone layer is another vivid example of the complex, unpredictable, and potentially catastrophic effects posed by our disregard of the environmental limits to economic growth. The absolute finiteness of the environment, when coupled with human dependency on the environment, leads to the unquestionable result that human activities will at some point be constrained. 'Human activity finds in the natural world its external limits. In short, the environment imposes constraints on our freedom; these constraints are not the product of value choices but of the scientific imperative of the environment's limitations. Reliance on improving technology can delay temporarily, but not forever, the inevitable constraints.

There is a limit to the capacity of the environment to service ... growth, both in providing raw materials and in assimilating by-product wastes due to consumption. The largesse of technology can only postpone or disguise the inevitable.' Professor Barbara Ward has written of this ecological imperative in particularly vivid language: 'We can forget moral imperatives. But today the morals of respect and care and modesty come to us in a form we cannot evade. We cannot cheat on DNA. We cannot get round photosynthesis. We cannot say I am not going to give a damn about phytoplankton. All these tiny mechanisms provide the preconditions of our planetary life. To say we do not care is to say in the most literal sense that "we choose death".' There is a commonly-recognized link between laws and social values, but to ecologists a balance between laws and values is not alone sufficient to ensure a stable relationship between humans and their environment. Laws and values must also contend with the constraints imposed by the outside environment. Unfortunately, current legal doctrine rarely accounts for such constraints, and thus environmental stability is threatened. Historically, we have changed the environment to fit our conceptions of property. We have fenced, plowed, and paved. The environment has proven malleable and to a large extent still is. But there is a limit to this malleability, and certain types of ecologically important resources — for example, wetlands and riparian forests — can no longer be destroyed without enormous long-term effects on environmental and therefore social stability. To ecologists, the need for preserving sensitive resources does not reflect value choices but rather is the necessary result of objective observations of the laws of nature. In sum, ecologists view the environmental sciences as providing us with certain laws of nature. These laws, just like our own laws, restrict our freedom of conduct and choice. Unlike our laws, the laws of nature cannot be changed by legislative fiat; they are imposed on us by the natural world. An understanding of the laws of nature must therefore inform all of our social institutions."

24. The ancient Roman Empire developed a legal theory known as the "Doctrine of the Public Trust". It was founded on the idea that certain common properties such as rivers, seashores, forests, and the air were held by Government in trusteeship for the free and unimpeded use of the general public. Our contemporary concern about "the environment" bear a very close conceptual relationship to this legal doctrine. Under the Roman law these resources were either owned by no one (*resnullious*) or by everyone in common (*rescommunious*). Under the English common law, however, the Sovereign could own these resources but the ownership was limited in nature, the Crown could not grant these properties to private owners if the effect was to interfere with the public interests in navigation or fishing. Resources that were suitable for these uses were deemed to be held in trust by the Crown for the benefit of the public. Joseph L. Sax, Professor of Law, University of Michigan — proponent of the Modern Public Trust Doctrine — in an erudite article "*Public Trust Doctrine in Natural Resource Law*: *Effective Judicial Intervention*", Michigan Law Review, Vol. 68, Part 1 p. 473, has given the historical background of the Public Trust Doctrine as under:

"The source of modern public trust law is found in a concept that received much attention in Roman and English law — the nature of property rights in rivers, the sea, and the seashore. That history has been given considerable attention in the legal literature, need not be repeated in detail here. But two points should be emphasized. First, certain interests, such as navigation and fishing, were sought to be preserved for the benefit of the public; accordingly, property used for those purposes was distinguished from general public property which the sovereign could routinely grant to private owners. Second, while it was understood that in certain common properties — such as the seashore, highways, and running water — 'perpetual use was dedicated to the public', it has never been clear whether the public had an enforceable right to prevent infringement of those interests. Although the State apparently did evidence is available that public rights could be legally asserted against a recalcitrant government." Para 25 mentioned in earlier pages

26. The American law on the subject is primarily based on the decision of the United States Supreme Court in *Illinois Central Railroad Co.* v. *People of the* US 387: 36 L Ed 1018 (1892)]. In the year 1869 the Illinois Legislature made a substantial grant of submerged lands — a mile strip along the shores of Lake Michigan extending one mile out from the shoreline — to the Illinois Central Railroad. In 1873, the Legislature changed its mind and repealed the 1869 grant. The State of Illinois sued to quit title. The Court while accepting the stand of the State of Illinois held that the title of the State in the land in dispute was a title different in character from that which the State held in lands intended for sale. It was different from the title which the United States held in public lands which were open to pre-emption and sale. It was a title held in trust — for the people of the State that they may enjoy the navigation of the water, carry on commerce over them, and have liberty of fishing therein free from obstruction or interference of private parties. The abdication of the general control of the State over lands in dispute was not consistent with the exercise of the trust which required the Government of the State to preserve such waters for the use of the public. According to Professor Sax the Court in *Illinois Central* [146 US 387: 36 L Ed 1018 (1892)] "articulated a principle that has become the central substantive thought in public trust litigation. When a State holds a resource which is available for the free use of the general public, a court will look with considerable skepticism upon any governmental conduct which is calculated either to relocate that resource to more restricted uses or to subject public uses to the self-interest of private parties".

27. In *Gould* v. *Greylock Reservation Commission* [350 Mass 410 (1966)] the Supreme Judicial Court of Massachusetts took the first major step in developing the doctrine applicable to changes in the use of lands dedicated to the public interest. In 1886 a group of citizens interested in preserving Mount Greylock as an unspoiled natural forest, promoted the creation of an association for the purpose of laying out a public park on it. The State ultimately acquired about 9000 acres, and the legislature enacted a statute creating the Greylock Reservation Commission. In the year 1953, the legislature enacted a statute creating an Authority to construct and operate on Mount Greylock an Aerial Tramway and certain other facilities and it authorised the Commission to lease to the Authority any portion of the Mount Greylock Reservation. Before the project commenced, five citizens brought an action against both the Greylock Reservation Commission and the Tramway Authority. The plaintiffs brought the suit as beneficiaries of the public trust. The Court held both the lease and the management agreement invalid on the ground that they were in excess of the statutory grant of the authority. The crucial passage in the judgment of the Court is as under:

"The profit-sharing feature and some aspects of the project itself strongly suggest a commercial enterprise. In addition to the absence of any clear or express statutory authorization of as broad a delegation of responsibility by the Authority as is given by the management agreement, we find no express grant to the Authority or power to permit use of public lands and of the Authority's borrowed funds for what seems, in part at least, a commercial venture for private profit." Professor Sax's comments on the above-quoted paragraph from *Gould* decision are as under: "It hardly seems surprising, then, that the court questioned why a State should subordinate a public park, serving a useful purpose as relatively undeveloped land, to the demands of private investors for building such a commercial facility. The court, faced with such a situation, could hardly have been expected to have treated the case as if it involved nothing but formal legal issues concerning the State's authority to change the use of a certain tract of land.... *Gould*, like *Illinois Central*, was concerned with the most overt sort of imposition on the public interest: commercial interests had obtained advantages which infringed directly on public uses and promoted private profits. But the Massachusetts court has also confronted a more pervasive, if more subtle, problem — that concerning projects which clearly have some public justification. Such cases arise when, or example, a highway department seeks to take a piece of parkland or to fill a wetland."

28. In *Sacco* v. *Development of Public Works* [532 Mass 670], the Massachusetts Court restrained the Department of Public Works from filling a great pond as part of its plan to relocate part of State Highway. The Department purported to act under the legislative authority. The court found the statutory power inadequate and held as under: "the improvement of public lands contemplated by this section does not include the widening of a State highway. It seems rather that the improvement of public lands which the legislature provided for ... is to preserve such lands so that they may be enjoyed by the people for recreational purposes."

xxxx.

31. Professor Sax stated the scope of the public trust doctrine in the following words: "If any of the analysis in this Article makes sense, it is clear that the judicial techniques developed in public trust cases need not be limited either to these few conventional interests or to questions of disposition of public properties. Public trust problems are found whenever governmental regulation comes into question, and they occur in a wide range of situations in which diffused public interests need protection against tightly organized groups with clear and immediate goals. Thus, it seems that the delicate mixture of procedural and substantive protections which the courts have applied in conventional public trust cases would be equally applicable and equally appropriate in controversies involving air pollution, the dissemination of pesticides, the location of rights of way for utilities, and strip mining of wetland filling on private lands in a State where governmental permits are required."

Xxxxxx

34. Our legal system — based on English common law — includes the public trust doctrine as part of its jurisprudence. The State is the trustee of all natural resources which are by nature meant for public use and enjoyment. Public at large is the beneficiary of the seashore, running waters, airs, forests, and ecologically fragile lands. The State as a trustee is under a legal duty to protect the natural resources. These resources meant for public use cannot be converted into private ownership.

Xxxx

35. We are fully aware that the issues presented in this case illustrate the classic struggle between those members of the public who would preserve our rivers, forests, parks, and open lands in their pristine purity and those charged with administrative responsibilities who, under the pressures of the changing needs of an increasingly complex society, find it necessary to encroach to some extent upon open lands heretofore considered inviolate to change. The resolution of this conflict in any given case is for the legislature and not the courts. If there is a law made by Parliament or the State Legislatures the courts can serve as an instrument of determining legislative intent in the exercise of its powers of judicial review under the Constitution. But in the absence of any legislation, the **executive acting under the doctrine of public trust cannot abdicate the natural resources and convert them into private ownership, or for commercial use. The aesthetic use and the pristine glory of the natural resources, the environment, and the ecosystems of our country cannot be permitted to be eroded for private, commercial, or any other use unless the courts find it necessary, in good faith, for the public good and in public interest to encroach upon the said resources.**"

Para 135. This Court in unequivocal terms has held that the executive acting under the doctrine of public trust cannot abdicate the natural resources and convert them into private ownership, or for commercial use. The aesthetic use and the pristine glory of the natural resources, the environment, and the ecosystems of our country cannot be permitted to be eroded for private, commercial or any other use unless the courts find it necessary, in good faith, for the public good and in public interest to encroach upon the said resources.

Para 136. The law with regard to the importance of the 'public trust' doctrine in ecological/environmental matters has further been evolved and expanded by this Court in subsequent judgments. In the case of ***Association for Environment Protection v. State of Kerala and others*** {(2013) 7 SCC 226=2013 INSC 413}, this Court has referred to some of the judgments which followed the law laid down in the case of ***Kamal Nath*** (supra), which are as under:

"**6.** In *M.I. Builders (P) Ltd.* v. *Radhey Shyam Sahu* {(1999) 6 SCC 464}, the Court applied the public trust doctrine for upholding the order of the Allahabad High Court which had quashed the decision of Lucknow Nagar Mahapalika permitting appellant M.I. Builders (P) Ltd. To construct an underground shopping complex in Jhandewala Park, Aminabad Market, Lucknow, and directed demolition of the construction made on the park land. The High Court had noted that Lucknow Nagar Mahapalika had entered into an agreement with the appellant for construction of shopping complex and given it full freedom to lease out the shops and also to sign agreement on its behalf and held that this was impermissible. On appeal by the builders, this Court held that the terms of agreement were unreasonable, unfair, and atrocious. The Court then invoked the public trust doctrine and held that being a trustee of the park on behalf of the public, the Nagar Mahapalika could not have transferred the same to the private builder and thereby deprived the residents of the area of the quality of life to which they were entitled under the Constitution and municipal laws.

7. In *Intellectuals Forum* v. *State of A.P.* {(2006) 3 SCC 549}, this Court again invoked the public trust doctrine in a matter involving the challenge to the systematic destruction of percolation, irrigation and drinking water tanks in Tirupati Town, referred to some judicial precedents including *M.C. Mehta* v. *Kamal Nath* {*M.C. Mehta* v. *Kamal Nath*, (1997) 1 SCC 388}, *M.I. Builders (P) Ltd.* {(1999) 6 SCC 464}, *National Audubon Society National Audubon Society* v. *Superior Court*, 658 P 2d 709: 33 Cal 3d 419 (1983) and observed: (*Intellectuals Forum case* (2006) 3 SCC 549, SCC p. 575, para 76)

"*76.* ... This is an articulation of the doctrine from the angle of the affirmative duties of the State with regard to public trust. Formulated from a negatory angle, the doctrine does not exactly *prohibit* the alienation of the property held as a public trust. However, when the State holds a resource that is freely available for the use of the public, it provides for a high degree of judicial scrutiny on any action of the Government, no matter how consistent with the existing legislations, that attempts to restrict such free use. To properly scrutinise such actions of the Government, the courts must make a distinction between the Government's general obligation to act for the public benefit, and the special, more demanding obligation which it may have as a trustee of certain public resources...." (emphasis in original)

8. In *Fomento Resorts and Hotels Ltd.* v. *Minguel Martins* (2009) 3 SCC 571: (2009) 1 SCC (Civ) 877, this Court was called upon to consider whether the appellant was entitled to block the passage to the beach by erecting a fence in the garb of protecting its property. After noticing the judgments to which reference has been made hereinabove, the Court held: (SCC pp. 614-15 & 619, paras 53-55 & 65)

"*53.* The public trust doctrine enjoins upon the Government to protect the resources for the enjoyment of the general public rather than to permit their use for private ownership or commercial purposes. This doctrine puts an implicit embargo on the right of the State to transfer public properties to private party if such transfer affects public interest, mandates affirmative State action for effective management of natural resources, and empowers the citizens to question ineffective management thereof.

54. The heart of the public trust doctrine is that it imposes limits and obligations upon government agencies and their administrators on behalf of all the people and especially future generations. For example, renewable and non-renewable resources, associated uses, ecological values or objects in which the public has a special interest (i.e. public lands, waters, etc.) are held subject to the duty of the State not to impair such resources, uses or values, even if private interests are involved. The same obligations apply to managers of forests, monuments, parks, the public domain, and other public assets. Professor Joseph L. Sax in his classic article, 'The Public Trust Doctrine in Natural Resources Law: Effective Judicial Intervention' (1970), indicates that the public trust doctrine, of all concepts known to law, constitutes the best practical and philosophical premise and legal tool for protecting public rights and for protecting and managing resources, ecological values or objects held in trust. *55.* The public trust doctrine is a tool for exerting long-established public rights over short-term public rights and private gain. Today every person exercising his or her right to use the air, water, or land and associated natural ecosystems has the obligation to secure for the rest of us the right to live or otherwise use that same resource or property for the long-term and enjoyment by future generations. To say it another way, a landowner or lessee and a water right holder has an obligation to use such resources in a manner as not to impair or diminish the people's rights and the people's long-term interest in that property or resource, including downslope lands, waters, and resources.

***

65. We reiterate that natural resources including forests, water bodies, rivers, seashores, etc. are held by the State as a trustee on behalf of the people and especially the future generations. These constitute common properties and people are entitled to uninterrupted use thereof. The State cannot transfer public trust properties to a private party if such a transfer interferes with the right of the public and the court can invoke the public trust doctrine and take affirmative action for protecting the right of people to have access to light, air and water and also for protecting rivers, sea, tanks, trees, forests and associated natural ecosystems."

Para 137. The importance of the doctrine of 'public trust' has further been emphasized in the case of ***Tata Housing Development Company Limited v. Aalok Jagga and others*** 2020) 15 SCC 784=2019 INSC 1203 to which one of us (B.R. Gavai, J.) was a party.

150. It will be relevant to refer to the Convention on Biological Diversity, 1992 ("CBD" for short), to which India is a signatory. Article 8 of the CBD pertains to *in situ* conservation. Under clause (f) thereof, it requires the contracting parties to, as far as possible and as appropriate, to rehabilitate and restore the degraded ecosystems and promote the recovery of threatened species. It reads thus:

(f) **Rehabilitate and restore degraded ecosystems and promote the recovery of threatened species,** inter alia, through the development and implementation of plans or **other** management strategies. [emphasis supplied]

Para 151. In the Chorzow Factory Case [The Factory at Chorzow (Germany v. Poland), 13 September 1928, PCIJ, Merits, p. 47], the Permanent Court of International Justice (PCIJ) laid down the standard in international law for reparations for the commission of internationally wrongful acts. The Court held:

"The essential principle contained in the actual notion of an illegal act – a principle which seems to be established by international practice and in particular by the decisions of arbitral tribunals – is that reparation ***must, as far as possible, wipe out all the consequences of the illegal act and reestablish the situation which would, in all probability, have existed if that act had not been committed.*** Restitution in kind, or, if this is not possible, payment of a sum corresponding to the value which a restitution in kind would bear; the award, if need be, of damages for loss sustained which would not be covered by restitution in kind or payment in place of it -such are the principles which should serve to determine the amount of compensation due for an act contrary to international law (...)" [emphasis supplied]

Para 152. The International Court of Justice (ICJ), while applying the principle of restoration of degraded ecosystem in the case of ***Costa Rica v. Nicaragua*** Certain Activities Carried Out by Nicaragua in the Border Area, Compensation Judgment, (2018) I.C.J. Reports 15, has observed thus:

"42. The Court is therefore of the view that damage to the environment, and the consequent impairment or loss of the ability of the environment to provide goods and services, is compensable under international law. Such compensation may include indemnification for the impairment or loss of environmental goods and services in the period prior to recovery and ***payment for the restoration of the damaged environment***.

43. Payment for restoration accounts for the fact that natural recovery may not always suffice to return an environment to the state in which it was before the damage occurred. In such instances, ***active restoration measures*** may be required in order to ***return the environment to its prior condition***, in so far as that is possible.

(...)

53. In determining the compensation due for environmental damage, the Court will assess, as

outlined in paragraph 42, ***the value to be assigned to the restoration of the damaged environment as well as to the impairment or loss of environmental goods and services prior to recovery***." (emphasis supplied)

Para 153. While considering the aspect of valuation of environmental restoration costs to be awarded to Costa Rica, the ICJ observed thus:

"85. (...) with respect to biodiversity services (in terms of nursery and habitat), the "corrected analysis" does not sufficiently account for the particular importance of such service in an internationally protected wetland where the biodiversity was described to be of high value by the Secretariat of the Ramsar Convention. ***Whatever regrowth may occur naturally is unlikely to match in the near future the preexisting richness of biodiversity in the area***. Thirdly, in relation to gas regulation and air quality services, Nicaragua's "corrected analysis" does not account for the ***loss of future annual carbon sequestration ("carbon flows"),*** since it characterizes the loss of those services as a one-time loss. The Court does not consider that the impairment or loss of gas regulation and air quality services can be valued as a one-time loss.

86. The Court recalls (...) that the ***absence of certainty as to the extent of damage does not necessarily preclude it from awarding an amount that it considers approximately to reflect the value of the impairment or loss of environmental goods and services***. In this case, the Court, while retaining some of the elements of the "corrected analysis", considers it reasonable that, for the purposes of its overall valuation, an adjustment be made to the total amount in the "corrected analysis" to account for the shortcomings identified in the preceding paragraph. The Court therefore awards to Costa Rica the sum of US$120,000 for the impairment or loss of the environmental goods and services of the impacted area in the period prior to recovery." (emphasis supplied)

Para 154. This Court also while applying the principle of environmental restitution in the case of ***Indian Council for Enviro-Legal Action and others v. Union of India and others*** (1996) 3 SCC 212= 1996 INSC 237 observed thus:

"**60.** (...) we are of the considered opinion that even if it is assumed (for the sake of argument) that this Court cannot award damages against the respondents in these proceedings that does not mean that the Court cannot direct the Central Government to determine ***and recover the cost of remedial measures*** from the respondents. Section 3 of the Environment (Protection) Act, 1986 expressly empowers the Central Government (or its delegate, as the case may be) to "*take all such measures as it deems necessary or expedient for the purpose of protecting and improving the quality of environment...*". Section 5 clothes the Central Government (or its delegate) with the power to issue directions for achieving the objects of the Act. Read with the wide definition of 'environment' in Section 2(*a*),

Sections 3 and 5 clothe the Central Government with all such powers as are "necessary or expedient for the purpose of protecting and improving the quality of the environment". The Central Government is empowered to take all measures and issue all such directions as are called for the above purpose. In the present case, ***the said powers will include giving directions for the removal of sludge, for undertaking remedial measures, and also the power to impose the cost of remedial measures on the offending industry and utilise the amount so recovered for carrying out remedial measures***. This Court can certainly give directions to the Central Government/its delegate to take all such measures, if in a given case this Court finds that such directions are warranted. (...)

xxx xxx xxx

66. (...) it follows, in the light of our findings recorded hereinbefore, that Respondents 4 to 8 are absolutely liable to compensate for the harm caused by them to the villagers in the affected area, to the soil and to the underground water and hence, they are bound to take all necessary measures to remove the sludge and other pollutants lying in the affected area (...) and also to ***defray the cost of the remedial measures required to restore the soil and the underground water sources***. Sections 3 and 4 of Environment (Protection) Act confers upon the Central Government the power to give directions of the above nature and to the above effect. Levy of costs required for carrying out remedial measures is implicit in Sections 3 and 4 which are couched in very wide and expansive language. Appropriate directions can be given by this Court to the Central Government to invoke and exercise those powers with such modulations as are called for in the facts and circumstances of this case." [emphasis supplied]

Para 155. In the case of ***S. Jagannath v. Union of India and others*** (1997) 2 SCC 87=1996 INSC 1466, this Court was considering the issue of pollution created by the industry which had caused harm to the villagers in the affected area, to the soil and to the underground water. This Court observed thus:

"49. (...) Consequently, the polluting industries are 'absolutely liable to compensate for the harm caused by them to villagers in the affected area, to the soil and to the underground water and hence, they are bound to take all necessary measures to remove sludge and other pollutants lying in the affected areas. The 'Polluter Pays Principle' as interpreted by this Court means that ***the absolute liability for harm to the environment extends not only to compensate the victims of pollution but also the cost of restoring the environmental degradation. Remediation of the damaged environment is part of the process of 'Sustainable Development'*** and as such the polluter is liable to pay the cost to the individual sufferers as well as the ***cost of reversing the damaged ecology*** (...)." [emphasis supplied]

Para 156. It could thus be seen that, worldwide as well as in our jurisprudence, the law has developed and evolved emphasizing on the restoration of the damaged ecological system. A reversal of environmental damage in conformity with the principle under Article 8(f) of the CBD is what is required. At times, the compensatory afforestation permits forestation at some other site. However, the principle of restoration of damaged ecosystem would require the States to promote the recovery of threatened species. We are of the considered view that the States would be required to take steps for the identification and effective implementation of active restoration measures that are localized to the particular ecosystem that was damaged. The focus has to be on restoration of the ecosystem as close and similar as possible to the specific one that was damaged.

xxxxx

Para 158. We find that, bringing the culprits to face the proceedings is a different matter, and restoration of the damage already done is a different matter. We are of the considered view that the State cannot run away from its responsibilities to restore the damage done to the forest. The State, apart from preventing such acts in the future, should take immediate steps for restoration of the damage already done; undertake an exercise for determining the valuation of the damage done, and recover it from the persons found responsible for causing such a damage.

सर्वोच्च न्यायालय का 18.04.2024 निर्णय

एसएलपी (सी) संख्या 6937/2021, तेलंगाना राज्य एवं अन्य बनाम मोहम्मद अब्दुल कासिम में सर्वोच्च न्यायालय के 18.4.2024 के निर्णय में पर्यावरण एवं वनों के संबंध में महत्वपूर्ण तथ्य दिये गये हैं। अरावली पर्यावरण एवं वनों से संबंधित मुद्दों को समझने के लिए महत्वपूर्ण अंश/पैरा/पैरा के अंश पुन: प्रस्तुत किए गए हैं।

पैरा 25, "Protection of forests is in the interest of humanity, various species and nature", Enforcement of rights and protection of environmental issues explained in Para 26 while citing M.C. Mehta v. Kamal Nath, (2000) 6 SCC 213 case: -

"9. In the matter of enforcement of rights under Article 21 of the Constitution, this Court, besides enforcing the provisions of the Acts referred to above, has also given effect to fundamental rights under Articles 14 and 21 of the Constitution and has held that if those rights are violated by disturbing the environment, it can award damages not only for the restoration of the ecological balance, but also for the victims who have suffered due to that disturbance. In order to protect "life", in order to protect "environment" and in order to protect "air, water, and soil" from pollution, this Court, through its various judgments has given effect to the rights available, to the citizens and persons alike, under Article 21 of the Constitution...."

18.4.2024 के निर्णय में उल्लेख किया गया है कि 'अनुच्छेद 48ए और 51ए को कानूनों की व्याख्या का मार्गदर्शन करना चाहिए' इसके लिए प्रदीप कृष्ण बनाम भारत संघ, (1996) 8 एससीसी 599 मामले के पैरा 15 को उद्धृत किया गया है।

"15. "...Even Articles 48-A and 51-A(g) inserted in the Constitution by the 42nd Amendment oblige the State and the citizen, respectively, to protect and improve the natural environment and to safeguard the forest and wildlife of the country. The statutory as well as the constitutional message is therefore loud and clear and it is this message which we must constantly keep in focus while dealing with issues and matters concerning the environment and the forest area as well as wildlife within those forests. This objective must guide us in interpreting the laws dealing with these matters and our interpretation must, unless the expression or the context conveys otherwise, subserve and advance the aforementioned constitutional objectives."

पारिस्थितिकी तंत्र, जंगलों, नदियों, झीलों, समुद्र तटों, मुहाने, रिज, पेड़ों, पहाड़ों, समुद्रों और हवा के अधिकारों और मानव-केंद्रित दृष्टिकोण को पारिस्थितिकी-विलक्षण दृष्टिकोण में बदलकर उनकी रक्षा करने के हमारे कर्तव्य के संबंध में, सर्वोच्च न्यायालय ने टिप्पणी की। **पैरा 31** , "There is a crying need for a change in our approach. Man being an enlightened species, is expected to act as a trustee of the Earth. It is his **duty to ensure the preservation of the ecosystem and to continuously endeavour towards the protection of air, water, and land. It is not his right to destroy the habitat of other species but his duty to protect them from further peril. A right to enjoy cannot be restricted to any specific group, and so also to human beings.** The time has come for mankind to live sustainably and respect the rights of rivers, lakes, beaches, estuaries, ridges, trees, mountains, seas and air. It is imperative to do so as there is always a constant threat to forests due to the ever-increasing population. Man is bound by nature's law. Therefore, the need of the hour is to transform from an anthropocentric approach to ecocentric approach which will encompass a wider perspective in the interest of the environment. Dr. Susana Borras in her paper titled "New Transitions from Human Rights to the Environment to the Rights of Nature" published in Transnational Environmental Law, Volume 5, Issue 1, April 2016 has reflected on the rights of nature (p. 114),

"A new approach is emerging, however: the recognition of the rights of nature, which implies a holistic approach to all life and all ecosystems. In recent years, a series of normative precedents have surfaced, which recognize that nature has certain rights as a legal subject and holder of rights. These precedents potentially contribute not merely a greater sensitivity to the environment, but a thorough reorientation about how to protect the Earth as the center of life. From this perspective, known as 'biocentrism', nature is not an object of protection but a subject with fundamental rights, such as the rights to exist, to survive, and to persist and regenerate vital cycles. The implication of this recognition is that human beings have the legal authority and responsibility to enforce these rights on behalf of nature in that rights of nature become an essential element for the sustainability and the survivability of human societies. This concept is based on the recognition that humans, as but one part of life on earth, must live within their ecological limits rather than see themselves as the purpose of environmental protection, as the 'anthropocentric' approach proposes. Humans are trustees of the Earth rather than being mere stewards. The idea is based on the proposition that ecosystems of air, water, land, and atmosphere are a public trust and should be preserved and protected as habitat for all natural beings and natural communities."

पर्यावरण-केंद्रित दृष्टिकोण में प्रकृति के अधिकार, ट्रस्टीशिप की अवधारणा और अंतर-पीढ़ीगत इक्विटी के संबंध में सर्वोच्च न्यायालय ने टीएन गोदावर्मन थिरुमुलपाद बनाम भारत संघ, (2012) 3 एससीसी 277 के मामले से पैरा उद्धृत किया:

"17. Environmental justice could be achieved only if we drift away from the principle of anthropocentric to ecocentric. Many of our principles like sustainable development, polluter-pays principle, intergenerational equity have their roots in anthropocentric principles. Anthropocentrism is always human interest focussed and that non-human has only instrumental value to humans. In other words, humans take precedence and human responsibilities to non-human based benefits to humans. Ecocentrism is nature-centred where humans are part of nature and non-humans have intrinsic value. In other words, human interest does not take automatic precedence and humans have obligations to non-humans independently of human interest. Ecocentrism is therefore life-centred, nature-centred where nature includes both humans and non-humans. The National Wildlife Action Plan 2002-2012 and the Centrally Sponsored Integrated Development of Wildlife Habitats Scheme, 2009 are centred on the principle of ecocentrism." The concept of natural rights theory is being evolved, which encapsulates recognizing and acknowledging the rights of nature. As stated, such a right is meant for the benefit of nature, inclusive of all species, both present and future. The concept of trusteeship and inter-generational equity ought to be understood from this perspective, as any deviation would cause not only degradation of the environment but also serious inequality between different species as well as amongst them. The idea is to recognize the importance of forests qua the society as their significance has to be seen in the light of their effect on the Earth.

In the naturalistic value system nature dominates over man, the Court cited para from the case of Godavarman Thirumulpad (87) v. Union of India, (2006) 1 SCC 1

"38. Forest sustainability is an integral part of forest management and policy that also has a unique dominating feature and calls for forest owners and society to make a long-term (50 years or longer) commitment to manage forests for future generations. One of the viewpoints for sustaining forest is a naturally functioning forest ecosystem. This viewpoint takes the man and nature relationship to the point of endorsing, to the extent possible, the notion of letting the forest develop and process without significant human intervention. A strong adoption of the naturalistic value system that whatever nature does is better than what humans do, this is almost the "nature dominates man" perspective. Parks and natural reserve creations; non-intervention in insect, disease, and fire process; and reduction of human activities are typical policy situations. This viewpoint has been endorsed by the 1988 Forest Policy of the Government of India."

आर्थिक दृष्टि से वनों द्वारा प्रदान की जाने वाली अदृश्य सेवाएँ इस ग्रह पर मानव अस्तित्व के लिए बहुत ही महत्वपूर्ण और आवश्यक हैं। पैरा 33 और 34 को पुनः प्रस्तुत किया गया है

Para 33, "The wealth of a country has to be seen not only from the perspective of mere revenue, augmented through its industries and business activities. Rather, it has to be seen by giving due importance to its natural wealth which actually contributes much more than the other factors. As discussed, forests play a pivotal role in reducing carbon emissions in the atmosphere created by human activities. A substantial value needs to be attached to the contribution of forests."

Para 34, "Professor Wahlen in her paper titled "Opportunities for making the invisible visible: Towards an improved understanding of the economic contributions of NTFPs", published in the Journal of Forest Policy and Economics, Volume 84, November 2017, has considered the implications on forest governance management and policy arguing that Sustainable Development Goals (SDGs) offer an opportunity to increase attention on the non-cash contributions of forests and turn this invisible contribution into a visible one. These "invisible services" rendered by forests ought to be given due credit. Depletion and disappearance of forests would ultimately lead to a massive extinction of organisms. Appreciation of this fact shall come from the point of view of a species rather than through the prism of a State or a nation. Regulation of temperature and prevention of water depletion is the primary role of forests. Destroying forests would lead to the depletion and destruction of our life source. It would lead to extreme droughts, rainfall would become scarce and even if it pours, there would not be any means for its natural storage. The concept of forests acting as a major sink of carbon dioxide has to be appreciated and encouraged. Destruction of forests also affects pollination and would ultimately impact the food chain."

फैसले के पैरा 39 में पिछले उदाहरणों का हवाला दिया गया है जहां सबूत का बोझ यथास्थिति को बदलने वालों पर डाला जाता है, यहां पैरा के कुछ हिस्से पेश किए गए हैं, एपी प्रदूषण नियंत्रण बोर्ड बनाम प्रो. एमवी नायडू, (1999) 2 एससीसी 718

"36. We shall next elaborate the new concept of burden of proof referred to in the Vellore case [(1996) 5 SCC 647] at p. 658. In that case, Kuldip Singh, J. stated as follows: (SCC p. 658, para 11) "(iii) The 'onus of proof' is on the actor or the developer/industrialist to show that his action is environmentally benign."

Para 37. "It is to be noticed that while the inadequacies of science have led to the "precautionary principle", the said "precautionary principle" in its turn, has led to the special principle of burden of proof in environmental cases where burden as to the absence of injurious effect of the actions proposed, — is placed on those who want to change the status quo [Wynne, Uncertainty and Environmental Learning, 2 Global Envtl. Change 111 (1992) at p. 123]. This is often termed as a reversal of the burden of proof, because otherwise in environmental cases, those opposing the change would be compelled to shoulder the evidentiary burden, a procedure which is not fair. Therefore, it is necessary that the party attempting to preserve the status quo by maintaining a less polluted state should not carry the burden of proof and the party who wants to alter it, must bear this burden. [See James M. Olson: "Shifting the Burden of Proof", 20 Envtl. Law, p. 891 at p. 898 (1990).] [Quoted in Vol. 22 (1998), Harv. Env. Law Review, p. 509 at pp. 519, 550.]

xxx

39, "It is also explained that if the environmental risks being run by regulatory inaction are in some way "uncertain but non-negligible", then regulatory action is justified. This will lead to the question as to what is the "non-negligible risk". In such a situation, the burden of proof is to be placed on those attempting to alter the status quo. They are to discharge this burden by showing the absence of a "reasonable ecological or medical concern". That is the required standard of proof. The result would be that if insufficient evidence is presented by them to alleviate concern about the level of uncertainty, then the presumption should operate in favour of environmental protection. Such a presumption has been applied in Ashburton Acclimatisation Society v. Federated Farmers of New Zealand [(1988) 1 NZLR 78] . The required standard now is that the risk of harm to the environment or to human health is to be decided in public interest, according to a "reasonable persons" test. [See Charmian Barton: Precautionary Principle in Australia (Vol. 22) (1998) Harv. Env. L. Rev., p. 509 at p. 549.]"

"पर्यावरण कानून के नियम " के संबंध में सर्वोच्च न्यायालय ने मामले के कुछ हिस्सों का हवाला दिया, एचपी बस-स्टैंड प्रबंधन और विकास प्राधिकरण बनाम केंद्रीय अधिकार प्राप्त समिति, (2021) 4 एससीसी 309

"49. The environmental rule of law, at a certain level, is a facet of the concept of the rule of law. But it includes specific features that are unique to environmental governance, features which are sui generis. The environmental rule of law seeks to create essential tools — conceptual, procedural, and institutional to bring structure to the discourse on environmental protection. It does so to enhance our understanding of environmental challenges — of how they have been shaped by humanity's interface with nature in the past, how they continue to be affected by its engagement with nature in the present, and the prospects for the future, if we were not to radically alter the course of destruction which humanity's actions have charted. The environmental rule of law seeks to facilitate a multidisciplinary analysis of the nature and consequences of carbon footprints and in doing so it brings a shared understanding between science, regulatory decisions, and policy perspectives in the field of environmental protection. It recognises that the "law" element in the environmental rule of law does not make the concept peculiarly the preserve of lawyers and Judges. On the contrary, it seeks to draw within the fold all stakeholders in formulating strategies to deal with current challenges posed by environmental degradation, climate change, and the destruction of habitats. The environmental rule of law seeks a unified understanding of these concepts. There are significant linkages between concepts such as sustainable development, the polluter pays principle, and the trust doctrine. The universe of nature is indivisible and integrated. The state of the environment in one part of the earth affects and is fundamentally affected by what occurs in another part. Every element of the environment shares a symbiotic relationship with the others. It is this inseparable bond and connect which the environmental rule of law seeks to explore and understand in order to find solutions to the pressing problems which threaten the existence of humanity. The environmental rule of law is founded on the need to understand the consequences of our actions going beyond local, State, and national boundaries. The rise in the oceans threatens not just maritime communities. The rise in temperatures, dilution of glaciers, and growing desertification have consequences which go beyond the communities and creatures whose habitats are threatened. They affect the future survival of the entire eco-system. The environmental rule of law attempts to weave an understanding of the connections in the natural environment which make the issue of survival a unified challenge which confronts human societies everywhere. It seeks to build on experiential learnings of the past to formulate principles which must become the building pillars of environmental regulation in the present and future. The environmental rule of law recognises the overlap between and seeks to amalgamate scientific learning, legal principle, and policy intervention. Significantly, it brings attention to the rules, processes, and norms followed by institutions which provide regulatory governance on the environment. In doing so, it fosters a regime of open, accountable, and transparent decision making on concerns of the environment. It fosters the importance of participatory governance — of the value in giving a voice to those who are most affected by environmental policies and public projects. The structural design of the environmental rule of law composes of substantive, procedural, and institutional elements. The tools of analysis go beyond legal concepts. The result of the framework is more than just the sum total of its parts. Together, the elements which it embodies aspire to safeguard the bounties of nature against existential threats. For it is founded on the universal recognition that the future of human existence depends on how we conserve, protect, and regenerate the environment today."

Xxxx

"The point, therefore, is simply this — the environmental rule of law calls on us, as Judges, to marshal the knowledge emerging from the record, limited though it may sometimes be, to respond in a stern and decisive fashion to violations of environmental law. We cannot be stupefied into inaction by not having access to complete details about the manner in which an environmental law violation has occurred or its full implications. Instead, the framework, acknowledging the imperfect world that we inhabit, provides a roadmap to deal with environmental law violations, an absence of clear evidence of consequences notwithstanding." (emphasis supplied)".

58. The UNEP Report (supra) also goes on to note [UNEP, "Environmental Rule of Law First Global Report" (January 2019), p. 213.] : "Courts and tribunals must be able to grant meaningful legal remedies in order to resolve disputes and enforce environmental laws. As shown in Figure 5.12, legal remedies are the actions, such as fines, jail time, and injunctions, that courts and tribunals are empowered to order. For environmental laws to have their desired effect and for there to be adequate incentives for compliance with environmental laws, the remedies must both redress the past environmental harm and deter future harm."

59. In its Global Judicial Handbook on Environmental Constitutionalism, the UNEP has further noted [UNEP, Global Judicial Handbook on Environmental Constitutionalism (3rd Edn., 2019), p. 7.] :

"Courts matter. They are essential to the rule of law. Without courts, laws can be disregarded, executive officials left unchecked, and people left without recourse. And the environment and the human connection to it can suffer. Judges stand in the breach."

5.6.3. अरावली की पहाड़ियों पर केंद्रीय अधिकार प्राप्त समिति की रिपोर्ट

सीईसी का गठन भारत के सर्वोच्च न्यायालय द्वारा किया गया था। किसी भी निर्माण गतिविधि में अनिवार्य रूप से भूमि को तोड़ना शामिल होता है, जो पीएलपी अधिनियम की धारा 4 और 5 के तहत अधिसूचित क्षेत्रों में कानून के तहत गैरकानुनी है। कानूनी तौर पर वन क्षेत्रों को वन विभाग द्वारा स्वामित्व नही होने के बावजूद वनों के रूप में नियंत्रित और प्रबंधित किया जाना चाहिए; भूमि का स्वामित्व किसी भी व्यक्ति, कंपनियों, समितियों, पंचायत देह, शमिलात देह और किसी भी सरकारी विभाग या अन्य के पास हो सकता है। पर्यावरण के प्रति संवेदनशील क्षेत्रों की पहचान यह सुनिश्चित करने के लिए की जाती है कि भूमि की स्थिति, विभिन्न अधिनियमों, अधिसूचनाओं और भारत के सर्वोच्च न्यायालय के निर्णयों/आदेशों की प्रयोज्यता की अनदेखी/गलत प्रस्तुति करके अरावली पहाड़ियों में कोई खनन, कोलोनाइजेश्न, फार्महाउस निर्माण या कोई भी गैर-वानिकी गतिविधि न हो। वन विभाग को यह सुनिश्चित करना होता है कि निर्धारित शर्ते/सुरक्षा उपाय केवल कागजों मे हि छिपे नही रहें।

यह देखा गया कि भू-माफिया ने अदालतों में यह दिखाने के लिए पेड़ों को काटना शुरू कर दिया कि अरावली की जिस भूमि का वे गैर-वानिकी के लिए उपयोग करना चाहते हैं, वह वृक्षों से रहित है। सीईसी ने 7 जून, 2007 के पैरा 1 में "(a) area notified under Section 4 and / or 5 of PLP Act, including the area of which notification have expired- irrespective of the ownership and existing tree cover; and (b) area covered under the Aravalli Plantation irrespective of ownership and the existing tree cover." के संबंध में एक रिपोर्ट प्रस्तुत करने का निर्देश दिया। यह स्पष्ट करते हुए कि वन भूमि, भले ही पेड़ों को काट दिया जाए, कानून में वन भूमि के रूप में अपना दर्जा नहीं खोएगी। सत्यापन और जमीनी निरीक्षण के दौरान साइटों पर बड़े पैमाने पर उल्लंघन पाए गए, पूर्ण रिर्पोट वन संरक्षक दक्षिणि द्वारा प्रधान मुख्य वन संरक्षक के माध्यम से सीईसी को प्रस्तुत की गई।

सीईसी की रिपोर्ट दिनांक 12-9-2007 को आईए संख्या 828 में आईए संख्या 833, 834, 835 और अन्य के साथ डब्ल्यूपी(सी) संख्या 202/95 में दी गई, जिसमें अरावली पहाड़ियों के संरक्षण, उपग्रह चित्रों का उपयोग करके मानचित्र तैयार करने, पर्यावरण और गैर-वानिकी कार्यों के बीच संतुलन बनाने के लिए वैज्ञानिक भूमि उपयोग योजना विकसित करने, एफसी अधिनियम की अनुमति के बिना क्षेत्रों को निषिद्ध क्षेत्रों से बाहर न करने के लिए एक विस्तृत प्रक्रिया निर्धारित की गई थी। गुड़गांव और फरीदाबाद जिलों के लिए निषिद्ध अरावली क्षेत्रों के चारों ओर 500 मीटर से एक किलोमीटर के सुरक्षा क्षेत्र/बेल्ट अवधारणा की सिफारिश की गई थी और हरियाणा और राजस्थान में अरावली पर्वतमाला के अन्य जिलों के लिए भी इसी तरह की प्रक्रिया को अपनाने का पालन किया जाना था (पैरा 13)। लेखक की अध्यक्षता में एक समिति भी गठित की गई थी (पैरा 12.vi.)।

केंद्रीय अधिकार प्राप्त समिति की दिनांक 5-12-2007 की रिपोर्ट IA संख्या 828 के साथ 833, 834-835 इत्यादि, पैरा 2 में वन विभाग द्वारा अतीत में दिए गए अनुचित एनओसी जारी करने का उल्लेख किया गया है। पैरा 3, , "The CEC is of the view that the recommendations made in respect of mining in the above area are equally applicable to activities such as colonisation, construction of farmhouses, etc. It is therefore that the areas notified under Section 4 and/or 5 of the Punjab Land Preservation Act including the areas for which the notifications have expired, areas planted under the Aravalli Afforestation Project, and other Plan /Non-Plan Schemes of the Central /State Government may also be treated as the **prohibited zone** for colonisation, construction of farmhouses and other construction activities. Such activities in the prohibited zone should be permissible only if found to be in the public interest and after obtaining permission of this Hon`ble Court,"

सीईसी, 28-8-2008 की बैठक की रिपोर्ट सर्वोच्च न्यायालय को सौंपी गई, "समिति गांववार मानचित्रों को तैयार करने और जिला मानचित्रों में उनके एकीकरण और मोज़ेकिंग के लिए जिम्मेदार होगी, जिसमें दिखाया जाएगा: क) पंजाब भूमि संरक्षण अधिनियम की धारा 4 और 5 के तहत क्षेत्र, जिसमें अधिसूचनाओं के तहत क्षेत्र शामिल हैं जिनकी समय सीमा समाप्त हो गई है; ख) अरावली वृक्षारोपण के तहत क्षेत्र; ग) अन्य वृक्षारोपण के तहत क्षेत्र; घ) आरक्षित वन, संरक्षित वन और माने गए वन के तहत क्षेत्र, यदि कोई हो; ई) 7.5.1992 की अरावली अधिसूचना के तहत तत्कालीन गुड़गांव जिले में बन्दिसत क्षेत्र; एफ) राज्य सरकार द्वारा तय कोई अन्य क्षेत्र; गांव/जिला स्तर के मानचित्रों में, सूरजकुंड/बड़कल झील से दो किलोमीटर के भीतर आने वाला क्षेत्र, दिल्ली सीमा की सीमा से पांच किलोमीटर के साथ-साथ राष्ट्रीय राजमार्ग, राज्य राजमार्ग, प्रमुख जिला सड़कें और राज्य सरकार द्वारा तय अन्य विवरण दर्शाया जा सकता है।

उपर्युक्त कार्य को परियोजना के रूप में लिया जा सकता है और प्राथमिकता के आधार पर (तीन महीने की अवधि के भीतर) किया जा सकता है, जिसके लिए धनराशि राज्य सरकार द्वारा प्रदान की जाएगी। इस अभ्यास को पूरा करने के लिए अनुमानित व्यय लगभग एक करोड़ रुपये है। कार्य में मानचित्र तैयार करना, डेटा विश्लेषण, क्षेत्र सत्यापन और गांव-वार/जिला-वार मानचित्रों की तैयारी शामिल होगी। इस अभ्यास के लिए, दो अवधियों (मान लें वर्ष 2004 और 2007/8) की उचित रिजोल्यूशन की छवियां (मान लें LISS III PAN क्रोमेटिक/ LISS IV या QUICK Bird/IKONOS) जिन्हें DG, FSI द्वारा उपयुक्त समझा जाए, FSI द्वारा खरीदी/प्राप्त की जा सकती हैं। गांव-वार/जिला-वार मानचित्रों को जमीनी सत्यापन के जरिए मान्य किया जाना चाहिए। DG, FSI तकनीकी और अन्य सहायक कर्मचारियों को नियुक्त कर सकते हैं और जिन्हें इस अभ्यास को करने के लिए उचित पारिश्रमिक/मानदेय, यात्रा और अन्य खर्चों का भुगतान किया जा सकता है;

(iv) जब तक मैक्रो योजनाओं के कार्यान्वयन के लिए माननीय सर्वोच्च न्यायालय की अनुमति प्राप्त नहीं हो जाती है, तब तक राज्य सरकार/पर्यावरण मंत्रालय द्वारा निषिद्ध क्षेत्र में शामिल किसी भी क्षेत्र के उपयोग के लिए कोई अनुमति नहीं दी जाएगी, क्योंकि पीएलपीए की धारा 4 और 5 के तहत अधिसूचित क्षेत्र, अरावली परियोजना, हरियाणा वन विभाग द्वारा लगाए गए वृक्षारोपण, अरावली अधिसूचना आदि इस अपवाद के साथ हैं कि सार्वजनिक उपयोगिता परियोजनाएं जैसे ट्रांसमिशन कनेक्टिविटी (कॉलोनियों की ओर जाने वाली सड़कों को छोड़कर) आदि को कानून की उचित प्रक्रिया का पालन करने के बाद एफसी अधिनियम के तहत अनुमोदन के लिए विचार किया जा सकता है, बशर्ते कि ऐसे गैर वानिकी उपयोग माननीय सर्वोच्च न्यायालय के निर्देशों द्वारा निषिद्ध न हों;..."

29-8-2008 की रिपोर्ट IA नंबर 1468 और 2138-2139 IA नंबर 891-892 में 28-8-2008 को हुई बैठक के मिनट्स के साथ सुप्रीम कोर्ट में पेश की गई। 28.8.2008 की बैठक के बाद CEC की रिपोर्ट, जिसमें हरियाणा राज्य के प्रतिनिधियों के रूप में प्रशासनिक सचिव और अन्य शामिल थे, पारिस्थितिकी रूप से नाजुक अरावली पहाड़ियों की सुरक्षा और प्रक्रिया/पद्धति निर्धारित करने के संबंध में थी और उस रिपोर्ट को क्षेत्र में सतत विकास के लिए सुप्रीम कोर्ट के समक्ष रखा गया था। सबसे पहले उन क्षेत्रों की पहचान करना आवश्यक है, जहां इस तरह की गतिविधियाँ वर्तमान में विभिन्न अधिनियमों और भारत के सर्वोच्च न्यायालय के आदेशों द्वारा निषिद्ध/विनियमित हैं। रिपोर्ट के पैरा 2 में निषिद्ध क्षेत्रों का उल्लेख किया गया है , "These includes the areas notified under Section 4 and 5 of the Punjab Land Preservation Act, 1900 including areas under notifications which have expired, areas covered under the Aravalli Project and other plantations raised by the Haryana Forest Department, reserve forest, protected forests deemed forests and area of the erstwhile Gurgaon district covered under the Aravalli notification dated 7-5-1992".

रिर्पोट के पैरा 3 में कहा गया है, "3(a) no mining or colonization takes place in the Aravalli Hills by overlooking/ misrepresenting the status of the land, applicability of various enactments, notification and the orders of the Hon'ble Supreme Court; b) the stipulated conditions/safeguards do not remain on paper only; c) a decision on the individual cases it taken after assessing the cumulative effect of the activities on the Aravalli Hills; and d) the Aravalli Hill area is allowed to be used only when absolutely necessary and unavoidable and in public interest."

सर्वोच्च न्यायालय ने रिपोर्ट पर विचार किया और अरावली पहाड़ियों के लिए मानचित्र तैयार करने का निर्देश दिया (दिनांक 1.9.2008 का आदेश)। यह भी प्रस्तावित है कि निषिद्ध क्षेत्रों के ग्रामवार और जिलावार मानचित्र तैयार होने के बाद, निषिद्ध क्षेत्र में आने वाले क्षेत्रों की पहचान माननीय सर्वोच्च न्यायालय द्वारा तय की जाएगी। यह उम्मीद की जाती है कि यदि माननीय न्यायालय के निर्देशों या लागू अधिनियमों/नियमों/दिशानिर्देशों का उल्लंघन करते हुए किसी भी निषिद्ध क्षेत्र में गैर-वानिकी गतिविधि चल रही है, तो राज्य सरकार इसे तत्काल बंद कर देगी। लेखक की देखरेख में उन मानचित्रों का जमीनी सत्यापन पूरा किया गया और नक्शे सीईसी के माध्यम से सर्वोच्च न्यायालय मे प्रस्तुत किये गए।

इसके अलावा, सीईसी की 14-11-2008 की रिपोर्ट आईए संख्या 1468 और 2138-2139 आईए संख्या 891-892 में, सर्वोच्च न्यायालय के दिनांक 1.9.2008 के आदेश के अनुपालन में हरियाणा में अरावली पहाड़ी क्षेत्रों के संबंध में भूमि उपयोग मानचित्र और मैक्रो प्लान 14-11-2008 को प्रस्तुत किए गए थे।

डीजी एफएसआई के 13.11.2008 के पत्र की रिपोर्ट सुप्रीम कोर्ट में दी गई थी, पैरा iv, "जियो-रेक्टिफिकेशन (अक्षांश/देशांतर देकर पृथ्वी पर सापेक्ष स्थिति प्रदान करना) किसी भी मानचित्र के लिए प्राथमिक कदम है और साथ ही उपग्रह इमेजरी को भौगोलिक सूचना प्रणाली (जीआईएस) में संगत बनाने और परिवर्तन विश्लेषण के लिए उपयोग करने के लिए प्राथमिक कदम है। कैडस्ट्रल मानचित्रों के लिए पूरे क्षेत्र में समान वितरण के साथ जीसीपी का सटीक निर्धारण महत्वपूर्ण हो जाता है। एक बार जब जीसीपी सबसे पहले राजस्व गांव के नक्शे पर और फिर उपग्रह इमेजरी (दोनों मिलते-जुलते पैमाने के) पर चिह्नित हो जाते हैं, तो गांव के नक्शे स्कैनिंग के लिए एफएसआई लैब में लाए जाते हैं। चूंकि गांव के नक्शे का पैमाना बड़ा होता है (1: 3,960 या 1: 2,640) इमेजरी पहले से ही डिजिटल (सॉफ्ट) फॉर्म में हैं; इसलिए स्कैनिंग की जरूरत नहीं पड़ी। फिर दोनों (गांव के नक्शे और संबंधित इमेजरी) का जियो-रेक्टिफिकेशन डिजिटल इमेज प्रोसेसिंग सॉफ्टवेयर ERDAS इमेजिन 9.2 का उपयोग करके किया गया, जो देहरादून में FSI कंप्यूटर सेंटर पर उपलब्ध है।"

केंद्रीय अधिकार प्राप्त समिति ने एफएसआई के महानिदेशक की अध्यक्षता में एक समिति गठित की, जिसमें मानचित्रों को स्कैन किया गया और गांव सजरा (कैडस्ट्रल मानचित्र) के साथ ईमेजरी को लगाया गया और लेखक को सदस्य के रूप में हरियाणा के अरावली जिलों में जीपीएस सर्वेक्षण के माध्यम से भू नियंत्रण बिंदु (जीसीपी) और भूमि सत्यापन तय करने के बाद भू-संशोधन र्काय करने के लिए जिम्मेवारी दी गई। 13-11-2008 की रिपोर्ट "पीएलपीए की धारा 4 और 5 के तहत क्षेत्रों, अरावली वृक्षारोपण, अन्य वृक्षारोपण, अधिसूचित वन, डीम्ड वन आदि को दर्शाने वाले गांववार/जिलावार भूमि उपयोग मानचित्रों की तैयारी के लिए र्काय पूंण किया।" हमने उस रिपोर्ट में राज्य के अधिकारियों की मिलीभगत और समर्थन से पर्यावरण कानूनों और माननीय सर्वोच्च न्यायालय के आदेशों का घोर उल्लंघन पाये जाने कि रिर्पोट र्दशायी, अवैध निजी लाभ के लिए पंजाब भूमि संरक्षण अधिनियम 1900 की धारा 4 और 5 के तहत अधिसूचित क्षेत्रों का बड़े पैमाने पर उपयोग की सूचना दी गई थी।

सीईसी रिपोर्ट 13.11.2008 (अंतरिम), पैरा 6, "सैटेलाइट इमेजरी पर लगाए गए अनंगपुर गांव के राजस्व मानचित्र से पता चलता है कि सेक्शन 4 और 5 क्षेत्रों में बड़ी संख्या में कॉलोनियाँ, फार्महाउस और खदानें स्थित हैं। सीईसी ने सुनवाई के दौरान मानचित्र को प्रस्तुत करने के लिए माननीय न्यायालय से अनुमति मांगी है। आसान संदर्भ के लिए, कुछ प्रमुख स्थानों को नीचे दिए गए अनुसार एक से सात तक की संख्याओं से चिह्नित किया गया है:

स्थान का क्रमांक ---------**विवरण**

1. ------------- कांत एन्क्लेव (एमसी मेहता मामले में माननीय सर्वोच्च न्यायालय के दिनांक 14.5.2008 के आदेश द्वारा कवर)
2. ---------------- लेक वुड का दृश्य (सूरजकुंड झील के जलाशय स्थल में)
3. ------------------कथित तौर पर कोलोनाइजेशन के लिए एक बड़े क्षेत्र से पेड़ काट दिए गए
4. ---------------- फार्म हाउस
5. ----------------- रेस्तरां, झोपड़ियाँ, लॉन
6. --------------- फार्म हाउस और बैंक्वेट हॉल (तीन समूह)

7A से 7Q ---------- खनन स्थल (वर्तमान में माननीय सर्वोच्च न्यायालय के आदेश के अनुसार बंद हैं)

सीईसी ने 15-01-2009 की अपनी रिपोर्ट में भूमि उपयोग मानचित्रों के तीन घटक प्रस्तुत किए (i) उपग्रह चित्र (ii) स्कैन किए गए गांव के नक्शे (iii) उपग्रह चित्रों पर अधिसूचित पीएलपी अधिनियम धारा 4 और 5 के क्षेत्रों के अंकन के साथ आरोपित गांव के राजस्व मानचित्र।

Para 6. "On perusal of the maps of these three-representative village (Mewla Maharajpur, Ankhir, and Ananagpur) it may be seen that:

i. a very large number of mines, which are presently closed pursuant to the orders of this Hon'ble Supreme Court, fall in the areas notified under 4 and/ or 5 of the PLPA and other areas in and around the plantation. The report of the Forest Survey of India shows that at least 134 mines fall in the areas notified under Section 4 and/ or 5 of the PLPA. These include 28 mines in Lakarpur, 26 mines in Anangpur, 17 mines in Mewla Maharajpur, 11 mines in Badkhal, 19 mines in Gothra Mohabtabad and Nayagaon, 8 mines in Mangar and 7 mines in village Dhauj. It may be seen that the list compiled by the FSI does not include a large number of small/surface mines;

ii. many of the mined areas now have water in them; and

iii. a large number of Colonies, Buildings, Banquet Halls, Farm Houses, Engineering Colleges, Schools, Ashrams etc. are located in areas notified under Section 4 and/ or 5 of the PLPA and/ or areas with forest cover. For ready reference, a copy of the map prepared by the FSI for the village Anangpur on the scale of 1:7920 along with the details of some of the prominent non-forest uses marked thereon is enclosed at Annexure-R-2 to this Report. Copies of the maps (without reduction) of the relevant portion of Anangpur village wherein large-scale non-forestry use has taken place are enclosed at Annexure-R-3 to this Report."

पैरा 7 में, सीईसी ने कहा कि "The Central Empowered Committee is of the view that demolition of the above illegal Buildings/ Colonies/ Farm Houses, etc., and rehabilitation of such areas should be taken up by the State of Haryana in a time bound manner and **no sale/ purchase of such lands should be permitted. The permission earlier granted, if any, for non-forestry uses in such areas should be immediately revoked by the State of Haryana.** The Central Empowered Committee does not agree with the State of Haryana that large-scale demolition may create a serious law and order problem..."

पैरा 9 (ए) में, सीईसी ने सिफारिश की, "**....to treat the entire Aravalli Hills areas of Faridabad and Gurgaon District as prohibited zone** for mining except specific locations exempted by the Hon'ble Supreme Court;" and 9 (c) "demolitions of colonies, farm houses, banquet halls and other buildings illegally constructed in areas closed under Section 4 and/ or 5 of the PLPA such as Kant Enclave, Karamyogi Shelter Pvt. Ltd., Lake Wood View etc..."

पैरा 11 में सीईसी ने उल्लेख किया है, "The CEC is of the view that in the prohibited zone, which includes areas notified under section 4 and/or 5 of the PLP A, areas afforested under the Aravalli Project and other schemes of the State Government, no non-forestry use except site specific projects which are absolutely necessary and are required in the public interest should be permitted/undertaken. A consensus has been reached with the State of Haryana regarding the projects that may be considered as site specific projects of public interest and may be considered for approval under the Forest Conservation Act by the Ministry of Environment & Forest on payment of NPV, Compensatory Afforestation and other conditions.,"

Para 12, "A consensus has been reached with the State of Haryana that Section 4 and/ or 5 of areas acquired and developed by the HUDA in its Sectors namely 21-C III, 44, 47 and 45, and used for the construction of the Gymkhana Club, Fire Station, and the Police Post may be considered for regularization subject to 379 acres of the acquired land being notified as Reserved Forest/Protected Forest, deposit of Rs. 45 crores by the State of Haryana/HUDA in the Aravalli Rehabilitation Fund and other conditions. The details may be seen at para 7 of the Minutes of the meeting at Annexure-R-4 of this Report."

Para 15, "The present Report provides for a comprehensive package of relief and prohibitions, which are interlinked and should be considered as a whole. It would therefore be appropriate that decision on the various recommendations /observations made by the CEC in this Report are taken simultaneously. For example, the regularization of HUDA sectors may be permitted only if the State of Haryana takes effective steps for the demolition of buildings/structures in the areas notified under Section 4 and or 5 of the PLPA and other forest areas and rehabilitation of such areas." हालांकि, यह स्पष्ट किया जाता है कि वन भूमि पर कोलोनाइजेश्न या हरियाणा शहरी विकास प्राधिकरण शहरीकरण वन संरक्षण अधिनियम के तहत एक अनुमेय गतिविधि नहीं है ।

7- 1- 2009 सीईसी बैठक के मिनट 15-1-2009 को जारी किए गए और 15-1-2009, सीईसी रिपोर्ट (अनुलग्नक आर -4 के रूप में) के साथ सुप्रीम कोर्ट को प्रस्तुत किए गए। कुछ पैराग्राफ के प्रासंगिक हिस्से यहां उद्धृत किए गए हैं;

Para 2. "After detailed discussions, a consensus was reached between the CEC and the State of Haryana on the following:

(i) In view of the extreme eco-sensitive nature of the Aravalli Hills, adverse impact of mining, depleted water table, lack of effective remedial measures taken for rehabilitation and reclamation of mined area, past history of blatant violation of environmental laws, rules, and regulations, observations of the CEC, Bhurelal Committee, and Monitoring Committee in their Report filed before the Hon'ble Supreme Court regarding the Aravalli Hills, to begin with, it would be desirable that all the mining leases which have been granted in the past are permanently revoked with no liability to either side and/or these mines are not allowed to be re-opened;

"(ii) The entire Aravalli Hills Range falling in the District of Faridabad should be declared as a 'Prohibited Zone' for mining of major mineral. No new mining lease of major minerals should be granted/renewed. In exceptional cases of rare mineral of national importance being found in the future in the area, the mining of such minerals, with adequate safeguards, environmental compensation, and appropriate monitoring, may be considered with the permission of the Hon'ble Supreme Court provided that alternate sources of such mineral are not available in the country;

Para 4. "It was observed by the CEC that large-scale colonization activities, construction of Farm Houses, Banquet Halls, Residential and other building construction, etc. have taken place/under process in the area falling under Section 4 and 5 of the PLPA and /or areas afforested under the Aravalli Project and other schemes of the State Government. These include 424.82 acres of area in village Anangpur by R. Kant & Company (Kant Enclave), part of Lake Wood (M/s Eros Developers), 347.29 acres of Ken Wood mercantile Pvt. Ltd. And numbers Farm Houses, Banquet Halls, and Buildings etc. All these non-forestry activities have taken place in gross violation of the Hon'ble Supreme Court. Almost the entire Aravalli Hill Range in Faridabad District is in the process of colonization and other non-forestry uses. It is imperative to ensure that no non-forestry use, except absolutely necessary and unavoidable Government Projects require in public interest, is permitted in such areas. It was also observed that the Hon'ble Supreme Court by an Order dated 14.5.2008 in IA No. 1901 in M.C. Mehta matter has declined to grant any exemption to Kant Enclave, and other colonizers and has held that the Hon'ble Supreme Court's Order dated 18.3.2004 in Writ Petition (Civil) No.4677 of 1985 is equally applicable to colonization and other non-forestry activities."

5. "In view of the above, it is essential that a time-bound action for demolition of illegal construction/ colonization/Farm Houses etc. and rehabilitation of such land should be permitted as such transaction are in granted for the non-forestry use of such areas should be immediately revoked by the State Government."

Para 7. "During the meeting, the issue regarding the regularization of the colonies developed by the HUDA and part of which falls under Section 4 and/ or 5 of the PLPA was also discussed. As per the information provided by the State of Haryana, the following HUDA Sectors/community buildings fall wholly/fourthly in Section 4 and/ or 5 of the PLPA areas:

<u>HUDA SECTORS</u>

S.No. -Sector --Total Area -Area ---- Area ----- No. of plots -------- Area under allotted plots

------ --------- of Sector--acquired --of Sector ---allotted in ------- alloted plots

------- -------- ------------ by HUDA -affected ----PLPA

-------- ------ ----------- ------------- by PLPA

1 ---21-C-III --137.90 Acre --137.90 Acre - 137.90 Acre --130.27 (GHS) ------- 44.12 Acre

2 - 44 & 47-- 512 Acre -- 512 Acre -- 512 Acre -- 46 ----- 3.56 acres plus 98 acres used for

-- Leisure Vally (71 acres developed & --- balance 27 acres in the process

3 --- 45 ---193 Acre ---182.97 Acre ---16.50 Acre -- 94 ------ 3.13 acres

4 Anangpur - 80 Acre -80 Acre --------80 Acre --------- -------- ---

Total -------922.90 Acres --912.87 Acres -- 746.40 Acres --297 ------- 50.81+98 acres

<u>COMMUNITY BUILDING</u>

S.No. --- Name of Building Area Sector

6 --------- Gymkhana 3.24 Acres Located on Suraj Kund Road opposite Sector 21-C, Part-III

7 ---------- Fire Station 1.86 Acres Sector – 47

8 ---------- Police Post 0.30 Acre Sector - 44

7. After detailed discussions, it was agreed that, as a one-time exemption, deletion of the areas covered under the above sectors of HUDA will be recommended to the Hon'ble Supreme Court subject to the following conditions:

(a) 80 acres of land in village Anangpur and 250 acres in Section 4 and/ or 5 of the PLPA 44 & 47 will be notified as Reserved Forest/Protected Forest and will be developed and permanently maintained as dense forest by the State of Haryana. Non-forestry activities, including housing, will not be permitted in this area. In addition, out of 98 acres of area of Leisure Valley falling in Sector 44 & 47, at least 49 acres of area will also be notified and maintained as Reserve Forest/Protected Forest. The balance 49-acre area of the Leisure Valley will be maintained as a predominantly green area wherein no construction, except associated pathways, office, water tank, etc., shall be permissible;

(b) not more than 90 acres of area in Sectors 44 and 47, will be used for residential/ commercial /institutional purposes. Appropriate area coverage, as admissible for this area and including the FSI for the area to be notified as "forest", may be permitted by the State of Haryana for the purpose of water-works, sewage treatment plant, and power grid sub-station and other associated infrastructure works;

(c) an amount of Rs. 45.00 crore will be deposited by the State Government / HUDA in the Aravalli Rehabilitation Fund. This amount will be used exclusively for the development and maintenance of dense forest in the area to be notified as Reserved/Protected Forest as given above and in other area of Aravalli Hills in District Faridabad; and

(d) subject to the permission of the Hon'ble Supreme Court and approval under the FC Act, the above area will be deleted from the 'Forest'. No NPV or compensatory afforestation charges will be payable.

C. Cite-Specific Projects of Public Importance

8."It was agreed that the Ministry of Environment & Forests may consider the following category of site-specific projects of public interest, on formal proposals filed by the State of Haryana, for approval under the FC Act subject to the payment of NPV, compensatory Afforestation, and other stipulations:

(i) Expressway, Highway, State Roads (ii) Railways/Metro Lines (iii) Electricity Transmission Lines and Distribution lines (iv) Trade Fair Site (v) Drinking Water Projects (vi) Solid waste re-fill sites (vii) Knowledge Corridor, excluding Deemed Forest Area of Mangar Banni village, which the State Government should notify as Reserved /Protected Forest. (Vii) Dhoj Crusher Zone (already established)."

अरावली पहाड़ियों के गुड़गांव जिले के 58 गांवों के भूमि उपयोग के लिए सीईसी की 17-3-2009 रिपोर्ट सर्वोच्च न्यायालय को सौंपी गई।

5.6.4. पर्यावरण संरक्षण अधिनियम, 1986 के अंतर्गत भारत सरकार, पर्यावरण एवं वन मंत्रालय द्वारा जारी अधिसूचना, दिनांक 7.5.1992

भारत सरकार ने अपने राजपत्र अधिसूचना दिनांक 7.5.92 के तहत अरावली पर्वतमाला में निम्नलिखित प्रक्रियाओं और कार्यों पर प्रतिबंध लगा दिया है: -

i. " Location of any new industry including expansion /modernisation;

ii. a. All new mining operations, including renewals of mining leases,
   b. Existing mining leases in sanctuaries, National Parks, and areas covered under Project Tiger and /or

c. mining is being done without permission of the competent authority,

iii. cutting of trees;
iv. construction of any clusters of dwelling units, farmhouses, sheds, community centers, information centers any other activity connected with such construction (including roads, a part of any infrastructure relating thereto;
v. Electrification (laying of new transmission lines)"

"Areas where carrying on of processes and operations without permission is prohibited

i. All reserved forests, protected forests or any other area shown as "forest" in the land records maintained by the State Government as on the date of this notification in relation to Gurgaon District of the State of Haryana and the Alwar District of the State of Rajasthan.
ii. All areas shown as:- (a) gair Mumkin Pahar, or (b)Gair Mumkin Rada, or (c) gair Mumkin Behed, or (d) banjad Beed, or (e) Rundh

In the land records maintained by the State Government as on the date of this notification in relation to Gurgaon district of the State of Haryana and the Alwar district of the State of Rajasthan.

iii. All areas covered by notification issued under the Punjab Land Preservation Act, 1900, as applicable in the State of Haryana in the District Gurgaon upto date of this notification
iv. All areas of 'Sariska National Park' and Sariska Sanctuary notified under Wildlife (Protection) Act, 1972."

भारत सरकार ने गुड़गांव जिले (नए मेवात, नूह जिले सहित) की अरावली पर्वतमाला के निर्दिष्ट क्षेत्रों में खनन, औद्योगिक गतिविधि और किसी भी आवासीय इकाई, फार्म-हाउस, शेड आदि के किसी भी समूह के निर्माण को प्रतिबंधित और निषिद्ध कर दिया है। यह अधिसूचना अरावली पारिस्थितिकी तंत्र के नाजुक पर्यावरण को भू-माफिया और खनन, फार्महाउस और कोलोनाइजेश्न लॉबी के हमले से बचाने के लिए जारी की गई थी।

5.7. पी.एल.पी. अधिनियम के अंतर्गत अरावली क्षेत्र अधिसूचित ।

इस अध्याय के पिछले भाग में पी.एल.पी. अधिनियम के अंतर्गत अधिसूचना जारी करने की प्रक्रिया का वर्णन किया गया है। इस भाग में अरावली पहाड़ियों में धारा 3, 4 और 5 के अंतर्गत अधिसूचित क्षेत्रों की सूची दी गई है। यह स्पष्ट किया जाता है कि तत्कालीन महेंद्रगढ़ जिले के लिए धारा 3, 4 और 5 के लिए संयुक्त पंजाब में अलग-अलग अधिसूचनाएं जारी की गई थीं। अधिसूचना संख्या 9419-डी दिनांक 30.09.1948 को पी.एल.पी. अधिनियम की धारा 3 और 4 के अंतर्गत उस समय के लगभग पूरे गुड़गांव जिले के लिए जारी की गई, जिसमें फरीदाबाद, पलवल, गुड़गांव, मेवात (नूंह), रेवाड़ी जिले शामिल थे।

हरियाणा सरकार के राजपत्र दिनांक 10 जुलाई, 1980 द्वारा धारा 3 के लिए अधिसूचना संख्या एसओ 164/पीए2/एस. 3/80 दिनांक 10 जुलाई, 1980 को हरियाणा के विभिन्न जिलों के लिए जारी की गई थी।

हरियाणा सरकार, राजपत्र दिनांक 18-11-1980। धारा 4 'सामान्य' अधिसूचना संख्या एसओ 227/पीए2/एस. 4/80 दिनांक 10-11-1980 हरियाणा राज्य के विभिन्न जिलों के लिए पेड़ों की कटाई आदि पर प्रतिबंध लगाने के संबंध में जारी की गई।

हरियाणा सरकार, राजपत्र दिनांक 10 अप्रैल, 1992, धारा 3 अधिसूचना संख्या एसओ 59/पीए2/एस. 3/92 दिनांक 10 अप्रैल, 1992 बल्लभगढ़ तहसील फरीदाबाद जिला हरियाणा के लिए जारी की गई। जबकि बल्लभगढ़ तहसील का 183977 एकड़ क्षेत्र कटाव-प्रवण घोषित किया गया था। फरीदाबाद के लिए, अलग-अलग गांवों के लिए भी धारा 3 अधिसूचना जारी की गई थी, जिसकी जानकारी संबंधित गांवों के साथ दी गई है।

हरियाणा सरकार, राजपत्र दिनांक 16-11-1995। धारा 4 'सामान्य' अधिसूचना संख्या एसओ 130/पीए2/एस.4/95 दिनांक 16-11-1995 हरियाणा राज्य के विभिन्न जिलों में पेड़ों की कटाई आदि पर प्रतिबंध के संबंध में।

हरियाणा सरकार, राजपत्र दिनांक 17-11-1997। धारा 3 अधिसूचना संख्या एसओ 113/पीए2/एस. 3/97, दिनांक 17-11-1997 हरियाणा के विभिन्न जिलों के लिए जारी की गई।

हरियाणा सरकार, राजपत्र दिनांक 28-11-1997। धारा 4 'सामान्य' संशोधित अधिसूचना संख्या एसओ 121/पीए2/एस. 4/97 दिनांक 28-11-1997 द्वारा हरियाणा राज्य के विभिन्न जिलों में पेड़ों आदि की कटाई पर संशोधित प्रतिबंध जारी किए गए।

कई अरावली क्षेत्रों को संरक्षित यानी पीएफ वन भूमि के रूप में अधिसूचित किया गया, जिसमें धारा 4 और 5 के तहत बंद किए गए खसरा नंबर और कुछ नए खसरा नंबर भी शामिल हैं, पीएलपी अधिनियम के मौजूदा खसरा नंबरों को जगह बचाने के लिए दोहराया नहीं गया है क्योंकि वे सभी दर्ज किए गए वन (recorded forests) हैं, और अधिसूचित पीएफअतिरिक्त खसरा नंबरों का उल्लेख इस पुस्तक में किया गया है। हर अधिसूचना के लिए मूल अधिसूचना जरूर देखें।

फरीदाबाद जिला

1. हरियाणा सरकार, राजपत्र दिनांक 25 अगस्त, 1992, **धारा 4** , अधिसूचना संख्या एसओ 100/पीए2/एस.4/92, दिनांक 18.8.1992, गाँव **लकड़पुर** (एचबी नंबर 1), बल्लभगढ़, फरीदाबाद के लिए। बंद क्षेत्र 302 एकड़ 7 कनाल 10 मरला। # आयत [43]-/ किला संख्या। #3-/24, # 5-/4/2/2, 7/2, 18/2/2। #6 -/10/3, 11/1, 11/3। # 7-/6, 14, 15/1, 16 से 19, 21 से 23, 25/1/1, 25/1/2 # 8 -/16,17, 22 से 25. # 9 - /4 से 9,11 से 25. # 10 - /1 से 3, 6/2, 7 से 14, 15/1, शुद्धिपत्र 16/2, 17 से 24, 25/1. # 18-/ 11/1, 16/2, 17 से 24, 25/1. (शुद्धिपत्र) # 19-/1 से 4, 5/1, 5/2, 6 से 11, 12/1, (12/2, 13,14, 17 से 24। # 20-/ 1 से 25. (शुद्धिपत्र)। #21-/2 से 25. #22-/16, 24, 25 #23-/4 से 7,14,15. #24-/1 से 17, 24, 25। # 25-/1 से 25। # 26-/4/1/2, 7, 10/2, 11 से 14, 17 से 24. # 33-/1 से 4, 5/1, 5/2,6 से 13, 19, 20. # 34-/1 से 25. # 35-/4 से 7, 11 से 25. #38-/ 1 से 8, 13,15,16, 25. # 39-/1 से 4, 18 से 23, 8 से 13. # 46 -/ 1 से 4, 7 से 14, 17 से 23, 24/1. # 47-/ 5,6,15,16, 21/1, 25. #67. # 69. # 171/2. #184. #200/1. # 203/2. #205/1. #221. #222.

हरियाणा सरकार, राजपत्र दिनांक 17 मार्च, 1970. धारा 5 अधिसूचना संख्या एसओ 98/पीए2/1900. एस. 5/470 दिनांक 12.3.1970, **लकड़पुर** (एचबी नंबर 1), बल्लभगढ़, गुड़गांव. 88 एकड़. # 225, #226, #90.

हरियाणा सरकार, राजपत्र दिनांक 17 मार्च, 1970. धारा 4 अधिसूचना संख्या एसओ 97/पीए2/1900. एस. 4/4/70 दिनांक 12.3.1970, **लकड़पुर** (एचबी नंबर 1), बल्लभगढ़, गुड़गांव. 88 एकड़. # 225, #226, #90.

2. हरियाणा सरकार, राजपत्र दिनांक 25 अगस्त, 1992। धारा 4 अधिसूचना संख्या एसओ 104/पीए2/1900/एस. 3/3/92 दिनांक 18.8.1992। **अनंगपुर** (एचबी नंबर 2), (कुछ अभिलेखों में आरंगपुर के रूप में उल्लेखित), बल्लभगढ़, फरीदाबाद। क्षेत्रफल 1467 एकड़। #17 (अधिसूचना में केवल उस कॉलम में संख्या का उल्लेख करें).1 से 60, 62, 134, 139, 173, 210, 213, 218, 243, 245, 246, 249, 250, 402, 415, 432, 478, 480, 503, 506, 514, 525, 533, 590, 604, 639, 642, 647, 654, 659, 680, 684, 690, 704, 782, 787, 807, 808, 833, 893, 917, 920, 939, 974, 999, 1059, 1077, 1092, 1101, 1104, 1111, 1132, 1141, 1142, 1150, 1181, 1183, 1194, 1197, 1205, 1219, 1224, 1228, 1233, 1235, 1238, 1266, 1294, 1308, 1316, 1319 मिन, 1327, 1330, 1339, 1351, 1359 मिन, 1362, 1368, 1371, 1374, 1378 मिन, 1379, 1383, 1350, 1381, 1385, 1386, 1387, 1388, 1389, 1390, 1395, 1404, 1408 , 1427, 1446, 1473, 1506, 1556, 1680, 1512.

हरियाणा सरकार, राजपत्र दिनांक 17 मार्च, 1970. धारा 4 अधिसूचना संख्या एसओ 93/पीए2/1900/एस. 4/70 दिनांक 12.3.1970. **अनंगपुर** (एचबी नंबर 2), बल्लभगढ़, गुड़गांव. क्षेत्रफल 1303 एकड़. -/31, 33 से 38, 41 से 57. (गांव का नाम आरंगपुर लिखा हुआ है).

हरियाणा सरकार, राजपत्र 17 मार्च, 1970. धारा 5 अधिसूचना संख्या एसओ 94/पीए2/1900/पी.5/70 दिनांक 12.3.1970. **अनंगपुर** (एचबी नंबर 2), बल्लभगढ़, गुड़गांव. 1303 एकड़. -/ 31, 33 से 38, 41 से 57.

3. हरियाणा सरकार, राजपत्र 25 अगस्त, 1992. धारा 4 अधिसूचना संख्या एसओ 103/पीए2/1900/एस. 3/92 दिनांक 18.8.1992. **मेवला महाराजपुर** (एचबी नंबर 4), बल्लभगढ़, फरीदाबाद. क्षेत्रफल 1221 एकड़ 6 कनाल 4 मरला. #17-/11 से 13, 18 से 24. #18-/15 से 17, 23 से 25. #19-/16, 24, 25. #20-/6,13 से 25. #21-/2 से 25. #22-/1 से 25. #32-/1 से 3, 4/1, 7/2, 8 से 12, 13/1, 14/1, 17/2, 18/1, 18/2, 19 से 23, 24/1. # 33, # 34 और # 35 -/1 से 25. # 36 -/4 से 7, 13 से 18, 23 से 25. # 37 -/3 से 8, 12 से 19, 21 से 25. # 38 से 40 -/1 से 25. # 41 -/1 से 3, 4/1, 7/2, 8 से 13, 14/1, 17/2, 18 से 22, 23/1. # 50 -/1, 2, 3/1, 3/2, 9 से 12, 13/1, 18/2, 19 से 22. # 51 से 53 -/1 से 25. # 54 -/1 से 19, 21 से 25. # 55 -/6,15 से 17, 23 से 25. # 56 -/ 15 से 17, 23 से 25. # 57-/3 से 8, 11 से 25. # 58 से 61 -/ 1 से 25. # 62 -/1,2,10, 11, 12/1, 19/3, 20,21, 22/1. # 65 -/24/2. #67 -/ 19, 20. # 71 -/1/1, 10/2, 11/1, 20/2. #72 -/ 1 से 24, 25/1. # 73 से 77 -/1 से 25. # 78 -/16,24, 25. # 79 -/3 से 9, 12 से 25. # 80 से 84 -/1 से 25. # 85 -/1 से 4, 5/1, 6/2, 7 से 14, 15/1, 16/2, 17 से 24, 25/1, 25/2. # 86 -/ 1/1, 10/2. # 96 -/1 से 3, 4/1, 7/3, 8 से 12, 13/1, 13/2, 14/1, 18/2, 19 से 22, 23/1, 26 (शायद 25?). # 97 से 102 -/1 से 25. #103 -/ 5,6, 14 से 17, 23 से 25. # 104-/ 6, 14 से 19, 22, 23. # 105 -/ 1 से 15. # 106 -/1 से 16. # 107 -/ 1 से 20, 22 से 25. # 108 से 111 -/1 से 25. #112 -/ 1,2,3/1, 5/1, 5/2, 6/2, 7/2, 8/2, 9/2, 10, 11, 12/1, 13/2, 14/2, 15/1, 15/3, 16/2, 17/2, 19/1,19/3, 20/2, 21/2, 22/

2, 23, 24/2, 25/2. # 113 -/1/2,10/2,11/2, 20/3. # 122 -/ 1, 2/2, 3/1, 4/1, 5/1, 6/3, 7/1, 8/1, 8/3, 9 से 12, 13/1, 14/1, 15/1, 16/3, 19, 20, 23. # 123 -/ 1 से 10, 12 से 18. # 124 -/ 1 से 10. #125 -/ 1 से 10. # 126 -/ 1 से 10. # 127 -/ 4 से 6.

हरियाणा सरकार, राजपत्र 19 मई, 1970. धारा 4 अधिसूचना संख्या एसओ 167/पीए2/1900/एस. 4/70 दिनांक 15.5.1970. **मेवला महाराजपुर** (एचबी नंबर 4), बल्लभगढ़, गुड़गांव. 487 एकड़. #19-/ 16, 24, 25. # 36 -/4 से 7, 13 से 18, 23 से 25. # 37 -/3 से 8, 12 से 19, 21 से 25. # 54 -/1 से 25. # 55 -/6, 15 से 17, 23 से 25. # 56 -/15 से 17, 23 से 25. # 57-/3 से 8, 11 से 25. # 58 से 61 -/1 से 25. # 75-/1 से 26. # 76 -/1 से 25. # 77 -/2 से 9, 11 से 25. # 78 -/16, 24, 25. # 79 -/3 से 9, 12 से 25. # 80 से 82 और 99 से 102, 108 से 109 -/1 से 25. #103 -/ 5, 6, 14 से 17, 23 से 25. #104-/ 6, 14 से 19, 22, 23. #105 -/ 1 से 15. #106 -/1 से 16. #107 -/ 1 से 20, 22 से 25. #125 -/ 1 से 10. #126 -/ 1 से 10. #127 -/ 4 से 6.

हरियाणा सरकार, राजपत्र 19 मई, 1970. धारा 5 अधिसूचना संख्या एसओ 168/पीए2/1900/एस. 5/70 दिनांक 5.5.1970. **मेवला महाराजपुर** (एचबी नंबर 4), बल्लभगढ़, गुड़गांव. 487 एकड़. #19-/ 16, 24, 25. # 36 -/4 से 7, 13 से 18, 23 से 25. # 37 -/3 से 8, 12 से 19, 21 से 25. # 54 -/1 से 25. # 55 -/6, 15 से 17, 23 से 25. # 56 -/15 से 17, 23 से 25. # 57-/3 से 8, 11 से 25. # 58 से 61 -/1 से 25. # 75 से 76 -/1 से 25. # 77 -/2 से 9, 11 से 25. # 78 -/16, 24, 25. # 79 -/3 से 9, 12 से 25. # 80 से 82 और 99 से 102, 108 से 109 -/1 से 25. #103 -/ 5,6, 14 से 17, 23 से 25. #104-/ 6, 14 से 19, 22, 23. #105 -/ 1 से 15. #106 -/1 से 16. #107 -/ 1 से 20, 22 से 25. #125 -/ 1 से 10. #126 -/ 1 से 10. #127 -/ 4 से 6.

4. पंजाब संख्या 525-एस-एफटी (VI)-65/4748, दिनांक 17-12-1965। धारा 4 के लिए अधिसूचना और वही दिनांक संख्या 525-एस-एफटी (VI)-65/4749, धारा 5 के लिए अधिसूचना, गाँव **अनखीर** , बल्लभगढ़, गुड़गांव के लिए दोनों अधिसूचनाओं में समान आयतों और खसरा संख्याओं की पुनरावृत्ति। **अनखीर,** 132 एकड़। # 49 और 50 -/1 से 25. # 51 -/1 से 9, 13 से 17, 24, 25. # 52 -/5. # 53 -/1 से 19, 23 से 25. # 54 और 62 -/1 से 25। # 63 -/3 से 7, 15,16.

हरियाणा सरकार, राजपत्र 25 अगस्त, 1992. धारा 4 के लिए अधिसूचना संख्या एसओ 101/पीए2/1900/एस. 3/92 दिनांक 18.8.1992. **अनखीर** (एचबी नंबर 5), बल्लभगढ़, फरीदाबाद. 901 एकड़ 6 कनाल 4 मरला. #1 -/16 से 18, 21 से 25. #2-/11 से 25. #3 -/11 से 25. #4 -/19 से 24. #5 -/18 से 23, 24/1. # 6 -/ 9 से 13, 16 से 25. #7 -/ 6 से 25. # 8-/ 6 से 25. #9 -/ 6 से 25. # 10 से 13 -/ 1 से 25. #14/- 4 से 9, 11 से 25. # 15 -/ 9 से 18, 25. # 16 -/ 1 से 10, 12 से 19, 24 ,25. # 17 से 24 -/ 1 से 25. # 25 -/ 1, 2, 3/1, 4/1, 8/2, 9 से 11, 12/1, 13/1, 13/3, 18/2, 19/1, 19/3, 20, 21, 22/1, 23/1. # 28 -/ 1, 2/1, 3/1, 9/2,10, 11/1, 12/1,20/2, 21/1 # 29 -/ 1 से 24, 25/1. # 30 से 34 -/ 1 से 25. # 35 -/1 से 10 12 से 17, 25 #36 -/ 2 से 6, # 37 -/ 1 से 9 13 से 16. # 38, 39, 40 -/1 से 25. # 41 -/ 1 से 7, 9 से 12, 14,15, 19 से 23. # 42 -/ 1 से 4, 5/1, 6/2, 7/2, 8 से 13, 14/1, 20. # 43 -/1/1. # 48 -/1 से 4, 7 से 14, 51/1, 16/2, 17 से 23, 25/1. # 49, 50, 54 -/ 1 से 25. # 51 -/ 1 से 9, 13 से 17, 24, 25. # 52 -/ 5. # 53 -/1 से 19, 23 से 25. # 55 -/1 से 4, 5/1, 6/2, 7 से 14, 15/1,16/2,16/3, 17 से 24, 25/1, 25/3. # 56 -/ 20/3, 21/1. # 61 -/ 1 से 4, 5/2, 6/2, 7/2, 8 से 10, 11/ 24 से 28, 12/4, 12/13, 12/17, 12/24, 12/26, 12/27, 12/39, 12/40, 13, 14/1, 16/3, 17/1, 17/3, 18/2,19 से 22, 23/1, 24.2. # 64 -/ 17, 23. # 65 -/ 1, 2, 3/1, 3/3, 4/2, 8/3, 9 से 12, 13/1. # 77

5. पंजाब अधिसूचना संख्या 525-एस-एफटी (VI)-65/4748, दिनांक 17-12-1965। धारा 4 के लिए अधिसूचना और वही दिनांक संख्या 525-एस-एफटी (VI)-65/4749, **बड़कल** , बल्लभगढ़, गुड़गांव गाँव के लिए धारा 5 के लिए अधिसूचना, दोनों अधिसूचनाओं में समान आयतों और खसरा संख्याओं की पुनरावृत्ति। **बड़कल 97 एकड़** । # 24-/ 1, 2, 9 से 12, 19 से 22. # 26 -/ 1 से 3, 8 से 14, 17 से 24. # 43 -/ 1 से 25. # 49 -/ 1 से 15, 17 से 24. # 65 -/ 1 से 3, 8 से 12, 19 से 22. # 142/1 से 5.

हरियाणा सरकार, राजपत्र 25 अगस्त, 1992. धारा 4 अधिसूचना संख्या एसओ 102/पीए2/1900/एस. 3/92 दिनांक 18.8.1992. **बड़खल** (एचबी नंबर 6), बल्लभगढ़, फरीदाबाद. 1667 एकड़ 7 कनाल 11 मरला. # 1-/21. # 2-/ 21, 22. # 3 -/ 1, 9, से 12, 17 से 25. # 4 -/ 5, 6,15,16, 24, 25. # 5 -/ 4 से 8, 13 से 19, 22 से 25. # 6, 7, 12, 13, 14, 15, 19, 20, 21, 22, और 23 -/ 1 से 25. # 9 -/21. # 10 -/ 20, 21. # 11-/ 1, 2, 3 से 14, 16 से 25. # 16 -/15 से 17, 23 से 25. # 17 -/ 15 से 17. 23 से 25. # 18 -/ 2 से 25. # 24 -/ 1, 2, 8 से 13, 17 से 25. #25 -/1, 10 से 12, 18 से 23, # 26 से 32, 36 से 41, 43, 48 से 55, 59 से 65, 75 से 80, 83, 86, 88, और 104 -/ 1 से 25. # 33 -/ 2 से 25. # 34 -/ 6, 13 से 19, 22 से 25. # 35 -/ 2 से 8, 13 से 17, 25. # 42 -/ 1 से 5, 9 से 12, 18 से 25. # 44 -/ 1 से 4, 6 से 25. # 45 -/ 20 से 22. # 47 -/1, 2/1, 10, 11/1. # 56 - 1 से 10, 12 से 19, 23 से 25. # 57 -/ 5. # 58 -/ 3 से 7, 14 से 16. # 66 -/ 1 से 4, 5/1, 7 से 14, 18 से 23, 24/1. # 68 -/2/2/2. # 74 -/ 1 से 3, 4/1, 7/2, 8 से 14, 18 से 23. # 81 -/ 1 से 9, 12 से 16, 23 से 25. # 82 -/3 से 7, 14 से 17, 25. # 84 -/ 1 से 24. # 85 -/1 से 19, 23 से 25. # 87 -/ 1 से 14, 17 से 25. # 89 -/1,2, 10 से 12, 18/2, 19/2, 20, 21, 22/1. # 101 -/ 1/2, 2/1, 9/3, 10/1. # 102 -/ 1 से 4, 5/1, 6/2, 7/2, 8 से 12, 13/1, 14/1, 18/3, 19 से 22, 23/1. #103 -/ 1 से 21, 22/1, 23/1, 23/2, 23/3, 23/4, 24/1, 25. # 105 -/ 4 से 6, 15 से 1 6. #106 -/ 1 से 3, 10. #

107 -/ 1 से 14, 16 से 20. # 108 -/ 5,6. # 109 -/ 2 से 8, 14,15, 16/1, 17. # 110 -/ 1, 2/1, 5/2, 6/1, 9/2, 9/3, 10, 11, 12/1, 19/2/2, 20/2. # 111 -/ 1/1, 2/1, 10/1. # 112 -/ 16/2, 17/1, 22/2, 23/2, 24/2, 25/1. # 113 - / 3/2, 4/2, 7/3/2, 8/2/2, 9/2, 11/2, 12/2/1, 13/1/1, 19/2/2, 20/1/1, 21/1/1, # 123 - / 1/2, 2/2, 3, 4/1, 4/2, 5/1/1, 9 ,10. # 124 -/ 5/2, 6/2, 7/1, 8/2, 12/2, 13/2, 14, 15, 18, 19/1, 20. /, 21, 22. #134 -/ 7/2, 8/2, 9. # 217. # 219. #220.

6, 7, और 8. हरियाणा सरकार, राजपत्र 9 जनवरी, 1973. धारा 5 अधिसूचना संख्या एसओ 17/पीए2/1900/एस. 5/73 दिनांक 5.1.1973. 6. **सिलोखड़ी** (एचबी नंबर 18), 7. **भांकरी** (एचबी नंबर 12), और 8. **नूरपुर धूमसपुर** (एचबी नंबर 19) बल्लभगढ़, गुड़गांव।

6 सिलोखड़ी। 97 एकड़. # 1 -/ 16,17, 23 से 25. # 2 -/ 21. # 3 -/ 1, 9 से 12, 19 से 22. # 4 -/ 3 से 9, 12 से 19, 21 से 25. # 5 -/ 1 से 25. # 6 -/1, 2, 6, 9 से 12, 14 से 17, 18/1, 18/2, 19 से 25. # 7 -/ 10,11,19 से 21, 22/1. # 9 -/1/1, 10/2. # 10 -/ 1 से 5, 6/2, 7 से 14, 15/1. # 11 -/ 1 से 15. # 12 -/6, 13 से 15. सिलोखड़ी, हरियाणा सरकार, राजपत्र 14 जुलाई, 1998. धारा 4 अधिसूचना संख्या एसओ 91/पीए2/1900/एस. 4/98 दिनांक 22.5.1998 और उसी तिथि पर धारा 5 अधिसूचना संख्या एसओ 92/पीए2/1900/एस. 5/98 दिनांक 22.5.1998. उसी क्षेत्र और खसरा नंबर को पुनः अधिसूचित किया गया।

7. भांकरी 188 एकड़ # 1 से 20

8. नूरपुर धूमसपुर। 68 एकड़। # 1 -/16, 17/1, 17/2, 18, 23, 24/1, 24/2, 25. # 2 -/18 से 25. #7 -/1, 2 8 से 12, 13/1, 18/2, 19 से 22, 23/1. # 8 -/1 से 20, 21/1, 21/2, 22/1, 22/2, 23/1, 23/2, 24/1, 24/2, 25. # 9 --/ 4/1, 4/2, 5 से 7, 15, 16. # 10 -/1 से 4, 5/1, 5/2, 6/1, 6/2, 7 से 9, 13 से 18, 24, 25. # 11 -/1, 2, 3/1, 8/3, 8/4, 9, 10/1, 10/2, 11/1, 11/2, 12/1, 12/2, 13/1, 18/2,19/1, 19/2, 20 से 22. हरियाणा सरकार, राजपत्र 14 जुलाई 1998. धारा 4 अधिसूचना संख्या एसओ 93/पीए2/1900/एस. 4/98 दिनांक 22.5.1998 और उसी तिथि (14 जुलाई 1998) को धारा 5 अधिसूचना संख्या एसओ 94/पीए2/1900/एस. 5/98 दिनांक 22.5.1998 और क्षेत्र के समान खसरा नंबर को पुनः अधिसूचित किया गया।

9. हरियाणा सरकार, राजपत्र 12 मई, 1970। धारा 4 अधिसूचना संख्या एसओ 160/पीए2/1900/एस..4/70, दिनांक 7.5.1970। धारा 5 अधिसूचना, एसओ 161/पीए2/1900/एस.5/70, दिनांक 7.5.1970 उसी तिथि के राजपत्र में। **पाली,** (एचबी नंबर 13), बल्लभगढ़, गुड़गांव। 1177 एकड़। #1 -/ 19 से 22, # 2 -/ 1 से 3, 8 से 14, 16 से 25. #3 -/5 से 7, 14 से 18, 23 से 25. # 4 -/16, 25. # 5 -/ 3 से 9, 12 से 25. # 6, 10, 11, 17 से 20, 23 से 28, 32 से 39, 42 से 49, तथा 52 से 59 -/ 1 से 25. # 7 -/ 1, 10 से 12, 15 से 23. # 8 -/20, 21. # 9 -/1 से 4, 7 से 25. # 12 =/ 4 से 7, 11 से 25. # 13 -/ 16 से 18, 23 से 25. # 14 -/6, 12 से 19, 21 से 25. # 15 -/ 6 से 25. #16 -/ 2 से 25. # 21 -/1, 2, 9 से 13, 18 से 23. # 22-/ 1 से 4, 7 से 14, 16 से 25. # 29 -/ 2 से 25. # 30 -/ 16 से 25. # 31 -/ 4 से 7, 14 से 17, 24, 25. # 40 -/10, 11, 19 से 22. #41 -/ 1, 2, 9 से 13, 18 से 24. # 50 -/ 4 से 7, 14 से 17, 24, 25. # 51 -/ 4 से 7, 14 से 17, 24, 25. # 60 -/ 1 से 4, 6 से 25. # 61 -/11, 20, 21. राजपत्र 6 अगस्त, 1974. धारा 4 अधिसूचना संख्या एसओ 123/पीए.2/1900/एस. 4./74. दिनांक 2.8.1974, और धारा 5 अधिसूचना संख्या एसओ 124/पीए.2/1900/एस. 5/74. दिनांक 2.8.1974. **पाली** , बल्लभगढ़, गुड़गांव, 153 एकड़। वही खसरा नंबर क्षेत्र पुनः अधिसूचित किया गया, राजपत्र, 5 मई 1992। अधिसूचना संख्या एसओ 66/पीए.2/1900/एस.4/92. दिनांक 1.5.1992 और धारा 5 अधिसूचना संख्या एसओ 67/पीए.2/1900/एस. 5/92. दिनांक 1.5.1992 के तहत। 153 एकड़। # 111 -/ 13 से 18, 23 से 25. # 112 -/11 से 25. # 113 -/11 से 14, 17 से 24. # 122 -/1 से 4, 7 से 25. #123 और 130 -/ 1 से 25. # 124 -/ 3 से 8, 13 से 18, 23 से 25. # 129 -/ 13 से 18, 23 से 25. # 131 -/ 1 से 20.

10. हरियाणा सरकार, राजपत्र 16 जून, 1970 धारा 4 अधिसूचना संख्या एसओ 187/पीए2/1900/एस. 4/70, दिनांक 12.6.1970 उसी तिथि पर राजपत्र धारा 5 अधिसूचना संख्या एसओ 188/पीए2/1900/एस. 5/70, दिनांक 12.6.1970 **गोथडा मोहबताबाद**, (एचबी नंबर 14), बल्लभगढ़, गुड़गांव। 629 एकड़। # 1-/ 21, 23. # 2 -/ 21. # 3 -/ 1, 2, 9 से 11, 20. # 4 -/ 3 से 9, 11 से 25. # 5 -/ 13 से 17, 19 से 25. # 6 -/ 16, 16, 22 से 25. # 7 -/ 2 से 9, 12 से 19, 22/1, 22/2, 23 से 25. # 8, 11, 15,16, 19, 20, 21, 23, 24, 25, 28, 29, 30, और 33 से 36 -/ 1 से 25. # 9 -/ 11 से 5, 7 से 14, 17 से 24. # 10 -/ 1 से 4, 7 से 14, 17 से 24. # 12 -/2 से 9, 11 से 25. # 13 -/16, 25. # 14 -/5, 6, 15 से 17, 23 से 25. # 17 -/ 1 से 4, 7 से 14, 17 से 24. # 18 -/1 से 4, 7 से 14, 13 से 25. # 22 -/2 से 9, 13 से 18, 24, 25. # 26 -/1, 10 से 12, 19 से 23. # 27 -/ 1 से 3, 7 से 14, 17 से 25. # 31 -/ 4 से 7, 14 से 17, 24, 25. # 32 -/ 3 से 8, 13 से 18, 23 से 25. # 37 -/ 10,11, 20 से 22.

11. हरियाणा सरकार, राजपत्र 24 फरवरी, 1970. धारा 4 अधिसूचना संख्या एसओ 35/पीए2/1900/एस. 4/70 दिनांक 11.2.1970 के बाद धारा 5 अधिसूचना संख्या एसओ 48/ पीए2/1900/एस. 5/70, दिनांक 11.2.1970. **मांगर** , (एचबी नंबर 15), बल्लभगढ़, गुड़गांव. 1132 एकड़. 85 से 107, 480, 481.

12. हरियाणा सरकार, राजपत्र 5 मई, 1970, धारा 4 अधिसूचना संख्या एसओ 145/पीए2/1900/एस. 4/70 दिनांक 29.4.1970 और उसी तिथि को धारा 5 अधिसूचना संख्या एसओ 144/पीए2/1900/एस. 5/70, दिनांक 29.4.1970 धारा 3 के तहत कटाव-प्रवण क्षेत्र के

रूप में 2497 एकड़ अधिसूचना संख्या एसओ 86/पीए2/1900/एस. 3/98 दिनांक 6.7.1998 (राजपत्र 6 जुलाई, 1998) । **धोज],** (एचबी संख्या 17), बल्लभगढ़, गुड़गांव, 336 एकड़। # 1 -/ 18, 21 से 23. # 2 -/ 20, 21. # 3 -/ 1 से 4, 6, 8 से 25. # 4 -/ 5 से 8, 13 से 18, 23 से 25. # 5 -/ 2 से 9, 12 से 19, 22 से 25. # 6, 9, 10, 13, 14, 15, 25, 26 और 27 -/ 1 से 25. # 7 -/ 1, 2, 8 से 13, 17 से 24. # 8 -/ 10 से 12, 19 से 23. # 11 -/ 2 से 9, 12 से 19, 22 से 24. # 12 -/ 1 से 10, 13 से 17, 24, 25. # 16 -/ 9 से 12, 19 से 21, 22/1. # 24-/ 1, 2/1, 9/2, 10, 11, 12/1, 19/2, 20, 21, 22/1. # 28 -/ 4 से 6, 15, 16, 25.

13. हरियाणा सरकार, राजपत्र 24 फरवरी, 1970। धारा 4 अधिसूचना संख्या एसओ 39/पीए2/1900/एस. 4/70 दिनांक 11.2.1970, उसी तिथि पर उसके बाद धारा 5 अधिसूचना संख्या एसओ 40/पीए2/1900/एस. 5/70, दिनांक 11.2.1970। **कोट** (खरकड़ा) (एचबी नंबर 16), बल्लभगढ़, गुड़गांव, 816 एकड़। # 891 से 912

14 और 15. हरियाणा सरकार, राजपत्र 5 मई, 1970. धारा 4 अधिसूचना एसओ 147/पीए2/1900/एस. 4/70 दिनांक 29.4.1970, उसी तिथि पर उसके बाद धारा 5 अधिसूचना संख्या एसओ 148/पीए2/1900/एस. 5/70, दिनांक 29.4.1970. **सिरोही (एचबी 33) और खोरी जमालपुर** (एचबी 34), बल्लभगढ़, गुड़गांव, 203 एकड़।

14. सिरोही. 73 एकड़. # 5 -/15,16, 25. # 6 -/ 1/2, 2/1, 9/2/1, 10,11,12/1, 19/2, 20, 21/1, 22/1. #14 -/ 1/1, 10/2, 11/ 1, 20/2, 21/1. # 15-/ 5 से 7, 14 से 17, 23 से 25. #16 -/ 3 से 8, 12 से 19,22 से 25. # 17 -/ 1/1, 10/3, 11/1, 20/3, 21/1. # 29 -/1/1. # 30 -/ 1 से 4, 5/1, 6/2, 7 से 14, 15/1, 16/2, 16/3, 17 से 25. # 31 -/ 25. # 32 -/ 5 से 7, 14 से 18. # 33 -/ 1 से 15, 17 से 20.

15 खोरी जमालपुर 130 एकड़। # 1 -/ 16 से 18, 22 से 25. # 2 -/ 14 से 25, # 8, 12, 13 -/ 1 से 25. # 9 -/ 2 से 25. # 10 -/ 16, 25. # 11 -/ 5, 6,15 से 17, 25. # 24 -/ 1 से 10. # 25 -/ 1 से 8.

फरीदाबाद जिले के लिए धारा 3 अधिसूचना संख्या एसओ 59/ए. 2/1900/एस. 3/92, दिनांक 10.4.1992, जबकि बल्लभगढ़ तहसील के 183977 एकड़ क्षेत्र को कटाव प्रवण घोषित किया गया था।

फरीदाबाद-पलवल

16 हरियाणा सरकार, राजपत्र 18 जुलाई, 1978 कटाव प्रवण बाढ़ मैदान क्षेत्र को धारा 4 अधिसूचना एसओ 99/पीए2/1900/एस. 4/ 78, दिनांक 14.7.1978 के अंतर्गत उसी दिन अधिसूचित किया गया, जिसके बाद धारा 5 अधिसूचना संख्या एसओ 100/पीए2/1900/एस. 5/78, दिनांक 14.7.1978 जारी की गई। **दीघोट (एचबी 135)** , पलवल, गुड़गांव, 63 एकड़। # 171 -/ 11,12, 20, 21। # 172 -/ 11 से 25। # 180 -/ 4 से 7, 13 से 18, 23 से 25। # 181 -/ 1 से 15, 17 से 23। # 182 -/ 1,10। # 183 -/ 1 से 3, 10. # 184 -/ 3 से 8, 13 से 15.

17 से 22. धारा 4 अधिसूचना संख्या 6483-डी-49/3665, दिनांक 5.8.1949, पलवल, बल्लभगढ़, तत्कालीन गुड़गांव जिले की तहसीलों के गांवों के लिए। पुरानी अधिसूचनाएँ स्याही फैलने के कारण पूरी तरह से पठनीय नहीं थीं, उपयोग से पहले इसका सत्यापन आवश्यक है। कुल 1091 एकड़।

17. गुड़गांव, गुड़गांव, **खुंटपुरी** (एच.बी. 209), 175 एकड़। # 183 से 229. (100 एकड़ के लिए दिनांक 7.10.1952 का शुद्धिपत्र और 'मिन' शब्द हटा दिया गया)

18. गुड़गांव, पलवल, **दुदोला** (एचबी 40) 167 एकड़, फील्ड नंबर 1255.

19 . गुड़गांव, बल्लभगढ़, **नंगला माजरा चांदपुर** (एच.बी. 187). 80 एकड़. संख्या 54 से 58.

20. गुड़गांव, बल्लभगढ़, **नरहौली** (एचबी 66) 103 एकड़ 843 से 846, 856, 1035, 1102.

21. गुड़गांव, बल्लभगढ़, **बेला कलां** (एचबी186) 487 एकड़ 345 से 350, 352 से 370, 465 से 486

22. गुड़गांव, बल्लभगढ़, **इमामुद्दीनपुर** (एचबी 191) 79 एकड़ 191 से 194.

23-24. धारा 5 अधिसूचना संख्या 1181-डी दिनांक 8.3.1949, 25 वर्ष के लिए,

23. गुड़गांव, पलवल, **पलवल** (एच.बी. 75). 148 एकड़. 4741 से 4748, 5900 से 5908, 5992 से 6007. (स्याही फैलने के कारण संख्या स्पष्ट नहीं है)

24. गुड़गांव, पलवल, **अट्टा** (एच.बी. 108). 260 एकड़. 731 से 734, 743 से 748. (स्याही फैलने के कारण संख्या स्पष्ट नहीं है)

गुड़गाँव

क्रमांक **17 पर उल्लिखित** गुड़गांव, गुड़गांव (सोहना), **खुंटपुरी** (एचबी 209), 175 एकड़। # 183 मिन से 229 मिन। (शुद्धिपत्र दिनांक 7.10.1952)

25. हरियाणा सरकार, राजपत्र 5 मई, 1970. धारा 4 अधिसूचना संख्या एसओ 149/पीए2/1900/एस. 4/70 दिनांक 29.4.1970, उसी तिथि पर उसके बाद धारा 5 अधिसूचना, एसओ 150/पीए2/1900/एस. 5/70, दिनांक 29.4.1970. गुड़गांव, गुड़गांव, **भोंडसी** (एचबी168)।

कुल (566 + 609) 1175 एकड़। # 162 से 164, 167 से 169, 194,195,198,199, 222 से 224, 228 से 231, तथा 246 -/ 1 से 25। # 165 -/ 15,16, 24, 25. #166 -/ 4 से 6, 15,16, 25. # 196 -/ 1 से 7, 15. # 197 -/ 5 # 225 -/ 1 से 9, 13 से 17, 24, 25. # 226 -/ 5, 6। # 227 -/ 1 से 19, 22 से 25. # 226 -/ 5, 6. # 227 -/ 1 से 19, 22 से 25. # 245 -/1 से 15, 16/1, 17, 18/1, 18/2, 19/1, 20/ 2, 21/1, 23/2, 24, 25/1. # 247 -/1 से 20, 25. # 248 -/1 से 15. # 249 -/5 से 8, 14,15. # 250 -/ 1 से 5, 6/2, 7 से 10, 14, 15/ 1. # 251 -/ 1/1, 4/2, 10/2. **ब्लॉक 'बी'** # 6 -/ 20 से 24. # 7 -/ 9 से 14, 16 से 25. # 20 -/ 11 से 25. # 21, 22, 31, 32, 63 से 67, 75, 76, 109, और 110 -/ 1 से 25. #23 -/ 6 से 25. # 24 -/ 3 से 9, 10/1, 10/2, 11 से 20, 21/1, 21/2, 22 से 25. # 25-/ 10, 11, 19 से 23. # 26 -/ 11, 20, 21. # 27 -/1 से 4, 6 से 25. #28 -/ 1 से 19, 20/1, 20/2, 21 से 25. # 29 -/ 1 से 15, 16/1, 16/2, 17/ 1, 17/2, 18/1, 18/2, 19/1, 19/2, 20/1, 20/2, 21 से 25. # 30 -/ 1 से 16, 18/1, 18/2, 19 से 22, 23/1, 23/2, 24, 25. # 68 -/ 1 से 20, 22 से 25. # 69 -/ 1, 2, 9 से 12, 18 से 23. # 70 -/ 1 से 3, 9 से 11, 20, 21. # 71 -/ 2 से 8, 13 से 18, 24, 25. # 72 -/ 1 से 3. # 73 -/ 1 से 5, 8 से 10. # 74 -/1 से 15, 18 से 22. # 77 -/ 5, 6, 15, 16, 25. #108 -/ 5, 6, 15. # 111 -/1, 2, 9 से 12, 20, 21. # 112 -/ 4 से 6. # 113 -/ 1. # 114 -/ 1 से 5, 7 से 13.

26. हरियाणा सरकार, राजपत्र 5 मई, 1970। धारा 4 अधिसूचना संख्या एसओ 141/पीए2/1900/एस. 4/70 दिनांक 29.4.1970, उसके बाद उसी दिनांक की धारा 5 अधिसूचना संख्या एसओ 142/पीए2/1900/एस. 5/70, दिनांक 29.4.1970 । गुड़गांव, गुड़गांव, **सहजावास** (एचबी 170), 260 एकड़। # 1 -/ 16 से 18, 21 से 25. # 2 -/ 21. # 3 -/1, 2, 8, से 13, 18 से 23. # 4, 5, 8, 13, 16, और 36 -/ 1 से 25. # 6 -/ 1 से 3, 8 से 13, 18 से 23. # 7 -/1 से 3, 8 से 13, 18 से 23. # 9 -/ 6, 13 से 25. # 10 -/ 16, 24, 25. # 14 -/ 1, 2, 3, 7 से 14, 17 से 24. # 15 -/ 1 से 4, 7 से 14, 17 से 25. # 35 -/ 1 से 9, 13 से 15, 23 से 25. # 37 -/ 1 से 4, 8 से 11. # 38 -/ 3 से 7, 14 से 17, 24, 25.

27-28. हरियाणा सरकार, राजपत्र 5 मई, 1970. धारा 4 अधिसूचना संख्या एसओ 131/पीए2/1900/एस. 4/70 दिनांक 29.4.1970, उसके बाद उसी दिनांक की धारा 5 अधिसूचना संख्या एसओ 132/पीए2/1900/एस. 5/70, दिनांक 29.4.1970. गुड़गांव, गुड़गांव, **बलौला** (एचबी 78) और **बहलपा** (एचबी 171) ।

27. बलौला 132 एकड़ # 247, 255 से 260.

28. बहलपा . 111 एकड़. # 2 -/ 1, 2, 9 से 13, 18 से 23. # 3 -/ 1 से 4, 7 से 14, 17 से 24. # 19 और 22 -/ 1 से 25. # 20 -/ 20, 21. # 21 -/ 1, 11, 12, 19 से 22. # 42 -/ 1 से 24. # 43 -/ 1, 2, 9, 10. # 44 -/ 1 से 4, 8 से 10.

29. हरियाणा सरकार, राजपत्र 5 मई, 1970। धारा 4 अधिसूचना संख्या एसओ 135/पीए2/1900/एस. 4/70 दिनांक 29.4.1970 और उसके बाद उसी दिनांक की धारा 5 अधिसूचना संख्या एसओ 136/पीए2/1900/एस. 5/70, दिनांक 29.4.1970 । गुड़गांव, गुड़गांव, **सकतपुर** (एचबी 159), 167 एकड़। 85, 87.

सकतपुर (एचबी 159), गुड़गांव, बादशाहपुर, हरियाणा द्वारा **संरक्षित वन** अधिसूचना संख्या एसओ 10/सीए 16/1927/एस. 29/ 2023, राजपत्र, 11 अप्रैल 2023, खसरा नंबर 86 जोड़ा गया, तथा 85 से 87 तक का कुल अधिसूचित भूमि क्षेत्रफल 319 एकड़ 0 कनाल 16 मरला है।

30 पी.एफ. संरक्षित वन अधिसूचना संख्या एसओ 10/सीए 16/1927/एस. 29/2023 हरियाणा द्वारा, राजपत्र, 11 अप्रैल, 2023, गुरुग्राम, बादशाहपुर, **टिकली (** एचबी 167)। 156 एकड़ 1 कनाल 1 मरला, खसरा नंबर 1126, 1128, 1129, 1414.

31पीएफ. हरियाणा द्वारा संरक्षित वन अधिसूचना संख्या एसओ 10/सीए 16/1927/एस. 29/2023, राजपत्र, 11 अप्रैल, 2023, गुरुग्राम, बादशाहपुर, **अकलिमपुर (** एचबी 166)। 15 एकड़ 6 कनाल 14 मरला, खसरा नंबर 32/38.

32-33. हरियाणा सरकार, राजपत्र 24 फरवरी, 1970. धारा 4 अधिसूचना संख्या एसओ 42/पीए2/1900/एस. 4/70 दिनांक 11.2.1970, उसके बाद वही दिनांकित धारा 5 अधिसूचना संख्या एसओ/पीए2/1900/एस.5/70, दिनांक 11.2.1970. गुड़गांव, गुड़गांव, **गवाल पहाड़ी** (एचबी 77), और **घाटा** (एचबी 81) 419 एकड़. **गवाल पहाड़ी,** 270 एकड़. 82 से 84. घाटा, 149 एकड़. 74 से 91.

34. हरियाणा सरकार, राजपत्र 28 अक्टूबर, 1969। धारा 4 अधिसूचना संख्या एसओ 97/पीए2/1900/एस. 4/70 दिनांक 24.10.1969, उसके बाद उसी दिनांक की धारा 5 अधिसूचना संख्या एसओ 96/पीए2/1900/एस. 5/70, दिनांक 24.10.1969 । गुड़गांव, गुड़गांव, **बंधवाड़ी** (एचबी 79)। 1365 एकड़। 651, 655, 673 से 676, 679 से 696, 698 से 711.

35-38. हरियाणा सरकार, राजपत्र 10 मार्च, 1970. धारा 4 अधिसूचना संख्या एसओ 89/पीए2/1900/एस. 4/70 दिनांक 5.3.1970, उसके बाद राजपत्र 5 मई, 1970, धारा 5 अधिसूचना संख्या एसओ 90/पीए2/1900/एस. 5/70, दिनांक 5.3.1970. गुड़गांव, गुड़गांव, **बड गुज्जर** (एचबी 156), **नौरंगपुर** (एचबी 157) **नैनवाल** (एचबी155) **सिकोहपुर** (एचबी160) 756 एकड़।

35. बड गुज्जर, 203 एकड़, 16 से 21, 194 से 205. **36. नौरंगपुर,** 83 एकड़ 93 से 96. **37. नैनवाल,** 338 एकड़। 200 से 204, 219 से 226. **38. सिकोहपुर,** 132 एकड़। 2422, 2427, 2431, 2432, 2441, 2443.

39. हरियाणा सरकार, राजपत्र 24 फरवरी, 1970। धारा 4 अधिसूचना संख्या एसओ 44/पीए2/1900/एस. 4/70 दिनांक 11.2.1970, उसके बाद वही दिनांक धारा 5 अधिसूचना संख्या एसओ 57/पीए2/1900/एस. 5/70, दिनांक 11.2.1970 । गुड़गांव, गुड़गांव, **बहरमपुर** (एचबी 80) या बहरामपुर, 407 एकड़। 70 से 72. ।

40. हरियाणा सरकार, राजपत्र 10 मार्च, 1970। धारा 4 अधिसूचना संख्या एसओ 81/पीए2/1900/एस. 4/70 दिनांक 8.3.1970, उसके बाद वही दिनांकित धारा 5 अधिसूचना संख्या एसओ 82/पीए2/1900/एस. 5/70, दिनांक 8.3.1970। गुड़गांव, गुड़गांव, **कादरपुर** (एचबी 84), 469 एकड़। 92 से 95. ।

41-43. हरियाणा सरकार, राजपत्र 24 फरवरी, 1970. धारा 4 अधिसूचना संख्या एसओ 32/पीए2/1900/एस. 4/70 दिनांक 11.2.1970 और उसके बाद राजपत्र 10 मार्च, 1970, धारा 5 अधिसूचना संख्या एसओ 45/पीए2/1900/एस. 5/70, दिनांक 11.2.1970. गुड़गांव, गुड़गांव, **चकरपुर** (एचबी 74), **वजीराबाद** (एचबी 75), और **हैदरपुर विरान** (एचबी 76)। कुल 467 एकड़।

41. चकरपुर 100 एकड़, 713. **42. वजीराबाद** 199 एकड़, 2107 से 2109. **43. हैदरपुर विरान** 168 , 341 से 346.

44. हरियाणा सरकार, राजपत्र 5 मई, 1970. धारा 4 अधिसूचना संख्या एसओ 139/पीए2/1900/एस. 4/70 दिनांक 29.4.1970, उसके बाद उसी दिनांक की धारा 5 अधिसूचना संख्या एसओ140/पीए2/1900/एस. 5/70, दिनांक 29.4.1970 । गुड़गांव, गुड़गांव, **मानेसर** (एचबी 154), 319 एकड़। # 112 -/ 9 से 12, 19 से 22. # 113 से 115, 118 से 121, 153, 168, और 169, -/ 1 से 25. # 116 -/3 से 8, 13 से 19, 22 से 25. # 117 -/ 15, # 122 -/ 1, 2, 9 से 12, 19, 20. # 143 -/ 1 से 4, 7, 8/1, 9/1, 9/2, 10/1, 10/2, 11/1, 12 से 15, 16/1, 17/2, 18/1, 19/1, 20/2, 21, 22/2, 23/2, 24/1, 25/2. # 177 -/ 1 से 20, 22 से 25. # 178 -/ 1 से 15, 17 से 23, # 181 -/1 से 2, 9 से 11. # 182 -/ 2 से 8, 14 से 18. # 143 को कार्यालय रिकॉर्ड से पुनः सत्यापन की आवश्यकता है।

45-46. हरियाणा सरकार, राजपत्र 5 मई, 1970. धारा 4 अधिसूचना संख्या एसओ 137/पीए2/1900/एस. 4/70 दिनांक 29.4.1970, उसके बाद उसी दिनांक की धारा 5 अधिसूचना संख्या एसओ 138/पीए2/1900/एस. 5/70, दिनांक 29.4.1970. गुड़गांव, गुड़गांव, **अलीपुर** (एचबी 180), **घामडोज** (एचबी 179)। कुल 718 एकड़।

45पीएफ. अलीपुर. 140 एकड़. # 1 -/ 7, 8,13 से 18, 23 से 25. # 2 -/ 11, 19 से 22. # 3 -/ 1 से 3, 8 से 10, 12 से 14, 16 से 19, 23 से 25. #4-/ 3 से 5. # 5-/ 3 से 7,15,16, 25. # 6-/ 1, 6 से 25. #7-/ 11 से 13, 16 से 25. #16-/ 1 से 25. #17-/ 1 से 19, 23, 24, 25. #18-/ 3 से 7, 15. # 19-/ 1 से 25. # 35-/ 1 से 10.

संरक्षित वन अधिसूचना संख्या एसओ 10/सीए 16/1927/एस. 29/2023 राजपत्र, 11 अप्रैल, 2023, गुड़गांव, सोहना, **अलीपुर**, (एचबी 180), पीएलपी अधिनियम की धारा 4 और 5 के तहत पहले से अधिसूचित खसरा नंबर के अलावा नए खसरा नंबर जोड़े गए [44]ताकि अधिसूचित क्षेत्र 140 एकड़ से बढ़कर पीएफ क्षेत्र 253 एकड़ 2 कनाल 8 मरला हो जाए। #8-/20 से 22, 24, 25, #9-/21 से 25, #14-/1 से 4, 6, 7, 9 से 12, 16 से 25, #15-/3 से 15, 17 से 25, #20-/1 से 24, #21-/1 से 25, #33-/1 से 3, 4 से 6, 7, 8, 13 से 18, 23 से 25, #34-/1, 2, #36-/1 से 3, 4/1, 4/2, 5/1, 6, 14/1, 14/3, #89, #90, #91, #92, #93

46पीएफ. घामडोज । 718 एकड़. # 1 -/ 6,15,16, 25. # 2 -/ 11,12,19 से 24. #3 -/ 21. # 4 -/ 1 से 4, 7 से 14, 16 से 25. # 5 -/ 4 से 7, 11, 12, 14 से 25. # 6 -/ 16, 24, 25. # 7 -/ 4 से 8, 13 से 18, 23 से 25. # 8, 9, 20, 22, 25 से 27, 45 से 47, 50 से 52, 72 से 74, और 78 - / 1 से 25. # 10 -/ 1, 9 से 12, 17 से 25. # 21 -/ 2 से 9, 11 से 25. # 23 -/ 13 से 18, 23 से 25. # 24 -/3 से 8, 13 से 18, 22 से 25. # 48 -/ 2 से 8, 13 से 17, 24, 25. # 49 -/ 4 से 7, 13 से 18, 23 से 25. # 75 -/4 से 7, 15, 16. # 76 1 से 3, 9. # 77 -/ 1 से 9, 13 से 18, 24, 25. # 103 -/ 1 से 15, # 104 -/ 5, 6. धारा 4 अधिसूचना में # 72 का दो बार उल्लेख किया गया है, यह 71 हो सकता है, लेकिन धारा 5 में इसका उल्लेख केवल एक बार किया गया है।

संरक्षित वन अधिसूचना संख्या एसओ 10/सीए 16/1927/एस. 29/2023 राजपत्र, 11 अप्रैल, 2023, गुड़गांव, सोहना, **घामडोज**, (एचबी 179), पीएलपी अधिनियम की धारा 4 और/या 5 के तहत पहले से अधिसूचित खसरा नंबरों के अलावा नए खसरा नंबर जोड़े गए ताकि अधिसूचित क्षेत्र को 578 एकड़ से बढ़ाकर पीएफ क्षेत्र 993 एकड़ 5 कनाल 4 मरला किया जा सके। # 17 -/1 से 25. # 21 -/10. # 28 -/ 1 से 25. # 29 -/ 1 से 25. # 30 -/ 1 से 25. # 31 -/1 से 25. # 41 -/1 से 25. # 42 -/1 से 25. # 43 -/1 से 25. # 44 -/1 से 25. # 53-/ 1 से 25. # 54 -/ 1 से 25. # 55 -/ 1 से 25. # 56 -/1 से 25. # 69 -/1 से 25. # 70 -/ 1 से 25. # 71 -/ 1 से 25. # 72 से 74 और 78 -/ 1 से 25.

47. हरियाणा सरकार, राजपत्र 5 मई, 1970। धारा 4 अधिसूचना संख्या एसओ 151/पीए2/1900/एस. 4/70 दिनांक 29.4.1970, उसके बाद उसी दिनांक की धारा 5 अधिसूचना संख्या एसओ 152/पीए2/1900/एस. 5/70, दिनांक 29.4.1970 । गुड़गांव, गुड़गांव, **हरियाहेड़ा** (एचबी 183), 196 एकड़। # 1 -/ 17 से 24. # 2 -/ 17, 19 से 22. # 3 -/ 1 से 19, 22 से 25. # 4 -/ 2 से 9, 12 से 19, 22 से 25. # 5 -/ 1 से 3, 8 से 13, 17 से 24. # 6 -/ 10 से 12, 19 से 23. # 7, 10 -/ 1 से 25. # 8 -/ 2 से 9, 12 से 19, 22 से 25. # 9 -/ 2 से 9, 12 से 19, 21 से 25. # 11-/ 1 से 4, 7 से 14, 17/1, 18 से 22, 23/1, 24/1. # 19 -/ 1, 2, 3/1, 9, 10. # 20 -/ 1 से 10. # 21 -/ 1 से 9.

48. हरियाणा सरकार, राजपत्र 19 मई, 1970। धारा 4 अधिसूचना संख्या एसओ 169/पीए2/1900/एस. 4/70 दिनांक 15.5.1970, उसके बाद वही दिनांकित धारा 5 अधिसूचना संख्या एसओ 170/पीए2/1900/एस. 5/70, दिनांक 15.5.1970। गुड़गांव, गुड़गांव, **रायसीना** (एचबी 184)। 551 एकड़ । #1-/ 12 से 19, 21 से 25. # 2 -/ 11, 12 से 25. # 3 -/ 21 से 23. # 4 -/ 1 से 3, 8 से 13, 18 से 24. # 5, 6, 12, से 14,18, से 22, 32, 35, और 40, -/ 1 से 25. # 7 -/ 5, 6, 15 से 19, 21 से 25. # 11 -/ 5, 6, 14 से 17, 23 से 25. # 15 -/ 1 से 4, 6 से 25. # 16 -/ 11, 20 से 22. # 17 -/ 1,2, 8 से 13, 18 से 25. # 33 -/ 1 से 13, 15, 18 से 24. # 34 -/ 1 से 20, 24, 25. # 36 -/ 1 से 3, 8 से 13, 18 से 24. # 37 -/ 1 से 4, 7 से 14, 17 से 24. # 38 -/ 1 से 10, 12 से 19, 21/2, 22 से 25. # 39 -/5/2, 10, 11, 20, 21. # 41 -/ 1 से 5, # 55 -/ 1 से 5. # 56 -/ 1. # 57 -/ 2 से 7, 14 से 17, 25. # 58 -/1 से 4, 8 से 13, 18 से 23. # 59 -/ 1 से 3, 8 से 13, 18 से 24. # 60 -/ 5, 6. # 79 -/ 2 से 9, 13, 14. हरियाणा सरकार, राजपत्र 5 मई, 1970। धारा 4 अधिसूचना संख्या एसओ 153/ पीए2/1900/एस. 4/70 दिनांक 29.4.1970, उसके बाद उसी दिनांक की धारा 5 अधिसूचना संख्या एसओ 154/पीए2/1900/एस. 5/70, दिनांक 29.4.1970। गुड़गांव, गुड़गांव, **रायसीना** (एचबी 184), 407 एकड़। # 141 -/ 11 से 25. # 142 -/ 5, 6, 15,16, 25. # 143 -/ 5, 6,15, 16. # 144, 145, 171, 172, 175 से 177, 199, और 209, -/ 1 से 25. # 146 -/ 1 से 3, 8 से 13 18 से 24. # 170 -/ 10 से 12, 19 से 24. # 173 -/ 1 से 9, 12 से 19, 23 से 25. # 174 -/ 3 से 8, 13 से 17, 25. # 178 -/ 11, 20, 21, 26. # 179 -/ 26 # 197 -/ 26, 27. # 198 -/1 से 24, # 200 -/ 1 से 8, 14 से 16, 23. # 201 -/ 1 से 9, 12 से 14, 18,19, 21, 23. # 202 -/ 1 से 9, 14 से 16, 25. # 203 -/ 1 से 4, 7 से 13, 18 से 23. (सूची 16 से 23 में). #208 -/8, 9, 11 से 25. # 210 -/5, 6, 15, 16, 25. # 211 -/5, 6, 15. # 212-/1 से 20. # 213 -/1 से 4, 8 से 12, 20.

49. हरियाणा सरकार, राजपत्र 24 फरवरी, 1970 । धारा 4 अधिसूचना संख्या एसओ 33/पीए2/1900/एस. 4/70 दिनांक 11.2.1970, उसके बाद राजपत्र 10 मार्च, 1970, धारा 5 अधिसूचना संख्या एसओ 46/पीए2/1900/एस. 5/70, दिनांक 11.2.1970 । गुड़गांव, गुड़गांव, **रोजका गुज्जर** (एचबी 172)। 2617 एकड़। 1 से 44, 45 मिन, 46 मिन, 55 मिन, 56, 57, 58 मिन, 62 से 65, 66 मिन, 69 मिन, 70 से 76. । धारा 5 अधिसूचना संख्या एसओ 23/पीए2/1900/एस के लिए एक और राजपत्र 17.2.1976 प्रकाशित। 5/76, दिनांक 13.2.1976 के तहत 2181 एकड़ भूमि के लिए 79 से 89, 92 से 132. धारा 4 और 5 के तहत कुल 4798 एकड़ भूमि को अधिसूचित किया गया।

50. धारा 5 संख्या 1181-डी दिनांक 8-3-1949 के लिए अधिसूचना। गुड़गांव, गुड़गांव, **सोहना** (एचबी 187), 9 एकड़ के लिए 2725, 2726, 2728, और 2741. हरियाणा सरकार, राजपत्र 5 मई, 1970, धारा 4 अधिसूचना संख्या एसओ 133/पीए2/1900/एस. 4/70 दिनांक 29.4.1970 उसके बाद उसी दिनांक की धारा 5 अधिसूचना संख्या एसओ 134/पीए2/1900/एस. 5/70, दिनांक 29.4.1970 । गुड़गांव, गुड़गांव, **सोहना** (एचबी 187)। 1257 एकड़। ब्लॉक 'ए' # 6 -/ 11, 12 18 से 25. # 7 -/ 16, 17, 24, 25. #8 -/ 3 से 8, 13 से 18, 23 से 25. # 9, 32, 35, 36, 60, 63, 64, 86, 87, 90, 91, 92,116,117, 118, 121 से 124, 157, 158, 161, 162, 201, और 202, -/ 1 से 25. # 10 -/ 11, 12, 18 से 24. # 31 -/ 1 से 4, 7 से 25, #.33 -/ 4 से 7, 15 से 17, 25. #34 -/5, 6, 15, 16. #37 -/1, 10, 11, 20 से 22. #59 -/1 से 3 (कुछ स्थानों पर 2 दिखाई देते हैं), 8 से 25. #61 -/1 से 10, 12 से 19, 22 से 25. #65 -/20, 21. #85 -/1, 9 से 12, 18 से 24. #88 -/2 से 9, 12 से 19, 22 से 25. #-/89 -/2 से 8, 13 से 18, 23 से 25. #93 -/10 से 12, 19 से 23. #114 -/20, 21. #115 -/1 से 3, 7 से 25. # 119 -/ 4 से 7, 14 से 17, 24, 25. # 120 -/ 5 से 7, 14 से 17, 24, 25. # 125 -/ 1, 2, 9 से 13, 18 से 23. # 159 -/ 4 से 7, 14 से 17, 24, 25. # 160 -/ 4 से 8, 13 से 18, 23 से 25. # 203 -/ 3 से 8, 13 से 18, 23 से 25. # 204 -/ 4 से 6. # 205 -/ 1 से 5, 7 से 10. # 206 -/ 1 से 5. # 216 -/ 16, 25. # 217 -/ 19 से 22. ब्लॉक "बी" # 232 -/ 1 से 3, 8 से 13, 18 से 22. # 233 -/ 1 से 10, 11/ 1, 11/2, 12/1,12/2, 13 से 25. # 234 -/ 1 से 13, 16/1, 16/2, 17 से 23, 24/1, 24/2, 25. # 242 -/ 1, 2, 3/1, 3/2, 4 से 9, 12 से 19, 23 से 25. #243 -/ 1 से 7, 8/1, 8/2, 9 से 12, 13/1, 13/2, 14, 15, 16/1, 16/2, 17 25 तक. # 244 -/ 1, 2, 9 से 12, 19 से 21, 22/1, 25/2. # 245 -/ 19 से 22. # -/ 258 -/ 1, 2, 9 से 12, 19 से 22. # 259 -/ 2, 3, 5/2, 6/1, 6/2, 7 से 9, 11/2, 12 से 14, 15/ 1, 15/2, 16/1, 16/2, 17 से 24, 25/1, 25/2. # 260, 263, 278, 279, -/ 1 से 25. # 261 -/3 से 8, 13 से 19, 22 से 25. # 262 -/2 से 9, 12 से 19, 23 से 25. # 264 -/ 1 से 4, 5/1, 5/2, 6 से 13, 14/1, 14/2, 15 से 25. # 265 -/ 1, 2, 10, 11,20, 21. # 277 1, 2,3/ 1, 3/2, 4 से 15, 20. # 280 -/ 1 से 19, 23 से 25. # 281 -/ 1 से 14, 15/1, 15/2, 16/2, 17 से 24, 25/1. # 282 -/ 1 से 3, 4/2, 7/ 2, 8 से 10, 11/1, 11/2, 12, 13, 14/2. # 291 -/ 1 से 4, 5/1, 6/2, 7 से 10, 13, 14, 15/1. # 292 -/ 4, 5.

51. धारा 4 अधिसूचना संख्या 9398- एजीआर – (ii) 68/13538 दिनांक 17.7.1968 उसके बाद धारा 5 अधिसूचना, एजीआर – (ii) 68/17541, दिनांक 17.7.1968। गुड़गांव, गुड़गांव, **मोहम्मदपुर गुज्जर** (एचबी 185)। 158 एकड़। #13 -/ 12/1, 19 से 22, # 14 -/ 16, 17, 23 से 25. # 15 -/ 16, 24, 25. # 16 -/ 2 से 23, 24/1, 24/2, 25/1, 25/2. # 17 -/1, 2, 9 से 12, 19, 22. # 30 -/ 1/1, 1/2, 2, 9 से 11, 12/1, 12/2, 19/1, 19/2, 20, 21/1, 21/2, 22/1, 22/2, 22/3. # 31 -/ 1 से 4, 5/1, 5/2, 6, 7, 8/1, 8/2, 9 से 12, 13/ 1, 13/2, 14, 15, 16/1, 16/2, 17 से 25. #32 -/ 3 से 9, 11 से 20, 23 से 25. # 33 -/ 16, # 34 -/ 4 से 6. # 35 -/ 1 से 19, 23 से 25. # 36 -/ 1, 2/1, 3/1,7/2, 8 से 25. # 37 -/ 11/2, 19/1, 19/2, 20, 21/1, 21/2, 22. # 45 -/ 1/1, 1/2, 2, 9, 10/1, 10/2, 11,

12, 19. # 46 -/ 1 से 5, 6/1, 6/2, 7 से 13. # 47 -/ 3 से 7, 14, 15.

52. हरियाणा सरकार, राजपत्र 16 जून, 1970। धारा 4 अधिसूचना संख्या एसओ 189/पीए2/1900/एस. 4/70 दिनांक 12.6.1970 के बाद उसी दिनांक की धारा 5 अधिसूचना संख्या एसओ 190/पीए2/1900/एस. 5/70, दिनांक 12.6.1970। एक अन्य धारा 4 अधिसूचना संख्या एसओ 98/पीए2/1900/एस. 4/ दिनांक 22-8-1975 को राजपत्र 26.8.1975 के साथ कुछ और खसरा नंबरों के लिए प्रकाशित की गई थी। गुड़गांव, गुड़गांव, **अभयपुर** (एचबी 173)। 284+ 216=500 एकड़ (–) # 28 से 31 दोहराया गया। # 28 -/20, 21. # 29 -/ 8, 9, 11 से 25. # 30 -/ 15, 16, 21, 25. # 31 -/ 1 से 3, 7 से 25. # 60, से 62, 66, 67, और 95 -/ 1 से 25. # 63 -/ 1, 9 से 12, 19 से 22. # 64 -/ 1, 2, 10, # 65 -/ 1 से 15, 17 से 23, 25. # 94 -/ 1 से 20, 23 से 25. # 96 -/ 1 से 3, 9 से 12, 19 से 22. # 97 -/ 1, 2, 9 से 11, 20. # 98 -/ 1 से 20, 22 से 24. # 99 -/ 3 से 7, 15. क्षेत्र 284 एकड़.। 1975 अधिसूचना # 3 -/ 21. # 4 -/ 11 से 13, 17 से 25. # 5 -/ 5, 6, 7, 11 से 23, 24/1, 24/2, 25/1, 25/2. # 24 3 से 5, 6/1, 6/2, 7 से 9, 12/1, 12/2, 13, 14, 15/1, 15/2, 16 से 19, 20/1, 20/2, 21 से 25. # 25 -/ 1 से 7, 8/1, 8/2, 9 से 13, 14/1, 14/2, 15 से 25. # 26 -/ 1 से 4, 7 से 25. # 27 -/ 19 से 23. (# 28 से 31, अधिसूचना 1970 दोहराई गई). # 32, 33, 34 -/ 1 से 25. # 35 -/ 15, 16. क्षेत्र 216 एकड़. (शुद्धिपत्र)

53. हरियाणा सरकार, राजपत्र 17 मार्च, 1970। धारा 4 अधिसूचना संख्या एसओ 99/पीए2/1900/एस. 4/70 दिनांक 12.3.1970 तथा उसके बाद उसी दिनांक की धारा 5 अधिसूचना संख्या एसओ 100/पीए2/1900/एस. 5/70, दिनांक 12.3.1970। गुड़गांव, गुड़गांव, **हरचंदपुर** (एचबी 199)। 436 एकड़। 1 से 3, 6, 186 से 192, 193 मिन, 194 से 199, 203 से 205, 207, 208, 604, 607, 612. ।

54. हरियाणा सरकार, राजपत्र 8 अक्टूबर, 1974। धारा 4 अधिसूचना संख्या एसओ 165/पीए2/1900/एस. 4/70 दिनांक 4.10.1974। राजपत्र 15 अक्टूबर, 1991 द्वारा एक और धारा 4 अधिसूचना, धारा 4 अधिसूचना संख्या एसओ 122/पीए2/1900/एस. 4/9 1, दिनांक 11.10.1991, उसके बाद राजपत्र 15 अक्टूबर, 1991, धारा 5 अधिसूचना संख्या एसओ 123/पीए2/1900/एस. 5/91, दिनांक 11.10.1991। गुड़गांव, गुड़गांव, **रिठौज** (एचबी 169)। 170 एकड़। # 1 -/ 16, 17, 21 से 24, 25/1। # 6 -/ 1 से 3, 4/1, 7/2, 8 से 13, 14/1, 16/2, 17 से 24, 25/1. # 7 -/ 3 से 9, 12 से 25. # 8 -/ 16, 17, 23/2, 24, 25. # 9, 17, -/ 1 से 25. # 10 -/ 1 से 4, 5/1, 6/2, 7 से 14, 15/1, 16 से 25. # 16 -/ 1/1, 2/2, 9/2, 10, 11, 12/1, 19/2, 20, 21, 22/1. # 18 -/ 1 से 10, 11/1, 12/1, 13/2, 14 से 17, 18/1, 19/1, 23/2, 24, 25. # 19 -/3/2, 4 से 7, 8/1, 13/2, 14/2, 15/1,16/3, 17/3, 24/2. # 24 -/ 2/2, 3/2, 4 से 6, 7/1, 8/2, 9/1, 15/2. # 25 -/ 1, 2/1, 3/2, 4 से 7, 8/1, 9/2, 10, 11/2, 12/1, 13/2, 14/2, 15, 16/1, 17/1, 19/2, 20/1. # 26 -/ 1/1, 10/2, 11/1.

55. हरियाणा सरकार, राजपत्र 8 अक्तूबर, 1974. धारा 4 अधिसूचना संख्या एसओ 165/पीए2/1900/एस. 4/70 दिनांक 4.10.1974. राजपत्र 1 सितंबर, 1992, एक अन्य धारा 4 अधिसूचना संख्या एसओ 107/पीए2/1900/एस. 4/92, दिनांक 20.8.1992. गुड़गांव, गुड़गांव, **खेड़ला** (एचबी 177). 257 एकड़. #3 -/ 15, 16, 24, 25. # 4 -/ 10 से 12, 18 से 23. # 5 -/ 1 से 3, 8 से 14, 16 से 25. # 6 -/ 4 से 25. # 7 -/ 4/2, 5, 6, 7/1, 14/2, 15, 16, 17/1, 22/3, 24/2, 25. # 22 -/ 2/2, 3/1, 4/2, 5 से 9, 10/1, 11/2, 12 से 19, 20/1, 21/2, 22 से 25. # 23, 44 -/ 1 से 25. # 24 -/ 1 से 15, 17 से 24. # 25 -/ 1 से 4, 7 से 14, 17 से 25. #26 -/ 1 से 19, 20/1, 21/2, 22 से 25. #43 -/ 3 से 5. #45 -/ 1, 10 से 12, 19 से 22. #46 -/ 1 से 3, 8 से 13, 18 से 23. #47 -/ 1 से 10, 12 से 19, 20/1, 22 से 25. #48 -/ 5/2, 6/1. # 65 -/ 2/3, 3 से 7, 8/1, 9/1, 13/2, 14 से 17, 18/1, 23/2, 24, 25. # 66 -/ 1, 2, 9 से 11, 20, 21. # 67 -/ 1, 10. # 68 -/ 4/2, 5, 6, 7/1. (शुद्धिपत्र)

56. हरियाणा सरकार, राजपत्र 29 दिसम्बर, 1970। धारा 4 अधिसूचना संख्या एसओ 273/पीए2/1900/एस. 4/70 दिनांक 24.12.1970, उसके बाद उसी दिनांक की धारा 5 अधिसूचना संख्या एसओ 274/पीए2/1900/एस. 5/70, दिनांक 24.12.1970। राजपत्र द्वारा 11 जून, 1998 को धारा 4 की एक अन्य अधिसूचना, एसओ 75/पीए2/1900/एस. 4/98, दिनांक 11.06.1998, उसके बाद उसी दिनांक की धारा 5 अधिसूचना संख्या एसओ 76/पीए2/1900/एस. 5/98, दिनांक 11.06.1998। गुड़गांव, गुड़गांव, **कासन** (एचबी 129), 272 एकड़। 269 से 287 ।

57. हरियाणा सरकार, राजपत्र 16 जून, 1970। धारा 4 अधिसूचना संख्या एसओ 183/पीए2/1900/एस. 4/70 दिनांक 12.6.1970, उसके बाद वही दिनांकित धारा 5 अधिसूचना संख्या एसओ 184/पीए2/1900/एस. 5/70, दिनांक 12.6.1970। राजपत्र 5 जून, 1998, एक अन्य धारा 4 अधिसूचना संख्या एसओ 71/पीए2/1900/एस. 4/98, दिनांक 5.06.1998, उसके बाद वही दिनांकित धारा 5 अधिसूचना संख्या एसओ 72/पीए2/1900/एस. 5/98, दिनांक 5.06.1998। गुड़गांव, गुड़गांव, **सांप की नंगली** (एचबी 186)। 233 एकड़। # 1 -/ 16, 17, 20 से 25. # 2 -/ 19 से 24. # 3 -/ 10 से 12, 18 से 23. # 4, 7, 16, और 20 -/ 1 से 25. # 5 -/ 1 से 9, 13 से 17, 24, 25. # 6 -/ 4 से 7, 14 से 17, 24, 25. # 8 -/ 1 से 4, 7 से 25. # 9 -/ 11 से 14, 15/1, 15/2, 16/1, 16/2, 17 से 23, 24/1, 24/2, 25/1, 25/2. # 15 -/1 से 3, 4/1, 7/2, 8/1, 8/2, 9 से 12, 13/1, 18/2, 19 से 23. # 17 -/ 1 से 20, 22 से 25. # 18 -/ 4 से 6, 15. # 19 -/ 3 से 7, 15, 16, 25. # 21 -/ 1 से 4, 5/1/2, 6 से 25. 1970 की अधिसूचना केवल 201 एकड़ के लिए जहां # 21 और # 15 में कुछ संख्याएं गायब थीं।

58. पंजाब सरकार, धारा 5 अधिसूचना संख्या 3816-डी-52/2992 दिनांक 14.7.1952. गुड़गांव, गुड़गांव, **गैरतपुर बास** , (एचबी संख्या 158)। 604 एकड़। 471 से 475, 528 और 1256 से 1259।

संरक्षित वन अधिसूचना संख्या एसओ 10/सीए 16/1927/एस. 29/2023 द्वारा हरयाणा राजपत्र, 11 अप्रैल, 2023, 1213 एकड़ 5 कनाल 12 मरला। खसरा नं. 137, 138, 139, 140, 141, 142, 143, 144, 145, 146, 147, 148, 149, 150, 151, 152,153, 154,155, 156, 157, 158,159, 160, 161, 162, 163, 166,167,168, 169, 170, 171, 172, 173, 174, 175, 176, 177, 178, 179, 180, 181, 182, 183, 184, 186/1, 187, 192, 193, 194, 195, 196/1, 197, 198, 199, 202, 203, 204, 205, 206, 207,208, 209, 210, 211, 212, 213, 214, 215, 216. ऊपर कवर न किए गए **अवर्गीकृत वन** संख्याएँ 113, 117, 164, 165, 191.

59. हरियाणा सरकार, राजपत्र 26 अगस्त, 1975. धारा 5 अधिसूचना संख्या एसओ 99/पीए2/1900/एस. 5/75, दिनांक 22.8.1975. (लेखक धारा 4 अधिसूचना का पता लगाने में असमर्थ रहा)। गुड़गांव, गुड़गांव, **दमदमा** (एचबी 174)। 164 एकड़। # 3 -/ 4 से 8, 12 से 19, 23 से 25। # 4 -/ 1, 2, 6 से 25। # 5 -/ 20, 21। # 6 -/ 1, 10 से 12, 18 से 23। (शुद्धिपत्र)। #7, 22 -/ 1 से 25. # 8 -/ 3 से 8, 13 से 19, 22 से 25. # 21 -/ 1 से 9, 12 से 19, 22 से 25. # 23 -/ 1 से 4, 7 से 15, 17 से 25. # 24 -/ 1. # 25 -/ 1 से 3, 10, 11, 20. # 26 -/ 2 से 9, 13 से 15.

मेवात (नूह)

60-64. हरियाणा सरकार, राजपत्र 24 फरवरी, 1970. धारा 4 अधिसूचना संख्या एसओ 36/पीए2/1900/एस. 4/70, दिनांक 11.2, 1970, उसके बाद उसी दिनांक की धारा 5 अधिसूचना संख्या एसओ 49/पीए2/1900/एस. 5/70, दिनांक 11.2, 1970. गुड़गांव, फिरोजपुर झिरका, **नारेका** (एचबी 115), **चितौडा** (एचबी 116), मह् (एचबी 117), **गुमट बिहारी** (एचबी 4), **नोटकी** (एचबी 3)। कुल 559 एकड़।

60. नारेका.। 92 एकड़ ।. 70. **61. चितौडा.** 116 एकड़.। 57 मि. **62. मह्.** 116 एकड़.। 136 मि. **63. गुम्मट बिहारी.** 111 एकड़ ।. 37 मि. **64. नोटकी.** 98 एकड़ ।. 35 मि.

संरक्षित वन अधिसूचना संख्या एसओ 16/सीए 16/1927/एस. 29/2023 दिनांक 11.04.203, हरियाणा सरकार, राजपत्र 11.4.2023. नूंह, नगीना, **नोटकी.** 202 एकड़ 4 कनाल 0 मरला. खसरा नंबर 35.

65-68. हरियाणा सरकार, राजपत्र 10 मार्च, 1970. धारा 4 अधिसूचना संख्या एसओ 79/पीए2/1900/एस. 4/70, दिनांक 5,3, 1970, उसके बाद उसी दिनांक की धारा 5 अधिसूचना संख्या एसओ 78/पीए2/1900/एस. 5/70, दिनांक 5,3, 1970. गुड़गांव, फिरोजपुर झिरका, **खोरी कलां** (एचबी 122), **तिगांव** (एचबी 143), **बडैड** (एचबी 145), **बीवन** (एचबी 148)। कुल 446 एकड़।

65. खोरी कलां 61 एकड़ ।. 89. **66. तिगांव,** 135 एकड़। 91. **67. बडैड.** 122 एकड़। 102, 103. **68. बीवन.** 128 एकड ।. 289/1, 289/ 3.

68-ए. संरक्षित वन अधिसूचना संख्या एसओ 16/सीए 16/1927/एस. 29/2023 दिनांक 11.04.203, हरियाणा सरकार, राजपत्र 11.4.2023. नूंह, नूंह, **बीवन (एचबी 98)**। 232 एकड़ 6 कनाल 14 मरला। खसरा नंबर 50 से 52, 58 से 62, 63/1, 64/2, 65, 66, 67/2, 68/2, 68/3, 69/1, 69/3, 70/1, 70/3, 71/1, 71/3, 72/2, 72/3, 72/4, 73 को 75. यह गांव नूंह तहसील में है। धारा 4 में अधिसूचित बीवन गांव फिरोजपुर झिरका तहसील में दर्शाया है।

69. हरियाणा सरकार, राजपत्र 10 मार्च, 1970। धारा 4 अधिसूचना संख्या एसओ 87/पीए2/1900/एस. 4/70, दिनांक 5-3-1970 तथा उसके बाद उसी दिनांक की धारा 5 अधिसूचना संख्या एसओ 88/पीए2/1900/एस. 5/70, दिनांक 5-3-1970। गुड़गांव, फिरोजपुर झिरका, **अगांव** (एचबी 104), 152 एकड़। 174. ।

70. धारा 4 अधिसूचना संख्या एसओ 83/पीए2/1900/एस. 4/70, दिनांक 5.3.1970, उसके बाद उसी दिनांक की धारा 5 अधिसूचना संख्या एसओ 84/पीए2/1900/एस. 5/98, दिनांक 5.3.1970, गुड़गांव, फिरोजपुर झिरका, **दधोली** (एचबी 85)। 173 एकड़। 33 से 38, 47 से 52 ।

71. हरियाणा सरकार, राजपत्र 23 मई, 1994। धारा 4 अधिसूचना संख्या एसओ 42/पीए2/1900/एस. 4/94 दिनांक 23.5.1994, उसके बाद उसी दिनांक की धारा 5 अधिसूचना संख्या एसओ 43/पीए2/1900/एस. 5/94, दिनांक 23.5.1994। गुड़गांव, फिरोजपुर झिरका, **फिरोजपुरझिरका** (एचबी 73), 1448 एकड़ 3 कनाल 16 मरला। 324 से 375, 379 से 426. ।

72-73. हरियाणा सरकार, राजपत्र 10 मार्च, 1970. धारा 4 अधिसूचना संख्या एसओ 71/पीए2/1900/एस. 4/70, दिनांक 11.2,1970, उसके बाद उसी दिनांक की धारा 5 अधिसूचना संख्या एसओ 72/पीए2/1900/एस. 5/70, दिनांक 11.2.1970. गुड़गांव, फिरोजपुर झिरका, **झिमरावट** (एचबी 125), **रावली** (एचबी 91). 462 एकड़. **72. झिमरावट.** 222 एकड़ . 220 मिन, 221.

73. रावली. 240 एकड़ . 190 मिन.

संरक्षित वन अधिसूचना संख्या एसओ 16/सीए 16/1927/एस. 29/2023 दिनांक 11.04.203, हरियाणा सरकार, राजपत्र 11.4.2023। नूंह, फिरोजपुर झिरका, **रावली (एचबी 91)**। 240 एकड़ 0 कनाल 2 मरला। खसरा नंबर 190 मि.

74. हरियाणा सरकार, राजपत्र 3 मार्च, 1970। धारा 4 अधिसूचना संख्या एसओ 64/पीए2/1900/एस. 4/70, दिनांक 20.2.1970, उसके बाद उसी दिनांक की धारा 5 अधिसूचना संख्या एसओ 65/पीए2/1900/एस. 5/70, दिनांक 20.2.1970। गुड़गांव, फिरोजपुर झिरका, **रीगड** (एचबी 105), 115 एकड़। 146/1, 147 से 151. ।

75. हरियाणा सरकार, राजपत्र 17 मार्च, 1970। धारा 4 अधिसूचना संख्या एसओ 95/पीए2/1900/एस. 4/70, दिनांक 12.3,1970, उसके बाद उसी दिनांक की धारा 5 अधिसूचना संख्या एसओ 96/पीए2/1900/एस. 5/70, दिनांक 12.3.1970। गुड़गांव, फिरोजपुर झिरका, **बसई मेव** (एचबी 149)। 401 एकड़। # 1 से 3, 13, 61, 62, 1127 से 1129, और 1131 से 1137. ।

76. हरियाणा सरकार, राजपत्र 24 फरवरी, 1970। धारा 4 अधिसूचना संख्या एसओ 38/पीए2/1900/एस. 4/70, दिनांक 11-2-1970, उसके बाद उसी दिनांक की धारा 5 अधिसूचना संख्या एसओ 51/पीए2/1900/एस. 5/70, दिनांक 11.2.1970। गुड़गांव, फिरोजपुर झिरका, **रावा** (एचबी 107)। 336 एकड़। संख्या 62, 63. ।

77-78. हरियाणा सरकार, राजपत्र 24 फरवरी, 1970. धारा 4 अधिसूचना संख्या एसओ 41/पीए2/1900/एस. 4/70, दिनांक 11.2,1970, उसके बाद उसी दिनांक की धारा 5 अधिसूचना संख्या एसओ 52/पीए2/1900/एस. 5/70, दिनांक 11.2.1970. गुड़गांव, फिरोजपुर झिरका, **नांगल मुबारकपुर** (एचबी 57), **रंगाला राजपुर** (एचबी 69)।

77 . **नांगल मुबारकपुर** .266 एकड़ 210 से 215, 219 से 234.

78. रंगाला राजपुर 271 एकड़ 74 से 76.

संरक्षित वन अधिसूचना संख्या एसओ 16/सीए 16/1927/एस. 29/2023 दिनांक 11.04.203, हरियाणा सरकार, राजपत्र 11.4.2023। नूंह, फिरोजपुर झिरका, **रंगाला राजपुर (एचबी 69)।** 462 एकड़ 7 कनाल 7 मरला. खसरा नं 74 से 76.

79. हरियाणा सरकार, राजपत्र 24 फरवरी, 1970। धारा 4 अधिसूचना संख्या एसओ 52/पीए2/1900/एस. 4/70, दिनांक 11.2.1970, उसके बाद उसी दिनांक की धारा 5 अधिसूचना संख्या एसओ 50/पीए2/1900/एस. 5/70, दिनांक 11.2.1970। गुड़गांव, फिरोजपुर झिरका, **घाटा समसाबाद** (एचबी 106)। 700 एकड़। 920 से 950.

80. हरियाणा सरकार, राजपत्र 24 फरवरी, 1970। धारा 4 अधिसूचना संख्या एसओ 40/पीए2/1900/एस. 4/70, दिनांक 11.2,1970, उसके बाद उसी दिनांक की धारा 5 अधिसूचना संख्या एसओ 53/पीए2/1900/एस. 5/70, दिनांक 11.2.1970। गुड़गांव, फिरोजपुर झिरका, **भोंड** (एचबी 85), 729 एकड़। 72, 73,80 से 83, 90 से 93, 101 से 104, 115 से 120, 126 से 145.

संरक्षित वन अधिसूचना संख्या एसओ 16/सीए 16/1927/एस. 29/2023 दिनांक 11.04.203, हरियाणा सरकार, राजपत्र 11.4.2023। नूंह, फिरोजपुर झिरका, **भोंड** (एचबी 85), 1446 एकड़ 2 कनाल 6 मरला। आयत 16, खसरा 17/2/24, 17/2/27, 26, 37 से 40, 42, 43, 67 से 145, 180, 194, 207, 220.

81. हरियाणा सरकार, राजपत्र 5 मई, 1970। धारा 4 अधिसूचना संख्या एसओ 129/पीए2/1900/एस. 4/70, दिनांक 29.4,1970, उसके बाद उसी दिनांक की धारा 5 अधिसूचना संख्या एसओ 130/पीए2/1900/एस. 5/70, दिनांक 29.4,1970। गुड़गांव, फिरोजपुर झिरका , **नावली** (एचबी 66)। 333 एकड़। 94-95.

संरक्षित वन अधिसूचना संख्या एसओ 16/सीए 16/1927/एस. 29/2023 दिनांक 11.04.203, हरियाणा सरकार, राजपत्र 11.4.2023. नूंह, फिरोजपुर झिरका, **नावली (एचबी 98)।** 205 एकड़ 6 कनाल 0 मरला। खसरा नंबर 94 से 96।

82. हरियाणा सरकार, राजपत्र 18 मार्च, 1980। धारा 4 अधिसूचना संख्या एसओ 76/पीए2/1900/एस. 4/80, दिनांक 7.3.1980 तथा उसके बाद उसी दिनांक की धारा 5 अधिसूचना संख्या एसओ 77/पीए2/1900/एस. 5/80, दिनांक 7.3.1980। गुड़गांव, नूह, **पालडी** (एचबी102), 148 एकड़। 48, 50.

संरक्षित वन अधिसूचना संख्या एसओ 16/सीए 16/1927/एस. 29/2023 दिनांक 11.04.203, हरियाणा सरकार, राजपत्र 11.4.2023. नूंह, नूंह, **पालडी (एचबी 102)।** 267 एकड़ 1 कनाल 6 मरला। खसरा नंबर 35, 47 से 51.

83-84. हरियाणा सरकार, राजपत्र 10 मार्च, 1970. धारा 4 अधिसूचना संख्या एसओ 73/पीए2/1900/एस. 4/70, दिनांक 5.3,1970, उसके बाद उसी दिनांक की धारा 5 अधिसूचना संख्या एसओ 74/पीए2/1900/एस. 5/70, दिनांक 5.3.1970. गुड़गांव, नूह, **डलाका** (एचबी 71), नल्हड़ (एचबी 113), कुल 523 एकड़.

83. डलाका 240 एकड़, 42. संरक्षित वन अधिसूचना संख्या एसओ 16/सीए 16 /1927/एस 29/2023, हरियाणा सरकार राजपत्र दिनांक 11 वीं अप्रैल, 2023, नूह, टौरू, **डलाका, पी.एफ.** 356 एकड़ 4 कनाल 14 मरला। खसरा संख्या 41मिन, 42.

84. नल्हड़ 283 एकड़ 73 से 75 नूंह, नल्हड़ **पीएफ क्षेत्र 332 एकड़ 5 कनाल 4 मरला** के लिए यही अधिसूचना संख्या 73 से 75, 76/1 मि.

85. हरियाणा सरकार, राजपत्र 18 मार्च, 1980। धारा 4 अधिसूचना संख्या एसओ 75/पीए2/1900/एस. 4/80, दिनांक 7.3.1980, उसके बाद उसी दिनांक की धारा 5 अधिसूचना संख्या एसओ 78/पीए2/1900/एस. 5/80, दिनांक 7.3.1980। गुड़गांव, नूह, **खोरी नूह**

(एचबी 116)। क्षेत्रफल 50 एकड़। # 22 -/ 37, 38. ।

संरक्षित वन अधिसूचना संख्या एसओ 16/सीए 16/1927/एस. 29/2023 दिनांक 11.04.203, हरियाणा सरकार, राजपत्र 11.4.2023. नूंह, नूंह, **खोरी नूंह (एचबी 116)**। 42 एकड़ 4 कनाल 7 मरला। खसरा नंबर 26, 37, 38.

86. हरियाणा सरकार, राजपत्र 21 फरवरी, 1978। धारा 4 अधिसूचना संख्या एसओ 25/पीए2/1900/एस. 4/78, दिनांक 17.2.1978, उसके बाद उसी दिनांक की धारा 5 अधिसूचना संख्या एसओ 26/पीए2/1900/एस. 5/78, दिनांक 17.2.1978। गुड़गांव, नूंह, **मैवली** (एचबी 118)। क्षेत्रफल 712 एकड़। 188 से 194, 203 से 208, 210.

संरक्षित वन अधिसूचना संख्या एसओ 16/सीए 16/1927/एस. 29/2023 दिनांक 11.04.2023, हरियाणा सरकार, राजपत्र 11.4.2023. नूंह, नूंह, **मैवली (एचबी 118)**। 953 एकड़ 7 कनाल 12 मरला। खसरा नंबर 187 से 210.

87. हरियाणा सरकार, राजपत्र 1 मई, 1998। धारा 4 अधिसूचना संख्या एसओ 46/पीए2/1900/एस. 4/98, दिनांक 1.5.1998, उसके बाद उसी दिनांक की धारा 5 अधिसूचना संख्या एसओ 43/पीए2/1900/एस. 5/98, दिनांक 1.5.1998। गुड़गांव, नूंह, **मोहम्मदपुर अहीर** (एचबी 13)। 333 एकड़ 5 कनाल 3 मरला। # 1-/ 22 से 24. #2 -/ 21, 22. # 3-/ 10 से 12, 17 से 25. # 4, 10, 11, 14, 23, 27, और 28 -/1 से 25. # 5 -/ 5 से 7, 13 से 19, 21 से 25. # 6 -/ 25. # 8 -/ 5, 6/1, # 9 -/ 1 से 19/1, 23/1, से 25. # 12 -/1 से 4, 6 से 14, 17 से 23. # 13 -/1 से 3, 9 से 11, 20, 21. # 15 -/2/2, 3 से 9, 10/1, 11 से 25. #16 -/ 5/2, 16, 17/1, 24, 25. #21 -/ 16/3, 17/1, 25. # 22 -/ 2/2, 3 से 8, 9/1, 12/2, 13 से 19, 21 से 24. # 24 -/ 1 से 14, 17 से 23. # 25 -/ 1. # 26 -/ 1 से 3, 9 से 12, 19 से 22. # 29 -/ 5, 6/1, 15, 16, 25. धारा 4 और 5 के अंतरों का सत्यापन आवश्यक है।

संरक्षित वन अधिसूचना संख्या एसओ 16/सीए 16/1927/एस. 29/2023, हरियाणा सरकार राजपत्र दिनांक 11 वीं अप्रैल, 2023 को पीएफ # 34 -/3 के लिए अतिरिक्त खसरा नंबर अधिसूचित किया गया 5 तक, 6/2, 7, 8, 9/1, 11 से 14, 15/1, 18 को 22, # 86. कुल पीएफ क्षेत्र 609 एकड़ 1 कनाल 17 मरला।

88-91. हरियाणा सरकार, राजपत्र 10 मार्च, 1970. धारा 4 अधिसूचना संख्या एसओ 69/पीए2/1900/एस. 4/70, दिनांक 11.2,1970, उसके बाद उसी दिनांक की धारा 5 अधिसूचना संख्या एसओ 70/पीए2/1900/एस. 5/70, दिनांक 11.2.1970. गुड़गांव, नूह, **गैबर** (एचबी 114), **बर्का अलीमुद्दीन** (एचबी 92), **चिल्ला,** (एचबी 67), और **पंचगांव** (एचबी 68)। कुल 482 एकड़.

88. गैबर (गेहबर/गुंडबास)। हरियाणा सरकार, राजपत्र 20 मार्च 1998। धारा 4 अधिसूचना संख्या एसओ 23/पीए2/1900/एस. 4/98, दिनांक 20.3.1998, उसके बाद उसी दिनांक की धारा 5 अधिसूचना संख्या एसओ 24/पीए2/1900/एस. 5/98, दिनांक 20.3.1998। 341.25 एकड़। 23 से 25. । 1970 अधिसूचित क्षेत्र 149 एकड़ । 53. नूह, नूह, **गैबर (गेहबर)**। **पी.एफ.** 378 एकड़ 14 मरला। 23 से 26.

89. बर्का अलीमुद्दीन. नूह, नूह. 87 एकड़. 107, 108. **पीएफ क्षेत्र** 491 एकड़ 4 कनाल 18 मरला। # 3 -/ 3, 4, 7 24 तक . # 4 -/ 4 से 7, 13 से 18, 23 से 25. # 5 -/ 3 से 9, 12 से 18, 24, 25. # 6 -/ 1 से 4, 7 से 14, 18, 20 से 23. # 8 -/ 1 से 3, 8/2, 9, 10,12,13/1. # 10 -/ 18, 19, 22 से 24. # 20 -/ 1, 10 से 14, 17 से 24. # 21 -/ 2 से 9, 12 से 19, 22 से 25 . # 22 -/ 2 से 9, 12 से 19, 22 से 25 . # 23 -/ 1 से 4, 7 से 12, 19 से 22. # 35 -/ 1 से 3, 4/1, 7/2, 8 से 13, 14/1, 17/1, 18 से 20. # 36 -/ 2 से 8, 13 से 18, 25. 85 से 91, 93 से 97, 107 से 120.

90. चिल्ला 152 एकड़ 113 **से** 119. **पीएफ क्षेत्र** 324 एकड़ 0 कनाल 8 मरला 106 से 108, 110 से 125.

91. पचगांव । 94 एकड़। 40 मि. नूंह, ताउरू, **पचगांव**। **पीएफ क्षेत्र** 257 एकड़ 5 कनाल 17 मरला। # 34 -/ 25। # 35 -/ 17 से 19, 20/1, 20/2, 21/2, 22 से 24. # 36 -/ 2/2. # 37 -/ 1/1, 1/2, 2 से 10, 12 से 14, 16मिन, 17 से 19, 23, 24. और 40, 52, 54. संरक्षित वन अधिसूचना संख्या एसओ 16/सीए 16/1927/एस. 29/2023, हरियाणा सरकार राजपत्र दिनांक 11 अप्रैल, 2023 उपरोक्त सभी गांवों के लिए समान है।

92. हरियाणा सरकार, धारा 4 अधिसूचना संख्या एसओ 67/पीए2/1900/एस. 4/70, दिनांक 11.2.1970, उसके बाद धारा 5 अधिसूचना संख्या एसओ 68/पीए2/1900/एस. 5/70, दिनांक 11.2.1970. गुड़गांव, नूंह, महावन (एचबी 88)। 265 एकड़। 37 से 41, 42 मिन, 43.

संरक्षित वन अधिसूचना संख्या एसओ 16/सीए 16/1927/एस. 29/2023, हरियाणा सरकार गजेटियर दिनांक 11 अप्रैल, 2023. नूंह, इंद्री, **महावन** (एचबी 88**)**, 362 एकड़ 2 कनाल। खसरा संख्या 37 से 45.

93-96. हरियाणा सरकार, राजपत्र 10 मार्च, 1970. धारा 4 अधिसूचना संख्या एसओ 75/पीए2/1900/एस. 4/70, दिनांक 5.3,1970 उसके बाद वही दिनांकित धारा 5 अधिसूचना संख्या एसओ 76/पीए2/1900/एस. 5/70, दिनांक 5.3.1970. गुड़गांव, नूंह, **खोड** (एचबी 84), **बस्सी** (एचबी 86), **बागनकी** (एचबी 4)। **बिस्सर अकबरपुर** (एचबी 2)। कुल 582 एकड़।

93. खोड 115 एकड़ 53 , 54. पीएफ अधिसूचना दिनांक 11-4-2023, नूंह, इंद्री, **खोड़**, 240 एकड़ 5 मरला, 40, 41, 42/1/3/2, 53, 54/1/3/1, 55 से 61 तक ।

94. बस्सी। 119 एकड़ । 50 मिन। पीएफ अधिसूचना दिनांक 11-4-2023, नूंह, इंद्री, **बसई।** 195 एकड़ 6 कनाल 8 मरला। संख्या 50.

95. बागनकी. 87 एकड़ . 75 मि.

96. बिस्सर अकबरपुर। 261 एकड़ । 113 मि. पीएफ अधिसूचना दिनांक 11-4-2023, नूंह, ताउरु, **बिस्सर अकबरपुर।** 626 एकड़ 7 कनाल 11 मरला. 107, 108, 110, 113.

97 पीएफ. नूह, ताउरू, **गंगानी सराय** (एचबी नं 12), 1023 एकड़, पीएफ , खसरा नं 522 को 534. संरक्षित वन अधिसूचना संख्या एसओ 16/सीए 16/1927/एस. 29/2023, हरियाणा सरकार राजपत्र दिनांक 11 अप्रैल, 2023.

98-99. हरियाणा सरकार, राजपत्र 24 फरवरी, 1970. धारा 4 अधिसूचना संख्या एसओ 34/पीए2/1900/एस. 4/70, दिनांक 11.2,1970, उसके बाद उसी दिनांक की धारा 5 अधिसूचना संख्या एसओ 47/पीए2/1900/एस. 5/70, दिनांक 11.2.1970. गुड़गांव, नूह, **रोजका** (एचबी 114), **महरौला** (एचबी 172)। कुल क्षेत्रफल 305 एकड़।

98. पीएफ रोजका. 225 एकड़. 101. **99. महरौला.** 80 एकड़ । 23. **पीएफ** अधिसूचना दिनांक 11.4.2023, नूंह, इंद्री, **महरोला।** 180 एकड़ 4 कनाल 16 मरला. 19/1, 22 से 24, 32.

100-103. हरियाणा सरकार, राजपत्र 3 मार्च, 1970. धारा 4 अधिसूचना संख्या एसओ 62/पीए2/1900/एस. 4/70, दिनांक 20.2.1970 के बाद उसी दिनांक की धारा 5 अधिसूचना संख्या एसओ 63/पीए2/1900/एस.5/70, दिनांक 20.2.1970. गुड़गांव, नूंह, **कोट खंडेवला** (एचबी 1), **धुलावट** (एचबी 81), **राठीवास** (एचबी 34), **शेरपुर कलहेड़ी** (एचबी 87)। कुल 560 एकड़।

100. कोट खंडेवला । 257 एकड़। 58, 59। राजपत्र 7 अप्रैल, 1999, धारा 4 अधिसूचना संख्या एसओ 90/पीए2/1900/एस. 4/99, दिनांक 7.4.1999, उसके बाद उसी दिनांक की धारा 5 अधिसूचना संख्या एसओ 91/पीए2/1900/एस. 5/99, दिनांक 7.4.1999। 441 एकड़। 58 से 60 । पी.एफ., नूह, ताउरू, **कोट खंडेवला** (एच.बी. 1) संरक्षित वन क्षेत्र 863 एकड़ 2 कनाल 4 मरला 49 को 55, 58, 59, 60/1, 60/2, 61 से 68 तक।

101. धुलावट । 106 एकड़ । 73 मि. राजपत्र जून 3, 1998, धारा 4 अधिसूचना संख्या एसओ 69/पीए2/1900/एस. 4/98, दिनांक 3.6.1998, उसके बाद धारा 5 अधिसूचना संख्या 70/पीए2/1900/एस. 5/98, दिनांक 3.6.1998। 238.6 एकड़। 73 मि. **पी.एफ.**, नूह, ताउरू, **धुलावट** (एच.बी. 81)। 298 एकड़ 4 कनाल 12 मरला। 73, 199.

102. राठीवास 116 एकड़ 71 मि .

103. शेरपुर कालाहेड़ी. 81 एकड़ । 22.

104पीएफ. नूंह, फिरोजपुर झिरका, **महोली** (एचबी 87)। 91 एकड़ 4 कनाल 19 मरला। 145 से 152. । संरक्षित वन अधिसूचना संख्या एसओ 16/सीए 16/1927/एस. 29/2023, हरियाणा सरकार गजेटियर दिनांक 11 अप्रैल, 2023.

105. हरियाणा सरकार, राजपत्र 15 जनवरी, 1980 । धारा 4 अधिसूचना संख्या एसओ 2/पीए2/1900/एस. 4/80, दिनांक 8.1.1980 । राजपत्र 8 जुलाई, 1981, धारा 5 अधिसूचना संख्या एसओ 160/पीए2/1900/एस. 5/81, दिनांक 22.7.1981। गुड़गांव, नूंह, **भंगो (** एचबी 16)। 344 एकड़। संख्या 98, 99 । **पीएफ** नूंह, ताउरू, भंगो। पीएफ क्षेत्र 348 एकड़ 1 कनाल 2 मरला। 83, 98 से 101. संरक्षित वन अधिसूचना संख्या एसओ 16/सीए 16/1927/एस. 29/2023, हरियाणा सरकार का राजपत्र दिनांक 11 अप्रैल, 2023.

106. हरियाणा सरकार, राजपत्र 17.10.1972। धारा 4 अधिसूचना संख्या एसओ 173/पीए2/1900/एस. 4/72, दिनांक 13.10.1972। उसके बाद उसी दिनांक की धारा 5 अधिसूचना संख्या एसओ 174/पीए2/1900/एस. 5/72, दिनांक 13.10.1972। गुड़गांव, फिरोजपुर झिरका, **पिनगवॉ (** एचबी 127)। 443 एकड़। # 45 -/ 12/2, 19, 20, 22. #46 -/ 1 से 25. # 47 -/1, 2, 9 से 12, 20, 21. # 62-/ 1, 10, 11, 19 से 22. # 63 -/ 5, 6, 15, 16, 24, 25. # 54 -/ 4 से 7, 14, 15, 17, 23, 24. # 81 -/ 3, 8, 13, 14, 17, 23, 24. # 82 -/ 25. # 83 -/ 2 से 4, 8 से 12, 19 से 23. #100 -/1 से 3, 8 से 13, 17/2, 18 से 23. # 101 -/ 5, 6, 15 से 17, 24, 25। # 102 -/ 4 से 7, 13 से 18, 23 से 25। # 103 -/ 1, 2, 3/1, 9 से 11, 20, 21/1। # 124 -/ 3 से 9, 12 से 19, 21 से 25. # 125 -/ 15, 16, 25. # 126 -/ 1 से 4, 5/ 1, 6/2, 7 से 14, 15/1, 17 से 23. # 148 -/ 1, 2, 3/1, 9 से 12, 20 से 22. # 149 -/ 4 से 7, 14 से 18, 23 से 25. # 150 -/ 3 से 9, 12 से 19, 22 से 25. # 151 -/ 1, 2, 9 से 12. # 170 -/ 1 से 4, 8 से 12, 18 से 24. # 171 -/ 25. # 172 -/ 5, 6, 14 से 17, 24, 25. # 173 -/ 1 से 3, 9 से 12, 19 से 22. # 191 -/ 3 से 8, 13, 14, 17 से 19, 22 से 24. # 192 -/ 15. # 193 -/ 2 से 15, 18 से 20, 22, 23. # 210 -/ 3. # 306 से 310, 319.

107. हरियाणा सरकार, राजपत्र 14 मार्च, 1978। धारा 4 अधिसूचना संख्या एसओ 39/पीए2/1900/एस. 4/78, दिनांक 10.3.1978 के पश्चात् उसी दिनांक की धारा 5 अधिसूचना संख्या एसओ 40/पीए2/1900/एस. 5/78, दिनांक 10.3.1978। गुड़गांव, नूह, **सोंख** (एचबी 100)। 86 एकड़। # 9 -/ 22 # 10 -/ 2, 3, 7, 8, 9, 12 से 19, 23, 24. # 11 -/ 20. # 25 -/ 4. # 60. **संरक्षित वन** अधिसूचना संख्या एसओ 16/सीए 16/1927/एस. 29/2023, हरियाणा सरकार राजपत्र दिनांक 11 अप्रैल, 2023. नूह, नूह, **सोंख.** 88 एकड़ 6 मरला. # 10 -/ 2, 3, 4, 7 से 9, 12 से 19, 23, 24. # 11 -/ 1, 10, 11, 20. # 60.

108. हरियाणा सरकार, राजपत्र 5 मई, 1970। धारा 4 अधिसूचना संख्या एसओ 145/पीए2/1900/एस. 4/70, दिनांक 29.4.1970, उसके बाद उसी दिनांक की धारा 5 अधिसूचना संख्या एसओ 146/पीए2/1900/एस. 5/70, दिनांक 29.4.1970। गुड़गांव, गुड़गांव (नूंह), इंद्री (एचबी 197)। 143 एकड़. # 171 -/ 3, 8, 12, 13, 18, 19, 22, 23. #176 -/ 16, 25. # 177 -/1 से 3, 8 से 13, 18 से 23. # 178 -/1 से 3, 8 से 13, 18 से 23. # 188 -/1 से 3, 8 से 13, 18 से 23. # 189 -/ 5 से 7, 14 से 18, 23 से 25. # 190 -/ 2 से 9, 12 से 18, 23 से 25. #191 -/ 1 से 3, 8 से 13, 18 से 23. # 203 -/ 1 से 3, 8 से 13, 18 23. # 204 -/ 3 से 7, 14 से 17, 25. # 231.

109. हरियाणा सरकार, राजपत्र 16 मार्च, 2001। धारा 4 अधिसूचना संख्या एसओ 29/पीए2/1900/एस.4/2001, दिनांक 16.3.2001, उसके बाद उसी दिनांक की धारा 5 अधिसूचना संख्या एसओ 30/पीए2/1900/एस.5/2001, दिनांक 16.3.2001। गुड़गांव, नूह, **बाई** (एचबी 117)। 451 एकड़। 107, 108 से 124 //2 (2 तीनों संख्याओं के नीचे है)

110. हरियाणा सरकार, राजपत्र 14 अप्रैल, 1998। धारा 4 अधिसूचना संख्या एसओ 37/पीए2/1900/एस. 4/98, दिनांक 18.3.1998, उसके बाद उसी दिनांक की धारा 5 अधिसूचना संख्या एसओ 84/पीए2/1900/एस. 5/98, दिनांक 18.3.1998। गुड़गांव, नूंह, **खरक सोहना** (एचबी 15)। 358 एकड़। 38. संरक्षित वन अधिसूचना संख्या एसओ 16/सीए 16/1927/एस. 29/2023, हरियाणा सरकार राजपत्र दिनांक 11 अप्रैल, 2023, नूंह, तावरु, **खरक सोहना** , 441 एकड़ 2 कनाल। 34, 35, 36 मिन, 37, 38.

111-114पीएफ. पी.एफ. सूची में शामिल गांव. **(111)** नूंह, तावरू, **जलालपुर सोहना** (एचबी 14)। क्षेत्रफल 224 एकड़ 7 कनाल 6 मरला। पीएफ संख्या 37 से 39. (**112)** नूह, तावरु, **(चहलका** (एचबी 17). 170 एकड़. पीएफ संख्या 68 से 76 तक । **(113)** नूह, तावरू, **सेहसोला (पिपाका, घुसपैथी, पाटूका, किरुरी, भुतलाका)** (एच.बी. नं. 83)। 1813 एकड़ 6 कनाल 18 मरला. पीएफ संख्या 304 से 330, 331/2, 332 से 345, 346/1/1, 346/1/2, 346/2, 347 से 350, 353 से 358, 360 से 373, 374 मिन, 375 से 378, 379/1 मिन, 380/1 मिन, 381से 384, 385/1, 386/1, 387/2, 388 मिन, 389 से 396, 397 मिन, 398, 399/2, 400. **(114)** नूह, तावरू, **सुंध** (एचबी 18). पीएफ क्षेत्र 408 एकड़ 6 मरला. संख्या 156 से 160.

115पीएफ. हरियाणा सरकार, राजपत्र 19 मई, 1998. धारा 4 अधिसूचना संख्या एसओ 62/पीए2/1900/एस.4/98, दिनांक 19.5.1998, उसके बाद उसी दिनांक की धारा 5 अधिसूचना संख्या एसओ 63/पीए2/1900/एस.5/98, दिनांक 19.5.1998. गुड़गांव, नूंह, **बड़ौजी** (एचबी 115)। 256 एकड़. 37 मिन, 38, 40. संरक्षित वन अधिसूचना संख्या एसओ 16/सीए 16/1927/एस. 29/2023, हरियाणा सरकार राजपत्र दिनांक 11 अप्रैल, 2023, 334 एकड़ 6 कनाल 15 मरला। # 9 -/ 9, 11, 12, 17, 19, 20, 22, 23. # 19 -/ 2 से 4, 7, 8, 11/2, 14, 17 मिन, 18/1. # 29 -/ 10 से 13, 18 और # 37 मिन, 38 से 42, 54, 55.

116. हरियाणा सरकार, राजपत्र 22 मई, 1990 । धारा 4 अधिसूचना संख्या एसओ 85/पीए2/1900/एस. 4/90, दिनांक 18.5.1990, उसके बाद उसी दिनांक की धारा 5 राजपत्र अधिसूचना संख्या एसओ 86/पीए2/1900/एस. 5/90, दिनांक 18.5.1990। **पल्ला** (एचबी 101) गुड़गांव, नूह। 190 एकड़ 7 कनाल 10 मरला, कुल 1527 कनाल-10 मरला। 103 (608 क-10एम), 104 (500क-10एम), 105 (418क-10एम)।

संरक्षित वन अधिसूचना संख्या एसओ 16/सीए 16/1927/एस. 29/2023, हरियाणा सरकार राजपत्र दिनांक 11 अप्रैल, 2023. नूह, नूह, **पल्ला** । 3 94 एकड़ 0 कनाल 3 मरला. # 40-/ 1 से 4, 7 से 12. # 79, 99, 105. ।

79, 99, 105. **अवर्गीकृत वन** 96 एकड़, संख्याएं ऊपर शामिल नहीं हैं, # 20 - / 4 से 4, 14 से 17, 24, 25. # 21 - /4 से 4, 14 से 17, 24, 25. # 22 -/ 1 से 3, 8 से 13, 18 से 21. # 36 -/ 26. # 37 -/ 1, 2, 9 से 14, 16 से 25. # 38 -/ 4 से 7, 14 से 17, 24. # 40 -/ 22 से 24. # 54 -/ 1 से 3, 9, 10. # 56 -/ 3 से 8, 13 से 18, 23 से 25. # 57 -/ 1, 10, 11. # 59 -/ 22, 23. # 74 -/ 3, 4, 7, 8.

117. हरियाणा सरकार, राजपत्र 23 जून, 1992। धारा 4 अधिसूचना संख्या एसओ 83/पीए2/1900/एस. 4/92, दिनांक 19.6.1992, उसके बाद उसी दिनांक का राजपत्र, धारा 5 अधिसूचना संख्या एसओ 84/पीए2/1900/एस. 5/92, दिनांक 19.6.1992। गुड़गांव, फिरोजपुर झिरका, **हसनपुर बलौंडा** (एचबी 89)। 418 एकड़ 2 कनाल 7 मरला। 45 मिन. । संरक्षित वन अधिसूचना संख्या एसओ 16/सीए 16/1927/एस. 29/2023, हरियाणा सरकार राजपत्र दिनांक 11 वीं अप्रैल, 2023. नूंह, फिरोजपुर झिरका, **हसनपुर बलौंडा** । 88 एकड़ 2 कनाल 6 मरला। 46. ।

118. हरियाणा सरकार, राजपत्र 3 जून, 1998। धारा 4 अधिसूचना संख्या एसओ 44/पीए2/1900/एस. 4/98, दिनांक 1.5.1998, उसके बाद उसी दिनांक की राजपत्र धारा 5 अधिसूचना संख्या एसओ 45/पीए2/1900/एस. 5/98, दिनांक 1.5.1998। गुड़गांव, नूंह, **रंगाला** (एचबी 35)। 111 एकड़। 76, 90 से 93.

119. हरियाणा सरकार, राजपत्र 8 जुलाई, 1980। धारा 4 अधिसूचना संख्या एसओ 151/पीए2/1900/एस. 4/80, दिनांक 26.6.1980, उसके बाद उसी दिनांक की राजपत्र धारा 5 अधिसूचना संख्या एसओ 153/पीए2/1900/एस. 5/80, दिनांक 26.6.1980। गुड़गांव, नूंह, **कंसाली** (एचबी 1)। 304 एकड़। 91, (शुद्धिपत्र)। **संरक्षित वन** अधिसूचना संख्या एसओ 16/सीए 16/1927/एस. 29/2023, हरियाणा सरकार राजपत्र दिनांक 11 अप्रैल, 2023. नूह, नगीना, **कंसाली.** 492 एकड़ 1 कनाल 5 मरला. # 6-/ 16, 25. # 7-/ 20, 21. # 10-/ 1,10.

11-/ 5, 6. # 25-/ 15, 25. # 31-/ 4, 5 ,6 ,7 , 14, 15, 16, 23, 24. # 32-/ 3,4/1, 6, 7. # 33 -/ 26. # 48, 61, 64, 90 मिन, 91.

120. हरियाणा सरकार, राजपत्र 13 मई, 1980, धारा 4 अधिसूचना संख्या एसओ 106/पीए2/1900/एस. 4/80, दिनांक 5.5.1980। गुड़गांव, नूंह , **कोटला** (एचबी 120)। 926 एकड़। 108/1 से 108/9। वही राजपत्र में दिनांकित। धारा 5 अधिसूचना संख्या एसओ 108/पीए2/1900/एस. 5/80, दिनांक 5.5.1980 । 710 एकड़। 108/1 से 108/6, 108/8, 108/9. **संरक्षित वन** अधिसूचना संख्या एसओ 16/सीए 16/1927/एस. 29/2023, हरियाणा सरकार राजपत्र दिनांक 11 अप्रैल, 2023. नूह, नूह, **कोटला** । 1306 एकड़ 6 कनाल 14 मरला. 108/1, 108/2, 108/3, 108/4, 108/5, 108/6, 108/7, 108/8, 108/9, 109, 110, 110/1.

121. हरियाणा सरकार, राजपत्र 19 अगस्त, 1980 । धारा 4 अधिसूचना संख्या एसओ 187/पीए2/1900/एस. 4/80, दिनांक 11.8.1980, उसके बाद उसी दिनांक की राजपत्र धारा 5 अधिसूचना संख्या एसओ 188/पीए2/1900/एस. 5/80, दिनांक 11.8.1980। गुड़गांव, फिरोजपुर झिरका, **घाघस खोरी** (एचबी 2)। 390 एकड़। 140. **संरक्षित वन** अधिसूचना संख्या एसओ 16/सीए 16/1927/एस. 29/2023, हरियाणा सरकार राजपत्र दिनांक 11 वीं अप्रैल, 2023. नूंह, नगीना, **घाघस** । 634 एकड़ 4 कनाल 2 मरला. 140, 141.

122. हरियाणा सरकार, राजपत्र 12 अगस्त, 1980। धारा 4 अधिसूचना संख्या एसओ 180/पीए2/1900/एस. 4/80, दिनांक 27.2.1980, उसके बाद उसी दिनांकित राजपत्र धारा 5 अधिसूचना संख्या एसओ 179/पीए2/1900/एस. 5/80, दिनांक 5.8.1980। गुड़गांव, फिरोजपुर झिरका, **पाठखोरी** (एचबी 90)। 497 एकड़. 54 मि. **संरक्षित वन** अधिसूचना संख्या एसओ 16/सीए 16/1927/एस. 29/2023, हरियाणा सरकार राजपत्र दिनांक 11 अप्रैल, 2023. नूंह, फिरोजपुर झिरका, **पाठखोरी** । 991 एकड़ 6 कनाल 17 मरला. 54/2 मिन.

123. हरियाणा सरकार, राजपत्र 4 फरवरी, 1980। धारा 4 अधिसूचना संख्या एसओ 61/पीए2/1900/एस. 4/80, दिनांक 27.2.1980, उसके बाद उसी दिनांक की राजपत्र धारा 5 अधिसूचना संख्या एसओ 62/पीए2/1900/एस. 5/80, दिनांक 27.2.1980। गुड़गांव, नूह, **मोहम्मदपुर नूह** (एचबी 119)। 370 एकड़ । 50.

संरक्षित वन अधिसूचना संख्या एसओ 16/सीए 16/1927/एस. 29/2023, हरियाणा सरकार राजपत्र दिनांक 11 अप्रैल, 2023. नूह, नूह, **मोहम्मदपुर नूह** । 484 एकड़ 0 कनाल 11 मरला. 50 से 52, 53 मिन, 54.

124पीएफ से 139पीएफ तक गांवों को संरक्षित वन अधिसूचना संख्या एसओ 16/सीए 16/1927/एस. 29/2023, हरियाणा सरकार राजपत्र, दिनांक 11 अप्रैल, 2023 द्वारा पीएफ अधिसूचित किया गया था।

124पीएफ. नूह, इंद्री , **रोज़का मेव** (एचबी 173)। 176 एकड़ 4 कनाल 15 मरला. 101 मि.

125पीएफ. नूह, ताउरू, **छरोड़ा** (एचबी 62)। 591 एकड़ 2 कनाल 5 मरला. 103.

126पीएफ. नूह, ताउरू, **सिलखों** (एचबी 59). 304 एकड़ 0 कनाल 18 मरला। 86 से 89, 90 मिन, 91 मिन, 92/1, 93, 94/2, 95/1, 95/3, 96/1, 96/3, 97.

127पीएफ. नूह, नूह, **दुर्गापुर** (एचबी 93)। 16 एकड़ 5 कनाल 7 मरला । 14, 15.

128पीएफ. नूह, नूह, **सदाई** (एचबी 94)। 72 एकड़ 4 कनाल 19 मरला ।. 195/14 मि.

129पीएफ. नूह, नूह, **रेहना** (एचबी 95)। 484 एकड़ 2 कनाल 6 मरला । 83 मिन, 84, 85.

130पीएफ. नूह, नूह, **टपकन** (एचबी 96)। 631 एकड़ 4 कनाल 18 मरला। 87, 88.

131पीएफ. नूह, तौरू, **नूरपुर** (एचबी 97)। 126 एकड़ 1 कनाल 2 मरला। 457, 458, 459/2, 460/2, 462/2, 463/2.

132पीएफ. नूंह, नगीना, **गुमट बिहारी** (एचबी 4)। 233 एकड़ 2 कनाल 4 मरला। 37.

133पीएफ. नूह, नगीना, **संथावड़ी** (एचबी 55)। 237 एकड़ 0 कनाल 6 मरला। 49.

134पीएफ. नूंह, नगीना, **नांगल मुबारिकपुर** (एचबी 57)। 594 एकड़ 3 कनाल 4 मरला। 183 से 189, 190 मिन, 191 से 207, 210 से 234.

135पीएफ. नूंह, फिरोजपुर झिरका, **नासीरबास** (एचबी 67)। 66 एकड़ 3 कनाल 16 मरला। 63, 64, 76.

136पीएफ. नूंह, फिरोजपुर झिरका, **पोल** (एचबी 68)। 268 एकड़ 1 कनाल 17 मरला। 22 से 25.

137पीएफ. नूंह, फिरोजपुर झिरका, **मोहम्मदबास** (एचबी 58)। 172 एकड़ 5 कनाल 15 मरला। 52.

138पीएफ. नूंह, फिरोजपुर झिरका, **फिरोजपुर झिरका, ठेकडी, गियासनबास** (एचबी 106)। 2045 एकड़ 4 कनाल 10 मरला। # 12-/2/2. # 15-/ 26/1. # 33 -/ 1/21. # 34 -/ 13, 22, 23. # 46 -/ 22/2. # 45 (?) -/ 13, 19, 21, 22. # 48 -/ 2, 3/1, 7 से 10, 11/2, 12, 13/1, 14/1, 19/2, 22/2, 23/2, 24/2, 25/2. # 49 -/ 1, 2, 9 से 25. # 50 -/3 से 6, 8, 13, 15, 16/2, 17, 25. # 51 -/ 1 से 19, 21/1, 22/2, 25 . # 52 -/ 1 से 11. # 54 -/ 5, 6, 14, 15 . # 66 -/ 26. # 71 -/ 5/1, 9/2, 10, 12, 18/2, 19, 23 . # 72 -/ 5. # 75 -/ 4/1. # 316, 322, 323, 337 से 342, 352 से 375, 379 से 381, 383 से 465, 472/2.

139पीएफ. नूंह, फिरोजपुर झिरका, **पाटन उदयपुरी** (एचबी 92)। 153 एकड़ 4 कनाल 10 मरला। 44.

रेवाड़ी

हरियाणा सरकार, राजपत्र दिनांक 11.4.2023, संरक्षित वन अधिसूचना संख्या एसओ 13/सीए 16/1927/एस. 29/2023 ।

140-141 . धारा 4 अधिसूचना संख्या एसओ 171/पीए2/1900/एस. 4/70, दिनांक 15.5.1970. धारा 5 अधिसूचना, 9419-डी. गुड़गांव, रेवाड़ी, **डिडोली** (एचबी नं. 8) और **मसीत** (एचबी नं. 9)। 352 एकड़।

140. मसीत . 228 एकड़। # 3 -/ 17 से 19, 23. # 7 -/ 1 से 4, 7 से 13, 18 से 22. # 8 -/ 15, 16, 25. # 14 -/ 5, 6, 7/1, 14 से 17, 18/1, 23/2, 24, 25. # 15 -/ 1, 2, 10, 11, 20. # 31 -/ 3 से 5, 7, 8, 9/1, 12/2, 13, 14, 17, 18, 19/1, 22/2, 23, 24. # 36 -/ 2/3. # 87 मिन, # 88. हरियाणा सरकार, राजपत्र दिनांक 11.4.2023, संरक्षित वन अधिसूचना संख्या एसओ 13/सीए 16/1927/एस. 29/2023. रेवाड़ी, रेवाड़ी, **मसीत** . 387.4 एकड़ । पहले बंद किए गए नंबरों के अलावा, अतिरिक्त खसरा नंबर अधिसूचित हैं: - # 5 -/ 20/3/16, 21. # 6 -/ 6, 7, 13 से 17. # 16 -/ 24, 25. # 29 -/ 4 से 8, 12, 13, 19, 21, 22. # 30 -/ 25. # 36 -/ 2, 3, 4, 8, 9, 12, 13, 18, 19, 20/1, 22, 23. # 37 -/ 12, 13, 16 से 19, 22 से 25. # 38 -/ 5 से 7, 13, 14, 15 से 19, 22 से 24, 21, 25. # 39 -/ 1, 2/1, 9/2, 10, 11, 12, 19, 20, 21, 22/1. # 55 -/ 1/1, 2/1, 3/1, 4. # 56 -/ 3/1, 3/2, 4/1, 4/24, 5/1, 7 से 14, 17 से 24 . # 57 -/ 1/2, 10, 11, 12, 15 से 19, 24, 25. # 58 -/ 15/2. # 60 -/ 2, 3/1. # 86, 87, 88, 95, 219, 220 से 223, तथा 231 से 236.

141. डिडोली . 124 एकड़. 69 मि. **पीएफ** अधिसूचना. रेवाड़ी, रेवाड़ी, **डिडोली** । 260.46 एकड़। पूर्व में बंद किये गये खसरा नम्बरों के अतिरिक्त अधिसूचित अतिरिक्त खसरा नम्बर इस प्रकार हैं:- # 11 -/ 19/2, 20, 21, 22/1, 22/2, 23, 24/2. # 12 -/ 1/1, 1/2, 2/1, 4/1/1, 4/2/1, 4/3/1, 5/1/1, # 32 -/ 8/2, 9 से 14, 15/2, 16 18 , 19/1, 19/2, 20/1, 22 से 25. # 16 -/ 5/2, 6, 15, 16, 24, 25. # 17 -/ 2 से 12, 19 से 21. # 18 -/ 1 से 4, 5/2, 6, 7, 8, 13 से 15. # 19 -/ 9/2, 10, 12, 13, 14/2, 18, 11 (? या 19?). # 32 -/ 16/1. # 30 -/ 4 से 7, 13/2, 14, 17, 18/1, 23. # 33 -/ 3, 9, 19, 20. # 34 -/ 16, 25. # 35 -/ 8 से 13, 18 से 23. # 51 -/ 1, 2, 9, 10, 3, 8/2, 12, 13/1. # 52 -/ 4, 5, 6. # 69.

142. धारा 4 अधिसूचना 6768-एफटी(VI)-64/4417 दिनांक 9.10.1964। गुड़गांव, रेवाड़ी, **भालखी** (एचबी 35)। 219 एकड़. # 11 -/ 1, 2, 9 से 12, 13/1, 13/2, 17/2, 18 से 24. # 12 -/ 1 से 26. # 13 -/ 6 से 26. # 14 -/ 26. # 15 -/ 1 से 10, 26, # 16 -/ 1 से 4, 6/2, 7 से 10. #25 -/ 1, 2/1, 2/2, 3, 8 से 12, 19 से 22. # 26 -/2 से 13, 14/1, 14/2, 16 से 26. # 27 -/ 16 से 18, 23, 24, 25/1, 25/2, 25/3. # 29, 30, 31 -/ 26 # 32 / 6, 7/1, 12, 13/1, 14 से 19, 22/2, 23 से 26। # 33 -/ 4/1, 2, 5 से 7, 8/1, 8/2 (?), 9 से 20, 21/1, 21/2 (?), 22 से 26। # 35 -/ 1, 2, 9/1, 10/1, 21। # 43 -/ 1 से 5, 10, 11। # 44 -/ 1 से 4, 5/1, 2, 6 से 13। # 45 -/ 2 से 4, 5/1, 5/2 (?), 6 से 8। हरियाणा सरकार, राजपत्र दिनांक 11.4.2023, संरक्षित वन अधिसूचना संख्या एसओ 13/सीए 16/1927/एस. 29/2023. रेवाड़ी, रेवाड़ी, **भालखी** . 218.17 एकड़. पहले बंद किए गए नंबरों के अलावा, अतिरिक्त खसरा नंबर (कुछ अधिसूचित नंबर भी छोड़े गए हैं) अधिसूचित हैं: - #13 -/ 26/12. # 15 -/ 11 से 19, 22 से 25. # 16 -/ 11 से 14, 15/1, 16 से 24. # 27 -/ 19, 20/1, 21/2. # 28 -/ 1 से 4 तक, 7 से 11, 12/1, 13, 14, 16, 17, 18/1, 19/1, 20/2, 25/1. # 29 -/ 2 से 7, 14, 15, 26/17. 5, # 32 -/ 8/23, 22/1. # 33 -/ 3. # 35 -/ 11, 12, 20.

143. धारा 5 अधिसूचना....1964, **कनुका** (एच.बी. नं. 45), गुड़गांव, रेवाड़ी। 103.17 एकड़ # 46. हरियाणा सरकार, राजपत्र दिनांक 11.4.2023, **संरक्षित वन** अधिसूचना नं. एस.ओ. 13/सीए 16/1927/एस. 29/2023. रेवाड़ी, बावल, **कनुका** । 213.52 एकड़। पहले बंद किए गए नंबरों के अलावा, निम्न अतिरिक्त खसरा नंबर अधिसूचित किए जाते हैं: # 1 -/ 6,7, 14 से 17, 23 से 25. # 2 -/ 9 से 14, 16 से 24. # 3 -/ 19 से 24. # 6 -/ 1 से 15, 18, 19/2, 20/1, 21, 22, 23/1. # 7 -/ 3 से 9, 12 से 15, 18 से 23. # 8 -/ 5, 6, 15, 16, 17, 24, 25. # 9 -/ 1 से 25. # 10 -/ 1, 2, 9,10. # 16 -/ 1 से 5, 10. # 17 -/ 4 से 8,13 को 15,17,18, 23, 24 .

144-145. हरियाणा सरकार, राजपत्र दिनांक 10.3.1970। धारा 5 अधिसूचना संख्या एसओ 86/पीए-2/1900/एस. 5/70 दिनांक 5.3.1970। धारा 4 अधिसूचना संख्या एसओ 85/पीए-2/1900/एस. 4/70, दिनांक 5.3.1970। गुड़गांव, रेवाड़ी, **नांधा** (एचबी 34), **खालेटा** (एचबी 17)। 446 एकड़। संरक्षित वन अधिसूचना संख्या एसओ 13/सीए 16/1927/एस. 29/2023।

144. नांधा. 136 एकड़ । # 73, 77. पहले बंद किए गए नंबरों के अलावा अतिरिक्त खसरा नंबर अधिसूचित किए जाते हैं । पी.एफ. रेवाड़ी, रेवाड़ी, **नांधा** । 141.42 एकड़ । # 72 - / 1, 2. # 73, 74, 75.

145. खालेटा 310 एकड़ # 93. पहले बंद किए गए नंबरों के अलावा, अतिरिक्त खसरा नंबरों को **पी.एफ.** के रूप में अधिसूचित किया जाता है । रेवाड़ी, रेवाड़ी, **खालेटा** 649.78 एकड़ # 40 -/ 5. # 47 -/ 24/2. # 65 -/ 11, 12, 15 से 25. # 66 -/ 3/1, 3/2, 4, 7, 8, 9, 11, 12, 13, 20. # 67 -/ 16, 17, 22, 23, 24, 25/1, 25/2. # 74 -/ 1 से 6, 9, 13 से 17. # 75 -/ 1 से 6, 15, 16, 23, 24, 25, 7, 8, 9, 12, 13, 14 , 17, 18, 19, 22. # 76 -/ 1, 10, 11, 20, 21. # 80 -/ 1, 10. # 81 -/ 2,7. # 91, 92.

146. हरियाणा सरकार, राजपत्र 1 सितम्बर, 1970। धारा 4 अधिसूचना संख्या एसओ 221/पीए2/1900/एस. 4/70, दिनांक 28.8.1970। गुड़गांव, रेवाड़ी, **सीहा** (एचबी 15)। 271 एकड़। # 23 -/ 6 से 9, 12 से 19, 21 से 25. # 24 -/ 6 से 15, 17 से 24. # 25 -/

10. # 42 -/ 1 से 3, 8 से 12, 20, 21. # 43, 46 -/ 1 से 25. # 44 -/ 15 से 25. # 45-/ 5, 15, 16, 25, # 47 -/ 1, 10, 11, 20, 21. # 66 -/1. # 67 -/ 1 से 10, 12 से 14. # 68 -/ 5, 6, # 114 मि. **संरक्षित वन** अधिसूचना संख्या SO 13/CA 16/1927/S. 29/2023. पहले बंद किये गये खसरा नम्बरों के अतिरिक्त अतिरिक्त खसरा नम्बर अधिसूचित किये जाते हैं। रेवाड़ी, रेवाड़ी, **सीहा** । 420.57 एकड़। # 19 -/ 18 से 23। # 20 -/ 11, 19, 20, 21, 22, 10/2, 12 से 18, 23, 24, 25. # 21 -/ 14/1, 14/2, 15 से 17, 19 से 22, 24, 25, 7, 8, 11, 12, 13/1, 13/2, 18, 23. # 22 -/ 16/1, 16/2, 23 से 25. # 23 -/ 3 से 5, # 24 -/ 1 से 5. # 25 -/ 1 से 5. # 26 -/ 1, 2. # 48 -/ 25. # 65 -/ 22/2, 22/15, 25. # 69 -/ 15. # 70 -/ 2/4, 2/17, 10, 11, 4 से 9, 12 से 20 , 23, 24, 25/1. # 88, 113, 114.

147. हरियाणा सरकार, राजपत्र 6.8.1974। धारा 5 अधिसूचना संख्या एसओ 126/पीए2/1900/एस. 5/74, दिनांक 2.8.1974। गुड़गांव, रेवाड़ी, **टांकरी** (एचबी 48)। 319 एकड़। # 1, 2, 3, 11 से 16, 26, 27, 28, 29, 30, और 31. # 4 -/ 25, 26। # 9 -/ 1 से 3, 8 से 12, 19, 20। # 10 -/ 5 से 7, 14 से 17, 26। # 17 -/ 26, # 24 -/ 27। # 25 -/ 26। संरक्षित वन अधिसूचना संख्या एसओ 13/सीए 16/1927/एस। 29/2023. पहले बंद किए गए नंबरों के अलावा अतिरिक्त खसरा नंबर अधिसूचित किए जाते हैं। रेवाड़ी, बावल, **टांकरी** । 447.6 एकड़। # 1 -/ 1/1, 1/3 # 2 -/ 2/1, 2/3 # 3 -/ 3/1, 3/3 # 42 से 49, # 63 -/ 26 # 64 -/ 26 # 65 से 69 ।

148. धारा 4 अधिसूचना संख्या एसओ 77/पीए-2/1900/एस. 4/70, दिनांक 5.3.1970. अधिसूचना 1969 पठनीय नहीं है। महेन्द्रगढ़, रेवाड़ी, **खोल** (एचबी 30) . 692 एकड़। # 24, # 25 -/26. # 26 -/26. # 44 -/26. # 45 -/26. # 46 से 48, # 49 -/26. # 68 -/26. # 69, 136 से 162, तथा 163 से 167. # 162 -/1. **संरक्षित वन** अधिसूचना संख्या एसओ 13/सीए 16/1927/एस. 29/2023. पूर्व में बंद किए गए खसरा नंबरों के अलावा अतिरिक्त खसरा नंबर भी अधिसूचित किए जाते हैं। रेवाड़ी, रेवाड़ी, **खोल** . 1392.77 एकड़. # 18 -/ 21/2. # 27, # 31 -/ 1, 10/1. # 58 -/ 17/2 मिन, 24/1, 17/2, 18, 19, 22/1, 23/1, 24/1/1. # 70 -/ 1/14, 26. # 71 -/ 26, 27. # 74 -/ 20/2, 21, 22/1. # 80 -/ 1 से 15. # 85 -/ 12/2. # 87 -/ 5, 6 मिन, 6 मिन ,7/1 मिन, 7/1 मिन , 14 मिन, 14 मिन, 15 मिन, 15, 16, 17, 18/1, 18/1 मिन, 25, 26. # 88 -/ 1 /2. # 91 -/ 22, 25. # 92 -/ 11, 12, 20, 21, 23. # 93. # 94 -/ 1, 2. # 95 -/ 2, 9,10, 26. # 96 -/ 3 से 8. # 97 -/ 4, 8/2, 15, 16. # 98 -/ 9/2. # 100 -/ 2, 3, 5 से 7, 26. # 101 -/ 26, 16, 17, 6/2, 7, 24/1, 24/2. # 109 -/ 26/22. # 110 -/ 25. # 111 -/ 25. # 112 -/ 25. # 113 -/ 19. # 114 -/ 11, 19 से 23. # 115 -/ 13 से 18, 19/2, 20 से 23, 25. # 116 -/ 2, 3, 12, 19, 20, 21, 26, 1, 27. # 117 -/ 1, 2, 10, 11, 20, 26/15, 1/1, 1/2. # 118 -/ 1 से 23, 26. # 119 -/ 2, 3, 5, 6, 9, 11 से 25, 4/2, 7/1, 18/1, 19/1, 26. # 120 -/ 16, 17, 24, 25, 26. # 121 -/ 25. # 122 -/ 25. # 123 -/ 25. # 124. # 125 -/ 26. # 126 -/ 3. # 127 -/ 1. # 128 -/ 11. # 129. # 130 -/ 25. # 131 -/ 25. # 132, 133/2, 134, # 135 -/ 16. # 162 -/ 2. # 193, 196, 198, और 214.

149-173पीएफ। नये गांवों के लिए संरक्षित वन अधिसूचना संख्या एसओ 13/सीए 16/1927/एस. 29/2023 का उल्लेख क्रम संख्या **149पीएफ से 173पीएफ पर किया गया है ।**

149 पीएफ. रेवाड़ी, रेवाड़ी , **लुहाना** (एचबी 16)। 113.92 एकड़। # 24 -/ 16/2, 17/2. # 33 -/ 4 से 7, 14 से 18, 24, 25. # 46 -/ 10/2. # 47 -/ 1 से 10. # 48 -/ 4 से 7. # 93 -/ 1 /2.

150 पीएफ. रेवाड़ी, रेवाड़ी , **मय्यड़** (एचबी 31)। 114.58 एकड़। # 60 -/ 21/1, 22. # 61 -/ 7, 8, 9, 11/2, 15 से 22, 24, 25. # 62 -/ 25. # 63 -/ 5, 6, 15. # 64 -/ 1 से 10, 11 से 15. # 65 -/ 1 से 14, 15/1. # 99 -/ 15. # 100 -/ 25. # 101 -/ 37.

151 पीएफ. रेवाड़ी, रेवाड़ी , **पाडला** (एचबी 27)। 45.31 एकड़। # 4 -/ 26/12. # 16 -/ 26. # 18 -/ 12, 19, 22/1. # 31 -/ 3 से 5, 7, 8, 9, 12, 13, 14/1, 14/2, 15, 16/1, 16/2, 17 से 19, 22, 23/1, 23/2, 24, 25. # 32 -/ 21. # 35 -/ 1/16, 1/18, 10. # 36 -/ 3, 4, 6, 7, 8.

152 पीएफ. रेवाड़ी, रेवाड़ी , **मनेठी** (एचबी 28)। 971.42 एकड़. # 1 -/ 26. # 2 -/ 26. # 3 -/ 26/3. # 4 -/ 26/8. # 5 -/ 26/25. # 6 -/ 26/25. # 7 -/ 26/19. # 8 -/ 26/6, 26/1. # 9 -/ 26/8. # 10 -/ 26, 27 /16. # 11 -/26/10, 26/2, 27/2, 28. # 12 -/ 26/ 25. # 13 -/ 26/2, 28/20. # 14 -/ 26/12, 27. # 15 -/ 26/19. # 16 -/ 26/2. # 17 -/ 26/23. # 18 -/ 26/23, 27. # 19 -/ 26/ 25. # 20 -/ 26/20, 27. # 21 -/ 26, 27/1, 28/1. # 22 -/ 26, 27/24. # 23 -/ 26/25, 27. # 24 -/ 26/13. # 25 -/ 26. # 26 -/ 26, 27. # 27 -/ 26/25. # 28 -/ 24/1, 27/20, 27/1, 26/1. # 29 -/ 16/2, 17/1, 23/2, 24/2. # 30 -/ 26/25. # 31 -/ 26/21, 27. # 32 -/ 26/25. # 33 -/ 26/5. # 34 -/ 26/5. # 35 -/ 26/19. # 36 -/ 26/25. # 37 -/ 26/12. # 38 -/ 4, 5. # 39 -/ 4/2, 26/15. # 40 -/ 26/25, 27. # 41 -/ 26. # -/ 26. # 42 -/ 26/12. # 43 -/ 26/20. # 44 -/ 26/6, 27. # 45 -/ 26/25. # 49 -/ 25, 26. # 50 -/ 10, 11, 20, 21, 26/17, 27. # 52 -/ 26/11. # 53 -/ 5, 6, 26. # 57 -/ 26. # 58 -/ 26, 27/14. # 59 -/ 26/25. # 60 -/ 26/6. # 61 -/ 26/15. # 62 -/ 26/2, 27. # 67 -/ 25. # 68 -/ 26/18, 28. # 69 -/ 26/1. # 70 -/ 26/13. # 76 -/ 12, 19, 20, 26. # 77 -/ 26/16. # 78 -/ 5, 6, 7, 4/2, 5. # 79 -/ 1, 2, 9/1, 9/2,10/1, 3. # 84 -.86. # 85 -/ 26. # 86 -/ 28/14. # 99 -/ 26. # 100 -/ 28. # 115 -/ 27. # 116.

153 पीएफ. रेवाड़ी, रेवाड़ी , बासडोडा (एचबी 26)। 366.67 एकड़. # 39 -/ 26. # 44 -/ 24/2, 25. # 66 -/ 26/17. # 67 -/ 26/20. # 68 -/ 26/9. # 69 -/ 26/13. # 70 -/ 26/25. # 71 -/ 26/25, 27. # 72 -/ 26/22. # 93 -/ 26/20. # 94 -/ 26/25, 27, 28. # 95 -/ 26/25, 27. # 96 -/ 26/14. # 97-/ 26/6. # 98-/ 26/25. # 99 -/ 26/15. # 115 -/ 17, 18, 22, 23, 22/2, 26. # 116 -/ 26/15. # 117 -/ 26/20. # 118 -/ 26. # 119 -/ 26/3. # 120 -/ 26/1. # 121 -/ 2, 3, 8, 26/4, 21/1, 27. # 138/2, 139/2/2, 140/2, 141/1, 142/1, 143/1, 144/1, 145/2, 146, 147/2, 148, और 324/2.

154 पीएफ. रेवाड़ी, रेवाड़ी , माजरा (एचबी 36)। 27.71 एकड़. # 20 -/ 26/20. # 31 -/ 1/1 से 1/21, 2, 9. # 32 -/ 6, 15, 16/2, 17, 18,23 से 25. # 33 -/ 25. # 34 -/ 3 से 5, 7, 8. # 44 -/ 5, 6, 7, 14, 18, 23. # 46 -/ 3.

155 पीएफ. रेवाड़ी, रेवाड़ी , अहरोद (एचबी 29)। 387.87 एकड़। # 66 -/ 19, 22, 23. # 69 -/ 2, 3, 8, 9/1, 13. # 91 -/ 2, 25/1, 25/2, 26, 27. # 90 -/ 1/2, 2/18, 3/1/14. # 91 -/ 3 से 15, 19 से 23. # 92 -/ 13/2/2, 14/2, 15, 16, 17, 24, 25. # 104 -/ 1 से 3 तक, 7 से 10, 12 से 14, 16 से 19, 22 25 , 21/2. # 106 -/ 1, 2, 9 से 12, 19 से 23. # 107 -/ 1, 6, 7, 9 से 21, 24, 25, 22, 23. # 116 -/ 2 से 8, 12 से 17. # 117 -/ 1 से 4, 8 से 13, 18, 19, 20 से 23. # 119 -/ 8, 9, 11 से 13, 18 से 23. # 120 -/ 2, 3. # 158 और 159.

156 पीएफ. रेवाड़ी, रेवाड़ी , चिताडूंगरा (एचबी 37)। 16.61 एकड़। # 41 -/ 26. # 42 -/ 5/1, 5/2, 6, 14/2, 28. # 52 -/ 14,17, 24, 16, 18, 26, 27 . # 53-/ 26. # 54 -/ 3, 4, 7, 8, 14, 26.

157 पीएफ. रेवाड़ी, रेवाड़ी , गोढरा टप्पा खोरी (एचबी 39)। 31.97 एकड़. # 36 -/25. # 37 -/ 21 से 23, 25, 24. # 38 -/ 1. # 39 -/ 2 से 5, 8, 11, 12, 20, 1, 9, 10. # 40 -/ 4/1, 5/1, 5/3, 6/1, 6/3, 7, 8, 9/1, 12/1, 12/3, 13/1, 13/3, 14/1, 15/1, 15/3, 24, 25. # 59 -/ 1, 2, 9, 10, 11, 20, 21. # 65 -/ 2 से 6. # 66 -/ 1,10.

158 पीएफ. रेवाड़ी, रेवाड़ी , बालवाड़ी (एचबी 33)। 89.78 एकड़। # 1 -/16,25. # 2 -/ 16 से 25. # 3 -/ 19 से 21. # 10 -/ 20, 1, 2, 3, 9, 10, 11. # 11 -/ 1, 2, 3, 9/1, 4 से 7, 8/2, 10, 9/2. # 12 -/ 5. # 71 -/ 16. # 84 -/ 26. # 85 -/ 14. # 86 -/9.

159 पीएफ. रेवाड़ी, रेवाड़ी , पाली (एचबी 38)। 132.72 एकड़। # 6 -/ 26. # 21 -/ 26/10. # 22 -/ 26/18. # 23 -/ 26/6. # 24 -/ 26/6. # 25 -/ 26/25. # 26 -/ 26. # 40 -/ 26. # 41 -/ 26/18. # 42 -/ 26. # 43 -/ 1, 26/21, 26. # 44 -/ 4/1, 26. # 57 -/ 31/ 15, 30. # 58 -/ 26. # 59 -/ 35. # 72 -/ 21, 26. # 75 -/ 27. # 94 -/ 1.

160 पीएफ. रेवाड़ी, रेवाड़ी , बवाना गुज्जर (एचबी 40)। 380.83 एकड़. # 11। # 2 -/ 2, 8, 9,12,13, 26, 27. # 9 -/ 26. # 11 -/ 26. # 12 -/ 26. # 21 -/27/3. # 22 -/ 16/14,17/3, 24/1, 24, 25, 27. # 25 -/ 26. # 32 -/ 11,17, 20, 26. # 33 -/ 6, 11, 12, 14 से 25, 26. # 34 -/ 16, 25, 26. # 36 -/ 4 से 7, 13 से 18, 22 से 25, 26. # 37 और 49 -/ 1 से 25 तक. # 38 -/ 10, 11, 12, 20, 21, 26. # 44 -/ 1, 10, 11, 20, 21, 26. # 45 - / 1 से 8, 10 से 25. # 46 -/ 2 से 20, 22 से 25. # 47 -/ 15, 26. # 48 -/ 2 से 8,14 से 16,25. # 50 -/ 1, 10, 11, 20, 19, 21, 22, 26. # 51 -/9. # 55 -/ 1, 10, 11, 26, 2, 9, 12, 19, 21, 22. # 56 -/ 1 से 9, 12 से 15, 17 से 19, 16, 23, 24, 25. # 57 -/ 5. # 58 -/ 5, 26. # 59 -/ 1, 2, 10. # 64, 65, 67.

161 पीएफ. रेवाड़ी, रेवाड़ी , खोरी (एचबी 70)। 174.81 एकड़। # 69, 70, 75, 84.

162 पीएफ. रेवाड़ी, रेवाड़ी , टिंट (एचबी 41)। 141.88 एकड़। # 16 -/ 13, 14, 15/1, 17/24, 18 से 22, 23/36. # 17 -/ 16, 22 से 25. # 18 -/ 15, 16, 25. # 19 -/ 1 से 25. # 20 -/ 12/2, 1, 2, 3/21, 9 से 11, 12/1, 20. # 37 -/ 1/1, 10, 11, 20, 21. # 38 -/ 1 से 16, 17/1, 18 से 25. # 39 -/ 5, 6, 7, 14, 16, 17, 23 से 25, 15. # 40 -/ 3 से 6. # 41 -/ 1, 2, 3/1, 3/2, 4 से 10, 12 से 15. # 42 -/ 1, 10, 11. # 61 से 67, और 76.

163 पीएफ. रेवाड़ी, रेवाड़ी , भांडोर (एचबी 59)। 106.56 एकड़। # 58 -/ 26. # 59 -/ 10 से 14, 17 से 24, 26. # 60 -/ 28. # 83 -/ 26. # 84 से 86 और 114. # 87 -/ 26.

164 पीएफ. रेवाड़ी, रेवाड़ी , हरजीपुर (एचबी 43)। 182.31 एकड़। # 14 -/ 25/2. # 15 -/ 19/2/11, 21, 22/1/12, 22/2/12. # 18 -/ 10, 11, 12, 20, 21, 1, 2, 9, 18/2, 19, 22/1, 22/2, 23. # 19 -/ 5, 6, 7, 14 से 18, 23, 24, 25. # 55 -/ 4/2, 5/2, 6/1, 7/1, 8/2, 12/2, 13/1, 20/2. # 56 -/ 1/2, 10/1. # 66 से 70, 73 से 77. # 71 -/ 2. # 72 -/ 2.

165 पीएफ. रेवाड़ी, रेवाड़ी , कुंडल (एचबी 44)। 377.02 एकड़। # 2 -/ 26. # 5 -/ 26. # 6 -/ 26. # 10 से 12, 14, 16, 25, 28, 31, 32, 33, 35, 37, 48, 49, 50, 53 से 60 , 63, 66 से 70, 72 और 74 -/ 26. # 15 -/ 26/29. # 26 -/ 26/2, 28, 27. # 27 -/ 26, 27. # 36 -/ 26, 27. # 47 -/ 17/1, 22, 23/1, 26. # 52 -/ 26, 27. # 73 -/ 16 से 19, 20/2 , 21 से 25, 14, 15, 26. # 125 -/ 2. # 96, 193, 194, 204, 209, 221, 223, 229, 230, 239, और 260/3.

166 पीएफ. रेवाड़ी, रेवाड़ी , कढू (एचबी 82)। 4.89 एकड़।. # 55, 56, 69 और # 76 -/ 1.

167 पीएफ. रेवाड़ी, रेवाड़ी , चिमनावास (एचबी 69)। 38.99 एकड़। # 10 -/ 28/12. # 11 -/ 26. # 12 -/ 12, 13, 14/1/3, 14/1/5, 14/1/6/2, 14/2/10, 14/2/23, 18/2, 19, 22, 23, 26, 15, 16, 17, 24, 25. # 13 -/ 11/17/1, 11/17/3, 20/1, 20/3, 21/1. # 27 -/ 2, 3/1, 3/2/1, 9, 10, 11, 12/1/1, 12/2/3, 4/1, 4/3, 5/2, 7/1, 8/1, 8/3, 13/1/2, 18. # 28 -/ 26.

168 पीएफ. रेवाड़ी, रेवाड़ी , मामडिया अहीर (एचबी 73)। 86.56 एकड़। # 17 -/ 26. # 30 -/ 26/22, 27. # 31 -/ 26/3, 27/14. # 32 -/ 26/19. # 33 -/ 27. # 38 -/ 27/12. # 39 -/ 26/8.

169 पी.एफ. रेवाड़ी, रेवाड़ी , मामडिया ठैटर (एच.बी. 72). 65.88 एकड़। # 17 -/ 21/2. # 18 -/ 26. # 20 -/ 27 # 33 -/ 26, 27. # 34 -/ 27. # 35, 36 और 38 -/ 26. # 37 -/ 26, 27.

170 पीएफ. रेवाड़ी, रेवाड़ी , धवाना (एचबी 18)। 324.13 एकड़। # 25 -/ 17, 18/1, 18/2, 19. # 32 -/ 13/2, 14, 17, 18, 23, 24, 25. # 33 -/ 21. # 55 -/ 1 से 10. # 56 -/ 5. # 70 -/ 26. # 116 -/ 24. # 127 -/ 4, 5. # 162, 163, और 166.

171 पी.एफ. रेवाड़ी, बावल , बधराना (एच.बी. 4). 95.13 एकड़। # 12 -/ 16 से 25. # 13 -/ 12 से 25. # 29 -/ 1 से 25. # 30 -/ 25. # 31 -/ 5. # 32 -/ 1 से 10, 14, 15. # 33 -/ 1 से 20, 24, 25. # 63.

172 पीएफ. रेवाड़ी, बावल , राजगढ़ (एचबी 47)। 473.33 एकड़। # 19 -/ 21/1, 22/1, 22/3. # 20 -/ 16, 17, 19, 22, 25/1, 25/2. # 38, 52, 53 -/ 1 से 25. # 45 -/ 17, 18, 23, 24. # 46 -/ 2 से 4, 6 से 9, 12 से 25. # 47 -/ 2, 3, 7/2, 8 से 14, 17 से 23. # 55 -/ 2 से 25. # 54 -/ 1 से 14, 18 से 23. # 60 -/ 1 से 3, 8 से 13. # 61 -/ 3 से 6. # 62 -/ 21, 22. # 63 -/ 24, 25, # 64 -/ 4 से 7. # 65 -/ 1 से 9, 23 से 25. # 66 -/ 8 से 12, 19, 20. # 72 -/ 1 से 24. # 73 -/ 1, 2, 9 से 11. # 74 -/ 1, 2, 3, 8 से 12, 20. # 75 -/ 2 से 10, 13 से 20, 22 से 25. # 81 -/ 4, 5. # 86 -/ 3, 4, 16. # 87 -/ 2 से 5, 7 से 13, 19, 20. # 101 से 116, 126 और 137.

173 पीएफ. रेवाड़ी, बावल , मामडिया आसमपुर (एचबी 74)। 69.62 एकड़। #12 -/ 18/1. # 32 -/ 26/5. # 33 -/ 26. # 34 -/ 27. # 35 -/ 26/6. # 36 -/ 26/12. # 37 -/ 26/16. # 38 -/ 26/1, 26/3, 26/11. # 40 -/ 26/10. # 41 -/ 26.

महेंद्रगढ़

174. धारा 3 अधिसूचना संख्या 2693-एफटी-60/2475 दिनांक 31.3.1960। धारा 4 अधिसूचना संख्या 2693-एफटी-60/2476 दिनांक 31.3.1960 तथा धारा 5 अधिसूचना संख्या 2693-एफटी-60/2477 दिनांक 31.3.1960। महेन्द्रगढ़, महेन्द्रगढ़, **नांगल सिरोही (एच.बी. 107)** । 50 एकड़। संख्या 343 से 348, 352, 1339 से 1341, 1477/1341, 1342, 1368 से 1370 ।

175-178. धारा 3 अधिसूचना संख्या 5775- एफटी - (VI) -62/4209 दिनांक 10-09-1962. धारा 4 अधिसूचना संख्या 5775- एफटी - (VI) -62/4210 दिनांक 10-09-1962 और धारा 5 अधिसूचना संख्या 5775- एफटी - (VI) -62/4211 दिनांक 10.9.1962. महेन्द्रगढ़, महेन्द्रगढ़, **बीड भांडोर** (एचबी 83 **)** । 11 एकड़। संख्या 84। **176. भांडोर ऊंची** (एचबी 80)। 87 एकड़। संख्या 267 । **177. जसावास** (एचबी 81)। 48 एकड़। संख्या 98 मिन, 219। **178. बेरी** (एचबी 82)। 336 एकड़। 16, 495 से 500, 557 से 560.

179. धारा 3 अधिसूचना संख्या 2701- एफटी - (VI) -63/3050 दिनांक 3.9.1963। धारा 4 अधिसूचना संख्या 2701- एफटी - (VI) -63/3051 दिनांक 3.9.1963 और धारा 5 अधिसूचना संख्या 2701- एफटी - (VI) -63/3052 दिनांक 3.9.1963। महेन्द्रगढ़, महेन्द्रगढ, **सतनाली** (एचबी 7 **)** । 7 एकड़। 825/83/1.

180. धारा 3 अधिसूचना संख्या 8017- एफटी - (VI) -69/5096 दिनांक 31.10.1969। धारा 4 अधिसूचना संख्या 8017- एफटी - (VI) -69/5097 दिनांक 31.10.1969 और धारा 5 अधिसूचना संख्या 8017- एफटी - (VI) -69/5098 दिनांक 31.10.1969। महेन्द्रगढ़, महेन्द्रगढ़, **महेन्द्रगढ़** (एचबी 877 **)** । 42 एकड़। 453/181, 489/453/181, 490/453/181.

181-182. धारा 3 अधिसूचना संख्या एसओ 66/पीए2/1900/एस. 3/70 दिनांक 20.2.1960. धारा 5 अधिसूचना राजपत्र द्वारा 8.9.1970, अधिसूचना संख्या एसओ 226/पीए2/1900/एस. 5/70 , दिनांक 4.9.1970. महेन्द्रगढ़, नारनौल, **पांचनोता** (एचबी 272). 958 एकड़. 176 से 183, 185, 186, 189, 190, 193 से 200, 203 से 213, 222 से 235, 243 से 247, 249 से 252.

182पीएफ. मुसनोता (एचबी 259) । धारा 38 के अन्तर्गत, दिनांक 7.5.1980, 285 एकड़, हरियाणा सरकार, संरक्षित वन अधिसूचना संख्या एसओ 36/सीए16/1927/एस.29/2023, दिनांक 20 जून 2023, 1860.50 एकड़ । # 221/3, 224, 225 मिन, 226 मिन, 227, 228 मिन, 229, 230, 232, 234 मिन, 235 से 238, 282, 283/2 मिन, 284/1, 284/3, 285 मिन, 291 मिन, 293, 294 मिन, 302 मिन, 309 मिन, 322, 310/1 मिन, 312, 323 से 324, 327, 331, 246 से 249, 250/1, 250/2, 250/3, 251/1, 251/2, 253, 255/1 मिन, 258 से 263, 264/1, 267, 270 से 272, 486, 487, 493 मिन, 494, 497 मिन, 500 से 502, 504, 508, 513, 517, 522, 453, 455 मिन, 456 से 458, 459/1 मिन, 460, 462 से 468, 470/1, 471, 473, 473/1, 474, 475, 478 से 480, 483 , 484, 411, 412, 415 से 418, 420, 421, 423, 424, 427, 428, 433, 436/1, 438, 438/1, 439, 440, 444, 334, 335 मिन, 336 मिन, 337/1, 338, 348/1, 351/1 मिन, 351/9, 352/2, 354, 364, 365 मिन, 368 मिन, 379 मिन, 380 मिन, 387 से 389, 394 मिन, 395, 398 मिन, 399 मिन, 400, 409, 410 मिन, 514, 524, 526, 539/1, 544/1, 551, 552, 553 मिन, 554, 555, 556/1, 556/2, 556/3, 559/1,

562, 564, 566 मिन, 567 मिन, 568, 572, 573, 576 से 579, 580 मिन, 581 से 587, 588/1 मिन, 590, 593, 595 मिन, 598/3, 602 से 604, 605/1, 607, 610 से 612, 614 से 625, 629, 630, 632, 634, 635, 637, 640 से 645, 675, 676, 678, 679, 680 मिन, 682 से 686, 687 मिन, 688 से 690. 647, 650, 651 से 653, 655 से 668, 670 से 674, 515, 516, 518, 532, 534, 533 मिन, 535 से 537, 527, 528.

183-184. धारा 3 अधिसूचना संख्या एसओ 31/पीए2/1900/एस. 3/70, दिनांक 11.2.1970, तथा राजपत्र 8.9.1970. धारा 5 अधिसूचना संख्या एसओ 224/पीए2/1900/एस. 5/70, दिनांक 4.9.1970. **183.** महेन्द्रगढ़, नारनौल , **थाना,** (एचबी 139), 209 एकड़. 63 और 64.

184. कुलताजपुर (एचबी 155). 96 एकड़। 81. कुल 305 एकड़

हरियाणा सरकार, **संरक्षित वन** अधिसूचना संख्या एसओ 74/सीए 16/1927/एस. 29/2023, दिनांक 21 दिसंबर, 2023 **कुलताजपुर** , 38.94 एकड़ । # 18 /- 1 से 19, 21 से 25. # 26 /- 1 से 3, 8 से 11, 20. # 27 /- 4 से 7, 13/2, 14, 15। # 17 /- 4 से 6, 24, 25.

185. अधिसूचना संख्या एसओ 95/पीए.2/1900/93 ए दिनांक 7.6.1974. धारा 4 अधिसूचना संख्या एसओ 158/पीए2/1900/एस. 4/74, दिनांक 20.9.1974. महेन्द्रगढ़, नारनौल, **गोलवा** (एचबी 257). 198 एकड़। 14, 27, 36, 37, 38, 44, 45, 50, 52, से 54, 82 से 84, 86, 98, 770/100, 101 मिन, 102, 103, 777/104, 106.

186. धारा 4 अधिसूचना संख्या एसओ 707/67.18/67, दिनांक 26.7.1967। महेन्द्रगढ़, महेनद्रगढ़, **माधोगढ़।** 360 एकड़. 225 मिन, 226 से 229.

हरियाणा सरकार, संरक्षित वन अधिसूचना संख्या एसओ 36/सीए16/1927/एस. 29/2023, दिनांक 20 जून, 2023, 1021.27 एकड़ । # 224, 227 से 229, 231 # 225/2 /- 14/2, # 226/2, # 291/1, # 52 /- 2, 7, 9. # 111 /- 14/2, 15/2,16 /17 / 24. # 112 /- 11/2, # 113 /- 7, 8, 9/12, 11, 12/2, 13, 18, 19/1, 20/1, 22/2, 23. # 115 /- 4. # 116 /- 2/1, 2/3, # 52 /- 7 से 10, # 77 /- 19/2, 21/2, 22/2, 23/1, 23/2, 24/2, 25/2.

187. धारा 3 अधिसूचना संख्या एसओ 5/पीए2/1900/एस. 3/74, दिनांक 11.01.1974. राजपत्र 17.12.1974. धारा 5 अधिसूचना संख्या एसओ 210/पीए2/1900/एस. 5/74, दिनांक 17.12.1974. महेन्द्रगढ़, नारनौल, **छिलरो** (एचबी 283 **).** 68 एकड़। 89, 90, 92, 94, 104 से 108.

188. धारा 38 अधिसूचना संख्या एसओ 114/सीए16/27/एस-38/01, दिनांक 10.8.20011346 एकड़। महेन्द्रगढ़, महेन्द्रगढ़, **खुडाना** (एचबी 41 **)। 1346** एकड़। 390 से 303? शायद 393? लिपिकीय त्रुटि, 400 से 406, 409 से 418, 421, 424, 425, 427 से 429, 435 से 439, 440 से 443, 447 से 451, 454 से 457, 460 से 468। हरियाणा सरकार, संरक्षित वन अधिसूचना संख्या एसओ 74/सीए16/ 1927/एस। 29/2023, दिनांक 21 दिसंबर, 2023 **खुडाना** की 594.75 एकड़ जमीन के लिए । # 375 से 396, # 397 मिन, # 398, 399 मिन।

189पीएफ-212पीएफ। हरियाणा सरकार, संरक्षित वन अधिसूचना संख्या एसओ 36/सीए16/1927/एस. 29/2023, दिनांक 20 जून, 2023 के तहत अरावली गांवों के नए संरक्षित वन क्षेत्रों के लिए क्रम संख्या **189पीएफ से 212पीएफ तक उल्लेख किया गया है** ।

189पीएफ. महेंद्रगढ़ सतनाली, **डिगरोता** (एचबी 14). 686.62 एकड़ । #172 से 191, #193 से 196, #93 -/ 11 से 25. #94-/ 11 से 25. #95 -/ 2 से 5. #73 -/ 11-13, 21 से 23.

190 पीएफ. महेंद्रगढ़, महेंद्रगढ़, **बलाना** (एचबी 27)। 419.33 एकड़। # 1 से 3, 7 से 9, 22 से 25, 47 से 52, 78 से 80, 110, 111.

191 पी.एफ. महेंद्रगढ़ सतनाली, **ढाढोत** (एच.बी. 28). 475.05 एकड़ । # 80, 82, 85, 86, 88 से 93, 103, 107.

192 पीएफ. महेंद्रगढ़ सतनाली, **बाढड़ा** (एचबी 18)। 185.87 एकड़ । # 206, 207, 144 /- 1,10. #143 /-6.

193 पीएफ. महेंद्रगढ़ सतनाली, **डालनवास** (एच.बी. 23). 366.69 एकड़ । # 168/- 193, 183/1, 183/2, 183/3, 184. # 125/- 10 से 12. 19/2.

194 पीएफ. महेंद्रगढ़, महेंद्रगढ़, **बुडिन** (एचबी 31)। 400.64 एकड़। # 93 से 95.

195 पीएफ. महेंद्रगढ़, महेंद्रगढ़, **मंडोला** (एचबी 15)। 494.21 एकड़। # 92 से 100, #36/- 1 से 3, 8 से 13, 18 से 22. # 37/- 1 से 16, 25. # 38/- 5,6. # 78/- 4, 5/1 , 8.14, 15/2.

196 पी.एफ. महेंद्रगढ़, महेंद्रगढ़, **दुलोठ** (एच.बी. 30). 88.19 एकड़। # 94. # 4 /- 21, # 8 /- 1,10,11.

197 पी.एफ. महेंद्रगढ़, महेंद्रगढ़, **आदलपुर** (एच.बी. 44). 88.19 एकड़। # 80. # 79 /2/3

198 पीएफ. महेंद्रगढ़, महेंद्रगढ़, **निम्बी** (एचबी 107)। 535.69 एकड़। # 26/- 22 से 24. # 43/- 1, 2, 3 मिन, 8 मिन, 9 से 13, 17 से 25. # 44/- 1 से 3, 5 से 24. # 45/- 16, 25. # 46 /- 5, 6, 14, 16, 24, 25. # 47, 48, 69, 70 /- 1 से 25. # 71 /- 3 से 9, 12 से 25. # 72 /- 25, # 73 /- 5, 6, 15 से 18, 23 से 25. # 74, 75, 76, 96, 97, 98, 103, 104,124 /- 1 से 25. # 95/- 1, 2, 10 से 12, 19 से 21.

99/- 2 से 25. # 100/- 15,16, 24, 25. # 101/- 3 से 8, 9, 13, 14 से 16 , 17, 18, 24, 25. # 102 /- 1 से 16, 18 से 25. # 106 /- 1, 2. # 123 /- 1 से 12, 19 से 22. # 125 /- 3 से 10, 12 से 19, 23 से 25. # 105/- 1 से 12, 19 से 22. # 126/- 5. # 128/- 1 से 5, 8/ 2, 9, 10. # 127/- 4 से 6.

199 पी.एफ. महेंद्रगढ़, सतनाली, **नांगल माला** (एच.बी. 12). 761.98 एकड़ । # 85/33/3, 85/33/4, 86, 87, 89 से 105, # 152, # 153, # 159, # 160, # 189, # 17/- 3 से 8. # 18/- 5 से 7. # 47/- 6, 15/1.

200 पीएफ. महेंद्रगढ़, नांगल चौधरी, **नरेहड़ी** (एचबी 289)। 345.66 एकड़ । # 113 मिन, 137, # 46 /- 18, 19. # 45 /- 25. # 65 /- 26. # 66 /- 16, 17/2, 18/1/1, 18/2/2. # 67/- 3. # 74/- 3, 8, 9. # 107 मिन, 108, 111/1, 111/2, 113 मिन, 106/2 मिन, 112, # 46/- 21 से 23. # 65/- 2/1, 3/1, 5 से 8, 9/2, 10/2, 11/2, 12 से 24. # 76/- 5. # 78/- 3, 8. # 110, 109/2 # 79/- 3, 8. # 64/- 9 से 11. # 47/- 20/1, 21/1. # 45 /- 24. # 66 /- 4. # 72 /- 25. # 73 /- 21. # 75 /- 1, 10, # 73 /- 19, 20, 22. # 70 /- 18/2, 19, 20 से 23. # 105 मिन, # 66 /- 13/1, 14/1, 15/2, 7, 8.

201 पीएफ. महेंद्रगढ़, नांगल चौधरी, **बशीरपुर** (एचबी 289)। 23.96 एकड़ . # 56/- 6/2, 6/3, 7, 25/2, 8/1. # 57 /- 10/2, 11/1, 11/2, 16, 17/2, 18/2, 20/1, 21/1, 21/2, 22/1, 25. # 60 /- 1, 2, 9, 5, 6/1. # 61/- 8/1, 12/2, 13, 14/1, 17/2, 18/1, 19/ 1, 24/2, 25/1. # 72 /- 4/2, 5/1, 5/2. # 74/- 22. # 84/- 2, 3. # 86/- 5/2, 6/1, 15/3, 25/3.

202 पीएफ. महेंद्रगढ़, नांगल चौधरी, **नियामतपुर** (एचबी 233)। 101.73 एकड़ । # 236, # 22 /- 6, 7, 14/1, 14/2, 15, 18/1. # 23/- 7 से 9, 10/1, 10/2, 11. # 33/- 1, 2, 5/2, 6 से 18, 24, 25.

203 पीएफ. महेंद्रगढ़, नांगल चौधरी, **बिगोपुर** (एचबी 268)। 262.53 एकड़ । # 119 से 122, 123/1, 123/3, 124, 126, 123/4, 127/1/65, 128 से 131, 140, 141, 142/1, 143/1, 144, 145.

204 पीएफ. महेंद्रगढ़, नांगल चौधरी, **नायन** (एचबी 230)। 1919.45 एकड़ . # 198 से 202, 203/14, 204, 204/3, 205 से 214, 217, 218, 219/1, 220 से 225, 226/1, 227, 228, 229/1, 230 से 233, 325, 328 , 381, 234/1, 234/3, 235 से 247, 185 से 196.

205 पीएफ. महेंद्रगढ़, नांगल चौधरी, **बेरुंडला** (एचबी 219)। 173.91 एकड़ । # 15 /- 3 से 20, 22 से 24. # 19 /- 1/3, 2, 3, 16, 25. # 20 /- 4, 5/1, 6, 7. # 8 /- 21. # 12 /- 9, 11, 12, 20 21. # 13 /- 16, 24, 25. # 14 /- 15. # 17 /- 4/1. # 20/- 8, 12, 13, 14, 16/1, 19 से 21. # 32/- 4 से 8. # 34/- 4/1, 8/2, 9 मिन, 10/1 से 10/4 . # 35/- 1, 5 से 10, 12 से 15, 16/1, 17, 18, # 38/- 26. # 52, 55 से 57, 57/1, 74, 75,

206 पी.एफ. महेंद्रगढ़, नांगल चौधरी, **असरावास** (एच.बी. 232). 102.34 एकड़ । # 2 /- 3 से 8, 12 से 25. # 3 /- 1 से 14, 17 से 23. # 4 /- 1, 2, 9 से 12, 20, 21/1, 22. # 6 /- 1, 2, 9, 10, 11/1. # 7 /- 1 से 10, 13 मिन, 14, 15. # 8 /- 5 से 7, 13 से 15, 17 से 19. # 48, 77 से 80.

207 पीएफ. महेंद्रगढ़, नांगल चौधरी, **सरेली** (एचबी 285)। 433.26 एकड़। # 111, 112, 113/1/3, 114, 115, 116/2, 117 से 120, 121/8, 121/11, 122/10, 122/11, 123, 125, 180, 106 मिन, 107 से 109.

208 पीएफ. महेंद्रगढ़, नांगल चौधरी, **डोकेडा** (एचबी 253)। 380.16 एकड़ । # 84, 84/1, 85, 87 मिन, 88 मिन, 89, 90, 91 मिन, 92, 93, 104, 106, 108, 109 मिन.

209 पी.एफ. महेंद्रगढ़, महेंद्रगढ़, **खरकड़ा** (एच.बी. 43). 78.03 एकड़ । # 152

210 पीएफ. महेंद्रगढ़, महेंद्रगढ़, **गढ़ी** (एचबी 42)। 201.49 एकड़ । # 103, 117 से 122.

211 पी.एफ. महेंद्रगढ़, महेंद्रगढ़, **सोहला** (एच.बी. 29). 270.16 एकड़ । # 157 से 159, 162 से 167, 172 से 174, 176.

212 पीएफ. महेंद्रगढ़, सतनाली, **राजावास** (एचबी 26)। 506.33 एकड़ । # 91 से 118, 119/2, 120, 124.

213 पीएफ से 237 पीएफ । हरियाणा सरकार, संरक्षित वन अधिसूचना संख्या एसओ 74/सीए 16/1927/एस 29/2023, दिनांक 21 दिसंबर 2023 अरावली गांवों के नए पीएफ क्षेत्रों के लिए सीरियल नंबर **213 पीएफ से 237 पीएफ पर उल्लिखित हैं ।**

213 पी.एफ. महेंद्रगढ़, नारनौल, **फैजाबाद** (एच.बी. 118). 32.59 एकड़ । # 53.

214 पी.एफ. महेंद्रगढ़, नारनौल, **आजमनगर** (एच.बी. 120). 43.41 एकड़ । # 44 से 47, 66, 42, # 25/- 1/1, 1/2, 2 से 9, 10/1. # 18/- 8/2, 9 से 12, 19/2, 20 से 23, 25.

215 प. महेन्द्रगढ़, नारनौल, **मण्डलाना** (एच.बी. 134). 59.70 एकड़ । # 80 मिन, 81, 82/1/2, 82/2, # 40/-1 से 3, 9, 10, 11 मिन, 12, 13/1, 13/2, 14, 16 से 18, 19/1, 24, # 64/- 1 से 3, 8/2, 9 से 13, 17 से 20, 23, 24. # 31/- 5, 7, 8/1, 12/2, 13, 18, 19, 20/ 2, 21, 22/1, 22/2, 23.

216 पीएफ. महेंद्रगढ़, नारनौल, **जाखणी** (एचबी 128)। 32.95 एकड़ । # 103/1 का भाग.

217 पीएफ. महेंद्रगढ़, नारनौल, **खटोटी कलां** (एचबी 143)। 32.71 एकड़ । # 51, 60 से 62.

218 पी.एफ. महेंद्रगढ़, नारनौल, **रघुनाथ पुरा** (एच.बी. 138). 136.84 एकड़ । # 61 से 63, 85, # 14 /- 15/1, 16. 25, 5/3. # 23 /- 14/2, 15, 16, 17/1, 24/2, 25. # 25 /- 1, 2, 9, से 11. # 24 /- 5, 6, 14, 18, 23.

219 पी.एफ. महेंद्रगढ़, नारनौल, **थाना** (एच.बी. 139). 305.63 एकड़ । # 59, 60, 60/1, 61 से 63, 65, 71, # 18/- 1, 10, 11, 20, 21. # 19/- 6, 15, 16, 24, 25. # 20/- 1, 9 से 13, 15, 16/2, 17 से 24. # 26/- 24, 25. # 25/- 20, 21. # 29/1/- 1, 3, 4, 8 से 14, # 30/- 14/12. # 31/- 15 से 17, 18/1, 18/2, 19 से 25. # 32/- 20. # 34/- 6/2, 14, 15, 17, 18, 22/1, 22/2. # 35/- 2/2, 3, 4, 9, 10. # 36/- 2, 9, 11/2, 12, 19, 20/1, 22. # 39/- 1 से 13, 18 से 23, 24/1. # 43/- 2/1, 2/2. # 44/- 6/1, 6/2, 7, 13/1, 13/2/ 2/. । धारा 4 और 5 का क्षेत्र क्रमांक 183 पर।

220 पीएफ. महेंद्रगढ़, नारनौल, **खातोली अहीर** (एचबी 218)। 123.54 एकड़ । # 55 मिन, # 1 /- 8/2, 13/1, 19, 21, 22. # 2 /- 20/ 2, 25. # 8 /- 3/1, 9, 12/1, 12/2. # 10 /- 6/2, 17, 23. # 39.

221 पीएफ. महेंद्रगढ़, नारनौल, **खातोली जाट** (एचबी 216)। 98.77 एकड़ । # 1, 7, 8, 22, 39, 41.

222 पीएफ. महेंद्रगढ़, नारनौल, **कमानिया** (एचबी 221)। 50.83 एकड़। # 185, 298, # 33 /- 22, 19/1, 19/2, 2/2, 3/3, 4/3, 7 से 9, 10/1, 12, 13, 17, 18, 21. # 34/- 5, 6, 25/3. # 42/- 1 से 3, 8. # 24/- 23/1/1. # 41 /- 5/3.

223 पी.एफ. महेंद्रगढ़, नारनौल, **जादूपुर** (एच.बी. 150). 125.28 एकड़ । # 27, 29 से 31.

224 पीएफ. महेंद्रगढ़, नारनौल, **दोचाना** (एचबी 151)। 45.02 एकड़। # 59, 78/1, 53, 54/2, # 36 /- 2/1, 2/3, 3/1, 3/3, 4/1, 4/ 3, 5, 6, 9/1, 9 /3, 12, 15, 19/1, 22/2, 25. # 41 /- 4, 7, 8, 9/1, 13, 14, 15/1, 2/2, 3. # 35 /- 1 , 6/1, 11, 20/1. # 30/- 20/ 1, 20/3, 21, 55, 57/2. # 29/- 16/1, 17/1, 24/1, 24/2, 25/1, 25/3.

225 पीएफ. महेंद्रगढ़, नारनौल, **भांखरी** (एचबी 139)। 53.24 एकड़ । # 50/- 26. # 51/26, 116, 88, 89, # 42/- 9 से 11, 1, 2, 8/ 2/2. # 43 /- 5, 6/1.

226 पीएफ. महेंद्रगढ़, नारनौल, **नांगतिहाड़ी** (एचबी 164)। 10.80 एकड़ । # 29, 31.

227 पी.एफ. महेंद्रगढ़, नारनौल, **खासपुर** (एच.बी. 171). 34.81 एकड़। # 25 /- 26/16. # 24/- 3 से 8, 13 से 18, 23 से 25. # 37/- 2 से 8, 13 से 15.

228 पीएफ. महेंद्रगढ़, नारनौल, **कांटी** (एचबी 17)। 246.025 एकड़ । # 10/2, 3/1, 9/3, 11, 12/1, 19/4, 20, 21, 22/1, 9/25, 9/ 1/1, 20/4/1, 5/1, 1 से 3, 4/26, 5/26, 6/26, 7, 8, 9/26, 10/26, 27.

229 पी.एफ. महेंद्रगढ़, नारनौल, **बजाड़** (एच.बी. 24). 300.57 एकड़ । # 13/- 26. # 16/- 1, 10, 11, 20, 21, 26. # 17/- 6/1, 6/2, 26, 27. # 31 /-10, 26. # 36 /- 26. # 37 /- 26. # 38 /- 27. # 39 /- 8/1. # 42 /- 26. # 48 /-26. # 14, 15, 32 से 35, 43 से 47, 50, 51, 55, 56, 76, 79, 109, 148.

230 पीएफ. महेंद्रगढ़, नारनौल, **रामपुरा** (एचबी 116)। 437.63 एकड़ । # 2 /- 7, 8, 13 से 18, 23 से 25. # 3 /- 20, 22, 23. # 4 /- 25. # 5 /- 21. # 6 /- 26. # 7 /- 26. # 10/- 1 से 4, 6 से 25. # 11/- 1 से 25. # 12/- 5 से 7, # 14/- 1, 2, 14/1, 14/2, 15 से 25. # 15 /- 1 से 18, 19/1, 19/2, 20 से 23, 24/1, 24/2, 25/1, 25/2. # 27/- 1 से 13, 19 से 21, 26. # 28/- 1 से 25. # 30/- 5, 6, 15, 16, 25. # 31/- 1 से 13, 19 से 21, 26. # 33 /- 26. # 34 /- 28. # 36 /- 26. # 8, 9, 32, 62 से 64, 16, 17, 26 # 18 /- 26, 27. # 24 /- 26. # 26 /- 26. # 44 /- 26. # 45 /- 26. # 45 /- 46. # 13 /- 4 से 7, 14 से 18, 23 से 25. # 29 /- 2 से 9, 12 से 14, 17 से 19, 21 से 25. # 30 /- 1 से 4, 7 से 11. # 30/12 /- 12 से 14, 17 से 19, 24. # 50 /- 61.

231 पी.एफ. महेंद्रगढ़, नारनौल, **गनियार** (एच.बी. 23). 307.26 एकड़ । # 50/- 26. # 54/- 26. # 73/-26. # 74/- 26. # 79/- 26, # 89/- 26. # 51 से 53, 75 से 78, 90 से 96, 101. # 80/- 26.

232 पी.एफ. महेंद्रगढ़, नारनौल, **खेडी** (एच.बी. 18). 59.53 एकड़ । # 90/- 2/2, 8/2, 9, 13/2. # 102/- 2/2, 3 से 8, 9/1, 12 से 15, 18, 19, 21/2. # 103/- 11 से 14. # 90/- 11, 12, 18/2, 19 से 22, 23/1. # 91/- 13 से 18, 23, 25. # 103/- 1 से 4, 7 से 10. # 244 का भाग.

233 पीएफ. महेंद्रगढ़, नारनौल, **बलाहा खुर्द** (एचबी 147)। 19.29 एकड़ । # 92/- 6/2, 13, 14/1, 14/2, 15, 16, 18/2, 21/2. # 25/- 25/2. # 93/- 11 से 25.

234 पी.एफ. महेंद्रगढ़, नारनौल, **सहरपुर** (एच.बी. 168). 19.92 एकड़ । # 38 का भाग, # 5/- 21, 22. # 14/- 1, 2, 9/2, 10, 11, 19 से 21.

235 पीएफ. महेंद्रगढ़, नांगल चौधरी, **नांगल दर्गू** (एचबी 280)। 184.42 एकड़ । # 63/26, 70 से 72, 73/1, 73/2, 74, 75, 77, 77/ 1/1, 79, 81/3, 85 मिन, 95, 144/2, 149/1/2/30, 149/2, 153, 154, 156, 161, 163, 174/1/4 मिन, 174/14/2, 180, 182, 179.

236 प.फ. महेंद्रगढ़, नांगल चौधरी, **इस्लामपुरा** (एचबी 269). 114.2 एकड़ I # 83 मिन, 84 से 88, 88/1, 89, 90, 92, 94 से 101, 104/2, 106, 107/1, 108, 110, 111/2 मिन, 112 मिन, 113 मिन, 114, 116 मिन, 117 से 120, 122, 176 मिन, 178, 186, 193, 195, 280, 112/1, # 23/- 23/3, 24/2, 24/3, 25/2,

237 प.फ. महेंद्रगढ़, नांगल चौधरी, **रूप सराय** (एच.बी. 273). 163.15 एकड़ I # 57 से 62, 65 से 67, 90 से 92, # 93 मिन, 94 से 96, # 97 मिन, # 98 मिन, 132, 149, 165, 77 मिन, 78, 80.

महेंद्रगढ़ डिवीजन में आरक्षित वन; सलीमाबाद, निम्बी, दुलोठ, खेरोली, गडानिया, सोहला, बुडीन, नांगलमाला, नावां, डिगरोता, जाटवास, बसई, नारनौल, कांटी, मुकुंदपुरा, रसूलपुर सहित अरावली व रेत के टीलों वाले क्षेत्र भी इन गांवों में शामिल हैं। धारा 38 के तहत पहले अधिसूचित गांव थे खुडाना, राता कलां, पाली, दोखेरा, जांट, गंगूटाना, निम्बी, हसनपुर, जेरपुर, रामबास, दताल, बदोपुर, नांगल पीपा, नांगल कालिया, सिरोही बिहाली, मुसनोता, नियामतपुर, धोलेरा, आजमाबाद, सरली आदि .,

चरखी दादरी जिला

238 पीएफ से 241 पीएफ I हरियाणा सरकार, संरक्षित वन अधिसूचना संख्या la[;k dkñvkñ10@sकñvñ16@1927@/kkñ29@2024 दिनांक 28 फरवरी 2024, अरावली गांवों के नए पीएफ क्षेत्रों के लिए सीरियल नंबर 238 **पीएफ से** 242 **पीएफ पर उल्लिखित हैं I**

238 प.फ. चरखी दादरी, बाढडा, **उण**, (एच.बी. 326). 143.31 एकड़ I # 92 (1000 कनाल), 13(11 कनाल 4 मरला), 94(14 कनाल 0 मरला), 94/1 (2 कनाल 3 मरला), 994(18 कनाल 15 मरला) I

239 प.फ. चरखी दादरी, बाढडा, **नोरगांबास जाटान**, (एच.बी. 185). 626.65 एकड़ I # 187 (542 कनाल 6 मरला), 188(177 कनाल 6 मरला), 189(347 कनाल 18 मरला), 190(380 कनाल 8 मरला), 191(303 कनाल 1 मरला), 192(246 कनाल 17 मरला), 193(85 कनाल 1 मरला), 194(46 कनाल 7 मरला), 195(216 कनाल 0 मरला), 196(298 कनाल 4 मरला), 198(439 कनाल 15 मरला), 199(393 कनाल 3 मरला), 200(330 कनाल 0 मरला), 200/1 (377 कनाल 0 मरला), 202/1(412 कनाल 1 मरला) I

240 प.फ. चरखी दादरी, दादरी, **शिशवाला**, (एच.बी.). 503.66 एकड़ I 92(1089 कनाल 14 मरला), 93(922 कनाल 1 मरला), 94(401 कनाल 8 मरला), 95(1292 कनाल 9 मरला), 96(119 कनाल 8 मरला), 97(93 कनाल 1 मरला), 98(19 कनाल 1 मरला), 100(25 कनाल 18 मरला), 101(35 कनाल 7 मरला), 102(7 कनाल 18 मरला), 99(23 कनाल 2 मरला) I

241 प.फ. चरखी दादरी, बाढडा, **बिलावल**, (एच.बी.6). 199.95 एकड़ I 93(135 कनाल 8 मरला), 95(230 कनाल 5 मरला), 96(314 कनाल 3 मरला), 98/2 मिन(244 कनाल 2 मरला), 101(98 कनाल 19 मरला), 102(271 कनाल 7 मरला), 103(156 कनाल 15 मरला), 107(237 कनाल 2 मरला), 108(10 कनाल 9 मरला), 110 मिन I

5.8 . "अरावली पहाड़ियों में सामुदायिक भूमि पुनर्वास" परियोजना

वन विभाग ने 1990-1991 से 1999-2000 तक यूरोपीय संघ द्वारा वित पोषित परियोजना 'हरियाणा के अरावली पहाड़ियों में सामुदायिक भूमि का पुनर्वास' क्रियान्वित किया। कुल 39390 हेक्टेयर क्षेत्र, राज्य के पांच जिलों अर्थात; गुड़गांव, फरीदाबाद, रेवाड़ी, महेनद्रगढ़, और भिवानी में 358 साइटों/गांवों (कुछ इकाइयों में एक से अधिक गांव शामिल हैं) में फैली 293 इकाइयों में पड़ता है। सामुदायिक भूमि का पुनर्वास तीन मॉडलों को अपनाकर किया गया। 39390 हेक्टेयर में अरावली पुनर्वास और वनीकरण कार्य के संबंध में एक हलफनामा तत्कालीन आयुक्त और सचिव, हरियाणा सरकार, वन विभाग द्वारा 4.3.2003 को सर्वोच्च न्यायालय में प्रस्तुत किया गया था। सुप्रीम कोर्ट के 18.3.2004 के फैसले में अरावली क्षेत्रों के इस 39300 हेक्टेयर को डिमड वन माना है।

सर्वोच्च न्यायालय ने अनेक निर्णयों/आदेशों के माध्यम से किसी भी गैर-वानिकी या खनन गतिविधि या कानून और वन भूमि अधिनियम का उल्लंघन करके 'अरावली परियोजना' के नाम से प्रसिद्ध वनरोपण कार्य के अंतर्गत आने वाली भूमि को गैरवानिकी र्कायो पर प्रतिबंध लगा दिया था। नौकरशाह अपनी लचीलापन छिपाने के लिए भ्रम पैदा करते हैं या गलत सूचना के तहत बहाना बनाते हैं, यह हवाला देते हुए कि वे सुप्रीम कोर्ट के फैसले को लागू करने के लिए अरावली पहाड़ियों के वास्तविक विस्तार को जानते नहीं हैं। यह स्पष्ट किया जाता है कि उचित सर्वेक्षण के बाद सुप्रीम कोर्ट के निर्देशों का पालन करने के लिए वन संरक्षक, गुडगॉव द्वारा सूचना भेजी गई थी, लेखक **अरावली निषिद्ध क्षेत्र क्षेत्रों की पहचान के लिए दिनांक 12.9.2007 द्वारा गठित समिति के अध्यक्ष** और सीईसी (28.8.2008) द्वारा गठित समिति के सदस्य के रूप में उपग्रह इमेजरी (60 सेमी रिज़ॉल्यूशन) का उपयोग करके भूमि उपयोग मानचित्र तैयार करने और गांव के सजरा पर उन इमेजरी मानचित्रों को सुपरइम्पोज़ करने और फिर उन मानचित्रों का जमीनी सत्यापन करने के लिए हरियाणा के फरीदाबाद, गुड़गांव, मेवात, महेन्द्रगढ़ और रेवाड़ी जिलों के अरावली पहाड़ियों में स्थित गांवों/क्षेत्रों की पूरी सूची सीईसी को सौंपी गई (सं. 8336-44 दिनांक 18-09-2008) ताकि सीईसी के निर्देशों के अनुपालन में इसे सर्वोच्च न्यायालय में आगे प्रस्तुत किया जा सके और इसकी प्रतिलिपि

कमिस्नर व सचिव हरियाणा (राजस्व और वन) और महानिदेशक, एफएसआई, देहरादून के सभी अन्य संबंधित अधिकारियों को भेजी गई।

संबंधित डीएफओ ने जमीनी स्तर पर सत्यापन के बाद यह सूची तैयार की और यह अंतिम सूची थी जिसे सभी संबंधित अधिकारियों ने स्वीकार किया। टेन्टेटिव सीमा, साथ ही अरावली पहाड़ियों के भुड हिस्सों को 1: 50000 पैमाने के एसओआई स्थलाकृतिक शीट पर चिह्नित किया गया था, फिर 484 गांवों की सूची मानचित्रों के साथ सीईसी और सुप्रीम कोर्ट को सौंपी गई थी। अरावली पहाड़ियों की 484 गांवों की इस सूची में शामिल हैं (क) फरीदाबाद जिले को भारतीय सर्वेक्षण शीट 53 एच/3 और 53 एच/7 (8.9.2008 को प्रस्तुत किए गए मानचित्र) पर चिह्नित किया गया है, (ख) गुड़गांव जिले को भारतीय सर्वेक्षण शीट 53 एच/3, 53 एच/4 और 53 डी/15 (8.9.2008 को प्रस्तुत किए गए मानचित्र) पर चिह्नित किया गया है, (ग) रेवाड़ी जिले को भारतीय सर्वेक्षण शीट 53 डी/7, 8,11,12 और 53 डी/16 (18-9-2008 को प्रस्तुत किए गए मानचित्र) पर चिह्नित किया गया है, (घ) मेवात जिले को भारतीय सर्वेक्षण शीट 54डी/15,16, 54 ए/13,14, 53 एच/3, 4, 7, 8 और 54 ई/1, 2, 5, 6 (18-9-2008 को प्रस्तुत किए गए मानचित्र) पर चिह्नित किया गया है, (ङ) महेन्द्रगढ़ जिले को सर्वे ऑफ इंडिया शीट 44 पी/14,15, 45 एम/13, 54 ए/1, 53 डी/3, 4, 7, 8 (18-9-2008 को प्रस्तुत मानचित्र) पर चिह्नित किया गया है। सभी मानचित्र आरएफ 1:50,000 पर थे और उन पर उप वन संरक्षक द्वारा चर्चा करके उन्हें अंतिम रूप दिया गया है।

फरीदाबाद जिले के अरावली पहाड़ियों वाले गांवों/क्षेत्रों की सूची।

1 लकड़पुर-सूरजकुंड, 2 सराय ख्वाजा, 3 अनंगपुर, 4 मेवला महाराजपुर, 5 अनखीर, 6 तिलोरी बांगर, 7 बड़खल, 8 फतेहपुर चंदेला, 9 भांकरी, 10 नवादा खोह, 11 पाली-पाली का बास, 12 गोठडा मोहबताबाद, 13 नयागांव, 14 पाखल, 15 पावटा, 16 मांगर, 17 नूरपुर धूमसपुर, 18 अलावलपुर, 19 सिलाखेड़ी, 20 धोज, 21 आलमपुर, 22 कोट-खरकड़ा, 23 सिरोही, 24 खोरी जमालपुर, और 25 दिघोट-(धारा 4 व 5 के अंतर्गत बंद मैदानी क्षेत्र)

गुड़गांव जिले के अरावली पहाड़ियों वाले गांवों/क्षेत्रों की सूची : 1 बंधवारी (खरक व सिलानी सहित), 2 बलौला (बलियावास), 3 ग्वाल पहाड़ी, 4 बहरामपुर (नया व पुराना), 5 घाटा, 6 हैदरपुर विरान, 7 वजीराबाद, 8 चकरपुर, 9 सिकंदरपुर घोसी, 10 नाथूपुर, 11 उल्हावास, 12 कादरपुर, 13 धूमसपुर, 14 खेड़ा, 15 नयागांव, 16 रिठौज, 17 सहजावास, 18 बहलपा, 19 खेडला, 20 दमदमा, 21 रोजका गुज्जर, 22 अभयपुर, 23 खोबड़ी व खोबड़ा, 24 खोह, 25 हरचंदपुर, 26 निमौठ, 27 मंडावर, 28 खेडली लाला, 29 बादशाहपुर ठेटर, 30 दरबारीपुर, 31 ढाणी हसनपुर, 32 हसनपुर, 33 पलरा, 34 सकतपुर, 35 पांडला, 36 गैरतपुर बास, 37 टिकली, 38 इकलिमपुर। 39 भोंडसी, 40 घामडौज, 41 अलीपुर, 42 हरियाहेड़ा, 43 रायसीना, 44 रामनगर, 45 मोहम्मदपुर मियां, 46 मोहम्मदपुर गूजर, 47 सोहना ढाणी, 48 सांप की नंगली, 49 सोहना, 50 रायपुर, 51 सिकोहपुर, 52 नौरंगपुर, 53 बड़गूजर, 54 नैनवाल, 55 मानेसर, 56 खोह, 57 कासन, 58 बास खुसला, 59 बास लांबी, 60 घोसगढ़, 61 खरकड़ी, 62 सहरावान, 63 ग्वालियर, 64 फाजिलवास, 65 कुकरौला, 66 जलालपुर तथा 67 ठेठर।

3. रेवाड़ी जिले के अरावली पहाड़ियों वाले गांवों/क्षेत्रों की सूची

1 पाडला, 2 बासदुदा, 3 अहरोड़, 4 खोल, 5 धवाना, 6 खालेटा, 7 मायण, 8 बालवाडी, 9 नांधा, 10 भालखी, 11 मांजरा, 12 मनेठी (कुंड), 13 लोहाणा, 14 सीहा, 15 मसीत, 16 डिडोली, 17 बहरामपुर, 18 मुंदड़ा, 19 शादीपुर, 20 गुडयानी, 21 भोरियावास, 22 पुरखोतमपुर, 23 जाटूसाना, 24 मूंदी, 25 प्राणपुरा, 26 कढ़ू, 27 चिमनावास, 28 खोरी, 29 मामडिया आसमपुर, 30 मामडिया अहीर, 31 मामडिया ठेठर, 32 गोठड़ा टप्पा खोरी, 33 टींट, 34 बवाना गूजर, 35 पाली, 36 चिता डुंगरा, 37 हरजीपुर, 38 भांडोर व भांडोर ढाणी, 39 कुंडल, 40 भदराना, 41 कनुका, 42 टांकरी, 43 राजगढ़, 44 व गूजर घटाल

महेंद्रगढ़ जिले के अरावली पहाड़ियों वाले गांवों/क्षेत्रों की सूची।

1 जाखणी, 2 खटोटी सुल्तानपुर, 3 भांखरी कलां, 4 दोचाना, 5 रघुनाथपुरा/खालडा, 6 थाना, 7 कुलताजपुर, 8 लुतुफपुर, 9 रामबास, 10 धानोता, 11 धन्चौली, 12 बशीरपुर, 13 अमरपुर जोरासी, 14 तलोट, 15 छिलरो, 16 घाटाशेर, 17 पवेडा, 18 सरेली, 19 सरेली की ढाणी 20 चमावती ढाणी, 21 लेडोवती ढाणी, 22 रूप सराय, 23 नरहेड़ी, 24 मोखुता आजमाबाद, 25 गावडी 26 बामनवास, 27 पांचनोता, 28 लेडोवती ढाणी, 29 मुसनोता, 30 भजावालों की ढाणी, 31 बायल, 32 हरहरती की ढाणी, 33 रावता की ढाणी, 34 दवाता की ढाणी, 35 झोधावाला ढाणी, 36 गोलवा, 37 दोखेरा, 38 दोखेरा की ढाणी, 39 भाईदांती, 40 दोस्तपुर, 41 सैयद अलीपुर, 42 शाहबाजपुर, 43 गंगूताना, 44 सोढ़ा की ढाणी, 45 नांगल दर्गू, 46 बखरीजा, 47 गोलगडी, 48 नियाजअलीपुर (नया गांव), 49 इस्लामपुरा, 50 मेघोत बिंजा, 51 मेघोत हाला, 52 लुजोता, 53 दताल, 54 जजीना की ढाणी, 55 कालबा, 56 नांगल नूनिया, 57 बनिहारी, 58 थानवास, 59 नोलाय्याजा, 60 नोलाय्याजा की ढाणी, 61 नांगल चौधरी, 62 गोठड़ी, 63 त्रगुजों की ढाणी, 64 नियामतपुर, 65 मोरुण्ड, 66 डकोडा, 67 आश्रवास, 68 नायन (16 ढाणियां), 69 बामणवास, 70 चिकमलिकपुर, 71 जैनपुर, 72 मोसमपुर, 73 बिहारीपुर, 74 आंतरी, 75 सिरोही भाली, 76 छापरा बीबीपुर, 77 धोलेडा, 78 बिगोपुर, 79 बेरूण्डला, 80 ख्वाजापुर नांगलिया, 81 कमानिया, 82 खातोली जाट, 83 झगरीट की ढाणी, 84 खातोली अहीर, 85 मुकुंदपुरा की ढाणी, 86 डोंगली, 87 कांवी, 88 मुरारपुर, 89 कारोता, 90 मिकंदपुरा गुजरान (ढाणी), 91 ताजीपुर, 92 टहला, 93 शाहपुर (मंडी), 94

लटूफपुर, 95 रसूलपुर, 96 नारनौल (नजूल भूमि) , 97 शेखपुरा, 98 नूणी, 99 नसीबपुर, 100 नांगतिहाड़ी, 101 सिलारपुर मेहता (पंचायत किरडोद की ढाणी), 102 मंडलाना, 103 लहरोदा, 104 फैजाबाद (ढाणी), 105 आजमनगर (सीहार), 106 गुलावला, 107 खासपुर, 108 शाहपुर, 109 डेरोली अहीर, 110 बिहाली, 111 कांटी, 112 बास, 113 रामपुरा, 114 गणियाड, 115 बजाड़, 116 गेहली, 117 मकसुसपुर, 118 गढ़ी, 119 बास खुडाना, 120 खुडाना (ढाणी), 121 खरखड़ा (आकोदा), 122 आदलपुर, 123 बसई, 124 नावां, 125 खरखड़ी (बरसंगवास), 126 मंढियाली, 127 डिगरोता, 128 बाडड़ा, 129 डालनवास, 130 गाडरवास, 131 माधोगढ़, 132 ढाढोत, 133 बलाना, 134 सोहला, 135 बुड़ीन, 136 निम्बी, 137 दुलोठ, 138 राजावास, 139 ढाणी राजावास, 140 उष्मापुर, 141 जेरपुर, 142 मंडोला, 143 नांगल माला, 144 सेहलंग, 145 सुरेहती पिलाना, 146 कूकसी, 147 नांगल सिरोही।

मेवात जिले के अरावली पहाड़ियों वाले गांवों/क्षेत्रों की सूची :

1 कोटला, 2 मोहम्मदपुर, 3 मेवली कलां, 4 मेवली खुर्द, 5 बाई, 6 खोरी नूंह, 7 बड़ोजी, 8 गेहबर/गुंडबास, 9 देवला नंगली, 10 अलावलपुर, 11 भपावली, 12 कालिंजर, 13 बजहेड़ा, 14 बीबीपुर, 15 इंद्री, 16 खानपुर, 17 नेहारका, 18 नवाबगढ़, 19 कुतुबगढ़, 20 मैलावास, 21 रेहना, 22 सडैन, 23.दुर्गापुर (सांगला), 24 टपकन, 25. बिवंन, 26 शौंख, 27 पल्ला, 28 पलडी, 29 नल्हड़, 30 बड़का अलीमुद्दीन, 31 महावन, 32 बसई, 33 खोड, 34 महोरला, 35 रोजका मेव, 36 बाई का डांडा, 37 बड़वा, 38 शेरपुर कलहेड़ी, 39 नूरपुर, 40 शीलखो, 41 ढीलमकी, 42 घुसबैठी, 43 पटुका, 44 किरूरी, 45 भुतलाका, 46 पीपाका, 47 बिधवास, 48 ध्याणदास की प्याऊ, 49 पल्हेणी, 50 छज्जुपुर, 51 डालाका, 52 कालीमाका, 53 सुंध, 54 चाहलका, 55 सोलंगर, 56 भंगोह, 57 खड़क जलालपुर, 58 खरक सोहना, 59 मोहम्मदपुर अहीर, 60 सराय, 61 गंगाणी, 62 कोट खंडेवला, 63 बिस्सर अकबरपुर, 64 खेड़की, 65 बाघनकी, 66 जोरासी, 67 उटौन, 68 राठीवास, 69 रंगाला, 70 खोरी खुर्द, 71 खोरी कलां, 72 दोपन वाली, 73 पट्टन उदयपुरी, 74 रावली, 75 कुबरावास, 76 भोंड, 77 सिधरावत, 78 पाटखोरी, 79 हसनपुर बिलौंडा, 80 धाढोली खुर्द, 81 चैनपुरी, 82 महनली, 83 छारोड़ा, 84 चीला, 85 चीला की ढाणी, 86 पचगांव, 87 बुराका, 88 सलाका, 89 मलका, 90 राहड़ी, 91 खरखड़ी, 92 धुलावट, 93 मेंडला, 94 गुमट बिहारी, 95 नोटकी, 96 कोल गांव, 97 सैन मीरबास, 98 इब्राहिम बास, 99 भाखरोजी, 100 बैरियाबास, 101 खेडला ,102 शाहपुर, 103 पथराली, 104 अगांव, 105 शोलपुर, 106 रीगढ़ (रीगड), 107 गूजर नंगला, 108 खेड़ी कलां, 109 झिमरावत, 110 तिगांव, 111 घटवासन, 112 बुचाका, 113 लाठवास, 114 सिरसबास, 115 लोहिंगा खुर्द, 116 जैतलका, 117 बडेड़, 118 नीम खेड़ा, 119 ढोली, 120 घाघस ,121 फिरोजपुर झिरका, 122 ग्यासनियाबास, 123 ठीकरी, 124 धमाला, 125 रंगाला राजपुर, 126 पोल, 127 मोहम्मदबास, 128 नसीरबास, 129 नावली, 130 नांगल मुबारिकपुर, 131 संथावरी, 132 अलीपुर तिगरा, 133 हीरवारी, 134 बाघोला, 135 रावा, 136 घाटा शमशाबाद, 137 बसई मेव, 138 बीवन, 139 फोडाबास, 140 मनियाबास, 141 नहारिका, 142 चित्तौड़ा, 143 महू, 144 शेखपुर, 145 लोहिंगा कलां, 146 ईंचवारी, 147 मल्हा का खोरी, 148 डुंगेजा, 149 चांदडूका, 150 खानपुर घाटी, 151 ढंडोला, 152 धाड़ोली कलां, 153 रनियाला खुर्द, 154 शहजादपुर, 155 बाजिदपुर, 156.रीठठ, 157 देवला नंगली, 158 कांसली, 159 सुन्हेरा, 160 लुहिंगा कलां, 161 जाक गंगवानी, 162 नीम खेड़ा, 163 ईंचवारी बस्ती, 164 खोरी महैलका, 165 जैताका, 166 बड़ेड़, 167 तिगांव, 168 बुबलहेड़ी, 169 ढाणा, 170 पिनगवा, 171 झरपान, 172 शाह चोखा, 173 ठेक, 174 डुडोली, 175 हाजीपुर (गोहेता), 17. हथन गांव, 177 जकोहपुर, 178 बिकली, 179 सिंघार, 180 अकबरपुर, 181 पापड़ा, 182 दुरेची, 183 फलेंडी, 184 शिकरावा, 185 बिल्हाका, 186 रीठठ, 187 अलालपुर, 188 टोंका, 189 घुरावली, 190 उटावर, 191 मंडकोला, 192 मदनाका, 193 फिरोजपुर राजपूत, 194 नेहवाना, 195 गोधोला, 196 गोधूली, 197 सिहरी, 198 रणसीका, 199 बिघावली, 200 मठेपुर, तथा 201 वजाड़ा पहाड़ी।

चरखी दादरी/भिवानी (सीईसी के संज्ञान मे लाया गया, बाद में संकलित किया गया)

भिवानी के गांव: 1 मानकवास, 2 अटेला कलां, 3 शीशवाला, 4 बिलावल, 5 तिवाला, 6 मैहरा, 7 कल्याणा, 8 असावरी, 9 पिचोपा कलां, 10 गुडाना-टोडी, 11 झोझू कलां व खुर्द, 12 कलाली, 13 बलाली, 14 माई कलां व खुरड़, 15 बसई, 16 नौरंगावास राजपुतान, 17 गढ़ी, 18 ढाणी शारनिया, 19 नौरंगावास खुर्द, 20 कादमा, 21 बढराई, 22 ढाणी गुजरांवाली, 23 नोरंगाबाद, 24 गोपालवास, 25 रामनगर व कपूरी, 26 खेडी बतर, 27 खेडीबूरा, 28 रामलवास के पूर्व की पहाड़ी, 29 औन, उण, 30 बादल, 31 गुडीना, 32 नकीपुर पहाड़ी (लोहारू), 33 चंदेनी, 34 खानक, 35 तोशाम, 36 धारण, 37 रिवासा, 38 दुल्हेड़ा, 39 नगीना, 40 डाडम, 41 पिंजोखरा, 42 पांडवान पहाड़ी, 43 देवसर, 44 खरखड़ी, 45 खरखड़ा, 46 निगाना और 47 पांडवान।

कुल 531 गांव जहां अरावली की चट्टानें दिखाई देती हैं, यह सूची सुप्रीम कोर्ट के आदेश (29/30.9.2002) के लिए महत्वपूर्ण है जब संपूर्ण अरावली पहाड़ियों में खनन पर रोक लगा दी गई थी।

"हरियाणा के अरावली पहाड़ियों में सामुदायिक भूमि का पुनर्वास" परियोजना में 293 इकाइयां शामिल थीं और 18-3-2004 के फैसले में 39360 हेक्टेयर क्षेत्र के पुनर्वास को डिमड वन माना गया था। *यूरोपीय संघ को प्रस्तुत किए गए कोड के साथ इन ग्राम इकाइयों के नाम और परियोजना के तहत पुनर्वासित किए गए नामों को हरियाणा सरकार द्वारा उच्चतम न्यायालय में हलफनामे के रूप में प्रस्तुत किया गया था, जैसा कि अनुलग्नक VI में दर्शाया गया था।

नौकरशाहों ने बहाने बनाने शुरू कर दिए कि उनके पास अरावली परियोजना पुनर्वास कार्यों का रिकार्ड नहीं है। नौकरशाहों द्वारा दिया जाने वाला यह एक जाना-माना बहाना है कि रिकार्ड को कानून व सर्वोच्च न्यायालय के आदेशों में तोड़-मरोड़ कर पेश किया जाता है, ताकि योजनाबद्ध तरीके से वन भूमि का उपयोग गैर वानिकी उद्देश्यों के लिए किया जा सके, जो धन कमाने का उद्योग है। सर्वोच्च न्यायालय को सौंपे गए हलफनामे में हरियाणा सरकार ने संबंधित खसरा नंबरों के साथ गांव-वार पौधारोपित किऐ गए क्षेत्रों की जानकारी दी। हरियाणा के मुख्य सचिव ने (2006) उपायुक्त, डीएफओ और खनन अधिकारी की टीम द्वारा अरावली के प्रत्येक गांव का संयुक्त सर्वेक्षण करने का आदेश दिया। संबंधित डीएफओ ने संयुक्त सर्वेक्षण पूरा करने के बाद विधिवत सत्यापित रिपोर्ट सीएफ, गुड़गांव को भेजी और वही रिपोर्ट (2007) प्रधान मुख्य वन संरक्षक को भेजी गई, मुख्य सचिव और हरियाणा सरकार ने उस रिपोर्ट को स्वीकार कर लिया। उस रिपोर्ट की एक प्रति सर्वोच्च न्यायालय के लिए सीईसी को भी उपलब्ध कराई गई। उस रिपोर्ट में हर क्षेत्र का सर्वेक्षण किया गया था, यह उल्लेख किया गया था कि वास्तविक वृक्षारोपण अभिलेखों में उल्लेखित क्षेत्र से बड़े क्षेत्र में फैले हुए थे जैसे कि 20 हेक्टेयर वृक्षारोपण 30 हेक्टेयर या उससे अधिक क्षेत्र में फैले हुए थे, कुछ क्षेत्रों में चट्टानी इलाके के कारण उन नंगे चट्टानों को छोड़कर पौधे लगाए गए थे, , क्योंकि वन विभाग ने वृक्षारोपण में शामिल भौतिक क्षेत्र के साथ-साथ उस क्षेत्र में लगाए गए पौधों की संख्या का भी उल्लेख किया था। इन गांवों की सूची 18.3.2004, सुप्रीम कोर्ट के फैसले द्वारा आदेशित वन क्षेत्र के बारे में जानकारी की सुविधा के लिए जोड़ी गई है) * 358 गांवों / वृक्षारोपण स्थलों के साथ 293 गांव इकाइयों का उल्लेख किया गया है।

सोहना डिवीजन , 94 साइटें। अभयपुर (एस01), अलावलपुर (एस02), अलीपुर (एस03), बाघनकी (एस04), बाई (एस05), बंधवाडी (एस06), बड़गुज्जर (07), बरका (एस08), बरोजी (एस09), बहलपा (एस10ए), रोजका गुज्जर (एस10बी), बहरामपुर (एस11), भंगो (एस12), भोंडसी (एस13ए), बी वाई के (एस13बी), बिनवा (एस14), बिस्सर (एस15), चकरपुर (एस16), छरोडा (एस17), चिल्ला (एस18), दलाका (एस19ए), मलका (एस19बी), देवला (एस20), धुलावट (एस21), गंगानी व सराय (एस22), गैरतपुर बास (एस23), ग्वालियर (एस24ए), पचगांव (एस24बी), कुकरोला (एस24सी), घामरोज (एस25), गुंडवाड़-गैबर (एस26), गवालपहाड़ी (एस27), हरचंदपुर (एस28), रायसीना (एस29ए), हरयाहेड़ा (एस29बी), इंद्री (एस30), कादरपुर (एस31), कासन (एस32), खरक सोहना (एस33ए), खरक जलालपुर (एस33बी), खरकड़ी (एस34), खेड़की (एस35), खो (एस36), जलालपुर (एस37ए), खोबरी (एस37बी), खोड (एस38), खोरी खुर्द (एस39ए), खोरी कलां (एस39बी), कोटा (एस40), कोटला (एस41), कुतुबगढ़ (एस42), महोन (एस43ए), बसई (एस43बी), मंडावर (एस44), मानेसर, एनएसजी (एस45ए), आई वी सी (एस45बी), मानेसर (एस45सी), आईबीपीएल (एस45डी), मरोला (एस46), मेवली (एस47), मोहम्मदपुर (एस48), मोहम्मदौर अहीर (एस49), नैनवाल (एस50), निमोठ (एस51), सिलखो (एस52ए), नूरपुर (एस52बी), पचगांव (चिल्ला) (एस53), पल्ला (एस54), पलडी (एस55ए), नल्हड़ (एस55बी), रायपुर (एस56), रंगाला (एस57), राठीवास (एस58), रेहना (एस59), रिठौज (एस60), रोजका मेव (एस61), सदाई (एस62), सकतपुर (एस63), सांपकी नंगली (एस64), सेहजावास (एस65ए), मेदावास (एस65बी), सहरावन (एस66), सहसोला (एस67ए), पीपाका (एस67बी), घुसपेठी (एस67सी), पाटुका (एस67डी), सिकोहपुर (एस69), सोंख (एस70), सुंध (एस71), टपकन (एस72), अकलीमपुर (एस72ए), टिकली (एस72बी), वजीराबाद (एस73ए), घाटा (एस73बी)।

फिरोजपुर झिरका डिवीजन , 78 साइटें। अगांव (एफ01), अलीपुर तिगरा (एफ02ए), हिरवाडी (एफ02बी), अन्नगपुर (एफ03), अंचवारी (एफ04), बडेड़ (एफ05), बडखल (एफ06), बसई मेव (एफ07), भगोला (एफ08), भांखरी (एफ09), भखरोजी (एफ10), भोंड (एफ11), बीवां (एफ12), बुबलहेड़ी (एफ13), भचका (एफ14), डाड़ोली कलां (एफ15), ढाणा (एफ16), धोज (एफ17), ढुंगेजा (एफ18ए), झरपडी (एफ18बी), फिरोजपुर झिरका (एफ19ए), गियासानियां बास (एफ19बी), ठेकडी (एफ19सी), घाघस (एफ20), घाटा समसाबाद (एफ21), घटवासन (एफ22), गुज्जर नंगला (एफ23), गुमट बिहारी (एफ 24), दादोली खुर्द (एफ 25 ए), एच.पुर बिलोंडा (एफ 25 बी), इब्राहिम बास (एफ 26 ए), शमीर बास (एफ 26 बी), जैतलका (एफ 27 ए), जाख गंगवानी (एफ 27 बी), झिमरावत (एफ 28), कांसली (एफ 29), खानपुर घाटी (एफ 30), ख्वाजिलिका (एफ 31), खेरी कलां (एफ 32), खोरी जमालपुर (एफ 33), कोलगांव (एफ 34), खरखडा (एफ 35 ए), कोट (एफ 35 बी), लकड़पुर (एफ 36), लुहिंगा कलां (एफ 37), लुहिंगा खुर्द (एफ 38), महूं (एफ 39), मलहाका खोरी (एफ 40), मंडकोला (एफ 41), मंडनाका (एफ 42), मांगर (एफ 43), मेवला महाराजपुर (एफ 44), मोहम्मद बास (एफ 45), मोहम्मदाबाद (एफ 46), नांगल मुबारक (एफ 47), नावली (एफ 48), नीम खेड़ा ढोली (एफ 49), निहारिका चितौडा (एफ 50), नोटकी (एफ 51), पाली (एफ 52), पथराली (एफ 53), पटखोरी (एफ 54), पिनंगवा (एफ 55), रंगाला राजपुर (एफ 56), रावली (एफ 57), राफुआ (एफ 58), रावा (एफ 59), रीगढ़ (एफ 60), सराय ख्वाजा (एफ 61), सटकपुरी (एफ 62), फ्लेंडी (एफ 63 ए), शाह चोखा (एफ 63 बी), शेखपुर (एफ 64), शिकरावा (एफ 65), सिकाखेड़ी (एफ 66), सिरोही (एफ 67), सुन्हेडा (एफ 68), तिगांव (एफ 69)।

नारनौल डिवीजन, 75 साइटें। अलीपुर सईद (नं01), आंतरी बिहारीपुर (नं02), आसरवास (नं03), बलाहा कलां (नं04), बन्हेडी (नं05), बसीरपुर (नं06), बायल (नं07), बेरूंडला (नं08), भांखरी (नं09ए), जादूपुर (नं09बी), भेड़ेंती (नं10), बिगोपुर (नं11ए), नांगलिया (नं11बी), डेरोली अहीर (नं12), दताल (नं13), धनचोली (नं14), धानोता (नं15), धोलेडा (नं16), दोचाना (नं17), दोखेरा (नं18), दोस्तपुर

(नं19), फैजाबाद, ढाणी (नं20), गांवरी जाट (नं21), घाटाशेर (नं22), गोलवा (नं23), गोठडी (नं24), गुलावला (नं25), इस्लामपुर (नं26), जैनपुर (नं27), जाखणी (N28a), खटोटी (N28b), कालबा (N29), कमानिया (N30), खासपुर (N31), खातोली (N32a), ताजीपुर (N32b), कुलताजपुर (N33), मढंलाणा (N34), मारोली (N35), मेघोत बिंजा (N36a), मेघोत हाला (N36b), मोखुता (N37), मोरुंड (N38), मुकुंदपुरा (N39a), कानवी (N39b), मुसनोता, ढाणी बरई (N40a), मुसनोता, ढाणी मोडिया (N40b), मुसनोता, ढाणी पद्मा (N40c), नांगल दुर्गू (N41), नांगल नूनिया (N42), नरहेड़ी (N43), नारनौल (N44a), लटूफपुर (N44b), रसूलपुर (N44c), नायन (N45a), नायन, ढाणी बरवाली (एन 45बी), नियामतपुर (एन 46), नोलजा (एन 47), नूणी (एन 48ए), नांगतिहारी (एन 48बी), नसीबपुर (एन 48सी), नांगल चौधरी (एन 49), पांचनोता (एन 50), रघुनाथपुरा (एन 51), रामबास (एन 52), रूप सराय (एन 53), सहरपुर (एन 54), सरेली (एन 55), सिहाड (एन 56), सिलारपुर मेहता (एन 57ए), किररोड (एन 57बी), सिरोही भाली (एन 58), टहला (एन 59), थाना (एन 60), थानावास (एन 62)।

दादरी डिवीजन , 64 साइटें। आदलपुर (डी01), आसावरी (डी02), अटेला (डी03), बादल (डी04), बडराई (डी05), बलाना (डी06), बरडा (डी07), बसई (डी08), बिलावल (डी09), बुडीन (डी10), चाहर पहाड़ी (डी11), डाडम (डी12), डालनवास (डी13), देवसर (डी14), ढाढोत (डी15), दिघरोटा (डी16), दुल्हाड़ी-धरान (डी17), दुलोठ (डी18), गढ़ी (डी19), गोपालवास (डी20), गुडाना-टोरी (डी21), झोझू (डी22ए), बलाली (डी22बी), चंदेनी (डी22सी), कलाली (डी22डी), कादमा (डी23), कल्याणा (डी24), कपुरी (डी25), खानक (डी26), खरखड़ा (डी27), खरखड़ी (डी28), खेडी बैतर (डी29), खुडाना नीमला (डी30ए) खुडाना भण्डरावाला (डी30बी), खुडाना देवीवाला (डी30सी), खुडाना ढाणी तिलोरी (डी30डी), खुडाना धुंगला (डी30ई), खुडाना गलीलावाला (डी30एफ), खुडाना मांधवाला (डी30जी), खुडाना मांडलीवाला (डी30एच), खुडाना रानीवाला (डी30आई), खुडाना रावतवाला (डी30जे), खुडाना तेलीखोपा (डी30के), खुडाना जतिवाला (डी30एल), माधोगढ़ (डी31), माई कलां (डी32), मंडोला (डी33) मानकवास (डी34), नांगलमाला (डी35), नावां (डी36), निगाना (डी37), निम्बी (डी38), नोरंगबास (डी39), ऊण (डी40), पंडवान (डी41), पिचोपा (डी42), राजावास (डी43), रिवासा (डी44), सीसवाला (डी45), सोहला (डी46), तिवाला (डी47), तोशाम (डी48), जेरपुर (डी49ए), उस्मानपुर (डी49बी)

रेवाड़ी डिवीजन , 47 साइटें। अहरोद (आर01), बधराना (आर02), बालवाडी (आर03), बासडोडा (आर04), बावन (आर05), बजाड (आर06), भालखी (आर07), भांडोर (आर08), बिहाली (आर09), चिमनावास (आर10), चिता डूंगरा (आर11), धवाना (आर12), डिडोली (आर13), गणियाड (आर14), गोठड़ा (आर15), भूरियावास (आर16ए), गुडयाणी (आर16बी), हरजीपुर (आर17), परखोतमपुर (आर18ए), जाटूसाना (आर18बी), कडू (आर19), कांटी (आर20), कणुका (आर21), खालेटा (आर22), खेडी (आर23), खोल (आर24), खोरी (आर25), कुंडल (आर26), लुहाना (आर27), माजरा (आर28), मामरिया आसनपुर (आर29ए), ममारिया अहीर (आर 29बी), ममारिया ठेठर (आर 29सी), मनेठी (आर 30), मसीत (आर 31), मायन (आर 32), सादीपुर (आर 33ए), भैरूपुर (आर 33बी), मुंदडा (आर 33सी), नांधा (आर 34), पाडला (आर 35), पाली (आर 36), राजगढ़ (आर 37), रामपुरा (आर 38), सिहा (आर 39), टांकरी (आर 40), टिंट (आर 41),

वन विभाग के अभिलेखों में अरावली पहाड़ियों के 39360 हेक्टेयर क्षेत्र में वृक्षारोपण करके कुल 358 कार्य स्थल दर्ज किए गए, जिसे सर्वोच्च न्यायालय के 18.3.2004 के निर्णय द्वारा डिमड वन घोषित किया गया था और सीईसी ने सर्वोच्च न्यायालय को प्रस्तुत कई रिपोर्टों में इसे दर्ज किया था।

xxxxxxxxxxxx xxxxxxxxxxxxxxx

--- **अनुलग्नक 5 ए**

------------------------- **पंजाब भूमि संरक्षण अधिनियम, 1900 की धारा 3**

----------------------------- --- हरियाणा सरकार

-------------------------------------- वन मंडल

------------------------------------ अधिसूचना

सं. .... :- ... चूंकि हरियाणा के राज्यपाल को ऐसा प्रतीत होता है कि संलग्न अनुसूची में विनिर्दिष्ट क्षेत्र, जो ------------ जिले में स्थित है, हवा और पानी की क्रिया द्वारा पृथ्वी, मिट्टी, पत्थरों या अन्य सामग्रियों के हटने या विस्थापित होने से कटाव के अधीन है और यह वांछनीय है कि उक्त क्षेत्र में उप-मृदा जल के संरक्षण और कटाव की रोकथाम के लिए प्रावधान किया जाए।

अतः अब, पंजाब भूमि संरक्षण अधिनियम, 1900 की धारा 3 द्वारा प्रदत्त शक्तियों का प्रयोग करते हुए, हरियाणा के राज्यपाल उप-भूमि जल के संरक्षण तथा कटाव की रोकथाम के लिए उक्त क्षेत्रों को अधिसूचित करते हैं:-

अनुसूची

जिला ------तहसील ----- गांव ------- एचबी नंबर के साथ खसरा संख्या का विवरण ----------- क्षेत्रफल एकड़ में

------------------------ -------------------- ------------------------------------ ------------------------------------

हरियाणा सरकार के सचिव, वन विभाग

----------- --------------------------------------- **अनुलग्नक 5 बी**

----------------------------------- **पंजाब भूमि संरक्षण अधिनियम, 1900 की धारा 4।**

--- हरियाणा सरकार

--- वन मंडल

--- अधिसूचना

--- आदेश

सं. -------------------- :- ... चूंकि हरियाणा के राज्यपाल जांच के बाद संतुष्ट हैं कि इसमें निहित विनियम, प्रतिबंध और निषेध पंजाब भूमि संरक्षण अधिनियम, 1900 के प्रावधानों को प्रभावी करने के प्रयोजन के लिए आवश्यक हैं।

अब, उक्त अधिनियम की धारा 4 द्वारा प्रदत्त शक्तियों का प्रयोग करते हुए, हरियाणा के राज्यपाल, इसके साथ संलग्न अनुसूची में निर्दिष्ट क्षेत्रों में, आधिकारिक राजपत्र में इस अधिसूचना के प्रकाशन की तारीख से ------- वर्षों की अवधि के लिए निम्नलिखित कार्यों पर प्रतिबंध लगाते हैं, उक्त क्षेत्र अधिसूचना संख्या ------- दिनांक -------- से संलग्न अनुसूची में निर्दिष्ट ---------- जिले की ------ तहसील के गांव के भाग के बाद है।

1. हरियाणा सरकार की अधिसूचना संख्या ------------ दिनांक ----------- के प्रकाशन से पहले सामान्यतः खेती के अधीन न आने वाली भूमि को साफ करना या तोड़ना, बशर्ते कि खेती के लिए भूमि को तोड़ने की अनुमति प्रभागीय वन अधिकारी ------ प्रभाग द्वारा दी जा सकती है।
2. किसी ऐसे स्थान पर पत्थर का उत्खनन या चूना जलाना, जहां उक्त अधिसूचना के प्रकाशन से पूर्व ऐसा पत्थर या चूना सामान्यतः उत्खनन या जलाया नहीं गया है, सिवाय ------------ जिले के कलेक्टर की अनुमति के, जो ऐसी अनुमति देने से पूर्व प्रभागीय वन अधिकारी ------------- प्रभाग से परामर्श करेंगे।
3. वास्तविक घरेलू या कृषि प्रयोजनों के अलावा घास, फूल, फल और शहद के अलावा किसी भी वन उपज का पेड़ों या लकड़ी को काटना या संग्रह करना, हटाना या किसी विनिर्माण प्रक्रिया के अधीन करना, बशर्ते कि भूमि के मालिक पहले प्रभागीय वन अधिकारी से ऐसा करने के लिए परमिट प्राप्त करने के बाद पेड़ों या लकड़ी को बेच सकते हैं। ऐसा परमिट बिक्री के लिए ऐसी शर्तें निर्धारित करेगा जो समय-समय पर वन संरक्षण के हित में आवश्यक प्रतीत हो सकती हैं।
4. पेड़ों, वनोपज की लकड़ियों को आग लगाना।
5. भेड़, बकरी, ऊंट का प्रवेश, पालन, चराई, प्रतिधारण, बशर्ते कि ऐसे मामलों में जहां बीमारी के कारण दूध के लिए बकरी को रखना आवश्यक हो, प्रभागीय वन अधिकारी ---------- प्रभाग, अपने विवेक पर एक निश्चित अवधि के लिए सीमित संख्या में खलिहान में चरने वाली बकरियों को रखने के लिए परमिट जारी कर सकता है।

अनुसूची

1.जिला---2. तहसील-- 3.गांव ---- 4एचबी नंबर के साथ खसरा संख्या का विवरण ---5 क्षेत्रफल एकड़ में किला नं.

--------- ---------- ------------ -- -------------------------------

हरियाणा सरकार के सचिव, वन विभाग

--- **अनुलग्नक 5 सी**

-------------------------------------**पंजाब भूमि संरक्षण अधिनियम, 1900 की धारा 5**

--- हरियाणा सरकार

--- वन मंडल

--- अधिसूचना

सं. ---------------------------- ... चूंकि इसके साथ संलग्न अनुसूची में वर्णित कुछ क्षेत्र, अधिसूचना संख्या ------------ दिनांक ------------ द्वारा पंजाब भूमि संरक्षण अधिनियम, 1900 की धारा 3 के अंतर्गत अधिसूचित स्थानीय क्षेत्रों की सीमाओं के अंतर्गत समाहित हैं, जबकि उक्त क्षेत्रों के संबंध में हरियाणा के राज्यपाल उचित जांच के बाद संतुष्ट हैं कि इसके बाद निर्दिष्ट नियम, प्रतिबंध और निषेध उक्त अधिनियम के प्रावधानों को प्रभावी करने के प्रयोजन के लिए आवश्यक हैं।

अब, उक्त अधिनियम की धारा 5 द्वारा प्रदत्त शक्तियों का प्रयोग करते हुए, हरियाणा के राज्यपाल, इस अधिसूचना के प्रकाशन की तिथि से, इन क्षेत्रों में ------- वर्षों की अवधि के लिए निम्नलिखित कार्यों पर प्रतिबन्ध लगाते हैं:-

1. किसी भी प्रयोजन के लिए पेड़ों या इमारती लकड़ी या झाड़-झंखाड़ को काटना और पेड़ों की छँटाई करना, बशर्ते कि प्रभागीय वन अधिकारी इसकी अनुमति दे।

(क) घर बनाने और कृषि उपकरणों के लिए पेड़ों की कटाई, तथा ईंधन और विवाह के लिए सूखी लकड़ी की कटाई, बंदोबस्त अभिलेख में ऐसा करने के हकदार दर्शाए गए व्यक्ति द्वारा; तथा

(ख) लाख के लिए शाखाओं की कटाई और चमड़े के कामगारों को चाल के पत्तों की बिक्री

प्रावधान है कि बंदोबस्त अभिलेखों में ऐसा करने के हकदार दर्शाए गए व्यक्तियों द्वारा मृत्यु समारोहों के लिए सूखी लकड़ी काटने के लिए प्रभागीय वन अधिकारी की अनुमति अपेक्षित नहीं होगी, और इस प्रयोजन के लिए कटाई के पखवाड़े के भीतर संबंधित वन रक्षक को केवल सूचना देना पर्याप्त होगा।

2. किसी भी प्रयोजन के लिए घास का संग्रह या हटाना, बशर्ते कि प्रभागीय वन अधिकारी --------- प्रभाग की अनुमति हो।

a. वर्षा ऋतु के बाद पकी घास को काटना या बेचना;
b. वर्षा ऋतु के दौरान अधिसूचित क्षेत्रों के ऐसे भागों से हरी घास की कटाई या बिक्री, जहां घास पर्याप्त रूप से उग आई हो।

3. बकरियों और ऊँटों के अलावा किसी अन्य मवेशी को चराने की अनुमति नहीं है। भेड़, बकरी, ऊँट को रखना। परन्तु ऐसे क्षेत्र में जहाँ वन फसल अच्छी तरह स्थापित है और आपातकालीन स्थिति में, जैसे असामान्य सूखा या बाढ़, प्रभागीय वन अधिकारी ---------- प्रभाग, ऐसे क्षेत्र को भूमि स्वामियों के मवेशियों द्वारा चरने के लिए ऐसी शर्तों पर खोल सकता है, जो ऐसे मामलों में उपयुक्त हों।

अनुसूची

1.जिला--- 2. तहसील ----3. गांव ------4. एचबी नंबर के साथ खसरा संख्या का विवरण-- ---.क्षेत्रफल एकड़ में रेक्ट, किला नं.

हरियाणा सरकार के सचिव, वन विभाग

xxxxxxxxxxx xxxxxxxxxxxxxxxxx xxxxxxxxxxxxxxxxxxx

References

[1]2022 LiveLaw (SC) 540, In the Supreme Court of India Civil Original Jurisdiction, *L. Nageswara Rao; J., B.R. Gavai; J., Aniruddha Bose; J.* 3rd JUNE, 2022 In Re: T.N. Godavarman Thirumulpad *Versus* Union of India and Ors.

[2] इसका उल्लेख यहां इसलिए किया जा रहा है क्योंकि ये क्षेत्र पंजाब भूमि संरक्षण अधिनियम (1900) के तहत भी अधिसूचित हैं।

[3]सरकारी राजपत्र, पंजाब और उसके अधीनस्थ, 15.11.1900, लाहौर।

[4] इंडियन एक्सप्रेस, नई दिल्ली, 3.11.2021, ईपेपर।

[5] नियम 4.5 (i), पृष्ठ 37, वन (संरक्षण) अधिनियम, 1980 की पुस्तिका, दिशानिर्देश और स्पष्टीकरण, भारत सरकार, पर्यावरण एवं वन मंत्रालय, नई दिल्ली, 2004. (तथा पृष्ठ 86, मद 11.9)

2019 दिशानिर्देश)।

[6]केंद्रीय अधिकार प्राप्त समिति की बैठक 7 जनवरी, 2009

[7]हरियाणा सरकार, वन विभाग, *हरियाणा वन मैनुअल*, खंड-1, पृष्ठ 91, चंडीगढ़, 1979।

[8]सरकारी राजपत्र, पंजाब और उसके आश्रित क्षेत्र, भाग VI, लाहौर, 7 सितंबर, 1899. *राजपत्र.*।

[9]अर्थ 'पुनः वनरोपण'

[10]पंजाब भूमि संरक्षण (चोस) (संशोधन) अधिनियम, 1942 (1942 का XI), धारा 2 द्वारा "शिवालिक पर्वत श्रृंखला के भीतर या उसके समीप स्थित" शब्दों का लोप किया गया। पंजाब भूमि संरक्षण (चोस) (संशोधन) अधिनियम, 1944 (1944 का IV), धारा 2(क) द्वारा कोष्ठक और शब्द "(चोस)" का लोप किया गया।

[11] The word "local" omitted by the Punjab Land Preservation (Chos) (Amendment) Act, 1944 (IV of 1944), section 3(a).

[12] The expression "nalah" means a stream or torrent flowing through or from any mountain range within the [Province].

[13]एवजी के लिए आंकड़ों "1878" द्वारा पंजाब भूमि संरक्षण (चोस) (संशोधन) कार्य, 1944 (चतुर्थ) का 1944), धारा 3 (बी)।

[14] हरियाणा सरकार, हरियाणा वन मैनुअल, खंड 1, चंडीगढ़, 1979, पृष्ठ 8।

[15]हरियाणा सरकार, हरियाणा वन मैनुअल, खंड-1, पृष्ठ 394 से 397. चंडीगढ़, 1979.

[16]हरियाणा सरकार, *हरियाणा जिला गजेटियर, महेंद्रगढ़* , हरियाणा गजेटियर संगठन, चंडीगढ़, 1988।

[17]डीजीए व्हिटेन और जेआरवी ब्रूक्स, *पेंगुइन डिक्शनरी ऑफ जियोलॉजी* , द पेंगुइन बुक्स इंग्लैंड, 1976. पृष्ठ 159.

[18]पृथ्वी पर होने वाली भूवैज्ञानिक/पर्वतजन्य गतिविधियों के आधार पर परिवर्तनशील समय अवधि के साथ अनियमित अंतराल पर एक के बाद एक कई चक्र चलते रहते है।

[19] Substituted for the original section 3 by the Punjab Land Preservation (Chos) (Amendment) Act, 1942 (XI of 1942), section 5.

[20] हरियाणा सरकार, वन विभाग, तकनीकी नोट संख्या 6, *निजी क्षेत्रों को बंद करना* , चंडीगढ़, 1975।

[21]ए.एस. हॉर्नबी, *ऑक्सफोर्ड डिक्शनरी* , ऑक्सफोर्ड यूनिवर्सिटी प्रेस, नई दिल्ली, 1986।

[22] पर्यावरण एवं वन मंत्रालय, भारत सरकार द्वारा पंजाब भूमि संरक्षण अधिनियम (1900) और वन संरक्षण अधिनियम (1980) की प्रयोज्यता के संबंध में स्पष्टीकरण जारी किया गया।

[23]हरियाणा सरकार, वन विभाग, *तकनीकी नोट संख्या 14* , " *वन संरक्षण*" , चंडीगढ़, 1977। मद 14.21।

[24]सीएफ उत्तर के 1976 और 1987 के दिशानिर्देश उत्तरी हरियाणा के लिए थे और सीएफ दक्षिण ने 2008 के दौरान स्थायी आदेश संख्या 1 और 2 जारी किए, जो सर्वोच्च न्यायालय के 12.12.1996 के निर्णय के बाद निजी क्षेत्रों पर पेड़ों को चिह्नित करने और गिराने के नियम थे।

[25]हरियाणा सरकार, वन विभाग, *तकनीकी नोट संख्या 15* , मद 15.4, पृष्ठ 2

[26]हरियाणा सरकार, वन विभाग, *तकनीकी नोट संख्या 12* , मद 12.5 पृष्ठ 3, चंडीगढ़।

[27] Substituted, for the words "Local Government", by the Government of India (Adaptation of Indian Laws) Order, 1937 as amended by the Government of India (Adaptation of Indian Laws). (b) Supplementary Order, 1937. Substituted for word "Provincial" by Adaption of Laws Order, 1950. All substitutions are not mentioned, only selective substitutions are mentioned here to save space.

[28] The words "or permanently" omitted by the Punjab Land Preservation (Chos) Amendment Act, 1926 (VII of 1926).

[29] Word 'right holder' Added by the Punjab Land Preservation (Chos) (Amendment) Act, 1944 (IV of 1944), section 4.

[30]सर्वोच्च न्यायालय के दिनांक 14.5.2008 के निर्णय तथा अन्य निर्णयों द्वारा इसे दोहराया गया है।

[31] The words "or permanently" were omitted by the Punjab Land Preservation (Chos) Amendment Act, 1926 (VII of 1926), section 3.

[32] Substituted for the words "for *bona fide* domestic or agricultural purposes", by the Punjab Land Preservation (Chos) (Amendment) Act, 1905 (IV of 1905).

[33] हरियाणा सरकार, वन विभाग, *तकनीकी नोट संख्या 6, निजी क्षेत्रों को बंद करना* , चंडीगढ़, 1975. मद 6.7, पृष्ठ 3.

[34] वही, मद 6.8, पृष्ठ 3

[35]7.1.2009 और 14.1.2009 की बैठकें

[36]उक्त

[37]मुख्य सचिव के दिनांक 16.01.2006 के आदेश (5/1/28-2IBII-2005) को लागू किया गया। मुझे याद है, मैंने प्रधान मुख्य वन संरक्षक (HOF) को रिपोर्ट भेजी थी और उन्होंने उसे मुख्य सचिव को भेजा था और दूसरी प्रति CEC के माध्यम से सुप्रीम कोर्ट को सौंपी गई थी। संबंधित संभागीय आयुक्तों को उस रिपोर्ट की प्रति प्रदान की गई थी। उस रिपोर्ट पर संबंधित जिलों के उपायुक्तों, DFO और MO द्वारा हस्ताक्षर किए गए थे।

[38] हरियाणा सरकार, *तकनीकी नोट संख्या 6, निजी क्षेत्रों का बंद होना* , मुख्य वन संरक्षक, चंडीगढ़, 1975।

[39] सी.एम. संख्या 12170 और 13502/2009 सी.डब्ल्यू.पी. संख्या 20134/2004 विजय बंसल बनाम हरियाणा राज्य 2009 एस.सी.सी. ऑनलाइन पी एंड एच 8073 ।

[40] Clarification was issued by the Ministry of Environment and Forests, Government of India regarding Punjab Land Preservation Act (1900) and applicability of Forest Conservation Act (1980).

[41] कांट एन्क्लेव मामलों में WP(C) संख्या 4677/1985 में IA संख्या 2310//2008, 2378-79/2009, IA 2269, 2270,2393, 2381-84

[42] T.N. Godavarman Thirumulpad v. Union of India. (1997) 2 SCC 267.

[43] यहां, प्रतीक # का प्रयोग आयत के लिए तथा प्रतीक -/ का प्रयोग उस आयत में किला संख्या के लिए किया गया है, पाठक # 1 -/5, 7 को आयत 1 के रूप में पढ़ सकते हैं जिसमें किला संख्या 5, 7 आदि है। यदि अधिसूचना आयत या खसरा संख्या शीर्षक का उल्लेख नहीं किया गया है, तो उन संख्याओं का उल्लेख बिना किसी प्रतीक # या -/ या /- के किया गया है। पाठक विवरण पढ़ते समय इस फुट नोट को ध्यान में रखें।

[44] धारा 4 और 5 के तहत पहले से अधिसूचित खसरा नंबर इस पुस्तक में पीएफ क्षेत्र में स्थान बचाने के लिए उल्लेखित नहीं हैं, हालांकि वे खसरा नंबर पीएफ अधिसूचना में शामिल हैं। कृपया पूर्ण विवरण के लिए पीएफ अधिसूचना देखें।

6

अरावली की सामाजिक पारिस्थितिकी, महत्व और महत्ता

6.1 पारिस्थितिकी और समाज, 6.2 अरावली के निवासियों का सुरक्षा कवच, 6.3 अरावली का महत्व, 6.4 अरावली के लिए खतरे, 6.5 अरावली विनाश के परिणाम.

"पारिस्थितिकी" जीवित प्राणियों के अस्तित्व की स्थितियाँ और इन जीवित प्राणियों और उनके पर्यावरण के बीच मौजूद सभी प्रकार की अंतःक्रियाएँ।" रोजर डाजोज़, *प्रिसिस डी इकोलॉजी* , गौथियर- विलाड्र्स , पेरिस, 1975

"Every part of the earth is sacred to my people. Every shining pine needle, every sandy shore, every mist in the dark woods, every meadow, every humming insect. All are holy in the memory and experience of my people" The Supreme Court of India, भारत के सर्वोच्च न्यायालय ने 18.04.2024 के फैसले में उद्धृत किया

6.1. पारिस्थितिकी और समाज

'जलवायु परिवर्तन' पर अध्याय 2 पारिस्थितिकी के वैज्ञानिक पहलुओं का वर्णन किया गया है। मनुष्य (Homo *sapiens*) का विकास वन पारिस्थितिकी तंत्र और उसके आस-पास के वातावरण के इर्द-गिर्द हुआ है। समय बीतने के साथ, सभ्यताएँ प्रकृति की गोद में विकसित और प्रफुल्ति हुईं। मनुष्य के विकास और पर्यावरण के तत्वों को अलग-थलग नहीं किया जा सकता। समाज और पर्यावरण एक-दूसरे से पूरी तरह जुड़े हुए हैं और लगातार एक-दूसरे के अस्तित्व और विकास को प्रभावित करते रहते हैं। कोई भी प्राणी अकेले एक-दूसरे के क्षेत्र को प्रभावित किए बिना काम नहीं कर सकता और न ही टिक सकता है।

हमारी "प्रकृति माँ" की अजैविक और जैविक उत्पादन प्रणालियों ने हमें सभ्यताओं की प्रगति के लिए उपभोग सामग्री प्रदान की। समाज या सामाजिक विकास पृथ्वी के पारिस्थितिकी तंत्र के अपने आस-पास के पारिस्थितिकी तंत्रों के साथ विभिन्न प्रकार के मानवीय संबंधों से जुड़ा हुआ रहा है। मनुष्य को पारिस्थितिकीय भौतिक अंतःक्रियाओं के वैज्ञानिक पहलुओं और विभिन्न और विविध भौगोलिक क्षेत्रों (पारिस्थितिकी तंत्र) में संचालित प्रणालियों के विभिन्न स्तरों पर काम करने वाली जैविक श्रृंखलाओं के साथ उनके अंतर्संबंधों को समझने की कोशिश करनी चाहिए। जहाँ पुराने पेड़ नये पेड़ों की मदद करते हैं और प्रजातियों की विविधता पारिस्थितिकी तंत्र की उत्पादकता को बढ़ाती है। पुराने पेड़ों के गलने सड़ने से जीवों को नए जीवन के लिए सामग्री मिलती है।

मानव सभ्यता अरावली पर्वत प्रणाली के ईर्द गिर्द विकसित हुई; अरावली पहाड़ियों के एनसीआर दिल्ली भागों में पाषाण युग के साक्ष्य उपलब्ध मिले हैं। "2021 में शिलोखरी, मांगर, कोट, धौज, रोजका-गुज्जर और नूरपुर-धुमसपुर के 5000 हेक्टेयर क्षेत्र में गुफा चित्र, पत्थर की नक्काशी और आदिम समय के औजार मिले है। माना जाता है कि यह स्थल पुरापाषाण युग का रहा है। विशेषज्ञों का मानना है कि यह भारतीय उपमहाद्वीपों में सबसे बड़ा पत्थर की नक्काशी स्थल स्टोन ऐज का हो सकता है और यह एक ऐसा क्षेत्र था जहाँ शुरुआती सभ्यता की बसावट मे बसने वालों ने शिकार के लिए पत्थर और चट्टानों के औजार बनाये होगे।" [1]"1986 में फरीदाबाद के अन्नगपुर में 43 स्थलों पर पत्थर की नक्काशी की खोज की गई थी, जिसने पुरातत्वविदों का ध्यान इस क्षेत्र की ओर आकर्षित किया।" फरीदाबाद जिले के इस अरावली पहाड़ी क्षेत्र में सौ से अधिक स्थानों पर पत्थरों पर उकेरे गए पाषाण युग के हाथ, पैरों के निशान, भित्तिचित्र और जानवरों की आकृतियाँ मिली हैं। हरियाणा के पुरातत्व एवं संग्रहालय विभाग ने राज्य सरकार को एक प्रस्ताव भेजकर फरीदाबाद के मांगर में 5000 हेक्टेयर क्षेत्र के लिए संरक्षित क्षेत्र का दर्जा मांगा है, जहां हाल ही में गुफा चित्रों की खोज की गई है, जो संभवतः पुरापाषाण युग (Stone Age)

के हैं, साथ ही शैलाश्रय और औजार भी मिले हैं।[2]

मनुष्य को यह सुनिश्चित करने के लिए प्रयास करना चाहिए कि पारिस्थितिकी तत्व अपनी स्थिरता के लिए अपनी स्थिर अवस्था में बने रहें। प्रत्येक पारिस्थितिकी तंत्र एक जीवित जीव की तरह होता है जो अपने जैविक उप-प्रणालियों को शामिल करता है। सामाजिक प्रगति के साथ, समाज ने सामाजिक उत्पादन को बढ़ाने के उद्देश्य से अधिक सामग्री का उपभोग किया। पारिस्थितिकी तंत्र में इस तरह की उच्च अंतःक्रियाओं ने निष्कर्षण के स्तर को बढ़ा दिया। इसने पारिस्थितिकी तंत्र में इसके अस्तित्व के लिए परिवर्तन और संशोधन की गति को प्रेरित किया। पारिस्थितिकी तंत्र की वहन क्षमता से परे निष्कर्षण की स्थिति की कल्पना करें, जो अरावली पारिस्थितिकी तंत्र में हो रही है। यह स्थिति अंततः इसे नष्ट कर देगी जिससे इस तरह के अस्थिर पर्यावरण में पुनरुद्धार/मरम्मत योग्य सीमाओं से दूर हो जाएगा।

सामाजिक आवश्यकताओं को व्यक्तिगत आवश्यकताओं का जोड नहीं माना जा सकता। असीमित सामाजिक उपभोग इसकी मांगों को कई गुना बढ़ाता रहता है। प्रकृति में पारिस्थितिकी तंत्र का उत्पादन सीमित है, इसलिए प्रकृति का असीमित दोहन सामाजिक आवश्यकताओं की निरंतर बदलती और बढ़ती श्रृंखला को पूरा नहीं कर सकता। पारिस्थितिकी तंत्र की सीमाओं को ध्यान में रखते हुए मनुष्य को उसकी स्थिरता की अवधारणा को समझना चाहिए। सामाजिक मूल्य और उद्देश्य प्रकृति के साथ समाज के आदर्श अस्तित्व के साथ एक स्थायी अभिविन्यास पर आधारित होने चाहिए। बहु-स्तरीय सामाजिक विस्तार ने अरावली पारिस्थितिकी तंत्र से अपनी सीमाओं से परे प्राकृतिक संसाधनों की निरंतर बढ़ती मांग के साथ सामाजिक आवश्यकताओं को लगातार बढ़ाया है।

किसी भी पारिस्थितिकी तंत्र में लगातार बढ़ते सामाजिक संपर्कों का अनुकूलन पारिस्थितिकी की एक वास्तविक समस्या है। समाज उपभोग के नए-नए पैटर्न पर स्विच करना जारी रखता है, जबकि प्रकृति से उत्पादन प्रजनन और अनुकूलन की अपनी अंतर्निहित क्षमताओं से परे रहता है। अत्यधिक उपभोग अभिविन्यास वाली सामाजिक प्रणालियाँ पारिस्थितिकी तंत्र की सीमाओं को खराब करती हैं, नष्ट करती हैं, बाधित करती हैं और विनाशकारी साबित होती हैं। समाज को भविष्य की पीढ़ियों के लिये धीरज के साथ गैर-वन (भूमि और जल और मिट्टी) आधारित स्वस्थ जीवन की ओर अपनी आवश्यकताओं के संक्रमण के लिए तकनीकी नवाचारों को खोजने का प्रयास करना चाहिए।

सामाजिक प्रणालियाँ समाजों से पारिस्थितिकी तंत्र के कारकों के अनुसार अनुकूलन करने के बजाय अपनी स्वयं-परिभाषित आवश्यकताओं के अनुसार प्रकृति का दोहन करने की अपेक्षा करती हैं। इस तरह के सामाजिक प्रयास पारिस्थितिकी जीवों में पारिस्थितिकी तंत्र संतुलन के लिए गंभीर खतरा पैदा करते हैं। इसका मतलब यह नहीं है कि पर्यावरणविद मनुष्य को आदिम अवस्था में लौटने के लिए कह रहे हैं, लेकिन स्थिरता का सुझाव है कि सामाजिक उत्पादन के साधनों को प्रकृति के मौजूदा पारिस्थितिकी तंत्र की प्रजनन सीमाओं तक सीमित किया जा सकता था। ऐसी एक स्थायी सामाजिक उत्पादन प्रणाली मनुष्य और ब्रह्मांडीय संतुलन परिसरों को संतुलित करने के लिए दोनों के लिए फायदेमंद हो सकती थी। वैज्ञानिक नवाचार पारिस्थितिकी तंत्र के संरक्षण और संरक्षण के लिए संतुलन बनाए रखने के लिए प्रकृति के दोहन की अनुमेय सीमाओं की गणना करने में हमारी मदद कर सकते हैं।

वैज्ञानिक पारिस्थितिकी अवधारणाएँ बताती हैं कि अरावली के नाजुक पारिस्थितिकी तंत्रों के पारिस्थितिक महत्व को मानव सुरक्षा और प्रगति के नाम पर सामाजिक उत्पादन की माँगों के दबाव में विनाशकारी परिणामों की ओर नहीं धकेला जा सकता। भौतिकवादी उपभोग अभिविन्यास अक्षमताएँ नाजुक अरावली पर्यावरण के निरंतर क्षरण के कारण उत्पन्न होने वाले कई अपरिवर्तनीय नकारात्मक पारिस्थितिक परिणामों का पूर्वानुमान लगाने और भविष्यवाणी करने का आकलन नहीं कर सकती हैं। पारिस्थितिक पर्यावरण मानव अस्तित्व का वास्तविक आधार है, एक बार समाप्त हो जाने पर मानवता खतरे में पड़ जाएगी, और फिर प्रगति किसके लिए होगी? भविष्य को बचाने के लिए समय रहते कार्य करना बेहतर है।

पारिस्थितिकीविदों का मानना है कि नाजुक अरावली पारिस्थितिकी तंत्र के गुणात्मक और मात्रात्मक कारकों ने इन सबसे पुरानी पर्वत श्रृंखलाओं की पारिस्थितिकी के विकास और अभिव्यक्तियों को प्रभावित किया है। अरावली में कम मिट्टी, घटता पानी, परिवर्तनशील तापमान और शुष्क पर्णपाती वनस्पति इस पारिस्थितिकी तंत्र के मूल कारक बने रहे जो आपस में जुड़े हुए हैं। किसी भी प्रकार की गिरावट पारिस्थितिकी तंत्र की परिचालन सीमाओं को प्रभावित करने के लिए बाध्य है, जिसके परिणामस्वरूप जीवों की ऐसी बाहरी स्थितियों के प्रति प्रतिक्रिया उनकी सहनशीलता की सीमा में है। प्रतिकूल और असहनीय मानवजनित गतिविधियों के कारण पारिस्थितिकी संकट होना तय है जो अंततः अरावली पारिस्थितिकी तंत्र की मृत्यु का कारण बन सकता है।

सवाल यह उठता है कि अगर अरावली के उप-तंत्रों के कुछ तत्वों को लगातार हटाया और नुकसान पहुंचाया जाए, तो क्या तंत्र स्थिर रह सकता है? इसका जवाब है 'नहीं'। पर्यावरण वैज्ञानिकों का मानना है कि अगर अरावली में पानी या मिट्टी के तत्व को नुकसान पहुंचाया जाए, तो पूरा पारिस्थितिकी तंत्र नष्ट हो जाएगा। सामाजिक भौतिक आवश्यकताओं को अरावली पारिस्थितिकी तंत्र के कार्यात्मक तत्वों से उसकी प्रजनन सीमा से परे नहीं हटाया जाना चाहिए या उनके साथ छेड़छाड़ नहीं की जानी चाहिए। उस पर्यावरण में व्यवस्थित प्रजनन और विकास के संबंध में जीवों के संरक्षण और संरक्षण पर विशेष ध्यान और सतर्कता की आवश्यकता है।

पारिस्थितिकी तंत्र का उत्पादन और उपभोग पारिस्थितिकी तंत्र के अविभाज्य अंग हैं। लोग पारिस्थितिकी तंत्र के असली मुद्दों को उसके अंतर्निहित तत्वों को समझे बिना ही प्रयोग कर रहे हैं। इससे भविष्य की पीढ़ियों के लिए समस्याएँ बढ़ेंगी और खतरा बढ़ेगा, जिससे मानवता

को और अधिक नुकसान होगा। अरावली के पर्यावरण के साथ समाज के सामाजिक संपर्क ने व्यवस्था पर गहरे असाध्य घाव छोड़े जायेगे। बाहरी हस्तक्षेप और प्रभाव मौजूदा पारिस्थितिकी तंत्र के अस्तित्व को बदल रहे हैं, नष्ट कर रहे हैं या नुकसान पहुँचा रहे हैं, जो अरबो वर्षों में विकसित हुआ है। प्राकृतिक पारिस्थितिकी तंत्र बाहरी प्रभावों को सिस्टम के अंदर गहराई से प्रवेश करने से पहले ही पीछे हटाने और अस्वीकार करने का प्रयास करता है, ऐसे निरंतर प्रभाव पारिस्थितिकी तंत्र को निष्क्रिय बना सकते हैं। मनुष्य प्रकृति को नुकसान पहुँचाता है, लेकिन प्रकृति अपने दीर्घकालिक अप्रत्याशित प्रभावों से बदला लेना कभी नहीं भूलती। प्रकृति पर नियंत्रण नहीं किया जा सकता, बल्कि मनुष्य को प्रकृति का सम्मान करना चाहिए ताकि वह स्थायी आधार पर इसके फलों का सही प्रयोग कर सके। प्रकृति को मनुष्य द्वारा गुलाम नहीं बनाया जा सकता, बल्कि मनुष्य स्वयं प्रकृति का गुलाम है।

समाज को अपने संरक्षण और सुरक्षा के प्रति अपनी सामाजिक-पारिस्थितिक जिम्मेदारियों को पहचानना और उनकी सराहना करना सीखना चाहिए। प्राकृतिक संसाधन और उनके तत्व प्रकृति के लिए हमेशा जीवित रहते हैं ताकि वे अपने उत्कर्ष को पोषित कर सकें। हम जो निकालना/उपभोग/उपयोग करना चाहते हैं, वह प्राकृतिक प्रक्रियाओं के साथ पारिस्थितिकी तंत्र की इष्टतम अनुकूलता से परे नहीं होना चाहिए। सीमित सामाजिक मूल्यों के आधार पर पारिस्थितिकी तंत्र के भविष्य के परिणामों का पूर्वानुमान लगाने के लिए वैज्ञानिक और तकनीकी तरीकों/उपकरणों का उपयोग किया जाना चाहिए। सामाजिक पारिस्थितिकीविद् प्रकृति के उपयोग की सीमाओं के लिए सीमित रेखाएँ खींचना सीखता है। अरावली पारिस्थितिकी तंत्र में सामाजिक अंतःक्रियाएँ प्रकृति की सीमित सीमाओं को पार कर गई हैं और इसके परिणाम पारिस्थितिकी तंत्र की मरम्मत या पतन से परे होंगे।

अरावली पारिस्थितिकी तंत्र में खनन, फार्महाउस, कोलोनाइजेशन् और अन्य निर्माण कार्यों के लिए गैर-वानिकी गतिविधियों के लिए वन भूमि का अवैध उपयोग प्रकृति के साथ उन सामाजिक संबंधों में असाधारण विरोधाभास पैदा कर रहा है। इसे पारिस्थितिक विरोधाभास कहा जा सकता है, जहां प्रकृति पर प्रतिबंध पारिस्थितिकी तंत्र की मरम्मत की सीमाओं से परे हैं, और पारिस्थितिकी तंत्र को उसकी मृत्यु की ओर धकेल सकते हैं। पारिस्थितिकी तंत्र के असीमित उपयोग के बारे में छद्म और असंवहनीय विकास/उत्पादन धारणाएं, अवधारणाएं और सिद्धांत अत्यधिक कमजोर हैं और उपभोग अनुकूलन के प्रति पक्षपाती हैं।

कुदरत को अपने स्वाथ साधनो हेतु उसकी उत्पादन क्षमता से अधिक दोहन करके अपने अधिन बनाने की प्रक्रिया दोषपूर्ण है। ईस प्रक्रिया के तहत जहां प्रकृति के फेफड़े और हृदय फट जायेगे या काम करना / संचालन करना बंद कर देगे। अरावली के पारिस्थितिकी तंत्र में तेजी से हो रहे शहरीकरण, कोलोनाइजेशन्, फार्महाउस और खनन की बारीकी से जांच करने पर पता चलता है कि पारिस्थितिकी संतुलन को बिगाड़ने से पूरी मानव सभ्यता के लिए समस्याएँ पैदा होने वाली हैं। अमीर कॉरपोरेट घरानों, लालची भू-माफिया, लालची अमीर विलासिता और उनके साथ राजनीतिक-नौकरशाही गठजोड़ के दबाव में अरावली का पारिस्थितिकी संतुलन भविष्य के संकट की ओर बढ़ गया है, जिसे हम हमेशा के लिए कभी भी ठीक नहीं कर पाएंगे।

भू-माफिया द्वारा अरावली पारिस्थितिकी तंत्र के पौधों, वन्य जीवों, जैविक जीवन, अन्य वनस्पतियों और जीवों की प्राकृतिक श्रृंखला को तोड़ने का आसन्न खतरा पैदा हो गया है, जिसके परिणामस्वरूप इसके संचालन कारक तापमान, वर्षा और जल/भूजल पर प्रतिकूल प्रभाव पड़ रहा है। मानवीय लालच की पूर्ति की सुविधा के लिए पारिस्थितिकी तंत्र को उसके खण्डो में विभाजित कर दिया गया है, जबकि पूरे पारिस्थितिकी तंत्र को एक समग्र इकाई के रूप में समझने की बजाय उसे भागों में विभाजित कर दिया गया है। उन भागों या तत्वों को गलत तरीके से दूसरों से स्वतंत्र के रूप में पेश किया जाता है, जबकि प्रकृति के जीव आपस में संबंधों के जटिल जाल में गुंथे हुए हैं और उन्हें अलग-अलग तत्वों में नहीं देखा जा सकता है। पारिस्थितिकी तंत्र की संरचना और कार्यप्रणाली को समझे बिना, लगातार बढ़ती या बदलती सामाजिक आवश्यकताओं/सामाजिक उत्पादन ने प्रकृति की उत्पादकता को कम कर दिया।

ईस पुरी प्रकर्यि मे स्थानीय लोगों के जीवन, उनकी संस्कृति और अरावली पर्वतों के आसपास रहने वाले विभिन्न समूहों के पारिस्थितिकी तंत्र के मुद्दों से संबंधित प्रयासों का समझने की आवश्यकता है। यह अवधारणा लोगों और प्रकृति के बीच पारस्परिक सुरक्षा और लाभ के लिए सहजीवी संबंधों की भावना पैदा कर सकती है। स्थानीय निवासियों को एहसास है कि उनका अस्तित्व अरावली पारिस्थितिकी तंत्र के अस्तित्व से जुड़ा हुआ है, जो कि अंतर्संबंधों की श्रृंखला को संरक्षित करता है। सामाजिक आवश्यकताओं की व्याख्या पारिस्थितिकी तंत्र के साथ उनके जीवन-सहायक तंत्र के रूप में परस्पर जुड़ी हुई है। समाज और उसके भौतिक पर्यावरण के साथ पारिस्थितिकी तंत्र की अंतःक्रियाएं एक संपूर्ण प्रणाली के रूप में संबंधित हैं।

पारिस्थितिक अंतःक्रियाओं को अरावली के पर्यावास में जीवों की बहुस्तरीय अंतःक्रियाओं के रूप में समझा जा सकता है; जानवरों और जंगलों के साथ सामाजिक जरूरतों के लिए अंतःक्रियाएं, और मिट्टी, वनस्पति, वर्षा, पानी और तापमान से संबंधित कारकों के पारिस्थितिकी तंत्र कारकों के साथ अंतःक्रियाएं। पानी प्रणालियों के संचालन में जीवन की वृद्धि और पोषण के लिए समर्थन और अनुकूल वातावरण प्रदान करता है। बैक्टीरिया, कवक, कीड़े (चींटियाँ, दीमक से लेकर बड़ी संख्या में अन्य प्राणी), कृमि और जानवरों की अंतःक्रियाएँ पेड़ों को सहारा देती हैं और उनके जीवन को आगे बढ़ाती हैं। वनस्पति द्वारा जल संरक्षण बदले में जीवन को आगे बढ़ाता है। घास चरने से शाकाहारी और अन्य जीवन प्रणालियों को सहारा मिलता है, जबकि चरने वाले जानवर मिट्टी को ढीला करने के लिए मिट्टी के कटाव की प्रक्रिया को बढ़ाते

हैं लेकिन साथ ही, गोबर/मल डालने वाले जानवर खाद प्रदान करते हैं, जो कि बिज जानवरो के पेट से गुजरने के बाद डरोपिंग के रूप मे बिजो के वितरण मे सहायक होता है। पारिस्थितिक मे जेविक उतपादकता जिवो के आपसी संमबन्धो से जूडी होती जोकि अरावली पारिस्थितिक तन्त्र के कारको से संमबन्ध रखती है।

उत्पादकता बढ़ाने के लिए वृक्ष आनुवंशिकी में उन्नत वैज्ञानिक और तकनीकी अनुसंधान के विस्तार को तेजी से करना चाहिये। देशी वृक्ष प्रजातियों (जो पुनर्जीवित नहीं हो रही हे) के प्रसार के लिए नई तकनीकें, मिट्टी और पानी के मुद्दे, पौधों को नुकसान से बचाने के लिए जेविक मुद्दे, पारिस्थितिकी तंत्र के मुद्दों/तत्वों का निदान और अरावली पारिस्थितिकी तंत्र के लिए विशिष्ट सामान्य मुद्दों के वैज्ञानिक उपचार की संभावनाओं का पता लगाया जाना चाहिए। अरावली के संसाधनों के तर्कसंगत उपयोग के लिए संधारणीय वैज्ञानिक सिद्धांतों (संसाधनों के उपयोग की सीमाओं पर काम) के आधार पर अनुसंधान करे, इसके जलग्रहण क्षेत्रों में मिट्टी और पानी के तर्कसंगत संधारणीय संरक्षण के साथ-साथ इसके पौधों, वन्यजीवों और अन्य जैविक जीवन विविधता के लिए कार्य करे। मानवीय जरूरतों को पूरा करने के लिए नए तकनीकी हथियारों के साथ सामाजिक उत्पादन के लालच ने प्रकृति पर और भी गंभीर घाव किए हैं। हम केवल तकनीक को दोष नहीं दे सकते, बल्कि तकनीक उपयोगकर्ताओं की गलती है, कि उन्होंने अपने फायदे के लिए और प्रकृति के नियमों के खिलाफ उस तकनीक का इस्तेमाल कैसे किया। कोई भी विज्ञान और तकनीक में नए नवाचारों को नकार नहीं सकता, अधिक महत्वपूर्ण यह है कि चाकू या परमाणु ऊर्जा का उपयोग कैसे किया जाता है, न कि उस पर कब्ज़ा करना। महत्वपूर्ण यह है कि चाकू का इस्तेमाल सब्ज़ी छीलने या अपराध करने के लिए किया जाता है।

ऐसी अवधारणाएँ सामने रखी गई हैं कि जब पारिस्थितिकी तंत्र खतरे में होता है, तो यह नई चुनौतियों का सामना करने हेतु खुद को बदलने की कोशिश करता है। इन आत्म-पुनरुत्थान अवधारणाओं में अपने आप में कई अंतर्निहित सीमाएँ हैं। प्रकृति में, पर्यावरणीय परिवर्तन लाखों वर्षों में बहुत धीरे-धीरे होते हैं, जो पुनरुद्धार के लिए पर्याप्त समयह प्रदान करते हैं, लेकिन मानवजनित चुनौतियाँ क्षणिक होती हैं और पारिस्थितिकी तंत्र के अस्तित्व के पूरे आधार को खत्म कर देती हैं, व पूरी व्यवस्था को अचानक हत्या की तरह खत्म कर देती हैं। जगह-जगह लालचीयों के शोषण के कारण अरावली पारिस्थितिकी तंत्र से पूरे जीवों के साथ-साथ देशी वृक्ष प्रजातियाँ भी गायब हो रही है।

गंभीर रूप से घायल/विक्षिप्त अरावली पारिस्थितिकी तंत्र ने वन विभाग द्वारा धरातलिय बाधाओं में पेश की गई नई वृक्ष प्रजातियों के साथ समायोजित करने के लिए खुद को पुनर्जीवित करने की कोशिश जरूर की। हाल ही में उजागर हुई नंगी सतहों ने कटाव के कारण तेजी से मिट्टी का आवरण खो दिया, स्वदेशी वृक्ष प्रजातियों के लिए नमी की अनुपलब्धता थी, जिसका परिणाम जो बदले हुए परिद्दश्य में खुद को पुनर्वासित करने में असमर्थ थे। जब Anogeissus *pendula*, Acacia *leucorrhoea*, Acacia *senegal*, Salai (Boswellia *serrata*), आदि को सामाजिक भौतिकवादी मांगों के कारण नष्ट/शोषित किया गया, तब नई बदली हुई परिस्थितियों में पारिस्थितिकी तंत्रों ने नई प्रजातियों के साथ परिवर्तन के अनुकूल होने के लिए जीवित रहने की कोशिश की और धीरे-धीरे पारिस्थितिकी तंत्र ने नई वृक्ष प्रजातियों मस्कट (जैसे प्रोसोपिस *जूलीफ्लोरा*) को कम नमी की आपूर्ति और पतले मिट्टी के आवरण या बिना मिट्टी की बदली हुई स्थितियों में अनुकूलित किया। अरावली पारिस्थितिकी तंत्र अनेक प्रजातिया लगा करके जेविक पार्क्रियां जिवित रखने व उत्पादिकता बढाने के प्रयास भी किये गये। अरावली के इस बदलते परिद्दष्य वन व वन्य जिवो ने अन्य जैविक क्रियाओ ने सांमजस बनाने कि कोसिसे भी की।

6.2 मूलनिवासियों का संरक्षणर्कता अरावली

अरावली के आस-पास रहने वाले मूल निवासी इन जंगलों से इस तरह से वन सामग्री निकाल रहे थे कि दोनों एक-दूसरे की रक्षा करते हुए लंबे समय तक जीवित रहे और जीवन रक्षक प्रणाली को कोई खास नुकसान नहीं पहुंचा। एक समय था जब अरावली में घने जंगल थे और लोग आसानी से छोटे-मोटे वन उत्पाद, फल, मवेशियों के लिए चारा और घरेलू जरूरतों के लिए लकड़ी इकट्ठा कर लेते थे। व्यावसायीकरण ने लालच को बढ़ाया और आर्थिक लाभ के लिए लोगों ने जंगल की सामग्री को उसकी पुनरुद्धार सीमा से अधिक निकालना शुरू कर दिया। जंगलों के साथ सहजीवी संबंध वित्तीय और व्यावसायिक लाभों से आगे निकल गए। जहां भी अरावली के आस-पास की बढ़ी हुई आबादी ने उसकी वहन क्षमता से अधिक दोहन किया, उन क्षेत्रों में वनस्पति और वन्य जीवन कम हो गए या गायब हो गए और कई प्रजातियां हमेशा के लिए विलुप्त हो गईं या हो रही है।

भूजल की बारहमासी आपूर्ति जलभृतों में समाप्त हो गई है और कुछ क्षेत्रों में पीने के पानी कि उपलब्धता समापत हो गई । निवासियों को संकट का सामना करना पड़ा या वे छोडकर दूसरे क्षेत्रों में चले गए। प्राकृतिक नियम है 'तुम मेरी रक्षा करो, मैं तुम्हारी रक्षा करूंगा', 'अगर तुम मुझे मार दोगे, तो पूरा जीवन समर्थन तंत्र खत्म हो जाएगा'।

अरावली के लोग और उनका जीवन ।

ढोसी हिल पर कभी घना जंगल था, अब मानवीय लालच के कारण पेड़ों से रहित कर दिया है, यहां तक कि स्थानीय लोगों ने ईंधन के उपयोग के लिए पेडो की जडो को भी निकाल लिया ओर सब कुछ समूल नष्ट कर दिया । अब पानी की कमी के कारण इस ग्रेनाइट पहाड़ी पर वन लगाना मुश्किल हो रहा है। ऐसा माना जाता है कि यह क्षेत्र शेरों की आबादी से भरा हुआ था और शेरो के निवास होने के कारण इसका नाम नाहरहॉल था (नाहर + हॉल = शेर की गुफा, 'नाहर ' आमतौर पर शेर के लिए प्रयोग किया जाता है, कही कही बाघ के लिए भी इस्तेमाल

किया जाता रहा है)। किमंवन्दितियो के अनुसार ईस क्षेत्र मे पुरातनकाल मे शेर होने कि कहानिया आज भी प्रचलित है।

महाभारत काल में इस क्षेत्र को ' **नरराष्ट्र** ' कहा जाता था जिसकर मतलब श्रेष्ठ मनुश्यो का निवास, और बाद में यह बदलते हुएं नारनौल बन गया। कुछ लोगों ने 'नार+नौल ' का अर्थ 'सुंदर महिलाओं' (नार = महिला + नौल = सुंदर) का क्षेत्र रखा , कुछ साहित्य में व्यक्त एक अन्य दृष्टिकोण नाग वंशी का नाग + नौल क्षेत्र है । वर्तमान समय में भी इस क्षेत्र में नाग या सांप गोत्र की बड़ी आबादी है। मध्यकालीन काल के शिलालेखों में नारनौल के नाम के रूप में ' नंदीग्राम ' का उल्लेख भी है, (डीएस पुनिया ने नारनौल से 18 वीं -19 वीं शताब्दी के एक संस्कृत शिलालेख को उद्धृत करते हुए इसे नंदीग्राम नाम दिया है)। कुछ बुजुर्गों ने लेखक को बताया कि पहले के समय में कुछ लोग ढोसी के पास की बस्तियों को पाटनशहर भी कहते थे (पाटनशहर का कोई दस्तावेजी प्रमाण उपलब्ध नहीं कराया गया)।

मीडिया रिपोर्ट के अनुसार गुड़गांव-फरीदाबाद क्षेत्र के [3]बादशाहपुर ठेटर गाँव के आसपास अरावली पहाड़ियों में पाषाण युग की नक्काशी और अन्य साक्ष्य मिले हैं। "पुरापाषाण युग लगभग 25 लाख से 10000 बीपी वर्ष (वर्तमान से पहले, कार्बन डेटिंग मार्कर जिसे पुरातत्वविद् 1950 को आधार वर्ष के रूप में उपयोग करते हैं) तक फैला हुआ है... 'उनके द्वारा बनाए और उपयोग किए गए कई उपकरण और औजार इन साइटो पर पाए गए'...। पुरातत्वविदों ने कहा, "ये खोज भारतीय प्रागितिहास के उल्लेखनीय उदाहरण हैं। वे मानव सभ्यता के विकास को चिह्नित करते हैं। मेरा मानना है कि नक्काशी 10000 बीपी से अधिक पुरानी है। लेकिन सर्वेक्षण के बाद सही समय का पता लगाया जा सकता है ।"... "ये पेट्रोग्लिफ अत्यधिक महत्वपूर्ण हैं, क्योंकि उनकी प्राचीनता प्रागितिहास तक जा सकती है। ये सीमान्तक निशान हो सकते हैं, या प्राचीन खेलों या रिकॉर्ड रखने के लिए इस्तेमाल किए गये हो सकते हैं। हालाँकि लेकिन उन पर आगे और अध्ययन किए जाने की आवश्यकता है," शायद अरावली के निकट पूर्व में बारहमासी नदी के अस्तित्व ने अरावली के इस पूर्वी भाग को पाषाण युगीन सभ्यता व उसके बाद के विकास के लिए उपयुक्त स्थल बनाया होगा।

पाषाण युग के बाद से जीवन का विकास (हरियाणा में फरीदाबाद-गुड़गांव अरावली पहाड़ियाँ और राजस्थान में गणेश्वर क्षेत्र) इन अरावली पहाड़ियों में हुआ और सभ्यता इन प्राचीनतम पहाड़ों की गोद में आगे बढ़ी। पुरापाषाण जलवायु अध्ययनों से पता चलता है कि पिछले 20000 वर्षों के दौरान जलवायु परिस्थितियों में कई बदलाव हुए और पिछले 6000 से 8000 वर्षों के दौरान और भी अधिक कठोर परिवर्तन हुए जब थार रेगिस्तान से पूर्वी दिशा में धूल भरी तेज़ हवाएँ चलीं और अरावली की तलहटी के साथ-साथ रेत के टीले जमा हो गए और वर्तमान एनसीआर के बड़े भूभाग में बीच-बीच में बाढ़ के मैदानी इलाकों में रेत के टीले जमा हो गए।

अप्रत्याशित अनिश्चित कम वर्षा, जमा देने वाली सर्दियाँ और अत्यधिक गर्म ग्रीष्मकाल के साथ उच्च परिवर्तनशील तापमान ने बहुत कम उत्पादकता को मजबूर किया। इस क्षेत्र में रेगिस्तान जैसे हालात थे। बारिश के दिन कम थे और जो भी बारिश हो रही थी वह तेज बौछारों के साथ हो रही थी, जहाँ अधिकांश वर्षा जल बह कर चला जाता था। इससे पहाड़ियों में भारी कटाव शुरू हो गया और अरावली से दूर बाढ़ के मैदानी इलाकों में भी यह जारी रहा। लगभग 200 से 300 किलोमीटर दूर उत्तर की ओर (दोहान, कृष्णावती और साहिबी नदियाँ पहले दृषद्वती के साथ सरस्वती नदी मे मिलती थी और बाद में यमुना नदी में मिलती थीं) कटाव जारी रहा। बाढ़ के पानी का यह मौसमी प्रवाह अक्सर फसलों को नष्ट देता था या नुकसान पहुँचाता था। बाढ़ के कम होने के बाद, शेष वर्ष के दौरान सिंचाई के लिए पर्याप्त पानी उपलब्ध नहीं था।

प्रारंभिक सभ्यता जंगलों के आसपास विकसित हुई। बहुरूपांतरित कठोर चट्टानी सतह ने गहरी जड़ों वाले पेड़ों को चट्टानों के अंदर फैलने मे मुश्किले कर दी थी। सतह पर नमी की कम उपलब्धता, मिट्टी की बहुत पतली परत या चट्टानी इलाके पर मिट्टी की कोई परत नहीं होने के कारण आलीशान ऊंचे पेड़ों का पनपना बहुत मुश्किल था। पर्यावरणीय परिस्थितियों ने कम ऊंचाई, मध्यम आकार के सूखा प्रतिरोधी ज़्यादातर ज़ेरोफाइट और उत्तरी शुष्क पर्णपाती झाड़ियों के जंगलों की प्रजातियों को क्षेत्र के निवासियों की स्थानीय ज़रूरतों को पूरा करने के लिए हरे-भरे हरियाली के साथ अच्छी तरह से पनपने में मदद की। घाटी की ढलानों और जलधारा घाटियों में पानी के साथ होने वाले पेड़ जैविक जीवन को बनाए रखने के लिए बहुतायत में रहते थे। वे जंगल निवासियों की छोटी लकड़ी की ज़रूरतों को पूरा करने के लिए पर्याप्त थे। भरपूर धूप घास के लिए ऊर्जा प्रदान करती थी, जो बहुतायत में थी, और अरावली में मवेशी धन अच्छी तरह से पनपता था, इन पहाड़ियों के करीब रहने वाले लोग मवेशी पालन में लगे रहते थे। पशुपालन भी आय का स्रोत और उनके जीवन का एक महत्वपूर्ण पहलू बना रहा। गांवों में ऐसी अनगिनत कहानियां प्रचलित थीं, जहां मैदानी इलाकों से मवेशी चुराए जाते थे और उन जानवरों को अरावली के अंदरूनी इलाकों में छोड़ दिया जाता था, ताकि मालिक उन्हें खोज न सकें। इन पथरीली पहाड़ियों और/ भूड़ लोएस इलाकों में खेती संभव नहीं थी।

अरावली ने अपने पर्यावरण में और उसके आसपास सभ्यता के विकास के दौरान मनुष्य को सुरक्षा प्रदान की। अरावली पर्वतों में पाषाण युग की चित्रकारी गुफाओं, औजारों और पेट्रोग्लिफ़ के साक्ष्य सैकडो स्थानों पर पाए गए हैं। कुछ गुफाएँ अपरदनात्मक विशेषताएँ या भूगर्भीय संरचनात्मक विशेषताएँ थीं जो प्राकृतिक चुनौतियों से बचाने के लिए उनमें प्रारंभिक मनुष्य को आश्रय प्रदान करती थीं। कुछ गुफाएँ वहाँ विकसित हुईं जहाँ गहरी दरारों के साथ पानी ने कटाव द्वारा नरम सामग्री को घोल दिया। एक अन्य प्रकार की गुफा फॉल्ड हुई चट्टानों में फॉल्ट के कारण बनी जहाँ तह की कोर का क्षरण हुआ। कुछ गुफाएँ इनट्रुजिव चट्टानों में बनीं जहाँ टूटी हुई सामग्री अपक्षयित, क्षरित और स्लाइड या पानी की क्रिया द्वारा दूर ले जाई गई।

नारनौल-नीम का थाना अरावली का क्षेत्र चूना पत्थर/संगमरमर की चट्टानी भूमि भूमिगत जल द्वारा चूना पत्थर/संगमरमर की चट्टानों को घोलने के कारण कटाव के कारण गुफा निर्माण के लिए अनुकूल थी। इन गुफाओं ने सभ्यता के विकास के दौरान बारिश, जलवायु संबंधी अनिश्चितताओं और जानवरों से सुरक्षा के लिए मनुष्य को आश्रय प्रदान किया। पुरातत्वविदों द्वारा कई स्थानों पर पत्थर युग से संबंधित चर्ट, चकमक पत्थर और अन्य चट्टानों पर नक्काशी और धारदार औजार बरामद किए गए हैं।

पिछले 2500 मिलियन वर्षों के दौरान विविध भूवैज्ञानिक प्रक्रियाएं संचालित हुईं, जिससे सबसे प्राचीन अरावली की पर्वत श्रृंखला में अनेक भूवैज्ञानिक विशेषताएं बनीं। शायद प्लीस्टोसिन से लेकर हाल के भूवैज्ञानिक समय-अवधियों के दौरान पानी और अच्छे वन आवरण की उपलब्धता ने अरावली में पाषाण युगीन सभ्यता के विकास को प्रोत्साहित किया। माना जाता है कि मानव (वानर जैसे पूर्वज) लगभग 6 मिलियन वर्ष पहले (प्लीओसीन) विकसित हुए थे। जबकि अरावली को 2500 MY पुराना माना जाता है। अनंगपुर-मांगर से नीमोठ अरावली बेल्ट पानी के स्रोत के करीब थे, जिसने इस क्षेत्र में पाषाण युगीन सभ्यता के लिए अतिरिक्त लाभ प्रदान किए होंगे। इस क्षेत्र में और राजस्थान क्षेत्र के गणेश्वर के आसपास अरावली पर्वतमाला (जहां से साबी/सोता नदी का उद्गम हुआ) क्षेत्र से स्टोन ऐज व ताम्र युग के समय के अनेक हथियार, आजार च अन्य सामग्री र्आकियोलोजिश्ट द्वारा प्रकाशित कि है।

कृष्णावती-दोहान-साहिबी नदी घाटियों के साथ प्रारंभिक सभ्यताओं के कई अन्य स्थलों का उल्लेख पुराने ग्रंथों में किया गया है, जो इस क्षेत्र में प्रारंभिक सभ्यता के विकास का संकेत देते हैं। ढोसी पहाड़ियाँ, जहाँ विशाल ग्रेनाइट चट्टान के खंड कटाव/ओरोजेनिक/भूवैज्ञानिक गतिविधियों के कारण विस्थापित हो गए थे, प्रारंभिक मानव के रहने के लिए अच्छी गुफाओं जैसी संरचनाएँ प्रदान करते थे। प्रारंभिक आवास स्थल होने के कारण, यह स्थान पूजनीय था और भृगु ऋषि और च्यवन ऋषि का एक महान धार्मिक स्थल माना जाता था। महाभारत काल में पांडवों के भाई सहदेव ने अपने शासन की स्थापना के लिए इस स्थान (**नरराष्ट्र** अब नारनौल) पर शासन करने वाले राजा को हराया था । महाभारत काल में, कानुढ (महेंद्रगढ़) कुरु साम्राज्य का हिस्सा था [4]। रेवाड़ी जिले मे हरप्पा व हरप्पा के बाद के खुदाई मे अवशेश मिले है (*मुरथल की खुदाई*, सुरजभान, 1968)। रेवाडी शहर राजा रेवत ने अपनि लडकी रेवत के नाम पर बसाया[5]। साहिबी नदी को ऋग्वेद (41.5) की रस धारा, च्यवन ऋषि के साथ वधुसरारा या दोहान और भगवान कृष्ण के साथ कृष्णावती के रूप में मान्यता दी गई है। दोहान नदी के तट पर अरावली पहाड़ी पर स्थित गुलावला मंदिर और इसके बाढ़ क्षेत्र में भागोत को उत्तर-वैदिक काल का मंदिर माना जाता है। साहिबी बाढ़ के मैदान में इंछापुरी (पटौदी के पास) मंदिर पुराना माना जाता है। "पारंपरिक किंवदंतियों के अनुसार, युधिष्ठिर ने गुड़गांव गांव अपने गुरु द्रोणाचार्य को उपहार के रूप में दिया था , और इस प्रकार यह अनुमान लगाया जा सकता है कि पांडवों ने [6]अरावली पहाड़ियों के इस क्षेत्र पर राज्य किया था।"“The Gurgaon district derives its name from ’Guru Gram or Guru Gaon‘, meaning village of a spiritual leader. It is said that Judhister leader of the Pandvas gave this village to his Guru Drona Charai, whose tank still exists on the west side of the road to the Railway Station. Another saying goes that Guru Darona Charai gave spiritual instructions to Kaoravas and Pandavas at this place and afterwards this place came to be known as ’Guru Gram‘ and that Gurgaon is a corrupted name of ’Guru Gram[7]‘.”वंतमान समय मे ज्यादातर जोहडो पर अवैध कब्जे हो चुके है।

खांडवप्रस्थ में अरावली की पहाड़ियाँ मे ही शामिल था और यह पुररवा और ययाति जैसे प्रसिद्ध राजाओं की राजधानी रही है, जिन्होंने महाभारत में उद्धृत अपने समय के दौरान सार्वभौमिक शासकों के रूप में शासन किया। धृतराष्ट्र ने पांडवों को कहा कि खांडवप्रस्थ में पुररवा , आयुष, नहुष और ययाति जैसे राजाओं के सबसे महान राजा रहते थे, और यह पुररवा साम्राज्य की राजधानी थी। फिर सबसे बड़े पांडव युधिष्ठिर को खांडवप्रस्थ का पुनर्वास करने के लिए जाने का निर्देश दिया (महाभारत, आदि पर्व, अध्याय 206, श्लोक 25)

तब भगवान कृष्ण ने स्थानीय वास्तुकारों से खांडवप्रस्थ का पुनर्निर्माण करने को कहा, जिसे इंद्रप्रस्थ (श्लोक 28 के माध्यम से) के रूप में जाना जाता था। पांडवों ने उत्तरी अरावली की पहाड़ियों पर शासन किया। महाभारत में [8]उस समय घने जंगलों के अस्तित्व का उल्लेख है। खांडवप्रस्थ मे साल (Shorea *robusta*), जैसे कई पेड़ों की प्रजातियों से हरा-भरा था ।, आम, आमड़ा , कदम्ब, अशोक, चंपा, पुन्नंग , नागपुष्प , लकुच , कठल, ताल, तमाल, मौलसरी , केवड़ा , पुराना आंवला, लोध्र , अंकोल , जामुन, पाटल, कुंभक , अतिमुक्तक बेल, करवीर , पारिजात और इस क्षेत्र में विभिन्न फल और फूल वाले पेड़। (41 से 44, महाभारत खंड 1, आदिपर्व , अध्याय 206)। खांडवप्रस्थ को दिल्ली एनसीआर के आसपास घने साल के जंगलों पर गर्व था , जिन्हें बाद में करनाल के पास मध्यकाल के दौरान साफ कर दिया गया और उत्तर की ओर वापस चले गये और अब यमुना नगर के निचले शिवालिक क्षेत्र में साल के पेड है।

अरावली क्षेत्रों (खांडवप्रस्थ) के महाभारत विवरण से पता चलता है कि अरावली के वनवासी अत्यधिक कुशल और उच्च तकनीकी ज्ञान में पारंगत थे। उनके राजा मजबूत हथियारों से लैस और विभिन्न क्षेत्रों में विशेषज्ञ होने के साथ ही बहुत शक्तिशाली थे। अर्जुन और पांडव अकेले उन्हें हराने में असमर्थ थे। तब केवल श्री भगवान कृष्ण की मदद से वन क्षेत्र (खांडव वन) को आग से जलाकर स्थानीय लोगों को हराया । पांडवों की नागवंशी शासकों और अरावली क्षेत्र में रहने वाले अन्य लोगों के शासक वंश पर आधिपत्य स्थापित करने के लिए एक बड़े जंगल को जला कर राख कर दिया गया था। यदि ऐतिहासिक तथ्यों को विवेकशील तरीके से मिलावट हटाकर ठीक से जोड़ा जाए, तो आज

भी नागवंशी कबीले (शायद धीरे-धीरे नाम बदलकर सांप वंश हो गया) के लोग अरावली क्षेत्र में निवास कर रहे हैं। कुरु वन अरावली पर्वतों पर फैला हुआ था और महेंद्रगढ़ का पुराना नाम कानुण (कुरु का कानुण हो गया) शायद कुरु जंगलों के पुराने नाम के कारण अपनाया गया था।

महाभारत में वर्णित ढोसी पहाड़ी आश्रम में भृगु ऋषि के वंश में च्यवन ऋषि ने तपस्या की थी। दिल्ली में खांडवप्रस्थ (इंद्रप्रस्थ), हरियाणा में गुरु द्रोणाचार्य गांव के रूप में गुरुग्राम, ढोसी पहाड़ी (हरियाणा और राजस्थान दोनों राज्य) महाभारत काल से ही प्रसिद्ध हैं। लोककथाएँ आम हैं कि पांडव अरावली क्षेत्र में कई स्थानों पर रुके थे जैसे ढोसी गुफाएँ (नारनौल के पास), नांगल दर्गू के पास झरने वाली बाराकी गुफाएँ, फिरोजपुर झिरका के झिर वन और झरने, और राजस्थान में अन्य स्थान। धीरे-धीरे उनमें से कई स्थान धार्मिक स्थलों के रूप में विकसित हुए और स्थानीय लोगों की आस्था लोककथाओं में परिलक्षित हुई।

अरावली पर्वतमाला के कई गांवों में मंदिर और मुनियो की तपस्वी स्थल तथा पुरानी नदियां दोहान, साहिबी और कृष्णावती जो दृषद्वती को सरस्वती नदी से मिलाती थीं, लोगों की स्मृति में ताजा हैं। साहिबी नदी को ब्रह्मव्रत भूमि की दक्षिणी सीमा माना जाता था जो उत्तर में सरस्वती नदी तक फैली हुई थी, इन बाढ़ के मैदानी इलाकों के बीच में चार वेदों की रचना हुई थी। कुछ विद्वानों ने उत्तर में सरस्वती नदी और दक्षिण में साहिबी नदी के बीच की भूमि को जम्बूद्वीप माना है। अरावली पर्वतमाला ने कई धर्मों के प्रसार और संरक्षण में महत्वपूर्ण भूमिका निभाई है। अरावली नदी घाटियों और गुफाओं ने सभ्यता के विकास के लिए सुरक्षा और आश्रय प्रदान किया और इसके बाढ़ के मैदानों ने पाषाण युग और उसके बाद कृषि और व्यापार का समर्थन किया।

अरावली पर्वत आक्रमणकारियों के लिए अवरोधक तथा स्थानीय शासकों के रक्षक के रूप में कार्य करते थे। युद्धों के दौरान यह पहाड़ियों में छिपने के लिए स्थान प्रदान करते थे। भगवान श्री कृष्ण की कहानी, जिन्होंने कालमछेंद्र को अरावली की गुफाओं में फुसलाकर उसकी मृत्यु का कारण बनाया था। कई बार युद्धों के बाद राजाओं ने पुनः युद्ध लड़ने के लिए अपनी शक्ति पुनः प्राप्त करने के लिए अरावली की पहाड़ियों में छिपकर विश्राम किया। ग्रामीणों ने अनेक कहानियाँ सुनाई कि कैसे वे मध्यकाल में युद्ध के समय दुश्मन के हमले से बचाने के लिए अरावली की पहाड़ियों में अपने पशुओं को के साथ छिपते थे। मेरी माँ कहानियाँ सुनाया करती थीं कि कैसे लोग जब भी आक्रमणकारी सेना लूटपाट/हत्याओं से बचने के लिए गाँवों से होकर गुजरती थी, तो अरावली के जंगलों में छिपने के लिए गाँव खाली कर देते थे। नारनौल सतनामी ने औरंगजेब की सेना को 17 बार हराया। नसीबपुर की लड़ाई के बारे में गांव वालों ने बताया कि कैसे अरावली की पहाड़ियों का इस्तेमाल अंग्रेजों की सेना के हमले को रोकने के लिए किया गया था और कैसे युद्ध लड़ा गया था। मेव संस्कृति कहानियों से भरी पड़ी है कि कैसे राजा की सेना ने उन पर आक्रमण किया तो वे खुद को बचाने के लिए अरावली की पहाड़ियों में छिप जाते थे।

बाढ़ के मैदानों में कृषि के इर्द-गिर्द ही लोगों का आर्थिक और सामाजिक जीवन घूमता था और अरावली पहाड़ी क्षेत्रों का उपयोग पशुपालन के लिए किया जाता था। अरावली के जंगल पानी, छोटी लकड़ी, लघु वनोपज और अन्य वन उत्पादों की उनकी घरेलू जरूरतों को पूरा करते थे। स्थानीय ग्रामीणों का जंगलों के साथ सहजीवी संबंध है। पिछले चार दशकों के दौरान, भू-माफियाओं ने ग्रामीणों की कृषि भूमि पर दबाव बनाया जिससे उनकी आजीविका/अस्तित्व खतरे में पड़ गया। समय की मांग है कि मिट्टी की उर्वरता में सुधार, बाढ़ से भूमि की रक्षा, पानी और हवा के कटाव से भूमि की रक्षा, लवणीकरण को कम करने, जल संरक्षण के लिए योजनाओं, पानी के पुनर्चक्रण और सूखने से होने वाले नुकसानों को कम करने के लिए मिट्टी और जल संरक्षण उपायों के लिए योजनाओं को लागू करके निवासियों की रक्षा के लिए केंद्रित प्रयास किए जाने चाहिए। उद्योगों, कोलोनाइजेशन, खनन और अरावली के जंगलों के अन्य गैर-वानिकी उपयोग से होने वाले प्रदूषण को रोकने की तत्काल आवश्यकता है।

अरावली ने ग्रामीणों के पशुधन संपदा की रक्षा की। मवेशियों ने कृषि और ग्रामीणों के दैनिक जीवन में बहुउद्देशीय भूमिका निभाई। कई लोग व्यवसाय के रूप में मवेशियों की खरीद-फरोख्त करते थे। आपातकालीन परिस्थितियों में मवेशियों को पैसे के लिए बेच दिया जाता था। अरावली के जंगल मवेशियों के लिए चारागाह के साथ-साथ आसान और मुफ्त चारा भी उपलब्ध कराते थे। सूखे के दौरान चारे की कमी आम बात थी, तब मवेशियों को अरावली के जंगलों में खुला छोड़ दिया जाता था। मवेशी आधारित अर्थव्यवस्था में अरावली जीवन समर्थन प्रणाली का आधार बनी रही। मेव और गुज्जर जैसे स्थानीय समुदाय अपने मवेशियों को अरावली की पहाड़ियों में रखते थे और वहीं रहते थे। बदले में जानवर मिट्टी में खाद बढाते थे। जानवरों के पेट से गुज़रने वाले बीज नरम हो जाते थे और गोबर से पोषक तत्व मिलते थे, जिससे बारिश के दौरान ऐसे बीज अंकुरित होते थे और ऐसे पौधों का एक छोटा प्रतिशत बच जाता था। अत्यधिक चराई ने धौक के विकास को रोक दिया और कुछ अन्य प्रजातियाँ लगातार चरने/ चराइ के कारण सतह पर रेंगति रह गयी और करीपर जैसी बन गईं। दिल्ली गजेटियर 1883, पृष्ठ 2 में उल्लेख किया गया है, "गुजर लड़कों द्वारा चराई गई भेड़ और बकरियों के झुंडों से एक मध्यम चरागाह प्राप्त होता है। इस जनजाति ने लगभग पूरी तरह से पहाड़ी गांवों को अपने कब्जे में ले लिया है, क्योंकि वे अपनी देहाती परंपराओं के अनुकूल हैं, और देहाती परंपराएँ चोरी करने की आदत से कम घृणित हैं, एक आदत जो सार्वभौमिक रूप से गुजरों के बारे कही जाती है"।

गुड़गांव गजेटियर 1883-84 (अध्याय V का पृष्ठ 39) में बताया गया है कि ब्रिटिश काल के दौरान कुछ गांवों को बेचिराग (खाली) घोषित कर दिया गया था, "कभी-कभी कुछ शुरुआती कलेक्टरों द्वारा निवासियों को अपने पहाड़ी इलाकों को छोड़ने और मैदान में बसने का आदेश दिया जाता था; इस प्रकार गुड़गांव तहसील में रोजका गूजर को श्री कैवेंडिश के आदेश से खाली कर दिया गया था, जिन्होंने इस जगह

को गधे के हल से जोत दिया था, जिससे यह अपमानित और अपवित्र हो गया। ऐसा कहा जाता है कि बाद में उन्होंने लोगों को फिर से बसाने की इच्छा जताई, और इसलिए, ऐसे मामलों में प्रथा के अनुसार हाथी के हल से जमीन को जोत दिया गया, लेकिन पुरानी जगह अभी भी वीरान है, और पूर्व निवासियों के वंशज अब पहाड़ी के तल पर कई अन्य गांवों में रहते हैं।"

Prosopis *cineraria* जाटी ग्रामीणों के लिए बहुउद्देशीय पेड़ था। सूखी पत्तियों (लून्ग) का उपयोग चारे के रूप में और हरी पत्तियों का पौष्टिक चारे के रूप में किया जाता था। यह पेड़ एक बेहतरीन कृषि वानिकी प्रजाति रहा और संकट के समय कुछ पेड़ों को बेचकर नकदी अर्थव्यवस्था के रूप में काम आया। Prosopis *cineraria* जाटी ने कृषि अर्थव्यवस्था में महत्वपूर्ण भूमिका निभाई। खरीफ की फसल के दौरान Prosopis *cineraria* जाटी बाजरे की फसल को चिलचिलाती गर्मी और उच्च तापमान से बचाता है, इसकी पत्तियां फसलों को नाइट्रोजन प्रदान करती हैं, सर्दियों के दौरान चारे और ईंधन के लिए पोलार्डिंग (छंगाई) की जाती है, और इसके फल (सांगर) खाने योग्य होते हैं, बच्चे सुखे फल (झिंझ) को खाते हे, किसान इस पेड़ के हर हिस्से का उपयोग करते हैं।

"डावर पहाड़ियों के पश्चिम में स्थित है और इसमें पश्चिम की ओर बहने वाली जल निकासी द्वारा बनाई गई निचली भूमि या बेसिन और साहिबी नदी की बाढ़ शामिल है, जो अलवर से गुड़गांव की औँर नीचे की तरु बहती है। बरसात के मौसम में, छावला और उसके आस-पास के गांवों के आसपास कई मील तक देश जलमग्न रहता है: जैसे ही बारिश कम होती है और ठंड का मौसम आता है, बाढ़ का बड़ा हिस्सा जमना में बह जाता है और नजफगढ़ झील भर जाती है।" दिल्ली गजेटियर 1883 पृष्ठ 3. अरावली के पास भूमि की गुणवत्ता के बारे में, गुड़गांव गजेटियर 1883-84 में उल्लेख किया गया है, "गुड़गांव और रेवाड़ी तहसीलें जिले के उत्तरी और पश्चिमी भाग बनाती हैं रेतीली - पहाड़ियों के पास की भूमि बहुत ही निम्न स्तर की है और अक्सर कट जाती है खड्डों का एक संपूर्ण जाल"।

6.3. अरावली का महत्व

अरावली पर्वत सभ्यताओं का उद्गम स्थल रहा है, इसने प्राकृतिक आपदाओं और संकटो से बचाकर आदिमानव का पालन-पोषण किया और उसकी रक्षा की। इस प्राचीनतम पर्वतीय पारिस्थितिकी तंत्र ने विकसित होती सभ्यता को भोजन, पानी, गुफाओं में आश्रय और सुरक्षा प्रदान की। ऐतिहासिक दृष्टि से सभ्यताओ के पोषक अरावली पर्वतों का बहुत महत्व है, केवल कुछ मुख्य पहलुओं का ही संक्षेप में उल्लेख किया गया है।

6.3.1. मानव सभ्यता का संरक्षण। "2021 में धूमसपुर, शिलाखडी, मांगर, कोट , धौज, रोज-का-गुज्जर और नूरपुर के 5000 हेक्टेयर क्षेत्र में गुफा चित्रकारी, पत्थर की नक्काशी और आदिम उपकरण पाए गए । माना जाता है कि यह स्थल पुरापाषाण युग का है। विशेषज्ञों का मानना है कि यह भारतीय उपमहाद्वीप में सबसे बड़ा पत्थर-नक्काशी स्थल हो सकता है, और यह एक ऐसा क्षेत्र था जहाँ शुरुआती निवासियों ने शिकार के लिए पत्थर और चट्टानों के औजार बनाए थे।" [9]मीडिया ने बताया कि एएसआई ने 1986 में वर्तमान स्थल के उत्तरी विस्तार में अनंगपुर में लगभग 43 स्थलों पर पत्थर की नक्काशी पाई थी। अरावली की पहाड़ियाँ दिल्ली की सीमा पर अनंगपुर से शुरू होकर बादशाहपुर ठेटर तक जाती हैं । ठेटर बेल्ट मे निमोठ के पास अरावली में एक गैप है। जैसा कि शोधकर्ताओं ने पहले बताया इस क्षेत्र में क्षैतिज क्वार्टजाइट स्लैब में उत्कीर्ण मानव, पशु, पक्षी और मछली के पैरों के निशान के साथ कप्यूल और भितिचित्र चिह्नों से युक्त पेट्रोग्लिफ़ पाए गए है।

पुरातत्व और संग्रहालय विभाग ने पंजाब प्राचीन और ऐतिहासिक स्मारक और पुरातत्व स्थल और अवशेष अधिनियम 1964 की धारा 4 (1) के तहत एक अधिसूचना प्रस्तावित की जो तत्काल जारी किया जा सकता है, जिसमें सिलाखडी , मांगर, कोट, धौज, रोज का गुज्जर और नूरपुर धूमसपुर के राजस्व सम्पदा में फैले क्षेत्र को शामिल किया गया। यह स्थल मांगर बणी के पवित्र उपवन के पास है। यह अधिनियम राष्ट्रीय महत्व के अलावा प्राचीन और ऐतिहासिक स्मारकों और पुरातात्विक स्थलों और अवशेषों के संरक्षण, पुरातात्विक उत्खनन के विनियमन और मूर्तियों, नक्काशी और अन्य वस्तुओं के संरक्षण को अनिवार्य करता है। [10]"पुरापाषाण काल में, मनुष्य गुफाओं में रहते थे। मीडिया ने बताया, "गुफा चित्र संभवतः वर्तमान (बीपी) से 1 लाख साल पहले के हैं।" "पहली बार जांच में पता चला है कि मध्य पुरापाषाण काल या 30000-50000 साल पहले के रॉक शेल्टर हैं, जो वहां मिले औजारों पर आधारित हैं। श्री बैसला ने कहा, "हमें कोट गांव में कई पेट्रोग्लिफ मिले जिनमें कप्यूल, भितिचित्र, निशान और क्षैतिज क्वार्टजाइट स्लैब में उकेरे गए मनुष्यों, जानवरों, पक्षियों और मछलियों के असामान्य हाथ और पैरों के निशान शामिल हैं।"

अरावली पर्वतों के प्राचीन वातावरण ने आरंभिक सभ्यता को पोषित किया है, पाषाण युग के पुरातात्विक साक्ष्य कई स्थलों पर उपलब्ध हैं, और आगे के शोध से सभ्यता के इतिहास को पूरा करने के लिए साक्ष्य के और भी प्रमाण मिल सकते हैं। सबसे पुरानी अरावली पर्वत श्रृंखला की लंबाई और चौड़ाई में दिल्ली से लेकर दक्षिण में गुजरात तक विभिन्न स्थानों पर कई सभ्यताएँ विकसित हुईं। दिल्ली से शुरू होकर जैसे ही हम दक्षिण की ओर बढ़ते हैं, अन्नगपुर-मांगर- कोट से निमोठ तक अरावली पर्वतों की पूरी पट्टी में पाषाण युग की सभ्यता से संबंधित बहुत सारे साक्ष्य मिलते हैं।

नागवंश शासकों से संबंधित पुराने साहित्य और महाभारत काल से पहले एनसीआर अरावली में फल-फूल रही उनकी विकसित सभ्यता का उल्लेख करना उचित होगा। महाभारत महाकाव्य में अरावली के कई स्थानों का उल्लेख है जैसे ढोसी में च्यवन ऋषि, खांडवप्रस्थ (पांडवों

की राजधानी दिल्ली अरावली में थी), विराट (बैराठ , जयपुर) और भी बहुत कुछ। सबसे बड़े पांडव, युधिष्ठिर का विवाह सिवी जनजाति के राजा की पुत्री से हुआ, जिस क्षेत्र से साहिबी (सिबी) नदी निकलती थी, जो राजस्थान में स्थित है। महाभारत में यह भी उल्लेख है कि 'खांडव वन' के जंगलों को जलाने के बाद श्री कृष्ण और अर्जुन ने पहाड़ियों (अरावली) के पास एक नदी के किनारे विश्राम किया था । राजस्थान के गणेश्वर के पास पुरातात्विक उत्खनन से पाषाण युग से लेकर ताम्रपाषाण काल की सभ्यता के साक्ष्य मिले अरावली पूर्व-वैदिक सरस्वती नदी सभ्यता के लिए महत्वपूर्ण रही, जो इस क्षेत्र में फली-फूली।

6.3.2. आक्रमणकारियों के लिए बाधा. पहले के समय में आक्रमणकारियों की सेनाएं कुछ घोड़ों/हाथियों इत्यादि के साथ पैदल चलती थीं। हुण, यवन (इंडो-ग्रीक), शक (इंडो-सीथियन), पहलवी (इंडो-पार्थियन) और कुषाण (यूएझी) जनजातियों ने सिंधु-सरस्वती के मैदानों की उपजाऊ भूमि की तलाश में भारत पर आक्रमण किया। अरावली पर्वत इन पहाड़ों को पार करने में बाधा के रूप में काम करते थे। हालाँकि, अरावली को पार करने के लिए बीच-बीच में अंतराल मे गेप है जिनका उपयोग किया गया था। युद्ध के दौरान, स्थानीय शासकों ने इन आक्रमणकारियों को रोकने के लिए पहाड़ी पृष्ठभूमि का इस्तेमाल किया। स्थानीय लोगों ने पहाड़ी की ऊंचाइयों से आक्रमणकारियों की सेनाओं का पता लगा लिया जाता था, इसलिए ऊंचाई का लाभ उठाने के लिए इस क्षेत्र के अधिकांश किलों का निर्माण पहाड़ियों की चोटियों पर किया गया। अरावली स्थानीय लोगों को सुरक्षा प्रदान करती थी अरावली पहाड़ियों ने स्थानीय लोगों में आत्मरक्षा की भावना पैदा की।

6.3.3. पवित्र स्थान. अरावली पर्वतों के आसपास बसे ज़्यादातर गाँवों में इन पहाड़ियों में कोई न कोई धार्मिक आस्था स्थल देखा जाता है। जब हम अरावली की पहाड़ियों से गुज़रते हैं तो लगभग हर पचास किलोमीटर के दायरे में इस या उस धर्म का कोई न कोई ऐतिहासिक या धार्मिक पूजा स्थल ज़रूर मिलता है। लेखक के लिए अरावली की पहाड़ियों में स्थित सभी धार्मिक स्थलों की गिनती करना संभव नहीं था। इन पहाड़ियों में प्राचीन काल से ही साधु-संत रहते आए हैं। स्थानीय लोगों ने उन स्थानों में आस्था विकसित की और पूजा के लिए छोटी-बड़ी इमारतें बनवाईं।

लेखक ने यात्रा करते हुए और स्थानीय लोगों से चर्चा करते हुए, लोगों ने पाषाण काल से लेकर वैदिक काल, महाभारत काल और उसके बाद के सैकड़ों स्थानों से जुड़ी प्राचीन समय की कहानियाँ सुनाईं। उदाहरण के लिए कुछ के नाम लिए गए हैं, जिनमें गिरनार पहाड़ियों के दक्षिणी छोर से शुरू होकर , गिर के जंगल, अम्बा मंदिर, गुजरात में सामलाजी , माउंट आबू, नाथद्वारा-कांकोरली, एकलिंगजी, पुष्कर, गलताजी, राजस्थान में पांडुपोल, हरियाणा में ढोसी पहाड़ी च्यवन ऋषि, गुलवाला और भागोत आदि वैदिक उद्धरण के साथ शामिल हैं। इसी तरह, अरावली पहाड़ियों में तपस्या करने वाले सैकड़ों आश्रमों, ऋषियों, संबंधित तपस्वियों और प्रसिद्ध धार्मिक व्यक्तियों के बारे में कहानियाँ आम थीं। इन पहाड़ियों में बड़ी संख्या में पुराने गुरुकुल या शैक्षणिक स्थान स्थित हैं।

6.3.4. जनजातीय संस्कृति संरक्षण। परंपरागत अरावली की गोद में आदिवासी संस्कृति फली-फूली और विकसित हुई। इस पारिस्थितिकी तंत्र ने उनकी संस्कृति की सुरक्षा और संरक्षण में मदद की। अरावली के आदिवासियों ने प्रचलित अरावली पारिस्थितिकी तंत्र में अपनी संस्कृति विकसित की। उनकी आस्थाएं और परंपराएं इन पहाड़ियों के साथ जुड़ी हुई थीं/हैं जो उन इलाकों की स्थानीय जलवायु परिस्थितियों पर निर्भर करती हैं। इन पहाड़ियों में रहने वाली कई जनजातियों और उनके सामाजिक विकास और प्रगति का जंगलों के साथ सहजीवी संबंध है। इन पहाड़ों में उपलब्ध प्राकृतिक संसाधन उनके जीवन में सूखे के और बुरे समय में भी काम आए। पाषाण युग के शिकारी, खाद्य संग्राहक, आदिम जीवनशैली से लेकर आज के आधुनिक जीवन तक अरावली इन आदिवासियों के लिए निवास स्थान रही, उनके आदिवासी समाज के रीति-रिवाज, परंपराएं, आस्था, आदतें सब कुछ प्रकृति के सामंजस्य में अरावली पारिस्थितिकी तंत्र के इर्द-गिर्द घूमती रही।

6.3.5. सामाजिक-आर्थिक सहायता। अरावली के जंगलों के उद्गम स्थल में सभ्यताओं की कई सामाजिक प्रणालियाँ विकसित हुईं। कटाव वाली पहाड़ियों की चोटियों पर पठार जैसी ज़मीन घास और वनस्पतियों से भरपूर थी, जो मवेशियों के चरने वालों और खानाबदोशों के लिए एक बेहतरीन जगह थी। जंगलों से पर्याप्त चारा, ईंधन की लकड़ी, छोटे वन उत्पाद, लकड़ी, फल, गोंद और अन्य सामग्री मिलती थी, जिससे निवासियों की अर्थव्यवस्था चलती थी। बाढ़ के मैदानों का इस्तेमाल कृषि कार्यों के लिए किया जाता था। नमी वाली नदी घाटियों ने स्थानीय लोगों के आर्थिक जीवन को बनाए रखने के लिए पानी और अच्छी लकड़ी उपलब्ध कराई। पठारी पहाड़ियों पर तालाबों में जमा होने वाला वर्षा जल मनुष्यों, उनके मवेशियों और वन्यजीवों के लिए पीने का पानी उपलब्ध कराता था। पहले के समय में मवेशी ग्रामीणों की अर्थव्यवस्था का आधार थे और उन मवेशियों को अरावली पहाड़ियों के आसपास पाला जाता था। वर्षा जल संचयन ने स्थानीय लोगों की कृषि-आधारित अर्थव्यवस्था को बनाए रखने के लिए सिंचाई के लिए पानी उपलब्ध कराया।

6.3.6. रेगिस्तान के विस्तार में बाधा । थार रेगिस्तान दिल्ली की ओर पूर्व की ओर बढ़ने लगा और अरावली पर्वत ने रेगिस्तान के पूर्व की ओर विस्तार को रोकने में बाधा के रूप में कार्य करने में महत्वपूर्ण भूमिका निभाई। जब तेज गति से धूल भरी हवाएँ चल रही थीं, तो अरावली पर्वत ने हवा की गति को कम करने के लिए गति अवरोधक के रूप में काम किया और आगे की क्षति को कम किया। हवाएँ अरावली पर्वत से टकराने के परिणामस्वरूप इसकी गति कम हो गई, फिर महीन रेत के कण तलहटी के साथ लोएस जमा के रूप में जमा हो गए। अरावली के जंगलों से वाष्पोत्सर्जन ने वर्षा में मदद की। भूवैज्ञानिक संरचनाओं और लिन्यांमेन्ट ने रेगिस्तान के विकास में भौतिक बाधाओं

के रूप में काम किया। अरावली के जंगलों ने रेगिस्तानी जलवायु के प्रभाव को कम करने के लिए पारिस्थितिक संतुलन बनाए रखने में मदद की। पहाड़ियों पर अरावली के जंगल दिल्ली की ओर थार रेगिस्तान के विस्तार को रोकने के लिए एक आश्रय पट्टी के रूप में काम करते थे। अरावली पर्वत की ऊँचाई और घने जंगल हवा की गति अवरोधक के रूप में काम करते थे, जिससे हवा के साथ चलने वाली मोटी रेत रेत के टीलों के रूप में जमा हो जाती थी। इन पहाड़ियों के कारण रेत के टीलों का विस्तार कुछ हद तक रुक गया।

6.3.7.पारिस्थितिक महत्व. अरावली पारिस्थितिकी तंत्र उत्तर-पश्चिमी भारत में पारिस्थितिक संतुलन बनाए रखने में मदद करता है। अरावली के जंगल व जंगल के पेड़ वाष्पोत्सर्जन को नियंत्रित करते हैं, जिससे क्षेत्र में बारिश होती है। वन वृक्ष प्रजातियाँ वन्यजीवों को आश्रय और भोजन प्रदान करती हैं, ताकि पारिस्थितिकी तंत्र में जीवों को बनाए रखा जा सके। सूखी अरावली पहाड़ियों में जानवरों को चारा और भोजन मिलता था। जंगल वर्षा जल को संरक्षित करते हैं, ताकि पानी की कमी वाले इस कठिन इलाके में भूजल को रिचार्ज किया जा सके। जंगल सौर ऊर्जा को अवशोषित करते हुए इस पारिस्थितिकी तंत्र में जीव श्रृंखला को बनाए रखते हैं, ताकि इसकी जैविक गतिविधियाँ बनी रहें। वनों की कटाई और गैर-वानिकी गतिविधियों के लिए अरावली वन भूमि के छोडने ने अब नाज़ुक अरावली पर्यावरण के लिए आसन्न खतरे को सक्रिय कर दिया है।

6.3.8 . कृषि उत्पादन । अरावली ने कृषि उत्पादन बढ़ाने में मदद की है। साथ ही अरावली ने रेगिस्तान के पूर्व की ओर विस्तार को रोककर मैदानी क्षेत्र के अन्न भंडार की रक्षा की। थार रेगिस्तान के पूर्व की ओर विस्तार से पंजाब, हरियाणा, राजस्थान, यूपी, एमपी और गुजरात के उत्पादक मैदानी क्षेत्रों में कृषि उत्पादन कम हो सकता था। अरावली पारिस्थितिकी तंत्र ने उच्च तापमान और हवाओं को अवशोषित करने में मदद की, ताकि भारतीय प्रायद्वीप के पूर्वी मैदानों को कृषि गतिविधियों को बनाए रखने के लिए सुरक्षा प्रदान की जा सके।

6.3.9. मौसम नियामक. दक्षिण पश्चिम मानसून हिंद महासागर से अरब सागर के माध्यम से बढ़ता है और अरावली पर्वतमाला के उपर से गुज़रता है, जंगलों से वाष्पोत्सर्जन वर्षा के लिए बादलों में नमी बढ़ाता है। हालाँकि, अरावली पहाड़ियाँ मानसूनी हवाओं की दिशा के लगभग समानांतर हैं, लेकिन वन आवरण बारिश लाने में मदद करता है। अरावली पर्वत के जंगल पश्चिमी भारत के लिए मौसम नियामक के रूप में काम करते हैं। अरावली पर वन आवरण में कमी से भारतीय उपमहाद्वीप के इस हिस्से में वर्षा के पैटर्न पर प्रतिकूल प्रभाव पड़ना तय है। तापमान, वर्षा और बदलते मौसम के धूल के तूफानों को नियंत्रित करने और अपने क्षेत्र में अधिक वर्षा को प्रेरित करने के लिए पूरे अरावली पर्वत को हरे वन आवरण के साथ फिर से वनों से भरने के लिए सभी प्रयास किए जाने चाहिए। वन आवरण के विनाश से वर्षा पर प्रतिकूल प्रभाव पड़ना तय है।

6.3.10. सूखे और अकाल से बचाव। स्थानीय आबादी सूखे और अकाल के दौरान अरावली से खाद्य सामग्री, लघु वन उपज, चारा और घास एकत्र करती थी। मवेशी आबादी अरावली के जंगलों में जीवित रहती है। अरावली ने उनके जीवित रहने के लिए पशुपालन प्रथाओं के लिए रीढ़ की हड्डी के रूप में काम किया। सूखे के दौरान इस्तेमाल किए गए जंगलों से निकाले गए फल सूखे और अकाल के दौरान रक्षक के रूप में काम करते थे। सूखे के दौरान जब फसलें खराब हो जाती थीं, तो ग्रामीणों द्वारा एकत्र किए गए चारा, चारा, पेड़ों की टहनियाँ और फल उनके जीवित रहने के लिए जीवन रेखा बने रहते थे।

6.3.11. गर्म हवाओं से बचाव के लिए आश्रय-क्षेत्र . वन विभाग ने वृक्षों की कतारें लगाई गर्म हवाओं के प्रभाव से क्षेत्रों की रक्षा के लिए हवाओं की दिशा के विपरीत अंतराल में आश्रय बेल्ट के रूप में। अरावली पर्वत गर्मी के मौसम में पश्चिम से आने वाली गर्म हवाओं को धरातलिय रूप से बाधित करता है। सर्दियों के मौसम में अरावली उत्तर या उत्तर-पश्चिम से आने वाली ठंडी लहरों से क्षेत्र की रक्षा करता है। घने जंगल कवर ने थार रेगिस्तान से पूर्व और उत्तर-पूर्व भारत की ओर आने वाली हवा की गति और धूल के भार को कम करने के लिए एक पवन अवरोधक के रूप में काम किया। लेकिन अरावली पर्वत प्रणाली में अंतराल हैं, वे अंतराल हवाओं के लिए धूल को तेज हवाओं के साथ ले जाने और उत्पादक भूमि को खराब करने के लिए आसान मार्ग बन गए। पहले मौजूद वन कवर ने हवा के प्रभाव को कम करने में मदद की, लेकिन अब भूमि क्षरण और वनों की कटाई भविष्य में खतरा पैदा कर सकती है । अरावली ने थार रेगिस्तान से पूव की और आने वाली गर्म हवाओ को रोका है।

6.3.12. युद्धों के लिए महत्व । अरावली पर्वत की ऊँचाई का उपयोग एक लाभकारी सुरक्षा बिंदु के रूप में किया गया था और अधिकांश किले इन पहाड़ियों की चोटियों पर बनाए गए थे। कम ऊँचाई पर सेना पर हमला करने से स्थानीय लोगों को अपने किलों की रक्षा करने में लाभ मिलता था। हार की स्थिति में, लोग राजा पर आक्रमण करके यातना से बचने और अगले युद्ध के लिए खुद को पुनः स्वस्थ करने के लिए अरावली पहाड़ियों में छिप जाते थे।

6.3.13. अरावली का क्षरण । पिछले कई दशकों में अरावली पारिस्थितिकी तंत्र के निरंतर क्षरण ने अरावली को वन क्षेत्र से रहित एक चट्टानी भूभाग में बदल दिया है। नंगी चट्टानें आसानी से गर्म हो जाएँगी, जिससे वातावरण में तापमान में वृद्धि होगी और जलवायु परिवर्तन में तेज़ी आएगी। साथ ही नंगी चट्टानों के तापमान में वृद्धि से गोलाकार अपक्षय में तेज़ी आएगी और अंततः अरावली में कटाव बढ़ जाएगा। अधिक कटाव का मतलब है कम वर्षा, जो क्षेत्र के पूरे पारिस्थितिकी तंत्र को नष्ट कर देगा और प्रलय को आमंत्रित करेगा। एक सर्वेक्षण में पाया गया कि प्राकृतिक वन परिवेश तक पहुँच की कमी से मानसिक बीमारी की 50% संभावना बढ सकती है।

6.3.14. वन संपदा के रूप में. पहले अरावली घने जंगलों से ढकी हुई थी और स्थानीय लोग इन जंगलों से छोटी लकड़ी की अपनी स्थानीय मांग को पूरा करते थे। अरावली के जंगल निवासियों को अपनी अर्थव्यवस्था और आजीविका को बनाए रखने के लिए आर्थिक गतिविधियों को चलाने के लिए खाद्य पूरक, गोंद, डाई और अन्य उत्पाद प्रदान करते थे। रोजगार के लिए, कई आय-उत्पादक गतिविधियाँ जंगलों के इर्द-गिर्द घूमती थीं। कई पुष्प प्रजातियों और वन्यजीवों का संयोजन आनुवंशिक पूल भंडार की एक संपत्ति की रक्षा करता है, जो भविष्य की जरूरतों के लिए महत्वपूर्ण है। भविष्य के शोध इन आनुवंशिक संसाधनों पर आधारित हो सकते हैं।

अरावली में समृद्ध और काफी घने उत्तरी शुष्क पर्णपाती वन और उत्तरी उष्णकटिबंधीय कांटेदार वन थे। अरावली में वन संपदा लगातार घट रही है, परिणामस्वरूप, लोग इन वनों से छोटी लकड़ी, ईंधन, चारा, लघु वनोपज, फल, गोंद, टैनिन आदि की अपनी ज़रूरतों को पूरा करने में असमर्थ हैं। देश की प्रगति और विकास के लिए वन संपदा काफ़ी महत्वपूर्ण है। झाड़ियाँ और लकड़ी के पौधे पृथ्वी पर 28% वृद्धि रूपों का निर्माण करते हैं, औषधीय सामग्री प्रदान करने के लिए कई एपिफाइट्स इन पेड़ों के चारों ओर लटके रहते हैं। शिकागो विश्वविद्यालय के शोध में पाया गया कि जंगल में 50 मिनट की सैर हमारी याददाश्त को 20% तक बढ़ा देती है। जंगल लोगों के लिए हरित संपदा हैं और लंबे समय तक कार्बन को सोखने में मदद करते हैं।

5.3.15. वन्यजीव पर्यावास । अरावली वन्यजीवों के लिए बहुत समृद्ध पर्यावास रहा है। खाद्य श्रृंखला के शीर्ष पर मांसाहारी: बाघ (पैंथेरा *टाइग्रिस*), शेर (पैंथेरा *लियो*), तेंदुआ/पैंथर (पैंथेरा *पांडस*) अन्य मांसाहारी भेड़िया (कैनिस *ल्यूपस*), सियार (कैनिस *ऑरियस*), लोमड़ी (वल्पेस *बंगालेंसिस*), कैराकल (फेलिस *कैराकल*), जंगली बिल्ली (फेलिस *चौस*)), और हाइना (हाइना *हाइना*) आदि अपने-अपने पर्यावास में। अन्य महत्वपूर्ण वन्यजीवों में शामिल हैं: भालू (मेलुरसस *उर्सिनस*), सेही (हिस्ट्रिक्स) *इंडिका*), रैटल या बीजू (मेलिवोरा *कैपेंसिस*), कॉमन नेवला (हार्पेस्टेस *एडवर्ड्सी*), पैंगोलिन (मैनिस *क्रैसिकौडाटा*) । शाकाहारी जानवरों में शामिल हैं, सांभर (सर्वस *यूनिकोलर*), चीतल या चित्तीदार हिरण (एक्सिक्स एक्सिक्स), काला हिरन (एंटीलोप *सर्विकाप्रा*), चिंकारा या भारतीय हिरन (गज़ेल *हिरन*), नीला गाय (बोसेलाफस *ट्रैगोकैमेलस*), जंगली सूअर (सस *स्क्रोफा*), ऊदबिलाव (लूट्रा *पर्सिपिसिलाटा*), खरगोश (लेपस *निग्रीकोलिस*), लंगूर (प्रेस्बिटिस *एंटेलस*), बंदर, गिलहरी, छिपकली, घोएरा या रेगिस्तानी मॉनिटर छिपकली (वरनस *ग्रिसियस*), (घो एक और किस्म है जिसे गैर विषैली माना जाता है) सरीसृप और सांपों की विभिन्न प्रजातियाँ।

लोककथाओं में , ग्रामीण आजादी से पहले एनसीआर अरावली में बाघों की उपस्थिति का उल्लेख करते हैं और ग्रामीणों ने ऐसे ही एक क्षेत्र का नाम रायसीना गांव के पास बागोल की घाटी रखा है (शायद बाघ सरिस्का राजस्थान की तरफ से इस क्षेत्र में आते रहे होंगे)। ग्रामीणों का कहना है कि ब्रिटिश काल के दौरान, रायसीना के ग्रामीणों ने बाघ का शिकार किया था। अरावली पहाड़ियों में बिखरे हुए खनन के कारण, वन्यजीव दक्षिण की ओर पलायन कर गए और 2004 के बाद, सुप्रीम कोर्ट के फैसले के बाद खनन बंद कर दिया गया, परिणामस्वरूप हरियाणा अरावली पहाड़ियों में तेंदुए और अन्य वन्यजीव फिर से दिखाई देने लगे। सफेद रफ्ड लंगूर लगभग 130 फलों की प्रजातियों को खाने और पेड़ों पर चढ़कर हाथों और मुंह से पराग फैलाने वाले सबसे बड़े परागणकों में से एक है

6.3.16. पर्यटन . अरावली के जंगलों ने कई स्थानों पर मनोरम दृश्य प्रदान किए हैं। ऊंचे पहाड़ों की चोटियों पर किलों के साथ जंगलों और नदियों में वन्यजीवों की मौजूदगी अरावली को एक पर्यटन स्थल बनाती है। कई अभयारण्य और राष्ट्रीय उद्यान पर्यटकों के आकर्षण का केंद्र हैं। अरावली का पर्यावास कई वन्यजीव प्रजातियों के लिए उपयुक्त है। शुष्क क्षेत्रों में कई झीलें/जल निकाय लोगों के मन पर एक सुखद प्रभाव डालते हैं, और पर्यटक अरावली की हरियाली में ऐसे जल निकायों के आसपास आते हैं।

6.3.17. जलापूर्ति । वन क्षेत्र वर्षा के पानी को सोखकर भूजल को रिचार्ज करता है, अरावली आसपास की आबादी को पीने के पानी की आपूर्ति के लिए महत्वपूर्ण है। अरावली पहाड़ियों द्वारा वर्षा के पानी को रिसने के साथ ही जल निकासी पैटर्न और प्राकृतिक संरचना विकसित हुई। नदियाँ पहाड़ियों से बहती थीं और झीलों का निर्माण करती थीं और उपयुक्त स्थानों पर पहाड़ियों में बांध बनाए गए थे, जिससे जल निकाय बने। यह एक तथ्य है कि वनों की कटाई के कारण कई झीलें/जल निकाय सूख रहे हैं और पानी की आपूर्ति बंद हो गई है। वनों के नुकसान के कारण भूजल कम होने लगा, जिससे जल उपलब्धता एक गंभीर समस्या बन गई। पहले अरावली लोगों की पीने के पानी की जरूरतें झरनों, नदियों, झीलों, जलाशयों, कुओं आदि से पूरी करती थी।

6.3.18. समृद्ध खनिज संपदा. भारत में अरावली की खनिज संपदा बहुत अधिक है। अरावली के नारनौल बेल्ट से कई खनिज पाए गए हैं। इस बेल्ट में धात्विक खनिज और रेडियोधर्मी खनिज पाए गए हैं। राजस्थान अरावली में यूरेनियम, पन्ना से लेकर रक्षा के प्रति संवेदनशील खनिज, जस्ता, तांबा, टंगस्टन आदि पाए गए हैं, यह सूची खनिजों के समृद्ध स्रोतों की लंबी सूची है। जबकि गुड़गांव, मेवात और फरीदाबाद अरावली में इतनी समृद्ध खनिज संपदा नहीं है, क्योंकि यह मुख्य रूप से निर्माण सामग्री उत्खनन के लिए जाना जाता है।

6.3.19. सिंधु और गंगा बेसिन के बीच जल विभाजक। अरावली पर्वत प्रणाली सबसे पुरानी (आर्कियन) है और इन दोनों बेसिनों के बीच संतुलन बनाए रखती है। सतह के नीचे, अरावली चट्टानें पश्चिम की ओर बहने वाली नदियों (सिंधु) और पूर्व की ओर बहने वाली नदियों (गंगा) के बीच जल विभाजन का काम करती थीं। सतह के नीचे अरावली गढ़वाल हिमालय तक फैली हुई है, अरावली अरब सागर में बहने वाली सरस्वती नदी प्रणाली और टेथिस सागर में गिरने वाली गंगा नदी प्रणाली के बीच जल विभाजन का काम करती थी, गंगा जो बाद में

बंगाल की खाड़ी में मिलने लगी। जब हिमालय बढ़ रहा था तो इसने एक अवरोध (जल विभाजन) के रूप में काम किया, हालांकि दक्षिण-पश्चिमी दिशाओं में नदी के प्रवाह को बनाए रखने के लिए इसने कई टेक्टोनिक उथल-पुथल देखीं।बाद मे यमुना नदी ने अपना र्मांग बदला और र्मूव की ओर बहकर गंगा के साथ् मिल गइ। जल विभाजक र्पूव व पश्चिम के परिस्थिकि तन्त्र को सुरखित रखा ।

6.3.20. महत्वपूर्ण संसाधन आधार. अरावली ने भारत को प्राकृतिक संसाधनों का विशाल आधार प्रदान किया है। इसकी खनिज संपदा, वन संपदा, वन्यजीव विविधता और भावी पीढ़ियों के लिए संरक्षित महान आनुवंशिक भंडार है। अरावली के जीन बैंक को संरक्षित करने की सख्त जरूरत है। यह पश्चिमी क्षेत्र के लिए **हरित फेफड़े के रूप में कार्य करता** था, लेकिन अब अरावली पारिस्थितिकी तंत्र पर बढ़ते दबाव के साथ, प्राकृतिक संसाधनों का क्षरण बढ़ रहा है, जो प्रचंण्ड वायु प्रदूषण और भूमि क्षरण के समय हरित फेफड़ों को नष्ट कर रहा है।

6.4. अरावली पर्वतमाला को खतरा

6.4.1. खनन। सीईसी ने एफएसआई रिपोर्ट का हवाला देते हुए बताया कि राजस्थान में 128 अरावली पहाड़ियों में से 31 गायब हो गईं, **भारत के सर्वोच्च न्यायालय के न्यायमूर्ति** मदन **लोकुर** ने टिप्पणी की, **"31 hills or hillocks have disappeared. If hills will disappear in the** country, what will happen? Have people become 'Hanuman' that they are running away with hills?"

खनन में विभिन्न चरणों में कई कार्य शामिल होते हैं, जैसे पेड़ों की कटाई, भूमि को तोड़ना, स्थानीय जल निकासी को नुकसान पहुंचाना, जलग्रहण क्षेत्र के अपवाह को बाधित करना, ड्रिलिंग, विस्फोट, ओवरबर्डन सामग्री को हटाना, भारी वाहनों की आवाजाही, पत्थरों को चूर्ण करना, ओवरबर्डन निपटान, खनन सामग्री को इकट्ठा करना और उसका परिवहन, सामग्री के आकार को मापना आदि, जिससे सिलिका के रूप में धूल उत्पन्न होती है। खनन/उत्खनन से जलभृतों को नुकसान पहुंचा, जलभृतों को नंगा किया गया और द्वितीयक जलभृतों को अरावली की चट्टानों में क्रेवासिज /जॉन्ट्स/ करेक्स उजागर करके छिद्रित किया गया, जहां हजारों वर्षों से पानी जमा था। कीमती पानी बह गया। खनन के दौरान भूजल बर्बाद हो जाता है और साथ ही भूमिगत जल को प्रदूषित करके उसे पीने योग्य नहीं रहने नही दिया जाता है।

हरियाणा में बिना किसी वैज्ञानिक तकनीक/पद्धति के जहाँ-तहाँ बेतरतीब ढंग से खनन/उत्खनन किया गया। यह बड़े पैमाने पर खनन अवैध रूप से किया जाता है, और यहाँ तक कि वैध खनन/उत्खनन भी निर्धारित मानदंडों और नियमों का पालन नहीं करता है। राजस्थान में, CAG ने बताया कि 204.5 करोड़ रुपये के खनिजों का अवैध रूप से खनन किया गया था। [11]खनन की विकासात्मक आवश्यकता की अवधारणा को प्रकृति और उसके नाजुक पर्यावरण को हमेशा के लिए नष्ट करने के रूप में नहीं समझा जाना चाहिए। राष्ट्र के विकास के लिए आवश्यक खनिजों का खनन आवश्यक हो सकता है, लेकिन पर्यावरण को नुकसान पहुँचाए बिना खनन को स्थायी टिकाऊ आधार पर किया जाना चाहिए। इसमें कोई संदेह नहीं है कि राजस्थान में अरावली खनिज संसाधनों से भरपूर है, यहाँ हमें खनिज निष्कर्षण की जरूरतों और वनों को बचाने के बीच संतुलन बनाए रखने की जरूरत है।

दूसरी ओर, एनसीआर अरावली खनन अलग प्रकार का है, खनन या उत्खनन मुख्य रूप से भवन निर्माण सामग्री (क्वार्टजाइट का उपयोग रोडी और पत्थर के चूर्ण /स्टोन डस्ट के लिए किया जाता है) के लिए मांग के आधार पर किया जाता है। बदरपुर लाल रेत, और सिलिका रेत उत्खनन/खनन ने दिल्ली के आसपास अरावली पहाड़ी के नाजुक पर्यावरण को अपूरणीय क्षति पहुंचाई है, जो ऐसा लगता है जैसे धरती माता की हड्डियाँ नंगी उजागर हो गई हों। एनसीआर के आसपास मुख्य रूप से क्वार्टजाइट को रोडी और भवन निर्माण के लिए पत्थर के चूर्ण के रूप में पिसा जाता है।

उत्खनन/खनन से संबंधित मुख्य मुद्दे रिपोर्ट में किये गये है, बिना लाइसेंस के खनन, पट्टे के क्षेत्र से बाहर खनन, पट्टे में निर्धारित सीमा से अधिक सामग्री निकालना, निषिद्ध क्षेत्रों में खनन, बिना किसी वैज्ञानिक आधार के यहाँ-वहाँ बेतरतीब ढंग से खनन, अधिकांश उत्खनन/खनन में आईबीएम मानदंडों का पालन नहीं किया जाता है। सर्वोच्च न्यायालय ने अपने निर्णयों में सबसे महत्वपूर्ण मुद्दा यह बताया है कि पुराने खनन किए गए गड्ढों के पुनर्वास के लिए कोई योजना नहीं है । खनन ठेकेदारों ने पैसे कमाने के लिए घायल धरती माँ को जानवरों और मनुष्यों के जीवन को खतरे में डालने के लिए छोड़ दिया । खनन लॉबी का व्यवहार यह है कि वे जितना संभव हो उतना खनन करें और किसी भी क्षेत्र के प्रति या क्षेत्र के पुनर्वास के प्रति कोई जिम्मेदारी लिए बिना भाग जाएं।

1995 से लेकर आज तक सुप्रीम कोर्ट के फ़ैसलों की धज्जियाँ उड़ाई जा रही हैं और अवैध खनन जारी है। खनन के दौरान और उसके बाद खनन/उत्खनन क्षेत्रों और स्टोन क्रशर के आस-पास की हवा की गुणवत्ता के बारे में नियमित डेटा प्रकाशित नहीं किया जाता है, ताकि खनन के पर्यावरण पर पड़ने वाले प्रभाव का पता चल सके। मीडिया ने बताया कि स्टोन क्रशर हवा-रोधी दीवारों का ठीक से रखरखाव नहीं करते हैं और प्रदूषण नियंत्रण उपकरण ठीक से काम नहीं करते हैं। खनन विभाग अरावली के नाजुक पर्यावरण को होने वाले नुकसान को कम करने के लिए खनन या उत्खनन के लिए नई तकनीक को अपग्रेड करने की ज़हमत नहीं उठाता। ज़्यादातर मामलों में, खनन और स्टोन क्रशर लॉबी नियमों और कानूनों के अनुपालन के मामले में अवज्ञाकारी रही।

एनजीटी ने सरकार को निर्देश दिया कि वह चार्ट में प्रासंगिक जानकारी उपलब्ध कराए, जिसमें प्रत्येक इकाई द्वारा प्रदूषण-रोधी मानदंडों का अनुपालन और क्या उन्होंने स्थापना के लिए सहमति (सीटीई) और संचालन के लिए सहमति (सीटीओ) प्राप्त की है। [12]मीडिया रिपोर्ट में उल्लेख किया गया है कि हरियाणा सरकार द्वारा प्रस्तुत एक रिपोर्ट में इन स्टोन क्रशरों द्वारा प्रदूषण नियंत्रण के मानदंडों के बड़े

पैमाने पर उल्लंघन की सूचना दी गई है। मैनुअल मॉनिटरिंग स्टेशनों को सक्रिय करने के लिए निरंतर वायु परिवेश गुणवत्ता निगरानी प्रणाली की स्थापना की तत्काल आवश्यकता है।

स्थानीय दबाव के बावजूद, पारिस्थितिकी-पुनर्स्थापना निधि अभी तक मूर्त रूप नहीं ले पाई है। इसी तरह, खनन ओवरबर्डन को उचित तरीके से डंप करने की कोई योजना नहीं है, बल्कि यहां-वहां डंप करने से अरावली क्षेत्र का गंभीर क्षरण होता है और जल निकासी पैटर्न अवरुद्ध हो जाता है। पुरानी खदानों को भरने के लिए ओवरबर्डन सामग्री का उपयोग करने के लिए कोई उचित और प्रभावी योजना/योजना नहीं है। खदान संचालक अपने द्वारा किए गए प्रदूषण के लिए भुगतान नहीं करते हैं। प्रदूषण करने वालों के लिए प्रदूषण के लिए भुगतान करने की कोई नीति नहीं है। बल्कि खदान संचालकों के पिछले रिकॉर्ड का आकलन किए बिना और पुरानी खदानों की बहाली के बिना कोई नया पट्टा या पट्टे का नवीनीकरण नहीं होने दिया जाना चाहिए।

पर्यावरण प्रभाव आकलन (ईआईए) रिपोर्ट में अनिवार्य पुनर्वास भाग और खनन गड्ढों के पुनर्वास के बाद खदान संचालक से लिखित रूप में प्रतिबद्धता शामिल होनी चाहिए। पर्यावरण प्रबंधन योजना (ईएमपी) केवल कागजी कार्रवाई तक ही सीमित रहती है और जमीनी स्तर पर पर्यावरणीय पहलुओं को नजरअंदाज किया जाता है। पुराने खनन गड्ढों के पुनर्वास के चुनौतीपूर्ण कार्य ने पूरे अरावली पारिस्थितिकी तंत्र के लिए एक बड़ा खतरा पैदा कर दिया है। अधिक विस्तृत कहानियों के लिए मेरी पुस्तक [13], कहानी 5.9 से 5.12, 6.2.1 पृष्ठ 271-274, और 6.2.2 पृष्ठ 275-276 देखें।

6.4.2. प्राकृतिक संसाधनों का सूक्ष्म स्तर पर मूल्यांकन नहीं किया गया। प्राकृतिक संसाधनों का असंवहनीय दोहन भविष्य के लिए गंभीर खतरा पैदा करने वाला है। नौकरशाही व्यवस्था मौजूदा प्राकृतिक संसाधनों के मूल्यांकन और उनके भविष्य के उपयोग के लिए सूक्ष्म स्तर पर कोई वैज्ञानिक योजना तैयार करने के प्रति उदासीन बनी हुई है। अरावली का पारिस्थितिकी तंत्र अत्यधिक नाजुक है, और भविष्य में विनाश से बचने के लिए नुकसान की भरपाई के लिए एक स्थायी वैज्ञानिक तंत्र की अनिवार्य रूप से आवश्यकता है। प्राकृतिक संसाधनों तक खुली पहुंच प्रणाली किसी भी क्षेत्र या कार्यान्वयनकर्ता या प्रवर्तन एजेंसियों की किसी भी जवाबदेही के बिना अव्यवस्थित तरीके से संसाधनों के विनाश का एक प्रमुख कारक बन गई है। स्थानीय समुदाय सुस्त या अलग-थलग हैं या जंगलों सहित अपने सीपीआर को बचाने और प्रबंधित करने में रुचि नहीं रखते हैं। इसके बजाय भू-माफिया स्थानीय बेरोजगार युवाओं को थोड़े से पैसे के लिए संसाधनों के अवैध दोहन के लिए अरावली के जंगलों को नष्ट करने के लिए इस्तेमाल करते हैं। सतत विकास के लिए, अरावली पारिस्थितिकी तंत्र की पारिस्थितिकी संवेदनशीलता को ध्यान में रखते हुए, उपलब्ध संसाधनों के डेटा/स्थिति और उनकी वहन क्षमता सीमाओं के भीतर जंगलों से उनकी मांग और आपूर्ति क्षमता पर विचार करना चाहिए । संसाधनों की आपूर्ति और इसकी पर्यावरणीय लागत का आकलन करने के लिए प्रयास किए जाने की आवश्यकता है।

6.4.3. शहरीकरण । समय के साथ शहरीकरण (कानूनी और अवैध) ने अरावली पारिस्थितिकी तंत्र के लिए गंभीर खतरा पैदा कर दिया है। शहरीकरण ने शहरी बेल्ट विकसित करने के लिए बुनियादी ढांचे की मांग में वृद्धि की। इसने अरावली पहाड़ियों में खनन/उत्खनन भी शुरू किया। शहरीकरण के लिए सड़क, बिजली, पानी, परिवहन और संबद्ध सुविधाओं की मांग सामंजस्यपूर्ण प्रगति में कई गुना बढ़ गई है। जब वन भूमि को ही शहरीकरण के लिए छोड दिया जाता है तो पारिस्थितिकी तंत्र में कुछ भी नहीं बचता है, और पूरा पारिस्थितिकी तंत्र ध्वस्त हो जाएगा। स्थानीय पर्यावरण को ध्यान में रखे बिना पूर्वाग्रही शहरीकरण नीति ने अरावली के लिए सबसे बड़ा खतरा पैदा कर दिया है। फरीदाबाद मे (कहानी** 7.1.17 पृष्ठ 318-321) और चकरपुर, गुड़गांव मे (कहानी** 5.8.3. पृष्ठ 208 से 210) हरियाणा सरकार ने नोटिफाइड वन भूमि पर कानुन के विरूद्ध रिहायसी सैक्टर बनाये ।

मेवला महाराजपुर, अन्नागपुर, लकड़पुर और बड़कल आदि मे निजी व्यक्तियों द्वारा किए गए शहरीकरण जैसे कांत एन्क्लेव को 40 वर्षों के कानूनी विवादों के बाद सर्वोच्च न्यायालय के आदेश के बाद ध्वस्त कर दिया गया (कहानी** 5.4, पृष्ठ 174 से 189)। गुड़गांव सेक्टर और चकरपुर अधिसूचित वन भूमि एक कंपनी को दे दी गई (कहानी** 5.8.4, पृष्ठ 210 से 213)। अरावली पारिस्थितिकी तंत्र की संवेदनशीलता को ध्यान में रखते हुए कटाव की सीमा और वन आवरण की प्रकृति के अनुसार उचित जोनिंग नहीं की गई ताकि पारिस्थितिकी तंत्र को होने वाले नुकसान को कम किया जा सके। नियोजन प्रक्रिया में पर्यावरणीय आवश्यकताओं के साथ एकीकरण करने के लिए बहुत कम या कोई प्रयास नहीं किए गए। शहरीकरण विभागों और संस्थानों ने अरावली को नोमैन लैंड माना और जो कि समुदाय के स्वामित्व में है, यह अरावली के जंगलों के शहरीकरण की अनुमति देने के लिए एक सही कदम नही था/है (कहानी** 5.3 से 5.8)

6.4.4. सड़कें और संचार के साधन । आम तौर पर कहा जाता है कि एक बार जंगल में सड़क बन जाने के बाद जंगल बर्बाद हो जाएंगे या धीरे-धीरे खत्म हो जाएंगे। सड़क नेटवर्क और वन संरक्षण साथ-साथ नहीं चल सकते। सड़कें जंगल की शांति को खत्म करने के सभी साधन लेकर आती हैं। कुछ लोग इससे असहमत हो सकते हैं। शक्तिशाली भू-माफिया या राजनेताओं की नौकरशाही के प्रभाव में अरावली के खुबसुरत जंगलों को नष्ट करने के लिए सड़क निर्माण के नाम पर कई प्रस्ताव पेश किये गये । हालाँकि फ़ाइल में औचित्य सार्वजनिक कल्याण के नाम पर दिखाया जाता है, लेकिन वास्तव में ऐसे अतार्किक प्रस्ताव छिपे हुए तीसरे पक्ष को लाभ पहुँचाने के लिए बनाये जाते हैं।

वन क्षेत्रों में सड़क निर्माण अमुमन कॉलोनाइजर, बिल्डर और भू-माफिया लॉबी के साथ होता है। शहरीकरण के नाम पर नौकरशाह बिल्डर लॉबी को लाभ पहुँचाना चाहते थे। उन्होंने अरावली के जंगलों के सबसे अच्छे हिस्से में सड़क निर्माण का प्रस्ताव शुरू किया, एनजीटी की बदौलत इसे कोर्ट ने रोक दिया। दूसरे मामले में, एनएचएआई और हरियाणा सरकार ने बिना सोचे-समझे मानेसर अरावली के जंगलों के पास एक टोल प्लाजा और मोटल निर्माण का प्रस्ताव रखा, जबकि इससे पहले उन्होंने कुछ किलोमीटर आगे बिलासपुर के पास एक टोल प्लाजा बनाया हुआ था । पर्यावरणविद को इसे रुकवाने के लिए एनजीटी से [14]संपर्क करना पड़ा और फिर इसे दूसरी जगह शिफ्ट करना पड़ा (कहानी** 5.7.1. 5.7.2, पृष्ठ 198 से 204)।

6.4.5. ईंधन और ऊर्जा की मांग। एक समय था जब गांव की पूरी आबादी घरेलू जरूरतों के लिए अरावली के जंगलों से ईंधन की लकड़ी जुटाती थी और गांव के बुजुर्ग वन क्षेत्रों से सूखी और गिरी पडी लकड़ियों को निकालने का प्रबंध करते थे। आबादी बढ़ने से वन उत्पादों की मांग भी कई गुना बढ़ गई, लेकिन वनों में खतरनाक गति से कमी आई। अब जंगलों में ईंधन की लकड़ी की उपलब्धता, निकासी या मांग से कम है। सरकारी एजेंसियों ने जंगलों से ईंधन की लकड़ी निकालने और भविष्य की खपत जरूरतों के आंकड़े जुटाने की कोशिश नहीं की, जिससे मांग और आपूर्ति में असंतुलन पैदा हुआ। आज भी यह जानकारी सामने नहीं आ रही है कि कितने परिवार ईंधन की लकड़ी इकट्ठा करते हैं या घरेलू जरूरतों के लिए ईंधन की लकड़ी पर निर्भर हैं। मेवात क्षेत्र में कोयला बनाने के लिए ईंधन की लकड़ी के व्यावसायिक इस्तेमाल ने समस्या को और बढ़ा दिया है। एनसीआर क्षेत्र में दिल्ली या औद्योगिक क्षेत्रों के आसपास प्रवासी मजदूरों की संख्या का कोई हिसाब नहीं है और ईंधन की लकड़ी के लिए वे जो भी मिलता है, उसे नष्ट कर देते हैं।

वन कानून प्रवर्तन/कार्यान्वयन वांछित स्तर से नीचे रहा। हालांकि मस्कट कॉपिस प्रचुर मात्रा में आती है, लेकिन कटाई/निकासी की दर चिंताजनक रूप से उच्चतर बनी हुई है और किसी एक अग्रणी शाखा को बढने या पेड़ बनने की अनुमति नहीं देते है। वीएफसी का गठन किया गया था और उनसे वन विभाग की देखरेख में वैज्ञानिक रूप से ईंधन की लकड़ी निकालने को विनियमित करने की अपेक्षा की गई थी, वे वीएफसी प्रमुख सीधी तने को बनाए रखकर और केवल टहनियों/शाखाओं को काटकर ईंधन की लकड़ी निकालने को नियंत्रित कर सकते थे। वीएफसी अपनी जिम्मेदारी लेने में विफल रहे या अनदेखी की (कहानी** 6.2.1, 271 से 276, आदि)

6.4.6. कोलोनाइजेश्न और भू-माफिया। दिल्ली के आसपास की जमीन बहुत महंगी है और अरावली पहाड़ियों में अधिकांश भूमि सार्वजनिक भूमि/पंचायत भूमि है। नौकरशाही गठजोड़ के कारण सार्वजनिक भूमि को भू-माफिया को बेचा जा रहा है। कोलोनाइजर आसानी से बिक्री विलेख पंजीकृत करवा लेते हैं और फिर आगे की गतिविधियों के लिए पैसे का खुला खेल खेलते हैं। लगभग सभी संबंधित विभाग अरावली के जंगलों को नष्ट करने के लिए सिस्टम के मानदंडों में इस या उस तरह से फेरबदल करते रहते हैं। सुप्रीम कोर्ट के अनेक फैसले केवल फाइलों में ही सिमट कर रह गए। नौकरशाहों ने अरावली को सोने की खान या पैसे बनाने की मशीन के रूप में इस्तेमाल किया। अरावली की अधिसूचित वन भूमि पर कई अवैध कॉलोनियाँ बनाई गईं, सुप्रीम कोर्ट ने कांत एन्क्लेव को ध्वस्त करने और फिर अरावली में दिल्ली की सीमा के करीब खोरी के मकानो को ध्वस्त करने का आदेश दिया, (कहानी** 5.4. इत्यादि)।

6.4.7. फार्महाउस। अमीर लोगों की लालच और ज़मीन की भूख अभी भी अतृप्त/असीमित है। अरावली के पारिस्थितिकी तंत्र में ज़मीन हड़पने के लिए सत्ताधारी लोग कानून और सुप्रीम कोर्ट के फ़ैसलों का उल्लंघन करने में पीछे नहीं हैं। एनसीआर क्षेत्र में ज़मीन की यह भूख दिन-पर-दिन बढ़ती जा रही है और अरावली में अवैध रूप से बड़ी संख्या में फार्महाउस बनाये गए हैं, पैसे के बल पर उन्होंने स्विमिंग पूल और ऐशो-आराम के लिए गहरे भूजल का अवेध दोहन किया है। नौकरशाह अपने सत्ताधारी साथियों के लिए आँखें मूंद लेते हैं या सत्ताधारी सत्ताधारियों से डरते हैं। अमीरों और ताकतवरों के लालच को रोकने के लिए एनजीटी ने सोहना क्षेत्र के फार्महाउसों को ध्वस्त करने का आदेश दिया, लेकिन व्यावहारिक रूप से अरावली की पहाड़ियों में और भी ज़्यादा फार्महाउस बन रहे हैं। दिल्ली की सीमा से शुरू होकर हजारों फार्महाउस दक्षिण में फिरोजपुर झिरका और दक्षिण-पश्चिम में रेवाड़ी, नारनौल तक फैले हुए हैं (कहानी** 5.1 से 5.3, 5.6, 5.8.5 और 6.1.1 आदि)

6.4.8. अतिक्रमण और निर्माण गतिविधियाँ । अरावली वन भूमि पर अतिक्रमण विलासितापूर्ण जीवन शैली के लिए स्व-जनित लालच को पूरा करने का कोई सही तरीका नहीं है। भौतिक आवश्यकता से प्रेरित भूमि हड़पने को विवेकपूर्ण तरीकों से नहीं रोका गया है। धर्म, खेल, संस्थानों, शैक्षणिक संस्थानों, सरकारी विभागों, भारत सरकार के संस्थानों, पुलिस लाइन, रक्षा संस्थानों के नाम पर अतिक्रमण की सूची बहुत लंबी है। शायद सत्ताधारियों के लिए ग्राम पंचायत के सरपंच पर XYZ के पक्ष में प्रस्ताव पारित करने के लिए दबाव डालना और फिर लालच को बनाए रखने के लिए बहुत लंबी अवधि के लिए पट्टा लेना बहुत आसान काम है। कानूनी तौर पर इन पट्टे या बिक्री कार्यों की कोई कानूनी पवित्रता नहीं है क्योंकि सुप्रीम कोर्ट के फैसले में स्पष्ट रूप से आदेश दिया गया है कि सभी सामुदायिक भूमि / पंचायत भूमि का प्रबंधन केवल निवासियों के साझा उपयोग के लिए किया जाना चाहिए। लेकिन सत्ता को जमीन हड़पने में मजा आता है और नौकरशाह अपनी आंखें बंद कर लेते हैं। (कहानी** 5.2, 5.3, 5.5, 5.8, 7.1.1 से 7.1.4, 7.1.15 आदि)

6.4.9. विकासात्मक गतिविधियाँ । जनसंख्या में वृद्धि के साथ विकासात्मक ज़रूरतें भी बढ़ रही हैं, साथ ही प्राकृतिक संसाधन सीमित हैं और उन्हें उनकी एक सीमा से आगे नहीं बढ़ाया जा सकता। नई भौतिक ज़रूरतें और बुनियादी ढाँचे की माँगें बढ़ रही हैं, ऐसी तनावपूर्ण

स्थितियों में एकमात्र रास्ता सतत विकास है। जब हमारे पास साँस लेने के लिए हवा ही नहीं रहेगी तो आखिर यह विकास किसके लिए होगा? इसलिए, हमें अपने भविष्य के अस्तित्व के लिए प्राकृतिक संसाधनों का संरक्षण और सुरक्षा करनी होगी। विकास शब्द का इस्तेमाल चुनिंदा लोगों के स्वार्थ के लिए अरावली के जंगलों को नष्ट करने के उपकरण के रूप में किया जाता है। जब लोगों को साँस लेने के लिए शुद्ध हवा ही नहीं मिलेगी, तो उन विकासात्मक गतिविधियों का क्या उपयोग होगा? जब असंख्य बीमारियाँ लोगों को मारने के लिए फैल जाएँगी और जब पीने के लिए पानी नहीं बचेगा। लेकिन नाजुक पर्यावरणीय स्थिरता की परवाह किए बिना जंगलों को साफ करने के लिए विकास का उस्तरा इस्तेमाल किया जा रहा है।

6.4.10. वनों की कटाई । वनों की कटाई अरावली पारिस्थितिकी तंत्र के लिए सबसे बड़ा और सबसे स्पष्ट मानवजनित खतरा है। विकास और मानवीय जरूरतों/ लालच की दौड़ में पारिस्थितिकी तंत्र ने अपनी प्रासंगिकता खो दी है। टीएन गोदावर्मन (12.12.1996) में सर्वोच्च निर्णय ने स्पष्ट रूप से वनों की परिभाषा दी और बाद में, सर्वोच्च न्यायालय द्वारा बड़ी संख्या में निर्णयों ने इसका समर्थन किया और इसे उचित ठहराया। लेकिन सत्ताधारियों की शक्तिशाली लॉबी अदालत के फैसलों को दरकिनार करने में व्यस्त रहती है।

हरियाणा सरकार पूरे अरावली पारिस्थितिकी तंत्र को वन घोषित नही करने पर अड़ी हुइ है। सर्वोच्च न्यायालय के 18.3.2004 के फैसले में अरावली परियोजना [15]वनीकरण क्षेत्रों को डिमड वन माना गया (39390 हेक्टेयर), लेकिन नौकरशाह सर्वोच्च न्यायालय के फैसलों को तोड़-मरोड़ कर पेश कर रहे हैं। सर्वोच्च न्यायालय द्वारा नियुक्त सीईसी की 28.8.2008 की रिपोर्ट में स्पष्ट रूप से सार्वजनिक सड़कों और बिजली लाइनों जैसी आवश्यक सार्वजनिक जरूरतों को छोड़कर 'अरावली निषिद्ध क्षेत्र' में वन संरक्षण अधिनियम (1980) के तहत वन भूमि के डायवर्सन के मामलों की अनुमति देने पर रोक लगा दी गई है।

सरकार बाद में, कानूनी रूप से मान्य शब्द अधिसूचित वन के स्थान पर 'प्राकृतिक संरक्षण क्षेत्र' के नाम पर नया मोड़ लाया गया। वन से नाम बदलना उस भूमि पर वन कानूनों के लागू होने से बचने की एक चाल थी। मानो हरियाणा सरकार नामकरण के परिवर्तन से संतुष्ट नहीं थी, उसके बाद उन्होंने सर्वोच्च न्यायालय में यह कथन प्रस्तुत किया कि वे न्यायालय में अरावली की सबसे प्राचीन पर्वत श्रृंखला को स्वीकार नहीं करते। नौकरशाही किस तरह कानून और न्यायालय के आदेशों को धता बताने के लिए स्थापित तथ्यों के साथ खेलती है। न्यायालयों को गुमराह करने के लिए सर्वोच्च न्यायालय में इस तरह के हेरफेर किए गए हलफनामे दायर किए जाते हैं (कहानी** 5.4.3 पृष्ठ 180 से 183 आदि)

फिर वन नौकरशाही ने वन्यजीव सफारी के नाम पर प्राचीन जंगलों के व्यावसायिक उपयोग के लिए एक और तंत्र तैयार किया। इस सफारी अवधारणा का उपयोग फार्महाउस लॉबी और भू-माफियाओं को बुनियादी ढांचा प्रदान करने के लिए किया जा रहा है, जिन्होंने अरावली वन भूमि पर कब्जा कर लिया है। अरावली भूमि संसाधनों की जलवायु परिस्थितियाँ ऐसी गतिविधियों का समर्थन करने में सक्षम नहीं हैं, लेकिन यह वाणिज्यिक उद्देश्यों के लिए वन भूमि का उपयोग करने की एक और नई चाल है, और साथ ही यह आशंका है कि यह वन्यजीव सफारी बुनियादी ढांचा फार्महाउस लॉबी के व्यवसाय को बढ़ावा देगा। यह एक शक्तिशाली लॉबी के अवैध फार्महाउसों को अप्रत्यक्ष समर्थन प्रदान करने के लिए धन शक्ति के सामने झुकने का एक और तरीका है। एकमात्र अच्छी बात यह है कि कुछ क्षेत्रों को पीएफ के रूप में अधिसूचित किया गया था, लेकिन इसमें भी राजनीति खेली गई, जहा पर कॉलोनाइजर लोबी के इन्टरेसट है उन सथानो को पीफ मे सामिल नही किया गया।

कानूनों और आदेशों का खराब अनुपालन, अनुपालन मानकों के बारे में कोई विश्वसनीय डेटा प्रकाशित नहीं किया जाता है। डीएफओ इसे एक सुरक्षित दृष्टिकोण मानते हैं कि अधिसूचित वन क्षेत्रों में उल्लंघन या भूमि हड़पने के लिए कोई वन अपराध दर्ज न किया जाए। वन विभाग के पास वनों को होने वाले नुकसान की निगरानी के लिए कोई प्रभावी स्वतंत्र एजेंसी नहीं है, वही एजेंसी सुरक्षा और संरक्षण के लिए उत्तरदायी है, इसलिए अरावली के जंगलों के नुकसान से संबंधित डेटा नौकरशाही के लपेटे में रहता है।

स्थानीय मांगों को पूरा करने के लिए सार्वजनिक सुविधाएं पर्याप्त नहीं थीं। कठोर जलवायु परिस्थितियों और पौधों की सिंचाई के लिए पानी की अनुपलब्धता के कारण वनीकरण का काम जनोन्मुखी नहीं रह सकता। जागरूकता बढ़ाने के लिए किए गए मामूली प्रयास वांछित स्तर तक नहीं पहुंच पाते। पैसे की भूख के कारण ग्रामीणों ने खेती-बाड़ी बीच में ही छोड़ दी। कठोर जलवायु कारकों के कारण अरावली क्षेत्र में कृषि बागवानी पर जोर से काम नहीं कर रहा है। कई कृषि - सिल्वी -पशुपालन, कृषि -बागवानी मॉडल, कृषि वानिकी - सिल्वी , कृषि -औषधीय पौधों के मॉडल और बहु-परत वानिकी की कोशिश की गई, लेकिन किसानों के बीच उन्हें ज्यादा रूची नहीं दिखाइ । प्राकृतिक रूप से उगने वाली औषधीय पौधों की सामग्री को इकट्ठा करने की कोशिश की गई, लेकिन उत्पादक ऐसी सामग्री के संग्रह की लागत भी नहीं देने को तेयार हो रहे है। शायद औषधीय पौधों का बाजार अच्छी प्रतिक्रिया नहीं दे रहा है। मिट्टी मे इतनी ताकत नही हे कि वह वनो मे केनोपी के साथ बदलाव किया जा सके।

6.4.11. वनभूमि का गैर वानिकी कार्यों में परिवर्तन - वन संरक्षण अधिनियम (1980) अरावली वन भूमि को गैर वानिकी कार्यों में परिवर्तित करने का एक साधन (व्यापारिक उद्योग) बन गया है। एक ओर वन विभाग के पास हरियाणा में 'प्रतिपूरक वनरोपण' कार्यक्रमों को क्रियान्वित करने के लिए पर्याप्त भूमि नहीं है और दूसरी ओर अरावली वन भूमि को गैर वानिकी कार्यों में परिवर्तित किया जा रहा है।

मुझे एक घटना याद आती है, जब मैंने एक पांच सितारा होटल के लिए वन संरक्षण अधिनियम (1980) के तहत एक मामले को मंजूरी देने से इनकार कर दिया, तो मेरे विभागाध्यक्ष ने पूछा कि जब पक्ष अरावली भूमि के बदले भूमि देने के लिए तैयार था तो मामले को अस्वीकार क्यों किया गया। मैंने अपने बॉस से कहा कि कटाव एक क्षेत्र-उन्मुख अवधारणा है और अरावली में कटाव की भरपाई राजस्थान में भूमि का एक छोटा सा टुकड़ा देकर नहीं की जा सकती। अरावली में किसी भी नुकसान की भरपाई उसी अरावली क्षेत्र में ही की जानी चाहिए।

यदि दीवार की नींव से एक ईंट भी हटा दी जाए, तो यह दीवार को ढहने के लिए मजबूर कर देगी। वनपालों के बीच दोगलापन की उच्च डिग्री, जब उन्हें वृक्षारोपण के लिए धन मिला, तो अरावली वनों के रूप में महत्वपूर्ण थी, जब उन्हें अरावली वन भूमि को छोडने के लिए धन मिला, तो अरावली पारिस्थितिकी तंत्र अप्रासंगिक हो गया। वन विनाश अरावली के जंगलों में अंतराल पैदा करना जारी रखता है, जबकि अधिकांश क्षेत्र झाड़ीदार वन क्षेत्र के अंतर्गत आता है। CA वृक्षारोपण में कठोर जलवायु के कारण प्रजातियों का चयन एक बड़ा मुद्दा बना हुआ है, जो वृक्षारोपण में पानी की अनुपलब्धता से नुकसान हो जाता है। स्थानीय लोग वृक्षारोपण को परिपक्व होने तक बढ़ने नहीं देते हैं, वे प्रारंभिक अवस्था में ईंधन के लिए पौधों को काटना शुरू कर देते हैं।

6.4.12. भूमि क्षरण । निरंतर भूमि क्षरण अरावली पारिस्थितिकी तंत्र के लिए एक बड़ा खतरा है। क्षरण के कारण वनस्पति आवरण नष्ट हो जाता है जिससे वन आवरण को फिर से पुनर्जीवित करना मुश्किल हो जाता है। सरकारी एजेंसियाँ दशकों से अरावली भूमि क्षरण और वन वनस्पति के नुकसान की सीमा के बारे में विश्वसनीय डेटा नहीं रख रही हैं। अरावली में वनस्पति आवरण बढ़ाना एक बहुत बड़ा कठिन काम है, बंजर चट्टानों को हरा आवरण प्रदान करना एक बड़ी चुनौती है। क्षेत्र में कटाव को रोकना और कम करना मुश्किल है। भूमि क्षरण के कारण स्थानीय समुदायों को ईंधन, चारा और लघु वन उपज की आपूर्ति को बनाए रखना मुश्किल हो गया है।

लगातार भूमि क्षरण के कारण स्थानीय लोगों की भागीदारी कम हो गई है, जिससे उन्हें प्राकृतिक संसाधनों पर अपनी निर्भरता कम करने के लिए मजबूर होना पड़ा है। इससे क्षेत्र में वन क्षेत्र की रक्षा करना और भी मुश्किल हो गया है। ग्राम पंचायतें या वीएफसी सामुदायिक संसाधनों की खुली पहुंच प्रणाली का प्रबंधन नहीं कर रहे हैं। स्थानीय लोगों की भागीदारी के साथ नियंत्रित पहुंच प्रणाली को विनियमित करना और बदलना मुश्किल है। स्थानीय लोग तभी आगे आते हैं, जब उनके उपयोग के लिए संसाधन प्रचुर मात्रा में उपलब्ध होते हैं। क्षरण ने संसाधनों की आपूर्ति को कम कर दिया जिससे समस्या और बढ़ गई।

6.4.13.ग्रामीण संस्थाओं की विफलता । एनसीआर क्षेत्र है एक ऐया क्षेत्र है जहा शहरीकरण के लिए ज़मीन की बहुत ऊँची माँग और बहुत ऊँचे दाम है, जबकि उत्तरी शुष्क पर्णपाती जंगल या काँटेदार जंगलों से ढकी सामुदायिक ज़मीन इतनी एकमुश्त ज़्यादा नकदी नहीं देती। दूसरी तरफ़, भू-माफ़िया गाँव वालों को ज़मीन बेचने के लिए पैसे मुहैया कराते हैं और बाकी नौकरशाही व्यवस्था भू-माफिया संभालते हैं। इस पैसे के प्रवाह ने गाँव वालों के बीच विभाजन पैदा कर दिया है, क्योंकि VFC या पंचायत जैसी ग्राम संस्थाएँ उचित तरीके से सुरक्षा देने में विफल रही हैं। वन विभाग ने हर गाँव में VFC का गठन किया और समय बीतने के साथ वे निष्क्रिय हो गए। मेरे कार्यकाल के दौरान, हमने कुछ हद तक उन VFC को पुनर्जीवित करने की कोशिश की, लेकिन बाद मे निरंतर प्रयास जारी नहीं रखे गए। प्राकृतिक संसाधनों का दिन-प्रतिदिन कम होना समुदाय के बीच CPR वितरण को बनाए रखने में सक्षम नहीं है। पंचायतें अरावली की सामुदायिक ज़मीन की रक्षा करने में विफल रहीं।

6.4.14. हरियाणा की नीति । हरियाणा सरकार की नीति प्राकृतिक संसाधनों के संरक्षण की बजाय व्यावसायिक हितोन्मुखी बनी हुई है। नीति क्षेत्र में बिल्डरों की शक्तिशाली कॉर्पोरेट लॉबी हावी है। धन की लोलुपता सभी को चक्र कटाती हे, यह एक पुरानी बात है। हरियाणा में साझी जमीन और पंचायती जमीन का स्वामित्व समुदाय के पास है, जो राजस्व विभाग के अधीन आती है। राजस्व अधिकारी राजस्व सृजन का हवाला देते हुए अपने ही विभाग के नियमों के विरुद्ध बिक्री विलेख पंजीकृत करते हैं। साझी जमीन समुदाय के साझा उपयोग के लिए थी, ऐसी जमीन की बिक्री साझी जमीन के साझा उद्देश्य के मूल मुद्दे का उल्लंघन करती है। इस संबंध में सुप्रीम कोर्ट के स्पष्ट शब्दों में फैसला दिए जाने के बाद भी, लोग अभी भी ऐसी साझी जमीन पर अवैध रूप से बैठे हैं और नौकरशाही के साथ सांठगांठ करके निर्माण कर रहे हैं। ऐसे निर्माण कानून और अदालत के आदेश के खिलाफ हैं, लेकिन जमीन खाली नहीं करवायी जाती है।

सदियों पुरानी सामुदायिक भूमि का उपयोग केवल सामुदायिक कल्याण के लिए ही किया जाना चाहिए, लेकिन राजस्व सृजन की चाल में व्यक्तिगत नामों पर बिक्री विलेख पंजीकृत किए जाते हैं। पंजाब भूमि संरक्षण अधिनियम, 1900 इन अरावली भूमि पर लागू था, लेकिन अधिनियम में 2019 के संशोधनों से भूमि के ऐसे गलत कब्ज़ेदारों को लाभ पहुँचाने का प्रयास किया गया था। भू-माफियाओं को इस तरह या उस तरह से सरकारी सहायता जारी रही। सर्वोच्च न्यायालय के निर्णय के बाद भी भूमि को साझा उपयोग के लिए प्रबंधन हेतु वन विभाग को नहीं सौंपा गया। शहरी व्यक्तियों/कंपनियों को लगातार सामुदायिक भूमि हस्तांतरण की अनुमति देना कानून के विरुद्ध है। बिक्री और पुनर्विक्रय नीति वन क्षेत्र को नष्ट करने की एक सतत प्रक्रिया बनी हुई है, साथ ही यह अरावली के जंगलों को नष्ट करने की दिशा में शक्तिशाली व्यक्तियों, राजनेताओं, नौकरशाहों और निगमों द्वारा नए अतिक्रमण की गुंजाइश पैदा करती है। इसने भूमि हड़पने के नाम पर रियल एस्टेट एजेंटों और व्यवसायों को बढ़ाचा दिया है। अंतरराष्ट्रीय स्तर के खिलाड़ी/शीर्ष नौकरशाह/व्यवसायी/कॉर्पोरेट/धनी व्यक्ति इस घोटाले में शामिल हो गए

7. 5. 1992 की अधिसूचना में राजस्व भूमि की कुछ श्रेणियों के उपयोग पर रोक लगाई गई थी, लेकिन फार्महाउस लॉबी के प्रभाव में स्थानीय पटवारी ने भूमि उपयोग को 'फार्महाउस' के रूप में गैर-अनुमेय श्रेणी में बदल दिया, जिसे बाद में अदालत के दबाव में सुधारा गया। यह अधिसूचना वन कानून के तहत नहीं, बल्कि ईपीए के तहत जारी की गई थी, इससे कानून लागू करने वालों की बहुलता पैदा हो गई, जो बिल्डर लॉबी के लिए अनुकूल हो गई। कानूनों के उल्लंघन के लिए कोई भी जिम्मेदार नहीं था, नौकरशाह गेंद को एक तरफ से दूसरी तरफ खिसकाने लगे रहते है।

6.4.15. धनबल । धनबल अरावली पारिस्थितिकी तंत्र के लिए सबसे बड़ा खतरा बना हुआ है, क्योंकि वैध या अवैध रूप से धन का आदान-प्रदान ग्राहकों की जरूरतों के अनुसार कानून को तोड़-मरोड़ कर किया जाता है। नौकरशाह, राजनेता या ग्रामीण जो भी पैसे से प्रभावित हैं, वे धनबल वाले की इच्छानुसार निर्णय प्रभावित करते हैं। कैसे पंचायत की भूमि के स्वामित्व को सामूदायिक भूमि में बदल दिया गया और फिर बाहरी लोग उन सामुदायिक भूमि में निर्दिष्ट हिस्सों के साथ सह-भागीदार बन गए। यहां तक कि किसी को भी नहीं पता कि पहाड़ियों में जमीन का उनका हिस्सा कहां स्थित है (बिना सीमांकन के)। साझा जमीनों की बड़े पैमाने पर बिक्री के दस्तावेज पंजीकृत किए गए और फिर राजनेता-नौकरशाही गठजोड़ ने अधिसूचित वन भूमि / मानी गई वन भूमि पर गलत निर्माण की अनुमति दी। अमीर व्यक्तियों के पक्ष में कानून और शासन का अप्रभावी कार्यान्वयन, कानूनों को तोड़ना-मरोड़ना और उनकी अनदेखी करना जारी रहा।

6.4.16. ठोस अपशिष्ट पदार्थ और कोयले की राख आदि का डंपिंग। शहरीकरण में बेतहाशा वृद्धि हुई और आवासीय क्षेत्रों में भारी मात्रा में ठोस अपशिष्ट पदार्थ उत्पन्न हुआ और संबंधित अधिकारी ठोस अपशिष्ट के निपटान या उपचार के लिए स्थान निर्धारित करना भूल गए। जब दबाव बढ़ा, तो उन्होंने इसे अरावली पारिस्थितिकी तंत्र में डंप करना शुरू कर दिया (कहानी** 9.6 पृष्ठ 383 से 385)। इससे वन्यजीवों के लिए खतरा पैदा हो गया और स्थानीय लोगों ने पारिस्थितिकी तंत्र को भारी नुकसान पहुंचाया, जल निकासी प्रणालियों को अवरुद्ध कर दिया और पारिस्थितिकी तंत्र के श्वसन फेफड़ों को अवरुद्ध कर दिया।

6.4.17. निर्माण और विध्वंस (सीएंडडी) अपशिष्ट। सरकार द्वारा नीतिगत परिवर्तन और भवन निर्माण में नई तरह की जरूरतों के साथ आने वाली नई तकनीकों के साथ, नई इमारतों/बहुमंजिला फ्लैटों के निर्माण के लिए पुराने भवनों को बड़े पैमाने पर ध्वस्त कर दिया जा रहा है। हरियाणा सरकार ने तीन/चार मंजिला आवासीय भवनों के निर्माण की अनुमति दी, और बड़े पैमाने पर एक या दो मंजिला घरों को ध्वस्त कर दिया गया, इससे सीएंडडी अपशिष्ट की भारी मात्रा उत्पन्न हुई। डंप करने के लिए कोई जगह नहीं थी या कोई उचित योजना या प्रसंस्करण नहीं था। उठाए गए कदम मीडिया फाइलों में ही रह गए। उन्होंने पूरे पारिस्थितिकी तंत्र को नष्ट करने के लिए इस सीएंडडी को अरावली पारिस्थितिकी तंत्र में फेंक रहे है।

6.4.18 जल संसाधनों एवं जलग्रहण क्षेत्र का हनन । भूजल तेजी से घट रहा है। पानी की अनुपलब्धता के कारण भविष्य सुरक्षित नहीं है। व्यवस्थित वैज्ञानिक तरीके से भूजल को संरक्षित करने के लिए कोई नीति और प्रयास नहीं है, बल्कि भू-माफिया को लाभ पहुँचाने के लिए जल विज्ञानियों के विचारों को अनदेखा किया जाता है। सीजीडब्ल्यूए ने भूजल के लिए एक डार्क जोन घोषित किया है, लेकिन कानून की अनदेखी करके या कानूनों को तोड़-मरोड़ कर फार्महाउस, निर्माण, बिल्डरों और वाणिज्यिक उद्देश्यों द्वारा अत्यधिक दोहन जारी है। जलधाराओं के जलग्रहण क्षेत्रों में, जलग्रहण क्षेत्र में कई निर्माणों द्वारा इसके अपवाह प्रवाह को अवरुद्ध कर दिया जाता है, जिससे भूजल का पुनर्भरण रुक जाता है।

भूजल पर गंभीर खतरा मंडरा रहा है, केंद्रीय भूजल बोर्ड को जलभृत और उसकी स्थिति के आंकड़े वेबसाइट पर डालने चाहिए और संबंधित विभागों के साथ साझा करना चाहिए ताकि उन्हें घटते जल संसाधनों के बारे में जानकारी मिल सके। वन विभाग द्वारा निर्मित वर्षा जल संरक्षण संरचनाओं को भूजल पुनर्भरण के आकलन के लिए केंद्रीय भूजल बोर्ड के साथ साझा किया जाना चाहिए और जन जागरूकता के लिए वन विभाग की वेबसाइट पर आंकड़े डाले जाने चाहिए।

6.4.19. उद्योग। अरावली को नोमैन लैंड माना जाता है, जिसका अधिकांश हिस्सा सामुदायिक स्वामित्व में है और नए उद्योगों या नई इकाइयों की स्थापना के लिए प्रस्ताव और अनुमति देने के लिए आसान लक्ष्य है। भूमि की कीमतें ऊँची हैं, नौकरशाहों की उद्योगपतियों के साथ सांठगांठ नियमों में हेरफेर करती है और लगातार बढ़ते उद्योग अरावली पारिस्थितिकी तंत्र के लिए गंभीर खतरे पैदा कर रहे हैं। मानेसर अरावली के आसपास के बेहतरीन वन क्षेत्रों पर विभिन्न उद्योगों का कब्जा है और जंगल हमेशा के लिए खत्म हो रहे हैं। फरीदाबाद के आसपास के कई अरावली पहाड़ी क्षेत्रों पर उद्योगों का कब्जा है। अरावली पहाड़ियों के पास के कई गाँव हमेशा के लिए खत्म होने के खतरे का सामना कर रहे हैं (कहानी** 5.5, पृष्ठ 189 से 191)।

6.4.20 औद्योगिक अपशिष्ट समस्या । फरीदाबाद थर्मल पावर प्लांट की फ्लाई ऐश स्लरी को पास की अरावली पहाड़ियों (पुरानी साइट 103 एकड़) में डाला गया था। जब यह साइट पूरी तरह भर गई, तो वन विभाग पर बाहर से मिट्टी मंगवाकर पेड़ लगाने का दबाव बनाया गया, क्योंकि फ्लाई ऐश पेड़ों को उगने नहीं देती। फिर फ्लाई ऐश को दूसरे अरावली क्षेत्र (152 एकड़) में डाल दिया गया। खोरी कलां क्षेत्र का औद्योगिक अपशिष्ट अरावली क्षेत्रों में छोड़ दिया जाता है। अरावली क्षेत्रों में औद्योगिक अपशिष्ट को प्रदूषित करने के लिए जलधाराओं/धारों का उपयोग किया जाता है। गुड़गांव का बंधवारी का ठोस अपशिष्ट क्षेत्र अरावली क्षेत्रों को प्रदूषित करने वाले अपने 'चेलेट' के लिए चर्चा

में रहा है।

6.4.21. धार्मिक आस्थाएँ। विभिन्न धर्मों और आस्थाओं के लोग अरावली क्षेत्रों पर कब्जा/अतिक्रमण करते हैं और जंगलों को नष्ट करते हैं, धर्म के इस छद्मवेश ने अरावली के लिए खतरा पैदा कर दिया है। दिल्ली रिज पर कुछ धार्मिक संप्रदायों द्वारा किया गया कब्ज़ा केवल न्यायालय के आदेश से ही खाली किया गया था। फरीदाबाद और गुड़गांव अरावली पारिस्थितिकी तंत्र की भूमि पर कई धर्मों के नाम पर कब्ज़ा कर लिया गया और वहाँ अवैध रूप से मंदिर, मस्जिद, गुरुद्वारा, चर्च आदि का निर्माण किया गया।

लेखक को याद है कि जब उन्होंने एक चर्च द्वारा कब्जाए गए आरक्षित वन भूमि को खाली करवाने की कोशिश की थी, तो कैसे अंतरराष्ट्रीय दबाव डाला गया, एक अन्य स्थान पर मुसलमानों ने भूमि हड़प ली, और कई स्थानों पर हिंदुओं ने भूमि हड़प ली। इस प्रकार, एनसीआर क्षेत्र में कई धर्मों, संप्रदायों और आस्थाओं के लोग भूमि हड़पने में शामिल थे/हैं। मानेसर के आसपास पंचायत के धन का उपयोग अरावली के जंगलों में कई धार्मिक इमारतों के निर्माण के लिए किया गया था। पहले जंगलों में एक व्यक्ति को बैठाया जाना आम बात है, धीरे-धीरे धार्मिक निर्माण के लिए पैसा लगाया जाता है। जब वन विभाग ने अवैध संरचनाओं को हटाने की कोशिश की तो बड़ी संख्या में लोग इसका विरोध करने के लिए एकत्र हुए।

6.4.22 बढ़ती जनसंख्या एवं बेरोजगारी. अरावली के आस-पास के गांवों में बेरोजगार युवाओं को भू-माफियाओं द्वारा मामूली रकम के लिए फंसाया जाता है और उस पैसे के लिए स्थानीय लोग उन भू-माफियाओं की ओर से काम करना या चारदीवारी या अन्य काम करना शुरू कर देते हैं। खनन माफिया बेरोजगारों का इस्तेमाल अवैध खनन गतिविधियों में करते हैं। पत्थर तोड़ने वाले उन्हें हर ट्रैक्टर ट्रॉली या डंपर के हिसाब से भुगतान करते हैं, जो अरावली से अवैध रूप से निकाले गए पत्थरों को निकालता है। अरावली को नष्ट करने वालों से पैसे लेना बेरोजगारों के लिए आय का स्रोत बन गया है। स्थानीय युवाओं के लिए कोई वैकल्पिक रोजगार उपलब्ध नहीं है। जनसंख्या विस्फोट अरावली के लिए एक बड़ा उपद्रव बन गया है।

अरावली में अवैध निर्माण आम बात है। खोरी इलाके में सुप्रीम कोर्ट के आदेश पर हजारों अवैध निर्माण ध्वस्त किए गए। एनसीआर अरावली पहाड़ियों के आसपास सैकड़ों अवैध निर्माण देखे जा सकते हैं। प्रवासी आबादी के कारण प्रदूषण बढ़ा है और वे अस्वास्थ्यकर परिस्थितियों में रहने लगे हैं। ईंधन के लिए वे जंगलों को नष्ट कर देते हैं। इस श्रम शक्ति का उपयोग भू-माफियाओं द्वारा अवैध कटाई के लिए किया जाता है। वे जंगलों से चोरी करते हैं। अवैध झुग्गी-झोपड़ियाँ पानी की कमी पैदा करती हैं और जलधाराओं के प्रवाह को बाधित करती हैं। अरावली में अतिक्रमण बढ़ता जा रहा है, एक के बाद अनेक प्रवासी परिवार अरावली की ज़मीन पर कब्ज़ा कर रहे हैं। वे भूजल प्रदूषण और सीमा से ज़्यादा दोहन का कारण बनते हैं।

6.4.23. संस्थाएँ। दिल्ली रिज से शुरू होकर अरावली के साथ दक्षिण की ओर बढ़ते हुए, कई सरकारी विभाग और संस्थाएँ अरावली पर सबसे बड़े कब्ज़े/अतिक्रमणकर्ता के रूप में पाई जा सकती हैं। सीआरपीएफ, बीएसएफ, आईटीबीपी, औद्योगिक सुरक्षा बल, राज्य पुलिस और सेना जैसे केंद्रीय पुलिस बलों ने अरावली की ज़मीन पर कब्ज़ा कर लिया और कानूनों का उल्लंघन करते हुए अपने कई संस्थान या केंद्र या पुलिस लाइन या फायरिंग रेंज या प्रशिक्षण केंद्र बना लिए । वन संरक्षण अधिनियम (1980) के तहत मंजूरी लिए बिना उनके द्वारा वन भूमि के गैर-वानिकी उपयोग के खिलाफ़ अदालतों और एनजीटी में कई मामले दर्ज किए गए। शैक्षणिक संस्थान अरावली पारिस्थितिकी तंत्र के एक और सबसे बड़े उल्लंघनकर्ता और विध्वंसक हैं। विभिन्न संस्थानों के नाम पर अरावली की ज़मीन पर कब्ज़ा करना जारी है।

6.4.24.प्रदूषण. विभिन्न प्रकार के बढ़ते प्रदूषण से अरावली पारिस्थितिकी तंत्र के लिए गंभीर खतरा पैदा हो रहा है। वनस्पति आवरण को बढ़ाकर और वन संसाधनों को संरक्षित करके प्रदूषण को नियंत्रित किया जा सकता है। खनन लॉबी, कॉलोनाइजर, भू-माफिया, फार्महाउस और अन्य निर्माण कार्यों के दबाव के कारण समय सीमा में प्रदूषण नियंत्रण उपायों को लागू करना मुश्किल हो रहा है। एनसीआर का प्रदूषण वन्यजीवों को नुकसान पहुंचाने के लिए अरावली क्षेत्रों में फैल रहा है। परिवेशी वायु गुणवत्ता, पानी और अन्य पर्यावरणीय तत्वों को बनाए रखना दिन-ब-दिन मुश्किल होता जा रहा है। कार्यान्वयन एजेंसियों को प्रदूषण में कमी के लिए उन्नत तकनीक का उपयोग करने की आवश्यकता है। अरावली में खनन और भारी मशीनरी की आवाजाही से वायु और जल प्रदूषित होने के साथ-साथ ध्वनि प्रदूषण भी होता है। भूमिगत जल प्रदूषित हो रहा है।

मीडिया ने बताया [16], "चार राज्यों में अरावली पर्वतमालाओं के एक अध्ययन में कहा गया है कि 1975 से 2019 के बीच अरावली की लगभग 8% पहाड़ियाँ गायब हो गई हैं।" ...शोध "शोधकर्ताओं द्वारा विश्लेषित किए गए डेटा से पता चला है कि उनके द्वारा अध्ययन किए गए 44 वर्षों में अरावली पर्वतमाला का 5772.7 वर्ग किमी (7.8%) हिस्सा समतल हो गया। इसमें से लगभग 5% (3676 वर्ग किमी) पहाड़ियाँ बंजर भूमि में बदल गईं और अन्य 776.8 वर्ग किमी (लगभग 1%) बस्तियाँ बन गईं। 2059 तक कुल अरावली आदि का अनुमानित नुकसान 16360 वर्ग किमी (21.6%) है।"

6.5. अरावली विनाश के दुष्परिणाम

"पिछले 2300 वर्षों में जलवायु में गिरावट के सबसे उल्लेखनीय ऐतिहासिक प्रमाणों में से एक सिकंदर महान (356-323 ईसा पूर्व) के पंजाब तक के विशाल अभियान का विवरण है, जो उन देशों से होकर वापस आया, जो उस समय पर्याप्त रूप से जलयुक्त और वनयुक्त

थे, जो 110000 लोगों (जहाज निर्माण सहित) की आवश्यकताओं को पूरा करने के लिए पर्याप्त थे, हालांकि आज उनमें राजस्थान का थार रेगिस्तान भी शामिल है, जो इतना उजाड़ है कि वह 100 लोगों और जानवरों के कारवां को भी सहारा नहीं दे सकता। (डीएन वाडिया)"[17]

6.5.1. तूफानों में वृद्धि। वन क्षेत्र में कमी और वन क्षेत्रों के विचलन से पारिस्थितिकी तंत्र का विखंडन होगा। अरावली पर्वतों में वनों की कटाई से तापमान में वृद्धि हो सकती है, जिससे हरियाणा, राजस्थान, उत्तर प्रदेश और एनसीआर क्षेत्र में धूल के तूफान और गर्म हवा के तूफान आ सकते हैं, जिससे जैविक जीवन और क्षेत्र में रहने वाले लोगों के जीवन के साथ-साथ उनकी उत्पादकता पर प्रतिकूल प्रभाव पड़ सकता है। वन क्षेत्र तापमान और अन्य मौसम तत्वों को नियंत्रित करता है, पेड़ों में वाष्पोत्सर्जन एक महत्वपूर्ण पहलू है, वाष्पोत्सर्जन के नुकसान के कारण तापमान में वृद्धि के गंभीर परिणाम होंगे। अरावली पर वन क्षेत्र हवा के वेग को कम करता है, जिससे हवाओं से होने वाले नुकसान को कम किया जा सके।

6.5.2. प्रदूषण में वृद्धि। अरावली में बड़े पैमाने पर खनन और निर्माण गतिविधियों ने हवा में प्रदूषण के स्तर को बढ़ा दिया है, जबकि पहले मौजूद वन क्षेत्र प्रदूषकों को अवशोषित कर रहा था। एनसीआर के आसपास के जंगलों के खत्म होने के कारण बढ़ता प्रदूषण भविष्य में लोगों के लिए स्वास्थ्य संबंधी खतरे पैदा कर सकता है। अरावली में लगातार खनन से क्षेत्र के प्राकृतिक पर्यावरण को अपूरणीय क्षति हुई है और भारी मात्रा में वायु और जल प्रदूषणकारी औद्योगिक अपशिष्ट पैदा हुए हैं।

6.5.3. वर्षा पैटर्न में बदलाव। गैर-वानिकी गतिविधियों के लिए वन भूमि को छोडने के कारण वृक्ष आवरण में कमी का मतलब है वायुमंडलीय कार्बन का उपयोग करने के लिए कम प्रकाश संश्लेषण के कारण कम कार्बन अवशोषण/लॉकिंग। वाष्पोत्सर्जन में कमी के कारण हवा में नमी की कम उपलब्धता और साथ ही ज़मीनी वनस्पतियों का नुकसान। जंगल रहित नंगी चट्टानें क्षेत्र में गर्मी बढ़ाने के लिए बाध्य हैं और सूक्ष्म जलवायु में बदलाव आएगा। इससे बारिश के दिनों की संख्या में कमी आ सकती है (जैसा कि इस पुस्तक के पिछले अध्यायों में बताया गया है), वर्षा की गुणवत्ता और मात्रा में गिरावट आ सकती है, जिससे भूमि क्षरण और कटाव में तेजी आएगी और आगे और अधिक तबाही होगी। जलवायु परिवर्तन एक बड़ी चुनौती है और वनों की कटाई और भूमि क्षरण के कारण इसमें तेजी आ सकती है, जो अरावली में वर्षा पैटर्न को प्रभावित करेगी और परिणामस्वरूप बारिश के दिनों की संख्या, बारिश का समय और बारिश की मात्रा और गुणवत्ता पर प्रभाव पड़ेगा।

6.5.4. तापमान में वृद्धि। वन क्षेत्र के खत्म होने के कारण से सौर विकिरण से नंगी चट्टानें गर्म हो जाएंगी और तापमान बढ़ जाएगा। तापमान में वृद्धि से जैविक गतिविधियों में कुल परिवर्तन आएगा और प्रणालियों की उत्पादकता में कमी आएगी। तापमान वृद्धि के कारण कई प्रजातियाँ लुप्त हो सकती हैं और कृषि उत्पादकता में कमी आ सकती है। शुष्कता से होने वाले नुकसान और पारिस्थितिकी तंत्र को होने वाली क्षति से बहूत सारी प्रजातिया समाप्त हो जायेगी व खेती पैदावार कम हो जायेगी। गर्मी से पारिस्थितिकी तंत्र को हानी होगी ।

5.5. जल की कमी। जल संरक्षण कार्य वनों से संबंधित हैं, वर्षा जल को वनस्पति आवरण अपनी जड़ों के माध्यम से अवशोषित करता है जो मिट्टी को पानी जमा करने के लिए बांधता है, यह प्रक्रिया भूमिगत जल को रिचार्ज करती है। जलभृतों में यह भूमिगत जल भविष्य में उपयोग के लिए सुरक्षित रहता है। अरावली पारिस्थितिकी तंत्र ने वर्षा जल को क्रेवासिज/ फिंशरज/ फोलिएशन/ कलिवेज/ फ्रैक्चर व पत्तियों आदि में संग्रहित किया है। दरारें और भूगर्भीय संरचनात्मक लिन्यांमेन्ट जल का द्विवतीयक भंडारण हैं। खनन गतिविधियों ने उन द्विवतीयक जलभृतों को उजागर कर दिया और हजारों वर्षों से संग्रहीत पानी बिना किसी उपयोग के बर्बाद हो गया। अरावली में नुकसान से पहले से ही समाप्त हो चुके भूजल संसाधनों पर गंभीर प्रभाव पड़ना तय है। उपयोग के लिए पानी उपलब्ध नहीं होगा। जल जीवन का मूल आधार है, बिना पानी के पूरी जीवन प्रणाली खतरे में पड़ जाएगी।

6.5.6 . कृषि उत्पादन में कमी और उपजाऊ मिट्टी की हानि। अरावली पारिस्थितिकी तंत्र वर्षा को सुगम बनाता है और तापमान को नियंत्रित करता है जो कृषि उत्पादकता के लिए आवश्यक है। बाढ़ वाले क्षेत्रों की उर्वरता को बनाए रखने या बढ़ाने के लिए उन क्षेत्रों में वर्षा जल के साथ-साथ ह्यूमस और खाद को मिलाया जाता है। लंबे समय तक नमी की उपलब्धता से फसल की उत्पादकता बढ़ती है, एक बार जब अरावली पारिस्थितिकी तंत्र खत्म हो जाता है तो अचानक बाढ़ आने से उसके रास्ते में आने वाली हर चीज नष्ट हो जाती है। तापमान में वृद्धि और वर्षा में कमी से भूमि की उत्पादकता में कमी आना तय है।

6.5.7. पशु धन . अरावली के पहाड़ों को पारंपरिक रूप से मवेशियों के चरागाह के रूप में इस्तेमाल किया जाता रहा है। लोग अपने मवेशियों को खुला छोड़ देते हैं और कुछ लोग दिन-रात उन जानवरों की देखभाल के लिए पहाड़ियों की चोटियों पर रहते हैं। ग्रामीणों की पशु संपदा अरावली पर निर्भर थी और बदले में जंगलों में जानवरों की आंतों से बिज गुज़रने के बाद जानवरों की खाद और बीज फैलते थे, जिससे बारिश के दौरान नए पौधों के अंकुरण में मदद मिलती थी। गरीब लोग भेड़-बकरियों के झुंड के साथ-साथ दुधारू जानवरों को भी पालते थे, जो अरावली पर ही जीवित रहते थे। धीरे-धीरे भू-माफिया ने सामुदायिक ज़मीन पर कब्ज़ा कर लिया और निर्माण गतिविधियाँ होने लगीं, जिससे पहाड़ियों में जानवरों के घूमने-फिरने के लिए जगह नहीं बची। इससे चारे की कमी हो गई, जिससे ग्रामीणों को पशुपालन पर अपनी निर्भरता कम करने और फ़ैक्टरी-प्रसंस्कृत पॉली-पैक दूध की ओर रुख करने के लिए मजबूर होना पड़ा। हालाँकि, पहले मेवात क्षेत्र और अरावली के आस-पास के गाँवों में डेयरी एक अच्छी तरह से स्थापित उद्योग था। पहले स्थानीय लोग पैसे कमाने के लिए डेयरी उद्योग को दूध की

आपूर्ति करते थे और अब उन्हें रिवर्स-प्रोसेस्ड डेयरी दूध की आपूर्ति की जाती है और वे इसके लिए पैसे देते हैं।

6.5.8. झीलों और झरनों का सूखना। अरावली पारिस्थितिकी तंत्र के विनाश ने निकटतम जल संसाधनविनाश के उदाहरण प्रदान किये है जेसै दिल्ली-फरीदाबाद सीमा के पास बडकल झील और सूरजकुंड झील के सूखने के जीवंत उदाहरण हैं और दमदमा झील अपने अंत या जीवन के लिए संघर्ष करने के कगार पर है (कहानी** 7.1.22, पृष्ठ 327 से 330, आदि [18])। इन जल निकायों के जलग्रहण क्षेत्रों में बुरी तरह से खनन किया गया था जिससे जल निकासी पैटर्न में धाराएं/श्रोत्र टूट गई थीं। पहाड़ी की सतह पर जो भी अपवाह था उसे रोक दिया गया और अनंगपुर, मेवला महाराजपुर, बड़कल, कोट और अन्य गांवों में बिखरे अनियमित दाँतेदार मार्जिन वाले गहरे खनन गड्ढों में भर गया। मांगर, कोट , गोठडा मोहम्मदभाद आदि जलग्रहण क्षेत्र में खनन के कारण पानी का प्रवाह अवरुद्ध हो गया और मांगर धाराओं पर मिट्टी का (बंध) तटबंध सूख गया है।

बंधवारी, रोजका गुज्जर और अभयपुर जलग्रहण क्षेत्रों को फार्महाउसों ने तोड़ दिया और दमदमा झील में अपवाह की आपूर्ति रोक दी। इसी तरह, राजस्थान अरावली में कई जल निकाय सूख गए या पानी कम हो गया। अरावली पहाड़ियों के साथ पानी के झरने सूख गए या उन्हें बहुत कम पानी मिला, जिसका कारण वनों की कटाई और / या पहाड़ियों पर खनन या निर्माण है, इसका जीता जागता उदाहरण है सोहना गर्म पानी के झरने को बहुत कम पानी मिल रहा है, रायसीना झरना खत्म होने के कगार पर है, ढोसी पहाड़ी पर झरने सूख कर खतम हो गए और कई अन्य झरने जलग्रहण क्षेत्रों के विखंडन के कारण सूख गए।

6.5.9. खनन गड्ढों में पानी मौत का स्त्रोतः परित्यक्त खनन गड्ढों में जमा बारिश का पानी नए जल निकायों की तरह दिखता है, जो कई लोगों और जानवरों की मौत का कारण बन चुका है। परित्यक्त खनन गड्ढों के किनारे खड़ी और दाँतेदार थे और जानवर या आदमी उन अनियमित जल निकायों में फंसकर मर जाते थे। अन्नागपुर क्षेत्र में तीन ऐसे खनन गड्ढे पानी रोके हुए हैं। ऐसा कहा जाता है कि उस क्षेत्र में बदरपुर रेत या सिलिका रेत के लिए खनन के लिए भूगर्भीय विशेषताओं के साथ गहरे गड्ढे खोदे गए थे जहाँ अपक्षयित सामग्री उपलब्ध थी।

खनन ठेकेदार ने पैसे कमाने के बाद भी इन गहरे खनन गड्ढों का पुनर्वास नहीं किया है। चूंकि ये गड्ढे जल निकासी के रास्ते में खोदे गए थे, इसलिए बारिश का पानी इन गड्ढों में भर गया और सूरजकुंड झील को पानी मिलना बंद हो गया, जो अंततः सूख गई। खनन ठेकेदारों द्वारा पुनर्वास न किए गए पुराने खनन गड्ढों में ऐसे कई जल निकाय भर गए हैं। सरकारी एजेंसियों की नज़रों के सामने प्राकृतिक पारिस्थितिकी तंत्र को कैसे नष्ट किया गया। अरावली के संवेदनशील द्वितीयक जलभृतों को छेद दिया गया या तोड़ दिया गया या हज़ारों सालों से जमा भूमिगत जल को बहा दिया गया। तबाह हो चुके परिदृश्य धरती माता की छाती की हड्डियों पसली की तरह दिखते हैं। अत्यधिक प्रदूषित पानी का उपयोग पीने के लिए नहीं किया जा सकता।

6.5.10. अरावली क्षरण के कारण पुनर्भरण तालाब सूख गए। पहाड़ों पर फार्महाउस और अन्य निर्माणों ने नालों में बहते पानी के प्रवाह को रोक दिया। जलग्रहण क्षेत्र के विखंडन और जलग्रहण क्षेत्र में अतिक्रमण ने पहाड़ों में कई भूजल पुनर्भरण तालाबों में बहते पानी की आपूर्ति को अवरुद्ध कर दिया। ये तालाब स्थानीय लोगों के लिए जीवन रेखा थे, लेकिन उनमें से अधिकांश तालाब सूख गए, जिससे स्थानीय लोगों या उनके मवेशियों के साथ-साथ उन क्षेत्रों के वन्यजीवों के लिए भी पानी नहीं बचा। भू-माफिया द्वारा किए गए अतिक्रमण ने उन वन क्षेत्रों में वन्यजीवों के अस्तित्व और जीवन के लिए गंभीर खतरा पैदा कर दिया है। जलग्रहण क्षेत्रों में भू-माफिया द्वारा भूमि हड़पने से जल निकासी का पैटर्न टूट गया है और इससे उन भूजल पुनर्भरण तालाबों में वर्षा जल का प्रवाह रुक गया है।

6.5.11 . **दुर्लभ जैव विविधता की हानि** अरावली पारिस्थितिकी तंत्र ने अपनी गोद में विविध आनुवंशिक पूल के साथ अद्भुत जैव विविधता का पोषण और पोषण किया है। वनस्पतियों और जीवों की जैव विविधता विभिन्न वन्यजीव प्रजातियों, औषधीय पौधों / जड़ी-बूटियों / पर्वतारोहियों आदि से युक्त पारिस्थितिकी तंत्र में जीवों को बनाए रखती है, इस दबाव में कि पारिस्थितिकी तंत्र से विविधता गायब हो सकती है। जैव विविधता में बाधा डालने से अपरिवर्तनीय क्षति हो सकती है या कुछ क्षेत्रों में जैव विविधता हमेशा के लिए खो सकती है। अरावली जैव विविधता में, हर हिस्सा महत्वपूर्ण है, एक प्रकार का जीवन अन्य प्रकार के जीवन को बनाए रखता है जिससे पूरा पारिस्थितिकी तंत्र खाद्य श्रृंखला या रिश्तों के जाल के रूप में अन्योन्याश्रित हो जाता है। यदि एक तत्व नष्ट हो जाता है तो इसका अन्य जीवन प्रणालियों पर प्रभाव पड़ेगा और धीरे-धीरे पूरा पारिस्थितिकी तंत्र मर जाएगा जिसे इस स्तर पर पुनर्जीवित करना असंभव होगा।

6.5.12. पारिस्थितिकी तंत्र को नुकसान । पारिस्थितिकी तंत्र एक सघन इकाई के रूप में काम करते हैं, जहाँ जीव अपने विकास और उपयुक्तता के लिए विभिन्न स्तरों पर दूसरों के साथ परस्पर क्रिया करते हैं। पारिस्थितिकी तंत्र के विकास के लिए परस्पर संपर्क बहुत ज़रूरी है। "अधिकांश लुप्तप्राय प्रजातियों की जनसंख्या में तब कमी आती है जब समूह का आकार घटता है। जैसे-जैसे जानवर मरते हैं, उनके बड़े समूह में केवल थोड़ी मात्रा में आनुवंशिक भिन्नता बची रहती है। साथ ही, जब लोगों और बुनियादी ढांचे के कारण आवास विखंडन होता है, तो जंगल और घास के मैदानों पर कब्जा हो जाता है, जानवरों को संपर्क में कमी और बढ़ते अलगाव का सामना करना पड़ता है। लुप्तप्राय प्रजातियाँ विशिष्ट आवासों में रहती हैं। जैसे-जैसे ये खोते हैं, वे एक-दूसरे से और अधिक अलग हो जाते हैं। जीनोम जानकारी का उपयोग करके, हम यह समझ सकते हैं कि इस प्रकार कितनी आनुवंशिक भिन्नता खो जाती है और अंतरिक्ष में आनुवंशिक भिन्नता पर वियोग का प्रभाव, जो समय के साथ आबादी में होने वाले परिवर्तनों को प्रभावित करता है। [19]"

6.5.13. वन क्षरण: न भरे घाव। खनन की प्रक्रिया वन क्षरण के सबसे बड़े कारणों में से एक है। ट्रकों द्वारा खनन सामग्री का परिवहन अक्सर वन वनस्पतियों और जीवों, सड़कों, वायु प्रदूषण, दुर्घटनाओं की संभावनाओं को गंभीर नुकसान पहुंचाता है, और कई तरीकों से वन क्षेत्रों को नुकसान पहुंचाते हुए जनता के लिए गंभीर असुविधा पैदा करता है। "भारतीय अंतरिक्ष अनुसंधान संगठन (इसरो) की 2022 की रिपोर्ट में पाया गया है कि हरियाणा के कुल क्षेत्रफल का लगभग 8.2% - या 3.6 लाख हेक्टेयर - पिछले कुछ वर्षों में अधिक शुष्क हो गया है। विशेषज्ञों ने कहा कि यह काफी हद तक अवैध खनन और वनों की कटाई का प्रभाव था। 2018-2019 में सभी चार राज्यों (हरियाणा, राजस्थान, गुजरात और दिल्ली) में अरावली में कुल क्षरित भूमि 2.3 मिलियन हेक्टेयर आंकी गई थी। [20]"

गैर-वानिकी गतिविधियों ने मांगर में प्राकृतिक रूप से उगने वाले धौ या धौक वन क्षेत्र को नुकसान पहुंचाया है, जो उस घाटी में मौजूद दुर्लभ वृक्षों के जीन पूल को नष्ट करने के लिए भू-माफिया से गंभीर खतरे का सामना कर रहा है। अरावली क्षेत्र से डेटा एकत्र करने के बाद, जमीनी हकीकत और लुप्त हो रही प्रजातियों की स्थिति को ध्यान में रखते हुए पारिस्थितिकी-पुनर्स्थापना कार्यक्रम शुरू करने की आवश्यकता है। ग्रामीणों और संबंधित विभागों को संरक्षण पहलुओं के प्रति जिम्मेदारी लेनी चाहिए अन्यथा इस अपरिवर्तनीय पर्यावरणीय गिरावट के गंभीर परिणाम होंगे।

एक बार प्रजातियाँ लुप्त हो जाएँ या विलुप्त हो जाएँ, तो उन्हें वापस लाना संभव नहीं होगा। जब पक्षी उड़ जाते हैं, तो मेहनत का कोई फायदा नहीं होता। (जब चुग गई चिरया खेत तो हाथ मलते रह जाओगे)। सर्वोच्च न्यायालय के आदेशों का पालन करने के लिए, 2008-2009 के दौरान उपग्रह चित्र प्राप्त किए गए और नक्शे तैयार किए गए तथा अरावली में नुकसान की स्थिति का पता लगाया गया। वनों को हुए नुकसान तथा क्षेत्रों में गैर-वानिकी गतिविधियों के बढ़ने को जानने के लिए समय-समय पर इस तरह की कवायद की जानी चाहिए ताकि समय रहते अतिक्रमण को हटाया/रोका जा सके।

6.5.14. जन स्वास्थ्य के लिए जोखिम । पत्थर तोड़ने वाली मशीनों में पत्थर तोड़ने और निर्माण सामग्री की खनन गतिविधियों से धूल पैदा होती है और हवा में पार्टिकुलेट मैटर का स्तर बढ़ जाता है। चिकित्सा विशेषज्ञ लगातार चेतावनी दे रहे हैं कि हवा में पार्टिकुलेट मैटर के उच्च स्तर से इस क्षेत्र के आसपास के ग्रामीणों में सांस संबंधी बीमारियों में वृद्धि होने की संभावना है और क्रोनिक ब्रोंकाइटिस और अस्थमा के मामलों में वृद्धि देखी गई है।

अरावली के आस-पास के गांवों में, जहां खनन या पत्थर तोड़ने वाले काम कर रहे थे, सिलिकोसिस के कारण कई मौतें हुई हैं, भविष्य में जन स्वास्थ्य को बचाने के लिए ऐसे सिलिकोसिस मामलों के आंकड़ों का अनुपालन किया जाना आवश्यक है। इन खदानों में काम करने वाले कई मजदूरों को असाध्य फेफड़े की बीमारी और सिलिकोसिस हो गया। रायपुर, रिठौज, नौरंगपुर, बड़ गूजर आदि के आसपास की खदानों में काम करने वाले गांवों में आमतौर पर देखा जाता है कि सिलिकोसिस के कारण कई लोगों की मौत हो गई। हवा प्रदूषित होती है और एनसीआर क्षेत्रों में सैकड़ों पत्थर तोड़ने वाले कामों से निकलने वाली बारीक धूल इस क्षेत्र की हवा में घुल जाती है, जिससे लोगों के स्वास्थ्य को खतरा होता है। कई स्कूल अरावली के करीब चल रहे हैं और पत्थर की धूल से भरी हवा छोटे छात्रों को संक्रमित कर सकती है, जबकि माता-पिता अपने बच्चों को दिल्ली से दूर अरावली के वातावरण में भेजने के लिए लुभाए जाते हैं।

स्टोन क्रशर के आसपास पेड़ों की पट्टी बनाने का काम कागजों पर या निरीक्षण के उद्देश्य से ही किया जाता है और अन्य प्रदूषण उपायों का खुलेआम उल्लंघन किया जाता है। चलते ट्रकों और निर्माण स्थलों से निकलने वाली धूल से लोगों के स्वास्थ्य को गंभीर खतरा है। अरावली पारिस्थितिकी तंत्र का विनाश एनसीआर के लोगों के स्वास्थ्य के लिए गंभीर हो सकता है। जंगल पारिस्थितिकी तंत्र में कई बैक्टीरिया और वायरस को बंद करके रखते हैं, और एक बार खुले में आने पर बीमारियाँ फैल सकती हैं।

6.5.15. भूमि उपयोग पैटर्न में परिवर्तन। वनों की कटाई से इतर गतिविधियों ने भूमि उपयोग के पैटर्न को बदल दिया है। इस तरह के नए भूमि उपयोग पैटर्न में वनों की कमी है और यह टिकाऊ नहीं है। पारिस्थितिकी तंत्र स्थायी रूप से ढहने की ओर बढ़ रहा है। इसका एक और प्रभाव खनन से निकलने वाले कचरे, अपशिष्ट पदार्थों, चिकित्सा, जैव चिकित्सा अपशिष्ट, ठोस अपशिष्ट निपटान, खतरनाक अपशिष्ट और निर्माण और विध्वंस भवन अपशिष्ट पदार्थों आदि को डंप करने के लिए वन भूमि की बढ़ती मांग है। डंपिंग के लिए नए स्थानों की पहचान करें और उन्हें जनता के लिए मानचित्रों पर चिह्नित करें, उसके बाद सामान्य अपशिष्ट उपचार संयंत्रों को भी उसी हिसाब से चिह्नित करें। इस तरह के बदलते भूमि उपयोग में उचित योजना बनाना और एक अच्छी तरह से तय समय सीमा में पारिस्थितिकी बहाली कार्यक्रमों का प्रबंधन करने की दिशा में वृक्षारोपण या वनीकरण कार्यों के लिए तैयार रहना चाहिए। अरावली पारिस्थितिकी तंत्र के बाहर निर्माण क्षेत्रों को चिह्नित किया जाना चाहिए और किसी भी परिस्थिति में अरावली में निर्माण की अनुमति नहीं दी जानी चाहिए।

xxxxxxxxxxxxxxx xxxxxxxxxxxxxxxxxxxxxxx --

References

[1]टाइम्स ऑफ इंडिया, नई दिल्ली, 3.7.2023.।

[2]टाइम्स ऑफ इंडिया, नई दिल्ली, 30.07.2021 ।

[3]टाइम्स ऑफ इंडिया नई दिल्ली, 6. 2. 2023

[4]महेंद्रगढ़ गजेटियर 1988, वी.एस. अग्रवाल के हवाले से , *इंडिया एज़ नोन टू पाणिनि* , लखनऊ 1953,

[5] *Punjab District Census Handbooks*, Volume 3, Gurgaon District, 1951, Dy. Registrar General of India

[6]गुड़गांव गजेटियर 1910, अध्याय II पृष्ठ 35

[7] *Punjab District Census Handbooks*, Volume 3, Gurgaon District, 1951, Dy. Registrar General of India.

[8]महाभारत, आदि पर्व, अध्याय 206 में उल्लेखित, प्रतस्थिरे ततो घोरं वनं तन्मनुजषभाः । 26। उन जंगलों में निम्नलिखित प्रजातियों के पेड़ हैं: आम, आमड़ा, कदम्ब, अशोक, चम्पा, पुन्नाग, नागपुप, लकुच, कटहल, साल, ताल, तमाल, मौलसरी और केवड़ा । 41-44 ।

[9]टाइम्स ऑफ इंडिया, नई दिल्ली, 3.7.2023.

[10]टाइम्स ऑफ इंडिया, नई दिल्ली, 30.7.2021।

[11] https://www.google.com/amp/s/www.thehindu.com/todays-paper/cag-pulls-up-rajasthan-for-rampant-illegal-mining/article22885542.ece/amp/

[12]टाइम्स ऑफ इंडिया, नई दिल्ली, 25 10 2023.

[13] डॉ. आरपी बलवान, नौकरशाही में भ्रष्टाचारः अंदरूनी कहानियाँ**, अटलांटिक पब्लिशर्स एंड डिस्ट्रीब्यूटर्स (पी) लिमिटेड, नई दिल्ली, 2023।

[14]वही। [14]आरपी बलवान, नौकरशाही में भ्रष्टाचारः अंदरूनी कहानियाँ**, अटलांटिक पब्लिशर्स एंड डिस्ट्रीब्यूटर्स (पी) लिमिटेड, नई दिल्ली, 2023।

[15]"अरावली पहाड़ियों, हरियाणा राज्य, भारत में सार्वजनिक भूमि का पुनर्वास"

[16]लक्ष्मी कांत शर्मा एट अल, अरावली रेंज के भूमि उपयोग गतिशीलता का आकलन, *साइंस अर्थ इंफॉर्मेटिक्स* , जनवरी, 2023, टाइम्स ऑफ इंडिया, नई दिल्ली, 18.6.2023 में उद्धृत।

[17]वही, आर्थर होम्स, पृष्ठ 773.

[18]वही**.

[19]उमा रामकृष्णन , पारिस्थितिकी की प्रोफेसर, जैसा कि टाइम्स ऑफ इंडिया, नई दिल्ली, 13.5.2023 में बताया गया है।

[20]टाइम्स ऑफ इंडिया, नई दिल्ली, 6.03.2024 में उद्धृत।

तकनीकी शब्दावली

Abrasion घर्षण : यांत्रिक प्रक्रियाओं द्वारा सतह का घिसना जैसे रगड़ने, खरोंचने, पीसने और चमकाने जैसी प्रकियाये । (ए. होम्स)।

Age of rocks चट्टानों की आयु मिलियन वर्ष आयु (Ma या MY) में दी गई है और हजारों मिलियन वर्ष आयु वाली व इससे भी पुरानी चट्टानों के लिए इस्तेमाल की गई इकाई बिलियन वर्ष आयु **(Ba)** थी । लेकिन बिलियन के अलग-अलग निहितार्थ हैं - फ्रांस और यूएसए में, बिलियन एक हज़ार मिलियन (10^{9}) है, लेकिन यूके और जर्मनी में इसका मतलब एक मिलियन (10^{12}) है। किसी भी भ्रम से बचने के लिए भूवैज्ञानिकों ने इकाई Ga **(गीगा वर्ष आयु) का उपयोग करना शुरू कर दिया। एक गीगा = एक हज़ार मिलियन। 3500 मिलियन वर्ष आयु की चट्टान 3.5 Ga लिखी** होगी। हजारों वर्ष की आयु वाली छोटी चट्टानों के लिए **Ka** इकाई का उपयोग किया जाता है (किलो वर्ष आयु) 2000 वर्ष 2 Ka होंगे।

Anticlinorium: एंटीक्लिनोरियम: एंटीक्लाइन और सिंकलाइन की एक श्रृंखला जो संरचनात्मक रूप से इस प्रकार व्यवस्थित होती है कि साथ मिलकर वे एक सामान्य आर्क या एंटीक्लाइन बनाती हैं। (डाना 1873)।

Attrition आपसी घर्षण: परिवहन के दौरान घर्षण और आपसी रगड के प्रभाव से मलबे के टुकड़ों के आकार में कमी आती है। (ए. होम्स)

Basin: बेसिन: एक अवनत क्षेत्र जिसका स्तर अन्दर की ओर झुका हुआ है।

Biome: बायोम : एक जीवित समुदाय जो किसी दिए गए आवास में एक साथ पाए जाने वाले सभी जीवों द्वारा बनाया जाता है। पृष्ठ 10 तकनीकी शब्दों की शब्दावली, एफ.आर.आई.

Biotic जैविक : जीवित जीवों से उनके शारीरिक संबंध के बजाय पारिस्थितिक संबंध से संबंधित। पृ. 11 जी.टी.टी., एफ.आर.आई.

Canopy छत्र घनत्व: पेडो की छत्र की सापेक्ष पूर्णता को आम तौर पर बंद छत्र को इकाई के रूप में लेते हुए दशमलव गुणांक के रूप में व्यक्त किया जाता है। छत्र घनत्व 1.0 होने पर बंद वन। घनत्व 0.75 से 1.0 के बीच होने पर घना वन । घनत्व 0.5 से 0.7 के बीच होने पर पतला वन; और घनत्व 0.5 से कम होने पर खुला वन । जीटीटी, एफआरआई पृष्ठ 38।

Climax चरमोत्कर्ष : किसी दिए गए वातावरण के लिए पौधों के अनुक्रम में चरम अवस्था। (ब्रिटिश राष्ट्रमंडल वन शब्दावली)।

Corrasion संक्षारण: बहते पानी या हवा द्वारा यांत्रिक क्षरण के संचयी प्रभाव जब मलबे से भरा होता है तब क्षरण होता है । (ए. होम्स)।

Core of the Earth पृथ्वी का **कोर** : गुटेनबर्ग असंततता के नीचे पृथ्वी का वह भाग यानी 2900 किमी की गहराई से पृथ्वी के केंद्र तक। इसकी संरचना निकल (Ni) और आयरन (Fe) है और संक्षिप्त नाम **NiFe** है । (DGA Whitten)।

Corrosion संक्षारण: प्राकृतिक जल के विलायक और रासायनिक क्रिया द्वारा सतहों और अवशिष्ट कणों और टुकड़ों का घिसना। (ए. होम्स)।

Crest: शिखर (Crest): किसी दिए गए अनुप्रस्थ काट में किसी एंटीक्लाइन पर किसी दिए गए सतह का सबसे ऊंचा बिंदु।

Cultural Operations वन छटाइ कार्य : वन फसलों के पुनर्जनन या समुचित विकास में सहायता के लिए किए जाने वाले कार्यों में नलाई, गुड़ाई, सफाई, विरलीकरण, तनों का चयनात्मक निष्कासन आदि शामिल हो सकते हैं।

Crust of Earth: **पपड़ी** : पृथ्वी का वह भाग जो मोहरोविसिक असंततता के ऊपर स्थित है। यह दो परतों में विभाजित है; एक निचली सतत परत " **सिमा** " (सिलिका और मैग्नेशिया के लिए एक संक्षिप्त नाम) - और ऊपरी परत- "**सियाल**" (सिलिका और एल्युमिनियम के लिए एक संक्षिप्त नाम)। (डीजीए व्हिटेन)

Deflation अपस्फीति: हवा द्वारा धूल और रेत का उठना, उडना और हटाना। (ए. होम्स)।

Dip:नति: किसी स्तर का डिप, बैडिंग तल और क्षैतिज तल के बीच का कोण है। (एमपी बिलिंग)

Edaphic एडैफिक : मृदा और उसके पारिस्थितिक संबंध को दर्शाता है।

Fault: फॉल्ट: किसी तल या क्षेत्र में चट्टानों का विस्थापन।

Fold: वलन (Fold): पहले से मौजूद स्तरीकृत चट्टानों में विकसित वक्र या मुडना।

Forest Crop: वन फ़सल : किसी दिए गए क्षेत्र में उगने वाले पेड़ों का संपूर्ण संग्रह। जीटीटी फ्राई पृष्ठ 31.

Fracture: फ्रैक्चर: आम तौर पर, चट्टानों में टूटन, दरारें, जोड़ और क्रेवासिज सहित चट्टानों का विस्थापन हो भी सकता है और नहीं भी।

Mantle of Earth:**पृथ्वी का मेंटल** : पृथ्वी के आंतरिक भाग का वह भाग जो मोहरोविसिक असंततता के बीच स्थित है; जिसकी गहराई 35 किमी से 2500 किमी है। (डीजीए व्हिटेन)।

Permeability पारगम्यता : छिद्रपूर्ण माध्यम की पारगम्यता से तात्पर्य उस आसानी से है जिसके साथ कोई तरल पदार्थ उसमें से गुजरेगा। टॉड पृष्ठ 50.

छिद्र (pores) : ये चट्टानों या मिट्टी में रिक्त स्थान होते हैं।

Porosity छिद्रता : किसी चट्टान या मिट्टी की छिद्रता उसमें मौजूद अंतरालों का माप है। इसे द्रव्यमान के कुल आयतन में रिक्त स्थान के प्रतिशत के रूप में व्यक्त किया जाता है। टॉड पृष्ठ 15.

Rotation रोटेशन : किसी फसल के निर्माण या पुनर्जनन और उसके अंतिम रूप से काटे जाने के बीच नियोजित वर्षों की संख्या। जी.टी.टी., एफ.आर.आई., पृ. 146.

Strike:स्ट्राइक: किसी बैडिंग की स्ट्राइक क्षैतिज सतह पर मापी गई उसकी प्रवृत्ति है। बैडिंग और क्षैतिज तल के प्रतिच्छेदन द्वारा निर्मित रेखा की दिशा। (एमपी बिलिंग)।

Synclinorium: सिंक्लिनोरियम: एक मिश्रित सिंकलाइन; एक सघन रूप से मुड़ी हुई पट्टी, जिसकी व्यापक सामान्य संरचना सिंक्लिनल होती है। (ई.डब्लू. स्पेंसर)।

Thinning छटाई करना : किसी अपरिपक्व वृक्ष को काटना, जिसका उद्देश्य शेष बचे वृक्षों की वृद्धि और आकार में सुधार करना है, बिना छत्र को स्थायी रूप से तोड़े। जी.टी.टी., एफ.आर.आई., पृ. 185.

Trough: गर्त (Trough): किसी दिए गए अनुप्रस्थ काट में किसी एंटीक्लाइन में किसी दिए गए सतह का सबसे निचला बिंदु।